〈同性愛嫌悪《ホモフォビア》〉を知る事典

DICTIONNAIRE DE L'HOMOPHOBIE

ルイ＝ジョルジュ・タン 編
金城克哉 監修
齊藤笑美子｜山本規雄 訳

明石書店

Dictionnaire de l'Homophobie

by Louis-Georges TIN

Japanese translation published by arrangement with Presses Universitaires de France
through The English Agency (Japan) Ltd.

日本語版へのまえがき

編者　ルイ＝ジョルジュ・タン

二〇〇三年五月にこの本をフランスで出版したとき、客観的に見れば本書はたいへん好意的に迎えられました。フランスを代表する日刊紙『ル・モンド』は付録の読書特集の第一面で扱いましたし、大きなメディアのほとんどが紹介してくれました。ヨーロッパ、アメリカ、カナダ、ブラジルその他で発表された書評では、とても高い評価が与えられました。ところが私自身が同じように良い目を見たかと言えば、そうはいかなかったのです。私がパリ大学と交わしていた契約は、当然更新されるはずのものだったのですが、それが突如として打ち切られました。教育研究評議会のその決定は本書の出版に関係があると、学部長と副学部長が断言しました。言語道断なことだとは思うが、どうしようもないと彼らは私に言いました。因果関係を証明するものが何もないので、異議の申し立てようがないと。またもしも私が異議を申し立てれば、私の経歴は今度こそ本当におしまいになるだろうと、そう言ったのです。本書がフランスでとても好意的に受け容れられたことを見ると、同性愛嫌悪《ホモフォビア》はすでに過去のものとなったかのような印象を受けます。しかし私の経験は、それが事実とはまったく異なることをはっきりと示しているのです。

このような特殊な状況こそが、二〇〇三年以降の世界における同性愛嫌悪《ホモフォビア》の逆説的な性格をよく表わしています。たしかに同性愛者にとって、政治・社会・文化の面で前進だと思えることはたくさんあります。しかし後退した点、少なくとも厳しくなった点もやはりたくさんあるのです。例えばアメリカ合衆国では、連邦最高裁が二〇〇三年六月に、当時まだ複数の州で効力を持っていたソドミー禁止法について、時代遅れなだけでなく憲法違反であるという歴史的裁定を下しました。そのほかにも現在、複数の州が同性婚を法的に認めていることは良い徴候です。しかも二〇一二年の大統領選のときには、バラク・オバマが同性婚に賛成の立場を表明しました。ところが二〇〇三年以降、結婚は一人の男性と一人の女性とが行うことに限られるとする憲法修正案を複数の州が可決しています。そうやって、法制度上のあらゆる前進を断固として阻もうとしているのです。

ヨーロッパでもやはり両面が混在している状況です。同性のカップルの法的な承認という点では、オランダ、デンマーク、ベルギー、スペイン、イギリス、アイスランド、スウェーデン、ノルウェー、ポルトガル、フランスその他で注目すべき進歩がありました。同性婚が認められていない国でも、シヴィル・ユニオンのような形で同性カップルに一定の権利を認めるような動きがあったのです。しかしポーランド、ラトヴィア、リトアニア、セルビアでは、ゲイ・プライドが法的に禁じられたり、あるいは攻撃の対象になったりしています。とりわけモスクワでは、パレード参加者がファシストや原理主義者の暴力に晒されているだけでなく、警官自身が攻撃に加わっているのです。ロシアの複数の都市で「ゲイ宣伝《プロパガンダ》」を禁じる法律が可決され、同性愛に関して態度を表明したり自由に発言したりすることは何であれ、すべて危険を冒す行為となってしまいました。

アフリカも同じです。状況はたいへんアンビヴァレントです。至るところでLGBT（レズビアン・ゲイ・バイセクシュアル・トランスジェンダー）団体が設立されています。これは意識改革の表れであり、活発な行動力の徴《しるし》です。ところがこうした団体のほとんどが、秘密裏に活動しています。大半の国が未だに同性愛を処罰対象としているからです。それどころかカメルーンやウガンダのように、既存の法律の強化が検討されている国さえあります。とくにウガンダではここ数年、同性愛者に対する刑罰の最高刑を死刑とする法律を通そうとする動きがあるのです。その法律では、同性愛者と知りながら告発しなかった者も、必ず投獄されると定められています。つまり投獄されたくなかったら、父親や母親が実の息子や娘を、あるいは医者が自身の患者を告発することを強いられるようになるのです。このような法律はその性格が忌まわしいというだけではありません。もしもそれが通ったとしたら、エイズの蔓延という恐るべき結果をもたらすことは火を見るより明らかです。

　本書の出版後も依然として世界中にはびこるこうした同性愛嫌悪《ホモフォビア》に直面して、私はじっとしてはいられませんでした。同性愛嫌悪《ホモフォビア》の分析は、本書で一通りやり遂げました。今度は次の段階に進みたいと思ったのです。私が国際反同性愛嫌悪《ホモフォビア》デー◆（英語でInternational Day Against Homophobia）、略称IDAHO《アイダホ》を立ち上げたのは、こうした思いからでした。本書は理論の実験室のようなものでした。IDAHOデーの方はある意味で、その延長線上にある実践です。グローバリゼーションについては一般的に、経済的な側面から語られているのが現状ですが、これを政治的、倫理的、哲学的な目標として捉え直す必要があります。その場合は、すべての人の平等という問題もそこに入ってくるのです。IDAHOデーは五月一七日、すなわちWHOが精神病のリストから同性愛を除外した日です。記念すべき最初のIDAHOデーは二〇〇五年で、WHOの決定からちょうど一五年が経っていました。今日では、世界中の一〇〇ヶ国以上でIDAHOデーを祝っています。二〇〇五年には中国やブルガリアといった国で、歴史上初めて、LGBTを掲げるデモが開催されました。

　二〇〇六年のIDAHOデー、すなわち五月一七日に、私も加わっているIDAHO委員会が「世界規模での同性愛の非処罰化」を訴える声明を発表しました。これにはダリオ・フォ、デズモンド・ツツ、エルフリーデ・イェリネク、アマルティア・セン、ジョゼ・サラマーゴといったノーベル賞受賞者や、メリル・ストリープ、デヴィッド・ボウイ、シンディ・ローパー、エルトン・ジョン、ビクトリア・アブリル、ノーム・チョムスキー、ジュディス・バトラー、ベルナール・アンリ＝レヴィといった人たちが賛同してくれました。そして二〇〇八年一二月一八日、この運動が実を結び、フランス政府の外務・人権担当国務長官ラマ・ヤドと私が、国連総会で宣言として訴えるに至りました。これは歴史的快挙でした。しかしこれが宣言のままである限り、署名をした国以外には関係のないものにとどまってしまいます。だからこれを決議として採択させる必要があるのです。そうすればもっと効力を発揮することができるでしょう。しかし残念なことに、昨今の政治家の意欲の喪失は深刻で、この分野での前進はすべて困難になってしまいました。

　今日でもなお、七〇ヶ国が同性愛を処罰対象としています。誰も傷つけていない人びとが、ただ自分が自分であるというだけの理由で投獄されているのです。その他の国でも依然として差別が続いている上、しばしばその度合いは深刻です。基本的な権利、例えば自由に結婚するとか家族をつくるといった権利が認められていません。表現の自由は制限され、自身を偽ることを強いられています。日本は偉大な国です。日本はまた、偉大な民主主義国家でもあります。私たちのこの本の翻訳が日本で出版された暁には、それが民主主義の価値を強化することにも貢献できればよいと願っています。民主主義の価値。そこにはもちろん、万人の自由、万人の平等ということが含まれています。

（山本訳）

◆国際反同性愛嫌悪デー　二〇〇九年に名称に追加があり、国際反同性愛嫌悪・トランス嫌悪デー（International Day Against Homophobia & Transphobia）となった。（山本）

〈同性愛嫌悪《ホモフォビア》〉を知る事典

目次

か

た・な

は

ま・や・ら・わ

凡例

一　本書は、*Dictionnaire de l'Homophobie*, sous la direction de Louis-Georges Tin, PUF, 2003 の全訳である。

一　翻訳に当たって英訳版、*The Dictionary of Homophobia : A Global History of Gay & Lesbian Experience*, Arsenal Pulp Press, 2008 を適宜参照した。

一　原書刊行時から本邦訳書刊行までの期間の更新情報を、前掲英訳版や各種資料より収集し、訳注・補遺の形で極力紹介するよう努めた。

一　〔　〕は、引用文中に原著者が挿入している補足である。

一　本文に●印を付け、見開き左下に配置した注は、原注である（「序文」のみ）。

一　↓印は、「何々↓」の形で右肩に付けてある場合、（↓何々）の形で本文中に挿入されている場合、また各項末尾に一括して掲げている場合のいずれも、参照すべき他の見出し項目を示している。

一　<Xxxx>は、出典の略表記である。巻末の「参考文献」に対応している。

一　〈　〉は、原文で普通名詞の最初の文字が大文字になっていて、超越性など特殊なニュアンスが加えられていると思しき語である（レヴィナス、ラカンなどが用いる〈他者〉など）。

一　［　］に収めた割注は、監修者・訳者による補足である。

一　本文に◆印を付け、見開き左下に配置した注は、監修者、訳者による注である。執筆担当者を末尾に明記した。

一　項目全体にかかわる補足情報は、各項末尾に「◆補遺」として付記した。執筆担当者を末尾に明記した。

一　各項末尾に原著者名、翻訳担当者名を明記した。原著者の紹介は巻末に一括して掲げた。

まえがき

パリ市長　ベルトラン・ドラノエ◆

共和主義というフランスの伝統は、人種差別、性差別、そして同性愛嫌悪などに基づく差別によって、日々脅かされています。こうした差別は、民主主義に対する侮辱でもあります。

二一世紀の幕開けというこの時代に、人がそのアイデンティティを理由に、しかもそのアイデンティティが本当のものであるか、臆測で押し付けられたものであるかに拘らず、それだけを理由に、言葉によって、そして時には身体的にも「攻撃される」などということに、寛容でいることはできません。とくに同性愛嫌悪《ホモフォビア》については、問題の所在を明らかにするだけでも、議論を明確にし、前進するための道を切り拓くことになります。浩瀚《こうかん》な本書は、この点で大いに役立ってくれるのです。

力を持つ者が誰も味方になってくれないとき、あるいは反応すらしてくれないとき、たとえ言葉の上での表現であっても、日常的な侮辱であっても、極めてありふれた冗談であっても、それによって人が長い間、たった独りで傷つけられ、精神的外傷を被ることがあり得ます。

確かに同性愛は、以前より社会に受け容れられるようにもなりましたし、大げさに考えたりタブーだと見なされたりすることも少なくなりました。しかし、「ホモを火炙りに！」というような、憎悪をむき出しにしたような下品なスローガンを掲げるデモに、数万もの人びとが参加するという事実も否定できません。

どのような場合でも差別は暴力です。

例えば家を借りたり就職したりすることを、アイデンティティを理由に拒否されるような場合は、暴力が現実に行使されたことが分かります。

しかしその一方で、同性愛嫌悪が決まった振舞い方として固定していたり、あるいは条件反射のようになってしまっていたり、または無邪気ではあるが残酷な「ゲーム」の形をとっていたり、メディアも含めて実際に使われている「日常言語」の一部となっていたりするような場合であれば、それは象徴的に作用する暴力だと言えます。

こうした社会的暴力は、はっきり差別だと認識されてはいませんが、絶えず人びとの生活を打ち砕いているのです。家族や学校、職場では排斥され、内心が深く傷つき、失望を覚え、それぞれが悲劇を経験しているのです。だからこそ進歩を感じとることができれば、何でも希望の源となります。パックスの創設は、とくにそのことをよく表しています。

リオネル・ジョスパン政権は、かつての不公正に終止符を打ち、権利の平等を進め、それによって考え方に変化をもたらしたという点で感謝されてよいと思います。同性愛関係か異性愛関係かに拘らず、婚姻関係にないカップルが、フランスで初めてその存在と合法性を認められるという改革を成し遂げたのが、この政権だったのですから。

しかしだからと言って、闘いが終わったわけではありません。例えば、フランスの法制度では、同性愛嫌悪に対する罰則が未だに弱いと認めざるを得ません。この観点から見ると、最近、フランスの三大左翼政党が、憲法第一条〔法の下の平等〕の修正を率先して提案していることは、たいへん建設的な自覚を示

◆ベルトラン・ドラノエ　一九五〇〜　。社会党所属の政治家。一九九五〜二〇〇一年、元老院議員、二〇〇一年〜、パリ市長。一九九八年、テレビ番組で自身が同性愛者であることを公言する。二〇〇二年、パリ市内で暴漢に刺され重傷を負ったが、一命を取り留める。犯人は犯行理由を「政治家が嫌い。とくに同性愛者が」と述べた。（山本）

しているものだと評価できます。

しかし挑戦はそれだけにとどまりません。文化的、教育的、そして「哲学的」な挑戦もあります。

〈他者〉に対する見方を変えるためにはどうすればよいのでしょうか。尊敬、寛大、友愛といった価値観を、現実の中でどのように示せばよいのでしょうか。排斥や不寛容のメカニズムを、社会的にも、心理的にも、政治的にも解体するにはどうすればよいのでしょうか。本書は、こうした核心的な問いに対する回答を提起してくれてもいます。前進するためには理解しなければなりません。だからこそ本書は貴重なのです。

そしておそらく公権力こそが、このような変化をもたらすために、未来をつくり上げるあらゆる場において、諸団体と協調しつつ断固たる態度をもって行動すべきなのでしょう。多様性こそが、集団を豊かにするための尽きせぬ源泉だということ、私たちの間にある、文化、世代、アイデンティティの違いこそが、私たちの社会の切り札だということ、それをもっとしっかりと定着させねばなりません。私たちの日常は、互いの尊厳を尊重して初めて築き上げられるのだということを、もっと強く主張しなければなりません。

この歩みを進めるに当たって、私たちの拠り所となり得るものはたくさんあります。例えば南アフリカ共和国が、たぐい稀な難業を乗り越えて完成させた憲法であるとか、ヨーロッパ連合基本権憲章であるとか、人権と基本的自由保護のためのヨーロッパ条約［ヨーロッパ人権条約］の補足条項［差別の全般的禁止のための第一二議定書（二〇〇〇）］などです。これらの条文すべてで、私的個人的生活に関連する、考え方や選択を理由に人に烙印を押すことが、はっきりと禁じられています。

来るべきヨーロッパ憲法◆も、この点に遺漏がないよう願うばかりです。

（山本訳）

◆来るべきヨーロッパ憲法　二〇〇四年一〇月、ローマにおいて当時のヨーロッパ連合加盟二五ヶ国の首脳によって、「ヨーロッパのための憲法を制定する条約」が調印されたが、加盟各国内での批准手続の過程で、フランスとオランダが国民投票でこれを拒否したため、ヨーロッパ憲法の構想は頓挫した。（山本）

序文

編者　ルイ＝ジョルジュ・タン

> 問題なのは、同性愛者の抱く欲望の方ではない。同性愛に対する恐れの方なのだ。同性愛という言葉だけで忌避や憎悪が生じるのはなぜか、ということを解明する必要がある。つまり異性愛の世界で「同性愛」がどのように語られ、どのように幻想を抱かれているか、ということを問わなければならないのだ〈Hocquenghem〉。

同性愛は今日、かつてないほど自由だという見解が広く流布している。同性愛は、街でも、新聞でも、テレビでも、映画でも、至るところに存在し、目に付き、しかも完全に受け容れられているという。同性愛者カップルの認知に関して、北アメリカやヨーロッパなどで近年になし遂げられた法制度上の進歩は、確かにそれを物語っているように見える。もちろん根強く残っている差別を根絶するためには、まだいくつかの調整は必要ではあるが、考え方が変化してきているのだから、結局は時間の問題であり、すでに数十年も前から起こっている大きな動きが達成されるのを待つばかりだという。

もしかするとこの見解は当たっているかもしれない。しかしひょっとすると、当たっていないかもしれない。というのももう少し注意深く観察してみるなら、全体的な状況はこれとは大きく異なっているからである。二〇世紀は総じて、史上最も暴力的な同性愛嫌悪《ホモフォビア》が吹き荒れた時期であったと言うことができる。ナチ体制下の強制収容所やソヴィエト連邦のグラーグへの収容、マッカーシー時代の合衆国における脅迫や迫害など。そういったことはもちろん、もはや遠い過去のことのように思われる。しかし今日でもなお、同性愛者が生きる環境は、多くの場合非常に苛酷である。同性愛は、至るところで差別されているように思われる。八〇ヶ国で同性愛行為が法によって禁じられている。そのうち、刑罰が〇年以上の刑に及ぶ国が数多く存在する。法律で終身刑を定めている国も中にはある。そして約一〇ヶ国では、死刑が実際に適用されることがある。近年になってアフリカでは、共和政の国の複数の大統領が、同性愛を「反アフリカ的」災禍と見なし、それと戦う意志を荒々しく表明するようになっている。同性愛が刑法上、何の問題にもならないその他の国であっても、迫害は増してきている。例えばブラジルでは、殺人集団やスキンヘッドが恐怖を撒き散らしている。過去二十数年の間に、公式の集計で一九〇〇件もの同性愛嫌悪に基づく殺人事件があったというのに、警察当局も司法当局も、本気でそれに取り組もうという姿勢を見せてこなかったのである。このような状況にあっては、「寛容」が優勢になっているとはとても思えないだろう。それどころかこれらの国々の大半では、今日、同性愛嫌悪が以前より暴力的になっているように思われるのだ。従って、全体的な傾向は改善に向かってはいない。それどころではないのである［ここに挙げられている数字は原書刊行時のもの。最新状況は各項本文および補遺を参照］。

以上の短い概観は、要するに何でもうまくいっている、あるいは少なくともだんだん良くなっていると信じたがる無邪気な感覚を冷たく否定しているので、ことさらに陰険なものに見えるかもしれない。しかし実際には、うちひしがれた悲観主義とおめでたい楽天主義は、思想にとっても行動にとっても、対をなす障害物なのである。というのも、この二つの態度はどちらも、全く根拠のない前提に基づいているからである。すなわち一方は、同性愛嫌悪はいつでも存在してきたし、そしてこれからもずっと存在するであろう。それは人類社会には必ず見られるものなのだ、というもの。そしてもう一方はこれの正反対である。すなわち同性愛嫌悪は過去のものである、あるいは、はるか昔の社会のものである。しかしそれは、この世の中の習俗の進展と人権の絶えざる進歩によって、しだいに解消の方向に向かっている、というわけだ。しかし実際には、同性愛嫌悪は撲滅することのかなわない歴史を越えた宿命でもなければ、時とともにひとりでに消滅するはずの歴史の残り滓でもない。それは人間の抱える深刻で複雑な問題であり、対応をもっと入念に練り上げ、またあらかじめ深く考察することを要する問題であるのだ。

それにしても同性愛嫌悪とは、何なのだろう。この問いに答えるために、この言葉の変遷をたどってみよう。というのも、語彙論の面から調査してみることによって、概念そのものが孕んでいる問題性の一端を明らかにすることができるからである。この言葉は、一九六〇年代にはもう出回っていたような気がするけれども、書かれたもので最も古い用例は、実は一九七一年にK・T・スミスが執筆した「同性愛嫌悪――その人間像を素描する試み」<SMITH>という題の記事である。フランス語ではクロード・クルヴが一九七七年にこの言葉を使っている<COUROUVE>。しかしこの言葉が辞書に収められたのは、一九九四年のことである。従って、この言葉は全く最近のものなのである。しかしこの言葉の歴史は、すでにかなり豊かではある。

現にこの言葉の意味の範囲は年月の経過につれて絶えず変化を遂げ、しだいに拡大した。一九七二年にアメリカの心理学者ジョージ・ワインバーグは、同性愛嫌悪を「閉鎖空間で同性愛者と一緒にいることに対する恐れ」<WEINBERG>であると定義している。この定義はかなり限定的であるので、一般的な使い方はたちまちこの定義からはみ出していった。そのことを物語っているのが、『プティ・ラルース辞典』による標準的な以下の定義である。「同性愛の排斥、同性愛者に対する断固とした憎悪」。

ところがディディエ・エリボンは、連続体としての同性愛嫌悪という考え方を導入して、この概念を拡張することを提案した。それは「ゲイやレズビアンがみな耳にしたことのある、街で投げかけられる言葉、すなわち『汚いホモ』や『汚いレズ』といった言葉から、役所の婚姻課の入口の扉に暗黙のうちに書き込まれている言葉、すなわち『同性愛者入室禁止』に至る」<ÉRIBON>連続体である。エリボンの見地に立つならば、同性愛者と異性愛者の間に制度化されている不平等な序列を強化し、正当化することを狙うものは、たとえ司法、精神分析、人類学などを奉じる理論的言説であっても、通常の同性愛嫌悪と変わらないと見なすことになる。

フランスの社会学者ダニエル・ヴェルゼール＝ラングはこの分析を進めて、さらに新しい定義を提案した。それによると同性愛嫌悪は「もっと広く、男が持っている女性的であると見なされる性質に対する中傷であり、また女が持っている男性的であると見なされる性質に対する中傷も、ある程度は同性愛嫌悪と言える」<WELZER-LANG>。そのうえで彼は、「ゲイ・レズビアンに対して行使される特殊な同性愛嫌悪と、ジェンダーとしての男性・女性という構築物や階層秩序に根づいた一般的な同性愛嫌悪」を結びつけることを求める。一般的な同性愛嫌悪の現象の方は、その相手が誰であっても攻撃することができる。だからこそ「オカマ」という侮辱の言葉は、明らかに異性愛者である人物に向かっても用いることができるのである。それはこの言葉が、当人の性的指向を越えて、社会が男性性として構築しているものの前提となっている「完全なる」男らしさの欠如を告発しているからなのだ。

同性愛嫌悪という概念は、さまざまな研究によって拡張されてきた。なぜならそうした研究によって、一見して明らかに同性愛嫌悪であると認識されるような行動、言葉、態度が、実はそれよりはるかに一般的な文化的構築物に付随する現象に過ぎないこと、そしてそのような文化的構築物は、つねに社会全体に危害を加える暴力をもたらすことが、だんだんと理解されるようになってきたからである。要するに同性愛嫌悪という言葉の意味上の拡張は、換喩の論理に従ってきたのである。すなわち、行為として実行される同性愛嫌悪を、そのイデオロギー的、制度的支えに関連づけ、同じ同性愛嫌悪という言葉でそれを支えているものをも告発しようとする論理である。

しかし意味が拡張する一方では、それに並行して、同性愛嫌悪の概念そのものの内部から、差別化する語彙が生まれるという正反対の動きもあった。女性の同性愛に対する態度には特有のものがあるという理由で、レズビアン嫌悪（レズボフォビア）という用語が理論的言説に導入されたのである。それによって、同性愛嫌悪という類概念が隠蔽しがちな、極めて特殊なメカニズムを明らかにすることができるようになった。そうであるなら、この区別からゲイ嫌悪という用語を用いることが正当化されるであろう。というのも、実際のところ同性愛嫌悪に基づく言説の多くは、男性同性愛にしか関係していないのである。そしてこの同じ見地から、異性愛者からも同性愛者からも烙印を押されるという、バイセクシュアルの人びとの置かれた特殊な状況を明らかにするために、バイセクシュアル嫌悪（バイフォビア）という概念も提起された。さらにはまた、あらゆるトランスセクシュアル、異性装者、トランスジェンダーに関連する極めて特殊な問題を考慮に入れるために、トランス嫌悪という概念のことも考える必要がある。

　さらにまた別の区別も提起された。それは、同性愛嫌悪という概念が政治的に用いられる場合をはっきり区別するためであった。社会学者エリック・ファサンは次のように述べる。

> 同性愛嫌悪という言葉の現在の使用法は、極めて異なる二つの定義の間で揺れている。一つ目は、同性愛嫌悪《ホモフォビア》を嫌悪《フォビア》として理解するものであり、その場合は同性愛者および同性愛に対する拒絶が問題とされる。これは個人の心理という領域に属する問題である。二つ目は、同性愛嫌悪を異性愛主義《ヘテロセクシズム》として理解するものであり、こんどはセクシュアリティの不平等、すなわち異性愛と同性愛との間の階層秩序が問題とされる。これはむしろ、集合的なイデオロギーという領域に属する問題である。〔…〕そうであるならばおそらく、心理的な意味とイデオロギー的な意味を混同を避けるために、女性嫌悪《ミソジニー》と性差別主義《セクシズム》の区別にならって「同性愛嫌悪」と「異性愛主義」を区別した方が、より分かりやすい 〈FASSIN〉。

このように考えるのであれば、結婚や養子縁組といった問題について、もしも異性愛者だけに割り当てられている宗教上、道徳上、人類学上、精神分析上などの、何らかの特権を理由に、非異性愛者に対して権利の平等を拒むのであれば、たとえそれが同性愛嫌悪を露とも感じさせないような人物によるものであっても、厳密に言えばそれは少なくとも異性愛主義的態度に当たるということを認めなければならなくなる。これだけでもすでに、一歩前進である。

　以上のような意味の拡張や区別などの変化はどれも、この理論的な論争を豊かなものにしてきたのだが、同時にかなり複雑化したとも言える。フランスにおけるこの論争の政治的争点は極めてはっきりしている。なぜならとりわけパックス法案をめぐる論争の期間に、同性愛嫌悪と闘う必要があったから

●ゲイ　本書では一般的に、ゲイを「gai」と綴ることにした。ただし引用や団体名の中で「gay」という綴りが用いられている場合は、そのままにしている。「y」という綴り字は、アングロ＝サクソン的なものを象徴的に表していると見られるかもしれないが、しかし実際は、中世フランス語も当初はこの綴り字を特徴としていたのである。「gay」という語は、中世にフランス語から英語に移植された。この形容詞は当時すでに、習俗の自由を指す含意を持っていて、それが二〇世紀になってアングロ＝サクソンの活動家によって復活したのである。それは医学や精神医学に関連した響きを持っている「同性愛 homosexuality」という言葉を避けるためであった。そしてこの語をフランスの活動家が改めて取り込んで、綴り字を「gai」としたのである。それをよく物語っているのが、有名な雑誌『ゲイ・ピエ *Gai Pied*』であり、この誌名によってこの言葉は、一九八〇年代に大いに流布されたのである。ところが興味深いことに、一九九〇年代のフランスでは、むしろ「gay」という綴り字の方が席捲することになったのである。この新傾向に、あのいささか厄介なデリダ流の「差延」の肯定を見てとるのでなければ、「y」の字を使うことによって強調されるのは、この語が指す現象のアメリカ的、異国的性質であり、またその「不安を呼ぶ異境性」であるように思われる。いずれにせよこの綴り方は、文法上の問題を引き起こす。つまりどうやって、性数の一致をさせるかという問題である。ある者はこの形容詞を英語と同じように不変であるとして、例えば「ゲイ・レズビアンの権利要求」と言うときに、« les revendications gay et lesbiennes » と書く。だがまた別の者は、単数／複数は変化させて、性は不変とし、« les revendications gays et lesbiennes » と書く。この二つの選択肢は、どちらも完全に納得できるものではない。そこで、伝統的な綴りに戻り、ゲイ・レズビアンの問題をきちんとフランスの問題として、フランス語で引き受ける方が良いと思ったのである。しかしとにかく、これも一つの提案に過ぎないし、それほど重要な問題でもない［フランス語では「gai/gay」は綴りにかかわらず単母音で「ゲ」と発音される。しかし本書では基本的に「ゲイ」と意訳した――訳者付記］。

であり、また、例えば人種差別や反ユダヤ主義と同等のものとして、同性愛嫌悪に刑罰を加える必要があることを自覚する市民、団体、政治家が、だんだんと数を増してきたからである。要するに、同性愛が刑法の規定から外されて民法の領域に属するものになった以上、逆に同性愛嫌悪が、今とどまっている市民社会の領域から、いずれは刑法の管轄へと移行して処罰の対象となることがあり得るということである。同性愛から同性愛嫌悪へと視線を移すことは、まさにダニエル・ボリヨが指摘しているように、「政治的なだけでなく、認識論上の変化でもある」<Borrillo>ことは明白である。それでも結局のところ、こと同性愛嫌悪との闘いについて言えば、すべきことで終わったことはまだ何一つない。

では、同性愛嫌悪と闘うためにはどうすべきかと言えば、その真の原因を見定めることが必須である。そしておそらく、その根本的な起源を異性愛主義の中に求めるべきなのだ。これについてアドリエンヌ・リッチは、強制的異性愛の体制として批判したのだった<Rich>。この体制は確かに、合法的で、可能で、さらには考えが及び得る性的経験は異性愛しかないとしがちである。だからこそ、同性愛者は実はどこにでも存在し、はなから人が思いこんでいるほど隠されてもいないにも拘らず、多くの人は同性愛者の現実のことを少しも考えることなく、人生を送ることができているのである。そのように異性愛主義に条件づけられている人びとにとって、異性愛は規範という以上に――規範であるとすればまだしも説明可能なはずである――、自分たちの精神の特殊な構築物でありながらそれについて考えてみたこともないもの、広く人類一般のあらゆるセクシュアリティの先験的な原理となっているのである。この自明性は、ある意味で他者の排除であり、実はそれは生得的なものではなく、社会的学習によって学ぶ基本事項の一つなのである。そして最終的にこの自明性は、異性愛者にとって、さらには異性愛者でない人にとってすら、世の中や人びと、男女の性について見るときの一つの図式として固定されるのである。同性愛がただ存在するだけで、信じられている世界全体が揺らぎ、従って価値のすべてが揺らぐのであるから、その人たちにとって同性愛を思考することが困難であるのはもちろんである。しかし以上のように考えてみると、異性愛を思考することも困難であるということが明らかになるのだ。なぜなら異性愛は、世界に対するごく普通の視点となることによって、この視点にとっては盲点となるからである。

実際、同性愛がある種の人びとにとってどのような恐怖と映っているのか、その全貌を考慮することなしには、同性愛嫌悪を理解することはできないだろう。同性愛嫌悪の中でも最も過激なものを見て、それこそが同性愛嫌悪だと思いこんでしまうことがあり得るのだからなおさらである。その恐怖については、コペルニクスが地球を認識論上の玉座から引きずり下ろしたとき人びとの間に広まった発作的な憎悪の感情が、おそらくそれに近いのではないかと思われる。というのも、異性愛中心主義は地球中心主義（天動説）と同じように、自らを、すなわちこの場合は異性愛を中心的な基準として、そこから世界を見る見方であると言い得るからである。この見方に立てば、他のセクシュアリティは、奇怪な銀河であるか靄がかかってよく分からない存在、あるいはしまいには地球外の生命体に過ぎないとされてしまうのである。地球が宇宙の中心であろうとなかろうと、日常生活には何の違いもないことはもちろんである。しかし神の領域を再考することが客観的に見てどうしても必要になった、しかもそれが本当は人間の領域であったというのだから、主観的には正真正銘の怒りを生み出したはずである。この怒りの理由は、宗教への絶対的信仰というだけではない。そもそもコペルニクスやガリレイの主張は、信仰の根拠の実在性をいささかも疑問視したわけではないのである。

同様に、最も強く異性愛主義に条件づけられている者にとっては、同性愛者は、ただ存在するだけで、たとえ客観的には何の脅威にもならなくても、主観的には脅威となるのである。それは、自身が同性愛者の排除の上に長年に渡って堅固に築き上げてきた心理的構築物を脅かすと感じるのだ。そのように考えれば、そうした者たちの抱く恐怖が、そしてさらにそこから結果する憎悪が、極限まで容赦のない暴力にもなり得る理由が理解される。もちろんこの恐怖がそのようなものだからといって、同性愛嫌悪に基づく殺人が情状酌量されるわけでもなければ、まして正当化などされるわけもない。アメリカの法廷では、「ホモをやっつける」ために野球のバットを持ってハッテン場に行った者が、「セックス・パニック」と称して、自己弁護のためにこの恐怖を引きあいに出すことが極めて多く、しかもいくらか成功を収めている。この「セックス・パニック」などという概念こそ、欺瞞の最たるもの、シニカルな残酷さの極みと思われる。しかしながら、「セックス・パニック」は確かに極端な反応の深い原因ではあるのだ。その原理はしかし、欺瞞や残酷さではなくて、実は異性愛主義によって条件づけられていることに由来する。なぜなら異性愛主義は、女性に対してはある程度「甘い」支配を土台にして、また同性愛者に対しては多かれ少なかれ厳しい抑圧を土台にして、男性のアイデンティティを築くことを求めるからである。

異性愛主義の他には、神学、道徳、司法、医学、生物学、精神分析、人類学などの理論が、その時々の信条に合致する仕掛けとして、明らかに正当化などできない私的な信念を正当化する根拠を捏造してきた。例えばパックス法案をめぐる論争の際には、神学や宗教道徳といった言説がもはやほとんど受け容れられないことから、教会は、明らかにそれよりは時流にかなっていた精神分析という手段に訴えることも辞さなかったのである。しかも少し前まで教会は、精神分析のありふれた主張についてさえ、猥褻《わいせつ》過ぎるとか寛大過ぎると言っていたのである。同性愛にある種の欠陥、ある種の病気を見てとる者に対して、そのような信念はもはや時代遅れだし、もうずいぶん前に医学自体から無根拠だと宣言されているのだと指摘しても、たいてい無駄骨に終わるのも同じような事情による。そのような者の同性愛嫌悪は、歴史をさかのぼってある時点に位置づけることが可能な特定の医学的言説を原因としているわけではないのである。ある医学的言説の姿を取っているように見えても、それは単に一時的な仮の姿であるに過ぎないし、せいぜい場合によっては根拠になり得るかもしれないという程度の話なのだ。だからこそ信念は、その土台になっているように見える理論にも先行し、また理論よりもずっと頑固に生き残るのである。つまり理論は、本当は信念を定式化したものに過ぎないし、信念の背景として信念を正当化するに過ぎないのである。

つまり本当を言えば、理論そのものはほとんど重要ではないのだ。ある理論を別の理論に交換しても構わないということがしばしばある。例えば神の秩序、自然の秩序、道徳秩序、公共秩序、象徴的秩序、人類学的秩序といったことは、同じ一つの発想から生じたヴァリエーションに過ぎない。どれも皆、現実の根本的に不平等な状態を正当化することを目的として援用されることに変わりはない。そのために必要とされる構築物が、時代によって異なるというだけである。選ばれる手段はさまざまだが、目的は一つということだ。今日であれば、同性愛嫌悪の立場そのものと見なされる危険がある場合に、それを婉曲化する——その実かえってそれを堅固にしているのだが——ためには、道徳秩序はどうも具合が悪い、自然の秩序は少し時代遅れ、象徴的秩序について語っておくのがよさそうだ、ということになる。つまり前面に押し出される理論や論拠は、ありふれた同性愛嫌悪が用いる成り行き上の手段でしかないことは明白である。従ってこの同性愛嫌悪の起源は、それに自覚的か否かを問わず、異性愛主義に基づく思考の深みに、いやむしろ無思考の深みに求めなければならない。この無思考にこそ、あらゆる同性愛者への烙印が萌芽として含まれているのである。しかしこの異性愛主義はまだましである。幸いなことにそれはいつも必ず暴力的な殺人へと発展するわけではないからだ。そうであれば次に解明すべきは、ある時代に、ある場所で、ある形態のもとに、同性愛嫌悪がもっと暴力的なものとして出現し、また復活するのはなぜなのかということになる。

同性愛嫌悪がその通常の表明を越えて大きなうねりとなるきっかけは、一般的に御都合主義的であるように思われる。この場合、歴史が豊かな教訓を示してくれる。共産主義革命の初期には、同性愛は比較的「寛容」に処されていた。ソヴィエト連邦では、一八三二年の刑法が廃止されると、ソドミーの犯罪は一九二二年および一九二六年の刑法には導入されなかった。また『ソヴィエト大百科事典』の一九三〇年の初版には、同性愛が犯罪でも病気でもないと、明確に書かれてさえいた。それと同じようにキューバでは、革命のごく初期には、同性愛者は短い期間ではあったが、本当の自由を享受することができた。このことは、レイナルド・アレナスも証言している。しかし政治的に困難な状況が最初に訪れてからというもの、同性愛者は執拗に追及され、強制収容所に閉じ込められるようになった。ソヴィエト連邦でも同じように、体制がうまくいかず、スターリンが登場したことで、生活条件が厳しくなると、一九三三年に、同性愛が再び犯罪とされたのである。そしてその後すぐに、同性愛は国家に対する犯罪、ブルジョワ的退廃の徴《しるし》、そしてさらにはファシスト的倒錯として、厳しく罰せられるようになるのである。ところがダニエル・ボリヨも指摘するように、「歴史の悲しい皮肉であるが、同じ時期にナチス・ドイツは同性愛者を共産主義者と同一視し、その弾圧と絶滅の計画を実行に移したのだ」〈BORRILLO〉。

　こうした例がはっきりと示しているのは、スケープゴートを求めることが正当化されるような深刻な危機的状況下では、異性愛主義に隠され、異性愛主義に固有の同性愛嫌悪が、突然、再活性化され得るということである。そうなると同性愛は、すべての悪を一身に背負わされ、粛清の十分な理由となるのだ。だからこそ同性愛は、問題になっている歴史上の時期に応じて、各時代特有の状況にぴったりとはめ込まれ、そして汚名を着せ烙印を押すべき、排除すべき最大の敵にそれが投影されるのである。例えば中世には、ブルガリアの異端とソドミーが同一視され、その両方を意味する「ブーグル」という言葉が生まれた。ソドミーは宗教的「逸脱」との戦い、例えばテンプル騎士団との戦いの中で、繰り返し嫌疑の根拠として用いられていた。宗教戦争の時期、同性愛が、プロテスタントに言わせればカトリックの悪徳と、カトリックに言わせればプロテスタントの悪徳と見なされたのも、同じような論理からである。同じ時期、同性愛はフランスで、イタリアの習俗だと言われたこともあった。当時のフランス王宮が、イタリア文化に圧倒されていたからである。その後、大英帝国ができ上がった時期、フランスでは同性愛はイギリスの習俗だとされた。さらにフランスとドイツの敵対関係が最高潮に達した時期には、それはドイツの習俗とされた。ユダヤ人のコスモポリタニズムと同一視されたのは、それが国家を脅かすような狙いを持っているとされたからである。今日では、同性愛はアメリカの共同体主義《コミュニタリアニズム》と同一視され、その原理が共和国フランスにとって脅威だと言われている。一九世紀のプロレタリアートにとってはブルジョワの悪徳だった。同じ時期にブルジョワはそれを、労働者階級という、いつでも不道徳な階級の所業か、あるいは貴族という、決まって退廃した者たちの所業だとしていた。今日ではまた、中近東、インド、中国、日本などで、同性愛は西洋的な行為だと見なされている。ブラック・アフリカでは、それはもちろん白人の所業である。

　要するに、現実の不確かさなどお構いなしに、同性愛は、先験的に競争相手や敵の典型的な要素とされるのである。侮辱すべき敵が誰であってもよい。相手が敵対する国であっても、特定の社会集団であっても、道で出会った一個人であっても使える、変幻自在の形態を持つ象徴的な構成要素なのである。つまり同性愛は、敵を貶める最も簡単で、最も確実な手段なのである。だからこそ同性愛嫌悪にとって、社会、宗教、人種差別、外国人嫌悪《ゼノフォビア》、反ユダヤ主義などに基づく憎悪がすでに深く根づいているような環境は、うってつけの場なのである。ある意味で同性愛嫌悪は、さまざまな怨恨の奇妙な共通項なのであり、同性愛嫌悪によって、それらが同じ一つの動機のもとに結集するのである。つまり、異性愛主義文化においては、その時々の危機や困難が、同性愛嫌悪の感情と実践の出現を促すのであり、だから自身の権威にもっと幅広い基盤を与えたいと願う「カリスマ的」指導者は誰でも、御都合主義的なやり方で同性愛嫌悪を繰り返し利用するのである。

　このようなわけで、同性愛が、互いに極めて異なる体制、時には少なくとも見かけ上はすべてが正反対であるような体制のどちらにおいても、しばしば標的とされることは無理からぬことなのである。雲行きが少しでも怪しくなれば、本来の問題から注意を逸らすために、同性愛嫌悪の言説を動員し、良俗の側が求める保証を与えておくことが、たいへん有効な手段となるのである。そして極めてよくあることなのだが、時宜を得た口実に過ぎなかったものが、目的そのものと化し、しかも最も大衆受けの良い理論がそれを正当化するのである。つまり「必要は道徳の母」なのだ。

　だがさらに、同性愛嫌悪が用いる手段について検証しなければならない。もちろんそうした手段のカタログを作り上げようというような、陰険で嫌気がさすような作業は重要ではなく、そうした手段の複雑なメカニズムを分析することが重要なのだ。ここでは、数多くの行動様式がしばしば多義的で、そのように多様な暴力を分類することが困難だという問題がある。あるものが公的な暴力、つまり国家の統制のもとに行使される暴力であるなら（死刑、強制労働、鞭打ち、化学的または別の手段による去勢、クリトリス切除、拘禁、収容など）、またあるものはむしろ非公式の暴力である（テロ攻撃、暗殺、懲罰的レイプ、殴打、肉体への、または言葉による攻撃、いじめ、嫌がらせなど）。しかもこの区別自体も怪しくなってくる。というのもある種の国では、非公式の暴力がそれを罰すべき当局から大いに賛同されたり、さらには協力を得ていることさえあるからだ。同性愛行為が犯罪とされていない場合ですら、法律を歪曲し、いかに空想的なものであろうと別の容疑をでっち上げて、完全に法にかなった形でそれを起訴するのである。容疑は非合法の集会とされたり、陰謀とされたり、冒瀆とされたり、同性愛者どうしが互いに殴ったり傷つけ合ったりしたこととされたり、私的な住居の中のことであっても公共秩序の壊乱とされたりする。当局の役割が極めて曖昧であるために、公的な暴力と非公式の暴力の間の境界線を引くことはしばしば難しい。

国家から一定のお墨付きを与えられた同性愛嫌悪以上に、社会的同性愛嫌悪はより広く蔓延していて、どんな環境でも行使される。家族、学校、軍隊、職場、政界、メディア、スポーツ界、刑務所などである。そのような暴力は、肉体的なものもあれば精神的なものもあり、しばしばその両方であるのだが、被害者が告発することをしばしば拒むために一層知られにくい。そこには自身の同性愛が暴露されることへの恐れがあり、報復に対する恐れもある。とりわけ、暴力行為が、ある集団、ある部屋、あるチームの内部で実行されたものである場合には、最も弱い立場にある犠牲者は、沈黙を強いられる。

しかしありふれた同性愛嫌悪が最も円滑に行使されているのは、象徴的なレヴェルである。日常的に暴力を行使しているのは、構造と化した社会組織の先験的な枠組みである。しかしその枠組みに合致するように経験を組み立てられている者にとっては、同性愛嫌悪であることが明瞭に見てとれるような行為、態度、言説などとは違って、それが暴力であること自体想像しがたいのである。ディディエ・エリボンが次のように指摘しているのは、確かにもっともなのだ。黒人の子どもであれば、たとえ人種差別が極めて深刻な環境に生まれたとしても、少なくとも自分について相対的には正当だという感覚を持ちつつ自身のイメージを構築することができるような家族の中で育つ可能性は大いにある。ところが同性愛者の少年少女の大半が育つ異性愛者の家族においては、同性愛の欲望が徐々に自覚されることが、一般的に困難な試練となる。しかもそれを秘密にしておかなければならないのだから、なおさらである。恥、孤独、愛されることへの諦め、いつの日か暴露されるのではないかという恐怖。そしてそのためにさらに、周りの者が表明する否定的な態度を、時に過度に深刻に受けとることになる。これらが精神を、自身の内部にある監獄に閉じ込めてしまう。かくして自殺した同性愛者の子どもを持つ親たちは、自殺の理由を理解できずに涙にくれることになるのだ。もちろん親たちは子どもを、その違いのままに受け容れていたはずだし、しかも親たちは、同性愛に反対するようなことは一度も何も言わなかったのだ。不幸であるのは、親たちが同性愛に賛成するようなことも何も言わなかったことである。この不幸を親たちは理解しない。しかしタブーになっているこの話題全般について沈黙が覆っていること、映像も言説も欠いていること。それがこの親たちの息子、娘にとって、最大の仕打ちだったのである。

このような極端な事例は、人が思っているより数が多い。そうした事例において、同性愛嫌悪の象徴的な暴力を、最もよく推し量ることができる。象徴的暴力が行使されるためには、暴力が表明される必要はないのである。沈黙こそが、象徴的暴力の在処《ありか》である。呪詛や非難の言葉はしばしば役に立たない。両親、友人、隣人、他人、テレビ、映画、子ども向きの本、大人向きの雑誌、何もかもが競って異性愛者のカップルを祝福する。何も言われなくても、すべての子どもは大きくなるにつれ、多かれ少なかれ自覚的に、別の生き方は不可能であること、同性愛は法から外れているのでないとしても、言葉から外されているのだということを理解するのだ。同性愛はもはや、最も下品な侮辱の言葉、すなわち「ホモ」や「オカマ」や、腕を上に突き出す仕草のようなその他の言葉でしか描かれないものとなる。そうした侮辱の言葉を用いる者は、もはやそこに同性愛嫌悪が充填されていることを感じない。このようにして男性同性愛は下劣の支配する世界に追いやられ、さらに女性同性愛は、ほとんど思いつきもしないものとなるのだ。

この象徴的暴力は、沈黙の中で開始され、一見したところ婉曲化されているのだが実際は一般化されているに過ぎず、それが行使される対象となる者の精神にしっかりと植えつけられる。そうした者の反抗を引き起こすどころか、場合によっては寛容に処すことと引き替えに、首尾よくその協力を得ることも極めてよくあることである。アーヴィング・ゴッフマンが次のように説明しているのは、全く正しい。「烙印《スティグマ》を押された者は、礼儀を示すこと、機会を利用し過ぎないことを、丁寧な言葉づかいで要請されるのだ。そうした者は、現に認められている受容の限界がどこにあるか試すようなことも、新たな要求のために受容されていることを利用するようなことも、すべきではないとされる。寛容はほとんどつねに、取引の一部なのである」<GOFFMAN>。かくして同性愛者は、品行方正を誓えば誓うほど他から受け容れてもらえると考える。このリベラルで、寛容で、尊大な外観を持つ同性愛嫌悪によって、見せかけや名誉の嘘を塗り重ねることを促されるのである。誰も欺く必要がない場合でも、そうした見せかけや嘘が、認知を得るためにあらかじめ要求されている必須条件のように考えてしまうのだ。しかもそんな認知はつねに不確かで、その限界はすぐやってきて、完全に「同化」できると素朴にも信じこんでいた者の不意をつくのである。

何が何でも社会的に受容されるべしというこの論理は、かくしてその論理に屈する者に、支配されている状況にありながら、支配する者の視点を持たせることになるのであり、これこそが内面における分裂や心理的な乱れを無限に生み出す源になるのである。この論理によって、自身の内部に内在化された同性愛嫌悪の感覚、正真正銘の自己嫌悪が維持され、それが最大の暴力の原因にもなり得るのである。自身が完璧に「正常」であることを証明しなければならないために、同性愛者と見なす者を攻撃したり、迫害したりするよう駆り立てられる者もいるのだ。現代史上には、この事実の驚くべき実例がある。「魔女狩り」によって、共産主義だけでなく同性愛も大いに標的にされたことはあまり知られていない。そして「魔女狩り」の主要な遂行者の一人であるＦＢＩ長官ジョン・フーヴァー自身が、同性愛者またはバイセクシュアルであったことも知られていない。彼はおそらく、自身のアメリカ的、同性愛嫌悪的、愛国的、精力的な政治的立場の故に、まず自分自身が確かな男らしさを実演してみせなければならなかったのだろう。このような精神のあり方、他者の欲望と自身の否定の間で真っ二つに引き裂かれたあり方から、レイプに駆り立てられることもあり得る。例えば刑務所や兵舎、学寮などのように男女が別々にされていて、日に日に男性性が煽られていく環境では、男性へのレイプが極めて頻繁に見られるのだが、それは模範を示す行動なのであり、「男らしさ」が足らないと見なされた犠牲者に対する教訓なのである。その限りにおいて、隠された同性愛的欲動を、レイプによって二重の意味で満足させることができるのである。なぜなら性的な力の疑う余地のない証しをはっきり他人に対して示すことができると同時に、この逆説的な論理の中では、それが完全に異性愛的な性の力を示すことにもなるからである。

ともかくこの内在化された同性愛嫌悪、その暴力が他の同性愛者に、またもっと多くの場合は当事者自身に向かうこの同性愛嫌悪は、おそらく象徴的なレヴェルでの同性愛嫌悪の最も憎むべき面の一つであろう。なぜならこの暴力は、はっきりと行使されなくても効力を発揮するからである。それは恥を掻きたて、恥を維持させることによって、目で見てとれる行動を起こす必要を免れているのである。従って多くの人が、たとえ誠実な人であっても、少なくともフランスでは、それほど同性愛嫌悪が存在するとは思わないのである。それどころか、むしろ同性愛嫌悪について不満を唱えている者は妄想を抱いているのではないかと疑ってしまうのである。だから、見かけ上は何の強制もないまま行使されるのが象徴的暴力に固有の特質であるということなど決して認めようとはしないし、自分たちの知りたがらないメカニズムを、偏見のない同盟者だと思いこむのである。このように象徴的なレヴェルの同性愛嫌悪は、容赦ない匿名の集合的な機械であり、特別手強い。その原理を多かれ少なかれ内在化することによってそれに屈する者は、暗黙のうちにそれを正当化することに貢献しているのだ。その暴力を改めて問題にすることによって、それを告発する者は、まるでドン・キホーテのように目に見えない怪物と闘っているような様相であるだけに、一層信用を失うことになるのである。

そんなわけで、同性愛嫌悪との闘いは、その原因があまりにも深く、その手段があまりにも効果的に見えるだけに、極めて困難な事業であると思われる。同性愛を罰したり、差別したりする法律が、それを取り巻く同性愛嫌悪の結果であって原因ではないのだから、そうした法律を廃止することは必要な措置かもしれないが、それだけでは十分でないことは確かである。もっと進んで、精神の真の革命を可能にする条件をつくりださなければならないだろう。しかし考え方というものは、簡単には変化しない。そのために必要な仕事は、時間やエネルギーを要するし、さらには明晰さも要請されるのだ。

この息の長い仕事に寄与するためには、同性愛嫌悪という概念に関連する問題点を概観できるような、総論をつくることが有益であろうとわれわれは考えた。そしてそのためには、百科全書という啓蒙の世紀に作られた批評的事典の伝統を再び採用するのが、時宜にかなっていると思われた。かつてベール、ディドロ、ダランベール、ヴォルテールは、本書とはまた別の形態の不寛容と闘うために、この形式に訴えた。それによって彼らは、当時の紋切型を検証し、偏見と闘うことができたのである。事典というものは主題のあらゆる側面のそれぞれに的をしぼった項目をいくつも収めることができる。それが事典の利点である。そうした項目はどれも、自律的で、切り離すことができ、再利用することが可能で、新たな展開に役立ち得る要素なのである。同性愛嫌悪に関するこの事典は、科学的であることと政治的であることという二つの使命を掲げる。従って本書は、知識の書であると同時に闘いの書でもある。

各項目は、どんな事典でもそうあるべきようにアルファベット順〔本書では五十音順〕に収録されているが、五つの範疇に分類することが可能である。この五つの範疇は、本書に収められたさまざまな項目がどのように選択されていったか、それが生み出された原理を示してもいる。まず第一に、同性愛嫌悪に基づく行為、態度、言説を正当化するために用いられ得る理論が検討された。神学から医学、生物学、人類学を経て精神分析までである。第二に、歴史上、同性愛嫌悪の中心人物となった人びとが提起された。例えばジョゼフ・マッカーシーやクリスティーヌ・ブタンである。それからその反対に、歴史上、同性愛嫌悪の犠牲となった人びとも提起された。例えばラドクリフ・ホールやオスカー・ワイルドである。第三の範疇として、さまざまな国についての項目（フランス、ドイツ、インド、中国など）や、地域についての項目（マグレブ、中近東、東南アジア、ラテンアメリカなど）は、完全に網羅しているとは言わないが、一つのパノラマとなっている。これによって少なくとも、世界の同性愛嫌悪に関して地理的な情勢、歴史的な情勢が明らかになった。さらに第四の範疇は、家族、学校、軍隊、労働などの環境や制度に関わるものである。そこでは社会的な同性愛嫌悪によって、それぞれの環境に完全に特有な行動や言説が生み出されていて、研究に値するのである。最後の第五の範疇に含まれるのが、同性愛嫌悪のレトリックによく現れる主題である。例えば放蕩、生殖不能、同性愛の勧誘、エイズなどがここに含まれる。

全体で七〇人以上の書き手が、約一五ヶ国から結集してつくり上げた本書は、実際多声的な作品となっている。それは複数性への配慮からだけでなく、より根本的な理由として、同性愛嫌悪が集合的な暴力だからである。同性愛嫌悪がある個人に狙いをつけたとしても、その個人がある集団の一員であることが常に前提とされている。その個人を通してその集団に烙印を押すことが意図されているのである。その結果、このような集合的暴力に対峙するためには、集合的な対応をしなければならないのだ。だからと言って、この一冊の書物に集められた項目のすべてが、一つの統一的な思想を前提としているというわけではない。それだったらある意味で、どうやって調和をとるかが課題となっていたことだろう。しかし課題があったとすれば、それは同性愛嫌悪と闘う必要性以外にはなかった。それこそが核心である。

その他の点について言えば、主題が複雑で多様な側面を持っているために、全体の結論を導き出すことがほぼ不可能という問題がある。さらに、どの項目でももちろん同性愛嫌悪について語られているわけだが、その同性愛嫌悪がこれとあれでは同じ様相を呈していない。しかも、厳密に言えば同性愛という概念が存在しないような文化について、同性愛嫌悪の概念を用いることは問題があるように思われるかもしれない。しかし実は、社会や性について現代の西洋世界と同じような装置が存在していることを前提としなければ、同性愛嫌悪の概念を用いることができないというわけではない。問題の社会に同性愛が範疇として存在していようとなかろうと、同性愛嫌悪は分析の道具として思考することが可能だし、同性の人物との間の性的関係にどのような意味が与えられていようと、同性愛嫌悪を、最低限、それを標的とする、身体的、精神的、象徴的暴力の総体と定義することは可能なのである。同性愛嫌悪の概念は、各項目の著者がこの用語の限界を十分自覚し、時代錯誤と民族中心主義に陥る危険を避けながら、明らかにしようとするさまざまな様態に応じて構成している。だからこの同性愛嫌悪という語は、本書の全体をつうじて慎重に理解されたい。

各著者がそれぞれ自律的に執筆したことは間違いないが、それでもさまざまな項目どうしが互いに交差し合い、互いに補い合い、互いに呼応していることは明らかである。だから読者は、好奇心の赴くままにページを渉猟されたい。利用の便をはかって、本書の各項目末には、参照すべき他の項目をいくつか掲げ、また本文中でもそれを↓印で示した。だが使用法の説明としてはそれで十分であろう。本書の使命は、最近の一つの問題について、その全体像を明らかにすること以外にないのだから。ただしその現状を見ると、残念ながらこの問題の決定的重要性が、日々明らかになるばかりである。だからこの事典は、大全ではなく概論だと思っていただきたい。この主題に関するある側面を深く知りたいという読者にとっては、きっと不完全なものに見えるだろう。そのような読者のために巻末に参考文献を掲げ、本書を補うための方途を示した。その他の読者にとっては、おそらく本書は十分に考察の、そして行動の、真の基盤となるはずである。

（山本訳）

同性愛嫌悪〝名言〟集

これは名言集だろうか。そうではない。名言集とは、その美しさと気品のために選ばれた詩歌や文を束ねたものである。ところがここで扱っているのは、さまざまな同性愛嫌悪《ホモフォビア》言説、場合によっては多少愚かで悪意のあるものである。従って反名言集ということになるが、愚言集や嫌悪の詳細な目録を作ろうというのではない。この著作の目的である厳密な意味での分析に移る前に、同性愛嫌悪をよく示している声や叫びをいくつかお届けしようというのである。この悲しい相隣関係においては、ヒムラーのように不吉な人物から、パウロのように名誉ある人物までもが隣り合う。これらすべての人びとが、一緒くたに、一種の暗い共通の汚名において同等であると仄めかそうというのではない。重要なのは、同性愛嫌悪言説が時代と分断を越えて非常に多様な文脈において現れ、そのたびにさまざまな意味を背負っているということである。その意味は事典の各項目が検討している。

いずれにせよこの撰集は、代表的サンプルとなることはないだろう。なぜなら通常の同性愛嫌悪は、公に断言され多少なりとも騒ぎになるというよりも、むしろ沈黙の間隙に住み着くからである。沈黙は、夜には物理的攻撃や警察の蛮行の形を取り、昼には、ちょっとした言葉や言外の言い落としとなる。実際に世界の多くの国々では、これらの物理的、精神的あるいは象徴的な暴力が、同性愛嫌悪の本質をなしている。それは、言葉では表現されない同性愛嫌悪である。

（齊藤訳、本文中に登場しない〝名言〟も）

▼人もし女と寝るごとく男と寝ることをせば、これその二人、厭うべきことを行うなり。二人ともに必ず殺さるべし。その血はおのれに帰せん。

『レヴィ記』（二〇章一三節）

▼淫蕩な者、偶像を崇拝する者、姦通する者、あらゆる種類の男色を行う者、盗みをする者、強欲な者、酒に溺れる者、誹謗する者、奪う者などは、みな神の国を嗣ぐことなきなり。

パウロ『コリント人への第一の手紙』（六章九〜一〇節）

▼実にこの悪徳は他のいかなる悪徳とも比べものにならないのである。なぜならこの悪徳はあらゆる悪徳の範囲を越えているからである。事実、この悪徳は肉体の死であり、魂の破壊なのである。この悪徳は肉体を汚染し、精神の光を消す。聖霊をその神殿である人間の心の外に捨て、そのかわりに悪魔を住まわせ、邪悪な欲望を覚醒させる。この悪徳は、魂を真実に対し絶対的に閉ざす。この悪徳はだまして、嘘へと向けさせる。この悪徳は道の上に罠をはり、ある人がその溝にはまったときには絶対に逃さない。この悪徳は地獄の門を開き、天の門を閉ざす。

聖ペトルス・ダミアニ『ゴモラの書』（一〇五〇年頃）

▼ソドミーを行ったことが立証された者は、睾丸を失わねばならぬ。その者が二度目にそれをした場合は、陰茎を失わねばならぬ。その者が三度目にそれをした場合には、焼かれなければならぬ。（…）女でそれをした者は、そのつど四肢のうちの一本を失わねばならぬ。三度目には、焼かれなければなら

ぬ。そしてそれらの者の財産はすべて、王のものである。

『法と裁きの書』（「オルレアン古慣習法」、一二六〇頃）

▼異教徒の場合にように、信仰に背き、信仰から真理への道に至ろうとしない者、あるいは男色を行う者は、焼かれなければならない。

フィリップ・ド・ボマノワール『ボヴェジスの慣習』（一二八五頃）

▼主立った神殿や信仰の場には、一人か二人、あるいはそれ以上の男がいて、子どもの頃から女の服装をさせられ、女のように話し、物腰や服装や何もかも女の真似をする。男たち、とりわけ長老たちが、祝祭のときや聖なる日に、この者たちと不純な肉体関係を持つ。そのとき男たちは、あたかも祭儀や儀式を執り行うかのように振舞う。私がそれを知っているのは、そのことで彼らのうち二人を罰したからである。

シエサ・デ・レオン『ペルー誌』（一五三三）

▼かくしてこの者たち（フロリダのアメリカ先住民）とともに過ごした期間に、私はある悪魔のように恐るべき出来事を見てしまった。男が男と結婚していることを知ってしまったのである。

ヌニェス・カベサ・デ・バカ『報告』（一五四二）

▼男色に同意した男は、一〇〇日間の足かせを着用させられ、一〇〇回棒で打たれて処罰される。

『大清律令』（清王朝の法典、一七三四）

▼男色家は、衛生、清潔に違反し、浄化する清めを知らない。その尻の状態、括約筋の緩み、漏斗の形の肛門、あるいはペニスの形態と大きさは、男色家が新しい種に属していることを示している。一連の新しい怪物の中の怪物である男色家は部分的に動物と結びついている。その性交において、彼は犬を思わせる。その性質は、糞便と男色家を結びつけている。

アンブロワーズ・タルデュー『風紀紊乱罪に関する法医学的研究』（一八五七）

▼死ぬほどというわけではないが、われわれの間に広まり始めているこのおぞましいことが、これほど大目に見られていることを残念に思う。どんな場合にもレイプと同視され、二〇年の追放によって罰されてほしいと思う。

プルードン『愛と結婚』（一八五八）

▼同性愛は、退化の機能的な烙印であり、神経精神病的欠陥である。

リヒャルト・フォン・クラフト＝エビング『性的精神病質』（一八八六）

▼同性愛は、最も敏感な点の一つにおいて、人間意志を否定するものである。なぜなら人間意志は、自らのうちに生気ある永続の理想を含んでいるからである。この事実だけで、異性愛を規範として課し、自慰を含めたあらゆる倒錯を、過ちの罪あるいは宗教上の罪に含めるのに十分である。

アルフレッド・アドラー『同性愛の問題』（一九一七）

▼二人の男性間の性的行為が何であるか正確に想像し、吐かないようにしてみるがよい。

カミーユ・モクレール『レ・マルジュ』（一九二六年三月）

▼同性愛は、あらゆる生産性を疎外する。（…）この悪徳を撲滅することができずに、これがドイツに広まれば、ドイツは終わりである。ゲルマン世界の終わりである。

ヒムラー（一九三七年二月一八日の演説）

▼健全な道徳性を持つソヴィエト社会では、精神錯乱の場合を除いて、同性愛者は性的変質として抑圧され、法によって処罰される（…）。ブルジョワ国家では、支配階級の道徳的解体の徴である同性愛は、実際には罰することが不可能である。

『ソヴィエト大百科事典』第一二巻「同性愛」（一九五二）

▼三八年間で、サマーヒル・スクールは一人の同性愛者も生み出していない。理性とはそのようなもので、自由が健全な子どもを作る。

アレクサンダー＝サザーランド・ニール『サマーヒルの自由な子どもたち』（一九六〇）

▼われわれ精神分析医のところに、同性愛は倒錯ではないなどと言いに来るようなことがなければ良いのだが。同性愛は受け容れられ、承認され、そのうえ歓迎されているのだから、などと言って。それでもやはり同性愛は同性愛以外の何物でもない。一つの倒錯であることに変わりはないのだ。

ジャック・ラカン『セミネール』（八巻「転移」、一九六〇～六一）

▼神経の潜在的能力全体が無傷の、純粋な同性愛者は、例外的であるように私には思われる。私たちの診療所では出会うことはないだろう。

マルセル・エック『ソドム』（一九六六）

▼同性愛は、非友愛と非生命の袋小路であり続けている。

エリアヌ・アマド・レヴィ＝ヴァランシ『大災禍——同性愛の謎の源へ』（一九七三）

▼私は、身体障害者を尊重するように、同性愛者を尊重しています。しかし同性愛者が、自らの身体障害を健全と見なすことにしたいというのなら、私は賛成ではないと言わざるを得ません。

ストラスブール司教エルシェンジェ（一九八二）

▼同性愛の勧誘を処罰しなければならない。実際に、地球を脅かす最も重大な危険は、第三世界の高出生率に対する、西洋世界の出生率低下である。このことから、同性愛は、もしそれが広まれば、世界の終わりへと通じる。

国民戦線党首ジャン＝マリ・ル・ペン（ラジオ『フレンカンス・ゲイ』一九八二）

▼これから三、四年のうちに、幸運な医学的な偶然がない限り、議論すべき選択肢の一つとして、同性愛者の殲滅を考えなければならないだろう。

ポール・キャメロン医師（保守派政治大会（CPAC）、一九八五）

▼異性愛の方がいい。

フランス首相エディット・クレッソン（一九九一）

▼エイズウィルスは、生殖の生理学を不純な快楽に変形した者を攻撃する才があった。（…）自然的道徳をも含めた道徳に反するすべてのものが許されるこの時代に、このウィルスはどこを攻撃すべきか分かっていた。

薬学協会会長アルベール・ジェルマン教授（一九九一）

▼一定の領域においては、性的な傾向を考慮に入れることは不正な差別ではない。例えば、養子になる子どもの斡旋や監護、教育職やスポーツのコーチの雇用、軍隊の採用などがそうである。

ラッツィンガー枢機卿［後のベネディクト一六世］およびヨハネ・パウロ二世『同性愛者の非差別についての諸法案への回答に関するいくつかの考察』（一九九二）

▼レズビアンやゲイは犬や豚にも劣る。

ジンバブウェ大統領ムガベ（一九九五）

▼教育的文脈で、話し任命する責任を持つ者、教育、支援、統制、規範の作成の責任を持つ者にとって、同性愛と異性愛の愛情形態の間には同等性がないことをはっきり述べることは、知的道徳的正直さの問題であるように私には思われる。すでに述べた他の形容とは異なって、「セクシュアリティの異常な形態」あるいは「客観的に欠陥のある振舞い」という表現は、当事者に対する無礼にも侮辱にも当たらないように私には思われる。自分のパーソナリティの一定の側面、とくにセクシュアリティにおいて欠陥のない者がいようか。セクシュアリティは、私たちの能力とパフォーマンスの舞台であるだけ

でなく、傷つきやすさと失敗の舞台でもあるのだ。

グザヴィエ・ラクロワ［神学者］『似たものの愛、同性愛についての問題』（一九九五）

▼国民戦線にも同性愛者はいるが、しかしオカマは一人もいない。他へ行ってもらっている。

ジャン＝マリ・ル・ペン（国民戦線夏期セミナー、一九九五年九月）

▼同性愛行為を重大な堕落として提示する聖書に基づいて、聖伝は常に「同性愛行為は本質的にふしだらである」と宣言してきた。同性愛行為は、自然の法に反している。同性愛行為は、性行為が生命を授けるものであることを妨げる。同性愛行為は、真の感情的、性的補完性から生じるものではない。同性愛行為は、いかなる場合においても承認を得ることはできないであろう。

カトリック教会教理《カテキズム》（二三五七〜九節、一九九七）

▼私は大声で叫ぼう。同性愛者でありながら幸せになることはできないと断言してもよい。

セバスティアン『ゲイになるな、不幸になるぞ』（一九九八）

▼同性愛者に対して、イスラムは最も厳しい罰を命じた。シャリーアに従って立証されれば、その人物を取り押さえて立たせ、剣で二つに切り裂き、首を切るか、頭全体をかち割らなければならない。彼（あるいは彼女）は、倒れるだろう。（…）その死後、薪を用意して、死体をその上に起き、火をつけて焼くか、山まで運んでいって、突き落とさなければならない。そして死体の肉片を集めて焼くのである。あるいは、穴を掘り、火をつけてそこに生きたまま投げなければならない。他の罪については、このような処罰はない。

アーヤトッラー［シーア派高位のウラマーの称号］ムサヴァ・アルデルシリ（テヘラン、一九九八）

▼同性愛は、人間のセクシュアリティの初期段階をなしており、セクシュアリティの最終段階ではない。セクシュアリティは最良の場合には異性愛へと向かって完成するのである。同性愛は、数あるものの中からの対象選択の一つなどではなく、他者の内在化の失敗を表すコンプレックスである。

司祭・精神分析学医トニ・アナトレラ（『ル・モンド』一九九八年一〇月）

▼もし同性愛者であることを宣言している教師が教えてもよいかどうかと聞かれれば、答えは否である。同性愛者であることを宣言している、あるいは小児性愛をつまるところ愛の一形態と見なす人が、教師になるのは教育的ではなく道徳的に不適切である。彼は公職から追放されるべきだろう。

イタリアの国民同盟党首ジャンフランコ・フィニ（一九九八）

▼私が人類の墓掘り人と呼んでいる人びと、確固たる未来をぐらつかせる人びと、つまり同性愛者の味方にはなれない。

左翼急進党所属元老院議員フランソワ・アバディ（『ヌーヴェル・オプセルヴァトゥール』誌、二〇〇〇年六月）

▼男が別の男につながることや女が別の女につながるのはよくない。それはアフリカの伝統と聖書の教えに反する。

ケニア大統領ダニエル・アラップ・モイ（二〇〇〇）

▼おれの言葉はギザギザの刃のついた短剣のようにおまえの頭に突き刺さる
おまえがホモだろうがレズだろうが……ホモ嫌い？　答えはイエス！

エミネム『ザ・マーシャル・マザーズLP』（二〇〇〇）

▼レズビアンは、生命の穴で遊び回っている。反対に男性同性愛者は、排便の穴を使っている。

マダガスカル大統領ディディエ・ラツィラカ（『マダガスカル・トリビューン』二〇〇一年三月二七日）

▼若者は、暴力、不道徳、自然に反する罪、アルコール中毒、薬物地獄と闘

わなければならない。悪が私たちの社会に氾濫し、異常が正常と見なされようとすることに、われわれすべてが憂慮しなければならない。

ルーマニア正教会総主教テオクティスト（二〇〇一）

パックスの闘い

◆同性カップルを承認する契約となったフランスのパックス法案をめぐる議会内外の同性愛嫌悪発言

▼同性カップルが結婚にアクセスを持たない理由は、結婚が、カップルと親子関係を結びつけて象徴的秩序の中に性差を登録する制度であることにある。

イレーヌ・テリー［社会学者］「問題の社会結合契約」（『サン・シモン協会覚え書き』、『エスプリ』一九九七年一〇月も参照）

▼ソドムが市民権を要求している。

エルヴェ・レキュワイエ［民法学者、パリ第二大学教授］『カップルの法的観念』（『エコノミカ』一九九八）

▼こうして野蛮時代に戻ってしまう。

▼養子になる子にとって、同性愛と小児性愛の境界はどこにあるというのだろうか。

▼問題にされかねないのは、文明と民主主義の根本である。

フランス民主連合所属国民議会議員・「教皇庁家庭評議会」委員クリスティーヌ・ブタン『同性愛者の「結婚」？』（一九九八）

▼もしここにホモがいたら、ケツに小便をかけてやる。

フランス民主連合所属国民議会議員ミシェル・メラン（一九九八）

▼文学、映画、演劇、メディアを浸食し、適切な防御のできない幼年者を汚しているのは同性愛とあらゆる性的倒錯である。

「文化の未来［メディアの浄化を目的とする保守的カトリックの結社］」のビラ（一九九八）

▼社会を構成する構成員の再生を行うのに不適切な同性愛は、本質的に社会にとって致命的な行いである。これは道徳的主観的類の評価ではなく、初歩的な生物的事実確認である。

ジャン＝リュック・オベール［フランスの法律家、パリ第一大学名誉教授］（一九九七年一二月一七日破毀院第三民事部判決の評釈、『ルキュエイユ・ダロズ』一九九八、九号）

▼異性愛と同性愛の間にはいかなる同等性もあり得ない。この自明性は、何らかの道徳的あるいは原理主義的考慮から生じているのではない。

自由民主党所属国民議会議員ジャン＝フランソワ・マテイ（一九九八）

▼一般的に同性カップルが異性カップルを上回る収入を得ていることに明白な理由があることは、あらゆる社会学的研究調査が示している通りである。同性カップルが享受しているこの特権には正当性がない以上、万人に同じ特権を与えることは不合理である。

ベルナール・ベニエ［民法学者］「社会結合契約に関する新法案――再検討すべき法案」（『家族法』誌「時評」、一九九七）

▼カップルが男女の対関係以外で構成され得ると認めることは、神によって作られた均衡に反することである。民主主義の口実で、私たちの社会は道徳の変化に合わせて立法する傾向がある。（…）人は自然に侵害を加えるとき、神および自分自身に侵害を加えているのである。

ユダヤ教のフランス大長老ジョゼフ・シトリュク（『フィガロ』一九九六年七月二日）

▼奴らを去勢しろ！

共和国連合所属国民議会議員ピエール・ルルシュ（一九九八）

▼では、パックスとクローンが同じことだということが分からないのか。すなわち他性を犠牲にした同一性の優位である。すなわち、避けがたい男女の対照と必然的な補完性を根本的に問題にすることである。

精神分析医シモヌ・コルフ＝ソス（『リベラシオン』一九九八）

▼山のようなホモ、オネエ、レズ、少し頭のおかしい者、不幸な者、詐欺師、愚か者、ヤク中、シリル・コラール［フランスの作家］の愛読者たちが、ついに、ミサの帰りにサントノレを持って、紳士淑女として街を歩くことができるようになる。

『ナショナル・エブド』誌［国民戦線に近い週刊誌］（一九九八年一〇月一九日）

▼男性同性愛者のカップルに養子として子どもを託すという事態（パックスが採用されたのであれば、その論理的進展として早晩起こるであろう）は、すでに飛躍的に発展している小児性愛の危険を、必ずや増大させるであろう。

エマニュエル・ル・ロワ・ラデュリ［フランスの近代史家］（『フィガロ』一九九八年一〇月一九日）

▼これは革命である。あなたは明日、同性愛者のカップルが、あなたの子どもや孫が学校から出てくるのを見ていてほしいですか。あなたの子どもや孫が、ママではなく二人の「パパ」を持つ同級生を持って欲しいですか。性逆転者の税金を減らすためだけに、より多く税金を払いたいですか。明日、同性愛者の同居が結婚と平等に認められ、そして結婚そのものは、廃れてしまう！　そう、同性愛ロビーの攻撃は、われわれの文明の本質的原則を破壊する槍の刃なのです。

「文化の未来」のビラ（一九九八）

▼この計画は、社会党支持者も含めて、深い反感を引き起こしている。これは退廃の時代の合法化であり、ローマ帝国の終焉の時代よりも悪い。

前法務大臣ジャン・フォワイエ（一九九八）

▼パックスというあなた方の改革は、単なる野蛮への逆戻りに過ぎない。

国民議会議員フィリップ・ド・ヴィリエ（一九九八）

▼動物性愛者もいるぞ。

共和国連合所属国民議会議員ジャック・ミヤール（一九九八）

▼われわれは同性愛嫌悪ではないが……。

フランス民主連合所属フェレタン市長ミシェル・パントン作成の
フランス市長たちの請願（一九九八）

▼オバさん《タントゥーズ》［“オカマ”の意味］に甥はなし！
▼今日の同性愛者、明日の小児性愛者。
▼ホモを火炙りに！

反パックス・デモのスローガン（一九九九年一月三一日）

アイルランド

一九八二年九月一〇日、三二歳のデクラン・フリンという男性がダブリン市の市営公園で若者の集団に殺害された。この集団は、彼ら自身の言によれば、ホモをやっつけるために外に出たという。しかもフリン殺害に先立つ数週間の間に、彼らは二〇人の「蒸気男」（アイルランドの隠語で同性愛者を表す言葉）を殴りつけたと証言するメンバーも複数いた。同じようにその前の年には一五〇人以上の同性愛者を狩り立てたという証言もあった。

フリンの殺人者の裁判で、一八歳の若者アンソニー・メイハーは次のように言い放った。「何週間も前から、何人もホモをやっつけたけど、フリンさんを殺そうと思ったわけじゃない。他のゲイと会うためにあの公園に来るゲイの一人なのかと思い込んでしまったんだ」。メイハーの弁護戦略はこのように完全に矛盾したものだったわけだが、結局かなり得をすることになった。彼はデクラン・フリンが異性愛者であると信じている振りをした。そしてそれによって自分の行為が誤りであり、ある種の誤解であり、要するに完全に遺憾なことであると見せようとした。なぜなら異性愛者を殺そうなんて、もちろん思いもしなかったのだから。一九八三年三月八日、デクラン・フリンの死から半年後に、五人の殺人者がダブリン市中央刑事裁判所に召喚された。裁判官のギャノン判事は、被告を釈放した。その晩、殺人者とその家族、およびその友人たちは、犯罪が行われた現場で松明を手に勝利を祝って行進した。その数ヶ月後、同じ裁判官がハンドバッグ泥棒に六ヶ月の刑を科した。この司法決定によってアイルランド当局は、要するに↓暴力的な同性愛嫌悪《ホモフォビア》行為を正式に公認したようなものである。しかし当時の政府は厳しく批判され、この事件によって、同性愛者がこの国で司法の「保護」のもとにどんな取り扱いを期待できるかが明らかになり、これをきっかけにアイルランドにゲイ・プライド運動が始まった。

アイルランドで同性愛関係が↓非処罰化されたのは、一九九三年六月になってのことである。それまで男性どうしの性的関係は拘禁刑（↓刑務所）を科される犯罪であった。女性どうしの関係をこの法律は顧慮していなかった。アイルランドにおける同性愛嫌悪の歴史は、イングランドによる植民地化の歴史、および国家と↓カトリック教会の間の密接で複雑な関係に、覆われて隠されている。

イングランドにおける、明白に同性愛を禁じる世俗の法律が最初に現れたのは、一五三三年、ヘンリー八世の治下である。この「肛門性交法《バガリー・アクト》」は、ソドミーを死刑を科すべき犯罪と見なし、その後数年の間に、廃止されては再び有効とされることを繰り返しながら、一五六三年にヘンリー八世の娘エリザベス一世によって最終的に復活し、イギリスの植民地全域にまでその効力が拡大された。「肛門性交法《バガリー・アクト》」は、アメリカの最初の一三の植民地でも一字一句がそのまま採り入れられ、そのためそこでも肛門性交《ソドミー》は死刑を科されることになった。アイルランドの最初の犠牲者は、ジョン・アサトン司教であった。悲劇的な皮肉であるが、彼はこの法律がアイルランドに適用されていなかったことを指摘し、「アイルランドをソドミーから救うキャンペーン」を組織した人物であった。ところがキャンペーンは効き目があり過ぎて、彼は自分自身がソドミーで告発され、有罪とされて自分の生命でその代価を支払うはめになったのだ。

それ以前から、アイルランドの修道院や贖罪の伝統が、イングランドの思想に影響を与えていた。アイルランドでは、ケルト人のピューリタン教会の間に贖罪手引書が回覧されていたが、これは中世初期からイングランドやフランス、ドイツにまでその影響力を及ぼしていたのである。そこには同性愛の各行為が、どれほど罪が深いかによって分類されていた。基本的な罰は、秘跡からの排除、自分自身に課す苦行（幼い者は年上の聖職者に陰茎を叩かれた）、祝日にも何も付けないパンと水だけに制限することなどであり、それぞれの罰の主な違いは、それが適用される期間の差にあった。

イングランドによってアイルランドが植民地化されると、アイルランド人に対する教会の支配力は増した。それ以後、可能な選択肢は以下の二つとなった。国王への忠誠か、カトリック教会への忠誠である。今やカトリックは、アイルランドの自律性を表現することが可能な唯一のものと見なされるようになったのだ。時が経つにつれて、アイルランドのナショナリズムはアイルランドの教会による教育との結びつきを深めていき、一九一九年に発布された教会法は、アイルランド共和国の憲法と初期の政府に重要な影響を与えることになった。

ＩＲＡ（アイルランド共和軍）内部では、同性愛が積極的に攻撃された。一九七〇年代と一九八〇年代初めには、北アイルランド刑務所のＨ棟に投獄されていたＩＲＡメンバーが、自分たちで同性愛者だと見なした仲間を文字通り村八分にしていた。例えばブレン・マクリーナハンは次のように語っている。「『沐浴』部屋に下りていくと、男たちは流しやシャワー、小便器から離れ、ぼくがそこから出て行くまで、ずっと離れたところにいた」。同性愛者の囚人は刑務所の共和主義者ゾーンから出て行くことを余儀なくされ、ＩＲＡメンバーの囚人であれば誰でも政治囚扱いを求めることができるのに、その権利を失うことになった。しかし興味深いことには、ＩＲＡに最も近い政党であるシン・フェーン党が、一九九〇年代末にゲイ・レズビアンの平等を政策方針とした最初の政党となった。

それよりも数世紀前、今日でもその思想がカトリック教会の反同性愛の姿勢の基礎となっているトマス・アクィナスが、『神学大全』の中で、↓自然に反する罪を色欲の大罪の中でも最も重いとして、反同性愛者の偏見に合理的な基盤があることを主張した。この↓哲学によれば、正しい理性は生殖を性行為の唯一の目的とせねばならず（↓生殖不能）、同性愛に対するこの断罪は、この問題に関するあらゆる神学的言説の源泉となったのである。

一九一九年のアイルランド新政府は、力を振るっていた当時のカトリック教会と完全に合意のうえでこの哲学を採用するだけに飽きたらず、一五三三年の「肛門性交法《バガリー・アクト》」の直接の遺産であるイギリスの反同性愛諸法を維持することも決定したのである。「男性どうしの風俗壊乱行為」を罰する一八八五年の「ラブーシェア修正法」は、一八六一年の他人に対する攻撃に関する法律と同様、アイルランドの法体系にそのまま採り入れられた。オスカー・↓ワイルドが二年の強制労働の刑を科されたのも、この法律に基づいてのことであった。↓警察と法律は、イギリスよりも乱暴ではなかったかもしれないが、二〇世紀の間じゅうずっとアイルランドの同性愛者の生活を条件づけていたことは確かである。

しかし同性愛嫌悪は、今日でもなお古風な教会法に基づく社会経済的↓差別を通しても、作用している。ゲイ・レズビアンのカップルは、婚姻関係にある異性愛者カップルと同じように、既婚者が合法的に享受することのできる経済措置を利用することができないのである。とくに税金、保険、年金、相続、抵当に関するあらゆる措置である。

同性愛が非処罰化される一九九三年の数年前には、他の多くの国と同じように、↓エイズが同性愛嫌悪の言説と実力行使を助長した。しかしアイルランドでは、同性愛関係が当時はまだ不法行為であったので、エイズの意味が他の国とは異なっていた。他の国では保守派が国民をエイズから保護するために「公衆衛生」を口実にしたいわゆる同性愛嫌悪新法の提案を画策したことを思えば、なぜアイルランド政府は一八八五年の法律を廃止することになったのであろうか。

エイズの流行を背景に、おそらくはアイルランドでも同性愛者に対する敵意が最高潮に達していたと思われる一方で、一八六一年の法律と一八八五年の法律が廃止されたという事実は、エイズが大きな衝撃力となって、アイルランドにおけるゲイ運動に正当性を与えたことを示している。アメリカではエイズ感染者に占めるゲイの割合の高さが、個人の自由を束縛する理由として利用されることがあった。例えば一九八四年にサンフランシスコのサウナ店が閉鎖されたときもそうだった。しかしアイルランドでは、この時期エイズと関わりがあったのは、ゲイよりも麻薬中毒者であり、エイズが同性愛を不利益扱いする（↓処罰）法律を維持する理由にはほとんどなり得なかったのである。ＧＬＥＮ（ゲイ＆レズビアン・イクォーリティ・ネットワーク［平等の権利をめざすネットワークという意味］）が同性愛の非処罰化のキャンペーンを実施し、早い時期からエイズは「現行法を維持するのではなく、廃止する追加の理由」であると見なした。要するにアイルランドでは、エイズによって法制度改革と平等のための闘いが妨げられることはなかったのである。

一九九三年、同性愛が非処罰化され、性的同意年齢が誰にとっても同じ歳になったとき、過去四〇年以上に渡って「ラブーシェア修正法」に基づく訴追は存在しなかったとよく公言されていた。しかしこれは間違いである。一九七〇年代をつうじて、弁護士で、のちに上院議員になったデーヴィッド・ノリスと、のちに共和国大統領になったメアリー・ロビンソンとが、疑わしい状況下で逮捕された多くの者の弁護に当たったのである。「無罪を勝ち取ったときでさえ、被告が侮辱を受けたことをはっきりと覚えています」と、ノリスは、同性愛の非処罰化をめぐる論争の際、一九九三年六月に、上院での演説で述べた。「とくに思い出されるのは、ある一人の若者が、何度も何度も、自分が行ったフェラチオについて詳細に渡ってすべてを描写することを強いられました。裁判官は『↓ユーモア』に満ちた指摘を挿み、傍聴者を多いに喜ばせて楽しんでいたのです」。

一九七四年、アイルランドの法制度が人権を尊重していないこと、ゆえにそれは憲法違反であることを示すために、ノリスは高等司法裁判所にアイルランド共和国を訴えた。評決に当たってマクウィリアム判事は、アイルランド共和国のキリスト教的、民主主義的性質から、ノリスの申し立てを受け入れることはできないと答えた。最高裁判所への控訴も棄却されたため、ノリスはヨーロッパ人権裁判所へ提訴することを決めた。同裁判所は、ノリスの言い分を認める裁定を下した。しかし立法府がアイルランドの法制度を改正するには、さらに五年間待つ必要があった。

このような言い方をするからと言って、アイルランドの文化的な革命に、レズビアン・ゲイが不在だったわけではない。共和国建設に至った、ナショナルな誇りに基づく運動の中で、複数のゲイ・レズビアンが、慎ましく、また曖昧ではあったかもしれないが、自己表現をすることができたのである。おそらく最も有名な例は、ロジャー・ケイスメントの作品『黒い日記』であろう。これは数十年に渡って市立図書館の棚に置かれていた。イギリスのナイトの称号を持つこの人物は、アイルランド共和国の立場に転向したため逮捕され、一九一六年の革命後に↓反逆罪で裁かれた。裁判の間、イギリス政府はこの日記を、彼の罪状を確証するために回覧した。その日記には、日々の出費を記録するのと全く同じ几帳面さで自分が会った同性愛関係の相手のことが書かれていた。ケイスメントは反逆罪で絞首刑に処され、今日でもなお、知識人の中にはこの日記の信憑性に異議を挿む者がいる。その論拠の大半は、極めて明白に同性愛嫌悪に由来する感情や偏見に基づいている。

アイルランド文化の発展に多大な影響を与え、ゲイ、レズビアン、バイセクシュアルであることを公表していたか、あるいは自身の作品の中で同性愛的欲望をはっきり表明していたその他の人物としては、例えば小説家のケイト・オブライエン、国立劇場を設立した俳優のマイケル・マックリアマー、ケルトの伝統を再生した女性詩人エヴァ・ゴア・ブース、また小説家のブレンダン・ビーアンなどがいる。一九一六年の革命のカリスマ的指導者の一人パードラック・ピアースは、自身の詩の中で同性愛的欲望を大っぴらに表現し、そのことで称賛された。さらにまた、マイケル・マックリアマーが一九七八年に亡くなったときには、共和国大統領がその葬儀に参列し、マックリアマーの長きに渡るパートナーだったヒルトン・エドワーズに対して弔意を表した。こうしたことが、まだ同性愛関係が犯罪とされていた国で、しかもその状況がまだそれから一五年も続くことになる国で、起きたのである。

ブライアン・フィネガン、ルイ＝ジョルジュ・タン仏訳（山本訳）

↓イギリス、北アメリカ、軍隊、神学、非処罰化、暴力、ワイルド

◆補遺

アイルランドにおける同性愛をめぐる法制度の最近の状況は、二〇一二年五月発行のＩＬＧＡ（国際レズビアン・ゲイ連盟）の報告書によれば以下のとおりである（括弧内は発効年）<Paoli Itaborahy>。

同性愛行為は合法である（一九九三）。

同性愛関係か異性愛関係かに拘らず同じ法的同意年齢が定められている（一九九三）。

性的指向に基づく雇用差別が禁じられている（一九九九）。

トランスジェンダーの人びとへの差別は、ジェンダー差別一般を禁じる法によって禁じられている。

性的指向に基づく憎悪を煽動することは禁じられている（一九八九）。

結婚に伴う権利の一部が同性カップルに認められている（二〇一一）。

同性カップルが共同で養子縁組することは認められていない。

（山本）

アウティング

この語は、ニューヨークのジャーナリスト、ミケランジェロ・シニョリーレによって実践され、続いて理論化された行いを指す。合衆国でこの「アウティング」という言葉が登場したのは一九九〇年代初めである。多くの人がこの実践を発明したのはシニョリーレであると考えている。この考えもその実践も本当のところ新しいものではなかったが、シニョリーレによるアウティングは当時前例のないインパクトを与え、重要な議論をメディアで引き起こした。アウティングは、数ヶ月の間に海を渡ってオーストラリアからヨーロッパ（ドイツ、フランス、イギリス、オランダ）に到達した。

アウティングの原則や実践を定義することは易しいことではない。それほどまでにこの語に与えられている意味は変化に富んでおり、とくにアウティングに対する賛否によって変化する。これを実践する者に最もよく受け入れられているアウティングの本質は、同性愛を隠すことに固執する公人の同性愛を明らかにすることにある。公人が同性愛を隠すことは、同性愛者に課された沈黙を永続させながら、それに結びつけられた烙印を追認してしまうからである。活動家の中には、より詳細な定義に基づいてそれを強く奨め実行している者もある。その定義は「↓クローゼットにとどまっていること」を選ぶだけでなく、自らの立場やその活動を通じて、同性愛嫌悪《ホモフォビア》を助長している人物の同性愛を公にすることである。これらの場合には、アウティングの支持者は、抑圧を利する沈黙と不可視性と闘うことで、あるいは自らの立場を通じて同性愛者の差別を促進している者の矛盾を公にすることで、同性愛嫌悪

に抵抗しようとするのである。逆に多くの反対者が、アウティングを自由侵害的、さらには同性愛嫌悪的実践だと見なしている。われわれの社会では同性愛が烙印として差別の対象となっているのだから、沈黙している人の同性愛を暴くことは、この人びとを差別的な状況にさらすことになる。アウティングの両義性は、支持者と敵対者を絶えず対立させ、矛盾した議論を生み出している。

しかしながら、第三者の同性愛を暴くに至る文脈と、同時にその意図を考慮に入れれば、この両義性は、部分的に解消される。何十年来、同性愛抑圧が存在する（あるいは存在した）西洋諸国では、この抑圧はさまざまな形態の告発に血道をあげてきた。ドイツなどの密告による強制収容、合衆国でのマッカーシズムの迫害、西洋のさまざまな国で二〇世紀を通じて続いた脅迫行為などである。これらすべてのケースにおいて、告発者は対象に損害を与えることを狙って同性愛嫌悪のロジックに従って行動する。反対に、アウティングの信者たちは、同性愛を解放するために行動していると考えている同性愛者である。そういうわけで、意図のレヴェルで差別的な狙いを持つ密告行為と、一九八〇年代の終わりからいくつかの西洋の国で概念化されたようなアウティングを区別することが重要である。次に、公的なアウティングが行われる文脈とその対象となる人への影響を考慮する必要がある。対象がさらされる危険は、刑事的性質あるいは社会的性質のものである。密告行為は、一般的に前者の文脈において行われ、アウティングは、後者の文脈で行われる。

同性愛者の大義を前進させるために公人の同性愛を明らかにする行為の最初の信奉者は、二〇世紀初頭のドイツのアドルフ・ブラントという人物である。彼は、最初の同性愛雑誌と考えられている『デア・アイゲネ』の創刊者である。さまざまな機会に、同性愛嫌悪政策の実施に関わった人物の同性愛を明らかにしている。ところで当時の文脈は、プレスによる数多くのスキャンダル、事件と裁判によって特徴づけられ、強制的にクローゼットから出された個人を重大な法的リスクにさらした。一部の者たちが言うように、より後に定義されたアウティングの原型をそこに見ることが可能だとしても、文脈の根本的な違いを考慮に入れなければならない。

現代的な形のアウティングを実行するには、同性愛者を可視化するという原則を適用し要求するグループが存在している必要がある。初期の同性愛解放運動には、この行為はほとんど見られない。その理論化は、一九八二年に発表されたテイラー・ブランチの論文においてなされたが、合衆国で現代的なアウティングが現れるのは、エイズに強く影響された一九八〇年代終わりからに過ぎない。アウティングが登場したのは、病気と同性愛嫌悪という二重の脅威を同性愛者が経験したためであることは疑いがない。最初にアウティングを実施したのは反エイズの活動家であった。上院議員マーク・ハーフィールドに対する、ニューヨークのラリー・クレイマー、アクトアップ・ポートランドのウェイン・ハリスとトム・シュードラーのアウティングである。マイケル・ペトレリスは、記者会見中にスティーヴン・ガンダーソンを含む何十人もの国会議員の同性愛を明かした。そしてもちろんミケランジェロ・シニョリーレは、アウティングによって引き起こされた一九九〇年代初めのメディアにおける大騒ぎの源である。

一九六〇年にブルックリンに生まれたシニョリーレは、一九八七年終わりにニューヨークのアクトアップ［エイズ危機への直接行動を目的に結成されたアドボカシー・グループ］に加入し、自らの媒体『コミッティー』を組み入れた。そこで彼は活動家として自己形成し、メディアの論理に親しんだ。一九八九年に彼はグループを離れたが、ガブリエル・ロテッロ（彼もまた元アクトアップの活動家）が、新しいゲイ雑誌『アウトウィーク』に加わることをシニョリーレに提案した。そこで彼はメディア、とくに大衆プレスでの同性愛の扱いに当てられた欄を担当した。シニョリーレは、一九九〇年三月に右派の億万長者マルコム・フォーブスの同性愛を死後明らかにしたが、このとき彼は、最初のアウティングを、その実践として概念化はまだされていなかったが、行ったのである。『タイム』誌はこの行いを「アウティング」と形容して非難した。こうして用語が発明され、同性愛者の活動家はこれを逆に利用したのである。マッカーシー的な方法をそこに見たメディアもあったが、これらの批判はその後に起こることに比べれば何でもない。一九九一年春、彼は再び（とくに『ヴィレッジ・ヴォイス』によって）攻撃された。アウトポストというグループのポスターキャンペーンが行われ、「完全にクィア〔「クローゼット／慎み」の項の注参照〕」という説明文のついたハリウッドスターの写真が、ニューヨークの街頭に表れたからである。

一九九一年八月、シニョリーレは『ジ・アドヴォケイト』誌（『アウトウィーク』はすでになくなっていた）に、騒ぎを起こす記事を載せた。彼はそこで、アメリカ軍（↓軍隊）の中で同性愛者がまさに魔女狩りの被害者になっていた時期に、国防省補佐官ピート・ウィリアムズの同性愛を公にした。多くの者は一致して、ウィリアムズの態度が受け入れがたい性格のものであることを認めたが、アウティング行為は、あからさまな敵意を新たに引き起こした。ＩＬＧＡ（国際レズビアン・ゲイ連盟）のようないくつかの同性愛者の団体もそれを公式に非難した。メディアでは、まさに抗議の声が上がった。多くのジャーナリストがそれほどまで辛辣にシニョリーレを攻撃したのは、彼らの一部がシニョリーレの格好の標的になっていたからである。シニョリーレによれば、これらの者は自らの同性愛を隠すために有名人の同性愛についても沈黙している者たちということになる。

フランスでも、反応はとても速かった。アウティングに関する記事は、ゲイプレスおよび一般プレスに登場した。『ゲイ・ピエ』は、この現象について一八ヶ月間で三回の特集記事を組んだ（一九九〇年一一月八日号、一九九一年九月一九日号、一九九二年三月六日号）。そこで表明されているのは、大方敵対的なものである。この行為を、フランス人読者にとって理解可能で受け入れ可能なものにしようとしたディディエ・レストラドの諸記事は相手にされなかった。彼が主催するアクトアップ・パリが、唯一好意的であった。三週間の激しい討論を経て、アクトアップ・パリは、アウティングの原則を公式に採用したのである。その定義は以下のようなものである。「アウティングの本質は、芸術界、メディア、政治界のある人物の同性愛、エイズあるいは病気を公にすることにある。アウティングは、自らのエイズについて秘密を守ることを選んだ人の本当の死因を明かすことでもある」。この団体は、同性愛嫌悪は「エイズを利して」おり、同性愛嫌悪には可視性（自発的なものであれ強いられたものであれ）をもってしか闘えないという論拠によってこの選択を正当化した。このようにアクトアップ・パリは、同性愛を可視化することの必要性と、ＨＩＶキャリア、エイズを発症した人を可視化する必要性を結びつけた。活動家たちの圧力で、自らＨＩＶキャリアであることを明かすことを選んだアメリカの政治家（トム・デュエイン）のケースが、お手本である。しかし、医療上の秘密の尊重は、ずっと前からエイズ撲滅活動家の主要な要求の一つであり、この問題については、抵抗が一層激しくなっている（合衆国ではＨＩＶキャリアのアウティングが勧奨されることは稀で、行われたことがないも同然である）。

その定義によれば、アクトアップ・パリは、同性愛嫌悪を促進する同性愛者にこの行為を限定しないことを選択したということに注意したい。しかし、アクトアップが企てた（完遂はされなかった）唯一のアウティングは、少なくとも同性愛嫌悪的な立場をとった同性愛者の場合である（この団体は、それ以前に二度、公人のアウティングを決定したが実施しなかった）。それは、ＵＤＦ〔フランス民主連合〕のある議員で、この議員は、一九九九年一月三一日にクリスティーヌ・↓ブタンによって組織された反↓パックスのデモに参加したことを非難されていた。何日か後、アクトアップは彼に手紙を出し、「（自らの）同性愛を公表し、同性愛嫌悪↓暴力を非難する」ように督促した。この議員はそれを拒んだので、アクトアップはメディアに予告し、関係者の名前を後で明かすことを約束した。メディアは多くの場合、時折「脅迫」や「密告」という表現を用いて、アウティングに好意的でないことを示した。普段は自ら「↓私生活の尊重」を踏み越えていながら、この原則に言及するという矛盾は気にかけなかったようだ。そしてゲイプレスにおいても、時折この矛盾は明白であった。このような例を一つ挙げると、同性愛雑誌（『エグゼコ』）で定期的にコラムを寄せているあるジャーナリストは以下のように書いている。「明らかにわれわれはみなアウティングには反対であり、個人的自由の重大な侵害の問題であると考える」（一九九八年一月、一四号）。それから一年後、同じジャーナリストが、「低俗」と判断された映画の監督について、「監督の同性愛を思わずにはいられなかった。というのも一致した噂によれば、〔彼は〕ゲイであろうからである」（一九九九年三月、二六号）と書いている。

一方で（時折激しく）アウティングを攻撃し、他方で、芸術家から国家元首まで（合衆国やフランスでは国家元首の妻は、メディアに回答する義務がある）、異性愛の公人の夫婦生活や性生活を描写するのを躊躇わないジャーナリストの矛盾は、実のところ同性愛のメディア上の社会的不平等な取り扱いを暴露するものである。これがまさにシニョリーレが開始したアウティングを動機づけていたものである。彼が公人の同性愛を暴露しようと決めたのは、大衆プレスにおける同性愛についての沈黙に抗してのことであった。この沈黙を正当化し、アウティングに反対する者が優先的に主張する論拠は、「私生活の尊重」の主張である。同性愛は私生活に属することであるから、同性愛は本人以外の者によって公にされるべきではない。従ってアウティングは、個人的自由や基本的権利を侵犯することになるというのである。

ところで、「私生活尊重」の権利という原則それ自体に反駁しなくとも、同性愛がこの私生活の領域だけに属すわけではないことを認めざるを得ない。なぜなら、とくに同性愛が社会的に構築されているからである。より正確には同性愛者（あるいは少なくともその一部）を↓差別にさらし、同性愛者を劣った社会的カテゴリーとして構築するのは同性愛嫌悪の論理だからである。「私生活の尊重」の主張は、アウティングに対置される。なぜならアウティングがここでは同性愛者だけに適用されるからである（共和国大統領の異性愛が公になったことに誰が文句を言うであろうか）。このような主張は、同性愛者に留保された不平等な劣等扱いを表現し、支えている。例えばガブリエル・ロテッロがアウティングを擁護し、それを「平等化」と名付け直すことを提案したのは、取り扱いの平等を確立するという単純な目的のためであった。

それでは、公人の同性愛に言及するジャーナリストなら誰でも、どのように情報を打ち明けるかに関係なく、アウティングを行っていると見なされるべきだろうか。最近のメディアでのある出来事が、この問いに肯定で答えるべきであることを示唆している。一九九九年にアクトアップ・パリが宣言した脅しをめぐってアウティングが知られたことは、フランスにおいてアウティングという方法に新しい可視性を与え、RPR［共和国連合］所属のイルドフランス地域圏議会議員ジャン＝リュック・ロメロに着想を与えたようである。彼は、自分が犠牲者であるとして、性的指向を隠しているにも拘らず同性愛雑誌が彼の同性愛に言及することに抗議するためにメディアに警告することにしたのである。というのも、パリ市選挙について二〇〇〇年一〇月に掲載された記事で、あるジャーナリストは、フィリップ・セガン［政治家。二〇〇一年のパリ市長選挙で、ゲイの政治家である社会党のドラノエに敗れた］が、マレ地区［パリ四区のゲイが多いとされる地区］の名簿に同性愛者の票を獲得できる候補者を選ぶつもりであることを次のように報じたからである。「名前が挙がっているすべての人には、同性愛者の票を獲得できるという共通点がある。ロズリヌ・バシュロ［共和国連合の議員でありながら、パックスに賛成した女性政治家］は、同性愛者に好かれている、あるいはジャン＝リュック・ロメロは彼自身同性愛者である」。この事件のメディアでの反響の大きさは、ジャーナリストの意図をはるかに超えるものであった。ロメロは、これを「フランスの政治家についての初めてのアウティング」と見なし、これに対して著作を発表した。反響はさらに倍加した。当のジャーナリストが客観的で中立的であると判断した情報は、ロメロが「アウティング」という呼び名を与えることによって否定的で悪意ある意義を帯び、その情報を同性愛嫌悪的なものとして通用させた。ところで、数ヶ月後、二〇〇二年八月に『アクション・ゲイ』（無料のローカル同性愛誌で、しかもロメロが非難した雑誌に非常に類似している）に掲載されたインタヴューで、ロメロは自らが被ったとするアウティングに比肩するアウティングを行ったようである。UDFの国民議会議員、そして第一次ラファラン政権で大臣を務めたルノー・ドヌデュ・ド・ヴァブルが、閣僚に残らなかったことについて問われたロメロは、それは自分にとってはどうでも良いことであり、いずれにせよ「ジャン＝ジャック・アヤゴンのように自分の立場を受けいれる人」を好むと答えているが、これはおそらくこの元大臣が同性愛者であることを仄めかしている。しかしこの解釈は、後になってロメロ自身によって退けられている。彼によれば、彼の発言はドヌデュ・ド・ヴァブルのセクシュアリティについて何も明らかにしていないことは明白であり、従ってアウティングではない……。このようにこれらの例は、アウティングの定義を特徴づける両義性（そこに解放の道具を見るか、抑圧の武器を見るかによる）と、この両義性のために、それが手段化する可能性も示している。

クリストフ・ブロカ（齊藤訳）

↓クローゼット／慎み、差別、私生活、スキャンダル、政治、団体、メディア

悪徳

道徳的な悪と悪徳は同じものではない。悪徳の観念は、比較的入念に作り上げられた厳密な観念なので、あらゆる形態の道徳的非難と混同するのは間違いである。厳密に言えば、悪徳は美徳の反対である。それは他人や自分を害する行いを犯す後天的な性質である。同性愛が悪徳であると言えるためには、まずそれが後天的であること、つまり意志の対象であること、次に他者あるいは自分自身にとって害があることを証明しなければならない。今日の日常的語法では、悪徳を定義するために、一つ目の特徴に重きを置く。悪徳は欲望の奴隷となっていることを指し、欲望が、とがめるべきまたは不健全なものとなるのは奴隷状態にあるときのみである。これに対し、古典的な思想では、まずはこの観念の二つ目の次元にもっとこだわっているように見える。

同性愛が他者あるいは自らにとって有害であると証明することは歴史的には簡単なことではなかった。ジョン・ボズウェルの『キリスト教と同性愛——一～一四世紀西欧のゲイ・ピープル』は、このような考え方が緩慢に作られたこと、とくにそこで「自然」の概念が果たした中心的役割について明らかにしている。同性愛が特別な悪徳になったのは、それが「自然」自体に、つまり自然がその現れであるところの神の理性に損害をもたらすという考えが導入されてからに過ぎない。一二世紀のリールのアラヌスによる『自然の訴え』の出版は、この至高の自然の観念が登場する決定的な瞬間と考えられる。もはや自然は世界に自発的に存在する生物の単なる事実上のまとまりではなく、自然こそが立法者であり、その掟は尊重されなければならないのである。これらの掟を妨げる者は、道徳的に厳しく処罰されなければならない。なぜならこれらの者は世界の秩序を害しているからである。

このような見方では、自然の掟は、それに従っていると考えられている動物を観察することによって発見される。奇妙なことに、動物界の名残に対して人間性の優越性と特殊性を認めるトマス・アクイナスのような論者が、道徳においては動物の行動が人間の行動の準則であると考えた。彼ほど厳格な論者にしては驚くべき不誠実さで、トマス・アクイナスは、同性愛は動物には見られず、道徳的に悪であるという考えを支持していた（それでも中世には、ノウサギやイイズナといった動物に同性愛行為が見られることは分かっていた）。しかしこの論証は、同性愛だけでなく大食や酩酊といった他の人間の悪徳にも同様に適用される。従ってこの論証では、『神学大全』においてトマスが述べている「最高度の罪」に同性愛を分類できない。

そこでトマスは、本質的に自然に反する悪徳としての同性愛を区別するために、自然一般に有害であるというだけでなく、行為者の本質そのものに反するという考えを引き入れた。同性愛は他者（自然、神）を害するだけでなく、自分自身を害するのである。

この考え方は、カントの「自己に対する義務」の観念の中により洗練された形で再び見出せる。カントの性道徳の中心的問題は、身体の道具扱いの問題、人格の対象化の問題である。カントは、性的衝動は一般的には他者を対象に変え、主体として他者を尊重しないものと見ていた。この事物化は、彼が『人倫の形而上学の基礎付け』において説明しているように、決して他者を手段として扱ってはならないとする道徳的命令に明確に違反する。さらにカントは、性関係においては行為者自身が、目的ではなく単なる手段になることを受け入れており、そこでは根本的な道徳的命令が侵害されていると考える。「ある性が他方の性の性器で行う自然的用法は、それによって当事者の一人が他方に身を委ねる快楽である。このような行いにおいて、ある人間が自分の意志でそれをしており、これは人間性の法そのものに反している」（『人倫の形而上学』二五節）。

この困難な道徳的問題へのカントの解決法は、結婚であった。結婚によって将来の二人の性的パートナーが常にお互いに尊重し合い、他方を単なる手段ではなく目的として常に考えることを公に誓うのである。従って道徳的に受容可能な性的関係は結婚の中にしかない。しかし、この解決では結婚が異性愛的なものでなければならないとは限らない。道徳的に受容可能な同性愛関係を持つ可能性を開く、同性の二人の人の間の尊重契約を考えることもできる。

従って、同性愛をとくに重大な悪徳とするほとんどすべての論者がそうであるように、カントもある程度その場しのぎの新しい論拠を展開しなければならなかった。彼は、人間の性の通常の目的として生殖という考えを導入し、この目的に同性愛は明らかに反するとした。また、この主張は、自然そのものにもたらされる害という古典的な考えの単なる焼き直しと見ることもできる。

従ってこのように理解する通り、古典的な思考は、同性愛が自発的であるかという道徳的には中心的であるはずの問題を無視するか、あるいは仄めかす程度にとどめていた。この考え方が中心的になっていくのは、精神医学部門において、一九世紀になってからに過ぎない。フランス↓医学は、「↓性逆転」という大きな分類において、生まれつきの性逆転者（インヴァート）であり道徳的裁きを免れる病人であるユラニアン［一九世紀に、今で言うＬＧＢＴの人びとを指した言葉］と、自発的で淫蕩な↓倒錯者（パーヴァート）を区別した。理論的に見れば、「悪徳」について語ることができるようになったのは、このような性格付けが完成してからである。しかし、この観念が最も脆弱で攻撃されやすくなるのもこの厳密さのレヴェルにおいてである。悪徳として、つまり他者（「自然」）あるいは（道徳的主体としての）自分自身を害する後天的な（引き受けられた）性質としての同性愛は、最終的に長くは続かなかった。同性愛傾向の自発的性格は、すぐに問題にされ批判された。歴史的には最後の基準であるように見えるこの意図的性格の基準は、悪徳としての同性愛の性格付けの最も弱い点であり、最終的にはその損失につながった。戦後、最も進歩的な心理学者と道徳学者は同性愛衝動の非自発的性格を強調し、悪徳の一形態としては同性愛を見なさなくなった。

二〇世紀終わりには、同性愛が意志によって左右できる事柄であるとはほとんど考えられない以上、これを厳密に悪徳と見ることは難しくなった。もはや同性愛の↓処罰は、道徳問題ではなく、人類学的、社会学的あるいは精神分析学的な基準に基づくようになる。庶民の道徳は、おそらく直感的に感じるものを「悪徳」と名付けるが、その場合の悪徳はこの嫌悪を厳密に論証できるような理論的基礎をもはや持たない。従って、私たちは、悪徳としての同性愛の概念によって、一つの考え方が七世紀に渡ってゆっくりと練り上げられ洗練されていった展開と、それが最終的に自分自身の無意味さから消えていく過程を目撃しているのかもしれない。

フィリップ・コロンブ（齊藤訳）

↓医学、異端、自然に反する、神学、聖書、哲学、倒錯、パウロ、ペトルス・ダミアニ、放蕩

アフリカ西部

通常アフリカ西部と呼ばれている地域には多くの国が含まれる。ガーナ、カボヴェルデ、ガンビア、ギニア、ギニアビサウ、コートジヴォワール、シエラレオネ、セネガル、トーゴ、ナイジェリア、ニジェール、ブルキナファソ、ベニン、マリ、モーリタニア、リベリア、さらにカメルーンを加えてもよいかもしれない。カメルーンの歴史とそこに住むさまざまな民族（フラニ人、ハウサ人など）が、この地域に大きく関わっているからである。

今日、この地域のすべての国で、ある程度は民主主義が機能しているのは、複数の政党が共存しているおかげである。とくにセネガル、ガーナ、マリでは比較的満足のゆく状況下で政権交代がなされてきた。しかしナイジェリア、リベリア、ニジェール、そして最近ではコートジヴォワールなどで、不安定な状況が目立っている。市民社会運動は、より民主的な政治参加が可能になるよう憲法を改正する要求に専念している。そのためこの地域では、社会全体にとって主要な問題とは見なされないような事柄、あるいは異論が多いような問題については、総じて法律の条文改正が目標とされることはほとんどない。このような好ましからざる状況下では、同性愛に対する個人の自由や、同性愛の非処罰化、あるいは同性愛を法的に承認することなど、ほとんど不可能であろう。

ガーナとナイジェリア、トーゴとマリはそれぞれ同じような形で同性愛を不法行為に位置づけている。カメルーンでは、刑法三四七条の二で、あらゆる「同性の者との間で為す淫らな行為、または自然に反する行為」を六ヶ月から五年の刑、および二万から二〇万CFAフランの罰金に処すとしている。セネガルの刑法三一九条はさらに厳格で、一年から五年の刑、および一〇万から一五〇万CFAフランの罰金に処すとしている。ブルキナファソでも同性愛は罰せられるが、法律の条文にとくに同性愛に関する規定があるわけではない。裁判官は、良俗の壊乱に対する処分規定を利用するのである。良俗の概念は曖昧で、ブルキナファソの他にセネガルやカメルーンでも、それが被疑者に不利に働いている。それでもこの地域のすべての国が、「満足できるセクシュアリティ」を享受する権利を認めていて、良俗壊乱に対する処分のようないかなる処分の対象にされることも、想定してはいないのである。

アフリカ西部では、宗教がアイデンティティを示す重要な指標となっている。今でも古来の宗教が根強いことを特徴とする国がある。そうした宗教はほとんどすべて、祖先崇拝の祭祀を伴う。例えばコートジヴォワール人の信仰は、アニミズムが六五％、キリスト教一二％、イスラム教一三％である。ベニンでは、アニミズム七〇％、キリスト教一五％、イスラム教一五％、ギニアビサウでは、アニミズム六五％、キリスト教五％、イスラム教三〇％である。また、イスラム教が目立って多い国もある。例えばマリでは、九〇％がイスラム教徒である。ギニアでは八五％、ニジェールでは九〇％がイスラム教徒である。キリスト教徒が占める割合が最も大きいのがガーナで、キリスト教が六三％、アニミズムが二一％、イスラム教が一六％である。全般的に、さまざまな宗教が調和を保ちつつ共存している。キリスト教は植民地化に伴ってこの地にもたらされた。一方イスラム教はキリスト教より古く、征服という間接的原因によるのではなく、部族間《トライブ》の交易を通じて伝播したので、アラブ化現象は起きていない。従ってイスラム教化が熱心に進められたことはほとんどない。ナイジェリアは例外で、イスラム教が五〇％、キリスト教が四〇％、アニミズムが一〇％である。この国では一九世紀に起きた聖戦《ジハード》の影響で、古くからイスラム教化が盛んなのだ。このジハードによって、今日のカメルーン、ナイジェリア、ニジェールにまたがる領土を治めるフラニ人の帝国がソコトに建国されたのである。ナイジェリア連邦共和国を構成する州の中には、イスラム法《シャリーア》が新たに定着することによって、キリスト教徒とイスラム教徒との間に暴力の応酬が起きている州がある。とくに目に留まるのは、姦通の罪で告発された女性が死罪に処された事例である。

結局のところ、アフリカ西部という極めて広大で、しかも大きな違いを含む地域全体を、数行で紹介することは至難である。同性愛嫌悪《ホモフォビア》もやはり場所によってその形態は同じではないが、古くからの伝統との関わりや、言説や性行動が現代の世界にどのように順応しているかということを通して、それを分析することが可能である。

■古くからの伝統

アフリカ西部では、植民地時代以前、強大な国家があいついで建てられた。ガーナ帝国（紀元四世紀）、ソソ帝国（一二世紀）、マリ帝国（一一世紀）、ソンガイ帝国（一四世紀）、ソコト帝国（一四世紀）、アシャンティ王国（一三世紀）、ベニンのヨルバ人諸王国、チャド湖周辺のハウサ人諸国（一〇世紀）などである。ニジェール川の湾曲の内側、あるいはチャド湖畔やその周辺に出現したこれらの国々は、一四世紀の植民地化によって途絶え、消滅した。その結果、部族《トライブ》の再編成が起きた。それ以前には、民族集団による結合はかなり弱くなっていたのだが、植民地統治者がその住民を民族集団別にまとめることを望んだのである。この地域で部族《トライブ》あるいは民族集団と見なされる集団の規模がこれほど大きいのは、そういうわけである。例えばフラニ（フルベ）人はカメルーン、チャドなど九ヶ国に暮らしている。マリンケ（マンディンゴ）人はマリ、ギニア、ニジェールを始め、セネガル、シエラレオネにも住んでいる。ハウサ人はリビア、チャド、ニジェール、カメルーン、ナイジェリアに見られる。ヨルバ人はベニンやナイジェリアなどの国に暮らす。これらの部族《トライブ》はそれぞれが数百万もの人を擁している。現在の民族集団は従って、複数の下位集団から形成されたものであり、そうした下位集団自体が元々寄せ集めで、あるものは協定によって、あるものは血縁によって古くから結びついているのである。このことは、人や財の流通を容易にしている。そんなわけで、ある慣行が行われている理由を各民族集団の文化に求めることはますます難しいのである。しばしば問題になるのは、起源が誰にも説明できないけれども、すでにでき上がって現に存在するような事柄である。そんなとき民族集団という言葉が、起源を正当化する便利な何でも屋として使われる。しかし同時にこの言葉は、アイデンティティを構築する上で極めて重要な役割を演じもするのである。

巨大な帝国を築くことは、結果的に強力な軍隊を動員することでもあった。女戦士《アマゾネス》で有名なアボメー王国（一七〜一九世紀）を除いて、帝国の軍人はすべて男だった。そのためこうした帝国は、強く、支配する者としての男性性の観念を社会に投影し、その厳格な階層化を進めた。それがさらにマンディンゴ人の間では、マリ帝国の建国者スンディアタ・ケイタが神話に基づいて組織した階級制度によって、一層堅固になる。このようなわけで、強力な首長支配体制のもと、他の男性を正妻としてともに暮らす権力者の男性もいた。今日でも、例えばカメルーンの首都ヤウンデでは、男性が妻となり事実上の夫を持っているような同性愛関係が存在するという証言を集めることができる。

同性愛関係が広く禁じられていることも事実だが、実際には古くからの伝統によって、同性愛関係がそれなりの位置を占めているような社会構造がつくり上げられる場合もあった。例えばコートジヴォワールのガニョワでは、ウビとヨシのカップルがよく知られている。フェルディナンという若者が、取り調べを受けて自分の生きてきた人生を次のように語った。彼はヨシと暮らしていた。そして異性どうしのカップルで言えば妻の側が担っている役割をすべて、そのヨシに対して果たしていた。

> 私の家族で私の同性愛が問題になったことは一度もない。私は祖母から女の子として育てられた。私が女のようだからといって驚く人は一人もいなかった。一〇歳のとき、私は自分がウビだということを知った。〔…〕この国の東の端にはまた別の伝統がある。アビサと呼ばれる日があって、その日は、女の子は男の子の服を着て、男の子は女の子の服を着る。でもそれよりもたいせつなことに、この日には自分の生き方を家族に打ち明ける、家族はそれを黙って受け入れることになっている。若いウビはこの機会に、自分の家族に告白することができる。

このような伝統によって、地域的なレヴェルではジェンダーやセクシュアリティに関して比較的柔軟性が認められているが、全般的に見れば、同性愛は一般的原則として非難の対象であることに変わりはない。

アニミズムの伝統

セム系の宗教すなわちユダヤ教、キリスト教、イスラム教は男性性に価値を置いているが、古い神話ではしばしば神々は、男と女の双子、あるいは両性具有の姿をとっている。また農耕社会では多くの神々が女性であり、同様に女性の神官、占い師、祈禱師、秘儀加入者、秘密結社のメンバーなどが数多く見出される。先祖伝来の祭式には、多くの場合、通過儀礼が含まれている。通過儀礼はその集団で模範とされている男女像にかなった男性、または女性をつくり上げるという意味を持つ。だからこの地域では、ほとんどすべての男性が包皮切除を受けているし、女性に対する性器切除もニジェール、マリ、ナイジェリア、ブルキナファソ、セネガルなどで非常に多い。つまり目に見える形で表現されるこうした行為を通じて、セクシュアリティが未だに社会集団によって極めて厳格に統制されているのである。しかも、乳幼児死亡率の上昇が止まらず、平均余命が四七歳から五四歳である。さらにエイズの突然の大流行によって、ただでさえ短い平均余命がさらに短くなる傾向にあるような地域では出産奨励の考え方が極めて顕著であるため、なおさらセクシュアリティへの統制は強くなる。このような状況にあるので、セクシュアリティに関する言説の中で、感情だとか快楽だとかの観念に高い価値が与えられることは極めて稀である。ところが同性愛は生殖に結びつくセクシュアリティではない（➡生殖不能）。むしろ未だに快楽や感情に結びつけられる。だからこそ同性愛は、初めから失格とされるのである。

以上のような古来の文化における同性愛関係の構造、論理、意味は、分身の思想に見てとることができる。分身という考え方を通して見れば、いくつかの民族集団におけるセクシュアリティの、今経験されている現実も含めて多くの側面が理解されるのである。なぜならカメルーンの首都ヤウンデ、ナイジェリアのラゴス、ベニンのコトヌー、ガボンの首都リーブルヴィルなどの都市では、分身の表象が極めて広い範囲で見出されるのであり、またそれが実証されているからである。分身の観念は一方で同性愛を理解するのに役立つが、もう一方では同性愛が非難される理由を理解することにも役立つ。分身の観念によって同性愛は一貫して幻想の性質を帯びるのであり、また暴力の世界のただ中に同性愛を出現させもするのである。

呪術に関する人類学の文献の中には、人には人格が複数備わっている、目に見えない非物質的な分身が備わっていると知覚することがあるという指摘が古くからある。ある民族では、人格には多数の審級があると認識している。呪術師と接触するのもこの分身であり、人食いの秘術が行われるのも、この分身を通してである。例えば呪術師の分身が標的となる者の分身を食べる。犠牲者は、そのときには何も感じずに生きているが、しばらくすると病気になったり死んでしまったりする。つまり、ある人物の分身に起きたことは、その人物の物質的存在の部分にも影響を与えるわけである。フラニ人やその他のアフリカの多くの民族集団において、眠っている間に非物質的な分身である魂が肉体を離れるとされる。そのとき魂は時空間の法則からも自由になる。呪術師はこのときを狙って、魂を攻撃したり亡き者にしたりするのである。

この根源的な原理を検討する際に重要な点として、この原理をもはや信じていないと言明している人を含めて多くの人が今日でもなお、セクシュアリティのあらゆる領域をこの原理に基づいて構築していることを考慮すべきである。そうすれば、この地域における同性愛の表象や、性夢、幻想等々を理解することができる。また性やジェンダー、男性性や女性性の概念への理解も深めることができる。この原理は、類似と相違、現実と見かけ、目に見えるものと見えないもの、同じものと異なるものをめぐる駆け引きによって成り立っている。

人間は従って二つの性を備えていることになる。見かけ上の、目に見える性と、目に見えない、分身の生きる現実に属する性の二つである。二つの性は同じこともあるし、異なることもある。二つの性の力が同程度の場合もあれば、力に差がある場合もある。人が自分の分身に対して力を振るい、力によって分身を動かすことができる場合もある。そのような力を持たない場合もある。そこが呪術師とその他の人びととの違いである。この力を持っていれば、他人をその分身を通して動かすことができる。攻撃することも、力を奪うことも、病気にさせることも、責めさいなむこともできるのだ。そしてまた、性的な関係を強いることもできるのである。人が眠っているとき、その分身は攻撃に弱い。不意をつかれ、なすがままとなる。分身の置かれた状況は、夢を通して人に現れる。このように呪術とは、実は分身の世界なのである。その世界ではある者は意識がはっきりしている。他の人びとは意識を失って見ることも動くこともできないのに、彼らは他の人びとを見ることも、力を及ぼすこともできる。だから他の人びとを動かしたり、攻撃したり、その身体を一時的に、または永遠に切り刻むことも、またその身体を犯すことも可能なのである。

目に見える世界で男性と見なされる人は、通常は目に見えない性も男性である。しかしそのもう一つの性が女性であることもあり得る。同様に女性でありながら、目に見えない性としては男性性器を備えているような人もいる。この原理がセクシュアリティの指向を決定するのである。分身のテーマに関する文献では、それは実体を失うことへの恐怖あるいは強迫観念、つまり死への恐怖や強迫観念の一種であるとされることが多い。同性愛の場合も、この強迫観念がセクシュアリティの領域に入り込み、パートナーとの関係を特徴づけているのだ。

呪術師は自分の分身をさらにいくつもの部分に分けて使うことができ、用が済めばそれを元通りに戻すこともできる。別の人間の姿に変身することもでき、それによって呪術師の活動を見破りそうな者をあざむいたりする。眠っている男性は呪術師にペニスを奪われることがあり、呪術師はそれを笛のように用いて、他の呪術師にメッセージを送っていると考えられている。同様に、女性の分身を持つ女性は、周囲にいる男、例えば夫の生殖器を取り上げることができ、それを他の女と関係を持つときに用いる。ペニスを取り上げられた男の方は、そのことに一切気づかない。一種の去勢と言えるが、去勢された男は小心であるから、目に見える世界でもそれと分かる。去勢した女の前ではとくに小心者になるとされている。このように、男性性、女性性は生まれつきの一定不変のものとは考えられていないのである。なぜなら、女はいつでも目に見えない男性を隠し持つことができるし、また自身の分身が女性であっても、それを幻想の中で性転換することによって、男性の分身に変身させることもできるのであるから。

次に、この女性の持つ男根という観点から、もう一つ別の種類の現象を見ていく。

これまで述べてきたようなわけで、責任の観念は当然のことながらほとんど成り立たない。一つには、人が眠っている間に分身が活動するということ。今一つには、自分の知らない者、あるいは霊が肉体に侵入してくることがあるからである。そこから責任転嫁という考え方が出てくる。責任を転嫁することによって、例えば病気や失敗の原因を説明することができる。うまくいかなかったのは他人がわざと自分に力を及ぼしたせいであるし、病気も同じように他人の意志によってもたらされるというわけである。セクシュアリティの分野では、不妊がやはりこのような図式で説明されることが多い。不妊は、出産奨励社会では、しかも祖先崇拝が至るところで根強く残っている社会では、悲劇である。子どもができなければどうやって祖先になれるというのか。不妊症は妻にとって最大の挫折である。そうなれば夫は別の女性と結婚することもできるし、妾を囲っておくこともできるし、子どものできない妻を離縁することもできる。不妊はまた、同性愛をテーマにした性夢のせいにされることもある。

さらにはまた、他人の精気を吸い取る術を知っている者もいると信じられている。受け側の男性同性愛者で性行為をしたがる者は、基本的な性質として小太りであるという。本当の肥満というほどではなく、むしろ平均より体重が若干多いという程度の外見である。それは、最も一般的な表象によれば、パートナーから吸い取った精液の分だという。逆に、男娼を相手にするような無分別な者は、エネルギーを吸い尽くされ痩せてしまう危険があるという。従って同性愛とは、男性＝女性がパートナーの分身を攻撃し、相手を犠牲にしてその生命力を吸い取る活動だということになる。そう考えれば、同性愛があれほど恐れられている理由もよく理解できる。

以上のように、同性愛は呪術に、すなわち暴力に結びついている。同性愛者は、共有されている模範に反するということで非難を受ける。同性愛と言えば、分身や呪術の世界のことである。同性愛者の場合、目に見えない呪術の世界にいる分身は、目に見える肉体の性とは異なる性を持っている。従って同性愛者はある次元では女性であり、また別の次元では男性である。だからこそ同性愛者は、目に見える世界で自分と同じ性を持つ者にとって魅力的なのである。同性愛者は性的関係に当たって、その分身が異性愛関係を結んでいるのだと考えない限り、理解されないのである。同性愛はかくして、分身の異性愛であると「合理化」されているのだ。同性愛者は人から見えないところでは、目に見えない方の性の姿になって、正常な関係を結んでいると信じられている。こうした「合理化」がなされていること自体が、同じ性の人間に対して魅力を持つことを理解するのがいかに難しいかをうかがわせる。

性的関係を結ぶ相手が自分と異なる者でなければ、理解することができないのである。同性愛は必然的に呪術と結びついているから、逸脱と見なされ、重罪だとされるのである。

　以上のような理由で、同性愛は社会から徹底的に非難を受ける。同性愛は呪術と結びつけられ、重大な性的倒錯、自然に反する関係だと見なされる。多くの若者がそのような倒錯に身を委ねることはできない、たとえ大金を積まれてもできないと断言する。実際リスクは重大である。まず子どもをつくることができないということがある。またそのような体験をすれば、男性性あるいは女性性に関する根源的な原理に照らして、性的アイデンティティの完全な混乱を免れないだろう。

■イスラム教とキリスト教

　イスラム教とキリスト教は、本当の意味では伝統宗教と対立していない。むしろこの二つの宗教は、伝統宗教に磨きをかけ、それを再生させる。キリスト教徒も、イスラム教徒も、家族の儀式に参加することはやめない。また通過儀礼の儀式はどれも、古来のしきたりにのっとって執り行われる。イスラム教の祈りや新旧約聖書の文句も、同性愛を受け入れないことを正当化することには変わりはない。キリスト教にとっては、同性愛は宗教上の罪であると同時に厭うべき行為であり、イスラム教に基づくなら、シャリーア〔イスラム法〕が適用されるところではソドミーに死刑が科される可能性もある。

　この地域のキリスト教徒の言説は、しばしば古来の信仰を混淆させてはいるものの、自らは完全に正統派キリスト教のものであり、キリスト教会の最も純然たる伝統として同性愛嫌悪を標榜する。この場合、アフリカのキリスト教は西欧でふだん耳にするキリスト教の言説よりも、しばしば厳しく、断定的で、暴力的である。西欧では、原理主義的な強権の押しつけにもはや甘んじたりはしない社会の現状にみあうように、宗教はすでにかなり前から婉曲な言葉づかいのレトリックを用いるようになっている。アフリカでは逆に、宗教の言説は市民社会から、もっと好意的に迎えられる。そのために、一般的な習俗の問題に関しても、またとりわけ同性愛に関しては、キリスト教の言説が躊躇なく最も過激な言い回しを用いることが極めて多い。例えばヤウンデのステヴェニスト派神父修道会のカトリック司祭ジャン・ヌジェウェル神父は、インターネット上で公開している文章の中で、次のようにはっきりと述べている。

> 　同性愛はソドミーであり、厭うべき行為でありサタンの働きの顕れである。〔…〕サタンの業は神のお決めになったあらゆる掟に逆らうことである。サタンの業は違反行為やまやかしや厭うべき行為で汚れている。聖化を務めとする教会なれば、その秘蹟をもって悪魔憑きども、すなわち不具者や病人や悪霊に取り憑かれた者どもに永遠の救いをもたらさなければならない。〔…〕人間の肉体に宿った不純な霊を払拭するためには、教会の強力な祈りによって悪魔祓いをすることが一番であり、それこそが同性愛という現象を根絶するのにうってつけの解決法である。

イスラム教に関することでは、イマーム〔イスラム教指導者〕がシャリーアに基づいて同性愛者に死刑を宣告するということをときどき耳にする。信仰心が再び強くなってきている現在、信者の大半が熱狂的であり、それを宗教者がさらに強力に煽りたてるため、宗教指導者の言説には力がみなぎっている。しかしながらイスラム教が伝播されるに伴って、二面性という顕著な特徴が残された。一方は、同性愛の禁止が強力に言語化され、婚姻関係以外の性行為を重罪とし、新婚初夜が明けると花嫁が破瓜によってシーツを血に染めたことをあたかも見せびらかすようにして処女性を称揚することで、セクシュアリティを厳格に統制する面。もう一方は、男女がはっきりと区別されているせいで、いつでも同性の者どうしがかたまって、異性が近寄りがたい同性集団が形成されたという面である。そのため逆説的なことには、同性愛は依然として絶対的な沈黙の領域にとどまったままではあるものの、その関係は広がる傾向にある。こうした同性集団の中での同性愛が頻繁に見られるのは、極度にイスラム教化された都市、例えばマリの首都バマコ、ニジェールの首都ニアメ、ギニアの首都コナクリ、シエラレオネの首都フリータウンなどである。そこでは同性愛関係がときおりうわさの中心となるが、それがメディアで報道されることはほとんどない。

■今日の同性愛嫌悪の新しい輪郭

今日では、アフリカ西部のすべての国で同性愛は強く非難されている。司法は至るところで慣習的な審理と公式的な審理が混在し、二重基準となっているため、裁判が頼りになるかどうかは運次第である。親類縁者の人脈もまた基準を複雑にしていて、禁じられることもあれば仲をとりもったりしてもらうこともある。だからこそ、公式文書に載らない周縁部で同性愛の実践が存在し得るのである。

二〇〇二年一一月、フリータウンの大司教がリベリアで、この国を揺るがした紛争の期間中に五人の宗教者が殺害された事件の責任を問うため、リベリア政府を公式に訴えた。この告発に対してリベリアの大統領はこの高位聖職者を同性愛の罪で告発するという反撃に出た。その言い分は、同性愛のような性的傾向は、五人の人間が殺害されるよりも悪いと思われるというものだった。またコートジヴォワール出身の教師マティアス・ブレが二〇〇一年一二月二四日付でインターネット上に公開した文書は、コートジヴォワール政府に対して次のように求めている。「社会的、道徳的リハビリテーション施設を開設し、あの野蛮な性的暴力の道になだれ込み、突き進んでいるわれわれの兄弟姉妹たちを引き戻すこと」。

全体的に見て、同性愛について述べたり論じたりする言論はつねに暴力的である。このことは同性愛者とその性的な傾向に対して、ほとんど敬意が払われていないことの証しである。そしてアフリカの他の地域と同じように、代わる代わる口にされるのは次のような文言である。いわく「祖先から受け継いだ伝統」、それは異性愛であったし、またこれからも異性愛であり続けなければならない。いわく「われわれの黒人性」、これによってアフリカ人一人一人が、「黒人的」あるいは「アフリカ黒人的」価値観、または「アフリカ文化」と呼ぶにふさわしいものの擁護者となるのだ。セクシュアリティについて歴史的に変化がないことが一つの法則のように言われていたり、文化的に均質であることが一個の事実であるかのように言われているのには驚かされる。歴史研究や民族誌研究によって、異性愛が普遍的にアフリカの伝統であるという主張ははっきりと否定されているのであるから。アフリカのさまざまな社会の間には数多くの違いがある。アフリカのさまざまな住人は、ただ一つの歴史を歩んできたわけでも、変化のない歴史を歩んできたわけでもない。さまざまな文化の形態がアフリカに起こり、出会い、混ざり合い、刷新され、変化したのであり、そのあまりの豊かさは、黒人性やアフリカ黒人、アフリカ的価値観といった言葉が未だかつて何らの意味も持ち得なかったほどなのである。

さらに興味深いのは、今日のアフリカの住人のアイデンティティを形成するに当たって、西洋が相矛盾する役割を果たしていることである。キリスト教という、同性愛嫌悪を強く説く教説を持ち込んだのも、同性愛関係にしばしば極めて厳しく対処する植民地法を持ち込んだのも西洋である。それなのに今日、西洋は反面教師となっている。なぜなら同性愛にしだいに寛容になってきているからである。そうであるならば、同性愛はしばしば外からもたらされた悪徳と見なされるが、輸入されたのはむしろ現代の同性愛嫌悪の方だと考えるべきではなかろうか。この点について、アフリカのフランス語圏における性と生殖の健康にとって障壁となっている司法制度の撤廃をテーマに、一九九七年三月にベニンのコトヌーで開かれた会議では、次のような多くの重要事項が確認されている。アフリカ諸国の法律は植民地時代の法律に基づいて構想されている。その後、元になった植民地旧宗主国の方の法制度は根本的に変化したのに、アフリカ諸国の法律は進展していない。そのため、アフリカ諸国の国内法が主要な国際条約や国際会議の決議にしばしば抵触するという事態が起きてきている。フランスの植民地だった国については、状況はいささか混乱している。というのも、旧フランス植民地の国々が多かれ少なかれ典拠としているナポレオン法典は、同性愛を法的に違法だとはしていない。しかし実際は、良俗壊乱に関する条項を同性愛抑圧のために利用することができるからだ。英語圏の国についてはそれより明確である。一六世紀以来イギリス法は同性愛を罰していた。さらに同性愛禁止を強化した一八八五年のラブーシェア刑法修正条項が、多くのイギリス植民地にも広められた。従ってアフリカ西部のどの国も、現在、同じレヴェルにあるということだ。すなわち、事実として同性愛は未だに違法行為とされている。しかも、同性愛を法的な不利益扱いの対象から除外することが検討されようともしていないばかりか、それをもっと厳しく刑法で取り締まることが要求されるようになってきているのだ。

しかしながら過去数十年の間に起きた生活環境の進展は、同性愛関係における社会的領域を大きく変えた。この点については、都市への人口集中が進んでいることが決定的な要因である。近年では、人口の都市集中は三〇％から四八％という数値になっている。中には依然として農村中心で、都市への集中率の非常に低い国もあるが（ブルキナファソの都市集中率一八％、ニジェール二〇％、マリ二九％）、それに比べてはるかに都市集中の割合の高い国もある（セネガル四六％、コートジヴォワール四六％、リベリア四七％）。都市集中の度が最も低い国々は、どれも海に接していない国であることが目に付く。最も人口が集中しているのは、大西洋岸に沿って並ぶ、植民地の歴史に深く関係した大都市で、例えばラゴス［ナイジェリアの実質的な首都］、アビジャン［コートジヴォワールの実質的な首都］、ダカール［セネガルの首都］、アクラ［ガーナの首都］などである。これらはかつての商業拠点で三角貿易とともに生まれ、その後、国の首都になった。だからこれらの都市は植民地から独立国が生まれる前から存在していたのである。これらの都市の政治経済上の役割は、国内のまたは隣国の労働力を数多く引き寄せることにあり、だからこそ急速な膨張が見られたのだし、またさまざまな出身の住人からなる坩堝《るつぼ》となっているのだ。従って都市とは出会い、混ざり合い、交換する場であり、新しいものが伝播していく場であり、社会の進化を意識する場となるのである。そしてまた、匿名の関係が可能な場であり、個人に対する共同体の規制は弱められるので、主体の自律性が幾分かは認められ、長老や家族、「伝統」といった、時に息の詰まるような存在から逃れることも可能である。都市では同時に、仕方なく独身でいる者、あるいは性行為の相手を見つけられない者が増えてきている。女性管理職や、大学で高度な学位を取得する女性も多くなっているし、長い間独身で過ごしてきて、家族や民族集団の共同体によって伝えられてきた行動規範を受け継ぐことについて、もはや周辺的な関わりしか持たない男女の数も増している。同性愛関係はいぜんとして極めて強い非難を受けてはいるものの、このような状況の変化によって前よりはずっと大きな自由を享受できるようになった。だからこそ都市は、新らしい生き方が出会い、広がっていく場として、同性愛を受容し、しだいにそれが普通のことになっていく特権的空間であり、それによって同性愛は、呪術という想像の産物と結びつけられることがいくらかは少なくなってきているのである。

だから今日のこの地域における同性愛の位置づけを理解するに当たって、人口の都市集中は欠かすことのできない要素となっているのである。同性愛は未だにタブーや信仰に規制され、実践する者はマイノリティであるかもしれないが、人口の都市集中がますます顕著になっていることの影響により、次のような事態が進行中である。大都市には評判の良いナイトクラブがあって、同性愛者もよく出入りしている。同性愛はしばしば一定の社会階層に関わる問題だと見なされる。とくに同性の相手に金を払って性的なサーヴィスを受けるだけの余裕のある金持ちのものだと思われている。さらにはまた、同性愛の相手をすることができるし、したいとも思っているけれども、あまり大っぴらにはできない少年たちは、女性の娼婦に仲立ちを頼み、それを隠れ蓑にすることもある。もっとも女性の売春婦は、この競争相手について、客を取られるということだけでなく、自分たちが稼げると考える金額よりも少年たちの方がたくさんの収入を得ていることに不満をもらしている。ここ数年来、巨大な同性愛「ネットワーク」を動かし、性的関係を結んだ相手に莫大な金額の金を支払ったとされて告発されるヨーロッパ人も出てきている。そのような場合には、ヨーロッパ人がその国の中でどのような性的な行為を行ったかは問題ではなく、悪いことはつねに他人のせいにするというメカニズムが働いているのは明らかである。例えばエイズは、大陸によって、あるいはそれを語る者の肌の色によって、白人の病気だとされたり、黒人の病気だとされたりする。同じように、田舎では性感染症を都会だけの病気だと思いこんでいる。都市の貧しく不安定な環境が、今日の性をめぐる行動や言説を広範囲に渡って条件づけているのである。

カメルーンでは長い間、同性愛者のことをフリーメイソンと呼んでいた。なぜなら同性愛者は秘教的な結社の会員で、多かれ少なかれ神秘的な世界に属していて、そのような形態のセクシュアリティを実践しているのは超常的な力を身につけるためだと考えられていたからである。金持ちになるために同性愛を実践している者もいれば、分身の、ある種のオーラのようなもの、分身の威力を増すためにしている者もいるのだと考えられている。あるいはまた、現実の話ではなくほとんど幻想の世界であるが、同性愛が政治権力に結びつけられることもある。現代の政治にまつわる神話で、田舎よりも都会でよく耳にし、コンゴでもカメルーンでも人びとが語っている物語がある。望みの地位に就けるよう嘆願しにやってくる者に対して、大臣が妻を同伴するように命じるのだという。大臣の執務室に入るのは妻だけで、夫の方は控え室で待たされる。夫の経歴がその後どうなるかは、妻の態度にかかっているというのだ。現在ではこの物語の変形として、同性愛版がある。それには妻は登場しない。大臣の前で裸になるのは、地位を望む男本人だというのである。しかしこの場合、事態はあいまいである。薄明かりの中にぼんやりとした幻想的な輪郭が浮かび上がってはいるが、それは同性愛を呪術や分身の仕業だと考える信仰に密接に結びついているように見える。しかし呪術と関係があるとされたり、現代になって秘密結社と同一視されたりするのは、こと同性愛に限ってのことなのであるから、呪術や分身をめぐる信仰とは区別することがたいせつである。いろいろに変形されて語られる、大臣と官僚とその妻の物語は、呪術への信仰というより、行政機構における権力の乱用の行き過ぎの話であり、それだけ行政機構における昇進が、個人の好きなようにできる仕組みになっているということである。

以上のように同性愛嫌悪の言説は、今日の世界の現実に適応した古くからのさまざまな信仰がいくつも混じりあった形に仕立てられている。そうした表象は今でも民衆層の間に根強く残っているが、それほど言説として耳にすることがないのは、そういうことを口にすると、不合理だとか呪物崇拝者だとか迷信家だと非難されやしないかと恐れているからである。しかし今日では、法律や黒人性、あるいはセム起源の天啓宗教〔ユダヤ教、キリスト教、イスラム教のこと〕が、同性愛嫌悪のレトリックに役立っている。それらは古い信仰以上とは言わないまでも、全く同じくらい同性愛嫌悪が強く、現在支配的な考え方によりふさわしい言い回しで同性愛嫌悪を言説化することに役立っているのだ。いずれにせよそうした言説は、結局のところ単なる外見に過ぎないように思われる。その仮面の下には、ある一つの現実が頑として存続しているのだ。しかしどれほど非難されても古い信仰が廃れないように、どれほど非難されても同性愛が、都市においてどんどん表に出てくるようになり、目に見えるようになることは確実である。

セヴラン・セシル・アベガ（山本訳）

→アフリカ中部・東部、アフリカ南部、イスラム教、エイズ、家族、人類学、生殖不能、レトリック

◆補遺

この地域の国々（カメルーンは「アフリカ中部・東部」の項の補遺参照）の同性愛をめぐる法制度の最近の状況は、二〇一二年五月発行のＩＬＧＡ（国際レズビアン・ゲイ連盟）の報告書によれば以下のとおりである（括弧内は発効年）〈PAOLI ITABORAHY〉。

同性愛行為を合法としているのは、カボヴェルデ（二〇〇四）、ギニアビサウ（一九九三）、コートジヴォワール、ニジェール、ブルキナファソ、マリの六ヶ国。

同性愛行為を違法としているのは、ガーナ、ガンビア、ギニア、シエラレオネ、セネガル、トーゴ、ナイジェリア、ベニン、リベリアの九ヶ国。

同性愛行為に死刑を科しているのは、ナイジェリアの北部一二州。

同性愛関係か異性愛関係かに拘らず同じ法的同意年齢を定めているのは、カボヴェルデ（二〇〇四）、ギニアビサウ（一九九三）、ブルキナファソ（一九九六）、マリ（一九六一）の四ヶ国。

法的同意年齢について、同性愛関係と異性愛関係との間に不平等があるのは、コートジヴォワール（不平等はないという情報もある）、ニジェール（一九六一)、ベニン（一九四七）の三ヶ国。

性的指向に基づく雇用差別を禁じているのは、カボヴェルデ（二〇〇八）。

（山本）

アフリカ中部・東部

アフリカ中部・東部の国々は、さまざまな国家の植民地となっていたこともあり、すべてが同性愛嫌悪《ホモフォビア》を法制化しているわけではない。旧フランス領赤道アフリカの国々は、フランスの影響が残っていて、ソドミーを禁じる法を持っていないことは強調してよいだろう。そうした国でも同性愛嫌悪が極めて強い場合もあるが、それは社会的なものであって法的なものではない。中央アフリカ共和国、コンゴ共和国、ガボン、チャドなどがそうである（コンゴ共和国では確かに同性愛関係を違法行為とはしていないが、同国の外交官は未だに、わが国には「同性愛行為は存在しない」としばしば主張していることは指摘しておくべきであろう）。その他の国々は、厳格さの度合いは国によってさまざまだが、同性愛を犯罪とする法を持っている。

アフリカ大陸のどこもそうであるように、中部の同性愛嫌悪もまた、自分たちの地域の社会には歴史上、同性愛は存在していなかったのだという観念としばしば結びついている。しかし今日ではタブーは取り除かれ、第一線の文化人類学者も次のように主張している。確かに同性愛は、人口過疎の世界では生殖に結びつかない性行為が悪い印象を持たれるものであるから、生涯継続する生き方としてはアフリカ社会には極めて珍しかったとはいえ、若者の戯れとしては、逆にアフリカの方が比較的頻繁だった。例えばツチ人やフツ人の社会がそうであり、とくに女性を排除する王宮ではそうだったようだ。現在の中央アフリカ共和国に住むアザンデ人の間では、戦士が少年妻を持つことさえあった。ウガンダのランゴ人は、性的不能者《ジョ・アベレ》は男と結婚し、女装をして月経のまねをすることを認めていた。そのように振舞う男は先祖の魂を宿していると考えられ、そのために共同体にとって有用であると見なされていたのである。中でも現在のウガンダ共和国にかつて存在したブガンダ王国で、一八八五年から八七年の間に起きた「ブガンダ王国の殉教者」と言われている事件は、植民地以前のアフリカの王宮で同性愛が広く行われていたこと、またイギリスの宣教師たちの同性愛嫌悪のせいでどれほど深刻な危機が引き起こされたかということを証明している。ブガンダ王国の最後の王ムワンガは年少の若者をたいへん好み、小姓と同衾していたが、あるときこの者たちがキリスト教に改宗し、王を頑なに拒むようになったということで、皆殺しにしてしまったのである（虐殺は三回に渡り、犠牲者は延べ一〇〇人近くにもなったようである）。

アフリカ東部の法律は、中部以上に同性愛嫌悪を強く示している。アフリカ大陸全土をカバーする新聞社ＡＦＲＯＬが作成した地図を見ると、アフリカ東部のほとんどすべての国が、今日もなお同性愛を違法行為としている（スーダン、エチオピア、ジブチ、ソマリア、ケニア、タンザニア）。キリスト教の影響（エチオピア、ケニア）、イスラム教の影響（最近のスーダンやソマリアの歴史が示しているように、アフリカ東部はイスラム教原理主義が広く浸透した地域の一つである）があるようだ。しかしアフリカの同性愛嫌悪におけるイスラム教の影響については、ほとんど明らかにされていない。一九世紀にヨーロッパによる植民地が建設される以前に、アフリカ東部全体の経済を中心的に担っていたザンジバル島のイスラム教徒たち（何よりも彼らは、恐るべき奴隷商人であった）が、成人男性と青年との間の同性愛行為を広めることに一役買っていたようである。また、アフリカ東部の支配的な言語であるスワヒリ語には、男性どうしのカップルを表す「バシャ／ムセンゲ」という（古代ギリシアの少年愛で言うところの愛する者《エラステース》／愛される者《エロメノス》すなわち攻め／受けを意味する）言葉がある。また今日のタンザニアで、沿岸地域のイスラム教徒は、キリスト教徒や内陸部のアニミズム信仰の住民よりも同性愛に寛容であるということが、しばしば言われる。しかしそうは言ってもイスラム教は、他の地域同様アフリカ大陸でも、同性愛をめぐってタブーと法的禁止の文化を維持しているのである。確かに非常に容易に同性愛関係を交わすことは可能である。しかしそれについては語ってはならないことになっているし、ましてやそれについて権利要求することなどもっての外なのである。レズビアニズムについては、タブーはさらに徹底している。

■スーダン

スーダンのさまざまな住民（とりわけヌバ人とアザンデ人）には、男性どうしで結婚の形態をとることすら含む豊かな同性愛の伝統があるのに、現在のスーダンは世界で最も同性愛嫌悪の強い国家の一つである。そのことは、スーダンの刑法の内容や、あらゆる国際機関での同国の代表者の言動にはっきりと表れている。

長期に渡る内戦（北部のイスラム教原理主義政権と、南部の反抗勢力ＳＰＬＡ（スーダン人民解放軍）の対立）によって疲弊し、一九八九年のクーデタ以来、過激イスラム教原理主義に支配されているスーダンの法制度は、明らかに民主国家の基準に見合っていない。シャリーア［イスラム法］に基づいて一九八三年に制定された刑法の三一六条では、いかなるソドミー行為であっても既婚男性が実行した場合には死刑を科すこと、独身男性が実行した場合には一〇〇回の鞭打ち刑を科すことを定めている。この条項を理由に死刑が適用されることはほとんどないようではあるが、スーダンの同性愛者は、イスラム教世界ではつねに支配的な沈黙の論理を、ここでは極限にまで強いられている。スーダンの同性愛嫌悪は蒙昧主義によるところが極めて大きく、それは少年愛関係における暴力や、奴隷制擁護主義者による人身売買の蔓延、少女に対する性器切除の広がりに対して示されるたいへん深い寛容と軌を一にしている。

二〇〇二年、ＩＬＧＡ（国際レズビアン・ゲイ連盟）が国連経済社会理事会との協議資格を得るための投票が行われたときには、スーダンは激しく反対◆してこれを阻止した。

■エチオピア

エチオピアはアフリカの中で二つの意味で独特である。たいへん古くからのキリスト教国である（イスラム教徒はマイノリティである）と同時に、ほとんど植民地化されず、また植民地化されたのも極めて遅かった（イタリアのファシスト政権による）。従って、エチオピア刑法の第六〇〇条および第六〇一条で、男性であろうと女性であろうと同性愛関係を犯罪と見なしているのは、キリスト教の伝統が影響している。いかなる同性愛行為も、一〇日から三年の拘禁刑を科される。その行為に際して被疑者が売春をしていた場合には、刑が五年まで延長されることがある。またその行為が暴力を伴っていた場合、あるいは他人の生命に危険を及ぼした場合には、刑は一〇年［二〇〇四年の刑法では一五年］まで延長され得る。

二〇〇二年、エチオピアはスーダン同様、国連経済社会理事会との協議資格をＩＬＧＡに与えることに反対の票を投じた。

■ソマリア

ソマリアは、その住民の大多数がイスラム教徒である。一九七三年に制定された刑法四〇九条には、あらゆる同性愛関係を三ヶ月から三年の刑に処すと規定している。さらに四一〇条には、同性愛で有罪となった者すべてに対して「治安措置」（実際は警察による監視）のもとに置くという規定がある。

過去二十数年に渡ってソマリアが経験してきた分裂状態が、問題をさらに悪化させている。二〇〇一年二月、ボサソ（ソマリア北東部に位置する自治地域プントランドに属する）のイスラム法廷がレズビアンのカップルに対して石打

◆**スーダンは激しく反対**　二〇〇六年に再びＩＬＧＡが、デンマークのゲイ・レズビアン協会とともに国連経済社会理事会との協議資格取得を申請したときも、スーダンはこれに反対した（他にはアメリカとイランが同調した）。（金城）

ちによる死刑判決を下したと、モガディシュの報道機関が報じた。プントランド当局は国際的に圧力をかけられると、この事件は一から十までモガディシュの報道機関による捏造であり、その狙いはできたばかりの自治地域の信用を失わせることだと主張した。この国の各地で同性愛者がいかなる運命に置かれているか、本当のところを知ることは難しいが、どう考えてみてもそれが好ましいものであるとは思えない。

■ケニア

ケニアでは、同性愛関係が最長で一四年の刑に処される可能性がある。同性愛嫌悪は強く、政治家（中でも大統領ダニエル・アラップ・モイ）やキリスト教会（今日に至るまで、旧植民地宗主国であるイギリス由来の↓異性愛主義（ヘテロセクシズム）とタブーを伝道してきた）によってますます強化されている。同性愛者はしばしば嘲弄されたり、嫌がらせを受けたり、叩かれたりする。暴力事件は首都ナイロビで多く、沿岸部（モンバサ）ではそれよりやや少ない。しかし『少年妻と女夫』に収められた論文の著者たちが主張するように、元々ケニアには比較的豊かな同性愛の伝統が根づいていることを強調しておく必要がある。その一部はアラブ人イスラム教徒の影響によるものである。

二〇世紀にケニアは、同性愛嫌悪というアフリカのアイデンティティを構築する上で極めて重要な役割を演じた。すでに一九三八年には、のちに独立後のケニアの初代大統領となるジョモ・ケニヤッタが『ケニア山のふもと』（初めてアフリカ人自身によって書かれた民族誌作品で、ブロニスラフ・マリノフスキーが前書きを寄せている）を著し、その中でキクユ人の間に同性愛はかつて存在しなかったと断言した。ケニヤッタは自説の根拠として、アフリカのどの言語にも同性愛を示す名詞がかつて存在しなかったという（誤った）主張を掲げた。しかし実際は、植民地以前のアフリカ社会では男性間での相互マスターベーションが広く実践されていたのである。ケニヤッタはかなり無理をしてこの習慣を同性愛と切り離している。ケニヤッタのこの研究は絶大な信頼をもって迎えられたので、ポスト植民地時代的なステレオタイプの固定化を大いに助長することになった。どのようなステレオタイプかと言えば、黒人文化は元々性について純粋さを備えていて、それは異性愛以外を一切受けつけないことによく顕れている、ヨーロッパ文化の↓倒錯とは正反対である、というものであり、今日でも多くのアフリカ人やアフリカ系アメリカ人が繰り返しこれを主張している。

■ウガンダ

ウガンダでは、刑法第一四五条、一四六条、一四八条で、「自然に反する肉体関係」を法に反するとしている。攻め側の同性愛者に科せられる刑は最長で終身刑、受け側の同性愛者に科せられる刑は最長で七年である。同性愛者間の軽い愛撫（「おぞましい猥褻行為」）だけでも、最長五年の拘禁刑に処される可能性がある。

世論はゲイ・レズビアンに対して極めて敵対的である。同性愛者であるということが知られれば、家族から放り出され、友人や顧客を失い、住む家を失い、勉学への権利をも失うことになる（一九九九年七月、ヌタレのある高校で、同性愛を理由に二五人の生徒が退学となる。一九九九年一一月には、やはり同性愛を理由に四人の学生が大学を退学処分にされている）。一般の人びとさえ、ゲイは石打ちで死刑にしてやりたいとしばしば公言する。

ウガンダの大統領ヨウェリ・カグタ・ムセベニは、同性愛嫌悪が極めて強い。一九九九年九月二七日に発した宣言で、大統領は同性愛がウガンダの文化には存在しないものであると断言し、ウガンダ人でありながらゲイであれば逮捕、監禁、罰金刑に処すと脅した（同時に秘密情報局に対して、あらゆる同性愛者の逮捕に備えるよう命じたらしい）。一九九九年九月のこの宣言の後、実際に抑圧のうねりが高まることになった。同年末には、新設された同性愛者団体ライト・コンパニオンのメンバーで活動家の男女五人が逮捕、殴打、恐喝を受けた。若いレズビアンの一人は、二回に渡ってレイプされた。二〇〇〇年、また別の団体であるレズガビクスの活動家の男性同性愛者が、首都カンパラで暗殺された。

同性愛をめぐって、ウガンダのキリスト教会は真っ二つに分裂している。ウガンダ聖公会の元主教クリストファー・セニョンジョは、二〇〇一年五月にカミングアウトし、ゲイ擁護の立場に立った（彼はゲイ団体インテグリティ・ウガンダの主宰者である）。彼のかつての同僚たちは憤りに息を詰まらせながら、セニョンジョは「銀貨三〇枚で信仰を裏切り［キリストを売ったユダのこと］」、アメリカのゲイに利益をもたらし、その新しい文化的植民地主義に奉仕していると非難した。ワマラ枢機卿の言によれば、地元のカトリック教会も、汚職や堕胎など、「神の法とわれわれ独自の文化に反するありとあらゆる形態の行い」と同列に、同性愛を断罪しているという。しかしセニョンジョは脅しに屈しなかった。彼は一九九八年のランベス会議［一〇年に一度、全世界の聖公会の主教がロンドンに集まって開かれる協議会］での議論を根拠に、キリスト教徒の中にも、同性愛嫌悪に同意しない者がしだいに数を増してきていることに注目するよう説いた◆。そしてブガンダ王国の最後の王ムワンガの性的な傾向について触れ、同性愛輸入説に反論した。この論戦でセニョンジョの味方をしたのが大学教授アリ・マズルイであった。教授は、ムセベニ大統領もジンバブウェのムガベにならって、同性愛者のことは忘れ、国を蝕み疲弊させる汚職の方にもっと心を配った方がよいと言っている。

一九九九年九月二七日の大統領宣言は、活発な反応を国際的にも引き起こした。アメリカ国務省は、翌一〇月にはウガンダ政府に対して警告を発している。

■タンザニア

タンザニアでは、植民地時代から男性同性愛が違法だとされている（タンザニアは一八八四年から第一次世界大戦まではドイツの、その後一九六一年の独立宣言まではイギリスの植民地であった）。刑法一五四条から一五七条までの条項によって、あらゆる同性愛行為に一四年の拘禁刑を科すとされている［一九九八年の性犯罪特別条項により三〇年以上の拘禁刑と修正された］。

この法規はほとんど適用されていないようである。適用されるとしても、極めて稀である。一九九八年、一人のイギリス人が同性愛を理由にタンザニアから国外退去を強制された。しかしそれは、何よりもこの人物のあまりにも輝かしい経済的成功がとがめられたということであるらしい。タンザニアには一九九七年からゲイ・レズビアン擁護の団体が存在する。コミュニティ・ピア・サポート・サーヴィス（CPSS）である。この団体は今日では三三四人のメンバーを擁し、積極的に活動を展開するべくメンバーを養成している。CPSSのメンバーによれば、タンザニアのゲイ・レズビアンの置かれた状況は、近隣諸国のどこよりも良いという。

■コンゴ民主共和国（旧ベルギー領コンゴ、旧コンゴ共和国、旧ザイール［年代順］）

コンゴ民主共和国では男性同性愛に五年の刑が科されるとしばしば言われている。しかしコンゴ民主共和国の同性愛者が置かれている法的な状況は、はっきりしていない。刑法一六八条、一六九条、一七二条は性的侵害行為（アングロ＝サクソンの法律で暴行《アソールト》と呼ばれる行為）を罰しているが、合意した成人どうしの性的関係を罰しているわけではない。この曖昧さは、隣国のルワンダの法制度にも同じように見られる。

いずれにしても、かつてベルギー領の植民地だったこの国において、同性愛者に対する嫌悪が深いことに変わりはない。一九世紀から二〇世紀にやってきたキリスト教宣教師の熱心な布教活動の影響で、現在のこの国の住民の七五％はカトリック、二〇％がプロテスタントである。一九九二年に統一メソジスト教会の世界会議が開かれたとき、同性愛への非難を撤回することを最も烈しく拒んだのがコンゴ民主共和国の代表カソンゴ・ムザ牧師だった。彼は「われわれの文化が病気に汚染されることを望まない」とまで言った。

しかし実際は、ジョゼフ・トウルズが明らかにしたように、同性愛はコンゴ文化にとって輸入品ではない。ムボ人のいくつかの部族《トライブ》で、少年の通過儀礼に同性愛の男性が関与する伝統がある。

■カメルーン

カメルーンでは、刑法三四七条で同性愛が法に反するとされ、六ヶ月から五年の刑および最高二〇万CFAフランの罰金刑が科せられる。また、当事者

◆セニョンジョは……説いた　セニョンジョは二〇〇六年にウガンダ聖公会から破門され独自の教会組織を立ち上げた。（金城）

の一人でも二一歳未満であれば、刑は倍になる。カメルーンでもアフリカの他の国と同じように、同性愛は植民者が持ち込んだものだという話をよく耳にする。カメルーンの場合、それは最初ドイツ人によって、のちにフランス人によって持ち込まれたとされる。しかしそれは全くの誤りで、すでに遅くとも一九一四年までに、民族学者ギュンター・テスマンがファン人の間でソドミーが伝統となっていることをつきとめている。その関係においては、攻め側の当事者に経済的援助がもたらされると見なされていた。

カメルーンの同性愛者たちが現在、どのような条件に置かれているかつまびらかではないが、あらゆる点から考慮して極めて悪いと考えざるを得ない。事実カメルーンという国は、専制と汚職の支配が世界で最もひどい国の一つである。同性愛者は法的に烙印を押されるだけでなく、周囲の住民からも侮辱を受ける。そして準軍事組織によって拘束され、拷問され、裁判なしで処刑される人びとの中に同性愛者が占める割合は、異常なほど高いことがしばしばである。それでもカメルーンの勇気ある活動家が、一九九九年九月にヨハネスバーグで開かれたＩＬＧＡの第一九回世界会議に数人参加した。

ピエール・アルベルティーニ（山本訳）

↓アフリカ西部、アフリカ南部、イスラム教、人類学、マグレブ

◆補遺

この地域の国々の同性愛をめぐる法制度の最近の状況は、二〇一二年五月発行のＩＬＧＡ（国際レズビアン・ゲイ連盟）の報告書によれば以下のとおりである（括弧内は発効年）〈Paoli Itaborahy〉。

同性愛行為を合法としているのは、ガボン、コンゴ共和国、コンゴ民主共和国、ジブチ、赤道ギニア（ただしアムネスティ・インターナショナルの情報では違法）、チャド、中央アフリカ共和国、マダガスカルの八ヶ国。

同性愛行為を違法としているのは、アンゴラ、ウガンダ、エチオピア、エリトリア、カメルーン（一九七二）、ケニア、コモロ、サントーメプリンシペ、スーダン、セーシェル、ソマリア、タンザニア、ブルンジ（二〇〇九）、マラウイ、南スーダン（二〇一一年独立）、モーリシャスの一六ヶ国。

同性愛行為に死刑を科しているのは、スーダンと、ソマリアの南部地域。

同性愛関係か異性愛関係かに拘らず同じ法的同意年齢を定めているのは、コンゴ民主共和国（二〇〇六）、ジブチ、赤道ギニア（一九三一）の三ヶ国。

法的同意年齢について、同性愛関係と異性愛関係との間に不平等があるのは、ガボン、コンゴ共和国（一九四七）、チャド、マダガスカル（一九九九）、ルワンダの五ヶ国。

性的指向に基づく雇用差別を禁じているのは、セーシェル（二〇〇六）とモーリシャス（二〇〇八）。

なおモーリシャスでは、二〇〇七年に、ソドミー法を廃止してすべてに平等な法的同意年齢を定める法案が提出されたらしいが、発効しているか否か不明である。

またウガンダは、二〇〇五年の憲法修正法で「同性者間の結婚を禁じる」と明文規定した。（山本）

アフリカ南部

アフリカ南部では、植民地時代以前にはもっぱら同性愛である者は稀だったと思われがちだが、実際には同性愛はかなり古くから実践されていた。民族学者が「少年妻」の制度があったことを明らかにしているのである。ズールー人の戦士はそれが連帯を強めると考えていたし、例えばザンビア西部のコロロ人やロジ人の社会のように、とりわけエリート階級の間で一夫多妻制が

とられていたせいで男女比が不均衡な社会では、そうした制度が現に行われていたのである。さらにアンゴラの周辺社会では、女装した男性同性愛者には魔力が備わっていると考えられていた。こうした行為は一五世紀以降、ポルトガルやオランダ、イギリスなどあらゆる西洋の植民者の眉をひそめさせることになる。また大西洋を越えて運ばれた奴隷たちの中にこうした習俗を持つ者がいて、ラテンアメリカのスペインやポルトガルの植民地で異端審問にかけられ、火炙りに処されることがあった。一九世紀にアフリカ南部で植民地開発が活発になり、キリスト教布教活動が再開されると、同性愛嫌悪《ホモフォビア》や同性愛のタブー視が加速する。しかしこの動きは、よく指摘される二つの矛盾を孕んでいた。一つは、(例えばセシル・ローズのように)植民者自身に同性愛者がいたことである。もう一つの矛盾は、イギリスの植民地に見られたように、鉱山開発の労働者として男性ばかりを集中的に投入したせいで、かえって黒人住民を同性愛に向かわせてしまったことである。

同性愛に対するタブー視の時代がようやく終わったのは、つい最近のことである。一九九〇年代半ばに、南アフリカ共和国がアパルトヘイトを廃絶し、ゲイとレズビアンの権利を認める政策をとったことによって、同性愛が極めて重要な政治問題となったのだ。南アフリカ共和国のこの前進は、逆に周辺諸国の全般的停滞を生み、また時に極めて暴力的な同性愛嫌悪の炎を燃え上がらせた。しかし同時に、それによってアフリカ大陸全土に活発な議論が巻き起こり、先住民の間に元々同性愛が存在していたことや、同性愛嫌悪の喧伝に植民者が果たしてきた役割について、また民主主義の進展を特定の分野に限定することはできないということについて論争が始まった。それによってアフリカ中で、同性愛嫌悪に重要な役割を演じている大きな機関は、その権威を改めて疑問視されるようになったのである。例えばゲイ・フレンドリーであることで有名なANC(アフリカ民族会議)[南アフリカ共和国の政党]のシーラ・ラピンスキーは、ルワンダの聖職者の同性愛嫌悪と、彼らが恐ろしいことに集団殺害《ジェノサイド》を黙認したことには切っても切れない関係があるということを、初めて訴えた。

■南アフリカ共和国

アパルトヘイトは、同性愛嫌悪と人種差別の間にいかなる関連が存在するかということを、よく表している例である。アフリカーナー[アフリカーンス語を話す南アフリカのオランダ系白人、かつてはボーア人と呼ばれていた]は、大ざっぱに言ってイギリス人よりも人種差別主義的であった(イギリス人は一八三三年から三四年の間にすでに奴隷制度を廃止していた)。しかし同性愛嫌悪という点については、どちらもプロテスタント由来の同じ「良心」を共有していた。一七世紀から一八世紀のアフリカーナーの法制度でも、一九世紀のイギリス人の法制度でも、男性同性愛は犯罪とされていた。よく知られているように、ボーア戦争(一八九九〜一九〇二)でイギリスが勝利したことは、逆説的なことに南アフリカ連邦成立(一九一〇)以来のアフリカーナーの支配権力を強化することにつながった。南アフリカが公式にアパルトヘイトを制度化したのは一九四九年のことである(人種間結婚の禁止)。その後、一九五七年には同性愛嫌悪が事細かに法制化された(性犯罪法。肛門性交《ソドミー》、同性間の素股性交、相互マスターベーションなど、いかなる同性愛行為も、公共の場所で、また「私的な場所であっても二人以上の人間がいる場合は」行うことが禁じられた)。だから一九八〇年代まで南アフリカの警察は、「ゲイ」のパーティであると見なせば私的なパーティであろうとも、法律違反がないか確かめるために踏み込んだのである。(一九六六年に三五〇人が集まったゲイパーティが警察の急襲を受けた事件が、極めて広範に報道された)。一九六七年、次いで一九八五年に、私的な行為であろうとも、レズビアニズムも含むあらゆる形態の同性愛を犯罪と見なすことが議論された(レズビアニズム

◆一九世紀にアフリカ南部で……キリスト教布教活動が再開　一五世紀以降のヨーロッパとアフリカの関係は、ヨーロッパ人がアフリカ大陸の沿岸部に通商の拠点を築き、内陸部から在地勢力の支配者やムスリム商人がもたらした物品と奴隷を買い上げることが主であった。しかしイギリスを皮切りに(一八〇七)一九世紀に入ってヨーロッパ諸国が次々と奴隷貿易を禁じたことを契機として、この関係に変化が生じ、一九世紀以降のアフリカはその内陸部に至るまで、ヨーロッパ人による植民地争奪戦の舞台となった。それには「文明化」「キリスト教化」という大儀が伴っていた。(山本)

が表に顕れること自体ほとんどなかったとは言え、それが法的に禁じられたことは一度もない）。一九五七年に法制化された性犯罪法は、白人による統治の最後の数年間まで厳格に適用された。男性同性愛者に対する刑事訴追は、一九九一年にピークを迎える。この年の訴訟件数は四七六件で、そのうち有罪とされたのは三二四件、訴訟件数は一九八〇年代に比べて二二％多い。一方、南アフリカ軍（↓軍隊）では、同性愛の兵士に対してさまざまな嫌悪療法〔当人の意志的な制禦が利かない嗜癖や行動を止めさせるために、有害刺激を与える療法。嫌忌療法、罰療法とも言う〕を施すことがあった。それには電気ショックや化学的去勢なども含まれ、一九八〇年代まで実施されていた。

アフリカーナーの同性愛嫌悪は、宗教に根ざすところが大きい。ボーア人は、アパルトヘイトを「ハムに対する罰」◆に基づくものと見なしていたのと同様に、同性愛の禁止は↓ソドムに対する罰や聖↓パウロの言葉に由来するものとしていた。同性愛の禁止はまた、ボーア人のイギリス嫌いとも関係があった。ボーア人は同性愛を、イギリスのエリートが持ち込んだ習俗だと見なしていたのである。つまりボーア人の同性愛禁止はナチスの同性愛嫌悪と少なからざる共通点があるということだ。ボーア人もナチスと同じように、同性愛は生物学的↓退化を示す徴候（支配する側の人種の生存を脅かしかねない深刻な病い）であり、また越えるべきでない壁や区別について相対的に無頓着である点において、極めて非社会的な態度であるとした。白人の同性愛者の中でも、インド人や混血、黒人に惹かれる者は、そのことを理由にとくに↓犯罪者と見なされた。当時の政界を支配していた国民党は、社会の流動性や都会的な文化、知識人に対して嫌悪感を持っているアフリカーナーのポピュリズムに支えられていた。そしてあらゆる法律上の進展を妨げるために、同性愛と↓小児性愛をあえて混同してみせたのである。さらに国民党は、形成されつつあったゲイ・コミュニティの政治的分断にも一役買った。そのため南アフリカ最初のゲイ団体であるＧＡＳＡ（南アフリカ・ゲイ協会、一九八二年創設）の会員はほとんど白人だけであり、また「非政治的」であろうと望んだ。つまりアパルトヘイトを糾弾することを拒んだわけである。一九八八年になって初めて、複数の人種を擁し、政治的なゲイ団体が現れた。あらゆる形態の↓差別への反対を掲げるＧＬＯＷ（ウィットウォーターズランド・ゲイ・アンド・レズビアン協会〔ウィットウォーターズランドはヨハネスバーグを含む地域の名〕）である。

それ以降、事態は急速に変化していく。その背景には、一九九〇年のマンデラ釈放、九一年のアパルトヘイト関連法の廃止、九四年の大統領選でのマンデラ選出などに表されるような、根本的に新しい政治情勢があった。ＧＬＯＷ主催の最初のゲイ・プライドが一九九〇年に開催された。それは全アフリカ大陸で最初のことでもあった。出会いの場も増えた。ゲイ・レズビアンが目に見える存在として、かなり表に出てくるようになった。ケープタウンではとくに顕著である。ケープタウンではＬＩＬＡＣＳ（名誉を傷つけられながら愛しあうレズビアンたち）という団体が花開く。ゲイ・コミュニティはしだいに自覚を深め、ＡＮＣ〔アフリカ民族会議〕の黒人活動家が過去数十年に渡って示してきた方法にならって、平等の権利を主張するようになった。そして一九九六年に制定された憲法ですべての南アフリカ国民の平等を謳うに当たって、（世界史上初めて）「人種、ジェンダー、性別、妊娠、婚姻上の地位、民族的もしくは社会的出身、肌の色、性的指向、年齢、障害、宗教、良心、信条、文化、言語、出自」を理由にした差別を禁じている（南アフリカ共和国憲法、第二条「権利章典」、一九九六年、第一〇八号法）。この条文は極めて重要である。なぜなら他のあらゆる法律よりも最終的には優先されるからである。ＮＣＧＬＥ（ゲイ・レズビアンの平等のための全国連合）のような団体が同性愛嫌悪の法律を適用されずにいられるのも、憲法のこの条文があればこそである。さらにこの条文を用いることによって、ＮＣＧＬＥは、とくに差別禁止、↓労働の権利、婚姻の権利に関して法的な前進を成し遂げている。そればかりかＡＮＣがＮＣＧＬＥに対して、↓同性婚に関する法律を早急に立法化すると約束している。従って南アフリカの同性愛者の気分は楽観的である。そのことは、例えば一九九四年にヨハネスバーグで開催されたゲイ・プライドのある黒人の参加者が、次のように語っていることにもよく表れている。「私はただのドラァグクイーン。それ以外の何者でもありません。でも何と言うか、あの憲法の条文のことを知って、私の心は解放されました」。

憲法によるこうした保護は比類のないものだが、だからと言って同性愛嫌悪に終止符が打たれたわけではない。同性愛嫌悪は白人保守層や、キリスト教またはイスラム教のロビイストの間で生きながらえている。こうした人びとは、平等に関する条項が憲法に導入されようとしていたときには、あらゆる手段を講じてそれを妨げようとした。同性愛嫌悪はまた、ある種の黒人の中にも見られる。彼らは民族性を装った主張になびきやすく、同性愛は植民者が持ち込んだものであって、「非アフリカ的」文化に属するものであると見なしている。ネルソン・マンデラの妻ウィニー・マンデラが結成したサッカーチームのメンバーが一四歳の少年を誘拐し殺害した事件に、ウィニー自身が関与していたとの判決が下った裁判で、彼女の支援者や弁護団が主張したのも、「同性愛は黒人文化には存在しない」ということだった。最近も南アフリカ人権委員会の委員長バーニー・ピチェインが、「性的指向の自由など、非アフリカ的だ」という非難を受けた。これに対して彼は、「もしそれが正しいのなら、マイノリティに対する抑圧や汚職や人権侵害といったことが、本質的にアフリカ的だということになる」と答えた。一般的に言って、極めて深刻な暴力を経験してきた現在の南アフリカ社会は、ゲイやレズビアンの生活に負の影響を与えている。習俗は、法制度ほどにはすべての面で進んだとは言いがたいのである。

■ジンバブウェ

ローデシア（一八九五～一九二〇年の時期に築かれたイギリスの植民地）の植民地開発は、よくあることだがキリスト教の布教活動を伴っていた。そのためここでは、唯一合法的な性的関係の枠組みは、単婚制《モノガミー》の婚姻関係にある異性愛関係だけであるとされた。だからこそこのイギリス領植民地は、一九六五年に白人政権のローデシアとして独立し、さらに一九八〇年に植民地支配を脱してジンバブウェとして独立したが、その後もなおアングロ＝サクソン起源の同性愛嫌悪的な法律を維持し続けているのである。しかし同じイギリスによる植民地統治が、鉱山開発の過程で、一時的な同性愛関係の環境をつくったという事実も指摘しておくべきであろう。これは年長の労働者と若い労働者の間の「結婚」のようなもので、若い労働者は「妻」と呼ばれた。これに相当する関係として、村に残された女性たちの間に「母親／赤ん坊」の関係が生まれたらしい。同じような現象は南アフリカにも見られた。

ジンバブウェでは、独立以降も同性愛者をめぐる環境はほとんど前進しなかった。今もなお同性愛は、法によって最長一〇年の拘禁刑をもって罰せられる〔二〇〇六年発効の刑法では最長一年〕。一九八九年に首都ハラレで始まった、白人も黒人も参加するゲイ・レズビアン運動GALZ（ジンバブウェのゲイとレズビアン）は、間もなく国家元首ロバート・ムガベと対立することになった。ムガベが一九九〇年代における、世界で最も同性愛嫌悪が強い政治家の一人であることは明らかだった。ムガベの同性愛嫌悪の根には、複数の理由がある。宣教師から学んだキリスト教の教理。ケニア独立の指導者で民族学者でもあるジョモ・ケニヤッタがすでに一九三八年から唱えていた、アフリカ人の間には元々同性愛は一切なかったという説。近年の南アフリカ共和国の進展に対する嫌悪、もっと言えばネルソン・マンデラに対する憎悪もある。マンデラはアパルトヘイト終結以降、ムガベを押しのけてアフリカ南部の最も中心的な人物となったからだ。一九九五年には、ハラレで開催されたブックフェアにGALZのメンバーが参加することを許可しないだけでは飽きたらず、ムガベは次のように自らの思想の核心を表明した。

> レズビアンやゲイは犬や豚にも劣る。いかなる権利も与えるに値しない。西洋の↓退廃の一形態であって、ジンバブウェの正統な文化とは一切関係がない。

この宣言は外国にも、とくにイギリス、オランダ、ニュージーランドに大きな動揺を与えた。この宣言は、同性愛嫌悪の人びとが見せる精神的な混乱状態をよく表していて、元々あるものと歴史的なもの、先住民の伝統とキリス

◆**ハムに対する罰**　旧約聖書『創世記』第九章で、ノアの末の息子でカナンの父ハムは、酔った父親の裸の姿を見てしまう。それを知ったノアは罰として「カナン詛（のろ）われよ、彼は僕（しもべ）らの僕となりてその兄弟につかえん」と言う。この物語が人種間優劣の根拠とされたのである。（山本）

ト教布教によってもたらされた実践とを混同している。確かにセシル・ローズの性的指向が同性愛であったことはほとんど疑いないが、しかし今日では、ショナ人やンデベレ人の間で、植民者がやって来る前から典型的な同性愛関係が存在したことが分かっている。マーク・エプレヒトの研究によれば、ローデシア植民地が建設された当初から同性愛行為が裁かれた例があり、行為に及んだとされたのは西洋人にそれまで会ったこともない村落に住む普通の人びとだった。またマーク・カールソンは長年の調査の末に、ジンバブウェの一二二の部族《トライブ》で伝統的に同性愛行為が実践されていたことを証明した。

一九九六年、大統領の決定に異議を申し立てたGALZに対して、高等裁判所はその主張を認める判決を下した。しかし同性愛嫌悪の学生や、宗教指導者、ムガベの狂信者たちからの攻撃は激しさを増し、ついには、内務省が改めてGALZに対してブックフェアへの参加を禁じる命令を発した。ジンバブウェ国民の「文化的健全性に配慮して」という理由だった。それ以来ゲイとレズビアンは、壊滅的な経済状況のために鬱積した不満のはけ口として、定期的に利用されるようになった。警察による執拗な攻撃は止むことがなかった。それは恣意的な逮捕や殴打、時には暗殺にまで及んだ。それでもGALZは、南アフリカの研究者ピーター・ヴェイルが力説しているように、歴史的役割を果たしている。それまでは、あえて国家の指導者の権威に逆らってまで、マイノリティを擁護しようとした団体など一つもなかった。GALZが示した道を、その後、労働組合や教会、人権擁護団体などが追随しているのである。ゲイ運動に対するムガベの憎悪は、市民社会の内部にさまざまな問題を投げかけ、大きな興奮を生み出したので、ますます明白となった。ムガベに対する抗議は国を越えて行われるようにもなった。イギリスのゲイ活動家ピーター・タッチェルは、ピノチェトに対する例を見て、一九九九年一〇月にはもう、イギリス領内でムガベを逮捕するよう要求していたが、二〇〇一年三月五日のムガベのブリュッセル訪問の際に、改めてその要求を繰り返すことをためらわなかった。その結果彼は、大統領のボディガードから徹底的に袋だたきにされた。イギリス人嫌いのムガベ当人も、自分に言わせれば第一期ブレア政権は「ゲイのギャング」の集まりだと、公然と非難して注目を集めた。

運命の皮肉によって、ロバート・ムガベの前任者でメソジスト派牧師でもあったカナアン・バナナが、最近になって習俗に関する微妙な事件に巻き込まれるという事態が起こった。その任期（一九八〇～八七）中に、側近やボディガードを数回に渡ってレイプし、同性愛行為に及んだとして訴えられたのである。ムガベはこのスキャンダルをもみ消そうと努めたが、バナナは一九九八年に欠席裁判で一年の刑を宣告された。バナナはボツワナから南アフリカへと逃亡していたが、ジンバブウェに戻り刑に服した（二〇〇〇～〇一）［二〇〇三年にバナナは死去した］。

■ザンビア

ザンビア（旧イギリス領北ローデシア）における同性愛者をとりまく環境は極めて悪い。この国のソドミーに関する法律は、最長一四年の拘禁刑を罰則として規定している。政権にしがみついて離れようとしないザンビア大統領フレデリック・J・T・チルバ［三選を禁じる憲法の規定に従って二〇〇一年暮の大統領選には不出馬］は、ロバート・ムガベより同性愛嫌悪は強くないとは言え、ほとんど違いはない。チルバ政権の法相ヴィンセント・マランボは、「同性愛はアフリカ人にとってもキリスト教徒にとっても嫌悪すべきものである」と公言した。

それでも一九九〇年代の終わりには、南アフリカで達成された出来事の影響によって、事態が動き始めた。一九九八年七月、フランシス・チザンビシャという若い男性が、日刊紙『ザ・ポスト』にカミングアウトした。彼は自分の性的アイデンティティはアフリカ人であることといささかも矛盾しないと主張した。それから数週間たった一九九八年九月、ガーショム・ムソンダの唱導によって初の同性愛団体LEGATRA（ザンビア・レズビアン・ゲイ・バイセクシュアル・トランスジェンダー協会）が結成された。この団体は、会員に対する精神的支援、法律に関する助言、病気の予防法を提供することを目的としている。またアムネスティ・インターナショナル、ジンバブウェのGALZ、国内のマイノリティ擁護団体の中心を担うZIMT（ザンビア独立監視団）などと連携して活動している。ZIMTの長を勇敢に務めているアルフレッド・ズールーは、ゲイを擁護するためには現行憲法を適用するだけでよいはずだと主張する。LEGATRAはこれまで政府の承認を得ようと努めてきたが、政府は拒んでいる。その理由は、ソドミーに関する法は依然として有効である以上、政府に言わせればLEGATRAの承認は結局「犯罪の助長」になるということであった。しかし政府の承認がなければロビー活動は不可能であり、ソドミー法の廃止は期待できないのである。

二〇〇一年にも、同性愛の合法化を支持するリベラルな人びとと、いかなる改革もアフリカ文化とキリスト教道徳を損なうことになると考える保守的な人びととの間に、激しい議論◆が交わされた。ザンビアのゲイやレズビアンの活動家が極めて不安な状況下に暮らしていることは、強調しておくべきであろう。LEGATRAの会長は過去に二度に渡って暴力を加えられ、眼球に二度と消えない後遺症を負った。同性愛者はいついかなるときでも、法律違反ないしその共謀のかどで逮捕される可能性がある。

■ナミビア

この国はかつて南西アフリカと呼ばれ、ドイツの植民地であった。第一次世界大戦後にイギリスの委任統治下に入ったが、実質的には一九八九年まで南アフリカによって統治されていた。独立したのは、一九九〇年になってからのことである。自由と平等を謳う憲法が定められ、同性愛は法に反するとはされていない。そうではあるのだが、この国の指導者の中にはあからさまに同性愛嫌悪を示す者が複数あって、聖書で禁じられているのだということに加えて、同性愛は外国から輸入されたものでアフリカの伝統ではないという、お決まりの文句を繰り返している（彼らが同時に、現在ナミビア国内に居住している外国人を公然と非難していることも指摘しておきたい）。一九九五年には、閣僚の何人かが同性愛のことを「非アフリカ的な社会的害悪」、とりわけホルモン療法（→治療）によって「治すことができる精神病」という言い方で非難している。一九九六年以降になると、大統領のサム・ヌヨマ［任期一九九〇〜二〇〇五］が、ゲイ・レズビアンはヨーロッパ帝国主義の手先であり、「ゲイ主義」の押しつけによって在来文化が破壊されると、数回に渡ってはっきりと同性愛を非難した。そして最終的に、ゲイ・レズビアンに対して国外に移住するよう求めたのである（二〇〇〇年一〇月のウタピ宣言）。同時期に、ヌヨマ政権の内務大臣ジェリー・エカンジョは、七〇〇人からなる警察部隊に、「ナミビアの国土からゲイ・レズビアンを一掃する」ことを命じた。エカンジョ本人は、ナミビアの憲法は同性愛者に対していかなる権利も認めていないという考えの持ち主である。

以上のように極めて困難な状況にも拘らず、いや困難だからこそ際だって見えるゲイ・レズビアン運動がナミビアにはある。レズビアンが一九八九年にはもうナミビア・シスター協会を設立し、一九九七年にはゲイ活動家と協力してレインボー・プロジェクトを立ち上げたことである。レインボー・プロジェクトは約一〇〇〇人の参加者を擁し、南アフリカ、ジンバブウェに次いでアフリカで三番目にできたゲイ・レズビアン運動組織であり、二〇〇〇年には首都ウィントフークでゲイ・プライドを開催した。

■ボツワナ

ボツワナは南アフリカ、ナミビア、ジンバブウェの三国によって、周囲を完全に取り囲まれた国である。ここでは植民地時代から、男性同性愛が禁じられている。「自然の秩序に反する肉体関係」として二年の刑を科せられるのだ。政治家階級における同性愛嫌悪は強固で、最近では一九九八年六月にレズビアニズムが犯罪とされたことにもそれがよく表れている。

◆**ピノチェトに対する例**　一九九八年、イギリス政府は国内に滞在していた元チリ大統領ピノチェトを逮捕した。これは、チリ在住のスペイン人に対する人権侵害を理由にしたスペイン当局の要請に応えたものだった。イギリスはスペインの身柄引渡し要求にも、チリの釈放要求にも応じずに拘束を続けたが、高齢・健康悪化により訴追不可能として、二〇〇〇年にピノチェトを釈放した。（山本）

◆**激しい議論**　二〇〇六年一二月にザンビア政府は、同性婚を認める法案は絶対に通さないと述べた。内務大臣ロニー・シカプワシャは、神の目には同性婚は罪と映っているとし、ザンビアはキリスト教国であり、罪深い行為は許されるべきではないと述べている。（金城）

一九九九年一月、ボツワナ・キリスト教協議会が同性愛に関する法律の撤廃を呼びかけた。ルパート・ハンビラ神父が同性愛嫌悪を拒否した根底には、福音主義的な慈悲がある（「私たちは人を裁いてはならない。それは神にまかさなければならない」）。そして彼は、同性愛嫌悪の法律の根拠として↓聖書を持ち出すことに、はっきりと異議を唱えた。聖書は「人間たちの誤解と主観的意見に満ちて」いて、ボーア人がアパルトヘイトを正当化するのにも聖書が利用されたと、この神父は指摘している。ボツワナ第一の社会学者ムリンギ博士もルパート・ハンビラ神父を支持している。博士は個人としては同性愛に賛同しないとしながらも、同性愛は非アフリカ的なものだとする議論に対しては反論している。逆に同性愛関係が、アフリカ中部では植民地化以前からありふれていたことを指摘している。こうした主張は、ボツワナ大学の学生たちの暴力的な憎悪という反応を引き起こした。学生指導者ビティ・ブタレは、「同性愛者だけでなく、西洋かぶれの博愛主義者までもがたわ言を唱えてわれわれを脅かす」と叫び声を上げた。

一九九〇年代末にＬｅＧａＢｉＢｏ（ボツワナのレズビアン・ゲイ・バイセクシュアル）が結成されて、ボツワナに初めてゲイ・レズビアン運動組織が登場した。この組織は非常に活発なボツワナの人権擁護団体であるディチュワネロの保護を受けて発展した。ディチュワネロは、その同性愛者のための活動を認められて、二〇〇〇年に国際ゲイとレズビアン人権委員会によるフェリパ・デ・ソーザ賞を受賞している。一九九六年および二〇〇一年に、ウチジュワ・カナニという人物が南アフリカでの先例にならって、刑法の同性愛嫌悪条項はボツワナ憲法の基本的な価値観に抵触するとして、高等裁判所に異議を申し立てた。カナニはイギリスの弁護士ピーター・ダフィの支援を受けた。

■モザンビーク

もう一つの旧ポルトガル植民地であるアンゴラ同様、モザンビークでは同性愛は公衆道徳を損なう行動だと見なされる。モザンビーク刑法第七〇条および七一条で、男性同性愛は犯罪だと規定されている。この条項で同性愛行為に科すと定められている懲役刑は、受刑者を再教育施設に三年間収用して強制労働に服させるというものである。

ピエール・アルベルティーニ（山本訳）

↓アフリカ西部、アフリカ中部・東部、人類学、暴力、レトリック

◆補遺

この地域の国々の同性愛をめぐる法制度の最近の状況は、二〇一二年五月発行のＩＬＧＡ（国際レズビアン・ゲイ連盟）の報告書によれば以下のとおりである（括弧内は発効年）〈Paoli Itaborahy〉。

同性愛行為が違法であるのは、ザンビア、ジンバブウェ、スワジランド、ナミビア、ボツワナ、モザンビーク、レソトの七ヶ国。このうちザンビア、ジンバブウェ、スワジランド、ナミビア、レソトでは、女性の同性愛は合法である。

南アフリカ共和国は、一九九六年に世界で初めて性的指向に基づく差別を憲法で禁じた（一九九七）。また性的指向に基づく憎悪を煽動することを禁じる法（二〇〇〇）、同性カップルが共同で養子縁組することを認める法（二〇〇二）、アフリカ大陸初の同性カップルに結婚を認める法（二〇〇六）、同性愛関係か異性愛関係かに拘らず同じ法的同意年齢を定める法（二〇〇七）を持つ。

ボツワナ（二〇一〇）およびモザンビーク（二〇〇七）でも、性的指向に基づく雇用差別が法的に禁じられている。ナミビアでは、性的指向に基づく雇用差別を禁じる一九九二年の労働法が、二〇〇四年に廃止された。（山本）

アレナス（レイナルド・〜）

キューバの作家、小説家。一九四三年七月一六日生まれ。レイナルドの母親は夫に捨てられ、息子を連れてオルギン（島の東部にある州）の父親のもとへ戻り、農業に就いた。子ども時代のレイナルドは祖父の家で、読み書きを教えてくれた母親と、叔母たちに囲まれて成長した。祖母は神秘的で優しい人柄で、夜の神秘と星々についての知識を彼に手ほどきした。祖母の魔法めいた印象はレイナルドにもそのままうつり、彼の子ども時代をすっかり浸すことになる。

一五歳になると、カストロが率いる反バティスタ闘争のゲリラ部隊に加わろうと試みる。彼は一度も戦闘には加わらなかったが、バティスタ政権下ではオルギン州の士官学校であったラ・パントハの構内に設けられた革命法廷によって宣告された即決処刑を、手伝ったことはあった。この士官学校は「理工科学校」に変わり、彼は一六歳のときにそこで農業会計士になるための勉強にとりかかった。新政権の同性愛嫌悪《ホモフォビア》にまつわる彼の最初の記憶は、この時期にさかのぼる。学校では男性優位主義的《マッチョ》偏見がキューバ革命を称揚し、あらゆる同性愛が糾弾されていた。同性愛の現場を見つけられた学生は、監察官のところへ連れて行かれ、支給されていた衣類を返却させられ、同級生の前を行進させられた。同級生は彼らをめった打ちにし、石を投げつけた。カストロ政権の一九六〇年代の同性愛嫌悪は、同性愛の知識人を糾弾する騒々しい集会が開かれていたことによく顕れている。

レイナルド・アレナスは自伝『夜になるまえに』で、正反対の二つの力を対置している。一方で彼が描いているのは、同性愛の力強く、ひそやかな性愛であり、それは夜になるとハバナの街頭、公園、海岸、マレコン〔防波堤のこと〕通りに溢れ出てくる。そこでは学生や若者が、差し迫った欲動を満足させるために相手を見つけようと探しまわっている。こうした相手探しをレイナルド自身もあちこちでやったことがあると言う。そしてその印象的な光景を詳細に書いている。町中で、映画館や乗り合い自動車の薄暗がりで出会った獲物のこと、そして興奮のあまりその場で大急ぎで済ます行為のことなど。その一方でレイナルドは、一九六三年以降、同性愛者を厳しく弾圧した法的措置のことを想起している。超道徳主義、労働の称揚、祖国と英雄の讃美は、同性愛者への迫害キャンペーンに至った。密告が横行し、同性愛者を狩り出すために男らしい警察官が誘いかけて逮捕し、容疑者を投獄し、ＵＭＡＰ（軍生産支援基地）という名の強制労働収容所が建設された。この相対立する二つの力は実際には密接なつながりを持っている。カストロ政権が始めた性の抑圧は、その反応として大勢の反対者による違反を誘発し、例えば国家当局への反逆のようなより過激な実践という形になって現れてくる。

レイナルド・アレナスは二〇歳のとき、権威ある国立図書館の物語作者というポストに応募書類を提出した。彼は物語をつくって暗記し、その翌日に選考委員の前でそれを語った。この朗読によって委員全員がアレナスを選ぶことに賛同した。図書館長が、レイナルドの上司で有力な組織であるＩＮＲＡ（全国農業改革局）の所長に何度も要請し、やっと転職はかなった。この新しい職によって彼は偉大な作家という将来に向かって歩を進め、それは文学修業において決定的な時期となった。彼の最初の小説『夜明け前のセレスティーノ』（一九六四）はキューバでしか刊行されなかったが、ＵＮＥＡＣ（キューバ作家・芸術家連合）から第一等の評価を得た。一九六九年以降、アレナスは国家保安当局の以前より厳しい監視下に置かれた。当局は彼と外国との関係をつきとめ、原稿の海外流失を防ぐことを目的としていた。

アレナスは、自分の作品をかろうじて島から外に出すことに成功した。その経緯を自ら明らかにしている。彼はパリ在住のキューバ人画家ホルへ・カマチョとその妻マルガリータと出会い、それ以後も変わらぬ友情を交わした。

アレナスは彼らに『めくるめく世界』の原稿を託し、それがフランスでディエ・コストによって翻訳刊行されたのである。アレナスは原稿の手直しをするのに、キューバの小説家であり詩人で、無神論者、反共産主義者で同性愛者のビルヒリオ・ピニェーラ（一九一二〜七九）に手伝ってもらっていた。彼はアレナスの文学上の師であった。その後の彼の作品、例えば『もう一度海へ』などは、国家保安当局の目を逃れるために、セメント袋の底にしまわれた。友人の一人アウレリオ・コルテスがこの小説の原稿を保管していたが、その後、修道女に託す。そして修道女がそのページを読んでしまったために↓スキャンダルとなり、この小説は破棄されてしまう。その二年後、この小説の新しいヴァージョンが日の目を見た。アレナスは自宅の屋根瓦の下にそれを隠していたのだった。監視はさらに厳しくなり、自室は定期的に捜索され、郵便物は検閲を受けた。一九七〇年、アレナスはサトウキビ収穫の「志願」労働へ送られる。辛い経験、地獄だったと彼は打ち明けている。同じ年、第一回教育文化会議が開かれ、同性愛の芸術家や作家に対して一連の差別的な措置を採ることが決められた。原因糾明という制度がしかれた。すなわち、同性愛者が排斥や強制労働処分を受けるのはなぜか、その政治的道徳的理由を当人に教えこむという制度である。魔女狩りと同時進行で当局は島を閉鎖した。作家の中には密告屋になった者もいた。

アレナスは一九七二年の夏の間ずっと、グアナボの警察署に留置された。警察は彼を反革命の疑いで告発した。彼は保釈金を支払って釈放される。二度目に逮捕されると、アレナスは苦労して↓刑務所を脱獄し、グアンタナモへ向かった。そこの米軍基地へ行けば国境を越えられるだろうと考えたのである。しかしその試みは失敗に終わる。ハバナへ戻ったこの脱走者は、レーニン公園に身を隠し、『夜になるまえに』の執筆にとりかかった。彼は刑務所に入れられて沈黙させられる前にその作品を仕上げようと急いだ。一二月にアレナスは逮捕され、エル・モロ要塞に送られた。そこでの拘禁は、三ヶ月間の国家保安当局への出頭をはさんで二年に及んだ。猥褻《わいせつ》罪で有罪となり、レパルト・フローレス刑務所に移され、一九七六年に釈放された。

一九八〇年五月四日、認知症患者や殺人犯、売春婦、同性愛者の国外追放処分のおかげで、アレナスはついに国を離れることができた。名前の綴りを変えてフロリダにおもむき、そこでしばらく暮らした後、ニューヨークに身を落ちつける。一九八三年、彼はキューバ人亡命者とともに文学雑誌『マリエル』を創刊する。創刊号はホセ・レサマ・リマに捧げられた。アレナスはアメリカ大陸やヨーロッパの大学からの招待に合わせて旅をし、行く先々で自分の作品を披露した。

一九八七年、↓エイズと診断される。健康を蝕まれながら闘病を続けたが、一九九〇年一二月、アレナスはニューヨークで自らの命に終止符を打った。

アンドレ・フェルナンデス（山本訳）

↓共産主義、グラーグ、軍隊、警察、検閲、文学、暴力、ラテンアメリカ

アンリ三世

ヴァロワ家最後のフランス王アンリ三世は、一五八九年八月一日、三八歳のときにジャック・クレマンの短刀に刺されて斃《たお》れた。この人物はドミニコ会修道士で、当時大量に氾濫していた政治パンフレットの妄言を狂信してしまったのだった。そうしたパンフレットに書かれていたのは、旧教同盟から毛嫌いされていた暴君としてのアンリ三世であり、またギーズ公アンリ一世の暗殺をめぐるさまざまな噂話であり、非常に信心深いカトリック教徒だったアンリ三世が非常に悪魔的になってしまったのは、世界の秩序の逆転を企てたからであり、その徴候の一つ、それも並ならぬ徴候があのソドミーとい

う罪であり、アンリ三世はこの罪を犯しているとされることが一般的だった。このように言われるようになった成り行きを、いくつかの点からもう一度検討し、それが事実無根であることを確認し、そこに隠されている原動力を掘り起こしたい。

「両性具有」、「ソドミーを行う者」、「ブーグル〔後述の通り異端と男色者の両方の意味がある〕」。王を標的とした同性愛嫌悪《ホモフォビア》の意味領域は、この三つの中傷に分類することができる。それぞれ、社会的なしきたりの変調、罪深い性行為、キリスト教に対する脅威を表している。回想録作者のピエール・ド・レトワルは、この王が公衆の面前で異性装をした事件を報告している。一度は、騎馬槍術の競技会の折に、婦人用の乗馬服を着て現れた。その次には一五七七年のブロワで催された一連の祝典の際、「王はたいてい女の恰好をしていた。胴衣の前を開いて胸元が見えるようにしていたのだが、そこには宮廷婦人が身に着けるような、〔…〕布製の襟飾りを三重に巻いた下に、真珠の首飾りを着けていた」。壮年期の王の肖像画のいくつかには、左の耳たぶに着けていた有名なイヤリングが描かれている。そして身なりがいかめしいだけに、それが一層よく目立っている。そこにさらに過剰な化粧や、鏝《こて》を当てて巻き毛にした髪の毛、お気に入りの剣玉などといった役に立たない遊びも加えられて、そのどれもが奔放な同性愛の徴《しるし》であるように見える。それは服装の面だけでなく他のことでも王と嗜好を同じくする取り巻きたち、あの有名な寵臣たちによって満たされる同性愛である。同性愛への熱中については、王自身が自分は「極端な手段で」しか愛することができないと公言していることから、自ら告白しているようにも見えるが、書簡の中にもその徴と見られるものは豊富にある。例えば、寵臣の一人ジャック・ド・ケリュス〔一五五四～七八〕に宛てた短信の最後は、次のような言葉で終わっている。「おまえの手に愛情をこめて口づけしよう」。さらにルイーズ・ド・ロレーヌ＝ヴォデモンとの結婚生活で子どもができないこと（生殖不能）も、同じ意味に解釈されないわけがない。王妃は王に熱烈な愛情を誓ったのに、王はそれに対して丁重な無関心で答えたという解釈である。最後に、王の素行に対する烙印を通して告発されているのは、キリスト教全体を危険に陥れるという点でもある。そのような告発は、性的な面での異端を宗教上の異端と同一視することによって成り立つ。それがはっきりと表されているのは、「ブーグル」という侮辱の言葉である。この言葉は、「ブルガリア人」という言葉の変形で、一〇世紀にブルガリアに出現した異端ボゴミール派を指しているのだが、これが当時、ソドミーをする者にも結びつけられた。そこから「ブーグルの王」は異端の王でもあり、異端の王はブーグルの王なのである。宗教戦争という状況下で、この類推が無邪気でいられるはずもなく、二つの反王勢力の宣伝の頂点を占めることになった。一方は治世の初期（一五七四～七六）で、中でもプロテスタントによる反王宣伝であり、もう一方は王のプロテスタントへの接近以後、一五八八年から八九年にかけての旧教同盟による反王宣伝である。この後の方の時期のある一枚のカリカチュアに、非難の要素がすべて集められているのを見てとることができる。その絵の中でアンリ三世は、両性具有の怪物として描かれていて、その女性的な色欲を表す両の乳房を備え、魚の体、ドラゴンの翼は獣性を示している。右手に持っている数珠は信仰の徴《しるし》であるが、あるいはむしろそれは不実の象徴であるかもしれない。なぜなら左手に持っている鏡の中にはマキアヴェリの絵が映っていて、王のマキアヴェリ崇拝が隠されているからである。

しかし、以上のようにあげつらわれた指標を注意深く検証してみると、直

「アンリ３世の諷刺的肖像。両性具有――『朕は男にも女にもあらず』……」。性的な２重性と道徳面での２重性を結びつけて王を告発する非難が、1589年に暗殺という浄化作用を迎えるまで続いた……

ちに証拠に乏しいことが明らかになるのだ。異性装はフランスの宮廷ではありふれたことだったし、レトワルは、上に挙げた告発の文章の中でも、それが奇抜さを競うものであり、仮装の会であったことをはっきりと述べている。装飾的な手紙の文体についても、悪意のある解釈は可能かもしれないが、当時の書簡に極めて頻繁に見られる程度以上のものではない。さらに王とその寵臣との間にあるとされているいかがわしい関係という点も、それを補強するような確かな証言は一切見つかっていないのだ。サヴォイア公国の大使ルネ・ド・リュサンジュは、一五八五年以降、旧教同盟と一致協力してこの疑惑を裏付けようと躍起になっているが、リュサンジュがしばしば矛盾していることを見ると、彼の証言は紛争を巻き起こそうとする意図に基づくものだと強く感じられる。王妃ルイーズに子どもができなかったのも、夫が禁欲していたからではなく、一五七五年に起きた不幸な流産の結果である。目撃者の言によれば、このとき王は落胆したという。また王は、独身時代から女性遍歴を積み重ねていて、王妃の母親は感動した様子で「良い種馬」だと言ったほどである。そして少なくとも一人の私生児の女の子が生まれている。壮年期の王について言えば、痛悔の祈りや鞭打ちの励行、ひどく疲れる礼拝行進などを自分に課して、その騒々しいばかりの信心の行いによってむしろ人びとを驚かしていたのである。王の敵対者はそこに、モリエール喜劇の偽善者タルチュフの先駆者の姿しか見なかったわけだが、それにしても異端への執心を、とくにその最たるものとして同性愛を、そこに見てとることは困難である。

それではアンリ三世は、どうして集合的な想像の産物である「ブーグルの王」という、先験的には何も彼をそこに結びつけるものはないはずの位置を与えられたのであろうか。この変形をつくりだした文化的、政治的、宗教的原動力は、同性愛嫌悪という仮面を被ってはいるが、その争点をはるかにはみ出したものなのである。

ヴェルサイユという巨大な仕掛けがつくられる以前に、このヴァロワ家最後の王は、初めて宮廷内の習俗を手なずけようと試みたのであった。それは何よりも、身体の手入れや食卓の衛生に細かく気を配ることを通して行われた。しかしフォークを使って食べたり、定期的に石鹸で洗ったり、そのうえ歯に白い粉を使ったり、日中と夜間とでは下着を替えたりすることが、王のごく少数の側近の範囲を越えた外部に蔓延している粗野な視線にしてみれば、十分奇矯な行いに映ったのであり、そのために性的な異常という疑惑が流布されることになったのである。そこにさらに、反イタリアという外国人嫌悪《ゼノフォビア》がある程度混ざっていたとすれば、それはアンリ三世が、その母親カトリーヌ・ド・メディシスによってフランスに移植されたモデルに影響を受けていたからである。しかも当時、表象の面では、男色とイタリアはたいへん仲の良いものだったのだ。こうしてでき上がったこの混同が、王の戦略の政治的側面の信用を失墜させるまた別の理由となるのである。王は並の貴族から自身の寵臣を登用することによって、高位の貴族の一団が振るっている影響力、とりわけギーズ家の影響力を払拭しようとした。この態度には、王が個人的にそうした大貴族から距離を置きたいという意志を伴っていたので、大貴族の方は敵対心から、そのように距離を置くことを乱れた素行のせいにするのが都合が良いと考えた。王が隠れているのは、何か隠さなければならないことがあるからだ、と。実際には、王が距離を置きたがったのは、まさに大貴族が自身に対して持っているこうした敵対心からであった。当時ありふれていたソドミー、異端、偶像崇拝、魔法の同一視はと言えば、王の信心にけちをつけ、それによって王を信仰の領域から排斥し、むしろ旧教同盟やギーズ家を信仰の中心に位置づけることに役立った。以上のようなことから、アンリ三世はその敵対者の同性愛嫌悪の犠牲になったのだと言い得るのである。それだけ同性愛嫌悪というものが、時代に先んじた一人の王に対するさまざまな形態の敵対心にとって、都合の良い共通項だったのだ。

ロラン・アヴズ（山本訳）

→王弟殿下、スキャンダル、寵臣、フランス、文学、歴史

医学

医学の同性愛嫌悪《ホモフォビア》を考察する、あるいは同性愛の社会的拒絶を助長する医学的実践について考えるためには、科学的な言明が、排除の要因であると同時に、反対に統合の要因となっているような、両義的な過程と緊張関係を明らかにする必要がある。二〇世紀初頭の最初の同性愛者運動の最も重要な人物の中には、ベルリンの医師マグヌス・↓ヒルシュフェルトに倣って、個人の↓治療や優生学的措置によって同性愛を「矯正」しようとした医師たちと変わらない言説を生産していた者もあることが、この両義性の現れである。

こういうわけで、医学と同性愛嫌悪の関係の歴史を理解するためには、いくつかの手がかりを追うことが必要である。それらの手がかりの交錯点は、まさに逆説的な結論へと通じている。

まず、歴史のある時点で、同性愛行為および／または同性愛者が、医学の正統な科学的対象とされていた社会的科学的状況を理解する必要がある。ところで、この現象は医学史の特殊な文脈の中で展開する。医学は、一連の変化を経て、(同時に生まれた人口学とともに)人口管理における国家の特権的な補助者となる。人体の科学として、医学は、生殖器官の使用法の問題を包括的に提起することを求められ、ミシェル・フーコーが指摘するように、「セクシュアリティ」の概念そのものを生み出した。こうして、医学の言説は二つの目的の周囲に構造化されることになった。一つ目は、生殖を促進すること、二つ目は生殖の「結果」の質を改良することである。マルサス理論は、「よい再生産」だけを考えるラディカルなヴァリエーションの一つを提示しているに過ぎない。このような文脈から、提起されていた問題の基本軸を理解できる。これらの軸はことごとく同性愛嫌悪の表明へと開かれたものになる。同性愛は、自慰と同じで、性行為の目的の流用であり、来るべき再生産の潜在的可能性を危険にさらす、少なくとも可能性のある再生産の成果を変質させる危険を冒す、などというのである。

この医学言説のマトリックスは、科学的言明に反映され、その本質的部分は一九世紀末の↓精神医学の中で実施される。同性愛は、人類の生殖本能に「反しており」、その責任を当事者に帰属させられない障害の一形態と見なされた。最も犯罪的な精神ですら生命の維持に必要な反射行動に逆らうことを「選ぶ」ことはできないのだから、同性愛は、↓自殺のように、何らかの選択から生ずるのではない。ここから同性愛の自然化とそれに伴う病理化が生ずる。同性愛者の闘争と医学の間の逆説的な最初の同盟が構築されるのは、この「自然化／病理化」の二重の動きの中である。男性間の同性愛関係を禁錮刑で罰していた帝政ドイツにおいて、医学は、処罰よりも同情を要する病気の犠牲者としての同性愛者という見方の論拠を提供したのである。

一世紀後、↓遺伝学の業績において、同じ逆説が現れている。同性愛の遺伝子的原因に関する研究は、↓退化の理論と関連する病的遺伝性気質仮説の中に↓性的倒錯の起源を見つけた、この一九世紀の科学の直接的な産物である。この科学は、優生学目的の業績において一九四〇年以降も追究され、二〇世紀の終わり、アメリカのゲイとレズビアンの運動の一部の支持のおかげで、お墨付きを得た。アメリカの宗教右翼の活動に直面していたこれらの運動は、この研究の結果の中に、同性愛もまた「神の御業」、あるいは少なくとも自然の仕業であるという証拠を見たのである。さらに多くの同性愛者にとって、自分の同性愛は、選択や、まして社会的構築になど還元されるものではない。遺伝学は、同性愛者、ゲイとレズビアンの運動だけでなく、同性愛の最終的な消滅を願う者や、例えば性的指向の出生前遺伝診断によって可能になるような「緩やかな」優生学的政策を企む者までを同時に満足させられる生物学的根拠を提供するのである。

従って、このような事実確認を踏まえ、さかのぼって医学の役割を問うことが必要になる。常識の確認（ある者は、同性と性的行為を行う）が「科学的に真である」医学的カテゴリー（「同性愛」）に変化するプロセスでは、「異なっている」という事実が絶対的な↓他性の一形態として構築されている。この状態は、人種概念の科学的構築に類似しており、この意味で、同性愛嫌悪は、科学の政治的社会的利用という意味で人種差別と直接に関係があると言える。

このような枠組みでは、同性愛嫌悪的ではない医学を考えることはほとんど不可能である。それには、同性愛者を主体としてよりうまく構築するために同性愛を対象にする、ということを放棄するような変化が必要である。それはまた、一定の科学、何よりも同性愛の生物学的原因の研究の放棄を意味する。一九六〇年代のアメリカ合衆国では、同性愛《ホモファイル》団体の周辺で、同性愛者の「幸福」のための医学が実施され、この運動が始まった。その医学の目的は、性的指向に対する個人の開花を助けることであったが、それは同性愛嫌悪的な環境と結びついた鬱、アルコール中毒、自殺の危険を背景としている。続いて、同じ目的で、アングロ＝サクソン諸国では、コミュニティの健康センター、フランスではゲイ医師会（AMG）に倣って、職業団体などが作られた。一九八〇年代以降、予防から患者の世話まで、エイズへのコミュニティの対応がなされたのはこうした環境においてであった。

ピエール＝オリヴィエ・ド・ビュシェ（齊藤訳）

↓遺伝学、性逆転、精神医学、精神分析、生物学、退化、脱ゲイ運動、治療、倒錯、内分泌学、ヒムラー、ヒルシュフェルト、ファシズム、法医学

イギリス

その起源から一九世紀まで――「厭うべき、嫌悪すべき悪徳たるソドミー」

中世のイギリスでは「ソドミーの罪」は聖職者の管轄とされ、教会法で死刑を科すと定められていた。しかしながら、ソドミーを理由に有罪とされた人の数は未だに定かではない。なぜならソドミーは、しばしば獣姦や↓異端と混同されていたし、同性愛関係はもっと広く↓放蕩や↓悪徳の枠組みに含まれると規定され、実際にそうした名目で告発されていたからである。例えば〝赭《しゃ》顔《がん》王〟ウィリアム二世〔〝征服王〟ウィリアム一世（ギヨーム二世）の第三子、ノルマン朝イングランド第二代国王、在位一〇八七～一一〇〇〕の治下の一〇九〇年頃、年代記作者のオードライクス・ヴァイテイリスが、ノルマンディー人の若者の習俗について、髪を長く伸ばし、女のような態度をとり、ソドミーを行っていると非難している。また一一二〇年に、ともにヘンリー一世〔ウィリアム一世の第四子、ノルマン朝第三代国王、在位一一〇〇～三五〕の息子であるウィリアムとリチャードを乗せた船が沈んだときには、ハンティンドンのヘンリーやギヨーム・ド・ナンジといった年代記作者が、この遭難をまさにこの息子たちの悪徳への罰だとしている。エドワード一世〔プランタジネット朝イングランド第五代国王、在位一二七二～一三〇七〕治下の一二九〇年頃には、ソドミーは溺死刑に処されていたが、その後、火刑になった。その犠牲となった者の中でも有名なのは、クリストファー・マーローの戯曲作品によってその名を不滅のものにした、エドワード二世〔プランタジネット朝第六代国王、在位一三〇七～二六〕である。詩人マーローは、同性愛がどれほど侵犯の価値を持っていたか、そしてまた、厳格に階層化された社会秩序をいかに覆したか、明らかにしてくれる。彼はその作品の中で、

エドワード二世を非難する者に、次のように言わせた。国王はガヴェストンにそそのかされて王国の将来を災禍（↓脅威）に陥れようとしている、寵臣に遠慮して、正統の貴族としての誇りをないがしろにし、私的な事柄を公益より優先させ、そして弱さから（ここには女性的な男性への批判がはっきりと見て取れる）内戦の危険を冒しているという。かくして政治的動機と道徳上の非難が結びつき、ついに「見せしめの」死で最高潮を迎える。国王は肛門に灼けついた杭を打ち込まれるのである。劇的な筋書きの背後、行間から読み取られるのはもう一人の人物の運命でもある。作者のマーロー自身が↓反逆と異端で告発され（キリストは使徒ヨハネと同性愛関係を持っていたと主張していたらしい）、殺害されて終わるのである。

その後、一五三三年の法律が転換点となった。この法律の発布の背景には、ヘンリー八世［チューダー朝第二代イングランド王、在位一五〇九～四七］と教皇庁との対立があった。この法律以降、ソドミーすなわち英語で言うバガリー（肛門性交）は、「相手が人間であろうと獣であろうと」国王裁判の管轄下に置かれ、謀反と同一視されることになる。これによってバガリーに及んだ者は、もはやただ宗教上の罪を犯した者、↓放蕩者というだけではなくなり、節操を欠いた人間、共同体に敵する人間となったのである。しかしこの法律は性行為の一形態を禁じるものであって、人間の一分類を禁じようというものではなかった。男性の子種の散逸を防ぎ、それによって人間という種の再生産を保護することが狙いだったのである。この法律はエリザベス一世の治下にも、改めて公布されて定着した。バガリー犯は世俗教会で裁かれ、場合によっては首吊りの刑に処されるようになったのである。しかし実際処刑された人数は、限られたものだった。例えばエセックス、ハートフォードシャー、ケント、サセックスの四つの伯爵領をあわせても、一五五九年から一六二五年の間に裁判沙汰になったバガリー事件は、四件だけしか見当たらない。ところがエセックスだけで、一五五八年から一六〇三年の間に、一万五〇〇〇人が性犯罪で法廷に召喚されているのだ。おそらくバガリーという罪は、聖書による糾弾の重みを一身に背負っているので、まさかそれを例えば主人と使用人との間で日常的に実践されているような同性愛行為に適用するなどということは、思いつきさえしなかったのであろう。

それではバガリーの告発が何のためになされたかと言えば、それは政治や宗教上の敵の信用を失わせるためである。例えば↓プロテスタントと「教皇第一主義者」［カトリックのこと］の間に論争が起きるときには、相手方の有力者が同性愛者に好感を持っていることを、諷刺したり揶揄したりすることが最大の武器なのであった。また例えば『ソドムあるいは放蕩の本質』という作品は、ロチェスターの伯爵で自身もバイセクシュアルであったジョン・ウィルモットが一六八四年に公刊したポルノグラフィーであるが、チャールズ二世の宮廷の習俗に対する批判を主旨とすると称している。最も有名な事件は、一六三一年にカスルヘヴン伯オードリー・マーヴィン・タチェットが引き起こした、カスルヘヴン・↓スキャンダルである。伯が使用人との間に何度も肛門性交《バガリー》に及んだ事実は確かにあったのだが、それ以上に伯が非難されたのは、他人に自分の妻をレイプさせたことと、一二歳の義理の娘をお気に入りの使用人の嫁にやり、息子をないがしろにしてその使用人を自分の相続人としたことであった。そのため「↓自然に反する」罪に加え、名誉に反する犯罪も罪状に加えられることになった。一七世紀にバガリーで絞首刑になったのは、ウォーターフォードの主教が最後である。レズビアニズムについては、ずっと法的な規制の外に置かれていて、男性の同性愛にくらべて人びとの関心はずっと低かったようである。ただしアン女王のサフィズム的（↓サッフォー）交友関係が、諷刺作家たちから手厳しい当てこすりの対象とされたことは特筆すべきであろう。

一八世紀初頭に同性愛をめぐる表現ががらりと変化する。それは刑罰の面では、抑圧の強化という形になって現れた。それ以前の数世紀間、主流派の位置を占めていたバイセクシュアルのリベルタンという人物像は、単婚制《モノガミー》と家族の擁護を説くブルジョワ道徳に抑えつけられて、しだいに消滅していった。同性愛はだんだんと、他の性行動とは相容れないものとなっていき、モリー・ハウスの周辺に身を落ちつけることになる。モリー・ハウスとは、ロンドンではホルボーン地区やセント・ジェームズ公園のまわりに集中していた同性愛者の男娼宿のことである。こうしたクラブでは、男どうしで「結婚」式やら「出産」のまね事をして上演していた。ピューリタンの協会として道徳

ストラトフォード、1763 年。晒し台にかけられた男。下層階級の民衆が死に至らしめた。「このオカマ野郎！　梨でも食らえ！」「鞭を食らわせろ！」「男娼め！」「ちょん切っちゃえ！」「すっかり剃り上げてしまえ！」このバガリー犯は、身をもって教訓を示しているように描かれている。「今は私が穴に入っているが、わが友人たちよ、君たちは皆ここに入るのだよ」

改革協会が一六九〇年に設立されて以降、直ちにモリー・ハウスの監督と手入れが行われた。このことは一七一〇年から二〇年代の同性愛者を震え上がらせ、そのために↓自殺に至った男性も複数いた。逮捕の件数は数百にのぼり、絞首刑も多く実行された。バガリー犯のうち十数人が晒し台にかけられている。これは屈辱的で過酷な刑である。晒し台にかけられた者は、最終的に重傷を負ったり、死に至ることも多かった。下層階級の民衆が女性を先頭に、この機会をとらえて怒りを爆発させ、受刑者に腐った物や石、猫の死骸などを投げつけたのである。晒し刑のときには受刑者を侮辱するような小冊子が配られた。しばしば挿し絵が施され、受刑者への憎しみをかきたてるようにできていて、例えば『ウェヌス神に不満を訴える女たち』であるとか、『女嫌いの哀歌』などという題が付けられていた。とくに諷刺作品では顕著であった。↓文学においても同様に、同性愛嫌悪《ホモフォビア》がはっきりと感じ取れる。トバイアス・スモレットの『ロデリック・ランダムの冒険』では、同名の主人公がウィフル艦長とストラットウェル伯爵から言い寄られるのを堪え忍ばねばならない。道徳改革協会のやり方はすっかり通用しなくなって協会は解散したが、だからといって迫害が終わったというわけではなかった。例えば『サタン・ハーヴェスト・ホーム』（一七四九）や『ソドムの不死鳥』（一八一三）などのような、同性愛者に罰を下そうという攻撃文書が相次いで刊行され、世論に対して同性愛者のネットワークが張りめぐらされていることを警告している。一八一〇年に、ある男娼宿を舞台に「ヴィア街の仲間たち」と呼ばれる事件が起こると、民衆の偏見にはさらに拍車がかかった。ナポレオン戦争によって治安の悪化がますます強く感じられるようになると、同性愛がイギリス国内にはびこっていることがフランス人のせいにされるようになった一方で、海軍（↓軍隊）はバガリーに対する態度をますます硬化させた。多くの同性愛者にとって唯一の解決は亡命であった。ヨーロッパでは多くの国が、フランスの先例にならってバガリーを犯罪扱いしなくなる（↓非処罰化）方向へ進もうとしていたから、なおさらであった。イギリス一の大富豪ウィリアム・ベックフォードも詩人のバイロンも、風聞を逃れて海外暮らしをすることを選び、イタリアやギリシア、ポルトガルで過ごしている。

　レズビアニズムで有罪となることはなかったが、異性装は時に法の裁きを受けた。戦場にいる夫に会いに行くために女性が男装することは、ほとんど追及を受けなかった。しかし男の装いで自律を誇示したり、レズビアンのセクシュアリティを実行するために意図して男装したりした場合は、重大な制裁を加えられる恐れがあった。メアリー・ハミルトンの事件はヘンリー・フィールディングが『夫は女性』（一七四六）の中に書いているが、男性の服装をして非合法に医療行為を行っていたために公開の鞭打ち刑に処されたのだった。しかし一般的に言えば、レズビアニズムは男性同性愛にくらべてずっと↓寛容な扱いを享受していたのであった。その理由は何よりも、判事や一般世論が女性同性愛の存在を考慮に入れることさえ嫌がったところにある。例えば一八一一年に、スコットランドのドラムシューにあった良家の若い娘たちが集まる寄宿学校の教授の二人、マリアンヌ・ウッズとジェーン・ピリーがヘレン・カミング・ゴードンを名誉毀損で訴えた訴訟が、最終的に原告の二人の勝訴に終わったのは、裁判官のギリスが「申し立てられたような罪」の存在はとうてい信じ得ないとしたからであった。

■一九世紀から一九六七年まで――警察と判事の監視下にあった同性愛者

イギリスの哲学者の中には、例えばジェレミー・ベンサムのように、私的には同性愛を犯罪と見なさないことに賛成を表明した者もいたが、イギリスがフランスにならって非犯罪化へ向けて積極的に前進することはなかった。確かに一八六一年には死刑の規定が一〇年から終身の禁錮刑に軽減されはしたが、アーネスト・ボールトンとフレデリック・パークの二人の異性装者が告発された最も有名な訴訟を始めとするスキャンダルが続けざまに起きると、元々少女売春について規定していた法律を改定するラブーシェア修正法案が一八八五年に採決され、刑法修正法が成立した。これによって二人の男性の間で行われる「甚だしい猥褻《わいせつ》行為」（つまりあらゆる風紀紊乱行為）は、最長で強制労働二年の懲役刑を科すことができるようになった。この法改定によって刑の期間はいちじるしく軽減されたが、しかし法の適用範囲は男性どうしのあらゆるセクシュアリティにまで拡大された。このために同性愛者は脅迫者の思うがままという状況に追いやられた。しかも、一八六一年の法律はほとんど適用されることがなかったのに対して、刑法修正法は有罪判決の数が飛躍的に増加したことにその性質がよく表されている。この法の適用範囲は、一八九八年の浮浪者取締法によって、同性愛の売春あっせん行為にまで拡大された。

両大戦間期には、同性愛関連の重罪および軽罪での逮捕数が一年当たり平均七〇二件にのぼった。「自然に反する犯罪」、「猥褻《わいせつ》行為」（風紀紊乱）、「自然に反する犯罪未遂」などの罪状であった。逮捕数はこの期間中、絶え間なく増加している。この数字は不安を反映している。ロンドンの公園で売春行為を働く近衛兵に歯止めをかけるために、一九三一年五月七日に開かれた同性愛関連犯罪会議に集まってくるような、司法、警察および軍の権力者たちの不安である。

警察による嫌がらせは、都市のゲイ・バーに対する一斉検挙の形をとることもあったが、最も多かったのは私服警官による公衆小便所の監視であった。監視要員は「伝染」↓を恐れて頻繁に交替させた。それでも有罪判決に至る数が比較的少なかったのは、現行犯で犯罪人を逮捕することが困難であったのと、証人が法に触れない限り証言を控えるからだった。警察は、同性愛関連の被疑者を蔑視しているのが普通である。彼らは被疑者の「倒錯」↓を示す「徴候」を見つけようと躍起になる。例えばコンパクトや化粧品、ワセリンなどである。その目的は、組織的な逮捕を遂行することではなくて、むしろ常連たちに絶えず圧力をかけておくことにある。そういう意味で同性愛者にとって最も危険な行為は、公の場で誘いをかけることであった。もちろん好んでそうしていた場合もあったろうが、私生活の場が十分にないためにそうせざるを得ない場合もあった。その結果、統計に現れた数字の上では、労働者階級および中流の中でも下の方の階級に属する人びとの割合が実態より多くなった。実際初期には、イギリス政府は名声の高い人びとが関わっている事件をもみ消そうとした。例えばクリーヴランド街のスキャンダル（一八八九〜九〇）のときがそれで、このときは国王エドワード七世の皇太子クラレンス公アルバート・ヴィクターを含む数人の貴族が巻きこまれていたのである。ところがその一方で、劇作家であり詩人であるオスカー・ワイルド↓の一連の裁判が始まると、彼は社会からつまはじきにされ、同性愛が大っぴらな話題になったことには貢献したかもしれないが、同性愛と上流社会、放蕩、女性的男性を一つに結びつける世論の偏見は強化された。同性愛嫌悪はここに頂点に達する。そして数十人のイギリスの同性愛者が、不名誉な告訴を受ける危険を冒すよりはということで、フランスに渡ることを選択した。オスカー・ワイルド自身の名前は、長い間悪徳と退廃↓の同義語となっていた。

第一次世界大戦中は、同性愛者が中傷合戦の標的となった。オイレンブルク↓事件が起こると、同性愛は「ドイツの悪徳」だと非難され、同性愛者はもはや売国奴予備軍以外の何者でもなくなった。ジャーナリストのアーノルド・

ホワイトは、ドイツは「私たちが文明だと考えているものを滅ぼし、新エルサレムの代わりに↓ソドムとゴモラを建設し、ドイツ仕込みの色情狂で、健全な国家を汚染する」意図を持っていると公言する。また議員のノエル・ペンバートン・ビリングが同性愛と戦う十字軍に乗りだし、ドイツ人のシークレット・サーヴィスが所持していた黒のノートに、彼らが脅しをかけていた高位に付いている同性愛者の名前が四万七〇〇〇人分記載されていたと言い出す。また「クリトリス崇拝」と題された記事の中で、ビリングはこんどはオスカー・ワイルドの『サロメ』を演じたダンサー（↓ダンス）のモード・アランを非難して、レズビアニズムを広めるための宣伝だとした。

国家に対する反逆行為という疑惑は、両大戦間も引き続き周期的に取りざたされた。とくにその矛先は共産党に近い同性愛の知識人に向けられた。例えば、Ｗ・Ｈ・オーデン、スティーヴン・スペンダー、クリストファー・イシャウッドなどは、当時ホミンテルンというあだ名で呼ばれていた。エリートの間で、とくに文学者の中に同性愛者がますます目につくようになってきたことが、世論の不安を一層かきたてた。オックスフォード大学のいくつかのグループでは、「同性愛信仰」が幅を利かせているとされ、敵対心に燃える記事の標的とされ、「放蕩者や、女のような男たちの巣窟」だと盛んに告発された。一九二〇年代は、レズビアニズムに対する強迫観念が広められた時期でもあった。この時期まで女性の同性愛は懸念事項ではなかった。しかしフェミニスト運動が「新しい女」すなわち独身で自立したフラッパーの主張と結びつくと、レズビアニズムの「伝染」が本当にあり得ると信じられるようになったのだ。こうした不安が第一次世界大戦に由来する男女間の不平等によってさらに助長され、それを背景にレズビアニズムを男性同性愛にならって犯罪と規定する修正案が、一九二一年に保守党の三人の議員によって提出された。この法案が巻き起こした議論の中には、少子化（↓生殖不能）やすぐに神経衰弱や精神異常に陥りがちな少女への誘惑、国の退廃などが問題にされた。この法案は一九二一年八月四日に下院を通過したが、結局上院で否決された。上院ではこの法律に効力を認めなかっただけでなく、この法律によってそのような悪徳について何も知らなかった女性にかえってそれを知らせることになるし、また女性が恐喝にさらされることを恐れたのだった。従ってレズビアニズムを犯罪とするもくろみが失敗したことは、寛容の勝利という意味ではない。ジャーナリズムにおいても文学においても、精神病者で犯罪者のレズビアンという人物像が当時大いに流行していたのである。一九二八年、ラドクリフ・↓ホールによる同性愛擁護の書『孤独の泉』の刊行が一大スキャンダルを巻き起こす。ジャーナリズムによる悪意のキャンペーンは、良俗壊乱の罪で訴訟にまで発展したことで一層烈しくなり、ついには同書の発禁、作家は亡命という結末を招いた。この年、イーガン・ベアズフォードの『孤独の沼地』や、コンプトン・マッケンジーの『並外れた女たち』など、名高いレズビアンたちの「男性的」な振舞いを皮肉って喜んだり、その知的なうぬぼれを嘲弄したりする諷刺作品が刊行された。

第二次世界大戦後、反同性愛の妄想はその頂点に達する。一九五一年に「ケンブリッジ・スパイ」事件が起こり、外交官で同性愛者のガイ・バージェスとドナルド・マクリーンが東側に亡命したのである。当時マッカーシズムのまっただ中にあった合衆国の影響のもと、イギリスは各種政府機関に在籍する者の中から同性愛者を炙り出すためのキャンペーンに手を付けた。海軍でも国防省でも同様の手段が講じられる一方、スコットランド・ヤード［ロンドン警視庁のこと］では担当官をＦＢＩに派遣し、この方面における捜査手法を見学させた。被疑者は免責を保証してもらう代わりにパートナーの名前を告発するよう迫られた。大量逮捕が次から次へと重なり、その中でも第一線で活躍する人びとが起訴されて法廷に引き出された。例えば俳優のジョン・ギールグッドや数学者で第二次世界大戦の英雄アラン・↓チューリングなどである。チューリングは一九五四年に自殺した。一九五五年には二五〇〇人以上が逮捕されている。国際的な影響力を失い、植民地でも後退を余儀なくされたイギリスは混乱に陥り、あいつぐ大事件で不安感が一層募っていた。大衆ジャーナリズムは同性愛関連の記事に多くのページを割き、この行為がとくに知識人の間に広まっていると公言した。医学雑誌『開業医』は、同性愛者をヘブリディーズ諸島の一つセント・キルダ島に追放することを提案している。そこなら同性愛者は「活力を与えてくれる自然な」気候を享受することができるからだという。一九五四年には、モンタギュー、そのいとこのマイケル・ピット＝リヴァース、そして『デイリー・メイル』紙のジャーナリスト、ピーター・ワイルドブラッドが、若いパイロット［攻め側の同性愛者のこと］と猥褻行為を行ったかどで告発されるというセンセーショナルな事件があったが、この訴訟は急転直下、同性愛者を追及する警察の側の職権濫用を白日のもとにさらすことになった。内務大臣デイヴィッド・マクスウェル＝ファイフは、ゲイは「露出症でユダヤ教への改宗者」だという考え方の持ち主であったが、複数の政治家と協会から圧力をかけられて、ジョン・ウォルフェンデンを委員長とする調査委員会の創設を認めた。一九五七年、ウォルフェンデン委員会は答申をまとめた。委員会はその報告書の中で、私的な同性愛関係を犯罪と見なすことをやめるように奨める一方で、公の場での行為、とりわけ売春行為を厳しく罰する必要性を強調した。また異性間およびレズビアンの関係における同意を認める法定年齢の下限が一六歳であるのに対して、男性どうしの場合は二一歳とすることを求めた。映画や文学に対する検閲はしだいになくなっていくが、法改正がなされるのは一九六七年になってからのことだった。

■一九六七年から現在まで――消え去るべき、長きに渡る差別

一九六七年性犯罪法は、ウォルフェンデン報告を取り入れたものであったが、陸軍と海軍には適用されず、また効力を持つのはイングランドとウェールズに限られた。この法改正は実際、同性愛嫌悪に対する決定的勝利とは考えられないものであった。逮捕件数は、この法律が可決した後も数年に渡って増え続けているのである。法改正がスコットランドに適用されたのは一九八〇年になってからのことであるし、北アイルランドにまで広げられたのは一九八二年であった。北アイルランドでは、ゲイは王立アルスター警察隊の嫌がらせの的となっていた。プロテスタントの指導者の一人イアン・ペイズリーは「アルスターをソドミーから救え」という嘆願書を発表し、これは七万人の署名を集めたのである。同意を認められる法定最低年齢は一九九四年に一八歳に、次いで二〇〇〇年一一月には一六歳に引き下げられ、これで差別がすべて廃止されることになった。一九九八年にもこの方向で法改正が試みられたことがあったが、そのときにはイギリス国教会大主教の支持を受けた上院議員の反対にあって叶わなかったのだった。警察や軍隊のような組織は、長い間同性愛嫌悪が深いと考えられてきたが、今日では以前よりは同性愛の男女に開かれている。一九九〇年にはLAGPA（レズビアン・ゲイ警察官組合）が設立され、スコットランド・ヤードのゲイやレズビアンの警察官が参加した。この団体は同性愛嫌悪に基づく暴力撲滅運動で注目されている。さらには、一九九四年に軍隊内の同性愛が合法化された。しかしながら国防相は未だに「同性愛は軍務と両立しない」という立場を固持している。そのためゲイ・レズビアンは同性愛であることが発覚すれば「除隊」される恐れがある。一九九九年九月、ヨーロッパ人権裁判所は、軍隊内で同性愛を実践したとする男性三名女性一名を除隊させたことで、イギリスに非があるとした。二〇〇〇年一月、軍隊におけるゲイやレズビアンに対する差別が禁じられた。

しかしながら同性愛が徐々に犯罪と見なされなくなってきたからと言って、同性愛嫌悪に根ざした振舞いや意識が消えてなくなったわけではない。一九八三年に実施されたイギリスの社会意識に関する調査では、調査対象者の六五％が、同性愛関係を「つねに」あるいは「多くの場合」、良くないと考えていることが明らかになった。実際一九八〇年代には、エイズの蔓延とマーガレット・サッチャーの保守党政権の成立を背景に、同性愛者が偏見の的となった。他のどの国にも増して、タブロイド紙はエイズと同性愛コミュニティの結びつきを強調し、世論をパニックとヒステリーに陥れた。同性愛の告発は政治的目的でも利用された。保守党は労働党が同性愛者の主張に共鳴しているとあげつらって、その信用を失墜させようともくろんだ。とくにグレーター・ロンドン・カウンシル（GLC）の議長で、ゲイ・レズビアン文化計画のための助成でも有名だったケン・リヴィングストンにその照準が合わされた。このような状況下で、一九八八年三月、地方政府に同性愛を「助長」することを禁じる修正二八条が採決されたのである。この条項は、アクトアップやアウトレイジ！、ストーンウォールのような団体の運動もむなしく、今日でもなお効力を持っている。同性愛嫌悪の話題は、『サン』紙のようなタブ

ロイド紙によってあい変わらず周期的にばらまかれている。同紙は一九九八年一一月に、「ピンクのマフィア」が国を支配していると槍玉に挙げた。実際↓学校であれ職場（↓労働）であれ、また公共の場であれ、さらには家庭内であれ、男性同性愛者とレズビアンが屈している同性愛嫌悪の暴力で最もありふれている形態は、言葉による↓侮辱である。一九九五年にストーンウォールが実施した統計調査によれば、調査対象者の七三％が、過去五年の間にセクシュアリティに関して侮辱の言葉を浴びせられている。さらに男性の三四％、女性の二四％が、さまざまな形態の肉体的暴力（クィア・バッシング）［「クィア」についてはクローゼット／慎み」の項の注参照］を受けていた。同性間のパートナーシップや↓養子縁組など、いくつかの問題が未解決のまま残されている。

フロランス・タマニュ（山本訳）

↓悪徳、北アメリカ、軍隊、警察、功利主義、チューリング、デヴリン、放蕩、暴力、ホール、マッカーシー、ワイルド

◆**補遺**

二〇〇一年、ロンドン市長ケン・リヴィングストンはイギリスで初めて同性間であるか異性間であるかを問わない、パートナーシップ登録の制度を設けた。これによって法的な結婚と同等の権利は得られないものの、この国での同性婚への大きな前進となった。（金城）

イギリスにおける同性愛をめぐる法制度の最近の状況は、二〇一二年五月発行のＩＬＧＡ（国際レズビアン・ゲイ連盟）の報告書によれば以下のとおりである（括弧内は発効年）〈Paoli Itaborahy〉。

イギリスは海外領土も含めてその全域で同性愛行為が合法である。各地方および海外領土が同性愛を合法化した時期は以下のとおり。イングランドおよびウェールズ（一九六七）、北アイルランド（一九八二）、スコットランド（一九八〇）。アクロティリおよびデケリア（二〇〇〇）、アングイラ島（二〇〇一）、ヴァージン諸島（二〇〇一）、ケイマン諸島（二〇〇一）、サウスジョージア島、ジブラルタル（一九九三）、セントヘレナ、タークス・カイコス諸島（二〇〇一）、バミューダ諸島（一九九四）、ピトケアン諸島、フォークランド諸島（一九八九）、モントセラト島（二〇〇一）。王室領では、ガーンジー（一九八三）、ジブラルタル（二〇一一）、ジャージー島（一九九〇）、マン島（一九九二）。

イギリスは一部の海外領土を除き、同性愛関係か異性愛関係かに拘らず同じ法的同意年齢を定めている（二〇〇一）。ただし以下の海外領土については平等化の時期が異なる。アクロティリおよびデケリア（二〇〇三）、サウスジョージア島、セントヘレナ、ピトケアン諸島、フォークランド諸島（二〇〇五）。王室領ではガーンジー（二〇一〇）、ジャージー島（二〇〇七）、マン島（二〇〇六）。法的同意年齢について、同性愛関係と異性愛関係との間に不平等がある海外領は、アングイラ島、ヴァージン諸島、ケイマン諸島、タークス・カイコス諸島、バミューダ諸島、モントセラト島。

イギリスは性的指向に基づく雇用差別を禁じている（二〇〇三）。ただし以下の海外領土については禁止の時期が異なる。ジブラルタル（二〇〇六）。王室領のガーンジー（二〇〇五）およびマン島（二〇〇七）。

イギリスは、ジェンダー・アイデンティティに基づく雇用差別を禁じている。

イギリス領ヴァージン諸島では、性的指向に基づく差別を憲法で禁じている（二〇〇七）。

イギリスは、海外領土を除き、性的指向およびジェンダー・アイデンティティに基づく憎悪犯罪であることが加重事由とされる。その法律が各地方で発効した時期は以下のとおり。イングランドおよびウェールズ（二〇〇五）、北アイルランド（二〇〇四）、スコットランド（二〇一〇）。

イングランドおよびウェールズ（二〇一〇）、北アイルランド（二〇〇四）では、性的指向に基づく憎悪を煽動することを禁じている。

イギリスはシヴィル・パートナーシップ制度によって、同性カップルに結婚とほぼ同等の権利を認めている（二〇〇五）。

イングランドおよびウェールズ（二〇〇五）、スコットランド（二〇一〇）では、同性カップルが共同で養子縁組することを法的に認めている。（山本）

異常

人類学者メアリー・ダグラスは、「正常の範囲を確定して初めて、逸脱を定義することができる」と言っている。しかし性行動のカテゴリーの形成とその硬直化について言うならば、この命題は逆にした方が良いだろう。ただし逆にするからと言って、正常なものと、そこから逸脱するもの、すなわち異常なものとの間の存在論的な関係性まで引っ繰り返されるわけではない。実際のところ、異常なものの方が先に同定され、印を付けられるのである。まっさきに異常なものに名前が与えられるのだ。だから正常は、正常でないものを通して、否定の形でしか定義されない。正常とは何々であるという形では、定義されないのである。正常はそれ自体が問題にされることはない。従って何の危険も冒す必要がない。しかし異性愛と言ったときに参照されているセクシュアリティは、他のどんなセクシュアリティとの比較もないままで、規範道徳に照らして必ず絶対的に正統であるというわけではない。だからダグラスの命題は、一九世紀的な分類に対する批判を胚胎していると同時に、分類の隠れた目的を正当化してもいることになる。すなわち、一九世紀的なやり方とは異なるかもしれないが、それでもやはり規範を定めるという目的である。表象は明らかに主観的なものであるが、客観化できるような根拠があるかどうか直ちに試された上で、すぐに類型学にとりこまれる。類型学は表象に等級を付ける。肯定的にも否定的にも、遠回しな言い方でも、あるいは科学的という言い訳に隠れてすら、価値についてはまだ何も語られていない段階からすでに、知覚はさらにその先を行って、知覚がすべきだと望まれている仕事にとりかかる。すなわち道徳を示すこと、限界を定めること、禁じられたもの、不認可のものをチェックすることという仕事である。現代の研究を再読してみると、この点については疑いの余地がない。メアリー・マッキントッシュが言うように、「ある人間に逸脱者という社会的レッテルを貼る行為は、社会による二重の統制機構を示している」ことは、すでに知覚されているのである。

「同性愛（ホモゼクシュアリテート［ドイツ語］）」という言葉が最初に公に活字にされたのは、一八六九年にカール・マリア・ケルトベニー（別名カロリー・マリア・ベンケルト）が配布した、二冊のパンフレットでのことだった。このパンフレットは、プロイセンでソドミーを犯罪とすることを狙った法案が提出されたことに対応して作られた。この日から今日まで、この言葉はほとんど同じ意味を保ってきた。すなわちつねに参照されるのは、同性の人間の間でかわされるセクシュアリティである。異性愛または「正常性愛（ノーマールゼクシュアリテート［ドイツ語］）」という言葉が登場したのも、おそらくは同時期か、あるいは少なくともやや遅れてのことであっただろう。しかし一九世紀以来定義がほとんど変わってこなかった「同性愛」という言葉とはちがって、「異性愛」という言葉に付与される意味はまるで変わってきたのである。例えばジョナサン・カッツは、『異性愛の発明』という示唆的な題名の本の中で、「異性愛」という言葉は一八九二年に初めて合衆国に取り入れられ、シカゴの医学雑誌に登場したのだが、そのときこの言葉はある倒錯すなわち「特定の異性に対する病的な性的情熱」を指す言葉として使われたということを明らかにしている。その医学記事の著者であるジェームズ・G・カーナンは、クラフト＝エビングが提唱した定義を参照したと言っているが、クラフト＝エビングの『性的精神病質』の英語への翻訳版は、一八九三年まで刊行されていない。カーナンは明らかにドイツ語版を誤読したのであるが、この誤読はその後ずいぶんと長い間生き続けることになる。というのも一九二〇年に刊行された有名なアメリカの辞書が、まだ異性愛という言葉を倒錯に結びつけているのである。この混同の原因はおそらく、生殖に結びつくセクシュアリティは異性愛に含まれるけれども、だからと言って異性愛のすべてがそうであるわけではない、という事実にあるのだろう。そこで現在性行動の規範とされるカテゴリー、すなわち異性愛に先立つ性行動の規範があったとすれば、それはおそらく生殖という概念に結びついていただろう（↓生殖不能）。

用語をめぐるこうした逡巡や偏りは、確かに意味のないことではない。最もすばやく受容され、定着した用語は同性愛という言葉であった。「異性愛」という言葉はそれにくらべるともっと波瀾万丈の経過をたどり、時には同じ時代、同じ場所であっても、互いに大いにかけ離れた意味内容を背負わされてきた。

純然たる異性愛から始まって純然たる同性愛に至る階梯を、等級に分けられた目盛りのように考えてみると、まっ先に定義づけられるもの、あるいは少なくとも最初に固定されるものは、社会の多数派から最も貶められる極、すなわち同性愛であることは明らかであろう。おそらく正常を構築し、鼓吹するためには、まず初めに同性愛をしっかりと見定め、それを悪魔視し、それとの比較によらなければならないと考えた者がいたのであろう。この論理でいけば、結局のところ異性愛を暴露するのは、同性愛の方なのであり、異性愛を生みだすのは同性愛なのだと誇張して言うことも可能かもしれない。「正常な」ものはただ単に生きるために「異常な」ものを必要とするだけでなく、「異常な」ものの弟でもあるのだ。

初期の頃の異性愛と「倒錯」の混同はまた、おそらく以下のような構造のせいでもあるだろう。一九世紀の著作家が長々と書き連ねていたのは「異常」についてであった。次いでそれが伝播する過程で引用され、初めのうちは肯定的な意味も否定的な意味も持たないような方向で位置づけられたものも含めて、すべてが「怪物性」という雰囲気に呑みこまれてしまった。誰かに自分の異性愛を名指しされたとしても、自分のセクシュアリティをよく検討してみる気などさらさらないような人物を考えてみればよい。そうした人物は自分自身の行動を定義づけたり、名づけたりすることに全く慣れていないので、それを他人が規定しようものなら、侮辱されたと感じるのである。

異常者とは、従って、言葉を割り当てられる者であり、その名を繰り返し呼ばれる者である。歴史上の各時代に応じて、それは↓性逆転者と呼ばれたり、ユダヤ人と呼ばれたり、ホモと呼ばれたり、レズと呼ばれたりした。異常者が戦いを挑まれ、取り囲まれ、貶められ、嘲弄されるのは、異常者が異常であると同定される過程においてである。異常者の外見は時に変わるが、後ろ指をさされるのはいつでも異常者であることに変わりはない。異常者が例えば特殊な言葉づかい（↓語彙）などによって局地化していくことは筋書きの一部であり、その筋書きに沿って、やがて同性愛嫌悪《ホモフォビア》のような資格の剥奪や排除が確立するのである。異常者はそれに対する抵抗として、もう一つ別のサブカルチャー、別の政治的イデオロギーを描き出すのである。しかし間違ってはいけない。マイノリティ自身が自分たちの内部に異常な者という像をつくり上げ、ここでもやはりそれに名を付け、排除するのである。そうした者には、「オネエ」、「ネコ」、「ブッチ［攻め側の女性同性愛者］」などといった呼称が与えられることがある。そのような場合、同性愛嫌悪の内在化ということが言える。

カトリヌ・デシャン（山本訳）

↓医学、異性愛主義、神学、精神医学、他性、倒錯、恥、レトリック

イスラム教

イスラムについての、人種差別の漂う↓本質主義的な言説が生産され続ける状況では、イスラム教における同性愛嫌悪《ホモフォビア》の現れを提示する前に、いくつかのことを思い起こすことが必要である。まず、イスラムを一般的に語ろうと

することは、危険であるということである。それほどに、この宗教は多くの問題について立場の食い違うさまざまな潮流に分岐しているのである。次に、ある宗教の聖典そのものと、その宗教が定める戒律と、個人の宗教的実践の間には、常にかなりの隔たりがあることを念頭に置かなければならない。さらに、イスラム圏は、非常に広範であるために（モロッコからインドネシアまで）、大きな社会文化的・歴史的多様性に貫かれており、この多様性が、この宗教を理解し実践する多様な方法を生み出している。最後に、現在の厳格主義的傾向の強調は、間違いなく、東洋と西洋の相互的文化的関係の力学の結果、より正確には、植民地時代への反動である。従って、厳格主義の台頭は、単なる土着文化の産物ではない。それはとくに、反動からくる運動なのである。これらの説明を踏まえたうえで、続きを読んでほしい。

■イスラムの原典

初めに、イスラムの知識のいくつかの基本的要素を紹介しよう。ムスリムにとって、コーラン、すなわち「啓示」あるいは「暗唱」は、六一〇年から六三二年の間に預言者ムハンマドに啓示された神の言葉である。預言者の仲間たちによって記憶され、時には部分的に書き留められて保存されたこの言葉は、ムハンマドの死から約二〇年後、さまざまな解釈の調査と突き合わせの長い作業を経て、最終的な唯一のテクストに集められて固定された。イスラム教徒にとって、最終的なテクストであるコーランは、神の言葉であるから、神聖かつ不可侵の性格を持つ。それゆえ、コーランはイスラム教の第一の原典を成す。コーランの他に参照される法典が、スンナすなわち「預言者伝」であり、これは、万一の場合に、コーランの空白を埋めたり、コーランの節の内容を明確にしたりする。預言者ムハンマドの人生を模範として作られた規範の総体なのである。コーランは、ムハンマドを「立派な模範」に確立したのである。ムハンマドの行動や言葉は、ハディース（「言葉」）と呼ばれ、スンナもそこに由来するのだが、それは、まずその仲間によって、そして時には数多くの一連の情報提供者によって保存され、そして書面によって固定され、相互に検証され、選別され、いくつかの選集にまとめられた。これは、九世紀以降には修正されていない。このハディースの真正さには異議が唱えられており、いくつかのハディースは、明らかに、個人的な見解を不当にムハンマドのものであるとして押しつける試みであると分かっている。選択的編纂の作業は八七〇年から九一五年の間に行われた。この二つの原典、すなわちコーランとハディース選集から、シャリーア、すなわちイスラムの戒律（語義は、「道」「道程」）が生まれるが、その本質は判例集である。ムスリムにとってシャリーアは、人間の作ったありふれたものではなく、神の意志の表現なのである。従って、シャリーアの性質は不変であり、いかなる変形も許してはならないのである。それはさておき、ハディースは時に不明瞭であり、その解釈が数多くの意見の不一致を引き起こした。さらに、シャリーアは、日常生活で起こるすべての状況に応えることを可能にするようなものでは全くない。こういうわけで、戒律の学派が次第に形成され、さまざまな原典解釈の方法と、無数の一時的な問題に対するさまざまな答えを提示している。全体で四つの学派がある。最もリベラルなハナフィー派、そしてシャーフィイー派、前二者よりも厳粛なマーリク派、最も厳格なハンバル派である。これらの学派は一世紀（七六七年から八五五年）に渡って形成され、非常に分厚い判例集を次第に作り上げていった。それがフィクフ［イスラム法学］である。それでは、コーラン、ハディース、さまざまな戒律学派は、同性愛について何と言っているのであろうか。

■コーラン

同性愛という言葉は、コーランの中には存在しない。反対に、『創世記』（一九章一〜二三節）に詳しく述べられているソドムとゴモラの話からとった、ロトの民の話が一三回に渡って伝えられている（七章八〇〜八四節、一一章六九〜八三節、一五章五一〜七七節、二一章七一〜七五節、二二章四二〜四三節、二五章四〇節、二六章一五九〜一七五節、二七章五四〜五八節、二九章二八〜三五節、三七章一三三〜一三八節、五〇章一二〜一三節、五四章三三〜四〇節、六〇章一〇節）。しかし、コーランには、二つの町の名前は一度も出てこない。ロトの民が石の雨によって破滅するのは、神の力の「顕れ」であり、神を信じず神に背いた者に課された制裁として表現されている。「ロトの民」が絶滅させられたのは、彼らが、神の命令を伝え、不正行為をやめるように厳命した預言者の注意をきかなかったからである。この徹底的な制裁は、「嘘をついている」とロトを非難し、その忠告に従わず、神の存在に疑いを挟み、主が存在する証拠を見せろとロトに迫った人びとの行いを罰するものであることは明らかである（二二章四二〜五〇節、五〇章一二〜一三節、五四章三三〜四〇節）。彼らの不正行為そのものと言うよりも、この「嘘」呼ばわりと不信こそが、神の怒りを買ったことは否定できない。

　ロトの警告は、男性間の性行為に対する明らかな非難を含んでいるが、人びとの「悪行」の方が数が多い。二六章一六五節は、男たちが、他の男たちだけでなく、若者、男児、さらには動物の雄にも興味を持っていたことを仄めかしている。というのもそこで用いられている「全世界の雄」という言い回しが、彼等のパートナーがよりグローバルであったことを指しているからである。しかしながら、別の節は、単に男たちが、その「妻」や「女性」のかわりに、他の男に「近づき」、そしてそれを「肉欲のために」（二七章五五節）、「〔自分たちの〕情欲を満足させるために」（七章八一節）行っているとだけ述べている。一五章五八〜七七節も同様に、都市が破壊される（一五章三〇節）前に、ロトを救おうとやってきた神の「使節たち」を、ロトの民が「侮辱」しようとしたことを示している。物語のこの側面に関してコーランよりずっと明示的である『創世記』を参照すると、理解が容易になる。ソドムの人びとは、「使者たち」と「肉体関係」を持ちたいと思い、目的を達するためにまさに暴力をふるおうとしたのである。従ってロトの民は、天使を犯そうとしたのである。さらに二九章二八〜二九節はロトの民が、追いはぎのような、他の非難されるべき行いを営んでいたことをはっきり記している。

（二八節）次はロトだが、彼がその民に、「あなたがたは、万人の中で今までにどの民もしたことのないみだらな行いに及んだ。
（二九節）あなたがたは男に接近しているではないか。大道に出没しているではないか。寄り集まって忌わしい行いをしているではないか」と言った［この項のコーランの訳は原則として、藤本勝次『コーランとイスラム思想』中央公論社、一九七〇によった］。

大半の節において、男性間性行為が、ロトの民の最も大きな「悪行」のように提示されている。それは、以前には行われたことのない「厭うべきこと」なのである。

　アラビア語コーランで、通常「みだらな行い」あるいは「忌わしい行い」と訳すファヒーシャという語は、ロトの民に関係する節に出てきている。そのために、男性間ソドミーへの遠回しの仄めかしをそこに見る論者もあるのだが、この語はより広い意味も持っている。というのも、この語は全く同様に婚姻外性関係をも想起するからである。ところで四章一六節は、「忌わしい行い」に身を委ねる者を「折檻する」（「痛めつける」あるいは「虐待する」という意味で）ように信者に命じている。

（一六節）おまえたちのうち二人して「忌わしい行い」を犯した者は、二人とも折檻せよ。しかし、彼らが悔い改めて行いを改めたならば、そのままに捨ておけ。
　まことに神は寛大にして慈悲深くあらせられる。

　ピナス・ベン・ナウムによると、この節は、伝統的に男性間ソドミーの非難として解釈されるという。ヨーゼフ・シャハトのようにソドミーの仄めかしは「ほとんど真実味がなく」、この件は、婚姻外異性間性関係についてであると評価する論者もいる。もし、この二番目の説をとるならば、男性間性行為に対して、いかなる俗世の制裁も定めていないことになる。しかし、一番目の説をとるならば、コーランは、二人の「罪人」が罰せられなければならないと述べつつ、罰の性質は特定せずに、ソドミーを行う者を人民の社会的制裁に委ねていることになる。いずれにせよ「ロトの民」を真似るものは、「不義」「邪悪」「破廉恥」と形容されることになる（二一章七四節、七章七九〜八一節）。女性間性関係は、一度も出てきていないことに注意されたい。

　このような糾弾にも拘らず、コーランは、神は「寛大で慈悲深い」とうんざりするほど繰り返している。上に引用した節は、罪を悔いてその行いを止めた者は赦されなければならないとさえ述べている。彼は、神の赦しを得て、天へとたどり着く。罪を悔いず、「嘘だと叫ぶ」者とは反対にである。同様に、匿名のある論者が強調するように、コーランは両義的である。というのも、コーランは、天国では「秘められた真珠のような」（五二章二四節）「永遠の少年」（五六章一七節、七六章一九節）によって仕えられることを信者に約しているからである。

男性間ソドミー糾弾の両義的な性格をよりよく理解するためには、イスラム教におけるセクシュアリティの位置づけを明確にしなければならない。天国では、セクシュアリティは遍在している。信者は、妻としてフーリ（永遠の処女である美しい若い女性）を、若者を召使いに持つ。オーガズムは永遠で、勃起は永続的である。地上のセクシュアリティは、天国での喜びの前兆であり、キリスト教がセクシュアリティに認めたような罪悪の性質を持たない。しかしながらマーテーン・シルトが述べるように、セクシュアリティは社会的無秩序の源であるから、婚姻へと誘導されなければならない。婚姻は、「神聖な調和と両性の補完性の表れ」である。従ってジナーすなわち「姦淫」、つまり独身で、あるいは不貞関係で行われた不正な性交は、厳しく抑圧されるのである。コーランは、「おぞましい行為」を犯した女性に対しては、終身の幽閉の制裁を定めている（四章一五節）。これに対して「男性の放蕩者と女性の放蕩者」は、鞭打ち一〇〇回に処されなければならない（二四章二節）。しかし、「告発者が嘘をついている」と五回明言した女性は、赦されなければならない（二四章八〜九節）。刑事手続は、非常に厳格である。四人の公明正大な成人男性のイスラム教徒が事実を目撃し、彼等が解剖学的な詳細を提供できなければならない（ほとんど不可能な条件である）。そうでなければ、制裁が実施されるためには、罪人が「罪」を認めなければならない。「四人の証人を出せないのに誠実な女性を告発する」者は、「八〇回の鞭打ち」に処せられる（二四章四節）。これらの中傷家は、ロトの民のように「倒錯者」と形容され、地獄行きが約束される（二四章一三節）。サドク・ベライドは、四人の証人の存在は、このことが公的な性格を持ち、極端な重要性が与えられていることを推定させると強調しているが、それは正しい。同一の手続が男性間ソドミーの「罪人」にも適用される。従って、制裁の実施は実質的に不可能である。さらに、ジナーについて定められている刑罰（終身の幽閉と悔い改めによって逃れることが不可能な鞭打ち）から見ると、ジム・ウェイファーが言うように、男性間性関係を持った者を「厳しく罰せよ」という、それ以上の説明のない命令は、比較的穏健に見えると明言することができるだろう。この取り扱いの差異は、コーランはジナーを異性間でのみ考えていたこと、男性間性関係よりも婚姻外異性間関係の方が、コーランにおいては重大だったことを仄めかしている。

ハディース

ハディースの規律は、大きく異なる。ハディースは、ロトという語から派生し、「ロトの民がすること」を意味するリワートという語を主として使って、ロトの民に言及している。まず、この語の正確な意味を明らかにしよう。リワートという語は、ますます「同性愛」と訳されることが多くなっているが、アルノー・シュミットが、この語の用法の文脈的な分析から、この訳は不正確であることを明らかにしている。リワートは、肛門性交《ソドミー》、つまり性的行為を指しており、性的指向や同性間で性交を行うパーソナリティを特定する特徴や、性的アイデンティティを指すのではない。それに、肛門性交《ソドミー》の相手は女性でもあり得るが、ハディースは、相手の性別を特定している。リワートは、拡張的に、タフィードと名付けられる、男性の腿の間で陰茎を摩擦する、肛門性交《ソドミー》に置き換わる行為も指すことがある。ルーティーは、「攻め」を指し、「少年と」ではなく、「少年を通じて、少年という間接的な手段で、肛門性交《ソドミー》を行うこと」を意味する。「受け」の相手方、マッブーンは、道具、劣った者、非男性、そして何らかの異常性の観念を含む言葉で形容される。ルーティーの類義が、「攻め」、「行う者」を意味するファイル、「行う者」「働く者」「耕す者」を指すサーニ、「上にある者」を意味するアラー、「誰かの上を這い、圧倒する者」を意味するダッバーブである。マッブーンの類義が、「受け」を意味するマフール、「下にある者」を意味するアスファル、「その上を誰かが這う者」を意味するマドブドアライヒ、「肛門性交された者」を意味するマルート・ビヒ、「挿入された者」、今日のトルコ語のスラングで「頭のおかしい人」をさすマニャクがある。これらすべての語が挿入の観念に関わっている。従って、コーランとハディースで非難され制裁を受けるのは、今日われわれが考えるような意味での同性愛ではなく、リワートとそこから派生した語は、単に男性間での肛門性交を指しているのである。従って、男性間での相互のフェラチオあるいはマスターベーションは、女性間の性行為と同様に、これらの語によっては言及されていない。フェラチオは、フィクフ（イスラム判例法）においていかなる議論の対象ともなっていないという、フレデリック・ラグランジュの指摘する事実によっても、このように断言することができるように思われる。女性間性行為を指す語は、サハーク、シハーク、そしてムサハーカーであり、一般的に「レズビアニズム」「擦りつけること《トリバディズム》」と訳される。後者は、おそらく最もよい訳である。というのも「擦る」と言う意味のトリーベインというギリシア語を起源に持つこの語は、その意味のゆえにアイデンティティではなく行為を参照しているからである。サハークはハディースの中にしか出てこない。

「ロトの民が行うこと」を扱うハディースが多いのは明らかである。これらは、ヌワイリーによって、『学問の精髄』という題の書物にまとめられている。この撰集を解説して、先ほどの匿名の論者が以下のように書いている。

共同体にとって最も恐ろしいのは、ロトの民の行為であると預言者は言ったという（しかし、彼は、ワインと、女性の誘惑についても同じ考えを表明したとされている（『学問の精髄』二章一九八節））。彼にとって、攻め側の者も受け側の者も殺されなければならない、より正確に言えば、ジナー、つまり姦淫について定められた懲罰、すなわち石打ち刑に処されるべきである。さらに、サハークについて述べている。

これについては、サハークもジナーと同視されるとするハディースが関連する。コーランと異なって、これらのハディースは、あきらかに男性間肛門性交と女性間性関係をジナーと同視しており、その結果、ここで、男性間肛門性交についての定められている刑は、異性間での「姦淫」についてのものと同じである。ところで、ハディースにおけるジナーは、コーランには存在しない二つの制裁の対象である。それは、石打ちと追放である。石打ちはユダヤ起源の制裁である（『申命記』二二章二二節）。フカーハたち（伝統的な学者）は、この命令はコーランに内在し、従って、あらゆるイスラム教徒のジナーの罪人に適用されると見なしたが、この評価はとりわけ疑問視されている。サドク・ベライドによると、預言者は、姦通したユダヤ人女性の懲罰を命じるために、例外的にこれらの刑を命令したに過ぎず、イスラム教徒に適用されるべき命令を打ち立てるためではないだろうからである。フカーハが、異なる決定をしたことは明らかである。ジェホダ・ソファーによると、別のハディースは、リワートの「罪人」について、異なる制裁を提案しているという。その人物が結婚しているか、合法な内縁状態（主人とその奴隷の結合）にあったときは石打ち、独身者であったときは、一年間の追放つきの鞭打ち一〇〇回というようにである。注意したいのは、刑罰を決めるのは、性行為のときのその人物の位置ではなく、婚姻上の地位であるということである。

別のハディースでは、預言者は、同様に「女性の外見をしている男性、男性の外見をしている女性」を呪い、そしてそれらを「家から追い出す」ように信者に命じたとされるが、追放の期間や体罰が伴うかどうかについては詳しく述べていない。この単なる追放という制裁は、前段落で示された刑罰と、はっきりとした対照をなす。刑罰の重さの相当の開きからすると、このハディースによって糾弾されているのは、同性間の性関係ではないと考える根拠がある。それでも、フランソワ＝ポール・ブランは、このハディースが「同性愛者の男性あるいは女性」を標的にしていると述べて同性間関係が糾弾されているという説を肯定している。中世アラビア語で使われている語を訳すために「同性愛」という語を用いることについてすでに述べた留保の他にも、女性が「男性の外見をする」ことと男性が「女性の外見」をすることは、必ずしも同性の人と性行為を行うことを意味するわけではないと思われる。反対に、このハディースが、服装上のジェンダーの境界の侵犯に制裁を加えていることは明らかである。異性装が明らかに対象となっている。ところで性的な二元性、そしてより広く、世界を二つの相対する補完的な二極に性的に分割することは、神の業と見なされている。その結果、アブドゥルワッハーブ・ブーディバが説明するように、この二元性の侵犯は、神の秩序に対する異議、「神に対する反逆」であるとすら見なされる。服装上の外見と性行為の明らかな区別にも拘らず、外見が、同性間の性行為におけるジェンダー境界の侵犯の表明と見なされたということは大いにあり得る。この場合、このハディースは、「受け」の男性と「攻め」の女性だけを罰しているのであって、「攻め」の男性と「受け」の女性を罰しているのではないことになる。そこで、ここで制裁を加えられているのは、そのセクシュアリティそのものというよりも、そのセクシュアリティの現れであると考えなければならないだろう。

　多くのハディースは、フーリという美しい天国の処女よりもずっと魅力的で誘惑的であると言われる若者たちの心を奪う視線にも注意を促している。ジム・ウェイファーによると預言者は、リワートの三つの形態を、行為のリワート――これは「犯罪的」とされる――視線のリワート、接触のリワートの三つに区別し、これらは同じように考えられてはならないとはっきり述べたとされている。ウェイファーは、視線と接触に対する用心は、信者が誘惑、すなわち肛門性交《ソドミー》にふけることを妨げることを狙っているのであって、男性と青年の恋愛感情を押さえようとしているのではない。同じように肉欲の抑止は、「色欲から」若者に接吻を一度でも行えば千年の間ゲヘナ（地獄）で罰される、と定めるハディースに表れている。アブドゥルワッハーブ・ブーディバによると、これらのハディースの解釈によって、フカーハ（法学者）の中には、男性は青年を見たり隣に座ったりすることを控えなければならないとして、男性と若者のあからさまな分離を勧めるに至った者もいる。このことは、預言者によって表明された三つのジナー、すなわち視線のジナー、接触のジナー、聴覚のジナーを免れるためには女性の存在を避けなければならないという男性への勧告と関連づけられる必要がある。これらのハディースの名において、フカーハの中には、男性は、女性を見ること、女性と接すること、女性の声を聞くことを避けなければならないとして、両性の厳格な分離を命じた者もある。これらのさまざまな形態のジナーとリワートは、地上でのいかなる罰も受けないが、地獄行きである。しかしながら、ウェイファーによると、エジプトの神秘主義詩人イブン・アルファーリド（一一八一～一二三五）は、預言者自身が、ムアーズ・イブン・ジャバルという名の男を愛しており、次のように述べたと伝えている。「おお、ムアーズ・イブン・ジャバルよ。本当にお前を愛している」。アルノー・シュミットによれば、一二〇〇年に亡くなったハンバル派の法学者イブン・アルジャウジーは以下のように書いている。「〔見事な少年を見て〕欲望を一度も感じたことがないと述べる者は、嘘つきであり、もしそれを信じるならば、彼は動物であり、人間ではない」。従って初期イスラム・アラブ社会は青年の美しさに強い魅力を認めていたが、預言者が、その肉体的帰結を抑制しようとしたことは明らかである。シュミットは以下のように続ける。

　しかし、欲することは行うことではない。複数の信心深いイスラム教徒は、誘惑に耐え、預言者の次の言葉の中に慰めを見つけたのであろう。「情熱的に愛し、貞節にとどまる者は、殉教者である」、すなわち彼は直接天国へと行くのである。

　預言者と信者を導く役割を引き継いだ初期のカリフたちの時代に、男性間肛門性交《ソドミー》と女性間性関係に対して命じられた刑罰は何であったか。石打ちによる死刑は、ユダヤ人の異性愛者女性についてしか、ムハンマドによっては実施されなかったようである。しかし、それに続いたカリフたちは、この措置をイスラム教徒に拡大した。匿名の著者は、イスラム歴一世紀（キリスト歴七世紀）頃と思われるラータ（ルーティすなわち「ソドミーを行う者」の複数形）の石打ち処刑の事例を、ヌワイリーとジャーヒズが伝えていることを示している。

「初代カリフのアブー・バクル〔在位六三二～四〕は、一人の同性愛者を瓦礫の山に埋め、そのような行為に及ぶものを生きながらに焼くように命じたとされる。〔…〕第四代カリフのアリー〔在位六五六～六一〕はソドミーを行った者を石打ちに処し、イスラム教寺院の塔の上からまっさかさまに突き落とさせたという。アブドゥッラー・イブン・ウマル〔第二代カリフのウマル〔在位六三四～四四〕の息子〕は、預言者が推奨する刑をつり上げ、これらの人びとはよみがえって猿か豚になると考えていた」。

石打ちが行われていたことが歴史家によって明らかにされると、反対に、炙り殺していたという可能性は、非常に疑問視された。というのも火刑はイスラム教の伝統には属していないからである。

諸法学派

のちの戒律の諸学派は、何と言っているのだろうか。ウェイファーによると、それらはすべて、男性間肛門性交《ソドミー》と女性間性関係を不正と見なしていたが、預言者の考えについては、フカーハの間でも意見が分かれていた。同じウェイファーによると、フカーハの中には、肛門性交《ソドミー》の告発をエスカレートさせることに専心する者もいた。「男が別の男と重なったとき、主の玉座は震えだし、天使は恐れおののいてそれを見、言う。『主よ、なぜ彼等を罰し、天から地上に石の雨を降らせるように命じないのですか』」。こういうわけで、諸法学派の意見は、男性間肛門性交《ソドミー》に適用されるべき制裁の厳しさと、女性間の性関係に対してとるべき態度について分かれている。意見の相違は、男性間の肛門性交《ソドミー》をジナーと同視するかどうかについてであり、それによって刑罰も変わってくる。女性間性関係は、一般にジナーとは見なされなかった。というのも、フカーハの思考においては、女性間性関係は挿入を含まず、より軽い罰が適用され、議論の余地のある重大な「性的な罪」にとどまるからである。

一般的に、ジナーが判明せず、行為が「性的な罪」にとどまる場合には一様に、ジナーについてコーランとハディースで定められた刑よりも軽い刑である タジールを適用する。その明確な定義は、裁く者の自由裁量に委ねられていた。例えば、単なる非難の視線や（ジナーに対する罰として最も軽い）奴隷のジナーについて定められた三九回以下の鞭打ちの刑、自由人について定められた一〇〇回以下の鞭打ちである。ジナーが判明した場合も、石打ちは一定の条件でしか適用されない。つまり、罰される人がムサン（すなわち現在あるいは過去の適法な結婚において性交を行ったことがある）、自由人で、適齢であり、精神が健康であるという条件である。ムサンでない人（結婚した関係で性交を行ったことがない）、適齢に満たない人、精神に異常がある人、奴隷であるジナーの罪人は、鞭打ちに処される。従って、刑罰を決めるのは、行われた行為（異性間での不貞、男性間の肛門性交《ソドミー》、「攻め」か「受け」か）ではなく、以前に結婚した関係において性交を行ったことがあるか否か、主人であるか奴隷であるか、適齢であるか不適齢であるかである。ムサンと非ムサンの区別の意味は、結婚が与える名声と、過ちを犯したときの責任の増加にある。というのも、ムサンの人によって犯された「重罪」によって壊されるのは、フランソワ＝ポール・ブランが強調するように、家族制度であるからである。諸法学派は、同様に、ジナーの場合には、一年の追放の刑を追加する必要について議論しており、これはハディースによっている。

ジェホダ・ソファーによると、ハナフィー派は当初、男性間肛門性交《ソドミー》はジナーに当たらず、そのようなものとして処罰されるべきではないと考えていた。この学派の創始者の一人であるシャイバーニーによると、裁判官は、投獄あるいは鞭打ちを宣告するべきであった。ジム・ウェイファーは、体罰の拒否は、以下のようなハディースに由来すると付け加える。「イスラム教徒の血は、〔ジナーの意味での〕不貞、背教、殺人の理由でしか、流されることはできない」。ハナフィー派は、七〇〇年間この解釈に従った。法学者たちは、次にスンニ派の他学派に近づいたとソファーは述べる。一九三六年には、イブラヒム・ハレビーが、男性とであれ女性とであれ、その個人がムサンである場合には肛門性交《ソドミー》に石打ち刑を、ムサンでなければ鞭打ちを命じている。

フランソワ＝ポール・ブランは、マーリク派では、男性間肛門性交《ソドミー》は、ジナーに科される刑罰の範疇であるが、さらに厳しく罰されると述べている。というのも、カイラワーニー（マーリク派の著名な注釈者）が『論考』において、ムサンについても非ムサンについても石打ちを命じているからである。マーリク派の別の支配的な法学者であるハリール・イブン・イスハークは、『提要《ムフタサル》』において、石打ちは、奴隷、非イスラム教徒にすら拡大されるべきであると述べるが、女性間の「自然に反する行為」は、ジナーではなく、裁判官の判断で処罰されなければならないとしている。

ジェホダ・ソファーは、シャーフィイー派の創始者であるシャーフィイーは、この問題について二つの異なる意見を持っていたとしている。一つ目は、ムサンであるか否かに拘らない石打ちによる二人の当事者の処刑、二つ目は、ムサンに対する石打ち刑と非ムサンに対する一〇〇回の鞭打ちと一年の追放である。のちの法学者の大半が、二つ目の選択肢に従っている。

ジム・ウェイファーは、ハンバル派が、男性間性関係に対して厳しい懲罰を要求したことを指摘する。彼らは、ロトの民に襲いかかった「石の雨」を援用して、石打ちによる処刑を勧めた。初代と四代目のカリフがしたことに倣って、「罪人」は、生き埋めにされるか、町の一番高い建物から落とされるべきであると考えた者もある。

イスラム教法学者の提案した刑罰の厳しさにも拘らず、刑事手続は、行いを描写できる四人の証人を要求しており、これがこれらの刑罰をほとんど適用不可能にし、その結果イスラム教徒のエートスに抑止的な性格を与えていたことを忘れてはならない。ステファン・O・マレーが述べるように、イスラム教は、キリスト教と異なり、個人の行いを「知ろうとしない意志」によって特徴づけられると結論できる。とはいっても、その糾弾は底知れない。同性に性欲を抱いただけで、男にも女にも地獄が約束されるのであるから。こうして、イスラムは、地上の懲罰よりは神の懲罰に当事者を委ねるのである。そういうことなので、イスラムが、同性愛嫌悪イデオロギーの強力な伝達手段であることは明らかである。

■イスラム教国家

アラブ国家の大半は、イスラム教を国教と宣言し、シャリーアをその立法の主要な源としている。しかし、一般に、社会領域全体の立法を行うために採択されたのは、植民地時代から継承された世俗法である。家族領域という明らかな例外はあるが。というのも、個人の地位を定める法律はシャリーアに依拠することが最も多く、シャリーアをそのままあるいは部分的に組み入れているからである。このことは、国家間の相当の違いを生んでもいる。

今日、サウジアラビア、イラン、モーリタニア、スーダン、イエメンがシャリーアを適用し、その刑法典において、石打ちによる死刑、鞭打ち、追放あるいはタジールを命じている。タリバン統治下のアフガニスタンも同様であった。他の国には、シャリーアと世俗法から着想して、投獄刑、それから体罰の伴う、あるいは伴わない罰金刑を定めているところもある。ここでは西洋の植民者の刑事法が、シャリーアの要素と混合している。罰金刑はイスラムには存在しないからである。さらにトルコやエジプトのように、男性間性関係を全く罰しない法を採択したところもあるが、これは別の動機を装った警察の嫌がらせ◆を妨げるものではない。イスラムの原典への回帰を信奉する国家や原理主義者のグループは、原典の神聖な性格を援用して、同性愛に対する暴力的な抑圧を正統化し、組織することに貢献している。さらに、これらの運動は、彼らが闘いを呼びかける退廃した西洋の象徴として、同性愛を提示する。ロンドンを本拠とするオマール・バクリは、定期的に、その説教の中で同性愛者殺害の呼びかけを行っている。アムネスティ・インターナショナルは、シャリーアを適用している国では、実際に石打ちによる死刑や鞭打ちの刑が宣告されており、同性の相手との「姦淫」の告訴は、政治的敵対者の有罪判決を強化するために頻繁に用いられていることを伝えている。イスラムの刑事手続の厳格さを考えると、これらの有罪判決は、偽証の組織か自白の強要によってしか可能でないことは、明らかである。

クリステル・アメル（齊藤訳）

→アフリカ中部・東部、聖書、ソドムとゴモラ、中近東、東南アジア、暴力、マグレブ、ユダヤ教

◆警察の嫌がらせ　例えば二〇〇一年には、五二歳の男性がカイロでゲイのナイトクラブにいたところを逮捕されている。（金城）

異性愛嫌悪（ヘテロフォビア）

言語として存在していない異性愛嫌悪《ヘテロフォビア》という概念について考察することは矛盾があるように見えるかもしれない。確かに辞書には異性愛という言葉しか載っていない。フランス語の『プティ・ロベール辞典』では、異性愛を「異性愛者の正常なセクシュアリティ」（原文ママ）と定義している。異性愛者とは「異なる性の人間に正常な性欲を感じる」者とされている。一方、同性愛については、「同性愛者の傾向、行動」と定義されている。このようにほぼ同義反復のような形で定義され得るほど、この規範は非常によく遵守され行き渡っているのである。ここで異性愛の特徴とされている「正常な」という形容詞は、もはや「習慣的な」とか「共通の」という意味ではなく、異性愛が標準的であること、規範にかなっていることを強調する機能を持っているのだ。これほど広く行き渡った規範を前にすると、同性愛嫌悪《ホモフォビア》の逆があるとは誰も考えてみないのも無理からぬことである。だから異性愛嫌悪という概念は、良くて余分なもの、疑ってかかれば不適切なもの、最悪の場合は全く怪しいものと見なされる恐れがある。

そこで、本項では「異性愛嫌悪」という語を定義することが問題なのではないということを明確にしておきたい。この言葉はすでに別なふうに解釈されている（ジャック・タルヌロはヘテロフォビアというこの言葉を、人種差別主義の同義語、他者に対するある種の嫌悪という意味で使っている）。また、異性愛嫌悪というものが具体的に存在するのかどうか、ということ自体が問題になってくる。その現実を把握し、その度合いを評価するために必要な、確かな指標がないからである。異性愛嫌悪の明白な実践が存在することを前提にしない限り、この言葉を定義することはできないであろう。さらにまた、同性愛嫌悪の裏返しについて、価値判断的、命令的、排除的言説を弄したいわけでもない。それは作家のエリック・レメースが、二〇〇一年五月七日に『イビサ・ニュース』およびあるインターネットサイト（citegay.com）に掲載した、思いつきで書いたようなコラムで行ったことである。レメースはその中で異性愛嫌悪を権利として主張し、異性愛嫌悪とは「異性愛への拒絶または恐れであり、異性愛者の幻想、欲望、行動に対する反発を含み、異性愛指向を持つ者に対する否定的、さらには差別的態度という形で現れる」のだと分析した。本項では、異性愛嫌悪をあくまで理論上の概念として、考察の対象とする。それは異性愛というセクシュアリティを正当と見なすにせよ、差別するにせよ、その表象体系の中に異性愛嫌悪という語が存在しないことについて、あれこれ考えるためである。この空白は何を表しているのだろうか。またこの空白は、同性愛嫌悪という現象について、どのような展望を新たに開いてくれるだろうか。

異性愛嫌悪という語が存在しないことについては、それを喜ぶくらいのことしかできないが、実は本当に存在しないかどうかすら、少しも明らかになってはいないということに同意せざるを得ない。これまでかくも長い間、また今日でさえなおあらゆる種類の烙印、監禁、そして時には死までも引き起こしかねない形で同性愛者に対する身体的、象徴的↓暴力が振るわれてきたことに対して、そのお返しとして憎悪の感情が掻きたてられることがあるということは予想できよう。そのような差別↓に対して、対をなすものが何もないなどということがどうしてあり得ようか。同性愛者の側からの反撃としての暴力がこれまで問題にされてこなかったのは、変ではないだろうか。黒人の歴史においては黒人からの反撃があったし、第二次世界大戦の時期のユダヤ人の場合は、積極的反撃は例外的な契機があったときに限られるとしばしば指摘されはするが、ともかく反撃があったのだ。

しかし同性愛者の歴史上、その解放の戦略が、異性愛嫌悪そのものを求めるという形をとったことはなかったように見えるのも確かなのである。さらには、もしも異性愛嫌悪がはっきりと姿を現したなら、同性愛者自身の多くが不快に思うだろう。異性愛嫌悪はゲイ・レズビアンのアイデンティティが基盤としている価値観の否定と見なされ得るからである。それは性的な好みの相対化、マイノリティのセクシュアリティに対する寛容の要求という価値観である。異性愛嫌悪を態度として示すなら、それは同性愛者のアイデンティティが拠って立つ、尊重と認知の要求を無効にすることにつながるだろう。そこにある種の論理的な袋小路があるのだろう。同性愛者自身がまっさきに、ゲイ・コミュニティ自体に時に「ゲットー」を見てとって、それに対して反対を表明するのも、おそらくはこの袋小路に由来する。しかしそれでも同性愛者の行動や言説の中には、その下に異性愛嫌悪の痕跡をたどることのできるものが存在するのである。それは例えばＦＨＡＲ〔同性愛者革命的行動戦線〕の時代の「ヘテロお巡り《フリック》」や「ヘテロリスト」、あるいは英語で「ブリーダーズ」（すなわち「繁殖屋」）といった、ユーモアを装ってある種の恨みを伝える罵詈雑言や揶揄、カリカチュアなどのことである。あるいはまた、パラレル・ワールドを構築するような神話ないし虚構というのもある。そのような世界では、排斥されるのは異性愛である。例えばアマゾネス神話のある種の焼き直しにそれが見られる。また、関係の完全な逆転が現出することもある。例えば、『シェイム・ノー・モア』〔一九九九〕という映画の中で、監督のジョン・クロキダスは、ある小さな模範的な町を描き、そこの住人の全員が生涯を通して型にはまった同性愛者で過ごすという設定にした。登場人物の二人の男性が、自分たちの息子が異性愛者なのではないかという疑惑を抱く。そして道を踏み外したこの若者を、正常な道に連れ戻すことが主題となっている。ただし異性愛嫌悪の行為があからさまに描かれた文章作品は稀であることも指摘しておきたい。その稀な例が、エルヴェ・ブリゾンの『聖女タピオールが夢見た生涯』〔二〇〇〇〕である。この中で作者は、異性愛階級にとっての象徴的な場所に対する一大破壊作戦を開始したゲイ闘士のテロリストを主人公にした奇妙な物語を考案している。

　以上のように、異性愛嫌悪に基づく反撃をはっきりと表現している事例は確かに存在するかもしれないが、この概念が現実に、そして十分に存在することを示すには、まだ足りないと言える。さらに、同性愛者の暴力という主題は、文学においても映画においても怪しい決まり文句であることも確かなのである。同性愛者の殺人者の物語（クレール・ドニの映画『パリ、一八区、夜。』〔一九九四〕）や、同性愛が犯罪に至るというステレオタイプ（ヒッチコックの『ロープ』〔一九四八〕）が掻きたてる魅力はよく知られている。こうした事例は、悪人として、あるいは犯罪者としての同性愛者という月並みな類型を描いている。しかしながらそこで問題になっているのは異性愛嫌悪ではない。というのも、そのように描かれる同性愛者が標的としているのは、異性愛そのものではないからである。しかも時には、同性愛者の暴力は同性愛者に向かって行使されることもある。例えばジャン・ジュネの『ブレストの乱暴者』〔一九四七〕の場合がこれである（最初の恋人のアメリカ人の殺害）。また、「キャンプ〔英語のcampで、大げさでわざとらしい表現のこと〕」と呼ばれるユーモアでまっさきに槍玉に挙げられるのはしばしば同性愛者であり、自己嘲弄の形態をしばしばとるのである。つまりほとんどの場合、異性愛主義（ヘテロセクシズム）世界の正反対として描かれる反転世界は、何よりも異論ないし揶揄という機能を持っているのである。それは本当にそういう世界をつくろうという計画ではないし、ただ単に、たとえ架空であれ物の見方が変わることを狙っているだけなのである。まさに『トーチソングトリロジー』〔一九八二年初演、ハーヴェイ・ファイアスタイン原作・主演の舞台劇。一九八八年に映画化〕の主人公アーノルドが行ったのがこれである。彼は母親を説得する言葉に行きづまり、あらゆる言葉、あらゆる本、あらゆるテレビ番組が、一日中ひっきりなしに「ゲイにならなきゃいけない！」と繰り返しているような世界を想像してみてと、母親にお願いするのである。

　ところが犠牲者がそのお返しに排他的な活動を遂行するかもしれないというこの問題は、実は本質的な論点を提起している。というのも、同性愛者は自分たちが被った暴力を異性愛者に向けてやり返すというところまではいかないように見えるのに、逆に異性愛者の方で、異性愛嫌悪の示威活動の犠牲にされていると感じ、そのことで同性愛者を非難するからである。現実であるか幻想であるかはさておき、異性愛嫌悪は反転された排斥という状況の結果であることは間違いない。同性愛者向けのバーへの入店を断られたとか、

「ゲイ世界」のさまざまな約束事の画一性から排斥されているように感じるとか、アイデンティティに基づく知的作品や政策綱領の中に共同体主義↓（コミュニタリアニズム）への引きこもりを見てとるとか……。レズビアン&ゲイ・プライドやパ↓ックスをめぐる論争が一再ならず示してきたように、同性愛は脅↓威として告発を受けるのである。本当の異性愛嫌悪が存在するという仮説を表明するところまではいかなくても、同性愛者の文化的政治的変遷の途上で、仕返しとしての憎悪の可能性がありさえすれば、時には激しく告発されてきたのである。だから同性愛嫌悪には正確にその裏返しと呼べるものは存在しないように思われるのである。それほどの規模で影響力を発揮するような暴力というのは考えにくい。はっきりと差別的な言辞を弄したり、被差別者の心の中に、（被差別者がいる場所のせいで、あるいは服装や身体的な振舞いの約束事から被差別者であることが見てとれるせいで）安全でないという感情が広がるような暴力を行使したり、被差別者が「仲間どうしで」いないときには取り繕ったり隠したりしなければならなくするような暴力は、考えにくいのである。異性愛嫌悪は同性愛嫌悪と同等のものではあり得ないだろう。同性愛嫌悪は道徳的に、またおそらく将来的には法的にも罰を受ける可能性はあるが、しかしその暴力を行使する者にとっては、自身の心理的性的アイデンティティを問われることなく実行されるのである。逆に同性愛者が憎悪を表明する場合には、必ず同性愛者のセクシュアリティこそがそのような暴力の病因だと見られるのだ。異性愛嫌悪は反動的で異↓常な性的アイデンティティを物語っているとされてしまうのである。

　何物にも還元できないこの非対称性こそが、本項の考察の本質的な論点である。だからこそ異性愛嫌悪という概念には、心↓理学的な問い（同性愛嫌悪の犠牲者が被った暴力は、その後どこに転嫁されていくのだろうか）や法的な問いかけが含まれる他に、何よりも知的な関心を持ち得るのだ。つまり異性愛嫌悪という仮説に価値があるとすれば、次のような問いを立てるに至るからである。すなわち、たとえ理論的なものに過ぎなくとも、異性愛嫌悪の可能性を考えずに、同性愛嫌悪を根源的に問題にすることはできるのだろうか、という問いである。実際に同性愛嫌悪の大部分は、免責感覚、あるいは性的に正当であるという感覚に依拠しているのであり、そのような感覚は支配者側が（そして内在化されることによって被支配者の側も）、暴力の相互性が可能性としてあり得るということを考えもしないという事実によく表されている。同性愛嫌悪とは、その犠牲者に反撃を試みる余地を残さないような、犠牲者側の反駁の可能性を一切与えないような、身体的象徴的暴力なのである。烙印が押される方向は一方向だけである。あたかも同性愛が、不可侵の規範を基準に、そこからの距離で自らを位置づけなければならないハンディキャップか身体障害であるかのようだ。

　レズビアン&ゲイ・プライドが「ヘテロ・プライド」という、挑発的でおかしな思いつきを誘発することがある。逆に同性愛嫌悪が、異性愛嫌悪という考えを呼び起こすことはめったにない。このことが異性愛者と同性愛者の間の暴力関係の非相互性を際だたせているだけだというなら、喜んでいればよい。しかしそんなことはありそうにない。もしもそのような感覚が現に通用しているのであれば、そうした感覚を不問に付しておくのはよくないであろう。こうした観念は法律事件としても虚構だし、あくまで心理学的な概念、純粋に思弁的なカテゴリーに属することであるが、何よりも、同性愛嫌悪をもう一度その基盤から問い直してみることに役立つと思われるのである。その基盤こそまさに、上述の絶対的正当性という感覚なのである。異性愛は「正常なセクシュアリティ」である、異性愛は、同じ性の人間を愛する者たちの「傾向」や「行動」によっては疑問に付されることがない、というような考え方に安住した免責感覚を攻撃することなしに、同性愛嫌悪の暴力を解体することは不可能であろう。

ジャン＝ルイ・ジャネル（山本訳）

↓異性愛主義、寛容、共同体主義、ゲイ嫌悪、ゲットー、象徴的秩序、トランス嫌悪、バイセクシュアル嫌悪、犯罪者、暴力、レズビアン嫌悪

異性愛主義（ヘテロセクシズム）

異性愛主義《ヘテロセクシズム》という言葉はまだフランス語の辞書には掲載されていない［現在では収録されている辞書もある］。しかし概念としては、新しいものではない。アンドレ・↓ジッドの書いたものの中にははっきり表現されているし、モニック・ヴィティッグが語っている「ストレート思想」というのも、アドリエンヌ・リッチが批判している「強制的異性愛」というのも、ある意味でこの概念である。さらには、FHAR［同性愛者革命的行動戦線］や性の解放運動の活動家が用いた「ヘテロお巡り《フリック》」や「ヘテロリスト」、といった言葉にも、この概念は垣間見える。それに当時は、この言葉自体が使われたことも何度かあった。しかし少なくともフランスでは、それ以前にはこの言葉が公に存在したことはほとんどなかった。

ところがここ数年間、↓パックスをめぐる論争や考察の際に、この言葉と概念が一再ならず都合のいいように解釈され、そのうえ「異性愛中心主義《ヘテロセントリズム》」や「異性愛規範《ヘテロノーマティヴィティ》」といった言葉に発展した。こうした使用法は、批判されるべきとまでは言わないが、慎重にすべきと受け取られる場合もあった。この概念は明らかに、性における支配の仕組みを理論面でも実践面でも再考することを要請するので、重要であると同時に議論の争点になりやすいのである。

いかなる点でも意見の一致が見られない新しい概念、何よりも社会的な批判の道具であるような概念、その影響力や効果が、もしあるとすればだが、現時点ではまだ不明であるような概念を定義することは簡単ではない。そうではあるけれども、異性愛主義とは、同性愛の排除を半ば奨励しながら、異性愛だけを推進することをはっきりと主張するような、社会を見る原理でありかつ社会を分割する原理であると定義することができる。異性愛主義が依拠しているのは、男性は女性のためにつくられていて、そしてとりわけ女性は男性のためにつくられているという目的論的な幻想であり、人間社会全体の必然的なモデルであり、かつ行きつく先であると自称したがる個人的な深い確信である。そのためこの注目すべき社会論は、異性愛を唯一正当なセクシュアリティであるとすることによって、同性愛者に押される烙印や、同性愛者が被る↓差別をあらかじめイデオロギーとして正当化するということを、目的とまでは言えないとしても、効果として持っているのである。

このように理解するなら、異性愛主義という概念は、非常にしばしば混同される二つの現実を区別するのに役立つ。社会学者エリック・ファサンが次のように指摘している。

同性愛嫌悪《ホモフォビア》という言葉の現在の使用法は、極めて異なる二つの定義の間で揺れている。一つめは、同性愛嫌悪を嫌悪《フォビア》として理解するものであり、その場合は同性愛者および同性愛の拒絶が問題とされる。これは個人の心理という領域に属する問題である。二つめは、同性愛嫌悪を異性愛主義として理解するものであり、こんどはセクシュアリティの不平等、すなわち異性愛と同性愛との間の階層秩序が問題とされる。これはむしろ、集合的なイデオロギーという領域に属する問題である。

〔…〕そうであるならばおそらく、女性嫌悪《ミソジニー》と性差別主義《セクシズム》の区別にならって、心理的な意味とイデオロギー的な意味を混同しないために、「同性愛嫌悪」と「異性愛主義」を区別した方が、より分かりやすい。

以上のようなわけで、「私は同性愛嫌悪があるわけではないけれども……云々」と声高に断言するまじめな――この点は認めてやってもよいのではなかろうか――人たちは、例えば結婚や↓養子縁組といった問題に関してホモとヘテロの間の権利の平等を認めない限り、自分が少なくとも異性愛主義者であることを認めなければならないというわけである。それだけでも政治的な論議の中で貴重な武器となり得るであろう。

しかしながらこの区別は興味深いけれども不都合な点もある。それはまさに、非難（同性愛嫌悪）と差別（異性愛主義）との間に、お互いがお互いの原因であり結果であるという、不可避的な結びつきがあることの明白性を断ち切ってしまうことである。さらに悪いことには、同性愛嫌悪という言葉の意味的な領域が限定されることによって、批判として不可欠な効力も限られたものであるかのような感覚を与えてしまう。これについてはエリック・ファサンも、当然警戒している。「その場合に同性愛嫌悪という言い方よりむしろ異性愛主義という言い方をすることは、同性愛嫌悪の暴力↓を異性愛主義の暴力と言い換えることによってそれを婉曲化するという、多かれ少なかれ偽善的で悪賢いやり方とは違う」。要するに、異性愛主義という概念は、それが解決してくれる問題以上に、新たな問題を呼び起こす危険も高いということである。

ところで異性愛主義という概念の持つ批判的な力が、実際に目立って発揮されるのは異性愛主義の生成においてである。そこでは二つの異なる面を区別して検討しなければいけない。異性愛への個人的な移行（心理的生成）と、異性愛主義への集合的な転換（社会的生成）である。異性愛の心理的生成については、まだその大部分が説明されていない。フロイトの言うように、子ども時代は元々バイセクシュアルであるという考えを認めるとしても、その後に発生する制約や制限をどうやって説明すればよいのであろうか。この場合、個人の精神的発達において明らかに決定要因となるものとして、おそらく社会的影響の役割がかなり大きいことを認めなければならなくなるだろう。これこそが、とりわけクレラン・S・フォードとフランク・A・ビーチの研究によって明らかにされたことである。

> 異性愛関係を不愉快であり、欲求を満たしてくれないものと見なす同性愛者の男女は、文化的な条件付けの産物なのである。しかし意識的な同性愛傾向を持たない男女も、やはり同じように文化的な条件付けの産物なのである。この両極端は、二つの性的な形態が両方とも顕在している、元々の中間的な位置から遠く隔たった結果である。われわれの社会のような社会では、住民の大部分は同性愛の刺激に対して反応しないように、それを避けるように習うので、最終的には同性愛の刺激が脅威にはならなくなる。同時に、そしてやはり学習によって、ある一定数のマイノリティは同性のエロティックな魅力に対して、もっぱらとは言わないまでもかなり敏感になるのである。

つまりは、異性愛の心理的生成は、社会的学習に大きく依拠しているということである。

しかしまだ説明されていないことがある。それは、文化的に習得される好みであったものが、どうして道徳によって要請されるほど人を引きつけるのだろうか、という点である。ところが覇権主義的な異性愛、ということはつまり異性愛主義の、この社会的生成こそが、問題の真の要なのである。ジョナサン・カッツの『異性愛の発明』は、研究としても結論としても極めて明快であるにも拘らず、彼の主張はほとんど考えることすらできないと見なす者もいる。そもそもこのような反応が異性愛主義の力を明瞭に示しているのだ。というのも異性愛主義は、全体化するイデオロギーが必ずそうであるように、正確に言えば自らが先験的に制定する思考の枠組み、すなわち世界に対する自らの観点、いやその観点の盲点をはみ出すような思考を妨害するのである。もちろんカッツにとっても、われわれにとっても、男女の性的関係が歴史上のある時点に位置づけられる発明の産物であるなどと言いたいわけではない。そうではなくて、男女の性的関係に与えられている特異性、もっと正確に言うなら象徴的優越性が、もしかすると不変のものではないかもしれないし、人類のどの文化にとっても普遍的なものでもないかもしれないということなのである。むしろあらゆることから考えて、同性愛者という人格が、フーコーの言を信じるならば一九世紀の医学によって発明されたのと同じように、異性愛者という人格も、徐々に構築されてきたものとしてその発生と進化をたどることができるのではないだろうか（↓本質主義／構築主義）。

そのためには、ドニ・ド・ルージュモンの『愛について』に続いて、西洋における異性愛を再考してみる必要がある。対象となる領域は膨大であるが、つまるところ一二世紀前後に、宮廷風の倫理と「至純の愛」に結びつけられた、性とジェンダーをめぐる新しい考え方が出現したと見ることがおそらく可能であろう。キリスト教が出現した最初の数世紀にも増して、この時点において、異性愛主義と同性愛嫌悪が互いに切り離せないものとしてその真の姿を現したのである。この異性愛主義の感情をたどっていくと、それが一六世紀後半および一七世紀前半に再び勢いを盛り返すことに気づく。これはすなわち、新たな宮廷社会、社交界のサロンの社会が登場した時期で、これまでにもとくに歴史研究や文学研究の分析対象となってきた。そしてさらに調査を続けることによって、最終的に、一八世紀の終わりからロマン主義の時代全体を通じて欲望の再編が起きたことがきっと明らかになるだろう。この再編によって文化的コンプレックスが形成され、われわれはまだ完全にはそこから抜け出せていないのである。『トリスタンとイズー』〔一二世紀に編纂され、その後いくつものヴァージョンがつくられた伝説の物語〕、『ロミオとジュリエット』、そして影響力はもっと小さいが『ポールとヴィルジニー』〔ジャック＝アンリ・ベルナルダン・ド・サン＝ピエールによる牧歌的純愛小説（一七八七）〕という、異性愛文化の主要な神話が、それぞれ上に挙げた三つの時期に属していることは極めて意義深い。

しかし、こうした異性愛の恋愛感情の神話が絶対的なものに仕立て上げられ、それ以前の時代にはほとんど例を見ることができず、また古代人の目にはその考え方が極めて風変わりに映るだろうと思われる文化的構築物として、いかにして形成されたかを説明するだけでは十分ではない。それと並行して、この同じ文化から同性愛の欲望が系統的に抹消されたことを明らかにする必要があろう。この抹消こそが、キリスト教の西洋全体が打ち込んできた検閲と再解釈と加筆の企てだったのである。性的な面におけるこうした改変は、誰よりもまず古代の作家に対して施された。例えばサッフォー、アナクレオン〔前六世紀後半～前五世紀前半、古代ギリシアの詩人〕、ピンダロス〔前五二二か五一八頃～前四四二か四三八頃、古代ギリシアの詩人〕、カトゥルス〔前八四頃～前五四頃、古代ローマの抒情詩人〕、ウェルギリウス〔前七〇～前一九、古代ローマの詩人〕、ホラティウス〔前六五～前八、古代ローマの詩人〕、ティブルス〔前五〇頃～前一九頃、ローマの抒情詩人〕、マールティアーリス〔四〇頃～一〇四頃、ローマのエピグラム詩人〕、ペトロニウス〔?～五五か六六、ローマの文人〕などである。しかしそれは同時に、シェークスピア〔一五六四～一六一六〕やミケランジェロ〔一四五七～一五六四〕、そしてウォルト・ホイットマン〔一八一九～九二〕までの近代作家にも適用され、彼らの作品に登場する同性愛のエロティシズムをできる限り覆い隠そうとしたのである。このようにして、男性どうしの関係、あるいは女性どうしの関係を表象することは、社会的「寛容」の規範にあまんじて従い、完全に婉曲化したイメージとして示すか、あるいは逆に完全にカリカチュア化したイメージとして示さない限り、困難であるか、あるいはほとんどすべての場合において不可能であることが明らかになってくるのである。そしてこの規範は最終的に、西洋における同性愛に対する支配的な、つまりは排他的な見方となるのである。

ところでこのイデオロギーの社会的なコストおよび効果を低く見積ってはならない。実際、一九世紀のブルジョワ社会に由来する異性愛主義文化においては、夫婦であることと親であることという二重の命令が、同じ世代に属する水平的な次元に関する考え方と、世代を縦断する垂直的な次元に関する考え方との両方を、厳密な形で組み合わせる一つのシステムとして、まさしく社会空間を画する碁盤の目となっていたのである。この碁盤の目の周縁に取り残されていたのが、烙印を押された者たちである。同性愛者の男女であれば、夫婦であったり子どもがいたりしても（いればなおさら）もちろんそこに含まれるが、それだけでなく、バルザック流の独身者たち、すなわち「年とった少年」、「年とった少女」、「未婚の娘」もそこに含まれるし、またあらゆる立場の離婚者、結婚していない夫婦、子どものいない夫婦、要するに象徴的な次元で承認される夫婦関係と親子関係という社会秩序を認めていないという感じを与える者たち、そしてそのことによって社会的な係争や「生態学的な」無秩序の要因と見なされる者たちが、すべてそこに含まれるのである。

しかしこの規範の枠組みの中の日常は、もはや快適とはほとんど言えない。社会的な圧力を行使する集団としての主体は、自分で自分に課すその束縛によって、しばしば個人としては犠牲者となる。そうした者たちは、大部分は社会的要件を満たすために行ってきた人生の選択を悔やむに至るのである。そうした選択に伴う犠牲をあるときまでは過小評価しているかもしれないが、自分が社会秩序を尊重するために、しかもその命令に従っているとはほとんど思わないままに、若さや幸福や自由を犠牲にしてきたことを、あるときふと、多くの場合いささか遅まきながら、悟るのである。しかしながらこうした日常的な不満、こうした心理的な不幸は、見かけ上は「規範にかなっている」多くの異性愛者の運命なのであり、その原因が特定されることはほとんどない。しかしここにこそ、異性愛主義というシステムの、ピエール・ブルデューが定義した意味での象徴的暴力が現出しているのである。このシステムは、完全に目に見えず、そしてそれが機能することによって少なくとも恩恵を受けねばならぬはずの者たち自身に対して、実際は害を与えるのである。

以上のように、異性愛主義はジェンダーの警察のような様相を呈するのである。それは、性的指向を問わず、また規定された枠組みの内部に位置するか否かを問わず、あらゆる種類の個人に対して象徴的秩序を思い出させる役割を負っている。しかしかくも重苦しく、またかなりの犠牲も強いるある一つのイデオロギーが、人がそこに何の利点も見出さないのに機械的に生き続けているのだとしたら、それは驚くべきことである。純粋に出産奨励主義的な利点については、同性愛関係にもっと正当な位置づけを与えているいかなる社会を見ても、それが脅かされたことはかつてなかったことがはっきり分かるのでおいておくとして、それ以外に、異性愛主義がそれに合意する男たちに保証してくれるように見えるのは、社会の主人という地位である。ただしそれは、エリザベート・バダンテールがみごとに明らかにしたように、自分は赤ん坊でもなければ女でもなく、まして「ホモ」でもないことをつねに誇示するという、面倒で疲れる実演を、若いうちから生涯を通じて延々とやってのけるという条件で、なのである。そして女はこの異性愛文化において、明らかに心理的には良い地位を占めている。なぜなら女はそこで欲望され、言い寄られ、ちやほやされるからである。しかしその実、女は同時に枠にはめられ、統制され、支配されている。その異性愛文化が、女の目には魅力的な王子様とのすばらしい幸福を約束してくれるように映るし、それがうまくいかなかったとしても、男女の相互補完性によって機会の平等が保証されているような社会において、家族で生活するという、平和で安心できる見通しを少なくとも約束してくれるものと映るのだ。

問題は、時として世界がこの物語に背くことである。男女間の平等原則からほど遠く、また相互補完性の原則からもほど遠く、異性愛主義は夫婦であることそのものを通して、また母であることを通して、男女の関係における男性支配を堅固なものにする思考システムなのである。異性愛主義は女に対して、女というものはその称賛すべき、温かいやさしさから、自然に男や家族に対する奉仕へと向かうものだと思いこませ、それと並行して男に対して、物事の秩序に従うなら、また男の「雄々しさ」を考えるなら、女というものは自然に男に依存しているものだという感覚を強化する。このような怪しげな確信が男の攻撃性やあらゆる種類の性的な嫌がらせを漠然と、そして先験的に正当化するのである。そうした行為は時として、全く平静な心で、また奇妙なことには、相対的には正当であるという精神のもとに実行されている。そのような精神を見ると、極度のシニシズムなのかという気にさせられるが、むしろそこに見てとらなければならないのはおそらくある種の逆説的な素朴さであり、もちろん寛容に処してはならないものである。

つまり男性というアイデンティティに固有の構成要素であると、少なくともわれわれの社会では考えられている、肉体的な力、性的な力の崇拝によって、力を誇示することが、どれほど野蛮なものであろうと高く評価され、従って助長される傾向があるということなのだ。このことから暴力と男性性の間にある注目すべき――実際に注目されることはほとんどないが――相関関係を理解することができる。身体的な暴力は、性的なものもそうでないものも、その圧倒的大多数が、男性主義の環境によって大いに条件づけられている男たちによって行使されているのである。要するに、異性愛主義は（同性愛者に向かう）同性愛嫌悪の根っこにも見出されると同時に、（女性に向かう）性差別主義《セクシズム》の根っこにも見出されるのだが、それだけでなくもっと一般的で、またもっと関係は遠いかもしれないが、（誰であれあらゆる人に向かう）非常に多くの暴力行為の根っこにも見出されるのである。そうした暴力行為と、男らしい力こそが男性のアイデンティティであるとする文化との関連性は、一見したところでは明らかではない。しかしそこに関連性があるからこそ、最も暴力的な男が、最も性差別主義的《セクシスト》であり、最も女性嫌悪《ミソジニー》が強く、そして同時に同性愛嫌悪も最も深いということが、極めて頻繁なのだ。このような観点から、異性愛主義との闘いこそが、おそらく最も優先されるべき公的な課題となるのである。

そこで異性愛主義を解体すること、すなわちこのイデオロギーが推進する、一方のジェンダーの優越、一方の性の優越という論理を解体することが必要になってくる。この優越性の犠牲になっているのは、同性愛者であり、女性であり、まして女性同性愛者は言わずもがなだが、また同時に異性愛者の男性もそうである。なぜなら異性愛者の男性はしばしば、はっきりと理解しないまま、利益があるという人を欺く幻想を信じこんで、支配することによって自分自身支配されているからである。これが解体されるなら、モニック・ヴィティッグが正当にも批判した「異性愛に基づく社会契約」は、新たな社会契約の余地を残し得るであろう。それはさまざまな人びとが交わし得る契約であり、最終的にはホモにもヘテロにも、男にも女にも、そしてそれだけではなく、理論的分析や社会的な実践の二元的で排他的な論理からは隠蔽されがちなバイセクシュアル、トランスジェンダーたちに対しても、まったき正当性を認めるような契約である。

最後に一つの逸話を紹介したい。一九七二年、ＮＡＳＡ〔アメリカ航空宇宙局〕は「パイオニア」と呼ばれた計画の仕上げとして、太陽系の外に向けたメッセージを宇宙船に搭載し、それを受け取る可能性のある知的生命体に呼びかけた。そこには、われわれの世界の「基本的な」図像として、水素原子の見取図、太陽系と銀河系の地図などの他に、一組のカップルが描かれていた。これはコンピュータによって「平均的」であると決められたカップルで、すなわち当然のことながら（白人の）男と女である。男は平和の合図として手を挙げ、女は男の傍らにつつましく立っている。この驚くべき「平均」からはかけ離れてしまうかもしれないが、当時の科学者たちは人間を単独で描くこともできたであろうし、異性愛カップルと同性愛カップルの両方を描くこともできたであろうし、友人どうしの集団として描くこともできたであろうし、またアジア人、黒人、白人、混血などの人類を描くこともできたはずである。しかし彼らはおそらく自覚さえないままに、異性愛主義と人種差別主義の偏見に追随したのである。それは、実際に異性愛者のカップルしか存在しないようなアメリカの全く平凡な郊外のミドルクラスに、人類の元型を見てとるような偏見である。ここには換喩的論法がしばしば陥りがちな幻想がある。いやもっと親しみやすい言い方で言うならば、自分を全体だと思いこんでいる部分の物語だと言えるだろう。至高の知性を備えた宇宙人は、このメッセージを受け取ったときに、そこに描かれたこの粗雑な贋作を見て微笑みを浮かべ、いつかこの地球が、訪ねるに値するほどましになる日があればよいのだがと思うにちがいない。

ルイ＝ジョルジュ・タン（山本訳）

→異常、異性愛嫌悪、異端、自然に反する、象徴的秩序、文学、暴力、レトリック

イタリア

古代

ラテン語には、同性愛と異性愛を意味するいかなる語も存在しない。ローマ人は、ギリシア人同様に、同性の人に引きつけられるという共通の特徴を持った、あらゆる社会階層の男性女性を包摂する性的なカテゴリーを作り上げることも、考えることもなかった。社会規範が欲したのは、権力の諸関係、地位の諸関係であった。従って、今日われわれが「同性愛嫌悪《ホモフォビア》」と形容するような反応は、この社会的役割の配分とローマ世界固有の道徳規範に背く者

に対する、より一般的な感情表明に属する。

　ローマでは、世論が逸脱を疑い始めたときから、個人の堕落が始まる。この逸脱の性質はまだ決まっていない。小規模の共同体においては、互いが互いを知っており、各々の境遇をあるときはたたえ、あるときは損なう。男性に関しては、今日同性愛嫌悪と呼ばれる軽蔑的な紋切り型は、決して同性愛者それ自体ではなく（というのもローマ社会にはこの定義がないからである）、公的な責任を担う者でありながら、不名誉な特徴を自らに積み重ねた者、男性の成人自由市民に課された職責を全うする能力がない者を形容していた。共通の道徳基準から引き出された正しい振舞い、これこそがローマ人の関心の中心である。どのような指向のセクシュアリティであれ、単独では、このアイデンティティの参照基準に関係がなかった。確かに、ローマ人の集団的監視は、寝室までとぎれることなく及んだ。しかし、周辺的な性的衝動という逸脱は、それが公民的秩序上の欠陥を示し、それによって公共の討論と軍隊での職責が果たされない場合にしか告発されることはなかった。

　ローマにおける逸脱は、同性愛者であることではない。「女たちに囲まれた男」という近代的なモデルは、ローマ人にあっては、いいことを求めて公衆浴場を荒らして毎日を過ごす「男たちに囲まれた男」と同じくらい悪く見られた。つまり、いずれも栄光ある職務に費やすべき男性的エネルギーの無駄遣いの典型例なのである。近代的な語彙で言うところの攻めであることは、受けであることほど屈辱的ではなかったかもしれない。しかし、この性的活動が、偏執状態に、さらに悪いことに売春に変わった場合は、攻めであることも必ずしもよく見られたわけではなかった。二つのラテン語の言葉が、詩の中で描かれている振舞いを指している。他の男に襲われる者を表すパティキュス、女はもちろん、男に肛門性交《ソドミー》を強いる者を指すペディカトールである。相手に奉仕し、奴隷のように振舞うのか、相手を象徴的な罰で辱めるのかである。どちらの場合も、逸脱である。

　さらには、政敵の性的奇行を非難する者自身が、若い奴隷と性的関係を持っており、その関係による官能がエロスの極致であるようなこともある。脱毛し、香水をつけ、髪を整えた小姓の群れが、上流の邸宅の主人に悦楽を提供していた。寵愛する少年の夭逝は邸宅の主人を悲嘆に暮れさせるほどであり、その墓標は、主人が少年と味わった悦びを物語っている。従って、一人の男が公共討議の場で、誰かと誰かの性的行いを非難する一方、この同じローマ人が何時間後かに、饗宴のくつろいだ雰囲気の中で、自分のお気に入りの奴隷の接吻を楽しむのである。ローマ文明は、一日の展開に従って、さまざまな活動に区分されている。どちらかと言うと午前は、公的な職務（同盟や保護下にある党派のもてなし、戦争、政治、外交の準備や組織）に当てられ、夜（共同浴場のくつろぎの空間の後すぐに、実際にはこれが午後の始まりである）は、食事と音楽とエロスの甘美な陶酔に費やされる。この補完的な二面性が、連動してローマ男性を作り出しているのである。ローマ人の性道徳は、ドゥルティアとモリティア、つまり努力と無気力の間の二極化を無視すれば、抑圧的に見えるかもしれない。

　敵対者（例えばキケロの標的であるマルクス・アントニウス）の欠点を極端に強調した攻撃や、皇帝たち（ティベリウスやネロ）の逸脱が、今日の同性愛者に対するステレオタイプとして再び使用されている。政敵や隣人が、過剰に男性的あるいは過剰に女性的なオリエントの若者と饗宴をしているということは、侮辱の一部をなす。演説家や諷刺家は、同じ敵対者の大食や、出費、卑怯などを非難することもできる。言説によって文化的な紋切り型が積み重ねられていく。ここに、尊敬されるべき共同体の周辺に同性愛者を遺棄する持続的な同性愛嫌悪のステレオタイプの起源を見ることができる。同性愛者は、不自然で、表面的で、虚栄心が強く、要するに飽くことを知らないというのである。同性愛者は持つものが少なければ少ないほど欲しがり、また同様に持てば持つほど、もっと欲しがるというわけである。その貪欲さは、あらゆる領域（性的な偏執、大食、財産の浪費）で実証され、そこからは家族を形成し、国家を防衛する能力がない不道徳な存在が作られる。性的な逸脱は、政治的市民的な逸脱の徴候として、ローマ人の眉をひそめさせた。執政官や皇帝が放蕩であると形容されるのは、文化的な論理において、彼らのイメージが、文明の基準に合致しないからである。すなわち、彼らは同性愛者なのではなく、何よりもまず道徳的に凡庸であるか無価値であり、従って彼らのセクシュアリティは堕落的であり、とくに彼らが男性と持っている関係においてそうなのである。公的非難の対象となっている男性は、男性あるいは少年と関係を持った。しかし、その関係は、洗練された恋愛へと活性化されることのできない猥褻《わいせつ》な関係である。この洗練の極致は、男性どうしの関係のより優れた形態によって達成される。それはとくに少年のへの接吻、蜂蜜のように甘く、官能的な呼吸の融合的な交換であり、不潔で骨の折れる挿入ではないのである。最終的に、古代ローマに同性愛嫌悪があったとすれば、それは一人の男が少年に感じる甘美な悦びという控えめな陶酔と不可分であったのである。

　反対に二人の女性の関係が、二人の男性間関係と同等に考えられたことはない。一定の形態の男性間セクシュアリティは、社会的に容認されていたけれども、今日われわれが「女性同性愛」の名称で指すような行いが、ローマ人に受け入れられていたという仮説は存在しない。

　ギリシアでは女性間性関係が性的でないものと見なされていたとすると、反対にローマでは、この主題に触れる文章のほとんどが、個人間関係の他の側面（愛情、交流、悦びなど）をすべて消去して、行動の性的な特性だけに言及している。女性が別の女性に魅かれることは、この主題を扱った初期の文章において、誤り（パイドラの寓話においては、酔って、幾人かの人間を製造し損なったプロメテウスの不手際からすべて生じる）、あるいは矯正されるべき状況（オウィディウスの『転身物語』のある件《くだり》では、二人の女性のうち一人が男性に変化する）と見なされる。そして、拒否と嫌悪は、次第に露骨になっていく。「トリバード」的登場人物が現れて、カリカチュアとひやかしの対象になった（トリーベインというギリシア語から作られたトリーバースというラテン語は、「擦りつける女」を意味する。この語がこうして形成されたことは、この行為の発明を別の文化に当てがう一つの方法でもある）。紀元一世紀の諷刺作家マールティアーリスとユウェナリスは、酔っぱらったみだらな、自己抑制できない女性（この「過剰」という考え方は、繰り返し出てくる。他方、文明化された個人の本性は「節度」である）を登場させている。ピラエニス（マールティアーリス『エピグランマタ』七巻、六七）は、並外れた力を持ち、過度の堕落的なセクシュアリティを発揮した。人びとは、これらの女性たちについて、彼女たちは「男のように」するが、あまり成功していないと言い、そのパートナーは全く考慮に入れられなかった。

　現在では同性愛嫌悪的と言えるようなこの言説は、ローマ人の女性一般に対する態度と強く結びついている。女性を愛する女性がショックを与えるのは、ローマの性道徳が女性に与えた役割を、このような女性が二重に侵犯するからである。この恐れは、ローマ女性の社会的役割がギリシア女性よりも大きかったという事実によって説明できる。彼女たちは、子にローマ的価値をたたき込んで子を教育する役割を担っていた。日常生活において、より存在感があったので、彼女たちが、社会的家族的活動に続いて、セクシュアリティにおいても同じ自律を行使するとすれば、彼女たちは危険な存在になり得るのである。

　男性同性愛嫌悪と女性同性愛嫌悪の言説に大きな違いが見られるのは、ノンフィクションの文章の沈黙においてである。訴追や迫害を受けたと思われる女性の事例に言及した文書はない。それが姦通であった場合に問題が生じる（大セネカ『法廷練習演説』I、一、二三）が、問題は結婚と夫の権利であり、女性同性愛ではない。これらのことからは何の結論も導けない。

（根拠があるにせよそうでないにせよ）男に対する告発は、現実の人物に対して行われるのに対して、擦りつける女《トリバード》に対する罵言は、虚構の領域にとどまっている。ローマにおける「レズビアン嫌悪（レズボフォビア）」の言説の特性は、決して現実に基づくことなく、目配せしあって分かったような気になり、外界から遮断されて機能することである。こうしてレズビアン嫌悪言説は、女性間関係が驚異あるいは醜悪に属する不可能なものであると提示するのである。

■中世から今日まで

　同性愛の抑圧は、中世初期から地方レヴェルで行われた。当時は帝国の権力が弱まり地方の自律が進んだからである。ソドミーの「重罪」を訴追することは、地方権力にとって二つの利益があった。まずそれは、一四世紀以降大半のイタリアの地方都市で適用され、ソドミーを行ったとされた者の財産の没収によって地方権力の財源を増大させた。他方で、それは教皇権力からの独立を示すのに役立った。それでも↓異端審問所との協働は珍しくなかったが。この抑圧は、ルネサンス期を超えて続く。ルネサンス期には、あらゆる大きな都市がソドミーを行ったとされる者を訴追するが、その中にはレオナルド・ダ・ヴィンチとベンヴェヌート・チェッリーニも含まれていた。

同性愛嫌悪の政治による活用の象徴的なエピソードが、中世中頃に起きた（主に、教皇に好意的で、修道会と連携している銀行家や商人といったブルジョワジーである）グェルフ党と、（フリードリヒ二世を支持する）ギベリン党の間の紛争である。教皇庁は、当時反目していた神聖ローマ帝国の軍隊をソドミーのかどで糾弾し、グェルフ党は、とくに↓異端者、ソドミーを行う者、他に道徳を害する者の処刑を主張した。この紛争は、性的放縦で糾弾されるギベリン党の個人に対する弾劾という意味でも、集団的戦闘という意味でも、凄惨なものであった。道徳と政治は、恣意的に結びつけられた。道徳的宗教的な教義を普及させる必要から、教会の政治的拡張が内部的には正当化され、道徳と政治が不可欠である以上、紛争を政治的な次元だけに矮小化することは、教皇庁とグェルフ党にとって支持できるものではなく、彼らは、敵対するギベリン党に、打ち倒すべき道徳上の要素を当てがわなければならなかった。かくしてグェルフ党と教皇による征服は、その政治目的を追求するために、その時代に最悪の罪であったソドミーに対する道徳的な闘いという正当化を考え出すのである。

刑事罰の廃止（↓非処罰化）は、一八世紀の終わり頃から次第に行われる。それはまずレオポルド大公統治下のトスカーナに始まり、ナポレオン法典公布後、北イタリア全体にひろがった。一八三七年のカルロ・アルベルトのサルデーニャ法典は、サヴォイア家によって一八七〇年に完成するイタリア王国の建国後、すべての領土に拡大された。同性愛を対象とする刑罰はなく、刑事罰の廃止は、一八七〇年のイタリア王国の建国までにイタリアのあらゆる地域に達する。この刑事罰の廃止に加えて、社会的な空気それ自体もあまり抑圧的でなかった。

ムッソリーニはこの状況を変えなかった。一九三〇年の刑法典草案において彼は、イタリア人は↓退化した外国人と違って、当然に男性的で、非同性愛者であり、同性愛に対する法律を作る必要はないとすら主張していた。別の理由が彼の拒否を動機づけてもいた。というのは、イタリアは経済的に、同性愛に関連する観光がもたらす外貨を必要としていたのである。さらに、ヒトラー的なイデオロギーにおいては、ラテン人はスラブ人と同様に劣った民族と見なされていた。そのため、ヨーロッパや南アメリカのラテンのファシスト国家は、これらの人種観念をあまり取り入れなかったので、同性愛者を民族にとっての危険と見なす理由がほとんどなかった。一九三六年のローマ・ベルリン枢軸誕生後は、ムッソリーニはナチの圧力のもとに、ラテンの比較的自由主義的な伝統と断絶し、反同性愛者の政令を公布する。↓ファシズムの論理は政治的な敵対者を排除することに狙いがある。この点において、ファシズムの論理は、民族にとっての脅威と同視される人びとを排除することを狙いとするナチズムの論理と異なっている。ここでは、同性愛者は、政治犯と見なされるのである。刑罰は、投獄、遠方への追放、通常は島流し、ファッショ党員の場合は除籍である。

二〇世紀の終わりに、他の欧米諸国同様に同性カップルの市民的承認の徴候が登場しているが、それは、以前不利益を課した（↓処罰）ときと同様に、地方レヴェルで現れてきた。例えば、一九九二年六月二八日にミラノでは、一〇組の同性カップルがドゥオーモ前の広場で行われた公開の式典で民法上結婚している。ピサでは、同性カップルのシヴィル・ユニオンへの登録が地方議会議員の提出法案の対象となっているが、これは採択されていない。同様の法案が、プラートではうまく成功している。

しかし、今日でも、ヨーロッパの大半の隣国とは反対に、イタリアは、同性カップルのためのいかなる全国的な枠組みも有しておらず、議会レヴェルで、この方向での草案が議論されたことはない。そしてこの国は、性的指向についての反差別立法を持っていないヨーロッパの七国のうちの一つである。また、ヴァチカン（↓カトリック）の同性愛問題に関する影響は、未だに非常に大きい。

サンドラ・ボーランジェ、ティエリ・エロワ、フロラ・ルロワ＝フォルジョ（齊藤訳）

↓異端、カトリック、古代ギリシア、サッフォー、神学、退廃、パゾリーニ、

美術、文学、ペトルス・ダミアニ、ファシズム、本質主義／構築主義、歴史

◆補遺

二〇〇六年にはドメスティック・パートナーシップ制度を認める法案が提出されたが、強い反対にあい廃案となった。二〇〇七年にも他のパートナーシップ案とともに再検討されたが、二〇一二年の時点で同性パートナーシップも、同性カップルの養子縁組も認められていない〈ILGA-EUROPE〉。またこの国は、性的指向に関する反差別立法を持っていないヨーロッパの七ヶ国のうちの一つである。しかし二〇〇四年にはトスカーナ州が同国では初めて同性愛者に対する差別を禁止し、それにピエモンテ州が続いた。（金城）

イタリアの同性愛をめぐる法制度の最近の状況は、二〇一二年五月発行のＩＬＧＡ（国際レズビアン・ゲイ連盟）の報告書によれば以下のとおりである（括弧内は発効年）〈Paoli Itaborahy〉。

同性愛行為は合法である（一八九〇）。

同性愛関係か異性愛関係かに拘らず同じ性的同意年齢を定めている（一八九〇）。

性的指向に基づく雇用差別を禁じている（二〇〇三）。

トランスジェンダーの人びとへの差別は、ジェンダー差別一般を禁じる法によって禁じられている。（山本）

異端

同性愛はしばしばある種の異端と同一視され、異端として扱われてきた。聖パウロは、偶像崇拝、男娼になる者、男色を行う者を、同じ一つの「神の国を嗣ぐことなき」者たち、すでに神から断絶している者たちというカテゴリーの中に混ぜ合わせている（『コリント人への第一の手紙』六章九〜一〇節）。パウロの断定の結果として、またソドムの町の挿話（『創世記』一九章）や『ヨハネの黙示録』（二一章）などに基づいて、ソドミーを行う者を生贄として火で焼くことも、彼らがすでに霊的には死んだ存在であるのを再確認するだけのことであるという結論に達するのである。そのような者が存在したことによって、世の中を祓い清める必要が出てくるのだ。中世の神学者は聖書の言い伝えを拡張した。トマス・アクイナスにとって同性愛行為は、自然に対する、また神の望む秩序に対する侮辱であった。だからソドミーを行う者は、偶像崇拝者、異教徒、異端者と同じように、キリスト教コミュニティをあからさまに拒絶する者であった。要するに「性愛における異端者」であったのだ。逆に、異端と認められた者はしばしばソドミーを行う者と同一視され、自然に反する行為を理由に告発された。この混同は悪魔の行為という考え方から構築されている。悪魔は定義上「自然に反する」ように行動する。そしていつでも、どんな種類の度を越した行為にでも及ぶのである。異端の訴訟が魔法の訴訟によって立証される。どちらの場合も有罪が証明されれば、清めの火炙りに処される。

一三世紀初頭に異端審問が確立され、すぐさまそれがドミニコ会に託され

たのも、このような正統への回帰、キリスト教の純潔性への回帰の精神の中で起きたことであった。有罪判決の出たさまざまな訴訟の真相を解明することは、今日では困難である。とくに証言を引き出すために拷問が非常に頻繁に用いられていたからなおさらである。そのうえ同性愛との戦いが、教義上の争いにも利用された。例えばキリスト教の一派でマニ教的善悪二元論を唱え、ビザンティン帝国から弾圧を受けて、現在のブルガリアの地に難を逃れた者たちは、ラテン語でブルガリア人を意味する「ブルガルス」と呼ばれた。その後、この異端者たちには同性愛の習俗があるとされたので、一三世紀にはこのラテン語を語源とするフランス語「ブグレス［女性形］」、一五世紀には「ブーグル［男性形］」という言葉が「同性愛者」の意味も持つようになった<*Dictionnaire...*>。こうしたことから、この言葉は「異端者」だけでなくソドミーを行う者をも意味するようになったのである。同様に、やはり古くからのマニ教的な思想を基盤にして創始され、一三世紀初頭に活発だったアルビジョワ派もまた、物質、肉体、生殖を軽視した。性的な関係は子どもをつくらないのであれば許された。そのため、アルビジョワ派は同性愛関係を奨励しているのではないかという嫌疑をかけられたのである。

　最後にテンプル騎士団の事件［「フランス」の項参照］が、異端に対する暴力的な排斥と同性愛嫌悪《ホモフォビア》との結びつきを、極めて明瞭に示している。というのも、この騎士修道会は、ソドミーと同時に偶像崇拝の罪で告発されたからである。告発者は、この騎士修道士たちが自然に反する行為に及んでいたことについて、拷問によって引き出された「証拠」を山ほど積み上げることができた。例えば証言の中には、同じ馬に二人で乗ったというようなものもあった。騎士団に入る際に、口に接吻をしたと証言する者も複数あった。「新入団者は腕、背骨の下の方、臍、口に口づけさせられた」のだという。また、「何か熱のようなものに浮かされて我慢ができないときは、他の同志との間でそれを満足させることが許可されていた」とか、「騎士団の中には、肛門性交《ソドミー》によって肉体関係を持つ者がいた」と証言する者もあった。中には異議を申し立てた者もあったのだが、こうした自供によって、騎士団の主だった幹部を火炙りに処することが正当化された。ヴィエンヌ公会議［一三一一～一二］は、テンプル騎士団の解散を決定し、その根拠としてテンプル騎士団員は「われらが主イエス＝キリストに背く厭うべき背教、偶像崇拝という憎むべき悪徳↓、ソドミーという忌わしい過ち、さまざまな異端の説に陥った」<ALBERIGO, p.701>ためだとされた。テンプル騎士団の過ちを検証する任を負った公会議の委員会は、フランス王フィリップ四世（美男王）からの要請に屈したのにちがいない。修道士たちはやはり拷問を受け、異端の罪も自然に反する罪も、どちらも自白した。ここに混同があったことは、この二つを隣あわせに並べている、先に引用した公会議の文書が物語っている。真実がどうあれ、異端と偶像崇拝という過ちだけでも、修道士を逮捕し、裁判にかけることを正当化するのに十分だと思われた可能性はある。しかしテンプル騎士団を消滅させるためには、さらにもっと強力に打撃を加える必要があった。自然に反する罪が加わることによって、その必要に応えるに十分な衝撃力が与えられたのである。国王はそれによって修道会の財産を没収することができ、教皇［クレメンス五世］は面目を（さほど）失うことなく承諾することができたのである。それだけ同性愛嫌悪が教会と世俗権力の思考に根深く定着していたということであり、それによってすべてが正当化され得たのだということを指摘しておきたい。

　自然に反する罪の定義は明瞭であるのに対して、それが、教会の生命をさらに危険に陥れる過ち、とりわけ異端と同一視されるとなると、理解することは困難になってくる。いずれにしても、ソドミーを行う者という意味でソドム人と呼ばれた者たちをさらに貶めるために、この混同が利用され、それによって彼らが拷問、迫害、そして場合によっては火炙りによる死刑を科されたということに変わりはないのである。

ティエリ・ルヴォル（山本訳）

↓悪徳、異端審問、カトリック、自然に反する、神学、聖書、ソドムとゴモラ、パウロ、ペトルス・ダミアニ、暴力、ユダヤ教、レトリック

異端審問

異端審問というのは、教皇によって設置された特別法廷であり、その起源をとっても、その構造をとっても本質的に宗教的なものであると理解される。その役割は、信仰に関わる教義の純粋性が保たれるように見張っておくことにある。信仰が傷つけられることに関して、必要であればどんな調査（インクイーシーティオー）でも実施した。そしてあらゆる↓異端の罪、キリスト教に対するあらゆる背教の罪を、アウトダフェ［異端判決式］の場の公衆の面前で刑罰を下した。教皇ルキウス三世は、異端がさまざまな形態をとって数を増やしていく事態に直面し、一一八四年にヴェローナ公会議を招集し、この会期中に、信仰の維持を司教に託す「勅令」を発した。同じ年の一一月四日に発せられた教皇令「アド・アボレンダム［撲滅するために］」は、司教異端審問所と呼ばれる初期の異端審問所を創始する文書である。これに対し一三世紀に設置された、専ら異端者と闘うことを目的とし、唯一すべてを管轄する法廷は、中世異端審問所あるいは教皇異端審問所と呼ばれる。教皇グレゴリウス九世は、一二三二年二月八日の教皇大勅書「イルレ・フーマーニ・ゲネリス［あの人類の敵］」によって、異端の抑圧をドミニコ修道会に託した。そしてその後、それはフランシスコ修道会に補佐されることになった。

一三〇七年一〇月一三日金曜日、美男王フィリップ四世は、パリのマレー地区［セーヌ川右岸］にあったテンプル騎士団［「異端」「フランス」の項参照］の小管区修道院の壮麗な建物にいた一四〇人の団員を逮捕させた。こうして中世で最も大きな裁判の一つがムランで開廷されたのである。フィリップ四世は教皇クレメンス五世の指示を仰ぐことなく、自身の聴罪司祭を務めるドミニコ会士であり、王国異端審問長官であったギヨーム・ド・パリに予審を任せた。ギヨーム・ド・パリは、被告から証言を聴取するために複数の審問親任官を任命した。主要な告訴箇条の中には、キリストの否認、偶像崇拝、瀆聖などが挙げられていた。異端審問官は、騎士団への入団の際に幹部から課される儀式の一つについて、しばしば拷問を用いて騎士たちを尋問した。幹部は「背骨の端にブラジュルの上から接吻を受け」――すなわち衣服の上から肛門に接吻を受け――、その後、裸の臍と口への接吻を受けたと証言した。オーヴェルニュ地方では、被告の一人が第四の接吻を陰茎にすることを強いられたと証言した。一〇月一四日から一一月半ばまでの間に、被告らは同性愛行為と、修道会では絶対禁止になっている女性との肉体関係について尋問を受けた。パリの一四〇人の被告のうち七六人が、ソドミーを行ったことを認めた。中には新入りの修道士が従わなければならない決まりがあって、ソドミーはその一部であったと付け加える者さえいた。「彼とつながりたい、一緒に淫蕩な行為をしたいという修道士が誰かいれば、彼はそれを嫌がらずに耐え、がまんしなければなりません。修道会の決まりや掟でそうするように決まっていたのです」（審問親任官オダール・ド・モリニエが、ボクールのテンプル騎士団員についてフィリップ四世に宛てた手紙）。肛門への接吻を白供した者は一〇二人だった。この行為はソドミーへの序章と呼ばれていた。逮捕と拷問は、一三〇七年一一月二二日の教皇大勅書でイングランド、カスティリャ、アラゴン、シチリア、イタリアでも命じられ、これらの土地ではテンプル騎士団の財産がすべて差し押さえられた。異端審問に訴えることは、被告となった騎士団員の身分が、他でもない教皇座の管轄であったことによって正当化された。しかしクレメンス五世は脅しに屈して異端審問の管轄権をギヨーム・ド・パリに与えたのである。彼の背後には国王と、一斉逮捕の前日に大法官に任命されたギヨーム・ド・ノガレがいた。没収された財産は、教皇からの断固たる抗議があった（一三〇八年七月九日の勅書）にも拘らず、国家に接収され国王の家臣によって管理されることになった。この危機の中で、ローマ異端審問所自体が押収され、国王だけに奉仕する政治機関となった。一三一四年三月一八日、テンプル騎士団の四人の幹部がノートルダム寺院前の広場に引き出されてきた。その中には騎士団の総会長ジャック・ド・モレがいた。総会長は公に異議を申し立て、ギヨーム・ド・シャルネがその後に続いた。この二人は同じ日の夕方に、王宮の庭園とアウグスティヌス会修道院にはさまれたセーヌ川に浮かぶ小島にしつらえられた火炙りの薪の上に連れて行かれた。この年パリでは総計五九名の騎士が、サンリスでは九人、プロヴァンス地方でも大勢が火刑に処された。

それから二世紀足らずのち、スペインを舞台に新たな法廷が、同性愛者に対する抑圧的な活動を遂行することになる。教皇シクストゥス四世は、一四七八年一一月一日の教皇大勅書「エクシギト・シンケーラエ・デヴォティオーニス・アフフェクトゥス〔真摯なる献身的愛が要請する〕」によって、スペインに新しい異端審問所を誕生させた。これを近代異端審問所と呼ぶ。この要請とは、カトリック両王〔一四六九年に結婚し、結果的に近代スペインの創始者となるアラゴン王フェルナンド二世と、カスティリャ女王イサベル一世のこと〕から発せられたものであり、この新しい法廷の最も独自の特徴は、教皇の意志とスペインの最高位の政治権力の意志とが合致した点にある。この法廷は、当時すでに存在した大顧問会議と並ぶ形で、異端審問最高総顧問会議として設置された。当初は四人の委員から構成されていた。全員が聖職者で、そのうちの一人が異端審問長官である。

教皇クレメンス七世が一五二四年二月二四日の教皇令によって、アラゴン連合王国〔アラゴン、カタルニャ、バレンシア三国とバレアレス諸島からなる連合国家〕の半島内の領地においては、ソドミーの抑圧を異端審問所のみに独占的に任せることを命じた理由は、今日でも定かではない。この教皇令は、モリスコ〔国土回復戦争（レコンキスタ）以後もイベリア半島に残って、キリスト教への改宗を迫られたイスラム教徒のムーア人〕・マイノリティの同性愛の慣習にあからさまに言及し、「何か疥癬のようなものに罹った者から健全な信者へ腐敗が伝染すること」の危険を訴えた。スペインのアラゴン地方における同性愛者の男女に対する抑圧はそれよりもう少し後のフェリペ二世の治世下、一五六〇年に始まり、一七世紀末まで中断されることなく続いた。当時のスペインの、イベリア半島における領内全域の総人口七〇〇万人のうち、この措置の管轄下に置かれたのは六分の一にわずかに足らない数だった。すなわち、時代によって変わるが、一〇〇万人から一五〇万人の人びとということである。

ソドミーについては、二人の男性が当事者として問題にされる場合には完全なソドミー、異性愛関係の枠組みの中で行われる場合には不完全なソドミーという言い方がされていた。しかし一〇件の事件のうち九件は、男性どうしの同性愛関係に関するものだった。のちにソドミーに関する異端審問所の管轄権は、インディアスの船団の船上にまで拡張された。これらの船が、本国と新大陸の住人との結びつきを確保していたのである。新大陸の住人は、一六一〇年に設置されたカルタヘナ・デ・インディアス（コロンビア）の法廷の管轄下に置かれていた。一五六〇年から一六三〇年の間、アラゴン連合王国内には、バルセロナ、バレンシア、サラゴサを所在地とする三つの異端審問所があり、裁判の大部分の予審を行った。槍玉に挙げられたのは、誰よりも修道士と農民であった。また特定の集団にも的が絞られた。船乗り、奴隷、学生、羊飼などである。そのどれもが共通して、社会的に極めて不安定な位置にあり、地域への定着度も弱かった。それでも、法廷の被告席に座らされる貴族も、中にはいた。一五二四年の教皇令で標的とされたモリスコが、一五六〇年からスペインを追放された一六〇九年までの間の総数に占める割合は、実際には大きくはなかった（八・二％）。外国人の被告の数ははっきり分かっていて、三人に一人の割合を占めていた。沿岸地方の港にいたイタリア人の船乗りやカタルニャ地方で働くフランス人の他、ポルトガル人、トルコ人などである。同性愛者への抑圧と外国人嫌悪《ゼノフォビア》はつながりがあった。この二つが組み合わされることで、検邪聖省は密告という手段を介して民衆と協力関係を持つことができた。二大都市バルセロナとバレンシアで逮捕される者が被告の大多数であった。この二都市は、商人集団が出たり入ったりする港であり、外れ者、浮浪者、ガレー船徒刑囚、奴隷、あらゆる社会階層に属する従僕たちが集結する地でもあった。レズビアン女性に対する抑圧も予定されていたのだが、一五六〇年六月一日の異端審問顧問会議の長官令によって、レズビアンの逮捕は交合の最中に道具を用いた者に限ると制限された。女性が告発された事件は稀である。

カルロス一世〔神聖ローマ皇帝としてはカール五世（在位一五一九〜五六）〕の治世（一五一六〜五六）、およびその息子のフェリペ二世の治世（一五五六～九八）において、異端審問所はその権限が強化され、逮捕を遂行するに当たっては、領土の限界も管轄権の限界も考慮することなく、あらゆる自由を与えられることになった。この半ば独占的な状況のもと、ソドミーの告発を根拠にして、国王権力にとって邪魔になった人物は即座に逮捕された。一五七二年に、ボルジア家の出身で、モンテサ騎士団の総長だったペドロ・ルイス・ガルセラン・デ・ボルハがソドミーのかどで裁判にかけられたことは、一貴族が執拗な敵によって政治的排除を画策された疑いの濃い例である。一〇年近い禁錮重労働の刑を科せられたにも拘らず、この人物は一五七五年に国王の寵愛を取り戻し、一五九一年には国王からカタルニャ副王に任命されている。影響力のある人物が異端審問の裁判にかけられた例が他にもある。フェリペ二世の秘書アントニオ・ペレスが、王弟フアン・デ・アウストリアの秘書フアン・エスコベード殺しの黒幕であるとして、告発されたのである。ペレスは、いくつも発せられた自分に対する逮捕命令から逃れるために脱走し、アラゴン王国に保護を求めた。ペレスに対する五つ目の裁判は、ユダヤ教、異端審問に対する敵対、そしてソドミーを告発するものだった。ソドミーについては、若い近習のアントン・デ・アニョンが責め立てられて強要された証言に基づいていた。この裁判は、サラゴサの異端審問所の「親友」つまり異端取締官を配備して、ペレスを狩り出すために容赦のない態勢をしいた。しかしそれもペレスがフランスに逃れたことによって失敗に終わった。ここでもやはり、同性愛が国家反逆罪に結びつけられて、国王から不興を買った人物の評判をさらに貶めたのである。

同性愛者に対する裁判は、平均して六ヶ月半続いた。この長さは、さほど時間はかからないが被告が違反行為を認めるまでの日数や、その他の二次的な要因によって左右された。例えば裁判官がすぐに取りかかれるかどうかとか、予審に時間がかかるとか、証人の同意を取りつけるとかいったことである。先に挙げたモンテサ騎士団の総長の場合には、裁判は数年に及び、この人物が被った金銭的な損害はかなりのものだった。というのも被告を拘禁しておくための費用は、被告本人から徴収されたからである。被告は予審の間ずっと、秘密の刑務所の房内に留め置かれた。裁判手続きもやはり秘密であり、被告が自身を告発した者や、自分に不利な証言をした者の素性を知ることはぜったいにできなかった。

刑罰として拷問が用いられたという広く流布した考えは間違いで、それは予審の際に用いられることがあった。当時の考え方では、証人の数が不十分だったり、被告が訴追事項を否認したりした場合に、拷問を用いることによって真実を明らかにすることができるはずだとされた。一五六〇年から一六一〇年までの間は、拷問がしばしば用いられた。一六一〇年以降はそれより少なくなっている。一六三九年以降は、このような意味で拷問が使われることはもはやなくなる。拷問として二つの形態が採用されていた。一つは被疑者の手を縛って滑車から吊るし、重りを付けた上で引っ張り上げ、そして緩めるという動作を繰り返す。もう一つは被告の腕か脚を拷問台か鉄環にひもで幾重にも縛りつけ、その圧迫で苦しめる。こちらの方法の方がはるかに多かった。調書にはひもをひと巻きするたびにそれが記録され、その後に叫んだとか罵った、あるいは自白したなど、被告の反応が記された。被告が拷問による審議に耐えぬけば、釈放の幸運に恵まれ、裁判が中断されることもある。頑丈そうな人物に対しては、拷問にかけることを避けた。審議の帰趨にいかなる疑いも差しはさまれないようにしたのである。

有罪となった者は一〇〇回の鞭打ち刑と、三年から一〇年のガレー船徒刑――平均は六年と八ヶ月――を受け、そしてその後同じ年数だけ異端審問所の管轄地域から追放される。刑の宣告は異端審問所の建物の一室か、あるいは町の中心の広場で開かれるアウトダフェ〔異端判決式〕の際に下された。死刑を宣告されたソドミー犯だけが、アウトダフェの場に引き出された。アウトダフェはこれ見よがしの公開儀式で、高く評価されていた。これが衆人への見せしめとなって追随者が出なくなるとされていたのである。検邪聖省は、アウトダフェに勢揃いで臨席した。そのときには教会と世俗権力の階層秩序に基づく優先順位に従って着席した。死刑囚は地獄の炎を表す形をしたコローサと呼ばれる帽子と、サムベニートと呼ばれる、聖アンデレのX字型の赤い十字架が記された黄色いガウンを着けさせられた姿で火に焼かれた。この十字架には死刑囚の名前と、罪状が書き込まれていた。死刑は、行為を繰り返していたと認められた同性愛者に対して科せられた。そして実際に被告の大部分がそれに当たった。死刑は釈放という言葉で言い表されていた。審問所は罪人を「釈放」し、唯一死刑を執行する権限を与えられている世俗の手に引き渡すからである。アウトダフェ開催の二四時間後に死刑は執行された。死刑囚は、一般に町の城壁の外に積み上げられた薪の山のところへ連れて来られた。脱走、逃亡、死亡などで死刑囚がいないときには、それに似せた人形《ひとがた》が焼かれた。非常に多くの場合に、死刑囚は、火をつけられる前に死刑執行人によって絞殺された。

この抑圧装置は、フェリペ四世治下、その寵臣オリバレス伯公爵の統治下において、しだいに活力を失っていった。この二人にとっての優先事項が、異端審問官にとっての優先事項や日常的なソドミーの抑圧などからはるかにかけ離れたものとなったからである。一六三三年以降は、同性愛者は一人も死刑に処されていない。この抑圧の最悪の暗黒時代は、一五七〇年頃から九〇年頃までの約二〇年間であり、その間に死刑に処された数は、有罪判決五件に一件の割合であった。それでもこの暗澹たる総決算は、多少割り引いて考える必要がある。他のヨーロッパ諸国と比べて、スペインはかなり早い時期に、同性愛者を死刑やガレー船徒刑で罰することをやめたのである。アラゴン王国では、異端審問所が王権裁判所に委嘱することは極めて稀ではあったが、その場合には王権裁判所で迅速に処理され、刑罰はより厳しいものとなった。例えば、受け側として肛門性交《ソドミー》に及んだ一五歳のある人物は、「焼けた火炙り台の上に座らされた」（バレンシアでの、アイトナ侯爵の料理人に対する一五八一年の裁判）。異端審問所の裁判手続きは、世俗裁判所の即決的なやり方とその厳格一徹とは比べものにならない裁判を、被告に保証していたのである。またカタルニャでは、「アウディエンシア」と呼ばれる世俗裁判所の高官は聖職者から任命されていて、この高官は、異端審問官の同僚とともに裁判に列席し、自らは死刑を宣告することを拒んでいた。例えばバルセロナの異端審問所は、一五六〇年から一七〇〇年の間に、四人の同性愛者しか火刑に処していない。

新世界では、一五六九年二月九日の「王勅」によって、異端審問所の管轄権からインディオが外された。アメリカ先住民は、メキシコ（一五六八）やリマ（一五六九）に設置された異端審問所から訴追されることを免れたのである。ただしブラジルはちがった。ブラジルは、一五九一年七月以降、ポルトガルの異端審問所が定期的に巡察していて、ここでは、ソドミーに関する裁判があわせて約四〇件開かれている。バルトロメ・デ・ラス・カサスと並んでインディオの立場を擁護した最も偉大な人物の一人、ドミニコ会士の神学者で、国際法の創始者でもあるフランシスコ・デ・ビトリアが、一五六九年の王勅よりも前に、インディオの同性愛という厭うべき慣習を容赦なく撲滅するのはスペイン人の義務だと言っている。インディオの肛門性交《ソドミー》が、人食いの風習や人身御供の儀式と全く同列のものとして拒絶されているのだ。そのどれもがビトリアの目には、自然の秩序に逆らう無秩序や罪として、当然闘わなければならないものと映ったのである。しかしスペイン支配下の新世界において、抑圧を実行したのは検邪聖省ではなかった。

全体的に見て、異端審問所が同性愛嫌悪《ホモフォビア》の歴史上、最悪の部分であることは確かである。そしてそれは、教会の歴史にとっても同様である。しかしながら、その活動を大げさに考え過ぎてはならない。火炙りは、人が時に想像するよりもずっと少なかった。もちろんその可能性が存在することによって、重苦しい不安な風土が醸成されたこともまた確かである。時に道具として利用されることもあったが、それでも全般的に見れば異端審問所は独自の論理に基づいて行動する術を心得ていた。最後に、異端審問所に一つだけ利点を認めることができるかもしれない。それは、最高異端審問所がすべての訴訟の記録を保存しようと考えたことである。そのうちのいくつかは、秘密の文書保存制度によって、完全な形で保存されている。

アンドレ・フェルナンデス（山本訳）

→悪徳、異端、カトリック、自然に反する、神学、スペイン、聖書、ソドムとゴモラ、パウロ、ペトルス・ダミアニ、放蕩、ラテンアメリカ

遺伝学

　同性愛と遺伝学の関係の歴史は、三つの段階に分けて記述することができる。第一段階は、一九四〇年以前、同性愛に関する遺伝学上の明確な仮説の形成については、まだ比較的曖昧なままにとどまっていた段階である。確かにクラフト＝エビング以来、同性愛の専門家の間では、異常が遺伝するという問題がそこかしこで取り沙汰されていた。しかしこの問題は、フランスの優生学にも、アングロ＝サクソンの優生学にも引き継がれなかったのである。この状況に変化が生じたのは、一九四〇年以降のアメリカでのことだった。この国では同型接合体の［一卵性の］双生児、異型接合体の［二卵性の］双生児の研究から、同性愛が世代を越えて伝染する可能性を考えるようになり、「ストーンウォール事件以前」のアメリカ社会に、同性愛者の強制的断種という亡霊を歩きまわらせることになった。これが第二段階である。最後に第三の段階は一九七〇年代以降で、（少なくともアメリカでは）同性愛者自身の間で、同性愛遺伝子が存在する可能性に対して関心が高まった段階である。アメリカでは宗教右派との闘いを背景に、同性愛遺伝子の存在によって同性愛の「自然性」を証明しようとしたのである。この意味では、遺伝学研究のパラダイムは、医学の言説に固有のパラドクスの実例なのである。医学的言説では、同じ科学的な言辞が、同性愛を根絶する、もしくは「予防する」意志に結びついていることもあれば、それとは正反対に、同性愛の解放への意志に結びついている場合もあり得るからである。

「同性愛の」遺伝という思いつきは、退化の理論にその起源を見出すことができる。この理論は、精神疾患が遺伝的に伝染し、その結果、ある家系が徐々に退化に至るということを前提としていた。実際、精神科医のクラフト＝エビングは倒錯に関する自身の研究をこの枠組みに加えている。ただし彼は、この方面での研究をさほど進展させはしなかった。退化の理論以来、同性愛はアルコール依存症や神経症と同じように、「人種」が弱体化した結果であると見なされるようになった。だからこそ一九〇四年にはもう、オーストリアの精神科医エルンスト・リューディン［一八七四～一九五二］が、人種の擁護のためという名目で、同性愛者の断種を求めたのである。この人物は、一九三三年以降、ヒムラーが率いる遺伝に関する専門家委員会に加わることになる。しかしながら、ナチスの文脈を除けば、同性愛の問題は西洋の優生学運動の中では完全に二次的なものに過ぎなかったのである。

　アメリカで同性愛の遺伝因の探求が大きな進展を見せた発端となったのは、リューディンの弟子の一人、フランツ・カルマンであった。好奇心をそそられることには、この戦闘的優生学者は、ヒトラー体制に対してあからさまに共感を示していたのだが、一九三六年にドイツを逃れなければならなくなった。カルマンの血統に半分ユダヤ人の血が入っていることがその理由だったのだ。彼は一九四〇年代に、四〇組の同型接合体双生児、四五組の異型接合体双生児に同性愛行為を強制的に実行させるという一連の研究を開始した。実験対象となった双生児たちは、ニューヨークのさまざまな精神病院や刑事施設から採用された。第一群の双生児と、第二群の双生児とで、性的指向の割合が一致したことから、彼は同性愛が遺伝的に決定されるという結論を引き出した。本当の目的を明らかにすることはなかったが（おそらく大量断種だったのだろう）、この研究に基づいて彼は、来るべき世代を守るためと称して、公衆衛生全般の措置を要請したのだった。

　カルマンの研究を詳しく見てみると、方法論の観点からその直接の影響を受けたのが、一九八〇年代末以降、さまざまなグループの遺伝学者（ジョン・マイケル・ベイリー、リチャード・ピラード、ディーン・ヘイマーなど）によって進められた研究だったのだが、逆説的なことには、これを神経学者のサイモン・ルヴェイが擁護したのにならって、ゲイ・レズビアンの多くの活動家が支持したのである。ヘイマーの研究は、ＰＣＲ［ポリメラーゼ連鎖反応］技術の発達のおかげで、ＤＮＡを増幅させ、Ｘ染色体の長い腕の上のどこに「ゲイ」遺伝子が存在するか、その位置を特定するところまで行った。この研究に対して方法上の批判が数多く出されてはいるものの、アメリカの科学界に属する数多くの研究者にとって、同性愛の遺伝的決定論は今日ではすでに「証明済み」となってしまっている。この事実が、現代遺伝学の技術によって可能になった、出生前診断のような新しい形態の優生学の俎上に、いつの日か同性愛も載せられるのではないかという恐れを掻きたてているのである。

ピエール＝オリヴィエ・ド・ビュシェ（山本訳）

↓医学、生殖不能、精神医学、生物学、退化、治療、内分泌学、ファシズム、法医学

インド・パキスタン・バングラデシュ

インドでは、同性愛者、バイセクシュアル、トランスジェンダー、コティ、ヒジュラなど、あらゆる性的マイノリティが、そのジェンダーまたはセクシュアリティを理由に社会的、文化的、宗教的、政治的な支配を受けてきたし、今でも受けている。同性愛嫌悪《ホモフォビア》は、西洋における顕れ方とは異なる形態を取るとは言え、広く存在している。過去において同性愛関係は、場合に応じて寛↓容に処されたり、断罪されたりしてきたが、インド社会では総じて、同性愛嫌悪はつい最近まで同性愛自体と同じように慎ましやかなものであった。

↓ヒンドゥー教の哲学では、われわれが生きている世界は時空間に存在するいくつもの宇宙の一つに過ぎない。万物の源であり、全くはかりしれない神聖な原理（ブラフマン）を除いて、絶対的なもの、永遠のものは何一つない。各人は一つの生からまた別の生へと移ろい、数多くの変化をとげながら（ジェンダー、指向、アイデンティティ）、複数の生を生きる。過去の生が将来の生を決定づける。ジェンダーは硬直した、不変の所与ではない。それによって、個人のアイデンティティが絶対的に決定されるということはあり得ない。なぜなら、肉体と同じようにジェンダーも、魂を包んでいる覆いに過ぎないのであり、魂にはジェンダーも性別もないからである。従ってヒンドゥー教の神話に、ある種の性的な両義性を物語る物語が見出されることも驚くには値しない。ただしそこでも力強さは異性愛的な言葉で表現されてはいる。しかし実は性的両義性やジェンダーの流動性が、ヒンドゥー教の神話では欠かすことのできない既定の事実なのである。

古代インドの作品には、売春をする男性あるいは少年がしばしば登場し、軽蔑的ではない言葉で語られている。彼らは王宮に日常的に暮らしていて、そのことは全く正常なことであった。『カーマスートラ』には、アウパリシュタカ（口唇性交）について書かれた一章があるが、そこでは、主人が男の下僕にフェラチオをさせて喜びを味わっている。カシュミールの王統史『ラージャタランギニー』は、クシュマグプタ王のみだらな素行を記述し、また別の歴史文献である『シラッパディハーラム』には、ガンガー平原のある王がチョーラ朝のある王に貢物をしたとき、数多くの土産物の中に「長く美しく手入れされた髪のカンジュカ（売春の少年）が千人ほど」いたとある。さらにまた、寺院の壁の浮き彫りや細密画には、女どうしが抱き合っているエロティックな図像が見出される。古代の建築論によれば、寺院にエロティックな図像が施されていないうちは完成とは言えない。なぜなら官能の快楽（カーマ）は、地上の義務（ダルマ）や霊的な目標（モクシャ）と同じくらい重要だとされていたからである。傑出した神話の文献であるヴァールミーキの『ラーマーヤナ』の中には、鬼神ラーヴァナの後宮で、家来の女たちラークシャサ［羅刹］が互いに愛を交わしているとあり、『パドマー・プラーナ』の中には、二人の

王妃が王の死後、子どもを得るために互いに愛を交わしたとある。

しかし哲学的には物事の本質的な多様性が認められていたとは言っても、社会は神聖な義務（ダルマ）への絶対的服従を強いていた。ヒンドゥー教の↓家族の長の義務の第一は、輪廻転生を永続させるため、また誕生とともに負った負債を返すため、子どもをもうけることである。子どもをつくることは非常に重要とされていたので、古代の法律書である『ダルマ・シャーストラ』では、これに寄与しない男に対して極めて厳しい罰を規定している（去勢された男、性的に不能の男、そして同性愛者が、まとめて一つの類を示すクリーバという言葉で表されている）。だからヒンドゥー社会のゲイ・レズビアンにとって真の問題は、結婚なのである。同性愛は、異性愛の結婚と衝突しない限り目を瞑ってもらえる。結婚によって子どもをつくることが可能となるのであり、ということはつまりダルマを果たすことができるのである。一方同性愛は、↓放蕩に陥る危険があり、子どもができない（↓生殖不能）恐れを孕んでいるのだ。

正統バラモン教の観点から行動規範をまとめている『マヌ法典』では、クリーバは相続や供物、儀式から排除されている。また以下のものは罰せられるとされている。男性どうしの性的関係、僧にけがを負わせる行為、「そうすべきではない液体や物体を呑みこむこと」、近親姦、獣姦、男性と女性の間の肛門性交あるいは口唇=生殖器性交、牛がひく車の中でなされる性的関係、月経中の女性との性的関係、日中の性的関係。記載されている罰としては、完全に衣服を着用したままでの沐浴、断食、浄め（牛からつくられた五種類のもの、すなわち尿、糞、乳、凝乳、バターを摂ることによる）、カーストの剥奪による社会からの追放などがある。『マヌ法典』は、他の女と性的関係を持った女も罰すると規定している。幼い少女が他の幼い少女と寝た場合は、二〇〇パナの罰金を支払わなければならない。それに加えて「被害者」の父親に支払われる二倍の金額を将来の夫の家族に支払わなければならない。さらにまた、鞭打ちを一〇回受けなければならない。しかし加害者が成人した女だった場合、罰はもっと厳しくなる。すぐに頭を剃られるか、指を二本切り落とされ、ロバに載せて町中を引き回す。レズビアンに対する取り扱いは、明らかに男性同性愛者に対する取り扱いよりも厳しい。

『ナーラダ・プラーナ』では、カーストの掟を侵犯する行為、例えば精液を膣の外に撒き散らす行為を犯すなら、その男はヒンドゥー教宇宙の数多くの地獄の一つレトボジャナに堕ちることになると言われている。この地獄では、精液を食べて生きながらえねばならない。そしてその後、ヴァサークーパすなわち深くて狭い油槽に浸けられ、そこで七年間過ごさねばならない。そののちに以前よりも劣ったものとして再生するとされる。古代の世俗の政治に関して書かれた『アルタシャーストラ』の中には、アヨニという範疇が存在する。これは膣以外を用いた性交で、相手は男女を問わない。これは軽い罰しか受けない。この文献では、男性どうしの関係は女性どうしの関係よりも重い罰金刑が科せられている。しかし総じて同性愛は、軽い違反行為と見なされている。『アルタシャーストラ』と同じように『マヌ法典』でも、ある種の同性愛による違反行為よりも厳しく罰せられている異性愛関係がある。例えば異なるカーストに属する人物との姦通などである。

いずれにせよ、性のカテゴリーについて考察を試みているすべての古代の文献が、同性愛関係よりも異性愛関係により大きな価値を置き、同性愛関係は悪く言われていることが非常に多く、またどれも女性を男性の下位に置き、当然のことながらカースト制度を正当化している。こうした言説は、女性的男性、性的不能、社会不適応者についても語っている。要するに哲学はジェンダーの多様性を認め、助長しているのだが、社会が厳格な男性／女性の二分法のうえに築かれていて、そこに適応できない者には周縁で生きることを強い、あるいはわずかなりとも異性愛の規範に適応することを強いるのである。しかしながら、古代においては暴力的な迫害はなかったようである。まして、西洋であったような、同性愛を理由にした処刑はなおさらなかったであろう。

一〇世紀にペルシア、トルコ、アラブ文化が入ってくると同時に↓都市化現象が起こると、エリートは都市に集中するようになった。こうしたイスラム教の中心都市のコスモポリタニズムは、同性間のエロティシズムを進展させ、これは中世史を通じてはっきりと目に付いていながら、軽蔑的な注釈を施されることはなかったのである。都市は栄え、数多くの市《いち》が、あらゆる階級、あらゆるカースト、あらゆるコミュニティに属する男たちの相互作用に基づくバザール文化を生みだした。また男たちは居酒屋、娯楽場、売春宿で互いに出会った。ダーラー・クリ・ハーンによるデリーの描写を見ると、イスラム教の聖者の墓地が、同性間のエロティックな関係に惹かれる男たちに、出会いの場所として利用されていたらしい。

『コーラン』による同性愛関係の断罪は決定的であると考える者は多い。それはヘブライ人やルート［ロト］、↓ソドムとゴモラの滅亡に関連している。『コーラン』では少なくとも八つの箇所で、ルートの民の罪をはっきりと断罪している。ハディース（伝承）や預言者ムハンマドの言葉からつくられたシャリーアと呼ばれるイスラム法も、やはり同性愛を断罪している。また預言者ムハンマドは、肛門性交をした者は、相手が女であれ男であれ子どもであれ、最後の日に死体のような悪臭を放つと断言したと言われている。そのような者が地上でいくら善行を積んでも、神は一顧だにしないし、その者は地獄の業火に焼かれて滅びる。ハディースを編纂したヌワイリーは、攻め側も受け側も、両方を石打ちによる死刑に処すべきだと言っている。ヌワイリーはまた、初代正統カリフのアブー・バクルが、あるソドミー犯の重罪を罰するために、その人物を壁の前に埋め、壁を打ち崩してその頭の上に瓦礫が降り注ぐようにしたと報告している。他には、火を用いるべきだとか、ミナレットのてっぺんから突き落とすべきだと奨める者もいた。しかしながらインドでは主流だったハナフィー派は、同性愛について述べられた断罪をそれほど厳格には受け取っていなかった。いずれにせよある人物の有罪を立証することはしばしば困難であった。なぜならシャリーアによれば、問題の肛門への挿入を証言する証人が、少なくとも四人必要だとされていたからである。

一二世紀には、神の本質ははかりしれず、神の美は、そのすばらしさの証人（シャーヒド）となる神の創造物を観想することによってしか、知り得ないという考え方が広まった。この考え方に基づき、スーフィズム［イスラム神秘主義］に依拠する者たちや、ペルシアの神秘主義的な詩人たちは、幼い少年の美しさについて述べた、同性間エロティシズムを喚起する隠喩をしばしば用いた。この手法は多くの者から厳しく非難された。中でもハンバル派の神学者イブン・カイイム・アルジャウジーヤによれば、そうした詩的神秘主義的言説は、ソドミーと偶像崇拝の混合であるから、二重の意味で罪深いという。

一九世紀には、大英帝国の建設に伴って、↓イギリスの法制度に基づく新たな法律がインドに導入された。この法律は聖書の表現を用いてフェラチオや肛門性交《ソドミー》を犯罪と規定した。そして聖書に適合しない性行為やジェンダー・アイデンティティは、伝統的な体制の中には存在していたのに、一切存続する余地を認めなかった。植民地政府は↓自然に反する行為という自分たちの幻想を押しつけ、その結果として反ソドミー法が、イギリスでは一九六七年に廃止されたというのに、インドでは今日まで効力を持っているのである。インド刑法第三七七条は、自らの意志で「自然に反する性的関係」を交わした者はすべて一〇年の刑に処する、刑は最長で終身刑（↓刑務所）になり得ると規定したのである。

インドにやって来た宣教師やイギリスの教育者は、しばしば結婚や家族、性をめぐるインドの慣習を非難し、それが男にとっては原始的で、また寛大過ぎであり、女にとっては下品であるとした。彼らはヴィクトリア朝の道徳にのっとって、見合い結婚や子どもどうしの結婚、持参金制度、一夫多妻、一妻多夫制、母系制の構造などを批判した。彼らはまたヒンドゥー教の神々の放埒さを、インド諸侯の同性愛関係を、そして諸侯が臣民の要求に無関心であることを責めた。西洋流に教育されたインド人も、植民地主義的な言説を繰り返し、さらにはインド文化はその起源においてはヴィクトリア朝文化に非常に近かったのであるが、中世の間に↓退廃に陥ったとまで主張した。さらに加えて、西洋と同じように、同性愛はインド文化にはなかったものであると言い、厳しく非難した。彼らはイギリスのステレオタイプを受容し、ヴィクトリア朝的ピューリタニズムの一要素である同性愛嫌悪を内在化した。単婚制《モノガミー》の異性愛者どうしの結婚が理想化され、性行動の中で唯一容認される形態とされた。

イギリス人は、イスラム教徒は自然に反する習俗に奇妙なほど愛着を持っていると非難し、彼らが一〇世紀にインドに侵入してきた当初から、「厭うべき悪徳」を持ち込んだのだと告発した。ウルドゥー語やペルシア語文学のエリートは、正典から「少年愛」について言及している文章を払拭しようと活発に活動した。そしてその後、そうした文章は、「評判を汚す不浄の染み」とされたのである。ガザル（ペルシア語やウルドゥー語の伝統的叙情詩）に見られる同性間のエロティックな欲望を、愛の詩にふさわしくない女性を仄めかすためのものだという説明で正当化しようとする者も中にはいた。しかしそれよりよく用いられたのは、そうした詩は実際は神に呼びかけたものだという説明であった。

刑法三七七条は、インドで合意に基づく同性愛関係を罰するために用いられることは、実際には極めて稀だった。この法律が制定されてから三六件が訴追されたことが調査済みであるが、その大半はレイプ事件である。しかしインド警察は、この条項と浮浪、物乞い、下品な行為などに関連するその他の法律を合わせて利用して、公園や公の場で取り押さえた同性愛者に対して、極めて頻繁に虐待を加え、金品を要求した。さらにまた、この条項はレイプ事件や殺人事件の被疑者を責めるためにも利用された。この条項が断罪しているのが、同性愛そのものではなく、自然に反する性的関係であるということを指摘しておかなければならない。さらにこの条項は、挿入やペニスについて一切言及していないので、レズビアンに対して、とくにその関係がすでに公になっていて、一緒に駆け落ちしたような場合に、脅しとして用いることも可能だった。

警察による執拗な嫌がらせは、インドにおいて日々見られる同性愛嫌悪の主要な一面である。同性愛者が被っている金品の強要がどれほどの件数発生しているのか、当然のことながらこの件についての警察の報告など存在しないのだから、正確な数字を示すことは難しい。アウティング［当人の意志に反して同性愛者であることを暴露すること］されればどれほど怖ろしい災いを招くか分からないという恐怖感から、同性愛者は全財産を与えるように仕向けられる。しかも警察は周期的にハッテン場への手入れを実施し、不法逮捕も敢行する。攻撃は言葉によるものも、身体的なものも、性的なものも、よくあることである。警察は法で定められた限度を越えているが、国家当局の多かれ少なかれ積極的な支持を当てにすることができるのである。こうした行為が富裕層や教養層の人間を標的とすることは稀である。なぜならそうした者たちは自身の権利を適用させるために自衛することができるからである。だから狙われるのは庶民や下層階級の人間である。彼らは当局に逆らうことができず、事件を公にすることはもっとできない。そのため警察から、簡単に嫌がらせの標的とされてしまうのである。

その一方で、ヒジュラとコティは、非常によく目に付くことから同じような状況に直面させられている。ヒジュラとは、社会文化的な一つの構成要素で、そこに属する男性は女性のジェンダーを取り入れることが認められる。彼らは組織だったコミュニティを形成していて、去勢された男、トランスセクシュアル、異性装者、同性愛者、両性具有者が集まっている。ヒジュラはインド社会において、とくに結婚や誕生、祝い事の際に果たす役割が認められているにも拘らず、しばしば軽蔑され、罰せられ、社会からつまはじきにされている。職業につくこともできないので、彼らはしばしば物乞いや売春という手段に訴えざるを得ない。労働者階級の同性愛者男性の多くにとって、ヒジュラになることはおそらく社会的に可能な選択肢の一つではあるが、それは稀である。しかし民衆文化においてしばしば同性愛者とヒジュラとが積極的に混同されるのは、同性愛を合法だと認めたくない社会的同性愛嫌悪の副産物でもある。コティというのは、生物学的には男性で、女性のジェンダーを取り入れているが、だからといって去勢していたり異性装をしていたりはしない。しかし彼らの女性的な振舞いは目で見てすぐ分かるので、警察が標的にしやすいことにはちがいがない。

国家から支持を受けている警察による脅しによって、社会のさまざまな機関や制度の沈黙と不寛容の文化が助長されている。こうした周縁化、こうした圧迫があることを、しばしばその犠牲になっている性的マイノリティ自身が認めようとしない。なぜなら性的マイノリティが感じている恐怖や恥の感情は、それを認めることによって増すばかりだからである。インドの家族の大半は、子どもが異性愛結婚をすることは間違いないこととしてあらかじめ決めている。そして結婚への圧力は極めて早い時期から始まる。セクシュアリティは公の場でも家族の中でも話題にすべきことではなく、結婚の拒否は自身が根本的に異なるという主張に他ならず、極めて大きな圧力を受けることになる。まして女性は財政的にも個人としても自律性が限られているために、被る圧力は大きい。うんと言わせるために強制や暴力が用いられることは非常に多い。こうした暴力は、家族を文字通り聖なる機関ととらえる社会規範から見れば、正当だとされる。同性愛関係が、もしも性的ではない関係であることを装い、結婚や子づくりに反対しないのであれば、寛容に処される可能性もある。このようなわけで、多くが実際に結婚し、二重生活を送っているのだ。

一九八七年、マディヤ・プラデーシュ州特殊武装部隊に属する二人の女性警察官、リーラ・ナムデオとウルミラ・シュリヴァスタヴが結婚したことは、世論に大きな衝撃を与え、写真入りのルポルタージュが数多く一面を飾った。しかしその後、この二人は職を解かれた。その理由は「正当でない欠勤」と「国家の公僕として不適格な行動」というものだった。その直後、極めて気がかりな新現象が出現した。レズビアン・カップルの心中自殺である。集められた証言の大半が描き出すのは、小さな町あるいは村落に住み、互いに愛を約束し合っているものの、自由に愛しあい、一緒に生きることはできないと絶望した女たちである。一九九八年には、映画『炎の二人』〔ディーパ・メータ監督、一九九九年、東京国際レズビアン＆ゲイ映画祭にて上映〕が大きな論争を巻き起こした。この映画では、ヒンドゥー教の家族に属する既婚女性が、伝統的な象徴に満ち溢れた雰囲気の中で、女性どうしの同性愛関係を交わす場面が登場するのだ。ヒンドゥー教右派の政党シヴ・セーナーの活動家は、ムンバイ（ボンベイ）、デリー、コルカタ（カルカッタ）でこの映画を上映している映画館を襲撃した。さらにシヴ・セーナーは、インドのフェミニズムにも数多くの同盟者を見出した。インドのフェミニストはしばしばこの映画に反対して、「女性の立場を大いに損なった」罪があるとした。

インド社会においては、レズビアンは男性同性愛よりもさらに多くの問題にぶつかる。公共空間は、ほとんど男性のものである。だから男性同性愛者は、たとえ限定されたものであれ、たとえ危険であれ、そこに場所を見つけることができる。しかしレズビアンは、一般的に私的領域、専用の空間に閉じ込められている。そこでは、女性のセクシュアリティを表明することは難しい。ましてレズビアンのセクシュアリティなど不可能である。しかも、異性愛主義（ヘテロセクシズム）と家父長制の規範は、この空間を、暴力と脅しを通して女性のセクシュアリティを統制する場と化している。このような状況にあって、バイセクシュアルのアイデンティティをそのものとして発達させることはほとんど不可能である。そのうえ異性愛者の間にも同性愛者の間にも、バイセクシュアル嫌悪（バイフォビア）はかなりよく見られるのである。それでも少しずつバイセクシュアルも出現してきている。しかしクローゼットから出てきて《カミングアウト》も、また別のクローゼットに入るだけということもある。

インドでは治療や嫌悪療法〔当人の意志的な制禦が利かない嗜癖や行動を止めさせるために、有害刺激を与える療法。嫌忌療法、罰療法とも言う〕を受けさせられる同性愛者の男女が増えてきている。これは、インドの精神医学の大部分が同性愛嫌悪でできている徴《しるし》である。患者自身が治療を受けることを「選択」した場合であっても、その「合意」がきちんとした判断に基づいていることは極めて稀である。周囲の状況は、偏見に満ちていて、真の情報が乏しいのである。最良の場合でも、こうした治療は被施療者のプライヴァシーを侵害している。最悪の場合は、正真正銘の拷問に他ならない。最近とくに強くなってきた傾向として、新聞や雑誌の身の上相談欄で、何の資格もないような人物や有名人が、同性愛者の個人的な問題について極めて同性愛嫌悪の強い助言を与えている。同性愛者は医者に診てもらうことと欲望に抵抗すること、そして異性の相手を探すことを推奨される。

研究者や知識人は、マルクス主義やフェミニズム、脱構築、ポスト・コロニアリズム研究に関連する分野に位置づけられる者でさえ、これまでこの問題については重い沈黙を守ってきた。しかしながら、西洋のメディアと同等の働きをするために、またあまりにも遅れていると見られないように、英語新聞はしだいに、平等の権利を求めるインドのゲイ運動に対して、これまでよりやや好意的な報道を約束するようになってきた。それと並行して、民族語の新聞はしだいに、「西洋の影響」に関連していると見なされるあらゆるものに対して敵対的になる傾向がある。そうした新聞は、同性愛嫌悪とセックス嫌悪の偏見をはっきりと掲げている。そうした新聞の記事は、インドにおけるレズビアニズムは西洋の影響から来ているとしてこれを断罪する。しかしそうした新聞が忘れているのは、女性どうしの結婚や、自殺事件に関わりがある女性は、庶民階級出身で、英語を話さず、そこで言われている西洋的な現象とは無縁だということである。

　パキスタンは長い間インドと歴史を共有していて、やはりそれぞれの刑法に、同性愛関係は一〇年の刑および最高一〇〇回の鞭打ちの体刑を科すとする、第三七七条を持っている。しかしながらパキスタンにおいては、一九九〇年にイスラム法のシャリーアが再び取り入れられ、確立されると、同性愛行為は石打ちによる死刑を科すとされた。インドと同じように、この法律はめったに適用されないが、しかし脅迫やゆすり、嫌がらせを可能にしている。逮捕された同性愛者は時にレイプの犠牲となる。イスラム教右派の政党ジャマーアテ・イスラーミーは、同性愛は違法であるということを繰り返し広言している。同性愛は「国家も、イスラム社会も、受け容れることはできない」と。しかしだからといって同性愛が消滅したわけではないことは明白である。闇の中に潜み、沈黙を強いられているのだ。ただしパキスタンの北西部のパシュトゥーン文化では、男が年下の男を恋人とすることが認められていて、それでも同性愛者と見なされるわけではない。

　パキスタンやインドと同じように、バングラデシュもまた、刑法第三七七条で同性愛関係を犯罪と規定し、一〇年から最長で終身の刑を科すとしている。この国でも警察が、この法律を、基本的には当事者を脅迫し、嫌がらせをするために利用している。同性愛者の男性は、時に警察やマスターンと呼ばれる街の不良集団から、性的な攻撃を受けることがある。社会全体が同性愛の拒否を前提に営まれている。とくにメディアは、この主題に触れることもない。従ってパキスタンとバングラデシュ、そしてインドも含めて全体的に言えることは、イギリスの植民地主義の遺産である法律が利用されているということである。当のイギリスでは、同じ法律がとっくの昔に廃止されたというのに。

マリオ・ドペンア、ルイ＝ジョルジュ・タン仏訳（山本訳）

→イギリス、イスラム教、異性愛主義、警察、精神医学、中近東、恥、ヒンドゥー教、暴力、レズビアン嫌悪

◆補遺

二〇一二年五月発行のＩＬＧＡ（国際レズビアン・ゲイ連盟）の報告書〈Paoli Itaborahy〉によれば、パキスタンとバングラデシュでは依然として刑法三七七条によって、男性同性愛行為が禁じられている（女性同性愛に関する明文規定はない）。

　インドでは、二〇〇九年にデリー高裁が刑法三七七条の解釈を限定する判断を下した。これによって成人男性どうしの同意に基づく同性愛行為の禁止は廃止された。ただしこの判断の効力は、ジャンムー・カシミール州には及ばない。

（山本）

ヴィオ（テオフィル・ド・〜）

フランスのバロック詩人であり劇作家であったテオフィル・ド・ヴィオ（一五九〇〜一六二六）は、クレラクにおいて小貴族のプロテスタント一家に生まれた。彼の人生は、冒険詩人の人生であった。思春期を過ぎてからは流浪の俳優たちに随伴し、当時の大諸侯と一緒にさまざまな駆け引きに関わった。彼は諸侯たちに優雅な自由放縦の道を示し、そこで巧みに名を上げた。オランダ連合州、そしてイギリスでの滞在の後フランスに戻るが、「信仰においても

不潔さにおいてもキリスト教徒にふさわしくない詩句」が原因で、一六一九年にフランスから追い出されてしまう。一六二二年プロテスタント信仰を放棄する。この譲歩によっても、イエズス会神父ガラスとヴォワザンの怒りを和らげることはできなかった。彼の作品と『放蕩詩人詩集』に寄稿したことが攻撃された。国外にいたヴィオは欠席裁判で裁かれ、火炙り刑を宣告され、彼を模した人形が焼かれた。結局、イギリスへ向かう途中で逮捕され、パリで投獄された。彼の愛人、刑務所の若い詩人、他の友人などが彼のために嘆願したが、彼は最終的に追放された。一六二三年から一六二五年の不公正で劣悪な拘禁のために彼は疲れ果て、翌年亡くなった。

　この事件においては、給料をもらっていたスパイ、買収された証人、有力者の圧力、イエズス会神父の執拗な攻撃、歴史的評価などのすべてが、この裁判の決定的な重要性と争点を明らかにしている。当時のフランス王国において、この詩人を通じて処罰する必要があったのは、自由放縦である。詩人は明らかに理想的な標的であった。その素行とその疑わしい信仰から、少なくとも彼の敵にとっては、この「詩人の王子」は卓越した象徴性を持つと同時に、彼が通常一緒にいた大諸侯たちよりも近づきやすい比較的立場の弱い人物であった。従ってテオフィルに対する攻撃者は、無信仰とソドミーの結びつきは必然で解消できないという考えを世論において打ち立て、これら二つの対象に力を集中していた。ちなみにこの罪は、他の罪以上に神の威厳を侮辱すると言われ、「愛の異端」と当時呼ばれることがあった。従って、ガラス神父はこの二つの罪を一緒に打ちのめすまで攻撃をやめなかった。起訴状を支えることになる一〇〇〇ページを超える膨大な四つ折り本の中で、『当代の洗練された人びと、あるいはそのつもりになっている者たちの奇妙な教義』の征伐に乗り出して、直ちに次のように断言した。

　不信心者と無神論者、最も進んだ悪意を抱く者たち、神に反する恐ろしい冒瀆を声高く述べる破廉恥者に決闘を挑む。この者たちはおぞましい野蛮を犯し、ソネットによって最悪の重罪を公にし、パリをゴモラにし、『放蕩詩人詩集』を印刷する。この者たちは残念ながら優位にある。

　彼らはその生き方においてあまりに逸脱しているので、彼らの悪徳を教え、伝染させることを避けようとして、人びとはあえてこれらの者に逐一反駁することはしないのである。

イエズス会神父のこの宣言には制裁の欲求と沈黙の要請の間の緊張が見て取れる。これは道徳主義的言説に常に伴うもので、これらのおぞましい問題については、雄弁な攻撃よりもむしろ、冷たい沈黙の方がよいことがしばしばあるとされるからである。少なくとも沈黙は、それを考えたことのない者がそれを知り、さらに欲望を持つことを避ける。このことから、ガラス神父が強調するのはパラドックスである。この大罪を犯す者は、あからさまに責められ有罪を宣告されることなくそれを行うことができるという「このあいにくの優位」を持っているのである。一言で言えば、沈黙は許容を必ず含み、それを助長する危険が大きい。従って、声高に強く告発した方がよいのではないか、と。

　いずれにせよそれがガラス神父の方針であった。神父は情熱的な長広舌の中で憤慨して怒りを爆発させている。

　かつて、善きフランス人の魂の中にまだ少しは感情と憐れみがあったとき、ソドミーと言うだけで、それをただ疑われただけでもその者を火炙りにすることでもちきりであったのに、今日では宮殿の商店において公然とおぞましいソネットを正面に収めた本が売られている〔…〕。ああ！　ソドムの炎よ、どこにいるのか。人びとが目をつぶっているからいけないのだ！　なぜこのおぞましきものにふりそそがないのか。なぜ主たる神の名が冒瀆されているのに、神の仇をとらないのだ。なぜツェボイム、アドマ、ソドム、ゴモラの家や城壁以上に破廉恥なこれらの書物を焼き尽くして灰にしてしまわないのだ。

　しかし同時に、彼は神の怒りが正しい者とおぞましい者を同じ炎で一緒に焼くことを恐れていた。「男色家と一〇〇人程度の卑劣漢の蛮行を償わせるための罰がパリの街にふりそそがざることを。これらの者たちは、神の炎をわれわれの上にひきつけ、彼らに対する正当な罰に一〇万の善良な魂を巻き込むことができる。主よ、どうか怒らないでください」。従って、神自身が行う前に街を浄化しなければならなかったのである。そしてそれに積極的に尽力したのであった。

最後に二つの指摘をしておこう。テオフィル・ド・ヴィオの裁判は、ソドミーと自由放縦のつながりをメンタリティの中に長く定着させることになった。このような関連づけは一七世紀の初めには自明のことではなかった。男色家のイメージは確かに宗教上の罪を連想させたが、それ以後は自由思想と↓放蕩という上流社会の文化とますます結びつけられることになった。今日の表象においても残っているイメージである。

そしてテオフィルのケースは、社会的言説における沈黙の逆説的な使用法を明らかにしている。男色はその嫌疑の直接の起源になったが、男色の問題は避けられ、裁判の見えない中心をなしていた。ガラスと数人を別にすれば、その攻撃は微妙に婉曲な表現や遠回しな表現を使用していた。黙るのと公然と告発するのではどちらが良かっただろうか。今日でもこれらの問題について批評家たちは、困惑したような沈黙を保っている。批評家たちはテオフィルを賞賛するが、詩人の評判に傷を付けるように見える側面については忘れようとするのである。とくにテオフィルについては、あたかも詩人から人間性を切り分けることができるかのようである。この意味で、批評家たちは、一九三五年にテオフィルに傑出した様式と心、精神の美点を見つけて、詩人に熱中した著名な批評家アントワーヌ・アダムの次のような意見に追従するのである。「彼が非難され、彼がそれに堕ちたことは疑いないところのおぞましい悪徳については語らないでおこうではないか」。

いずれにしても誰もそれについて全く、あるいはほとんど語っていない。

ルイ＝ジョルジュ・タン(齊藤訳)

↓悪徳、異常、検閲、自然に反する、神学、スキャンダル、聖書、ソドムとゴモラ、文学、放蕩、ワイルド

ヴィヨン(フランソワ・〜)

われわれに伝わる中世末期の大詩人フランソワ・ヴィヨン◆のイメージは、はっきりしないものである。彼は、文学士にまでなったが、学生のようでもある。しかし、行政官としてのキャリアを切り開いたり特権を与えるはずであったこの免状は、彼に何のメリットも与えなかった。ヴィヨンはバラードと長編詩の作家であり、『形見の歌』と『遺言詩集』は、自伝的であると同時に物語的な、哲学的であると同時に瞑想的な様相を帯びている。これらの詩集は、人生、死、病、拷問、監獄に対して非常に悲観的な態度を明確にしている。詩人は、女性(若い女性、娼婦、貴婦人)から逃げる殉教的愛人として、流浪の男というイメージで自身を描いている。

事実、私たちはヴィヨンについて、彼が自らの詩の中で言おうとしたことしか知らず、詩人は仮面、声、偽名までをも増殖させることに見事なまでに精通していた。彼の生活、追放と投獄の年月、その死亡の日付すら再構成するのに苦労する。彼は一四六三年の初めに亡くなっているが、彼の死亡は確認されていない。彼は自身のセクシュアリティについて提示しているイメージも明らかではない。彼が自身の詩の中で、女性の人物描写、女性の登場人物の名を多く使っている。しかし詩人が少年愛者であったことを推測させる

◆フランソワ・ヴィヨン　一四三一〜六三?。中世後期の偉大なフランスの詩人であり、また強盗で刑務所に入っていたこともある罪人でもある。(金城)

手がかりがある。彼は『隠語のバラード』の中で、一三世紀の同性愛隠語から部分的に派生した隠語をまさに用いているように見える。それは、（戯曲によく出てくる）ジョブランである。しかしこの隠語の使用そのものが、一目でバラードを理解するのを難しくしている。金のない学生、職のない僧侶とつきあっていたこと、これら親しい友のうち幾人かは窃盗、重罪、ふしだらな生活によって非難されることになることにも言及しておかなければならない。フランソワ・ヴィヨン自身の↓処罰は、さらに物事を混乱させる。彼が投獄され、拷問され、死刑を宣告され、恩赦を受けて最終的に追放されたことはおおよそ確実であるが（法的な文書は、この作家について私たちに残されたほぼ唯一の書類である）、しかし、この処罰のさまざまな原因が、窃盗と殺人を含む曖昧なものであり、おそらくこの詩人の同性愛が彼にとって不利に作用したことを推測させる。実際に、ティエリ・マルタンが指摘するように、「一五世紀の同性愛が相対的な↓寛容を享受していた」としても、加重事由の場合には死刑が宣告され得た。ところでヴィヨンは窃盗事件や重罪事件に何度も仲間と関わっている。

　これらすべてのはっきりしない事実から生み出される曖昧な印象が、同性愛嫌悪《ホモフォビア》の陰を推測させる。その同性愛嫌悪は混乱を招くような隠された真実から生じ、さまざまな仕方で現れている。この真実は一定の否定できない事実に基づいている。ヴィヨンは、裁判で有罪とされていた悪名高い同性愛者たちと共謀していたこと、彼自身が、さまざまな世俗裁判所、教会裁判所によって有罪とされていたことである。明らかに同性愛的な主題で、この階層に属する語法で詩を書いた。誰も疑うことのできないこれらの確認された事実を無視して、同性愛嫌悪が展開する。

　まず、今日でもヴィヨンに関する伝記と研究の大部分が彼のセクシュアリティに向きあっていないことを指摘しなければならない。多数は、これらの事実を考慮に入れないか、さらに悪い場合には意図的に隠している。同性愛嫌悪は今日的なもので、ほぼ確立された事実を否定することによって表明されている。研究者たちの困惑は明らかである。この困惑が詩人のイメージを曖昧にすることを助長し、とりわけ作品の意味についての誤解を招いている。こうした誤解はティエリ・マルタンとクリスティーヌ・マルティノ＝ジェニエスの業績によって明らかにされている。ヴィヨンの同性愛傾向やその種の行為への暗示について、どこにも言及すらされない批評家の作品が未だにある。照合しようとすると、そこでは仄めかしが多用されているので、それらを理解するのに一苦労する。それでも萎縮しない研究者の中には、一九六八年以降のピエール・ギロのように同性愛バラードの解釈を提示する者、一九七五年以降のゲルト・ピンカーネルのようにより包括的な作品の解釈を提示する者もある。このようにヴィヨンが同性愛嫌悪の今日的な犠牲になっていることは明らかである。

　ヴィヨンの同時代の同性愛嫌悪、つまり教会、裁判所、中世社会一般の同性愛嫌悪も考慮に入れなければならない。この問題は詩人の人物と作品を優に超えてしまうので、ここでは詳述しないが、ヴィヨンのパーソナリティそのものに及ぼされた同性愛嫌悪は別である。事実、同性愛嫌悪を狩り出せるのはここだからである。ヴィヨンの作品は、そしてその表現のされ方は、彼が男性同性愛行為を行う階層とつきあいがあったことを示しており、彼自身がこれらの行いに無関係にとどまったと考えることは困難である。それでも詩人は包み隠された言葉でしか表現していない。『隠語のバラード』は、とくに曖昧である。その二重あるいは三重の意味はそれを理解しがたいものにしている。同性愛の観点からの解釈が直ちに必要になるわけではなく、あたかも詩人が本当の意味の一部を隠そうとしていたかのようにみえる。実際に、これと同様に、ヴィヨンの作品全体が、反射的な同性愛嫌悪を隠している。詩人は、自然と生命のスポークスマンにしばしばなっていた。彼の詩的言葉は、社会の↓倒錯一般、↓悪徳、その不毛（↓生殖不能）に反対しているように見える。例えば、彼を逮捕させたティボー・ドッシニィ司教に対する激しい批判がそれを証明している。詩人は司教をソドミーと自然に反する行いで非難していた。要するに、『隠語のバラード』よりもずっと分かりやすい詩作において、ヴィヨンは、当時の同性愛嫌悪を内在化し引き受けていたのである。

ティエリ・ルヴォル（齊藤訳）

↓検閲、自然に反する、神学、文学、ペトルス・ダミアニ

映画

表現行為はつねに国家の関わる問題である。あらゆる芸術がこの現実に直面している。役人からは検閲を押しつけられ、財政措置として特別税を課される。リスクを最小限に抑えようと管理することが、芸術家をある種の自己検閲に向かわせる。芸術家は最も良い時代でさえ、習慣から、あるいは用心深さから自己検閲を温存している。映画もこの原則を免れない。公開上映の場合には、セクシュアリティに対する検閲がすぐに課されてきた。しかしアマチュアの映画作家がポルノグラフィーの動画を私的に流通させることは防げなかった。そのような作品の中で、はっきり同性愛的な場面に出会うことは珍しいことではない。大方はレズビアニズムを描いたものだけだろうと予想されるけれども、実際はそれに限らない。

国家が映画に関心を持つのは、その産業化と大量生産／大量普及の点である。検閲はとくにセックス・シーンに関心を示す。検閲の効果は驚くほど大きかった。それは演劇界で、長いこと女優という職業が公然と非難され、そのため異性装者の入り込む余地があったのと同じである。異性装という策略は喜劇的な効果が約束されていて、時には逆説的なことではあるけれども自由をもたらしてくれることがあった。とりわけ（もしも自分が女性だったら自分にどんなことが起こるか考えてみてください、というような）フェミニズム的な問題に関して、自由が生まれた。異性装者は当初は男性の登場人物であったが（チャールズ・チャプリンの『ある女性』［一九一五。DVD邦題『チャプリンの女装』］やローレル＆ハーディ［スタン・ローレルとオリヴァー・ハーディ］の『2かける2』［一九二三］）、女性が異性装をする場合もあった（『男になったら』エルンスト・ルビッチ、一九一八、『ヴィクトール、ヴィクトリア』ラインホルト・シュンツェル、一九三三。最後のこの作品は同じ年にフランスでリメイクされ――『ジョルジュとジョルジェット』ロジェ・ル・ボン――、イギリスでも――『最初は女の子』ヴィクター・サヴィル、一九三五――、次いでアメリカでも、さらに最近ではブレイク・エドワーズがリメイクした――『ビクター／ビクトリア』イギリス・アメリカ、一九八二）。あたかも男性的なものと女性的なものが互いに浸透しあうことが、映画にとってもってこいの発想の源泉であるかのようである。異性を演じるという役割は損なわないまま、異性装者を言わば裸にすることができたのは、アメリカのフェミニズムに範をとったことによる。すなわち「キャンプ［英語のcampで、大げさでわざとらしい表現のこと］」の手法の勝利である。この手法によって、異性愛の外見を保ったまま同性愛を表現することが可能になるわけである。人はそこに過剰の文化、「大げさ」の文化をはっきり見てとることができる。つまりとりわけ女性が、またより稀ではあるが男性も、伝統的に割り振られている役割を、もはやあり得ないと思わせるほどにまで、肯定的にせよ否定的にせよカリカチュア化するという文化である（『妾は天使ぢゃない』［ウェズリー・ラッグルズ監督、一九三三］のメエ・ウェスト、『嘆きの天使』［ジョゼフ・フォン・スタンバーグ監督、ドイツ語版製作一九三〇］のマルレーネ・ディートリヒ、他にベティ・デーヴィス）。

はっきり映像化されることがほとんどない以上、ゲイやレズビアンたちは映画の中の暗号のような、ほんの小さな目くばせでも満足するしかなかった。例えばハワード・ホークスの『赤い河』（一九四八）では、ジョン・アイアランドとモンゴメリー・クリフトが、お互いのリヴォルヴァーの口径をくらべる会話がある。また、ウィリアム・ワイラーの『ベン・ハー』（一九五九）のスティーヴン・ボイドとチャールトン・ヘストンのあいまいな関係、ジョージ・ピーターズの『キートンとファッティのグッドナイト・ナース［『デブ君の入院』、一九一八］』（デブ君という名の異性装者がバスター・キートンに色目を使う）、ローレル＆ハーディ（『最初の間違い』、一九三二）などの他、ハワード・ホークスの『赤ちゃん教育』（一九三八）では、ケーリー・グラントが次のように宣言する。

「ぼくは突然ゲイに目覚めたんだ」。

合衆国では一九三〇年から六六年の間、映画監督は「ヘイズ・コード◆」に署名し、それを遵守することを迫られ、冷水を浴びせられていた。一切の「不適切な活動」を禁じられたのである。アメリカ議会が映画も表現の自由（憲法修正第一条および第四条）を享受し得ると決議したのは、一九五二年のことに過ぎない。初めて裸の乳房がおおぜいの観客の前にさらされたのは、一九六四年製作のシドニー・ルメット『質屋』でのことである。恥丘が初めてさらされたのは、一九六六年製作、ミケランジェロ・アントニオーニ『欲望』だった。これは異性愛の批評家が教えてくれた情報である。それではいつになったらわれわれは、男性同性愛の性行為、女性同性愛の性行為がそれぞれ初めて映画に顕れた日付を知ることができるのだろう。同性愛は二重の意味でポルノグラフィーだと決めつけられている。まず第一に、セクシュアリティとして。そして第二に同性愛としてである。そのことがはっきりと確認されたのは、ある地方自治体がペドロ・アルモドバルの『欲望の法則』［一九八七］の上映を禁じようとしたときであった。この映画には二人の男が一緒にベッドに入っている場面が現れる。問題はまさにそこにあった。フランスでは、◆一九七五年一〇月三一日に、X指定を制度化する法律が可決された（X指定を受けると、その映画は入場料の半額分を増額して課税されている特別な映画館でしか上映できない）。映画監督は「X」の脅しをかけられているわけである。例えば一九七六年に『ジョアン、ある同性愛者の秘密の手帖』を撮ったフィリップ・ヴァロワがそうだった。ジャン＝ルイ・ボリー［作家、一九一九〜七九］とイヴ・ナヴァール［作家、一九四〇〜九四］が彼を擁護した。またSRF（映画監督協会）の人びとはこの映画をカンヌの「映画の展望」部門に出品しようとした。けっきょくこの作品は、一八歳未満に禁じられただけで済んだ。同様の運命が一九七九年に『エプ人種［仏語原題は「ホモ」を意味する語の綴り替えを含む］』を撮った映画監督のリオネル・スーカズと原作のギイ・オッカンガムにも降りかかった（X指定を受け、検閲で削られた箇所は同じ監督の『タブーの終わり』、一九七九／二〇〇〇を参照）。この二つの事例で注目しておくべきことは、部分的にせよ全面的にせよ、検閲による禁止が取り除かれたのは、見識のあるインテリゲンチャの圧力や映画祭への出品があってのことだった、ということである。

一九九五年製作のロブ・エプスタインおよびジェフリー・フリードマン監督、ヴィトー・ルッソ原作の映画『セルロイド・クローゼット』は、アメリカにとって、↓異性愛中心主義が映画のシナリオに押しつけた改変を回顧する、印象的な機会となった。この映画で取り上げられた改変の例を以下にいくつか挙げてみる。ロバート・マリガンの『サンセット物語』（一九六六年製作）は、原作・脚本がイギリスのギャヴィン・ランバートで、主人公は同性愛者であった。ところが、その役を演じることになった俳優のロバート・レッドフォードが、プロデューサーと監督とともにランバートに圧力をかけ、その主人公をバイセクシュアルに改変させたのである。『十字砲火』［エドワード・ドミトリク監督、一九四七］は、↓軍隊における同性愛嫌悪をテーマにした、リチャード・ブルックスの小説（『ブリック・フォックスホール［煉瓦でできた蛸壺状の避難壕の意味］）を翻案したものだが、最終的には問題のテーマが反ユダヤ主義に変わった。以下の作品ではカットされたシーンがあった。ジョゼフ・L・マンキーウィッツの『去年の夏突然に』（一九五九年製作）、エリア・カザンの『欲望という名の電車』（一九五一、現在は完全版を見ることができる）、リチャード・ブルックスの『熱いトタン屋根のネコ』（一九五八）。また、スタンリー・キューブリックの『スパルタカス』（一九六〇）では、ローレンス・オリヴィエ（マルクス・リキニウス・クラッスス）がトニー・カーティス（マルクス・アウレリウス・アントニヌス）のすぐ間近に近寄って、牡蠣も好きだがエスカルゴも好きだと打ち明ける浴場の場面がカットされている［一九九二年発売のビデオで復元］。

■撮影妨害、陰謀、禁止、破壊

映画史上で初めて同性愛を扱って上映を禁じられた映画は、リヒャルト・オスヴァルトの『他の人とちがって』（一九一九）である。ドイツの検閲当局は一九二〇年八月一八日、この映画を「特定の範疇に属する人びと、すなわち医師、医療および医療補助部門の職員に対して、教育施設または研究機関の枠組みの中で上映する以外は」上映することを禁じるとした。実際マグヌス・↓ヒルシュフェルト（一八六八〜一九三五）が設立したベルリン性科学研究所では、この映画を見ることができた。ヒルシュフェルトはヴァイマル共和国で同性愛者の問題に熱心に取り組んだ活動家であった。

検閲はあったもののこの映画の痕跡がわれわれに遺されている。一九二七年にヒルシュフェルトが撮った記録映画『愛の法則』の中に、『他の人とちがって』の短くなったヴァージョンが取り込まれているからである。この部分が改めて検閲によって上映禁止とされたのだが、ウクライナへの輸出用に複製されたものが奇跡的に保存されていたのである。これが西ヨーロッパの同性愛者グループによって東ベルリンで一九七六年に発見され、一九九一年に初めてフランスで、第一回リール「ジェンダー問題」映画祭において上映された。その後、ＡＲＴＥ〔ヨーロッパテレビ関連協会、仏独共同運営のテレビ局〕でも放映されている。

フランスについて言えば、一九六四年にジャン・ドラノワがロジェ・ペイルフィットの『特殊な友情』（一九四四）を原作にした『悲しみの天使』の撮影を、ロワイヨーモン修道院（ヴァル＝ドワズ県）で行ったところ、作家のフランソワ・モーリヤックの大激怒を招いた。モーリヤックは四月二三日付の『フィガロ・リテレール』誌で次のように叫んだのだ。「一つの見世物によって自分がこれほどの悲しみ、不快、いやほとんど絶望に近いものを味わわされるとは思いもよらなかった。私は思うのだが、どうして親たちは許したのだろう、どうやって監督は頼み込んだのだろうか」。その二年後、ジャック・リヴェットが『修道女』を撮影していたところ、法務相ジャン・フォワイエがフォントヴロー修道院での撮影を禁じたので、市長が社会党だったアヴィニョンで行った。情報担当閣外相のイヴォン・ブールジュは、多くの抗議にも、また映画監視委員会からの答申にも逆らって、この映画を上映禁止とした。一九六六年五月六日、アンドレ・マルローはこれをカンヌ映画祭に送り、パリ地方行政裁判所は書式上の不備を理由に上映禁止を無効と裁定、検閲委員会は一八歳以上への上映を認めた。

映画関係者が直接身体的な攻撃にさらされる↓暴力については、事態はさらに悲劇的な様相を呈している。ソヴィエト連邦では、エイゼンシテインが繰り返し脅迫を受けているし、セルゲイ・パラジャーノフは同性愛行為で有罪とされ、強制労働収容所に入れられた。↓パゾリーニは、一九七五年一一月一日、ローマ近郊のオスティアで殺害された。その状況ははっきりしていない。

同じ時期に西洋の映画は解放された。『ラストタンゴ・イン・パリ』（一九七二）では、マーロン・ブランドがマリア・シュナイダーの巧みな指技に肛門を差し出している。同性愛も映画ではっきりと姿を見せるようになった。『ベニスに死す』（一九七一）、『一番うまい歩き方』（一九七五〔クロード・ミレール監督〕）、『Mr.レディMr.マダム』（一九七八）〔エドゥアール・モリナロ監督〕などである。『ピエル・パオロ・パゾリーニ　ソドムの市』（一九七五）は、ＳＭの美しさを感じさせた。ジャン・ジュネが一九五〇年に監督した『愛の歌』は二四年の間上映が禁じられていたが、一九七五年についに発見された。「新鋭映画人集団」が、パリのラスパイユ通りにあるアメリカ文化センターで歴史的な公開上映会を開いたのである。その直後に上映禁止は解除された。一九八〇年には、ティント・ブラス監督、アメリカの雑誌『ペントハウス』製作、ゴア・ヴィダール原作（『マイラ・ブレッケンリッジ』）の『カリギュラ』が、二〇分カットした上でＸ指定を免れ、一八歳以上に上映が認められた。この映画について、ギイ・オッカンガムは、一九八〇年七月二日付『リベラシオン』紙で、映画史上最も大きな性器を見たと宣言した（一〇メートル以上の性器がスクリーンに映し出された。ただし二時間三〇分のアメリカの完全版である）。

二〇世紀末の十数年間に、同性愛をめぐる肯定的な表現が溢れてくると、同性愛嫌悪の暴力が巻き起こった。一九九五年の復活祭の週に、アントニア・バードの『司祭』〔一九九四年製作〕の封切りが、フランス司教会議のスポークスマン、ディ・ファルコ神父から「挑発」だと決めつけられた。この映画は、リヴァプールの貧しい地区に配属された同性愛者の司祭の物語である。ポーランド

◆ヘイズ・コード　アメリカ映画製作者配給業者連盟の下部組織である検閲委員会が制定した映画製作倫理規定のことで、上院議員でこの委員会の委員長だったウィル・Ｈ・ヘイズ（一八七九～一九五四）の名をとってこう呼ばれる。その文言の中には「映画はそれを観る者の道徳価値を損なうようなものであってはならない。従って、犯罪、悪行、悪徳、罪などを観る側に助長させてはならない」という一節があった。（金城）

◆フランスでは……　アメリカでは一九六八年に、アメリカ映画協会が「ヘイズ・コード」を廃止して、ＲやＸなどと指定する方法へと方針転換を図った。（金城）

でも衝撃を受けたカトリック教徒が上映館に火をつけると脅し、ボイコットを呼びかけ、「ポルノグラフィーの宣伝の罪」に当たると司法機関に申し立てた。イギリスのカトリック団体もこの映画の上映をやめるよう求め、合衆国では極右の原理主義信奉者たちが、上映館の周りでプラカードを持って抗議活動を行い、保守的な信者は配給元であるウォルト・ディズニーのボイコットを呼びかけた。一九九八年末には、インド出身の女性映画監督ディーパ・メータによる、公然のレズビアンである二人の女性の間の愛の物語を描いた『炎の二人』〔一九九九年、東京国際レズビアン&ゲイ映画祭にて上映〕の上映が、ニューデリーとムンバイで、過激ヒンドゥー教徒の妨害にあって中断した。しかしこれに対しては政府が、映画上映のために行動を起こした。その理由は、「国家は、市民の生命、自由、財産を守る義務がある」というものだった。

一九九六年には、三島由紀夫の妻が、自分の夫の名前が同性愛的な作品と一緒にされることを拒んで、深作欣二の『黒蜥蜴』（一九六八）の製作者から、現存するすべての複製を破棄する権利を獲得した。この作品では、日本の最も有名な異性装者である丸山〔現在は美輪〕明宏が主役を演じている。また三島由紀夫本人が映画に出演している希少な一本でもある。この種の出来事が頂点に達したのは、二〇〇一年であった。家族・児童担当相セゴレーヌ・ロワイヤルが、いろいろな映画の性的なシーンを集めてつぎはぎにしたエイズ予防のためのスポット広告を、電波で放送することを禁じたことである。

■抵抗

カンヌのような映画祭が、同性愛嫌悪に基づく検閲を大いに強化してきたということについては、これまでよく語られてきた。しかし同時に、アイデンティティに関わるテーマを持った映画祭についても語る必要がある。同性愛者の運動の歴史を編纂するに当たって、その役割はまだあまり考慮に入れられてはいない。そのような映画祭はまさに、同性愛をテーマにしていることが明らかな新しい作品の上映が不可能であることから生まれた。輝かしくもあり、混乱に満ちてもいた時期が過ぎ去った後の一九七七年四月、ＧＬＨＰＱ（同性愛解放集団「政治と日常」）が、フレデリック・ミッテラン経営の映画館オランピックで、同性愛をテーマにした映画週間を開催することを提案した。そしてこの一週間、毎日『リベラシオン』紙がこれを報道した。この映画祭は成功した。この新聞によれば五〇〇〇人以上の入場者があったという。七月、こんどはラ・ロシェル映画祭が開かれた。これにはリオネル・スーカズが精力的に関わった。しかし映画祭の呼称を「シネマ、ホモ、レズ、その他」としようとしたところ、ラ・ロシェル市から却下された。一九七七年九月には、イエール映画祭、ベルフォール映画祭が、若いゲイの映画監督を招いた。しかしこうした展開に突然の休止符が打たれた。リオネル・スーカズが呼びかけ、ＧＬＨＰＱが主宰して、一九七八年一月一六日から三一日までパリの映画館パゴダで開かれた「同性愛映画の二週間」が、警察から荒々しい介入を受けたのである。当時のジスカール・デスタン政権で文化・環境相だったミシェル・ドルナノは映画祭に対して、予告されていた一七あまりの作品の上映を禁じた。

一九九二年になって初めてシネファーブルという団体が、男女混成ではない映画祭「レズビアンが自分で映画をつくるとき」を立ち上げた。リールで「ジェンダー問題」映画祭が始まったのもこの年である。この映画祭と連合して、一九九四年にはパリでも映画祭が開始された。それ以来、ゲイ・レズビアンの映画祭が、定期的にせよ不定期にせよ、フランス中で花開いた。ナント、トゥール、ストラスブール、ポー、グルノーブル、ルーアン、エクサン・プロヴァンス、マルセイユ、モンペリエなどである。そうした映画祭は、世界中で新たに目に見える存在となってきたバイセクシュアル、トランスジェンダー、クィア〔「クローゼット／慎み」の項の注参照〕もテーマとして取り込んでいる。国際的な大規模映画祭については、インターネット・サイトに情報が集められている(http://www.planetout.com/pno/popcornq/fests/)。その数は一四〇を下らない。その中からいくつか挙げるとすれば、一月、ブリュッセルのゲイ・レズビアン映画祭、二月、ベルリンの「テディー賞」（「テディー賞」はその年で最も良かったクィア映画に贈られる賞で、一九八七年に設立された。ベルリン国際映画祭の授賞式の前日に授与される）、九月、モントリオール「映像と民族」映画祭、一二月、アムステルダム「バラ色映画祭」、などである。二〇〇三年六月には、サンフランシスコ・ゲイ・レズビアン映画祭「フレーム・ライン」が第二七回目を迎える。

パトリック・カルドン（山本訳）

↓異性愛主義、音楽、検閲、シャンソン、ダンス、パゾリーニ、美術、文学、漫画

◆補遺

ゲイの権利運動にとっても、また前衛映画にとっても前進となった出来事として、インドでは、二〇〇三年にムンバイ近郊の大学講堂で初のゲイ映画祭が催された。

日本では東京国際レズビアン&ゲイ映画祭が毎年七月に青山のスパイラルホールで開かれる。二〇一二年は第二一回を数え、九月一四日～一七日に開催された。（金城）

エイズ

次のようなことは決まり文句のように言われている。欧米ではエイズが広まったことで、ゲイ・コミュニティに対する同情の声が起こり、そのために同性愛嫌悪《ホモフォビア》が後退し、同性愛が社会的に受け入れられるようになった、と。フランスで↓パックスが採択されたのは、部分的には、自分の恋人を亡くしたゲイが直面した問題を解決するためである。病気とそれが生む悲劇から、フィクションの分野で、支配的な表象の中に、それほど戯画的でない同性愛の像が登場してきた。病気にまともに直撃された人びとのコミュニティの動きが、エイズと闘う最初の、そして最も重要な諸団体の設立のきっかけとなり、模範的な連帯のイメージを強化してきた。それによって、政治分野でゲイあるいはレズビアンの人物が増えることが常に受け入れられていたとまでは言えないが、少なくとも尊重されるものになった。このようにエイズとの闘いは、同性愛が制度的に受け入れられるに至る一つの道しるべをたてたと言える。

この事実は否定できない。それでも、その都度その裏面を見ることは可能である。確かに、パックス採択を正当化した理由は、ゲイとレズビアンのカップルをフランス法が十分に保護していないという明確な事実にあった。しかしパックスが、同性愛嫌悪を思う存分にのさばらせた果てに獲得されたことを忘れることはできない。そして、あらゆるパックス推進者の宣伝文句が、HIVによって引き起こされた悲劇的状況だけを根拠にしたことによって、セクシュアリティ間の平等という政治的な議論が、保健衛生管理の効率性に限定した同情へと横滑りしたことを指摘せざるを得ない。エイズによって同性愛者の表象が多様化したことに異論の余地はないとしても、若いゲイとレズビアンが利用できるシナリオの幅がこのように拡大したことで、同性愛者のイメージは、苦しく悲劇的であるがゆえにより一層消費し得るものとして宣伝されることになってしまった。結局、論説委員や政治家が同性愛コミュニティの「模範的」性格を我先にと強調したが、ここには「↓共同体主義（コミュニタリアニズム）の危険」という恐れをかきたてる機会を逃さなかった者も含まれる。そして、この「模範的」性格は、この模範性が展開された文脈を深刻に批判する機会となることを人びとは欲していたのである。エイズの流行初期、何千もの同性愛者の苦しみと死に、公権力、世論、↓メディアはほとんど無関心だった。同性愛コミュニティは、一九八〇年代から「模範的」であったが、それはただ単にそうせざるを得なかったからである。なすべきことがたくさんあり、自分たち以外の力に頼ることが困難であったのだ。要するに、以下のことは否定しようがない。HIVが引き起こした悲劇が、「同性愛者の問題」を前進させたこと、そしてこの病気による悲劇が始まってからの二〇

年間が同性愛「解放」の時代でもあったことである。さらにこの「解放」の代償は大変高くついたが、改善としては、せいぜいのところ同性愛嫌悪が悔い改めたくらいであることも念頭に置かなければならない。

まず、先進国では、エイズはすべての男性と女性を無差別に襲うわけではなく、社会的に限定されたカテゴリーを襲う。その筆頭が同性愛者と薬物使用者である。エイズは、他の病気と違って単なる接触ではなく、行為によって広まるので、行動によって定義される特定の社会的カテゴリーをターゲットにした悲劇である。ゲイの間の複数パートナーとの性関係や、とくに一九七〇年代終わり以降、容易に出会える親密な場所が増加したことで新しい性愛技法が実験的に発展したことが、男性同性愛者のエイズを助長したことは疑いがない。もちろん、エイズが複数パートナーとの関係や同性愛と不可分であるということではない。エイズは特定の行為によって伝染する。従って、その伝播をとめることができるのはそこからである。この状況では、同性愛者の間でのエイズの拡大には、世界中で公的予防政策の実施が遅れたことが影響している。

フランスおよび多くの先進国で同性愛者が新たなエイズ患者の疫学調査でトップに来なくなるのは、一九九六年である。これは、今日伝染病が社会的な不安定を原因とする病気として現れるという伝染病の新しい一面のためである。それでもフランスでエイズの結果死亡する四万人のうち、半数が同性愛者である。エイズは、それに対抗する医学的対処法がほとんどなかった時代に、まともにゲイを直撃した。ゲイ・コミュニティへの、その影響は継続した。一九八〇年代と一九九〇年代を生き延びた今日存命の同性愛者で、自らがエイズ抗体陽性であることが分かったときや、友の病気や恋人の死に直面しなければならなかったときに、エイズの悲劇が自らの存在にどのように影響したかを証言できる者はほとんどいない。

しかし、このような痛ましい事実を確認するだけでは不十分である。それを越え、エイズによって殺されたコミュニティの歴史は、絶えずそしてあらゆるレヴェルで、同性愛嫌悪の歴史に確かに重なっているのである。その関係は、それほど単純で一義的ではないとしても、同性愛嫌悪がエイズ拡大の一つの要因であったこと、そして、エイズが同性愛嫌悪↓レトリックの再興とヴァージョンアップを可能にしたと言うことはできる。

ここでは、エイズに関する情報提供と予防政策がぶつかった困難と遅れ、そして最初のキャンペーンが及び腰だったことを思い起こしてほしい。他の国でとられた政策をすべて描写することはできないが、フランスのケースをもって、少なくともその特徴を明らかにすることには有益であろう。先進国の社会ではどこでも、この病気が同性愛者と薬物使用者に限定できるように見えるために、公権力がこの問題に取り組みたくないことは明らかであった。エイズ予防キャンペーンを張ることは、政治的評判を危険にさらし、疑わしい行為を勧めるものであるとして非難され得る。そのような危険まで冒すのは、〝ホモやヤク中のためにはやり過ぎ〟なのであった。このようにしてフランスでは、少子化をくいとめようとした一昔前の法律によって一九二〇年から避妊具の広告が禁止されていたが、これを解禁するという最小限の法的措置の実施すら絶えず延期されてきたのである。避妊を認めた一九六七年のノイヴィルト法は、例外に過ぎなかった。避妊の奨励は禁止されたままで、従って避妊用具の使用の奨励も禁止であった。コンドームの広告が最終的に許されるのは一九八六年であり、最初の公的な予防キャンペーンが開始されるのは一九八七年に大衆向けのキャンペーンにおいてであり、ひそかにゲイがそれと分かる形で現れるのは一九九〇年代終わりである。ゲイは、何らかのキャンペーンを開始するために長い間あちこちにかけあって努力したが、当のキャンペーンはテレビ広告やポスターや新聞にゲイが登場することに反対した。それは、同性愛者に「烙印を押さない」という一見すると寛大な大義でなされた。その結果、公的言説におけるゲイの不可視性は永続させられることになった。

その間、エイズ抑止のための団体↓が結成されていく。エイズにおける公衆衛生政策の欠損を自力で補おうとしたのである。そのうちのメンバーの多数はゲイであったが、これらの団体は病気と同性愛との関連についてさまざまな言説を試みた。フランスにおける同性愛者の連帯の最も大きなネットワークを築いたＡＩＤＥＳのような団体は、「ホモ」の死を憂慮する者などいなかった時代の悪影響をできるだけ限定するため、エイズがゲイの病気でもあると捉えられないようにする戦略をとった。数年後に生まれたアクトアップ・パリのような団体は、反対に、公権力の無為の理由を指摘し、エイズ患者が閉じこめられた↓恥の悪循環を迎え撃つためにエイズとゲイの関係を肯定した。これらの戦略は明らかに対極的である。これらの団体は互いに数年間距離を置き、そうして異なるニーズに応えた。しかし、それは同じ状況判断からきていたのである。エイズの拡大と患者の置かれた状況に対する同性愛嫌悪的影響についての判断である。戦略的相違や内部対立を超え、すべての者が以下のことについては即座に一致したのである。(1)エイズは、社会的脆弱性に応じて作用する。エイズは、特定のカテゴリーの人びとの間で、その人びとに対する↓差別のレヴェルに応じて拡大する。(2)エイズは、感情的かつ社会的に惨憺たる状況を生み出すことによって、この脆弱性をさらに悪化させる。エイズについて考えることは、必然的にそれが拡大する政治的社会的状況について考えることであり、十分な抵抗能力がないところならどこでも、つまり社会的紐帯が弱まるか破壊されているところならどこでも、HIVウィルスの温床になり得ると理解することである。また、それはエイズが社会的紐帯の断絶の兆候や現れであるだけでなく、断絶を掘り下げ深めるということの理解にもつながる。

　この状況でエイズと闘うことは、この疫病の初期に現れ発展した同性愛嫌悪言説と闘うことなしには考えられない。エイズとそれがゲイにもたらした大損害は、即座に同性愛嫌悪者を黙らせたわけではないばかりか、同性愛嫌悪者は、時とともに弱まった言説を再活性化させる機会をエイズの中に見出したのである。網羅的なアンソロジーを編むことはできないが、少なくとも、最も乱暴なものから最も婉曲的なものまで、最も重要なパターンをいくつか示すことができるだろう。

■「リスクグループ」

　まず、HIVが、危険な行為によって感染すること、そしてその行為は拡大を妨げることのできる行為でもあるということは明らかである。他方で、継続的に幅をきかせ、今日でも一定のカテゴリーの疫学的言説に形を与えている幻想がある。HIVは、「リスクグループ」の問題であるというものである。欧米諸国において最初にエイズがどのようにメディア化されたかご存じだろう。「ゲイの癌」という不条理な呼称によってである。それ以来、この表現に働いているロジックが別のところでもやむことなく再生産された。エイズは、他人の病気であり、そのようなものとして、自己防衛することが重要であるとされた。それは「四つのHの病気」である。同性愛者《ホモセクシュアル》、ヘロイン中毒者、ハイチ人、血友病患者《ヘモファイル》の病である。この意味で、エイズについての多くの同性愛嫌悪的言説は、排除言説のより大きなカテゴリーの中に組み込まれている。排除言説は、エイズに対する抑止政策、あるいは非現実的な防止方法として、当事者全体を人びとの中から特定し隔離することを主張していた。こういうわけでフランスの↓極右は、同性愛者と移民を混乱の煽動者として名指しした。日本や中国では、エイズは西洋のせいに、ブラック・アフリカでは白人のせいであるとされた。

アンチ・ゲイのデモの準備。「エイズがホモを治療する」

この種の表現は、常に二通りの緊張緩和をもたらしたし、多くの国々では今でもそうである。まず、伝染病であるという現実が否定される。これは予防、看護、治療の政策の不在を正当化した。次に、極端に悲劇的な言説の繁殖であり、これに基づいて排除の命題が展開する。フランスにおけるカトリック原理主義の言説は、一つ例を挙げるだけでも、この意味での二元性をよく示している。一方で、あらゆる種類の運動に異議を唱えるために「人口の、ごく一部分しか死なない」病気の「周辺的」性格を強調し（「自然法およびキリスト教法による公民教育と文化的行動を推進する」という月刊誌『ペルマナンス』一九九七年三／四月、三四〇号、「ピンクの泥沼」）、他方で、死に至る同性愛の日常化を警告し、差別的措置を勧奨する。この言説は、「異性愛エイズという神話」の脱構築を主要な目的とする疑似医学的文献に依拠している。この言説が、具体的かつ直接的に政治の場に現れることもあった。一九九一年、刑法典改正の際に元老院で、スルディーユ議員とジョリボア議員は、エイズの緊急性を強調し、必要性を正当化して二つの修正条項を採択させた。一つめは、重罪および軽罪において同性愛を加重事由と見なすものである。二つめは、同意年齢において異性間と同性間の差別を再導入して、同性愛の罪を再興するものであった。これらの修正条項は、下院である国民議会によって拒絶された。

多くの国々で、これら「リスクグループ」を囲い込むために、同性愛者の義務的追跡のような、特殊な公衆衛生政策が、保守政党あるいは極右政党のリーダーによって勧められた。フランスでは、ジャン＝マリ・ル・ペンが、「エイズ診療所《シダトリウム》」を創設することを提案した。ここに、エイズ抗体陽性者とエイズ患者を隔離しようというのである。アメリカ合衆国では、ルイジアナ州知事候補者であったデヴィッド・デュークが、別の提案をしている。「エイズという消せない入れ墨を入れるという考えがよいと信じている。入れ墨は局部近くに、おそらく赤と黒の文字で入れられるのがよいだろう。この入れ墨はいくつもの命を救うだろう……」。

■自然／反自然（↓自然に反する）

一九八四年のミシェル・フーコーの死の翌日、当時の多数のメディアよりも同性愛嫌悪的でないと思われていた『リベラシオン』という日刊紙は、フーコーがエイズによってなくなったことを示唆してフーコーの名誉を汚す「無礼な者たち」に、強烈な反対を突きつけた。また、その後の多くのお悔やみ記事を信じるなら、年若くして「電撃的な白血病」や「突然の癌」で亡くなった男性が多かったことになる。つまり、これは一般の人びとにとって、エイズの烙印とそれにつきまとう同性愛の「疑い」と公に対決することは不可能であったことを示している。エイズは、異常な生活の表れであるだけでなく、裁きであり、セクシュアリティの秩序に背いたことに対して払うべき代償として現れる。そしてこの秩序は神、あるいはその世俗的側面である「自然」によって課されたのであった。

「神の罰」という考えは、宗教的セクトと、あらゆる宗派のピューリタンにおいて一定の成功を見た。アメリカ合衆国の宗教右翼のスポークスマンであるパット・↓ブキャナンの以下の言葉を思い出してほしい。「哀れな同性愛者は、自然に宣戦布告し、今度は自然がおそろしい報いを彼らにもたらしている」。あるいは、フランスで「神の処罰」という幻想を復興しようとしたデザイナーのパコ・ラバンヌの言葉を思い出してほしい。ラバンヌは「試練が、証拠である。病気の人は自分の人生の結果として死ぬのだ」と言うのである。薬学協会の会長アルベール・ジェルマンは身じろぎ一つせずに、一九九一年の会議でこう述べた。「エイズウィルスは、生殖の生理学を不純な快楽に変形した者を攻撃する才があった」。さらに最近では、ジュネーヴのイスラムセンター長であるハニ・ラマダンが、二〇〇二年の九月一〇日の『ル・モンド』において、姦通を行った女性への石打ち処刑の正当化を第一の目的とする論説で、エイズウィルスは「無からは生まれていない」、「逸脱的行動を行う者だけがそれにさらされる」と述べている。

■↓他性の欠如

神の罰あるいは同性愛によって転覆された自然の反撃というあまりに明らかな時代錯誤が、原理主義者のサークルを超えて信用を得るには、今一歩の洗練が必要であった。フランス司教会議の『大人のカテキズム』（一九九一年に刊行され、一三の出版社によって配本された）は、エイズに関連する問題について、精神分析学者の司祭トニ・アナトレラが提案する理論に広く着想を授かっている。これは、↓カトリック教会が、道を誤った↓精神分析につかりながら、いかに理論的健全さで自らを再び装ったかを示している。そこかしこで、男性同性愛者の有病率は、「↓性差」に向き合うことの「拒否」――あるいは、テクストによっては「無能力」――とされた同性愛の定義にすり替わっている。このような条件で、「関係においてごまかしの状態を助長する」「同性愛者の心理」に固有の「不誠実」が生じるという〈ANATRELLA〉。他者を受け入れることができないとき、他者に対して払うべき尊重が分からない。だから他人に感染させることをためらわない。エイズについてのこのような思考は、あらかじめ前提にある同性愛嫌悪思考と同形をなしている。エイズは、同性愛に固有とされた他者排除の新しい印として機能している。逆に、ゲイを特徴づけている他性の否定は、エイズ理論の礎石である。うまくいくシステムに越したものはない。エイズがゲイの専有物でないことに異論の余地がないことになれば、このような思考が都合がよい。このような思考によって、新たに、同性愛者をエイズ抗体陽性反応者の隠喩にすることができる。アナトレラにとっては、他性の否定は、同性愛が一貫して形を与えている抑鬱的現代社会を解く魔法のコンセプトである。

アナトレラのお説教とボードリヤールの終末社会学にはずいぶん大きな隔たりがある。それでも彼らを合わせて読むと、奇妙な同調が現れることには変わりがない。エイズは、ボードリヤールの『透き通った悪』の思考の中心にあり、一九九〇年代初め、ほとんど同時期に出版されたアナトレラの『抑鬱社会にノーを』でもそうである。どちらにおいても、エイズは、同性愛者は、他性の一般的否定の先駆けであり、その現れと逸脱に対する裁きのように描かれている。ボードリヤールの推論は、アナロジーによって進められる。彼によれば、エイズという病が同性愛コミュニティの中にあるように、エイズウィルスは近代的身体の中にある。予防的そして人工的に病原菌を殲滅し続けたために、近代的な身体は、予期できない敵にもはや反応することができない。その防御システムは、人工的な知の馬鹿さ加減を知るだろう。このように、近代的身体は他性の排斥によって特徴づけられる。「類似への強迫的衝動」に支配され、「閉ざされた循環における作用」によって定義される同性愛者のグループの中にも、ボードリヤールは他性の排除を見ている。「自らのネガの要素を排斥し」、「全体的な改良の途にある」これらの「システム」は、HIVに弱いものでしかなかった。「他性の不在が、把握不能なこの他性、ウィルスという絶対的他性を分泌する」。他方の性と直面することを拒否した同性愛者はずっとラディカルな他性にさらされているのである。それは死という他性である。

責任を負うべき患者と無辜の犠牲者

病気にかかっている人びとは、同性愛者や薬物使用者だけではない――だけではなくなるであろう――ということを認めないことがまもなく不可能になった。そして、この病気は恥であるという理由で、長い間語られなかったが、みだらな生活をしているという嫌疑をかけることができないタイプの人びとを考慮に入れざるを得なくなってくる。そこで、患者を分類し区別しなければならなくなる。一方にその苦しみが自業自得である者がおり、他方に、病気を不公正にもうつされた犠牲者、つまり輸血によって感染した者、血友病患者、HIV陽性のパートナーに「だまされた」男性と女性がいる。一方で裁きのエイズ、他方で、絶対的な不公正である。「薬害エイズ・スキャンダル」が爆発したことは記憶に新しいが、エイズ問題一般について語られたことはない。これは、そちらのエイズとこちらのエイズの間に溝があることを意味している。患者という観点で見れば変わりはないはずだが、そんなことはどうだってよかったのである。エイズについての言説は、エイズについて語っていたのではなく、その起源について語っていたのである。カテゴリー化の背後には非難があった。同性愛者は、自らの病気の責任者と見なされた上に、そのような報いを受けるべきではなかったとされる他人の病気についても責任者として名指しされることがあった。評判の高い癌学者であるアンリ・ジョワイユ教授は、さまざまな会議でHIVの略語を変化させて見せた。「命と愛の学校では、Hは、同性愛者《ホモセクシュアル》、Iは無辜《イノセンス》、Vは暴力《ヴァイオレンス》を意味する」。うまいことを言ったものである。暴力と同性愛によって苦しめられる無辜の寓話をエイズから作ったのである。先述したアルベール・ジェルマンは、同性愛者を「血友病患者と受血者の死、そしてこれから起きる何百万もの死の責任者」にした。そしてアナトレラは、バイセクシュアルの「不実」を強調する。バイセクシュアルは、同性愛者のウィルスを、そんなことは望んでいない社会にもたらしたからである。

■修正主義

フレデリック・マルテルの『薔薇と暗闇』（一九九六）刊行後、エイズの最初の症例がフランスで知られたときの「同性愛運動」の態度について激しい議論が起きた。生まれつつあった伝染病に対する、コミュニティからの応答が最初期には困難であったことは、ほとんど疑いがないとしても、マルテルの不正確な分析をよりどころにする論評の中には、開き直ったかのような同性愛嫌悪を示すものがある。まだ進行をせき止めることができたときに伝染の脅威を気にかけようとしなかったこれらの論評者、そして公権力の無為を批判したこともないこれらの論評者そのものが、今や同性愛者とその代表を紛れもない責任者にしようとしているのである。今日、共同体主義に対する最も熱心な中傷者が、当時の団体の代表者、親密な出会いを提供する場所の所有者や生まれつつあったゲイ・プレスの編集者に対して、団結しなかったことを非難しているのは皮肉である。『ミニュート』から『マリアンヌ』、『マリアンヌ』から『エスプリ』と、このタイムリーな「スキャンダル」と薬害エイズ事件を対にする論評が増殖した。この「スキャンダル」が薬害エイズ事件を相対化するために使われ、二つの文脈、制度、責任が比較しうるものであるかのように扱われた。これは、当時「ゲイの癌」と名指しされた脅威を正確に捉えることがいかに難しかったかを無視している。『ぼくの命を救ってくれなかった友へ』〔佐宗鈴夫訳、集英社文庫、一九九八〕の中で、エルヴェ・ギベールは、フーコーが初めてエイズについて聞いたとき、どれだけ大笑いしただろうかと述べている。「同性愛者だけを襲う癌、真実であるにはできすぎている、死ぬほどおかしい」。この逸話は、あまりに皮肉過ぎ、正確ではないだろうが、この時代、いくつかの新聞で集団的罰や仕返しが語られていたことを思い出させる。エイズによる脅威とピューリタンによる脅威の間では、後者がよく知られ、問題として取り上げられていた。生まれつつある伝染病に対して知ろうとしないという態度をとった者たちこそは、医学言説の同性愛嫌悪から同性愛を解放しようと闘った者たちでもあった。少数の医師が当時発しようと試みた警告メッセージを聞こえなくしてしまう何かがそこにはあったのである。

■勧誘↓

フランスでは、一九九〇年代の初めまで、反エイズ・グループは、その大半が同性愛者によって作られ活発に活動していた。共同体主義的であることが最も明らかなアクトアップのような団体から、エイズを患う子どもとその家族に向けた連帯のネットワークを組織することを任務とするＳｏｌＥｎＳｉのように、それほど共同体主義的でないものまでがある。これは絶好過ぎる機会であった。反エイズ運動の、いくつかの明白な失敗の責任がゲイの活動家に転嫁された。それはとくにパリ第七大学の青少年研究部門の学科長であり、一九九四年の閉鎖までフランス・エイズ撲滅局（ＡＦＬＳ）顧問であったアニ・ビロがしたことである。『科学と命』誌のエイズ特集（一九九二）に「予防か勧誘か」というタイトルの記事を発表して、ビロ氏は、その発見以来エイズは、同性愛者にとって天の恵みであり、それによって同性愛者の公権力へのアクセスが可能になったと説明している。予防を不当に独占する「ゲイ・ロビー↓」は「エイズ代表」を独り占めし、危険を「少数派の行為の中の集合」の中に限定してしまったという。もっと悪いのは、予防行動が青少年に向けた「勧誘」を隠すことにしか役立たなかったことであるという。こういうわけで、ゲイは「エイズ流行の拡大に手を貸した」。なぜなら彼らはエイズから自分たちの「赤子」（原文ママ）を作ったからである。

このタイプの論理は、有望視された。ドイツの経済学者アルバート・Ｏ・ハーシュマンは、倒錯↓の論拠が、「反動のレトリック」の回帰的なパターンの一つを成していることを明らかにした。それは、アナトレラの発言の総体の中で、一度ならず働いている。

に最も心を砕いているキャンペーンであっても、あらゆる予防キャンペーンの中に、セクシュアリティの平凡化を特徴とする「同性愛モデル」のひそかな促進があると暴き立てる。さらに同じ論理がカトリック教会、具体的には、フランス司教会議でのカロル・ウォティラの言説に形を与える。彼らはコンドームの推奨と配布の中に、二重の危険を見る。「安売りされた愛への幻滅」の危険と「性的出会いの平凡化」の暗礁であり、これらは「逆説的にも」「伝染の拡大」を助長するというのである。

フィリップ・マンジョ（齊藤訳）

↓医学、勧誘、脅威、共同体主義、自然に反する、他性、伝染、恥、↓レトリック

SOSホモフォビア

西洋世界においては、同性愛嫌悪《ホモフォビア》との闘いは、社会的↓政治的争点の一つになっている。その歴史はまだこれから作られるところである。二〇世紀の初め、そしてとくに一九七〇年代から、いくつもの↓団体が、同性愛嫌悪との闘いをその主要な目的としてきた。↓フランスのSOSホモフォビアは、この点で非常に興味深い例である。

■目的のための手段

この結社の名前は、フランスの反人種差別団体であるSOSレイシズムに倣って決められた。当初の計画は、同性愛嫌悪的性質の↓暴力に対する匿名の電話相談をパリに作ることであった。とくにゲイとレズビアンが直面している暴力と↓差別の問題に応えるためのホットラインである。規約では、「SOSホモフォビアは、同性愛者の個人、同性愛者のグループ、同性愛行為あるいは同性愛的であると見なされた個人、グループ、行為に対するあらゆる形態の差別や↓暴力に対して、そのようなものとして認められていようがいまいが、これらとの闘いを促進することのできるあらゆる行動を実施推奨することを目的とする」とある。創設者は、FAR（ピンク軍）の元活動家と他の者たちである。一九九三年秋に最初の会合が開かれた。規約が一九九四年四月一一日に登録されると、一九九四年一〇月二五日には、最初は月曜から金曜の二〇時から二二時までの恒常的な電話相談が開設された。このホットラインはパリにできたが、それでも最初から全国をカバーしていた。

最初のチームは、主としてホットラインの組織と機能、そして番号の周知のために動いた。すぐに活動家たちは、何を優先事項とするかで割れ、そのうち最も政治的な者、同性愛解放闘争の歴史を知るものは辞めてしまった。このとき二つの考え方が対立する。「プロフェッショナル」な電話相談に徹することを主張する者と、「アクトアップ的な」意味での直接行動を唱える「行動と予防」委員会のメンバーとが対立した。それでも組織は生き残った。

続くチームは、目的、組織化と方法を再定義することにこだわり、幾人かの活動家が少しずつSOSホモフォビアに、プロ意識と信用を与えていった。相談担当者は、内部のセミナーを組織して、このような歩みを一九九七年に開始する。電話相談が強化され明確な骨組みになった。また、フランスにおける同性愛嫌悪の年次報告書の作成に取り組み、公権力、↓メディア、公衆が利用できるようにすることも決定された。この報告書は、SOSホモフォビアの電話相談に特殊性を与えた。電話相談そのものは目的ではなく、同性愛嫌悪との闘いの道具となったのである。同性愛嫌悪の概要を作成することで、それをよく知り、予防と撲滅のための適切な措置を要求することが可能になった。同性愛嫌悪についての最初の報告書は一九九八年六月に刊行された。「同性愛嫌悪監視所」のコンセプトは、電話相談とその成果である年次報告

によって具体化された。電話相談の組織とそのデータベースが改善され、相談者からなる広報担当グループが整備された。より効果的に同性愛嫌悪を撲滅し非難するため、先手を打って行動し予防し啓発するという姿勢が明確にされる。複数のワーキンググループが、予防キャンペーンを行うよう、そして同性愛嫌悪を撲滅する法令を採択するよう公権力を説得するという仕事に乗り出した。監視所と政治的な作業とは補完的な関係にあり、これを結ぶ紐帯は強化された。

それ以来、この団体はその勢いのままに継続し、その内部組織は効果的に機能し、良好な組織化が進み、誰でも電話相談と他の業務に打ち込むことができている。指導的層のメンバーは、活動的なメンバーによって選ばれる。相談担当者は、しっかりとした教育を経て選ばれている。データベースは、常に更新され増量している。念入りに作られ文書化された年次報告は、その発行が今ではメディアに待たれているほどである。職業教育の中枢（組合、行政機関、警察など）向けに同性愛嫌悪についての啓発情報が発され、対象となる人びとの関心を喚起している。同性愛嫌悪煽動を禁じる法案などの起草者は、さまざまな組織間の作業から着想を得ており、SOSホモフォビアもそれに貢献している。公権力の応答には望みが持てる。

今後、この組織は変化していくだろうか。フランスにおける同性愛嫌悪は、その外形を変えて、以前よりも暴力的ではなくなり（身体的暴力は減っている）、日常生活、職場、近隣関係、↓学校などにおける↓侮辱や差別によって表明されることが多くなっている。同性愛は、パックスについての論争以来、完全に社会的問題の一つとなった。しかし逆説的なことに、同性愛が日常においてさらに受け入れられ、より目に見えるものになることによって、日常の中に、はっきりした同性愛嫌悪がをますます引き起こされている。従って運動は今日性を保っている。男女の同性愛者は、異性愛者と比べ平等な権利と取り扱いを受けるには至っていない。この組織は、今後は、提案を行う勢力として、政治的アクターや公権力とより頻繁に協働して、活動するであろう。

クリスティーヌ・ル・ドアレ（齊藤訳）

↓差別、政治、団体、フランス、暴力

オイレンブルク事件

一九〇七年から一九〇九年にかけて、オイレンブルク事件は↓ドイツの政界に激変をもたらし、世論に同性愛嫌悪《ホモフォビア》のうねりを引き起こした。

芸術家としての才能でも有名だった貴族の外交官フィリップ・オイレンブルク侯爵は、一八八六年に皇帝ヴィルヘルム二世と親交を結び、その顧問になった。大使としてオーストリア＝ハンガリー帝国に派遣されたオイレンブルクは、その反帝国主義的立場と対仏（↓フランス）和解の主張によって、ビスマルクの追随者たちから反感を買った。一八九三年にはすでに、『ディ・ツークンフト』紙の編集委員マクシミリアン・ハルデンによって、報道キャンペーンの槍玉に挙げられていた。ハルデンは、オイレンブルクに対して↓私生活を暴くぞと言って脅迫し、一九〇二年に辞職に追いこんだ。一九〇六年のアルヘシラス会議◆で、ドイツの対外政策が深刻な傷手を被ったのは、オイレンブルクが政界との接触を再開していた頃だった。ハルデンは再び告発を始めた。オイレンブルク（「ハープ奏者」）とベルリン市駐屯士官のクーノ・フォン・モルトケ伯爵（「愛しい人《スウィーティ》」）が同性愛者であることを表すような仄めかしを多用した。もしかするとこれは、軍からの圧力があったのかもしれない。当時、軍部自体が一連の同性愛↓スキャンダルで揺れ動いていたのだった。ハルデンは自分の暴露記事によって、↓軍隊と貴族階級が良い方向へ転じ、↓退廃の徴《しるし》と見られていた同性愛の蔓延に終止符を打つことができると考えていたらしい。このキャンペーンはさらに、政治的な原因に端を発しているところがあった。事実、オイレンブルクとモルトケは、在ベルリンのフランス公使館の一等書記官で、自身も同性愛者であるレーモン・ルコントに情報を渡していたという疑いをかけられていた。ルコントはのちに、一九〇六年一月から四月のモロッコ危機のときのドイツが虚勢を張っていたことを、フランス外務省に報告することができたのである。

オイレンブルク事件は、ヴィルヘルム二世の取り巻きの信用を傷つけることによって、最終的にはその権力を弱体化するという目的を持っていた。しかしハルデンは、皇帝のセクシュアリティに触れた書類を持っていたにも拘らず、それを利用することを拒んだ。ヴィルヘルム二世は山積するスキャンダルを目前にして、モルトケに辞任を要請した。オイレンブルクは外交官の職を辞し、勲章を返上した。しかし事件は収束にはほど遠かった。イギリスでオスカー・ワイルド事件に伴って裁判が続いていたのに似ていた。モルトケがハルデンを訴えた裁判が一九〇七年一〇月二三日に開廷し、瞬く間に話題になった。モルトケの妻リリ・フォン・エルベが証言台に立ったときには、その発言を傍聴しようとする群集が押しかけた。彼女は夫との間に性的な関係は二回しかなかったこと、夫は妻が近よろうという気を起こさないように、ベッドの中に水の入った鍋を置いていたと証言した。有名な貴族が主催した乱痴気騒ぎ《オージー》に参加した兵士のボルハルトが出廷し、機甲部隊の制服がいかに好まれるか説明し、また軍隊の中に同性愛関係がどれほど蔓延しているか明言した。最後に刑法第一七五条の撤廃のために闘っていた同性愛者団体のWhK（科学的人道委員会）の指導者マグヌス・ヒルシュフェルトが「専門家」として証言し、モルトケの「無意識的指向」は、とくにその「女性的な」感受性を見ると、同性愛的であると評価し得ると断定した。この証言は、高い地位にある人物の同性愛を見て見ぬふりをし、その他の者は有罪とするような政府の偽善を告発する目的を持っていた。しかしこの戦術は結果的に見ればほとんど報われなかった。一〇月二九日にハルデンは無罪を言い渡され、訴えは形式上の不備を理由に却下されたのである。そして同じ時期にまた別の訴訟が始まった。こんどは、帝国宰相のベルンハルト・フォン・ビューロー公爵が、同性愛雑誌『デア・アイゲネ』の発行者アドルフ・ブラントを中傷で訴えたのである。ブラントはアウティング［当人の意志に反して同性愛者であることを暴露すること］の先駆者であり、実際に宰相が秘書官と関係を持っていると告発していたのである。ブラントは有罪となり、一八ヶ月の刑を科せられた。一二月、ハルデン対モルトケの新しい裁判で、医学の専門家がモルトケの妻はヒステリーであると証言したが、ヒルシュフェルトはそれを正当なものとは認めなかった。ハルデ

一九〇七年に『ラシエット・デュ・ブール』誌に掲載された絵。キャプションによってこの絵の狙いが明示されている。「一九〇七年、皇帝一家の血を引くフォン・ホーエナウ侯爵が、オイレンブルク侯爵の野良遊びに加わった。彼は兵士たち（機甲部隊）にとっては公明正大な侯爵であった。この愛が父方の血筋に由来するのでないとしたら、オバさん［受け側の男性同性愛者の意味もある］が姪っ子たち相手に抱くような愛情なのだろう」。作者は侯爵にアンリ四世［一五五三〜一六一〇］の有名な台詞をもじって、次のように言わせている。「わが白きズボンのもとに集結せよ！」

◆**アルヘシラス会議**　モロッコの領有権をめぐるドイツとフランスの対立を収拾するために開かれた国際会議。イギリス、アメリカの支持を得たフランスの有利に終わった。（金城）

ンは四ヶ月の刑を宣告された。オイレンブルクの裁判は結審には至らなかった。侯爵が重病に陥ったからである。彼は一九二一年に死んだ。モルトケとは異なり、名誉回復もなされていない。

オイレンブルク事件は、同性愛問題に関する深刻な先入観の原因となった。同性愛嫌悪はしばしば反ユダヤ主義、反フェミニズム、反近代主義と結びついて目に見えて増えていった。その一方で、刑法第一七五条を理由とする逮捕も、急激に増加していった。ジャーナリズムでは、同性愛者を「オカマ」や動物（犬や豚）の姿に描いた↓カリカチュアが再び勢いを盛り返した。事件以降のその頃の世論の大勢は、同性愛者と売国奴を同一視していた。ユダヤ人であり同性愛者であるヒルシュフェルトが裁判に介入したことによって、帝国の壊滅を目論む二つの集団の陰謀という考え方が生み出された。このときヒルシュフェルトが戦略上の過ちを犯したことは確かである。裁判で彼が証言すると、その後、彼の組織に対して財政的に支援していた者たちは三分の一にまで減った。それまでヒルシュフェルトを支持してきた裕福な同性愛者たちが、今や自分たちが白日のもとにさらされるのではないかと恐れるようになり、ヒルシュフェルトへの好意が失われた徴《しるし》であった。この事件の反響はたいへん大きく、ドイツ国境を越えて広がった。ただし歴史学者は長い間このことに言及することを渋ってきた。フランスでは、同性愛を指す言葉として「ドイツの↓悪徳」と言われ始めた。ベルリンは「シュプレー川沿いの↓ソドム」と名づけられ、ドイツ人は「オイレンブーグル［フランス語のブーグル（bougre）には男色家の意味がある］」と呼ばれた。男性用公衆便所での同性愛者の誘いの言葉も新しくなった。すなわち「ドイツ語を話せるかい？」である。

もっと一般的に言えば、オイレンブルク事件は同性愛の表象にとって転機となった事件である。この事件は「同性愛」という言葉の大衆化に貢献した。この言葉はそれ以前は医学分野だけで使われていたのだが、事件以後、心理的な基準、すなわち女性的な性格であるとか、受動性であるとか、芸術家気質であるといったことを基準に規定されるようになったのである。そしてまた、この事件によってドイツでは政治的な目的のために同性愛を道具として利用する道が開かれた。それは一九三〇年代に頂点に達することになる。

↓カリカチュア、軍隊、スキャンダル、退廃、ドイツ、反逆、ヒルシュフェルト、メディア

フロランス・タマニュ（山本訳）

王弟殿下

ヴェルサイユ宮殿では、いわゆる王弟殿下、ルイ一四世の弟であるオルレアン公フィリップ（一六四〇〜一七〇一）が、子どものときから異性装の幻想に憑かれていることを知らない者はなかった。彼は、リボン、レース、アクセサリーに夢中になり、その地位に支障がなかったなら、喜んでドレスを着たであろう。愛人であるフィリップ・ド・ロレーヌが彼に及ぼす影響は、少し派手な信心、優先権と儀礼の強迫観念、精神の類い稀な繊細さなど彼の性格の他の特徴と矛盾しなかった。こうしたことから、二番面の妻は、王弟が「すべての面でアンリ三世に似ている」と言った。↓アンリ三世のケースは極めて議論の余地があるが、王弟の同性愛嗜好ははっきり確立している。ここでは王弟の嗜好について述べるのではなく、彼の名声を妨害した当時の状況全体の中で彼の嗜好を再構成してみたい。王弟はまず妻たちと比較されることに苦しんだ。最初の妻ヘンリエッタ・アン・ステュアートは、その魅力によって、そしてとくに二六歳での夭逝したこと（一六七〇）で歴史に名を残した。その死については、証拠はないが、夫の寵臣によって毒殺され、夫はそれを見逃してやったという憶測が流れた。故人の美しさによって王弟の影が薄まっ

た上に、二番目の妻、雷のようなパラティナ侯女〔エリーザベト・シャルロッテ〕がその機知で王弟を圧倒した。彼女はヴェルサイユから追放されたのを機会に、非常に生き生きとした書簡を通して、宮廷社会全体に毒舌を投げつけた。その夫は夫婦間義務によって三人の子を作ったけれども、彼女を宮廷の人形に変えるのに失敗した後は、慇懃な無関心で彼女を扱った。そんな夫に対してパラティナ侯女は、愛情と嫌悪と同情の間を揺れ動いた。王弟は最初に「世界で最も優れた男」（一六七二）と評価されるが、すぐにその輝きは失せる。「王弟殿下は↓放蕩者で、その唯一専心なさるものは〔…〕、お気に入りを推薦して、彼らのために陛下からあらゆる類のよい扱いと特別の取り計らいを得ることである。自分の子どもたちについては、考えもしない」（一六八六）。しかし、彼の唯一の欠点は、彼を他の側近と対立するようにしかける↓寵臣たちの言いなりになっていること、言い換えれば、女性的で、浮ついて影響されやすいという男の型にあまりによく当てはまっており、そのような者として「憎むより、哀れむべき」者だったことである。パラティナ侯女がプラトニックな愛を捧げた長兄である王との対照は明らかである。パラティナ侯女の女友だちの一人によると、ルイ一四世に愛を捧げたのは「一度も結婚したことのない」もう一人のパラティナ侯女であった……。

王弟殿下の歴史的運命は、このルイ一四世との不可避の対決にあった。自らの兄ルイ一三世の王座を永遠に狙い続けるオルレアン公ガストンの前例にとりつかれたルイ一四世の目には、自らの弟が象徴する二重の厄介を政治的に無力化することが絶対的要請であった。その「特殊な」性向の中に弟を置いておくこと、あるいはそれを促すことは、いかなる貴族も王弟を結集点にして反抗することができないよう、彼を道徳的な地獄に閉じこめるために王の取り巻きによって早くから故意に採用された行動方針だったように思われる。少なくとも二回、ルイ一四世はこれによって力づけられている。一六五六年、かつて病気が王の命を奪おうとしたとき、宮廷が素早く弟の方にすり寄ったことは王に嫌な印象を与えた。一六七七年に、オランダ戦争で王弟がもたらした軍事的成功の後、あることが起きる。弟がもたらした栄誉が、彼への愛情を失わせるのでないとしても、それは王の警戒を呼び覚ました。それ以降王弟を遠征で見ることはなくなる。信心と厳しさが押し付けられる時代の薄暮に、王弟の素行は、たやすく引き立て役を果たし、その役割はルイ一五世の摂政となるその息子の↓放蕩が引き継いだ。このようにしてオルレアン家のものとされた倒錯の遺伝は、王家の兄の系列と弟の系列の間の、長い宿命的な反目に油を注いだに違いない。

ロラン・アヴズ（齊藤訳）

↓アンリ三世、自然に反する、寵臣、フランス、放蕩

オセアニア

世界最大の性の実験室

オセアニアは、太平洋の南全域に広く及んでいる。西はマレー諸島から東はポリネシアまで、北はミクロネシアから南はオーストラリアまで広がっている。この地域の特徴は刮目すべき文化的、宗教的、人種的多様性である。オセアニアで最も重要な要素は、その地理であり、おそらくそれこそがこのような多様性を可能にしている。この地域は南海に散らばる幾千もの島々を含んでいる。隣接する部族の間には多くの山々と海上の障壁があり、これが多くの文化が分離して発展した理由である。ニューギニア本島だけで、世界の言語全体の四分の一を持っており、その中には一つの村でしか話されていないものもある。そしてインドネシアは世界で最も大きなイスラム教国で

あり、キリスト教の宣教師たちが南太平洋で根本的な影響を持ったにも拘らず、地域の初期宗教が無数の局地的な信仰と多神教の伝統の中に存在している。

オセアニアは、世界最大の性の実験場である。とくに性的実践とジェンダーの構築に関する豊かで「エキゾティック」な研究対象に、人類学者たちは数世紀に渡り魅了された。オセアニアでの性に関する文献は、相当な量になるが、同性愛嫌悪《ホモフォビア》や他の類似するタブーへの言及は、奇妙なまでに稀であるように見える。西洋世界で考えられたような同性愛嫌悪はこの地域では存在しないということだろうか。それともこの問題は、人類学研究の死角なのだろうか。実際に両方の説明が有効であるように思われる。

人類学的文献には、この地域における同性愛行為に関して多くの情報が含まれている。とくに、同性愛的儀礼はメラネシア全域、つまりインドネシア東岸からフィジー諸島までの五〇〇〇キロに及んで行われている。しかしながら、非常に広まっていると言っても、儀式的同性愛はメラネシアのどこにでもあるわけではない。それは低地、海岸、島々の共同体にとくに現れる。このような行いは、メラネシアの他には、オーストラリアの多くの部族の中に同様に存在している。

■伝統的信仰

実践されている儀礼には、かなりの相違にも拘らず、いくつかの一般的な原則を認めることができる。これらの共同体においては、精子は男性の力の主要な源と考えられており、若者に精液を与えることは、例外なくすべての男性にとっての義務的通過儀礼である。これは、少年を強い男にするための主たる手段と考えられており、それには大きな社会儀礼的価値が与えられている。ギルバート・ハートが指摘するように、儀礼的同性愛は、とくに最も好戦的な氏族と首狩り族としての過去を持つ氏族で行われている。

この同性愛行為が、ジェンダー・カテゴリーを覆すようなフェティシズムや異性装とは全く結びついていないことを指摘できるのも興味深い。さらに、すべての若者が数年間この関係を経験する。まず「受取手」、後に「提供者」の役割においてである。これは、女性との関係、のちの結婚を排除するものでは全くない。この場合、西洋の固定観念によれば同性愛は男性を女性的にし、異性愛的関係を多少なりとも排除すると言うが、この状況は非常に異なっている。

ハートや他の人類学者たちは、儀礼と掟に調和する詳細な規則に従った同性愛を描いている。少なくともメラネシアでは、儀礼的同性愛関係は、ほとんどすべて年齢差と非対称性に基づいており、最も若い者が「受取手」の役割を果たす。しかし、儀礼化の有無に拘らず、この同性愛行為が、少なくとも「提供者」にとって常に性的興奮を意味することをハートは指摘する。反対に、対等な者の間の同性愛関係は、それほど普通ではなく、女性間の性的関係の記録は稀である。それゆえに、この儀礼的同性愛は、許されていただけではなく、完全な男を生み出すための不可欠な手段として、まさに高い価値を与えられているように見える。このような状況では、私たちが知っているような同性愛嫌悪は、ほとんどこれらの社会に現れない。

■植民地時代とその後のオセアニア

その後、大探検家たちが、ヨーロッパ人にオセアニアへの道を開いた。二〇世紀の初め、この地域は完全に列強の支配下にあり、イギリス、フランス、オランダ、ポルトガル、スペイン、ドイツ、そしてのちに合衆国、日本、オーストラリア、ニュージーランド、ジャワの間で分割された。ヨーロッパ人は、植民地行政、新しい法律（とくに反ソドミー法）、宗教的使節団を作った。ヨーロッパ化の最初の効果の一つが、とくに儀礼的同性愛がそれまで価値を与えられていた場での伝統的な男性性に対する宣教師たちの同性愛嫌悪のインパクトであった。伝統的な文化を持つ諸部族はこの侵入に大変苦しみ、不可逆的な変化が引き起こされた。それゆえに、多くの氏族が、自分たちの古い伝統を放棄するよりも、その通過儀礼と神聖な道具を侵略者たちから隠し始めた。彼らは今日でも、オーストラリアにおいてすら、男と女の「秘め事」に関しては完全な沈黙を守っている。

植民地時代の遺産が、オセアニア諸国の制度と法にはっきりと現れている。

儀礼的同性愛がかつて行われていた多くの国、とくにパプアニューギニアで、それ以降男性同性愛が違法になる。不思議なことに、同性愛は、世界最大のイスラム教国インドネシアでは違法ではない。バヌアツ、フランス領ポリネシアでも違法ではなく、フランス法が適用されている。

二〇世紀の最後の四半世紀は、脱植民地化、改革、同性愛嫌悪的法律の崩壊の時代に対応する。オーストラリアとニュージーランドは、一九七五年と一九八六年にそれぞれ同性愛を非処罰化し、差別に対する法律を導入し、同性愛者が軍隊と警察に入ることを認めた。これらの立法の展開にも拘らず、裁判所は未だに同性愛嫌悪的偏見を使っている。最も知られている例はおそらく、「同性愛パニック防衛」の名でアメリカにおいては知られる「同性愛言い寄り防衛」◆である。この手続は、形式的には認められていないが、実際には、ヴィクトリア州、ニューサウスウェールズ州、サウスオーストラリア州で、同性愛嫌悪殺人で有罪になった者が、性的な誘いを受け正当防衛で行動したと主張し、無罪放免や情状酌量を獲得することを可能にしている。

一般的に同性愛嫌悪は、それが社会と宗教的文化に根付いている以上、維持され、法の適用領域の外にとどまり続ける。それは、学校において常に問題となる。オカマやホモのような語は、小学校の思春期前の少年たちの発言において重要な位置を占めている。この時期は彼らの性的アイデンティティが確立される前であり、それは同性愛に関する何らかのことを知る前でもある。これらの語は、たまたま用いられるのではなく、意味がないわけでもない。それらは、男性性のスタンダードに適応するように少年たちに対して勧めるジェンダー規範をなし、新人いじめ行為で重要な役割を果たしているのである。

一九九四年に、「差別に反対するゲイ男性とレズビアン」（GLAD）というグループが、オーストラリアのヴィクトリア州でゲイとレズビアンの人びとについて行った調査を公表した。質問を受けた四九二人のレズビアンの七〇%、五一〇人のゲイの六九%が、公共の場所でセクシュアリティを理由として侮辱、脅迫あるいは暴力を受けたことがあった。レズビアンの一一%、ゲイの二〇%が身体的攻撃を受け、二・六%のレズビアンと、五・五%のゲイが、そのような暴力を警察から受けている。さらに、他の諸国同様、オーストラリアは同性愛嫌悪殺人の問題に直面している。ニューサウスウェールズ州では、八〇年代から九〇年代を対象とする新しい調査が、解決していない殺人事件の四件に一件が明らかに同性愛嫌悪的動機と結びついていることを示している。他のオセアニア諸国についてはデータが不足しているが、二〇〇一年にゲイの外国人カップルが、フィジー諸島でとくに卑劣な犯罪の犠牲になっている。皮肉にも、少し前にフィジー諸島は、南アフリカに次いで、性的指向に拘らないすべての人の平等を憲法に含めた二番目の国となっていた。残念ながらこの国の新しい憲法は、この後すぐに起きた政変の後、停止されている。

二〇〇〇年代に入ってから、オセアニアでは物事が進展しているようである。二〇世紀の終わりから、少なくとも法律が制裁することができる同性愛嫌悪は、はっきりと後退している。シドニーは、今日ゲイとレズビアンの世界的首都である。男女同性愛者ともに軍隊への参加が認められ、一九九九年、ニュージーランドの人びとはマオリ族出身の女性ジョージーナ・ベイヤーに投票し、こうして彼女は、国会に議席を持つ世界で初めてのトランスセクシュアルになった。さらに新しい展望が開けている。最も印象的な例は、シドニーのゲイとレズビアンのマルディ・グラである。これは、七〇年代に同性愛嫌悪に反対するデモの形で始まった。今日、このパレードは、五〇万人近くの観客を集め、比類なきイベントになっている。

しかし、同性愛嫌悪的偏見は、なおも普通のことであり続けている。教会と宗教団体は、反差別立法を逃れている。かつて寛容だった伝統文化の中には、今日、植民地時代の遺産と宗教的遺産のために、とくに不寛容になって

◆同性愛言い寄り防衛　犯罪で起訴された者が、自らの行動を自己防衛もしくは同性の他者から性的に言い寄られたためにとった手段であるとして、無罪もしくは情状酌量を獲得しようとすること。一つ例を挙げると、一九九七年にマルコム・グリーンという男が殺人容疑で起訴されたが、彼は同性愛者に言い寄られたために自己防衛手段として行動に及んだとして謀殺ではなく故殺と判断されたケースがある。（金城）

いるものがある。同性愛嫌悪殺人は、非常に懸念される問題の一つであり続けている。

デイヴィッド・プラマー、ルイ＝ジョルジュ・タン仏訳（齊藤訳）

↓人類学、東南アジア、本質主義／構築主義

◆補遺

この地域の国々の同性愛をめぐる法制度の最近の状況は、二〇一二年五月発行のＩＬＧＡ（国際レズビアン・ゲイ連盟）の報告書によれば以下のとおりである（括弧内は発効年）<Paoli Itaborahy>。

同性愛行為を合法としているのは、ヴァヌアツ、オーストラリア（州によって異なる発効年）、ニュージーランド（一九八六）、マーシャル（二〇〇五）、ミクロネシアの五ヶ国、およびニュージーランド領のニウエ（二〇〇七）、トケラウ（二〇〇七）。

同性愛行為を違法としているのはキリバス、サモア、ソロモン、ツヴァル、トンガ、ナウル、パプアニューギニア、パラオの八ヶ国、およびその他の地域（ニュージーランド領のクック諸島）。

同性愛行為に死刑を科している国はない。

同性愛関係か異性愛関係かに拘らず同じ性的同意年齢を定めているのはヴァヌアツ（二〇〇七）、クイーンズランド州を除くオーストラリア（州によって異なる発効年）、ニュージーランド（一九八六）、フィジー（二〇一〇）、マーシャル、ミクロネシア（不詳）の六ヶ国、およびその他の地域（ニュージーランド領のニウエ、二〇〇七、トケラウ、二〇〇七）。

性的同意年齢について、同性愛関係と異性愛関係との間に不平等があるのは、オーストラリアの一部（クイーンズランド州）。

性的指向に基づく雇用差別を禁じているのはオーストラリア（州によって異なる発効年）、ニュージーランド（一九九四）、フィジー（二〇〇七）の三ヶ国。

ジェンダー・アイデンティティに基づく雇用差別を禁じているのはオーストラリア（一九九六）である。

性的指向に基づく差別を憲法で禁じている国はない。この項目の本文にもあるように、一九九七年に採択されたフィジー憲法は、かつてこの地域で唯一これを謳っていたが、二〇〇九年にこの憲法は廃止された。

性的指向に基づく憎悪犯罪であることが加重事由とされるのは、ニュージーランド（二〇〇二）。

ジェンダー・アイデンティティに基づく憎悪犯罪であることが加重事由とされる国はない。

性的指向に基づく憎悪を煽動することを禁じているのは、オーストラリアのクイーンズランド（二〇〇三）、タスマニア（一九九九）、ニューサウスウェールズ（一九九三）の三州と首都特別地域（二〇〇四）。

同性カップルに結婚を認めている国はない。

シヴィル・パートナーシップ、登録パートナーシップ、シヴィル・ユニオンなどの制度によって、同性カップルに結婚と同等の、あるいはほぼ同等の権利を認めているのは、ニュージーランド（二〇〇五）と、オーストラリアのヴィクトリア（二〇〇八）、タスマニア（二〇〇四）、およびニューサウスウェールズ（二〇一〇）の三州と首都特別地域（二〇〇八）。

結婚に伴う権利の一部が同性カップルに認められているのは、オーストラリアのウェスタンオーストラリア（二〇〇二）、クイーンズランド（一九九九〜）、サウスオーストラリア（二〇〇三、七）の三州とノーザンテリトリー（二〇〇四）、ノーフォーク島（二〇〇六）。

同性カップルが共同で養子縁組することを法的に認めているのはオーストラリアのウェスタンオーストラリア（二〇〇二）およびニューサウスウェールズ（二〇一〇）の二州と首都特別地域（二〇〇四）。

同性カップルのパートナーの子または養子を養子にすることが法的に認められているのは、オーストラリアのタスマニア州（二〇〇四）である。

また、『朝日新聞デジタル』によれば、二〇一三年四月、ニュージーランド議会が同性婚を合法化する婚姻法の改正案を可決し、アジア太平洋地域で同性婚を法的に認める最初の国となった。改正婚姻法は、同年八月に発効予定（四月一七日付）。

（山本）

音楽

音楽の領域における同性愛嫌悪《ホモフォビア》問題を扱うことは、困難を伴う。問題の新しさと研究の希少性のために、（とくに、単にジェンダーの観点からアプローチすることも例外的にとどまるフランスの音楽学では）今のところ何らかの総括を行うことはできない。音楽芸術に固有なのは、意味の伝達に関して扱いにくいことが多いことである。従ってここでは、伝記的な問題を除き、表現法の技術的側面を超えて、音楽化されたテクスト、オペラの筋、聴衆の態度、音楽史料編纂学の立場を含めて、音楽的現象を広くとらえて同性愛嫌悪を扱う。

他のあらゆる社会集団と同様に、男女を問わず作曲者たちは、それぞれの時代において、時期によってさまざまな形態をとった同性愛嫌悪の犠牲者であった。以下、いくつかの象徴的な例を挙げる。

↓古代ギリシアでは、攻め側の大人と受け側の少年の関係に価値が置かれていた。悲劇詩人で音楽家のアガトンが、アリストファネスの『女だけの祭』の中で諷刺されているが、そこで烙印を押されているのは成熟した男性の女性的な側面である。キリスト教世界、とくに教会の神聖な音楽を担当する男性だけの排他的な楽長職の世界では、少年と大人の「風紀に関わる事柄」が、抑圧された。一八世紀には王室音楽監督ジャン＝バティスト・リュリが、定期的に誹謗文書の標的になった。一六八五年、諷刺歌謡作家たちが彼を槍玉に挙げていたが、この年イエズス会神父ルイ・ブルダルに男色家を厳しく罰するように後押しされたルイ一四世が、リュリと床をともにしていた小姓ブリュネを逮捕し、むち打って投獄した。刑罰は社会↓階級に応じて不平等であり、リュリは、王の不興を買っただけだった。リュリに向けられた歌（↓シャンソン）は、以下のようなことを挙げてそれを同性愛嫌悪に結びつけた。例えば彼のあやしい素性（「バティストは、粉屋女の息子／それは否定できない／粉屋のように馬乗りになる／だからいつでも後ろから」）、「イタリア的↓悪徳」と結びつけて彼が外国出身であること（「リュリ、この偉大な音楽家／というよりむしろ偉大なイタリア人／彼はうっかりと／↓自然に反する変記号をつけた」）やさらにその迫害者であるイエズス会についてささやかれる素行（「ラ・シェーズ司祭がブルダルに言った／神父様、私たちはどうして耐えるのか／この卑しいバティストがイエズス会士を装うのを」）をもネタにした。チャイコフスキーが置かれた社会環境の同性愛嫌悪は、破滅的なものであったようである。チャイコフスキーとある上流階級の若者との関係が暴露されることによって引き起こされるスキャン↓ダルを避けるため、その↓自殺がコレラ感染によるものと偽装されたという説は、今では音楽史史料編纂家によって受け入れられている。そこまで悲劇的でない例として、二〇世紀のイギリスのエセル・スマイスは、その自伝的文書の中で自分がレズビアンであることを隠したが、この自己検閲↓は異性愛主義（ヘテロセクシズム）的な社会的文脈に原因がある。

作曲家に対する同性愛嫌悪は、作曲家たちが被らなければならなかった暴↓力の中だけにあるのではない。それはまた、作曲家たちの像を再構成する歴史的文書の中にも存在している。それは時には、純然たる憎しみである。例えば、一九六九年ラフォン社刊行のリュシアン・ルバテ〔フランスの作家・ジャーナリスト。国家社会主義への共感、反ユダヤ主義で知られる〕の『音楽の歴史』がそうである。『私はどこにでもいる』〔王党派に近い週刊誌〕の編集者でもあったルバテは、熟練した作曲家であるとともに偉大な批評家であるレイナルド・アーンを「ユダヤ系ドイツ人を父としてベネズエラで生まれ、自分の素行を包み隠さなかった彼は、その最期の日まで、髭に片めがね、コルセットという古風で最も驚くべき性↓逆転者の姿をしていた。彼はその趣味において反動的であり、その曲目は、モーツアルトを除けば、この一世紀半で最も粗悪で最も陳腐である」と解説してみせた。

だが、多くの伝記は、その対象を共感できるものにしようとするので、むしろ音楽史家の同性愛嫌悪は、作曲家の恋愛生活を隠すあるいは婉曲に述べるために、現実を異性愛主義的に歪曲することによって表現される。この不可視化の企ては、例えばチャイコフスキーの場合には意図的なものであったが、時にはこれは無意識に行われる。一九三三年にさかのぼるアルカンジェロ・コレッリについての専門研究において、マルク・パンシェルルは、一六八二年（コレッリ二九歳のとき）に「彼のそばに、その弟子であり友人であるマテオ・フォルナーリが二番目のヴァイオリンのように現れ、以降ほとんど彼から離れることがなかった」と書いている。パンシェルルは、フォルナーリがコレッリと一緒に暮らし、コレッリから楽器を遺贈され、作品第六番の死後の出版を託されたと加えている。そしてコレッリの人生に女性関係が不在であるのに驚いて、こう結ぶ。「音楽、絵画、友情だけで、彼の人生を飾るのに十分であったように思われる」と。

ヘンデルほどの重要な作曲家となると、そのようなごまかしは長い間人の目を欺くことはできなかった。さまざまな研究者（その中にはゲイリー・C・トーマスがいる）の結論をはしょって、ジョナサン・キーツは、「彼（ヘンデル）が独身であったことをもってその同性愛の証拠とすることは、一八世紀の文脈では支持できない。一八世紀には、移動の多い音楽家の生活にとって、結婚は明らかな障害であったからである」と断言している。問題となっている「文脈」が、ローマのオットボーニ枢機卿やイギリスのバーリントン伯爵のサークルのように同性愛者のものであることが明らかなサークルであることも、当時多くの同性愛者が、例えばリュリのように結婚していたことも、キーツの頭をかすめることはないようである。さらに驚くべきことに、ヘンデルが異性愛であるという彼の確信は、「彼のオペラ、カンタータ、オラトリオの音楽」が「モーツアルトとヴァーグナーに匹敵する成熟と複雑さをもって愛を表現している」からであるとされている。

演奏者、とくに男女を問わず歌手は、その身体が楽器として興行では聴衆に向けられているので、異性愛主義的暴力にさらされた。音楽的創作の世界では、数も少なく不可視の存在である女性が、ここでは舞台の前面に出てくる。オペラの女性歌手は、女優と同様、褒めそやされると同時に軽蔑され、芸術家と見なされると同時に娼婦として拒絶された。ジャン＝フィリップ・ラモーの偉大な歌い手であった一八世紀のソフィー・アルヌーのケースでは、この女性歌手の恋愛談に対するのぞき見趣味と偽善的な道徳的非難が入り交じっていることが明白であった。彼女のバイセクシュアルの情事が、『文学通信』や『秘密の回想録』の読者の無上の楽しみであった。一世紀を隔てて、ゴンクール兄弟は、卑猥な調子で彼女たちの伝記の章を開始する。「女性歌手の同性に対する趣味、あらゆる時と国で出くわす通り、これは本当に非常に特殊である、この趣味ときたら！」

男性歌手への烙印は、主にカストラートの集団に向けられる。この場合は、音楽家の情事をことさら詳細に伝えるよりも、しばしば両性具有的な美しさを備えた申し分なき名人の、危険な誘惑に抗議することの方が主題であった。モンテスキューはその『旅』の中で、「ローマでは女性は舞台に上がらない。女性役を演じるのは女性に扮したカストラートである。これは風紀にとって非常に悪い効果をもたらす。（私の知る限りでは）ローマ人に哲学的愛を抱かせるものはこれ以上にないからである」と書いている。一七〇六年の『オペラについてのエッセイ』でジョン・デニスは憤慨する。「私は、イタリア式のオペラはおぞましいと述べても誇張であるとは思わない。それは驚くほど不自然であるために、自然と調和する悦びよりもおぞましく忌まわしい悦びを好むことで知られる国を除いては、世界中のいかなる国でも生まれないとすら断言する」。

昔の音楽作品が、同性愛を直接的に扱うことは稀であった。周辺的なセクシュアリティをある程度の善意をもって扱う、一五四〇年に公表されたクレマン・ジャヌカンの多声音楽曲を例に挙げてみよう。「両性具有者は奇妙な姿をしている／男も女も使いたい。／しかし人はおぞましいと言うだろう／どちらの自然も欠けている」。どちらかと言えば、一般的にこのテーマは、あまり学術的でなく、↓検閲を逃れるレパートリー、例えば街頭歌の中に現れる。重要な人物に対する同性愛嫌悪的攻撃は、しばしば政治的な武器であり、上層から支援を受けていることが頻繁にあった。マザラン枢機卿は、ソドミー、アンヌ・ドートリッシュとの不貞、若きルイ一四世への↓小児性愛のすべてで非難された。「陛下、あなたはただの子ども／あなたから奪っても罰せられない／枢機卿はあなたの母とやっている／レール、ラン、レール／レール、ラン、レール／そのうえ彼は陛下まで／王弟殿下もやったと公言したらしい／レール、ラ、レール、ラン、レール／レール、ラ、レール、ラン、ラ」。マリー・アントワネットのバイセクシュアリティについても悪く言われた。「みなさんこの女性は／大した価値がある／相手はエナン夫人だったのだ／擦りつける女《トリバード》で娼婦だから／王妃にしたのだ」。

オペラは、愛情表現の特権的な場所である。男らしい友情の例（グルックの『タウリス島のイフィゲニア』、ビゼーの『真珠採り』）や、異性愛主義規範（グノーの『サッフォー』は異性愛者であり、スメタナの『ダリボール』はオペラ中では異性愛者になる）がそこでは支配している。同性愛の婉曲な表現すら珍しい。愛を排して男性間の友情に価値を置いた、一七世紀のイエズス会の悲劇（マルカントワーヌ・シャルパンティエの『ダヴィデとヨナタン』）やヴェニス・オペラのバロック的な幻想の中まで探さなければならない。ヴェニス・オペラ、カヴァッリの『カリスト』では、ディアナの女性同性愛は明白であるが、異性愛道徳は無事である。なぜなら若い妖精の愛撫を受けるのはこの女神の姿をしたユピテルだからである。二〇世紀では、ベンジャミン・ブリテンだけが、同性愛者を登場させるオペラを数多く作っている。それらはしばしば不安にさせるもの（『ねじの回転』）や悲劇を運命づけられているもの（『ビリー・バッド』、『ヴェニスに死す』）だとしても、ブリテンは、敵対的な大衆の同性愛嫌悪をうまく引き出すことに成功した（『ピーター・グライムズ』、『アルバート・ヘリング』）。

歌劇の筋立ての中で頻繁に行われた扮装が、両義的な効果を持ったことに変わりない。ベートーヴェンの『フィデリオ』では、レオノーレは常に牢番の衣装で舞台に現れる。レオノーレはこの外見で、マルシェリーネに恋され（このとき一人の男と一人の女がいるように見えるが、聞こえるのは二人の女の声である）、自分の夫フロレスタンを解放する（二人の男がいるように見えるが、聞こえるのは一人の男と一人の女の声である）。さらに、若い男の役を女性歌手に、バロック時代には老女をテナー歌手に演じさせた伝統は、筋立ての中ではないにしても、少なくとも舞台の上には同性カップルを出現させることを許した。しかしその効果は、非常に非対称的で、この表象における性差別の働きを明るみに出す。女性のカップルは、男性観客にとって官能的な香辛料（シュトラウスの『ばらの騎士』）であるのに対し、男性のカップルはおどけ役でしかない（ラモーの『プラテー』）。さらにバロックオペラにおけるカストラート役の問題が、現在も起きる。もしその役柄を女性歌手に与えることを選んだら、ほとんど女性だけの配役になり（ヘンデルの『アルニカ』、グルックの『オルフェオ』）、舞台の「本当らしさ」を増すために、男性のカウンターテナーを要求している批評家たちは、そこから生ずるレズビアン的雰囲気に、困惑すること間違いなしだからである。

二〇世紀後半の間、同性愛および同性愛嫌悪は音楽領域でより大っぴらに表現されている。歌手は、相変わらず同性愛嫌悪立法の犠牲者である。シャルル・トルネは一九六三年に、未成年者誘惑で一ヶ月間投獄されている。合衆国の歌手であるアニタ・ブライアントは、一九七〇年代にゲイとレズビアンの権利に反対するキャンペーンに身を投じている。そしてとくに、多くの歌の歌詞が、はっきりと同性愛に言及している。フェリクス・マイヨールを残忍に真似たモーリス・シュヴァリエの曲や、ミシェル・サルドゥーが軍隊や寄宿舎における同性愛を攻撃した後（『軍曹の笑い』、『学監』）、あらゆる悪の責任者である男たちに烙印を押した『私は告発する』（「私は告発する。偽善者の言うことを信じる人びとを／半ばホモで、半ば両性具有／やつらはタフを気取ってバターを突っこむ／でも怖くなるとすぐひざまずく」、ピエール・ドラノエ作詞）などに続いて、歌手たちはより容易に自らの同性愛嫌悪を溢れ出るがままにしている。一九七二年にシャルル・アズナヴールが『人びとの言うように』で寛容を説いたとき（「本当は誰にも権利はない／ぼくを非難し、ぼくを裁く権利は／はっきり言うなら／まさに自然／だけに責任があるのさ、もしも／ぼくが男なら、ああ／人びとの言うように」）、彼が同性愛者に与えるイメージは諷刺漫画的で、悲惨主義的であった。

多くのロックスター（ミック・ジャガー、プリンス、デヴィッド・ボウイ、ルー・リード、イギー・ポップ）の歌詞は異性愛的であるが、その外見は権利要求的ではないが、挑発的で洗練されており（衣装、化粧）、中性的である。それよりも、ゲイであることを公表しているエルトン・ジョンの同性愛嫌悪に反対する立場を挙げておこう（『アメリカン・トライアングル』は、一九九八年のワイオミング州でのマシュー・↓シェパードの殺害に言及している）。それだけに彼がラッパーのエミネムを擁護していることは、さらに意外である。

というのもラップの世界では、反逆者の男らしい姿勢を作っているのは、女性嫌悪、憎悪暴力と並んで、同性愛嫌悪だからである。ローフの『野蛮人のラップ』がそれを示している。「誰かが言ってた、ほとんどのラッパーは自分がけんかっ早いと思っていると／おれについて言えば、Tバックとトランクスを一緒にしてくれるな／これは糞のラップじゃないぜ、おれはホモじゃない／おれのラップは糞から抜け出す奴らのためだ。警官なんてケツに突っこんでやる」（『決死隊』二〇〇二）。パッシーにとっては、ゲイは、西洋社会の逸脱を表している。「年寄りはバイアグラ漬け、売女は社会保障を欲しがり、小児性愛者は後を絶たない／町では、あんたの息子が見てしまう。二人のホモがキスしてるところを」（『創世記』二〇〇〇）。ラップの影響でラガ［レゲエの一ジャンル］の世界にも男権主義と同性愛嫌悪が現れている。これはレゲエのより人道主義的な言説に対する反動で、ジャマイカの庶民的原点への回帰、商業的な抱き込みに対する抵抗として提示されている。同性愛嫌悪暴力は、エミネムのイメージの一部をなしており、それによって、彼はメディアにうまく取り上げられている。そしてこれらのレパートリーでは、男性同性愛だけが問題になっていることを強調しなければならない。レズビアンはまたしても不可視で、女性は自律的な性生活を持たず、欲望と憎悪の対象としてだけ現れる。

歌詞以外では、音楽的スタイル、楽器の種類もジェンダーを刻み込まれている。オペラやテクノでは多様なレパートリーがゲイに関連するが、クラシックオーケストラ、そしてとりわけジャズやロックのグループにおいては、性差別が未だに残っており、歌手の評価の低下を引き起こす。クラシックでは、女性的な弦楽器（とくにハープ）と男性的な管楽器（とくに金管楽器）の間にとりわけ境界が引かれている。ジャズやロックにおいては、女性はヴォーカルに矮小化される。サクソホン、ギターあるいはドラムなどの楽器の演奏は、すでに規範の侵犯である。ここでもまた男性性と女性性の構築という最も伝統的な現象が働いているのである。

（以下の方々に感謝する。フィリップ・ブレ、テオドラ・プシシュユ、カトリーヌ・ルダン、アリス・タカイユ、ルイ＝ジョルジュ・タン）

ラファエル・ルグラン（齊藤訳）

↓異性愛主義、映画、サッフォー、シャンソン、性差、ダンス、美術、ブライアント、文学、漫画、レトリック

階級

同性愛嫌悪《ホモフォビア》は特定の階級に固有の問題だろうか。社会学者は苦心してそう信じ込もうとしている。しかしきちんとした調査がないのだから、それについて本当には何も分かっていない。おそらく同性愛の社会分布が一様でないことは認めてもらえるだろう。ゲイの間では、異性愛者にくらべると富裕階級の数が二倍だし、大学入学資格《バカロレア》合格者の数も二倍である。さらに、誰も驚かないことではあろうが、同性愛は大都市の中心の方がはるかに浸透している。こうした傾向はフランスに限ったことではない。イギリスでもアメリカでも同じであることが、調査によって確認されている。アメリカでは、自身の同性愛を公然と認めているのは女性の方が多いことも明らかにされている。

しかしこのことから、同性愛嫌悪の社会的分布も一様でないと言えるだろうか。そう主張される際の理屈は以下のようなものである。ゲイ・レズビアンが広まり、集中するのは、敵意が最も少ない世界であることは全く当然だ、だからこそ経済的、文化的エリートの中に、ゲイ・レズビアンの割合が高いのだという。また回答数に偏りがあって、エリートからの回答が多いからそういう結果が出るのだと説明される場合であっても、そこから引き出される結論は、逆に庶民階級が性的指向を表明することを大いに躊躇うこと自体、この階級における敵意の大きさを物語っているということにされる。別の言い方では、社会的エリートに同性愛の割合が大きいことを、↓退廃の徴候だと解釈するのが同性愛嫌悪の理屈であり、この理屈と正反対に考えるなら、それを完全にリベラルな↓寛容の徴《しるし》と解釈すべしということになるのである。

こうした社会学的仮説の底には、おなじみのイデオロギーが横たわっている。↓啓蒙哲学を拠り所とし、予断に対する啓蒙哲学の批判を発想の源にするイデオロギーである。啓蒙哲学の「理性」の擁護は、社会というものの考え方に具現化されている。すなわち開明化したエリートが民衆に道を示し、先導するということだ。このような物の見方は、同性愛嫌悪に適用されているだけではない。人種差別主義についても、性差別主義についても、啓蒙の名のもとに民衆が告発されているのだ。そうした予断を乗り越えるためには、リベラリズムをもって庶民階級から訣別し、敢然と近代性を発揮しなければならないということになる。そして訣別すべき民衆の精神は、つねにより反動的であると安易に見なされているわけである。

このような仮説に対して、これとは正反対の、もう一つの社会学的な、そしてもちろん政治的でもあるモデルを提案することができるかもしれない。フランスでは同性愛をめぐる近年の論争において、結婚について（↓同性婚）であれ、親子関係について（↓同性愛者の子育て）であれ、権利の拡大に対する抵抗が強く見られるのは、逆説的なことに庶民階級よりもエリート層なのではないだろうか。↓性差の消滅について、↓精神分析や人類学の知見に基づいてその脅威を煽るような、洗練された宣伝が成功を収めたのは、まさに洗練された階級の方ではなかっただろうか。

このような逆の仮説の妥当性を評価することはおそらく困難であろう。しかしともかくも、一つの手がかりを取り上げてみたい。一九九七年から一九九九年までの期間を全体的に見ると、パックスや同性愛者の子育てに対する賛同の意見は、エリートのメディアよりも大衆的なメディアの心を動かしたようである。こうした動きに対する抵抗は、ラジオ放送の『フランス＝キュルチュール』や『リベラシオン』紙の方が、マルク＝オリヴィエ・フォジエルやジャン＝リュック・ドラリューのテレビ番組よりも強力だったのである。きっと、フォジエルやドラリューのような「莫大な数の視聴者」を相手にしている司会者たちは、自分たちがいつも味方につきたいと努めている世論の中に、こうした動きに対する共感が高まるのをいち早く感じとったのであろう。一方、もっと大衆性の度合いの低いメディア、大衆を啓蒙するのが自分たちの使命のように見せかけているメディアのジャーナリストは、自分たちがいつも拠り所にしている知識人との間で共有している信念に呼応することを、相も変わらずもたもたと続けていたわけである。

このことを一般化すれば、支配的なイデオロギーは支配者の中に、すなわち習俗の変化と戦う文化的な武器をより多く装備している者たちの中に、より強力に根づいていると言えそうだ。逆に民衆の、さほど熟慮されたわけでも権威づけられているわけでもない同性愛嫌悪は、支配的イデオロギーの正当性を疑うような政治的雰囲気に対して、抵抗しようとはおそらくしないであろう。要するに、ここで最初の仮説は反転されるわけである。同性愛嫌悪は民衆の間にとくに強く具現化されているということはなく、むしろエリート層の方に深く、または少なくとも堅固に根を下ろしているということになる。

以上の二つの仮説のどちらか一方を選択すべきなのだろうか。第一の仮説は、リベラルな近代化の論理に含まれ、第二の仮説は、エリートに対する根源的な批判に属するのであろうか。しかし第一の仮説を棄てて、第二の仮説を選ぶことは、民衆の悲惨を強調するポピュリズムから大衆迎合的なポピュリズムに移行するだけなのではないだろうか。実際第一の仮説では、庶民階級は予断の闇に沈んでいることが前提とされている。一方第二の仮説では、エリートは傲慢なイデオロギーの中に閉じこもっているのと対照的に、民衆の方がより開放的であると考える。この二者択一状態を脱するためには、調査に頼ることをやめることである。経験主義的な研究は、質問調査を前提としている。しかし質問票は、どの理論を選択するかによってそれぞれ異なる影響を受けているのだ。

社会の上部と下部を対立させて、同性愛嫌悪はエリート層により多いとか少ないとか、庶民階級により多いとか少ないとかと、代わりばんこに一方を持ち上げ、一方を糾弾するのはもうやめて、上の二つの仮説とは異なるもう一つの仮説を立ててみよう。それは困難を定義によって解消しようとする仮説である。もしも同性愛嫌悪を、さまざまな同性愛の排斥と蔑視を助長するような言説や行動の総体の呼び名であるとするなら、同性愛嫌悪が一つであると考えることは実はできないのである。また従って、どこそこの社会階層の同性愛嫌悪が、どれぐらいの程度であるかということを計測するだけで十分であるとすることもできないのである。

逆に同性愛嫌悪は時間と空間によって変化するものとして、その不均質性を認めるのであれば、階級と同性愛嫌悪の相関関係を、程度の問題ではなく、性質の問題として明らかにすることができるようになる。社会的状況や政治的文脈などの構造は歴史的にさまざまに変化するのであるから、その中で人びとが出会う同性愛嫌悪は、決して一様ではない。同性愛嫌悪が表しているのは、歴史の転変にも動じないような堅固な核としての、一つの恒常的イデオロギーではない。同性愛嫌悪の変幻自在の性質は、この事実に由来している。同性愛嫌悪は実際に、同性愛の正当化、逆に言えば異性愛の規範の疑問視に反対する戦略の総体以外の何物でもない。

この仮説を立てるからには、社会階層を上がったり下がったりするたびに、同性愛嫌悪の程度が強まったり弱まったりするというような測定をやめなければならない。同性愛嫌悪に関する調査の質問票をつくる義務が社会学にあると仮定するとしても、社会学に、社会階層別の集団間の比較を可能とするような唯一の指標を決定することを期待すべきではないのである。そのような期待を抱くから、「あなたの同性愛嫌悪は強いですか、弱いですか」というような質問になってしまうのだ。こんなふうに点数の良し悪しを決めるような質問でなければ、同性愛嫌悪が社会階層によってどのような形態をとるか、あるいは別の言葉で言うなら、異性愛の規範化（↓異性愛主義）のために実行されるさまざまな戦略がどのようなものであるかということを、調査によってより詳細に明らかにすることができるであろう。

エリック・ファサン（山本訳）

↓異性愛主義、社会学、象徴的秩序、哲学、同性愛者の子育て、レトリック

家族

■政治の新しい争点

家族は未だに多くの同性愛者にとって、「同性愛嫌悪《ホモフォビア》体験」と呼び得るものを最初に経験する場である。このように家族は、同性愛嫌悪のさまざまな装置の中でも中心的な位置を占めているため、つい最近まで、同性愛者はまず最初に、家族よりも籠絡《ろうらく》しやすいように思われる場、中でも社会的平等に関わる文字通り政治的な空間に、権利要求や努力を集中させてきたのである。確かに実際は、家族も国家や↓学校、教会と同じように、社会組織の中では鍵となる制度ではあるのだが、他のものにくらべると、より避けがたく、より動かしがたく、さらにはより自然なものであると言うこともできるような様相を呈しているのである。

一九七〇年代に同性愛者の権利のために開始された政治的闘いは、他の領域では大いに進展を見たので、二〇〇〇年代に入ると少し場所を移し、社会の新しい争点を問題にするようになってきた。すなわちカップル、家族、↓同性愛者の子育てである。そして家族の同性愛嫌悪に反対する闘いのためには、政治的活動に加えて社会科学も動員されている。いずれにせよ、家族の同性愛嫌悪という主題には二つの面があることを区別しなければならない。一つは家族の中にある同性愛嫌悪であり、今一つは、家族という主題を同性愛嫌悪のために利用することである。

■家族内の同性愛嫌悪

家族という枠組みの中で実践されている同性愛嫌悪は、社会の中で家族が果たしている機能が多様であり、また両義的であることに由来している。例えば家族は、異性愛者家族の中で生きていくという、容認されているアイデンティティを実現する唯一の場所として、子どもに対して、そして大人に対して、自分自身の家族自体からも教えられるし、また社会の他のさまざまな機関からも提示されるのだ。ピエール・ブルデューが言うように、家族は「社会のあらゆる集団の模範を示すことになっている」のであり、「社会が勝手に決めていることを、あたかも自然のものであるように変える場」なのである。だからこそ、社会や国家は、家族がその成員に対して多大な権力を振るうことを認めているのである。だから子どもたちは、極めて早い時期から女の子として、また男の子としてどうあるべきかということについて、いくつものメッセージを文字どおり続けざまに受け取るのである。これらのメッセージは子どもたちに直接語りかけることもあるし、また間接的なこともある。あまりに男らしくない男の子、あまりに男っぽい女の子は、直接注意を受ける。しかし家族の他の成員が家族の外の事象に対して同性愛嫌悪に基づく↓侮辱の言葉や↓暴力を投げかけるのを、子どもが目撃した場合にも、そのメッセージはやはり強力である。そのような侮辱や暴力は、直ちに家族内部に禁止や規範を課すことになる。規範にかなっていない欲望や行為をまさに発達させつつある、あるいはこれから発達させようとしている子どもがいれば、明らかにその子が第一の犠牲者である。しかし家族の他の成員に同性愛者がいれば（父親、母親などがそうかもしれない）、その家族もやはり犠牲となるのだ。

子どもの目から見れば、この規範を自分のものとして統合することは、劇的な影響を及ぼす可能性がある。とくに、強情な子どもだということで、言葉による暴力や、また肉体的な暴力、心理的な罰が展開された場合にはなおさらである。こうした言葉や行為は愛の名のもとに課されることが極めて多く、子どもはほとんどの場合避けることができない。しかもこの種の暴力については、家族からの他の暴力の場合よりもはるかに、家族の外で口にしたり、訴えたりすることが極端に困難なのである。これこそがよく知られているように、思春期の同性愛者に自殺の割合が非常に高い（あるアメリカの研究によれば、異性愛者の八倍にのぼる）ことの、本質的な原因の一つである。

肉体的な暴力や全面的な拒絶はなくても、日常的によくある現象としては、家族に同性愛が本当に受け容れられるまでに長い時間がかかることである。この場合でもやはり、暴力はある。ただし象徴的な暴力である。最初はこれを話題にすること自体を否認される。「放っておけばそのうち忘れるさ」。あるいはその話題について語ることを拒否される。時には、その情報を他に漏らさないよう勧めたり、頼んだりする言葉（「父さんには言わないで、甥には、姪には、家族の他の人には言わないで、などなど」）を聞きいれてもらえない。さらには同性愛の相手に会うこと、家に入れることを拒否される。息子が非業の死を遂げれば、その相手を侮辱する。こうした象徴的暴力は枚挙にいとまがないし、同性愛者の多くにとってはなじみ深いことばかりである。しかしながら、近年になって家族がかなり変化したことによって、かつては考えられなかったような緩和がもたらされた。あからさまな異性愛主義（ヘテロセクシズム）は、かげりを見せているのだ。しかしそれは、どこからも消滅したわけではないし、またどこでも完全に消滅したわけではないのと同様、家族においても全面的に消滅したわけではない。現在のこの複雑な状況を理解するためには、西洋の歴史が生んだ、さまざまな家族のモデルとさまざまな家族内の同性愛嫌悪に立ち戻ってみる必要がある。

実際最も古いモデルでも、ある特定の環境では現代においてもなお強力な現実味を帯びているのだ。氏族としての家族、厳密な意味での伝統的家族のことである。それは個人主義化していない社会の大部分を今もなお特徴づけている家族であり、また一四世紀以前の西洋において優勢を誇っていた家族である。この種の家族はその成員を統制する。なぜなら生まれてから死ぬまで家族は経済的な土台として最重要の場であるからだ。こうした家族は徹底的に家父長制的であり、若者の結婚も家族が要請し、家族が統制する。そのようにしてこの種の家族は、家族内の秩序を保つために家長にあらゆる正当性を与えるのである。極めて激しい同性愛嫌悪の暴力も正当化される。カトリック教会は、今でもこのモデルを大いに基準にしている。開発途上国ではあからさまに、西洋文化の中では暗黙のうちに、である。おおまかに言って、この種の家族は生涯に渡ってその成員を支配する。そして同性愛者としてのアイデンティティが、社会の中の、ある自律性を認められた場で受け容れられていたとしても、家族内でそれを確立することは禁じたのである。わずかに同性愛が目に付くそのような限られた場は、その種の家族にとっては、軽蔑すべきであり、また暴力の対象とされるべき外れ者か、結婚前の若者に属すものであると見なされていた。同性愛は、沈黙か、恥の中でしか生きることができなかったのである。

このモデルはわれわれの社会に今でも残留している。産業革命に伴って、二〇世紀半ばには新しいモデルがこのモデルに取って代わるが、それは実際、古いモデルの上に新しいモデルが重なっただけである。この新しいモデルの家族は、家庭の主婦の理想像とともに、結婚したカップルとその子どもを中心に据える。そして家族内の子どもに対する統制は、子どもが以前より少なくなっているだけに、一層強化される。社会の価値観は画一化されていき、子どもたちをそのような社会に「かなう」ようにすることが問題となる。結婚することへの圧力は、かつてないほど強くなる。そのため内部では、家族からの同性愛嫌悪が容赦ないものとなり、家族の外では、その頃には以前よりはるかに個人に介入するようになった国家が、家族に代わって同性愛嫌悪を発揮した。

この新しい家族のモデルが完成されるのが、一九五〇年代のことである。それは、アメリカやフランスで、同性愛嫌悪の法制度が頂点に達する時期に一致している。家族をめぐるこのイデオロギーは、今日でもなおヨーロッパで、そしてそれ以上にアメリカで、大きな力を維持している。それは未だに、同性愛嫌悪に基づく多くの行為や言説の根拠であり続けていて、とくに、いわゆる「子どもの利益」ということを中心に同性愛嫌悪を支えているのである。それでも、一九七〇年代に最初のレズビアン・ゲイ（この言葉もこのとき誕生した）活動家になる男女が生まれたのは、まさにこうした家族なのである。事実、資本主義の発展に関連した社会の変化は、拡大家族を壊し、また地理的移動の機会を増やし、さらに子どもを、さらには青少年を、家族外で社会化することを通して、真の意味での個人の自立をそれまではあり得なかったほどにまで促進し、それによっていずれ西洋にゲイ・レズビアン文化が誕生し、真の同性愛者のアイデンティティが発達することが可能になった。それと同時に、家族像も同様の変化を被るのである。

実際一九七〇年代を境に、西洋では、家族の解体というよく知られた過程が始まっている。家族像は、無限に増殖しているように見える。カップルと結婚とが、また結婚と子どもとが、はっきり切り離されて考えられるようになり、性別による役割分担の正当性が無効化し（事実上は未だにこの分担が続いているけれども）、父親の権威が実質的に失われ、離婚が爆発的に増大した。こうしたことがすべて、カップルや、親子関係の新たな像に結実していき、そのうちのどれを法的に承認すべきであるのかという議論が開始されることになったのである。

以上を見れば、家族の内部での同性愛嫌悪とその姿がどれほど根本的に変化したかということが理解される。親も子も、テンポは違ってはいるものの、同性愛者が新たに目に付くようになってきたことを、どちらも感じとっている。そして同性愛嫌悪は、ついにその名で呼ばれるようになる。男性同性愛者《ホモセクシュアル》、またはレズビアンを家族内で自称すること、また同性愛者の親、兄弟、姉妹であると、社会で自称すること、さらには同性愛者であり親であることを自称すること、そして来るべき同性愛者のカップルを認めること、家族がほしいということを同性愛者として口にすること。こうしたことは未だに危険ではあるけれども可能になった。同時に、同性愛嫌悪は自らの考えを釈明すること、自らの非難、自らの憎悪、自らの幻想の根拠を示すことを強いられるようになった。しかも現代にも受け容れられる言葉を用いて、それをしなければならなくなった。家族という主題をめぐって、イデオロギーの領域だけでなく、政治の領域やメディアの領域でも、正真正銘の闘いがくり広げられているのである。

■同性愛嫌悪の装置としての、家族という基準

これまで家族の同性愛嫌悪は、ことさら誇示される必要すらなかった。最近の例として、カトリック系の出版社であるベヤール社から一九九八年に発行された六歳から八歳向けの絵本『家族みんなで一緒に生きる』を挙げることができるだろう。この中では、家族の中にゲイ・レズビアンが存在する場合については言及されていない。また「これまでずっと家族というものがあったのです。なぜならこれまでずっと、男と女に子どもがいたからです」、そして「（家族というものは）、結婚、誕生、養子縁組によって一つに結びついた人たちの全体のことです」と書かれている。家族がどんなものであるか、それ以上のことは何も言われていない。つまり他にあり得るすべてのモデル、まずまっさきに同性愛者の子育ては「退場」というわけである。

しかし時代はもはや槌音のように単純明快ではなくなった。子ども向けの本としてはもう、文字通り、家族について問題にならないような定義をしている本しかない。同性愛嫌悪を持つ者が公共空間で発言する際に、初めて守勢にまわっている。彼らは同性愛者をめぐる腹立たしい主題について語ることを強いられている。そうした主題の中にはもちろん、同性愛者どうしのカップルの認知、同性愛者のカップルまたは独身者による養子縁組、同性愛者の配偶者の地位、離婚後の子どもたちの親権問題、生殖補助医療なども含まれる。だからこそつい最近になって、それぞれはかなり分裂してはいるものの、総体としてははっきりと家族を基準としている同性愛嫌悪の言説が誕生してきているのである。それらを理解するためには、何がその共通点であるのか、

またそれぞれを区別するものは何なのか考えなければならない。

家族に基づく同性愛嫌悪の言説は、ほぼすべてが反動思想に特徴的な↓退廃という主題を極めて広範囲に渡って借用している。だからそうした言説は、すべて同じ確認の言葉から出発している。すなわち、家族は深刻な危機に瀕している、と。家族はさまざまな形態の危機に心臓を直撃され、あらゆる社会機構を道連れに滅びる恐れがある。だからこそ、家族を守り、家族を強化することが喫緊の課題なのである。第二の共通の特徴となるのは、同性愛者の活発な運動に対する反応として、政治家に呼びかけることである。実際争点になっているのは↓パックスのような社会の新たな前進に対する拒絶だけではなく、同時に結婚を再び社会の中心に据えることでもあるのだ。だから家族政策を、家族主義的、夫婦中心主義的、出産奨励主義的な方向で再考しなければならないとされるのである。だから反動議員のクリスティーヌ・↓ブタンは、一九九七年に出版された『同性愛者の「結婚」?』の中で次のように書くのである。「結婚と家族は国家の義務の中心である」。なぜなら「家族は社会が構成され、存続するための基本的なモデルだからである」。このような反動的な家族主義者の関心事項が示されている例を、最近の書籍からもう一つ引用すると、『来るべき家族』では次のように言われている。「〔家族は〕社会と経済が未曾有の危機に陥っているこの状況にあって、絶対的に必要なものである」。同性愛者の権利要求は家族を脅かす。だから国家はそれに反対しなければならない。さらには、お返しをしなければならない。

■家族に基づく同性愛嫌悪の理論を構築しようとする試み

以上のように、もはや自然と自然権という論拠だけでは説得力がないのである。だからパックスをめぐる議論では、同性愛者をカップルや家族から排除するための論拠を別のところに求める試みがいくつも示された。それらはどれも科学的であることを標榜していたが、それぞれ互いにかなり異なっていた。精神分析家ミシェル・トールの表現を用いるなら、理論化された同性愛嫌悪は、今日では「レヴィ＝ストロースとラカンと家族に関する実定法の象徴的合流地点」となっている。まず助けを求められたのは↓精神分析であった。詳細にまで踏み込むことはしないが、ラカンの金科玉条が利用されていることを指摘しておきたい。ラカンは、成人の現実に存在するあらゆるセクシュアリティの土台は↓性差にあるとし、また、両親という形態をとった性差が、子どもの将来のあらゆる人格を構築する要素であるとした。そうであれば、それがキリスト教思想に出会うのは理にかなったことであり、神父であり精神分析家でもあるトニ・アナトレラが次のように書いても、もはや驚かない。「男と女の間にしか愛はあり得ない。なぜなら愛はその土台として↓他性を前提としているからである」。こうなれば後はもう、「両親の愛は、夫婦愛を通してしか存在し得ない」と断言して、クリスティーヌ・ブタンに理論的根拠を授けるばかりである。ブタンが「〔パックスによって〕危険にさらされる子どもと人間愛」（先に引用したブタンの著書の、ある章の見出し）と言っている理由も今やよりよく理解される。ブタンはだからこそ、尊厳においても性質においても結婚したカップルと等しい同性愛者カップルというものの可能性すら否定するのである。そして同性愛は、「不毛（↓生殖不能）で、束の間の計画」に過ぎないことになるのだ。そこから、同性愛者カップルに法的基盤を与えることは、われわれの社会の永続性そのものを脅かすことになるのである。

これほど憎悪に満ちてもいなければ、一見すると受け容れられそうに見えるかもしれないこととしては、同性愛者カップルは、そのセクシュアリティが変わりやすいので、本当のカップルを形成することができず、異性愛者カップルを模倣してもうまくいかないという考え方がある。これがシルヴィアンヌ・アガサンスキーが一九九八年に発表した『性の政治学』で主張した命題である。この場合、同性愛者カップルは「少し捏造されて」いて、社会の中の離れたところに位置し続ける（彼らは「普遍的」であろうと欲しはしない）。だから家族であると主張することはできないであろうというのだ。これを見て分かるように、同性愛嫌悪の口は閉じられている。だが異性愛者カップル（アガサンスキー）または異性愛者家族（ブタン）は、人間の経験の中心である。従って、同性愛者たちが要求している権利は、不可能（アガサンスキー）であるか、あるいは潜在的に奇形（アナトレラとブタン）である。しかし、このような形でのラカンの利用に反対して、そして何よりもほとんど同性愛嫌悪の暴力を正当化しているも同然の、トニ・アナトレラの発言に見られる憎悪という性質に反発して、精神分析界の真っ只中に烈しい反発が起きて、精神分析を同性愛嫌悪に利用することの理論的実践的限界が明らかにされている。

一方、人類学もまた、もう一つの正当化の根拠を提供している。家族を専門とする社会学者のイレーヌ・テリーは、憎悪に満ちた言説を発するわけではない。テリーは同性愛者カップルのある種の認知に対して、はっきり賛成の立場をとった。しかしその同じ同性愛者カップルが養子縁組することは、断固として拒絶するのである。ここではイレーヌ・テリーが、どんな社会も、異なる性の二人の両親が、少なくとも象徴的に存在することが、子どものあらゆる発達の基盤となっていることを示そうとしていることだけ指摘しておきたい。それによって彼女は、養子縁組の拒否の根拠として、政治的な根拠ではなく、「科学的」、人類学的な根拠を据えているのである。そうすることで彼女は、正当性が心配されるような同性愛嫌悪の言説に、もってこいの正当化の根拠をもたらし、そのつもりはないながら、「子どもにとっての危険」という、破廉恥な小児性愛への当てこすりにも再び力を与えるのである。こうした正当化こそまさに、もう一人の社会学者エリック・ファサンによって、似非《えせ》科学であるとして烈しく疑義を呈されている試みである。

▩同性愛嫌悪のない家族のためのこれまでの戦略とこれからの戦略

この分析の最後に、家族という枠組みに対する同性愛者の戦略の変遷をよりよく理解するために、中でも重要な画期となっている契機はどのようなものか、個人的な戦略の複数性を越えて明確にしたい。

これまでの分析で用いた用語を再び取り上げるなら、伝統的家族においては逃げ出すことが唯一の解決のように思われた。近代的な家族においては、闘いは困難であるが、家族という枠組みとは別に寛容の場をつくり上げることに解決はあった。一九二二年に出版された『コリドン』の中で、アンドレ・ジッドは、自らが擁護する同性愛が、家族に害を与えることはあり得ないということだけでなく、それどころか家族を強化することを、注意深く示そうとした。一九九九年にも、作家のドミニック・フェルナンデスが同じ論理に与して、『狼と犬』と題されたエッセーの中で、次のように断言している。「家族はフランス人の大多数に関係している。それに対してパックスは、家族の外側に位置していて、マイノリティにしか、関わりがない。だからパックスは家族とは全く関係がなく、従っていかなる点でも家族を脅かすことはない」。一九七〇年代、八〇年代に締めつけは弛んだが、社会的な敵意は依然として強いままである。そんな中で、まるで好きに選べる家族のように、友人や恋人との間に強く結ばれた集合体を構成することを求めたことによって、同性愛者はその総体として、間接的に家族という主題を再び俎上に載せたのである。アーミステッド・モーピンの連作「メリー・アン・シングルトンの物語」[一〜六、中江昌彦訳、ソニー・マガジンズ、二〇〇二]は、この点についてたいへん象徴的である。そして最後に、家族のポストモダンの時代にあって、今、同性愛者たちは家族の中に自分たちの居場所を要求している。以上ざっと見てきたように、同性愛者の家族であれ、異性愛者の家族であれ、どちらにも開かれた家族であれ、そこが子どもたちにとって、そして大人にとっても、十全たる平等が生きられ、擁護される場であって欲しいと期待させられる。この方向にこそ、今日、力が注がれるべきである。

フィリップ・マザネ（山本訳）

↓異性愛主義、自殺、人類学、性差、生殖不能、精神分析、退廃、他性、同性愛者の子育て、同性婚、恥、判例、養子縁組、ヨーロッパ法、レトリック

学校

学校が、同性愛嫌悪《ホモフォビア》が露見する場となることは非常に多い。学校はまず何よりも侮辱の場である。侮辱を受けた者は、それによって意識の中に劣等感と恥を深く刻まれる。ある種の生徒にとって学校は、自分自身の同性愛を発見するよりも前に、原始的で極端に暴力的な目にあわされる場となる。思春期直前の子どもたちの同性愛嫌悪に基づく言動は、大人から大目に見られ、サディズムの域にまで達することもあるうえに、集団教育として役に立つとまで見なされるのだ。アメリカの作家ポール・モネットが、自伝『ビカミング・ア・マン』（一九九二）の中でそのことを強調している。一九五五年頃の話だが、一一歳のアイルランド人の不良少年が、同級生の一人を同性愛者だと責め立てて、自分の唾をその同級生に呑みこませるという場面が出てくる。そしてこの場面は、そこで見物していた一〇歳から一二歳の子どもたちすべてに、道徳から外れないためには同性愛者になってはいけないということだけではなく、さらに同性愛者を下劣な中でも下劣な人間として嫌悪しなければならないということを教えるものとされている。確かにこの場面は明らかに、すでに自分の身体の性的な部分に関心を引かれている年齢のこの生徒たちの中に、絶対に秘密にしておかなくてはいけない、「とにかくそれだけは知られちゃいけない」という命令（↓クローゼット／慎み）を植えつけたはずである。

学校制度のパラドックスは、同性に向かう子どもたちのさまざまな感情の支えとなる一方で、西洋社会の同性愛嫌悪の歴史の中で、中心的な役割を演じてきたことにある。とりわけ寄宿学校は、あらゆるときめきの場であり、従ってあらゆる危険の場であると思われてきた。一八世紀にはもう、多くのソドミー犯がコレージュ時代に「その気にさせられた」と警察の報告書に見られる。第二帝政［一八五二〜七〇］下では、捜査官や検事の報告書に、「この寄宿学校の哀れな子どもたちの間では少年愛の事件が極めて頻繁に起きている」と注意を促している。寄宿学校は、家族からの統制を宙づりにし、欲求不満によって心を烈しく騒がせ、肉体的な変化の真っ最中にさまざまな年齢の生徒と交わる場であるから、要するに時には性的な行為が内緒で行われることもある（触ってみたり、寝室を「訪問」してみたり）。しかし同時に、そこでの同性愛は大きな危険を伴っていた。もしも現場を押さえられたら、当事者の生徒二名は仲間から村八分にされ、管理者からは重い罰を受ける恐れがあるのだ。フランスでは宗教組織の寄宿学校にせよ高等学校にせよ、このことが大きな脅迫観念となっていて、それはロジェ・マルタン・デュ・ガールの『チボー家の人びと』やアンリ・ド・モンテルランの自伝からも見てとれる。アンリはこのことが理由で一九一三年にヌイイーのサント＝クロワ校を退学になったのである。軍高等学校ではつい最近まで、他人のベッドに入っているところを見つかった場合には、とくに外出禁止などの罰の対象となった。それは各種軍事グランドゼコール準備学級の、すでに成人した生徒に対しても適用された。

また高等師範学校の場合も、その生徒は少し年齢が上だが、事態は大きくは違わない。二〇世紀初頭、同性愛の嫌疑をかけられた高等師範学校生は仲間の間に暴力的な憎悪を掻きたてることがあった。そのことをよく物語っているのはシャルル・ペギー［一八七三〜一九一四］の同時代人で、たいへん同性愛嫌悪の深かったラウール・ブランシャールの回想録である。また一九三〇年代には、同じ寄宿舎でロベール・ブラジヤック［一九〇九〜四五］が、その思想よりもその素行でまわりに不快感を与えていた。さらにはミシェル・フーコーが、一九四六年から五一年の間に、ウルム街［高等師範学校の所在地］で鬱々と自殺を考えていたこともよく知られている。両義性が最も極端なのが、イギリスのパブリック・スクールである。そこでは同性愛が比較的ありふれている。なぜならそこでは寄宿学校の監督が最年長の生徒に任されていることが極めて多く、若者たちの自立性がある程度まで認められているからだ。ところが生徒どうしの肉体関係が管理者に見つかった場合には、退学処分になることがある（生徒の隠語では、「いつもの理由で」の退学と言われる）。ついでに指摘しておけば、長い間同性愛嫌悪が非常に強かったイギリスという国のパブリック・スクールで、同性愛がしつこく存続するからと言って驚くには当たらない。そこを卒業し、父親となった者の多くは、自分たちがそういうことからは抜け出したのだということがよく分かっているし、またそこに、ほとんど影響をもたらすことはないような、一時的な感情しか見てとろうとしなかった。しかも一九三〇年代以降は、思春期には同性愛の段階があるというフロイトの言説が広まって、最も心配していた者たちも安心したからである。また寄宿学校では、同性愛嫌悪の暴力が生まれることもある。それは同性愛を自分のものとして引き受けられないことに結びついていることが多く、いささか両義的である。このことは一九〇六年のローベルト・ムージルの『テルレスの惑乱』に見てとれる。そこでは、バジーニという生徒が複数の同級生から性的な奴隷にされていて、その者たちは「バジーニとぼくらの間には、奴の薄汚い行為で気持よくなること以外、何のつながりもない」と言うほどバジーニを蔑んでいた。しかし学校における暴力やレイプが、生徒どうしのことであると考えたら間違いである。最近ジャン＝クロード・カロンが明らかにしたように、一九世紀のフランスでは、聖職者の教師の間に、中でもとくに、実は庶民層の子どもで身を守る術を何も持たないような生徒ばかりの学校の教師の間に、↓小児性愛で有罪となっている者がかなり多いのである。

同性愛嫌悪は一八世紀から二〇世紀にかけての学校再編に大いに触発された。ティソ（『オナニー』、一七六〇）、次いでタルデュー（『風紀紊乱罪に関する↓法医学的研究』、一八五七）らの思想は、フランスでは長い間校長たちに影響を与えた。ティソは生殖を目的としないあらゆる性行為は肉体を軟弱にするという点で、タルデューの場合は、数少ない本物の男色家が多くの一時的な同性愛者を堕落させるという点で、である。そのために私立にせよ公立にせよ、寄宿学校の責任者は、あらゆる性的な行為を妨げるという明確な意志を持って、大部屋の生徒たちの監視を強化した（これと同じようなやり方はイギリスには存在しない。イギリスは、他人の監視によらず自分で自分を律する自己修練という形態が人格形成の最も価値ある理想とされたのだ）。聖職者のデュパンルー［一八〇二〜七八］は、監督者は二つのことに注意してしつこく言って聞かさなければいけないと言っていた。「特殊な友情となれなれしさは、どちらも不適切である」。また、どんな場合にも「決して二人になるな」という規則を守らせなければいけないとも言っていた。これについては、イタリア人の犯罪学者チェーザレ・ロンブローゾ［一八三五〜一九〇九］が一八七六年の『犯罪人論』の中で、デュパンルーのまねをして次のように言っている。「男の子が二人っきりでいるところを見かけたら警戒しなければいけない。たぶん何かよからぬことをしているのだ」。またジョルジュ・サンドは、それが一九世紀初頭にはすでに女の子にとってもたいせつな規則であったことを教えてくれている。「私たちは二人ずつになって歩くことを禁じられていた。三人でなければならなかった。抱擁し合うことも禁止だった。罪のない文通のことまで心配された」。同様に、学校での↓スポーツは、第二帝政の末期以降、思春期の衝動を誘導し、活力を増大させ、つまりは男らしくさせ、そうすることによって同性愛という↓脅威から青年を遠ざけてくれると見なされることが多くなっていった。イギリスのパブリック・スクールという手本を、少しばかり馬鹿正直に模倣したというのも事実である。ヴィクトール・ド・ラプラード、ピエール・ド・クーベルタン［一八六三〜一九三七、国際オリンピック委員会の創始者］、↓エドモン・ドモラン［一八五二〜一九〇七］などといった者たちが、それを褒めちぎっていたのである。

逆に、スポーツや身体を使う活動を好まない少年たちへのいじめ（英語ではブリイング）こそが、二〇世紀の学校における同性愛嫌悪の中でも、おそらく最も広がりを見せていた形態であろう。映画『とても素敵なこと――初恋のフェアリーテール』（一九九六）［一九九七年に東京国際レズビアン＆ゲイ映画祭にて上映］の冒頭のサッカー場の場面で、まさにこの種のいじめの状況に不可欠な三つの要素が描かれている。すなわち、追放（どちらのチームもジェイミーを入れたがらない）、侮辱（ジェイミーはヒュー・ジェイナスというあだ名で呼ばれる。これは英語の猥褻な隠語である［「でかい尻の穴」と同音］）、卑怯な見物人（そこにはのちにジェイミーの恋人となる少年も含まれている）の三つである。

　またしばしば忘れがちであるが、男女共学の学校という考えは、化学者のアンリ・サント＝クレール・ドヴィルがすでに一八七二年に、性逆転↓を撲滅する目的で提案したのである。彼にとって思春期の者を片方の性だけ集めておくことは、「本能の恐るべき倒錯↓」を招くことにしかならないのであった。性科学者のヴィルヘルム・ライヒは、一九三二年の『青年の性的闘争』［山崎カヲル訳、イザラ書房、一九七二］の中で、同性愛を撲滅する最良の手段は、同性愛を招く社会的環境を阻害することだと考え、それを男女共学に求めている。フランスで男女共学が実現するのは一九六〇年代のことだったが、明らかにミルゲ修正法↓の同性愛嫌悪的な立場の一環として取り入れられたのであった（当時、イギリスでもパブリック・スクールの「イギリス病」根絶のために同じようなことが提案されていた）。一九七〇年代にオックスフォード大学やケンブリッジ大学に男女共学制が適用されたときや、一九八〇年代にウルム街とセーヴル街［女子高等師範学校の所在地］が統合されたときにも、同じような言説が流布された。つまりそうした学校では同性愛者が多過ぎる、あるいは一時的な同性愛者がつくられ過ぎる、そして男女共学によって、そうした「不健全」な状況に終止符が打たれる、ということが前提とされていたのである。

　学校における性教育も、当初（フランスでは一九七三年のフォンタネ通達↓）は異性愛の規範強化を明確に目的としていた。その授業は生物学の教師に任され、生物学教師はしばしばセクシュアリティと生殖を同一視し、同性愛については古い医学用語である倒錯↓という言葉を使って公然と非難した。興味深いことに、一九八〇年代にソヴィエト連邦としては最後の、同性愛嫌悪を媒介する主要な手段の一つとなったのが、アントニナ・クリプコワやディミトリ・コレソフが著した性教育の教科書であった。

　学校における同性愛嫌悪に対する同性愛者の青年の側の反応にはいくつかの種類がある。多くが敵意に満ちた環境で生き残るために、二重の役割を演じ、うわべは集団の掟を受け容れているように見せながら、気づかれずに過ごしている。しかし中には不安定になっていき、自傷行為に至ることもあり得る。思春期の自殺↓の三分の一は、同性愛の問題に関連している可能性がある。膨大な数の中から一件だけ例に挙げるなら、一九九八年、イギリスのバートン＝アポン＝トレントの年少の生徒が、演劇や料理の趣味のせいで同級生たちからいつもオネエ扱いされていたために自殺する事件があった。よく知られている反応としては、過度に勉学に没頭するということもある。これは慎ましやかに生き残る戦略なのであり、ゲイとしてのアイデンティティを（とくに読書によって）構築する手段でもあり、来るべき解放のための担保でもある。成績の良い生徒、高等師範学校文科の準備学級の生徒、高等師範学校の生徒（ミシェル・フーコー、ドミニック・フェルナンデス、ギイ・オッカンガム、フィリップ・マンジョ）、オックスフォードやケンブリッジ、イェールやバークリーの学生の間に、ずば抜けて同性愛者の比率が高いことの理由の一つは、おそらくいじめ《ブリィング》にあるのだろう（ジャーナリストのアレックス・テーラーは、コーンウォールで過ごした思春期に、オックスフォードに入ることを目標に掲げたのは、自分が同性愛者だったからだと何度も語っている）。

　もちろんだからと言っていじめを正当化する理由にも、容認する理由にもならないことは明白である。この問題に関してアメリカは、ジェイミー・ナボズニー事件によって付けられた轍によって前進することができた。この事件は一九九六年に、ウィスコンシン州の高校生であったこの生徒が、数年に渡って同性愛嫌悪に基づくひどい嫌がらせを執拗に受けてきたのに、学校の管理者が保護しなかったと訴え出て、学校に対する有罪判決が下ったのである。ナボズニー事件は連邦レヴェルの判例となり、それ以後、学校施設の長は同性愛者の生徒を保護しなければならないと了解されるようになったのである。さらにマサチューセッツ州ではウィリアム・ウェルド州知事が音頭をとって、少なくともいくつかの郡で学校当局がゲイとゲイ・フレンドリーな生徒のクラブをつくる後押しをした。同じようなことがイギリスでも起きている。ただしイギリスには一九八八年以来、同性愛関係と異性愛の家族関係を同じ一つの次元で扱うことを禁じる第二八条があるにはある（この条文を理由に訴追された者は一人もいないというのが本当のところである）［二〇〇〇年にスコットランド、二〇〇三年にはイギリス全土において無効とされた］。イギリスの学校における同性愛嫌悪反対闘争に関しては、二〇〇〇年に労働党員でありながら信仰心に厚いキリスト教信者であるデーヴィッド・ブランケット教育相が、いじめを禁じる命令を発するまでは、すべてが学校施設の責任者の勇気次第であった（しかしこの勇気は時に極めて甚大なものだった。コンプリヘンシヴ・スクール［総合制中等学校］のある校長は、一九八八年にすでに次のように言っていた。「私たちは、同性愛関係を家族関係の模擬行為であるように扱ってはなりません。それは真の家族関係として扱わなければならないのであり、私たちは今後もそのように扱っていきます」）。フランスは明らかに遅れている。理由の一端は、学校施設内でのゲイ・レズビアン団体の活動がアメリカやイギリスにくらべてあまり活発に展開されてこなかったことであり、そしてまたフランスでは、あらゆる形態のハラスメントに反対する運動が比較的遅くにしか始まらなかったせいでもあろう。それでも現在では、フランスのグランドゼコールや大学で、ゲイ・レズビアン団体が数を増してきている。典型的な例としては、ルイ＝ジョルジュ・タン［本書の編者］ら、ウルム街の高等師範学校の生徒が立ち上げた［一九九七］団体「オモノルマリテ」がある。

学校という環境における同性愛嫌悪の極めて重要なもう一つの面は、同性愛者の教師が学校から受ける処分の問題である。ヴォルテール［一六九四〜一七七八］の時代のイエズス会コレージュの教師が、しばしば男色の噂を立てられた。時には当局がその問題に取りかかることもあったが（宮内担当の国務卿ポンシャルトランが、一七〇二年に書いた手紙の中で「生徒を堕落させるような学校教師や家庭教師によくよく注意を払うことがどれほど重要か」指摘している）、最も多かったのはシャンソンで諷刺されることであり、実際に尋問を受けるようなことはほとんどなかった。一九世紀には事態が根本的に変化する。聖職者であるからと言って保護されることはなくなったのだ。それ以後は教師の同性愛が発覚すれば厭うべきスキャンダルになり、男色家の教授は未婚の母の教員よりもなお恐るべきだと見なされた。すでに一八〇七年から八年にかけて、学校教師ジャン＝クロード・アルメリーが、生徒を誘惑しようとしたという理由で、一年の刑（刑務所）に処されている。イギリスとアメリカでは、一九世紀の最後の三分の一になってから、これが即座に有無を言わさぬ解雇の理由となった。

フランスでは国民教育監督局に偏見が共有されていて、「悪い噂」が立つことをひどく恐れていた（両大戦間期まで、「大臣への報告書」の中で重要な検討事項とされていたのが公務員の「道徳性」であった）。そして監督局は時に、「悪い噂」を極めて冷淡に処分することがあった。一九一四年以前は、女性教員のレズビアニズムが発覚すれば、大半は罷免されるか辞職を強制された。一九五〇年に高等師範学校文科の準備学級を担当する名教授だったジャン・ボフレが、同僚の誰もが持っているわけではないレジスタンスとしての経歴も有しながら降格された。もしも彼が同性愛者であることを大っぴらにしていなければ、そのような目にあわずに済んだであろうと考えることは、全く正当であろう。このような厳しさの背後には、教授の同性愛は教師全体の信用を損ない、その権威は傷つけられ、生徒にも危険が及ぶという考えが窺える。また共和主義的な潔癖の行き過ぎもおそらく厳しさを助長していたであろう。公立学校の教師の私生活は「汚れの一切ない」ものでなければならないとされた。なぜなら宗教系の学校が公立学校に張り合っていたからである。しかも一九〇〇年に公表されたガブリエル・ルヴァルの小説『セーヴル女』で、女子高等師範学校がレズビアンの愛の巣だとされたことから、カトリック右派が女子高等師範学校に対して迷わず怒りをぶちまけていたのである。サン＝ジャン・ド・パッシー中学で教授をしていた作家のマルセル・ジュアンドーが、慎重さのあまり自らの原稿を焼いてしまったり、作品を作者名なしで発表していたりすることも、体制に順応しない者に対するカトリックの厳しさを思わせる。ところが興味深いことには、聖職者でない世俗の人びとや反教権主義者の方は、「自然に反する」という命題を掲げ、司祭を男色者扱いして、しばしば極めて強い同性愛嫌悪を示していた。フランスでは第二帝政の後半期にはすでに、公教育における聖職者の影響力と闘うために、歴代の公教育相は習俗に関わる事柄を利用していた。さらにまた、教師が独身でいることは、一九世紀までは聖職者の伝統から良いことと見られていたのだが、独身の男は遊び人か潜在的な倒錯者と見られるようになるにつれて、良くは思われなくなった。最後に、同性愛者の教師は同僚の連帯をほとんど当てにできない。一九七〇年代までは、左派（共産党員はしばしば最も融通が利かない）であれ右派であれ、教師界全体がある種のピューリタニズムの影響下にあった。教員教授らは実は発展途上の中流階級に属していることが非常に多く、中流階級はよく知られているように、かなり厳格な家族主義にたやすく傾くし、また教授の中でも最もリベラルな者でさえ、同性愛嫌悪の偏見を拭い切れてはいなかったのである。それについては例えば、当時パストゥール校の講師、のちにコンドルセ校の教授となったジャン＝ポール・サルトルが、『自由への道』の登場人物で同性愛者のダニエル・セラノに、ドイツのパリ入城に肉体的快感を感じさせて、その人格をカリカチュア的に描いていることを思い出してほしい。あるいはまた、同様に哲学教授だったシモーヌ・ド・ボーヴォワールが、恋人のアメリカ人ネルソン・オールグレンと交わした書簡の中で、「オカマ」という言葉を陰険に繰り返していることを思い出してほしい。さらに第四共和政下（一九四四～五八）では、地方における同性愛者の教師の置かれた状況は、極端に孤独なものだった。ドミニック・フェルナンデスの『薔薇色の星』の主人公も、その孤独に苛まれている。

同性愛と小児性愛の混同も大いに影響を及ぼしていて、そのためにかなりの害が引き起こされたことは明らかである。この混同がフランスでとくに頻繁なのは、アンブロワーズ・タルデューと第二帝政期の医学が同性愛者に対して与えた極めて不適切な名称にその原因がある（すなわち文化的にはギリシアの少年愛《パイデラスティア》を、語源的には少年時代のことを指す「ペデラスト」という言葉である）。公権力にとって、同性愛者の教授は非常に良くない模範であるだけでなく、潜在的に子どもたちを食い物にする恐れのある捕食者と見なされた。タルデューやそれを広める者たちが同性愛について言っていることが固く信じこまれていたため、「男色家《ペデラスト》」の教授は自分のまわりの子どもたちを一時的な同性愛者にし、免職や犯罪に至ると考えられていたのである。ジャン・ダネがその著書で明らかにしたように、一八五〇年から一九三七年の間に未成年者保護法が作り上げられていくのは、教師の「恥ずべき情熱」が烈しい恐怖を掻きたてていたからである〈DANET〉。一九七三年というからかなり時代は下っているのに、ジャン＝リュック・エニグという若く、優秀な文法学の教授資格者が、国民教育省から一時停職に処された。その理由は、子どもたちにＦＨＡＲ［同性愛者革命的行動戦線］の出版物（『三〇億人の倒錯者』）を読ませたこと、また『赤ずきん』の精神分析的解釈をしてみせたことだったのである。同性愛者の教授の置かれた状況は、その生徒が彼らに対して恋心を抱いたりするようになると、ますます難しいものとなる。ドイツのレオンティーネ・ザガンの映画『制服の処女』（一九三一）の中では、生徒のマヌエラの方がフォン・ベルンブルク先生を好きになってしまったのだが、学校を去らなければならなかったのは先生の方だった。同性愛者の先生が子どもを食い物にするという神話と闘うために、ロジェ・ペイルフィットは一九四三年に、『特殊な友情』［映画化タイトル『悲しみの天使』ジャン・ドラノワ監督、一九六六］を書いた。この小説では、寄宿学校の同性愛が実際は、大人の影響よりも生徒どうしの感情の進展に由来するということを明らかにしている。

事態が変わり始めたのは、やっと一九六〇年代の終わりになってからのことである。これまたアメリカで、ある司法判断によって雰囲気が変わった。一九六九年、カリフォルニア州最高裁判所が、「モリソン対州教育委員会」事件の判決により、「職場を離れた私生活で慎みのない言動があった」ということを理由に下された解雇処分の取り消しを教師側が勝ち取ったのである。これはたいへん有益な先例となった。このような動きはあったものの、一九七八年にはブリッグズ法案が提出され、アメリカの教育者の中には生徒の前で同性愛者であることを認めていない者が今日でもまだおおぜいいるので、すべての同性愛者を教育界から排除しようと、カリフォルニア州の有権者の支持を仰いだのである（しかし実らなかった）。フランスでは本当の緊張緩和が生みだされたのは一九七〇年代の途中であった。文学の教授資格者でもあるジャン＝ルイ・ボリーは、書き物や、ラジオ番組『仮面とペン』での類い稀な弁舌、荒々しいユーモア（「私は生徒にとって危険なのではない。生徒の父親にとって危険なのだ」）で、この緊張緩和に精力的に貢献した。同じ時期、ギイ・オッカンガムとドミニック・フェルナンデスは、テレビで自分の同性愛を公然と認めた最初の大学人となった。しかし国民教育省がその職員を通じて同性愛を初めて公式に認めたのは、一九九九年に↓パックスに基づく給与表の変更が生じてから以降のことであった。この点をめぐる状況は、教育施設によって大きく異なる。高等教育、グランドゼコール準備学級、あるいは都市の真ん中にあるブルジョワの子弟が通う高校で教師をしている場合、同性愛者であることを大っぴらにするのははるかに容易である。逆に次のような場合には、事態ははるかに困難である。例えば無知からくる偏見に直面させられるような、難しい中学校や高校で教職に就いている場合、あるいは同性愛と小児性愛が混同されがちな小学校や幼稚園で教えている場合、さらにカトリックの頑固な同性愛嫌悪を完全に受け容れているような私立の教育機関で働く場合である。

同性愛嫌悪は、学校のカリキュラムや行事の中で、奇妙な象徴的暴力を伴って植えつけられてもきた。キリスト教化によって古代に関する知識が長い間タブーとされてきたのである。われわれはやっとそこから抜け出したばかりだ。キリスト教の教育者（同性愛＝罪）と、その後にやってきたライバルの実証主義者（同性愛＝病気）が手をとりあって、古代の同性愛について生徒の前で口にするのは絶対に不可能なことにしてしまったのである。そこから少し魔法じみた考え方が出てきた。すなわち同性愛は、それについて人が語ることによって生じ、それについて人が語らなければ消し去ることのできる異常だとでも言わんばかりの考え方である。この考え方が採用されたために、教える内容が中立的ではなくなった。人文主義者の古代回帰の夢が、ウェルギリウス的な羊飼や、アテネの少年愛に阻まれてしまうのだ。プラトンの対話は、「恐るべきこと」と「汚らわしいこと」のカタログだということになり、あらゆるギリシア文学は注意深く不穏当な箇所を削除しなければならなくなった。一九世紀の聖職者ゴーム神父は、『現代社会を蝕む虫あるいは教育界の異教』（一八五一）と題されたエッセーの中で、こうした考えからさらに進んで、ギリシアの世俗の作家は不道徳の極みであるから、今後一切教えないよう要請した。高等教育でもこのタブーはあった。E・M・フォースターは一九〇〇年にケンブリッジでチューター［個別指導教師］から「気にするな。口に出して言ってはいけないギリシア人の悪徳のことを言ってるんだよ」と言われているし、ジョルジュ・デュメジルは第一次世界大戦期に、ギリシア学の教授から「事の成り行きを決して想像しないように」と言われた。学問研究にもそのタブーは長期に渡って痕跡をとどめた。アンリ＝イレネー・マルーは、一九四八年に、有名な『古代教育文化史』の中で次のようにはっきりと言明している。「ギリシア社会における性逆転の技術などに関心を持つのは、精神医学か道徳神学くらいであろう」。極めてブルジョワ的な羞恥心に満ちたロベール・フラスリエールは、一九五九年にその著『ペリクレスの世紀におけるギリシアの日常生活』の中で少年愛について次のように書いた。「この主題は非常に不快ではあるが、触れないわけにはいかない」。

この不快感は、古典研究だけに限定されていたわけではなかった。イギリスでは、シェークスピアの『ソネット集』が何十年もの間、極めて深刻な問題を投げかけていたのである。大学がこのソネットの大半は一人の男に呼びかけて書かれたものであるということを認めたのは、一九世紀も完全に終わろうとしているときであった。それによって、時代を越えて偉大なイギリスのこの詩人が、考えられる限りで最悪の悪徳に蝕まれていたという、ヴィクトリア朝時代は口にできなかったことが口にできるようになったのである。フランスでは一九六〇年代初頭に、文学部の教授が集まって、高校ではまだ教えられていなかった二〇世紀フランス文学をどのように位置づけて教えるかということを検討した際に、議論はジッドとプルーストのセクシュアリティの問題で暗礁に乗り上げた。このような戸惑い（教科書にもそれは見出される。例えばラギャルドとミシャールによる文学史の教科書では、「奇妙な人物」という秘密めいた見出しのもとにシャルリュス［『失われた時を求めて』の登場人物で同性愛者］を紹介していて、意図せざる滑稽さを醸している）、このような困惑の表明、きちんと検証されたことのないこのような偏見が、世代を越えてほぼ現在まで伝えられているのは驚くほどである。一九八〇年頃になってもまだ高等師範学校文科の準備学級には、ローマ皇帝ハドリアヌスについて「ギリシアの悪徳」と言ったり、カンバセレスの「良くない素行」について語ったり、哲学の授業で「欲望は性差から生まれる」と主張してみたりする教授が現に存在していて、そういった出鱈目な話は生徒の忍び笑いを誘っていた。またこの時期になってもまだ、ソルボンヌの教授の大半が、同性愛は学問の主題として大いに不当だと見なしていたことも明らかである。アメリカの大学には、一九七〇年代初頭にはもう、ゲイ・スタディーズのセンターが出現し始めていたというのにである（主なものだけでも、ネブラスカ州立大学ではルイス・クロンプトンを中心に、イェール大学ではジョン・ボズウェルを中心に、他にはニューヨーク市立大学やサンフランシスコ市立大学につくられた）。学校におけるこの種の同性愛嫌悪はまだまだ完全には払拭されていない。アンリ四世高校の生徒が発行している同人誌『ラヴァイヤック［アンリ四世の暗殺者の名前］』の第二号には、この名高い教育施設の歴史学教授が、高等師範学校文科準備学級の一年生に向かって、馬鹿げているだけでなく同性愛嫌悪に満ちた自説を開陳していたことが書かれている。これが二〇〇二年のことなのである。

　現代の大きな挑戦の一つは、社会におけるタブーの終焉を、学校におけるタブーの終焉に持っていくことである。同性愛についての言説は、客観的なものであれば教育施設で、それも年少の教室から語られるべきであるし、また必要があれば同性愛者の子どもたちがそれを開花させることを認め、それと同時に若いゲイやレズビアンがあまり苦しまずに自らのアイデンティティを構築し、同性愛嫌悪に基づくいじめに学校外でも闘っていけるよう応援しなければならない。アングロ＝サクソンの国がその先鞭を付けている。といっても困難がなかったわけではない。なぜなら性的マイノリティを文化的に統合しようとする意欲は高まっているのだが、それはあらゆる毛色の保守主義者の（キリスト教に深く根ざした）敵意に逆らうことになるからである。イギリスでは、『ジェニーはエリックとマーティンと暮らしている』という絵本が巻き起こしたスキャンダルから、第二八条の規定が誕生した［現在では無効］。この絵本は、元々デンマークの作品で、一九八三年に英語に翻訳され、ロンドン市議会が子ども図書館の蔵書に選定したのだが、そこには小さな女の子のジェニーが、父親と、父親の男の恋人の二人で生活する様が描かれていた。同性愛嫌悪が極めて強いヤング男爵（イギリス版クリスティーヌ・ブタン）［デイヴィド・アイヴァー・～、政治家、実業家、サッチャー政権の右派のシンクタンク「政策研究センター」の所長］が子どもたちと家族を守るため（この場合の家族とは、異性愛のキリスト教徒の家族）、十字軍に乗り出し、一九八八年に第二八条の採択を勝ち取り（これによってセクシュアリティ間の不平等を公式に承認することになった）、それによって公立図書館でゲイ・レズビアンの文献を購入することが制限された。そうしたことはあったものの、イギリスの教育相は、一九八八年以降、第二八条は「教育施設の長の活動および教員の活動」には適用されないこと、この条項によって「教室における同性愛に関する客観的な議論を妨げること」はあってはならないことを通達した。またこの条文を実践した者は極めて少数で、イギリスの教授たちは、シェークスピアの『ソネット集』でも、オスカー・ワイルドの『深淵より』［「獄中記」西村孝次訳、『オスカー・ワイルド全集』第六巻、青土社、一九八八、所収］でも、そうしたいと思う者は生徒にそれを語ることをやめなかった。アメリカでは、同性愛の肯定的見直しに対して、地方では極めて強い抵抗が見られた［一九九五］。ニューハンプシャー州メリマックの学校当局は、ゲイ・レズビアンの問題を「肯定的に」教えることを禁止した。これは、その先年に同性愛嫌悪の著しいジェシー・ヘルムズ上院議員によって提出され議会で否決された修正案に、言葉使いまでそっくり影響を受けている。しかしこうした態度の硬化は、正反対の反応も引き起こした。学校施設の大半からゲイ・レズビアン関連の文献が排斥される一方で、ニューハンプシャー州の異性愛者の女性教師ペニー・カリトンが、同性愛者の登場人物が出てくる文学作品を授業で使う権利を、一九九六年から九八年までかけて裁判所に認めさせたのである。この事例は判例となり、彼女は国民的なスターとなった。

　小学校、中学校、高校のそれぞれで、生徒に同性愛について何を言うべきかということをめぐって熾烈な戦いがくり広げられていることは、理解に難くない。そこでは例えば以下のようなことが問われている。学校は異性愛主義（ヘテロセクシズム）の偏見との闘いの場であるべきなのか、あるいは逆に、異性愛の象徴的秩序（つまり一つのセクシュアリティが他のすべてのセクシュアリティより優れているという、一つの特定の偏見）を教えこむ場であるべきなのか。この問いに対する答えが、学校施設（更衣室や運動場も含めて）における同性愛嫌悪に基づく侮辱行為との闘いの可能性を決定づける。保守主義者は、こうした侮辱は多数派の異性愛者の「アイデンティティ構築」を（そしてそれに伴う優越感の構築を）可能にしているという事実を考慮すべきだと言う。また、教育カリキュラムの中で、同性愛という現象をどのように位置づけるかということも問題になっている。同性愛嫌悪の強い右派にとっては、同性愛を糾弾しないのであれば、それについて語るだけで「同性愛の勧誘」に当たるのだ。

イギリスのクリスチャン・インスティテュート〔宗教右派の立場に立つ福音派キリスト教の慈善団体〕によれば、まず最初に子どもたちに「ほとんどの人が同性愛を良くないと思っている」と言った上でなら、教師が教室で同性愛に言及してもよいという。同性愛嫌悪に基づく人びとが漠然と感じているのは次のようなことだ。同性愛文化の膨大な遺産、プラトンの『饗宴』から始まってヴァージニア・ウルフの『灯台へ』やマルセル・プルーストの『失われた時を求めて』、トマス・マンの『トニオ・クレーゲル』に至るまで、そのすべてを呑みこんだ正真正銘の巨大大陸のような遺産を学校のカリキュラムに組み込むことになれば、同性愛が完全に人類史の一部をなしてきたのであるということ、しかも人類史が生みだしてきた最も美しいものの中にも、同性愛はその一部を占めてきたこと、同性愛は文明にとって危険ではなく、従って「同性愛者」であることは誇り得ることであることなどが皆の前で教えられ、同性愛が肯定的に一般に普及するという革命的効果が生まれるのではないか、ということである。同性愛の↓「伝染」を恐れる者はみな、KTO〔フランス・カトリック・テレビ〕の神父兼精神分析家のトニ・アナトレラのように、それを甚だしい脅威であると考える。もしも思春期の同性愛者がもはや同性愛者であることに苦しまなくなったら、そして異性愛者になろうと努力しなくなったら、そのときには同性愛の渦が社会全体にわき起こり、押しよせ、すべてを呑みこんで運び去ってしまうであろうというのだ。だからこそ、伝統主義者はほぼ至るところで、性教育の授業が異性愛主義《ヘテロセクシズム》のままであるように、つまりセクシュアリティとは異性愛のことだという等式を確立するように、そして新しい種類の親子関係や、生殖補助医療を窺わせるような↓人類学的革命については一切口にしないように、闘っているのである（アメリカの家族団体は、しばしば学校当局に、性教育で性的指向について触れないようにさせてきた）。フランスでは、↓エイズ撲滅運動の一環として、一九九八年一一月一九日に、生物学主義と異性愛主義を避けることを求める「セクシュアリティ教育」に関する通達が発せられた（以下を参照のこと。二‐二項「人間のセクシュアリティのさまざまな側面。生物学的、感情的、心理学的、法的、社会的、倫理的などさまざまな面を確認し、統合することを学ぶ」、二‐四項「セクシュアリティへの権利と他者の尊重。性行動にはさまざまなものが存在し得ることを理解する」、二‐五項「批判的判断の実践。理想化された表象、非理性的な表象、性差別主義的な表象について、とくに生徒に検証させることによって、セクシュアリティをめぐるステレオタイプに対する批判的精神を養うこと」）。しかし、この同じ通達が同性愛という名称を挙げていないことを強調し、同性愛についてはこの通達で規定されているより、すでにはるかに多くのことが実施されているという、まるで正反対の解釈が主張された。このことから裏返しに見てとれるのは、学校のカリキュラム全体の中で同性愛という現象がはっきり明示され、同性愛嫌悪が明確に禁じられることがどれほど重要かということである。その重要性については、担当大臣も最終的には気づいたようである（二〇〇〇年五月三一日のセゴレーヌ・ロワイヤルによる声明、同年九月二九日のジャック・ラングによる声明を参照のこと）。この重要性を配慮して初めて、目に見える男女共学だけでなく、目に見えない異性愛と同性愛の共学も尊重されるようになるのである。

ピエール・アルベルティーニ（山本訳）

↓異性愛主義、検閲、自殺、小児性愛、スポーツ、伝染、文学、歴史

◆補遺

ＩＤＡＨＯ（国際反同性愛嫌悪デー）委員会は、二〇〇七年にキャンペーン・スローガンとして「同性愛嫌悪にノーを！ 教育にイエスを！」を掲げ、本書の編者でＩＤＡＨＯ委員会委員長のルイ＝ジョルジュ・タンが、ユネスコに対して国際的な方針のなかに同性愛嫌悪に反対する項目を盛り込むよう要請した。さらに二〇一二年には、同委員会は「教育現場の同性愛嫌悪・トランス嫌悪に対して、教育をとおして闘おう！」をスローガンとして、ユネスコと共同で小中学生向けの授業計画書を作成し、これを用いて五月一七日の国際反同性愛嫌悪デーを、学校での同性愛嫌悪に基づくいじめに取り組む機会とするよう呼びかけた。

（金城）

カトリック

カトリック教会の性道徳についての立場は、よく知られている。その立場は、後期ローマ帝国で教義と道徳上の立場がはっきりさせられて以来、さらには聖書ととりわけパウロの文書以来、あまり変わっていない。現代にあっても、教会のハイアラーキーについての考え方は全く変更を被らず、テクストの異なる解釈や理論的立場の現代化をあえて行おうとした神学者はすべて制裁を受け、沈黙を強いられた。同性愛については言うまでもなく、妊娠中絶、セクシュアリティ、女性の状況、家族について、教皇庁の考えは変わっておらず、教会は、確固たる決定的原則の上で踏ん張っている。教会のような組織に、変化への特別な指向や改革への固い意志を期待できないことは明らかである。しかしながら、一九七八年の教皇ヨハネ・パウロ二世の就任は、組織（教皇庁、ヴァチカン市国）の運営や（メディアに大きく取り上げられ大衆化された教皇の外遊のように）司牧〔司祭が教会を管理し信徒を指導すること〕の顕著な変動を引き起こした。注釈学的考察や神学的な探求は世界中で続行された。しかし、教会は道徳上の立場表明を増加させており、その呼びかけはすべて、保守的で抑圧的な方向に向かったことを指摘しなければならない。さらにヴァチカンは、自らの発言や慣例上の方針が異議を申し立てられていると考えたときには、イタリアや他の地域での政治介入をためらわない。

教会とその公式代表たちは、ゲイのロビーが「伝統的な家族」を迫害することをもっぱら目指していると頻繁に述べる。右のような文脈では、このことは教会とその公式代表たちの少し偏執狂的な精神をよく表している。最近起きた二つの出来事が、それをよく表している。ヨーロッパのいくつかの国において、フランスのパックスのような同性カップルの共同生活契約が採択されたことや、二〇〇〇年のローマでのワールド・プライド行進は、ヴァチカンのスポークスマンと教皇自身の怒りの声明のきっかけとなったが、それはほとんどすべてが暴力的なまでに同性愛嫌悪的《ホモフォビック》なものであった。ワールド・プライド行進に先立つ数週間の間に、ジェノヴァ司教が同性愛者に与えられる権利を告発し、教皇に近いドミニコ会のジョルジュ・コティエはまたもや同性愛の非難を呼びかけ、同性愛が生み出す「人類の問題と悲劇」について語った。教会の最上層部は、同性愛を相変わらず一種の有害な病気のように見なしている。そしてカトリック教会の最新の教理《カテキズム》は明確である。

> 聖書に基づいて、聖伝は常に「同性愛行為は本質的にふしだらである」と宣言してきた。同性愛行為は、自然の法に反している。同性愛行為は、性行為が生命を授けるものであることを妨げる。同性愛行為は、真の感情的、性的補完性から生じるものではない。同性愛行為は、いかなる場合においても承認を得ることはできないであろう。

反対に、ジャック・ガイヨのような、より自由主義的な人物に対して、ヴァチカンは沈黙をしっかり促してきた。イタリアのプレスは、この不寛容な意見表明に対して距離をおいている（とくに、『レピュブリカ』と『コリエーレ・デラ・セーラ』）。

ヨハネ・パウロ二世は、事あるごとに同性愛者を非難していたが、一九九二年に雇用や住居に関する差別をも正当化した（八月四日付『ロッセルヴァトーレ・ロマーノ』）。彼は、ラッツィンガー枢機卿とともに『同性愛者の非差別についての諸法案への回答に関するいくつかの考察』を出版することをためらわなかった。彼はこの中で、「一定の領域においては、性的な傾向を考慮に入れることは不正な差別ではない。例えば、養子になる子どもの斡旋や監護、教育職やスポーツのコーチの雇用、軍隊の採用などがそうである」と動じることなく断言している。さらに、自分の出身国であるポーランドと東ヨーロッパ諸国（↓ヨーロッパ中部・東部）における同性愛の↓非処罰化に断固として反対し、これらの国々で刑罰（↓処罰）を維持することによって、身体的、精神的、象徴的な同性愛嫌悪の暴力が、日常において正当化されてしまうことを憂慮することは全くなかった。

しかし、カトリック教会が、ここ数年、その同性愛嫌悪を明らかにしているのは、ヨーロッパ、あるいはその他の地域で起きている事実婚の制度化についてである。二〇〇〇年一一月二一日にも、ヴァチカンは、その声明を頑として変えなかった。ヴァチカンは、同性間の事実婚が家族と社会の共通善について重大な影響を与えることを理由に、この制度的承認を拒否するように要請している。マドリッドでは、野党の社会党［当時］が、「事実婚カップルに関する法案」を提出していたが（これは不成功に終わった）、スペインの司教団は、これを共通善にとって有害であり、「家族と結婚に対する攻撃」、「不合理の骨頂」と形容した（二〇〇〇年九月二〇日付『エル・パイス』）。スペイン司教団は、同性愛者に対して↓寛容を示すよう呼びかけたが、教会、家族そして子どもたちは、保護されなければならないとも主張する。ケベックでは、カトリック教会が同性カップルと↓養子縁組の権利を認めるシヴィル・ユニオン法に対する反対運動を繰り広げたにも拘らず、この法律はケベックの議員によって全員一致で採択された。法務大臣ポール・ベガンが述べるように、「議論されていたのは愛の問題だったが、司祭たちは愛について語っていたのではなかった」。フランスでは、司教会議がパックスを「無益で危険」であると形容した。そして、司教たちがカトリック教会のあらゆる同性愛嫌悪の神学を総動員して、そこから、パックスのような法律はすでに深刻な脅威にさらされている教会と家族にとって有害であると結論したことは、大して斬新でなかった。さらに彼らは、新奇な財政上の論拠を持ち出している。パックスによって、どれぐらいの費用がかかるのか、と。最後に、同性愛者の心理的、感情的、社会的未成熟を挙げている。このようにカトリック教会組織の最近の声明は、最も同性愛嫌悪的な立場の表明を強化している。

ティエリ・ルヴォル（齊藤訳）

↓異常、異端、異端審問、家族、自然に反する、神学、ソドムとゴモラ、同性婚、パウロ、ペトルス・ダミアニ

カリカチュア

誇張という意味のフテン語カリカトゥーラに由来する語。カリカチュアにするということは、つまり一つの特徴を大げさに示すということである。カリカチュアにされる特徴がマイノリティの民族的・人種的な側面に及ぶ場合、その特徴が極めて深刻な↓差別を呼び寄せる指標になりかねない（ユダヤ人のもたらす↓脅威、黄禍）。だからカリカチュアの歴史についてはしばしば、とりわけ今でも鋭敏に反応が起こるような主題（中でも同性愛者）をめぐる歴史については、なおざりにされるのである。それよりももっと単純な理由であるが、読み取ることができないために、捉えようがないことも時にはある。それは、指し示している対象がすでに消滅しているとか、あるいはもはや日常的ではないとかの場合である。欠点を改めさせるためにそれを指摘する方法としてカリカチュアが使われることもあるかもしれないが、時には「顔つき

◆現代化（アジョルナメント）　神学における、改変・無偏見・現代性などをモットーにした「アップデート」のこと。第二ヴァチカン公会議で用いられた。（金城）
◆ジャック・ガイヨ　エヴルー司教であったが、同性結婚、聖職者の結婚、女性の叙階について教会の方針に反したために一九九五年に司教職を解かれた。（齊藤）
◆ヨセフ・ラッツィンガー枢機卿　二〇〇五年にヨハネ・パウロ二世の後継者として教皇ベネディクト一六世となる人物。（金城）

だけで犯罪者扱い」する事態を引き起こし得る。カリカチュアを通して表される同性愛者の表象の歴史は、今もまだ進行中である。カリカチュアに含まれる同性愛嫌悪《ホモフォビア》の性質は、必ずしもはっきりしてはいない。それは同性愛者がどのように表されているかということによって異なるだけでなく、各人が同性愛者についてどのような表象を思い浮かべるかということによっても異なる。例えばある少年を女性的に表現しているからといって、必ずしも悪く描いていることにはならない。しかも多くの同性愛者は、カリカチュアにされることを恐れたりはしないうえに、それを完全にわが身に引き受け、他人がそれぞれ自分にどのようなイメージを抱いていようが、また他人が同性愛者にどのようなイメージを押しつけたがっていようが、そんなことを意に介したりしないのである。

従って、カリカチュアの歴史はその受容の歴史でもあるのだ。同性愛がカリカチュア化されていると解釈するのは、あるときは簡単だし、あるときは難しい。男性どうしの性行為が問題になっていれば簡単なのであるが、服装や物腰が男性的であったり女性的であったりすることが問題になっている場合には難しいのである（例えば、ピエール・ド・レトワルがつけていたアンリ四世の治世（一五八九〜一六一〇）の日誌は、「女性的な」アンリ三世の表象で溢れているが、女性的であることの誇張は、今日ではもはや当時のそれとはちがう意味を持っている）。男性器の誇張は、それがもたらす快楽の称賛よりはむしろ、多産の奨励と見なされる方が多かった。ポンペイのウェティウス兄弟の館にあるフレスコ画に描かれた、自分の陰茎の重さをはかっているプリアポス（一世紀）の場合は、特徴を誇張するために大げさな筆致を用いているのであって、カリカチュアではない。ルネサンス期のイタリアの館で見られるグロテスク絵画に、男性どうしの性行為が描かれているもの、あるいは一五五二年のセバスティアン・ミュンスターの『宇宙誌』の中の挿絵で、描かれている三人の人物のうちの一人が、別の一人の股袋《コドピース》をこれ見よがしに触っているものなどは、おそらくより両義的である。

それはさておき、カリカチュアの発展がジャーナリズムの発展と大いに関わりがあることは確かである。ジャーナリズムは、一八世紀末に新しい自由を獲得した民衆とともに成長していった。カリカチュアは政治的小冊子《パンフレット》や「手書き」新聞に頻繁に登場していて、例えばマリー・アントワネットやマドモワゼル・ロクール〔一七五六〜一八一五、女優〕をレズビアンに描いたり、ヴィレット侯爵〔一七三六〜九三〕をソドミーを行う者として描いたりしている。しかしながら、カリカチュアが最も飛躍的に発展したのは、何よりも一九世紀から二〇世紀初頭にかけての、商業ジャーナリズムの大黄金時代のことである。フランスでは六種類の雑誌が、女性のような男性像で儲けていた。『ル・カナル・ソヴァージュ』〔『野生の鴨』。「ひどいデマ」の意も〕、『ラシエット・デュ・ブール』〔『バター皿』。「金づる」の意も〕（一九〇二年三月〜一九一二年一〇月）、『ル・リール』〔『笑い』〕（同じ版元が『ファンタジオ』も発行していた）、『ラ・シャレット・シャリ』〔『荷車が運ぶ』。「ごろつきが大げさに言う」の意も〕、『ル・スーリール』〔『微笑』〕の六誌である。

■政治の習俗

同性愛嫌悪のカリカチュアを大量に広めたのは、何よりも国際政治に関わる問題であり、とりわけ二〇世紀初めには、ヴィルヘルム二世を中心とするドイツ問題であった。（アルザスとロレーヌを奪われたフランスは）復讐心から敵を男らしくないと決め付ける作戦がとられ、ライン《ラン》川の向こうの（あるカリカチュアは「腰《ラン》の向こう」と言っている）習俗の告発が、フランスだけでなくヨーロッパ中で広く繰り返された。マグヌス・ヒルシュフェルトを中心とするドイツの同性愛運動の科学的かつ芸術的な闘争態度と、ドイツの軍隊が数多くの同性愛者訴追事件で評判になり、大揺れに揺れたことの両方がからかわれたのであった。一九〇七年にはすでに、ジョン・グラン＝カルトレが、パリのE・ベルナール社から一五〇点のカリカチュア集を出版している。『ラシエット・デュ・ブール』誌はこの問題の特集号を少なくとも二回発行している。その中ではソドミーが激しく非難されただけでなく、恋情、痴情、売春、「出世の方法」までもが非難されている。逆説的なことには、同性愛は兵士に対する士官の権威の濫用であり、平和主義、反軍国主義への敵対であると見なされていたのである。

『ラシエット・デュ・ブール』誌の一九〇七年一一月一六日号の、ジャン・

「パリスの審判（ドイツ野郎ヴァージョン）」（『ファンタジオ』）

「皇帝の顧問団はいったい何をしているのか？　微動だにしないで」「兜の尖った先端の上に座って動かないのだ」（『ラシエット・デュ・ブール』）

ヴィルモが描いた表紙は、肛門性交《ソドミー》の受け役になることに対する、ある人物の先祖伝来の不安を開陳してる。その人物とは他でもない皇帝ヴィルヘルム二世のことであり、王座の彼は次のように文句を言っている。「名誉にかけて言うが、わしは今では、誘われてついていくことがあるとしても、ほんの少しだけじゃ」。皇帝から大臣会議まで、佐官から一兵卒に至るまで、ドイツの国中に伝染病が蔓延しているというイメージを、数多くのカリカチュアが伝えていた。『ラシエット・デュ・ブール』誌は一九〇八年六月二〇日の「ハルデン・パーティ」特集号で再びこの主題を取り上げている。この号では、再びドイツ軍で相次いだ同性愛者訴追の経過が、独自の表現で報告されている。また一九一一年一二月二日号では、ドイツ軍の兜が独特な形をしている決定的な理由をあげつらっている。「皇帝の顧問団はいったい何をしているのか？微動だにしないで」「兜の尖った先端の上に座って動かないのだ」。『ファンタジオ』誌は第一次世界大戦の真っ最中、ためらうことなく「ドイツの同性愛」という伝統をたいせつに守って、A・ギヨーム「パリスの審判（ドイツ野郎ヴァージョン）」という絵を掲載している。そこでは、あまり男らしくない外観の若い兵士が、二人の下士官に伴われて、上官の前に来ている。上官は彼らにリンゴを見せている。

フランスでは、フランス政府に対する非難攻撃に同性愛が使われることはなかった。同性愛はまだ私的な問題だったのだ（青いバレーとか黒ミサと呼ばれる）。しかしながら政治的な効果を狙って、トランスジェンダーや異性装の形で、男らしさを欠いていることを誇張する表現は、存在した。例えばドレフュスに関する著書を持つレナックは『ル・リール』誌一八九八年五月二八日号で、花嫁衣装を着て二人の聖職者に支えられている姿に描かれている。レオ

◆ハルデン　おそらくドイツのジャーナリスト、マクシミリアン・ハルデン（一八六一～一九二七）のこと。この人物は、ヴィルヘルム二世の側近フィリップ・オイレンブルク侯爵を同性愛者として槍玉に挙げた（↓オイレンブルク事件）。（山本）

◆パリスの審判　パリスはギリシア神話の英雄でトロヤ王プリアモスの子。黄金のリンゴをめぐる三美神ヘラ、アテネ、アフロディテの争いを裁くようゼウスに命じられた。（山本）

ン・ブルムもしばしば当時の女性の身なりをさせられている。ジャン・ジョレスがサロメに扮し、手にアリスティド・ブリアンの首を持っている合成写真もある（『ファンタジオ』誌一九〇七年六月一日号）。国防大臣マリ＝ジョルジュ・ピカール将軍［一八五四〜一九一四］は執務室で、コルセットで腰を締めつけた異性装の姿で油を絞られている（A・バレール作画、『ファンタジオ』誌一九〇六年一一月一五日号）。

▒市民の習俗

市民の習俗に関してカリカチュアが狙いを定めたのは、性逆転者に付き物とされていた退廃に対してであった。退廃趣味はしばしば、金持ちの息子（例えばアデルスウェルト＝フェルセン）の専売特許か、優雅な「物腰」のブルジョワの贅沢と見なされていた。時に手厳しく、また時に単にユーモラスな絵の中に、両性間、ジェンダー間の戦いと階級間の戦いが混ざりあっていたのだ。ベル・エポックの退廃趣味は、少年が女性的になったり、大人が幼稚になったりする現象と切り離すことができない。それより後の狂乱の時期［一九二〇年代］には、女性が男性的になる風潮があり、ギャルソンヌ［ボーイッシュな女性］の間でスポーツが流行した。同性愛者の男女を言い表すいくつもの言葉が大当たりした。「女男」、「かわいい若者」、「男女」やあるいはまた「第三の性」、さまざまな形容詞（悪い、奇妙な、など）の付いた「種類」という語などである。こうした言葉にはさまざまな作用があって、その影響は十分な効力を持っていた。『ラシエット・デュ・ブール』誌は、第四二二号（一九〇九）を特別号とし、全編をかわいい若者特集に充て、数ページを割いて二〇世紀初頭の基本的なタイプをたくさん扱っている。「かわいい若者」は、化粧のやり過ぎと派手な服装を嘲笑されている。表紙では、ブロンドの髪の若者が、真っ赤に塗った唇に中指をあてがっている。ボタンホールには大きな花、指には指輪を着け、ネクタイを締め、売春婦よろしく腰をくねらせている。誘いをかけるためなら何だって許されている。そして若者が何を参考にしているのかが明示されている（「思い上がり。プラトンもそうだったし、ソクラテスもそうだった」）。この若者は女性と競争し始めたのだ。もはや女性には性愛における使用価値を見出していないのである。「現代の最大の進歩は、恋愛に女性が全くいらなくなったことだと思われませんか？」それとは反対に、性逆転者の男女がある種の共犯関係を結ぶ場合もある。「種類」が同じなら性のちがいなどどうでもいい、というわけだ。例えば『ファンタジオ』誌は一九二四年七月一五日号で、「今日の習俗」というタイトルで「優形《やさがた》の若者とギャルソンヌ［ボーイッシュな女性］」、ほとんど同じ一つの物語」として二人の間に何のわだかまりもないかのように（それぞれ自身は全く両義的なままながら）同じ絵の中に座らせている。

他の雑誌に比べて部数の少なかった『ラ・シャレット・シャリ』の特別号（第二二号、一九二三年八月）は、「無駄遣い屋」と題して特集を組んでいる。「無駄遣い屋」というのは珍しい言葉である。そこには同性愛という生き方を選んだ者に対する二重の非難がこめられている。生理学上、生殖不能であることと、体液や感情を浪費することの二つの面である。どちらもが、判断力の混乱に由来するとされる。エミール・ゾラがロート博士の『性逆転者たち』の序文で書いているような子種の損失のことが、ここでも「召使いの優しさ」と題された、たいへん象徴的な絵に描かれている。その中でピンクの上着を着てボタンホールに花を挿した男が、「召使い」にこう話しかけている。「ねえ、気をつけなくちゃいけないよ、またミルクが噴きこぼれているじゃないか……」。倒錯は例えばトイレの区別にも混乱を撒き散らす。表紙の絵にあるのは、髪を短くしている女性が、トイレの「紳士用」の札の前で煙草を吸いながら当惑している姿である。こうした無秩序は浪費につながる。異性装者は自らの貧しく、つまらない境遇をうまくごまかすために何でも大げさにこねくりまわし、女性的男性の感情は感傷が過剰に溢れ出す。口げんかは「痴情沙汰」と題されて、彼「女」らは、所帯の憂さを忘れるために刺繍をしたり、裁縫をしたりしている。また舞踏会ではあまりに年を取り過ぎているか、あまりに醜いので、壁にへばりついて「タピスリー」になっている。「すべてが終わったとき」というタイトルのカリカチュアでは、別れがフェティシズムのドラマと化している。「愛の名残」では、老人が長椅子に腰をかけ、少年のサスペンダーを懐かしげに眺めている。壁には少年の肖像がかかっている。

性逆転の告発は、文学界も容赦しなかった。そこでは数多くの同性愛者が社交界のサロンで名を挙げていた（フランスに特徴的なことであろう）。『ラシエット・デュ・ブール』誌（一九〇二年三月七日）の表紙で作画家のカマラは、作家のジャン・ロランのアカデミー気取りをからかって、その手を「指輪だらけ」に描いている。アデルスウェルト＝フェルセン男爵は、当時、その風俗壊乱罪の裁判が話題の中心となっていたのだが、『ル・カナル・ソヴァージュ』誌の特別号（一九〇三年七月二六日、八月一日）の「黒ミサ」と題された特集で槍玉に挙げられた。ここで強調されているのは、ある種の貴族階級の「厭うべき」習俗であり、そうした貴族は異性愛など、何の詩情も含まない下層庶民の嗜好に他ならないと思っているだろう、というわけである。モーリス・ロスタンも生涯を通じて追及された。一九二二年二月一五日号の『ファンタジオ』誌では、バレールによって「シャントクラリネット」（モーリスの父エドモン・ロスタンの大当たりした戯曲『シャントクレール』への当てこすり）と題されて、また一九二三年五月二五日木曜日付『ル・スーリール』誌でも（「裸でようこそ」と題されて、裸の女性の姿に）描かれている。『ラシエット・デュ・ブール』誌の「耽美主義者」特集号（一九〇三年四月二五日）では、ポール・イリーブによって、表紙ではロベール・ド・モンテスキウが、次のページでは『わが兄弟イヴ』を刊行したばかりのピエール・ロティが、その評判を確固たるものにしている。ロティの方では一人のご婦人が、ピエルロ・ト作『わが兄弟Ⅳ』［Ⅳはローマ数字の四だが、文字としてはイヴと読める］という架空の本を手にした上品な男性に話しかけている。「あなたそんな、信じられない！　海軍の人間だからなんて、言い訳になりませんわ！」［ロティは海軍士官だった］。同じ号の他のページでは、「今夜、ディナーを食べに来たまえよ。ピエール・ロティと、彼の新しい兄弟、イヴも来るのだから」。

『ラシエット・デュ・ブール』誌の「かわいい若者」特集

「ごらん、良くない種類の男の子がいるよ」「あらほんと。女っぽい種類ね」（『ル・リール』誌）

こうした作画家は全員が男で、追及の矛先は女にも向かったが、相手が男の場合とは扱いがかなりちがっていた。男を女っぽく描くことがその人物を貶めることになるとすれば、女を男っぽく描くことは持ち上げることになった。とくにフェミニズムが広がっていく時期にはそうだった。レズビアンがギャルソンヌ以上に、女性の自立性の模範となっていたことさえあるように思われる。

一九世紀末にレズビアンが他を押しのけるように台頭してくると、レズビアンのために席をゆずる必要が出てきた。だから作画家のスタンランは、『ル・リール』誌の一八九六年二月二二日号で、レズビアンを異性愛の男性の「ライヴァル」として描いている。レズビアンには故郷があって、ときどき彼女たちだけでそこへ帰ることを、みな知っている。プリオルは「多島海クルージング」と題した作品で次のように書いている。「レスボス島？　やめておきましょうよ、船長。あの島へは、こんど私たちだけで行きましょう。男抜きで！」。一九〇二年二月の『ラシエット・デュ・ブール』誌ではミナルツが、目下流行中のレズビアンを「パリ名物」の一つに数え、女どうしのカップルが踊りながら次のように嘆く姿を描いている。「きざな男なんて惨めったらしいだけなのに、あんな男でも、なしでは生きられない女がいるんだから！」

　同誌は一号をまるごと「男女」特集として、ジル・ガリーヌに作画を任せている（一九一二年三月二日）。これは「かわいい若者」特集号と対をなしている。その号の第一ページから、「男女」は何の心配もいらない気晴らしと描かれていて、「名誉は保たれた！」と題された絵では、タキシードを着た一人の男性が年上の女性からこう話しかけられる。「それであなたは平気なんですか。ご自分の奥様が、その……女友だちと……」「なに、かまうものですか。これが私流のやり方なんです。寝取られないためのもの！」。

　しかし第一次世界大戦が終わると、こうしたギャルソンヌは男のライヴァルになる。『ファンタジオ』誌（一九二七年二月一日）によれば、「新時代の到来とともに、新たな危険もやって来た」のだそうだ。彼女たちははやくも、結婚の義務を免れるために、ジェンダーの混乱を利用し始めたのである。一九三一年五月七日木曜日付の『ル・スーリール』誌ではJ・ルクレールが、ギャルソンヌを隣に座らせた女が電話をかけているところを描いている。「ごめんなさい、ねえ、今日はだめなのよ、叔母様がいらしてるんだから……」。しかし『ル・リール』誌の一号をまるごと使って組まれた「婦人専科」特集号（一九三一年五月二日）は、マリーズ・ショワジーが執筆を担当しているのだが、彼女はこのルポのために男装をしてヴェルテスの絵に描かれている。つまり、完全に社会に同化して生きているレズビアンの代表なのである。驚くべきことに、この号は今日で言うところの「↓同性愛者の子育て」で始まり、そして締めくくられているのである。表紙には、「銀婚式」と題された作品に、一緒に暮らし始めて二五年が経ったカップルが描かれている［「生殖不能」の項に収録した図版参照］。このカップルには子どもがなかった。「もしも私たちに息子がいたら、今はもう二五歳になっている頃だとはね」。そして裏表紙では、女友だちが妊娠していることを知らされた女性が、腰かけて泣いている。「泣かないで、ね、だってほら、あなたの子なんだから」。

　こうした種類の絵はユーモラスな雑誌だけに掲載されたわけではなかった。突飛な物語の大衆小説の表紙を飾ったり、また本文中の挿絵に使われたりしていたのだ。それから絵はがきも、こうしたカリカチュアが重視した媒体だった。

　これがカリカチュアの、そしてとりわけ同性愛嫌悪のカリカチュアの黄金時代で、その後このジャンルは衰退していく。それよりも人が好むのは、『カナル・アンシェネ』誌や、『リベラシオン』紙、『ル・モンド』紙に掲載されているようなユーモラスな絵になっていった。ただし『週刊シャルリー』誌は数年間の休刊期間はあったものの、まだ健気にがんばっている。カリカチュアは現代ではもはや珍しいものになったが、それでもそこそこの重要性を持っている。現代のカリカチュアをきちんと検証する必要があるだろう。

　フランス初の女性首相［一九九一〜九二］エディット・クレッソンが、あまり時代をわきまえず、イギリス人の四人に一人が同性愛者だと言ったことがある。すると『カナル・アンシェネ』の作画家は、一九九一年六月一九日号に「クレッソンが見たイギリス」と題して、キルトスカートをはいた三人のイギリス人が列になっている後から、キルトスカートの下にガーターベルトを見せ、尻に鶏の羽をつけた四人目がついてくるという絵を描いた。一九九一年八月一四日の『ヌーヴェル・オプセルヴァトゥール』には、ヴィアスのカリカチュアが掲載された。そこでは、鍔《つば》付の軍帽をかぶった、超男性的ながっしりした下着姿の同性愛者が描かれているが、左腕の刺青のハートの絵は母に捧げるとなっていた。もっとゲイの世界に親しい作画家のキュネオは、エディット・クレッソンを、小さな革製の服を身に着け鞭を持った圧制者として描き、同僚の息子が裸で堂々と他の男とキスをしているところを現行犯で捕まえて

いる。二人はどちらもすっかり震え上がっている。床に直に置かれたマット

『ラシエット・デュ・ブール』誌の「男女」特集

大衆小説『女男』の表紙

レスの傍らには、コンドームが二つ、ジェルのボトルが一本置かれている。

いずれにしてもゲイやレズビアンの表象が、とにもかくにも異性愛世界を逆転させた表象一辺倒という時代は終わった。ゲイやレズビアンの世界はそれぞれが自分たちの表象を持っていて、それがかつてのジェンダーの逆転という表象を再び取り上げることはあるかもしれないが、その場合はもはや異性愛主義（ヘテロセクシズム）的なやり方ではなく、自分たちなりの用い方をしている（ドイツではラルフ・ケーニッヒ、フランスではコピ、その後キュネオ）。新聞雑誌媒体における同性愛嫌悪を違法行為と見なすようにする試み[補遺参照]はまだ成功していないが、かつてのような野放し状態を少しでも減らすには十分の圧力となっている。ただしフィリップ・ブヴァールの同性愛嫌悪に基づく悪ふざけは、未だに受けが良いけれども。

パトリック・カルドン（山本訳）

→広告、シャンソン、退廃、ドイツ、美術、フランス、文学、漫画、ユーモア、レトリック

◆補遺

二〇一二年五月発行のＩＬＧＡ（国際レズビアン・ゲイ連盟）の報告書〈PAOLI ITABORAHY〉によれば、以下の二四ヶ国と一部地域で、性的指向に基づく憎悪を煽動することが法律で禁じられている（括弧内は発効年）。

アイスランド（一九九六）、アイルランド（一九八九）、ウルグアイ（二〇〇三）、エクアドル（二〇〇九）、エストニア（二〇〇六）、オランダ（一九九二）、カナダ（二〇〇四）、クロアチア（二〇〇三）、コロンビア（二〇一一）、サンマリノ（二〇〇八）、スウェーデン（二〇〇三）、スペイン（一九九六）、セルビア（二〇〇九）、デンマーク（一九八七、ただしフェロー諸島は二〇〇七、グリーンランドは二〇一〇）、ノルウェー（一九九二）、フランス（二〇〇五）、ベルギー（二〇〇三）、ボリビア（二〇一一）、ポルトガル（二〇〇七）、南アフリカ（二〇〇〇）、モナコ（二〇〇五）、リトアニア（二〇〇三）、ルーマニア（二〇〇〇）、ルクセンブルク（一九九七）、およびイギリスの一部（北アイルランド、二〇〇四、イングランドおよびウェールズ、二〇一〇）、メキシコの一部（コアウィラ州、二〇〇五、連邦直轄地、

二〇〇九）、オーストラリアの一部（クイーンズランド州、二〇〇三、タスマニア州、一九九九、ニューサウスウェールズ州、一九九三、首都特別地域、二〇〇四）。（山本）

勧誘

「同性愛の勧誘を処罰しなければならない」

ジャン＝マリ・ル・ペン（一九八四）

勧誘《プロゼリティスム》とは、信仰を広め、信者を増やすための熱心な活動を意味する宗教用語に由来する。勧誘の概念は、同性愛嫌悪《ホモフォビア》↓レトリックの常套句になっている。この用語に付着した軽蔑的な意味合いによって、同性愛は、さまざまな社会階層と国家を横断して拡大しようとする一種の地下セクト、陰湿だが強力なネットワークのように見なされる。こうして、おそらく人びとを支配し搾取するために弱体化させようとして、性道徳を腐敗させることを目的とする世界的な陰謀があり、その上この陰謀はますます目に見えるようになっているととらえられることになろう。さらに、同性愛者が勧誘をしていると考えると、↓生殖不能であると思われているにも拘らず、同性愛者が反対に「増殖」していることが説明できる。「生殖によって再生産されなくとも、毎年増えている」と、フランスの作家トリスタン・ベルナールは述べている。この勧誘の理屈は、とくに「魔女狩り」の黄金時代にパージの実施を正当化するために異なった形態で発展した。例えば中世の終わりの男色家《ブーグル》（最初はブルガリア起源の「異端↓」を指し示した語）に対して、あるいは二〇世紀のとくにナチス・ドイツとソヴィエト連邦において、あるいはマッカーシズム（↓マッカーシー）においてである。

従って、同性愛勧誘という考え方の基礎に横たわるメタファーは、その信者は↓自然に反する信仰を広めようとする反宗教、異端であるという考えである。このメタファーがいかに古めかしく見えようとも、この慣用語法が、アメリカ合衆国の宗教右派諸派において、ラテンアメリカ、そしてフランスのオプス・デイに近い原理主義層、カリスマ主義的あるいは原理主義的なキリスト教運動において、今日でもなお頻繁に使われていることには変わりがない。例えば、「アメリカを憂う女たち」という団体の一九九八年の年次会議のときに、ウィルマ・レフウィッチは、「アメリカの主権を廃止し、キリスト教徒に信仰の実践を禁止し、妊娠中絶の一般化、多子家族の母の不妊手術、同性愛の推奨によってアメリカの人口を減らそうとする」ことを狙いとする国際的な陰謀の存在に言及した。同様に、宗教右派によってよく引用されるウィリアム・ダンマイヤーの著作『大地の陰——アメリカの同性愛』の中で、ゲイとレズビアンは、「チンギス・ハンの軍隊」のように描かれている。この著者は以下のように述べる。「闘争的な同性愛を解体しなければならない。さもなくば、それはわれわれを侵略するだろう」。クリスティーヌ・ブタン↓は、その著作『同性愛者の「結婚」?』の中で、ダンマイヤーと同じような調子で、「同性愛の信奉者」、一種の同性愛信仰、さらには「同性愛プロパガンダ」について繰り返し語っていたが、これは男色家が新しい入門者を採用しようとしている不吉なセクトの恐るべきメンバーのように見なされていた、中世の見方を残存させた用語法である。その上、フランス語においては、旧体制《アンシアン・レジム》において広く流通していた「愛の異端」、「党派に属している」「信人会に属している」「それである」「同性愛に改宗した」あるいは「悔い改めた同性愛者」のようないくつかの表現があり、これらは今日でも多少なりとも流通している。

一九世紀以降、ソドミーを罪あるいは↓悪徳としていた宗教的道徳的パラダイムに、医学および精神医学の言説が次第に競い合うようになる。医学および精神医学は、同性愛を病理的性質の結果と見た（かつてミシェル・フーコーは、その歴史的展開を分析した）。この状況では、有害な勧誘の影響のもとで獲得される傾向のように同性愛を見なしていた古い宗教的道徳的表現は、↓医学から生まれた新しい先天性主義的理論の影響で廃れてもよさそうなものであった。現実には、二つの見方は共存し続け、同性愛者は、自分の病気を「教授」しようとする悪徳病人のように見なされることになった。実際には、勧誘の考え方は「科学的」言説によって廃れるどころか、精神的病理あるいは先天的欠陥である↓性逆転（インヴァージョン）と、一種の自発的な病気で、自分自身そして他人を故意に性逆転させる↓倒錯（パーヴァージョン）をはっきりと区別していた一定の医学理論によって裏付けられすらした。性逆転者《インヴァート》は、どちらかと言えば気の毒であると思われたが、反対に、堕落させられ、堕落させる者に自らがなる倒錯者《パーヴァート》は、まさにその勧誘熱のために、まぎれもない危険（↓脅威）と見なされていた。従って、やがて↓精神分析によって両義性をもって引き継がれるこの倒錯観念の医学化によって、同性愛の勧誘は、互いに強化しあいながら新しい同性愛嫌悪言説を構築する宗教的道徳と医学言説によって、二重に貶められることになるのである。

フランスでは、社会的領域に氾濫するこの新しい言説が、文学領域に象徴的に現れている。↓文学は、同性愛勧誘の格好の媒体と見なされることが多かった。アンドレ・ジッドの『贋金つくり』とますます耐えがたくなるこの「傾向」に対して、ポール・スーデは『ル・タン』誌で文学批評として辛辣な記事を書いた。このとき『マルジュ』誌は、今日のフランス文学における「同性愛に関する懸念」について広く意見聴取を行った。とりわけモーリヤック、ドリュ・ラ・ロシェル、バルビュス、ウィリーなど多くの論者がそれに答えた。ところで彼らのうち多くにとって、増大するこの「懸念」が勧誘の形態にあったことは明らかである。例えばバルビュスは、ある「↓退廃的な同性愛結社」について述べている。ジェラール・バウアーは、「同性愛者が現在、自信をつけたり、大胆な勧誘の調子をとっていることは、否定できない」とし、その上でそれをプルーストの影響に帰した。この現象の原因を別のところに位置づけた者もいる。例えば、ピエール・ドミニクによれば「近代の性道徳の極端な自由、そして宗教的、自然的あるいは市民的道徳の脆弱さあるいは不在のために、自由に勧誘が行われているという。だから生理的に正常な人びとが、これら奇妙な使徒たちの活動の影響で、興味本位で同性愛者になる」と言う。カミーユ・モクレールは、これらの「自分たちの精神状態と性的状態に応じて大衆布教の欲望に従う、悪徳の使徒たちを激しく非難する。性逆転者は、転向させたいのである。そこから特殊な文学が生じる」と述べた。このことから、シャルル＝アンリ・イルシュによれば、「医者と立法者は、この不潔な逸脱に対する予防策を採るために協力しなければならない」ことになる。「責任のない者には病院、自覚的な指導者には↓刑務所」というわけである。これらの文章は、この問題についての世論の状況と、とくに性逆転《インヴァージョン》、倒錯《パーヴァージョン》と転向の間の関係をよく反映している、同性愛勧誘に関する決まり文句のような社会的言説の意味するところと、このテーマについての道徳的医学的観念の奇妙な連関を見ることができる。

この見方は、二〇世紀を通じて絶えず広まり、とくに第三帝国において、非常に悲劇的な迫害を引き起こした。事実、医学－道徳的定式における同性愛は、↓ヒムラーの思考の重大な関心事であった。ヒムラーは、国民全体の品位を落とすおそれがある陰湿で大胆な同性愛勧誘から、アーリア人の若者を守ろうとしていた。彼は、「治療」できるものは「治療」しようとし、他の者は↓強制収容所に送った。しかしこの主張は、共産主義イデオロギーの中にも同様の暴力性と帰結をもって現れた他、マッカーシズム期の言説においても現れた。もちろん、ここでは全く異なった体制を対比しようというのではなく、非常に異なる文脈でありながら、驚くべきことに、同じ考えが回帰するということを指摘しなければならない。これらの文脈ではすべて、国是にまで高められ神聖化された性的理由のために、個人的自由を犠牲にしてでも国の力を保持し上昇させようという、高圧的なナショナリズムが進行したのである。

しかし、この同性愛勧誘という考え方は、国家主義的、警察国家的、権威主義的、独裁的な体制だけでなく、よりリベラルな国家でも同様に展開した。そこでは、同性愛嫌悪的な非難の射程を拡大させることができるからである。同性愛行為そのものは、立証され処罰されることが難しく、法律で公式に禁止されていない場合はとくにそうである。ところが、勧誘の嫌疑で、非常に多くの行動や言説、とりわけ同性愛関係の刊行物が全く合法に処罰されることがある。これによって、同性愛が法的に↓非処罰化されている多くの国においても、同性愛が享受する自由の程度は実際には大幅に狭められている。

今日、フランス軍は、もちろん同性愛行為を禁じていない。しかし、同性愛勧誘で糾弾された外国人部隊の兵士は、陣営から排除されることがある。同様に、↓イギリスでも、同性愛行為は一九六七年から次第に非処罰化された。それにも拘らず、一九八八年に採択された条項二八は、学校での同性愛のあらゆる「促進」（つまり、具体的には、同性愛行為の非難すべき性格を直ちに明確にしないような、このテーマについてのあらゆる言説）を禁止した。同様に、一九九六年には、ヨーロッパ機関の圧力で、ルーマニアの新しい民主制議会は、同性愛関係の非処罰化を可決した。しかしながら、新しい法律は、「誘惑や他の何らかの手段を用いて、自分と同性愛関係を持つように勧奨した者、プロパガンダ組織を形成し、あるいはどのような形態であれこの目的のために勧誘をした者」に、五年以下の自由刑を定めている。この最後のケースは非常に典型的で、新しい法律は、潜在的には過去の法律より抑圧的ですらある。というのも、これが行為をもはや抑圧しないとしても、反対に勧奨、誘惑、組織、言説、意図など、要するに同性愛者が生きているということそのものをまるごと処罰していたからである〔二〇〇一年廃止〕。

こうして、勧誘という主張は、猥褻《わいせつ》、公然猥褻、良俗壊乱、公序騒擾《そうじょう》の処罰として、同性愛を法的に処罰することができない場合に、実際には同性愛の狡猾な処罰を可能にし、しかも私的な場所においても機能した。多くの国で規則的に用いられているこれらの抑圧的言説は、一見同性愛嫌悪レトリックの婉曲形態に見えるけれども、広範な警察活動、従って恣意的な警察活動の実施を可能にするので、より一層耐えがたいものである。極端に言えば、同性愛者の存在全体が、警察がその気になれば、勧誘の一形態、従って犯罪であると解釈され得るのである。

この解釈という問題から問われるのは、同性愛勧誘の定義そのものである。時を追ってそれは根本的に形を変える。言説そして、時には侮辱を通じて、新しい輪郭が作られる。今では、ゲイ・レズビアン・カルチャーが以前よりも目に見るものなっているために、性的な勧誘という古い考えに、文化的な勧誘という考えが加わっている。さらに、この糾弾がゲイ・レズビアン・プライドの際に定期的に具体的な形となって現れるのは偶然ではない。ここで批判されるのは、セクシュアリティ以上に、ライフスタイル、政治的選択、そして言わば一種の↓哲学である。

この新しい勧誘は、昔のものよりさらにおどろおどろしいものとされる。かつては少なくとも、プロパガンダは、セックスに限られ、恥ずべき惨めなもので、いかがわしい場所で行われていた。今日では、街路、テレビで白昼堂々と自らを誇示している。要するに、憤慨した法学者のレキュワイエが書いているように「ソドムは市民権を要求して」おり<Lécuyer>、それはフィンケルクロートとあらゆる種類の「道徳の請負人」による慎みへの呼びかけを物ともしなかった。従って、新しい勧誘はこの文化がまさに陽気《ゲイ》に見えるためにより一層効果的であり、そこにこそ不幸があることになる。とくに↓脱ゲイ運動のようなアメリカ合衆国のキリスト教運動は、このような楽しげなイメージと闘おうとした。このことは、ティム・ラヘイの著作、タイトルからして喚起力のある『不幸なゲイ』が示している。↓異性愛主義（ヘテロセクシズム）を促進し、同性愛と闘うキリスト教徒の団体ＳＴＲＡＩＧＨＴ《ストレイト》（神なきあらゆる不道徳な同性愛者のゴミを除去する結社）にとって、ゲイは、ＳＡＤ《サッド》（品位に反する男色家）、つまり惨《サッド》めという語のあらゆる意味において根本的に惨めな人びとなのである。同様にフランスでも、『ゲイになるな、不幸になるぞ』というタイトルで公表された雄弁な証言において、「悔い改めた」同性愛者であるというその匿名の著者は、こう結論する。「私は、同性愛は幸福に向かう一つの道であるという幻想を擁護する人びと、擁護する以上にそのような幻想を広めようとする人びとに向かって言っている」。従って、誇りを持ち幸福になることは可能だという考えを広めようとするゲイおよびレズビアンの勧誘は、嘘であり、いずれにせよある人びとにとっては耐えがたいものなのである。

このように言葉通りの意味でのセクシュアルな「募集」は、その不条理性が今日多少なりとも明らかであるが、それを超えて、ゲイとレズビアンが自らの自由、権利、文化を肯定することが勧誘の一形態であると言うならば、確かに、同性愛の勧誘が存在することになるだろうが、それは文化的、社会的あるいは政治的なすべての運動一般と同じである。この意味で、一地域であれ、黒人であれ、ユダヤ人であれ、アラブ人であれその他であれ、あらゆる少数派の主張が、必然的に勧誘的な行動と見なされるだろう。実際に、支配的地位にある文化は、自らは透明であるという認識論上の特権を享受し、自らとは異なる者、異端あるいは少数派の提案のすべてをプロパガンダとして告発することができる。反対に、多数派の地位は、「自然」、自明、明白なものとして現れるのである。

従って、同性愛の勧誘という主張は、これを使う者たちの、目には見えないが明白な異性愛主義の支配こそが↓象徴的秩序であると考えようという意志である。このことによって、異性愛勧誘という明らかな事実が隠蔽される。↓ジッドが、『コリドン』の中で、その一貫性のなさを暴いている。

思い浮かべて欲しい。私たちの社会において、私たちの性道徳において、すべてが、一つの性をもう一つの性にあらかじめ向かわせている。すべてが異性愛を教え、すべてが異性愛を勧め、すべてが異性愛を仕向けている。演劇、本、新聞、先人たちの公然の模範、サロンや、街頭の見せびらかしが。もし、「それでも恋をしないならば、育ちが悪いのだ」と『金の問題』の中でデュマ・フィスが痛快にも叫んでいる。何だって？ これだけの周囲の共謀に、青年は最終的には譲歩するのに、このような助言がその選択を導き、圧力が定められた方向にその欲望を傾けたと想像しようともしないのである！ しかし、あらゆる種類の助言、勧誘、教唆にも拘らず、同性愛傾向が明らかになったならば、すぐさま、これこれの読み物とか、これこれの影響とかに責任を負わせるのである（そして、国全体や人民についても同様に思考する）。それは獲得される嗜好なのだと認めなさい。青年にその嗜好を教えたのだ。それははっきりしている。

従って、実際には、異性愛者が自分では気づいていない勧誘者である以上、異性愛者と同性愛者を比べて、異性愛者の勧誘を批判することはできる。確かに、ゲイとレズビアンは勧誘者である。しかし、異性愛者は、無自覚にもっと勧誘者であり、さらに異性愛者は、自分たちがそうであるにも拘らず、同性愛者が勧誘者であると告発しているなど、全く無駄な議論をだらだらと続けることもできるだろう。現実には、問題はそこにはない。同性愛者が勧誘をするかどうか、あるいは異性愛者が同様に、または同性愛者よりも進んで勧誘をするか否かを知ることが重要なのではない。というのも、勧誘という語は、客観的な事実ではなく、価値判断を示しているからである。勧誘の主張を通じて、象徴的な力関係が働いているのであり、当然その力関係の根本的な焦点は正統性である。この語に付着している軽蔑的な含意は、勧誘の内容が不当であることを前提としている。従って、以下の二つのうちどちらか一つである。同性愛は正当であり、その社会的、文化的、政治的表現も正当である。あるいは、同性愛は正当ではなく、その表現は、実際には濫用的な勧誘に過ぎない。そして、クリスティーヌ・ブタンのような保守主義者がつまずくのはここである。彼女は至極暗示的にもこう述べている。「同性愛への権利は、〔…〕同性愛の勧誘を正当化しない」。現実には、この発言を通じて、クリスティーヌ・ブタンは、この「同性愛への権利」を↓寛容の論理において考えている。要するに、権利としては全くそれを認めていないということである。問題はそこにある。同性愛が大目に見られているに過ぎないのであれば、ゲイとレズビアンの言説はそれだけで、常に勧誘の一形式のように見なされる可能性が非常に高い。勧誘は、必然的に濫用であり、さらにはジャン＝マリ・ル・ペンが望むように処罰されるべきものである。同性愛が、正当な傾向の一つであるならば、同性愛勧誘の考え方自体が、ありのままにとらえられるはずである。つまり、政治的には危険だが、知的にはばかげた考えとしてである。

ルイ＝ジョルジュ・タン（齊藤訳）

↓悪徳、異性愛主義、異端、寛容、脅威、クローゼット／慎み、神学、生殖

不能、伝染、倒錯、ヒムラー、レトリック、露出症

寛容

最悪なのは、クリスティーヌ・ブタン↓が同性愛者に向かって「私はあなたたちを愛しています」と宣言するとき、彼女はおそらく大まじめだということである。実際、長い間、そしてとくにキリスト教的見方では、他者に対する愛はあらゆる不寛容の基礎であり、反パックス↓のデモの際に聞こえた「ホモを火炙りに！」という叫びは、その必然的な帰結であって補足的なものではない。あなたを愛していると言う者には用心しなければならない。

論理はかなり単純である。それは、少なくとも西方カトリックでは、異端↓審問のもとで発達し、宗教改革でより洗練された。かつて「信仰の自由」について当てはまったことが、今日「身体の自由」について当てはまる。フランスの神学者ジャック＝ベニーニュ・ボシュエの二つの演繹的推論に要約されることができる。真実の推論。真実は一つである。ところで、寛容は多様性を前提とする。だから寛容は真実の基礎そのものを掘り崩す。さらに慈善の推論である。慈善は他者の救済を私が気遣うことを要求する。ところで罪を犯した他者は地獄に堕ちる。従って他人の罪を許しては慈善の義務を根本的に怠ることになる。言い換えれば、寛容は過ちと罪以上に悪いこともある。過ちと罪を許すことは、それを受け入れるだけでなく、何らかの仕方でそれを正当化し、同時に奨励することである。要するに、自由思想家についてニーチェが述べたことが今日の男女同性愛者にあてはまるだろう。「今日キリスト教徒たちが私たちを火刑にできないのは、キリスト教徒たちの慈善のためではなく、慈善の非力のためである」。

このような観点で、同性愛の解放が、歴史的かつ地理的に、寛容の展開と救済の宗教の後退に陰のように続いていることは確かである。このことから、少なくとも宗教的な不寛容主義の働きを、黙らせているだけだとしても妨げるに至っているわれわれの自由な社会で、今日では寛容の擁護が時代遅れの闘いでしかないと考えるのはおそらく誤りであろう。確かに、少なくともフランスについては、ミッテランによる一九八二年の法的差別の廃止は、セクシュアリティのナント勅令［一五九八年にプロテスタントの信仰の自由を条件付きで認めたアンリ四世の勅令］のようなものである。さらに最近ではパックスの採択が性的マイノリティに対する寛容の広がりを裏付けている。しかし、どんな勅令も破棄され得る。そして法律上の寛容は、事実上の寛容を自動的に引き起こすわけでは決してない。従って、今日でも、同性愛嫌悪《ホモフォビア》に対する闘いは、依然として私的な行いと公的な可視性に対する一般的な寛容をよりひろく擁護することにしかないことは確かである。

しかし、少なくとも三つの出来事が、寛容の最も誠実な宣言には問題があり、時にはさらに疑わしいものであることを示している。一つ目は、ストーンウォール事件以来の、「ゲイの誇り《プライド》」、個人の性的アイデンティティから切り離すことのできない、ある「真実」の確立である。ところでこのようなセクシュアリティの誇りと真実の確立は、啓蒙期の寛容にあった懐疑主義と相性が極めて悪い。ヴォルテールにはそのような懐疑主義が表れていた。「われわれはみな弱さと間違いに満ちている。だから互いに自らの愚かさを許し合おう。それが第一の自然の法である」。ゲイあるいはレズビアンである誇りがあり得るとすれば、それはそこに「弱さ」も「過ち」も「愚かさ」もないということをすでに最低条件としている。アイデンティティ、つまり、密かに愛し合うだけでなく堂々と同性愛者であろうとする権利の闘争は、真実のための闘争である。許されることではなく、承認されることが重要なのである。これはさまざまな点で根本的に対極的な要求をなしている。これについては、一部の同性愛者によっても内在化されている寛容の同性愛嫌悪レトリックが

よく知られている。「同性愛者を受け入れてもよいが、それは同性愛者が自分を誇示せず、できるだけ慎み深く云々」という条件でと言うのである。国民戦線のジャン＝マリ・ル・ペンの言い回しがそれなりにはっきりとこれを要約している。「国民戦線にも同性愛者はいるが、しかしオカマは一人もいない」。あるいはクリスティーヌ・ブタンはこう言っている。「同性愛への権利〔…〕は、同性愛勧誘を正当化しない」。同性愛嫌悪的寛容は「許しはするが、しかし」の思考である。

　二つ目の出来事は、エイズの出現によって、同性愛者にとっての寛容のための闘いから、「許しがたいもの」に対する闘いへの移行がますます必要とされるようになったことにある。確かに、この「許しがたいもの」という考えが成功をおさめたのは一九七〇年代からである。ミシェル・フーコーとダニエル・ドフェールがガリマール社から「許しがたいもの」と題された叢書すら作っている。しかしこの叢書はまず監獄を扱っており、ゲイ・レズビアン運動とは奇妙なことに関係がない。従って、「無関心」として理解された寛容が許しがたいものになったのはエイズのときからに過ぎない。「沈黙＝死」、「私たちは死に、あなた方は何もしない」が、アクトアップ・ニューヨークとアクトアップ・パリのスローガンになる。争点は完全にひっくり返る。もはや抑圧ではなく、死ぬことも放任する自由放任と闘うことが重要になる。能動的で異端審問的な同性愛嫌悪ではなく、予防し情報を与えることを拒む受動的で見て見ぬふりをする同性愛嫌悪が問題なのである。要するに、伝染病という許しがたいものによって、差異のための闘いが、最も人道主義的な寛容を装う無関心との闘いに変質する。この点については、「ゲイの癌」という新しい形態の烙印と差別に接したときの、一九八〇年代初頭の同性愛コミュニティの曖昧な態度をはっきり思い出す必要がある。それは、いかなる寛容の政治にも伴う二重の本質的矛盾に原因がある。許しがたいものを許すリスクを冒さずに、本質的に寛容であり得るのか。寛容の政治は、（公衆衛生を含めて）極限まで政治であり続けることができるのか。

　最後の出来事は、寛容の範囲をやや狭めたのだが、おそらくパックスの採択である。パックスはある意味、同性愛と、より一般的には私的な関係に対する自由で寛容な政治を称えるものであった。パックスは、合意した成人間の契約で、自らにしか関わらず、第三者には関係がない。しかし同時に、そこにとどまれば、権利の不平等を承認する。同性愛が私的で契約的な空間だけに限定されれば、同性婚（結婚は第三者である国家の裁定を前提とする）も、養子縁組の権利（子は、私的空間だけではなく部分的には公共空間に属している）も問題にすることはできない。言い換えれば、同性愛に対する寛容は真の権利の平等とは相容れなくなったのである。

　この意味で、国民議会において当時の法相エリザベト・ギグがパックスを擁護したやり方は、どれほど寛容の思考が常に条件的な思想、つまり限界の思想であるかをはっきりと示している。許すということは、一定の条件において、一定の限界の中でしか行えない。そうなると「許しはするが、しかし」というあいまいな思想ではなく、「イエス、ノー」のよりはっきりした思想なのである。より厳密には、寛容の言説には二種類の限界があると言うことができるかもしれない。一つは、人権宣言を母胎とするフランス流の消極的限界である。実際に人権宣言で、自由は、純粋に消極的な観念として登場する。他者を害さず公の秩序を害さないことを行うことはすべて自由である（この公の秩序の定義は国家の自由である）。そして、もう一つは、ロックの『寛容についての書簡』を基本的母胎とするアングロ＝サクソン的な、とくにアメリカ的な積極的限界である。国家によって積極的に表現され擁護されたより小さな通約可能な部分を軸としてのみ、寛容が可能になる（この場合、ロックにとっては、無神論の禁止がそれに当たる。無神論以外のあらゆる信仰を許さなければならない）。しかし、同性愛に対する寛容を称揚することは、社会全体の基礎となっている双方の限界に常に衝突する。積極的な限界としての神、象徴的秩序、子の利益……。あるいは消極的な限界として「世論は準備ができていない」「同性愛者の子が、運動場でどうなるか考えなさい」などである。これらは寛容の立場に立つ者による入り乱れた主張であることが分かる。

　そういうわけで、異性愛と同性愛の権利の完全な平等は、このような対置そのものが消滅するとき、従って、今日誰も異性愛に対して寛容を語らないのと同じように、同性愛に対して許すことが問題なのではなくなるときでなければ、おそらくあり得ない。

このような要求が何を示しているのかを量ることが必要である。まず、自らの真実をセクシュアリティによって、セクシュアリティの中で定義するのをやめることである。その点では、ミシェル・フーコーが『知への意志』において、その後はアメリカのクィア運動〔「クローゼット／慎み」の項の注参照〕がこれを提案している。そして、許しがたいものの多様性とでも言うべきものに従って、あらゆるアイデンティティの政治をやめることである。さらに、セクシュアリティの抑圧仮説を放棄することである。その点では性革命などの基礎そのものを覆すことになる。ところでこのような戦略的転覆が、現実の同性愛嫌悪や無関心という同性愛嫌悪の告発と矛盾するわけではない。エイズの第一の犠牲者となっている者たちを名付けることが拒否されたら、エイズとの闘いは不可能である。さらに何らかのセクシュアリティの積極的限定的な定義を拒まれたら、同性愛と↓小児性愛の恥ずべき混同に反対できないだろう。抑圧がないとすれば、ゲイの快楽の自由主義的政治は擁護できないという問題がある。

いずれの場合にも重要なのは、根本的には矛盾した、受容と制限の間を揺れる寛容の政治以外の可能性を認めることである。寛容に対する批判も、同性愛の観念そのものの肯定と否定の間を揺れている以上、同じ程度矛盾しているのである。この限りで、同性愛嫌悪との闘いにおいては、この「寛容」の概念に賛成とか反対する何らかの「固まった方針」を支持することはできないのである。それは確実に、利用法の問題でしかあり得ない。つまり状況と情勢の問題である。しかしこの見通しでは、寛容の概念が全く有効でなくなることはないと賭けてもよい。エジプトやアンゴラだけでなく、寛容であると言われる私たちの社会においてもである。サン・バルテルミの虐殺〔一五七二年に起きたカトリックによるプロテスタントの虐殺〕から四世紀を経て、ヨハネ・パウロ二世が、↓カトリックは唯一の真実の信仰であると言っていたのを聞くだけで十分である。そこから分かることは、「私たちのところでは」寛容な同性愛嫌悪的多数派が実際に寛容であるのは、おそらくそれを余儀なくされている限りでそうであるに過ぎないということだけである。

ピエール・ザウイ（齊藤訳）

↓異常、異性愛主義、功利主義、象徴的秩序、哲学、暴力、レトリック

北アメリカ

北アメリカにおける同性愛嫌悪《ホモフォビア》の問題を理解しようと思うなら、ここに形成されてきたセクシュアリティの文化の背景に、ヨーロッパ、アフリカ、アジアから何回にも渡って到来してきた移民の波が極めて複雑にからみあった社会があり、またその文化において支配的な役割を演じているのが宗教であるということを考慮に入れて、分析を進めなければならない。同性愛嫌悪の言説は一種類ではなく、複数存在している。その背景には、互いにほとんど関係がないけれども、互いに積み重なり、互いを補強しあっている複数の文化があると主張することは、ある意味で可能かもしれない。とくに一九世紀、二〇世紀の移民の流れを最も強力に引きつけてきた中心地である合衆国で、このような状況が度を増している。一方カナダは、人口ももっと少ないし、気候条件が原因で合衆国よりは孤立しているし、何よりも政治や司法の帰趨が連合王国の王冠と密接に結びついていた期間が長かったので、合衆国よりも「ヨーロッパ的な」変遷をとげてきた。「ヨーロッパ的」ということの意味は、同性愛が、公共領域における価値観の対立を一身に集めるような主題ではないということである。だからこの二つの国は別々に分析した方がよい。ただし、カナダにおける心性の変化も含めたあらゆる変化には、いつでも合衆国の信じがたいほどの政治力と経済力が影響を及ぼしているのだということを

意識しておく必要はある。

■合衆国

のちに合衆国となるこの植民地の一七世紀における歴史を見ると、いずれこの国の同性愛嫌悪の言説を活発につくり上げることになる最初の条件がいかなる性質のものであったか理解することができる。実際、この地に根を下ろした最初の二つの植民地は、植民地建設のほとんど正反対の典型と見なすことができるのだ。その結果として両者の間には、その後構築されることになるセクシュアリティの表象に大きな違いが生じるのである。

二つのうち最初の植民地はヴァージニアである。ここは、ヨーロッパには見られなかった単一種大規模栽培《モノカルチャー》農業に基礎を置く、経済的植民地の典型である。ここでの作物はタバコだった。この種の植民地に流れ込む移民は、とくに男女比の面から見て不均衡である。ここの「典型的」な移民は、貧困が原因でイギリスから追い出された男性の若者である。この種の植民地の社会は、極めて男性中心的で、冒険的であると同時に暴力的である。このような条件によって「女性不足」であったから、売春が花開くことになると同時に、男性が自分たちどうしで性的接触を持つことにもなった。そこでは個々の「性的指向」あるいは「欲望」は問題ではなく、最も多くの場合、その背景には階層序列化した人間関係がある。今日で言えば、例えば刑務所施設の中に見られる同性愛関係に似ている。このような社会では、ふだんはそれほど大きな危険を冒すことなく同性愛関係を持つことがあり得るが、また同時に、男らしさという条件が強く求められるため、男性優位《マッチョ》主義が拡大することになるとともに、性的関係における「受け」側の相手に対して、それが男であろうと女であろうと、極めて低く見るようにもなる。そういうわけで、ある「男」が性的関係において「受け」の役割を演じる男性を求めておきながら、同時に、男らしくないから異常だと見なす者に対して、ある種の暴力を行使することも辞さないという、見たところ逆説的な態度が生じるのである。

これとは逆に二番目に建設された植民地であるニューイングランドは、イギリス国教会の長である国王の迫害を逃れてやって来た、イギリスのピューリタンの移民がつくった植民地である。この植民地への移住は家族単位であり、従って男女比の不均衡は生じなかった。逆にこの社会におけるセクシュアリティの文化は、極端なカルヴィニズム的価値観に基づいてつくり上げられた。公共領域は遠く本国から保護を受けながら、神政政治のモデルに従って組織された。このような状況にあれば同性愛が極端に重い罪とされるのは極めて明白である。このことは、ピューリタンというプロテスタントの宗派に独特な、聖書、中でもとりわけ旧約聖書に純粋に回帰するという論理によって、『申命記』に書かれているヘブライ人の同性愛禁止がかなり重視されたのだからなおさらだった。

以上の二つの面、すなわち極端に男性の割合が高い社会の男性優位《マッチョ》主義に根ざした暴力と、宗教的原理主義とは、どちらも合衆国における同性愛嫌悪構築の原動力の基盤となっている。その上さらに、合衆国の歴史上一定の間を置いて移民のこの二つの形態が繰り返され、そのつど同性愛嫌悪という性をめぐる文化の中核が活性化されてきたのである。一つだけ例を挙げる。一九世紀の終わり、ヴァージニアでは長い時間を費やして社会が安静化され、一方ニューイングランドでは、長い間その力を信仰に振り向け、祈りを資本主義構築のためのエネルギーとして注いできていた。このとき合衆国における同性愛嫌悪文化の基礎を再生産したのは、アイルランドやイタリアからやってきた移民の波（どちらかと言えば経済的理由での移住で、男性が多かった）と、東ヨーロッパからやってきた正統派ユダヤ人であるアシュケナージ（帝政ロシアのポグロムを直接の原因とする移住で、家族単位）の双方だったのである。

以上が文化の母体だとすれば、ここにさらに重要な二つの要素が加わることになる。まず第一に、多民族主義である。ラテンアメリカにおける状況に似て、北アメリカの植民地開発が最初に突き当たったのは、先住民族すなわちこの大陸に暮らすアメリカインディアンである。またリンカン大統領の時代まで奴隷制を温存していたので、アフリカのサハラ砂漠以南出身の移住者、とりわけ南部の植民地農園への移住者もかなり多い。一九世紀以降には、世界随一の経済力を持った合衆国は、古びたヨーロッパをはるかに超えて移民の中心地となり、ラテンアメリカからもアジア（中国、日本）からも移住者が集まる。さらに帝国主義的かつ領土拡張主義的国家である合衆国は、別の文化領域に属する社会（ハワイ）をも自身の領土に取り込んでいく。この意味で、合衆国における男性性やセクシュアリティの構築は、複数の文化の衝突の産物なのである。民族共同体は、それぞれ独自の価値観を文化として持っているが、それが政治や経済の面での支配関係の枠組みの中で、他の価値観の表象や規範と対立するのである。一つだけ例を挙げるなら、都市のアフリカ系アメリカ人やラテンアメリカ人が担うサブカルチャーには、至るところに同性愛嫌悪が見られるが、例えばそれはニューヨークやカリフォルニアのヒップホップやラップのグループが歌う歌詞に顕れている。このような同性愛嫌悪は、経済的にも文化的にも支配された共同体にありがちな男らしさの価値の称揚の一形態であり、しかも「アングロ＝サクソン」すなわち白人のゲイ・コミュニティが優勢を誇っていることがはっきり見て取れるだけに、一層激しくそれが高揚するのだと分析することができる。この過程は結果として二重の悲劇を生んだ。一面でそれは、「白人のホモ」に対する憎悪を掻き立て、肉体への暴力や殺人さえ引き起こした。また一面では、アフリカ系アメリカ人やラテンアメリカ人の中で、自身が同性に惹かれることに気づいた者がアイデンティティを構築することは、極めて困難となった。それが原因で抑鬱状態や自己破壊的態度などに陥るおそれが高くなっている。それとは逆に、この多文化主義には肯定すべき効果もあった。例えば一九二〇年代、アフリカ系アメリカ人の文化において同性愛がほとんど非難を受けていなかったように思われる時代には、同性愛者にとってハーレムは平穏な避難所の様相を呈していた。またやはりこのような状況を背景に、↓同性婚を認めようという最初の試みが日の目を見ている。ハワイの裁判制度には、太平洋の先住民族社会独自の習慣に根ざす特殊性があったため、それを利用したのであった。

合衆国における同性愛嫌悪の言説の組み立てに、長年に渡って影響を及ぼしてきたもう一つの要因は、政治的なものである。一九一四年以降は世界第一位の経済を誇り、一九四五年以降は世界第一位の強国となったアメリカという連邦国家は、これまでしばしば自国を包囲された砦になぞらえてきた。だからその住人の民族的多様性は、恐怖心から「内部の敵」と解釈されることがあった。例えば第二次世界大戦中、カリフォルニアの日系住民が出身国の日本との間につながりを持っていることが恐れられ、収容所に入れられた。この感情は冷戦初期には反共産主義のパニックとなって顕れ、そのためにゲイが「赤」に結びつけられた。↓「倒錯者」は私生活を公にするぞと脅されればどんな要求も受け入れてしまって餌食にされやすいので、国家という鎖の一つの環としては脆弱であり、共産主義の潜入スパイの格好の標的になってしまうと思われていた。この意味で、「倒錯者」の性的指向はどんな責任ある公的地位にも、とりわけ国の組織にはふさわしくないとされたのである。このような分析が、マッカーシズム時代のゲイが歩んだ歴史のそもそもの原因となったのであり、またそれ以降は、無神論者と共産主義者と同性愛者を結びつけて考えることを促すような、アメリカの宗教右派の言説によって、絶え間なく強化されてきたのである。

アメリカ社会において、同性愛をめぐる問題の焦点が出そろったのが正確に言えばマッカーシズム以降なのであり、この焦点は、今日もなおアメリカのゲイ・レズビアン運動にとって闘争の核心なのである。

まず第一に、ゲイ・レズビアンの最新の身元を特定することが問題になる。マッカーシズムの時代以降、国家レヴェルの組織的抑圧が同性愛の実践者に襲いかかり、実際に同性愛か否かが集団的に試される環境が整えられたのである。こうしたゲイの身元の特定は冷戦以前にも確かに存在していたのだが、同性愛はまだ、原則的に大都市中心部の白人中流階級だけに関わる事柄にとどまっていた。ところがマッカーシズムによって魔女狩りの時代が始まると、同性愛者という「身分」をある種の統一体として触知するようになった。実際に同性愛を実践する者たちは、その民族的出自や社会階級↓、住んでいる場所がどうであろうと、さらにはまた同性との行為を自分自身でどのように考えているかということすら無関係に、連邦国家の目から見れば皆「倒錯者」、本当の内部の敵となったのであり、公職から排除され、ＦＢＩのリストに登録され、監視対象とされたのである。かくして数百万の男女の運命は一つにまとめられ、そのときから彼らは利害を同じくする共同体を形成するようになったのである。逆説的なことには、こうした厳しい抑圧を背景に、最初の「同性愛《ホモファイル》」組織であるマタシン協会やビリティスの娘たちが結成され、サンフランシスコがゲイのメッカとなった。しかもサンフランシスコは、同性愛その他の理由で軍隊を除隊になった兵士が、太平洋地域から送り返される場合に皆この港に上陸したのでなおさらであった。この意味でゲイ・レズビアンというアイデンティティが確立したことや、同性愛者が戦闘的態度をとるようになったことに対してマッカーシズムが演じた役割は、一九世紀にドイツで最初に同性愛者の運動が起きたことに対して↓精神医学が演じた役割と極めてよく似ている。

第二に問題となるのは、これほど楽観的ではなく、同じく一九五〇年代に形を与えられた保守派の同盟関係のネットワークである。このきわだって堅固なネットワークは、レーガン政権、ブッシュ政権のもとでアメリカに新保守主義《ニューライト》が登場したとき、その全貌を現すことになる。南北戦争以来、福音派ピューリタンの組織の多くは、ヨーロッパ人の目から見ると逆説的なことに、実は民主党を支持してきたのである。二大政党制をとるアメリカにおいて、リンカン（共和党）という政治家像の拒否と、連邦政府に対する不信感の両方が原因となって、宗教的に最も不寛容な南部および中部の農民と、組合に組織された北部の労働者とが、民主党を中心に同盟する条件が整えられた。この同盟こそが、フランクリン・ローズヴェルトが政権の座に就き、また再選される基盤となったのである。ところが、↓マッカーシーが始めた風紀の取り締まりに対する共和党の立場が変わったり、その後には人種隔離に対するケネディの融和政策もあって、かつてのような同盟体制が通用しなくなる。その上、一九六〇年代終わりから一九七〇年代初めにかけて、ヒッピームーヴメントや平和運動から新たな政治勢力が生まれることを恐れた民主党は、民主党内の左派を強化せざるを得なかった。このことは、南部連邦時代のアメリカにノスタルジーを抱く宗教的保守派と、リベラルと、社会民主主義者が共存する矛盾を一層明白にした。しかし正確に言えば、一九七〇年代にさまざまな傾向の保守層を一つにまとめることができたのは、風紀の問題のおかげだった。

実際、宗教団体と共和党を一体化させた原動力は、経済問題でもなければ連邦政府の位置づけでもなく、人種問題でもなかった。それどころかこの三つの問題こそが、保守派の間でも大きな不和の要因だったのである（今でもそうである）。ところがそれとは反対に、「アメリカ的↓家族」の神聖視を焦点とする風紀の問題は、共通の一致点となり得たのである。それによってアメリカにおける選挙の駆け引きは組み立て直され、一九七九年のロナルド・レーガンの当選に至るのである。そのときに中心的問題となったのは以下の三点、すなわち堕胎の合法化、未婚の母親への援助、同性愛者の権利であった。この三点にさらに、別の領域に属することではあるが、武器携帯の権利と死刑の問題も加えるべきであろう。この一つはその後、保守派の大きな流れをつくり上げる要となり、一二年に渡って共和党を政権の座に就かせることになる。そうしたことを背景に、同性愛者の権利の問題がアメリカの政治論争の中で焦点となった。それはさらに、一九八一年に↓エイズの伝染が確認されて以降さらに大きな問題となり、それぞれの立場を互いに攻撃し合い、（最も良くても性的な乱れから当然起こってしかるべき結果、最悪なのは神の下した懲罰という）病気に付きものの古めかしい表象で同性愛嫌悪の制度化が強まることになった。この時代の論争がさまざまな分野であれほどの激しさを見せた理由も、ここから理解することができる。例えば、エイズ撲滅の闘い、複数の州のソドミー禁止法が連邦最高裁で合憲とされたこと（一九八六）、地方レヴェルで同性愛者のパートナーシップ（内縁関係）が認められたこと、↓軍隊内にゲイ・レズビアンが存在すること、同性愛嫌悪の暴力に立ち向かうために警察と同性愛者コミュニティが協力することなどである。そうした論争の最も直接的な結果は、ゲイ・レズビアン運動の過激化であった。その尖兵がアクトアップ、クィア・ネーション（「クローゼット／慎み」の項の注参照）、レズビアン・ヴァンジャーズなどの団体であった。

ビル・クリントン政権で民主党が権力に返り咲いたことによって、おそらく同性愛の問題をめぐる緊張関係が緩和された。クリントン政権は用心深く、どっちつかずではあったものの（とくに軍隊内にゲイ・レズビアンが存在することについて）、それが選択した政策や、エイズが蔓延するに伴って黒人やラテンアメリカ人コミュニティでそれが異性愛関係にまで広がったこと、共和党の内部にロビー団体のように活動する活発な保守派のゲイ勢力が生まれたことなどによって、逆説的にではあるが、それまで激しかった論争が和らげられたのである。この「正常化」を証言する悲劇がある。一九九八年にワイオミング州で二一歳の若者マシュー・シェパードが残虐行為の犠牲となり、拷問を受け、殺害されたということが伝えられると、ゲイ・レズビアンのコミュニティをはるかに超える大規模な連帯の動きが起きた。二〇〇一年現在、共和党内で右翼が活発な動きを見せたり、南部では有権者がウルトラ保守主義のパット・ブキャナンの立候補を支持すると脅して圧力をかけているにも拘らず、大統領候補ブッシュ・ジュニアの同性愛問題に関する立場が極めて曖昧であるのは、もしかするとゲイ・レズビアンにとって、平穏と正常化からなる合衆国の新たな一ページが書かれつつあるということを示しているのかもしれない。

しかしながら同性愛はなお、アメリカの政治の世界では、とりわけ過激な反対派を結集させる問題である。同性愛問題は今日でもなお、さまざまな民族共同体間の力関係に直結し、それによって社会を組織する団結力が強められると同時に、また同性愛問題は宗教という土台にも直結し、さらにはまた、国家としては世界第一位の強国という立場にも直結する問題なのである。この意味で、合衆国における同性愛嫌悪とは一つの政治的立場なのであり、それこそが同性愛嫌悪という言葉の最も厳密な意味でもあるのだ。それとは逆にカナダは、隣の強国から決定的な影響を受けてはいるものの、まだヨーロッパでわれわれが経験しているモデルに近い型にとどまっている。

■カナダ

カナダにおける同性愛嫌悪の歴史は、ヴァンクーヴァーのゲイ組織の活動家ダグ・サンダーズによる以下の分析に要約される。「カナダでの問題は迫害というようなことではない。むしろゲイは存在しないという考えが世論の主流であることが問題だ」。一見したところカナダの歴史は合衆国の歴史に似ているものと判断しがちだが、実際にはさまざまな要因によって、カナダにおける同性愛嫌悪の言説は合衆国より婉曲なものであった。

第一に宗教的な要因がある。福音派ピューリタンに属するプロテスタントの信者がカナダの人口構成に占める割合はそれほど大きくはなく、今日でもなお人口の六％に過ぎない。これに対して合衆国では二二％である。アングリカンとカトリックという二つの宗教は、英語話者とフランス語話者の共存が困難なこともあって、たいへん重視されてはいるが、ピューリタニズムに特有な、いかなる罪もない「完璧な都市」というような強迫観念は見られない。

第二にカナダの社会政策が、ヨーロッパの標準に近いという要因がある。すなわち国が市民の経済生活や労働市場に積極的に介入して規制するという政策である。そのため各民族集団間の不平等格差が合衆国ほどには大きくはない。唯一大きな対立と言えば英語話者とフランス語話者との間の対立だが、両者の文化はかなり近いために、セクシュアリティの文化や男性性の構築という面で、大きな価値観の対立を生むような性質のものではない。

第三に、カナダは国際政治に関して比較的中立とまで言えないにしても、少なくとも強い介入政策をとってはいない。そのため、「性的逸脱」に対して強い「社会的政治的危険性」を認めることがほとんどなかったのである。

カナダはイギリスと同様一九六九年まで同性愛を犯罪としていたが、以上のような要因によってさしたる対立もなく歴史は進んだのである。同性愛が合法化される前の期間では一九五〇年代だけが際だっている。一つには、マッカーシズムの影響で同性愛者の入国を禁ずる移民法が一九五二年に可決されたこと、今一つには同性愛者、中でもオタワの中央政府で働く同性愛者のリストアップを任とする特別騎馬警察隊が創設されたことによる。しかしこうした変化はそれほど長続きせず、すぐに状況は元通りとなった。法的には禁じられていて有罪判決もちらほら見られるが、この法律の適用自体が極めて稀で効力を失っているという状況である。有罪判決が下された事件の一つクリッパート事件では、この法律を厳格に適用するならば最高で終身刑が科され得ることが明らかになり、それがきっかけとなって同性愛を合法化するための運動が始められたのである。合法化は保守派の反対を押しきって一九六九年に達成された。

カナダにおける同性愛の歴史は、ゲイ・レズビアン解放の世界的な潮流と一致していて、実質的な進歩を示している。とりわけゲイの若者の↓自殺防止について目覚ましい。しかしながらカナダは合衆国やイギリスの影響から完全に脱したことはなく、右派保守層の増加も見られる。これは一九七〇年代終わりから一九八〇年代初めにかけて、大統領選挙に出馬して勝利を収めたレーガンや、サッチャーリズムに体現されるようなアメリカ的新保守主義《ニューライト》をモデルとしているのだ。アメリカ合衆国からの影響に、不屈のアニタ・↓ブライアントが拍車をかけた。ブライアントは合衆国で始めた自分の十字軍遠征を、北の国境を越えてもなお継続する決意を固め、カナダの福音派のコミュニティに支持者を得、さらにフランス語話者コミュニティでとりわけ力の強いカトリック教会からも支持を取りつけたのである。こうした影響は興味深いことに、一九七六年のモントリオール・オリンピックの際の警察当局による「都市浄化」作戦を機に表に顕れた。モントリオールやオタワのバーやサウナに対して警察の手入れが実施され、数十人のゲイの逮捕者を出し、私的なクラブとして認められているにも拘らず、警察はサウナの会員名簿を押収した。「サウナとの戦争」の手法は、一九八〇年代初めまで、カナダ当局による反同性愛活動の最も常套的な手段となった。しかしその一方でケベック州では、ケベック党〔カナダからの分離・独立を唱えるケベック州の与党で、一九七六〜八五、一九九四〜二〇〇三、および二〇一二年以降政権を担当〕が一九七七年の人権憲章に性的指向を権利として書き込んでいる。

カナダの英語話者コミュニティはより保守的であり、また合衆国の新保守主義《ニューライト》の打ち鳴らす警鐘により敏感で、ゲイ・レズビアンに対する当局の攻撃はやむことがなかった。例えば家宅捜索をしたり、トロントの戦闘的な雑誌『ボディ・ポリティック』を、↓小児性愛を助長するという名目で発禁にしようとした。『ボディ・ポリティック』の事件によく似たシナリオが、数年後にフランスで『ゲイ・ピエ』に対して用いられた。こうした作戦はしかし、望まれた効果とは正反対の事態を生みだした。一九七〇年代初頭から半ば無気力状態に陥っていたゲイ・レズビアンの運動を強化することになったからである。それに何よりも、ゲイ・レズビアンに対する攻撃的な風潮は、そもそもそれが生まれてきた民族的な背景とは切り離されたままとなったのである。カナダの英語話者のエリートにとって、レーガン流の超自由主義がどれほど魅力的に映ったにせよ、たぶん文化的な理由からカナダにそれを移植することは妨げられたのである。しかも、自らの社会政策に頑固に執着し、フランス語話者という特異性を後生大事に擁護し続けるケベック州という、人口に占める割合から見て新保守主義《ニューライト》の英語話者の一極支配とは相容れない存在があるのだから、なおさらである。だから上に述べたような影響はイデオロギーという堅固な土台を見出すことはできず、あくまでも表面的なものにとどまってきたのであり、カナダに強力な構造的同性愛嫌悪をもたらすことはなかったのである。逆に新保守主義《ニューライト》の言説は、フランス語話者コミュニティの大多数から同性愛嫌悪を払いのける役割を演じた。彼らはそこに――あながち根のないこととも言い切れないが――ある種のアングロ＝サクソン帝国主義を見たのであり、そのことによって、未だにカトリックの影響が強い州ではあるのに、比較的、ゲイ・フレンドリーな政策がとられることになったのである。今日でもなお、モントリオールのサント＝カトリーヌ通りのまわりに根を下ろしたゲイ・レズビアンのコミュニティは、北アメリカでおそらく最も活気があり、全体として最もよくまとまっているコミュニティの一つである。

二〇〇二年六月七日、ケベック州で、同性のカップルを承認し、↓養子縁組の権利を認めるシヴィル・ユニオン法の採否が投票された。注目すべきことに、この法律は満場一致で採決されたのである。もちろん保守派議員は当初この法案と対立し、↓同性愛者の子育てに反対の意を表明していた。しかし支援団体と会合を持ったり、そのときすでに同性カップルで子どもを育てていた家族の親や子どもたちと面会するうちに、最終的に保守派議員も彼らの言葉に説得されるようになったのである。確かにカトリック教会は最後までこの法案に反対した。しかしケベック州司法相のポール・ベガンが言ったように、「議論の中心は愛ということだった。しかし神父たちは愛については何も話をしなかった……」。

ピエール＝オリヴィエ・ド・ビュシェ（山本訳）

→軍隊、シェパード、ストーンウォール事件、脱ゲイ運動、フーヴァー、ブキャナン、ブライアント、プロテスタント、マッカーシー

◆補遺

アメリカの最近の動きについては、以下のような報道が目に付く。

二〇一一年一二月六日、アメリカのクリントン国務長官が、ジュネーヴの国連ヨーロッパ本部で演説し、同性愛者といった性的マイノリティの人権保護に取り組むＮＧＯを支援するため、国際基金を設置すると発表した。アメリカ政府が三〇〇万ドル（二億三〇〇〇万円）を出資する（七日付『朝日新聞』ウェブ版）。

二〇一二年五月九日には、オバマ大統領が同性婚支持を表明したと報道された（『ニューヨークタイムズ』ウェブ版）。

同年一一月の大統領選に向け、民主党は党綱領に「同性婚支持」を初めて盛り込むことを決めた（八月一日付『毎日新聞』ウェブ版）。

二〇一二年八月二八日、カリフォルニア州の下院が、同性愛者を異性に関心を持つよう変える「治療」やカウンセリングを一八歳未満の人に行うことを禁止する法案を賛成多数で可決した（二九日付『ＭＳＮニュース』）。（金城）

アメリカ合衆国およびカナダの同性愛をめぐる法制度の最近の状況は、二〇一二年五月発行のＩＬＧＡ（国際レズビアン・ゲイ連盟）の報告書によれば以下のとおりである（括弧内は発効年）〈PAOLI ITABORAHY〉。

カナダ（一九六九）、アメリカ（二〇〇三）両国とも同性愛行為が合法である。ただしアメリカについては二〇〇三年にテキサス州の反ソドミー法を無効とした連邦最高裁判決に基づく。州・地域レヴェルでの反ソドミー法廃止は以下のとおり。アイオワ（一九七七）、アーカンソー（二〇〇二）、アラスカ（一九八〇）、アリゾナ（二〇〇一）、イリノイ（一九六二）、インディアナ（一九七七）、ヴァーモント（一九七七）、ウィスコンシン（一九八三）、ウェストヴァージニア（一九七六）、オハイオ（一九七四）、オレゴン（一九七二）、カリフォルニア（一九七六）、ケンタッキー（一九九二）、コネティカット（一九七一）、コロラド（一九七二）、サウスダコタ（一九七七）、ジョージア（一九九八）、テネシー（一九九六）、デラウェア（一九七三）、ニュージャージー（一九七九）、ニューハンプシャー（一九七五）、ニューメキシコ（一九七五）、ニューヨーク（一九八〇／二〇〇一）、ネヴァダ（一九九三）、ネブラスカ（一九七八）、ノースダコタ（一九七五）、ハワイ（一九七三）、ペンシルヴェニア（一九八〇／一九九五）、ミズーリ（二〇〇六）、ミネソタ（二〇〇一）、メイン（一九七六）、モンタナ（一九九七）、ロードアイランド（一九九八）、ワイオミング（一九七七）、ワシントン（一九七六）、ワシントンＤＣ（一九九三）、ヴァージン諸島（一九八五）、北マリアナ諸島（一九八三）、グアム（一九七八）、サモア（一九八〇）、プエルト・リコ（二〇〇五）。

カナダおよびアメリカのネヴァダ（誘惑罪のみ）とヴァージニアの二州で、法的同意年齢について、同性愛関係と異性愛関係との間に不平等がある。その他のアメリカのほぼ全域で、同性愛関係か異性愛関係かに拘らず同じ法的同意年齢を定めている。

カナダ（一九九六）、およびアメリカのアイオワ（二〇〇七）、イリノイ（二〇〇六）、ヴァーモント（一九九二）、ウィスコンシン（一九八二）、オレゴン（二〇〇八）、カリフォルニア（一九九三）、コネティカット（一九九一）、コロラド（二〇〇七）、デラウェア（二〇〇九）、ニュージャージー（一九九二）、ニューハンプシャー（一九九八）、ニューメキシコ（二〇〇三）、ニューヨーク（二〇〇三）、ネヴァダ（一九九九）、ハワイ（一九九二）、マサチューセッツ（一九九〇）、ミネソタ（一九九三）、メリーランド（二〇〇一）、メーン（二〇〇五）、ロードアイランド（一九九五）、ワシントン（二〇〇六）の二一州とワシントンＤＣ（一九七三）の他、多くの市やタウンで、性的指向に基づく雇用差別を禁じている。

カナダのノースウェスト準州（二〇〇四）、アメリカのアイオワ（二〇〇七）、イリノイ（二〇〇六）、ヴァーモント（二〇〇七）、オレゴン（二〇〇八）、カリフォルニア（二〇〇四）、コロラド（二〇〇七）、ニュージャージー（二〇〇七）、ニューメキシコ（二〇〇三）、ミネソタ（一九九三）、メーン（二〇〇五）、ロードアイランド（二〇〇一）、ワシントン（二〇〇六）の一二州とワシントンＤＣ（二〇〇六）の他、多くの市やタウンで、ジェンダー・アイデンティティに基

づく雇用差別を禁じている。

カナダ（一九九六）、アメリカ（二〇〇九）両国で、性的指向に基づく憎悪犯罪であることが加重事由とされる。アメリカについては、以下の州・地域レヴェルでもこの規定がある。アイオワ（一九九〇）、アリゾナ（一九九五）、イリノイ（一九九一）、ヴァーモント（一九九〇）、ウィスコンシン（一九八八）、オレゴン（一九九〇）、カリフォルニア（一九八八）、カンザス（二〇〇二）、ケンタッキー（一九九八）、コネティカット（一九九〇）、コロラド（二〇〇五）、テキサス（二〇〇一）、テネシー（二〇〇〇）、デラウェア（一九九七）、ニュージャージー（一九九〇）、ニューハンプシャー（一九九一）、ニューメキシコ（二〇〇三）、ニューヨーク（二〇〇〇）、ネヴァダ（一九八九）、ネブラスカ（一九九七）、ハワイ（二〇〇一）、フロリダ（一九九一）、マサチューセッツ（一九九六）、ミズーリ（一九九九）、ミネソタ（一九八九）、メイン（一九九五）、メリーランド（二〇〇五）、ルイジアナ（一九九七）、ロードアイランド（一九九八）、ワシントン（一九九三）、ワシントンDC（一九九〇）、プエルト・リコ（二〇〇五）。

アメリカでは連邦法（二〇〇九）でジェンダー・アイデンティティに基づく憎悪犯罪であることが加重事由とされる他、以下の州・地域レヴェルでもこの規定がある。ヴァーモント（一九九九）、カリフォルニア（一九九九）、コネティカット（二〇〇四）、コロラド（二〇〇五）、ニューメキシコ（二〇〇三）、ハワイ（二〇〇三）、ミズーリ（一九九九）、メリーランド（二〇〇五）、ワシントンDC（一九九〇）、プエルト・リコ（二〇〇五）。

カナダ（二〇〇四）では、性的指向に基づく憎悪の煽動が禁じられている。

カナダでは同性カップルに結婚が認められている（二〇〇五）。アメリカでは、アイオワ（二〇〇九）、ヴァーモント（二〇〇九）、コネティカット（二〇〇八）、ニューハンプシャー（二〇一〇）、ニューヨーク（二〇一一）、マサチューセッツ（二〇〇四）の六州とワシントンDC（二〇一〇）で認められている。

アメリカのイリノイ（二〇一〇）、ウィスコンシン（二〇〇九）、オレゴン（二〇〇八）、カリフォルニア（二〇〇〇〜）、デラウェア（二〇一二）、ニュージャージー（二〇〇七）、ネヴァダ（二〇〇九）、ワシントン（二〇〇七〜九）の八州では、シヴィル・パートナーシップ、登録パートナーシップ、シヴィル・ユニオンなどの制度によって、同性カップルに結婚と同等の、あるいはほぼ同等の権利を認めている。

アメリカのコロラド（二〇〇九）、ハワイ（一九九七）、メリーランド（二〇〇八）、メーン（二〇〇四）、ロードアイランド（一九九八〜）の五州では、結婚に伴う権利の一部が同性カップルに認められている。

同性カップルが共同で養子縁組することを法的に認めているのは、アメリカではイリノイ、インディアナ、ヴァーモント、オレゴン、カリフォルニア、コネティカット、コロラド、ニュージャージー、ニューハンプシャー、ニューヨーク、ネヴァダ、マサチューセッツの一二州とワシントンDC。カナダはほぼ全域、すなわちアルバータ、オンタリオ（二〇〇〇）、ケベック（二〇〇二）、サスカチュワン（二〇〇一）、ニューファンドランド・ラブラドール（二〇〇三）、ニューブランズウィック（二〇〇八）、ノバスコシア（二〇〇一）、ブリティッシュコロンビア（一九九六）、プリンスエドワードアイランド（二〇〇九）、マニトバ（二〇〇二）の一〇州、およびヌナブト、ノースウェスト（二〇〇二）の二準州。

また、『朝日新聞デジタル』によれば、アメリカ合衆国連邦最高裁は、二〇一三年六月二六日、「結婚防衛法」（結婚保護法とも）」を違憲とする判決を言い渡した。「結婚防衛法」は、結婚を「一人の男性と一人の女性とによる法的な結合」、「配偶者」を「夫婦である異性の相手」と定義するもので、クリントン政権下の一九九六年に制定された。この法律のために、たとえ州レヴェルで同性婚が認められていても、同性カップルは連邦レヴェルで規定されている既婚者としての優遇措置を受けることができずにいた。連邦最高裁が同性婚について判断を下すのはこれが初めてである（二〇一三年六月二七日付）。

またカリフォルニア州では、二〇〇八年六月に同性婚が認められたが、同年一一月の住民投票で同性婚禁止の州憲法修正条項が可決し、州の結婚証明書発行が中断していた。「結婚防衛法」を違憲とした連邦最高裁の指示を受けたカリフォルニア州の連邦高裁は、二八日、同州内の同性婚の停止を解除した（二〇一三年六月二九日付）。

（山本）

キュスティーヌ（アストルフ・ド〜）

キュスティーヌ侯爵アストルフ（一七九〇〜一八五七）は、フランスが一九世紀に経験したスキャンダルの中でも、最大のものの発端となった人物である。キュスティーヌは古い貴族の家に生まれたが、すでに貴族の特権は失われていた（彼の父と祖父はギロチンにかけられた）。シャトーブリアンの愛人であった母親のデルフィーヌに育てられ、非常に早い時期から自分が少年に惹かれることに気づいていた。キュスティーヌ夫人は若い息子が経済的に自立できるよう、結婚させようとした。母親が息子の相手に考えたのはクレール・ド・デュラスだった。息子のアストルフはクレールに結婚を申し込み、そして承諾を得たが、一八一八年に婚約が破綻したことでサン＝ジェルマン通りに最初の悪意に満ちた噂の波が押しよせた（人びとはドイツの博物学者のアレクサンダー・フォン・フンボルトがデュラスに対して、キュスティーヌの筆跡が性逆転者のものであることを証明してみせたのだと主張した）。しかしそれでもキュスティーヌは、一八二一年に自分より階級が上の金持ちの孤児であったレオンティーヌ・ド・サン＝シモン・クルトメールと結婚し、翌年息子を一人もうけた。同じ一八二一年に、理想の友人（『奴隷』）エドワード・セイント＝バーブと出会い、その後キュスティーヌは妻を伴わずにイングランドとスコットランドを訪れた。この友人はのちにエドゥアール・ド・サント＝バルブと改名して、侯爵とともに暮らすことになる紳士で、侯爵が死ぬときまで忠実だった。二人が出会ったことと、妻のレオンティーヌの早過ぎる死（一八二三）とが、何よりもキュスティーヌの性的欲求を高める効果を持ち、彼は美しい軍人を追いかけ始めたのである。

スキャンダルは一八二四年一〇月二八日に起きた。キュスティーヌはサン＝ドゥニでの若い砲兵との待ち合わせに赴いたのだが、それが罠だったのだ。宿屋の厩舎でキュスティーヌはその砲兵の仲間三人に襲われた。三人は彼に「古靴を食らわせた」、すなわち服を脱がして叩きのめし、素っ裸で意識もなく血に染まった状態で道ばたに放棄したのだ。キュスティーヌの友人たちはこれを悪漢の仕業だと信じさせようとしたが、真実は直ちに知れ渡ってしまった。王位についたばかりのシャルル一〇世はたいへん信心深く、寛容のかけらもない物の言い方でキュスティーヌのことを語った。警察大臣は侯爵に対して、訴え出ることはまかりならないと通達した。その翌日から、サン＝ジェルマン通りの社交界はサロンから彼を締め出した。キュスティーヌはもはや堕ちた大貴族でしかなくなった。そのスキャンダラスな評判は、彼が死ぬまで続いた。

一八二四年にスウェティン夫人が次のように書いている。「私はかつて、憤慨の声があれほどまで広範囲に広がり、あれほどまで烈しく饒舌であったことを見たことがない。個人的に裏切られたときに覚えるような怒りに、社会が一斉に包まれたのである。人びとはキュスティーヌに、とりわけ自分たちが彼に対して払ってきた敬意について釈明するよう求めている。人びとが道徳を尊重しているだけに、キュスティーヌに裏切られたことへの怒りは決して小さくはない」。ラ・グランジュ家の人びとにとっては、「キュスティーヌは完全に失墜した」。「もう二度とそこからはい上がってくることはできないだろう」。またある証言者は、二〇年後にこう断言している。「人びとはキュスティーヌの書いた物を読み、それを味わったが、誰も彼を尊敬することはなかった」。一八四八年になってもなお、多くの人びとが『両世界通信』の発行者に対して、「キュスティーヌの仲間たちに」門戸を閉ざすよう求めている。彼のことをずっと迎え入れ続けた稀な人びとですら、まるで身体が汚れているかのように彼と握手することを嫌った。最も好意的な、例えばフィラレート・シャスルたちは、キュスティーヌの素行に生物学的衰弱の徴候を見てとり、人種の末期の症状であるとした。サント＝バルブは第二帝政下で行政官となった。彼は死後に出版されたものの中でキュスティーヌをあらゆる悪徳の典型と評した。「彼の魅力的な外見の下には、恥ずべき習慣よりももっと何か怪物めいたものが存在していた。彼は殺しの匂いを発散していたのである」。

キュスティーヌ事件によって、一九世紀、二〇世紀フランスの貴族階級の同性愛嫌悪《ホモフォビア》がどれほどの重みを持っていたかが分かる。さまざまな言説がこの事件で交差しているのだ。まず第一に、キリスト教の伝統が復活する。というのもフランス革命以降、貴族はカトリックに戻り、以前の数世紀間のリベルタンぶりとは縁を切ろうとしていたからである。第二に、神秘主義的な同族意識があった。すなわち絶えることのない正統の家系に組み込まれることに関心が払われたのであるが、その正統の前提とされたのが異性愛と結婚であった。それに加えて財産の世襲という強迫観念もあった。そのためにもやはり結婚が不可欠だった。第三に、名誉という通念が男らしさを非常に重視し、半ば語源的に、集団にとっての美徳と結びついていたために、貴族は、自然であることと両性の役割をはっきり区別することを主張した。だから「性逆転者」は、つねにサロンで嘲笑の的となったのだ（サロンでは、キュスティーヌは実際はとくに女性的だったわけではないが、「キュスティーヌ侯爵夫人」と呼ばれていた）。またキュスティーヌ事件によって、このスキャンダルでいかに家族全体が汚名を被ったか、ということもよく分かる。事件の後数週間に渡って、アストルフ同様デルフィーヌが、キュスティーヌ家同様サブラン家、ドルー＝ブレゼ家、モーシオン家が後ろ指を指された。最後に、貴族たちの怒りは必ずしも義憤ばかりではなかった。というのもキュスティーヌは事件の数年前から貴族院に立候補していたので、競争相手はみな、この事件によって手強いライヴァルを都合よく退けられるように、一層やかましく騒ぎ立てたのである。

スキャンダルの翌日にはもう、キュスティーヌは領地に引っ込んだ。社会的な死という彼が受けた罰は、同時にある種の解放でもあった。彼はもはや仮面を被る必要はなくなった。息子と母親を亡くすと、彼はサント＝バルブとともに（イタリア、イギリス、スイス、ドイツ、スペインに）旅した。そして物を書き始めた（物語、小説の他に『ベアトリーチェ・チェンチ』という題の戯曲も一篇あり、一八三三年に上演されたが評判は良くなかった）。『アロワ』は著者名なしで一八二九年に刊行された小説で、非常に自伝的である（主人公は「天が私に授けた運命がいかなるものであれ、私はそこから不幸しか生み出せなかったであろう」と打ち明けている）。またそこでは、結婚生活の失敗の物語が語られている。ある若者が敬愛する女性の娘と結婚したいと望むが、筆跡学によって正体を明かされ、最後は修道院に入るのだ。キュスティーヌとサント＝バルブのカップルは、一八三〇年代初頭にパリに戻り、相変わらず貴族の社交界とは仲違いしていたが、寛大な精神を持つ作家とは交流した（ヴィクトル・ユゴー、オノレ・ド・バルザック、シャルル・ノディエ、スタンダール）。そして侯爵は作家たちを会話術と豪華なディナーで魅了した。一八三五年には、キュスティーヌは若くはつらつとしたポーランド人のイグナス・グロウスキーに一目惚れをする。そしてしばらくの間、三人での生活が見られた。皇帝ニコライ一世からグロウスキーのポーランド帰還の許可を得るために、キュスティーヌは二ヶ月間、サンクト・ペテルブルグとモスクワを旅する。グロウスキーへの許しはついに得られなかったが、自身の最も有名な著作となる一八四三年に刊行された『一八三九年のロシア』のための素材を山ほど仕入れることができた。

一八四一年、うんざりしたグロウスキーは逃げ出して密かにスペイン王家の女性と結婚した。それによって彼はフランスから追放されることになる。グロウスキーの出発は、キュスティーヌにとってひどい衝撃であった。そしてそれが彼の老いの始まりとなる。旅にも飽き、ロシアに関する本が幾分か評判にはなったが、一八五七年に死ぬ。彼の忠実な伴侶であったサント＝バルブが、その堂々たる財産のほとんどすべてを相続した。親類のドルー＝ブレゼ・ド・キュスティーヌ家が提訴する。民事裁判に訴えて、「長年辛抱強く、最も断罪すべき手段を用いて実行された」詐取であるという理由で、一切の遺産相続の無効を求めたのだ。この訴えは、一八五八年七月の、代理人ピナールの申し立てに対しても、次いで同じ年の一二月の求めに対しても、却下された。一九世紀の裁判官は確かに同性愛嫌悪が強くはあったけれども、彼らとて書式にのっとって作成された遺言を無効とすることはできなかったのである。

↓警察、スキャンダル、フランス、暴力

ピエール・アルベルティーニ（山本訳）

脅威

同性愛嫌悪的《ホモフォビック》な世界観では、矛盾したことに、同性愛者は劣っているのに危険であるとされる。↓家族、国家、人類にとっての危険であり、「子どもにとっては」危険でありかつ↓伝染する。致命的かつ急迫の、拡大した危険としての同性愛者の「脅威」という神話は、聖書の↓ソドムとゴモラのエピソードについての中世の解釈以来今日まで続いているが、フランスの↓パックス法についての議会審議がそれを証明している。同性愛そのものは、従属的な地位にあり続けることを受け入れる限り許されることになったので、今日の「脅威」仮説の大義は、セクシュアリティと性的指向の法的社会的平等を視野に入れて、これを恐ろしいと判断するようになっている。実際、一九九八年にあるカトリックのグループは、「同性愛と異性愛を同じ地平に置くような社会は、自滅の道を歩み、子どもの教育を深刻な危険にさらすだろう」と述べている。このように平等へと焦点が移行したことで、この脅威というテーマが消滅したわけではなく、このテーマは最近あからさまにあるいは暗に存在感を増している。集団的な妄想としてだけでなく、精神分析あるいは人類学を自称する政治的言説として新聞の中で展開されている。

脅威の言説は主題を変えていくので、そこに全体的な一貫性を見出すことは難しい。孤立した個人にあっては罪の言説であったものが、集団的になったのが脅威の言説である。同性愛は↓自然に反するにも拘らず伝染する行いとされており、これはかなり矛盾している。特筆すべきは、この伝染は常に、一方通行、つまり同性愛者から異性愛者へ伝染すると考えられており、逆方向はないことである。どんなに広まっていても、異性愛は伝染する行いだとは考えられたことがない。歴史は、さまざまな形態の性的脅威についての神話がありありと明確に姿を現した時を幾度も経験している。この神話は、男色家や他の女性よりも奔放なセクシュアリティの女性、より一般的に言えば、数世紀に渡って現れたさまざまな形態の煽情的「逸脱」を追放することを正当化した。宗教的形態にせよ、より世俗化された形態にせよ、それぞれのケースに共通の図式を見出せる。人間による懲罰はスケープゴートだけに科される。これは、必然的に集団的で、より無差別的、従ってより恐ろしい神の罰を先取りし、防ぐためである。この図式は、男色家と異教徒について一三世紀から使われていたが、この二つはそもそも混同されることも多かった。この図式は、もちろんかなり違った形態ではあるが、ナチス・ドイツにおいて、↓性逆転者専用の個別的治療によってアーリア人種の集団的↓退化を防がなければならないとして援用された。マッカーシズム期のアメリカ（↓マッカーシー）では、脅威という幻想的な混沌が、拡大した同性愛者の「陰謀」理論という衣を着ることになった（今日では、むしろ同性愛「ロビー」という語が使われている）。

「性的パニック」は、紛争のある時期に繰り返し現れることが多い（とくに、政治権力が国民を「規律する」ためあるいは本当の争点から目を逸らすために、内なる敵を見つける必要があるとき）。集団的で可視的な同性愛者の存在は、風紀の一般的な「軟弱化」によって社会全体に「伝染する」。これは、とくに闘う兵士の士気をそぎ、文明の「健全さ」を危うくする。今日、国土上での戦争の危険が遠のいたので、むしろ同性愛は、純粋な「エゴイスト的」振舞いと見られている。それは「価値」を破壊する現代の快楽主義に組み込まれ、刹那的な自分の快楽のみを自己陶酔的に満足させせようとするもので、再生産の仕事を忘れている。再生産は勇気ある異性愛者に課され、異性愛者の性交の方法は、公益に密接に結びついているとされる。もう少し婉曲的なヴァージョンでは、セクシュアリティとカップルの平等は、「↓性差を脱制度化」しようとするので非難されるべきであると言う。この性差は、他のすべての差異の思考を可能にする根源的な差異であると考えられる。そのため、死の脅威にさらされることになったと考えられているのは、「↓象徴的秩序」全体、そしてこの秩序とともに、言語、他者を認識する可能性、そして社会自体である。同性カップルの家族の子どもは、「↓他性」の参照規範をすべて奪われ、「象徴的なるものに達することができず」、未来の文明と自らをも破壊して非人間性へと陥るというのである。

これまでのところ現代のゲイとレズビアンの運動の支配的な戦略は、これら同性愛嫌悪幻想の馬鹿馬鹿しさを明らかにすることにあった。例えば、型どおりに生殖器官の差異に重点の置かれた「他性」の奇妙なまでに矮小的な性格が指摘される。「それ［生殖器］のおかげで他性を知る」とジャック・フォルタンは、ユーモアも交えてコメントする。確かに象徴的秩序（何らかの社会の構成員が理解し合い協力し合えるための条件）があるとしても、この秩序は、不変でも永遠でもなく、歴史と政治的闘争の偶発的な産物である以上、現在あるいは将来の歴史と闘争によって修正される余地があると私たちは説明してきた。同様に、同性愛者を親に持つ子ども（そして、さらに「あらゆる将来世代」）の「精神的破壊」への恐れが、少し掘り下げれば、いかに幼稚な性愛中心主義の投影であるかを分析した。血統への絶対的信念の最後の拠点である異性愛家族的構造の「自然な」性格を信じて生涯を通じてしつけられた大人たちは、生まれたばかりの小さな子どもが、（厳しく威圧的な）パパと（やさしく理解ある）ママに誕生と同時に出会うことを「期待」しており、同性の二人の親を見ることが取り返しのつかないショックとすさまじい心理的問題を引き起こすと想像しているのである（↓同性愛者の子育て）。それに変わる何らかの社会的現実を思い描くことができないこのような同性愛嫌悪の思考は、乳児の精神に自らの創造物を投影している。ゲイの擁護者と社会的正義に配慮する多くの知識人は、無秩序という同性愛嫌悪感情と「同性愛の脅威」への恐れが、客観的な現実からではなく、異なる秩序の可能性を開く知覚がこれらの人びとに不足していることから来ていると主張した。

「内なる脅威」

しかしながら、同性愛を認めさせるという意志はよく理解できるが、同性愛者の要求と集団としての存在が↓異性愛主義（ヘテロセクシズム）的な社会秩序に対して体制転覆的な重みを持っていることを過小評価して、同性愛者が自らを無害であるかのように見せることになってはならないだろう。というのもあまりに迂遠なやり方を続けると、セクシュアリティの平等への同性愛嫌悪的抵抗まで意味のつかめないものにしてしまうからである。この不都合を避けるためには、一定程度まで脅威の言説を真面目に受け取り、そこにある現実の脅威とは何かを見極める必要がある。架空の脅威は、現実の脅威の変貌した形態である。セクシュアリティと性的指向の平等要求によって、何が実際に「消滅の脅威にさらされて」いるのか。同性カップルの法的承認は何を「危険」にさらすのか。「文明」一般ではなく、異性愛主義文明である。「象徴的秩序」ではなく、同性愛嫌悪の象徴的秩序である。支配的なイデオロギーそのものだけでなく、そのイデオロギーが、社会的につくられた性のハイアラーキーと不平等を自然なものに見せることで正当化している社会的地位（とその地位を占める者）の構造全体である。従ってこの脅威は、政治的であり、同性愛嫌悪者がかいま見た「脅威」は、まさしく存在するのである。これらの者たちの性的、制度的、象徴的、認識論的特権の消滅の問題なのである。

しかし、同性愛者の要求に対する恐怖は、それが政治的特権を転覆することができる力を持つことが広く意識されたことだけから来るのではない。実際、レオ・ベルサーニが指摘するように、人種差別とは異なって、「同性愛嫌悪とは、完全に、内なる可能性に対する反動である」。「最悪の人種差別主義者でさえ、黒人が自分を黒人にする誘惑的な力を持っていると恐れることはない」が、ゲイとレズビアンがはっきり姿を現すことが異性愛者の男女の↓「勧誘」を引き起こすという妄想的な恐怖が、脅威神話の力の源になっている。従って、同性愛者の脅威は「内的」脅威でもある。こうして一九九〇年代初め、アメリカ合衆国でクリントン大統領が開始した、「同性愛を明らかにしている」者を軍隊に↓入隊させる、あるいは残すことについての議論では、そのような措置が一種の伝染を生み出すのではないかという恐れがあることが明らかになった。ベルサーニによれば男性の同性愛伝染嫌悪は、同性に対する欲望という意味での「同性愛」の欲望を押し戻すことではなく、「男性の体が幻想の中で経験したような」、そして自分が勧誘されるという魅惑的な予想の中で先取りしている女性的な性的満足の「衝撃的な快楽」を押し戻すことに結びついている（これは自然に反する「誘惑」と「勧誘」が存在し得ると暗黙に認めていることになる）。この意味で、同性愛の脅威の神話は、異性愛的欲望が内に秘める緊張を政治的に表現したものである。

　歴史的に、現代のゲイとレズビアン運動の集団的な政治的主張は、もぐりでおまけにとどまるという条件でそれまで大目に見られてきた旧来の行いに、名前と「アイデンティティ」を与えると主張して、人びとの意見と自己イメージを揺り動かしてきた。「消極的自由」は、名前のない行為および愛として、なりたいものになり、したいことを隠れてすることを可能にしたが、集団の形成というアイデンティティを確立する初期段階に至って、この自由が、「解放」によって脅かされることになった。これは結局のところよくある逆説である。軍隊の例を挙げるだけでも、ベルサーニは、「もし現役の同性愛者たちが、自らの嗜好を公に主張したら、軍隊生活に内在する同性エロティシズムが、それを否定しながら利用し続けたい者たちに明らかになってしまう危険がある」と指摘する。より根本的には、同性愛者がはっきり現れることで「卑俗化」の危険にさらされるのは、「ホモソーシャル」［「極右」の項の訳注参照］な関係の全体である。ホモソーシャルな関係に閉じこめられ、通常とは異なる形で利用されている同性愛のエロティシズム（例えば男性の場合、「男らしい率直な仲間意識」が、昇華された性的負荷を自らのうちに持っていることが思い浮かぶ）が、同性愛者の存在の明確化によって、明るみに出るからである。

　結局、綴り間違いがあまりに増えれば綴り自体を脅かすのと全く同じように（数学的真実について計算ミスが影響しないのとは反対である）、同性愛があまりラディカルに解放されれば、異性愛は「脱制度化」の脅威にさらされ、社会的に支配的な地位を奪われる。従って、「脅威」は、同性愛嫌悪者の頭の中だけにあるのではなく、構築された政治的関係の現実の中にもある。「社会一般」ではなく、特定の抑圧構造の問題である。同性愛者について、「ますます増えている」と考えさせる「自発的な」印象は、おそらく世代から世代へと繰り返される目の錯覚であるとしても、それは同性愛者の「自発的な生成」が異性愛者の特権に対して引き起こす危険の自覚に基づいているのであって、それにはかなり根拠がある。かくして、以下のように述べて結論することができるだろう。社会において作用するロジックをこのようにさらに検討した後では、もはや疑いはない。ゲイとレズビアンは確かに危険である。

セバスティアン・ショヴァン（齊藤訳）

↓異常、異性愛主義、勧誘、共同体主義、象徴的秩序、神学、生殖不能、ソドムとゴモラ、他性、伝染、放蕩、レトリック

共産主義

　世界の共産主義の歴史は全般的に、一九世紀、二〇世紀の同性愛嫌悪《ホモフォビア》の歴史上、最も悲しい章の一つである。事態はその始まりからしてこれ以上ないほど悪かった。なぜならマルクス主義の二人の創始者のうちの一人、フリー

ドリヒ・エンゲルスが強硬な同性愛嫌悪の持ち主だったからだ。一八六九年のマルクス宛の手紙の中で、ドイツの性科学者ウルリヒスを激しく攻撃して次のように書いている。「今後は『マンコに対しては戦いを、尻穴に対しては平和を』と言うのだろう。幸いなことには、あんな一派の勝利のためにわが身を捧げるはめに陥ることを心配するには、われわれは年を取り過ぎている」。また『家族、私有財産および国家の起源』〔一八八四〕の中では「ギリシアの少年愛という忌まわしい慣行」を非難して、そこに道徳の堕落の帰結を見ている。このような立場は実はマルクス主義者に固有のものではない。一九世紀の進歩主義者の多くが、同性愛をエリートの悪徳と見なしていて、聖なる自然を忘れがちな貴族的な贅沢と資本主義体制が不可避的に孕んでいる道徳の腐敗に由来するとしていた。この主題はジュール・ミシュレにも見出される。ミシュレは暗黒の一七世紀の同性愛を、栄光の一八世紀の異性愛に対比している。そしてプルードンにも再び現れる。プルードンはフーリエが「単性的結合まで神聖視した」と言って憤っている。さらにはゾラにも見られる。とくに『獲物の分け前』の末尾である。そうは言いながらも、統一されたドイツ社会民主党の指導者の中には、刑法「第一七五条」の廃止に好意的な者もいたし（カール・カウツキーやアウグスト・ベーベル）、著名な社会主義理論家エドゥアルト・ベルンシュタインは、一八九五年にオスカー・ワイルドを擁護して、同性愛は自然に反する行為であり、退廃の指標であるとする考え方を論駁している。

　ボリシェヴィキ革命〔一九一七年の十月革命〕はその始まりの段階で一八三二年の刑法典を廃止し、一九二二年と一九二六年の刑法典では同性愛を犯罪として規定しなかったことにより、ロシアの同性愛者を解放したことは確かであるが、しかしボリシェヴィキは同性愛者に対してほとんど寛容を持ちあわせていなかった。偉大な指導者たちはセクシュアリティ一般について、とくに嗜好があるわけではなかった（「性生活の異常性はブルジョワ的であり、退廃の表れである」とレーニンは一九二〇年に言っている）。彼らは同性愛を犯罪とは見なさなかったが、どう見ても一つの病気だと考えていた。そして最後には同性愛を（例えばチャイコフスキーやディアギレフのような）貴族の悪徳と見なしたのである。そしてそれは過去のツァーリズムとの訣別を呼びかける国において、あまり良い徴《しるし》と言えるものではない。一九二四年にすでに「悪い出自」の同性愛者の大量逮捕が実施されたことが、作家のミハイル・クズミンの書簡で分かる。しかし徹底的な同性愛嫌悪路線を敷いたのはスターリン主義である。すなわち男性同性愛《ムジェロジェストヴォ》〔「ロシア」の項参照〕が一九三三年一二月一七日に再び犯罪と規定され、一九三四年には刑法典に第一五四条（のちに第一二一条となる）が導入されて、あらゆる同性愛行為は三年から五年の刑で罰するとされたのである。そしてモスクワ、レニングラード、ハリコフ、オデッサですぐさま多くの逮捕者が、とくに演劇、音楽、美術界から出た。一九三六年にクズミンが亡くなったときには、彼の恋人ユーリ・ユルキン始めクズミンの友人の大半が逮捕され、銃殺された。同じ一九三六年、司法人民委員ニコライ・クルイレンコが、同性愛はソヴィエト国家とプロレタリアートに対する犯罪であると宣言した。

　スターリン主義者にとって、同性愛は旧体制の嘆かわしい遺産であるだけでなく、ファシズムと深いつながりを持つものであった。それはゴーリキが、ドイツの「長いナイフの夜」事件より前にすでに一九三四年五月二三日付の『プラウダ』に、「同性愛を一掃すればファシズムは消滅する」という叫びを寄せていることによく顕されている（しかも検証のしようはないが、ある噂によると一九三四年に同性愛が犯罪とされたのは、自分の養子が同性愛者に誘惑されたゴーリキがスターリン宛に個人的にそれを嘆願した結果であるという）。同性愛はファシストの倒錯（「ＳＡ〔ドイツの突撃隊〕の習俗」）だという命題は、ソヴィエト連邦や西洋諸国の一般大衆に（社会主義は自然、健康、美徳の側、ナチズムは反自然、退化、悪徳の側というような）あらゆる二項対立を提供して、ナチスの同性愛嫌悪が現実に振るっている暴力をすっかり隠蔽した。この命題はまた、正教徒のロシア民衆が偏見を再び取り戻すことにも貢献した（ソヴィエト連邦における一九三〇年代末の十数年は、大ロシア主義者の反動的ポピュリズムの勝利によって特徴づけられる）。かくして、一九三三年から三四年にかけて同性愛が犯罪とされた背景には、アメリカのある歴史家がスターリン政権下の「大いなる後退」と呼んだ状況があったのである。当時、堕胎が再び犯罪とされ、離婚はより困難になり、女性の進出に頭を悩ませることももはやほとんどなくなった。要するに、一九〇〇年代の一〇年間から一九二〇年代の一〇年の間に進展した「感情革命」がすっかりご破算になったわけだ。スターリン体制は二〇世紀初頭の異端の神秘主義者で『ロシアにおける家族の問題』〔一九〇三〕の著者ヴァシリー・ローザノフと和解する。この人物は、両性それぞれの役割とロシアの家父長制的全体論に疑義を挿し挟むことは、「ソドミー愛好者」、「第三の性」、「月明かりの人間」の勝利だと見なしていた。さらに他方で、スターリンの極めて短絡的な人間改良学に同性愛の占める余地などあり得ないことはすぐに理解できる。スターリンにとって個々の人間は、社会主義社会に奉仕するねじやボルトでしかない。セクシュアリティの目的は生産者の再生産にある。生殖に向かわない性的快楽は、エネルギーの消耗であり、社会主義社会が認めるわけにはいかないことである（↓生殖不能）。同じ時期のルイセンコの説も主張しているように、外的な環境はつねに行動の性質を改変し得る。従って同性愛を消滅させるためには、それを禁じるだけで十分なのである。

　不幸なことに、こうした言説はそれから五〇年あまりの間、効力があると思われることになった。映画監督のセルゲイ・エイゼンシテインは一九三八年から一九四八年に死ぬまでずっと脅迫を受けていた。同じく映画監督のセルゲイ・パラジャーノフは、同性愛を理由に一九五二年と一九七三年の二度に渡って投獄されている。ダンサー（↓ダンス）のルドルフ・ヌレーエフは脅迫に耐えきれず一九六一年に失踪した。フルシチョフ政権下の「雪どけ」は同性愛には関わりがなかったからである。一九五三年から六四年の間党第一書記の座にあったフルシチョフは、自身たいへん同性愛嫌悪が強く、おそらくその農民の出自ゆえに、同性愛とインテリゲンチャをすぐに結びつけた（一九六二年一二月には、ある展覧会を訪れたときに作品が自分の趣味からするとあまりに現代的過ぎたので、その画家たちを「男色家」呼ばわりした）。そしてブレジネフ政権〔一九六四〜八二〕下の停滞のもとでも何も変化はなかった。一九七〇年代、八〇年代には、同性愛攻撃を任としていた自警組織が同性愛者を割り出し、絶え間ない脅迫のもとに置いていた。同性愛者の多くが拘束されて性行為を強要されさえした。ＫＧＢは一年に千人あまりの同性愛者を逮捕していた（同性愛という告発が、精神病という告発よりも強力な手段として、反体制派に対して用いられることもあった。例えば数学者のレオニート・プリウシチやレフ・クラインが標的にされた。一九八四年にレニングラードに設立された秘密団体「ゲイ実験所」は、フィンランド人と連絡をとりあっていたのだが、すぐに壊滅させられた）。レズビアンは精神病者収容施設に入れられ、そこで二度と消えない後遺症を刻み込まれる恐れがつねにあった。強制収容施設（↓グラーグ）には（刑法「第一二一条」だけでなく）さまざまな理由であらゆる出自の受刑者が収容されていたが、その中でも同性愛者は最下層に位置づけられ、絶えずレイプ（時には集団による）と性奴隷化の脅威にさらされていた。

　このようなシステムによって恐怖が生みだされていたからこそ、ソヴィエト連邦で本当のゲイ運動の最初の出現を見るためには、ソヴィエト連邦史上の最後の数年間、すなわち一九八九年から九〇年まで待たなければならなかったのである。一九八九年末、性的マイノリティの団体が設立され、一九九〇年にはエフゲニア・デブリアンスカヤとロマン・カリーニンの指揮のもとで、それはモスクワ・ゲイ・レズビアン同盟となる。同じ一九九〇年、エストニア人がタリンで「二〇世紀のヨーロッパにおける性的マイノリティの置かれた状況と同性愛者に対する態度の変化」に関する国際会議を白日のもとに開催した。以上のように長く苦しい歴史があったために、ロシアの性文化は西洋の性文化にくらべると、大幅な遅れをはっきりと示しているのである。一九八九年にソヴィエト連邦のテレビが同性愛に関する最初の討論番組をつくったとき、医学生のグループが超暴力的な声明を発表した。それは、「ホモ」は人類と見なす価値がなく、特殊収容所に閉じ込めなければならないと主張するものだった。一九九四年にロシア人の一八％が依然として同性愛者を「粛清」することを望み、二三％が同性愛者を「隔離」することを求めていた。

　同性愛嫌悪の暴力で際だっている共産党指導者はスターリン一人ではない。それについては、毛沢東とカストロの名を挙げることができる。一九四九年の毛沢東革命は、中国の同性愛者にとって極めて厳しいものであった。同性愛者は（元々存在していた同性愛の豊かな伝統を無視して）「退廃的西洋的」習俗であると糾弾され、しばしば労働強制収容所に送られた。そこで待ち受けていた運命は少しも羨むべきものではなかった（とくに京劇の女形役者の多くがそのような目にあった）。文化大革命（一九六六～六七）の時期と、天安門事件（一九八九年六月）の抑圧に際して、同性愛者が大量に逮捕され、「批判」にさらされ、拘禁された。中国でもやはり同性愛嫌悪は反主知主義と両輪をなしていた。かくして数千万人の同性愛者が中国版グラーグである「労改」に収容されたが、彼らは他の種類の国家↓反逆（外国人、混血、カトリック、西洋化された知識人）の容疑者としばしば同一視され、つねに極めて過酷な取り扱いを受けた。ジャン・パスカリーニ［中国名、鮑若望］は『毛沢東の囚人』の中で、一九六〇年頃に同性愛の再犯で収容されていた者が、他の囚人全員の目の前で処刑されたと語っている。この人物は同性愛を理由に七年の強制収容に服していたが、窃盗のためにその刑期は倍に延長され、さらに同房の被拘禁者を誘惑したと告発され、最終的に死刑を言い渡され、即座に処刑されたのだという。そしてパスカリーニは被拘禁者どうしが同性愛の関係を持つことは二重の意味で不可能だと強調する。一つには、もしも見つかればその場で銃殺される恐れがあったし、今一つには、あまりにも栄養状態が悪かったので、収容者はもはやほとんど欲動を持たなかったからだという。かくして中国当局は、中国から「自然に反する習俗」を根絶したと自負することになるが、もちろんそんなわけがない。そして西洋の心理学者は、中国の公式の統計調査で多くの「性的不能者」がいることが明らかになったことをあげつらって喜んでいた。しかし体制側の同性愛嫌悪は、ロシアと同じように、民衆の偏見と合流して、一九九〇年代初頭までほぼ完全な状態でタブーが維持されたのである（儒教にとっては、人間に起こり得る最悪の事態は家系を継ぐべき息子ができないことであった）。

中国では一九九二年［一九八九年の天安門事件以来停滞していた鄧小平の改革開放路線が再開された］以来、事態がやっと変わり始める。しかしその詳細ははっきりしているわけではない。なぜなら変化は一直線に起きているわけではなく、進んだり戻ったりを繰り返しているからだ。とくに上海や広州では団体が結成されたり、集いの場が出現したりしている。二〇〇一年四月には、中国当局は精神医学上の障害のリストから同性愛を外した。このような動きはあるものの、また中国では同性愛を犯罪とする法律がつくられたこともないものの、中国におけるゲイの運動は多くの困難に直面している。人目に付いたりする機会は極めて限られている。同性愛がメディアに載ったり、一九九八年になってもなお、党中央宣伝部は文学、報道を問わずあらゆる出版物から同性愛のテーマを追放すると通達した。おおきな↓メディアが同性愛問題を、ヒステリーに陥ることなく取り扱うようになったのは、つい最近のことに過ぎない。中国人の間ではとりわけ法制度の文化が脆弱なため、稀ではあるけれども存在する公然の同性愛者の境遇は極めて危険なものとなっている。↓警察は執拗につけねらい、逮捕する口実を見つけ出し、全く非合法ながら金を脅し取る。このようなゆすりの犠牲者にとって、頼るべき手段はいかなる種類のものも存在しない。

キューバは、共産主義の同性愛嫌悪のまた別の例としてよく知られている。一九五九年のキューバ革命を同性愛者たちもおおむね歓迎したのに対して、フィデル・カストロは同性愛を売春と同様、ブルジョワ的西洋的倒錯と見なし、これを熱帯の社会主義国では消滅すべきものとして、暴力的な反ゲイ政策を遂行した（西洋の悪徳だと決めつける確かな証拠として、ビートルズが同性愛者だとさえ断言した）。同性愛は法に反すると宣言され、四年間の投獄という罰を科されることになった。自分の子どもが同性愛であれば、両親は当局に告発するものとされた。同性愛者は職（↓労働）を奪われ、エスコリアスすなわち「腐肉あさり」扱いされ、革命防衛委員会の執拗な嫌がらせを受けていたが、一九六〇年代半ば以降、強制収容所に入れられるようになり（そこにはかなり才能豊かな文学者のエリートも含まれていた）、それはフィデル・カストロが一九八〇年に同性愛者を大量に船に乗せてアメリカに追放するまで続いた（その中には有名な作家レイナルド・↓アレナスがいた。彼は『砂糖セントラル』や『夜になるまえに』で、サトウキビ・プランテーションの

◆ルイセンコ　一八九八～一九七六。メンデル遺伝学を否定するルイセンコ学説を主張、ソヴィエト遺伝研究所所長として科学と農業における抑圧的な政治・社会キャンペーンを展開した。（金城）

強制収容所にいたときのことを語っている。一九九〇年に自殺したときには、キューバで受けた非人間的な扱いにその責があるとした）。外からは人道団体の抗議があり、内では東ドイツからの助言があった影響で、状況は一九八〇年代に幾分か和らぎ、一九九二年にはカストロが「同性愛は自然な傾向であり、尊重しなければならない」と自ら進んで認めた。しかしだからと言ってキューバの同性愛者が置かれた状況があい変わらず極めて曖昧であることに変わりはない。同性愛の振舞いが「公然と↓スキャンダルを煽動した」とされれば、依然として一二ヶ月の刑（↓刑務所）を科され得るし、同性愛者はあい変わらず党に加入するにふさわしくないと判断されている。同性愛者向けのジャーナリズムや組織は今でもやはり認可されていないし、一九九四年に設立されたキューバ・ゲイ・レズビアン協会は一九九七年に禁止され、メンバーが逮捕されているのだ。

最後にＰＣＦ〔フランス共産党〕について一言述べておく。一九三四年、スターリンの影響のもと、ＰＣＦは出産奨励主義、家族主義、同性愛嫌悪路線に方向転換した。フランソワ・デルプラがみごとに明らかにしたように、共産党の出版物は両性の役割に関してしだいに保守化していき、その中ではカップルは必ず異性愛の関係とされていたし、またしばしば不快感や嫌悪感といった調子で同性愛が告発されていた（この方向転換によってダニエル・ゲランは決定的にスターリニズムに背を向け、一時期、トロツキストと親交を深めることになる。トロツキストは家族主義への反転とは無縁だったからである）。ＰＣＦの指導者にとって、同性愛は一九七〇年代まで、ブルジョワの悪徳であり、「労働者階級には無縁の伝統」（ＣＧＴ〔労働総同盟〕による有名な定式化）であり、自然に反する病理であった。病理とされたことについては、一九七一年にジャック・デュクロが、ミュテュアリテ会館での集会に来ていたＦＨＡＲ（同性愛者革命的行動戦線）のメンバーから質問を受けたのに対して、「治してもらってきな、男色家ども。ＰＣＦは健全なんだ！」と放った烈しい罵りの言葉がそれをよく物語っている。党の内部では、同性愛者はできるだけ露見しないようにしていなければならなかった。ルイ・アラゴンが長い間そうであった。モーリス・トレーズもデュクロもジョルジュ・マルシェも、アラゴンについてはその妻エルザから見た詩人像を容認していたのであって、バイセクシュアルが結婚後に再び↓異端に堕ちた人物とは見ていなかったにちがいない。また一九七〇年代の〝ゲイ・レヴォリューション〟がアングロ＝サクソン的、極左的性質を持っていたことも、まだ極めて教条主義的だったＰＣＦの党員にとってはあまり好ましいものと映らなかった理由であった。

そんなわけでＰＣＦは社会の変化にしだいに取り残されていっているように見えた。このことがはっきりと感じ取れたのは、一九七五年一月に、『ドシエ・ド・レクラン』〔毎回テーマを設定して、そのテーマに関わりのある映画を放映し、その後討論するというテレビ番組〕が同性愛をテーマとして取り上げたのに対して、共産党の出版物が不快感を表明したときであった。さらには『ユマニテ』紙〔一九九〇年代まで共産党直属だった日刊紙〕も、この番組の放送後数ヶ月に渡って、硬直した見解を声を荒げて表明し続けた。中央委員会の委員ギイ・プーシーが自由論壇に寄せた文章（一九七六年一月）を引用してみよう。

> 倒錯が存在する。だがそれは政治には関わりのないことだし、まして警察の管轄でもない。それは↓医学に属する問題である〔…〕。「束縛を棄てて楽しめ」〔六八年五月のスローガンの一つ〕というのは革命的な言葉ではない。そんな倒錯や不道徳を見せつけられたフランスの大衆が感じるのは、解放の感覚ではなく嘔吐感である。そして彼らは正しいのだ〔…〕。革命とは、兵営ではないが、売春宿でもないのだ。

同じ時期、必ずしも強硬派の系譜に連なるわけではないピエール・ジュカンも、「同性愛のために闘う立場をとることは、ぜったいに不可能だ。大衆に受け容れられる立場をとらねばならないからだ」と非公式に認めた。ジュカンは『フランス・ヌーヴェル』紙（一九七七年七月四日）上で「ＰＣＦは同性愛に賛成の立場も反対の立場もとらない」と述べている。しかし一九八〇年のクロワッサン事件は、ＰＣＦがどちらかと言えばつねに「反対の立場」だったことを物語っている。これは、『ユマニテ』紙の習俗の問題に対する理解の仕方を非難したマルク・クロワッサンが、ロラン・ルロワからさんざん糾弾され、所属のＰＣＦ細胞から除名された上に、共産党が政権をとっていたイヴリー市の市役所での職を失った事件である。事態が、基本的には一九八五年から一九九五年の間に進展したのは、若い共産党員からの圧力があったからであった。現在のPCFの方針は、同性愛嫌悪と見なすわけにはいかないだろう。↓エイズ撲滅や、↓パックスをめぐる議論に際して結集を呼びかけていることにもそれは顕れている。

こうしたPCFの立場には先駆者がいることは、あまり言及されることがない。一九一九年から三三年のKPD（ドイツ共産党）である。ドイツでは同性愛がずっと法的に禁じられていた（有名な刑法「第一七五条」の規定）にも拘らず、この時期、ドイツのゲイ界は例外的な盛り上がりを見せていた。それを背景にKPDは、同性愛者とプロレタリアートに向かって、共通の弾圧者すなわち教会を後ろ楯に持つ支配階級に対抗するための、統一戦線を呼びかけたのである。KPDは、法律では同性愛と異性愛を同等に見なすこと、第一七五条を廃止することを繰り返し（一九二四、二七、二九、三二）要求した（それがヴィルヘルム・ライヒが一九三〇年に共産党に入党した理由の一つである）。ヴァイマル共和国の末期、ナチスの中に、とくにSAの中に同性愛者がかなりの数存在することが明らかになったときに、ドイツ共産党の言説は曖昧なものになった。しかしヒトラーが出現するまでは、党の方針は公式には変わらなかったのである。非合法下のKPDがモスクワの影響のもとで、ついに同性愛を「ファシストの倒錯」と定義するに至ったのは、一九三四年のことであった。

ピエール・アルベルティーニ（山本訳）

↓アレナス、極右、グラーグ、中国、ドイツ、ファシズム、フランス、ラテンアメリカ、ロシア

◆補遺

キューバのハバナで二〇一二年五月一四日に行われた同性愛嫌悪に反対するデモ行進では、カストロ議長の娘で国立性教育センター所長であるマリエラ・カストロが先頭に立った <GLOBALPOST>。

（金城）

強制収容

強制収容、そしてそれに伴う拷問やしばしば死に至るほどの虐待は、同性愛嫌悪《ホモフォビア》の歴史の中でも最も悲劇的な逸話であることは間違いない。二〇世紀には、数多くの同性愛者がこの強制収容という現象を経験した。ムッソリーニの時代には不衛生な島に流刑されたし、スターリンの時代には労働収容所に、とくに一九三三年から一九四四年の間には強制収容所に送られた。従って同性愛者の強制収容はさまざまあるのだが、一般的に言ってこの言葉は、とくにヒトラー政権下の↓ドイツにおけるナチスの行為を指している。

一九三三年にヒンデンブルク大統領がヒトラーを首相に任命した数週間後の二月二七日から二八日にかけての夜に、国会議事堂が火災で焼け落ちた。放火の実行犯と見られたマリヌス・ファン・デア・ルッベは、共産党シンパである上に同性愛者であると告発された。報道は彼の同性愛を強調した。「ファン・デア・ルッベは本質的に同性愛者である。多くの証言がそのことを確認している。物腰は女性的で、女性と向かいあったときの慎重さや臆病さ、逆に男性との交際を好んだことなどは周知の事実である」。マリヌス・ファン・デア・ルッベは略式の裁判で有罪とされた後処刑された。復権したのはやっと一九八〇年になってからのことであった〔二〇〇八年にはドイツ政府がこの事件について謝罪した〕。この火事を利用して、ヒトラーは政党や組合など、市民的自由の一切を停止した。そしてこの火事は同時に、同性愛者に対する暴力的圧迫の雰囲気をつくりだした。中でもSA〔突撃隊〕やSS

〔親衛隊〕によるものが目立った。性科学研究所も一九三三年五月六日に襲撃を受けた。ここはセクシュアリティに関する研究所であると同時に、相互扶助や情報交換の場でもあった。この研究所に収蔵されていたものはすべて、公の場で焼かれた。翌々日のナチ党機関紙『攻撃』は、次のように記した。「この研究所は外見は科学を装っていたが、捜索によって明らかになったように、ごみや汚物が集まってくるただの目印に過ぎなかった」。この研究所の創設者で、ユダヤ人の医師マグヌス・ヒルシュフェルトは、ナチスから憎まれていた。数年前から彼が公の場に姿を現すと、必ずナチ党のシンパがやって来て騒ぎを起こし、ありとあらゆる形で暴力を振るっていたのだった。すでに一九二一年には彼は撃たれてけがをしていたし、一九二三年にはドレスデンで、頭蓋骨を割られたまま放置されて危うく死ぬところだった。地元の新聞は次のように注釈した。

> 憎まれっ子は決して死なない。有名なマグヌス・ヒルシュフェルト博士は、かなりの重傷で瀕死の状態だと言われていたのだ。今日われわれは、彼がそのけがから回復したことを知った。あの恐るべき厚顔無恥な、わが民族を毒殺する者が、ふさわしい最期を遂げなかったことについて、われわれはためらわずに遺憾なことであると言おう。

一九三三年、彼はドイツ国籍を剥奪され、一九三五年に心臓停止のためにニースで亡くなった。ヒトラーが彼についてこう言っている。「ヒルシュフェルトはユダヤ精神の最も醜い体現者だ」。

同性愛問題がナチスの政策において特別な焦点となったのは、「アーリア人種」の保護と永続をはかることが最大の関心事だったからである。同性愛はその正反対に、国民を退廃と少子化に導きかねないとされたのだ。出産奨励の議論は主にヒムラー自身によって推し進められていた。彼が一九三七年二月一八日に、SSの高官の前で行った演説は全く明快である。

> われわれが政権の座に着いたとき、同性愛者の団体が山ほどあることが分かった。そのメンバーは二〇〇万人にものぼった。〔…〕もしもこの状況が変わらなければ、わが国民はこの伝染病のために滅ぼされてしまうだろう。長期的に見れば、生命に対する、また男女間の均衡に対するこのような妨害にどの国の国民も抗し得ないであろう。

一〇万人から一五万人の同性愛者がナチスの一斉検挙を受けた。そのうち六万人が刑務所に入れられ、一万人から一万五〇〇〇人が強制収容所に送られた。刑法第一七五条は男性しかターゲットにしていなかったのでレズビアンは適用を免れてはいたが、中には「反社会的」という烙印を押され、「ブラック・トライアングル」〔収容者を識別するために着けた逆三角形の胸章で、黒は女性同性愛者、ピンクは男性同性愛者を表した〕を付けられて強制収容所に送られた者もいる。同性愛の男性、女性が非難を浴びたのは、帝国の若者が先頭に立って奮闘している出産奨励に、自ら参加しないからである。男性同性愛者の側について言えば、彼らは総じて「ピンク・トライアングル」を付けられてはいたが、年齢も社会階級も経歴も非常にさまざまで、連帯して集団で政策に反対を表明するということは不可能であった。

この強制収容は極めて恐ろしいものであった。というのも、収容された同性愛者のうち六〇％が収容所で死亡しているのだ。政治囚の場合は死亡率は四一％である。しかも、ナチスの弾圧に加えて、収容所では同性愛者はしばしばカポ、すなわち同じ被拘禁者の中で特権を与えられた者たちの同性愛嫌悪にもさらされた。このことは当初ザクセンハウゼン、次いでフロッセンビュルクの収容所に拘禁されていたハインツ・ヘーガーの証言によっても明らかである。

> 一九四二年まで、囚人の数を減らすために、そのつど各収容所に割り当てられた一〇〇人程度、あるいはそれ以上の収容者が何回にも渡って絶滅収容所に送られることが普通になっていた。絶滅収容所に送られた者は、毒ガスで殺されるか、薬物注射によって殺された。厄介払いの対象となる者たちの選別は、同囚の収容者を管理する委員に任されていて、最古参の囚人がその長に就いていた。最古参が政治囚だった場合はいつ

もそうだったが、絶滅収容所送りになる収容者の圧倒的大多数がピンク・トライアングルを付けた収容者で占められていた。

だからこそ、強制収容所に入れられた同性愛者の多くが、最初の数年のうちに死んでいるのである。

ピンク・トライアングルを付けられた収容者の運命は、「ジプシー」の運命と似通っていた。「ジプシー」も、最も賤しく、最も過酷な仕事を割り当てられ、ホルモン実験や去勢の犠牲となり、しばしば他の者が近づくことを禁じられた特別な仮小屋に詰めこまれていたのである。例えば歴史学者のジェラール・コスコヴィチはこう説明する。

> 同性愛者は囚人の中でも最も過酷で最も危険な作業を課された班に格段に多かった。それは例えば、ダッハウであれば砂利採掘場やローラーでの地ならし、ザクセンハウゼンであれば粘土採掘場、ドーラであればトンネルの掘削、ブーヘンヴァルトであれば採石場での作業であった。またハンブルクに連合軍による空襲があった後には、不発弾を回収する部隊に割り当てられた。こうした作業、こうした部隊に駆り出された者たちは、他のどんな収容者にくらべても生存率が低かった。

この悲劇的な現実についてはさらにアウシュヴィッツ収容所の所長ルドルフ・ヘス自身がその回想録の中でつぎのように記している。

> 同性愛者は昼夜兼行で働かなければならなかった。それでも同性愛から抜け出すことができた者は稀だった。〔…〕こうした者たちが病気や死によって友人を失った場合には、宿命的な結末の到来がいつでもまっ先に予想された。そのような場合、多くが自殺したのである。友人どうしで互いに同時に殺しあって死ぬような例も数多くあった。

ナチスの憎しみを買ったのは、ドイツの同性愛者だけではなかった。第三帝国が併合した国や地域、例えばオーストリアやアルザス地方、モゼル地方の同性愛者も巻き込まれたのであり、その中には証言者もいる。例えばオーストリア人のハインツ・ヘーガーや、アルザスのピエール・セールなどであるが、こうした証言者が現れたのはかなり後になってからであった。

彼らが自分たちの考えを表明するようになったのは、一九七〇年代末、あるいは一九八〇年代の初めになってからであり、しかも最初は匿名か、偽名でだった。実際、「解放」によってもこうした悲劇が理解され、認知されることにはならなかったのである。同性愛に対する人びとの心性はほとんど変わらなかったのだ。連合国のどの国も、刑法に同性愛嫌悪の条文を持っていたのである。さらにドイツは、「解放」後も刑法第一七五条を廃止しなかった。だから同性愛者の収容者の中には、強制収容所から出たとたんに刑務所に入れられ、刑期を全《まっと》うすることになった者もいたのである。しかも強制収容所に収容されていた年月が刑期から割り引かれない場合もあった。こうした国で同性愛者の運動が出現するようになって、やっと悲劇の記憶が語られるようになってきたのである。そしてそのときにはもう、生き残った犠牲者もかなりの年齢に達していた。歴史学者も、フランス人強制収容者連盟も、何十年もの間この記憶の義務を果たしてこなかった。アルザスのピエール・セールは、一九九五年になるまで強制収容者カードを取得できなかった〔強制収容の犠牲者であることが公式に認められたのは二〇〇三年〕。

フランスの同性愛者団体は一九七〇年代からすでに、強制収容記念日にはパリや全国の主要都市で、ナチスによって強制収容された同性愛者の思い出のために花束を捧げてきたが、その行いが、強制収容者連盟の側に立つ警察から、長い間襲撃、侮辱、妨害を受けてきた。一九七六年には、「ナチズムのために殉教した数百万人の思い出を汚す」という理由で、花束が足蹴にされた。一九八五年には、「ホモを窯に突っこめ」とか、あるいは「強制収容所をもう一度つくってホモを入れなきゃならん」などという叫びが発せられた。一九九四年には、強制収容者連盟の一人が、同性愛者の強制収容を記念するメモリアルを設置するための団体に次のような手紙を送ってきた。

強制収容所に同性愛者を収容する理由など、一切ありません。あなた方が求めている認知は、歴史的事実の歪曲によってしか得られないでしょう。だから私たちは、あなた方やそのお仲間のデモが、私たちの愛国的なデモに加わることに↓寛容ではいられないのです。私たちの公安機動隊は、力の限りあなた方の侵入に対峙するでしょう。さらにまた、私たちの所轄官庁にも、↓警察当局にも、秩序維持を要請してあることをお知らせしておきます。

しかしこのような↓歴史の否定も、否定しがたい歴史的現実に消耗させられて終わる。二〇〇〇年代に入ると、同性愛者の代表が、ナチズムの犠牲者を追悼する記念日に公式に参加するようになってきたのである。公式の発言の中にも、同性愛者に対する迫害の現実を認めるものが出現し始めている。また同様に、少し前から市長や大臣、多くの議員らが、ナチズム政権下で強制収容や迫害を受けた同性愛者を記念する花束の前で頭を垂れるようになってきてもいる。二〇〇一年四月二六日には、リオネル・ジョスパン首相が、強制収容者連盟から大いに不評を買うことを承知のうえで、次のように宣言した。「記念事業にはいかなる例外もあってはならない。重要なのは、占領下でスペイン人移民や、ジプシー、同性愛者などのマイノリティに対して行われた迫害を、わが国がはっきりと認識することである」。さらには、強制収容記念財団の後援で、歴史的な委員会が一つ設立された。この委員会は、強制収容の犠牲となったアルザス、モゼル地方の同性愛者の数とその運命を、さらに解明することを公的な任務としている。初期の成果として、すでに数百人の犠牲者がいたことが明らかになったようである。同委員会はまた、ペタン元帥によって一九四二年に施行され、一九八二年になるまで廃止されなかった同性愛嫌悪の法律であるフランス刑法典第三三一条の適用による人的被害を、フランス全土に渡って評定するという任務も負っている。

ジャン・ル・ビトゥ（山本訳）

↓共産主義、極右、グラーグ、スキャンダル、退廃、伝染、ドイツ、ヒムラー、ヒルシュフェルト、ファシズム、暴力、歴史

共同体主義 （コミュニタリアニズム）

共同体主義《コミュニタリアニズム》というのは、政治上の一方針として唱えられているものではない。フランスで共同体主義を問題としてあげつらう者は、むしろ共和主義的・政教分離主義的な国民文化の方を再確認することを眼目としているのである。彼らが擁護したいそうした文化が、盲点から脅かされていると主張するのだ。実際「共同体主義」という言葉は、その語彙を含む言説に、マイノリティ問題の政治化の動きを信用失墜させようとする意図があることを表す徴《しるし》なのである。同性愛者が結集してきた歴史と、「共同体主義だという言い分」の歴史を区別しなければならない。共同体主義を問題視することは、厳密にはゲイ・レズビアンの問題を越えて、あらゆるマイノリティの闘いを標的にしているのだ。従って、反共同体主義の言説がすべて同性愛嫌悪《ホモフォビア》だと見なさないように気をつけなければならない。同性愛嫌悪であるかどうかは、それぞれの事例ごとに判断されなければならない。さらに反共同体主義の攻撃を理解するには、それをもっと一般的な枠組み、エリック・ファサンが「アメリカに関するフランス人の↓レトリック」と名づけた枠組みの中に戻してみなければならない。つまりフランスにおける反共同体主義の進展と成果は、国内のマイノリティの闘いを客観的に理解してきたことによるというよりも——たとえそのことによって養われてきた面はあったにせよ——、つねにフランスの政治的伝統にとっての反面教師である「アメリカという案山子」の効き目

の方が大きかったと理解すべきである。

エリック・ファサンが注釈しているように、フランスに共同体主義のもたらす脅威という主題が現れたのは一九八九年以降である。ベルリンの壁の崩壊は、「リベラルな」言説の信奉者たちの成功を永遠のものとした。それは一九七〇年代末以来、主に全体主義の危険と戦うことにエネルギーを注いできた人びとの成功である。しかし壁の崩壊は、同時に彼らから一番の敵を奪いとることにもなった。同じ年、イスラム教徒のスカーフをめぐる論争が起きて、トランプのカードが配り直されることになった。もはや敵はソヴィエト的全体主義ではなく、アメリカ的多文化主義となったのだ。多文化主義によって、政治空間が教会とゲットーの並列する状態にまで分解する危険がもたらされるとされた。それまでリベラルのモデルと評価されていたアメリカは、政教分離と「共和主義的統合というフランス的モデル」の美徳に対するネガとなったのである。このような状況のもとで「ポリティカル・コレクトネス」に関する論争が輸入された。ただし、その意味するところは鏡に映したような、あるいは反転した対称形のような歪みを生じている。アメリカでは、ポリティカル・コレクトネスは、大学のいろいろな学部の中で、「フランス思想」（デリダ、フーコー……）とぐるになっていると疑われるマイノリティ勢力に対抗するために、保守派が攻撃の標的としたのだった。しかしフランスでは、「ポリティカル・コレクトネス」批判を用いて、マイノリティの結集は社会戦争の誘因を孕んでいると攻撃することが可能になっている。社会戦争とは、民族間の戦争であり、両性間の戦争であり、セクシュアリティ間の戦争である。そしてゲットー化したさまざまなコミュニティに分裂しているアメリカに観察される戦争だと言われている。

共同体主義という主題は、エスニック・マイノリティの問題から出発して、すぐにフェミニストの言説の信頼性を攻撃するために使われるようになり、そしてただでさえ信用のなかったゲイ・レズビアンのコミュニティに対する攻撃で、それは頂点に達する。それとは正反対に、家族、階級、国民といった伝統的なコミュニティは相変わらず攻撃を免れ、伝統的コミュニティを横断するようなコミュニティのみが砲火にさらされた。

公私を区別することが論理の要となった。誰もアイデンティティがあることを否定はしない。人がバスク人であったりイスラム教徒であったりユダヤ人であったりゲイであったりすることを、誰もが認める。しかしこうした差異は、私的な領域に属するものと見なされるのだ。それとは反対に、公的な領域というものは、市民権が行使される場であって、どこそこの特定の集団に属しているか否かということには関わりがないという特徴を持っている。このように、反共同体主義の論法は、啓蒙と革命の遺産を持ち出してきているのである。その遺産はもともと、個人はそのものとしては存在せず、コミュニティや同業組合の階層秩序に組み込まれることによって、初めて権利と義務を備えた存在になれるという旧体制《アンシャン・レジーム》の考え方に対抗するためのものだった。この点について、反共同体主義の議論が改めて主張しているのは、次の三つの原則である。すなわち、マイノリティの政治が権利の平等を越えないことを前提とする普遍主義の規範、同化を解放と見なす統合主義の原則、国家と市民の間には、いかなる媒介物も介在してはならないという民主主義の考え方である。マイノリティが結集することは、政治の領域に本来そこに属していないはずの、ただ両性間の戦争や文化間の戦争の火を煽るばかりの問題を導き入れようとしている以上、この三つの原則に反することになるのである。従って、とくに同性愛について言えば、一九八二年に同性愛を違法行為と見なさなくなって以降、フランスにはもはや問題は存在しないということになるのだ。

この手の言説は左右問わずメディアの中で急速に広まっていった。時評のコーナーではあたかも連続ドラマのような様相を呈して、こちらではジャック・ジュリアール（『ヌーヴェル・オプセルヴァトゥール』）、またこちらではアラン・フィンケルクロート（ラジオの「フランス・キュルチュール」）、さらにあちらではフレデリック・マルテルが、というように毎週毎週繰り返されていた。フレデリック・マルテルは、一九六八年以降のフランスにおける同性愛者の歴史を概観した『ピンクと黒』の結論を、反共同体主義的な非難で締めくくっている。

状況が変わったのはパックスに関する議論が持ち上がったとき［一九九八〜九九］だっ

た。パックスはマイノリティの権利要求に端を発してはいたが、セクシュアリティに拘らずあらゆるカップルに関係するものだった。その流れでゲイ・レズビアンは、同性どうしのカップルに結婚と親子関係を認めよと要求していくことになるが、そのとき根拠とされたのが共和主義的な平等の普遍主義の原則だったのだ。このような状況になって、反共同体主義の言説は、有効性を失っていく。というのもその有効性の土台は、アイデンティティに基づくロビー団体が政治体制を支配していて、各ロビー団体が万人に共通の権利という考え方に逆らって、独自の特権を獲得することに躍起になっているとと非難することにあったからだ。現に、アメリカの共同体主義がもたらす災禍は、それを言い立てていた者たちの言説から姿を消して、代わりにゲイ・レズビアンの権利要求に対立する根拠になるような、新しいレトリックの主題が現れるのである。それは、一つの良き差異、それ自体が他のあらゆる差異とは性質がちがう差異である性差によって、象徴的秩序が保証されているのだというレトリックである。

しかしながら反共同体主義の主題は再び現れる。こんどは、できたての「三月二日財団」がこれを取り上げたのである。この財団はジャーナリストのエリザベト・レヴィ(『マリアンヌ』誌)と出版社のミル・エ・ユヌ・ニュイ社でアラン・フィンケルクロートやジャン=ピエール・シュヴェヌマン、フィリップ・ミュレー、ピエール=アンドレ・タギエフの編集者をしている女性が主宰している。この財団のメンバーの一人で、『フィガロ』紙の論説委員ジョゼフ・マセ=スキャロンは、ジャン=フランソワ・ルヴェルの『全体主義の誘惑』［邦訳、岩崎力、西永良成訳、新潮社、一九八一］からタイトルを借用したと言われている『共同体主義の誘惑』という著作の中で、反共同体主義のヌーヴェル・ヴァーグを完璧に定式化している。そこでもやはり、共同体主義は第一の敵と見なされ、ゲイ・レズビアンの共同体主義はその分身に過ぎないとされている。また、普遍主義的、共和主義的な論拠が再び持ち出されてきてもいる。しかしそれはいくつかのテーマをめぐって展開されているのだが、そのレトリックが大げさ過ぎていて、普遍的なものと多数のものを混同してしまっているために有効性は怪しく、問題にしていることを具体的に把握する障害となっている。

ゲットーについて

同性愛者が出会ったり、懇親を深めたりする場が存在すること自体が、それだけで共和国フランスを損なうなどということはない。しかしそうした場が大きくなっていったり、ある特定の地区に集中したりすることは、共同体主義のもたらす災禍を触れまわる者たちの批判の標的とされる。そのような場は公共空間の断片化の徴《しるし》であり、政治空間の弛緩の徴候だとされる。ゲイ・レズビアン自身がそうした地区の呼び名として「ゲットー」という言葉を使っていることだけでも、その十分な証しであるという。

しかしゲットーは確かにそう呼ばれてはいるのだが、そこには皮肉を読み取らなければならない。すなわちこの名前が思い出させるのは、口にキスしようとするたびに無意識にせよ勇気を振るわなければならないのは御免だと思っている同性愛者にとって、どの地区でもその望みが叶うとは限らないということなのである。分離主義や差異の制度化の危険に対していつも警戒している反共同体主義は、ゲイ地区が発展してくれれば安心できる確かな理由があるのだ。長い間目に見えないところに追いやられてきた同性愛者の共生の場が、ついに開かれ、都市空間と相互作用を開始したからである。だからそのことを不快に感じる者は、他の何よりもまず、自分たちの、自分たちだけの場だと信じていた場が奪われたことで困惑していると述べているのである。

研究について

同じような敵意が、同性愛に関する研究の発展に対してもはっきりと向けられている。それについては一九九七年六月にポンピドゥー・センターで、ディディエ・エリボンの呼びかけでゲイ・レズビアン文化に関するシンポジウムが開かれたときの、アラン・フィンケルクロートや、フレデリック・マルテルの嘲弄が思い出される。そこにはアメリカの知識人も参加していた。マイノリティ・スタディーズという災禍がフランスの学界に迫っていたのである。しかし不安を招くようなことは、参考文献リストにアメリカ人による研究が豊富であるのにくらべて、フランス人によるものが乏しいことぐらいだった。ところでゲイ・レズビアン文化の研究のためには、それに固有の方法論を提起する必要がある。そしてその方法論は、何よりも下層階級や、あるいは私生活に関する——それだけにとどまるわけではないが——これまでの歴史記述に対する反省を、発想の源にする可能性がある。もしもフレデリック・マルテルの『ピンクと黒』のような作品が、大西洋の向こうで鍛えられた方法論を道具として利用していたなら、もう少し厳密なものになっていたであろう。それは例えば、リリアン・フェダマン、ジョン・デミリオ、エスター・ニュートン、ジョージ・チョーンシーといった研究者たちの、今でもフランス語への翻訳が期待される著作に見られる方法論である。しかし共同体主義者の危険を遠吠えで知らせる者たちの好みは、別の地平での議論であるようだ。すなわちゲイ・レズビアン研究はゲイ・レズビアン用のものであり、そうした研究は、同性愛者がもはや同性愛というプリズムを通してしか普遍的歴史を直視しようとしない危険を呈しているというのだ。このようなばかげた非難は、まともに取りあうことさえ躊躇われる。それは、ゲイ・レズビアン研究への関心が、ゲイ・レズビアンの大多数の間で生じていることに大げさに驚いてみせるのだ。あたかも研究は生活から切り離されていなければならぬと言わんばかりである。そのような非難は、おずおずした知的な不安を露わにしている。ゲイ・レズビアン研究は、あらゆるマイノリティ研究と同じように、規範や、普遍的という言葉の用法に対する考え方を、それらの周縁から問い直す。視点をずらすことによってしか知の前進はあり得ないと考える者、真実は、調査対象の多様化と研究手段の多様化によって獲得されるべきものだと信じる者、とりわけ科学の使命は信仰を強化することよりむしろ確信を脅かすことにあると見なす者にとっては、それは少しも新しい事態ではない。

■私的なものと公的なものについて

先に述べたように、反共同体主義の言説はエイズの時代にフランスに出現した。この病気の流行を考慮に入れることで、必然的に反共同体主義のレトリックが拠り所とする原則は揺らいだはずなのだ。それは私的なものと公的なものとの分離、社会的なものと政治的なものとの区別といった原則のことである。公衆衛生の問題全般に特徴的なことであるが、それは最も内密なところにあるもの（肉体、苦しみ、死）と、集団全体に関わるもの（予防、研究、治療）とを結び合わせる。このことはエイズの場合には、なお一層明らかだった。なぜなら伝染病の管理は公衆衛生の中でも政治に最も直接結びついている部分だからであり、ＨＩＶの感染は大多数の場合、最も私的な行為、すなわち性行為を通して起きていたからである。エイズの文脈に置いてみると、反共同体主義は現実とその緊急性の否認であることが分かる。この伝染病は、セクシュアリティに関連する問題を政治問題として扱うこと、特定の市民集団、例えば一つだけ例を挙げるなら同性愛者の、集団としての特異性を考慮に入れることを迫ったのである。そして同時に、コミュニティとそのネットワークが国家と個人の間をつなぐ中継器の役割を果たせるようにしなければならなかったのであり、そのためには、コミュニティを政治領域で制度化することが必要だったのである。フランス人におけるエイズ撲滅運動の失敗を細かくあげつらっても仕方がないが、主導権は、長らく公権力の無能力ぶりに直面していた同性愛コミュニティの側が、ほぼ全面的に取り戻していたのである。今でもこの伝染病との闘いは、公的機関とコミュニティ機構の間をつなぐ態勢を取るべきであることに変わりはない。今日、エイズとの関わりが最も深い民衆層の間で、コミュニティの中継機能が最も脆弱であることは重大な問題である。

■特殊なものと普遍的なものについて

さらにエイズとの闘いの枠組みの中では、コミュニティへの同性愛者の結集は、例えばコミュニティの組織化と強化というものは特定の権利の獲得を目指しているのだと主張するような者と相容れない形態をとる。エイズとの闘いに取り組む団体のほとんどすべてが、同性愛者のコミュニティから生まれている。そしてそうした団体のすべてが、出発時点での本拠地から直ちに溢れ出て、自らの知見と自らの活動的なエネルギーをこの伝染病の被害を受けている住民すべてのために用いるようになったのである。これを「共通の利益」に仕えるという言い方をする者もあるだろう。いずれにせよ、エイズとの闘いが例外なのではない。この病気のとりまく状況が規定する特殊事例ではなく、それは政治を別のやり方で実現するための実験室なのである。この闘いは、人が公民であるためには、無私の境地に至る必要はないことを思い出させてくれる。自らのために闘うことは、直ちに自らを越えて闘うことなのだ。この闘いによってコミュニティがいかに、固有の特殊な苦しみ、病気や排斥された経験への自らの理解を、そして個人の運命が置かれている状態への自らの理解を、集団としての闘いに役立てることができるかということが示されているのだ。そして最後にこの闘いが教えてくれるのは、コミュニティの闘いは、社会的な領域のある問題点とまた別の問題点を互いに結びつけることができるということ、そしてまた、それぞれのアイデンティティへの引きこもり状態にも、抽象的な公民性の主張にも還元されないような、政治的立場を磨き上げることができるということである。要するに、コミュニティの闘いによって、私的なアイデンティティと普遍的な公民性の二者択一はもはや無効になったのである。

しかも、コミュニティの政治が共和主義者よりよほど共和主義的であるということだってあり得る。共和主義思想の偉大なところは、慣行や信条、性、肌の色、出身などによる事実上の差異を、いかなる差別の原理とすることも認めないことにある。従ってこの思想の名において、そしてこの思想の最も貴重な原則である平等の原則の名において、差別の告発に注意深く耳を傾けるマイノリティの政治を磨き上げることができたのである。少なくとも権利の問題としてはそうなのだ。しかし実際は、両性の間の、あるいはさまざまなセクシュアリティの間の平等を、共和国は必ずしも保証してはくれない。現に、共和主義者の普遍主義の原則は抽象化され、性別や性的な性向、肌の色や社会的出自などに結びついた具体的な差別を不問に付すことに役立ってしまうことが、あまりにも多いのである。だからこそ、われわれが多数派の規範を普遍的なものであると見なさない限りにおいて、「われわれは普遍主義者だ」と言い得るのではないだろうか。

ロビー活動について

ゲイ・レズビアンのロビー活動に対する共和主義者の批判と、極右が槍玉に挙げる同性愛者のロビー団体という幻との間に、どういった連携が結ばれているのかはなはだ曖昧ではあるけれども、この二つの言説はやはり区別した方が良い。極右の言説は、特権、反逆、陰謀の秘密ネットワークが突然準備を整え始めたということしか言っていない。共和主義者の言説は、問題を民主主義の機能の地平に位置づける。すなわちマイノリティが結集することによって、ロビー活動の手続きが特権化され、多数派の正当性がないがしろにされることによって、政治の働きが妨げられる。共同体主義はシステムを人質として、それぞれの勢力圏の間で引っぱりあうので、システム全体を堕落させる事態を不可避的に招くというわけである。

ロビー活動に対する批判が実際に物語っているのは、何よりも代議制や権力奪取の地平ではなく、別のやり方で政治闘争を考えることの困難である。まず、マイノリティの結集は多数派になることを主張してのことではない。まして権力を握ろうなどという野心もない。その点において伝統的な革命運動とは異なる。しかも、コミュニティの機構自体が、多数派の正当性の中からは生まれないし、生まれ得ない。フランスのゲイ・レズビアンが自分たちの代表を選挙で議会に送りこむということは想像しがたい。従ってコミュニティの機構は、それ自体が生みだし、活性化し、それ自体を支える運動から引き出される正当性以外の正当性を持ち得ないのである。これが、フレデリック・マルテルがなかなか理解できない点なのである。マルテルがこの点に共同体主義の難問を見ていることは、レズビアン・ゲイ・プライドに関する彼の次のような記述によく現れている。同性愛コミュニティの組織者が望んでいるのは、「公権力に対して同性愛者を認知するよう求める団体交渉の交渉役を、個々の同性愛者が組織者に託すことである」と言うのだ。しかしレズビアン・ゲイ・プライドの責任者たちは、自分たちと一緒に隊列に並ぶ者たちを拠り所にするだけであって、代表などしていない。しかも一切交渉などもしない。なぜならその目的は本質的に、自分たちの政治を磨き上げるために自分たちが用いている形態とは異なる形態で問題設定をしている党や政府に対して、発言することにあるからである。その立場は従って、一歩ずれたところにあるのだ。これはマイノリティ運動全般に固有のことである。それは社会的民主制の働きに取り込まれるべき立場でも、その内部に存在する立場でもないが、その外側に存在するユートピア的立場でもない。それは民主制の堕落ではなく、民主制の力を増進する立場である。

■犠牲者について

共同体主義を誹謗する者の言を信ずるなら、共同体主義は政治の領域で、か弱い犠牲者像を神聖視しているのだそうだ。そして同時に、それは力強い公民像を台無しにしているそうである。共同体主義が政治の領域で市民権を得るのは、唯一自らをシステムの犠牲者、共同体主義を規制する原則の犠牲者であると自認する者たちの間だけのことだという。この手の言説は、そのレトリックやそれを弄する人物が、性差別主義や同性愛嫌悪の暴走を免れないことが多い。とくに民主主義の断念を嘆くに当たって、自らの立場を説明するために有性生殖の隠喩で語る場合がそうである。例えばフィリップ・ミュレーは最近の著作で、ゲイ・プライドの機会を捉えて非男性化された政治システムの寓話をぬかりなく語っているし、精神分析家のミシェル・シュネーデルは、その著『ビッグ・マザー――政治活動の精神病理学』の中で、国家の「母親的偏向」はその「男性機能」を放棄することにつながり、公民の責任を免除して愛撫で窒息させてしまうと言っている。

　コミュニティへの結集が、まずそれを構成する個人が受けている外部からの暴力に端を発していることは確かである。マイノリティの政治化は、敵対の政治である。それだけでもマイノリティの政治化を擁護するには十分であろう。人間の不幸は政治が口を挟まない残余であって良い理由はない。しかしマイノリティの政治化はそれだけにとどまらない。最も目につきやすい例を挙げるなら、「プライド」はいかなる点においても犠牲者のデモではない。それは路上の祭であり、その意味で政治の機会であって、そのことの重要性は、その場で表明されるいかなる局地的な権利要求をも上回るのである。コミュニティという主体形成の場を通して、多数派の規範の中で認知されていない者たちは民主主義の具体的行使を学ぶのである。個々のマイノリティを解放すべき客体としか考えない共和主義者の同化主義的言説に対して、当のマイノリティ個人は、自分たちが自分たちの解放の主体であることを自認することで答えるのだ。エンパワメントという英語をどのように翻訳すればよいだろうか。フェリックス・ガタリは「主体性の集団的生産」という訳語を提案した。

■アイデンティティについて

最も重要なことがまだ残っている。「共同体主義の誘惑」の決めの文句は、アイデンティティの規範的な定義づけにあるのだそうだ。コミュニティはそのメンバーに、かくあるべし、かく生きるべしと押しつけ、コミュニティの表象を偏執的なまでに統制しようとすると言うのだ。しかしこの点に関して反共同体主義の分析はしばしば不公平である。規範的な定義づけということで言えば、異性愛者のアイデンティティがその究極だと言えなくもない。いずれにしても、ゲイ・レズビアンの文化としてはその反対に、コミュニティが紋切型に抗し、ステレオタイプに抗し、規格化のあらゆる手続きに抗する方法に注目しておかなければならない。それは支配的なイメージの権力に関する議論を巻き起こし、自由に用いることのできる表象がどれほどあるかという議論を巻き起こすことを第一の目的とする批判の営みである。それでもなお、それ自体は正しく正当な一つのイメージを、唯一の声で言明しているようなコミュニティが現にあるのではないかという気がかりが残るかもしれない。しかしあげつらわれている共同体主義の言説の規範性を心配することよりも、まず最初に認めるべきであるのは、メディアやフィクションの作品に登場するゲイ・レズビアンの姿を多様化することこそが、コミュニティのエンパワメントなのだということであろう。ハリウッド映画やテレビの中では、ホモの反逆者、オネエ《クイーン》の骨董屋、危険なレズ、女トラック運転手の可愛い女友だちなどが、今日でも相変わらずよく登場してくる。つい二〇年前に流通していた紋切型は、これでほぼ全部だった。しかしそれ以来、さらに別の表象も次々と現れてきている。それは必ずしも「肯定的」なわけではないが、そのことは問題ではない。とにかく複雑さということでは進歩しているのだ。

こうした文脈に置いてみるなら、コミュニティはアイデンティティに基づく生き方を押しつけるものというよりは、むしろさまざまな機会や戦略の幅を広げる場だということになる。ホモやレズにとって、もはや↓クローゼットの中に入って目に見えない存在でいるか、すでに同定され、表象されているために社会的に容認されている同性愛者像、すなわち村のオネエや感じやすい美容師、ギャルソンヌ〔ボーイッシュな女性〕といった像に順応するかという二者択一は問題ではない。コミュニティの枠組みの中、それがしつらえる自由の空間の中では、今手に入れることのできるアイデンティティをいかに手玉にとるべきか、それを演じ、それを解体し、それとは別のアイデンティティをいかにつくり上げるかということを、学ぶことができるのだ。クィアの概念〔「クローゼット／慎み」の項の注参照〕は、これまで伝播されることによって固定化してきた既成のアイデンティティを解体するという賭けに出たわけだが、この概念も、きちんと構築されたコミュニティという基礎があって初めて発達してきたのだということは重要な意味を持っている。反共同体主義はあまりに目先のものしか見ていない。コミュニティはマイノリティの政治学にとって切り札などのようなものではなく、それはまず最初に必要な条件なのであり、マイノリティはいずれそこから脱出することが可能なのである。

フィリップ・マンジョ（山本訳）

↓異性愛嫌悪、エイズ、北アメリカ、脅威、ゲットー、私生活、象徴的秩序、性差、団体、普遍主義／差異主義、レトリック、ロビー

極右

↓政治団体としての右翼は、↓フランス革命に対する、中でもとりわけフランス革命によって流布される思想すなわち啓蒙の世紀〔一八世紀のこと〕の↓哲学者たちの理論に対する、伝統的なエリート階級の反動にその源がある。右翼は誕生したときからすでに、人間どうしの（階級や人種の違いを越えた）平等、政治における民主制（実際にはかなり制限されるが）、宗教上の↓寛容、国家の政教分離、普遍的教育制度などといった新しい原則を拒絶してきた。右翼は宗教（しばしば国家宗教）、秩序、社会階層、家父長制的↓家族などといった伝統的な価値に（左翼とはちがって）固執しながらも、その全体を見れば、一九世紀をつうじて徐々に新しい原則の大半に同化していった。しかし右翼の中には、進歩主義的な考え方に対するいかなる妥協も断固拒否する少数派があった。こうして一九世紀末から二〇世紀初頭にかけて、新しい思想潮流が出現したのである。これが極右であった。極右は保守的な右翼にくらべれば、より好戦的であり、さほどエリート主義的でないので、自らの反動的な綱領を推進するために、大衆運動を組織しようとするのである。

アリアーヌ・シュベル・ダポロニアが説明しているように、「極右の態度は特定の価値観の称揚に基づいている。各潮流は互いに異なっているけれども、共通した主題も存在する」。すなわち強力で権威主義的な政府、個人主義・自由主義的資本主義の拒絶、反主知主義、新しい信仰（場合によっては原理主義的なキリスト教や、新異教主義に基づくこともある）、過激化したナショナリズム、軍国主義、反フェミニズム（女性の「自然な」機能は生殖である）、人種差別主義、外国人嫌悪《ゼノフォビア》、反ユダヤ主義である。↓ファシズムは、一九二〇年代から四〇年代の↓イタリアの全国ファシスト党や↓ドイツのナチ党に代表されるように、おそらく極右の中では最もよく知られている潮流である。しかし極右に特徴的であると見なし得る、上に列挙したような主要な思想を唱導する政党や集団は、それぞれ互いに数え切れないほどの違いはあるけれども、二〇世紀初頭から今日に至るまで、そして世界中の至るところに存在してきたのである。

　同性愛が極右の主要な関心事に加えられたことは一度もないかもしれないが、極右はほとんどいつでもどこでも、本質的に↓同性愛嫌悪《ホモフォビア》を体現してきた。家父長制的な秩序を擁護することを望み、道徳の退廃という強迫観念に取り憑かれているため、習俗やセクシュアリティに少しでも関係することについては、極右は徹底的に保守的である。このことは、堕胎に対して（無垢の子どもに対する殺人であり、少子化（↓生殖不能）すなわち国民の衰退であると見なされる）、ポルノグラフィーに対して（若者を堕落させるとされる）、そしてまたあらゆる形態の性的自由に対して、極右が獰猛なまでの反対運動をくり広げる理由をよく表している。同性愛は、↓自然に反する行為、退廃の源であると考えられ、何か単なる個人的な↓悪徳や、個性の欠陥というもの以上であると見なされる。すべての国民の男らしさを突き崩し、国を滅ぼしかねない危険があるのだ。

　しかしながら極右と同性愛の関係には、ある種の両義性がある。このことは、一九二〇年代から四〇年代のファシズムによく表されている。ファシズムの男らしさや力、若さに対する崇拝に加えて、ホモソーシャル◆であることや、同性間のエロティシズムが蔓延する雰囲気が、一定の数の同性愛者を魅了し、引き寄せたのである。ただしそれは、極右の信奉者の中のごくわずかなマイノリティであったことは確かである。エルンスト・レームというヒトラーの友人でもあり片腕でもあった人物が、一九三四年に総統自身の命令によって暗殺されたことは、以上の例証としては最も有名であろう。しかしそれが唯一の例というわけではない。フランスでは、一九四二年から四四年まで教育相を務め、↓ペタンから「ゲシュタペット［ゲシュタポとタペット tapette すなわちフランス語で「オカマ」の意味のある単語をかけている］」とあだ名されていたアベル・ボナールを始め、ヴィシー政権に仕え、占領者のドイツに積極的に協力した同性愛者が、わずかではあったが存在した。パリの社交界に暮らしていたエリート主義のレズビアンの中にも、こうした感情を共有する者がいた。例えばアメリカ人のナタリー・バーネーは、反ユダヤ主義者で大衆を毛嫌いしていたが、ファシストとナチスは連合国よりも「優れた大儀」を持っていると公言していた。さらには左翼が、当時は右翼と同じぐらい同性愛嫌悪が深かったのだが、ファシストを、実践者であるか抑えこんでいるかは別としても、すべて同性愛者扱いすることを躊躇わなかった。さらにはまた、参考までにより最近の事例を挙げておくこともできるだろう。例えばミシェル・ケニェが一九八六年以来発行している雑誌『ゲイ・フランス』は、公然と同性愛を謳いながら、同時にファシズム的傾向を持っていた。またネオナチの指導者の中には、多かれ少なかれ隠していた自身の同性愛を新聞によって暴かれた者もいる。イギリスではマーティン・ウェブスター、ドイツではミヒャエル・キューネンとエーヴァルト・アルトハンスである。最後にピム・フォルタインの事件に言及しておくべきかもしれない。この人物は同性愛者であることを公表していたオランダの政治指導者で、二〇〇二年五月六日に殺害された。彼は国外では極右の政治家と紹介されることが多いが、その思想は実際は極右というよりはポピュリスト政党やあるいは共和主

◆ホモソーシャル　『クローゼットの認識論』の著者でもあるイヴ・コゾフスキー・セジウィックが最初に提唱した概念〈セジウィック〉。これについては岩見寿子の簡潔な解説があるので以下に引用する。

「この理論を提唱したセジウィックは『ホモソーシャル』という言葉を『ホモセクシュアル』との区別と、隠された連続性を表すために使っている。男性中心の社会制度においては女性だけを性的な対象とし、男性同士はエロスを排除した均質な関係を維持することで制度の安定が保持される。しかし男性ふたりが、ひとりの女性に性的欲望を向けるとき、しばしば両者は対立・競争関係に入る。これがエスカレートすると男性ふたりは危険な状態に陥る。それを回避するための譲歩と調停がなされ、結婚という形で女性を制度内に回収することで男性社会の安定をはかるのである。このメカニズムがうまく機能する背後には、女性を客体化して性的な対象にするというミソジニー（女性嫌悪）と、男性同士が欲望の対象になってはならず、異性愛が強制されるという心理が働いている点が重要である。ホモセクシュアルな関係は、男性同士の均質な関係を攪乱する要因となるので、排除されることになる（ホモフォビア＝同性愛恐怖）」〈岩見〉。　（山本）

義的政党の思想によほど近かった。そのうえ彼自身が、つねに極右とは一線を画していたのである。

以上のようなさまざまな事例から考えて、同性愛とファシズムの関連づけは、二〇世紀の間ずっと、繰り返し利用されてきたことが分かる。このことから、同性愛者でありファシズムに反対したクラウス・マンは、一九三四年にすでに次のように指摘するに至っている。「同性愛とファシズムがほぼ同一視されている〔…〕。そして今は、同性愛者を反ファシズムのユダヤ人に仕立てようとしている。これは厭うべき事態だ」。また、戦後にはヴィスコンティの『地獄に堕ちた勇者ども』〔一九六九〕が、ナチスは実際に退廃、退化、衰弱した同性愛者の集団であったという観念を、人びとの心に永遠につなぎ止めておくことに貢献した。もっと最近ではある作品（ロータル・マハタン『ヒトラーの秘密の生活』〔赤根洋子訳、文藝春秋、二〇〇二〕）が、アドルフ・ヒトラーが同性愛者であったという憶測の証拠になる物件を示したと主張してセンセーションを巻き起こした。しかしこの問題は、ナチズムの歴史を編纂する者にとっては、正真正銘の埋め草に他ならない。なぜなら一九三〇年代からすでに、ヒトラーはカリカチュアの中で「迷えるオネエ」として描かれることがあったからである。実際の真実がどうであったかということは、これまで立証されたことはなかったし、この際おいておくとして、このような主張の狙いは、人びとの心の中にある、同性愛と極右とは必然的な相関関係があるはずだという観念を強化することにある。その一方で、極右の闘士や指導者の圧倒的大多数は異性愛者であり、彼ら自身がそのことを誇りにしていて、大半の場合に断固とした同性愛嫌悪を示すのにも拘らず、極右と異性愛者との間に相関関係があり得るかどうか誰も問うてみようとは思わないのである。要するに極右と同性愛の混同は同性愛嫌悪のレトリックに他ならず、これまで何度も繰り返し実行されてきた手順に従って、極右に押された烙印を同性愛にまで拡大適用することを本当の狙いとしているのである。

事実、右翼による同性愛嫌悪は一八世紀にはすでに登場している。このときは既成秩序の信奉者たちが、幾人かの哲学者をソドミー愛好者扱いし、同時にソドミーを「哲学者の罪」に仕立てた。一七九〇年代をつうじて、右翼は同じ論法を有名な革命家に対して用いた（おそらく論争を仕掛けることが目的で、本当にそうだと信じているわけではない）。そこにはあのはにかみ屋のマクシミリアン・ロベスピエールも含まれている。哲学者や革命家の方も同じ球を投げ返して、聖職者や貴族はオカマで男色家だと告発した。極右は誕生したときにはもうこの伝統を再び取り上げていたのである。例えば一八九〇年代のドレフュス事件のときには、ナショナリストかつ反ユダヤ主義の極右が、ドレフュス派の連中は男らしさがほとんどない知識人か耽美主義者だとして、ドレフュス派のジョルジュ・ピカール大佐を女性名風に「ジョルジェット」と呼び、臆病者やオカマの姿でカリカチュアにしてからかった。

一九三〇年代から四〇年代には、ナチスが同性愛嫌悪政策を遂行して、数多くの同性愛者のドイツ人（一万人から一万五〇〇〇人）が強制収容所に移送中に、あるいは収容所で殺された。ナチスにとって同性愛は男らしさ（戦争社会にとってはかくも不可欠の特性）の欠如、道徳の退廃、そして人種的堕落（「ユダヤ人性」）の徴《しるし》ですらあった。だから例えば、ナチスの新聞には次のように書かれるのである。

> ドイツ民族が生き残る必要がある。そしてドイツ民族が戦っていくことは、男らしさを保っていない限り不可能である。男らしさを保つことは、規律を示さない限り不可能である。〔…〕そして異常な行動はこの規律に反しているのだ。従って、われわれはあらゆる形態の淫奔を拒絶する。とりわけ同性愛を。なぜなら同性愛は、われわれから最後の好機を奪うからだ。われらが今日その下に押さえつけられている軛《くびき》から、わが民族を解放する最後の好機を。
>
> 動物と、自分の兄弟と、自分の姉妹と、あるいは同性の人間との間に性的関係を持つというような常軌を逸した行動はすべて、ユダヤ的精神に由来するのであり、神による創造という観念そのものを汚している。そのような行為はいずれふさわしい罰を受けるであろう。死刑か、さもなくば国外追放だ。

一九四五年の勝利も極右を消滅させはしなかったし、その同性愛嫌悪思想の信用を失わせることもできなかった。今日でもなお、同性愛嫌悪、外国人嫌悪、不寛容の同じような寄せ集めを、多くの同時代の「思想家」たちに見てとることができる。例えば、最近の書籍である『ヨーロッパの植民地化、移民とイスラムに関する真説』〔二〇〇〇〕の中で、ギヨーム・フェイとかいう著者が、西洋の「非男性化」を心配している。その一方で、「ある民族の男性性は、歴史の中でその民族が維持されるための条件である」とする。フェイによれば、「現代の同性愛好きもフェミニズムの潮流も〔…〕、また大家族のイデオロギーの放棄や〔…〕少子化、黒人とアラブ人の目覚ましい重用、相も変わらぬ混血の称揚、戦争の価値の否定〔…〕。これらはすべて非男性化の特徴の例である」。この著者と発行者は、パリの法廷で人種差別的憎悪の教唆で有罪判決を受けた。しかしもちろん、同性愛嫌悪という理由ではなかった。フランスでは、同性愛嫌悪に基づく憎悪を教唆しても犯罪にはならないのである〔二〇〇五年に性的指向に基づく憎悪の煽動が法的に禁じられた〕。

フランスでは、国民戦線の党首ジャン＝マリ・ル・ペンが下品な調子でしばしば同性愛者を攻撃してきた。一九八七年、ル・ペンはエイズ患者を「癩病患者のようなもの」と言った。一九八四年には「同性愛は不法行為ではないが、〔…〕生物学的、社会的異常である」と断言した。またさらに付け加えて、西洋世界に社会崩壊と少子化をもたらす「同性愛者の運動は、われわれの文明に死の脅威として重くのしかかっている」とした。そしてそこから次のように結論づける。「同性愛の勧誘を処罰しなければならない」。その後、ル・ペンは少しだけ立場を変えた。一九九五年に次のように詳しく説明したのである。国民戦線にも同性愛者はおそらくいるかもしれないが、「オカマは一人もいない」、「同性愛は各人の自由に属する事柄だ。ただ同性愛運動の活動家だけは断罪すべきである」。しかしながら、彼個人のほとんど本能的なまでの同性愛嫌悪、そして彼の政党の同性愛嫌悪については、疑う余地はない。かつてル・ペンの次席に控え、今は自分自身の極右政党の党首をしているブルノ・メグレは、中でも「フランスに秩序を取り戻すために」と題された文章の中で、人はもはや人種差別主義者や同性愛嫌悪ではいられなくなったという言い方で、メディアを非難している。メグレはこう言う。

> メディアの目が選んでくれるおかげで、われわれには異常なもの、外れもの、体制を覆すようなものしか目に入らない。もしもよく見られたいと思うなら、そして拍手喝采してもらいたいと思うなら〔…〕、フランス人じゃない方がいい。とりわけ右翼はだめだ。家族の父親でない方がいいし、イスラム教徒や仏教徒でない限り、宗教的な信条は誇示しない方がいい。もしも同性愛者の活動家だったら、もっといい。それから麻薬を常用していてそれを告白するなら、切り札になる。おまけにマグレブ人か黒人だったら完璧だ！　そうなれば後はもう、道徳的なもの、伝統的なもの、家族的なもの、ナショナルなものをすべて嘲弄するばかりだ。

こうした意見はもちろんフランスの極右に限ったことではない。一九九七年の総選挙の際、ＢＮＰ（イギリス国民党）はその選挙公約で次のように断言している。「われわれは〔…〕同性愛行為を禁じる法律を約束する。それによって、あの胸がむかつくような行為は、本来とどまっているべきクローゼットの中に、押し戻すことができるだろう」。イタリアでは、北部同盟が次のように公言している。「社会は少しずつ崩壊していっている。そして同性愛、青少年犯罪、麻薬といった病的な行動が蔓延していくままになっている」。また極右の政治家の一人は、次のように言う。「もしも銀行強盗の出会いの場所が存在するならそれを閉鎖するのと同じように、ゲイの出会いの場は閉鎖しなくてはならない。ゲイは強盗と同じように、社会に害を与えるのだ」。

アメリカには極右の小さな団体が何十となく繁殖していて、それらは人種差別主義、反ユダヤ主義、同性愛嫌悪を公言し、そして時には極めて暴力的かつ危険で、中には秘密の武装民兵組織を備えているものさえある。クー・クラックス・クランは、そうしたグループの中で最もよく知られているだけである。しばしばこれらの団体のイデオロギーは、福音書のメッセージを歪曲する原理主義的プロテスタント↓に多くを負っている。例えばコロラド州の本当に小さな教区で牧師をしているピーター・J・ピーターズによれば、北部ヨーロッパ人は「選ばれた民」であり、聖書↓もそう言っている。黒人は白人よりも劣っている。ユダヤ人は西洋文明を脅かしている。同性愛者は処刑しなければならない。このように狂った人の影響力はおそらくわずかなものであろうが、しかしアメリカにおいては、極右が最も復古的な宗教の信者たちの影響下にあることもまた、未だに正し過ぎるほどの真実なのである。キリスト教徒連合は会員数が一〇〇万人を数えたことを誇っている。またアメリカ国民のおおよそ一〇%が「宗教右派」を自認する。それは彼らの自称家族的、キリスト教的価値観の布教に努め、「神はホモを憎む」と公言してはばからない。そんなわけで、『ニューズウィーク』誌が一九九五年に公表した調査によれば、アメリカ人の二一%、福音派キリスト教徒、すなわち原理主義的なキリスト教徒の四三%が、ゲイ運動を「悪魔の化身」と信じている！

↓ラテンアメリカのいくつかの国では、極右の同性愛嫌悪は憎悪のこもった言葉だけにとどまらない。なぜなら同性愛嫌悪の深い個人（警察官や軍人であることが多い）、または殺人集団は、国を「掃除する」ためと称して同性愛者を殺すことを躊躇わないからだ（同じ者たちがマルクス主義者や組合活動家、ホームレスの人びとや浮浪者の子どもを殺すように）。コロンビアは、暴力や政治的殺害に苦しめられている国であり、殺人集団は「同性愛者は〔…〕絶滅すべき災禍である」と公言している。ペルーでは「マタ・カブロス」（すなわち「男色家を殺せ」という意味）という名で知られている極右の小さな団体が、一九九〇年から九一年の間にリマで四〇人の異性装者を殺害した。ブラジルは、ゲイの天国という評判がありながら、人権擁護団体に言わせると「同性愛嫌悪では世界のリーダー」である。一九九八年の統計によると、おそらくこの数字は現実よりも少なめに見積られているであろうが、過去二〇年の間に少なくとも一九〇〇人の同性愛者が極右の攻撃によって殺されたことが分かっている。しかも多くの場合、殺人の前に残虐な拷問を受けている。一九八〇年代には一年に八〇人、一九九〇年代には一年に一二〇人である（つまり同性愛嫌悪に基づく殺人が三日に一件起きている）。例えば一九九六年を見ると、ブラジルの極右は一一六人の同性愛者の殺害に責任がある。そのうち七三人がゲイで、七人がレズビアン、三六人が異性装者またはトランスセクシュアルである。異性装者とトランスセクシュアルは、「道徳秩序」の信奉者たちからことのほか嫌悪されている。

以上のような言説、以上のような行為（その気になれば、同じような調子で、他にまだ何百となく例を列挙することもできるだろう）から明らかになるのは、極右の思潮の中には、同性愛に関する、また同性愛が社会にあたえる影響に関する真剣な、そして深い考察は一切存在しないということである。極右は同性愛を理解しようとはしない。議論を終わらせるために、同性愛を利用するだけである。あるいは時に、同性愛を滅ぼそうとするだけである。同性愛が極右の信奉者たちの間に引き起こす反応は蕁麻疹《じんましん》のようなものなのだ。なぜなら彼らの目には同性愛が、伝統的で家族的、またナショナルで集産主義的な価値観を拒絶しているように映るからである。そうした価値観は、この変化し進歩していく世界にあって、極右が維持しようと必死になっている価値観なのだ。

マイケル・シバリス（山本訳）

↓イタリア、カリカチュア、勧誘、北アメリカ、脅威、共産主義、強制収容、神学、スキャンダル、スペイン、聖書、生殖不能、退廃、伝染、ドイツ、パックス、ファシズム、フランス、ヒムラー、ペタン、暴力、マッカーシー、レトリック

グラーグ

グラーグとは、一九三四年の転換期以降のソヴィエト連邦で、NKVD〔内務人民委員部〕のちにKGB〔国家保安委員会〕の支配下に設置された強制収容所の総称である。グラーグに収容された同性愛者は数万人にのぼる。一〇月革命〔一九一七〕ですでに犯罪とされていた男性どうしの同性愛関係が、一九三三年一二月一七日に、全ソヴィエト連邦で改めて犯罪とされることになった。一九三四年四月一日には、ソヴィエト連邦刑法第一五四条が施行された。この条項はのちに第一二一条となるもので、男性同性愛者に対して最高五年の刑務所または強制収容所への拘禁刑を科すと規定していた。それ以来この法律は、ソヴィエト連邦崩壊後その跡を継いだ国々で同性愛が犯罪と見なされなくなるとき（ソヴィエト連邦後のロシアでは一九九三年五月）まで、ずっと機能し続け、その効力を思い知らせることになる。強制収容所での「一二一条たち」の状態は、ほとんど記録に残されていない。アレクサンドル・ソルジェニーツィンも、おそらくはロシア正教会の伝統である同性愛嫌悪《ホモフォビア》の論理に与していたため、それについてはほとんど何も語っていないことは特筆すべきであろう。ソヴィエト連邦の強制収容所文学の、ソルジェニーツィン以外の大作家たち、とくにヴァルラム・シャラモフやエヴゲニヤ・ギンズブルクにも、同様の沈黙が見られる（彼らは一般犯罪の囚人を軽蔑していたが、同性愛者を無意識のうちにそれと同一視していたということはあり得ない話ではない）。「一二一条たち」の中でも最も有名な人物と言えば、アルメニアの映画作家セルゲイ・パラジャーノフであろう。彼は一九五二年と一九七三年の二度、同性愛で有罪となった。

グラーグについては、同性愛嫌悪の歴史という観点から見るなら、かなりの数の被収容者が極度に蹂躙されたこと、正真正銘の性的奴隷にされたことがとくに重要である。グラーグへの収容は一九三〇年代に大衆に累が及ぶ現象となり、それがスターリンの死まで続いたということを想起しよう。一九三〇年に一四万人だった「囚人《ゼック》」は、一九三五年に一〇〇万人、一九四一年に二〇〇万人、一九五〇年には三〇〇万人近くまでに増えている。この世界は四半世紀の間膨張し続け、その後も規模はより小さくなりながらも、ソヴィエト連邦体制の終焉まで存続した（「雪どけ」〔スターリンの死（一九五三）の後の緊張緩和政策〕によって釈放があった後の一九六〇年代にも、まだ九〇万人の囚人《ゼック》が存在した）。この世界では同性愛が極めて広範に見られた。男女が厳しく分離され、もちろん被収容者が欲動を保持するだけの十分な栄養を摂取できているという条件下ではあるが、ともかく至るところで見られたのである。理屈としては被収容者にも刑法は適用されるから、同性愛行為に及んでいる最中に発見されれば追加の刑を受ける危険はあったのだが、被収容者の中には「雌犬たち」（すなわち一般犯罪の囚人）から性的な関係を強制される者があった。それは文字通り奴隷とされることを意味した。そのように「蹂躙された者たち」すなわちロシア語でアプシチェーニエは、「雌ヤギ」とか「雄鶏」と呼ばれることもあった（攻め側にあだ名が付けられることは稀だったということを指摘しておきたい。というのも、攻め側の場合は、自分が他人に強いるその行為によってアイデンティティに変化が生じるということがないからである。一部、その仕事に最も精を出す者だけが、「ヤギ飼い」、「雄鶏頭」、「モルタル鏝《こて》」、「煙突掃除夫」などと呼ばれた）。一九三五年以降は青少年も収容されるようになり（一二歳から収容可能となった）、「雌犬たち」の性的な対象として使われた（矯正収容所や予防拘禁施設では、青年へのレイプが頻繁で、多くが「雌ヤギ」にさせられていたようである）。集団レイプもかなり多く（収容所の隠語ではカレクチーフカと呼ばれた）、殴打や残虐行為を伴っていた。

強制収容所への一五年間の収容の刑を終え、一九七九年にグラーグを出たエドゥアルト・クズネツォフによれば、被収容者の大多数が同性愛関係を経験しているということだ（自分のまわりにいた被拘禁者八三人のうち、一八人が「受け」側、三〇人が「攻め」側であったという）。しかし、そこで本当の同性愛者であると見なされていたのは、「受け」側すなわちアプシチェーニエだけだった。このような対比は、同じような文化的背景を持つ他の多くの場合に見られることである。しかもアプシチェーニエは、必ずしも同性愛者であることで有罪になった者（「一二一条」）や、それまで自分のことを同性愛者だと思ったことのある者とは限らなかった。「美少年」、臆病者、トランプの負けを支払えなかった者、集団の倫理に背いた者なども、アプシチェーニエにされることがあった。しかしひとたびアプシチェーニエという分類に陥ったなら、その印を消すことはできない。収容所を移っても、印がついて回る。アプシチェーニエの置かれた状況は、元々その大部分がロシア正教会の偏見によるところが大きかったが、ソヴィエト連邦の歴史が進行するにつれて、おそらく蹂躙の度をさらに深めたであろう。一九三〇年代には、彼らは別のバラックに寝起きした。そのバラックは言わば「淫売屋の親父」のような者が管理して、秩序を維持し、配下の「男の子たち」を保護するものとされていた。その後、極めて不完全ながら存在していたこの保護機構もなくなり、アプシチェーニエは自身の死刑執行人と肩を並べて、連帯も、発言権も一切奪われて生きなければならなくなった。その持ち物には印が付けられていた（特別の食器類や日用品を使わなければならなかった）。アプシチェーニエに対して、誰も負い目を感じることはなかった。というのは、アプシチェーニエは極端に暴力的な条件下で性的奴隷とされているだけでなく、収容所の階層秩序の最下層に位置しているという点では、使役に関してもそうだったし（誰もやりたがらない仕事しかやらせてもらえない）、食事に関してもそうだった（いかなる種類の追加も一切もらえない）。このような状況にあるので、「雌ヤギ」や「雄鶏」という言葉は、おそらく収容所の中で聞き得る最も重大な言葉であり、正真正銘の侮辱であったこと、そして軽々しくそれを使ったら殺されかねないということもよく分かる。さらに自分が「雌ヤギ」であることを隠して「親分」や「雌犬」と一緒に食事を摂ることは、最悪の違反事項の一つと見なされていて、死に値するとされていた。こうした制度は階層秩序を強化し、神聖化することを狙ったものであることは明らかであり、グラーグでも、他の閉鎖的な社会同様にそれが極めて強いのである。攻め側はあくまで威信を増し、受け側は尊厳を放棄するしかない。自身もあらゆる同性愛嫌悪を免れることはなかったクズネツォフも認めているように、「雌ヤギは声も権利もない、性欲を満足させるための道具に過ぎない。そうした者として雌ヤギと接触する場合だけは、雌ヤギに触れても汚れない。日中は、雌ヤギはパリアすなわち不可触民である」。強制収容所の管理当局は、同性愛者の被収容者を情報提供者として利用しようとし、彼らが置かれた社会的、生理的に不安定な状況に乗じてとことんまで搾取した。そのうえ管理者が被収容者から情報を引き出そうとするときに、しゃべらなければ他の被拘禁者にレイプさせるぞと脅すことはありふれたことだった。

似たような現実は、女性の強制収容所にも存在したようである。女性の被収容者の数は一九四〇年代に増加した（一九三〇年代半ばには、被収容者全体の中で女性の占める割合は五％未満だったが、一九五〇年には二五％になっている）。男っぽい女（カビェールすなわち雄犬）は、男の名前を名乗り、どちらかと言えば女性的な女（カヴィリャールキ）をその膝もとに従属させていた。その関係は性的であるだけでなく、階層的であり、役割の交換はあり得なかった。男の犯罪者が時に女性の収容所に侵入し、カビェールをレイプすることがあったが、集団の掟で、そうなった場合そのカビェールは、自殺しなければならないことになっていた。

ソヴィエト連邦の同性愛者で、アプシチェーニエの置かれた状況の残忍さを告発した最初の被収容者は、ゲンナジー・トリフォノフである。一九七七年一二月、彼はウラルの強制収容所から、『リテラトゥルニア・ガゼータ』誌に次のような公開書簡を送ったのであったが、むろん掲載はされなかった。

> 私は恐怖とか、悪夢ということで人が想像し得る限りすべてのことを経験しています。ナチスの強制収容所の同性愛者も、私たちの置かれた状況とは比べものにならないでしょう。動物扱いされている私たちが夢見るのは、致命的な病気にかかって、死ぬ前に束の間の休息を味わいた

いということです。

ヴァレリー・クリモフがゲイのジャーナリスト兼作家のヤロスラフ・モグーティンに対して打ち明けたところによれば、ソヴィエト連邦時代の末期に同性愛で三年間の強制収容所送りとなったクリモフは、一〇人の同性愛者殺害を目撃したという。しかもほとんどの場合、極めて残虐なやり方であった。そのうちの一人はスヴェルドロフスクの収容所で一〇人の被拘禁者に殺されたのだが、彼らはレイプしたのち、両足でその頭に飛び乗ったという。

ソヴィエト連邦から亡命した者の中には、ミハイル・ステルンとアウグスト・ステルンのように、ロシアに同性愛が普及している原因をグラーグに見ている者もいる。もちろんこれは間違っている。だがグラーグ内の文化が、恐怖、冷酷、暴力といった特徴を持つ、ソヴィエト以後のある種のゲイ文化の土台になっていることも確かである。しかし何よりも、グラーグは現在のロシア社会を根深く支配する、極度の同性愛嫌悪の母体なのである。ヤロスラフ・モグーティンは、グラーグにおける同性愛者の歴史に関心を持ったがために、一九九五年に、アメリカに政治亡命を余儀なくされた。

ピエール・アルベルティーニ（山本訳）

↓共産主義、強制収容、刑務所、暴力、ロシア

クローゼット／慎み

一九九五年四月の『↓エイズ新聞』に掲載されたインタヴューの中で、エッセイストのアラン・フィンケルクロートは、「慎み、両義性、不確定、恥↓」といった性質で特徴づけられる「同性愛者の生の技法」に言及し、それが失われてしまったことを嘆いている。もしもこれが礼儀正しさ一般に関する彼の思いつきを述べただけだというなら、取るに足らない陳腐なお喋りだと片付けておけばよい。しかしフィンケルクロートは、ゲイやレズビアンの大半が生き残る術として器用に作り上げてきた振舞い方を、同性愛者に特有の道徳だということにしてしまった。しかしそのような振舞い方は、同性愛者が異性愛者と同じように自分のセクシュアリティを生きようとすれば、ただそれだけでも危険であり得たし、ただそれだけのことで、両親や隣人、職場の同僚のうちの最も優しい人ですら不倶戴天の敵となりかねないという状況があったからこそ必要だったのである。フィンケルクロートは、同性愛者の慎みの歴史には、個人の歴史と集団の歴史の両方があって、どちらも↓侮辱や↓差別と切っても切れない関連があるということを忘れている、あるいは見ようとしない。フィンケルクロートがさも優しそうな口調で復活を求めている「同性愛者の生の技法」は、実際は「クローゼット」という、ゲイやレズビアンたちが別の面で意義深い隠喩を用いて言い表しているもの以外の何物でもないことを、彼は知らない、あるいは知りたがらない。

「クローゼット」というのはなかなかうまい言い方で、言語を越えてそれが広まっていること（フランス語でプラカール、スペイン語でアルマリオ）や、派生

語彙が豊富であること（フランス語では例えば形容詞化して「クローゼットに引きこもった」という意味でプラカルディゼと言う）がその効果を証明している。この言葉は、ゲイ・レズビアンが自身の同性愛を隠して引きこもる、社会的、心理的な場を言い表すために使われる。ストーンウォール暴動以来、これが同性愛用語となったからと言って、隠喩としての言葉の力はいささかも失われてはいない。「押し入れ《クローゼット》」は滑稽さと同時に不快さを言い表している。ブルジョワ演劇で不義の恋人を咄嗟に隠すのは押し入れ《プラカール》と決まっているし、隠れ家《プランク》がいかに粗末《プレケール》なものであるかもよく知られている。この意味で「クローゼット」という言葉を使うということは、使う者の置かれている状況を示している。すなわちそれは誰よりもまず、かつてそれを経験した者、そしてそこからすでに脱出している者、つまり「カミングアウト」を果たした者が使うのである。だからこそ、クローゼットという言葉を使う者はこの言葉の反対語をプライドだとするのであり、不完全ながらフランス語に翻訳するなら「誇り《フィエルテ》」と訳されるプライドを、「慎み」の信奉者は破廉恥な露出症としか見ようとしないのである。

「クローゼット」概念は従って、二つのあり方を対峙させる。一方は個人的で伝記的なあり方であり、もう一方は集団的で歴史的なあり方である。異性愛が選ばれることが先験的に明白である場合には、全同性愛者にとってクローゼット体験が最初の条件である。しかしこの言葉が歴史的に位置づけられることも忘れてはならない。この言葉が誕生したのは同性愛解放の時代であり、当時の世代が過去の不可視性を乗り越えることを望んだのである。現在のゲイ・レズビアンについて、この観点から史料編纂的な研究を進めてみれば、時間軸に沿って直線的に継起してきたように思われる歴史も、実は微妙な含みを持っていることが分かるであろう。それは、解放が大いばりで一方的に推進されてきたとはとても要約しきれない歴史なのだ。

初めに異性愛の傲慢ありき。異性愛者は、自分が何者であるかを言うべきか言わざるべきか分からないなどという問題に直面したりしない。異性愛者とはどのような者かということは言うまでもないことだし、先験的にそれが異性愛者の社会的人間関係の全体の素地となる。だからこそ同性愛への選好が自覚されると同時に、直ちにクローゼットというデリケートな体験が始まるのである。すべての同性愛者が、男だろうと女だろうとそれを証言することができるだろう。自分が何者であるかということと、他人が自分を何者と見ているかということ、あるいは他人が自分に暗黙のうちに何者であれと求めているかということが、悩ましく乖離する時期が人生の一時期にあったのだ。同性愛文化というものがあるとするなら、それがどこから生じるかと言えば、まず何よりもこの共通の内面的な認識である。クローゼットは原初的体験なのだ。そこは社会的状況と、それが時に要求する秘密保持や裏表の使い分けがどのようなものか、またそれが時に可能にする両義性や自己肯定がどのようなものかということに、絶えずぬかりなく注意を払うことが求められる作業場なのである。

実際はこの共通の土台の上に、個別の状況が広範囲にくり広げられる。例えばある者は家族に対しては自分の性的な好みを注意深く隠しながら、職場では公言するだろうし、また別のある者は、自分の同性愛が職場の同僚からは露《つゆ》とも疑われないよう気をつけながら、両親に隠さないことが危険であるとは考えないだろう。それでもクローゼット体験が共有されているということは、それだけ大きな柔軟性をクローゼットが備えているということである。場所と時間によって変わる同性愛の社会的受容の度合いという特性に応じて、人はクローゼットにとどまったり、またそこに戻ってきたりするのである。場合によっては直感に基づき、場合によっては経験に基づくというように、その両方の間《あわい》に入念に仕立て上げられるこのような形態の知性は、社会に関わる問題に対処するためにあらゆるマイノリティ住民が備えているものであり、その機能についてはアーヴィング・ゴッフマンが『スティグマの社会学——烙印を押されたアイデンティティ』［石黒毅訳、せりか書房、一九七〇］の中に記している。

ただしクローゼット体験は、クローゼットに執着する者やクローゼットにときどき戻ってくる者を、最悪のジレンマに陥れる。秘密にしていることによって、おそらく同性愛嫌悪《ホモフォビア》に基づく、見たところ最も害のなさそうなものから、あからさまに最も暴力的なものまで、多くの意思表明を惹起せずに済むだろう。しかし沈黙が息を詰まらせるようなものになってくることから考えれば、それはやはり同性愛嫌悪を強化しているのである。なぜなら沈黙はまず第一に、同性愛という好みは恥ずべきことであり、口にすることがはばかられるという考えに与していることになる。第二に、あくまで異性愛者であることを装う者は、クローゼットから秘密が漏れないようにしなくてはと気を配るあまり、自分自身がゲイ・レズビアンに対してあからさまに敵対的な態度をとってしまうことがあり得る。第三に、同性愛嫌悪に基づく圧迫は、同性愛者であることを公然と認めている者を相手にするよりも、それを隠している者を相手にする方が、はるかに付け入りやすいと思われるからである。この場合、クローゼットが保護してくれるのはうわべだけのことである。黙っていればいるほどそれだけクローゼットの中味が劇的なものだということになり、脅迫や暴力に一層屈しやすくなるのだ。自分が標的とされた攻撃を証言するには、その理由も、つまり自分が隠そうとしている同性愛者であるという事実も、やはり同時にさらけ出さない限り難しいであろう。だからこそ、カミングアウトは現実のリスクを伴うかもしれないけれども、この悪循環を裁ち切るためには最も確実な手段と見なし得るのである。

その一方で、それほど楽観的に考えることはできないと、イヴ・コゾフスキー・セジウィックが注目すべきエッセー『クローゼットの認識論』の中で諌めている。確かに彼女もその中で、クローゼットに期待される保護の役割は確実ではないと言っている。なぜならクローゼットに完全に引きこもることは不可能だからだ。沈黙することでかえって、沈黙の中味を知っている者が並外れた特権を持つことになる。しかも沈黙している者の方は、知られていることを知らないということもあり得る。知っていることで特権をつかんだ者は、その威力をぶちこわすような議論を導かないように注意する。そして秘密を告白することがあたかもキリスト教の告解と同じであるかのように、同性愛に過ちや罪という装いを不可避的にまとわりつかせるため、告白することは不可能であるにも拘らず、その責務を同性愛者の側に委ねるのだ。しかしながらセジウィックは、クローゼットから完全に外に出ることはできないとも言っている。なぜなら同性愛者であることを明らかにするということは、その当人の居場所を割り当て、一つのアイデンティティに閉じ込めることだからだ。そうなるとすべてがそのアイデンティティを通して意味を持つようになる。ゲイやレズビアンたちはよく分かっているのだ。何か自分たちにまずいところがあれば、何か自分たちにできないことがあれば、それがいかにささいなことであろうと、いつも自分たちの性的な好みと結びつけて考えたがる人間がいるということを。そしてセジウィックは、さらに次のように指摘する。カミングアウトはいつでも早過ぎる（「そのことを今私たちに受け容れさせることが、本当に必要なの？」）と同時に遅過ぎる。遅過ぎる場合は滑稽でもあり得るし（「みんなずっと前から知ってたよ」）、疑われることもあり得る（「そのことを言うために、そんなに長い間ぐずぐずしてなきゃならなかったのか？」）。

別の言葉で言うなら、クローゼットから出たからと言って同性愛嫌悪と手を切ることとはほど遠いということだ。同性愛嫌悪の意思表明が別の次元に移されるだけということもあり得る。結局、さまざまなアイデンティティの分類化は無期限に延長され、異性愛者だけが実際的にも象徴的にも支配権を持つようなセクシュアリティ間の階層秩序が正当化されるだけのことかもしれない。囚われの身を解放することなく、単に場所を移すだけということかもしれない。そうであるなら、クローゼットから出ることに幻想を抱くよりも、クィアという逃げ道に向かう方が好ましいかもしれない。クィアとは何よりも、あまりに多元的で予見できないために輪郭を確定することができないようなアイデンティティを肯定することを通して、分類化や規範を脱構築することである。

クィアという提案は、かけがえがないほどすばらしい。中でもその第一の理由は、クィアはクローゼットから出るよう命じることを批判はするが、その代わりに慎みを持ち上げたりもしない、その正反対であることだ。だからと言ってクィアは、もしかすると集団的な動員の緊急性、必要性には適してはいないかもしれない。それは例えば、エイズが同性愛住民の間で猛威を振るっていることが明らかになったときに、この伝染病との闘いが必要としたような動員のことである。しかもこの伝染病をめぐっては、同性愛者の運命に大方の人間が無関心で、そのためこの伝染病と闘う一貫した政策がなくても平気だったあのような状況にあって、性行為が感染経路になるという場合にクィアという逃げ道を称揚することも、特定のアイデンティティの力を減衰するようなことも、どちらも無駄であることが明白となったのである。こうしたことから、このときにはクローゼットがエイズという伝染病の蔓延を後押しすることになり、また同時にある種の患者の苦しみを増やすことにもなったのである。その理由はまず、十分理解できるし、またこれまでにも何回も明らかにされてきたことだが、多くの場合恥ずかしいという理由でセクシュアリティを秘密にしておくことは、自分をたいせつにして予防対策をきちんととったり、よくよく注意して早めに検査を受けたり適切な処置を受けたりすることと、うまくそぐわないからである（自分が同性愛者であることを受け止めきれていない同性愛者たちの中には、同性愛嫌悪の目で見られることを心配するあまり、検査を怖がっている人がどれほどたくさんいることだろう）。また別の理由は、この病気によって自分たちの性的な好みが明らかになってしまうため、多くの患者がしばしば、自分の病気を身近な者に黙っていようとした――時には未だに黙っていようとする――からである。以上のような経験から考えると、クローゼットから出ることは、たとえ解放という面では効果が限られているとは言っても、個人についても集団についても応急手当のようなものにはなったようなのである。

　歴史的に見ると、「クローゼット」の概念がはっきりとした形をとって現れたのは、ある世代の同性愛者たちが、クローゼットから出るという方針が必要であると表明したときであった。だからこそこの概念は、一九六〇年代末にアメリカに出現した同性愛解放運動と切り離しては考えられないものとして出発したのである。慎みや二重生活、また唯一の模範と考えられている異性愛の規範と巧妙に戯れてみせるという義務、いかなる異性愛者のやり方であれ、それと同じように自らのセクシュアリティを公に認めることによって生じる現実的な危険、自分に対する羞恥心と同性愛嫌悪の内在化とが、互いに互いを自動的に生みだす原因となっているような循環、以上のようなクローゼットに特有の特徴はすべて、解放以前の時代、とっくの昔に消え去った先史時代を描写するために用いられたのである。フランスの例を一つだけ挙げるなら、ＦＨＡＲ（同性愛者革命的行動戦線）では、アンドレ・ボドリーのグループ「アルカディア」に集まった者たちが展開していた、秘密でありかつ礼儀正しい同性愛という着想に反対する戦闘的な文言が、ふんだんにつくり上げられた。このことほど完璧にクローゼットの矛盾《アポリア》を体現している例はないように思われる。

　同性愛者の、とくにアングロ＝サクソンの国における歴史の進展に伴って、活動家の神話の中に広くいき渡っているあまりにも狭量な二元論的思考に、含みを持たせようとする動きが出てくる。まず思い浮かぶのは、アメリカ人のジョージ・チョーンシーによる社会史研究である。少なくともアメリカ（↓北アメリカ）でクローゼットが頂点に達する時期を、一九四〇年代から五〇年代であると位置づけ、クローゼットを今一度歴史的に考察しようとする研究である。その著書『ゲイ・ニューヨーク――ジェンダー、都市文化、男性ゲイ世界の形成――一九八〇～一九四〇年』の中でチョーンシーが示したように、二〇世紀初頭の数十年間、独自の文化を備えた男性同性愛者の文化とコミュニティが存在した。そしてそれが公共空間や都市生活に一体化された様相は、一九七〇年代以降の解放の様相でも、またクローゼットに還元できるような様相でもなかった。それは、巧みに敵の攻撃をかわす技術や、「キャンプ」と呼ばれる美学［大げさでわざとらしい表現のこと］に基づく仄めかしや挑発的な皮肉が混ざりあった、一連の複雑な社会的折衝の賜物なのであった。

　解放の時代につくり上げられた同性愛文化、アラン・フィンケルクロートのような人物であれば、慎みが足りないと得意になって喝破するような文化は、一九二〇年代に誕生したクローゼットが、それ以降被った歴史的経験に対立するものとして仕立て上げられたのである。クローゼットは、ゲイ世界がしだいに目に付くようになってきたことに対して、これを阻害するために同性愛を抑圧する法律が一九二〇年代に布告されたのに伴って誕生したのである。その後一九三〇年代を通じてこの法律は厳格化され、さらに冷戦時代に強化された。クローゼットと呼ぶことができるのは、この歴史上の一定の期間における抑制のことなのだ。

　チョーンシーの研究にならって、現在認識されていることを、クローゼットの時代の対照として考え直すことができる。現在の認識の一部は、活動家の英雄的行為に由来する進歩神話によってつくり上げられてきたものなのである。おそらく「アルカディア」のようなグループで念入りに仕立て上げられた社交的な関係は、当時のある種の人びとにとっては自由の場であり、自分自身をつくり上げる場、すなわち同性愛文化が創造される場だと感じられていたことであろう。解放運動が描いてみせる陰気な光景とはほとんど関係がなかったであろう。このことも、クローゼットの時代に関するチョーンシーの最近の研究が明らかにしたことである。当時はカミングアウトという言い回しも、同性愛者の社交の場に通うことを言い表すためにつくられたものであり、その場所が秘密のものであるかどうかは関係がなかったのだという。いずれにせよこのような歴史的再考察の研究が描く同性愛者の歴史は、「進歩主義的」な歴史観（アングロ＝サクソンであればホイッグ史観と呼ぶ）に基づいて描かれる、クローゼットから解放へと導かれていく自由化への揺るぎない前進としての歴史とは正反対で、黙っていることと目に付くことの間を連続的に揺れ動く歴史となる。

どんな同性愛解放運動も、クローゼットからの脱出を集団的な合い言葉とする。そしてカミングアウトはそのとき、生き残る技術であると同時に、逆に異性愛を問題のあるもの、でなければともかく自明ではないセクシュアリティだと設定する方法ということになる。そして同性愛者に対して慎みに「戻れ」と求める声が執拗であればあるほど、かえってそのような戦略が体制を覆すために有効である証拠だということになる。ある意味で、クローゼットから出ることは、一九九〇年代になってマイノリティの政治学の構成要素の一つとなるもの、すなわち一人称で語ることが必要だとされる端緒であったのだ。一人称での言説を維持することによってのみ、一方で規範そのものを問いただすことが可能になるのであり、またもう一方でマイノリティ問題について意見を表明する、そしてそれを解決する権限があるとされる専門家、すなわち医師（→医学）や→精神医学者や精神分析家などの特権を揺るがすことが可能になるのである。

クローゼットから出ることの効果を阻むために、改めて慎みが命じられることは造作もないことだった。自らのセクシュアリティを思うままに生きよ、と言われる。ただしそれについて誰にも知られないこと、それについて何も言わないことが条件である。まず手始めに同性愛があからさまに目に付くようになることが非難を浴びる。その理由は、そのようなセクシュアリティには誇りなど何もないではないかというわけである。しかしそのとき、プライドとは他の何よりも、恥ずかしい気持を何とか払拭できたという誇りであり、いかなる譲歩にも甘んじないという尊厳の感覚のことなのだ、ということは認められはしない。次に「→私生活」の旗が振られる。セクシュアリティは寝室の秘密ということにされる。しかし異性愛については知らないふりをされる。すなわちそのあたりで売られている小説からテレビドラマまで、雑誌の→広告

◆クィア　『セクシュアリティ基本用語事典』に収録されている定義を以下に引用する。

低地ドイツ語の quer「ゆがんだ、曲がった」を語源に持つと思われるこの言葉は辞書では様々に定義されている。動詞として「台無しにする、邪魔をする、傷つける」、形容詞として「普通ではない、期待通りではない」、「エクセントリックな、習慣にとらわれない」、「疑わしい」、「気分の悪い、具合が悪い」といった意味を持つ。こういった動詞・形容詞の意味は名詞としての用法にも受け継がれており、「同性愛者に対する侮辱的な言葉」という定義がなされている。一九世紀後半から現代的な同性愛アイデンティティが現れてくると、倒錯、異常で不道徳な「他者」を表す言葉として病理学用語の一つとして用いられるようになる。一九六〇年代以降レズビアンやゲイ・コミュニティが形成され始めると、非異性愛を「総括する」言葉として、また異性愛主義的な言葉をひっくり返しアイデンティティについて積極的に語ろうとする（Queer and proud「クィアであり（それに対し）誇りを持つ」）目的からこの言葉が次第に取り上げられるようになっていった。そして異性愛へと倫理的・医学的・法的な強制がなされるのに対する非異性愛者をとりまとめる言葉となった。クィアであるということは異なっているということを喜ぶことであり、一九八〇年代にはレーガン政権の保守政策に対抗して米国でクィア・ネイション（Queer Nation）という団体が、イギリスではサッチャー政権の保守傾向に対してアウトレイジ（OutRage）が現れクィアの政治学を展開した。クィアはまた、レズビアンとゲイの権利という性の政治学の枠を越え、固定的な性のアイデンティティ全体に対して異議を唱え、こういった問題意識を持つ者（レズビアン、ゲイ、両性愛者、トランスジェンダー、異性愛者など）を結びつける働きをも持っている。これはクィア理論から導かれるものでもあるが、クィアの政治学はメディアでも大きく取り上げられ、美的にも創造的な文化形態を持つ政治的アクティビズムとして文化的な抗議行動を通じて「異議を唱えている」〈『セクシュアリティ基本用語事典』〉。

（金城）

ページから家族の集まりまで、異性愛が絶え間なく公然と人目にさらされていることは無視される。別の言葉で言うなら、そうした言説の出発点には次のような原則がある。異性愛者が公然と人目にさらすことをまねて同性愛を人目にさらすこと（町でディナーを一緒に食べることから、公園のベンチでキスをすることを経て、企業内運営委員会主催の従業員の家族向けイベントに一緒に参加することまで）は露出症にちがいないという原則であり、同性愛を正常だとして人目にさらすことは淫蕩であり、私的なものと公的なものの混同であり、ショーウィンドーであり挑発だという原則である。

いずれの場合も、暗黙のうちに前提とされているのは、同性愛者に要求される慎みを次のように決めつけていることだ。すなわち、異性のパートナーがいない異性愛者と全く変わらぬ規範に合致していることが必要だという決めつけである。ここまでの慎みというのは、単なる不可視性以外の何物でもなく、異性愛者に求められたことなど決してない慎みである。別の言葉で言えば、常軌を逸した同性愛などがまんがならない、では「普通の」同性愛ならどうかと言えば、それでもまだ失礼過ぎる、とされるのだ。

最後に、慎みの要請は最近になって、逆説的なことには反体制であれという要請と組み合わされるようになったということを指摘しておきたい。例えばゲイ・レズビアンが自分はそうであると示したとたんに、あるいは異性愛者なら全く正常とされる振舞いをしたとたんに、それを露出症や挑発傾向だと非難していた者が、今日では、ゲイ・レズビアンは平等の名のもとに身を屈して正常化（例えば結婚（↓同性婚）や↓同性愛者の子育て）を要求していると嘆くようになっている。つまり慎みへの呼びかけと、同性愛者が反体制的であった時代を回顧すること（あたかも例えば結婚の権利の要求は、正常という装いをまとっているために、反体制的ではないかのようである。ところがそれが逆説的なことに反体制的であるのは、その権利要求が引き起こしたパニックを見れば一目瞭然である）の二つは、同じ一つの現象の裏表でしかないということである。古ぼけたクローゼットと、金メッキされたクローゼットの間には、ほんの一歩の違いしかない。

フィリップ・マンジョ（山本訳）

↓アウティング、異性愛主義、勧誘、寛容、差別、私生活、ストーンウォール事件、恥、暴力、レトリック、露出症

軍隊

西洋近代および現代において、軍隊は同性愛嫌悪《ホモフォビア》の場として極めて重要である。まず第一に、空間的に近接する同性愛への嫌悪が問題となる。というのも、つい最近まで軍隊はほとんど男性だけしかいない場であったのであり、同性間のエロティシズムがたやすく開花する場であったからだ。それは、テーベ［古代ギリシアの都市国家、テーバイとも］の神聖隊、ルイ一四世の軍隊、フリードリヒ二世以来のプロイセン軍、イギリスの植民地部隊などが証明している。従って軍隊の同性愛嫌悪はすべて、軍隊自体からこれまで一度も完全に払拭されたことがない同性愛に対して、現実にせよ幻想にせよ恐れを覚えることに結びついているのである。徴兵の責任者は、軍隊が多くの同性愛者を惹きつけることをはっきりと意識しているので、軍隊が「巣窟」になることを何よりも恐れる。その論理の中では、「潜入工作」というテーマと「↓伝染」というテーマが結びついてしまっている。独裁的で全体主義的な社会では、さらに軍隊が特別な威信を背負っているという問題も加わる。軍隊は学校の役割や模範の役目を果たさなければならないのだ。例えば↓ヒムラーに見られる極めて暴力的な同性愛嫌悪も、軍隊の習俗を見て彼が抱いた不安に結びついていたことに注目すべきである。彼は、総動員によって軍隊のこの習俗がドイツ社会全体に影響

を及ぼすのではないかと恐れ、また第三帝国の好戦的な社会がややもすれば男女を分離し、女性を非女性化し、要するに「自然」を忘れさせる恐れがあることに（逆説的にも）気づいてしまったのである。かくして一九三九年から一九四四年の間に、ドイツの国防軍兵士のうち七〇〇〇人までもが同性愛で有罪とされたのである。

西洋の軍隊社会では総じて、同性愛の危険が↓反逆のテーマと結びつけられてきた。それは例えばオーストリアにおける一九一三年のレドル事件や、一九八三〜八四年のNATOキースリング事件（↓スキャンダル）などが物語っている。こうした事件から人びとは、例えばレドル事件がそうだったように、衝動に駆られたひ弱な男たちの↓倒錯した心理という要素を見てとったり、またキースリング事件の場合がそうであったように、彼らの生活様式自体が課すあらゆる種類の締めつけと脅しに屈した結果だという見方をしたりするわけだが、結局つねにそれによって言いたいことは、同性愛者は軍職には不適格であるということなのである（↓ジッドが正反対の命題を主張するために『コリドン』を刊行したことはよく知られている）。

軍隊の同性愛嫌悪は、社会学的な原因に基づく同性愛嫌悪でもある。大部分の国で士官は国民の中でも主に最も伝統主義的な上に反動的な階層から選ばれる。とくにカトリック右派（フランス、スペイン、ポルトガル、ラテンアメリカの場合）やプロテスタントの保守主義者（イギリス、アメリカの場合）である。この状況が、社会的慣習や性による役割分担、キリスト教の↓象徴的秩序を改めて疑問視する動きに対して、容認の方向に働くことはほとんどない。そしてたいへん意義深いことには、二〇世紀西洋の同性愛嫌悪の重要人物の中には、↓ペタン元帥、フランコ将軍（若い士官の間に同性愛が広がる危険があるという考えに取り憑かれていた）、ピノチェト将軍、アイゼンハワー将軍、モンゴメリー元帥など、軍人が多いのである（その上この最後の人物などは、最近の伝記作家たちによって繰り返し、同性愛者であったことを暴露されている（↓アウティング））。

最後に、徴兵制度のある国では、軍隊の同性愛嫌悪は教育される同性愛嫌悪である。男らしく異性愛以外はぜったいに受けつけないようなアイデンティティを応召兵にしっかりと植えつけることがその教育の目的である。フランスではある種のビジャール［マルセル・〜。第二次世界大戦、アルジェリア戦争時のフランスの軍人。『情報将校マニュアル』の著者］流の言説が極めて重要視されていて「男の子」は、異性愛のおかげで（すなわち「本物」であって「ホモでない」）男になれるとされている。ヘーニング・ベックが力説しているように、「教官と新兵の間には、まるで死刑執行人と受刑者の関係のように」、同性愛嫌悪の武器の中でも最大限ひどい侮辱の言葉が「不可欠な要素」なのである。同性愛嫌悪の反応を叩きこむ作業は、どんな形のものであれ男の繊細さをさげすむ大衆一般の軽蔑に依拠している面もある。それが一九世紀の終わり以降の軍隊では、下士官を通して行われてきた。この規範を拒否すること自体がたちまち疑わしい徴《しるし》であると見られてしまい、いろいろ不利益を被るおそれがあるのだから、下士官がその役割に逆らうことは一層困難なのである。「ホモ」という罵りがフランス中に広まって、これほど日常的な言葉になった原因の大部分は、両大戦間期の兵舎の大部屋にある。言葉による↓暴力と身体的な暴力とでは、ほんの一歩の違いしかない。ある種の条件下では、新兵たちがハッテン場を襲って集団暴行作戦を遂行することもあった。このような同性愛嫌悪が女性的な同性愛者というステレオタイプに基づいていることは明らかだが、このステレオタイプが絶えないのは同性愛嫌悪があるからなのである。つまり同性愛者は軍人のネガなのであり、またその逆も真なのだ。この意味で、一九七〇年代以降にゲイの外観が男らしさを強調するようになったことが、制服を着た同性愛嫌悪の軍人たちにとってどれほど不安なことだったかよく分かる。何しろ軍人にとっては文字通り逆をつかれたのであり、自分たち自身の目印を奪われてしまったのである。過度の男らしさは、長いこと軍人に特有のものと思われてきたのであり、それこそが軍人を同性愛から守ってきたものであったのに、それが今日では、だんだんとあからさまに同性愛者の徴《しるし》に加えられるようになってきたのである。

同性愛嫌悪は軍隊の中に古くから存在する現実である。同性愛嫌悪はまず何よりも軍規に書き込まれる。そして時にそれは、もっと一般的な禁止のモデルとされる（中でもロシアの場合がそうである。ロシアではまず最初に、軍隊における同性愛が禁じられた。一八世紀初頭のことである。それが一八三二年に、一般の男性全体にまで禁止が拡大されるのである）。それはさておき、旧体制《アンシアン・レジム》下のフランスの軍隊では、罰は「比較的」軽かった。海軍に関する一六八九年の命令《オルドナンス》では、「猥褻《わいせつ》行為は乗組員長が錨を巻き上げるロープを用いて六回鞭打つ罰に処する、累犯者には罰を倍にする」と規定されている。これはこの時代の他の規則にくらべると、さほど厳しいものではない。パラティナ侯女◆の言を信じるならば、ルーヴォワ［一六三九〜九一、ルイ一四世に重用された政治家、陸軍卿。軍隊の強化に尽くした］は、男色家はよい兵士になると主張していたらしい。

軍隊の同性愛嫌悪の例として、最も有名なのはアングロ＝サクソンの国の軍規である。合衆国では、一九一八年から一九四三年の間に禁止が規定されていった（アメリカ海軍では早くも一九一九年に、同性愛者を排除するために隊員に対して罠を仕掛けている）。その後魔女狩りが本格的に始まるのだが、とくに一九四〇年代の終わりから一九五〇年代の初めにかけて、ペンタゴン［アメリカ国防省］は精神科医に「同性愛者を割り出すよう」命じた。その方法は、「第一に、女性的な様子や振舞いがないかどうかを見極める。第二に、同性愛者の使う隠語を目の前で使ってみて反応をうかがう」というものであった。これによって追放された者の数は一九六〇年代初頭の年三〇〇〇人という数字を頂点に、その後はだんだんと少なくなっていった（一九八〇年代は年一五〇〇人。そのうち五一％が海軍。一九九〇年代は年一〇〇〇人）。一九八二年に出されたペンタゴンの公式報告書が注意を呼びかけているところによれば、「同性愛は激しい兵役と両立しない」。そして同性愛は「規律」、「秩序」、「道徳」、「相互信頼」、「階級制度」、「作戦の効果」、「徴兵制度」、「軍隊に対して一般人が抱くイメージ」、「安全保障」を損なうと断定している。ここには、同性愛禁止を支持する者たちが抱いている恐れが、主に以下の三つであることが見て取れる。(1) 兵舎の大部屋やシャワー室が、雑居状態の中で接触の場にならないだろうか。(2) 階級の異なる者どうしの関係が発覚し、スキャンダルが持ち上がり、混乱や不服従といった事態が生じないだろうか。(3) 何らかの恐喝によって保安体制が破綻するようなことが起きないだろうか。

女性の入隊が可能になると、同性愛禁止は女性にも課された。女性にとってそれはさまざまな、いちじるしい影響を伴うものであった。とくに、レズビアニズムの噂が立たないよう、自分を守るために意に沿わない異性愛関係を受け容れなければならないこともあった（女性はアメリカ軍の兵員の一一％であるのに対して、同性愛を理由に罷免される兵士の二二％を占める）。

クリントンは大統領候補だったとき、同性愛禁止を全面的に撤廃することを公約した（一九九二）が、大統領に就任したとたんにそれを引っ込めた。若い頃、兵役に就いてヴェトナムへ行くことを拒否した過去があるため、軍関係のロビイストに対してどうしても弱い立場に立たされていたのであった。そこでクリントンは自分の名前の付いた方針を選択するだけだった（すなわち「問わず、語らず、追及せず」という方針である。同性愛者の軍人は性的アイデンティティをうやむやのままにしておかなければならないということである）。このクリントン主義は一九九三年に制定されたのだが、実際にやってみると、ほとんど満足のいく効果がないことが分かった。司令部はもはやゲイ・レズビアンを軍隊から追放しないことになったので、軍隊内にゲイ・レズビアンが存在することを認める必要もなくなった。要するに司令部は、同性愛者に異性愛者と同等の尊厳を認めようとはしなくなったし、周囲をとりまく深い同性愛嫌悪を撲滅するために、きちんと対処することも自らに禁じてしまったのである（一九九九年の一年だけで、アメリカ軍の中で調査された反ゲイ事件は九六八件にのぼる。そのうち一件は殺人事件である）。しかもそのうえ、追放が事実上合法的に継続している。何らかの方法によってある兵士が自分の同性愛を告白したならば、追放が可能なのだ。全国ゲイ&レズビアン・タスクフォースによれば、ペンタゴンは一九九九年に、一日に三人の割合でこの理由に基づく免職を実施したらしい。◆

イギリス軍でも同様の同性愛禁止が二〇〇〇年に廃止されたばかりである。イギリスでは一九六七年に同性愛は犯罪と見なされなくなったのに、女王陛下の兵隊は実際には三〇年以上、その措置のらち外に置かれてきた。イギリス軍当局もペンタゴンと同じ理由で、やはり軍隊内に同性愛者がはっきり目につく形で存在するとなると、異性愛者にとって「耐えがたい」状況を招くと考えているのだ。一九六七年から一九九九年までの間のイギリス軍では、少しでも疑わしいところがあるとき、例えば非常によくあるケースではゆすり屋の男や、ふられた若い女からの密告を受けると、憲兵が私生活の調査に乗りだし、尋問や家宅捜索などを行うが、それはしばしば耐えがたいほどのものである。調査を担当する士官は必ずしも同性愛嫌悪を抱いているわけではないかもしれないが（のちに分かったことだが、捜査官の中には自分自身がクローゼットに閉じこもったゲイで、感情と義務の板挟みになった者もあった）、あくまで規則を尊重すべしというイギリス流の考え方のせいで、憲兵個人の裁量に任される余地はほとんどなかった。罷免された兵士の数は数百人にのぼった（年平均六〇人）。またしだいに女性が軍に入隊するようになるにつれて、男だけでなく女も罷免の対象となった。抗議の声がしだいに高まっていき、罷免された者たちは集まってランク・アウトサイダーズという団体をつくった。そのうちの四人（ジャネット・スミス、ダンカン・ルースティグ＝プリーン、グレイム・グレーディー、ジョン・ベケット）がヨーロッパ人権裁判所に提訴し、同裁判所はイギリス政府に対してヨーロッパ人権条約第八条および一四条違反であると非難した。また並行してそのすぐ後に、イギリス政府に同性愛禁止措置を撤廃するよう命じた（一九九九年九月～二〇〇〇年一月）。一部の保守的な高官がメディアに談話を寄せて一九六七年のときと同じ議論を蒸し返したが、兵士の大半が実際は同性愛禁止をもはや支持していないことを示す証言が『ゲイ・タイムズ』誌（一九九九年一一月）に公表された。ダンカン・ルースティグ＝プリーンが、職歴も申し分なく、大いに出世する見込みだったのにも拘らず罷免されたときには、上官、同僚、部下らが同情して彼に有利な証言をいっせいに寄せた。多くはずっと前から彼のセクシュアリティは分かっていたが、そんなことは少しも気にしなかったと打ち明けた。ただし勘違いしてはならないことだが、同性愛禁止措置が廃止されたからといって、イギリス軍内で職務中に同性愛関係を交わすことが認められたわけではない（それは異性愛の関係でも禁じられている）。そうではなくて、単に陸軍、海軍、空軍の軍人であっても、同性愛者であることを隠さなくてもよくなったということを意味するだけである。ここのところアングロ＝サクソンの国では進歩が見られたわけだが、同性愛がもはや犯罪とされていなくても、同性愛者が軍職に就くことを禁じている国は相変わらずたくさんあるということを忘れてはならない（二〇〇〇年現在で例えば、ギリシア、ポルトガル、ロシアなど）。

　しかしながら軍隊の同性愛嫌悪は必ずしも法律を通して現れるわけではない。フランスはすでに二世紀以上も前から同性愛が理屈の上では重罪とも軽罪とも見なされなくなっているにも拘らず、フランス軍では同性愛嫌悪が実際の行動になって現れた例が数多く存在する。それはつまり、フランス軍では同性愛が未だに危険だと思われているということであり、そのことが一九世紀から二〇世紀にかけて軍人が巻きこまれた裁判沙汰のときに、報道機関がよってたかって同性愛者叩きをすることにもよく顕れている（最近のシャナル事件◆はその最悪の一例である）。一九世紀には、こうしたスキャンダルの大半は近衛兵や水兵による男娼行為に関わるものだった。当局はそのような行為を通して「自然の摂理に反した者たち」が精鋭部隊に堕落を持ち込み、健康や道徳を害するのではないかと心配した。そこで、警察による監視と報道機関による同性愛者叩きという間接的手段を用いて、禁止措置を事実上復活させようとしたのである。かくして一八〇五年にシャルトル出身の二人の男色家

◆……**免職を実施したらしい**　「問わず、語らず」方針は、二〇一一年九月に完全に撤回された。それからほぼ一年後の八月一〇日、同性愛者であることを公にしているタミー・スミスが海軍准将に昇格したことで、アメリカ軍初のＬＧＢＴ将官となった（翌一一日付『ロサンゼルスタイムズ』）。（金城）

◆**パラティナ侯女**　ルイ一四世の弟オルレアン公の妃シャルロット＝エリザベト・ド・バヴィエールのこと。出身地のドイツ西部ライン川左岸のプファルツをルイ一四世が侵攻したことで、ルーヴォワに深い憎悪を抱いていた。（山本）

◆**シャナル事件**　以下、オンライン版『ＯＶＮＩ』（五三三号、二〇〇三年一一月一日）の記事より。「ピエール・シャナル自殺　シャンパーニュ地方、マルヌ県にあるムルムロン基地周辺で一九八一年から八七年にかけて八人の青年（六人は徴兵）が行方不明になった。そのうちの三人を殺害したとみられるピエール・シャナル元曹長（五七）の裁判が、一〇月一四日からランス市にあるマルヌ重罪院で始まった。シャナル容疑者は、この裁判は不公平であるとして、五月には自殺未遂を図り、七月半ばからハンガーストライキを続けていたが、裁判初日にも出廷を拒否。一五日零時過ぎ、同容疑者は、収容されていたランス市の病院で大腿部の静脈をカッターで切断して再度自殺を図り死亡。裁判は中止され、真実は分からないままに」。（山本）

を殴りつけた兵士は、熱狂的に称賛されるのである。一八二四年一〇月二八日にサン＝ドゥニの路上でキュスティーヌ侯爵が近衛隊の砲兵にめった打ちにされたときも、人びとは拍手喝采した。一八八〇年六月一八日には、ヴォワイエ大尉が砲兵と愛撫を交わしているところを現行犯で逮捕され、公然猥《わい》褻《せつ》で有罪判決を下されるところまで追いこまれる。両大戦間期には、トゥーロンの人びとが街路や公園をしらみつぶしに当たって、水兵が一杯気分で男娼行為を行っていないかどうか捜しまわった（有罪となった者たちは懲罰を受け、海軍を解任されることもあった）。軍当局がこうした逮捕を通じて、同性愛は不名誉なことだと主張していることは明らかである。

　参謀本部は医者からも加勢を受けた。医者は同性愛が植民地部隊にとって脅威であると告発したのである（一九〇七年、チュニジアの病院で優れた軍医補佐だったルネ・ジュード博士は、「アフリカ軽歩兵大隊」［若い囚人が懲罰として入隊させられたアフリカ駐屯フランス部隊］の兵士の三分の二は男色家であるとしていた）。また文民政府は軍人の同性愛を、国民の権力を覆す恐れのあるものすべて（阿片中毒、反軍国主義、無政府主義、共産主義）とごた混ぜにしていたのである。また「犯人」が士官だった場合、部隊の気風から求められたのは、当人の辞任や（一九二〇年代終わりのロリアン海軍少佐の場合がこれだった）、自殺（一九〇三年、汽車のコンパートメントでスリランカ人の兵士とともにマスターベーションをしているところを見つかったマクドナルド将軍に対して、イギリス人が自殺を強要したことを手本としている）、あるいは極めて危険な地位に就くことを承諾することであった（一八二四年にキュスティーヌは、自らの手に武器をとって自殺するか、あるいはラ・トラップ改革修道会に入るかどちらかにするよう奨められた。一九一五年には、ウェーガン［マキシム・〜。当時統合参謀長］が、イギリス軍との連絡将校でインド人に目がなかったロベール・デュミエールを死地に追いやっている）。つまりフランスでは、法制度にとっての危険が社会にとっての危険に変わっただけである。リヨテ［ルイ・ユベール・ゴンザルヴ・〜。一九一二年に、フランスの保護領となったモロッコに総督として赴任。一九一六〜一七年、陸軍大臣］の同性愛は周知の事実だったし、高い地位にある友人にも事欠かなかったにも拘らず、噂を裁ち切るために彼は五五歳で結婚することを強いられた。社会にとって危険だというこのような見方は今では鳴りを潜めはしたが、全く消えたわけではない。その理由は、軍隊という世界が政治的にもイデオロギーの面でも特殊なことにある。つい最近のクリストフ・キャリオン事件がそのことをよく物語っている。キャリオンはアジス・アベバのフランス大使館付き憲兵であったが、一九九八年にエチオピア人の若い男と恋に落ち、自宅にその若者を住まわせ、自身は離婚して……ということがあった。そして予定されていた任期の八ヶ月前にフランス本国に呼び戻されたのである。最後に異性愛社会からの圧力がいかに強力かということを強調しておこう。それをよく表していることとして、海軍では寄港するたびに売春宿に繰り込んだり、士官の場合であれば駐屯地での社交生活というものがあって、そこでは独身であれば結婚することを強いられ、男どうしのカップルなど考えられないのである。こうした状況なので、フランスのゲイの軍人が自らの同性愛を秘密にしておくことを強いられたり、あるいは二役を演じることを強いられたりしていることもよく理解できる。事態はもしかすると変わりつつあるのかもしれない。国防省陸軍広報局の局長ラエヴェル将軍は、二〇〇〇年五月にゲイの月刊誌『テテュ』のインタヴューに、ずいぶんとうち解けて好意的に答えていたが、少なくともそのとき将軍が与えようとしていた印象は、事態が変わりつつあるというものであった。

　外人部隊にはタブーがとくに強く残っている。一八三一年にこの部隊が創設されて以来、部隊内で同性愛の肉体関係が存在する、しかも兵士の間で本当の愛人関係を結んでいるという噂が流れていた（二〇世紀初頭のアルジェリアのオランの南にあった駐屯地ではこうした関係が多かったようである。最も若い兵士が「稚児」のようにされて、他の兵士の襲来を受けていたのだ）。ここでは、あらゆることが同性愛に好都合である。まず、「無信仰者の修道院」と言えるようなこの部隊への入隊は、世間との断絶を意味していること。それから、入隊時の契約で独身であることを義務づけられていること。終わりなく続く身体的な訓練と男らしい肉体への信仰。厳しい規律。言葉の通じない者どうしであるから、言語によらないコミュニケーションをとることの必要性といったことである。行進のときに歌う唄の中には、同性愛を告白するような内容のものもある。すなわち「おれが女を愛する術を知らないことなど、どうでもいいさ。そうさ、愛する術を知らないのさ」。一九〇〇年から十数年の間、懲罰として軍隊に送られた者たちの中で、その後外人部隊に入隊した数がかなり多かったことはよく知られている（「音楽家」と呼ばれていた）。両大戦間期には、ある種の若く、男っぽい同性愛者で、世間と縁を切りたい者が外人部隊に引き寄せられていた（ジャン・ジュネも一九歳で入隊しているが、すぐさま部隊を離れた）。そうは言っても、もちろん長官たちは部下のそのような性的関係に反対していた（それを、心がひねくれ、嫉妬深くなり、自殺する要因となると見ていた）。だから彼らは同性愛が公に受け容れられるようなことを防ごうとした。この方面での「↓勧誘」行為をとがめられた隊員はみな追放された（例えばのちにFN〔国民戦線〕所属のトゥーロン市長のもとで官房長になり、一九九五年に暗殺されたジャン＝クロード・プーレ＝ダシャリーがそうだった）。映画監督クレール・ドニが外人部隊の兵士の性的関係を描いた映画を撮ろうとしたとき（『美しき仕事』〔日本では劇場未公開〕）、軍当局と外人部隊の隊員の双方から憎悪をぶつけられた。どちらもが、「ホモ映画」に巻きこまれることを拒んだのである。責任者たちは明らかに、まるで「同性愛は外人部隊の隊員の人生にとって最大の危険で」あるように反応していると、彼女には思われた。このような現象は新しいことではない。一九世紀にはすでに、外人部隊では顎ひげを生やすよう決められていた。部隊内に「↓自然に反する習俗」がはびこるのを防ぐためである（当時はそのような習俗は、女性の肉体と男性の肉体を混同することから生まれると考えられていたのである）。インドシナ半島では安南女《コンガイ》（ベトナム人の恋人）をつくることに寛容だったり、アルジェリアでは両大戦間期に、BMC（軍管理の売春宿）が同じような論理に基づいてつくられた。軍当局は承知のうえで、隊員たちの異性愛への渇きを煽りたてるような神話の城壁をつくり上げたこともよく知られている。それにはエディット・ピアフも、一九三六〜三七年にかけて歌った有名な↓シャンソン〔『私の兵隊さん』〕で大きく貢献したのである。それでもこの異性愛神話はずっと、たちまちのうちに引っ繰り返されてしまうような危ういものだった。現にエディット・ピアフのこの歌を、男のセルジュ・ゲンスブールが一九八七年に一言も歌詞を変えずにユーモアたっぷりに唄ってみせて、みごとに神話を引っ繰り返したのである。

軍隊という同性しか存在しないこの世界の同性愛嫌悪は、他のどんな同性愛嫌悪よりも倒錯し、暴力的な形態を取り得る。それは慣例として「同性愛レイプ」と呼ばれている（この場合ほとんどつねに、レイプする者は自分の性的指向を抑えてレイプを実行する。集団で犯行に及ぶときはとくにそうなる）。フランスの国民軍にはこの種の事件がいくつも起きていたが、多くはもみ消され、時に公に暴露されるのは自殺に至ったような場合であった。だがこの現象が最も大きな広がりを見せたのは、一九六七〜九一年のソヴィエト連邦であった。ソヴィエト連邦の若い召集兵が兵舎にやってくると、そこには「老人《スタリキ》」または「おじいさん《ディエド》」と呼ばれる古年兵が待ちかまえていた。若者は古年兵に服従する義務があり、その奴隷となった。新兵が古年兵の洗濯物を洗い、靴を磨き、侮辱されても一言も言葉を返せず、ベルトで打たれ、そして多くの場合、愛撫を受け、レイプされたのだった。このように極めて暴力的な新兵いじめ（「おじいさん主義《ディエドフシナ》」と呼ばれた）のために、一九八〇年代のソヴィエト軍は大いに荒廃した。さらに、この新兵いじめが原因となってソヴィエト連邦初の独立の女性団体である「召集兵の母たち」運動が生まれたのだった。新兵いじめは、スターリン主義と収容所（↓グラーグ）に深い関係を持つ社会的暴力が蔓延していたことの証明である。

ピエール・アルベルティーニ（山本訳）

↓異性愛主義、キュスティーヌ、警察、象徴的秩序、伝染、反逆、ヒムラー、ファシズム、ペタン、暴力

ゲイ嫌悪

同性愛嫌悪《ホモフォビア》という言葉は本来男女どちらの同性愛にも関わりがあるはずなのに、レズビアン嫌悪（レズボフォビア）に目を向けず、もっぱらゲイ嫌悪のみを指すと考えることも可能なのは、レズビアンを目に見えない存在に陥れることこそが、まさにレズビアン嫌悪に特有のやり口だからである。しかしながらその一方で、確かに男性の同性愛者にしか関わりのない、いくつかの特殊な同性愛嫌悪の形態を識別することもまた可能である。

■同性愛と小児性愛の同一視

本質的にゲイだけに関わるもので、レズビアンにはほとんど関わりのない同性愛嫌悪の特殊形態の第一は、小児性愛《ペドフィリア》との同一視である。これはおそらく、子どもに対して性的に惹かれることを表すペドフィリという言葉と、長い間同性愛の同義語のようなものとして使われてきたペデラスティという言葉とが、フランス語において音が似ていることによっても助長されているのであろう。しかし、現代におけるこの同一視は、古代史上における特殊な経験にまでさかのぼってそれを根拠にしているというわけでは全くなくて、次のような二つのレヴェルで機能している。第一のレヴェルは、性道徳に関わることである。これは、性的な実践を道徳的／非道徳的、正当／不法という軸に沿って分類しようとする。決して自由な同意に基づくもの／強制されたものという軸ではない。第二のレヴェルは、政治の領域である。例えばパックスが当然のことながらゲイという生き方を一般に開放する効果を持ったまさにその時期に、保守派の思潮はこの同一視に基づいて、（強制された関係であり、また小児のセクシュアリティなど道徳的には思いも及ばないからという理由で）小児性愛に押された烙印を、同性愛にまで拡張したのである。例えば、『現在』紙の第一面に掲載された絵が思い出される。その絵には、男性どうしのカップルが、一人の幼い少年に対して「寝床を開けて」歓迎するから家においでと言っている。この絵をめぐって、「ゲイ・レズビアン・センター」と「プロショワ＝FLH」という団体［プロショワとは妊娠中絶を選択する権利擁護の意味、FLHは同性愛解放戦線の略］が、この極右新聞を相手に訴えを起こした。あるいはまた、RPR［共和国連合］所属の国民議会議員ピエール・ベディエが、パックスが可決されたすぐ後に次のように言明したことも思い出される。「さあこうなると、小児性愛はどう犯罪として定義されるのかね」。同じように、有名な歴史家のエマニュエル・ル・ロワ・ラデュリは、一九九八年一〇月一九日付の『フィガロ』紙で臆面もなく次のように言ってのけた。

> 男性同性愛者のカップルに養子として子どもを託すという事態（パックスが採用されたのであれば、その論理的進展として早晩起こるであろう）は、すでに飛躍的に発展している小児性愛の危険を、必ずや増大させるであろう。

ここでは、「男性同性愛者」とわざわざ標的をはっきりと絞ることによって、ゲイ嫌悪の言葉が正当化されているのである。なぜなら男性の同性愛は、つねに小児性愛への入口と目されているからである。

また、男性同性愛と子どもとの関係が危険だと見なされることが、しばしば別の政治的局面で障害になることがある。それは、同性愛嫌悪に反対するために、あるいは性教育を推進するために、教育界に働きかけるような局面である。つまり、小児性愛という疑いは、反ゲイのレトリックの一形態なのである。それは同性愛男性に向けられることの方がずっと多く、レズビアンに向けられることはほとんどない。レズビアンは「自律的なセクシュアリティ」を持つとは思われていないのだ（それでも辞典『ラルース』の一九九九年版は、「小児性愛の」という項目の中で、「小児性愛のレズビアン」を用例として挙げている記述で有名である）。インターネットサイトの「media-g.net」は、この同一視が作動し始める時期について、とくに「小児性愛組織」の訴訟の際、あるいは二〇〇二年にアメリカで起きたカトリック教会を直撃した↓スキャンダルのようなことがあったときだと調査・分析している。

■怪しげな「男性性」

ゲイ嫌悪の第二の形態は、中でも異性愛、レズビアン問わずフェミニストの潮流の一部が展開しているレトリックに関連する。ゲイ嫌悪のこの主張はまず何よりも、親として問題がある、とくに↓同性愛者の子育てに問題があるということを焦点として集結する。実際、満場一致とまではいかないかもしれないけれども、レズビアンが親であることはゲイが親であることにくらべて、不信の対象となることは少ない。このことは、エマニュエル・ル・ロワ・ラデュリの発言に、すでに暗黙のうちに現れていたことである（おそらくこの歴史家は、一人のレズビアンまたはレズビアンどうしのカップルが子どもを育てることを想像したなら、あれほどショックを受けなかったであろう。女性は何と言っても、子どものしつけをその使命とすることを、「自然によって」定められているからである）。同じように、未だに社会学者のイレーヌ・テリーは、子どもがレズビアンにしつけられることは理解できてもゲイにしつけられることは理解できないとしている。この性差を強調する偏見は、もっと進歩主義的なフェミニストにも共有されている。そこには、母性を女性性の本質であるとする性差別主義的イデオロギーの残滓を見てとることができる。

　また別のフェミニストには、もっと的を絞ってゲイを非難する者もいる。ゲイは男として、抑圧する側の陣営に安住しているから、強制的異性愛はゲイ自身も標的にされているのにその現実を顧みないという非難である。「レズビアン&ゲイ・プライド二〇〇一」の際には、自らを「奴隷制、植民地化、帝国主義、強制的移住に関連した歴史を背負うレズビアン」のネットワークと称する「一一月六日の会」という団体が、パリでのデモの道すがら次のように書かれたシールを貼って歩いた。「奴隷にはその主人がいる。囚人にはその看守がいる。女にはその強姦者がいる。レズビアンにはゲイがいる」。つまりここでは、ゲイが強姦者、看守、奴隷制擁護主義者と同等のものであると類推されているのである。

　同性愛嫌悪のこの第二の特殊形態は、トランスセクシュアルにまで及び得る（↓トランス嫌悪）のだが、それはある意味で、この形態が、ゲイが男性のジェンダーに属していることを非難しているということである。このゲイ嫌悪と、異性愛男性がゲイに対して「本当の男」ではないと非難することとは、対として対照をなしている。こうした論理がどのように形成されるかという点については、ジュネが『花のノートル・ダム』で示したことがよく知られている。「男と寝る男は二重の意味で男である」。なぜなら「ホモ」はつねに「掘られ屋」であって「掘り屋」ではないからだ。こうした種類の性的な↓侮辱は、明らかに女性嫌悪《ミソジニー》と関連がある。しかしそれが標的としているのは、性的な実践そのものというよりは——そうした道徳的な面がないとは言えないが——、むしろ各人に割り当てられている社会的地位が無効になることなのである。それは、男性的／女性的という軸と並行した、あるいはその上に重ねられた、攻め側／受け側という軸のどちらに位置しているかによって割り当てられる地位である。この形態のゲイ嫌悪は、ゲイどうしの間でも作用している。過剰なまでに男性性を追求するある種の幻想（メック mek［男という意味の俗語 mec の c を k に置き換えた表記］、クム keum［mec の前後を引っ繰り返し、さらに c を k に置き換えた表記］、ラスカル laskar［大胆な男という意味の lascar の c を k に置き換えた表記］などといったフランス語の単語の綴り代えに用いられる「K」）にも、このゲイ嫌悪が内在化されているのを見てとることができる。ただしそうした幻想は、必ずしもその象徴的支配にゲイが屈していることを表す徴《しるし》ではない。

■社会的憎悪の言説《ヘイト・スピーチ》

ゲイ嫌悪の第三の形態を表現するのは、逆説的なことに、あまりに大きな特権を享受していると見なされる階層に対して社会から投げつけられる憎悪という形の言説である。DINK（ダブル・インカム・ノー・キッズ［共働きで子どもなし］の略で、男性同性愛者二人の家庭を指して使われることもある）という言い方もここに含めることができる。ゲイは享受するに値しない成功を享受し、あるいは他のことで文句を言っているわりには大き過ぎる成功を手に入れていると見なされる。つまりは、いわゆる社会的経済的成功を問題にする言説である。そうした言説は必ずしもあからさまではないかもしれないが、われわれの社会では女性の方が客観的に見て収入が少ないために、狙いはどちらかというと男性どうしのカップルに絞られる。この（同性愛嫌悪に基づく、そしてしばしばとくにゲイ嫌悪に基づく）社会的憎悪は、政治のあらゆる領域（一部極左の「ブルジョワの悪徳」というカリカチュアから、「社会に役に立つこと」を重視する保守派の潮流まで）に渡って姿を現し、パックスに関する論争が起きたときには、それこそ至るところで表明されたのである。

　例えば一九九七年六月の議会議員選挙の翌日にはすでに、週刊『マリアンヌ』が、新政府のなすべきことは同性愛者にかかずらうことではなく、失業問題に取り組むことであるという意味のことを書いている。これと同じ考え方を、アンリ・エマニュエリ〔元社会党書記長で閣僚経験者〕の有名な発言にも見てとることができる。「あなた方のオカマの話にはうんざりです。そんなことに民衆は関心を示さないのです」。実際パックスは、新型のゲイ嫌悪が表明される恰好の機会となったわけだが、とくにレズビアンを標的にした同様の言説は見られなかったのである。しかしこのことには注釈を加えておかねばならない。同性愛カップルの認知を公式に支持したフェミニストはほとんどいなかった。発言をしたフェミニストはむしろ、イレーヌ・テリーのように客観的に見て差別的な立場を擁護した。この驚くべき沈黙は、もしかするとパックスがその出発時点では、パートナーの片方をエイズで亡くしたゲイ・カップルのための緊急の解決策と見られていたという事実から説明できるかもしれない。あるいはまたもしかすると、結婚に類似し得るすべてのものに対して、フェミニスト運動の、一部ではあるが無視できないほどの大きさの部分が躊躇いを持っていることに原因があるのかもしれない。結婚はフェミニスト運動が非常によく批判する制度である。

　それはさておき、保守派の潮流の中では、ゲイと異性愛者とでは公共の福祉に対する寄与の「差異を識別し得る」ということを理由に、ゲイが対象となっている差別を最小限にとどめようとすることよりも、それを正当化することが重視された。例えばＲＰＲ所属の国民議会議員で、同性愛と獣姦を同一視する人物ジャック・ミヤールは、一九九八年一一月八日に、国民議会の議場で次のように宣言し、こうした思想を完璧に表明した。「パックスの本当の目的は、同性愛者のカップルを認知して、少しも代償を払わせずに社会に対する債権を与えることなのである」。同じように、ベルナール・ベニエは、一九九七年四月に刊行された『家族法』誌に掲載された論文の中で次のように書いた。「一般的に同性カップルが異性カップルを上回る収入を得ていることに明白な理由があることは、あらゆる社会学的研究調査が示している通りである。同性カップルが享受しているこの特権には正当性がない以上、万人に同じ特権を与えることは不合理である」。ここで著者が論拠としている「社会学的研究調査」とか「明白な理由」とか言っているものがいったい何なのか、知りたいものである。ところでゲイは代償を支払わないという保守派の言い分については、パリ選出のシラク支持〔のちのＵＭＰ（国民運動連合）〕の国民議会議員ピエール・ルルシュが同じ時期に定義している。当時、パックスの登場は「われわれの社会の平等、人口統計上の永続性、年金の資金調達にとって悲劇」であった。最後に税務問題という論拠が登場して、この黙示録の光景は完成される。この種の立論は新プジャード主義◆の潮流の伝統である。つまり、パックスの「コスト」を前面に押し出し、それと「ゲイの寄与」とを秤にかける、あるいはそれと他の予算措置とを秤にかけるというやり方である。二つ目のやり方は、とくにジョスパン内閣によって家族手当の上限を定める政策が告知されたときにも、家族主義団体が用いた。

　とくにゲイ嫌悪に基づく社会的憎悪の言説の中で、最後にエイズの問題にも言及しておくべきであろう。この病気は出現した当初から、意味ありげに「ゲイの癌」と呼ばれていた。つまりソドムを襲った罰のようなものという意味だが、一見したところゴモラは免除されているように聞こえる。当時の最も憎むべき発言は次のようなものだった。ゲイは「リスクグループ」であるから、おそらく検診を受けさせるべきだし、ゲイであるという入れ墨を義務化すべきだし、村八分にしても良いし、「エイズ診療所《シダトリウム》」に閉じ込めても良い。

ゲイは自ら犯した罪によって罰を受けたのだ、男性同性愛の放蕩は、しだいにスキャンダルを巻き起こすようになってはいたが、ついにその報いを受けたのだ。さらには、ゲイの不幸は自業自得であるが、他人に不幸をもたらした罪もある。血友病患者、被輸血者、異性愛者などの「無辜の犠牲者」だ。しかし当然のことながら、この病気がしだいに異性愛者の男女にも関わるものであることが明らかになってくると、こうしたゲイ嫌悪の議論はレトリックとしても妥当性を失い、ということはその効力もなくなった。さらにエイズは、最も強硬な同性愛嫌悪の持ち主にとって、もっけの幸いと映ったものの、最終的には逆説的に、そしてそうした者にとっては大いなる失望であったろうが、ゲイに以前より受け容れられやすいイメージを与えたのであった。受け容れられやすい理由は、彼らが苦しみ、痛ましいからである。

全体的に見て、ゲイ嫌悪は二つの特権を軸にして表明されるわけである。一つには、ゲイとセクシュアリティの関わりの軸であり、今一つには、ゲイと権力の関わりの軸である。この場合権力とは、経済的なものであったり、政治的なものであったり、社会的なものであったり、あるいは性的なものであったりする。この二つの次元に女性は全く存在しない。なぜなら女性は自律的なセクシュアリティを持っているとは見なされなかったし、権力を所持するとも見なされていなかったからだ。ただし「もちろん」魔女や娼婦は除く。さらにはまた、このゲイ嫌悪という概念によって、大半の社会で男性どうしの実践と、女性どうしの関係を区別して扱っていることが、よりよく把握される。実際、同性愛嫌悪が男性同性愛をその特権的な標的とし、女性同性愛は一見したところ刑法からも抑圧的な言説からもたいしたことがないと思われているように見えることが、非常に多いのである。そのことをよく物語っている例として、ゲイ嫌悪に基づく侮辱の言葉が頻繁に繰り返され、さらにはそれを異性愛者の男性に向かって投げつけることも全く可能である（ホモ、オカマ、掘られ屋など）のに対して、レズビアン嫌悪の侮辱の言葉ははるかにそれよりも用法が限られているという、突出した不均衡を挙げることができる。ところでゲイ嫌悪とレズビアン嫌悪の間のこの違いは、性差の社会的構造に直接由来している。

男性支配が行き渡っている異性愛体制においては、女性どうしの関係はしばしば思いもよらないし、あるいは男にとってさほど危険のないもの、さらには完全に欲情をそそるだけのものと見られる。そうした女たちが元に戻ることを拒み続けるなら、最終的には結婚を強いられたり、罰としてレイプされたりすることもあり得る。逆に男性どうしの関係は、災禍の中の災禍（↓脅威）、男性の秩序に対する直接の脅威、ということはつまり公の、自然の、神の秩序に対する直接の脅威と見なされ、そのために明らかなスキャンダル、大騒ぎの裁判、見せしめとしての懲罰などを招きよせるのである。こうした事実から、二つの態度の間にある違いは完全に明白であるように思われる。一方のレズビアン嫌悪は一般に、女性に割り当てられた社会的な装置の内部に強制的に閉じ込めるという形を取り、それによってレズビアン嫌悪に特徴的な、目に見えない存在に陥れるという効果が生じる。これに対してゲイ嫌悪の方は、社会的な領域からの強制的な排除という手段をもっと進んで用いる。それは目に見える排除であり、さらに言えば、あえて人目をひくような排除である。

ギヨーム・ユイエ（山本訳）

↓異性愛嫌悪、差別、小児性愛、性差、同性婚、トランス嫌悪、パックス、フェミニズム、レズビアン嫌悪、レトリック

◆プジャード主義　ピエール・プジャードが一九五〇年代に南仏で開始した税制反対運動に始まり、一九五四年結成の右派政党を中心とする大衆的政治運動。転じてプチブルの反動的で偏狭な権利要求を指す。（山本）

警察

警察は、西洋のあらゆる国で、同性愛者に対する嫌がらせと、何世紀もの間続く同性愛者の否定的なイメージを作るのに重要な役割を果たした。この役割は、注意深く検討するに値する。というのもこの役割は、同性愛者が被る最も不正な状況だけでなく、警察内部の機能の仕方と、警察機構が法を用いて自由を奪うことを明らかにするからである。

同性愛に対する警察の抑圧は、古くからの現実であり、遅くとも職務が組織化された一七世紀にさかのぼる。フランスにおいては、一六六七年のパリ警視職の創設が大きな出来事であった。以降、パリの男色家は、逮捕、戒告、場合によっては封印状〔追放や投獄命令など国王が個人的に指令を与えるための王令〕によって投獄される危険を負うことになった。一七二五年、ラヴォ・ドンブルヴァルによって、法務官職の内部に風紀警察が創設され、二人の下級憲兵、シモネとエミエが、同性愛者の尾行と逮捕を行う職務に特別に配置された（彼らは、業績に応じて特別手当を受け取っていたが、すぐに逮捕した者から金を巻き上げるようになる。こうして警察腐敗の長い伝統が開始される）。彼らは、警察に関わり合いになったことのある従僕、男娼のなかから、情報提供者とおとりを買収して、何十人もの「ハエ」と言われる者のネットワークを抱えていた。彼らに「おぞましき者たち」を引きつけさせて、警察の手に落ちるようにしたのである。「ハエ」のおかげで、また、キャトル・ナシオン・コレージュの教師であったテリュ神父のように徳義心に酔いしれた密告のおかげで、警察は、非常に多くのネットワークの存在を知ることができ、男色家の捕獲は、日常茶飯事になった。ひっかけやひそかな羽目外しに使われた「ふしだらな場所」に警察の手入れが数多く入ったことが目撃されている。それらの場所は、テュイルリー公園（旧体制《アンシアン・レジーム》下のパリで、主要なハッテン場であり、いろいろな社会階級が入り交じっていた）、セーヌの土手（従僕が客引きをしていた）、リュクサンブール公園、ポルト・サン・タントワーヌ前広場、小部屋付きのキャバレーなどであった。警察の尋問は、比較的に入念なものであった。「堕落」や「悪徳の手ほどき」の原因を知ろうとし、行われた行為の正確な性質について情報を集め、「性交」「手淫」、射精を厳密に調書に記入し、通常恥ずかしさに震える逮捕者に「改める」ことを約束させ、今後は「従う」と署名させる。罰は、さまざまである。戒告あるいは「譴責《けんせき》」、抑留（平均で八日から二ヶ月、この罰は家族の求めに応じて、家族が抑留されている者の生活費を払うという条件で延長された）、裁判は滅多になく、死刑宣告はさらに稀であった（暴力や殺人のような加重事由のない男色行為で火炙りに処された最後の二人は、ジャン・ディオとブリュノ・ルノワールである。この靴修理人と物乞いは、一七五〇年一月モントルグイユ通りで行為の最中に夜警隊に逮捕された）。警察の厳しさは、逮捕者の社会階級によってもちろん大きく左右された。現行犯の貴族には、せいぜい丁重な戒告である。聖職者の場合は、その上級聖職者に報告されるが、上級聖職者はだいたいそのまま放っておいた。家庭の父や青少年は、長々とお説教されるが、すぐに解放された。持たざる者は、ビセトル病院〔一七世紀から、物乞いや好ましくないと考えられた者を収容した病院〕に送られることがあった。この膨大な活動によって、警察は、「パリ大臣」（王室の国務長官）のために、パリの男色家の数を比較的正確に評価し（ルノワール法務官は、一七二五年に二万人と見積もり、フーコー警視は一七八三年に四万人としている）、使用人によって「彼がそうであることは彼の男たちによって分かる」「彼は自分の男たちと遊んでいる」などと告発された上流階級の同性愛者のリストを作ることができた。

同時代のロンドンでも、同種の警察活動が行われていた。一六九九年から、警察は「モリー・ハウス」（中産階級と庶民階級が集い、女装をしたり、結婚を模倣したり、自由に羽目を外していた場所）に手入れを行っていた。このような活動のうち最も有名なのは、一七二六年のものである。ホルボーンにあるマザー・

クラップの売春宿で、何十人もの人が逮捕され、続いて群衆の怒りにさらされた。またこれに派手な裁判（ソドミー裁判）と、三人の者に対する絞首刑宣告が続いた。さらにイギリス警察は、尾行とおとりの利用に関して、フランス警察に劣らなかった。

　フランス革命は、同性愛を非犯罪化し（一七九一年）、帝政は一八一〇年の刑法典においてこの非犯罪化を承認した。以降一九四二年まで、フランス法は同性愛を特別に抑圧することはなかった。だからと言って、警察がそれに興味を持たなかったわけでも、一七九八年以降同性愛の「遺憾な進行」を非難しなかったわけでもない。同性愛行為は、法律に照らせば犯罪ではないが、世論にとっては未だに恐ろしい現象であった（司法官が、どんな言葉でそれについて語っているかを見れば十分である。「恥ずべき情熱」「不道徳な行い」「自然を憤慨させること」など）。ナポレオン自身は、男色は司法ではなく、スキャンダルを公衆に知られずに解決できるという大きな長所を持った警察が関わるべき事柄と考えていた。一八〇四年のある家宅捜索の際に、パリ警察は二八歳と三五歳の男性が交わしていたラブレターを偶然に発見した。警視総監は二人を七週間投獄し、その後離別させる決定を行った（一人はベルギーにもう一人はエタンプ［パリ南方の町］に送られた）。同様に一八一〇年から一八一三年の間、ピエール・バルビエという人が、「男色と放蕩」のかどで、裁判なしの単なる行政決定によってドゥルダン［パリ南西方の町］に投獄されていた。

　実際に、警察活動は本質的に非法領域で展開される。小児性愛の撲滅だけが、恒常的な立法、つまり、一一歳以下の未成年者に対する「暴力を伴わない強制猥褻《わいせつ》」に関する一八三二年の規定に基づいていた。この立法は一八六三年には、被害となる子どもの上限年齢を一三歳に引き上げている。警察の恣意は、一般の人びとの偏見、尋問された者の恥の感情、人びとが法的に無教養であったことによって、明らかに助長された。さらに、一九世紀と二〇世紀の多くのフランス人が、真面目に同性愛は自分の国で違法であると信じていた。ポール・ヴェイヌ［フランスの歴史家］は、著名な番組『ドシエ・ド・レクラン』が同性愛を扱った一九七五年一月の放送翌日のヴォクリューズの村人の以下の意味明白な発言を伝えている。「同性愛は許されているとテレビで言っていた」。警察は、主として、非常に広く解された（警察は、善良な人びとのために「街路の清潔さ」も保障する）「良俗壊乱罪」「公然猥褻罪」（刑法三三〇条）の抑止の名において、娼婦同様に同性愛者にも関心を示した（売春も犯罪ではなかった）。しかし、警察官たちにとって女性売春が必要悪であり、彼らはそこからさらに非常に大きな利益を得ることができたのに対し、彼らは同性愛の中に怪物的な逸脱のみを見た。そこから、警察の手に落ちた男色家に対する警察官の粗野と暴力が生じた。男娼は、警察官にとって社会のくずと犯罪の予備軍であり、そのことは一八六〇年から一八七〇年までパリの風紀部門の長であったフランソワ・カルリエが『社会病理の研究――二つの売春』（パリ、一八八七）の中で、率直に認めているとおりである［「犯罪者」の項参照］。警察は、男色家が刑事事件で嫌疑をかけられているときにも、同性愛に興味を示した。警察の道徳調査は非常に詳細で、当時の近隣住民は偏見と恨みをこの機会に表明し、とくに管理人は思いをぶちまけた。これらの供述は、裁判官であろうと陪審であろうと、その刑の宣告に重い影響を持った。被告人の同性愛は常に（事実上あるいは法律上）加重事由であった。

　第二帝政は、はっきりとした厳格化の時期である。事実、第二帝政において、「男色家の危険」というテーマが生まれた。それは、部分的には、同性愛と犯罪を結びつけた法医学者オーギュスト・アンブロワーズ・タルデューの影響であり、そして同性愛者の出会いの場において社会階級の境界が曖昧になって不健全に思われることが増えたからである。警察は再び尾行とハッテン場への「手入れ」を再開し、一八八〇年代には、公然猥褻はほとんどもっぱら同性愛の公然猥褻になった。一九世紀の終わり、パリ警視庁の「風紀警察」は、その絶対権力、恣意性、腐敗など多くの点で、旧体制《アンシアン・レジーム》の警視職を継承していた。警察の手入れは、最もよく知られた客引きの場所の男子用共同便所の周囲（パレ・ロワイヤルのアーケード、パサージュ・ジュフロワ、パサージュ・デ・パノラマ、パサージュ・ヴェルドー）、および同性愛者がとくに通っていたカフェや大衆ダンスホールにおいて行われた。同性愛者が秘密の連絡や交わりの場所として使っていた、歩道脇の男子用共同便所は、あっという間に警察の重要な監視の対象になった。クリスティアン・ギュリが一八七六年のジェルミニ伯爵の逮捕について述べていることから、シャンゼリゼの「カップ［「公衆便所」の隠語］」の周囲で、警察がどんな努力をしていたか見当をつけることができる。数人の私服警官が数十分間待ち伏せ、愛好家たちの動きを観察し、「非行を働く者」に飛びかかり尋問を開始したという。この警察の嫌がらせはいろいろな意味で深刻である。それは同性愛者の出会いを難しくし、困難な生活をさらに困難にした。同性愛は唾棄すべき性質（堕落的、糞尿的）のものであると、一般の人びとに見せつけた。あらゆる種類の脅迫が助長された。さらに警察の介入は、常に選択的であった。貴族には戒告、軍人（とくにトゥーロンの海兵）には監視、貧民に対してはどちらかと言えば相変わらず逮捕が続いた（公権力は「物理的法則に反する悪徳」の大衆化に強迫観念を抱いていた。とくに貧民の男色家は、彼らが交わる社会階級の多様性のお蔭で、優秀な情報提供者を輩出した。一八七六年のルヴィエ事件のように卑劣なでっち上げに利用されたような男たちも相当数抱えていた）。同様に、警察は、「良俗」が汚されれば、劇場にも介入した。一九〇七年にムーランルージュにおいて、女性作家のコレットがその伴侶であるミッシーと公衆の面前でキスしたとき、警察は中断し、以後上演は禁止された。

一八九四年に「麻薬風紀取り締まり警察」が創設され、「パリ中」の重要人物についての「素行ファイル」が作成され、情報収集が強化された。「麻薬風紀取り締まり警察」は、とくに最も目立つ同性愛者と、これらの客のためのたまり場になっている施設についての調査を増やした。警察は、これらの施設から情報を、そしておそらく金も引き出していた（「ジャン・ド・カステラヌ伯爵は、ドワジー横町一二番地のアパルトマンに通っているらしい。このアパートは、モンモランシ公爵や、ラグランジュ男爵、アンドレ・ド・フキエールら著名な男色家のたまり場として知られている。ここで『ひょうきん者』と呼ばれるバリ・パスカルという名の者と出会っている」と一九一二年のあるファイルはまとめている）。警察の報告は、単なる噂も軽視しなかった。著名なフェミニスト、マドレーヌ・ペルティエについて、あるファイルはこう述べている。「特殊な素行を持つ者として通っており、彼女がつきあう人びととの間ではレズビアンとされている」。さらに、警察による同性愛者の情報収集は、「社交界」や首都だけのことではなく、この実務は一九八一年まで維持され、アルザス・モゼル地方では一九四〇年から一九四四年までの間悲劇的な結果をもたらした。ピエール・セール◆がゲシュタポに逮捕されたのは、アルザス警察が一九三〇年代から彼を登録していた男色家リストが、一九四〇年にドイツ警察の手に渡ったからである。

フランスにおける最後の介入主義の強化は、第二次世界大戦にさかのぼる。「同性の二一歳以下の未成年との↓自然に反する行為」という軽罪を作り出した一九四二年のヴィシー期の立法は、一九四五年にド・ゴールによって維持されるが、これは戦前大目に見られていた多くの性的関係を犯罪とした。警察の活動領域は、その分だけ増加することになった。さらにド・ゴール主義的でキリスト教民主主義的な家族主義は、戦後、公共の場所での異性装とあらゆる同性愛的な接触を禁じたが（第四共和世期のフランスにおいて、二人の男性は人前でキスすることも、踊る権利もなかった）、これがまた警察介入の材料を与えた。一九六〇年の↓ミルゲ修正は、同性愛を「社会的災禍」と宣言し、これを撲滅するあらゆる措置を採る権限を政府に与えることで、警察の恣意を正当化し、これに栄誉を与えたように見える。一九七〇年初め、同性愛者の通う施設への手入れは、依然として非常に頻繁に行われ、さらにこれは一九七一年四月の『すべて！◆』における著名な左翼マニフェストにおいて、厳しく告発されている（初期の同性愛者の活動家が、「ヘテロお巡り《フリック》」という分かりやすい嘲りを投げつけ始めるのもこの頃である）。警察が一九七〇年代を通じて、その場限りの性的交渉の場所として知られているナイトクラブや映画館でパトロールを行い、尋問を行っていた。↓エイズは、最もハードコアな同性愛ナイトクラブに警察が介入するきっかけを何度か与えたことは間違いない。一九八四年から一九八五年に「バックルーム」［ゲイ・バーなどにある性的行為を行うための部屋］の閉鎖が決められたのがその例である。

その他の多くの国では同性愛が違法だったため、警察の介入は、さらに大規模で重大な結果をもたらした。イギリスでは、警察の直接行動主義は、一九世紀から活発であり、一九三〇年代に強化されたので、最も目立つ同性愛者は、パブから追い出され、客引きのかどで恣意的に告発された。これは第

ジョルジュ・カレによる絵、風紀警察によって逮捕された若い男、「ああ、警視殿、これは中傷です」「それは無理のないことですよ。あなたの外見ときたら！」

二次世界大戦中のクェンティン・クリスプ［イギリスの作家。女装していたことで知られる］の裁判——とその無罪放免——が示している通りである。さらに、同性愛の犯罪化は、密告と脅迫、つまり、一般的にイギリスのアイデンティティであるフェアプレイと透明性の価値とは異質の道徳的腐敗を促進した。とくに「お巡り《ボビーズ》」は、男性用共同便所と他の公共の場所でのハッテンに対する抑圧を容赦なく行ったが、それは一九五〇年代を通じて年間数千人の逮捕を伴い、「おとり」をますます利用するようなった。イギリスでは尊敬されることが社会的価値であるために、肛門性交罪《バガリー》や猥褻罪によって法的に糾弾されることは、社会にとっても、本人や周囲の人間にとっても、計り知れない結果を引き起こした。犠牲者はその恐ろしい衝撃を伝えている（一九四六年に逮捕された俳優のアレック・ギネスは、身元を偽らなければ自分のキャリアを保つことができなかった）。一九五〇年代、警察の強迫観念はこれほど強力であったので、自由主義的な伝統と個人的自由に何百年も前から与えてきた保障にも拘らず、イギリスは同性愛問題については警察国家寸前◆であった。このような暴走の主要な三人の責任者は、熱心なカトリック信者であり、一九四四年に検事総長になるセオボールド・マシュー卿、一九五一年から一九五五年までのチャーチル内閣の内務大臣を務めるデイヴィッド・マックスウェル＝ファイフ卿、一九五三年にロンドン警察の長に任命されるジョン・ノット＝バウアー卿である。一九六七年の部分的な非犯罪化にも拘らず、公衆便所の同性愛行為に対する抑圧は維持され、サッチャー時代にはっきりと厳格化された。ゲイのポップ歌手ジミー・サマーヴィルは、このようにして一九八五年にハイド・パークで猥褻罪によって逮捕されたが、彼を逮捕した警官は自分の娘のため、彼にサインをすぐさま要求したと言われている。

一九二〇年代のドイツでは警察は比較的寛容であり、とくにベルリンでは、警察はマグヌス・ヒルシュフェルト↓と折り合いがよく、同性愛者の施設が盛況なのを放置していた。しかし、一九三三年以降、ナチの指令を適用するため、警察はずっと恐ろしいものになり（一九三七年から一九三九年の間、バー、公園、その他のたまり場へのガサ入れが行われ、九万五〇〇〇人の逮捕者を出した。これらの逮捕者はゲシュタポの恣意に委ねられた）、一九六九年に同性愛を罰する刑法一七五条が削除されるまで、一九四九年から同性愛者に対する嫌がらせが（アデナウアー［旧西ドイツ初代首相］の非常にカトリック的なお恵みのように）行われた。

合衆国では、すべての州が同じセクシュアリティに関する立法を適用したわけではないが、警察は非常に活発であった。FBIが果たす役割は、一九三七年から次第に大きくなった。一九二四年から一九七二年までFBI長官であったフーヴァー↓は（彼自身隠れた同性愛者であった）、性退化者と性犯罪者についてのリストを作らせた（最も知られているのは、アレン・ギンズバーグ、テ

◆ピエール・セール　フランスで唯一、第一次世界大戦中に自らの同性愛を理由に強制収容されたことを公にしている人物。（金城）

◆『すべて！』　サルトルが発行人だった左翼紙。この号は猥褻であるとされ、サルトルは良俗壊乱の嫌疑をかけられた。（齊藤）

◆イギリスは……警察国家寸前　一九三〇年から五五年にかけて同性愛で逮捕された者は六倍にもなった。（金城）

ネシー・ウィリアムズ、ジェームズ・ボールドウィン、トルーマン・カポーティといった作家たちのファイルである）。一九五三年に、このリストアップの作業は、性的倒錯の嫌疑によって連邦職員を解雇することを認めるアイゼンハワー大統領の命令一〇四五〇号によって強化される。FBIは、情報提供者、潜入捜査員、おとり捜査員のネットワークを頼みとし、盗聴と書簡の検閲を大規模に行った（この点について、警察と郵便行政のつながりを指摘できる。郵便検査官は、上司に同性愛者を告発することをためらわなかった）。フーヴァーは、このようにして真偽を問わず大量の情報を無数の人びとについて蓄積したが、その中にはフーヴァーに脅された政治家も含まれており、これがFBIの全能権力を増加させた。このリストアップに加えて、物理的な嫌がらせもあった（公園や飲料提供店の監視、異性装の禁止）。数多くのゲイとレズビアンが逮捕され、これらの逮捕は、暴力と時にはレイプを伴った。これらのすべてが、次第に苛立ちをかきたて、結局、一九六九年のニューヨークにおける爆発へと至った。ストーンウォール以降後退した警察の暴力は、一九七〇年代にも完全に消えることはなかった。一九七八年のサンフランシスコでの非常に重大な事件がそれを証明している（ゲイの市政執行員ハーヴェイ・ミルクを殺害した元警察官に対して軽い刑が宣告されたことは、ゲイの蜂起を引き起こした。これに対して警察は、カストロ・ストリート上で手入れを行い、いくつものバーを破壊した。この事件は、大きな反響を呼び、一九七九年三月のワシントンでの最初のゲイ・レズビアン・マーチの起源となった）。今日でも、同性愛者の多い大都市圏郊外では、攻撃を受けたアメリカの多くの同性愛者が、警察の反応を恐れて、訴えを起こさないでいる。

それはそうとして、西洋では、一九七〇年以降、自由化の傾向がうかがえる。フランスでは、同性愛者運動の台頭により、ポンピドゥーとジスカール・デスタンが大統領であった時代には、一九五〇年代に行っていたようなことを警察はもはやできなくなっていた。アルカディアの主宰アンドレ・ボドリーは、すべての警視総監と面識があった。FHAR〔同性愛者革命的行動戦線〕は、どちらかと言えば極左の党派とのつながりによって守られていた。しかしながら長年の嫌疑と恣意に決着をつけるには、フランソワ・ミッテランの大統領選出まで待たなければならなかった。内務大臣官房長であるモーリス・グリモ警視総監によって作成された、警察のあらゆる部門に向けられた一九八一年のドフェール通達は、「いかなる差別、ましてやいかなる容疑も、性的指向のみを理由として課されてはならない」と定めた。実際この通達は、全体的には肯定的な効果を持ったが、暴走、さらにはスキャンダルも起きている。当時最も知られているのは、ドゥセ事件である。一九九〇年に同性愛者であるジョゼフ・ドゥセ牧師が、総合情報局員によって逮捕された後、殺された。その後もこの事件の真相は相変わらず明らかになっていない。

アメリカ合衆国でも、状況は改善された。一九六〇年代、半数の州がソドミー法を廃止した。ヴェトナム戦争とウォーターゲート事件に続いて採択された、一九七四年のプライヴァシー法は、表現の自由を保障する合衆国憲法修正第一条を警察が侵害することを禁じた（一九九八年に、ゲイの図書館司書ダニエル・C・ツァンは、この法律を理由に抗弁し、CIAに対して勝訴した。CIAは彼に対するスパイ行為をやめ、四万六〇〇〇ドルの訴訟費用を支払うことになった）。サンフランシスコの保安官によって大っぴらに集められていた情報文書は、アメリカ自由人権協会（ACLU）の求めに応じて破棄された。警察官によるカミングアウトは、状況を改善した（一九八一年一一月二日、チャールズ・コッチレインはその同性愛を公にした最初のニューヨーク警察官である）。しかし、警察は同性愛嫌悪的《ホモフォビック》活動を、ソドミー禁止法を維持していた州でも、さらに時には「リベラルな」州でも行っていた（アムネスティ・インターナショナルは、一九九〇年代のニューヨークでのいくつもの「失態」を調査している）。イギリスの法律は、同性愛関係が三人以上の参加者を含むときと、サドマゾヒズムで「汚されている」ときには、相変わらず警察の介入を許していた（一九九三年のホイランズウェイン事件、一九九八年のボルトンの七人事件、一九九八年二月のいわゆるADT事件が示している）。それはそうとして、解放の傾向も確認することができる。一九九〇年にイギリスの同性愛者の警察官たちがLAGPA（レズビアン・ゲイ警察官組合）をつくり、一九九八年からある地区の機関には、この職業の同性愛嫌悪の伝統を撲滅しゲイ・バッシング（身体的攻撃）事件で効果的に対処するため、同性愛者の警察官を採用するように努めているところもある。イギリス警察は、この点でオランダをモデルとしている。実際にオランダは、警察がはっきりとゲイ・フレンドリーであるという珍しい国の例である。

同性愛の法的地位があいまい、あるいは否定的な場合には、警察がゲイ・レズビアン狩りの主役である。ルーマニア警察は、何十人もの同性愛者を逮捕し、殴り、拷問していた。セルビア警察は、二〇〇一年六月三〇日のベオグラードでの最初のゲイ・パレードを襲撃したフーリガンから参加者をほとんど守らなかった。トルコとアルバニア、↓ラテンアメリカのいくつかの国（ブラジル、ベネズエラ、ペルー、コスタリカ）、↓イスラム教国の大半の国々、↓インド、↓中国などにおける、警察の同性愛嫌悪的振舞いは遺憾なものであり、悲劇的な結果を招くこともある。おおよそどこでも、異性装者と女性的な同性愛者は、とくに警察の攻撃対象になっているように思われる。

ピエール・アルベルティーニ（齊藤訳）

↓強制収容、グラーグ、刑務所、軍隊、処罰、ストーンウォール、犯罪者、フーヴァー、ペタン、暴力、マッカーシー、ミルゲ

刑務所

二〇〇二年六月一日現在、五万四九五〇人がフランスの刑務所に拘留されており、うち五万二九七九人が男性であり（九六・四％）、一九七一人が女性である（三・六％）。このように軽罪と重罪の双方における男性の割合の大きさは、両性の社会的関係という観点からさまざまな解釈がなされてきた。男性は、その社会化の過程で女性よりもリスクを負うことや、力と支配と↓暴力の関係に直面しており、公的領域、つまり外部に存在することが多い。これが、あるべき男のイメージの支配的規範的モデルであり、多くの言説、態度、行動によって流通させられている。反対に、「永遠の女性」についての表象は、内部、つまり私的家内領域、リスクと暴力を慎むこと、規律、道理あるいは思慮分別へと関連づけられる。

これらの表象は教育モデルとして機能し、社会化のさまざまなレヴェルの制度――↓家族、↓学校、↓労働、刑務所――によって流布されている。哲学者ミシェル・フーコーは、規律社会における、刑務所的連続体とこれを名付けている。ハビトゥス〔社会化を通して無意識に獲得される知覚、行為などを規定する構造〕という形態で、これらのモデルがそれぞれ内在化されることは、実践と振舞いを方向付けるので、軽犯罪の分野では、男性が軽罪を犯すリスクは高くなり、刑務所で男性の割合が大きいことを部分的に説明する。

さらに一定の青少年あるいは若い成人男性にとっては、「ムショ」に入ることは男になることであるかのように思われている。だから、ゴッフマンが言うように、刑務所に入ることは、通過儀礼なのである。服役は、周囲の者の目には箔が付いたかのように受け取られ、帰属の証となるので、そこから副次的な利益が引き出せるのである。暴力を発揮する勇気、力、能力の証および勲章として、刑務所入りは、時にはレッテル、栄誉、さらには「気高さのしるし」であり、男のアイデンティティに価値を与えこれを確立する。刑務所づとめによって、有力者の仲間入りをし、ある種の資本を増加させることができる。不安と恐怖を沸き立たせるという抑止効果を象徴的使命としている刑務所を恐れていないということ、男であるということを、刑務所の経験が証明するかのようである。

この不安と恐怖を引き起こすとされているものを侵犯することは、刑務所を恐れていない、刑務所を不安に思っていない、その代わりに、刑務所帰りであることが、恐れられる、怖がられる、圧倒する、威嚇するための支えになるということを意味する。通常恐れを抱かせるものを侵犯することで、ある

意味烙印《スティグマ》の反転操作によって、自ら恐ろしいものとして位置取りすることができる。この烙印は、一定の社会的地位においては、動かぬ資源となり、価値を高める性質を帯びる。こうして、恐ろしい監獄から恐ろしい囚人へと変わることができる。刑務所は、このように勇気と力と男らしさに基づいたタフなボスの地位を授与するのである。

若者の間で刑務所が陳腐になるにつれて神聖視されなくなっているため、刑務所の恐怖の元々の意味からは逸れるけれども、刑務所は依然として、別のレヴェルで、そして内部から、とくに性アイデンティティについて男性を脅かしていることには変わりがない。刑務所の男女分離の環境、つまり男の中に男しかいないという事実は、男たちに、自分が男であり、「本物」であり、「ホモ」ではないことを証明するように強いるように見える。というのもこのような環境では、同性愛の嫌疑が拘留されている者の上に漂うと、嫌疑のかかった者は、それを否定し汚名をすすがなければならないからである。外部でもすでに存在した男性性の過剰な発揮は、刑務所という環境によって強化される。そこには、他の男たちと刑務所の中にいることについての性的な罪悪感のようなものがある。だから同性愛が推定される場所で、その無実を証明することが重要なのである。従って、自分にとって、同性愛は価値を下げるものであることをはっきりさせ、同性愛嫌悪《ホモフォビア》をエスカレートさせることで同性愛を貶めなければならないのである。同性愛を低く評価し、それが下劣で屈辱的な性質を持つことについて他の者に賛成すること、公然とそれを糾弾することは、同性愛が自分にとって不名誉であるとして、自らの外側にはっきり閉め出すことである。この同性愛の烙印化は、「自分の中の他者」への恐怖に結びついており、これを自分の外部へと閉め出し、追放しなければならない。性的なアイデンティティを脅かす不安な類似は、「不安な異質」へと転換されなければならず、同性愛は、ルネ・ジラールが述べるような身代わりの犠牲者というプロセスの中で「↓倒錯した男」という古典的な像へと閉め出される。

ここで同性愛嫌悪は、その一つの変種である異質性嫌悪に合流する。社会学者アルベール・メンミによると、異質性嫌悪とは、「他者への攻撃的な広い恐怖」である。刑務所は、男性性を中心に社会関係とハイアラーキーが構築される「男の館」のように見なされる。男性間の性的関係が刑務所の中で時折起きたとしても、それは力関係と支配関係の対象であって、同性愛ではなく、異性関係の代用だと見なされることも多い。これらの関係は、「やる側-やられる側」あるいは「掘る側-掘られる側」の不平等な二元的関係のロジックの上に構造化されているようであり、性的行為の中で「支配的な位置」にある者は自らを同性愛者とは考えず、この関係を被る側が、異性愛関係の転用によって、異性愛関係の女性の役割を果たしているので同性愛者と見なされる。合意のないさまざまな関係、性的虐待やレイプは、この論理の中に組み込まれている。刑務所内のセクシュアリティのタブー視と否定は、性的虐待の存在を否定することに結びついており、刑務所行政が性的虐待を保証しているのではないのかと問いたくなるほどである。かつて、さまざまな場所で、風紀犯罪で収監されている人が、続発する嫌がらせや暴力、レイプの標的になった。このような状況で、同性愛者あるいは同性愛者だと思われている人は、懲罰的レイプの危険にとくにさらされるようである。この現実は、また別のところでは、異性装者が看守の性的虐待の犠牲者となった。ほとんどの場合において、訴えが提起されたとき、事実は、刑務所行政や司法機関によって矮小化され、事の重大性に応じて処罰されることがない。

この現象は、同性愛行為が公式に法律で禁止されている、あるいは↓警察によって非公式に追い回される国では、より際だっている。がさ入れや裁判の後、同性愛者の被拘禁者が刑務所へ送られるが、他の被拘禁者は、なぜ彼がここへ来たのかをすぐに知り（多かれ少なかれ意図的な管理側の口の軽さのせいであることも多い）、新入りに対して暴力をふるうことが完全に正当なものであると感じる。この新入りは、侮辱し、搾取し、攻撃でき、さらには殺しても構わないとされ、なぶり者、性的奴隷、スケープゴートにされることが多い。彼らはこの「ゲーム」から、刑務所環境に内在する社会的配列とハイアラーキーを考慮して、無視できない象徴的な利益を引き出すのである。こうして同性愛者の被拘禁者は、二重に処罰される。まず、裁判官や警察官が彼を刑務所送りにし、次に、囚人たちが、ずっと粗暴なやり方で司法と警察の暴力を繰り返す。これらのメカニズムはナチやソヴィエトの強制収容所において典型的かつ悲劇的な形で大規模に実施されたが、それでも刑務所に比べれば非常に特殊な現象である。

どうやら刑務所の外部でレイプとされているものは、内部ではそのようなものとは考えられていない。というのも、その犠牲となった人が、完全な権利を有する人とは見なされず、むしろ完全に特殊な人と考えられているからである。このプロセスは、虐待を正当化、日常化する傾向があり、さらにこの虐待の存在は認められることがない。刑務所機構が、拘禁中の性的虐待の問題を、性病の予防の問題と全く同じように扱いあぐねているとすれば、刑務所機構がセクシュアリティの問題によって困惑しており、何十年もの間その問題を気にかけるふりをしながら、その問題を無視してきたということである。例えば、「被拘禁者が、猥褻《わいせつ》行為あるいは性的羞恥心を傷つけるおそれのある行為を他人に見せることは、第二級の違反に当たる」とした一九九六年の四月二日の刑務所改革は、今でも効力がある。この改革が、そのような表現で流通させるセクシュアリティのイメージに関しては困惑させられる。セクシュアリティを猥褻行為に矮小化することは、「完全に忘れ去られた」セクシュアリティの見方である。これは事実である。というのもフランスの刑務所では、セクシュアリティは、汚い、恥ずべき、処罰されるべき何らかのものと見なされている。外部の女性とキスしているところを捕えられた被拘禁者が、独房三〇日間という懲罰処分を受けた。一九八九年には別の被拘禁者が、国際刑務所モニターの「拘禁中の親密な関係を持つ権利のため」の請願を仲間の被拘禁者に署名させるために回したとして、懲戒独房一〇日間で処罰された。このように被拘禁者は、セクシュアリティ、あるいは尊厳あるセクシュアリティに値しないかのように子ども扱いされる。それでは、何を理解しなければならないのだろうか。軽蔑に値するセクシュアリティがあるということだろうか。再生産の外側のセクシュアリティは考えることができないということであろうか。自由の剥奪は、悦びへの権利の剥奪と必然的に結びつくということだろうか。

反対に、刑務所行政は、実験的に家族訪問区画をいくつかの刑務所に導入することを計画している。七〇年代から何度も何度も公表されてきたために、刑務所行政のアルルの女〔噂には聞くが、実際には見ることがないもの〕のように考えられてきたこの計画は、ヨーロッパ諸機関の圧力のもとで、二一世紀の初めに具体化した。◆実際に、「拷問および非人間的かつ卑劣な刑罰および取り扱いを撲滅するためのヨーロッパ委員会」（CPT）は一九九一年に、被拘禁者が、「人間の尊厳が尊重され」、「安定した関係の維持を促進するような日常生活にできるだけ近い状況で」家族的および感情的関係（性的関係も含む）を続けることができるために、長い滞在を受け入れ可能にするようフランス刑務所行政に要求している。ヨーロッパ人権委員会〔ヨーロッパ人権条約の監督機関の一つであった〕は何度も、「刑務所行政が、被拘禁者がその近親者とのコンタクトを維持するのを助けることは家族生活の尊重において本質的である」と表明し、性的生活は人格の身体的精神的完全性の一部であること、「人格の発達と完成は、他の人との性的関係を含むさまざまな種類の関係を確立する可能性を要求すること」を絶えず指摘してきた。ヨーロッパ評議会〔ヨーロッパ統合運動の影響で一九四九年に設立された国際機構。ヨーロッパ人権条約を作成した〕の議員会議は一九九七年九月の終わりに、「拘禁に結びついた烙印と歪んだ効果を緩和する」ためのアピールを発し、四〇〔当時〕の加盟国に対して、「親密な関係を持つための場所の適切な設置」によって配偶者と子どもによる刑務所訪問の条件を改善するように促している。ヨーロッパ評議会は、次のように付け加えている。「アメリカ合衆国、カナダ、デンマーク、スウェーデン、メキシコでの実験的な調査から、刑務所におけるセクシュアリティについての研究は、配偶者の訪問が文化的な習慣に根付いている場合には、刑務所の中での規律に肯定的な影響があることを示している」。実際、拘禁中のセクシュアリティは、それが「身体と精神を鍛え直す」ために禁じられるにせよ、一部の被拘禁者のために一定の条件で許されるにせよ、規律が争点になっており、それゆえに刑務所での社会的平和の管理という規律の道具になるおそれがある。現状では、刑務所における

◆……具体化した　二〇〇三年を皮切りにフランスの刑務所に家族訪問区画が設けられるようになった。受刑者は、家族や恋人と過ごすことが許される。（齊藤）

セクシュアリティをめぐる否定と禁止は、性病と性的虐待の効果的な防止をすべて妨げ、同性愛嫌悪表象への賛同を強化している。

刑務所における同性愛嫌悪は、非常に際立っている。このことは刑務所という枠組みの特殊性だけによるのではなく、第一に、拘禁以前に刑務所の外部で獲得され、内在化された傾向にもよっている。このように、刑務所は、外部の同性愛嫌悪文化の永続性を暴露しているだけなのであり、この同性愛嫌悪文化は、刑務所環境の肥沃な腐植土の上で、さまざまな形態で時勢に合わせ変化し外に現れるのである。

ミカエル・フォール（齊藤訳）

↓強制収容、グラーグ、軍隊、警察、暴力、ヨーロッパ法

ゲットー

ゲットーとは、中世の都市でユダヤ人専用とされた地区のことである。最も多かったのは、ユダヤ人を強制的に居住させ、まわりを壁で取り囲み、夜間は門を閉ざすという形態であった。ゲットーという言葉は、一六世紀初頭にまでさかのぼるヴェネチアのそれから来ている。ユダヤ人のゲットーは、少なくとも西ヨーロッパにおいては、フランス革命後、一九世紀の間に消滅した。しかし一九二〇年代に、アメリカのシカゴ学派に属する社会学者たちが、アメリカの都市に見られる特定の地区を指す言葉として、この言葉を横取りしたのである。それは、人種的または社会的な↓差別の犠牲者、例えば黒人や、イタリア（やその他の国からの）移民、あるいは貧者や外れ者全般が、時には自らの意志で集まっていたような地区のことである。ゲットーという言葉は、そこに住んでいるマイノリティが、まわりを取り囲んでいる支配的な社会から地理的、社会的、経済的、さらには文化的に、隔離されていることを示唆している。

第二次世界大戦後、とくに一九六〇年代以降、北アメリカの大都市では、同性愛者、とくに男性同性愛者の顧客を専門にしているバー、ナイトクラブ、レストランその他の商業施設が目立って集中しているような、特殊な地区が形成されてくる。同性愛者はしばしばその地区の中で暮らすことを選択するようにもなり、そのようにして都市の中に、社会学者や、そしてゲイ自身も「ゲイ・ゲットー」と呼び始める地区がつくられた。ニューヨークのグリニッチ・ヴィレッジ、サンフランシスコのカストロ通り、ロサンゼルスのウェスト・ハリウッド、モントリオールの「村」などである。同じような現象はヨーロッパにも出現した。↓フランスでは、パリのマレー地区がそれで、一九七九年以降徐々にゲイの施設がつくられるようになり、ゲイ・ゲットーと言い表されることが極めて多い。しかしながらこの表現には、否定的な響きも含まれている。例えばジャーナリストのティム・マデクレールは、一九九五年に次のように書いた。

> 〔ゲットーは〕マイノリティが社会の他の部分から切り離されている場である。そのように周縁的な環境の中で、自分自身に引きこもっている世界である。ゲットーは、ゲイの置かれた条件の、地理学的な隠喩として作用している。

しかしそれとは逆に、多くのゲイがマレー地区を自由の空間、自分自身の同性愛を大っぴらに生きられる場、自分の望む通りに振舞うことのできる場だと考えている。そういう者にとってゲットーは、ゲイ・コミュニティの礎である。

この点にまさに、ゲイ・ゲットーが今日のフランスにおいて、激しい論争

の的となる原因がある。フランスでは、市民の中の集団間のどんな区別も、「共和国の伝統」にとって脅威であると見なす者がいる。その伝統は、国家というコミュニティが統合されていること、ばらばらにならないことを重視し、国民内部の差異や独自性の堅持を否定する（あるいは少なくとも、量的に最小限にとどめようとする）傾向がある。ゲイ・ゲットーを批判する者にとっては、それは↓共同体主義（コミュニタリアニズム）、同胞主義、「普遍性の拒否」を表すものなのであり、また共和国フランスの解体の象徴、そして付随的にパリにおける都市生活の崩壊の象徴となったのである。

例えば、パリ第四大学（ソルボンヌ）の教授ジャン＝ロベール・ピットは、『マレー地区――衰退、再生、未来』（一九九七）の中で次のように書く。

サンフランシスコ、アムステルダム、ロンドンで誕生した〔同性愛者の〕ゲットー化はパリをも征服した。〔…〕ゲットーの発展は、それが社会的人間関係と対立する限り、また都市性と対立する限り、明らかに危険である。〔…〕都市は、国家の姿に似て、さまざまな住民が一緒に生活することができ、ニューカマーやマイノリティを同化することによってしか長続きしないものである。〔…〕当局が、特定の民族集団が集結すること、あるいはもっと一般的に特定の文化集団が集結することを受け容れたり、さらに奨励するようなことがあれば、そのときには都市の概念そのものが否定されているのである。〔…〕誰ももはや、そのちっぽけな領土から、あえて外へ足を踏み出そうとしないのだ。

ゲイ・ゲットーや共同体主義への告発は、しばしば正真正銘の同性愛嫌悪《ホモフォビア》に陥る。一九九〇年代に、オブリオ通り＝ギユミット通り住民会の会員のうち、ほんの少数の住人が、「同性愛者であれ、異性愛者であれ、普通の市民であれば、あのような特殊なバーが増えることに賛成できるわけがない」と考えて、マレー地区のいわゆるゲットー化に反対しようとした。彼らの陳情に共鳴する者が、自治体当局の中に現れた。一九九六年、↓警察は同性愛者向けのバーに対して短期間の執拗な捜索活動を実施し、パリ警視庁は、そうした店の店頭に飾られている虹色の旗を非難した。警視庁は、「集団をつくり、これでもかと言わんばかりに大きな象徴を掲げて対立することは、敵対反応を招く危険がある」と主張し、店の経営者に対して「店の外の、自分たちの所属コミュニティを示す象徴を自粛すること」を求め、「そうしない限り、近隣と調和を保ちながら共存することは保証しかねる」としたのである。一九九七年、パリ四区の区長ピエール＝シャルル・クリュージュは次のように書いた。「盲目的なコーポラティズムやゲットー化の企てといったことは、あらゆる方面での過激派にとっては天の恵みであり、『錬金術師』にとってはもってこいの儲け口であるかもしれないが、この〔同性愛者〕コミュニティのほぼ全住人にとって、失敗と失望への確実な約束に他ならない」。また同じ四区の区会議員ドミニク・ベルティノッティ夫人（社会党）は次のように言明した。「パリでは、この現象に対して人びとは何年も知らないふりをしてきました。〔…〕私は自分の立場はいつでもはっきりさせてきました。私は共同体主義には全面的に反対です。ましてゲットー化の危険があるならなおさらです」。

ゲイ・ゲットーの批判者のすべてが、必ずしも異性愛者ではないことを、強調しておかなければならない。一九五四年から一九八二年まで、フランスの中心的な同性愛者《ホモセクシュアル》（当時の言葉では「同性愛者《ホモファイル》」と言っていた）↓団体であったアルカディアは、その姿勢の点でも、その政治方針の点でも極めて保守的で（アルカディアは同性愛者に対して、「威厳」を示し、「堂々と」することを求めた）、ゲイ・ゲットーを断固として非難した。あるアルカディア会員は、「最も深刻な危険」と題した一九六四年の論文の中で、アメリカ社会は「多くの集団、あるいは下位集団からできているために」、「統合に失敗した社会」であると非難した。また『エクスプレス』誌（一九六四年七月二三日号）は次のように書いた。

彼の地の同性愛者は今、自分たちのバー、自分たちのレストラン、自分たちの商店、自分たちの映画館などとともに、隔離された社会を、「閉ざされた世界」〔これがこの論文のタイトルである〕をつくっている最中である。〔…〕小さな人工的な世界。極めて閉鎖的で息の詰まりそうな世界。

そこではすべてが同性愛者向けである。バーや、レストランや、映画館だけでなく、家や、通り（ニューヨークではすでに、いくつかの通りはほぼ完全に同性愛者だけが住んでいる）、地区単位で見てもそうである。〔…〕そこでは同性愛者以外誰にも会わずに、同性愛以外何も知らずに生きることすら可能な世界である。それはヨーロッパではゲットーと呼ばれる。われわれはこのような発想を断固拒否する。われわれには、これと共通するものは何一つない。われわれは同性愛に対するこのような偽物の、有害な、滑稽な考え方を憎む〔…〕。われわれの理想は、あらゆる領域において、同性愛が社会に完全に同化することである。われわれは同性愛者を非同性愛者に近づけるすべてのものを強調すべきなのであり、両者を引き離すものではない。もしも同性愛者の間に孤立感を人工的にこしらえ、そのつもりもないのに、「隔離された世界」を形成しているという間違った印象を与えるようになったなら、それはわれわれの側の罪である。

さらにアルカディアの創設者アンドレ・ボドリーは、一九八二年に団体を解散するに当たって、次のように遺憾の念を表明している。

　今日では、〔フランスの〕同性愛者の中には、サンフランシスコと同じようなゲットーをつくりたがっている者がいる。彼らは国民という集団から自らを分離しようとしている。しかしわれわれの主張は、集団の中に融けこもうということだったのだ。

　一九七〇年代、八〇年代のラディカルなゲイは、ボドリーと彼の保守主義には烈しく敵対しながらも、やはりゲットーに反対していた点では変わりがない。ＦＨＡＲ（同性愛者革命的行動戦線）（一九七一～七三）の活動家たちは、「商人たちのゲットー」を非難した。それはつまり、サン＝ジェルマン＝デ＝プレやサン＝タンヌ通りの同性愛者向けのバーやナイトクラブのことで、彼らいわく、警察がそこにホモを隔離しているのであり、経営者は経済的にホモを搾取しているのである。一九六八年からのゲイの闘士で、『ゲイ・ピエ』誌の創刊者でもあるジャン・ル・ビトゥが、一九八〇年代初頭に次のように書いている。

　同性愛者にとって最悪なのは、ゲットー化だと思う。つまり自分たちだけの文化をつくり、自分たちだけのアイデンティティをつくり、そして自分たちだけのゲットーをつくることである。

さらにもっと最近では、ゲイ・プライド一九九九の主催者の一人シャルル・ミヤラがこう言っている。

　自分たちが犠牲になってきた数々の偏見と闘ってきたホモたちは、自分自身に引きこもってしまった。四区では商店が一通りできた後、ゲイ・バーが花盛りになっている。ホモたちは、自分自身を閉じ込めるゲットーをつくったのだ。

実際、現代の普通の同性愛者の多くは、（彼らの言い方で言えば）「内輪だけで」生きることをつねに拒否している。マレー地区にあるのは因襲に囚われたものばかり（ファッションも外観も、振舞い方も、ライフスタイルも）だとこきおろす。そして「ゲットーの外」で生き、愛しあうことを求めている。

　先の幾人かの発言は、もちろんこうした姿勢を示すものとして引用したのであって、彼らがゲットーに反対しているから、自動的に同性愛嫌悪だと見なしてはならない。同性愛者の活動家自身が、ゲイのゲットー化に最も批判的であることが、時にあるのだ。確かに同じ市民として大衆に融けこもうとしている同性愛者、そのために、区別されること、目に付くことはすべて拒否する一部の同性愛者の間には、ある種の「同性愛者の同性愛嫌悪」、つまり「自己嫌悪」を感じとれるかもしれない。しかし「共同体化の企て」や「多くのゲットーを並置しようとする〔…〕近代未満の狂気」（フレデリック・マルテルが一九九六年の『ピンクと黒』で使った表現）に対する執拗な反論の源は、やはり共和主義者の信条、彼らの心からの不安にある。ただしそれらは時として、同性愛嫌悪のレトリック↓にある種の論拠として利用されてしまうことがあるのだ。

マイケル・シバリス（山本訳）

↓イギリス、異性愛嫌悪、北アメリカ、脅威、共同体主義、クローゼット／慎み、ドイツ、フランス、レトリック

検閲

ベルナール・セルジャンの著書『ギリシア神話の中の同性愛』の前書きで、ジョルジュ・デュメジルは、ある若いギリシア学者の思い出を語っている。

一九一六年のソルボンヌで、古代、現代両方のギリシア通の一人で、デルフォイ研究者として名高いエミール・ブルゲが、学士課程の学生を相手に『饗宴』を講じていた。ヴィクトル・クーザンが気高くも「ソクラテスがアルキビアデスの贈り物を断る」と名づけた場面にさしかかると、ブルゲは私たちに注意した。「とにかく事の成り行きを決して想像しないように」。私〔デュメジル〕は声を上げた。「想像ですって？　読むだけで十分ですよ」。

この引用から分かるのは、こと同性愛に関しては、博学の教授たちの間に同性愛に対する検閲の長い伝統があったということである。学者のそうした伝統は、常識に基づく同性愛の特別視、例えば大衆向けのジャーナリズムや興行に対する政府の規制などを、はるかに拡大することになったのである。そこから、同性愛嫌悪《ホモフォビア》に属する検閲の形態を、以下の三種類に区別することが可能である。すなわち、知的検閲、制度的検閲、自己検閲である。

知的検閲

知的検閲とは、翻訳者、注釈者、その他の文章家による、あらゆる文献の変形である。検閲の形態としては歴史的にこれが最も古く、中世のキリスト教徒による古代ギリシア、古代ラテン文献の研究著作にとくによく見られる。彼らが行った検閲には、三通りのやり方があった。歪曲、再解釈、省略である。歪曲という手法は最も簡単で、最も多い。男性どうしの性愛が出てきたら、二人のうちの一方の名を女性の名前に換えるだけでよいからだ。ソクラテスとアルキビアデスのカップルを例にとるなら、ボエティウスの『哲学の慰め』に関する注釈で、レミ・ドーゼルは、アルキビアデスを「美貌で有名な女性。ヘラクレスの母親かもしれない」と書いている。このように性を一方から一方へ置き換えてしまうことが、長い間支持されていたのである。例えば一六世紀には、ミケランジェロのソネットが甥の息子によって改変されたし、つい最近の一九五五年にも、アンリ＝ジョルジュ・クルーゾーが小説『悪魔のような女』を映画化するに当たって、レズビアンのカップルを、同じ一人の男の妻と愛人に換えてしまった。二人の女は男の犠牲者でもあり、同時に殺人者でもあるという設定であった。

再解釈の手法は、知的な面では上と同じく不誠実なやり方である。それは文献が元々持っている同性愛の意味を異性愛的な意味に変形してしまうからだ。例えばオウィディウスの『恋の技法』の手稿には、正しく翻訳するなら「私は少年愛にはそれほど惹かれなかった」となる一文があるが、これがある道徳家によって「私は少年愛に全く惹かれなかった」と訂正されてしまった。しかも脚注で読者に対して「ここからオウィディウスがソドミー愛好者でなかったことが結論づけられる」と知らせている〈CAMPARETTI, p.115〉。同性愛に関係する文献を再解釈しなければ、あるいは擬装しなければと配慮するあ

まり、翻訳者は時に、そこには元々全く書かれていなかったはずの概念を付け加えてしまうことがある。例えばスエトニウスの翻訳に、元の文献には存在しない、同性愛の実践を禁じる法律が当時存在していたことを示唆する一文が、翻訳者によって差し挿まれていたりするのだから、事態がどれほど深刻であるか分かる。

純然たる省略の手法はと言えば、これはある文献を翻訳したり移植したりするに当たって、同性愛の性質を持つ要素を文献から根こそぎ削除してしまうわけであるから、最も徹底的であると言える。省略の規模は、性別を表す単語一つの無視から始まって、一つの作品をまるごと削除するというものまである。例えばルキアノスの著作集を編んだトマス・フランクリンは、一七八一年の版に『愛について』を入れなかった。なぜならこの作品には、男の愛にふさわしいのは男女どちらの性であるかという問題をめぐって討論する場面が出てくるからなのだ。そのことについてフランクリンは、堂々と次のように説明している。「そこには、少なくともわが国ではすでにご婦人方のおかげでとっくに解決済みの問題が論じられている。新しい議論は何もない。そのため、また他にもより実務的なたぐいの理由がいくつかあり、この対話は完全に割愛することにした。オリジナルをよくご存じの読者からは、容易に賛同していただけるであろう」〈FRANCKLIN, p. xxxvii-xxxviii〉。知的な検閲の一手法であるこの種の省略も極めて長い間続けられた。というのも、ヴェルレーヌの同性愛的な詩を集めた『オンブル』という詩集［一八九一］が「プレイヤッド叢書」の『ヴェルレーヌ全集』に収められたのは、一九九三年、詩人の死後一〇〇年を経てからのことだったのである。

■制度的検閲

制度的な検閲は、知的な検閲にくらべて、もっと新しくもっと強力である。制度的検閲が機能するようになるには、検閲が当局の手に委ねられ、当局が思想表現に関して統制を敷く意志と能力を兼ね備えている必要がある。西洋世界では、キリスト教会が長い間この役割を担ってきた。しかし同性愛に対するキリスト教会の検閲は、ジョン・ボズウェルがその著書『キリスト教と同性愛』の中ではっきりと明らかにしたように、恒常的なものでもなければ、厳しいものでもなかった。しかもボズウェルは、その本の中の「ガニュメデスの勝利――中世前期のゲイ文学」と題された章で、自ら「ゲイのサブカルチャー」と名づけたものの徴《しるし》が、一〇五〇年から一一五〇年の間に、カンタベリーのアンセルムスやボドリ・ド・ブルグイユなど、身分の高い聖職者の書き物に見てとれると考えた。その後ボズウェルの分析は、とくにジャン＝フランソワ・コティエによって相対化されはしたけれども、すくなくとも以下の点についてはボズウェルの研究から結論づけることが可能である。すなわち、一一世紀から一二世紀の間に教会は同性愛嫌悪の検閲をほとんど実施していないことである。その理由は一つには、当時、教会には他に優先すべきこと、すなわち西洋に最後まで残っている異教徒民族を改宗させ、結婚をキリスト教化し、世俗権力に対峙する宗教権力の基礎を固めなければならなかったからであるが、しかしそれだけではなく、教会がそのような検閲を実施するだけの手段を持ちあわせていなかったからである。また、キリスト教が一一七九年の第三回ラテラノ公会議を境に、それ以降、同性愛者に対して不↓寛容になっていくことが見てとれるが、それは当時、同性愛者と↓異端者が混同されていたからであるということも、ボズウェルは明らかにしている。実際、中世末期の大きな異端事件、カタリ派から↓フランスにおけるテンプル騎士団の訴追、そしてフス派に至るまで、あらゆる事件でソドミーの告発が繰り返し繰り返し現れていることを知ると衝撃を受ける。当時の「異端兼男色者」に対する宗教的検閲は、定期的に世俗権力と交代しつつ、拷問や火炙りを含むあらゆる強制権の執行の一環として実施し得たのである。

一六世紀には、↓プロテスタントからの挑戦によって、↓カトリック教会の道徳上の厳しさに再び活が入れられた。そして興味深いことには、リベルタンの詩人に対する同性愛嫌悪の検閲事件が広がっていくのが、この対抗宗教改革の雰囲気の中だったのである。実際リベルタンの思想の特徴は、習俗に関する異端者であると同時に、宗教に関する異端者であれというものだった。従って中世に想定された同性愛者と異端者の共謀関係が、ここに再び見られるのである。それはとりわけ、イエス・キリストと福音史家聖ヨハネは恋人どうしだったというリベルタンのテーゼに表されている。この命題は一五五〇年にリベルタンのフランチェスコ・カルカーニョが訴追されたときの主な告発の中に姿を見せ、一五九三年のクリストファー・マーローに対する訴訟でも起訴事項に含まれていた。マーローは次のように言ったとされた。「福音史家聖ヨハネは、キリストの閨のお伴だった。ヨハネはいつもキリストの胸にもたれて寝た。ヨハネはソドムの罪人らと同じようなやり方で、キリストを利用していたのだ」。

一六二三年、フランスの詩人テオフィル・ド・ヴィオに対して、同性愛嫌悪に基づく典型的な検閲が振るわれた。テオフィルは冒瀆的な言辞と男性どうしの性愛、とくに詩人デ・バローとの間の情事の両方で人目を引いていた。一六二二年に、テオフィルも寄稿して当時の検閲官と信心深い人びとをこきおろしている『放蕩詩人詩集』が刊行されると、叩かれた人びとが反撃に転じた。イエズス会士P・ガラスは翌二三年、伝統的に「反テオフィル」という副題を付けて呼ばれてきた『奇妙な教義』という著作を刊行した。その中でガラスは、プロテスタントを棄てて改宗したばかりのこの詩人の、カトリック信仰に対する熱意に疑問を呈し、またそれとは別に詩人の同性愛を非難している。パリ高等法院の検事総長マティウ・モレは、イエズス会の味方をして反テオフィル・キャンペーンを支援するために、一六二三年四月、『放蕩詩人詩集』の実物の探索に当たらせ、次いで七月には、この詩人の逮捕を命じた。九月、テオフィルはサン＝カンタン近くで尋問を受け、その後コンシエルジュリに投獄された。そこは以前ラヴァイヤック〔国王アンリ四世暗殺犯〕が入っていた独房で、テオフィルはそこで裁判が開始されるのを二年間待たされた。その間に獄中で多くの書き物を著し、自分に対する告発について冤罪を証明しようとした。中でもP・ガラスに答える形で書かれた『テオフィルの弁明』では、自らのつくった「ソドミー愛好者のソネット」について次のように語っている。

> あなたはこれまで貞操に身を捧げてきたために、またイエズス会という聖なる肩書きを手に入れるために、おそらく自らの職務の自然に反するところまで道を踏み越え、あなたはわざわざソドミーの詩をでっち上げ、かくも重大な悪徳を、それを非難するという名目のもとに公に教え広めてしまわれた……。ソドミーの詩をつくることは、一人の人間を罪に落とす理由にはならない。詩人と男色家とでは、おのずから性質を異にするのだ。

一六二五年九月、テオフィルに対してパリ高等法院は、フランスからの追放という判決を下した。その翌年、彼は三六歳で亡くなった。テオフィル・ド・ヴィオの事件は、近代的な同性愛嫌悪の検閲にとって教訓となるケースだったように思われる。というのもこの事件では以下の点が指摘できるからである。すなわち、問題となった作品が発売禁止とされていること、宗教的検閲の後を継いだパリ高等法院が、国家の執行機関と一緒になって介入していること、である。

世俗の制度は絶えることなく拡張していき、現代にはついに、検閲を独占するところまで達した。同性愛嫌悪の検閲が絶頂に達した例が全体主義的体制に見られる。一つには一九三三年以降、ナチス・ドイツがマグヌス・ヒルシュフェルトの研究所を破壊し、その作品を焚書にしたこと、今一つは共産主義体制下で、同性愛とブルジョワ的悪徳とが同一視され、同性愛の表現が徹底的に検閲を受けたことである。

表現の自由が基本的な価値であると見なされている民主主義体制下であっても、さまざまな形態の同性愛嫌悪の検閲が存在することが指摘できる。フランスの同性愛雑誌のケースがよい例である。同性愛者のための雑誌を創刊しようという試みはすべて、刑法に書かれている「良俗壊乱」の概念に違反してしまう。例えば『性逆転』誌が一九二四年に「良俗壊乱」とされた。そしてその後、広告を禁じることが可能だった（今でも可能な）若者向けの出版物に関する法律が、一九四九年以降、同誌に適用された。こうした出版物の大半はそれによって実際上、息の根を止められてしまう。例外は雑誌『アルカディア』だった。同誌は、一九五五年から一九七五年まで、定期購読者のみに配布することによって生き残ることに成功したのである。一方、その他の雑誌、新聞はすべてこの法律の犠牲となった。『フュチュール』〔未来の意〕誌と『ユウェントゥース』〔青春の意のラテン語〕が一九五〇年代六〇年代に、ＦＨＡＲ（同性愛者革命的行動戦線）とＧＬＨ（同性愛解放集団）の機関誌が一九七〇年代に標的となった。この二つの機関誌は、ピエール・ゲナンの発行している人気のある男性誌と同じように、定期的に訴追されている。

　有名な『ゲイ・ピエ』誌でさえ、検閲の雷に立ち向かわなければならなかった。当初、創刊したての数年間に渡ってずっと検閲を免れていたのは奇跡であった。本当のところは、同誌がミシェル・フーコーやジャン＝ポール・サルトルの文章やインタヴューを掲載していて、知識人の支持を集めていたからというのが理由であろう。それが一九八七年三月、ついに内務大臣シャルル・パスクワから発行禁止の脅迫を受けた。このとき『ゲイ・ピエ』誌を支えたのは、この脅迫を報道における表現の自由の原則への侵害であると見なしたジャーナリストとともに、左から右までさまざまな政治家たちであった。左の政治家では、例えばブックフェアで『ゲイ・ピエ』誌を小脇に抱えているところを目撃されたジャック・ラング、右の政治家では、例えば文化相のフランソワ・レオタールがいた。レオタールはそれによって右派リベラルの寛容が以前より拡大したことをアピールしたが、同時に政府部内の団結も破ったわけである。この一九八七年春の『ゲイ・ピエ』誌事件で興味深いのは、検閲の試みが時を誤ったという点だ。もしもほんの十数年早かったら、『ゲイ・ピエ』誌の発禁は、ほとんど誰からも関心を持たれることなくすんなりと通ってしまっていたであろう。しかしもはや、検閲は時流に合わなくなったのである。このことは、検閲が国家と社会の力関係の産物であるということを示している。社会が国家に対して十分な圧力をかけているときには、国家は社会に譲歩せざるを得ないのである。

■自己検閲

　自己検閲は、知的な検閲や制度的検閲にくらべると、もっと捉えがたい性質のものである。それは同性愛の作家が生みだすものであり、もはや外部からの検閲でなく、内部からの検閲である。自身の同性愛とうまく折り合いをつけることができないでいる者は、自己検閲によって内面の混乱から解放されるのである。そうした人物の中には、支配的な社会規範や防止と予防のための機構、外的な検閲を切り抜けるための策略など、さまざまな要素が自己検閲によって内在化され、さまざまな割合で混じりあっている。ロジェ・マルタン・デュ・ガールが『モモール大佐の回想』の出版を自分の死後にしか認めなかったのは、明らかに防衛のための策である。しかしジッド↓が『コリドン』の刊行を長い間躊躇《ためら》っていながら、最後に結局その刊行を友人の忠告に逆らってまで決意し、その結果、正真正銘の出版スキャンダル↓を巻き起こしたことについては、何と言えば良いのだろうか。同様にプルーストの作品において、その長い紆余曲折の中には他にもいろいろな要素はあるけれども、結局同性愛に関しては何と言えば良いのだろうか。本当のアルベルチーヌは誰なのか。プルーストの立場は語り手なのか、シャルリュスなのか。『失われた時を求めて』という作品の中で、「ソドムとゴモラ」の冒頭の「女＝おとこ」について考察しているくだりの恐ろしさと、その直前のジュピアンとシャルリュスの交接の場面や、「見出された時」の中の男娼宿の場面を語る物語の愛想の良さとのどちらを心に留めるべきなのであろうか。

　もちろんプルーストは極端な事例である。しかし同性愛の作家は大半がプルーストを参照してきた以上、やはりプルーストは同時に自己検閲の創始者の一人なのだ。だからジャン＝ルイ・ボリーが「仮面の拒否」と題して行った発表を見ておくことには大きな意味がある。この中で彼はプルーストを引用し、また自分自身による検閲について語っている。

　最初の本を書いたときから、私はいつの日かこの問題についてはっきりと書くことができるということが分かっていました。私は長い間この問題を避け、長い間この問題を嫌がり、長い間……そう、ごまかしてきたのです。プルーストがごまかしてきたのと同じやり方で。私の初期の小説の中には、少しばかりはっきりと、この問題に触れているものがあります。でも、いずれにしてもそれは上辺だけのやり方でした。それは『潮で磨り減って』というタイトルの小説です。その中で私はフェリシアンという名前の男と、ジョルジェットという女の恋愛を語っています。ジョルジェットは、あろうことか、軍人です。いやそれはあり得ます。陸軍婦人部隊があったのですから。ジョルジェットの女性化のやり方は、アルベルチーヌとくらべてやり過ぎで、下手くそ過ぎです。だから見え透いているのです。何しろジョルジェットは刺青をしているのです。だからほとんど誰も間違えない。と言っても、誇りに思っているわけではありません。それはやっぱり逃げているのです。また私は、同じ本の中で、映写技師のムッシュー・ボナヴェンテュールと、ムッシュー・シュザンヌという名の床屋との間の情熱的な友情を語っています。それで私は少し前進しました。でもまだ目くばせをちょっとしただけに過ぎません。事はもっと重大で、目くばせをかわせばいいというものではないのです。それでその次の本『チロル風クリスマス』で、私は一歩踏み出しました。アロイスという名の男と、ピエールという名の男の間の恋愛を、もっとはっきりと描写したのです。でもそのときにはもう、次の小説、その本の続編のことを考えていました。それが『シマウマの皮』です。この作品には覚悟を決めて臨みました。その中でアロイスは、本当はフランソワ=シャルルという名前で、ピエールの恋人であることが分かります。それから『潮で磨り減って』のフェリシアンも出てきます。それで私の性愛がどのような性質のものか、本当のところが理解されます。仮面は恐ろしいほど透けています。しかしまだ、私が使っている「私」が、物語上の「私」である以上、もう一つの仮面があるのです。読む人は、語っているのはフランソワ=シャルルだ、フェリシアンだと信じこむことができます。ああ、ここではフランソワ=シャルルだな、こっちはフェリシアンだと、言えてしまうのです。でも作者はどこにいるのでしょうか。

エルヴェ・シュヴォ（山本訳）

↓異性愛主義、ヴィオ、ヴィヨン、学校、共産主義、警察、ジッド、スキャンダル、ヒルシュフェルト、ファシズム、文学、メディア、歴史

語彙

同性愛嫌悪《ホモフォビア》の言葉を検討するには、同性愛という現象を言語的に考慮することが必要である。同性愛者の現実を語るための言葉は、世界の表象の論理に属するのか、それとも拒絶の論理に属するであろうか。「ホモセクシュアル」という語は、個人の行為に限定された次元をよりどころにしている。より肯定的で性的側面に限定されていない「ホモセンシュアル」という語を選ぶ者もいる。この性的側面は、七〇年代の性革命にも拘らず、親密な会話や中高生の会話を除いて、言語のレヴェルではかなりタブーであり続けているためである。民主的社会での言説や議論に性的次元を組み込むことは、今でも欠如している。従って、同性愛は、一部の突飛な表象言語か、多くの場合は沈黙に限定される。「異性愛」という語自体が、「同性愛」カップルに対置されて、その後に登場したのであった。自明であることは、おそらくアプリオリには呼称を決定しない。みんなヘテロではないか？　そうであるなら、なぜそれを語る、あるいはそう述べる必要があるのか？

言葉は、よく見ると何百年も前から↓異性愛主義（ヘテロセクシズム）的と呼べる規範を表現してきた。世界は、正常な人間、つまり異性愛者のプリズムを通して見られ続けている。異性愛者は言葉によってその社会的支配を永続させる。そうである以上、同性愛についての言葉は、多くの場合、同性愛嫌悪の言葉である。これは、実際には社会のダイナミズムの中で、あらゆる偏見と差別の源となる規範的な基準に基づいて人間的集団を分類し名指しすることに常に伴うリスクである。ディディエ・エリボンが述べるように、まさに同性愛者は、侮辱から生まれているのである。同性愛者が自らの社会心理的アイデンティティを統合するのは侮辱によってである。攻撃的な表現の多くがそうであるように、この侮辱は、おそらく恐れから生じている。この場合は、男性の社会的役割に違反することへの恐れである。同性愛欲動の可能性からは誰も逃れられないように見えるだけにである。そうであるがゆえに男性異性愛者は、異性愛規範によって定義された社会で軽蔑されている役割を担うことや行動をとることと同じ程度に、リスクを冒すことを激しく非難する。男性は、強く支配者である義務があるのである。彼は、受け身で女性化し、弱く支配された同性愛者を公然と非難するだろう。言葉が真っ先に反映する同性愛者のイメージはこれである。

女性同性愛は、拒絶や侮辱を免れないとしても、同性愛嫌悪用語の領域において男性同性愛と同じ位置を占めているわけではない。常套句となった説明であるサッフォー的な愛に没頭する二人の女性の（再）征服は男性にとっての挑戦である（異性愛ポルノ映画の紋切り型である）ということを持ち出すのがよいだろうか。それともむしろ、ご婦人方がすでにマイナーな語彙状況にあるのに、レズビアン連中を指さすことにあまり意味がないということだろうか。いずれにせよ、女性はほとんど語彙の創造にアクセスを持っていなかったので、同性愛嫌悪的語彙を作り上げたのは男性権力である。レズビアンは、表現されることが少ない。フランス語では、「グイヌ」「グドゥ」「グス」「レスビッシュ」「トラック運転手《キャミオヌーズ》」、英語では「ブッチ」「ダイク」などである。レズビアンに対する侮辱は、異常とされる行為によって、男性の性的支配を拒むレズビアンを罵ろうとするものである。

確かに同性愛嫌悪は言葉によって表明されるが、沈黙や言葉の婉曲といった言語的態度によっても表明される。異性愛主義的無知、さらには愚鈍を表すとともに、中傷し「他者」への嫌悪を表明する用語を、こういった言語的態度に従って分類していく。

■否定

言語における同性愛嫌悪の最初の現れは、言葉の不存在と沈黙によって特徴づけられており、全体が性的タブーと重なっている。世界は、その不在によって異性愛的である。積極的な言説あるいは中立的な言説すら不在であること、自らの偉業を多様に変化させる異性愛多数派に比して身元を証明するモデルが不在であることは、若いゲイやレズビアンを孤立、さらには抑鬱へと導く。従って、学校の運動場で行き当たりばったりに投げつけられるあらゆる種類の侮辱（「オカマ」、「ホモ」など）はどれも、よりどころを見つけるのに苦労している子どもや少年に対する、直接間接の暴力である。同性愛者の若者における自殺率は、異性愛者の若者のそれに比べてはるかに高い。この沈黙が死をもたらすのである。物事を明らかにして緊張を和らげるという言説の果たすべき役割は、果たされていない。権利の平等やパックスについての公的論議にも拘らず、善意のトークショーやテレビ映画にも拘らず、明らかにゲイやレズビアンである登場人物が出てくるテレビドラマ、つまり善意とメンタリティの変化を示す言説と宣言は、完全には効果を発揮していない。少なくとも欧米においてはこの変化が前向きであることは確実であるとしてもである。田舎の小さな街で同性愛者であることは、その孤立を考えれば相変わらず困難であり続けている。

■それを言うための言葉

同性愛嫌悪を表明するには複数の方法があり、それは侮辱の一般的な方法とも通底する。一連の侮辱は、ステレオタイプとして構築された特徴に基づいている。受け身、女っぽい、軟弱（オカマを掘られたやつ、オカマ、女役、ふぬけ……）、男のような（トラック運転手《キャミオヌーズ》）、党派的である（それである）といったようにである。隠喩－換喩的なプロセスは、一元的な性質への矮小化である（女性化、行為など）。常に侮蔑的である「～野郎」や「汚い／小さい／太った～」のような言い回しの使用、一連の呼称を並べる数珠繋ぎ（～のホモのオカマ野郎）、あるいは「私には同性愛者の非常に仲のいい友だちがいるが、しかし……」のような雄弁に物語る弁論上の配慮。ここではこの見せかけの配慮によってあらゆる同性愛嫌悪の推定から身を守れると考えられている。

異性愛主義的な使用法では、（フランス語の）ホモセクシュエル、ゲ、レスビエンヌ、（英語の）ゲイ、レズビアン、（ドイツ語の）シュヴラー、ホモゼクスエラー（ホーモは軽蔑的である）、（スペイン語の）オモセクスアル、ガイ、レスビヤーナといったより中立的な用語も、右で見たような表現やその国語における対応語を付け加えれば、侮辱的に使われないとは限らない。続いて、呼称の中で強調されている態度や特徴に応じて語彙を分類してみよう。毎回透けて見えるのは、アイデンティティと尊厳に関しては同性愛者を脱カテゴリー化し、脱分類化しようとする試みである。それは否定的と見なされる特徴に応じて同性愛者を再カテゴリー化し、そうして他として追い払うためである。

第一の拒絶の態度は、無意識であっても、侮辱の対象を中和して歪曲することにある。対象を物象化し、「それ」と呼ぶのである。「彼／彼女はそれだけど、私は別に構わない」。「足を骨折するよりはそれの方がましだ」。確かに侮辱は意図的ではないが、言葉は、「第三の性」と呼ばれる者に対しての居心地の悪さを表している。

同性愛嫌悪による歪曲のうち最も明らかなのは、男性同性愛者の女性化である。同性愛者と言って連想されるイメージは、この女性化した受けのイメージしかないほどである。あらゆるカテゴリーの同性愛者が女性化した男性同性愛者を表す語へと回収される。オネエ《フォル》、オカマ《タペット》（タペットは、性交するという意味のタペという動詞から作られた女性形指小辞である。「タペ・ユヌ・ファム」は、一七八九年にソドミーを意味することが文献により確認されている）、タピオル、タタ（タペットの最初の文字の繰り返しであり、タントにかけている）、タント（おばの意で親族関係からの隠喩である。以前には、例えばバルザックのように、年齢に応じて、若い女を意味するモーム、従姉妹の意であるクジーヌ、タントと使い分けていた）、そしてそのヴァリエーションであるタントゥーズ、さらにタルルーズ、ペダル（自転車の意味も持つペダルは男色家を意味するペデラストとその省略形ペデからきており、サドルの上での自転車選手の姿勢にかけられている可能性がある）、フィオット（肛門を意味するフィオンと兵卒を意味するトルフィオンから）、アマ《ゴンゼス》、その他ロプやロペット（恋人《コパン》に軽蔑的に接尾辞をつけたコパイユのラルゴンジ隠語◆であるロパイユケムから）などである。常に軽蔑的な女性化は、いわゆる受けの同性愛者を指している。いかなる同性愛者のカップルも次のような質問から逃れることはできない。「どっちが女役なの？」

英語も、同様の方法を使う。フェアリー（なよなよしたホモ野郎の意）、クイーン（女性っぽい男性同性愛者の意）、さらにシシー（めめしい男の意）、ファゴット（オカマと同意。犯罪者やあまり徳のない人びとに刻まれる恥辱の刻印は、火刑に関連してまきの束《ファゴット》を表していた。ちなみにファグドという分詞は、「へとへとにつかれた」を意味する）がそうである。ドイツ語（トゥンテやシュヴヒテルは、ほぼフランス語のタントやタントゥーズと同じである）やスペイン語も同様である（マリコンマリカは、フランス語のタペット、ペダルである。マリカは、まず「おしゃべり女」を意味するが、これはフランス語のジャケットを思わせる。この女性的でか弱い男性同性愛者という特徴は元々「蝶々」を意味していたマリポーサの中にも見ることができる）。

レズビアンについては、男性化という同等の方式を期待するであろう。彼女たちはまぎれもない「野郎」であろうと。そこで気づくことは何であろうか。使用されている唯一の男性的用語は、ジュール（愛人、恋人、夫）だけであり、それも非常に稀である。この稀な用語の他には、男っぽいと思われているレズビアンの特徴を誇張するときでさえ、使われるのは女性的な言葉である。キャミオヌーズ（トラック運転手の女性形。男性的とされる職業と女性運転手のものとされる容姿に関連している）、オマス（男性的な見た目のレズビアンについて、英語のブッチ「頑丈な」に当たる）がある。従って、女性は「男性的な尊厳」には達しないのである。女性的なるもの（女性形を作る -asse というフランス語の接尾辞）は、すでにほとんど侮辱的性質を表している。

それでは、レズビアンが受ける侮辱の中で、よく使われている特徴は何であろうか。地理的な起源の特徴（サッフォーの島であるレスボス）は、それ自体は否定的ではない。しかしながら、歴史的にはレズビアンはまず男性の愛人である稚児を指す男性名詞であった。レズビアンという用語（そしてより否定的な派生語であるレズビッシュ）が女性を指して使われたのは、後のことに過ぎない。グイン、グーニュ、グニョートという言葉は、「あばずれ」を意味する

◆ラルゴンジ隠語　語頭の子音をl（エル）で置き換え、その子音を語末に置き、-em, -é, -i, -oque, -uche, -ard などの語尾を加えて作った隠語。
（齊藤）

ノルマン語の古い名詞に由来している。レズビアンに使用される前には、売春婦をさした。グニョテという動詞も「女性と性的関係を持つこと」を意味した。グースという言葉については、「雌犬」、次に「淫らな女」を意味した古フランス語のグース、あるいは「犬のように下品に食べる」という意味のグセという動詞に由来するとされる。これらの意味が共時的には存在しないとしても（派生語のグドゥについても同様である）、同性愛嫌悪語彙の構築においては、レズビアンは、あばずれや淫らな女の集団、つまり人間にふさわしくないか、人間以下に還元されることに変わりがない。従って、異性愛主義的言語の中で女性を唯一救えるのは、規範と男性支配への従属だけであることになる。

陰謀理論、セクトへの恐れ、分離志向などが、一定の表現の起源になっていることもある。「ジャケットである（ジャケットは、受けの男性同性愛者を背後から見た姿を想起させる）」、「その仲間である」、さらには「それである」と言う。これは不確定の集団への所属、脱個人化による没個性化、先述した中和の意図（「それ」［フランス語では中性代名詞］は、男性でも女性でも中性でもあり得る）をかね合わせている。スペイン語は「向かいの歩道である」という。さらに「分かる」という動詞が、分離された集団への帰属と彼らが彼らの中で分かり合っているということを強調するために用いられる。

ある人をその活動や行動によって指し示すこともできる。侮辱はこのやり方によっており、性的行為を寄せ集めて作られる。こういうわけで同性愛者は、男色家《ソドミト》、オカマを掘られた者《アンキュレ》、オカマを掘られた者《アンパフエ》、くそで汚れた者《アンフォワレ》として扱われる（英語のペニスをしゃぶる者《コックサッカー》、ドイツ語のオカマを掘られた者《アルシュフィッカー》）。レズビアンは、口で愛撫する者、恥丘を愛撫する者、呪われた芝生、芝生の信者として扱われる。ここでゲイに関する呼称では、ほぼすべて受け身的性格が強調されているということに気づくであろう。同じ考え方で、命令形の侮辱では、「〜しろ」ではなく「〜されちまえ」となる。〜には「入れる、挿す、やる、抱く、肛門性交をする、ケツを掘る、のる、つっこむ」が入る（英語では「ファック・ユー」、スペイン語では「ケツをやられに行け《ベテ・ア・トマル・ポル・キュロ》」や「オカマ掘られちまえ！《ケ・テ・デン・ポル・キュロ》」）。

唯一の「攻め」側の呼称は、「性的に挿入する」「攻めの同性愛者」を示す「挿す者」であるが、これは刑務所で、↓小児性愛者を含めて性犯罪者を指すのに使われる傾向がある。この点について、「少年を愛する」「ギリシアの同性愛カップルの年長者」のことである男色家《ペデラスト》という語は、年齢に関係なく同性愛は誤っているという価値を伴って一九世紀に広まった。ペデという表現（「アザラシ《フォック》のようなホモ《ペデ》」という表現は、アザラシにそれと同音の船首三角帆《フォック》がかかっていて、帆が後ろから風を受ける動きを暗示している）、そしてその派生語であるペドック、ペダル、そしてペエデエ（あからさまな母音の延長）、ペド、さらにスノッブなペードといった変化形はこの誤った受容をもとに広まった。ペデラストという語の多義性によって、同性愛と小児性愛《ペドフィリア》が混同された。

同性愛嫌悪者は、拒絶、否定を正当化するために科学に訴えることが多い。世界保健機構は、同性愛を病気と見なしていた。↓精神分析学は長い間、同性愛を逸脱行動と見なしていたし、一部の学派は今でもそうである。そこから↓倒錯者（パーヴァート）や↓性逆転者（インヴァート）という語が出てくる。どちらかと言えばこれらは高尚な言語である。

病気、悪への同一視は、今日でも↓エイズ禍とともに作用している。同性愛者は「リスクグループ」と見なされる（エイズ患者と呼ばれることもある）。異性愛男性をも含む危険な行動よりも、むしろ、同定できる人びとの集団に烙印を押すことが好まれるのである。同性愛とエイズの同一視は、まだ続いている。今日でも例えば、複数パートナーを持つ人びと（行動）よりもむしろ男性同性愛者（集団）を排除する赤十字の献血時の問診票の中にそれを見ることができる。ペドファイルとペデという語彙の歴史に由来する混同は続き、最近の小児性愛《ペドフィリア》事件の際に、ペデをペドファイルとして扱うことが再び見られた。同性愛の起源の探索は遺伝子にまで及んだ。欠陥のある遺伝子が、この逸脱の原因であるかもしれないというのである（↓遺伝学）。手術がそれを「治す」ことができると言わんばかりであり、そこには優生主義が見えていた。

そして同性愛は、性的指向がほとんど関係のない事件において、法的加重事由のように現れることがある。例えば、自動現金支払い機強盗に関して、いくつかの新聞が、「犯人は同性愛者である」と見出しを付けた（「犯人は異性愛者である」という表現を見ることはめったにない）。このような言及は、同性愛を病気、罪に同一視することを助長し、無意識にであれ全体的な同性愛嫌悪的空気を助長する。

▩言葉の磨滅

言葉は、集中的に使われると、時にはその意味が浸食され修正される。フランス語のピュタン（売春婦の意）や英語のファックは、今日では、売春婦や性的行為よりもフレーズにリズムを与える句読点の一形態であることが多い。一部の侮辱に関しても同じである。

それらは、時にはその基本的な意味内容を失い、それ自体侮辱的である以上の意味を持たなくなっている。ペデという言葉を誰かに浴びせるとき、それはその誰かの性的行為を常に指しているわけではなく、単に誰かを拒絶する意思を示しているだけである。同様に、「俺たちはペデじゃない」というフレーズは、必ずしも同性愛を指しているのではなく、単に臆病や軟弱を指すといった風にである。ゆえに「ペデ」は、侮辱の精髄になったのである。悲しい特権である。

それはそうとして、歴史にはより積極的な例も見出せる。古フランス語では、ブーグルは同性愛者を指しており、これは中世期にブルガリアの異端を指す否定的な語であった。今日、「いいブーグル」と言えば、ただ単に「いい奴」の意味である。劣等烙印は消えたのである。

▩内在化と積極的回復

侮辱は、その多くが発話状況に依存する。誰が、誰について、どのような文脈で言っているのか。誰を聴衆としているのか。事実、侮辱では証人の重要性を無視することはできない。侮辱は第三者が判断できることを必要とするからである。ここまで、集団の外部からの同性愛嫌悪的名指し（異性愛主義的名指し）をとくに扱ったが、さらに同性愛者自身が自らを名指す仕方についても考えなければならない（自己命名）。

そこには二つの区別されるメカニズムがある。内在化と回復である。同性愛嫌悪の内在化は、意識的にであれ無意識的にであれ、集団の内部において、外部から課された言説、とくに、過ちの自白（同性愛を「自白する」）の言説とそこから生じる↓恥の言説を再生産する。しかし、内在化によってさらなる区分が生産されることもある。そのうちいくつかは、同性愛嫌悪的異性愛者が同性愛者を拒絶するのと同じ理由で同性愛者自身によって拒絶されている。トラヴェロット、ロプ、キュイルあるいはキュイレット、ヘテロルック、コワフーズ、ドラァグクイーン、ジム・クイーンなどが区別される。ゲイの間で、↓寛容が必ずしも通用するわけではない。例えば、バイセクシュアルは、「抑圧された者」のグループに矮小化されることがある。それはそうとして、同じ語が、対話者や状況によっては、感じのよいものにも侮辱的にも感じられることがある。

最後に、差異と非差異への権利、そして今は権利の非差別のために続いてきた闘いの機会に、ゲイとレズビアンは軽蔑的に使われてきた語を自らのものとし、それに力を注いで、権利要求の旗印に変えていることを取り上げる。侮辱が、誇りへのパスポートになっているのである。私たちはペデやレズビアンであり、そうであることを誇りに思う、と言うのである。もう何も「白状」すべきことはない。（アウティングされていなくても、）「カミングアウト」し、「↓クローゼットから出る」のである。最も積極的に使われているのが「ゲイ」という言葉である。これは陽気さ（英語のgayとフランス語のgaiは「陽気な」の意）に関係していることもあるが、侮辱にかなりよく抵抗している。（「ホモ野郎」と言えるのに対して）「ゲイ野郎」とはもはや言えない。というのはこの語が、転覆するにはあまりに重い積極的な力を持っているからである。

同性愛者の権利の承認を超えて、とくに言語におけるその痕跡を通じて、認められ尊重されなければならないのは、多様な性的行動であり、ホモ／ヘテロの二項式だけではない。それが（「奇妙な」「病気の」「同性愛の」）クィア運動（「クローゼット／慎み」の項の注参照）の意味でもある。これは、ゲイとレズビアンのコミュニティの中において、そのアイデンティティの確立の背後で根付きつつある幾分規範的な順応的態度を拒絶しているのである。

ダン・ヴァン・レムドンク（齊藤訳）

↓医学、異常、異性愛主義、カリカチュア、侮辱、文学、ユーモア、レトリック

広告

広告は、言説、幻想の対象、本質的にイデオロギー的な対象であり、時には明らかに政治的でもあり得るが、何よりもまず経済的な対象である。広告言説の同性愛についての表象を形作るのは、第一に広告言説のこの本質的な特性である。それに、そのことは隠されていない。二〇〇〇年一〇月、ピュブリシス［フランスの広告会社］の戦略的プランナーであるジル・モローは、広告と同性愛の関係について尋ねたあるジャーナリストに、次のように答えた。「フランスにあるのは、昔から基本的に、警戒、さらには及び腰の態度です。一部の顧客に不快感を与えたり、そのようなコミュニケーションが商標のイメージに傷を付けたりすることを望みません」。ここで彼は、非常に婉曲に、マーケティング上の「憂慮」を表明している。この憂慮は、広告という構造物の中に宿っており、広告言説の性質が何よりもまず、妥協的なものであり、従って潜在的には同性愛嫌悪的《ホモフォビック》であることをはっきり示している。このような評価だけでは、メディア空間において広告がとる多様な態度を説明することはできないだろう（というのも、広告には、社会的コードとの断絶を利用するものもあるからである）。しかしながら、広告における同性愛者の表象は、ターゲットの都合上（できるだけ多くの消費者を引きつけることが重要である）、同性愛の社会的イメージの変遷に従っており、そのために、時期によっては同性愛嫌悪的でないことがあるとしても、少なくとも、その時々のかなり異性愛主義（ヘテロセクシズム）的なイデオロギーを受け継いでいることは否定できない。この点から、広告における同性愛表象を三つの大まかな時期に区分することができる。広告の開始から一九五〇年代終わりまでは、同性愛は否定されるか隠されていた。一九六〇年代から一九九〇年代初めまでは、戯画化されていた（↓カリカチュア）。一九九四年からは、「物象化」されている。隠す、戯画化する、物象化する。登場する同性愛嫌悪の多くは、そうとは言わずにこれらの形式をとる。

■隠す

広告の登場から、一九五〇年代終わりまで、広告が、少なくとも明示的に同性愛を登場させることはなかった。同性愛は、社会的タブーであって、広告にとってほとんど思考不可能なものである。広告は、「大多数」によって「受容可能」と判断される表象からなる安心というドクサを肥やしとしているからである。とくに、一九五〇年代に登場したマーケティングは、その掟、すなわち大衆の掟を教え込む。マーケティングはアメリカ合衆国に生まれ、広告メッセージの効率性を確立するために、核家族を価値の中心に置き、同性愛の居場所などない西洋諸国の家父長制的な文化を汲んでいる。従って、マーケティングが後押しする広告が社会について表象しているものの中に見ることができるのは、原本通りのコピーではなく、西洋社会に宿る価値の特徴を示す構築物であり、西洋社会を悩ますタブーである。というのは、音声によるものであっても文字によるものであっても、言語の最高度の魔力のために、透明なコミュニケーションは存在しない。それを言明する者にとってすら、あるいはそれを言明する者にとってこそである。「価値」が何らかの志向性の対象であるならば、その結果として、その価値が多少なりとも明白であるならば、タブーもまた透けて見えるのである。メッセージの意味の明示的なレヴェルではなく、さまざまな意味を含んだ記号が作用する暗黙のレヴェルにおいてである。そうである以上、同性愛は、この時期の広告の中に無意識に存在している。それは、否定できない現実を暴露する、一種の言い間違いのようなものである。

　こういうわけで、一九一七年から、非常にマッチョなアメリカ文化の象徴であるP&G社の「アイヴォリー・ソープ」という石けんの広告の中に、互いを見ながら体を洗う男性という心乱す表象を見出すことができる。この挿絵は、幅広く多様な読者を持つ『ナショナル・ジオグラフィック』誌に掲載されたが、試合の後のスポーツ選手が登場しており、最も両義的な商品宣伝の一つとなっている。以下、その抜粋である。「荒々しい勝負の後のシャワーは、自分にあげる楽しみの中でも小さなものではありません。最後のホイッスルの後、やっと自分がどれほど熱く、肌がひりひりしているか感じるのですから」。舞台は、ファンタジーに満ちた場所であるロッカールームであり、そこでは好奇の視線が交錯する。のぞき見するもの、あたかも石けんを拾うかのように、他のものに背を向けてしゃがんでいる者さえいる。というのもコピーがそう言っているのだ。「アイヴォリー・ソープ。それはすべっていく」。異性愛的な男らしさ（スポーツ選手）の演出の外観の下で、私たちが目撃しているのは、この挿絵の中にある非常に性化された男性間関係表象を見せる記号の集合である。「アロー」という下着ブランドがモデルを置いたのは、またしてもロッカールームである。今度はシャワーの下ではないが。一九三三年のこのキャンペーンでも、コピーは最も驚くべきものである。そのトランクスの「色彩加工」をアピールするために、このブランドはこう叫んでいる。「これからはシームレストランクスも陽気《ゲイ》に（でも、あまり陽気《ゲイ》過ぎずに）」と。このコピー、とくに括弧の中の言葉は、いくつもの次元で解釈される余地がある。外示されたのは、このひと揃いが提案する色は、それほどエキセントリックではないという説明である。そうであると、当時の男性にとって「エキセントリック」な色を身につけることが何を意味したのかを私たちは考えることになる。広告の若者たちは、このメーカーものを着ながら自分のパンツの色の暗黙の意味を心配しているように見えるとしても、彼らは視線の様子ではそれほど困惑していないようである……。ちなみに「ゲイ」という語は、一九二〇年代から同性愛者の間で自らを指す言葉として用いられていたが、アローが同性愛的要素を持たせようとしていたかについては定かでない。

アイヴォリー・ソープの広告

　これら二つの例は、言われたことと言われなかったことの間のパラドックスを特徴的に示している。言われなかったことは、これらのメッセージを生産する社会での同性愛の地位を明らかにしている。言外の意味に宿る這うような同性愛嫌悪がはっきりと表明されるようになるのに、時間はかからなかった。一九六〇年代から一九九〇年代にかけての広告の言明は、その内容そのものにおいて、おおっぴらに、言うなれば無頓着なまでに同性愛嫌悪的である。

■戯画化

　一九六〇年代、テレビの大量普及に伴って、広告の言明は形式を変える。広告は物語の時代に入り、物語のさまざまなジャンルが開拓される。物語という視線で見ると、同性愛者の人物像が登場するのは、諷刺から滑稽ものまで、必ず喜劇のレパートリーである。この時期は、広告の言説が最もおおっぴらに同性愛嫌悪的であった時期で、この年代を通じて、「オネエ」と「異性装者」が大量に登場した。これらの矮小な紋切り型は、同性愛を（生まれつきの異常という意味で）「奇形」として描写して烙印を押し、人びとはそれを面白がると同時に、それに驚愕の視線を向けるのである。トランスジェンダーの姿は、同性愛の換喩になる。このような商品説明のよい例は、一九八七年に放送されたハムレットという葉巻の銘柄のテレビCMである。恐怖映画のセットの中で、カメラが、シーツの下に横たわったフランケンシュタインのような登場人物を映し出す。この登場人物は、突然起きあがって、自分のシーツの中に心配そうな視線を投げる。彼は息をのみ、悲しい音楽が流れ、彼がそこに見つけたのものが彼にショックを与えたらしいことが分かる。続くシーンで、この怪物は、おそらく恐ろしい発見から立ち直るために、葉巻を手に取る。彼が足を組んだので、私たちは彼がストッキングをはいてハイヒールを身につけているのだと分かる。↓ユーモアの見せかけのもとで、ここでトランスジェンダーは、あかさらまに奇怪として名指しされているのである。

同性愛者は、「滑稽で感じのいい」道化の役割を演じるか、「だまし絵」および「間違い」といったパターンで構築される物語的図式の中に現れる。そこでは、「怪物」の本当の「性質」が発見されたことによって、さまざまな程度のパニックが引き起こされる。例えば、ブイグ・テレコム［フランスの通信会社］の「ノマド」というプリペイドカードのキャンペーンが、思い起こされる。「拘束《アンガージュマン》［約束、愛の誓いの意］なしの携帯」という商品の販売促進のために、この企業は、自分の新婦が男であることを発見する新郎を登場させている「愛の誓い《アンガージュマン》の前によく考えよう」というコピーが現れる。ここで同性愛は、異常あるいは病的なものの領域へと追いやられている。

独創性を追求する広告業者を引きつけるのは、まさにこのいわゆる「異常性」であり、これら広告業者は、この「異常性」を大量の言説の中で目立たせるために使うのである。戦略的な表現の選択の問題であり、広告というメッセージの形式から来る単なる不幸な帰結ではない。確かに、カリカチュア的傾向を批判されたときの広告業者のいつもの反論は、そのような傾向は、少ない時間、映像と言葉で、たくさんのことを言わなければならないという広告言説の簡潔さから来る避けがたい結果であるというものである。「より早く、よりうまく表現する」類推と隠喩に訴えることが必要であるという口実で、広告業者は汚名をすすいで、自らの構築物を非政治化しようとするが、それはすぐれてイデオロギー的であることに変わりがない。ところで最近ではある現象が、このような広告業者の主張を否定していることが分かる。近年では、一九九〇年代以降のフランスにおけるコミュニティ形成の結果として、同性愛者のマーケティング・ターゲット化が、政治的、そしてとりわけ経済的な観点から登場している。ところで、とくに同性愛者をターゲットとする広告が滑稽のレパートリーに入ることは稀で、そこでは「隠喩的」でない同性愛者の表象が企てられている。従って、それは可能なのである。それがよく分かる例は、ジョニー・ウォーカーというウイスキーのゲイ向けの一九九七年のキャンペーンである。その一枚のポスターでは、「仲間の一団」がいて、そのうちの一人は黒人であるが、彼らの外見は、その年代のその他の男性と変わらない。コピーには、政治的な意味が込められており、以下のように述べている。「これが最後、ライフスタイルではなく、人生なのだ」。このメッセージは、同性愛を「ライフスタイル」、従って個人のスタイルにする言説、とくに広告の言説を告発している。これは、同性愛について、通常の広告言説の対極をあえて選んでいる傍流に属しており、通常の言説の一種のネガのようなものとして通常の言説の形式と痕跡を裏側から浮き上がらせている。

■物象化する

「写真のネガ」戦略は、とくに一九九〇年代以降の広告と同性愛の関係に内在するパラドックスへの一つの回答である。このパラドックスは広告的言説の地位に由来している。広告業者にとっては、大まかに言って、潜在的消費者の最も多くの部分を引きつけることが重要である。従って、怖がらせてはいけないのである。その限りで、広告の仕事は、経済的な論理（できるだけ多くの購買者ターゲットを同定し射止めること）と修辞的な論理（このターゲットをできるだけ広くつかむ言説を開発すること）に分解される。修辞的な論理からは、ドクサ、固定観念、そして政治的正しさを基礎とする言説を構築することが求められる。この観点から、同性愛は二重の問題を提起する。一方で、同性愛者のコミュニティが高い購買力を持つ社会集団として現れているので、これを無視することはできず、時にはこれに向けて発信することが戦略的に有効になる。他方で、広告業者は、このような発信が商品のイメージを害することを強く恐れる。この恐れは、社会に影響を与え続けている同性愛嫌悪感情の反映でしかないが、いくつかの研究が示しているように、売れ線らしい「ゲイ文化」が存在するとしても怖いのである。「市場の隙間」戦略を選択する、つまり、大衆を気にかけず、特定の社会集団（この場合同性愛者）に向けて特別に発信することを選ぶのでない限り、問いは以下のようなものになる。どのようにしたら、「そうと言わずにそれについて話す」ことができるか。

一つめの戦略は、同性愛を「逆向きに」使用することである。最近ではマイフ〔フランスの保険会社〕がとった戦略がある。「異性カップル――マイフは、あなた方も保証します〔傍点訳者〕」。ここでわれわれに関係する問題は、このようなレトリック選択に利益があるのは、同性愛者に直接訴えかけることがリスクとされていることにある。そのようなものとして、これは、広告言説の日常的な同性愛嫌悪のネガである。このように、独創性にかける姿勢は傍流ではあるが、その独創性が今日の広告言説の通常の同性愛嫌悪を明るみに出しているのである。

カリカチュアの次に、同性愛嫌悪は、物象化の形態をとっている。同性愛と同性愛者は、ものを売る対象となる。それは一方で、同性愛の属性をはっきりとは同定せずに利用する、負荷のない形においてである。先に述べたパラドックスへの回答は、この場合、「二重言説」である。あるいは、物象化がよりはっきりしている場合には、同性愛と同性愛がそうであると思われている官能性とセクシュアリティの属性を、悪魔的なイメージを自らに与えるために利用する。これは、「ラディカルな差別化」をはかるブランドが、同性愛コミュニティにとって侮辱的あるいは危険ですらあり得るような一連の紋切り型を多様に展開する機会になっている。

「二重言説」の戦略は、広告における同性愛嫌悪の場を、言われている内容から、発話行為へと移動させる。実際に、一九九〇年代に、同性愛者を登場させた広告の言明に宿っているように見える寛容さは、居心地の悪さ、さらには同性愛の問題に対する発話行為者の嫌悪を隠し切れていない。というのも、ゲイ・カルチャーが流行したので、常に最新の「傾向」を探っている広告は、流行の上を漂っているだけだからである。多くのテレビコマーシャルや宣伝広告が、ゲイ・コミュニティの美的コードを利用している。DIM、コカコーラ、ミニッツメイド、クラブメッドなどは、ゲイのライフスタイルが持つ楽しげで洒落《しゃれ》た暗示的な意味と戯れている……。ところで、これらのブランドは、それぞれの仕方でこれらのコードを開発しているとしても、同性愛というテーマを一切仄めかさずに、多様な仕方で自らの美的選択を正当化することで、どこもそれらのコードから身を守っている。

「奴は、吸わない」
1978年のDAFトラックの広告。メッセージは、この表現の2重の意味を利用している。「奴は、吸わない」。つまり、このトラックは、燃費がよく、経済的であるが、それだけでなく、「ホモ」のトラックではなく、本当の男のためのトラックであるという意味である

「ラディカルな差別化」の戦略の方は、同性愛のイメージを引き受ける数多くの商標に関係している。とりわけ、これらブランドが作った官能的な言説においてはっきりと表明されている。とくに一九八〇年代終わりに、悪魔的な官能のイメージを自らに与えようとしたカルヴァン・クラインが、これを始めたと言える。このような傾向は、「シックなポルノ」と言われるコミュニケーションの波の到来とともに、二〇〇〇年に成熟を見せる。とくにクリスチャン・ディオールは、当時のコミュニケーションの軸をエロティックな体勢の女性のカップルのヴィジュアルに置いた。ここで同性愛者は、「セクシュアリティの過剰」という視点で登場する。このような紋切り型は、時折非常に強く押し出され、ポルノや売春あるいは男色といった悪魔的なものにまで至る。例えば、カルヴァン・クラインのコマーシャルの中で、オーディションのシーンを真似た一連の映像がある。少年がカメラの前で、年上の男性に質問されている。オフレコ風の調子、そして有名になりたいという彼らの欲望についての暗示的な質問や、さらに彼らのがっちりとした体の「自然さ」が、インタビュアーがこれらの若者（非常に若い）に極めて性的な関心を持っていることを暗示している。

しかし、同性愛の「セクシュアリティの過剰」のファンタジーを最も体現しているのはレズビアンであり、一般的に広告言明の中にほとんど存在しない彼女たちがついに現れるのは、この領域においてである。広告にとってレズビアンは、異性愛ポルノが演出する荒廃した官能性を持つ女性である。従って、レズビアンを登場させることは、女性同性愛についての古い男性的ファンタジーを肥やすことであり、マッチョなセクシュアリティをエロティックに支えているに過ぎない。このような表現は、いかなる場合も、物事の異性愛主義的ヴィジョンを傷つけるものではなく、その反対である。

結局、複雑な対象であり、対象の観念複合であり、その言明の内容から発話行為者の言説まで、広告は這うような同性愛嫌悪によって貫かれているが、広告の同性愛嫌悪は社会の同性愛嫌悪に源を持ち、それをそれほど歪めずに映している鏡なのである。

サミラ・ウアルディ（齊藤訳）

→異性愛主義、映画、家族、カリカチュア、美術、漫画、メディア、ユーモア、レトリック

功利主義

功利主義は、ジェレミー・ベンサムとジョン・スチュアート・ミルによって形成された哲学的主張である。この主張は個人と集団の関係を数値的に結びつける。その主たる影響は、道徳、政治、経済、そして刑法の領域に及ぶ。

ジェレミー・ベンサムは、『道徳および立法の諸原理序説』で、以下のように書いている。「自然は人間性を、『快楽と痛み』という二つの至高の支配者の操舵のもとに置いた」。ベンサムは、功利主義を効用に基礎づけ、著名な定式の中にそれをまとめた。「最大多数の最大幸福の原則」である。幸福は快楽に同視され、「快楽の算術」によって確率と期間の観点から計算されることができるとした。このようにしてこの功利主義哲学者は、社会が最良の仕方で機能するような改革を提案したのである。適切でしかも自然な機能の仕方によって人類を幸福の探究（最大の快楽、最小の苦痛）に向かわせるような社会である。

ジェレミー・ベンサム（一七四八〜一八三二）は、生涯を通じて、同性愛に関するおよそ五〇〇ページの草稿を残している。そのいずれもが彼の生前には出版されなかった。今でも利用可能な文書はほとんどない〈BENTHAM〉。ベンサムは、同性愛が対象となっている敵意の根拠を分析して、同性愛を対象

とする刑事規定を功利主義的に厳しく批判した。彼は、犯罪とは何であるかを定義し、同性愛という犯罪の成立そのものを問おうとしたのである。

同意ある成人間での私的な同性愛関係に反対する主張のいずれもが、功利主義的な検証に耐えることができないものであった。これらの関係が生み出すのは快楽だけで、いかなる原初的な苦痛も生み出さないためである。同時代の進歩的な論者と同様、ベンサムは同性愛行為をある程度非難したが、彼がたどり着いた結論は、同性愛行為に対する厳しい扱いを理性に根拠づけることが不可能であるというものである。こうしてベンサムは、平和に反する罪でも、法的安全に反する罪でもない、「自然に反する罪」の概念を問題にしたのであった。さらに同性愛は、結婚が広く普及しているので女性にも損害をもたらさず、人口の増加にも影響がない。人口の増加が社会的な優先事項であるならば、論理的には僧侶の独身を禁じなければならないだろう。さらに男性間関係は、望まない妊娠に至らない快楽の源である。従ってそれは社会悪というより善であると考えたのである。ルイス・クロンプトンは、ベンサムが同性愛について、その晩年の草稿でさらに論を進めていることを示している。以前に用いていた非難の紋切り型を放棄し、生殖のないセクシュアリティに利益があることすらも検討していた。

ベンサムは一八一四年と一八一五年に、残酷と不寛容へと至る不合理な偏見であると彼が見なした伝統的同性愛嫌悪《ホモフォビア》について長い批判を書いている。彼は同性愛に対する反感の元を研究し、その理由を以下のものの中に見た。(1)身体的な堕落と道徳的な堕落を混同する傾向、(2)快楽に反対する哲学的高慢、(3)宗教である。功利主義者たちはとくに、罪の被害者となる第三者の概念を用いた。これによってある行いが、公式の道徳に反するだけで犯罪的であると見なされるという考え方に対して、新しい考え方を発展させることができるようになる。第三者を持ち出すためには明確に同定できる損害の存在が必要であり、人や制度に対して犯された行為のみを処罰するように導く。自らに害をなす人に対する古典的な道徳的抑圧とは対照的である。

この哲学は、英語圏の国々における同性愛の非処罰化についての議論の際に大きな影響力を持った。功利主義の幸福の考え方は、イギリス哲学における他の根本的な概念と結びついている。個人的自由と、私生活の保護、最小限の国家干渉、道徳的、政治的、性的選択における国家干渉に対する個人の保護といった原則である。

イギリスにおける非処罰化の議論を通じて、古典的な自由主義を受け継いで、同意ある大人の間の同性愛行為を非処罰化することを勧めた一九五七年のウォルフェンデン委員会の報告や、ハーバート・L・A・ハート（『法、自由、道徳』）によって表明された功利主義的主張は、処罰の支持者による一連の古典的な主張を支持していたデヴリンの対極である。

このようにハートは、ある人びとが同性愛関係が私的領域で持たれたことを考えるだけで精神的に損害を受けたとして排斥しているという理由では、法によって同性愛を禁止することはできないと考えた。

> ある人びとがこの種の苦悩を引き起こすという理由でこの人びとを罰することは、ただ単に彼が行っていることに異議を唱える人がいるというだけでこの人びとを罰することに等しい。このような拡張された功利主義的原則と共存できる唯一の自由は、誰も真剣に異論を唱えないことをする自由である。このような自由は、全く無意味で無価値である。

ハートはまた、反社会的であると思われる感情を表すことを抑えるように人びとに要求することで、刑法は苦痛を課していると述べる。しかし同性愛行為と「通常の罪」の間には根本的な違いが存する。このような違いは同性愛についての立法の中で考慮されなければならない。同性間関係の刑事的取り扱いは、最も根本的な人間的感情の発露を抑圧することである。国家権力が性的道徳を刑法によって課すとき、単に盗賊の犯罪を制限しようとする法が行うよりも、ずっと広い影響を個人の人格に及ぼす。

功利主義は、非処罰化において歴史的役割を果たしただけでなく、同性愛と同性愛者の子育てについて考えるために以下のような原理を設定することを可能にする。すなわち、個人は集団から分離され得る。個人の幸福はある社会の道徳的価値を画一的に適用しなければ達成されないわけではないということである。

かくして、ヒューマニズムと↓プロテスタンティズムに結びついた功利主義が北欧で優位であったことは、ある社会において各人が開花する最大の機会を与えるということを意味し、同性愛者に好意的な最初の民事的措置をもたらした。親子関係を含まない最初期の同性間の法的結合は、デンマーク（一九八九）、ノルウェー（一九九三）、スウェーデン（一九九四）、オランダ（一九九七）において実施された。内縁に関するアイスランドの法律（一九九六）と家族法の改正に関するオランダの法案（一九九八）も同性愛者の子育てに比較的好意的であった。

フロラ・ルロワ＝フォルジョ（齊藤訳）

↓イギリス、寛容、処罰、デヴリン、哲学、非処罰化

古代ギリシア

紀元前八世紀からローマ帝国の時代（紀元二世紀）まで、ギリシア語には同性愛または異性愛を意味する言葉は一切存在しなかった。ギリシア人は、社会階層や男女の区別なくすべての人を包括し、ただ同じ性の人間に惹かれるということだけを共通の性質にするようなセクシュアリティの一つの範疇をつくり上げたことは一度もなかったし、思いつきもしなかったのだ。その結果、拒絶、中傷、否認などの反応でその痕跡の残っているもの、そして今日であれば同性愛嫌悪《ホモフォビア》であると呼ぶことができるようなものとしては、ある一つの均質で一貫した集団に対するものではなく、さまざまな種類の、数も多く極めて多様な振舞い方に対するものしかない。そうした振舞いは、古代世界に固有の道徳的社会的規則に従って評定されるのである。

古代ギリシアは極度に階層化された社会であり、何よりもまっさきに感じ取られる区別は、女に対する男、貧者に対する富者、奴隷やよそ者に対する市民、金を支払われる側の売春婦に対する金を支払う側の客、小作農に対する地主などである。性的な関係は非対称的な人間関係と見なされているから、ある種の権力が顕現する場であり、そこに個人の表現が入り込む余地はほとんどなかった。「規範に合致している」行為と、「規範に反する」行為が対比され、もしも「社会的支配者」／「社会的被支配者」という役割を反転するような関係を持ったなら、性別を問わず嘲笑や非難の的となった。ある人が誰か同じ性の人と性的な関係を持ったとしても、それ自体が非難すべきものとは見なされない。評価の基準は全く別のところにあるのであり、場合によってはその基準に従って違反だと見なされるのである。従って、同性愛関係に対して何かしらの拒絶や非難という反応があったとしても、とりたてて同性愛嫌悪であると考えることはできない。なぜなら男と女のカップルが「規範に反する行為」を行った場合でも、反応は同じであり得るからである。「規範に反する」行為に対する非難の言説全体の枠組みの中に、同性愛嫌悪だと区別し得る言説があるのであり、その言説には固有の特徴と決まり切った表現が備わっているのだ。

ギリシア人男性は権力の所有者であり、ギリシア人女性はその権力を社会的に奪われているので、男性に対する「同性愛嫌悪」と女性同性愛関係に対する反応とでは、顕れ方が非常に異なっている。ギリシアには、男女どちらの同性愛に対しても共通の同性愛嫌悪というものは存在しない。

アルカイック期［紀元前七世紀半ばから前五世紀初め］および古典期のギリシアにおける男性どうしの性的関係は、富裕層の間では、多かれ少なかれ制度的な条件のもとでしか見られなかった。厳密な規則に則り、ある種の永続性が拒絶されるという制度である。この制度のことをパイデラスティアと呼ぶ。この制度は、一人の成人と、一人のパイスとの関係に適用される。パイスとは、一二歳から一八歳の年齢層を指す言葉である。愛される者（エロメノス）は、それを愛する者（エラステース）とは異なり、情熱的な欲望に駆り立てられることがあってはならない。身体的な面では、愛する者がそのペニスを若い少年の腿《もも》の間に挿むことが、とりわけ尊重されていたようである。この身体的実践によって、愛される者の身体は完全なままに保たれるとされていた。エラステースが誘いをかけることは、社会的に奨励されていたが、エロメノスの側がそうすることは許されなかった。パイデラスティアは人生のある一時期に限定され、またある特定の個人に対する愛情とは結びつかないため、他のあり方と両立しないものではない。同性愛関係の枠組みの中で受け側の役割を果たしたのちに、成人した男性は結婚することを期待される。さらにこんどは、攻め側の役を果たすことも期待されるのである。過渡的な時期であれば、ある少年が性的関係において、こちらの相手との間には攻め側の役割を演じ、また別の相手との場合には受け側の役割を演じるということはあり得た。しかしある成人男性がいつまでも受け側の役割ばかりでいるなら、それはいつでも軽蔑の対象となった。だからこそ詩人アガトンとパウサニアス（二人とも、プラトンの『饗宴』のかなり重要な登場人物でもある）の関係は、アリストファネスの『テスモフォリアを祝う女たち』の中ですさまじい攻撃を受けるのである。言葉による同性愛嫌悪の表現で、これほど暴力的なものは他に見つけるのが難しいほどである。同性愛嫌悪の言説の特徴の一つとして、演劇や演説の中で、キナイドスすなわち「受け側の軟弱な人物」を、とりわけ重装歩兵の栄光に包まれたイメージに対比させる引き立て役として用いるという構成が挙げられる。

ある特定の年齢を超えて、また結婚をしないで、同性愛関係を続ける者に対するこのような否定的な反応は、どのような論拠によって暗黙のうちに正当化されているのだろうか。結婚は子どもを持つことを可能にし、人類の永続もまた可能にする。そのことによって人類はある種の不死性に達するのである（以下を参照のこと。プラトン『饗宴』二〇七d-二〇八e、『法律』Ⅳ、七二一b-c）。子を持たないということは、この人類の不死性に参与することを拒絶しているということになる。さらにまた、ギリシアの都市国家にわが身を置いて考えてみるだけで、結婚の本質的重要性が直ちに意識されるであろう。とくにアテネでは、市民権は土地所有権と兵役の義務によって定義される。ところが結婚を拒否するなら、部族単位、デーモス［古代ギリシアの部族の下の行政区分］単位の共有地、さらにとりわけ個人所有地の分配に困難を来すことになる。個人所有地は私的所有財産として、それを制限するような改革が一度も行われなかっただけに、一層重要な役割を果たしていたのである。土地という財産を持って初めて市民になれるのであり、その土地財産の相続を可能にするのが結婚なのである。そして土地相続によって、中でも政治の面でとりわけ重要性を発揮する市民間の競争（アゴン）の永続性が保証されるのだ。また、性的関係において受け側の役を演じるということは、女性の振舞いに結びつけられる。従ってそれは、たやすく予想できることであるがとりわけ喜劇作者によって、軍人としての臆病さに結びつけられる。エウポリスは『アストラテウトイ』（すなわち「兵士でなかった者」という意味）や『アンドログノイ［両性具有の意味］』と題する作品をつくっているし、アリストファネスは一〇年以上もクレオニュモスとかいう人物を攻撃し、五つの喜劇作品でこの人物に言及し、『雲』の中ではその名前を女性形にしている。別の言葉で言えば、都市国家は自衛の面で、受け側の同性愛から脅威を感じていたということだ。

要約するならば、古代ギリシアにおいて、同性愛嫌悪は男性どうしの関係の拒否を表明することはなかった。それが罰していたのは、規則を尊重しないことであった。人類の再生と、土地所有および兵役の義務に表される市民権の基盤の維持を、究極の目的とする規則のことである。

男性どうしの関係に関しては文学や図像が大量につくられたのに比較すると、二人の女性の間の性的な、あるいは恋愛の関係はそれとは違って極めて稀にしか言説の対象となっていない。アルクマン（紀元前七世紀のスパルタの作家）の合唱作品や、サッフォーの歌唱詩が、女どうしの恋愛関係や欲望の関係を表現してはいるが、それらの作品の内容については、紀元前五世紀以降、沈黙が守られている。プラトンはこの主題に言及している稀な作家の一人であり、『饗宴』のアリストファネスの演説の中で、性行動の類型学を開陳している。そこで極めて簡単に「女性同性愛」に触れているのだが、とくに非難もしていなければ、判断も下していない。当時の文章や図像におけるほぼ完全な沈黙を通して考えると、女性どうしの関係というものは、全く単純なことに、性行為の分類体系の中で可能性があるものとすら見なされていなかったように思われる。だからそれに対する言及も、男性向けの性愛の枠組みに道具として利用されるということさえない。

女性どうしの関係をとがめる法的な文書や、それを理由にいじめを受けたり弾圧を被ったりした実在の人物に言及している歴史的な文書は、一切存在しない。いわゆる「攻め」側の女性同性愛者をカリカチュア的に、男性的な特徴とともに描いた人物像は、ギリシア文学の中ではもっと遅い時期にしか現れない。ローマ帝国時代になると（紀元一世紀）、規範を外れた、過剰で、怪物的な行動を記述する諷刺や占星術の文書が登場するようになるのである。それを指す言葉はわずかしか痕跡をとどめていないが（ヘタイリストリアとトリバス）、いずれも軽蔑的な意味あいを持っていた。また文学上の言説は女性同性愛を、博識で物に通じた読者だけが分かる要素として用い、現実から切り離された理論上の人物像とした。

アルカイック期は、女性どうしの恋愛が（教育《パイデイア》の枠組みの中で）都市国家の運営に組み入れられていた短い時期であったのだが、紀元前五世紀以降には、女性同性愛は男性の関心事ではなくなる。なぜならそれは性的な領域にも権力の領域にも関わりのないことであり、また男性どうしの関係と同等だと見なされたことは一度もなかったからである。この態度は無関心なのか、あるいは沈黙を通しての否認なのか。女性自身の声がほとんど聞こえてこない状況なので、この問いに答えるのは困難である。いずれにしてもこの態度は、ギリシア社会が女性に対して自由の余地を制限していくことになる流れと同じ動きに属している。

サンドラ・ボーランジェ、リュック・ブリッソン（山本訳）

➡イタリア、学校、脅威、サッフォー、バルカン半島、本質主義／構築主義、歴史

サッフォー

サッフォーは、女性同性愛の象徴的な人物である。女性同性愛を意味する「サフィズム」という語は、彼女の名前に由来しており、「レズビアニズム」は、彼女が暮らしたレスボス島に由来する。しかし、これらの語の意味は一九世紀になってようやくヨーロッパで確定されたのである。古代においては、女性同性愛者を意味していたのはサッフォーとは関係のないさまざまな語である。時代を経てわれわれに残された断片的な情報によると、現実の「私」と詩の「私」が区別されず、流動的で矛盾した神話的人物像が、この詩人について形成され、数多くの「サッフォーというフィクション」〈DEJEAN〉が、サッフォーの歴史的な実在性そのものを奪ってしまっている。彼女は、時を超えて女性同性愛の代表的人物となり、そこにさまざまなレズビアン嫌悪（レズボフォビア）言説が結晶化する。

サッフォーは、紀元前七世紀終わりから六世紀初めに、レスボスというギリシアの島で生きた。唱歌として書かれた彼女の詩のうち、最も有名なものは、女性の女性に対する愛と欲望を具体的に表現している（三一節）。一人称の使用によってサッフォーが自然の風景、音楽、香りと感情が交じり合う雰囲気を作り出している。サッフォーは、自らの詩の中で表現した同性へのエロティシズムのために、生きている間に糾弾され拒絶されることはなかった。ギリシアでは、彼女はその才能を賞賛されていた。そして、紀元前五世紀から四世紀の戯曲において彼女が複数の男性の愛人として描かれていたのは、おそらく彼女が有名な女性で、アテネではレスボス島の女性の評判が悪かったからであろう（ギリシア語のレズビアゼインという動詞は、一般的に「フェラチオをする」という意味である）。サッフォーの性的指向が問題とされたのは、紀元前一世紀末のローマが最初である（現実の「私」と詩の中の「私」の区別は、一度もされなかった）。このとき二重の言説が展開される。一方は、女性同性愛を性的放蕩の評判に結びつけるもの（サッフォーは、狂った性道徳の女性、擦りつける《トリバード》女とされる）、他方は、ファオンという名の男性のためにレフカダ島の岸壁から身を投げたとされるサッフォーの自殺の伝説を拡大するものである（オウィディウス『名婦の書簡』XV）。

この多重な言説に基づいて一六世紀および一七世紀に再発見されたサッフォーは、常に作り替えられてきた。最初のフィクションは、文献学者によって入念に作り上げられる。一五五五年に、ルイーズ・ラベ◆によって、異性愛者サッフォーという見方が始められ、これがやがてフランスで支配的になった。一六六〇年にサッフォーのフランス語訳を出版したアンヌ・ル・フェヴルは、彼女が女性を愛していたと断言しているが、そのことを批判も擁護もしてい

◆ルイーズ・ラベ　歴史的には実在が疑われている人物。ある本によると、彼女の詩は男性のグループによるものだとする説がある。（金城）

ない。その他の碩学たちは、態度をはっきりさせないか、ルイーズ・ラベの考えに好意的であった。一八世紀には、サッフォーの異性愛性は異論の余地がないとされた。一九世紀を通して、ドイツの古代ギリシア研究者は、貞節なサッフォーという見方を擁護していた。ヴェルカーは、一八一六年に、その『支配的偏見から解放されたサッフォー』において、女性同性愛と詩的才能は両立しないと述べた最初の者となる。三一節全体を訳さなかったポール＝ピエール・ラブルや、『アフロディーテへの賛歌』で男性代名詞を選択した一八九五年のアンドレ・ルベといったフランス人がヴェルカーに倣った。今日、エディット・モラは、サッフォー作品のこれらの解釈の中に、同性愛嫌悪的《ホモフォビック》反応を見ている。K・J・ドヴァーは、テクストそれ自体の曖昧さを指摘しながらも、「欲されているのが女性であるという情報だけを」削除しようとする翻訳者の先入観の重さを指摘している。J・J・ウィンクラーは、翻訳には文献学者の女性嫌悪と同性愛嫌悪的恐怖が刻印されていることを指摘し、ホルト・N・パーカーは、「サッフォー＝教師」という人物像が、男性異性愛規範に仕えるために構築されていることを明らかにしている。さらにヴェルカー（一八一六）が、ギリシア文学の中の男性同性愛を擁護する一方で、貞節なサッフォーのイメージを作り出したことは、実際にはレズビアン嫌悪と女性による欲望の表現によって引き起こされる恐怖が問題であったことを思わせる。

　一八九五年から一九一〇年の間のフランスでは、多くの作家がサッフォーが同性愛であったことを主張していた。レズビアンの詩人ルネ・ヴィヴィアンは、エジプトで見つかった新しい節によって補強された、新しいサッフォーの翻訳を一九〇三年に提案している。エディット・モラが指摘するように、ヴィヴィアンが自家製の詩句を付け加えたので、「サッフォーは、自身の詩句の中でそうである以上にレズビアンであると世論において見なされる」ようになった。この新しいサッフォーは、「レズビアンの母、同性愛的誘惑を化体する守護的人物像」〈ALBERT〉となる。辞書『ラルース』の一八七五年版で、普通名詞としての「サッフォー」は、「その特質あるいは性的素行が、この名前の著名な女性を思い起こさせる女性のこと」とされている。貞節なサッフォーから、遊女、そして官能的なレズビアンというサッフォーの新しいフィクションへの移行は、一九世紀終わりのフランス文学において行われた。一八四七年のエミール・デシャネルにとっては遊女、一八八四年のアルフォンス・ドーデにとって『サッフォー』は、「サッフォーの恐ろしい栄光において〔…〕性的にあらゆるレヴェルを備えた」経験を持つ娼婦である。ボードレールは、サッフォーを「地獄に堕ちた女性」の原型にし、ヴェルレーヌは、「雌オオカミ［娼婦の意味も持つ］」のようにさまよい、「手一杯につかんだ髪を引き抜く」狂った女にしている。

　クラフト＝エビングやハヴロック・エリスといった一九世紀末の最初の精神科医は、同性愛を性逆転↓として定義したが、彼らの業績は、サッフォーを扱う小説の内容にレズビアン嫌悪的な影響を与えた。ガブリエル・フォーレの『サッフォー最期の日』（一九〇一）において、サッフォーは性革命を奨励し、「どのように自分自身であらゆる快楽を手に入れるか」を女性に教えており、レズビアン伝染↓の脅威を体現している。シャルル＝エティエンヌとオデット・デュラックの『無性者』（一九二四）では、女主人公は、サッフォーを演じていた演芸劇場のパートナーにキスした後にレズビアンになる。レズビアンは、臨床的ケースの一つにもなった。アドリエンヌ・サン＝タジャンの『女性の恋人』（一九〇二）の「嘆かわしい」「逸脱したサッフォー」がそうである。この詩人の名前そのものが侮辱に変わることもあった。一九〇八年には、ジョロが、ヴィヴィアンを「レズビアン愛の近代的女祭司」であり「サッフォー」であると激しく非難した。他方で一九五一年に、「サッフォー一九〇〇」（文学的サークル）という表現の考案者であるアンドレ・ビイーは、ヴィヴィアンを「偽サッフォー」と形容している。このように再び同性愛者となったサッフォーは、二〇世紀後半までレズビアン嫌悪感情を引き起こしたのである。

　ジョーン・ディジーンが書いているように、今日でも「サッフォーは問題のままである」。この詩人は、レズビアン嫌悪的偏見のために貞節あるいは中途半端に異性愛者とされるか、あるいは彼女の同性愛が認められて性的に飽くことのないレズビアンへと変身させられ、同性愛嫌悪的紋切り型を強化するかのいずれかである。二〇世紀の終わり、同性愛嫌悪が表明されるのはとくに沈黙によってである。史上最も偉大な詩人の一人であるサッフォーは、少しずつ集団的な文化から消え、「ギリシアの愛」は男性的なものにとどまったのである。

サンドラ・ボーランジェ、アンヌ＝クレール・ルブレイヤン（齊藤訳）

↓悪徳、異性愛主義、古代ギリシア、放蕩、歴史、レズビアン嫌悪

差別

長い間同性愛は否定的な目で見られてきた。今日では、少なくとも西洋社会では、そのようなことは減ってきている。逆説的なことには、こうした↓寛容の進展は、同性愛嫌悪《ホモフォビア》反対闘争の出現と一致している。だから一方で現在の同性愛嫌悪に異議を申し立てる人びとがいて、そうした人びとは現在の同性愛嫌悪は強力だと感じているのだが、もう一方で、こうした申し立ては正当ではないと考える人びとがいて、そうした人びとは同性愛嫌悪はもはや現在の争点ではないと思っているのだ。現状分析のこのような対立は、同性愛者が犠牲となっていた（そして今もなお部分的には犠牲になっている）「差別」の、概念の変化に密接に関連している。

そもそも同性愛は「悪行」に密接に結びつけられていた。「悪行」は抑圧されたが、この抑圧は差別的だとは見なされなかった。なぜなら大多数の人間にとって、それは正当なことだったからである。その正当性に異議を唱える極めて稀な人びともいたが、だからといって「差別」であるとか、「同性愛嫌悪」であるといった言葉を用いて抗弁したわけではない。同性愛の抑圧との闘いは、差別との闘いというよりも、不寛容との闘いだったのだ。権利として要求されたのは平等ではなく、自分の同性愛を理由に死なない権利、投獄されない権利であったのだ。

同性愛はしだいに多くの国で↓処罰されなくなっていった（↓非処罰化）。しかしだからと言って、そうした国で同性愛が否定的な目で見られなくなったわけではない。単純化して言えば、同性愛は犯罪の地位から病気の地位へと移ったのである。このような状況のもとで、同性愛者差別との闘いが徐々に可能になっていった。実際、同性愛者が↓犯罪者でないのだとすれば、「正当な」例外を除いて異性愛者と平等に扱わなければならないはずだった。そんなわけで↓フランスは、同性愛者が犠牲になっていた法制度上のいくつかの差別を撤廃したのである。しかし、例えば同性愛者どうしのカップルを公認しないなど、正当であると認められたいくつかの不平等はそのままになった。

その後、同性愛者差別との闘いは目覚ましい進展を見せ、同性愛嫌悪との闘いに変身しつつある。この二つの闘いの間には、もちろんはっきりした断絶はない。あるのはむしろ視点の変化である。なぜならもはや同性愛が問題なのではなく、同性愛嫌悪が問題だからだ。そこから、同性愛者と異性愛者の間のあらゆる不平等（結婚に関する不平等（↓同性婚）や、↓養子縁組に関する不平等も含む）は、先験的に同性愛嫌悪であるということになり、撲滅すべきものとなった。

視点のこの変化によって、次のようなパラドックスが持ち上がってきた。すなわち同性愛者が犠牲となっている差別はしだいに、繰り返すが少なくとも西洋では、穏やかになってきている。しかしながら同性愛嫌悪との闘いという新しい光のもとで見るならば、同性愛者差別はだんだんと不寛容になってきているのだ。従って同性愛嫌悪との闘いは、同性愛者差別との闘いをもう一度やり直していることになる。同性愛者差別との闘いの法律上の限界を示し（同性愛嫌悪は一つの社会学的現実であり、暗々裏に意思表明する術を心得ている。だから同性愛者差別との闘いは困難なのである）、さらには同性

愛者差別との闘いに新たな息を吹きこんでもいる。事実、こちらはそれ以来、法律上の議論よりは政治的選択（あらゆる不平等を拒否するという選択で、そこには結婚や養子縁組に関わる不平等の拒否も含まれる）に属する事柄となっている。

■同性愛嫌悪とその暗々裏の意思表明

今日では、同性愛嫌悪に基づく差別のいくつかは禁じられている。例えば、フランスの↓労働法では、ある人物の「素行」すなわちとりわけその同性愛を理由にしてその人物を解雇することは理屈の上では禁じられている。しかし実際には、同性愛嫌悪の暴走をすべて防止することは困難である。事実、「心を探る」こと、これこれの行動に駆り立てた本当の理由を知ることは困難であるし、不可能ですらある。同性愛嫌悪が社会学的現実である以上、法律がそれを根絶することは、すくなくとも法律だけでは、不可能である。そんなわけで、法律がいくつかの禁止事項（例えば同性愛者差別の禁止）を設けることは明らかに建設的なことではあるが、それでもなお「悪」（同性愛嫌悪のこと）は、そうした法律上の変化が社会学的な進化を伴ってない限り、やはり消えてなくなりはしないのである。従って同性愛嫌悪の意思表明が暗々裏であることが、同性愛者差別との闘いのブレーキとなっているのだ。同性愛嫌悪のこの暗々裏の意思表明は日常生活の中だけでなく、法律家の言説の中にも「学問的な」装いのもとに現れる。

この「学問的な同性愛嫌悪」のメカニズムを理解するためには、法律には二つの面があることを思い出すべきである。一つは「正面」である。これは複雑で、極度に論理的な機械に相当する。そこでは主観的な意見は何の役にも立たない。法のこの「客観性」のおかげで、「法による安全保障」と呼ばれるものが確保されるのである。法廷に持ち込まれた訴訟は裁判官の誠意に委ねられるのではない。法の客観的な機構に委ねられるのである。今一つは「裏面」である。法は機械ではあるが、それはあまりにも複雑であるため、法律上のある問題に法律上の解答をもたらす道は、必ずしも一つではない。「法的解決」はしばしば複数考えられる。そして裁判官は一般的に、その中から最も適切だと思われるものを選ばなければならない。この状況のもとで、ある一つの解答を他よりも優先しようとする裁判官の気持は、必ずしも中立的なものではない。そういうわけで同性愛嫌悪が法律家の推論に影響を与える可能性が出てくるのだ。ただし、そうした影響が本当に目に見えることはないかもしれない。このことを納得するためには、「内縁関係」という言葉の法的な定義を確立する際の論争を思い出すだけで十分であろう。

内縁関係とは、婚姻関係にない二人の人物の間に生活が共有されていることを特徴とする状況のことである。元々「内縁関係」は恥ずべき状況で、いかなる権利も伴わないものであった。もしもその時代に、二人の男性同性愛者どうしが「内縁関係」（当時は少なくとも道徳上は不利益をもたらす形容であった）を結んで暮らすことが法的に可能かどうかということが問われたなら、おそらく受け容れられたであろう。その後内縁関係はありふれたものとなり、ある種の権利が生じた。法律家が実際に「内縁関係」の定義を問われたのは、この状況のもとだったのである。この言葉は、当事者間に性の違い（↓性差）があることを前提としているかどうか。言語学的、歴史学的な観点からは、この問いに対する答えは一貫して「否」である。しかしながら、多くの法律家（破毀院［民事・刑事・社会事件を扱うフランスの最高裁判所］の法律家まで含む）が性差を前提としていると答えたのだ。言葉の定義上のこの選択は、それだけであれば比較的害はない。しかし実際には、結果として同性愛者のカップルを一定の数の権利（中でも内縁関係の相手と死別した者が、死亡した相手の結んだ賃貸借契約を引き継ぐ権利）から排除することになったのである。この選択は事実上、暗々裏の同性愛嫌悪の一形態に相当するわけである。それが同性愛嫌悪である理由は、そのおおもとに、同性愛者のカップルには権利を与えたくないという気持があるからであり、それが暗々裏だという理由は、この選択が拠って立つ元々の選択が、本当はイデオロギー的な議論（同性愛者に権利を与えるか否か）に迷彩を施して、イデオロギー的には先験的に中立的である技術上の議論（「内縁関係」という言葉をどう定義するか）に見せかけているからである。

従って内縁関係にある同性愛者が犠牲となったこの差別と闘うためには、それが根拠とする言葉の定義の妥当性に異議を唱える必要があったのだ。最近では、二人の人物がともに生活しているという事実があれば、その性別がどうあれ、内縁関係に相当すると法的に認められる、という立場が原則としてとられるようになっている。だからと言って同性愛嫌悪が根絶されたわけではない。それは法の別の領域で猛威を振るっている。だから法律家はこの現象に関してとくに用心を怠ってはならない。

同性愛嫌悪の暗々裏の意思表明に直面したとき、法律は差別との闘いに関しては謙虚であると同時に厳正でなければならないということが実感される。謙虚という理由は、法律の条文がどうであれ、証拠を入手することが困難であるために、法が任務を果たすことがしばしば不可能となるからである。厳正という理由は、差別との闘いは、しばしばイデオロギーの次元（法律家が人種差別主義者や同性愛嫌悪を自称することは稀である）よりは、技術的な次元（法的解決における迂回に、同性愛嫌悪が怪しげなやり方で接ぎ木されて、差別に正当性という見せかけが与えられる）に位置づけられるからである。

同性愛嫌悪と政治的選択

差別との闘いが法的な闘いであるということの妥当性は、実際上、誰も異議のないところである。それは二つの同等の現象は、等しい方法で扱う、そして正当な理由がない限り、この原則に背かないということである。この論理を基礎にすれば、同性愛者のカップルの養子縁組の権利を拒否することが正当か否か考えることができる。

この拒否が正当であると考える者が引きあいに出すのは、何よりも子どもの利益を優先する必要性である。そして実際に、同性愛者のカップルが養子縁組する権利はこの利益に相反するという仮説を提示する。逆に、この権利をゲイ・レズビアンに付与するために闘う者は、子どもにとっては異性愛者の大人によって育てられることが好ましいとする仮説を論駁するようないくつかの研究を前面に押し立てる。すると前者がこうした研究は非科学的な性質のものであると非難して、その妥当性に異議を挟む。

この議論は、いかにそれが興味深くはあっても、社会に関わる議論の中には科学的なやり方だけでは解決できないものもあること、論証過程のある段階においては「政治的な」対応が必要とされることを、覆い隠している。同性愛者によって育てられることが子どもにとって有害であるか否かということを、絶対的確信を持って答えられる者は誰もいない。また離婚した人物に育てられることが子どもにとって有害であるか否かということも、確信を持って答えられる者はいない。こうした問題に関しては、政治的選択（差別の拒否を優先するか、リスクの拒否を優先するか）がどうしても必要なのである。

以上のような理由で、同性愛者どうしが結婚をしたり、養子縁組をしたりする権利の問題に関しては、リスクを避ける論理という立場に立つか、「同性愛嫌悪を避ける」論理の立場に立つかによって、必ずしも同じ答えが導かれないのである。先の第一の仮説の場合であれば、つねに本能的に感じとられるリスク、ここでは子どもの利益に対するリスクを避けるための差別が正当であるか否かという議論になる。第二の仮説の場合はそれとは違って、本能的に感じとられるリスクが同性愛嫌悪の徴候として現れるのであり、その結果、疑わしいと見なされる。従ってそのような差別は、それがとくに正当化され、さらにその正当化が証明されない限り、許すわけにはいかないということになる。つまり、疑わしきは被差別者の利益に、ということだ。

かりに「同性愛嫌悪をゼロに」という方針がとられたとしても、だからと言って、あらゆる同性愛者差別は必然的に同性愛嫌悪に基づいていると見なされることにはならないだろう。例えば、もしも同性愛者のカップルに養子縁組の権利が認められたとしても、養子縁組を希望するカップルの中から養親を選ぶときに、子どもの利益になるようにということで異性愛者のカップルを優先するならばそれは不当であろう。実際に同性愛嫌悪が一つの社会学的現実として未だに存在する以上は、養子縁組を希望する両親の選定を分析評価するに当たって、他の基準にも増して同性愛嫌悪が考慮に入れられるようにしなければならない。

結論として、ここで法的解決の分析評価に同性愛嫌悪の概念を導入したことによって、新しい角度から、同性愛者差別に関わる論点を明らかにすることができたように思われる。この視点は有効であろうと思われるが、しかしだからと言って忘れてはならないのは、異性愛者中心の社会（→異性愛主義（ヘテロセクシズム））にあっては、不幸なことながら同性愛嫌悪はあるのが普通だということである。そのような古くからの嫌悪に直面したときには、それに警戒を怠らないだけでなく、同時に教育者のように寛容で、忍耐強くしていた方が良い。

マティウ・アンドレ＝シモネ（山本訳）

→寛容、クローゼット／慎み、私生活、処罰、同性愛者の子育て、同性婚、判例、非処罰化、侮辱、養子縁組、ヨーロッパ法、労働

◆補遺

性的指向やジェンダー・アイデンティティに基づく差別を禁じる法制度の最近の状況は、二〇一二年五月発行のＩＬＧＡ（国際レズビアン・ゲイ連盟）の報告書によれば以下のとおりである（括弧内は発効年）<Paoli Itaborahy>。

性的指向に基づく差別を憲法で禁じているのは、六ヶ国――エクアドル（二〇〇八）、スイス（二〇〇〇）、スウェーデン（二〇〇三）、ボリビア（二〇〇九）、ポルトガル（二〇〇四）、南アフリカ共和国（一九九七）――とコソヴォ（国際的には独立未承認、二〇〇八）である。国家よりも下位レヴェルの行政単位で、性的指向に基づく差別禁止を謳った憲法を制定しているのは、アルゼンチンのブエノスアイレス州（一九九六）、イギリス領ヴァージン諸島（二〇〇七）、ドイツのチューリンゲン（一九九三）、ブランデンブルク（一九九二）、ベルリン（一九九五）の三州、ブラジルのアラゴアス（二〇〇一）、サンタカタリーナ（二〇〇二）、セルジッペ（一九八九）、パラー（二〇〇三）、マットグロッソ（一九八九）の五州および連邦直轄地（一九九三）。なお、一九九七年のフィジー憲法はこれを謳っていたが、二〇〇九年に廃止された。

同性愛関係か異性愛関係かに拘らず同じ法的同意年齢を定めているのは、九八ヶ国――アイスランド（一九九二）、アイルランド（一九九三）、アゼルバイジャン（二〇〇〇）、アメリカのほぼ全域、アルゼンチン（一八八七）、アルバニア（二〇〇一）、アルメニア（二〇〇三）、アンドラ、イギリス（二〇〇一）、イスラエル（二〇〇〇）、イタリア（一八九〇）、ヴァチカン、ヴァヌアツ（二〇〇七）、ヴェトナム、ウクライナ（一九九一）、ウルグアイ（一九三四）、エクアドル（一九九七）、エストニア（二〇〇二）、エルサルバドル、オーストラリアのクイーンズランド州を除く全域（州によって異なる発効年）、オーストリア（二〇〇二）、オランダ（一九七一）、カザフスタン（一九九八）、カボヴェルデ（二〇〇四）、カンボジア、ギニアビサウ（一九九三）、キプロス（二〇〇二）、キューバ、キルギスタン（一九九八）、グアテマラ、グルジア（二〇〇〇）、クロアチア（一九九八）、コスタリカ（一九九九）、コロンビア（一九八一）、コンゴ民主共和国（二〇〇六）、サンマリノ（一八六五）、ジブチ、スイス（一九九二）、スウェーデン（一九七八）、スペイン（一九七九）、スロヴァキア（一九九〇）、スロヴェニア（一九七七）、赤道ギニア（一九三一）、セルビア（二〇〇六）、タイ（一九五七）、大韓民国、タジキスタン（一九九八）、チェコ（一九九〇）、中国（一九九七、ただし香港、二〇〇五／〇六、マカオ、一九九六）、朝鮮民主主義人民共和国、デンマーク（一九七六）、ドイツ（一九八九／九四）、ドミニカ共和国、トルコ（一八五八）、ニカラグア（二〇〇八）、日本（一八八二）、ニュージーランド（一九八六）、ネパール（二〇〇七）、ノルウェー（一九七二）、ハイチ、パナマ（二〇〇八）、ハンガリー（二〇〇二）、東チモール（二〇〇九）、フィジー（二〇一〇）、フィリピン（一八二二）、フィンランド（一九九九）、ブラジル（一八三一）、フランス（一九八二）、ブルガリア（二〇〇二）、ブルキナファソ（一九九六）、ベネズエラ、ベラルーシ（二〇〇〇）、ペルー（一八三六〜七）、ベルギー（一九八五）、ポーランド（一九三二）、ボスニア・ヘルツェゴヴィナ（一九九八〜二〇〇一）、ボリビア、ポルトガル（二〇〇七）、ホンジュラス、マーシャル、マケドニア（一九九六）、マリ（一九六一）、マルタ（一九七三）、ミクロネシア、南アフリカ（二〇〇七）、メキシコ（一八七二）、モナコ（一九七三）、モルドヴァ（二〇〇三）、モンゴル、モンテネグロ（一九七七）、ヨルダン（一九五一）、ラオス、ラトヴィア（一九九九）、リトアニア（二〇〇三）、リヒテンシュタイン（二〇〇一）、ルーマニア（二〇〇二）、ルクセンブルク（一九九二）、ロシア（一九九七）――、およびその他の地域――コソヴォ（二〇〇四）、台湾、パレスチナのヨルダン川西岸地区（一九五一）――である。

法的同意年齢について、同性愛関係と異性愛関係との間に不平等がある国は、一五ヶ国――インドネシア、カナダ、ガボン、ギリシア（誘惑罪のみ）、コートジヴォワール、コンゴ共和国、スリナム、チャド、チリ、ニジェール、

バハマ、パラグアイ、ベニン、マダガスカル、ルワンダ――、およびその他の地域――アメリカのネヴァダ（誘惑罪のみ）とヴァージニアの二州。アンギラ、ヴァージン諸島、ケイマン諸島、タークス・カイコス諸島、モントセラト（以上、西インド諸島のイギリス領）、ガーンジー（チャネル諸島のイギリス王室領）、バミューダ諸島（北大西洋のイギリス領）。オーストラリアのクイーンズランド州――である。

性的指向に基づく雇用差別を禁じているのは、五三ヶ国――アイスランド［原文では記載漏れ］（一九九六）、アイルランド（一九九九）、アルバニア（二〇一〇）、アンドラ（二〇〇五）、イギリス（二〇〇三）、イスラエル（一九九二）、イタリア（二〇〇三）、エクアドル（二〇〇五）、エストニア（二〇〇四）、オーストラリア（州によって発効年異なる）、オーストリア（二〇〇四）、オランダ（一九九二）、カナダ（一九九六）、カボヴェルデ（二〇〇八）、キプロス（二〇〇四）、ギリシア（二〇〇五）、グルジア（二〇〇六）、クロアチア（二〇〇三）、コスタリカ（一九九八）、コロンビア（二〇〇七）、スウェーデン（一九九九）、スペイン（一九九六）、スロヴァキア（二〇〇四）、スロヴェニア（一九九五）、セーシェル（二〇〇六）、セルビア（二〇〇五）、チェコ（一九九九）、デンマーク（一九九六）、ドイツ（二〇〇六）、ニカラグア（二〇〇八）、ニュージーランド（一九九四）、ハンガリー（二〇〇四）、フィジー（二〇〇七）、フィンランド（一九九五）、フランス（二〇〇一）、ブルガリア（二〇〇四）、ベネズエラ（一九九九）、ノルウェー（一九九八）、ベルギー（二〇〇三）、ボスニア・ヘルツェゴビナ（二〇〇三）、ボツワナ（二〇一〇）、ポーランド（二〇〇四）、ポルトガル（二〇〇三）、マケドニア（二〇〇五）、マルタ（二〇〇四）、南アフリカ（一九九六）、モザンビーク（二〇〇七）、モーリシャス（二〇〇八）、モンテネグロ（二〇一〇）、ラトヴィア（二〇〇六）、リトアニア（二〇〇三）、ルクセンブルク（一九九七）、ルーマニア（二〇〇〇）――、およびその他の地域――アメリカのアイオワ（二〇〇七）、イリノイ（二〇〇六）、ヴァーモント（一九九一）、ウィスコンシン（一九八二）、オレゴン（二〇〇八）、カリフォルニア（一九九二）、コネティカット（一九九一）、コロラド（二〇〇七）、デラウェア（二〇〇九）、ニュージャージー（一九九二）、ニューハンプシャー（一九九八）、ニューメキシコ（二〇〇三）、ニューヨーク（二〇〇三）、ネヴァダ（一九九九）、ハワイ（一九九二）、マサチューセッツ（一九九〇）、ミネソタ（一九九三）、メリーランド（二〇〇一）、メーン（二〇〇五）、ロードアイランド（一九九五）、ワシントン（二〇〇六）の二一州およびワシントンDC（一九七三）のほか、多くの市やタウン。アルゼンチンのロサリオ市（一九九六）。イギリス領ジブラルタル（二〇〇六）およびイギリス王室領のマン島（二〇〇七）およびガーンジー（二〇〇五）。コソボ（二〇〇四）。台湾（二〇〇七）。ブラジルのサンタカタリーナ（二〇〇三）、サンパウロ（二〇〇一）、バイーア（一九九七）、パライバ（二〇〇三）、ピアウイー（二〇〇四）、ミナスジェライス（二〇〇一）、リオグランデドスウ（二〇〇二）、リオデジャネイロ（二〇〇〇）の八州および連邦直轄区（二〇〇〇）とその他多くの市。メキシコのアグアスカリエンテス、キンタナロー、コアウィラ、コリマ、チアパス、チワワ、ドゥランゴ、トラスカラ、ベラクルスの九州（二〇〇一～九）およびメキシコシティ。なお、ナミビアは二〇〇四年に性的指向に基づく雇用差別を禁じる法を廃止した。

ジェンダー・アイデンティティに基づく雇用差別を禁じているのは、合計一九ヶ国――オーストラリア（一九九六）、クロアチア（二〇〇九）、スウェーデン（二〇〇九）、セルビア（二〇〇九）、ハンガリー（二〇〇四）、モンテネグロ（二〇一〇）の六ヶ国と、トランスジェンダーの人びとへの差別がジェンダー差別一般を禁じる法によって禁じられている以下の一三ヶ国、アイルランド、イギリス、イタリア、オーストリア、オランダ、スロヴァキア、デンマーク、ドイツ、フィンランド、フランス、ベルギー、ポーランド、ラトヴィア――、およびその他の地域――アルゼンチンのロサリオ市（二〇〇六）。カナダのノースウェスト準州（二〇〇四）。アメリカのアイオワ（二〇〇七）、イリノイ（二〇〇六）、ヴァーモント（二〇〇七）、オレゴン（二〇〇八）、カリフォルニア（二〇〇四）、コロラド（二〇〇七）、ニュージャージー（二〇〇七）、ニューメキシコ（二〇〇三）、ミネソタ（一九九三）、メーン（二〇〇五）、ロードアイランド（二〇〇一）、ワシントン（二〇〇六）の一二州およびワシントンDC（二〇〇六）とその他の多くの市やタウン。

（山本）

シェパード（マシュー・〜）

不幸なことに、マシュー・シェパード（一九七六〜九八）の悲劇的な死は、全く驚くべきことではない。同性愛嫌悪《ホモフォビア》殺人は、アメリカ合衆国（と例えばメキシコやブラジルのような多くの国で）ありふれたことであり、FBIの統計は、近年、同性愛嫌悪攻撃の憂慮すべきぶり返しを示しているように思われる（この増加の一部は、以前よりも系統的に統計データが収集されていることや、以前よりも家族や犠牲者が沈黙しなくなっていることによって説明できるかもしれないが）。この意味で、マシュー・シェパードの殺害は、他の同様の悲しい三面記事の一つでしかない。

ところがこの三面記事事件が大きな出来事になる。引き起こされたリアクションの大きさは、事件がメディア上の大きな出来事であったことを示している。悲しみと同情が国中で、そして国境を越えて表明される一方で、いずれにせよマシュー・シェパードは、他の同性愛者と同様に地獄の劫火へと堕ちる定めであったと主張する同性愛嫌悪言説が暴力性と憎しみを増した。また、この事件は政治的に大きな出来事でもあった。ゲイとレズビアンの団体↓を超えて、多くの市民がこの事件に個人として関係があるように感じ、クリントンはこの憎むべき攻撃に深く衝撃を受けたことを自ら表明している。そして憎悪犯罪についての議論が国民的レヴェルで提起された。同性愛嫌悪犯罪は、社会と司法によって特別に処罰される憎悪犯罪（反ユダヤ犯罪や人種差別的犯罪）の一つと見なされるべきではないだろうか。そしてこの事件は、おそらく初めての道徳的な出来事でもあった。国全体が、本当の恥辱は、同性愛の中にではなく、同性愛嫌悪そのものの中にあるという考えに行き当たったのである。この意味で、マシュー・シェパードの殺害は、これまでの流れを変える象徴的な効果をもたらしたのである。

一九九八年一〇月六日火曜日である。ワイオミング大学で政治学を専攻する学生マシュー・シェパードは、ララミーの「ファイヤー・サイドバー」にいた。二人の若い男が彼に話しかけ、ゲイであると言って、彼らの車に乗るようにマシューを誘った。車は、街の外へ出た。そこで、二人の男はマシューを激しく攻撃し、柵にマシューを縛り付けて、虐待し、顔を切り、頭を踏みつけて、死に至らせようと放置した。一八時間後に自転車で通りかかった人が偶然、縛り付けられぼろぼろになった遺体を見つける。病院の救急に運んだが、頭蓋骨がつぶされており望みはなかった。マシューは、昏睡状態に陥り、一〇月一二日月曜日〇時五三分になくなった。

マシューの死に対し、すぐに、ゲイとレズビアンの団体が反応し、一〇月一五日にワシントンの国会議事堂の表階段で蠟燭を灯して追悼を行った。数ヶ月前にカミングアウトしていた女優エレン・デジェネレスも参加した。アメリカ最大のLGBTロビーであるヒューマン・ライツ・キャンペーンは、世界中の同性愛関連の場所を黒で覆うように促す活動を開始する。翌日、葬儀がワイオミング州カスパーにおいて内輪で行われた。しかし、アンチ・ゲイのデモは、憎悪に満ちたプラカードを掲げて葬儀を混乱させようとした。「マシューは地獄に堕ちろ！」。この種のデモをすでに一度ならず組織していたウェストボーロ・バプティスト教会区のフェルプス牧師◆は、「神はホモを憎むドットコム（godhatesfags.com）」という自らのサイト、あるいは自分が取材を受けたメディアを通じて不快な言説をまくし立てた。

この問題をめぐり両側で動きが続く。通夜をする動きが増え、事件は国民的な問題になった。二人の殺人者、二一歳のラッセル・A・ヘンダーソンと二二歳のアーロン・J・マッキニーは、まもなく逮捕され、裁判が開始されようとしていた。弁護方針は、殺人の同性愛嫌悪的性格を否定することであった。二人の殺人者にとって、窃盗が悪化しただけだというのである。マッキニーは「ゲイを嫌っているわけではない。自分にはゲイの友だちだっている」

と説明し、さらにマシューがゲイであったことを全く知らなかったと述べている。この論理は完全に被告の最初の供述、彼らの恋人の証言、続いて見つかったマッキニー自身の手紙と矛盾している。それらで彼は、こう明かしている。「俺は、ひどく同性愛嫌悪的《ホモフォビック》だから、かっとなって銃でホモを撃った」。そこで弁護側は、次の戦術を試みた。これはゲイ・パニック防衛であるが、暗黙に殺害の同性愛嫌悪的性格を認めていることになる。この種の裁判で頻繁に使われるこのやり方は、犯罪者を犠牲者の犠牲者に見せることを可能にする。マッキニーは実際に、マシューが彼を猥褻《わいせつ》に口説こうとしたと主張した。これがマッキニーの同性愛嫌悪的パニック、いわば正当防衛の反応を言ってみれば正当化するというのである！　しかし、同性愛嫌悪暴力を正当化しようとするこの恥知らずの主張は、裁判官によって拒絶された。結局、二人の男は無期禁錮重労働に処された。死刑を逃れたのは、マシューの両親デニス・シェパードとジュディー・シェパードの発言のおかげである。

　それ以来、マシュー・シェパードの殺害は、アメリカ合衆国の良心に深く痕跡をとどめている。彼の話題は、司法欄と政治欄で一年以上に渡って報道され、エルトン・ジョンの『アメリカン・トライアングル』という曲やメリッサ・エサーリッジ、トーリ・エイモスといったミュージシャンにインスピレーションを与え、いくつもの出版物が刊行された。追悼詩集やモイセス・カウフマンの戯曲は、非常に心を揺さぶるものであった。しかしながら、これらの事実を超えて、この特定の出来事にこれほど世論が敏感であったのは何故かをおそらく問う必要があるだろう。事実、同性愛嫌悪殺人には毎年欠くことがなく、今日まで、この種の事件でアメリカ人の関心を本当に引いたものはない。レイプされて殺されたブランドン・ティーナの悲劇的事件は、『ボーイズ・ドント・クライ』（一九九九）として映画化されたが、ここまで世間の注目を引きつけることはできなかった。

　マシューの事件特有のいくつかの要素を挙げることができる。まず、「典型的な」犯罪状況が、悲劇の構図を強調した。権利の平等のために働きたいと考えていたハンサムで感じのいい若い男性が、恥ずべき二人の犯罪者によって、彼らの計略と同性愛嫌悪的企みによって、縛られ虐待された。そして、名もない場所に奇跡的に通りかかって被害者を発見する通行人の存在である。要するに、マシュー・シェパードを不幸にも殉教者にするためのすべての要素がそろっていた。そして、マシューの周囲の人びとの反応が、決定的であった。故人となった被害者の同性愛が知られるのを避けようと、家族が急いで事件をもみ消そうとすることはよくある。反対に今回は、両親が政治的にコミットすることを望んで発言し、そして自らの息子の不幸がそれでも何らかの役に立つようにと、憎悪犯罪を撲滅するための基金を創設した。もう一つの要

バプティスト教会ウェストボーロ教区のフェルプス牧師。マシュー・シェパードの葬儀の間、「マットは地獄に堕ちろ」「ホモに特別な法律は必要ない」という２つのパネルを掲げていた

◆フェルプス牧師　さらに二〇〇二年にはカスパーにおいて、シェパードの死は神の意思の表れであるとし、それを讃える記念館を建設するための資金を募った。（金城）

素は、ゲイとレズビアンの団体、とくにヒューマン・ライツ・キャンペーンを中心とした連携、一般的にはメディアによる報道、個々にはインターネット・サイトが、世界中にこの出来事と彼の写真を広めた。そして、クリントン期以降の同性愛嫌悪的憎悪の激化の空気、事件に先立って暴力が増えていたことに言及しなければならないだろう。この特殊な出来事は、実際には、同性愛嫌悪問題が凝集した瞬間、アメリカ合衆国の同性愛嫌悪的暴力の現実に世論を刮目させた暴露の瞬間をなしている。

マシューの友人ウォルターは、次のように述べている。「それでも次のことは忘れないでほしい。この事件から何かを引き出せるとしても、その代償はあまりに大きかった」。

ルイ＝ジョルジュ・タン（齊藤訳）

↓北アメリカ、プロテスタント、暴力

◆補遺

一九六九年の憎悪犯罪の定義に被害者の性的指向を含めることを求めるマシュー・シェパード法案が二〇〇七年九月に上院を通過し、二〇〇九年一〇月、オバマ大統領が署名した。（金城）

自殺

■心理的かつ社会的要因

自殺のように高度に個人的な行為が、なぜ社会道徳と性的行いについての規範に関連するのだろうか。死ぬという決定は、それを拒否することも含めて、自らの人生について決定する各人の自由に還元されると考えるのが自然ではないか。ゲーテの『若きウェルテルの悩み』の中で主人公ウェルテルは、「問題は、弱いか強いかにあるのではなく、精神的なものであれ物理的なものであれ、苦しみの重みに耐えることができるかどうかにある」と明言している。さらにこのような自己破壊は、根本的な抑鬱や迫害妄想といった精神病理的要因から、つまり社会病理と言うより精神病から生じることがある。

しかし、エミール・デュルケームの『自殺論』（一八九七）の出版以来、この現象の研究は、自殺の社会的性質、とくに個人の環境への統合の程度に応じて自殺率が異なることを明らかにする。この先駆的業績から一世紀以上を経て、ジェンダー、年齢、結婚、社会階層などと自殺の間の関係が変化しており、この関係の中核は、今日ではすでに自殺について思考する際に避けて通れない出発点となっている。つまり自殺は社会的な不満を暴くものである。

多くの業績によって、物理的苦痛を引き起こす家族的・環境的要因（欠乏など）と精神的要因（屈辱など）の有害な影響が明るみに出た。こういうわけで、少数派の性的指向（レズビアン、ゲイ、バイセクシュアル）の人びとが被る↓差別、否定、追放、いやがらせも、これらの人びとの幸福感に影響する。これらの人びとが、一方で、社会的要求、自己実現の命令、文化的命令、性別役割の配分と、他方で、ミシェル・フーコー的な表現で言うところの標準化社会における社会的性的規範に対応しない渇望との間に感じる内的葛藤（認知的不協和）も全く同様である。

■苦痛の原因としての同性愛嫌悪

未だに同性愛嫌悪的《ホモフォビック》なこの社会は、同性愛者やバイセクシュアルに対する否定的あるいは攻撃的な態度、絶望、抑鬱、自殺未遂と自殺を助長するような多くの要因を繁殖させ続けている。

フランスの状況は、マリ＝アンジュ・シルツの業績が示すように、一九八〇年代初めから変化する。非難は相変わらず同性愛者に向けられ、『コリドン』の中で第一次大戦前にジッドが述べた道理は、完全には今日性を失っていない。「同性愛者を自殺〔…〕へと捧げてしまわない〔ために〕男色に対する法の抑圧と風紀の非難と闘う」。例えば今日でも、「ホモ」や「オカマ」などの侮辱は、運動場において頻繁に使われ、男子自身によって最も不名誉で屈辱的であると考えられている。自ら同性愛、バイセクシュアルであると気づくとともに／あるいは（時にはあやまって）そのように周囲に認識された者は早くからこの苦しみをどれほど感じるか想像に難くない。

若者の場合、少数派の性的指向を持つ者は社会に参入することの困難を経験し、私的領域（家族、友人）と公的領域（職場（労働）、学校、スポーツ）における排除、拒絶、軽蔑、烙印の現象によって、そして幼児期には用意されていた異性愛アイデンティティが死んだことに対する苦難（家族の期待を満たすことをあきらめ、時には子孫を残すことをあきらめる）によって、押しつぶされたように感じる。ミシェル・ドレは、ケベックの若いゲイに行ったインタヴューから、これらの感覚と辛い体験が、時には自尊心の喪失、将来やその他の自信の喪失を引き起こすことを明らかにしている。このような場合に、自殺の原因論で重要とされている要因と、自殺を導く行動がそろってしまう。抑鬱状態、精神高揚物質やアルコールの消費、家族や親しい者との諍い、孤立 <Caroli & Guedj; Debout> である。ところで、何らかの一つの要因が重要であるというよりも、問題なのは複数の要因の累積である。三つの要因が結合した場合の危険は七倍になると評価されている。

年長者は、同性愛をあまりに長い間否定してきたことや異性カップルの中でカミングアウトする困難、職場からの拒絶、同性愛者の社交場からのあまりの隔たり、ＨＩＶ感染による恐怖と苦しみ（以下のスイスの研究参照 <Cochand & Bovet>）、老後の困難などの苦痛に満ちたきっかけによって心理的に激しく動揺し、さまざまな形態の絶望へと至ってしまう。

差別と対決する――自殺を導く苦痛？

これらの苦痛について、一つの問いが執拗に提起されている。同性愛嫌悪より、同性愛が精神的病理の源なのではないかというものである。同性愛とジェンダーの非順応を精神病理化するアプローチが、医療の専門家と一般の人びとの精神の中に今でも存在している。

最近の研究は、同性愛嫌悪的攻撃があった場合に家族が「緩衝」効果を果たすこと、同性愛とエイズについての啓発キャンペーンが自殺しようという考えを妨げ得ること、一定の「危険な」行動がジェンダーによって異なること、人種差別のような差別の影響と同性愛嫌悪の影響の間に類似性があるといった現象を明らかにしている（以下のアメリカの研究参照 <Fergusson, Horwood & Beautrais>）。これらの要素すべてが、同性愛それ自体は、自殺を導く考えや行いも、精神病も助長しないという仮説を強化している。

これらの結果を考慮に入れると、同性愛的、バイセクシュアル的感性を持つ人が経験することのある不調は、同性愛が否定的に社会で受け止められていることと関係があると言える。フランスでは八〇年代以降、このような受け止め方は変化したが（とくにエイズの流行とパックスの実施）、この「寛容」は限定されたものである。ミシェル・ボゾンは次のように述べる。「ある特定の文化において、文化的なシナリオが、許可された、あるいは望ましい性行為を厳密に定義する以上、異なる実践はすべて侵犯として認知され定義される」。同性愛は、それが帰属する人の信用の低下をもたらす特徴（ゴッフマンの意味での烙印《スティグマ》）であるだけでなく、「この恥ずべき差異」が、さまざまな形態の連帯や防御の障害となる。これは、危険を冒そうとする者を害する「烙印《スティグマ》伝染」の効果で、ゲイやレズビアンに好意的な立場をとったために今度はこれらの者が同性愛者であるとして批判される。

実際のデータ

この現象の幅広さと重要性を評価するには、統計情報を検討するのがよい。フランスでは、自殺による死亡率は、一九五〇年から一九九六年の間に、一五歳から二四歳までの男性で二倍以上に（一〇万人につき、六・五人から一四・五に）、同時期の二五歳から四四歳の男性で二倍になり（一九・四人から三七・一人）、四五歳から七四歳の男性とほぼ同じになった（四九・七人から三九・七人に減少）。女性においてはこの率はより低い（平均で三分の一。一九九六年に一五歳から二四歳で一〇万人に対し四・三人、二五歳から四四歳で一〇・七人、四五歳から七四歳で一六・三人）が、自殺未遂は男性よりも女性の方がはるかに多く、最も若い層で二・六倍の比率に上る〈Badeyan & Parayre〉。年間の数字では、自殺は最も若い層では最も年配の層よりも少ないが、若年層の病死率が低いことを考えると、自殺は二五歳から三四歳では第一の死因を占めている。アルフレッド・ニザールは、「フランスは、フィンランド、デンマーク、オーストリアに次ぎ、スイス、ベルギー、ケベック州と並んで、自殺による死亡率が高い西洋工業国に分類される」ことを指摘している。

死亡の原因についての統計は、申告が十分でないこと、自殺の根本的動機についての情報が欠如しているという欠陥を負っており、これが同性愛と自殺との関係を理解する妨げになっている。従って、同性愛者に対して行われた調査から自殺未遂のリスクを検討することは、興味深いのである。もちろんこのような作業には、その結果を、自殺を行った人びとに敷衍することの問題はある。

アメリカの研究者アラン・ベルとマーチン・ワインバーグは、同性愛あるいはバイセクシュアル指向の人において自殺の危険がより高いことを明らかにした、最初の研究者に数えられる。今では古典となった彼らの著作で、彼らがサンプルとした男性同性愛者は、異性愛男性よりもはっきりと不安を示し、抑鬱的感情と自殺思考を示す傾向があったとされている。同性愛者による自殺未遂のケースの半分において、これらの当事者は、自殺未遂が「自分が同性愛者であることと関係があった」と述べている。

■整合する結果

——同性愛者、バイセクシュアルは、自殺に対してより高いリスクを示している

この先駆的な業績以来、北アメリカ（カナダ、合衆国）で行われた代表的な複数の調査によって、この問題を深めることができるようになった。一般的意見（そしてとくに医学関係者の意見）は、とくに同性愛者を「危険」と見なすことをためらうようになっており、精確性を指向するこれら調査の科学的質を高めることに確実に貢献した。その結果は一致しており、同性愛的、バイセクシュアル的指向の（あるいはそのような行動をとる）人の自殺未遂のリスクがより高いことを明らかにしている。例えば、スーザン・コッチランとヴィッキー・メイズの一七歳から三九歳を対象にアメリカ全土で行ったサンプル調査では、もっぱら異性愛的な男性の四％に対し、ゲイは二〇％の自殺未遂率を示した。ゲイリー・リマフェディとその同僚による調査は、ミネソタ州の一二歳から一九歳を対象にサンプル調査を行い、もっぱら異性愛的な女性の一五％に対し、レズビアンの自殺未遂率は二一％としている。これらの業績を見ると、同性愛、バイセクシュアルの若い女性の自殺のリスクは、もっぱら異性愛的な若い女性のリスクより四〇％から九〇％高い。同性愛、バイセクシュアルの男性のリスクは、もっぱら異性愛の男性よりも、四倍から七倍高い。自殺の現実について、数値の隔たりは大きく、その意味ははっきりしている。そして評価の多様性は定義の違い（アイデンティティか、行動か、その双方か）や対象の違い（年齢・地域）から生じている。この問題についての疫学的な業績が完全に欠如していることは、驚くべきことである。

以上のことはすべての同性愛、バイセクシュアルの者が悲劇的な状況を生きているということを意味せず、幸いにも同性愛は今日人間のセクシュアリティの選択の一つとして可能であるだけでなく、完全に主体が開花できるセクシュアリティになる傾向にある。しかしながら、われわれの社会に伝統的に存在する同性愛嫌悪と（個人の異性愛指向を必然と考える）↓異性愛主義（ヘテロセクシズム）が、多くの苦痛と絶望の原因である。これらは子ども時代から存在し、社会全体がその（人的、精神的、財政的）重みとコストを抱えているのである。

ジャン＝マリ・フィルディオン（齊藤訳）

↓アレナス、異性愛主義、家族、学校、差別、社会学、象徴的秩序、心理学、スキャンダル、恥、侮辱、暴力

私生活

民法典とヨーロッパ人権条約は私生活の尊重を通じて同性愛を保護してきたが、その成果は限られている。伝統的に私生活の概念は、異なる三つの要素に対応する。私的領域で干渉を受けない権利、一定の情報を隠す権利、そして自分の存在に関わる選択を自由に行う権利である。ところでフランス法とヨーロッパ人権裁判所裁判官は、それぞれの仕方で、同性間の感情的性的生活を、厳密に親密な領域の中、つまり寝室の秘密の中に閉じこめることに貢献し、こうして同性愛は隠されたセクシュアリティにとどまらなければならないという考えを強化してきた。事実、ヨーロッパ人権裁判所が合意のある同性間の関係の↓処罰を非難して重要な役割を果たし、「性的生活」が人権条約によって保障される私生活に属すると考えてきたとしても、他方で裁判所は同じ人権条約によって保障されている家族生活尊重権をゲイとレズビアンに拒否してきた。それは措くとして、人権裁判所の最近の↓判例においては、ある変化が姿を現しているように見える。私生活概念が厳密に親密な関係以外にも拡大され、家族的生活の保護が同性愛者である父親のその娘との関係にまで拡大されたのである。

フランス法では、同性愛は恥辱にまみれた性的指向であるというイメージを持続させてきた。これはまず、中立人の同性愛を断定する、あるいは推定せしめる発言や出版に対して私生活尊重権への侵害を見出す判例の中に顕れている。異性愛ではあり得ないことだが、同性愛を暴露するだけでなく、それを単に主張しただけで私生活の権利への侵害があったことになる。ところでこのような見方で保護されているのが、個人の「名誉」や「評判」であることは明らかである。このように同性愛事由を特別視することを受け入れ、それを申し立てることが賠償可能な損害であると見ることで、裁判官は同性愛について、否定的、堕落的、恥辱的で不名誉であるという社会的表象を構築するとまでは言わなくとも、その維持に積極的に参加しているのである。さらに↓パックスのパートナーの性別情報へのアクセスの制限や、パックスを結んでいる人の性別ごとの統計をとることができなかったことは、「同性愛者のもろさ」を保護するという名目で、同性愛は隠されなければならないという考えを強化した。このように当事者を恥辱から守るために使われる私生活の尊重は、今日ゲイやレズビアンであることを軽い気持ちで公にしてはならないという考えを永続させる危険がある。

以前は、性道徳や立法の状況を考慮して、何をおいても法によって「同性愛私生活を保護すること」はまだ正当化可能であった。しかし、今日、戦略的観点からすると、これらの偏見を不合理であるとする告発および批判が必要なのではないか。同性愛の社会的イメージの変化を助長するためだけではなく、性的指向とは関係なく諸個人をより効果的に保護するためにである。

ダニエル・ボリヨ、トマ・フォルモン（齊藤訳）

↓アウティング、悪徳、クローゼット／慎み、処罰、スキャンダル、判例、非処罰化、侮辱、ヨーロッパ法

自然に反する

「自然に反する」という表現は、キリスト教に特有というわけではない。聖↓パウロがすでにこの表現を用いているのは確かだが（『ローマ人への手紙』一章二六節）、何よりもこの表現は異教徒の哲学に、あるいはもう少し漠然とギリシア人やローマ人の性道徳をめぐる考えに、属するものだった。実際自然という概念ほど文化的なものはないのである。伝統的にギリシア人（次いでローマ人）は、厳密な意味では同性愛者でも異性愛者でもなく、社会的な地位に応じて割り振られた役割に従って、ある一種類のセクシュアリティを実践していたのである（↓古代ギリシア、イタリア）。男性の自由な市民は攻め側の役割（すなわち相手へ挿入する側）を、その他のすべて、すなわち女性、奴隷、成人する前の青年は受け側の役割（すなわち挿入される側）を担わなければならなかったのだ。青年を相手にする少年愛は、元々は教育的な目的を持っていた。このような状況のもとで「自然に反する《パラ・ピュシン》」状態にあるか、または「自然に反する」行いをする者は、この簡潔な社会規範を尊重していないことになるわけである。ここでは「自然」という言葉がほとんど「社会」と同義なのだ。

事態が変わり始めたのは、ストア派の通俗版が登場したときである。それは「自然に従って生きる」よう説いたが、そこでの「自然」はそれまでと全く異なる意味をまとっていた（そして現代の意味からもほど遠かった）。それは「神によって決められた秩序」という意味に近かったのである。従って自然に従うことは本能に従う（現代の意味）という類のことではなく、生物学的な機能を担っているとされていた理性に従うことを意味した。つまり自然界の法則、中でももちろん生殖の法則を固く守ることが重要だとされたのである。また同時に、快楽、欲望、感情などと戦い、心の平静を保つことを目指さなければならなかった。肉体は軽んじられた。なぜなら肉体は非理性的な情念の場であり、人間の要素としては取るに足らないからだ。

こうした↓哲学的、実存的体制から影響を受けたキリスト教会の神父たちは、そこから肉体／魂の二元論（これは↓聖書に、聖パウロにすら書き込まれていない二元論である）と、とりわけセクシュアリティへの蔑視（これはどちらかと言えば聖書の「創造」の観念と矛盾する）を引き出し、セクシュアリティを「合理的」目的すなわち結婚と生殖に還元した（↓生殖不能）。こうしたことを背景にして、同性愛が「自然に反する」と見なされるようになるのである。同性間の関係（とくにソドミー）は、自然に対する侮辱だと考えられるようになったのだ。つまり同性愛嫌悪《ホモフォビア》はこのとき、肉体、セクシュアリティ、快楽への恐れという、より一般的な文脈に組み込まれ、セクシュアリティをその唯一の目的である生殖に還元することの一環となったのである。しかし不妊症という極端な例を見るならば、それは宗教上、結婚の解消の理由にはならない。禁欲をする理由にもならない。だが快楽も根拠にはならない。なぜなら快楽は生殖という目的と無関係だからである。ある場合に自然に反するとされるものが、別の場合にはそうはならない。それに自然という観念自体が揺らいでいるのだ。この偽概念は、もっぱら同性愛関係とその実行者を断罪するために、極めて限定的に用いられたのである。

ティエリ・ルヴォル（山本訳）

↓悪徳、医学、異端、神学、聖書、生殖不能、生物学、退化、退廃、パウロ、ペトルス・ダミアニ、放蕩、ユダヤ教

ジッド（アンドレ・〜）

影響力のある文学者であり札付きの男色者として、アンドレ・ジッド（一八六九〜一九五一）は、実際当時の諷刺作者にとって選り抜きの標的だった。その素行を理由にしばしば攻撃されたが、ジッドはある種の超然とした風を装っていた。その意味でジッドが一般的な同性愛嫌悪《ホモフォビア》の環境から受けた影響は、二〇世紀の作家の中で一番大きかったというわけではおそらくなかったであろうが、しかし彼個人をとくに狙った同性愛嫌悪にさらされていたことは確かである。それは、彼の同性愛が周知の事実だったからであった。実際、ジッドの同性愛が知られてから、あるいは見抜かれてからは、その人格をめぐって同性愛嫌悪の言説が、道具立てによってさまざまな形で言わば結晶化するようになった。それを分析することは、確かに興味深いであろう。

一九二四年までのアンドレ・ジッドは、頭が変になっただけであり、まだ救うことのできる存在として扱われていた。彼のさまざまな書き物に、確かに同性愛は取り憑いていた。それは『愛の試み』、『地の糧』、『サユウル』↓、『法王庁の抜け穴』などを思い出してみるだけでよい。しかしこの関心は、文学的な手続きによって演出されているのであり、従って距離が置かれていて、虚構で覆われているのだ。そうした手続きがあるから、同性愛への関心が孕む体制転覆的な性質がいくらか和らげられているのである。『背徳者』でさえ、オアシスの若いアラブ人のもとで味わわれる官能の高揚は、度を越した快楽主義の、罪とは言わないまでも危険な偏向として現れている。さらに書名も一見したところでは主人公を告発している。こうしたことで、読者はまだ安心することができた。最悪でも、あまりに好奇心旺盛な精神の持ち主が、不健全な好意を示していると批判すればそれで事足りたのである。

しかし幾人かの思慮深い友人たちは、ジッドがどのような道に乗り出したかすぐに見てとった。だからクローデルは一九一四年の手紙ですでに、ジッドに対して力強く次のように説き勧めているのである。

> もしもあなたが男色者でないのなら、なぜこのような類の話題を奇妙にも偏愛されるのですか。またもしもあなたが男色者であるのなら、お気の毒なことです。お治しなさい。そしてこのように厭うべきことを広めてはなりません。奥様に相談なさい。

さらに一週間後、ジッドが未だに同じ誤謬に固執しているようだと見てとったクローデルは、次のような比類のない文体で、もう一度ジッドを叱責した。

> いいえ、あなたはよくご存じのはずだ。あなたが話題にされた習俗は、赦されることもなければ、人目に見られることもなく、また公言できるものでもないということを。〔…〕そのうえ神はこの悪徳↓をとりわけお嫌いになっていることを私たちに啓示されています。あなたに念を押すのはよけいなことでしょうが、ソドム↓や『レヴィ記』の「必ず殺さるべし」［二〇章に頻出］、『ローマ人への手紙』◆の冒頭、「淫蕩な者、姦通する者、あらゆる種類の男色を行う者」などです。

つまり、フランスの若者を倒錯↓させると見られる男を回心させねばならぬ

◆『ローマ人への手紙』の冒頭　一章二七節に「男もまた同じく、女との自然の関係を棄てて互いに情慾の炎を燃やし、男と男とでおぞましきことを行いて、その迷いに値すべき報いを己が身に受けたり」とある。その次の「淫蕩な者……男色を行う者」という引用は『コリント人への第一の手紙』六章九〜一〇節で、「……などは、みな神の国を嗣ぐことなきなり」と続く（↓聖書）。（山本）

というわけである。しかしポール・クローデル、フランソワ・モーリヤック、シャルル・デュ・ボス、アンリ・ゲオンなどがさまざまな策を用い、圧力もかけたが無駄に終わった。アンドレ・ジッドのもとへ、『コリドン』の刊行をやめさせるために、信心深い使者たちがおもむいたが、ことごとく失敗に終わった。説得手段も万策尽きたように思ったジャック・マリタンは、残念そうにこのように結論づけた。「知性は悪魔の側に行ってしまった」。

そんなわけで悪魔は一九二四年に『コリドン』を出版した。この作品については、アンドレ・ジッド自身が「私の本の中で最も重要なもの」と語った。この同性愛弁護の書――より精確に言えば少年愛擁護の本、というのも作者によれば異常な性逆転者や女性的な男性はほとんど取り上げられていないからである。この点において作者は時代の同性愛嫌悪の偏見と通じている――の中で、題と同名の登場人物が、自身の素行の正当性を対話者に納得させようとしている。道徳的あるいは哲学的対話という伝統の大きな流れに位置づけられるこの作品は、自身の目的、野心をはっきりと掲げているので、批評家は、その点についてそれまでは知りたくなかったことも、理解することを余儀なくされた。そんなわけで、クラウス・マンが指摘したように、「世間一般の印象としては、ジッドは今回ずいぶんやり過ぎたというものだった。ジャーナリズムの反応は、冷たく沈黙するか、下品で猥褻な注釈を付けるというものだった」。

『コリドン』以前には、ジッドに対して向けられた世論のキャンペーンは、彼の同性愛をはっきりあげつらって非難することは避けていた。むしろ婉曲で遠回しな言い方をしていたのである。例えばアンリ・ベローは、一九二三年に自身が「面長連中の十字軍」と呼んだものとの間に、つまりはジッドとNRF〔ジッドが創刊した雑誌『新フランス評論』〕の仲間たちとの間に熾烈な戦いを交えていたときにも、若者に対するジッドの有害な影響に反対する、一般的な道徳に関する発言にとどまっていたのである。ベローの味方をしたロラン・ドルジュレスは、たぶんもう少し先まで歩を進めた。

> 私はアンドレ・ジッドを糾弾する。私の精神であるカトリックの名においてだけではなく、私の精神的健康の名においても。私たちは強壮剤に与《くみ》するものである。彼は毒に与している。彼は自分が魂に光を当てると思いこんでいる。何という間違いであることか。彼は魂を混乱させるだけである……。彼が関心を持っているのは美徳ではない。欠陥である。〔…〕もちろん私にはよく分かっている。悪は善よりも魅力的だということを。だからこそ、あれほど多くの若者がジッドのもとに駆けつけるのだ。

しかし『コリドン』とその後出版された数冊の書物以降は、批判はもっとあからさまになった。例えば『贋金づくり』についてポール・スーデが叫んでいることの中で、最も穏当な箇所を引用するとすれば、以下のようである。「おや、この作品は表現のうえでは露骨なところが少しもないぞ。すべてが慎ましやかだし、隠されているから、全く無垢の読者であれば、何が問題なのか何とも理解できないこともあり得そうだ。しかしそれでも、あまりに明白過ぎる。〔…〕もうたくさん、うんざりだ」。こんどはロベール・オネールが出てきてコメントする。「どうしてジッド氏ほど繊細な人が、解放されるよりも抑圧されたものの方がおもしろいということを理解できないのであろうか」。アンドレ・ビイーが結論づける。「この悪徳は文学に属しているというよりも、むしろ軽罪裁判所の管轄である」。さらに『コリドン』の出版は、その反動としてフランソワ・ナジエ博士の『反コリドン』のような書物を生みだしさえした。ナジエ博士の寸言は、パリのお歴々の間を駆けめぐった。「自然はジッドを憎む」。

この時期の始めから終わりまで、ジッドはずっと烈しい攻撃を受けた。そしてジッド攻撃の言葉は、暗黒時代のフランスにおいて、その反響としてとりわけうってつけの標的を見つけだした。敗北〔一九四〇年の独仏休戦協定〕の責任を取らせるべきスケープゴートを何としてでも見つけなければならなかったのだ。レオン・ブルムその他の第三共和政の首脳が、リオン裁判〔一九四二〜四三、敗戦責任をめぐる裁判〕で裁かれているときに、物書きの中には『ラ・ジェルブ』、『私はどこにでもいる』、『グランゴワール』、『オクシダン』といった新聞で、文学界も同じように掃除をする必要があると要求する者があった。ギイ・ド・プルタレスは攻撃を開始し、「フランスをだめにした指導者たち」を発表した。ジッドはまっさきに標的にされた。なぜなら「ペシミスト、敗北主義者、不道徳な者、そしてコリドンたち」を罰する必要があったからだ。カミーユ・モクレールは、この「若者に害毒をまき散らした男」を投獄することを求めた。

このような宣言に対して、一九三〇年代にはかろうじて無関心を装うことができていたジッドも、この時期［一九四〇年代］の状況から非常に危険であることは明らかだったので、亡命を余儀なくされた。「ジッド狩り」を正当化するための陰謀まであった。当時、発表されたのは次のようなものだった。ある将来有望の青年、もちろん全く謎に包まれている青年が、アンドレ・ジッドを読んだ後、あるいはアンドレ・ジッドと会った後、自殺を遂げたというのである。この三面記事は、もちろん全く疑わしいものであるけれども、この文学者がフランス人の若者に与えた↓倒錯的な影響の象徴なのではないだろうか。だから痛めつけられた国家の名誉を回復し、この有害な影響を阻止するために必要な措置をとらねばならなかったのだ。反ジッド主義がこのように燃え上がる状況のもとで、一九四二年に、ヴィシー政権は再び同性愛を刑法上の犯罪として導入したのである（↓処罰）。

結局、アンドレ・ジッドが被った同性愛嫌悪の攻撃は、極めて多様な方面から発せられたものだった。右はナショナリストや↓カトリック、左は↓共産主義者までが攻撃した。共産党はジッドの『ソヴィエト紀行』を決して許さなかった。友情に満ちた親切に始まり、無関心を装って申し合わされた黙殺を経て、敵対的暴力に至る、こうしたことがすべて、一人の男に反対するために試みられたことだったのである。その男がそれほど人を不快にさせたのは、その男が男色家であったためというよりは、実はむしろ、その男の男色家としての生き方、それについて語る語り方が、あたかも男色が正当であるかのように、これ見よがしだったせいなのである。

ルイ＝ジョルジュ・タン（山本訳）

↓アレナス、ヴィオ、キュスティーヌ、検閲、フランス、文学、放蕩、ホール、レトリック、ワイルド

社会学

「同性愛の」カテゴリーの存在そのものが、↓精神医学領域と強く結びついているため、社会学は、一見したところでは同性愛嫌悪《ホモフォビア》現象とはどうやら関係がなさそうである。実際、一世紀以上安定した社会学を支配していたのは沈黙である。しかしこのような沈黙には意味がないわけではない。従ってまず「セックスの外の」社会学とそこから浮き彫りになるものを理解しなければならない。二〇世紀の最後の三〇年間には、新しい時代が開かれた。セクシュアリティは社会学領域に氾濫するが、それは内部的な変化と同時に外部的出来事の影響下においてであった。

■「セックスの外の」社会学

「社会学」の先駆者と通常見なされている者たちは、同性愛について、特別な学説を全く持っておらず、理論的業績と直接の関係のない「立場」と呼べそうなものを持っていただけである。彼らはその時代の意見を持っていた。そこに憎しみ（あるいは嫌悪）と同時に↓寛容な理解が表明されているのを見ることができる。私たちは、彼らの多くがこの問題について考えたことを知る術がない。従って、あちらこちらで拾い集めることができたいくつかの要素は、偶発的な逸話の類である。その理由は単純である。社会学的に、セクシュアリティは対象として構成されていなかったのである。

例えばルソーは、その嫌悪を爆発させている。しかしそれは個人的な経験の問題で、彼が対象となった三つの誘惑の話がなければ、私たちは何も知ることがなかっただろう〈Rousseau, t.II, pp.67-9, t.IV, pp.165-7〉。トリノでの滞在の間、彼を口説き、彼を愛撫した後「最も不潔な親密さ」に移ろうとした「ムーア人」は、ルソーに恐ろしい思い出を残した。「この偽アフリカ人の思い出のためにそれ以来最も醜い娼婦」ですら彼の目には、「愛すべき対象に」変化したのであった。

ドゥルーズが「難解で美しい」と形容したテクストで、マルクスは、セクシュアリティを「人類の性と非人類の性の関係」として考える必要性を指摘しているが、なぞめいたこの指摘は異性愛主義（ヘテロセクシズム）的観念を超越する展望を開いている〈Marx, pp.182-4〉。しかし、『家族、私有財産および国家の起源』において、エンゲルスは、彼が「自然に反する汚らわしい悪徳」と呼ぶものに対して嫌悪を溢れさせている。彼はこう述べている。「女性の品位の低下は、男性の品位の低下をその報いとして招き、男色という不快な行いに堕ちるまで、ガニュメデスの神話によって自らの神々を汚すことで自らを恥辱で汚すところまで男性をおとしめる」。

表明されていようといまいと、この共通の偏見は長い間共有され、しかもそれはヨーロッパにとどまらなかった。一九二七年に、二〇世紀初めのアメリカの大きな建設現場を渡り歩いた底辺の労働者たち「ホーボー」の生活を描いた単著の中で、ニールズ・アンダーソンは、この集団に多少なりともよく見られる生活慣習、とくに男性関係について道徳的判断をしているが、このような判断を誰もためらわなかったようである（『ホーボー』）。日常的同性愛嫌悪は非常に「明白」だったので、これを分析しこれと闘うことができたはずの者たち自身にも幅をきかせた。「風俗の文明化」プロセスの大理論家で「不可視の」同性愛者であったノルベルト・エリアスが沈黙していたことを、強い自己検閲の効果と解釈しないことは難しい。彼が、さまざまなセクシュアリティの領域とその感情との関係を当然の対象として研究する可能性を心に残していたことを推測するには、行間を読まなければならない。彼は、簡潔にそして控えめに、その存在を時折示唆するにとどまっている。

この理論化の不在は、全く不思議なものではない。「セクシュアリティ」は、医学と精神医学領域で「科学」の対象として構築され、「同性愛」という言葉自体が現れるのも、これらの言説においてである。フーコーが、「性愛の技法」に取って代わる「性科学」の系譜学をたどるとき、彼が新しいカテゴリー、つまり「倒錯者」というカテゴリーの生産のメカニズムを解体するとき、彼は社会科学のアーカイブではなく、「人文科学」となるものの資料を紐解いている。対抗言説の登場を探す必要があれば、漁るべきなのは文学であった。ロマン派以降二〇世紀に至るまで、文学的創作の中で行われた一束の分析が、そこで展開される。まさに支配的同性愛嫌悪への対位、抵抗の動きである。

それでも、社会学はこの状況に完全に不在であったわけではなかった。社会学は、不可視の異なる二つの方法で二度そこに登場する。最初は、「幼稚にも」異性愛規範的分析を偏在させた形態で、二度目は、文学作品に現れたように仮想的かつ前倒し的にである。文学作品のフィクションが登場させた空間と人物に、二〇世紀末の反同性愛嫌悪的な社会学が、観念的な地位を与えるのである（常にそれを参照するとは限らないが）。

異性愛規範《ヘテロノーマティヴィティ》を語ることは、社会学の伝統全体を通底する明白性に名前を与えることである。そこでセクシュアリティはその制度的形態、言い換えれば家族に還元される。デュルケームは、この点で典型的である。彼にとって最も完成された家族構造である核家族ついて、一八九二年の講義で、こう述べている。「結婚は家族を創設し、同時に家族から派生する。従って（この『従って』を強調しよう）、結婚の形態へと収斂しないあらゆる性的結合は、義務、家族的紐帯を混乱させる。国家自身が家族の生活に介入している今日では、それは公の秩序を攪乱する」。そしてもう少し先で、ユニオン・リブル〔「自由な結合」の意。法律婚をしていない夫婦形態。内縁〕を「不道徳なつきあい」と形容している〈Durkheim, p.75〉。他のテクスト、とくに『自殺論』では、独身を異常な状態として分析し、社会が良好に機能するために必要な、恒常的で制度化された集団の中への個人の統合を害する慢性的な不安定であるとした。

これで、弁論は集結である。それでもなお、日常的な同性愛嫌悪、言ってみれば「ナイーブ」な同性愛嫌悪（事実、デュルケームが片時でも「同性愛者」だけを考えたと思わせるものは何もない）を可能にする条件について問うことは興味深い。その理由はどうやら簡単である。性的「倒錯」は、精神病理学、「個人的な↓心理学」に属することであって、「社会的事実」に関するものではなく、社会学の領域に入らないということである。確かに犯罪学の対象である社会「病理学」は存在するが、犯罪に関係するのであって、倒錯ではない。このような頑迷に加えて、諸学問領域の境界であるという理由以上に深い理由がある。結局一九六〇年代まで、↓私生活、そして何よりも性的行為は、公的生活から厳密に切り離されていると見なされていた。権力とセクシュアリティの関係を確立したのは、マルクーゼそしてフーコーである。デュルケームは、この点で他の社会学者以上でも以下でもない。「正常なセクシュアリティ」の制度化における国家の役割は、社会の良好な機能にとってひときわ肯定的なものに見えたのである。異性愛規範が、共通の見方、共通の意見であったというだけである。異性愛主義規範は、あまりに明白で目につくものであったために、最高の知性にとっても不可視になったのである。

▒闘争の場の中の社会学

直接的あるいは間接的に反同性愛嫌悪的な研究が育った三つの源のうち、一つめは、「逸脱の社会学」である。それはとくに、「相互行為論」といわれる理論的潮流に結びつけられるアメリカ社会学に負っている。「↓異常者」を「道徳的に見ること」に対する強力な批判は三つの点に要約することができる。

- まず、支配的規範に対するあらゆる侵犯は、生産され構築されるものである。いかに奇妙で少数派であれ、そのようなものとして名指しされない限り、いかなる行いも逸脱ではない。逸脱を作るのはレッテル貼りである。このような操作は、集団的な継続的相互作用のプロセスから生じている。そこでは意見の潮流、↓メディア、「道徳の首謀者」らが決定的な役割を果たしている。
- 従って、「逸脱者」を生み出す一般的なメカニズムが、多様な形態で存在する。象徴的な価値の切り下げ、つまり、一定の集団あるいは個人を、劣った価値しか付与されていない社会のメンバーとして構成することである。こうしてこれらの者たちがあまり尊重されないこと（「悪く見られる」）や迫害されることが正当化される。このメカニズムは、「烙印化《スティグマ》」、さらには否定的同定のメカニズムである。
- 最後に、これらのメカニズムがターゲットに及ぼす効果が分析される。自己嫌悪（「脱同一化」）、↓恥の感覚、孤独、同胞への軽蔑だけでなく、再結集（「差異の結合」）、再復権の集団的闘い（「烙印《スティグマ》」の「旗印」への転換）、抑圧的で差別的な政策の告発がある。

これらの業績（とくにハワード・ベッカーとアーヴィング・ゴッフマンによる）は、同性愛に直接関係しているわけではない（途中で同性愛者が何らかの分析を例証するための例としてリストの中に挙げられているとしても）。しかし、これらの業績は新しい業績を触発し、その貢献は根本的であった。事実これらの業績は、新しい理論的枠組みを提供し、そこではあらゆる逸脱が脱自然化され歴史的プロセスの角度から考慮され得るようになる。このような歴史的プロセスは、解体され得るものとされる。そこで同性愛者は脱特殊化される。同性愛者は、ある時点では規範の侵犯者という広いカテゴリーに属しているが、同性愛嫌悪も、この「レッテル貼り」の大きな動きに属し、分析され変形され得ることになる。ベッカーやゴッフマンの業績は、それまでは少年非行や「後ろ指指され」て差別されていた行いに限定されていた逸脱の概念を拡大して、伝統的な社会学文化の中に裂け目を持ち込んだ。さらに、これらの先行業績によって社会学者は、規範の多様性とその生産と変化の分析に対して、規範の恣意性という問題を正面から提示せざるを得なくなったのである。

ゲイの生活様式、価値の切り下げと同性愛嫌悪差別のメカニズム、そして烙印化《スティグマ》に対処するため、標的になっている諸個人が実施する個人的あるいは集団的戦略を記述する厳密に社会学的な研究〈PLUMMER〉が初めて行われたのはこれらの理論的装備を用いてのことであった。社会学自らがこの学問領域の歴史の内部にある創造的な議論に依拠して変貌するとしても――既述の相互行為論がそうである――、この変貌が社会的変化自身に、とりわけ運動に結びついていることは明らかである。

アメリカ合衆国のマイノリティの状況に結びついた政治的変化、ゲイとフェミニズムによる組織された強力な運動の登場、要するに政治領域における闘争的な異議申し立ては、異性愛主義と対決しようとする社会学文献にとっての二つめの着想の源になった。アメリカのレズビアン・ゲイ・スタディーズと同等のものはフランスにはない。それにこの分野は、哲学、歴史学と文学、アカデミックな社会学の交差するところで、学際的に発展してきたことを指摘しなければならない。定着した社会学は、この大きな知的運動に対して無縁であるかあるいは抵抗しており、社会学者は未だに周辺的にしかそこに参加していない。

レズビアン・ゲイ・スタディーズの大きな問題は、「アイデンティティの政治」と、「アイデンティティのジレンマ」の問題である。あらゆる形態の同性愛嫌悪との闘いは、異性愛規範的秩序によって張られた罠に同性愛者を閉じこめ、均質なカテゴリーに繋ぎ、傾向、趣味、性的行動を通じてある人物の全体的なアイデンティティを決定してしまう危険を冒さないか。デイヴィッド・ハルプリンの定式の中に凝縮されたジレンマである。ハルプリンにとって、ゲイとレズビアンのアイデンティティは「政治的に必要であると当時に、政治的に大惨事を招くもの」である。というのもそのようなアイデンティティが「全体化し標準化しようとする同性愛嫌悪的アイデンティティでもあるが、それをすべて否定し拒絶するアイデンティティもまた同性愛嫌悪的であるからである」。イヴ・コゾフスキー・セジウィックの理論的業績に支えられたクィア運動〔「クローゼット／慎み」の項の注参照〕は、「ジェンダー」概念そのものを脱構築し、非分離主義的であると同時に、非同化主義的な道をたどり、性的なるものを（それが解消される危険を冒しても）「定義しない」ことで、このジレンマのラディカルな出口を探している。性的なるものは、「誰かのジェンダーとセクシュアリティを構成する要素が、一義的な意味を強制されない（あるいはできない）ところでは、複数の可能性が開かれたマトリックス、隔たり、錯綜、不協和音、共鳴、動作不良、あるいは意味の過剰である」。さらに、社会学者ではないが、その業績がこれらの議論全体に強く影響を与えてきたミシェル・フーコーについて、本来であれば特別な叙述が必要であろう。

しかし、逸脱の社会学であれ、レズビアン・ゲイ・スタディーズであれ、次のことが非常に印象的である。これらの業績が検証している現実、提起する問題、構築する概念といったものはすべて、ジュネの作品を題材とした「少数派の道徳」についてのディディエ・エリボンの研究が示すように、すでに文学的創作物の中に存在していた。社会学が沈黙し、言ってみれば受動的に異性愛規範権力の支配に協力した長い期間について、アカデミック社会学に対する「仮想的な社会学」あるいは潜在的な社会学を語ることができるのは、そのためである。社会学者は、自らの問題と「素材」を社会的「現実」の中に探求する傾向がある。社会学者は、長い間、芸術が表現と「理論」の無尽蔵で先駆的貯蔵庫をなしていることを忘れていた。社会学者こそがそれを自らのものとする最大の利益の保持者であった。芸術家の「フィクション」は、あまり正統には見えないか、さらには全く突飛に見え、それでもなお強力な抵抗の言説装置であることには変わりなかった「現実」を前倒しして提起している。

いずれにせよ、フランスでのゲイとレズビアンの運動は、二つの大きな出来事を中心として結実した。そしてそれらの出来事は研究分野で、生産的な帰結を残している。まずエイズと結びついた活動である。病気に冒された同性愛者は、「逸脱者」である前に、人、とくに「感染した」人であるという考えが次第に幅をきかせた。それによって、多くの人びとが同性愛嫌悪的ステレオタイプを脱し、同性愛者は他の人同様にかけがえのない尊重されるべき具体的存在であるということを発見することができただけでなく、どうにか公的に支援された研究が行われた。これらの研究は同性愛者の生活様式をよりよく周知し、少数の頭のおかしい個人の傾向ではなく「ライフスタイル」としての同性愛という考えに世論を慣れさせた。ミシェル・ポラックの先駆的な業績とそれに続いた業績は、フランスの社会学において、何らかの社会集団を、あらゆる異性愛主義的偏見を除いて理解し、「正常」と見なす研究の体系的集成となっている。

波乱に満ちたパックス↓の採択に至る長い闘いは、今度は同性愛嫌悪偏見の根深さを明らかにした。それは時には最も下品な形態をとり、（イレーヌ・テリーのような）著名な社会学者もそこに加わった。しかしこの闘いは反対に、家族社会学という聖なる砦の中心に、開かれた立場を登場させたのである（フランソワ・ド・サングリはパックスに好意的な立場を公にした）。さらにカップルと親であることの社会学的問題についての一連の業績の躍進をもたらした（マルスラ・イアキュブらのように）。

結局フランスの社会学領域には、日常的な異性愛主義がしみ込んだままである。同性愛と同性愛者の社会的地位に直接結びついた問題の調査を計画する重要な研究機関やネットワークは存在しない。アメリカ合衆国とは、この点で対照的である。散発的あるいは弱々しいとはいえ、それでも社会学者の声は、とくに肯定的な方向で聞き入れられ始めている。例えば、一九九七年にパリのポンピドゥーセンターにおいてディディエ・エリボン主導で開催されたゲイ・レズビアン・カルチャーについての国際会議がそれを示している。これからの時代はこの批判的潮流が強化されるのを見ることになるであろう。そして、若い社会学者の世代が、国際的議論を豊かにすべく、決して小さくはないこの学問分野の理論的財産をわがものとすることができるようになると予感される。

ジャン＝マニュエル・ド・ケロス（齊藤訳）

↓医学、異常、異性愛主義、エイズ、階級、自殺、人類学、象徴的秩序、心理学、精神分析、生物学、本質主義／構築主義、歴史

シャンソン

一八世紀で最も著名なシャンソニエ［シャンソン詩人、小さな劇場で諷刺の利いたシャンソンを歌ったり、物まねや寸劇を演じて客を笑わせた芸人］のシャルル・コレの日記には、おそらくはコレ自身の分身である「がらくた詩人」による、「あらゆる詩の下書き、それからもっと秘密の思いつき」が書かれていて、その中に、あるシャンソンに関して書きとめられたメモがある。

あの男たちを攻撃するヴォードヴィル［一五世紀に誕生した俗謡のことで、事件を諷刺的に歌ったり、猥褻な内容で酒席で歌ったりするもの］をこしらえたいとずいぶん前から思っている。神に見捨てられた、↓自然に反している、あの連中。あの罪をこっぴどくやっつけてやる必要がある。だけど奴らのことをシャンソンにしても猥褻にならないようにするためには、どうすれば良いだろう。ブ○○○［原文ではbougre（ブーグル）という語のb以外が伏字になっている。「男色家」の意。この語については「異端」の項参照。］と韻を踏む言葉がさっぱり見当たらないのは全く残念だ。それさえ見つかれば、奴らを攻撃する何か上品なものをつくることもできようものを。

この冗談は諷刺詩人の同性愛に対する強迫観念をよく反映している。そのような強迫観念があることは、この主題に触れた諷刺詩や韻文の物語やシャンソンが、驚くほどたくさんあることに表されている。男色家という単語と韻を踏む言葉がなかろうとも、コレもコレの先人もコレの後継者も、しばしば才気走って、そして時に陰険に、「あの男たち」を嘲笑するに事欠かなかったのである。しかも何か上品なものをつくるどころか、どんどん下品な方向へ

のめり込んでいくのだ。

同性愛嫌悪《ホモフォビア》の諷刺文学の起源としてすぐに思いつくのは、古代のラテン語詩人である。例えばカトゥルスやマールティアーリス、ユウェナリス、そして『プリアポス賛歌』や『サテュリコン』といった作品である。またルネサンス期には↓イタリアで諷刺文学が盛んになったが、このときは滑稽な調子のものが主流だった。例えばパチフィコ・マッシミ（『百哀歌』）やアントニオ・ベッカデッリ（『ヘルマフロディトス』）など古典復興期のラテン語詩人、またピエトロ・アレティーノ（『馬医』）、ボッカッチョ（『デカメロン』）、アントニオ・ヴィニャーリ（『男根の群』）などの俗語で書いた作家たちである。ニッコロ・フランコ（『ピエトロ・アレティーノへの反駁詩』）ほど、とげとげしい調子の作品は稀である。

このように諷刺詩はイタリアに豊富なのだが、歌うためにつくられた詩となると、最も古いのはドイツのもので、『ドイツ人の酔っぱらいに関するイタリアの諺について、イタリアの男色家に反駁する、一四九三年一一月二七日にコンラッド・レオントリウスがレーゲンスブルクで即興的につくった下品な男根崇拝の歌』である。これはおそらくユマニストたちの酒盛りの場でつくられた歌であろう。その狙いとするところは、いつもドイツ人の酔っぱらいぶり、もっと一般的にはドイツ人の無骨さかげんを馬鹿にするイタリア人に対して、民族として受けた汚名をそそぐことにあった。そこではすでに、同性愛嫌悪に通常見られる武器が一式まとめてそろっている。男らしさを欠いた者として描く（例えば「掘られ屋」という意味のラテン語キナエドゥスという言葉を使う）、神の法、自然の法に訴えるなどの他、同性愛は異境のものだという考え方、すなわち「イタリアの↓悪徳」という表現まで出てくる。

↓フランスでも、初期の諷刺詩は辛辣なもので、かなり古くから存在していた。例えばエティエンヌ・ジョデルには、最後の作品で、痛烈な毒舌を吐いている『うしろのウェヌス』（一五七八）があり、ロンサールにも同性愛嫌悪のソネットがあって、そのうち三篇が、ピエール・ド・レトワルがつけていた↓アンリ三世の治世（一五七四～八九）の日誌に引用されている。シャンソンという言葉を厳密にとらえるなら、すなわち歌うための歌詞という意味で同性愛嫌悪のシャンソンが初めて現れるのが、この日誌である。エピグラム［短い格言詩］にせよ、パスキナード［元々はイタリアで、古代ローマの石像パスキーノに貼付けられた政治諷刺の落首のこと］にせよ、ヴォードヴィルにせよ、ある韻文作品に曲が付いていたかどうかということは、歌の節が分からないし、書きとめられてもいないので断定しがたいのであるが、この日誌に出てくるものはおそらく大半が、少なくとも文学史上の意味［一二、一三世紀のトルバドゥールやトルヴェールにさかのぼる旋律を伴って歌われる韻文詩］ではシャンソンである。そこでは、↓アンリ三世の寵臣たちが驚くほど激しく攻撃されていて（↓暴力）、神の怒りに訴えてまでそれを罰している。

悪魔のもとへ行ってしまえ。あのような手合いは！
フィレンツェの種が
いずれわがフランスを滅ぼしかねない
もしも神が、その正義の怒りをもって
奴らを痛めつけ、一人のこらず滅ぼさなければ
神よ、ものみなを統べる者よ
フランスは滅びてしまいます
民は蝕まれてしまいます
まさにあのちっぽけな糞虫のために！

この時代のフランスの騒然とした無秩序状態が、シャンソンでは「↓ソドムの宮廷」の無秩序に反映されている。そこでは男女の性別が混ざりあっている（「何て美しい仲間たち／王とその↓寵臣たちはみな！／面持ちはやや青白い／だがあれは女なのか男なのか？」）。あるいは社会の秩序が↓倒錯している（「男と男が結婚し／女と女が縁結び／みんなで糞をひっかきまわす／似たものどうしの生まれつき」）。レズビアンも諷刺を免れることはできない。例えば一五八一年の『ラ・フリガレル』と題された「パスキル［諷刺文、パスキナードに同じ］」がそれを物語っている。その内容は、若い娘が「男っぽい」レズビアンの女性に愛の手ほどきを受けるが、その相手のことを両性具有だと思いこんでいた娘

は、そうではないと知って少し混乱する、という話である。

いえいえ、ちがう、そうじゃない……
分かってください、私は女。私の身体《からだ》
女でないとこ何もない、あなたと同じ
男の抱く欲望が、すっかり私にそなわってるだけ

レトワルはぬかりなく、こうした「堕落」は「国家にふりかからんとしている大嵐の前兆のようなものだ」と注をつけている。このように、ソドミーを行う者をスケープゴートにして王国のあらゆる不幸をそのせいにするシャンソンが歌われたのは、アンリ三世の時代だけである。フロンドの乱のときでさえ、枢機卿ジュール・マザランのソドミーを非難するマザリナード「マザランを批判、諷刺する歌」がたくさん歌われはしたものの、それはすべて滑稽な調子のものだったし、いかなる意味でも天罰を暗示するようなことがないよう、配慮されていた。

マザラン、あの男色家は
言っていた。わしはマンコは嫌いだ！　ってさ
裏切り者だ
恩知らずの男色だ
あれを嫌うなんて
奴はただの阿呆じゃないか！
もしも王妃のあれがなかったら
ロン、ラ
もしも王妃のあれがなかったら

ついて来い、少年を串刺しする者ども
きさまたちのジュール先生が、教えてくれる
きさまたちに、授業をしてくれる

〔…〕あの男色家は一〇〇通りもやり方を知っている
糞を釣り上げるやり方を

■リベルタン思想と中傷

一七世紀初頭、フランスにリベルタン思想が出現したことこそ、それまでの調子ががらっと変わった原因である。この運動の先頭を走っていたのは、同性愛者のほぼ全員、あるいは同性愛者と評されていた者のほぼ全員と言わねばならない。例えばそれは、テオフィル・ド・ヴィオやデ・バロー、クロード・ル・プティ、ダスシー、（ソドム王の異名をとった）サン＝パヴァン、シラノ・ド・ベルジュラック、クロード・ド・シュヴィニー、ド・ブロ＝レグリーズ男爵であり、そしてまた彼らを後援していた者の中にも、例えばコンデ親王ルイ二世がいた。中には虚勢を張って、シャンソンの中でソドミーをする者を擁護したり、自分自身の性向を示唆する者たちもいた。例えば、たいへん多作だったド・ブロ男爵の作品がそうである。

友よ、いつの時代もそうだった。尻は
気高い紳士の悦びだった
ローマやギリシアでもそうだった
ところがわれらが先生は、こぞってそれを禁じるのだ
でももっと当を得た一人の作家が
こう言った。あれは個人のためのもの
マンコは人類のためのもの

私めが殿に望むのは　ただ御身の幸いのため
飲み手、やり手であれかしとのみ
神を信じずソドミーにふける者であれかし
そして逝かれよ　そして逝かれよ　そして逝かれよ、突然死で！

火炙りの脅威が現実のものになって迫ってくると、ソドミー愛好者たちはシャ

ンソンで応じた。例えばコンデ親王ルイ二世とラ・ムセー侯爵は、嵐で大荒れのローヌ河を溺れそうになりながら下っていくときに、即興で次のようなシャンソンを（ラテン語で）つくっている。

――わが友、ラ・ムセー
――わが君、陛下。何て天気でしょう　ランランラドリレット
この大雨じゃ死んでしまいます　ランランドリリ
――われらが生命は安泰だ
なぜならわれらソドミーを愛好する者　ランランラドリレット
だから火でしか死なないさ　ランランドリリ

このような大言壮語にはある種の自嘲が包まれていて、ユーモア派の先駆けと見なすことができる。ただしそれが同性愛嫌悪に対してこれ見よがしにソドミーを誇示しているとは言っても、そうしたシャンソンをつくっている同じリベルタンが、また別のマザリナードをつくって最大限に同性愛嫌悪を発揮しているということを忘れてはならない。例えばシラノ・ド・ベルジュラックは、『別世界』ではソドミーをする者を好感の持てる人物のように描いていながら、冷酷な『失脚宰相』も書いている。先に引用したド・ブロ男爵の場合は、マザランの甥が死んだときに、次のような残酷なシャンソンをためらいもなく歌っている。

叔父さんが泣いている、雌牛のように
泣き叫んでいる　おお、何という不幸！
あの子は私の甥っ子、私のお稚児
あれは私のお気に入りだったのに

同性愛とて、「ものみなシャンソンで終わる」と言われるフランスの軽薄な伝統から外れてはいない。この主題の扱いはしだいに大きくなっていき、革命期にそれは頂点に達する。そのことを物語っているのは、ピエール・ド・クレランボーが集め、モルパ伯爵のために増補、清書されたシャンソンの大全集の、四つ折り判で四二巻の中に収められた、ソドミーに触れている数百ものシャンソンである。その大半は、多かれ少なかれ有名な人物の異端的な振舞いについて当てこすっていて、そうした人物が巻き込まれたおもしろい逸話を語っている。

一般的にこの手のシャンソンは、寝取られ男《コキュ》や性的不能者《インポテンツ》、淫乱女を攻撃するシャンソンほどには棘がない。その同性愛嫌悪も、しばしば同性愛の奇妙な性質を強調することにつきている。それは例えば、ルイ一四世の弟で、王弟殿下と呼ばれたオルレアン公フィリップ一世［フィリップ・ドルレアン、一六四〇～一七〇一］の性向の原因は、その本当の父親が実はイタリア人の枢機卿マザランであることにあるというような悪口となる。「フィリップ、あのつまらん寝取られ男《コキュ》は／マンコから逃げ出しケツにくっついた／でもたいていは自分がやられる／やつは後ろがお気に入り！／それだからこそ、いたずら男が／はっきりさせた、やつの父親が／ローマのお偉いお坊さんってことを」。ジャン＝バティスト・リュリ［一六三二～八七、音楽家、ルイ一四世の宮廷の音楽監督］が元々イタリア人であることが、何回も強調されたのもこれと同じ精神である。例えばリュリはある女性を褒めるのに、次のように言わされている。「あなたをひと目見た者は、永遠《とわ》に魅了されましょう／でもこの私はフィレンツェ生まれ、だからそっぽを向きましょう」。

男ばかりの世界に生きている修道士や司祭、その他の聖職者を責めるシャンソンは、反教権主義の伝統の中で数多く存在する。それは少なくとも、一五六六年のシャンソンにまでさかのぼる。この中でコルドリエ会修道士が次のように言わされている。

娘などというものは、われらに少しも必要なし
何となれば、われらには　いるではないか、修練士
あの子らとともに、心して　われらが悦び見逃すまじ
だからと言ってわれらには、恐れることなど何もなし
恥じ入ることなど何もなし

攻撃の調子が激しくなるのは、イエズス会士とイエズス会が授ける教育が対象になったときである（「言われているぞ、若い男の子どもらに／やつらはおかしな授業をすると」）。その場合しばしば、フランス語でイエズス会士《ジェズイット》という言葉とソドミー《ソドミット》をする者という言葉が韻を踏んでいることが利用されているが、もちろんそれにとどまらない。

イエズス会士、上等の趣味を持つ者たち
だまされたりしないあの者たち
彼らがよろこんで手をかけるのは
スカートよりも、半ズボンの方
そして証明してみせるのだ
確かな証拠から　上等の教えから
ケツがマンコよりよく締まり
チンポがずっと気持いいことを

一七世紀にはすでに、ソドミーにふける者たちのネットワークが存在するのではないかという恐れが顕れているシャンソンもある。疑わしいほど仲の良い関係がまずからかわれた。例えばリュリとヴァンドーム公爵の関係である。後者はよく、ヴァンドームという名前がソドムと韻を踏むように、おもしろがって使われた。だがそこにとどまらず、一六八二年、ルイ一四世の若き私生児ヴェルマンドワ伯爵を仲間に引き入れようとしたソドミー愛好者たちが、いっぺんにおおぜい失寵したときには、宮廷内の男色者すべての名簿がつくられた。「注意深く跡を追う／反マンコ主義者全員の跡を／そうっと、そうっと、篩いにかける、そう、そう／ご婦人方は悲しみにうち沈み／朝に晩に仕事に精出す／名簿をつくるという仕事」。五〇年後、フリーメーソンとその秘密のしきたりが同性愛と見なされ、このときと同じ疑念が漂い、疑わしい者らを放逐したいという同じ欲求が現れることになる。「やつらの運命は／もしもご婦人方に裁かせるなら／やつらの運命は／すぐさま悲しい結末を迎えているだろうに／ご婦人方によって、火炙りに処されていただろうに……」。

驚くべきことには、グレーヴ広場で実際に火炙りにされたソドミー犯たちの名前を、シャンソニエは何十年も記憶している。例えば一七二六年に処刑されたデショフールという名前、またとくにショーソンという名前である。ショーソンの処刑は一六八一年にまでさかのぼるが、革命期まで何度となくこの名前は繰り返される。中でも一七一二年にジャン＝バティスト・ルソー［一六七一〜一七四一］への反駁として、ガコンという名前のへぼ物書きがつくった一連のロンドーやバラード［いずれも詩の定型］は、他に例を見ないような暴力的なものであった［『アンチ・ルソー』というタイトル］。ルソーは、同性愛に関する軽妙で微笑ましいスケッチをエピグラムにものした作家であった。一八世紀の間ずっと、ソドミー愛好者の中でも有名人は非難を浴び続けた。中でも最も有名だったのはフリードリヒ大王［フリードリヒ二世、一七一二〜八六］のことで、ディドロは次のようにからかっている。「かのプロイセン国王陛下は／かつて女性に触れたことなし／自分の妻も例外ではない」。レズビアンもしだいにシャンソンに歌われるようになっていった。とくに舞台に登場する女性が槍玉に挙がった。例えば、マドモワゼル・ロクール［女優、一七五六〜一八一五］、ソフィー・アルヌー［女優、歌手、一七四〇〜一八〇二］、マドモワゼル・サレ［マリー・サレ、ダンサー、一七〇七〜五六］である。

個別から一般へ

一八世紀が過ぎていくにつれて、シャンソンの中には特定の個人、宗教集団、社会集団への攻撃をやめ、性的な好みによって排他的に規定される一つのカテゴリーに属する人びとをまとめて非難するものが出てくる。例えばコレは次のシャンソンの中で、この項の冒頭に引用した日誌の中の「あの男たち」に関して、理解を示しているように見せかけている。

みなさん、暇をお出しなさい　召使いに　門番に
そうすれば、賢く若いお小姓方　あなた方は帰ってくる
美しい女性のもとに帰るのです　みな懐に帰るのです
われらがマンコの教会の　不幸な異教徒たちよ！

私は言いたいわけじゃない　ソドムを去れと
私だって許す、時おりなら　家臣とやることを
しかし私は言いたいのだ、獣じみていると
もしもそればかりにのめり込むなら
ローマで行われているように

一八世紀のソティジエすなわち好色な小咄や滑稽なエピグラムやシャンソンの中には、同性愛に関して極めて肯定的な作品がたくさんあった。中でも最も知られているのは、一七三五年の『コスモポリタン集』や一七四二年の『上機嫌のミューズ』である。こうしたシャンソンの中には、ほとんどソドミー擁護のための要求書のようなものもあったし、また著名な同性愛者の名を挙げて、この性向とそれを行使する自由を支援しようというものもあった。

一八世紀の終わりには、『大通りの操り人形』という演劇作品で歌われているような、同性愛に対してどちらかと言えば好意的なシャンソンによる諷刺があった一方で、『アンチ・ルソー』以来ついぞ見かけなかったような際限のない憎しみをもって同性愛を攻撃したものもあった。おそらくそれは、ソドミーをする者がしだいに目につく存在になってきたことによると考えられる。『男色頌歌』と題されたシャンソンは次のように始まる。

自然がわれらの世界に送りこんだ化け物ども
稚児になった男色者たち、わが怒りの矛先
忌まわしい糞釣りの罪人《つみびと》
あの恥ずべき人種が日々数を増している……

一九世紀初頭にはすでに、カテゴリーはぐんと明確にされ、一つのタイプを通してある分類に属する人びと全員を笑いものにすることが、はるかに多くなった。例えばベランジェ〔一七八〇～一八五七〕が、女性的な同性愛者を扱った『ヘルマフロディトス』というシャンソンの中でそうしている。

見とれてしまうよ、散歩の途中　あれほど美しくかわいい子
若い男の前では生気がなく　ご婦人の前ではあくまで親切
顔色輝く、軟膏で　飾られている、紅で
かわいい美男子、かわいいお稚児
男か女か知らないが、名前はちゃんと知っている

一般的にはこうした傾向があったけれども、中には未だに滑稽な言葉を駆使してソドミーを擁護するシャンソンがあった。例えば『男色家』や、希少価値の高い『ごみ箱』などである。後者は次のように宣言する。「いいえ、ウェヌスのマンコなど／アヌスに値しやしない」。もう一つの顕著な現象としては、レズビアニズムを扱うシャンソンがしだいに増えていくことである。『一九世紀諷刺詩集』（一八六三）と、その続編『新一九世紀諷刺詩集』（一八六六）に収められている、その手のシャンソンの数の多さがその証拠である。この二つの詩集は、男性同性愛嫌悪とレズビアン嫌悪↓（レズボフォビア）のシャンソンの、正真正銘の宝庫である。そうしたシャンソンには、女性同性愛《サフィズム》や男娼の大騒ぎの場面が几帳面過ぎるまで描かれている（ユイスマンスによるシャンソンも一篇ある）。そうした光景は少しも美化されるところはなかった。当時流行《はや》り始めていた、インターン控室のシャンソンと呼ばれていた類の歌に歌われた、スカトロジックな光景、性病の光景、毛虱の光景とほとんど変わるところがなかった。フランスのシャンソンは、一八世紀のきらめき輝く精神、そして時に開放的な精神の後に、嘆かわしい成り行きを迎えたわけである。

一九世紀の半ばには、偉大な作者たち（例えばベランジェ、ナドー〔一八二〇～九三〕、ドブロー〔一七九六～一八三一〕）のエロティックな調子の作品に、同性愛に対する多かれ少なかれ直接的な示唆が見られる。こうした演目は、作者の個人全集の奥底に隠されていることが多いが、どちらかといえばそうした行為が気に入るのは、「規範を外れている」からこそである。「医学生の」シャンソンとか、病院のインターンの集まる「インターン控室の」シャンソンなどと呼ばれていた匿名のシャンソンも同様である。そうしたシャンソンは事情に通じた者たちだけの間で歌われ、伝えられていく。そこでは何でも許されているように思わ

れるし、そのうえ何でも受け容れられているようにも見える。一般大衆向けのシャンソンの場合は、それとは大いに事情が異なる。カフェ・コンセール〔飲み物付きでショーや歌を演じる店〕の出現とともに一八七四年に復活した検閲をかわしながら、作詞家は露骨な仄めかしに満ちた歌詞を書くことをやめなかった。そこでは同性愛が歌われないだけ、かえって目立っている。

キャバレーは一八九七年まで検閲を免れていたので、そこでのシャンソンが唯一、同性愛について軽く触れることがあった。一八九一年には、モーリス・ドネーが書き、「黒猫」〔パリのモンマルトルのキャバレー〕で初演された『よそで』という作品の中で、一九世紀末の習俗を十分に明らかにする光景がモノローグでざっと描写されている。このモノローグはのちにイヴェット・ギルベール〔一八六七～一九四四〕によって再び取り上げられ、さらにその後曲も付けられた。「生殖など関係ない／私たちの団結は明らか／私はサフィズム的愛に参加する／男の恋人など持たない女たちの愛に」。翌一八九二年、「黒猫」のまた別の常連であったレオン・グザンロフ〔一八六七～一九五三〕が、放蕩生活を送る若い男たちの光景を素描してみせた。すなわち『弱々しい優男たち』である。

■ジェンダーの曖昧さ

カフェ・コンセールの最も人気のあったスター、フェリクス・マイヨール〔一八七二～一九四一〕（『竹の家で』や『おいでププール』を初演した歌手）は一九〇〇年に、オネエのイメージをはっきり体現した。前髪を垂らし、ボタンホールにはスズランを挿し、手にはハンカチ、反り身になった姿勢をとり、舞台のうえで過度に女性的な身振りを繰り返したのである。当然のことながらマイヨールはシャンソニエたちの格好の標的となったし、またしばしばグロテスクな模倣者が現れた。しかしそれにも拘らず、マイヨールは民衆の観客からは大いに歓迎され、大成功を収めたのである。観客はマイヨールのしぐさを見てもほとんど気にならなかったようだ。

一八九五年のオスカー・ワイルド裁判は、フランスの諷刺的シャンソン、時事シャンソンの作者にはとくに反響を呼ばなかったようである。それとは違ってオイレンブルク事件は、いくつもシャンソンになって歌われた。ベルリンでの事件を扱ったシャンソニエは、『ヒルシュフェルト一家がやって来る』という、一九〇八年一月に録音された諷刺シャンソンに署名のあるオットー・ロイターが、見たところ唯一であるのだが、パリでは全く事情が違ったのだ。モンマルトルのシャンソニエたちは自らの天職に忠実に、これはもっけの幸い、逃す手はないと大いに楽しんだ。その中の一人、ジャン・ペユーは、『チュートン人のスキャンダル』と題する世情諷刺シャンソンを吹きこんだ。別の一人、スベランという名のシャンソニエは、『ヴィルヘルムのかわいい兵隊たち』を録音した。そして一九〇七年一二月にはついにフォリー＝ベルジェールが、P＝L・フレールの署名のあるレヴューの中の一場を使ってこの話題を取り上げ、ヴィルベールとモーレルに嘲笑的な舞台を演じさせた。その歌詞は極めて反ドイツ的で、一八七〇年以来フランス人の頭に染みついていた復讐心をよく表している。あのような事件は、わが敵チュートン人にしか起こり得ない、というわけである。

女のような男という主題がだんだんとシャンソンや、ミュージック・ホール〔カフェ・コンセールから発達した形態で、それよりも規模が大きく、飲食物を注文する義務がない代わりに入場料を払う〕のショーに溢れ出す。例えばシャルロット・ゴデという猥歌専門の女性歌手が、一九〇九年に『かわいい若者』というシャンソンを録音している。歌詞は言葉遊びに溢れているが、必ずしも上等とは言えない。「あいつの小さなハンカチには刺繍がある／それにあいつの下着は全部ＰＤ印《ペデ》」〔PDはpédé すなわち「ホモ」と同じ発音〕、あるいは「あいつは買っている、健康のため／上等のワセリンを」。マイコールは一九一三年八月に、ミスタンゲット〔一八七五～一九五六〕との架空の婚約を報道機関に発表した。そのためにとくにシャンソニエたちから標的にされ、少なくとも五篇のシャンソンで槍玉に挙げられた。『ミス・オカマの婚約』や『マイヨールは今もオボコ娘』などである。一九二八年に回想録を刊行したマイヨールは、その中で嘲笑の的とされることに飽き飽きして、怒りにまかせて何ページにも渡ってこの件について書いている。「他人の私生活を好きなようにあげつらう同業者というのは、つまりは悪意からそうしているのではないか。なぜなら芸術家というのものは、顧客に対して公的な振舞いでしか答えようがないのであり、あくまでも芸術家としての役割を越えようがないのだから〔…〕。私は誰に対しても、言い訳しなければならないとは思っていないし、自分の私生活に関わることで報告すべきことは、誰に対しても何もない」。

第一次世界大戦後には、「ギャルソンヌ」と呼ばれた短い髪の最新の女性たちが、ジェンダーの曖昧さをめぐる嘲弄を掻きたてた。一九二三年、ジョルジェル〔一八八四〜一九四五〕は、『ラ・ギャルソンヌ』という歌を出す。これはすこし後に、タキシード姿の幻想的シャンソンの歌い手ラ・レジアによって再び取り上げられた。「あのギャルソンヌ／男《ギャルソン》のように振舞っている〔…〕／確かに彼女は信じている／自分が男《ギャルソン》だということを／あのギャルソンヌ」。こうした新しい服飾の流行にインスピレーションを受けてつくられたシャンソンの中には、単なる美しさの描写にとどまらず、それをはるかに越えて両性具有の観念に言及するものも出てきた。一九二五年、喜劇役者のドレアンが「男なのか、女なのか」と叫んでいる。その二年後、オペレッタ『ボクサー・ケティ』の作曲家兼主役ガストン・ガバロシュ（彼自身同性愛で、結婚していたがそれを公言していた）が、その中で「あの娘たちは男だ」と歌っている。ピエール・ヴァレンヌ（当時のシャンソンは、ほとんどすべて男がつくっていた）によって書かれたこの歌詞は、ギャルソンヌのフェミニスト的側面を強調し、その解放によって排除される男たちが脅威にも感じている不快感を諷刺によって表している。

フランスの（とりわけパリの）一九二〇年代は、男性同性愛者が主張をし始めたということでも注目される時期である（マジック・シティ・ダンスホールでの非合法のカーニヴァル、プルーストの『ソドムとゴモラ』、次いでジッドの『コリドン』の刊行、雑誌『性逆転』の短命に終わった試み）。そしてそれに比例して、シャンソン作者からの反応が盛り上がった。同じような現象はニューヨークのハーレムでも見られた。そこでは同じ時期に同性愛《ホモファイル》のサブカルチャーが育っていたが、それが同性愛嫌悪という反応も引き起こしていたのである。一九二三年、兵隊ものの喜劇役者ガストン・ウヴラールが、『ティティ、トト、パタタ〔順に次の意味。パリの生意気な若者、子どもまたは虱、ぺちゃくちゃというおしゃべりの擬音〕』という題のシャンソンをつくった。そこに素描されているのは、この狂乱の時代のいかがわしいパリで、男性同性愛者のトリオが興奮しまくっている様子である。このシャンソンは一九三五年に録音されている。「ティティ、トト、パタタ／やつらはつまらない気取り屋、いつもこんなふうに歩いている／ウーと声出し／アーと叫ぶ／もったいぶって、はったりかまして、見て呉ればかり飾ってる」。猥歌の専門家サンドレーが、一九二八年に吹きこんだシャンソン『粗忽者たちのジャヴァ〔三拍子のダンスミュージック〕』では、バル・ミュゼット〔大衆的な舞踏会〕の中にまぎれこんだ同性愛者という新しいカリカチュアの主題を描いている。モーリス・シュヴァリエ〔一八八八〜一九七二〕も同じような主題で、一九二八年にアルベール・ウィルメッツ作詞による『もしもおいらがお嬢さんだったなら』を初演している。シュヴァリエの歌は、この歌を自分の持ち歌にしたアドリアン・ラミーなど、他の歌手が叙情的な解釈でシャンソンのスタイルに合わせた歌い方をしていたのにくらべると、どちらかといえばカリカチュア的だった。

一九二九年九月二八日から、スカラ座で、ドラネム〔一八六五〜一九三五〕主演、フィリップ・パレス、ジョルジュ・ヴァン・パリス〔一九二〇〜七一〕作曲、セルジュ・ヴェベール脚本のオペレッタ『ルイ一四世』が上演された。この作品では当節の社会的な変化の正統性を言うために歴史に例が求められ、あざけりの調子のもと、国王アンリ三世とルイ一四世の王弟殿下オルレアン公フィリップ一世〔フィリップ・ドルレアン、一六四〇〜一七〇一〕が言及される。それによってショーの成功は確実なものとなった。中には少なくとも奇抜な、次のような歌詞がある。「なぜ女性を愛さないのだ、アンリ！　アンリ！　アンリ、優しくないぞ……」。

多くのシャンソンがカフェ・コンセールの伝統に従って、ほとんど不変の型にのっとってつくられた。喜劇的な歌、愛国的な歌、猥褻な歌などといった型である。ところが周辺の雰囲気の変化に伴って、新しい流行が広がっていく。女のような男の歌がだんだん多く見られるようになっていくのだ。中でも例えば『私はあなたが思うような女じゃない』（一九二五年、ペルシコ初演）や『それがないなら』（一九二五年、ドラネム初演）、『剣玉』（一九三〇年、フェルナンデル〔一九〇三〜七一〕初演）、『エミリア女』（一九三一年、ジョルジュ・ミルトン〔一八八八〜一九七〇〕初演）、『木製じゅうたん叩き〔じゅうたん叩きには「オカマ」の意味がある〕』（一九三三年、ジャッキー初演）、『子爵だった頃』（一九三五年、モーリス・シュヴァリエ初演）、『猩紅熱にかかるよりまし』（一九三六年、レイ・ヴァンチュラ〔一九〇八〜七九〕初演）などである。同性愛嫌悪が、一見したところさして重大な結果ももたらさないような悪ふざけの形をとっている。紋切型の言い方によれば、そうした悪ふざけは「オネエ」たち自身も大好きなのだそうだ。ユーモアというフランスのある種の伝統を通して同性愛嫌悪が社会に容認されていくのである。これは、人種差別主義や反ユダヤ主義の場合も同じである（こちらも歌詞の中にひょっと顕れたりすることがよくある）。メカニズムはそっくりなのだ。

一九三〇年代の前衛シャンソンに属するデュエット歌手のジルとジュリアンはもっと説教臭い。彼らは『ドル』だとか、『殺戮ごっこ』といった極めて政治的な題の曲を吹きこんでいるが、一九三二年一一月には『あれになってみるかい？』という同性愛嫌悪のシャンソンも録音している。彼らは、時代の習俗を退廃の観念と結びつけて描き、ある歌の中では、同性愛への性向を、この年首都を席捲したヨーヨーの流行と同列に扱っている。

なぜなら、あれかあれじゃないか
それが問題なのさ、誰にとっても
もしあれじゃないなら、明日にはたぶんなれるさ
あれになってみるかい？
もしあれなんだったら、分かるだろう
おれたちの時代には、あれなら何でもうまくいく
成功するためには、あれにならなきゃいけないんだ
さあ、ちょっとがんばろう、あれになってみるかい？

ジルとジュリアンはぜったい「あれ」ではない。というのも、この時代の左翼活動家は、しばしば同性愛をブルジョワ的悪徳だとか、一つの階級またはもっと一般的に社会全体が退化する徴候であると見なしていたのだ。男性デュエットの流行は一九三〇年代で消え去ったけれども、芸術の意味以上の意味がある関係（例えばシャルルとジョニー［シャルル・トレネ（一九一三～二〇〇一）とジョニー・エス（一九一五～八三）］）を隠蔽するのには役に立った。

幻想的シャンソンに分類されるジョルジウス［一八九一～一九七〇］は、『分別のない女たち！』という一九三三年の初めに録音されたシャンソンで、分別のない調子でブーローニュの森の夜の生態を描き、「伊達な」オカマの若者と出会ったり、「ひげをはやした巨人」と出会ったりしたことを歌っている。この時代のシャンソンで、もはや異性装でも社交場の男性同性愛者でもなく、ホモのハッテンの光景をあからさまに歌っているのは、この歌の歌詞だけであろう。ジョルジウスは無尽蔵の才気で一五〇〇以上のシャンソンを作詞したシャンソニエで、辛辣な調子で歌う者の中でも独自の位置を占めている。どんな主題も容赦せず、民衆のカテゴリーの一つ一つをそれぞれ一篇の歌に歌うことが多い。同性愛者は彼のお気に入りのターゲットに含まれる。彼のシャンソンのなかで、この主題に触れている部分があるのは、『彼のお気に召すなら』（一九二六）、『彼のお肉を食べるために必要なこと』（一九二七）、『黙れ』（一九二七）、『あの手の館』（一九二八）、『陶製パイプ［パイプpipeには「フェラチオ」の意味もある］』（一九三二）、『シャム双生児』（一九三八）、『うちの地下室で』（一九三九）などである。一九三〇年代のシャンソンの歌詞には、レズビアンへの言及が見当たらないことが注目される。実際、ジョルジウスにもレズビアンを標的にしたものがない。ただし、その旗頭だったシュジー・ソリドール［一九〇〇～八三］は例外で、『開け』（一九三二）で官能的にレズビアンに触れている。

精神的抑圧

一九二〇年代、三〇年代に花開いた奔放な精神は、第二次世界大戦が勃発すると、もはや通用しなくなった。ドイツによる占領下では、同性愛に対する抑圧の脅威はあったけれども、隠されている限りでは寛容に扱われた。同性愛嫌悪のほとんどは、スイングの流行に伴って現れたザズー族［ジャズに熱狂した人びと］の若者たちの動向（物資欠乏のこの時代に、あえて過度に優美な服装を身につけていた）にその矛先を向ける形で、明確な姿を見せていた。シャンソンは、録音されない秘密作品の形でこの同性愛嫌悪を伝え広めた。例えばジョルジュ・ミルトンの『ザズーとズーザ』は、ホモのザズー族を強制収容しろとしきりに歌っている。

解放後もヴィシー政権の抑圧ムードは受け継がれ（二一歳未満の未成年と

の同性愛関係を禁ずる一九四二年八月六日の法律が、一九四五年二月八日の行政命令で追認された)、シャンソンで同性愛の主題が触れられることは、いぜんとして極めて稀だった。ウヴラールが一九四六年に、『ぷぅぷぅやくざ』[prout は「ぷぅ」という擬音語であると同時に「オカマ野郎」の意もある]と題され、楽譜には「好色なジャヴァ」と書かれている曲で、徒刑場送りとなったやくざの若者が、そこから帰ってみるとすっかりホモになっていたという物語を語った。その二年後、リリー・ファイヨールが、アンドレ・オルネ作詞で『彼の腕の中で』という曲を録音している。その第二節は、極めてあからさまである。

彼の腕に抱かれたとき
考えた。彼は何をしているのだろう
しなをつくったり　しかめ面したり
ちょっと気取り過ぎている
彼はささやく「気をつけて！
パーマがぼさぼさになっちゃうから！」
いつもそんなふうに　いらいらさせられる
彼をそこに置き去りにした、もう躊躇うことはなかった！

ミュージカルについて言えば、ブロードウェーのショーがしだいにゲイや女のような男の人物を、多かれ少なかれカリカチュアとして描いたり、また男性俳優にドラァグクイーンの服装で演じさせるようになっていく。最も重要な例としては、『ヘルザポッピン』(一九三八)、『レイディ・イン・ザ・ダーク』(一九四一)、『メキシカン・ヘイライド』(一九四四)、『アズ・ザ・ガールズ・ゴー』(一九四八)、『チャーリーはどこだ？』(一九四八)などがある。

パリでは一九五〇年に、『帝国のレヴュー』というレヴューの中の、「闇のスキャンダル」と題された一場で、シャルル・トルネが容赦なく同性愛の習俗に触れている。この件でトルネは、のちに裁判でもめることになる。一九五三年になると、シャンソニエのロベール・ロッカ[一九一二〜九四]が歌う『彼らはみんなあれだ』を、カヴォー・ド・ラ・ユシェットで聴くことができるようになる。これは超現実主義的なシャンソンで、同性愛者だけが住むという想像上の村を空想力豊かに描いている。一九五七年にはギイ・ベアール[一九三〇〜]が、もっと説教じみた『何ていい気分』というシャンソンの一節でこの主題を歌っている。「それでも中にはいるさ／同じ色の切り札を出すやつらが／やつらの勝手さ。おれが好きなのは／クイーンにはジャック／ハートにはクラブさ」。しかし以上は例外的なシャンソンだと言える。一九五〇年代の同性愛嫌悪はおおむね、むしろシャンソン作者たちの自己検閲という形に顕れている。この態度は一九五四年にアンドレ・ボドリーが創刊した『アルカディア』誌の精神に呼応している。この雑誌は秘密裏の上質な同性愛を推奨していた。

一九六〇年代初頭には、エレーヌ・マルタン[一九二八〜]が勇気を奮ってジャン・ジュネの『死刑囚』に曲を付けたのと好対照をなすように、シャンソンは一九三〇年代初頭のスタイルを取り戻して、同性愛のいわゆる「流行」を告発した。道を開いたのは、極めて男性優位《マッチョ》主義的なジョルジュ・ブラッサンス[一九二一〜八一]が一九六二年に『評判のトランペット』の一節で、次のように歌ったことだった。

もっと強く鳴り響くのだろうか、あの神々しいトランペットは
誰でもそうであるように、ぼくがすこしオカマっぽかったりしたら
お嬢さん方みたいに腰をくねらせたりしたら
突然ぼくが、ガゼルのようにすらりとした脚で
すばしこく軽やかに走り出したら

この翌年、ギイ・ベアールが両義性をふまえて『紳士と若者』を歌っている。この歌は、ジュリエット・グレコ[一九二七〜]も録音した。次いで登場したアンリ・タシャンは、一九六五年に発表したファーストアルバムからすでに攻撃を繰り広げていた。『ホモ』というタイトルの曲は、次のようなかなり辛辣な歌詞を含んでいる。

おれはありがたいことに、生まれつき誇り高く

いわゆる正常な恋愛に仕える騎士なのさ
わが城のてっぺんからいつも夢見ている、狩り出すことを
あの地獄の一派の冒瀆者を一人残らず

ジャック・ブレル［一九二九～七八］は、自分なりに同性愛嫌悪を育んで、一九六七年に自身のヒット曲の『ボンボン』の新ヴァージョンを吹きこんだ。主人公は恋人のところにボンボンを求めてやってくる。しかし恋人の弟に誘惑されて、結局ボンボンをその弟に上げてしまう［ボンボンはキャンディのことだが、睾丸の意味もある］。この主題は、もしもブレルが女性的な歌い方で戯画化することに夢中になっていなければ、おもしろかったかもしれない。

同じ時期、フェルナンデルは『彼はあれだ』という曲を、悪趣味で思わせぶりな身振りを演じる言い訳にして、劇場の観客やテレビ視聴者を楽しませていた。「タ、タ、タ……ぷぅ！ぷぅ！」［ta ta ta... は呆れて「はい、はい」と言うときのような意味の間投詞だが、tata で同性愛の受け役の意味がある］。この歌は一九六六年につくられた。作詞したミシェル・リヴゴーシュは、最近この歌詞について聞かれて、悪意は全くなかったのだと言明した。そしてこのシャンソンはもはや今日では全く通用しないと認めた。彼によれば、当時、同性愛は、他にもいっぱいあった冗談の種の一つだったのだそうだ。つまりここでもやはり、一九三〇年代の（「民衆的」と呼ばれる）精神に似ているのだ。三〇年代も受け側の男性同性愛者が「オカマ」と呼ばれてからかわれていたが、レズビアンは無視されていた。一九七二年にはジャン・ポワレ［一九二六～九二］が観客の型にはまった暗黙の同性愛嫌悪を当て込んで、この水脈を掘り進んだ。『オネエたちの檻』という舞台作品のことである。これはのちに映画化されて大当たりした［『Mr.レディMr.マダム』エドゥアール・モリナロ監督、一九七八年製作］。

■中心人物たち

六八年五月、同性愛者の運動が過激な政治参加をくり広げると、言説はしだいに進化していった。避妊用ピルが一九六七年一二月一九日の法律で（処方箋があれば）自由に販売できることになり、フリーセックスが大部分の若者に絶賛されると、同性愛者は以前にくらべてかなり大きな寛容を享受できるようになっていった。ミシェル・ポルナレフ［一九四四～］は、自身が同性愛嫌悪の犠牲者であり、男性性という主題にはかなり疑念を持っていたのだが、一九七〇年に同性愛嫌悪に対する反動として『僕は男なんだよ』を書き、両義性を狙った。

男たちがおれを見る　おれが通りを行くのを
やつらはおれをホモ扱いする
だけどそう思いこんでる女たちは
試してみたらいいじゃないか

フレデリック・ボトン（『ラ・グランド・ゾア』の作者）が一九七〇年、ジュリエット・グレコのために隠喩の手法で『ウミスズメ』を書いて目くばせをすると、シャルル・アズナヴール［一九二四～］もこの問題を正面から扱うことを決意し、一九七二年の春に『人びとの言うように』を発表した。このシャンソンは紋切型の連続で（「ぼくはママと二人っきりで住んでいる……」）、ちょうど同じ時期にパリの街路で運動をしていたＦＨＡＲ（同性愛者革命的行動戦線）などの活動家のイメージとは全く対照的である。こうして誇張した表現形態の安直な嘲弄を旨とするような、通俗的な曲がつぎつぎ歌われるようになるのである。これは、当時のメディアが流す同性愛に対する見方と響き合っていた。しかしアズナヴールのこのシャンソンは、次のように善意を伴ってもいた。

本当は誰にも権利はない
ぼくを非難し、ぼくを裁く権利は
はっきり言うなら　まさに自然
だけに責任があるのさ、もしも
ぼくが男なら、ああ
人びとの言うように

そのせいもあってこのシャンソンは、津波のような影響を及ぼした。なぜな

ら非常に評判の高い歌手の口から出たものだったし、その歌手自身がこの点に関して寛容を説き勧めて、次のようにはっきり言ったからである。「このシャンソンは、他のシャンソンと同じように愛の歌です。しかしおそらく他のより重要です」。当時の男性同性愛者向けのバーやナイトクラブ（例えばサン＝ジェルマン＝デ＝プレの「雲」、サン＝タンヌ通りの「7」など）では、文句なしに『人びとの言うように』が一九七二年のベストであった。このお涙頂戴路線は、ダリダ〔一九三三～八七〕も踏襲し、同じ時期に次のように歌った。「一人で生きていく代わりに／女の子は女の子を愛する／そして男の子は／男の子と一緒になる」。同性愛が代替案にされてしまっているのだ。

同性愛の主題をあえて荒々しく攻撃したこの時代最後の歌手はミシェル・サルドゥー〔一九四七～〕である。一九七〇年、彼は軍隊における同性愛を激しく非難した（「軍曹の笑い／連隊のオネエ／装甲部隊の隊長のお気に入り／軍曹の笑い／ある春の朝／ぼくはどうしたら昇進できるか理解した」）。次いでサルドゥーは、『学監』で寄宿学校の小児性愛の主題に触れている。一九七六年にはピエール・ドラノエ〔一九一八～二〇〇六〕の作詞による『私は告発する』で、自分の同性愛嫌悪を概観してみせたが、それ以降は言わば休止符を打ったままである。

私は告発する。偽善者の言うことを信じる人びとを
半ばホモで、半ば両性具有
やつらはタフを気取ってバターを突っこむ
でも怖くなるとすぐひざまずく

この手のシャンソンは、これが最後であろう。一九七八年、セルジュ・ゲンスブール〔一九二八～九一〕がレジーヌのためにかなり強引なシャンソンを書いている。「女ってやつは、ホモなんだ／すごくオカマだから／あんまりオカマだから／ホモなんだ」。またセルジュ・ラマ〔一九四三～〕が同情の手法で下手なシャンソンをつくっている。「そのときこそ特別な友情を感じるのだ。女たちがぼくたちを怖がらせるときこそ」。

流れの逆転

一九七〇年代を通して同性愛は確実に目につくようになっていった。とくに団体の活動の面でそれは著しかった。シャンソンにおいては、ロック・オペラ『スターマニア』〔一九七六〕のジギーという登場人物を通して同性愛が表現された（この人物は、その数年前にデヴィッド・ボウイがつくり上げたジギー・スターダストという両性具有の人物像を基に造形されている）。このショーの間ずっと、ジギーにはマリー＝ジャンヌという典型的な「ホモの取り巻きの女の子」が寄りそっている。二人は『ジギーのシャンソン』や、とりわけ『他の男とはちがう若者』にも登場する。後者は新しい一つの世代を讃える賛歌となった。「ええ、私は知っている。彼は男の子が好きだってことを／あきらめなくっちゃいけないんだ」。大衆的な作品の中で、同性愛を中心的なイメージとしてこれほど肯定的に表現したのは、ケベック人の作家リュック・プラモンドン〔一九四二～〕である。彼はアメリカ流に公然と自称している同性愛者である。実際ブロードウェーでは、ミュージカル作者自身が同性愛者であることはしばしばで、自分の作品の中で同性愛を好意的に描くことも、同性愛嫌悪を告発することも、もはや躊躇ったりしない。そのような例としては、『ローマで起こった奇妙な出来事』（一九六二）、『ココ』（一九六九）、『アプローズ』（一九七〇）、『シュガー』（一九七二、映画『お熱いのがお好き』を翻案）、さらに間をあけて『Mr.レディMr.マダム』（一九八三、ジャン・ポワレの劇作品『オネエたちの檻』に着想を得ている）などがある。

一九七九年四月に『スターマニア』がパレ・デ・コングレの劇場の舞台に上ったのと時期を同じくして、アラン・マルセルのショー『われらが足踏みボートを試せ』〔足踏みボート pédalos という言葉は、ホモ pédé という言葉を連想させる〕がアヴィニョン演劇祭で成功を収め（このショーはカリカチュアでもお涙頂戴でもなく、ゲイが肯定的な描かれ方で舞台に登場した最初の作品となった）、雑誌『ゲイ・ピエ』が創刊され、そのすぐ後に自由ラジオ『フレカンス・ゲイ』が設立された。こういったことがすべて土壌となって、一九八〇年にフランシス・ラランヌが衝撃的なシャンソン『愛しているよと言われた中で一番気持よかったのは、ある男が愛し

ているよと言ってくれたとき』を書いたのである。このシャンソンは、初めて違いを消し去ることを提案した。「それぞれにそれぞれの恋愛がある／これは私のじゃない、それだけだ／女の子を好きになろうが、男の子を好きになろうが／どっちにしたって好きに違いはない」。しかし本当のショックは何よりもジャン・ギドニ［一九五二〜］の新しい演目によってもたらされた。そこではピエール・フィリップの書いた歌詞によって、違いの概念はほとんど払拭されている。『町々を歩く』、『男らしい』、『シロッコ（軍人に恋するのはいい気分？）』などである。従ってフランスでは、はっきりと同性愛嫌悪のシャンソンを書くことは、だんだん考えにくくなってきた。この進化は法制度の分野に引き継がれ、一九八二年には性的同意年齢に関する差別が消滅した。一九八〇年代を通して、同性愛の主題はシャンソンの中では両義性という形で触れられることが多かった（ダリダの『彼が私たちのうちに来てから』、タクシー・ガール［ロック・グループ］の『あの若者を探せ』、インドシナ［ロック・グループ］の『第三の性』、バルバラ［一九三〇〜九七］の『リリー・パッション』というショーの中の『誰が誰？』、ミレーヌ・ファルメール［一九六一〜］の『ママが間違ってる』と『掛け値なし』）。

一九九〇年、ピエール・グロスがスペインのグループ、メカノのヒット曲をフランス語に翻案した。それが『ある女とある女』で、シャンソンでは前代未聞の言葉が使われている。「二人の女が手をつないでいる／道徳に反するようなことは何もない／その点については疑問が残る／なぜなら手をつないでいるのはテーブルの下だから」。サルドゥーさえもが一九九一年には、それまでの言説を根本から覆して、それよりもずっと大きい理解と寛容を呼びかけている。「奇妙な感じ。家族にとって／男の子が男の子を好きなのは」。

エイズの時代はゲイ文化の歴史の転換点であり、そのことを背景にして不適切な表現の曲が新たに出現してくる。多くの予防キャンペーンがそうであるように、同性愛者はエイズ当事者の中でも最も数が多い集団の一つであるのに、この主題を扱ったシャンソンの大半がそれに言及することを避けている。一九九五年頃、幾人かの歌手だけが、男性同性愛者がエイズの犠牲者であると言うために声を上げた。例えばザニボニ（『あまりにいつも通り』）、ジュロス・ボカルヌ（『住所録』）、ジャン・ギドニ（『君が誰か決して忘れない』）などだ。しかしながら年が経るにつれて、エイズの影響で（とくに男性の）同性愛は改めて目につくようになった。その戦闘的な姿勢が特徴的である。そしてついに一九九〇年代半ば以降は、大衆的シャンソンの中で、同性愛者《ホモファイル》の動向を語ることができるようになった。ジュリエット、ムロン、エティエンヌ・ダオ、ララ・ファビアン、ザジ、そして最後にルノーが、パックスに全面的に賛成するシャンソンをつくったのである。

■反動的ラップと反動的レゲエ?

それ以来、同性愛嫌悪は音楽の国アメリカ、とりわけラップの中に避難しているように見える。ヒップホップは一九七〇年代に合衆国で誕生し、フランスでは一九九〇年代初頭に広まった。一九九〇年代末以降に書かれた攻撃的なラップをいくつか聴いてみると、男性同性愛者とヒップホップの若者の世界の間には、無理解の深い溝があることが分かってくる。ヒップホップの世界は極めて男性優位主義《マッチョ》的で（女性のラッパーはほとんど見たことがない）、そこでは同性愛という主題はタブーなのである。同性愛拒否は表に顕れていはいなくても、メネリクのようなラッパーたちの歌詞や物腰、表現の奥底に根を下ろしている。その一方で、ジョーイスター［一九六七〜］（挑発的なラップグループNTMのヴォーカリスト）はこの主題にむしろ無関心で、かえって驚かされる。MCソラー［一九七〇〜］はフレンチ・ラップ界のメロディアスで詩的な流派を代表する存在で、これまでずっとゲイ・フレンドリーであることを表明してきた。例えば彼は次のようにはっきり言っている。「おれは教皇をゲイ・プライドに招待した」（一九九八年に録音された『人生は一瞬に過ぎない』より）。

このような寛容と正反対なのがローフで、一九九九年のコラボレーション・アルバム『ファーストクラス』に参加し、『けりをつける』という題の曲で次のように言明している。

おれの竿はテレビのトップニュースに出られるぜ
でも誰かがテレビはホモがつくってるんだって言う
だからおまえの味方、「アンチ・ホモ」のおれがぶっこわしに来たぜ

同情してやることなんてない、そんなことしても無駄さ
おれの血筋とは違うんだ

一九九八年、ラップ・グループのイデアルJがアルバム『戦いは続いている』に『ハードコア』というタイトルの曲を収録している。この曲にはいろいろな主張がひとそろい含まれているが、中には次のようなものがある。「ハードコア、二人のホモがパリのど真ん中でキスしてる」。このようなものの見方は二〇〇〇年になってもなおはっきりと姿を見せていた。例えばパッシー［一九七二～］はアルバム『創世記』の中で「この世界は悪くなっていく」と断言し次のように言う。

年寄りはバイアグラ漬け、売女は社会保障を欲しがり、小児性愛者は後を絶たない
町では、あんたの息子が見てしまう。二人のホモがキスしてるところを。迷いが生じてもおかしかない

そしてローフは二〇〇一年のコラボレーション・アルバム『決死隊』で、初期の作品と変わらないどぎつい言葉を含んだ『野蛮人のラップ』を録音している。

誰かが言ってた、ほとんどのラッパーは自分がけんかっ早いと思っていると
おれについて言えば、Tバックとトランクスを一緒にしてくれるな
これは糞のラップじゃないぜ、おれはホモじゃない
おれのラップは糞から抜け出す奴らのためだ
警官なんてケツに突っこんでやる

こうした憎悪のこもった暴力（ターゲットは男性の同性愛だけである）は、ラッパーの反抗的で男らしいイメージをつくり上げることに役立っている。模範とされるのはアメリカン・ラップの寵児エミネム［一九七二～］である。エミネムは一九九五年と九七年に出された初期のアルバムから、ずっとスキャンダルを巻き起こしてきた。それは注目を集めるためのことである。エミネムの歌詞には同性愛嫌悪が周期的に顔を現している。しかしそれが中心的な主題になることはない。エミネムは自分が同性愛嫌悪を抱いていることを繰り返し広言してはばからない。二〇〇〇年に出されたアルバム『ザ・マーシャル・マザーズLP』には、極めて攻撃的な曲がいくつも収められている。例えば『クリミナル』という曲は、レズビアン・ゲイ団体や女性擁護団体の間に、激しい怒りを引き起こした。

おれの言葉はギザギザの刃のついた短剣のようにおまえの頭に突き刺さる
おまえがホモだろうがレズだろうが……ホモ嫌い？　答えはイエス！

ラップは反逆者、異議申し立て者を装ってはいるが、その下に隠された価値観は、しばしば極めて反動的である。弱者の排斥、男性優位主義《マッチョ》、女性嫌悪《ミソジニー》、暴力、同性愛嫌悪などである。中でもエミネム（とくにレイプや小児性愛、同性愛嫌悪を煽動する）が最も衝撃的な例であることは確かだが、彼は特殊なケースでは全くない。ラッパーはレコード会社やラジオによって、数百万人の若者のアイドルに仕立て上げられているのだ。ラッガ［ラガマフィン］（レゲエから派生した）も同じである。ラッガはラップの影響を受け、暴力的で、男性優位主義的で、同性愛嫌悪の言説を含んでいる。

レゲエ・ミュージックについて詳しく言っておかなければならないのは、それがジャマイカの文化に刻み込まれたものであり、ジャマイカ文化には男性優位主義と同性愛嫌悪に基づく迫害が、伝統として深く根づいているということだ。この点をめぐって、時に若い世代のDJがとりわけ過激な態度を見せることがある。一九九二年、ブジュ・バントンが『ブーム・ブーム・バイバイ』という曲で激しい論争を巻き起こした。この曲は、バッティ・ボーイズ（ホモのこと）に暴力と死を、と煽動しているのだ。当時、ブジュ・バントンの姿勢は他のアーティスト、例えばシャバ・ランクスなどからも支持され

た。シャバ・ランクスはそのためにキャリアに傷をつけることになった。というのも、ブジュ・バントンのこの曲は、ジャマイカやニューヨークの同性愛者の権利擁護団体の抵抗を引き起こし、けっきょく同性愛に対するラスタファリ運動の姿勢がそこかしこで問われることになったからである。ブジュ・バントンはレコード会社の要請に応える形で、暴力を煽動する意図はなかったことを明確にしたが、だからと言って宗教に基づく自分の信条を放棄したわけではなかった。彼はその後、自分の非を認めて謝罪した。しかし問題の解決からはほど遠い。というのもここ数年間で、ジャマイカには同性愛嫌悪を抱くアーティストの一群が出現しているからである。その中から以下のような例を挙げることができる。エレファント・マンの『ウィ・ノ・ライク・ゲイ』や『ログ・オン』。T・O・Kは『チ・チ・マン』（ジャマイカの隠語でホモを表す表現）で、同性愛者を生きたまま火炙りにしろと訴えている。これはケイプルトンの『バン・ナウト・ディ・チ・チ』も全く同じである。最後にビーニ・マンは『ダム』という曲の中で言明している。「おれは夢見ている新しいジャマイカを、ゲイをついに全員処刑したジャマイカを」。また『バッド・マン・チ・チ・マン』の中では、聴く者に向かって、ホモを狩り出せ、ホモを殺せと命じている。

幸いにも、ラップの世界では事態が良い方向に向かって変化しているようである。実際、しばらく前からエミネムはあまり憎悪をむき出しにしなくなっている。二〇〇一年のグラミー賞受賞からエミネムは態度を改めた。その授賞式では、エルトン・ジョンを招いて『スタン』をデュエットで歌った。エミネムはコメントを避けた。いや、自分の歌詞を表面的なレヴェルで捉えないでほしいと口早に語った（しかしエミネムが逃げ場とした歌詞の繊細な部分など、アメリカの若い聴衆の耳には届かない）。そのとき以来、エミネムは新たな挑発のテーマを見つけたのだ。フランスのラッパーの間では、同性愛嫌悪の潮は引いてきているように見える。これはヒップホップ界の動きが新たな成熟期に入ったことに結びついている。二〇〇一年四月には、ゲイの雑誌『テテュ』が、表紙に口紅を塗っているドク・ジネコ［フランスの男性ラッパー、一九七四〜］の写真を掲載するまでになった。これはシャンソンと同性愛の交流が珍しいものではなくなり、その状態が持続する国もあるという徴《しるし》であろうか。

ルイ・ゴドブ、マルタン・ペネ（山本訳）

↓異性愛主義、オイレンブルク事件、音楽、カリカチュア、検閲、スキャンダル、ダンス、美術、ブライアント、文学、暴力、漫画、ユーモア、レトリック

象徴的秩序

最近「象徴的秩序」◆が援用されているのは、二つの法律、パリテ◆とパックス↓に言及する中でである。これらの法律が「男性支配のラディカルな告発」と「同性愛嫌悪的《ホモフォビック》基盤」の批判の機会となることを期待してもよさそうなも

◆象徴的秩序　象徴的秩序という言葉は元々クロード・レヴィ＝ストロースが一九四八年に用いたもので（「親族の基本構造」とされていたもの）、それにジャック・ラカンがあらためて定義を与えた。基本的には、記号・表象・意味・イメージの秩序を指し、それを用いて個人は主体を形成するとされる。ラカン派の精神分析では想像界・現実界と並んで三つの秩序を構成する。人の欲望とコミュニケーションをコントロールする法や現実を受け入れることによって象徴的な事柄が可能になり、さらにこの象徴的な事柄を通して人は他者のコミュニティに入れると言う。（金城）

◆パリテ　男女同数制の意味。フランス人は、政治的代表における女性の過少代表を解消するため、憲法改正を行って、政党に男女同数の候補者を立てることを義務づける法律を制定した。近年では社会経済領域への拡大も見られる。（齊藤）

のだったが、ダニエル・ボリヨ、エリック・ファサン、マルスラ・イアキュブ編集の書籍『パックスを超えて』の執筆者らが指摘するように、全くそうはならなかった。とはいっても、これらの法律への反対者たちが用いた一種の魔法の常套句である「象徴的秩序」は、ジェンダーと同性愛の関係を関連づけた。そこには、↓家族、親であること、そして権力関係の問題などが透けて見えていた。

そこでは、権威ある専門家を気取る社会科学の代表的人物たちによって用いられたというだけの理由で、「象徴的」と「秩序」という二つの語の接続があらゆる議論を遮り、それ以上の思考を禁じた。この「象徴的秩序」とは一体何であるのか。とりあえず、この「秩序」は、思考の限界などでは全くなく、文化的なものであり、それゆえに地理的歴史的に条件づけられた相対的な命令であり、解体され得るものを指すとしておこう。

議論を始める前に、少し事実を思い出しておこう。↓メディアや出版物を通じて、それを超えて立法をすることのできない、超えてはならない敷居に言及したのは、主として↓社会学者イレーヌ・テリー、↓哲学者シルヴィアンヌ・アガサンスキー、その背後にいる法史学者・↓精神分析学者ピエール・ルジャンドルである。この敷居は、これらの論者によれば、象徴的秩序に依拠している。この象徴的秩序は、社会の良好な機能の基礎であり、不可避のただ一つの生死に関わる↓性差、という考えに還元される。従って、これら社会学者、哲学者、↓歴史家にとっては、絶対的と考えられたこの性差を壊し得るいかなる法律も推進してはならないことになる。だからと言ってこの合意が、三人を同じ立場に導いたわけではない。イレーヌ・テリーはパックスに反対したけれどもシルヴィアンヌ・アガサンスキーは賛成した。ところがこれらの論者は、パックスの影響を心配し、あらゆる新しい提案を先取りし、↓同性愛者の子育て問題については象徴的秩序の亡霊をふりかざして共通の大義を標榜した。

パックスは圧倒的多数で信任された、というより譲歩されたのであるが、それは同性カップルや結婚したくない異性カップルの存在という現実を承認するだけであるというのが主たる理由だった。とはいえカップル以外の他のものを同性愛者の男性と女性のために特別に作ることを許してはならなかったのである。ところで、少なくとも西洋社会において、カップルは家族、子、世代の継承にとっての柱であるとされる。象徴的秩序の御旗、つまり両性の間の還元できない必然の差異をかかげてこの常套句を用いる知識人は、同性カップルがその結合を保障する契約を利用することには譲歩できたが、だからと言って、この結合が子孫への導きの糸になることは受け入れられなかったのである。これら知識人にとって、子は、自然生殖によっても、人工生殖によっても、養子縁組によっても、必然的に男「と」女から生じるものでなくてはならない。従ってレズビアンとゲイは、家族への権利を持つとしても、その家族は、当然のことだが父母、祖父母、おじとおばという先祖だけから構成されていなければならない。単純化すれば、象徴的秩序がルールを指図するこの図式では、ゲイとレズビアンのカップルは、自然においても文化においても不妊化すべきカップル以上でも以下でもないと言えよう。親であること、つまり子の教育が、もはや生物学的な二人の親によって常に行われているとは言えない時代に、男性器の膣挿入が新生児を産み出す唯一の手段ではない時代に——例えば試験管受精や人工生殖が考えられる——一定の技術的あるいは社会的な便宜が、ある人びとには開かれているが、その他の人びとには開かれないものなのだとはっきり認めるのだとすれば、それは驚くべきことである。

シングルマザー、つまり必要不可欠と言われる二つの差異を兼ねることなく、男性なしで子どもを育てる母親の承認のために闘った人が、その足で、女性あるいは男性の同性カップルが子を持つことを拒否することがどうしてできるのだろうか。象徴的秩序を引き合いに出している人と、以前単親家族を擁護していた人は時には同じ人物なのである。その人びとは、当時は現実の状態について立法することが重要だったのであり、例外的な状況の出現をさらに促進することは必要ではない、とおそらく答えるだろう。確かに、この二一世紀の初め、子どもを育てる女性あるいは男性の同性カップルは少ないが、問題はそこにはない。法の本質は、それに先行する状態を法文の中に組み入れることだけにあるのではなく、国によっては各マイノリティの権利を尊重する、あるいは諸個人の間の平等を可能ならしめることをも目指している。おまけに、食い止めることができなかったので許す、という話などではないのである（これは、現実対潜在的状態という用語での議論がしばしば仄めかしていることである）。なぜならこのとき、象徴的秩序という論拠は、もはや禁止するためではなく、ハイアラーキー化のために呼び戻されているのである。つまり、良いカップル、悪いカップル、良い親、良い教育モデル、その他のものがあって、すべて法においては合法である……しかし結局、一番良いかを決めるのは、ジェンダーのないいわゆる両性の還元できない差異なのである。

従って、象徴的秩序について問題なのは、それが超越不可能であると提示されていることと、この用語を利用する人びとがそれを自らの方便にしていることである。表現は仰々しく、深刻である。象徴的秩序に訴えた者は、自らの立場、権威ある大学の地位を強調することをためらわなかったが、その論拠は科学的な手続きから生じたものではなかった。こういうわけで、象徴的秩序は、権力の濫用、ごまかし、しかも自らの権威だけを振り回し、他の学者に沈黙を厳命する学者の権力濫用以外の何ものでもない。これら他の学者は、つつましやかな専門的見識の後ろに隠れて、市民としての意見を述べようとはしない。従って、「個人的に」、異性カップルによる世代継承との関連でしか家族を考えることができないとする者が問題なのではない。そのように考える権利はある。ただし、それが科学的装飾で飾られておらず、そして実のところ個人的感情でしかないことを押しつけるために、不当にクロード・レヴィ＝ストロースの文章に訴えたりしないのならばである。

両性の間にはどこでも常に差異があるという考え方のみならず、さらにそれが唯一の超越不可能な差異であるという考えをも壊す数多くの例が、時代や場所によってはあるが、それを持ち出すことはしないでおこう。哲学者ジュヌヴィエーヴ・フレスや歴史家ミシェル・ペローが詳らかにしたこれらの例は、しばしばメディアで取り上げられてもいる。これほどまでに高く評価された（他の表現、他の時代では、空虚なものだったかもしれない）表現である象徴的秩序は、私たちが常に、話し手の主観的立場、話し手が使う戦略、擁護するイデオロギーをぬかりなく観察するならば、崩壊する。同性愛者による子育てを焦点にしたことは、親と家族についての、すべての人に関係する一般的問いを提起させないようにする一つのやり方であった。すべての者に関係する余地のある、従って異性愛の親モデルを傷つけるかもしれない問題を別の問題にすり替える一つの方法であった。こういうことは頻繁に起こる。問題化を避けるためには、一部の者だけに視線を向けさせることに優るものはない。

カトリヌ・デシャン（齊藤訳）

→異性愛主義、家族、差別、社会学、人類学、性差、生殖不能、精神分析、他性、哲学、同性愛者の子育て、同性婚、普遍主義／差異主義、養子縁組、レトリック

小児性愛

同性愛的であれ異性愛的であれ、小児性愛は、そのようなものとしては比較的最近、西洋社会の歴史に刻まれた振舞いである。事実、このセクシュアリティが特殊であると言うためには、フランスの歴史家フィリップ・アリエスが指摘したように、まず子どもという概念が存在していなければならない。反対に古代以来、男性間関係、そしてより小規模だが女性間関係そのものは、西洋社会において議論の対象であった。今日では子どもには権利があり、それを擁護しなければならないので、同性愛と小児性愛の区別はより厳密にされている。同性愛者を「子どもの誘惑者」に同視しようとする混同は、常に

同性愛嫌悪言説《ホモフォビア》で利用されているが。

古代ギリシア文明、とくにソクラテス、プラトンの哲学は、ミシェル・フーコーが好んだ用語法を用いるならば、エラステースとエロメノス〔愛される青少年〕の関係を「問題化《プロブレマティーク》」したのである。エラステースは、自分のエロメノスと性的関係を持つ大人の男性である。エロメノスは、パイス、すなわち思春期の年齢の子どもである。この特別な関係は、少年愛《パイデラスティア》と名付けられ、この語は、一般的な語法では、今日、男性同性愛の類義語である。古代少年愛は、自由な個人間の完全に規律された関係で、いかなる社会的劣等烙印の対象でもない。この関係は、エロメノスにあごひげが生え始めたら止めなければならない。続ければ、それは二人の成人男性間の同性愛であり、アリストファネスのいくつかの喜劇で読むことができるように、後ろ指を指され、嘲りの対象になった。私たちにとっては奇妙な逆説である。なぜなら今日、多くの点について状況は反対に見えるからである。また、同性愛売春を行う者は市民権を喪失し、性関係を持つことを子どもに強いるために暴力を用いることは、この社会では、完全に糾弾に値する行いであった。

キリスト教の到来で、「自然に反する罪」という同じ用語のもとに、どちらも火炙りに処される罪として、同性愛と同性少年愛は混同されることになった。犯罪として区別されるようになるのは、子どもという概念の登場とともに徐々にであったに過ぎない。教会が、誰よりも率先して信者の性的行いに関わった。大人の性的行為と子どもの性的行為の間に最初の区別がなされたのは、教会の中、とくに贖罪においてである。贖罪司祭用のマニュアルは、当時のセクシュアリティの理解のための無尽蔵の情報源であり、肉体の罪の場合に奨められる贖罪が、子どもよりも大人の方が重いとされていることが分かる。

フランス革命が同性愛者の権利を認めたとしても、一九世紀になってすぐに、医学と司法が、「倒錯」と呼ばれるものの取り扱いについて教会を引き継いだ。同時に、子どもの概念が発展し、未成年の刑の緩和原則が一般化するが、それは新たな関心事、子どもの保護という関心事を伴っていた。子どもが、小さいときから働き、よい教育を受けられないことは、子どもと大人の混同を有害であると考えていた医者と慈善団体によって公然と非難された。フランスでは法医学の先駆者の一人であるタルデューが、子どもの虐待の問題を発見する。ドイツでは、クラフト＝エビングは、『性的精神病質』の中で、男色家である大人の誘惑者に対して憤慨している。「小さいイエスたちは、捨てられ道を誤った子どもたちである。偶然が彼らを子どもを誘惑する男色家の手に委ね、子どもは生計を立てるために恐ろしいキャリアを切り開いてしまう。それは、囲い者や、パトロン付きの街頭男娼としてのキャリアである」。未成年者の堕落について責められるべきは、犯罪的環境と結びついた男色家だけではない。曲芸サークルにたとえられた同性愛者のコミュニティは、当時の医者たちによって、子どもの保護という同様の配慮から非難された。

今日、医学でも司法でも、区別はよりはっきりしている。同性愛は、罪でも病気でもない。しかし、境界の問題はなお手つかずで残っている。思春期に達していない子どもと性的関係を持った成人の場合、医者、判事、同性愛者のうちの誰も、それがとがめるべき病的性質であることには異議を唱えないが、大人と青少年の間で同性愛関係があった場合には、コンセンサスはそれほど容易ではない。

フランスの法律はかなりはっきりしている。一六歳以上の青少年は、同性愛であろうと異性愛であろうと自分のセクシュアリティについて自由に決定することができる。このような法律の規定は、昔からあるわけではなく、同性のパートナーと異性のパートナーで性的同意年齢を差別していた条項が削除された年である一九八二年から存在している。法に照らして、一五歳はやはり未成年であり、親が提訴すれば未成年者誘惑で大人は処罰され得るのであり、大人が子どもに対して影響力のある立場の者であった場合、処罰は加重される。

心理学者と精神科医は、小児性愛者と同性愛者を区別している。同性愛によって苦しんでいると訴える大人がいれば、その同性愛は治療されるべき徴候と見なされている。しかし、同性愛についていかなる苦しみもなければ、誰も同性愛者に治療を強いることはできない。有罪判決を受けた小児性愛者の場合はそうではない。精神科医の目には治療が無謀に見えても、裁判官によって治療命令が出されるのである。しかし、個人の同性愛は思春期に固定され得るという考えは、セラピストたちと衝突することがある。このセラピストたちは、同性愛は思春期特有の困難であると確信し続けており、青少年による同性愛を病的と見なす。相手が大人である場合は言わずもがなであり、この大人は常に誘惑の容疑者である。従って、社会的にあるいは家族によって成人と青少年の同性愛関係が非難されているところでは、境界的な個人的行為について小児性愛と同性愛を区別することが難しくなってしまう。

　小児性愛と同性愛の混同は、科学的研究の中の同性愛嫌悪言説によっても巧妙に維持されるだけに、なおさら区別は困難になる。同性カップルによって育てられた子どもについての研究がこの現象を示している。数多くの研究がこれに関するものであり、同性カップルに育てられた子どもが特別な関心の対象になっていることをはっきり示している。これらの研究には、とくに親が二人の男性である場合の、子どもの性的虐待の危険を評価しようとするものが時折見られる。同性愛が小児性愛の温床になっているかのようである。

　最近の同性「結婚」に関する議論では明らかに、こうした同性愛と小児性愛の混同が、同性婚に何が何でも反対しようとする者によって行われていることが多い。例えば、その著書『同性愛者の「結婚」?』において、クリスティーヌ・ブタンはこう述べている。「養子になる子にとって、同性愛と小児性愛の境界はどこにあるというのだろうか」。同様に、一九九九年三月一六日、『現在』の一面に、「……シーツの中に」小さな男の子を受け入れようとする男性のカップルの絵が掲載された。お望みとあらば、他の例も挙げよう。「文化の未来」が広く配ったビラは、「これは革命である。あなたは明日、同性愛者のカップルが、あなたの子どもや孫が学校から出てくるのを見ていてほしいですか」と始まる。さらに反パックスのデモの際のスローガンがある。「今日の同性愛者、明日の小児性愛者」。男性同性愛に小児性愛に押された烙印を拡大することが毎回テーマとなっていることは明らかである。

　確かに、フランス語では、小児性愛《ペドフィリ》と男色《ペデラスティ》（これは長い間男性同性愛の類義語であった）は音声上類似しており、この混同は容易になる。実際に、この二つの概念を馬鹿正直に混同している人は多い。しかしこの場合に、とくにこれらの語が国会議員によって発されるようなときは、このような言明が、故意の混同であることは明白であって、この混同を利用している者の中に、確信犯的な同性愛嫌悪が存在していることを明示しているのである。

ロジェ・トブル（齊藤訳）

↓悪徳、異常、家族、学校、ゲイ嫌悪、倒錯、同性愛者の子育て、放蕩、レトリック

処罰

一九九四年に、国連人権委員会は、同性間の性行為の禁止を私生活の侵害に当たるとして非難した。しかし、今日でも世界の多くの国が同性愛を刑罰で抑圧している。二〇〇一年時点で、最良の場合でも、異性関係よりも遅い性行為同意年齢を定めている国、最悪の場合には、重禁錮刑、拷問、体罰、さらには死刑を定めている国は九六を下らない。「同性愛行為」を死刑にしている国や地域もある。これら以外の国でも、恣意的な逮捕、警察の暴力、問題のある裁判と投獄の脅威が、ゲイとレズビアン、そしてその権利尊重のために闘う者にとっては日常になっている。

　さらに、これらの国々のうちには、法が同性愛を特別に犯罪としていなくても、より一般的な他の規定（風俗紊乱、強制猥褻《わいせつ》、下品、破廉恥、家族に反する罪、自然に反する罪など）が、訴追を行うために援用される。例えば、二〇〇一年七月にエジプトで、五二人の人が「道徳と公衆感情への侮辱の罪」で逮捕

され、裁判を受けたのは、このようなやり方によってである。実際には、同性愛者であることが糾弾されたのである。

そして科される刑罰は、特別な暴力性を帯びることがある。例えば↓インドでは、「自然の秩序に反する行い」という名目で訴追され、男性間関係は、鞭打ち刑と終身刑で罰される。イランとチェチェンでは、男性でも女性でも罪人は、鞭打ち刑と石打ち刑に処される。パキスタンの法では、終身刑と一〇〇回の鞭打ちの刑である。ゲイあるいはレズビアン、あるいはその両方が禁錮刑を科され得る他の国では、その期間は一ヶ月から一四年［二〇一二年現在、最長は二五年］である。

しかしこの抑圧は、↓中近東やアフリカの国々だけのものではない。西側では、同性愛の犯罪扱いは、性行為同意年齢についての差別的扱い同様に、一般的には消滅する傾向にあるが、ヨーロッパでも相変わらずゲイとレズビアンを特別に訴追している国が最近まであった［補遺参照］。ヨーロッパ評議会構成国の四五［二〇一三年現在、四七］国（「大ヨーロッパ」）で、同意のある成人間の関係を禁錮で罰していた国、同性間関係の同意年齢が異性間より高く設定されていた国がそうである。一九九〇年代の終わりから、ヨーロッパ連合（一五カ国のヨーロッパ）［その後大幅に東方拡大した］の決定機関、とくにヨーロッパ議会は、この差別的な立法を廃止するようこれらの国家に要求した。イギリスは、二〇〇〇年にこの要求に最終的に応えたが、オーストリアはこれを拒否していた［二〇〇二年に憲法裁判所の違憲判決を受けて規定は廃止された］。ちなみに、同性間行為を特別に標的とする処罰を廃止することは、今後、ヨーロッパ連合あるいはヨーロッパ評議会に加盟を望む国家に課される要求の一つである。◆

抑圧が続いているところでは、国家の民主化の程度とともに国家と宗教の関係に抑圧が結びついているように見えるが、この二つの要素は必ず相伴うわけではない。というのも、現在最も露骨に重い糾弾を定めているのは、権威主義的国家（キューバ、ヨルダン、モロッコ……）とシャリーアを適用するイスラム国家（アフガニスタン、サウジアラビア、イラン、クウェート、モーリタニア、カタール、スーダン、イエメン）の立法であるが、『レヴィ記』と同じ言葉で、つまり「自然に反する行為」としてソドミーを糾弾する立法がアメリカ合衆国◆の三分の一の州に残っていたからである。これらの州の場合、宗教的道徳への賛同だけが、同性間関係の法的非難を永続させている原因である。

ダニエル・ボリヨ、トマ・フォルモン（齊藤訳）

↓功利主義、差別、私生活、デヴリン、判例、非処罰化、暴力、ヨーロッパ法

◆補遺

法制度における同性愛の不利益扱いをめぐる最近の状況は、二〇一二年五月発行のＩＬＧＡ（国際レズビアン・ゲイ連盟）の報告書によれば以下のとおりである <Paoli Itaborahy>。

同性愛行為を違法としている国は七八ヶ国――アフガニスタン、アラブ首長国連邦、アルジェリア、アンゴラ、アンティグア・バーブーダ、イエメン、イラン、ウガンダ、ウズベキスタン、エジプト、エチオピア、エリトリア、オマーン、ガイアナ、カタール、ガーナ、カメルーン、ガンビア、ギニア、キリバス、クウェート、グレナダ、ケニア、コモロ、サウジアラビア、サモア、サントーメ・プリンシペ、ザンビア、シエラレオネ、シリア、ジャマイカ、シンガポール、ジンバブウェ、スーダン、スリランカ、スワジランド、セーシェル、セネガル、セントヴィンセントおよびグレナディン諸島、セントクリストファー・ネヴィス、セントルシア、ソマリア、ソロモン、タンザニア、チュニジア、ツヴァル、トーゴ、トリニダードトバコ、トルクメニスタン、ドミニカ、トンガ、ナイジェリア、ナウル、ナミビア、パキスタン、パプアニューギニア、パラオ、バルバドス、バングラデシュ、ブータン、ブルネイ、ブルンジ、ベニン、ベリーズ、ボツワナ、マラウィ、マレーシア、南スーダン、ミャンマー、モザンビーク、モーリシャス、モーリタニア、モルディヴ、モロッコ、リビア、リベリア、レソト、レバノン――、およびその他の地域――クック諸島（ニュージーランド）、ガザ地区（パレスティナ）、北キプロス・トルコ共和国（国際的には未承認）、南スマトラ、アチェの二州（インドネシア）――である。なお、イラクとインドの二ヶ国の同性愛行為に関する法制度は不明瞭である。

同性愛行為に死刑を科している国は五ヶ国――イエメン、イラン、サウジ

アラビア、スーダン、モーリタニア――、およびその他の地域――ナイジェリアの北部一二州およびソマリア南部――である。

性的同意年齢について、同性愛関係と異性愛関係との間に不平等がある国は、一五ヶ国――インドネシア、カナダ、ガボン、ギリシア（誘惑罪のみ）、コートジヴォワール、コンゴ共和国、スリナム、チャド、チリ、ニジェール、バハマ、パラグアイ、ベニン、マダガスカル、ルワンダ――、およびその他の地域――アメリカのネヴァダ（誘惑罪のみ）とヴァージニアの二州。アンギラ、ヴァージン諸島、ケイマン諸島、タークス・カイコス諸島、モントセラト（以上、西インド諸島のイギリス領）、ガーンジー（チャネル諸島のイギリス王室領）、バミューダ諸島（北大西洋のイギリス領）。オーストラリアのクイーンズランド州――である。

（山本）

神学

古代および中世

初期キリスト教の時代、司教および組織全体、そして「教父」と呼ばれた者たちは、自分自身と信者のためにキリスト教の教義を公式に定めようとした。この神学的作業は、聖書、とくに新約聖書に依拠して行われた。この作業はさまざまな教会の伝統と信仰を考慮に入れていた。地方会議や全キリスト教会の公会議が時折、教義の内容を明確にしたり、道徳的立場を定義したりした。これらの宣言は古代の二大普遍言語であったギリシア語あるいはラテン語で表現された。教義を提示する者は、通常のエリート教育を受け、古代の文化と哲学に浸かっていたので、彼らがキリスト教を採用したとしても、当然これらの文化と哲学に大きな影響を受けていた。レトリックの語彙の影響とストア派の道徳的厳格さの影響が、初期教会の時代にははっきり感知できた。一方、ローマ帝国はまだその絶頂にあった。この二重の影響は、パウロにおいてすでにはっきりと感じられ、彼自身がギリシア語で書くローマ市民であった。

その著作はギリシア哲学において使われるコンセプトを継承している。そういうわけで、同性愛行為を非難するために今日まで豊富に使われてきた「自然に反する」という表現（『ローマ人への手紙』一章二六節）は、キリスト教独自のものではなく、最初は古代異教文明のものであった。実際には、初期キリスト教道徳は、ある種の庶民的なストイシズムの直系としてはっきりと位置づけられ、その道徳は「自然に従って生きる」という表現に要約することができる。つまり身体の生物学的および生殖的目的に従い、激情あるいは快楽から生まれる混乱を避けるということである。

教父たちは、常に劣等で恥ずべきものであると見なされた、このセクシュアリティの観念を採用した。ジョン・マクニールが指摘するように、「アウグスティヌスは、どんな魅力も、どんな性的快楽も罪に同一視するまでに至った」。なぜなら、性の純粋に合理的な目的は結婚における生殖だからである。従って、同性愛行為は批判される。実際には、国教としてのキリスト教の到来（三八九年のテオドシウス帝勅令）のずっと前に、ローマの法はストア派の道徳的要求をすでに考慮している。そのような法律は、次々に書き換えられて

◆ヨーロッパ……一つである　しかし、ヨーロッパ評議会加盟国の中には、異なる形で同性愛の不利益扱いを復活させようとする国もある。二〇一三年には、ロシアが「同性愛のプロパガンダ」を禁止する法律を制定した。（齊藤）

◆アメリカ合衆国　二〇〇三年に連邦最高裁は、テキサス州の反ソドミー法を無効とした。なお軍法では、アメリカ軍の軍人によるソドミー行為は違法とされている。（金城）

いるところを見るとおそらく厳格には適用されていなかっただろうが。姦通処罰のユリウス法（紀元前一七年）は、他の男と放蕩を行った者を対象にしている。キリスト教がすでに定着した三四二年、東方諸州を共同統治していたコンスタンティウス二世とコンスタンス一世は、受け側として同性愛に及ぶ男性に対する勅令を発し、「残酷な」懲罰を加えると脅した。三九〇年、ウァレンティニアヌス二世、テオドシウス一世、アルカディウスの三人の共同皇帝は、「罰の炎」（従って浄化の炎による聖書の罰にはすでに言及されていた）で脅かした。五三六年と五四四年には、ユスティニアヌス帝が、姦通処罰のユリウス法を新法において引き継ぎ、あらゆる行為者（攻めおよび受け）を対象とし、聖書の文言と罰をはっきりと継承した。

帝国の世俗権力が課したことは、教会公会議の決議書の中にも見ることができた。初期の全キリスト教公会議の関心事は、とくに教義の確立と異端の排斥であったが、地域的な教会会議は、道徳の問題についても規則を定めていた。例えば、小アジアのアンキュラ［現在のアンカラ］で三一四年に行われた公会議決議の一七は、「動物あるいは男と汚らわしいことを行った者」へ非難を浴びせている。同性愛と獣姦の同一視は明らかに非常に同性愛嫌悪的《ホモフォビック》であるが、同性愛行為はむしろ姦通と同じものとして頻繁に非難されていた。言い換えれば、対象となっていたのは同性愛それ自体よりも婚外関係である。

一三世紀以降の中世では、同性愛嫌悪的な考えと非難が増えて厳格化する。神学者は同性愛を非常に深刻に受け止め、その害を知的に証明しようとした。他方で、公会議は、世俗の裁きと同様に、厳しい処罰を命じている。一三世紀神学の中で、一人の偉大な哲学者が、後世に大きな影響を与える足跡を残した。一二七四年に死んだトマス・アクィナスである。同性間の人の関係について、スコラ哲学の合理的武装をもって考察した数少ない者の一人でもあった（一一世紀に、ペトルス・ダミアニは、自然に反する罪を非常に激しく告発したので、教皇レオ九世はほどほどにするようにと説かなければならなかった）。同性愛者は、聖書を根拠とする地獄の業火、そして時には現実の火刑ですでに糾弾されていたが、トマス・アクィナス以降、神学的な理由でも同じように罰されることになる。トマス・アクィナスは、自らの師であったドミニコ会のアルベルトゥス・マグヌスを引き継いで、パリ大学でも幅をきかせた。アルベルトゥス・マグヌスは、簡単ではあるが、なぜ同性愛が最も嫌悪すべき悪徳であるのかをすでに示していた。理由は次のようなものである。同性愛は、地獄の激情から生じている。同性愛は不快なにおいを発する。それを行う者は悪徳を浄化することはできない。同性愛は病気のように伝染する。このように、提示された論拠は、まだ非常に不合理であり、旧約聖書の焼き直し（火と腐臭からなる地獄）、パウロを継承する浄と不浄の弁証法（不治の伝染病のメタファー）、根拠のない恐怖（「嫌悪すべき」や「不快な」といった主観的な形容）に基づく同性愛嫌悪であった。

トマス・アクィナスは、このパニック的な恐怖に、冷徹な知性を対置して同じ結論に至る。彼は、古代ストア派思想においてすでに展開された主張を借りて、自分の思考をセクシュアリティと女性性の言説というより広い枠組みに位置づける。とくに同性愛関係についての彼の思想は、『神学大全』にわずかに言及され、より詳細には『定期討論集』に現れる。アクィナスは、その中の「徳一般について」で、節制の問題において、神の欲する理性と秩序に対立する放蕩として同性間関係を扱っている。性行為の本質的目的は生殖であるから、残りのもの、例えば性的快楽それ自体の探求は、悪徳でしかない。「自己中心的な」快楽の探求、そして愛の分かち合いを表さない（異性愛を含む）あらゆる性行為は一般的に批判される。そしてこれらは、「自然に反する」とされ、最も重大な姦淫の罪（例えばマスターベーションと獣姦）に分類される。ここには、今日でもカトリック教会を担ぎ出す者たちに残っている同性愛嫌悪の一形態を指摘できる。それは、同性愛を愛の感情として否定することである。このような批判は、トマス・アクィナスに対してするのはおそらく時代錯誤であるが（当時の社会的圧力はこのような類型の感情の表明を許さなかった）、現代教会のより進歩的な層の中に受け入れられている。ただそのような教会はあまり代表的ではない。実際には、トマス以降、教会が同性愛を「存在」として考えたことはほとんど皆無で、「行為」と見なしている。これによって、教会は、同性愛行為を行う者を非難しつつ、これをもたらす者を「憐れみをもって」受け入れることができるのである。

中世の公会議と地方会議は、同性愛関係について（ほとんど男性間についてのみ）議論した。教会は、この種の関係の害を証明することは神学者に任せ、必要な処罰の宣告と適当な刑を定めることで満足していた。テンプル騎士団の裁判が示すように、同性愛を行う者は、異端と同視され、異端として扱われることがあった。贖罪規定書と贖罪司祭向けのその摘要では、贖罪の金額は罪とその重要性に応じて決められている。同性愛行為は、常に極端に厳しく扱われた。一三世紀終わり、ソドミーは司教あるいは教皇が管轄する特別な罪であった。性道徳において最も強力な公会議は教皇イノケンティウス三世が一二一五年に招集した第四回ラテラノ公会議である。その目的は「悪徳を根絶し美徳を助長し、悪弊を矯正し風紀を改革し、異端を排除し信仰を確立する」ことであった〈ALBERIGO (dir.), p.489〉。ソドミーは根絶されるべき悪徳の中で明確に言及されていない。全キリスト教公会議は地方会議に規制と必要な措置をとることを任せている。こういうわけで一一二〇年にナーブルス地方会議は、すでに東方ラテン国家において同性愛行為に対する四つの決議を発して、罪人を火刑に処していたのである。

会議文書は厳しかったが、教会は懺悔を呼びかけ、後は世俗裁判所に任せていた。世俗裁判所が厳格であることも多かった。異端を追及した異端審問裁判所はこのような仕方で機能していた。いったん有罪が明白になれば、刑の適用を引き受けたのは「世俗の片腕」であった。世俗裁判所は、火刑の適用において異端と男色家を区別しないで扱うことがあった。同じ罪を犯したと認められた女性は同一の刑を受けた。彼女たちも魔女としばしば同一視され焼かれた。教会は西方で地位を確立する一方で、包囲妄想にとりつかれており、教会にとっての脅威をすべて無慈悲に追及しなければならないかのように、中世ではありとあらゆることが行われた。神学者が動員され、教会会議は世俗裁判所に支持されて、措置を講じた。全体として同性愛者の迫害が際立っていくが、同性愛者が宗教的生活を深刻な危険にさらすというのは理解しがたい。イデオロギー的にも事実の上でも、この時期は明らかに同性愛嫌悪的で、この傾向は中世終わりに向かって強まる。

しかし、実施された立派な立法的措置、そして暴力的なまでに抑圧的な言説の効果は、現実には確かに限られていたように見える。モーリス・ルヴェールは、「クロード・クルヴによって集められた七三のソドミー裁判のうち、三八だけが実効的な処刑に至った」ことを想起している。拷問、追放刑、労役、投獄などは別としてである。一三一七年から一七八九年までで三八件というのは確かに少なく見える。しかも罪人の中にはレイプ、誘拐、あるいは殺人で処罰された者もいたので、なおさらソドミーのみによる処刑は少ない。資料の消失（裁判の記録は罪人とともに焼かれた）あるいは不足はあるが、男色家の大部分は（それほど）世俗あるいは宗教権力によって悩まされていなかったはずである。しかし、有罪が宣告され薪に火がつけられていたのだから、死の脅威は現実である。同性愛嫌悪的な社会的圧力は、中世の同性愛者に対して十分に働いていたことだろう。とくに教会によるその正統化によってである。

それでも文学が中世状況の両義性を裏付けている。文学による同性愛の扱いは興味深い。なぜならそれは実際の同性愛ではなく、その想像上の表象を表現しているからである。一人の男性と一人の女性の間の愛の思想が叙情詩や小説に現れていることはあるが、ほとんどすべての形式の中世文学が、同性間の友情あるいは交流を高く評価しているのである。従って、武勲詩の中には不可分の仲間（『ロランの歌』のロランとオリヴィエ）、小説の中には不滅の友情（アーサー王伝説のランスロットとガウェイン）を見出せるし、とくに歴史家ジョン・ボズウェルは明らかに同性の相手に対する愛の詩の例を挙げている。それでも大部分のテクストは道徳的順応主義を擁護し、同性間関係を激しく非難している。もちろん同性愛の登場人物は全く出てこない。反対に、とくに恋の企てに失敗した女性の人物が、騎士を「おかま」そして少年好きとして扱って侮辱するというのは非常にありふれていた（例えば『エネアス物語』、八六一九〜七五行）。文学作品においても同性愛関係は、明らかに同性愛嫌悪的であった道徳的宗教的法によって規制された社会における引き立て役として使われていたのである。

近代と現代

教会の教義あるいは信仰として受け入れられるべき真実は、キリスト教の初期の時代からすべて確立されて開陳されたわけではない。それらは、神の言葉である聖書、そして教会の伝統に依拠して発見され定められるものである。（神、キリスト、教会についての）真実は、一度に与えられるのではなく、神学的探求の対象である。そういうわけで、神学は通時的に発展してきた。一六世紀に、宗教改革がカトリック教会を（その教義、統一性、聖職者などについて）批判したことで、カトリック教会は以前よりも真面目に真実と道徳的問題を定めることを余儀なくされた。スコラ神学の合理的思索は忘れられたわけではないが、神学者は聖書のより科学的なアプローチを探求し、教義をさらに明確にすると同時に序列化することを提案した。彼らはついに、全キリスト教徒が遵守すべき振舞いと儀式に関する道徳的指示を出したのである。実際のところこのカトリック改革は革命的ではなかった。それは一度も忘れられたことはないが、悪習によって隠されていた真実を単に再確立するという傾向にあった。同性愛については、教会の立場は変わらない。この種の性的人間的関係は常に厳しく罰された。一方で、ルネサンス期の教皇たちは性道徳の大きな自由を享受したようだが（実際には一二世紀の教皇たちの自由ほど大きな自由ではない。一二世紀の教皇たちの習慣は節度を欠いており、逆に風紀改革を引き起こすほどであった）。

反宗教改革を掲げたトリエント公会議（一五四五〜六三年）以降、カトリック・コミュニティの立場は、固定されたままである。第二回ヴァチカン公会議（一九六二〜六五年）は、儀式と礼拝の展開、他宗教および他宗派とのカトリックの対話、あるいは神学アプローチにおける近代的な配慮については革新的であった。しかし性道徳については非常に慎重なままであり、教会の道徳的教育は修正されなかった。司教会議にとって、結婚と性は生殖と子の養育のためだけでなく、「夫婦相互の愛が〔…〕進行し開花する」ためにも制度化されているのであった〈ALBERIGO (dir.), p.2235〉。それでも信者に対する司教のアプローチは変わらなければならなかった。というのも司教たちは、罪人よりもむしろ罪を非難する必要について強調していたからである。言い換えれば、同性愛者自身ではなく、同性愛行為が拒絶されなければならない。この区別は、おそらく相当微妙であって、常によく理解されたわけではない。同性愛者に同性愛嫌悪を向ける信徒や熱心な司教は多かった。また、この区別は「存在」と「行為」を断絶させたが、これは、自らが行うことについては罪の地獄を約束され、自分の存在についてはそうではないとされた同性愛者の信者の中に一種の分裂を引き起こすことになる。

一九七〇年代から、自由主義的なプロテスタントの牧師たちの個人的な働きかけが増加したので、教会と司教たちは、同性愛についてはっきりした立場を決めようとした。アメリカ合衆国の司教会議は、一五ページに渡って「同性愛問題についての贖罪司祭のための原則」を勧めている。これを行ったのは司教会議が最初である。この文書は、同性愛が人間の性の生殖目的に反している（中世のトマス・アクィナスの主張である）、「夫と妻の相互の愛の表明」とされる結婚に反している（より最近の主張であるが、完全に新しくはない。第二ヴァチカン公会議の文書に見ることができる）ことを主張する。従ってその言説はむしろ伝統的で、本当に新しいと言えるものは何もない。しかし補足的な要素がよりポジティヴに見える。この文書は、「性的には何もしない」という条件で、「同性愛的友情を奨励すること」を要求している。言い換えれば、禁欲が唯一の解決策として勧められている。絶対厳守で永遠の禁欲である。禁欲は、教会において二つの状況でよくある懺悔の一形態である。一時的なもの（結婚しているカップルの場合、一年のうちの特定の時期）、永遠だが選択されたもの（修道士および司祭）である。またこの種の犠牲は、信徒が原罪から解放され、天国を望む最も確実な手段の一つである。キリストと同じように、この信徒は自らの罪を償うために苦しまなければならないのである。結局、苦しい人生と永遠の禁欲を同性愛者に勧めているだけで、同性愛者はそれによって救われることになっている。他の司教会議は、アメリカ合衆国の司教会議の主張を確認しただけである。

実際に、同性愛者がカトリック教会の命令に文字通りに従うとすれば、今日、同性愛者のキリスト教徒に与えられている可能性は二つである。一つめは異性愛に転向することである。アメリカの宗派の中にはこの可能性を医学的に証明しようとするものがあるが、カトリック教会は、おそらくもう少し現実的で、むしろ一定の人びとの決定的な同性愛指向を確認している。二つめの可能性は永遠の禁欲で、これは身体と贖罪の苦しみを軽視する伝統的なキリスト教イデオロギーに完全に親和的である。ジョン・マクニールによれば、このような考えを個人が取り入れることは、自己、自己の身体、人格の全体、その欲望とアイデンティティを嫌悪することにしかつながらない。彼は「人類のどんな集団も同性愛者ほど不公正と迫害と苦しみの対象になったことはない。そしてたとえ教会が有罪でないとしても、この状況について責任の一端を担っている」と述べている。

『批判的神学事典』は、神学の問題についての現代的な総括を行っている。これは最近のものであり、タイトルが示すとおり「批判的」でもある。この中の「性的（倫理）」の項目の著者であるマイケル・バナーは、以下のような問いで、同性愛についての自らの記述をしめくくっている。「私たちは、同性愛を正当化しようとする者に対して、いかなる人類学、あるいはいかなる創造の概念の名において、これらの者が性的差異化を無視することができるのか、そして聖書の教えとこれらの者の立場にどのような関係があるのかを問う権利がある」。ここで同性愛嫌悪は、すでに広く論議されてきた複数の主張によって正当化されている。このようにして、当初の問いは非難として響く。何百年もの間、教会は社会的宗教的迫害をリードしてきた。その被害を被ったのは同性愛の擁護者であるのに、これらの者に説明が要求されているのである。人類学への言及は、彼ら、つまりまさにただ教会自身によって定義された神との関係以外で人間性を考える権利を否定することになる。「創造」、「性的差異化」、「聖書」という語は、聖書と、反自然という考えをよりどころにしている。この反自然という考えは、性差を生殖との関係においてのみ考慮する形でのちに展開した。

考え方に進展はなく、常に同じ同性愛嫌悪的立場が再肯定されている。その主張は、有害な二つの原則に依拠している。まず、教会が同性愛について述べるときは毎回、その言葉は文字通り同性愛嫌悪的である。宣言、非難、聖書や神学の文書の反復は同性愛嫌悪的である。二つ目の原則は、より一般的なもので、全体主義的な思考のシステムを勧める教会の覇権的な立場に由来する。同性愛者に教会が及ぼす抑圧は、そのような抑圧自体が、家族の安定だけでなく、社会の均衡を救うために必要であるという信仰に基づいている。これらの論拠はどれもことごとくステレオタイプで、すべてのステレオタイプがそうであるようにことごとく誤っている。同性愛者がそれほど大きな影響力を人類に対してふるっていると信じることはできないし、教会と「伝統的家族」がそのような少数派によってそれほど不安定にされるほど弱いとも考えられない。第一に、これらの論拠は、神に選ばれているという感情（キリスト教徒は真実の保持者たるにふさわしい）に由来する優越意識と全く矛盾している。

そして最後に、教会の行動について同性愛嫌悪が指摘できる。それは絶えず呼び起こされる「同情」と常に望ましいとされる「寛容」の態度の感覚である。これら二つの場合でも、プロセスは同じ優越意識に基づいている。同情は、他者つまり同性愛者が自らの状態に苦しんでいるということを仄めかすが、実際に不幸であるか否かは分からない。同性愛者であることが必然的に不幸なのではなく、まさにこの否定的な視線のために不幸になり得る。また、同情は強権的な位置と高みからの視線を意味する。このような感覚は、私たちは他者つまり同性愛者のように不幸ではない、同性愛者の苦しみを理解しなければならないという自覚から生まれる。他者（同性愛者）は打ちひしがれていると予断するだけでなく、他者はより強い誰かによって慰められなければならないと予断することである。ここで働いている心理的なメカニズムは、まさに優越意識である。これは寛容の場合にも作用している。誰かを許すということは、その誰かは自らにふさわしい場所にいないということ、世界に適応していないと気づくことであり、それにも拘らずその誰かにそこで生きることを許すということである。一九七五年のヴァチカンの教理省による『性倫理の諸問題に関する宣言』は、確かに「社会的不適応」という言葉を使っている。従って寛容は、高圧的で優越的な視線によって他者を矮小化する傾向がある。

実際に、同性愛者に対する教会の視線は、同性愛者を不完全な個人とする傾向があった。『性倫理の諸問題に関する宣言』では、誠実な関係と真実の愛が不可能な、「一種の先天的な衝動、あるいは不治と判断された病理的な性質によって」遮断された者として、同性愛者が描写されている。同性愛関係は、徹底的に非難される。なぜなら、そこには「相互に与え合うという完全な意味と真実の愛の文脈」が確実に欠けているとされるからである。ここに、最初のフロイトの↓精神分析の理論を見ることができる。この理論では、同性愛は乗り越えられるべき過渡的段階であり、乗り越えられなければ完全な精神的発達を経験することができないとされ、人間のセクシュアリティの最終的な発達は異性愛であるとされるからである。

要するに、今日のカトリック教会は、同性愛の↓非処罰化（東ヨーロッパ諸国では一九九〇年代）、↓同性婚および↓同性愛者の子育てを拒否するために同性愛嫌悪言説を量産してきた。教会は、聖書と古代および中世神学者のテクストという伝統的なよりどころを超えて、↓心理学、↓精神分析、人類学や↓社会学を利用している。同様に、家族と人類全体を救うという使命から生まれたその優越意識の結果、教会は自動的に同性愛嫌悪的な結論に至る。この企ては、それが宗教の領域を離れ、アプリオリには異質なものであった科学に、しかも科学を一方的に解釈して不寛容な道徳を根拠づけようとしているだけに、より一層危険である。道徳あるいは宗教的原則に基づいた同性愛嫌悪↓暴力に、科学を装う暴力が加わったのである。

ティエリ・ルヴォル（齊藤訳）

↓悪徳、異常、異端、異端審問所、家族、カトリック、寛容、自然に反する、正教、聖書、生殖不能、脱ゲイ運動、哲学、同性婚、パウロ、プロテスタント、ペトルス・ダミアニ、放蕩、ユダヤ主義、レトリック

心理学

心理学は、精神あるいは精神的現象の科学であるが、「サイコロジー」と言う語は、ギリシア語の「魂の学問」という語に由来している。心理学は、社会科学の一つであり、その発展に大きな影響を与えた数多くの分野と結びついている。↓哲学、↓生物学、物理学、認知諸科学、↓社会学、↓医学などである。多様ではあるが、心理学は、研究方法として科学的なメソッドを採用している。

同じように、人間のセクシュアリティの研究は、全く正統な科学的探求の対象として構築されてきた。このプロセスは、↓フーコーが性科学と名付けたものへと至る。セクシュアリティ一般とくに同性愛に関する最初の研究は、逸脱的性行動を非難していた支配的社会規範に大きく影響されていたので、同性愛を病気であると考えた（クラフト＝エビング）。しかしながら、当時の研究者や政治的活動家の中には、自らが社会規範に適合しないので、主流に逆らおうと試みた者もあった（エリス、↓ヒルシュフェルト）。続いて、研究者たちはこの分野での研究を遂行した。その中にアルフレッド・キンゼイとその仲間がいる。キンゼイは、同性愛行動は、全く稀ではないことを示してみせ、排他的異性愛から排他的同性愛へと至る連続体としてセクシュアリティをとらえることを提案したのであった。同様に、精神病理学的処置への反応を元にして、アメリカの心理学者エヴリン・フッカーも、男性同性愛者は異性愛男性と変わりがないことを明らかにする。同性愛は異常でも病気でもないということを立証する科学的証拠がもたらされたが、大半の精神科医と↓精神分析医は、同性愛の精神病理的性質を完全に信じ続けた（エドムント・ベル

グラー、チャールズ・ソカリデス）。それでも、精神分析の父と呼ばれているジグムント・フロイトは、同性愛を病気とは見なさなかった。

　アメリカ精神医学会が、『精神障害診断と統計の手引き』から同性愛を削除することを投票で決定した一九七三年に、重要な一歩が刻まれた。しかし、この決定は、もたらされた証拠を考慮に入れたからというより、ゲイとレズビアンの組織の政治的圧力によって動機づけられていたと考える者もいる。いずれによせ、公式には、同性愛は精神病とは見なされないにも拘らず、精神療法医の中には、転換治療を実施し続ける者もいる。これらの臨床医にとっては、問題は同性愛なのである。これら臨床医は、患者の障害の原因が、同性愛者、バイセクシュアル、トランスセクシュアルの人びとが社会で受け入れられていないことにあるとは考えない。

　質問票によって同性愛に対する態度を評価し体系的に調査することや、さまざまな技術を用いた対面調査は、心理学の多様な下位領域における重要な調査方法であった。同性愛嫌悪《ホモフォビア》↓と異性愛主義（ヘテロセクシズム）の概念は、これらの心理学の理論に広く由来している。アメリカの心理学者で異性愛者であった精神療法医のジョージ・ワインバーグは、同性愛嫌悪という語を、「同性愛者の近くに居合わせることへの恐怖」と呼び、同性愛者自身が感じる自己嫌悪をも指すものとして用いた。中には「異性愛主義」のように、同性愛者、バイセクシュアル、トランスセクシュアルの人びとに対する支配を支える社会的態度や制度に着目した用語を好む研究者もあった。より最近では、アメリカの心理学者ジョージ・ヘレクが、「対象となっているのが同性愛者、バイセクシュアル、トランスセクシュアルのいずれであれ、性的指向に基づいた否定的な態度」を指して「性的偏見」という語を用いることを提案している。

　心理学の研究と理論の多くが、同性愛の要因に関心を持っており、今のところ、生物学的そして遺伝的な理論が、精神分析および行動主義に代わって、追い風に乗っているように見える。これらのアプローチが、同性愛だけを逸脱として説明しようとする点において、異性愛主義的であるのは明らかである。説明を必要としているように思われているのは、同性愛であって、セクシュアリティ一般あるいはとくに異性愛ではない。しかし、同性愛者、バイセクシュアル、トランスセクシュアルの心理学者は、原因よりも人のアイデンティティの発達手段に関心を寄せることによって、見方を変えようとしている。他の心理学者の中には、レズビアン、ゲイ、あるいはバイセクシュアルといった慣習的なカテゴリーが不適切であることを示唆して、性的指向概念への↓本質主義的アプローチを批判する者もある。

　北アメリカの心理学は、出版物、研究、臨床実践の中の明らかな異性愛主義的バイアスを吟味し始めたところである。アメリカ心理学協会の実践はそのことを示している<*Division...*; Herek, Kimmel, Amaro, et Melton>。アメリカ心理学協会は、政治的立法的領域でも、ゲイ、レズビアンおよびトランスセクシュアルに好意的な立場をとっている<*Committee...*>。しかし、財政的支援の欠如とこの問題の研究に貼られたレッテルは、心理学領域を異性愛主義から矯正することの障害となっている。

ジョセフ・ロイ・ギリス、ルイ＝ジョルジュ・タン仏訳（齊藤訳）

↓医学、異常、異性愛主義、社会学、人類学、精神医学、精神分析、生物学、哲学、ヒルシュフェルト、本質主義／構築主義

人類学

ある学問が、その研究対象とする世界は文化的、社会的に↓他性によって構成されているのだと考えるとき、その考え方自体が同性愛嫌悪《ホモフォビア》という面で問題となり得るとはなかなか想像しがたいようである。しかし人類学が、当の人類学からの主張はどうあれ植民地主義との密接なつながりを理由に批判されることはあったのだから、同性愛嫌悪をめぐる問題の俎上に載せられることもあり得ないことではない。そこで、この学問に内在する偏見を批判してみようと思うのだが、そのためには、まずこの学問の知識体系を歴史的な文脈に置いてみること、そしてその理論的、方法論的前提事項を評定することから始めなければならない。それによって社会文化的世界に対するこの学問の異性愛主義（ヘテロセクシズム）的とまでは言わないまでも、一つの規範的なものの見方が、さまざまな要素を通して現れてくるだろう。

　セクシュアリティについて研究している研究者は、アカデミックな世界で同僚の偏見にさらされる。セクシュアリティというものは普通、私的な領域だけに属するものであると見なされているからであり、科学という領域における重要性の伝統的階層秩序からすれば、セクシュアリティは最底辺に追いやられてしまうのだ。過去二十数年に渡って、性の社会的側面に関する研究や男性中心主義に対するフェミニズムからの批判がずいぶんと進んできたけれども、悪口は絶えない。そのような問題系は「マイナーだ」し、そのような人類学は「あぶない」し「下劣だ」し「変だ」し「エキゾティックだ」と言われる。こうした状況からすれば、アザンデ人の間の制度化された同性愛関係について記述したエヴァンズ＝プリチャードの著作（一九七〇）が、執筆後三〇年を経て著者の死の三年前に、しかも本国のイギリスではなく合衆国で、やっと公刊されたことも不思議ではない。こうした態度の原因として、おそらく一つには次のような事実があるだろう。すなわち人類学はその誕生からつい最近まで、ずっと秩序（社会組織や構造、モデル）を強調するような部門を重視し、個人、主観性、歴史をないがしろにしてきたという事実である。

　確かに人類学は、個人、主観性、歴史といった現実を、つねに排除してきたわけではない。しかしとくにセクシュアリティの分析に関しては、それを社会的秩序の観念に閉じこめてしまってきたのである。そのような観念は、ある一つの時期の社会の内側で観察し得る事実を越えることはない。バザン、マンデス＝ライト、キミナルらが力説しているように、「確かに人類学は親族や家族といったテーマを偏重してきたが、ことセクシュアリティという問題系を構築することについては、たちまち懐疑的な態度を露わにするのである。この問題は人類学だけに収まる問題ではないけれども、少なくとも人類学の震央に位置する問題であるにも拘らず、である。しかもこの問題に関しては、マリノフスキー、ミード、ゴドリエ、ハートといった、極めて高い評価を得ている先駆的な業績があるというのにだ」。

　ところでバザンらは「セクシュアリティの政治経済学」を提起し、それが「いつでもどこでも、ミクロのレヴェルからマクロのレヴェルまで社会のあらゆる段階に広がっているさまざまな対立において、確かに核心的な争点となっている」ことを強調している。従ってセクシュアリティ研究は、予防の要求（主にエイズの予防）や（とくにエイズ撲滅のための団体で展開されるような）戦闘的姿勢に閉塞しない限り、社会的性差の政治的表現を理解するのにもってこいの対象であるように思われる。ロメル・マンデス＝ライトが言っているように、実用的な目的で推進される研究や戦闘的な観点から実施される研究を軽視しているわけではなく、セクシュアリティが十全たる研究対象とされたときに与えてくれる膨大な可能性を少しでも狭めないことがたいせつなのであり、実際、セクシュアリティに関して質的な研究を行おうとするなら、直ちに実地で使える方法論を創りだす必要に迫られるのである。それはしばしば斬新で、本質的な問題を提起するような方法論である。

　人類学は、その語源に厳密に従うなら、社会における人間を研究する学問のことである。人間はたえず自分自身について自問してきたのに、人間を知識の対象とする科学的知自体が、社会哲学の俎上に載せられたのはずいぶん遅かったように思われる。ところで人類学的な考察は、商業資本主義の拡大および新世界の探検と時を同じくしている。人類学が他性と初めて出会ったときのことは、人類学自体は単に文化の差異ということで説明しようとするかもしれないが、この植民地探検という文脈から外れては理解することができない。ルネサンス期に人間の定義が改めて問われたのは、確かに人間社会の多様性を通してであった。しかし人類学が用いるこの〈他者〉は、しばしば単なる口実に過ぎない。「インディアンは魂を持っているのか」、「このようなソドミーの習わしにどう対処すればよかろうか」。征服者《コンキスタドール》たちはこのように自問したが、それは彼らが、文明化すること、キリスト教化すること、そして自分自身が富を手に入れることに心をうばわれ、他には何も見えなくなっていたからなのである。

人類学の学問としての第一歩は、このような状況のもとでアメリカ大陸への旅行記とともに踏み出された。ソドミーにふける人びと、女戦士《アマゾネス》、両性具有などといった、不安を抱かせるような、あるいは物珍しい姿で描かれた他性が、旅行記のページに溢れている。今日ではこうした記録は、ギイ・ポワリエが言うように、いくつもの像が重ね合わさってできていると見なされるであろう。旅行記はしばしば「ネットワークの結び目のように機能して、ヨーロッパ人の不安を連鎖させていった」からなおさらである。これらの旅行記は、他性を舞台に上らせたという点で、人類学の歴史における、あるいはその前史における画期である。（レヴィ＝ストロースが最初の民族学者と見なしている）ジャン・ド・レリーのように、あの「厭うべき罪」のことを付け足し的に手短に語る旅行家もいる。またそのことにもっと注目する旅行家もいる。例えばスペイン人のヌニェス・カベサ・デ・バカは、フロリダ探検の後、次のような場面を回想して語っている。

　かくしてこの者たちとともに過ごした期間に、私はある悪魔のように恐るべき出来事を見てしまった。男が男と結婚していることを知ってしまったのである。

同様にシエサ・デ・レオンは、一五三三年にその『ペルー誌』で次のように書いている。

　主立った神殿や信仰の場には、一人か二人、あるいはそれ以上の男がいて、子どもの頃から女の服装をさせられ、女のように話し、物腰や服装や何もかも女の真似をする。男たち、とりわけ長老たちが、祝祭のときや聖なる日に、この者たちと不純な肉体関係を持つ。そのとき男たちは、あたかも祭儀や儀式を執り行うかのように振舞う。私がそれを知っているのは、そのことで彼らのうち二人を罰したからである。

メキシコでは、来るべき悲劇はその全要素があらかじめ準備されていた。一五一九年七月一〇日にコルテスがカール五世［スペイン王としてはカルロス一世］に送った手紙によって、メキシコのインディオは、とにかく「全員がソドミーを行っており、厭うべき罪を犯している」とされたのだ。つまり偉大な旅行家たちは、その著作の中に、新世界に対する自身の入れこみようと、それからこの大陸にかくも蔓延しているかに見えるソドミーという罪に対する自身の恐れとを、同時に表現しているわけである。こうした状況のもと、黎明期の人類学は、植民地建設という目的やキリスト教の布教、そして同性愛嫌悪の思想に十分に合致していたのである。

ところでソドミーを非難するこうした言説は、アメリカ先住民族の文脈をはるかに越えて見出される。東洋《オリエント》の習俗の記述の場合も、やはりアメリカ大陸と同じように、あるいはそれ以上に、同性愛嫌悪に基づく描写と幻想が生まれるきっかけとなったのである。その理由は、当時イスラム教徒がキリスト教国にとっての最大の敵だったからである。旅行家は自然に反する習俗やハーレム、この地域の至るところで見られる淫蕩について、絶えず憤っていた。一五九五年に公刊され、何度も版を重ねた『ヴィラモン公旅行記』では、スルタンが「自分の妻に対する以上に青年たちにご執心」であることが不快だと書かれている。そこに描かれているような慣行が実際にあったかどうかと言えば、それは必ずしも誤りとは言えないが、しかしそこに向けられる眼差しはほとんどつねに非難がましいのである。かくして、中世にも見られたソドミーとある種の異端との混同、すなわちソドミーを性愛における異端と見なす見方が、このイスラム教徒の文脈によって再び活気づけられるのである。ニコラ・ド・ニコレーは、コンスタンティノポリスが占領されると、宗教施設が「家畜小屋や男娼や娼婦がいるような売春宿」になってしまったと言っている。ここでは、宗教上の冒瀆と性的な冒瀆がはっきりと結びつけられているのである。ゲオルギエヴィチはぎょっとするような筆致で、トルコ人がその敵にもたらした運命を描いている。

　その夜、彼らがもて遊ぶ若者が、男も女もうめき泣き叫ぶ声が聞こえた。しかも相手が六歳、七歳であろうとも、かくも嫌らしいソドミーの愛好者たちは、その卑劣な行為に及んで自然に反するあの厭うべき欲望のままに振舞うことを控えることはなかったのである。

　要するにアメリカ大陸でも東洋でも、またアフリカ大陸やオセアニアでも、異境の住民はすべて自然に反する関係の源だと、それが正しいか間違っているかは別として、とにかくそのように見なされたのである。こうした観察、あるいはこうした幻想は、ある社会集団の想像の中で決定的要因となることが極めて多い。そこでは、外国人嫌悪《ゼノフォビア》の衝動や宗教への狂信、経済的な貪欲なども手伝って、その後も長く存続することになる同性愛嫌悪の臆見《ドクサ》がつくり上げられるのである。すなわち同性愛は異境の悪徳であるという臆見《ドクサ》である。このような言説はもちろん本当の人類学的な知見ではないが、しかし人類学のある種の前史を表してはいる。人類学の前史の特性はこの学問の歴史に重くのしかかっていて、その古い悪魔を祓うことがなかなかできずにいるのだ。

　このように幾分か初期の人類学によって広められた異境の悪徳というこの観念は、鏡に映ったように反転して、より学問的だがそれでもやはり同性愛嫌悪の深い人類学に再び入り込むことになる。そのことをよく証言しているのは、例えばジョモ・ケニヤッタの研究である。のちに独立後のケニアの最初の大統領となったこの人類学者は、一九三八年に『ケニア山のふもと』と題され、マリノフスキーが前書きを寄せている著作を公刊した。この本の中で彼が証明しようと努めているのは、同性愛関係がキクユ人の文化には、さらにはもっと一般的にアフリカの文化には存在したことがない、ということである。それ以来この命題がアフリカで非常に歓迎されたのは想像に難くない。この命題に触発されて生みだされたいくつもの研究や言説が、鏡に映したようにこんどは同性愛をヨーロッパの悪徳であり、白人の悪徳であり、要するに異境の悪徳だと主張した。今日ではこの命題はアフリカ大陸中、広範囲に渡って受け入れられていて、同性愛嫌悪に基づくあらゆる暴力を正当化する根拠とされている。そのとき、先祖伝来の黒人文化は、もちろん「その本来から」あのような退廃的な倒錯を免れていたとされるのだ。

　要するに、同性愛嫌悪のレトリックがつくり上げられる過程で人類学が一役買っているということは新しい事態ではないのである。それでは（探検家の物語から制度化された研究へと移行した）二〇世紀の社会人類学や文化人類学は、同性愛や同性愛嫌悪について最終的にわれわれに何を教えてくれるのであろうか。まず第一に、非西洋社会の大部分でさまざまな形態の「同性愛」が発見された。しかしそれは一般に、西洋で同性愛と定義されているものとは合致しない。最も多いのは、「同性愛」というカテゴリーが存在しない場合である。さらには今日の西洋で最も多く見られるように、同じ社会的性を持つ者どうし、あるいは同じ世代の者どうしが性的関係（あるいはパートナーシップ）を取り結ぶことが、極めて稀にしか見出されないのである。単純化して言えば、そうした社会に存在するのは大きく分けて二種類の同性愛行為であると言える。一つはジェンダーの違いに基づくもの（パートナーの一方が、生物学的な性と異なる社会的性を持っている）で、もう一つは世代の違いに基づくものである。この二つの形態は組み合わさることがある〈Dynes et Donaldson〉。従って非西洋社会の多くで出会うさまざまな形態の同性愛は、抑制されるどころかしっかりと根づいているのであり、確かにその範囲は限定されているかもしれないが、受け容れられていることは間違いないのである。例えばそうした人びとが宗教的、霊的な機能を担っていたり、あるいは同性婚や同性のカップルによる養子縁組が認められていることもめずらしくはない。結局のところ人類学がわれわれに教えるのは、多くの社会が同性愛嫌悪がなくても機能しているということであり、同性愛嫌悪は社会の必然ではないということである。ところで人類学は、最近になってゲイ・レズビアン・スタディーズが出現するまで、同性愛嫌悪のない社会のあり方について体系的な知識を掘り下げようということを、本当の意味で志したことはこれまで一度もない。だからこそウォルター・L・ウィリアムズは、研究者たちが「同性愛嫌悪のない」（つまり同性愛者に劣位ではない場をきちんと用意している）社会を、「それが消滅してしまわないうちに」研究対象とすることに、賛意を表明しているのだ。

多くの文化や社会が同性愛を認めていることについて、人類学が教えてくれることを考慮に入れるなら、フランスにおいて同性愛が社会的にも法的にも不平等な処遇を受けていることが、ある種の「専門家」によって正当化されてきたことに矛盾を感じるであろう。そうした「専門家」は、権利の平等に反対する際に「↓象徴的秩序」や「法」を根拠とするが、それらは人類学によって不変だとされていると誤って理解されているのだ。イレーヌ・テリーが、同性のカップルの完全な法的承認に反対してくり広げた飽くなき戦いで用いたのがこの論拠であり、彼女にならって多くの人物がこの議論を広めた。法的な前進を阻もうとする者たちが不変だと主張する、文化的、社会的、象徴的枠組みというものは、実は逆に極めて柔軟なものであることを、複数の研究者（例えばエリック・ファサン、ジャンヌ・ファヴレ＝サアダ、マリ＝エリザベート・アンマンら）が改めて明確にし、「専門家」たちの議論が、偏った論理や単なる方便に基づいていることを示した。しかしながら大学の人類学が同性愛に関して長く沈黙していることに呼応するように、人類学者の大多数もまた、クロード・レヴィ＝ストロースの姿勢〈FASSIN, 1999〉やフランソワーズ・エリティエの姿勢にならって、沈黙を守っているのである。フランソワーズ・エリティエは、自分の著作に同性愛の問題を取り入れることを、たとえそれが必要なように思われるときでさえ、あからさまに拒絶している〈HERITIER〉。そして時には↓パックスに反対の立場を表明し、例えば、クリスティーヌ・↓ブタンが組織した有名なデモの数日前に、↓社会学者ナタリー・エニックが『ル・モンド』紙に発表した「パックスへの批判を右翼だけに任せておいてはいけない！」と題された記事のようなものにも、エリティエは文章を寄せている。

かくして、同性の者どうしのパートナーシップや、同性のカップルが子育てをする家族（↓同性愛者の子育て）をめぐる議論こそは、現代の人類学の規範的側面を評定するのにこれ以上ないほどもってこいなのである。実際フランスにおいて人類学は、政治的要請に応ずる形で、おおむね規範的な役割を担ってきたのである。エリック・ファサンが言うように、人類学が取り込まれ、方便として利用されてきたのは、研究者が「専門家としての見解を求められることが持つ魅力に何の疑いもなく」屈してしまうせいなのであり、そのような研究者は「政治家たちが専門家の見解に与するのは、自分たちの拒否の正当化のためである」ことを忘れてしまうのである。これもやはりエリック・ファサンが力説していることだが、民主的な議論のためには、性差は「思考にとって越えられない最終的な限界」であると言ったところで役に立たないし、また「知の中立」を守るために思考の対象に限界を設けることも意味がない。人類学は、社会に関するその知識体系が生産され、受容される場である社会的文脈の中で思考されなければ、規範的な次元を抜け出すことはできない。この意味において、人類学があるテーマをタブーに仕立て上げることは、その規範的な次元を強化し、批判的側面の表出を妨げる。この批判は、人類学自体に向けられるべきものであり、それによって人類学自体が否認している同性愛嫌悪が明るみに出されるであろう。だから人類学は、ミシェル・フーコーの業績を再検討することによって、得るところが大きいはずである。フーコーは人文科学の↓本質主義と、その固定化する性格を批判しただけではなく、「問題化の歴史」を提唱することによって、烙印を押すことではない、従って十把一絡げにすることでもない、科学的知の生産をおそらく可能にしたのである。

アレッサンドラ・フレミンク・ルマラ・ヴァレ、クリストフ・ブロカ（山本訳）

↓アフリカ西部、アフリカ中部・東部、アフリカ南部、オセアニア、社会学、象徴的秩序、同性愛者の子育て、同性婚、東南アジア、本質主義／構築主義、ラテンアメリカ、歴史、レトリック

スイス

一二九一年の建国以来、スイスはただ一つの形態の結合しか認めていない。一人の男性と一人の女性の間の結婚である。中世期には、ヨーロッパの他の国と同様に、スイス社会を規律していたのは、キリスト教会の法と、家父長的な父祖伝来のシステムであった。同性間関係は犯罪と考えられていた。それは、一四八二年のチューリッヒの市門の前で騎士ホーヘンベルクとその従者がソドミーによって火刑にされたことに示されている。一六世紀から一七世紀を通じて宗教改革が根付いたときも、「自然に反する罪」は、相変わらず厳しく処罰された。一五五五年から一六七〇年の間にも、カルヴァンのいたジュネーヴでは、複数の男性と女性がこのかどで、斬首刑、絞首刑あるいは溺死刑によって処刑された。

フランス革命、そしてナポレオン軍によるスイス東部と南部の占領は、ナポレオン法典の適用によって、ジェネーヴ、ヴォー、ヴァレおよびテッサン地域での同性間関係の非処罰化をもたらした。これに対して、ドイツ語圏の州では、これらの行いが四年の禁錮によって処罰され続けた。全国レヴェルで同性間行為が処罰されなくなるのは、一九四二年の新しい刑法典の公布によってであった。これは、政治制度や宗教道徳が社会のあらゆるレヴェルで同性愛嫌悪《ホモフォビア》をやめたということを意味しない。

■ハインリッヒ・ヘッスリ、同性愛解放運動のパイオニア

スイスにおける同性愛解放運動の起源となったのは、グラリス人のハインリッヒ・ヘッスリ〔一七八四〜一八六四〕である。ヘッスリは、女性モードの世界で尊敬されたスタイリストで、一八三六年にグラリスで『エロス、ギリシア人の男性間の愛』の第一の巻を出版する。これは、古代ギリシアから一九世紀初めまでの、教育、文学および立法分野での男性間の恋愛関係の歴史をたどる著作である。ヘッスリの著作は、率直に男性間恋愛を擁護し、わざと忘れられ、変造された歴史の側面をたどり、そのような言葉はまだなかったが同性愛嫌悪を批判した近代最初の本であった。その上、これはヨーロッパの同性愛《ホモファイル》解放運動の偉大なもう一人の先駆者であるカール・ハインリヒ・ウルリヒスに多大な影響を与えることになる。

二〇世紀初頭のドイツに、同性愛解放のための社会政治的運動が初めて現れ、ドイツ語圏スイスは、一九二二年以降、同性愛者の組織化や同性愛嫌悪と闘うことを目指すいくつものイニシアティヴの舞台になった。幾度もの失敗の後、「スイス友情運動」がバーゼルとチューリッヒに一九三一年に作られた。数多くのレズビアンがメンバーであった結社の代表となったのが、マミーナの筆名で知られたアナ・フォック（一八八五〜一九六二）という女性であり、女性が代表に就くというのは例外的であった。この特殊性は、おそらくスイスの多くの州が、他のヨーロッパの国と異なり、女性関係も処罰していたことによる。その少し後、この組織は「スイス友情協会」と名前を変更した。チューリッヒの「友情女性会」と「エキセントリック・クラブ」がそれに参加し、ともにスイスで最初の同性愛誌を始める。これが一九三二年一月一日に刊行される『スイス友情の旗』である。

■ナチスによる蛮行時代の最後の自由なアジトの一つ

一九三四年に、ロルフと呼ばれた俳優カール・マイヤー（一八九七〜一九七四）が雑誌の存在を知った。すぐに彼はそれに関わり、多くの記事を発表した。年が経つにつれて、レズビアンは組織から離れていった。カール・マイヤーが代表になり、「スイス友情協会」は完全に男性のグループになった。一九三七年、『人権』と改名され、一九四二年に最終的に『輪』になる。カール・マイヤーは、戦争が熾烈を極めている間も、中断することなく出版を行った。

この雑誌は少数の選択された定期購読者を持っていたが、これらの人びとはさまざまな国に分散していた。一九四三年にはフランス語版が、一九五二年には英語版が発行されている。『輪』は、一九六七年に休刊するまで、世界的なレヴェルで最も影響力のあったゲイ雑誌であった。

ナチスの蛮行によって押しつぶされたドイツの同性愛解放運動は、一九三〇年代にはチューリッヒに避難していた。一九三二年から一九三三年までマグヌス・ヒルシュフェルトにとって、そしてその他の多くの人にとっての避難地として、スイスは第二次大戦中、同性愛者にとって(比較的)自由な最後のアジトであった。こうしてスイスは、望んだわけではないが、一時期ヨーロッパ同性愛解放運動の中心になった。といっても相当臆病でほとんど秘密の運動であったが。

変化の発端、可視性の始まり

スイスは、その少数者の尊重と統合によって名高い民主的システムにも拘らず、伝統的さらには時代錯誤的な立場をとっている。例えば、国民が女性の投票権について合意に至るのに一九七一年まで待たなければならなかった。このことだけでもスイス社会における家父長制的な価値の定着、男と女に割り当てられた社会的役割がはっきり分かる。性差別とその陰険な子孫である同性愛嫌悪は非常に根強い。

第二次世界大戦前に生まれた同性愛解放運動は、その創設者とともに消え、フランス同性愛者革命的行動戦線(FHAR)の運動の中に、ジュネーヴ同性愛グループ(GHOG)とローザンヌ同性愛グループ(GHL)が現れるのは一九七〇年代半ばであり、これが可視性の時代の幕開けであった。この一握りの先見者たちの出版物やメディアでの行動は、大衆啓発にとっての転機であり、最初の政治的社会的要求であった。これが将来の勝利の基礎を作ったのである。彼らは日常の同性愛嫌悪だけでなく、ローザンヌのグループ「シンメトリー」(フランスにおけるアンドレ・ボドリーの「アルカディア」のようなグループ)のように、慎み(➡クローゼット)と政治的要求をしないことを奨める同性愛者からの攻撃とも対決しなければならなかった。これらのフランス語圏のグループは、バーゼル、ベルン、ルツェルン、ザンクトガレン、チューリッヒといったドイツ語圏のゲイ団体とまもなく連携して、「スイス同性愛コーディネーション」(CHOSE)を生み出した。

一九七九年六月二三日に、最初の「全国同性愛解放の日」がベルンで催された。➡ストーンウォール暴動の一〇周年を記念し、すべての人にとって平等な性行為同意年齢、同性愛者についての警察記録の廃棄、ゲイとレズビアンのカップルの法的承認を求めるために、三〇〇人が集まった。一九八二年には、ジュネーヴの組織「ディアロゲ」が創設されるが、この組織は同性愛者の対話と扶助の空間を作り、同性愛嫌悪と闘うことを目指した。一九八三年には、スイス同性愛者教員協会(OSLEH)、一九八五年にはエイズに抗する援助(ASS)、一九八九年にスイス・レズビアン協会(OSL)、一九九三年には同性カップルの法的承認についての議論を得意にする中央の上部組織であるスイス・ピンク十字ゲイ・アンテナが、これに続いた。同性愛関係の同意年齢を一八歳、異性愛関係の同意年齢を一六歳に設定していた刑法典一九四条が、一九九二年に国民投票で廃止され、性的領域ですべての者の平等が確立された。

法的承認の入り口で

一九九〇年代半ばから、同性カップルの法的承認を求める請願が全国レヴェルで開始される。一九九八年に、ジュネーヴの保守系議員ジャン＝ミシェル・グロが提出した法案は、国レヴェルで登録パートナーシップ制度を採択することを奨めていた。二〇〇〇年元日に発効したスイス新憲法は、性的指向あるいは同性愛嫌悪と名指しはしないが、ライフスタイルに基づくあらゆる差別を禁じている。二〇〇一年、ジュネーヴはパートナーシップ法を採択したが、これは州法に制限されるので、象徴的な承認であった。

すでに何年も前から「クリストファー・ストリートの日」[ストーンウォール・インがニューヨークのクリストファー・ストリートにあったことから]のパレードを受け入れているチューリッヒ市にならって、レズビアン&ゲイ・プライドが、一九九七年から毎夏スイスのフランス語圏の都市で組織され、数万人の参加者を集めている。そして、二〇〇一年六月、世界で初めて、現職の国家元首、連邦大統領モリッツ・ロイエンベルガーが、チューリッヒでの「クリストファー・ストリートの日」に、数千の人びとの前で、支援演説を行った。同時期に、スイスで前例のない憤慨の渦を引き起こす↓スキャンダルが起きる。非常に↓カトリック的な州であるヴァレでゲイ・プライドの開催が告知された後、↓極右宗教的集団による暴力的なまでに同性愛嫌悪的な記事が、地方紙に掲載されたのである。パレードは完全な成功に終わり、メディアの反響は大きく、同性愛嫌悪原理主義者はほとんどメディアから追放された。この二一世紀の初めに同性間の愛にスイスの多数派が注ぐ視線を象徴する出来事であった。同性愛嫌悪の不屈の砦も残っており、何百年もに渡る↓異性愛主義（ヘテロセクシズム）的な操作を反転することはなお難しいが、人びとが、ゲイ、レズビアン、バイセクシュアルの現実を次第に受け入れていることは明らかである。

ステファン・リトゼ（齊藤訳）

↓異性愛主義、差別、団体、ドイツ、プロテスタント

◆補遺

二〇〇五年六月五日、政府の提出したパートナーシップ法について国民投票が行われ、「登録パートナーシップ」によって異性愛カップルと同等の権利が認められ、二〇〇七年から施行されている。（金城）

その他の、スイスにおける同性愛をめぐる法制度の最近の状況は、二〇一二年五月発行のＩＬＧＡ（国際レズビアン・ゲイ連盟）の報告書によれば以下のとおりである〈Paoli Itaborahy〉。

一九四二年以降、同性愛行為は合法である。

一九九二年以降、同性愛関係か異性愛関係かに拘らず同じ性的同意年齢が定められている。

二〇〇〇年に、性的指向に基づく差別が憲法で禁じられた。（山本）

スキャンダル

スキャンダルの経験は、何百年もの間、同性愛者の生活の基本的要素であった。同性愛は、「魔術」あるいはタブーの性質を非常に強く持っていたので、その現実を認識することは即、激しい恐怖を広めることであった（一九世紀の医学が、実証主義的外観の下に、恐怖と嫌悪の↓レトリックを引き継いだことを指摘できる）。近親者が同性愛者であることが分かるのは、不法侵入、口頭や書面での悪意ある告発、予期しない発見、不意打ちによってであることが多く、そうした発見は、極度に粗っぽいものであった。それは常に、文字通り身体的な意味でのショックであり、臨床的には常に極端な感情として現れる（アドレナリンの急増、失神、号泣、痙攣）。最初の頃エイズは、それに感染していることが暴露の役割を果たしたので、破廉恥であるというショックを上塗りした。一九八五年のロック・ハドソンの病の告知は、すぐに噂を広めた。そしてこの時期、息子が致命的病気を患っていることと同性愛者であることを同時に発見する家族は多かった。このショックに、憤慨の発作が続くことも普通であった。同性愛者は昔から今まで、親の呪詛、近親者との突然の別れ、旧くからの友情の断絶、逃亡を余儀なくされてきた。同性愛が知られると、宗教道徳と「自然な」道徳によって、スキャンダルを引き起こした者の追放、隔離が要求されるだけでなく、家族や友人にはこの者を軽蔑し憎む義務が課されるのである。

女性は従属的な状況にあったため、スキャンダルが公になった場合に、レズビアンの状況はとくに不安定であった。一九二〇年代初頭に、イギリスの

作家ヴィオレット・トレフシスとヴィータ・サックヴィル＝ウェストを隔てるためにその家族がしたように、女性のカップルを引き裂くために家族が介入することはありふれていた。要するに何百万もの同性愛者が、自分の秘密の世界が他者の侵入を受け、自らの生活が壊されるような時を経験しているのである。

これらのスキャンダルの中には、近親者の範囲を超えて相当の影響を持ったものもある。最もよく知られたものを挙げよう。一八二四年に三人の兵士によって痛めつけられたキュスティーヌ侯爵、一八七六年に公衆トイレで逮捕されたジェルミニ伯爵、一八九五年に二年の強制労働に処されたオスカー・ワイルド、一九〇三年に自殺を余儀なくされたイギリス将校ヘクター・マクドナルド、一九〇七年に、クーノ・フォン・モルトケ伯爵の愛人であること、およびフランス人外交官に情報をもらしたかどで糾弾されたオイレンブルク侯爵、一九一三年に、ロシアに買収されたスパイであると暴露され、自殺を強いられたオーストリアのアルフレート・レドル大佐、同性愛を発見したと偽ったナチ当局によって、一九三四年七月一日に、略式で処刑された突撃隊のエルンスト・レーム、一九五一年に東側へ移った後、その同性愛がプレスの格好の餌食になったガイ・バージェス、一九五三年に公衆トイレでの相手探しで逮捕されたジョン・ギールグッド、一九五三年から一九五四年に猥褻《わいせつ》罪で訴追されたビューリー男爵エドワード・モンタギュー、一九五八年にセント・ジェームズ公園で、近衛騎兵連隊兵の一人といたところを見つかって内閣を去ったイアン・ハーヴェイ大臣、一九七六年から一九七九年の間、同性愛そして殺人未遂で起訴されたイギリス自由党のリーダー、ジェレミー・ソープ、一九八三年から一九八四年にNATOの至高の利益を危険にさらした嫌疑をかけられたドイツ人将校ギュンター・キースリングなどである。

これらのスキャンダルには、いくつかの共通する特徴があることに気づくだろう。女性よりも男性が対象になっている。女性同性愛は注意を引かず、処罰されることは少ない。とくに、女性が公的領域からほぼ完全に排除されている限りでは、メディアにおいてはそれほど侵犯的とされなかったのである。これらの事件は、一八七六年から一九六〇年の時期に集中している。一九世紀末以前は、タブーがスキャンダルに勝っていた（キュスティーヌ事件は、新聞では詳しくは報道されていない。スキャンダルが広まるのはパリの貴族の間の噂によってである）。一九六〇年以降は、批判しようとするエネルギーが不足した（ロック・ハドソンは、亡くなる直前、同性愛を明らかにして、失った分よりも多くの支持者を得た）。そしてこれらの事件の多くは、イギリスにおいて起きている。タブロイドの詮索癖と、それまでの慣習が揺さぶられた「スウィンギング・シックスティーズ」と言われる一九六〇年代まで、あるいはそれ以降もイギリスが経験した深いヴィクトリア朝式雰囲気は、スキャンダルの爆発と詮索に非常に適していた。これらの事件は一般に、それを引き起こした詳細な文脈の中に刻み込まれている（キュスティーヌ事件では敬虔なシャルル一〇世の即位。ジェルミニ事件では、道徳秩序から抜け出た後の、共和派と王党派の一八七六年の政治闘争。ワイルド事件では、ローズベリー卿［当時のイギリス首相］についての噂をふさぎたいというイギリスの自由主義者の欲望。オイレンブルク事件では、一九〇五年以降の独仏関係の悪化。一九三四年は、ナチス党内部の紛争と「ドイツ革命」を止め、支配的階級の価値を選びとろうという欲求。一九五〇年代のイギリスのスキャンダルすべてについては、冷戦と「ホミンテルン［「ホモ」と国際的な共産主義運動を指す「コミンテルン」を組み合わせた語］」への恐怖。キースリング事件については、一九八〇年代初めの地政学的再緊張）。犠牲者の社会的アイデンティティは、スキャンダルの鍵となる要素であることも多い。スキャンダルが実入りのいいものであるためには、その凋落が予想外で刺激的であるような、豪華な同性愛者を発見しなければならない（例えば、以下の上流階級の男たち。革命でギロチンにかけられた人びとの子孫であるキュスティーヌ侯爵、ユダヤ教徒の弁護士であったジェルミニ伯爵、ロンドン中から賞賛された成功した作家であるワイルド、ドイツ皇帝の友人オイレンブルク、貴族院議員ビューリー男爵エドワード・モンタギュー。そして高級将校が続く。マクドナルド、モルトケ、レドル、キースリング。政界の領袖であったレームやソープ。現役の最も偉大な俳優の一人であるジョン・ギールグッド）。そして一九世紀終わり以降（一八七六年フランスのジェルミニ事件は、ワイルド事件やオイレンブルク事件より早く国際的影響を持った最初期の事件の一つである)、スキャンダルは、絶対的な共鳴箱となった↓メディアによって言説化されるようになった。メディアによる告発は、一般的に道徳的表現でなされ(↓悪徳の告発、↓退廃の告発)、次第に↓医学的および↓精神医学的表現で行われることが多くなっていった(↓退化、↓伝染の危険、人口減少の告発)。しかし、政治的な表現(ジェルミニ事件は、反教権主義者によって右派とユダヤ教徒に対抗するために、オイレンブルクは、ヴィルヘルム二世に対して、レーム事件はスターリニストによってファシストに対して、利用された)、さらには地政学的な表現で(オイレンブルク、レドル、バージェス、キースリングは、多かれ少なかれ、現実のあるいは潜在的な↓反逆者と同視された)なされることもある。このような告発は、時には憎悪的で下劣な諷刺を大量に生産した(一八七六年から一八七七年の間、パリの新聞は公衆トイレをジェルミニエール、男色関係をジェルミニヤードあるいはジェルミニスムと呼び、王党派や↓カトリックのあらゆる同性愛者をジェルミニと呼んだ)。

同性愛スキャンダルの効果は相当なものであった。イギリスの政治家イアン・ハーヴェイがその回想録を『ルシフェルのような堕落』と名付けたのは、理由がないわけではない。実際にスキャンダルは、以前の生活との大きな断絶をもたらす。あっという間の孤立(スキャンダルの嵐の渦中にある個人に連帯を表明することは危険である。というのも自分自身も嫌疑と糾弾の危険を冒すからである)、裁判と監獄(↓刑務所)(ジェルミニは二ヶ月、ワイルドは二年、モンタギューは一年)、社会的な死がもたらされる(ジェルミニは、死ぬまで、サン＝ジェルマン界隈の大部分のサロンで好ましからざる輩であった。ジェルミニ夫人にはお悔やみ状が送られた。ワイルドは、うとまれ、破産し、人びとに侮辱され、友の一部から捨てられ、自らの↓家族から隔たった。イアン・ハーヴェイは、公式には、公園に関する法律に違反して告訴されただけであるが、議会の元同僚たちからはもはや歓迎されず、あらゆるクラブを辞め、司祭から冷淡に叱責され、雇ってくれる人もいなくなり、ほとんど会合に招待されることはなくなかった。「一九五八年以降に私が受け取った招待状の数は十指で数えられるほどである」と一九七一年に書いている)。そして次に政治的な失脚を意味した(イアン・ハーヴェイは、外務省とハロウ選出の議員職を直ちに辞職しなければならなかった。『タイムズ』の一面は「彼は、死ぬまで過ちを償うだろう」である。一九七六年五月、有能なジェレミー・ソープも、元モデルのノーマン・スコットが彼の愛人であったという主張に基づいて、自由党党首の地位を去らなければならなくなった。ソープは一九七八年に殺人未遂の容疑者となり、一九七九年には無罪放免になったが、政治生活を最終的に断念した)。その他にも、外国への不本意な出奔(キュスティーヌはヨーロッパを旅し、ジェルミニはアルゼンチンに移り住み、ワイルドはフランスで死んだ。ハーヴェイは、人生をカナダでやり直すことを勧められた)、自殺(マクドナルド、レドル)、暗殺と記憶からの抹消(レーム)、トラウマ化された沈黙(二〇〇〇年の死まで、ジョン・ギールグッドが決して話さなかった唯一のことは、一九五三年の政治的不運となった逮捕であり、彼は、そのために貴族院議員の地位を逃し、彼の長年のライバル、ローレンス・オリヴィエを利したと考えている)といったことを引き起こした。家族も大きな影響を受ける。キュスティーヌのいとこたちは身を隠し、ジェルミニの家族は惨めにも金で新聞を黙らせようとし、ワイルドの妻と息子は、名前を変えざるを得なくなった。しかし、公衆衛生的発想の同性愛嫌悪《ホモフォビック》的共通言説がメディアによって流布され(マイケル・フォールディーが研究している)、直後に↓警察の活動が厳格化するなど、事件は同性愛者全体に大きな被害を与えた。それはイギリスにおいて、ワイルド裁判時には、多くの同性愛者がフランスへ避難し、モンタギュー男爵の裁判時には、多くの者が評判を傷つけかねない文書を処分したことに見られる。オイレンブルク事件とレーム粛正のとき(一九三四年六〜七月)のドイツでも見られた。長いナイフの夜事件は、ゲーリングとゲッペルスによって、「異常なこれら個人」からドイツを解放する「浄化の嵐」として表現され、それに続いて、ハッテン場での警察の手入れが強化された。

これらの出来事は、心理的人間的に非常に重みを持ったので、同性愛者の生活(「不安定で名誉はなく、かりそめで自由はなく、変わりやすく所在がない」とプルーストは『ソドムとゴモラ』において述べている)は、昔から、スキャンダルへの恐怖によって支配されてきた。この恐怖が、控えめさ(サマセット・モームは、彼の同性愛が公になるのではないかという強迫観念の中で生涯を送った）、さらに二重生活、人格分裂（一九四六年に若き日のアレック・ギネスは、彼を尋問した警察官に嘘の身元を言って、自分のキャリアを救った。一九五八年にハーヴェイはこれを試みたが失敗した）、官能的な出会いに対する極端な慎重さ（同じくハーヴェイは、その回想録で、ロンドンの公園での出会いの際には、身元が割れて脅されないようによく注意を払っていたことを語っている）、侮辱と不公正と攻撃の甘受、恐喝を前にした逃亡（このようなわけで、イギリスの最高勲章を受け、五港同盟［イングランド南東部の海港都市で海防の任を果たす代償として特権を与えられた］の総督でもあったウィリアム・リガン・ビーチャム伯爵は、義理の兄弟に告発すると脅されて、イギリスから逃げた）を説明する。多くの同性愛者の自殺は、一九二二年のルイス・ヴァーナン・ハーコート子爵の自殺のように、差し迫ったスキャンダルと身体的心理的に対峙することができなかったためである。しかしながら、ディディエ・エリボンが指摘するように、国際的にメディア化された大きな同性愛スキャンダル（ワイルド、オイレンブルク、モンタギュー）が、同性愛者の個人的かつ集団的な自覚を促す役割を果たし、ゆえにゲイの運動の前史として一定の役割を果たしたことを忘れることはできない。その上一九五〇年代から、世論の一部は、同性愛よりも、法の不公正と警察の権力濫用に腹を立てるようになった。ジョン・ギールグッドが、一九五三年一〇月に公衆トイレでの相手探しで逮捕された数日後に舞台に復帰すると、（リヴァプールでもロンドンでも）観客は彼に喝采を浴びせて、ギールグッドの味方であることを示した。

二〇世紀のスキャンダルの特殊な類型は、文学的スキャンダルである。主要なものは、一九〇六年のクズミンの『翼』、一九二一年から一九二二年のプルーストの『ソドムとゴモラ』、ジッドの一九二四年の『コリドン』、同じく一九二五年の『一粒の麦もし死なずば』、一九二八年のラドクリフ・ホールの『さびしさの泉』、一九四六年から一九四九年の間のジャン・ジュネの偉大な作品群、『花のノートルダム』『薔薇の奇蹟』『泥棒日記』などである。第三共和制下フランスにそれなりの出版の自由があったために、これらのスキャンダルの多くはフランスで起きたが、「楽しむような軽蔑と対になっていることが多かった」（ジャン＝ルイ・ボリー）。そして、最も保守的な批評家と道徳家は、「悪魔的な」文学を青少年に流通させる危険を告発し、検閲の必要性を主張した。そこからフランスでは、青少年向け出版物についての一九四九年七月一六日法律が生まれた。少なくとも西欧諸国で、文学における同性愛スキャンダルが緩和されるのは、やっと一九七〇年代になってからである（E・M・フォースターの『モーリス』は、一九七一年に大騒ぎの中、ロンドンで出版され、一九七九年に刊行されたルノー・カミュの『トリックス』は、明示的であるにも拘らず特別な混乱を引き起こさなかった）。それはそうとして、イギリスは、冒瀆に対する法律を保持し続け、それに基づいて一九七六年から一九七七年の間に、十字架に磔にされたキリストに、ローマの百人隊［古代ローマ軍の最小単位］の隊長が感じた官能的な魅力を表現したある詩（「あえてその名を口にしない愛」）の著者と挿絵画家が訴追された。フランスでは、マティウ・ランドンの小説『王子とレオナルドゥール』が、一九八七年に内務省によって発売禁止にされそうになったが、それは最初の保革共存という非常に特殊な政治的文脈においてであった。結局事件は作品に有利な展開を示し、この小説は出版を保証されたのであった。

一般的な変化に逆行して、イギリスの大衆プレスは、同性愛スキャンダルを引き起こす／告発する（二つの概念の曖昧さはここでは重要である）習慣を保持している。それはおそらく、イギリスの人びとは、公人の私生活の生々しい詳細が大好物で、そのような暴露は大変羽振りがよいからであろう。些細な機会を捉えて、同性愛の話題が、タブロイド紙の大きく熱狂的な見出しに踊る。最近その犠牲になったのは、一九九二年にハムステッドヒースで他の男性といたところを見つかった保守党下院議員アラン・アモスで、彼は次の選挙に出馬することをあきらめて三年後に労働党へ移籍した。一九九八年一〇月に、ウェールズ大臣ロン・デイヴィーズは、ハッテン区域にいるところを暴かれ、ブレア内閣を離れざるを得なくなった。ブレアの影響力のある側近で、元北アイルランド大臣ピーター・マンデルソンについても、一九九八年と二〇〇〇年の彼の二度の辞職が同性愛によるものではなく、彼が一度も同性愛を公に認めたことがないとはいえ、大衆メディアの餌食になっている。

保守党のナンバー2、マイケル・ポーティロは、差し迫ったアウティング↓を避けるために、ケンブリッジでの学生時代に同性愛関係を持ったことを一九九九年に認めている。これらのスキャンダルは、決して悪意のないものではない。タブロイド紙は、マイケル・ポーティロの二人の恋人がエイズ↓で死んだことを残忍に強調し、二〇〇一年七月に、彼のゲイの過去について再び騒ぎ立て、保守党党首選での（一票差での）敗北に貢献した。

最後に、スキャンダルの問題によって、同性愛嫌悪は、かなりはっきりと二つのタイプに区別されることを述べておこう。スキャンダルを利用する同性愛嫌悪は、メディアの大騒ぎを、災禍への反対宣伝をする機会と見ている。それが一九五〇年代からのイギリスのタブロイド紙の「名前と恥」↓［人やグループの、反社会的と考えられているアイデンティティを公にすることで、自責の念に追い込むこと］戦略である。メディアの大騒ぎの中で、社会全体と同性愛者に対して、現実に二重のメッセージが発される。(1)いかなる場合も同性愛は尊重できるものではない。(2)面倒を抱えたくなければ、同性愛者は絶対に不可視の状態にとどまらなければならない（例えばそれは、二〇〇一年九月の五二人の同性愛者の裁判の大仕掛けの演出の背後にあるエジプト当局の暗黙の言説である）。スキャンダル社会の最もありふれた倒錯↓的産物は、イギリスの例が示しているように、一九世紀から今日まで、脅迫であったことを指摘しなければならない（拒まれた過去の愛人は、手紙や写真を証拠に新聞に話すと恒常的に脅す）。おそらく、スキャンダルを利用しない同性愛嫌悪は、言葉が実態を生むように、同性愛の伝染性は極めて強いと考えて、事件をメディア化しない。何も言わずに投獄し処刑する中華人民共和国は、その継続的な例である。フランスも、かつてこれらの領域においては、口の堅さを好んでいた。一八世紀まで、罪人を火炙りにするとともに、その事件の文書も焼いていたのが象徴的である。タブロイド紙の君臨まで、イギリスでも同様に沈黙がルールであった。同性愛者がいないと主張する同性愛嫌悪の国あるいは社会、とくに最も保守的なイスラム↓教国、ブラック・アフリカのいくつかの国、あるいはカトリックの聖職者においては、沈黙が掟である。思い返せば、欧米のスキャンダルの時代は、タブーの時代から無関心の時代への、おぞましい犯罪の時代から権利の時代への最終的な移行段階の一種のように見える。それはまた、メディアの新しい自由によって、新しい主題を扱うことが可能になった、ジャーナリズム史の特定の時点にも当たる。その体制順応主義は、一神教的な偏見を払拭していないとしてもである。

一九七〇年代のゲイ革命以来、欧米の同性愛者は、同性愛をスキャンダルから、あらゆる方法で解放しようと努めている。おおっぴらにゲイであることができる地域的な結合（オックスフォードとケンブリッジ、グリニッチ・ヴィレッジとカストロ、ソーホーとマレ、ギリシアのミコノスとスペインのシッチェス）によって、二枚舌と秘密を終わらせ（カミングアウトをすることは、脅迫主を無力にする最良の方法である）、同性愛をメディア、法、社会において広く当たり前のものにしようとする日常的な闘争などがそうである。そして今日、同性愛者が、まさに反対向きのスキャンダルであるアウティングを実践するのは、同性愛を告発しているのではなく、自分の同性愛を引き受けない公人の不実を告発しているのである。

ピエール・アルベルティーニ（齊藤訳）

↓悪徳、アレナス、ヴィオ、オイレンブルク事件、学校、カリカチュア、キュスティーヌ、クローゼット／慎み、警察、自殺、ジッド、退廃、チューリング、恥、反逆、文学、暴力、ホール、メディア、レトリック、ワイルド

ストーンウォール事件

一九六九年六月二八日、ニューヨーク市警第一課公衆道徳局に所属する八

人の↓警察官は、グリニッチ・ヴィレッジのゲイ・バー、ストーンウォール・インに入って、「いつもの」取り締まり活動を行おうとしていた。しかし酒類の無免許販売を理由に行われたこのガサ入れは、ゲイ・レズビアン「解放」の時代の始まりの象徴的な日となった。

一九世紀の終わり以降、社交的な商業施設における「警察の手入れ」は、アメリカ合衆国およびヨーロッパで、同性愛行為を行っている人に対する警察当局の伝統的な統制様式の一つであった。同性愛者の社交が、男女を問わない売春、酒類の密売などに関係した特殊な空間で隠れて行われていた（↓クローゼット）ため、そのような統制はより容易であった。戦後、ゲイの生活様式に完全に適応したバーが登場しても、警察の行いは変わらず、マッカーシズム（↓マッカーシー）期のアメリカ合衆国で強化され、一九六〇年代を通じて続いた（一九七〇年代にはより散発的であった）。ほとんどの場合、行政上の公衆衛生的口実でバーに入り、客の身元を確認し、身分証明書を持たない者、女装している者、トイレで性行為のただ中にあった者を逮捕した。確かに、刑事罰はそれほど重かったわけではないが、これら警察の手入れの目的はこのようにして「同性愛者」のファイルをつくることにあり、これが万一の場合に連邦あるいは地方公務員の身上書類を補完することになった。しかしこれらの定期的な「手入れ」は、同性愛者が集まる場所を利用する個人に恒常的な圧力を及ぼし、コミュニティのダイナミズムをすべて壊す嫌がらせになった。ストーンウォール事件前の数週間の間に、ヴィレッジの他の五つの同性愛バーがこのような取り締まりの対象になった。

ストーンウォール・インは、一九六九年の時点ではニューヨークの風景において、どちらかと言えば典型的なバーではなかった。マフィア所有の衛生のあまりよくない施設であったが、中産階級のゲイとともにドラァグクイーンや男娼を受け入れており、グリニッチで最も人気のある施設の一つになっていた。ゴーゴーダンサーのショーを客に提供し、男どうしで踊ることが可能なニューヨークただ一つのバーとして知られていた。所有者がマフィアであるという特殊性に守られて、ストーンウォールは一種の平和な隠れ家のように見られていた。少なくとも一九六九年六月の警察の侵入までは。

ニューヨーク警察はこの種の手入れを何度も行っており、このときも基本的規則に従って手入れが開始された。酒類販売免許がないことの確認、客の身元チェックが行われ、警察官はバーの中で、ドラァグクイーンや身分証明書を持たない客とともに迎えのバンが来るのを待ち、その間に「規則にかなっていた」客を外に出す。これらの手順はすべて細部に至るまで守られた……。しかし、匿名の者として夜の闇の中に散っていくかわりに、客たちはバーの前に残り、新たに誰かが「放免」されるたび、口笛、拍手、友好的なコメントによって迎えた。バンが到着したとき、警察官はドラァグクイーンと従業員を乗せようとしたが、近くにいた数人のゲイとレズビアンがこれに加わり、この奇妙に楽しげだった態度は急変する。人びとは際限なく続く警察の嫌がらせにうんざりしていたのである。暴動が始まった。煉瓦や瓶を投げられ、警察官はバーに立てこもり、援護要員が何とか群衆を追い散らすのを待った。一三人の逮捕者を出してこの夜は終わった。この夜四人の警官が負傷したが、抵抗した側の負傷者数は分かっていない。翌日、中心人物たちは改めて暴動の一夜にむけて対峙し合う。しかし前日の自発的で反発的な動きはなかった。最初の手入れから五日後、再び暴動が起こった。千人もの人びとが集まり、店の中は壊されたが、これらの行動ではずみがつき、政治的な落書きやスローガンが現れた。ゲイパワーが生まれたのであった。

ストーンウォール事件は、同性愛の歴史において根本的な過去との断絶であった。二週間足らずののちに、「融和的な」選択を提示していた「同性愛《ホモファイル》」結社であるマタシン協会のリーダーが、聴衆にブーイングされた。ゲイは、こうして廃れた同性愛《ホモファイル》組織の尊厳を気にかけるどころか、ブラックパンサー党、ヒッピー、ヴェトナム戦争反対運動、ラディカル・フェミニストとともに、国家とアメリカのメンタリティに反対する闘いに加わるのである。数年の間に、同様の運動がヨーロッパ、オーストラリア、そして南アメリカでも形成された。マフィアバーの暴動に端を発する同性愛解放元年は、警察の日常的嫌がらせをもはや受け入れないという態度から始まったことを、誰もが忘れないだろう。

ピエール＝オリヴィエ・ド・ビュシェ（齊藤訳）

↓北アメリカ、共同体主義、クローゼット／慎み、警察、団体、フーヴァー、マッカーシー

◆補遺
ストーンウォール暴動がこれほどの大事《おおごと》になったのは、一つにはアメリカの女優でゲイ・アイコンのジュディ・ガーランドが、この暴動の五日前、六月二二日に亡くなり、最初の抵抗のあった前日に埋葬されていたためだとされる。彼女がなぜ同性愛者から慕われていたか、はっきりとした理由は不明だが、アルコール、薬、離婚といったさまざまな困難を乗り越えて力強く生きる彼女の姿は同じく異性愛社会で困難に直面しながらも生きていかねばならないゲイ自身の生き様と重ねられることも多く、また彼女が主演した『オズの魔法使い』（一九三九）のテーマ曲である『虹の彼方に』は虹の彼方にある理想の世界について唄っており、現実の世界を乗り越えたところに自分たちの生きる世界を見たゲイやレズビアンの共感を呼んだ（映画の主人公ドロシーから着想された「フレンド・オヴ・ドロシー」という表現がゲイを指す隠語として用いられたこともある）。四七歳という若さで亡くなったことはゲイ・コミュニティに衝撃を与え、実際、彼女の死を悼むために黒の布を掲げる店も多かった。

（金城）

スペイン

スペインは、その起源から西洋世界の中で特異な位置を占めている。イベリア半島には、ローマ人、西ゴート人、その後アラブ人が住みつき、長い時間をかけて多彩な表情を持つ土地がつくり上げられた。三つの宗教すなわち↓イスラム教、↓ユダヤ教、↓カトリックが混在するこの国では、それぞれのコミュニティがそれぞれの男性支配のモデルを採用し、コミュニティ内の男性の男らしさを、女性や同性愛者のモデルと対立させる形で組織し、構築してきた。しかし八世紀以降一七世紀初頭までにアラゴン王国や↓中近東にまで伸張していったイスラム教の影響力によって、明らかな↓寛容の心性と態度が、長期的に浸透していった。

中世のキリスト教は、民衆を教育し、模範を示さねばならないはずの修道士たちの放縦な素行を規制するために、いろいろなところに分散していた同性愛嫌悪《ホモフォビア》の材料を集めてきて、抑圧のモデルをつくり上げた。そうした材料は、旧約、新約↓聖書、中でも『レヴィ記』、↓聖パウロのいくつかのくだりや、聖アウグスティヌスの著書、教父学の伝統に散在していたのである。告解者の行いを正すためにつくられた贖罪規定書（七世紀〜一一世紀）にも同性愛行為が挙げられてはいるが、だからといってこの罪が、告発されている好色な行い全体の中でとりわけ重大だとされているわけではない。一三世紀の聖トマス・アクイナスはそれとは違って、色欲の罪をいくつかの階層に分類した。トマスは結婚外の性愛行為をすべて色欲の罪と見なしている。そして同性愛を、マスターベーションや獣姦とともに、↓自然に反する罪の中でも最も深刻

なものの中に分類したのである。この考え方は、中世末期および近代のキリスト教道徳と西洋文化に対して決定的な影響力を持つことになる。

六世紀、七世紀のスペインの西ゴート王国において、六四二年から六四九年にかけて成文化された西ゴート法典で規定された同性愛者に対する罰は、去勢し、頭髪を剃り、破門し、一〇〇回前後の鞭打ちのうえ終身に渡る追放であった。七一一年にアラブ人が到来すると、その結果として同性愛に対する明白な寛容の雰囲気が生まれた。しかしキリスト教がそのまま残った北部の領土と、国土回復戦争《レコンキスタ》によって時が経るに従って徐々にカスティリャ人のもとに取り戻された領土では、西ゴート法典のカスティリャ語版「フエロ・フスゴ〔裁判法典の意味で「リーベル・ユディキオルム」とも呼ばれる〕」が採用され、そこには同性愛嫌悪の条文が含まれていた。一二六五年、「賢王」アルフォンソ一〇世は、各地域の法律文書を一つにまとめることに力を注ぎ、「フエロ・レアル〔国王の法典の意味〕」（一二五五）、「七部法典《シエテ・パルティダス》」（一二六五）をつくり上げた。この二つの法典は、ソドミーの罪の恐ろしさを強調し、それに対する罰として逆さ吊りにする死刑を規定していた。この規定は後に、はるかに残酷な後継者を見出すことになる。メディナ・デル・カンポのカトリック両王〔一四六九年に結婚し、結果的に近代スペインの創始者となるアラゴン王フェルナンド二世と、カスティリャ女王イサベル一世のこと〕による一四九七年八月二二日の勅諚《ちょくじょう》のことである。それは「自然に反する厭うべき罪をいかに罰するべきか」という見出しのもと、火刑とその変形、鉄環による絞首刑、罪人の全財産の国王財産への没収などが定められていた。

一六世紀以降、イベリア半島で同性愛嫌悪が飛躍的に深まるのは、トリエント公会議〔一五四五〜六三〕で聖なるものとして模範とされた結婚が、かつて美徳と見なされていた独身に取って代わっていく過程と密接なつながりがある。従うべき異性愛のモデルがひとたび定義されると、こんどはそこから逸脱する者を弾圧しようということになる。しかし新制度としてはそれよりもう少し早く、一五二四年二月二四日にローマ教皇クレメンス七世が発した教皇令によって、アラゴン連合王国〔アラゴン、カタルニャ、バレンシア三国とバレアレス諸島からなる連合国家〕の半島内の領地においては、ソドミーの弾圧が異端審問所のみに任されることとなっていた。この教皇令は、モリスコ〔国土回復戦争（レコンキスタ）以後もイベリア半島に残って、キリスト教への改宗を迫られたイスラム教徒のムーア人〕・マイノリティの同性愛の慣習にあからさまに言及し、「何か疥癬のようなものに罹った者から健全な信者へ腐敗が伝染すること」の危険を訴えた。スペインのアラゴン地方における同性愛者の男女に対する抑圧はそれよりもう少し後のフェリペ二世の治世下、一五六〇年に始まり、一七世紀末まで中断されることなく続いた。そこでは、完全なソドミー、すなわち二人の男性が当事者として問題にされる場合と、異性愛関係の枠組みの中で実行される不完全なソドミーとが、区別されていた。

一六三〇年まで、異端審問所は予審に付した訴訟の五分の四に対して、すばやく、また厳しく罰を下した。槍玉に挙げられたのはまず誰よりも修道士で、これは対抗宗教改革の成果である。その次に多かったのは農民だった。また特定の集団にも的が絞られた。船乗り、奴隷、学生、羊飼いなどである。そのどれもが共通して、社会的に極めて不安定な位置にあり、地域への定着度も弱かった。外国人の被告の数ははっきり分かっている。沿岸地方の港にいたイタリア人の船乗りやカタルニャ地方で働くフランス人の他、ポルトガル人、トルコ人などである。同性愛者への抑圧と外国人嫌悪《ゼノフォビア》はつながりがあった。この二つが組み合わされることで、異端審問所は密告という手段を介して民衆と協力関係を持つことができたのである。訴訟は平均して六ヶ月半の間続き、その後で有罪となった者は二〇〇回の鞭打ち刑と三年から七年のガレー船徒刑を受け、そしてその後同じ年数だけその地方から追放される。刑の宣告はアウトダフェ〔異端判決式〕の間に罪人に下された。アウトダフェはこれ見よがしの公開儀式で、また待ち望まれてもいた。これによって追随者が出ないように見せしめとなるとされていた。さらに重大なことには、繰り返し行為を行っていたと認められた同性愛者に対しては、死刑が下されることがあった。被告人の四分の一がそれに当たる。死刑は釈放という言葉で言い表されていた（審問所は罪人を釈放して、唯一死刑を執行する権限を与えられている世俗の手に引き渡すのである）。死刑はアウトダフェ開催の二四時間後に執行された。罪人は一般に、異端審問所が設置されている町（バルセロナ、バレンシア、サラゴサ）の、城壁の外に積み上げられた薪の山のところへ連れてこられた。しかしこの抑圧装置は、国家が破綻し信用が低下していくのに伴って、しだいに活力を失っていった。フェリペ四世とその寵臣オリバレス伯公爵は、異端審問官にとっての優先事項や日常的なソドミーの抑圧など構っていられなくなったのである。一六三三年以降、被告人の中に死刑判決を受ける者はなくなる。異端審問所による抑圧の全体的な印象が、ひたすら暗澹たるものであるなら、そこに多少の含みを持たせる必要がある。まずスペインは、他のヨーロッパの国々にくらべてかなり早い時期に、同性愛行為を罰することを止めている。さらに、異端審問所の司法手続きは、確かに怖ろしいにはちがいないのだが、被告に対して正式な体を備えた裁判を保証していた。これは、カスティリャの世俗裁判所の即決的なやり方とその厳格一徹の判決とは比べものにならないほどであった。また、例えばカタルニャでは、「アウディエンシア」と呼ばれる世俗裁判所の高官は聖職者から任命されていて、この高官は、異端審問官の同僚とともに裁判に列席し、自らは死刑を宣告することを拒んでいた。バルセロナの異端審問所は、一五六〇年から一七〇〇年の間に、四人の同性愛者しか火刑に処していない。最高異端審問所が内密で文書を保存していたため、裁判記録や証拠書類は今でも存在する。異端審問所は、一八三五年七月一日の王妃マリア・クリスティナの勅令により、その活動を完全に終えた。

↓フランスの刑法典を範として制定された一八二二年の刑法典では、ソドミーに罰を与える規定（↓処罰）を廃止した。大人どうしの同性愛の私的な実践に罰を与えないことにしたのである。この規定は、その後の一八四八年、一八五〇年、一八七〇年の刑法典でも維持された。一九世紀後半には、同性愛は全ヨーロッパ中で徐々に精神の病いとされ、↓精神医学の領域で扱われるようになっていくのである。

それでも陸軍法典（一八八四）や海軍法典（一八八八）（↓軍隊）は、一九四五年に陸海空の軍事関連法を一つにした軍法典が公布されるまでは、同性愛を不法行為と見なす立場を取り続けていた。ところがプリモ・デ・リベラ将軍の独裁政権のもとで一九二八年に採用された刑法典の第六九条では再び過去に舞い戻り、同性どうしによる良俗壊乱で有罪と認められた者すべてに、二年から一二年の刑を科すと規定された。さらに第六一六条では、「同性の者との猥褻行為に習慣的に、または破廉恥に及んでいるとして有罪と認められた者は誰でも、一〇〇〇ペセタから一万ペセタの罰金刑を科し、さらに六年から一二年の期間、公職不適格を宣告される」と規定された。

一九三二年、スペイン第二共和国（一九三一～三九）は、刑法典のこの二つの規定を削除した。フランコ将軍の独裁政権下では、一九五四年七月一五日まではその状態が保たれた。しかしこの日、浮浪罪に関する法律の第二条および第六条に修正が加えられ、売春斡旋業者、職業的乞食、精神病者と並んで同性愛者もその対象とされたのである。特殊施設への監禁、特定地区への居住禁止、居住地の申告義務などが罰として科されることになった。

一九七〇年八月四日、この法律は軽犯罪と社会復帰に関する法律に取って代わられた。それ以後、同性愛者がそれ自体として狙い撃ちされることはなくなったが、同性愛行為を繰り返す者は有罪とされた。罰則も変わりがなかった。確かに法律の専門家の指摘によれば、最高裁判所では、法の精神においても同性愛者が巻き込まれた事件においても、同性愛嫌悪が明白に見てとれたのだが、フランコ時代末期の証人の言によれば、比較的寛容な雰囲気に包まれていたともいう。しかもこの法律に対する反発として、最初の同性愛者解放団体も創設された。しかしこの法律の「同性愛事犯」に関する言及が削除されるのは、一九七八年一月一一日に命令が発布されたときのことだった。

一九七八年の憲法では、第一四条で、スペイン人は生まれ、人種、性、意見の差別なく、法のもとに平等であると規定された。幸いなことにこの条項の↓差別禁止は、「その他のすべての個人的あるいは社会的条件あるいは環境」にまで及んでいるので、他の事柄への適用にも門戸を開いている。

CIS（社会学研究センター）が一九八八年に実施した、社会における同性愛への寛容に関する調査では、以下のような結果が出てきた。回答者の五〇%が同性愛は断罪すべきであると考えている。二八%は無関心、一六%がこの種の関係を受け容れられると見なした。同じ時期、社会学者のヘスス・イバニエスはスペイン人に本能的な同性愛嫌悪があることを証明するために、次のような問いを立てた。「薬屋と同性愛者は殺してしまえという意見に賛成ですか？」これに対する同性愛嫌悪の回答は、新しい問いの形をとる。「どうして薬屋を？」

一九八六年一月一日のヨーロッパ連合加盟に伴って、スペインはゲイ・レズビアンの権利に関するさまざまなヨーロッパ連合の決議を享受できるようになった。一九九四年二月八日、ヨーロッパ議会は委員会に命じて、同性愛嫌悪に基づく差別に終止符を打つために、ヨーロッパ連合の全加盟国に向けて勧告を起草するよう命じた。革新的な点としてはゲイ・レズビアンのカップルに結婚の権利または法的にそれと同等のパートナーシップ形態に対する権利を認めようという傾向が現れたことで、これによってスペイン国内のいくつかの自治州では、同性愛者どうしのカップルを含むパートナーシップの地位に関する新法が採択された。具体的にはカタルニャ（一九九八）、アラゴン（一九九九）、ナバラ（二〇〇〇）、バレンシア（二〇〇一）である。国民党はどちらかと言えば、すでに州や市町村での登録制度が存在するいくつかの自治州で取られている措置を調整して、とくにはっきりとした期限は設けずに、国として一つの方向にまとめようとする立場に立つ。一方、PSOE（社会労働党）の方は、二〇〇一年四月初めに、政権を握っているすべての自治州すなわちバレアレス諸島、アストゥリアス、アンダルシアで、同性愛者のパートナーシップに関する法律の採択をめざすと発表した。FELG（レズビアン・ゲイ国家連合）［現FELGTB（LGBT国家連合）］議長のペドロ・セロロによれば、今やカップルの地位に関する議論をしているときではなく、社会労働党とIU（左派連合）は、むしろゲイ・レズビアンの結婚（↓同性婚）と↓養子縁組を無条件に認める法案を議会に提出すべきであるという。

↓クローゼットから出てくる《カミングアウト》人も増えてきている。先鞭を付けたのは、ダンサー（↓ダンス）のナチョ・ドゥアト、作家テレンシ・モイス、カタルニャの社会労働党の議員ロベルト・ラバンデラらである。二〇〇〇年九月にはホセ・マリア・サンチェス・シルバ中佐がゲイ雑誌『セロ』の表紙を飾った。彼は「自分の同性愛を公表する権利を行使し、法律が社会の現実に適応するように」したいと宣言している。作家のフランシスコ・ウンブラルは、クローゼットからのこのようなカミングアウトを↓露出症であると見なして、次のように書いている。「孕んだ女、男に夢中の婚約者、そして同性愛者たちは、みな共通してとにかく語りたがる。まるでルルドで聖母を見てしまったり、素っ裸のクラウディア・シファーを目撃したかのように」（二〇〇〇年九月七日付『エル・ムンド』）。また同性愛者に対する非難のイメージにも事欠かない。男性同性愛者については「羽を緩めている」とか「油が切れている」と言う。女性同性愛者については「女トラック運転手」とか「鋏をする」と言われる。

スペインの社会学史上初めて異性愛者および同性愛者のパートナーシップを計量するために、INE（国立統計局）が率先して調査を実施する準備をしている。調査結果は二〇〇二年には公表されることになっている。情報提供は義務づけられてはいるが、自分の性的指向を推測させるようなデータについては省略したいと考える人たちに対しては、その↓私生活の権利を尊重することになっている。ゲイ・レズビアン組織はこの動きに対して賛同してはいるが、慎重さを拭い去ってはいない。FELGはこの調査によって同性愛者の選択肢が規格化されることになると考えている。一方、COGAM（マドリード・レズビアン・ゲイ・トランスセクシュアル・バイセクシュアル共同体）は、自分の性的指向を公表することへの恐れは未だに極めて強く、情報提供を躊躇《ためら》う者も多いだろうと見ている。FELGのペドロ・セロロは、そうした恐れがあるために、異性愛者に比べて同性愛者のパートナーシップの政治的重要性が低く見積られることになり、その結果として同性婚や養子縁組を認めさせる動きの妨げになるだろうと考えている。カタルニャ・ゲイ・レズビアン連合体は、国家が同性愛者のカップルに対して関連する権利を認めないことと、その一方でこのような調査を実施しようとすることの間にある矛盾を強調している。

アンドレ・フェルナンデス（山本訳）

↓異端審問、自然に反する、処罰、神学、非処罰化、ファシズム、ラテンアメリカ

◆補遺

二〇〇一年、スペインで初めてゲイとレズビアンの事実婚の調査が行われた。結果、一万四七四組の同性カップル（女性、三六一九組、男性、六八五五組）が確認されたが、これはスペインの九五〇〇万世帯の千分の一をわずかに上

回る数であった。ＦＥＬＧＴＢはこれに対し、調査結果は同性愛に汚名を着せる風潮がまだ強く、カップルであることを公にしていない人たちがたくさんいるという状況を考慮しておらず、正確なものではないとしている。しかしながら、このように同性愛者が国民調査に含められること自体は大きな前進であると言えるだろう。

（金城）

スペインにおける同性愛をめぐる法制度の最近の状況は、二〇一二年五月発行のＩＬＧＡ（国際レズビアン・ゲイ連盟）の報告書によれば以下のとおりである（括弧内は発効年）〈Paoli Itaborahy〉。

同性愛行為は合法である（一九七九）。

同性愛関係か異性愛関係かに拘らず同じ法的同意年齢が定められている（一九七九）。

性的指向に基づく雇用差別が禁じられている（一九九六）。

性的指向に基づく憎悪犯罪であることが加重事由とされる（一九九六）。

性的指向に基づく憎悪を煽動することが禁じられている（一九九六）。

同性カップルに結婚が認められている（二〇〇五）。

同性カップルが共同で養子縁組することが法的に認められている（二〇〇五）。

（山本）

スポーツ

多くの社会学的業績が示すように、スポーツが性差別的で高度に同性愛嫌悪的《ホモフォビック》な場の一つであることは明らかである。ヨーロッパおよび↓北アメリカにおいて、プロあるいはアマチュアの組織、↓学校や大学、非営利的あるいは営利的な組織、地域のチームあるいはナショナルチームの男女のスポーツ選手についての経験的調査と理論的アプローチは、同性愛嫌悪的行動だけでなく、同性愛嫌悪的文化の存在を明らかにしている。確かにこのような事実はスポーツ実践だけに還元されるものではない。これらの調査は、同性愛嫌悪的態度や発言について、文化的環境と社会的表象の重要性を強調している。しかし、スポーツの世界は、異性愛的正義の規範を共有しない者への烙印、これらの者への恐怖と拒否にとくに適した場所であるように思われる。スポーツの歴史と社会的構造、スポーツが永続させる論理と価値は、そのことを理解させてくれる。さらに、制度化されたスポーツに固有の特徴をいくつか示すことで、象徴的性的秩序を導入するために同性愛嫌悪が果たす社会的役割を理解することができる。

一九世紀の後半のイギリスで発明されたスポーツは、当時の男性のために男性によって発展させられた。自由主義的かつ資本主義的、植民地主義的な産業化社会から生まれたスポーツは、イギリスのエリートの若者、そしてすぐに西洋国家のすべての男性エリートを男らしく教育する手段と見なされるようになる。男性だけに許されたスポーツは、新しい身体的余暇であると同時に、身体的に強く、強靭な精神を持った男性を生産することを目指した教育法に対応していた。

スポーツは、一世紀半に渡って発展してきたが、男性的世界のままである。大半のスポーツは、男性によって実践され観戦され、監督、コーチ、さらにメディアの解説者の地位が、ほとんどすべて男性によって占められている。これは、一九九〇年代に、それまで「閉ざされていた」一定のスポーツ（ボクシング、ラグビー、棒高跳び、三段跳び、ハンマー投げなど）に女性が参加するようになったにも拘らずである。

スポーツの世界は、量的に男性的な世界であり続けているが、質的にもそうである。スポーツを行ったり観たりすることによって、身体的差異に対する感覚的な情報が与えられる。この差異は、類型化され階層化され、そして計測され評価される。スポーツの制度は、年齢、性別、実践レヴェルなどに応じており、ほとんど分離されている。いくつかの男女混成のスポーツをのぞいて、対戦の設定は、ジェンダーの厳密な分割に基づく。これらの差異化はすべて、無視できない標準である男性アスリートを基準として、細かく決定される。男性スポーツマンによって打ち立てられた記録が、他のあらゆるパフォーマンスに比較されるべき基準を提供する。このパフォーマンスに応じて身体が分類されてきた歴史において、男性のモデルが身体的理想として勝ち誇り、スポーツの世界を、男らしさの遺産が永続し普及する囲いこまれた場所にしている。

こうしてスポーツ界は――フランスの人類学者モーリス・ゴドリエの言を借りるならば――今日的な「男の館」をなし、そこで男性性を形作る理念と態度が構築され、強化され、普及される。同様に、ジェンダー間の社会的関係が想起され、習得されるのである。

このような仕掛けの中で、同性愛嫌悪は特殊な役割を果たしている。同性愛嫌悪は、ジェンダー間社会関係の習得の手段、さらには参照規範の役割を果たす。事実、スポーツの実践は、同性愛嫌悪を普及し拡散するが、その同性愛嫌悪は可視性と暴力性の程度に応じて変化する。困ったような沈黙から侮辱、否定、さらには「ホモ狩り」まで、スポーツの世界ではあらゆる調子の同性愛嫌悪的行動が表明される。その最も明白でありふれた表現は、サッカーのサポーターの歌とスローガンである。サポーターたちの集団的アイデンティティの肯定は、他者の否定の上に成り立っている。この対決のレトリックでの優越性の主張は、とくに敵の（選手とサポーターだけでなく審判についても）異性愛性を疑うことによって行われる。侮辱のゲームは、セクシュアリティと受動性を結びつける同性愛嫌悪的侮辱表現を広く借用している。この意味で侮辱のゲームは、男らしさと同時に異性愛を擁護して、身体的、とくに性的な正しさのモデルを普及し強化することに貢献している。

しかし、自らの党派的情熱を表現するサポーターたちによく見られるような、同性愛嫌悪的文化の最も明白な現れしか見ないとすれば、それは分析として不十分である。同様に、アメリカの大学やラグビーの試合後の同性愛者に対する身体的暴力の分析にとどまったり、または同性愛が明らかになったことでチームを追放された選手を挙げたりするだけでは、スポーツという制度における同性愛嫌悪の機能を把握することはできない。こうしたケースはもちろん存在するが、稀である。それでもこれらのケースはスポーツを行う同性愛者に恐怖を植え付ける。「暴かれ」、ひどい目に遭わされ、追い出されるのではないかという恐怖である。しかしスポーツにおける同性愛嫌悪は、より見えにくいが効果的な仕方で作用している。

カリフォルニア州のアーヴィン大学の社会学者エリック・アンダーソンによると、大っぴらに宣言された同性愛嫌悪は、スポーツチームそれ自体の中では非常に稀であるという。このことは、クラブの日常活動や参加者の中に同性愛嫌悪が存在しないということを意味しない。反対に、同性愛嫌悪は、より陰険で、時には行為者が感じ取れないようなものであり、二重の沈黙の文化の中に刻み込まれている。最も多いのは、集団によって受容され続けるために、同性愛者が自らの性的アイデンティティを隠すことと、そしてその周囲はチームの中に同性愛が存在しないかのように振舞うことである。

このように同性愛嫌悪言説は、不可視性を助長する発話の不在によって特徴づけることができるだろう。ところで同性愛の問題が議論されることができないということ自体が、異性愛のヘゲモニーを肯定する効果的な武器である。沈黙は象徴的性的秩序の押しつけに加わり、チームメイトの間でセクシュアリティ自体は会話から排除されていないので、なおさらである。発言がされるときは、男女の関係に関わるものである。これが社会秩序を強化し、スポーツ界の秩序を安泰にする。

調査によれば、沈黙は、男性が行うスポーツと女性が行うスポーツでは、異なる作用をしている。女子スポーツ、とくにチームスポーツでは、アスリートの沈黙は、すぐに噂と疑惑、そして「問題」としての同性愛の出現へと至る。疑惑と噂は、男性の世界へ女性が侵入することから生じている。女性が、とくに男性的と考えられる実践に打ち込んでいる以上、噂や嫌疑は一層強くなる。若い娘に与えられた行いの規範に背いた彼女らは、同性愛の「容疑者」になる。これらの噂はあまりに強いので、北アメリカでは、陰口を恐れた親が自らの娘を一部のスポーツに登録するのを拒んでいるほどである。女性アスリートの中には、同性愛者の年長女性たちに「倒錯させられる」のを恐れ、シニアになる前にスポーツを自らやめる者もある。

女性アスリートの同性愛に関する噂は、スポーツの価値を男らしさの価値に結びつける考え方から生じている。その結果として、そこでは「おてんば」、「男みたいな女」、あるいはレズビアンだけが開花できるとされる。噂によってこのような認識は強化され、例えばチームスポーツにおいて女性同性愛が現実にあり得ると受け止められる。同じスポーツでも、男性枠には同性愛者はいないように見えるのに、女性枠ではレズビアンが過剰に表象されている。想像の重みによって、スポーツ界は異なって見えてくる。多くの女性同性愛者がチームスポーツを実践しており、それはこれらのスポーツが男らしさを特権化しているからである、ということは「自明」に見えることになる。

それに女性スポーツの指導者やコーチは、同性愛についての調査の際、すぐに沈黙から示唆へと転じる。同性愛は、本質的には、矯正すべき「問題」、さらには「災禍」として表現されてきた。第一このような幻想は、スポーツ部門の閉鎖やさらにアスリートの追放によって具体化された。同性愛の女性選手の存在、あるいは単に存在の可能性は、ありふれた現実と見られるどころか、反対に語ることなく解決すべきであるだけに、より一層厄介な困難と見なされている。ところでこの困難は、言葉の厳密な意味で、全くスポーツ的でない。この困難が困難として現れているのは、同性愛者の女性選手の存在が、異性愛的であるべき象徴的性的秩序を揺るがすためである。女性同性愛者の存在を問題として提起することは、見知らぬ者への恐怖と、無秩序への恐怖を示している。さらにこの恐怖は、同性愛の伝播あるいは「伝染」への恐れを伴っている。

スポーツ指導者やコーチ（たいていの場合男性で、稀に女性）は、この異性愛象徴的秩序の擁護者として立ちはだかる。差異を受け入れることは問題外で、差異と闘い、差異をスポーツの境界の外に押し返さなければならない。若い女性の同性愛が重大であることは、社会秩序と、一方で正常なセクシュアリティ、他方で倒錯的あるいは退廃的なセクシュアリティに分けられたセクシュアリティの秩序が非常に厳格に受け止められていることを表している。この男性的秩序は、スポーツの世界で男子の社会化を通じてたたき込まれてきた。スポーツを習得することで、男子は男になることを習得する。彼らは男の振舞いを学ぶのである。効果的な振舞い、パフォーマンスに必要な技術的振舞いだけでなく、男らしさの顕現のための振舞いも習得する。喜びを示すために握られた拳、決意を強調する引き締まったあご厳しい視線などである。さらに習得を通じて、男として振舞う命令を受け続けるのである。

男性性の習得における言葉の重みは知られている。学校で覚えた侮辱表現が、スポーツの世界では特別な意味を持つ。そこでは自分の支配を押しつけ、「自分たちが男である」ことを示すことが大事なのである。このようにして引っ込み思案であった少年は、「ふぬけ男」にならないように励まされ、対戦の中で自分が「ホモ」でないことを主張すること、相手が「尻の穴に指を入れるように容易に」負けたと言って敗者を侮辱することを習得するのである。子どもたちが覚え繰り返すこれらの紋切り型は、子どもたちがその字義的な意味を理解する前に同性愛嫌悪的世界観を配置する。これらの語が、子どもたちにとって性的な意味をまだ持たないとしても、子どもたちは女性的ジェンダー、そして「男として」振舞わない男子のジェンダーとに自らを対置して、男性性の習得に参加するのである。

男性スポーツの世界での同性愛嫌悪的会話は普通のことになっているので、

同性愛者のスポーツ選手自身も、もはやそこに否定的な含意を認識していないことを認めている。たとえ彼らが男性性の劣った形態としての「ゲイ」アイデンティティの維持に参加しているとしてもである。この同性愛嫌悪言語の受容と使用は、スポーツ界において、男性支配と異性愛アイデンティティの覇権を永続させる。そして、スポーツのロジックは、身体的優越性を探究し確立することにあり、支配の象徴が必ず伴うためになおさらそうである。結局スポーツの世界は、同じ動きの中で性差別と同性愛嫌悪を結びつけて、伝統的な男性性の道からそれる男性と同様に、それに接近する女性に烙印を押すのである。

このような環境に対して、スポーツにおける同性愛者の運動が、少しずつ形成されてきた。そのような運動は、アメリカのゲイ・レズビアン・コミュニティから生まれ、大西洋を渡ってヨーロッパにも根付いた。男女の同性愛者からなることを明らかにしているクラブが作られ（一九九八年時点でフランスに四〇程度あり、パリおよびイル・ド・フランス地域ゲイ委員会という連合体に統合されている）、試合が組まれるなどした。一九八〇年には、一九六八年の夏のオリンピックに参加したトム・クデルがサンフランシスコ在住のゲイやレズビアンに呼びかけて、オリンピックに倣ったゲイ・ゲームが作られた。このスポーツの一大行事とそこに参加する団体は、アイデンティティの要求とゲイ・レズビアン・コミュニティの可視性に貢献している。その社会的影響の射程は、スポーツの世界を超えており、それが表現する社会的ダイナミズムはますます広くなっている。

しかし、烙印を押されたコミュニティの可視性を受け止めることを目指す戦闘的活動以上に、このスポーツ界構造における同性愛嫌悪の役割を強調することが重要である。実際に、ゲイとレズビアンのスポーツ界での動員は、スポーツ界一般によって行使されている象徴的暴力と結びついているのである。これら象徴的暴力は、拒絶されたある性的好みに対する侮辱、軽視、あざけりによって表現されている。そのために排除されている感覚が生まれる。スポーツ制度の↓異性愛主義（ヘテロセクシズム）的効果を逃れるために制度、組織、定期的なイベントを増やすというゲイとレズビアンの反応は、このような事情を背景としている。

いずれにせよ、一九九六年のタイのワンバーンのバレーボールチームのケースが示しているように、ジェンダーとセクシュアリティの問題は、スポーツの世界において常に大きな問題である。このチームでは、コーチの地位に女性が就いたので、選手が大量に辞退し、ゲイ、トランスセクシュアル、異性装の一団にとってかわられたのである。あらゆる予想に反して、このチームはタイ王座を勝ち取った。しかしこの選手らが場合によっては、オリンピックの代表チームに入るかもしれないという考えは、前例のない同性愛嫌悪を引き起こした。この歴史的事件は、映画の題材になり、これは世界中で大きな成功を収めた。『アタック・ナンバーハーフ』である。

フィリップ・リオタール（齊藤訳）

↓異性愛主義、学校、軍隊、語彙、象徴的秩序、ダンス、侮辱、暴力、レトリック

性逆転

性逆転［この訳語については末尾の補遺参照］は、同性愛嫌悪《ホモフォビア》の社会的形成を分析するに当たって複雑な問題を提起する。女性的男性は、↓医学によって病気と見なされることで「オカマ」というステレオタイプに科学的な保証を与えると同時に、同性愛者の側からは、一九世紀末のドイツにおける初期の運動から、一九七〇年代のオカマのレズビアンの風潮やアクトアップに至るまで、多くの者が繰り返し権利として要求してきた。性逆転という半ばテクニカル・ターム的なこの言葉は、両大戦間期の間フランスで発行されていた初期の同性愛者雑誌の一つが、誌名として用いてさえいた。

　実際、医学は性逆転者像を「発明」したわけではない。一八世紀のフランスやイギリスに関する歴史的研究によってはっきりと示されているように、初期のゲイの「サブカルチャー」は、部分的には女性的男性と異性装を中心に構築されていたのであり、その一世紀ちかく後になってから、医学はやっと同性愛者の男女の内なる異性の形態学的、生理学的、心理学的特徴に関する研究に着手したのである。

　性逆転を中心に構築された医学理論は、クラフト＝エビングによる同性愛者の分類、ヒルシュフェルトによる第三の性の理論、臓器療法や内分泌学の研究を同時に参照してはいるけれども、以上のものからはやや遠い。法学者のカール・ハインリヒ・ウルリヒスの著作が、その起源である。この人物は、同性愛者の立場に立つ最初の「活動家」であり、一八六四年から七九年まで一連のエッセーを出版して、ユーラニスト（同性愛の意味）的愛を正当化した。

J・ド・シェルヴェイ博士『逆転した愛』（1907）の表紙

その論拠は、この男性たちは「男性の肉体の中に女性の心を」持っているということであった。

　このように、性逆転の問題は、単に医学において同性愛と同性愛嫌悪の社会的形成に役割を果たしたという問題をはるかに越えているのである。おそらく歴史上のある時点において、男性のジェンダーと女性のジェンダーの表象に転換が起こり、自身の欲望が同性の人物に向かう限り、もはや自分自身を完全に男性であるとか、完全に女性であると見なすことが、全くできなくなったのであろう。医学は、反論がなかったわけではないが、この表象を追認したに過ぎない。この表象はその一方で、同性愛者自身の知覚であったのだ。しかし、医学はこの表象を「科学的真理」として強調し過ぎたために、同性愛のイメージの固定化を促し、「オカマ」というステレオタイプの形成に関与することになったのである。

ピエール＝オリヴィエ・ド・ビュシェ（山本訳）

↓医学、遺伝学、カリカチュア、性差、精神医学、精神分析、生物学、退化、脱ゲイ運動、治療、倒錯、トランス嫌悪、内分泌学、ヒムラー、ヒルシュフェルト、ファシズム、文学、法医学

◆補遺

本書で「性逆転」と訳したinversionという語（英語とフランス語で同じ綴り）を身近な英和辞典や仏和辞典で引くと、列挙されているいくつかの訳語の中で「（性対象）倒錯」という語が共通して記載されている。実際、ハヴロック・エリス『性の心理』の邦訳でも、inversionに「性対象倒錯」の訳語が充てられている。

エリスはこの語を、以下のように定義している。

　性対象倒錯とは、生まれつきの体質の異常によって性的本能が同性に向かうことを意味する。［…］性対象倒錯と各種の同性愛は次のような倒錯——性的衝動それ自体が異性的であって、言わば正常ともいえる倒錯——と区別しなければならない。この種類の倒錯は、例えば、或る人の性的衝動は正常な方向に向かっているが、彼（彼女）は自分を異性の

ように感じ、異性の服装、趣味、習慣をできる限り取り入れるのである。私はそうした状態を異性装症あるいはエオニスム（婦人を装ったフランス人シュバリエ・デオンの名を取って）と名づけたい。

〈エリス、第四巻、一一〜一二頁〉

言い換えれば、「性対象倒錯」は、性自認が生物学的性と一致している人が、同じ生物学的性を持つ人に性的衝動を覚える場合を指すということであろう。そして性自認が生物学的性と逆である人が、自らの性自認から見れば「異性」の人に（生物学的性から見れば「同性」の人に）性的衝動を覚える場合を、「性対象倒錯」とは区別して、「異性装症あるいはエオニスム」と呼ぶという。

エリスの言うように前者の意味でこの inversion という語を用いるのであれば、なるほど「性対象倒錯」という訳語はふさわしいように思われる。しかし本書では、むしろ後者の意味で inversion の語が使われているから、「性対象倒錯」という訳語を踏襲するのは不都合があるということになる。

また、この訳語を避けたのには、perversion の訳語である「倒錯」と紛らわしいという理由もある。本書の「悪徳」「勧誘」「伝染」「放蕩」などの項に、inversion は生得の性質で、後天的・一時的な「倒錯（perversion）」概念とははっきり区別して用いられる場合があったと書かれているので、訳語のうえでも両者の区別を明瞭にしたかったのである。

そこで本書では、「性逆転」という訳語を新規につくり、inversion に充てることにした（場合によっては単に「逆転」とした箇所もある）。本書でのこの語の定義は本項に書かれているとおりであるが、『オックスフォード英語辞典』（CD版、二〇〇九）の inversion の項目に引用されている以下の定義も参考にされたい。

多くの研究者が「同性愛《ホモセクシュアリティ》」と、「性逆転《セクシュアル・インヴァージョン》」あるいはもっと精確に言えば「性役割逆転《セックス＝ロール・インヴァージョン》」とをきちんと区別していない。［…］両者を、以下のように区別することを提案したい。「同性愛《ホモセクシュアリティ》」という語は同性者間での性的行動ないし欲望を指す。一方、「性逆転《インヴァージョン》」の決め手となるのは、その人物が、自身とは逆の性に典型的な考え方、感じ方、行動の仕方をする人格を備えていることである（『アメリカ矯正精神医学』誌、一九五八年、第二八巻、四二四頁）。

（山本）

正教

三二五年から七八七年の間の最初の七回の世界公会議によって、全面的に唯一受け入れられた真正の信仰。それが、ローマ（↓カトリック）やそれの転身である↓プロテスタント、無神論者といった「ラテン人」に対して正統性を自認する、東方キリスト教会にとっての「正教」の意味である。主教庁と公会議は多極的で、正教会は九つの総主教座（コンスタンティノポリス、アレクサンドリア、アンティオケイア、エルサレム、ここまではローマとともに古代キリスト教の五大総主教座である。それからモスクワ、グルジア、セルビア、ルーマニア、ブルガリア）、自律的な三つの大主教座（キプロス、アルバニア、ギリシア）、そして三つの府主教座（ポーランド、チェコスロヴァキア、アメリカ）からなり、全体で一億五〇〇〇万人の信者をまとめている。正教は、主として本来的には東方であるが、ビザンツおよびスラブ世界の政治的危機、そして移民コミュニティのために総督府が「西方」におかれ、一六世紀以降世界中に分派した。普遍的であろうとする正教会は、神の法に基づく君主制国家と密接に結びついてきたが、自らの指導の下にあった社会に対する道徳的権威を今でも要求し続けている。

　正教が、そのローマのライバルほど同性愛嫌悪的《ホモフォビック》でないということはあり得ない。というのも、正教会は、一〇五四年の東西教会の分裂以前の、ラテン人と東方人に共通する信仰を保持していると主張しているからである。同性愛に対する非難については、ローマとの間に争いはなく、反対に、意見の一致があった。ロシア正教会のアレクセイ二世が、同性愛の非処罰化と「一般化」、神の法に対する他の「世俗的」違背に対して、ローマとの統一行動のために声明を出したことがそれを証明している。彼はヨハネ・パウロ二世に宛てて、ヨーロッパ連合基本権憲章についてこう書いている（二〇〇一年一月）。


　性的指向という基準によって市民を区別することは、人間的本質にそぐわないものと思われる。だからこの基準を導入することは全く正当化できないように見える。


離婚と夫婦間セックスの位置づけですら（カトリックのアウグスティヌス主義に対する論争）議論の余地があるのに対して、同性愛嫌悪は、教会統一運動にとってやりやすい土俵である。とくにアメリカの自由主義的なプロテスタンティズムに対して正教は、同性愛フレンドリーな教会や同性愛者のキリスト教徒を認めるようなあまりに包括的な教会統一運動ならば、離脱すると脅す。同性のカップルの結婚を祝福することが考えられないことは、言わずもがなである<*Service...*>。これをすれば、聖職者と偽の配偶者は破門されるだろう。

　普通われわれは、「人」とその「行い」や「振舞い」を区別するように注意する。しかし正教は、あらゆる性的関係を同性愛者に禁止し、信仰のために、自らを構成する一部分を、愛情的関係を放棄するように要求する。このような関係は、結婚した異性愛者であれば合法である。現実に対してより「開かれた」現代的神学者が、（心理学的あるいは生物学的な）性的指向の概念を考慮にいれるようになっても何も変わらない。もとよりそれは教会の権威者たちによってまるごと拒絶されている。かつて悪魔的性向とされた同性愛は、今度は病気とされている。「パッション」（理性による適切な対応と悔悛と祈りを必要とする）という語の古典的な意味における病気《パトロジー》であるとともに、近代的な意味での病気、精神的変質でもある。同性愛者は、「同性愛者であるだけではない」（「理性的な魂」であり、自由で、形而上的な使命を帯びた被造物である）とされて、専門知識のある治療者と思いやりのある精神的父の助けで、結局、絶対的な純潔を義務づけられるのである。

　正教は、あらゆる形態の肉体的な同性愛を実際に禁止する性規範を定める教会法を持っている。エルウィラ地方教会会議（スペイン、三〇〇年）とアンキュラ公会議（三一三年、教会会議決議、一六）は、信仰の本質に関係するので永遠に有効である。その証拠は、教え（『申命記』、『レヴィ記』）の禁忌の中にあり、その禁忌はソドムとゴモラの破壊の中で確認されている。パウロの使徒書簡と『ヨハネの黙示録』（二一章「姦淫者と偶像崇拝者には炎」）と、『十二使徒の教訓』［八〇〜一〇〇頃、シリアかパレスティナで著された初代教会の文献］もまたこの解釈を決定的なものにした。教会は、男性間の性交と少年を堕落させる罪人を、地獄の罰で脅し、長く屈辱的な悔悛、さらには破門で罰した。主教たちは、同性愛行為の重大さを、（年齢、行為、役割、頻度によって）自慰、獣姦、近親姦、姦通や姦淫などの間に位置づけた。この行為の非合法性は二重である。というのも、ジェンダーの異常性と姦淫があるからである。素股が、八〇日の悔悛に値するのに対して、カエサレアのバシレイオス◆は、単なる肛門性交《ソドミー》を、姦通同様に一五年の悔悛に罰している（「バシレイオス会則」四）。その同時代人ニュッサのグレゴリオス［三三〇頃〜九五頃。バシレイオスの弟でギリシア教父の一人］は一八年である。同性間肛門性交《ソドミー》は、「バシレイオス会則」九二の第七（「自然に反する罪を犯した者、その他の罪人について」）によると三〇年である。一八〇〇年の『舵《ペーダリオン》』［ギリシア語の教会法注釈書］は、『レヴィ記』の死刑に比べて、そこに慈悲深い緩和が見られるとし、ユスティニアヌス帝の敬虔な意図を称賛している。ヨアンネス・クリュソストモス［コンスタンティノポリス司教。在位三九八〜四〇三］は、合意の上で受けになった若者に対する死刑を、この若者が自らもたらした損害に対する善行と考えた。この損害は、彼によれば何回もの死に値する。一一五六年から一一六九年までコンスタンティノポリス総主教であったルーカスによれば、彼らは、聖職から排除され、結婚からも遠ざけられなければならない。これはおそらく新しい親族関係で新しい損害を引き起こすのを避けるためである。

　さらに、「ソドミー」が魔術および偶像崇拝と比べられるのは、このような見方ではそれが万物の秩序に対する挑戦であるからである。あらゆる普遍主義と同様、正教は合理的に神の啓示を正当化しようとする。正教の人類学は、セクシュアリティを「神の愛」に対する二次的な装置として定義する。同性愛が生物学的に不毛で、これが神によって適切に創造されたジェンダーの性的補完性（人間の善のための始原的性化）を否定するように見えることから、同性愛は信仰と相容れないように見え、その「獣性」（セルビア語では同性愛を指す）を非難される。人間の運命は、肉体から自由な、不死の存在の創造という神の計画に統合されている。信仰を導く（ネオプラトン主義と禁欲主義の混ざったビザンツの）真の哲学が、道徳とセクシュアリティの規範についての考え方を根拠づけており、同性愛はこれにとって異質である。実のところ正教は、必然的に「肉体的な悦び」で損なわれるセクシュアリティ（この点についてオリゲネスを受けつぐヨアンネス・クリュソストモスの伝承）そのものに敵対的なネオプラトン主義と、生殖の可能性と切り離さずに結婚の中での悦びを正統なものとする考え方（ガングラ教会会議、三四〇）の間を揺れ動いている。夫婦は、愛情に向かって発展しなければならないのである。類似の完璧なモデルとして役立つのは教会とキリストの貞節な関係である。肉体に対する魂の優越、情熱《パッション》に対する理性の優越は、セクシュアリティの制限へ至る。美徳のモデルとして紹介されるロシアのディミトリ・ドンスコイ大公（一四世紀。一六世紀に聖人に認められる）は、めったに妻を利用せず、利用しても生殖のためだけで、そして理想的な効率であったそうである。

　神への協力の拒否である同性愛は、享楽的で「非合理な」欲望を表現していることになる。それゆえに、同性愛は広い意味のソドミーや自慰のように快楽主義の逸脱に含まれる。伝統的に、そして今でも神学者と教会法学者は、同性愛の性質と起源について深く考えないことが多い。彼らにとっては、神と自然が再生産を欲し、人間に健全な本能を与えた。純粋な同性愛は存在しないか、するとしたらそれは偶然に生まれた怪物である。それは違反的な感性の過剰から生じるのだ。さらに同性愛は、古代ギリシアの、つまり異教の男色および東方の小児性愛と一般的に混同され、（能動的である限りにおいて）男にとどまりつつ行う節度のない大人の鬱憤晴らしと少年の幼稚な行いと見られる。反対に、正教の思想家たちには、「受け」については、レイプされた、あるいは（生物学的にあるいは精神的に）影響されやすい年齢で欺かれた以外の「受け」を想像することが難しい。伝統的社会において、「女性的な」受け側の大人は男娼と考えられ（それはあり得るが）、たとえ教会が区別していないとしても、社会的にはより軽蔑される。いずれの場合にも男性性を冒瀆する。中性的な少年あるいは若い男性は、教会法学者や修道院規則の作成者を不安にさせた。当然にそのような者は魅惑的であり、修道院の中で致命的な欲望を引き起こし、悪魔の格好の道具として役に立つからである。禁欲的耐久生活、中性的曖昧さと男性的環境などが、異常を説明するのに十分であると思われていた。それが一過性でなければ、嗜好の倒錯とされた。

　さらに同性愛は動物には存在しないと言う。ロシア人ニル・ソルスキー（一六世紀）と『舵《ペーダリオン》』は、プラトンに倣って「いかなる四足動物もしようとしないこと」について、われわれの抑えのきかない空想の濫用であるとして烙印を押す。彼は、動物学的な還元主義（自然があるなら、ある意味それは「類似」していることになる）を表明しているだけでなく、自由な存在が、潜在的に旺盛なセクシュアリティを、それに意味を与えているもの、つまり生殖に従属させ、動物の季節的発情の節制をまねることの必要性を呼びかけているのである。

　そこから同性愛は、人類にとっての生物学的な脅威であるという考えが生ずる。悪徳の定着は（悪徳には快楽の誘惑が結びついている。ところで人間は快楽を好む、ゆえに人間は限りなく悪徳に向かう）生殖目的による女性の利用を抑止するだろう。クリュソストモスの『修道院生活の反対者に抗して』によれば、同性愛とソドミーはキリスト教性を侵略する。ユスティニアヌス帝は、神の

◆カエサレアのバシレイオス　三三〇頃〜七九。ギリシア教父の一人で、重要なキリスト教神学者。その「バシレイオス会則」は、その後の正教会所属の修道院の基本準則となる。（齊藤）

手による復讐であるとされていた「自然」災害と疫病を防ぐ配慮から自らの法典を正当化した。その使命は、連帯責任を負う集団への集団的な処罰から社会を守ることであり、また道徳的に自己破壊し、地獄に堕ちる罪人を思い止まらせることである。ソドムの話は、現実にそれが起こるという恐れを人びとに抱かせ、ユスティニアヌス帝の予防的立法を正当化した。『舵《ペーダリオン》』は、ラテンの神学者であるヒエロニムスの考えを引き継いだが、彼はソドミーの恐ろしさはキリストの受肉が遅れた原因になったことであると考えたのである！　またそれは、キリストの犠牲に対する忘恩であり、第二のキリストの磔にも当たる。種の損失と神の怒りの挑発でもって、ソドミーと殺人は同等とされることがあったが、おそらくこうした理屈のためである。

種に対する脅威は、スケープゴートに無責任な自己中心性と淫乱という烙印を押した。ビザンツの伝統の継承者である『舵《ペーダリオン》』は同性愛を濫用と見ただけでなく、神の心遣いを客観的に正当化する、自慰とソドミーの精神身体への有害性についての当時の医学神話をも継承した。

↓スキャンダルのおそれ、そしてほとんどヴィクトリア期的なピューリタニズムのために広くタブーとされ、教会法と悔悛に関する文献に閉じこめられていたこのテーマは、二〇世紀のロシア・キリスト教思想と亡命貴族の中に、稀に現れる。フロイトの↓精神分析と精神病理学は、科学的なパラダイムの役割を果たし、「性質」および決定されたジェンダー役割という考えを保障した。同性愛者は、第三の性として認められて自らの性質を生きることを許されることはない。というのもそれは本来の性質ではないからである。カント式に伝統を再発見する「人格主義」は、道徳的自由と抑制できない欲望に対する超越を人格に与えることでその人格を解放するという。エフドキモフ［ロシア正教の神学者。一九〇一〜七〇］は、全体的にはユングから着想を得ているが、ユングの度量の大きい立場を忘れている。エフドキモフは『愛の秘蹟』〈EVDOKIMOV, pp.77, 80〉において、同性愛（必然的に男性同性愛である）に一度だけ言及しているが、同性愛を「性的虚無主義」、（聖母マリアによって偉大なものになった）女性性を拒絶し、さらには神を拒絶する世界の過剰な男性化の現れへと矮小化している。「女性のカリスマが全く役割を果たさず、女性が男性化する、このあまりに男性的な世界は、ますます神のいない世界に近づく。なぜならこの世界は、神の母のいない世界であり、神が生まれることができない世界だからである。この環境で、子どもたちの↓放蕩、近親姦、同性愛が公然と表れるのはその前兆である」。このように同性愛嫌悪は、ここでも、絶対的な再生産（もちろん出産‐教育の意味で）の要請に基づいている。世界、創造を拒否する同性愛者は、自己中心的で、みだらにも自らの「機械的で」ばかげた快楽のために人類の刷新に協力することを拒否する。エフドキモフが女性および父性の拒絶と↓小児性愛を隣り合わせにしたのは、暗示的である。同性愛者は、子どもを、さらにはイエス自身をもレイプするもの、ほとんど堕胎するものなのである。性的虚無主義は、無神論の理論的・実践的側面の一つであり、とくに西方の近代世界で実践され、そこではあまりに市民権を得ているという。

フロイトの「汎セックス主義」は嫌悪をもって拒絶されたが、彼の同性愛の未熟さについての議論は使われた。エフドキモフは、幼児退行、通常の対象を見つける能力がないことを前提にして、同性愛の未熟さを子どもの放蕩および近親姦に並列した。女性の地位に関して「進歩的」であることを示す者（P・エフドキモフ、O・クレマン［フランスの作家、正教神学者。一九二一〜二〇〇九］、E・ベル＝シジェル［フランスの正教神学者。一九〇七〜二〇〇五］）が同性愛を近代的に批判しようとし、その進歩性を補うような攻撃性を示したことは暗示的である。同じ者たちが、キリスト教文化の一部である女性嫌悪を指摘し、『レヴィ記』にある不純の禁忌を歴史文脈的に解釈することを擁護し、パウロに進歩主義者としての真価が認められていないと説明するが、彼らは同性愛については同様の読み直しをしようとは考えないのである。反カトリック的で党派的な、女性のカリスマを説くこの正教の情熱は、結局のところアンチ・フェミニストであることが多く、多くの点において姿を変えた保守主義でしかない、いわゆるセクシュアリティの復権と同じように疑わしい。O・クレマンは、『人間についての問い』の中で、女性同性愛について、宇宙の秩序の転覆という古い恐怖を表明している。「暴力は、居丈高な同性愛の女戦士を生み出し、変貌の掟が破られれば、古い防波堤が決壊するように、古代の魔術と欲望が開放されるだろう」。

ゲイ解放運動以降、正教会は、可能な限り毎度、同性愛の非処罰化とそれが法的、社会的あるいは科学的に普通のことになることを拒否している。今日のアメリカの正教徒は、攻撃的保守主義で抜きんでている。イギリスの精神療法医で神学者のエリザベス・モバーリーは、「憐れみ」をもって、「子が自分と同じ性別の親と親しくすることができないこと」や子どもの「発達の阻害」が広まることに反対する。彼女によれば、確かにそれは広まっているが、流感のような病気であり治癒することができるのである！　この痛々しい問題は、忍耐強い治療を必要とするが、この逸脱した欲望を刺激することは、最悪のことである。ウィリアム・バジル・ザイオンは、モバーリーの深遠さに心酔して、同性愛フレンドリーなネオ・トマス主義についてイエズス会士マクニールを、教父の同性愛嫌悪の根拠についての誤った解釈についてジョン・ボズウェルを批判する。ゲイの↓ゲットーという戯画的な見方は、（〝↓他性〟、すなわち〝女性〟を拒否することで非難された）同性愛を好色、雑居生活、↓エイズ、ナルシシズム、精神的不安定に矮小化し、同性「カップル」やその「愛」の承認を全くばかげたことと見なす。同性愛行為にキリスト教が押す烙印が果たす役割は全く検討されないのに、ゲイ解放運動が偽善的で無責任な者たちをいけにえにすると批判する。

キプロスのクリュソストモス大主教は、一九九八年四月および五月に、ヨーロッパ連合への加盟の代償が、同性愛者と「放蕩」でしかないその指向を法律で保護することであれば、ヨーロッパ加盟よりもキプロスの同性愛嫌悪（一八九九年以来、合意のある成人について七年の禁錮）を維持するように広いキャンペーンを行ったが、あまり効果はなかった。ルーマニア正教会は、議会に働きかけて、ヨーロッパから非難されていた規定の廃止を妨げたことがあった。ギリシアでは、教会はコンコルダート体制にあり、非処罰化（一九五一年）、性的成人年齢の引き下げ（一五歳）を妨げることはできなかったが、道徳的な非難は広く維持されている。アッティカ府主教庁は、パウロの名において、天国へのアクセスを禁じるものとして倒錯を拒否し、同性愛カップルと異性愛カップルの間の平等な取り扱いが増えていることに憤慨している。

スラブと↓バルカン国家の↓共産主義は、社会的問題について教会が公に立場を表明することを禁じていたが、欲望を超越する社会的モラルと、規範的「自然」に従う分別ある生活については、折よく国家と通じるところがあった。セルビア正教会は、共産主義と教会の間で育った人口の四分の三の同性愛嫌悪を支え、同性愛者への↓寛容に反対する国家主義者、君主制主義者、反動主義者の攻撃的なデモを誘っている。二〇〇一年七月、ベオグラードでの最初のゲイ・プライドは、ミロシェヴィッチと大セルビア党の支持者の攻撃を引き起こしたが、「精神的に健全なセルビアのため、同性愛と反キリスト教的な不道徳に反対するため決起する正教徒」に呼びかけるビラが配布されている。ロシア正教会の社会的教義は（二〇〇〇年八月）、同性愛を「人間的自然の罪的変質」と定義し、烙印を維持している。同性愛者を教育と軍事に関わるすべての機関から排除するよう国家に要求しているからである。

伝統的に忘れられていた女性同性愛は、この問題が一般化したために非難されるようになった。（主教職から排除するという）女性の扱いと、ソドミーと同性愛への結び合わさった恐怖が、正教の↓異性愛主義（ヘテロセクシズム）的性格をよく表している。セックスを罪悪視する西方的なアウグスティヌス主義への批判と、生殖と性欲の慈悲深い統制に結婚を限定しないという正教の自負は、成人間の愛を差別しつつ、セックスを社会的に正統化しようとして、その限界を露呈させている。正教は、超越的天命の名において人格を疎外してしまうほどに、「ジェンダー」を本質化する三位一体主義の象徴主義と、宇宙的秩序の要請の虜になっている。超越のための幸運な機会、神に選ばれし神秘的禁欲、肉欲のラディカルな磔、これらが正教徒の同性愛者に対する神の計画である……。

ニコラ・プラーニュ（齊藤訳）

↓異端、異端審問、聖書、ソドムとゴモラ、バルカン半島、ユスティニアヌス帝、ヨーロッパ中部・東部、ロシア

性差

人文科学および社会科学において、性差の思考と同性愛嫌悪《ホモフォビア》の間に何らかの密接な関係があるだろうか。答えは単純ではない。

■性差と両性の関係

難しいのは、一方が他方を隠すような二つの問題の錯綜の中に現れているということである。この領域は、すでに別の問題によって圧倒されている。それはジェンダーの不平等の問題、一方による他方の回帰的な支配の問題、より一般的な言葉で言えば、両性の関係の問題、社会的性関係の問題である。

このような問題は当然重要であるが、これには大きなデメリットもある。それは、両性の関係の研究が、問われることのない自明性を背景にして、不可触の与件の中に性差を置いているということを忘れさせていることである。その自明性とは、人間の二つの性、男性と女性が存在し、ただ一つでも、無数にあるのでもないということである。両性が互いにもたらす必要性が存在するのもまた、二つの性が存在するからであって、この関係が多様な形態において具体化していることが検討されようとも、それは二つなのである。言い換えれば、両性の関係と性差は、同じ一つの問いにまつわる二つの問題に過ぎないことになる。しかし、この男女の不平等な取り扱いという一面は、それがあまりに目立つために、男性支配が依拠する前提を広く隠してきた。他方を支配するためには、最も根本的な第一の条件として、まず他性が確立されなければならないのである。

同性愛嫌悪的立場と性差の思考そのものの間にある関係を立証するためには、その間にある歯車を再現し、性差がどのように両性間関係の問題化において働いているかを問わなければならない。ところで、学説の無限の多様さの中で、女性の抑圧を直接間接に正当化する、あるいは反対にそれと闘うという外見上共通点のない二つの立場の周囲にその答えが構造化されている。互いが、性差の理論化に熱中している。同性愛嫌悪的含みをそこに突き止めることができるか否かはそれらを検討した後である。

■女性－自然、男性－文化

ずっと以前から、そして今日でも、男権的なイデオロギーは知的言説にとりついている。↓社会学の偉大な開祖の一人エミール・デュルケームは、この状況の典型的かつ先駆的な例である。「社会的分業」の問題の新しさにこれほど敏感であったデュルケームは、今日の私たちが警戒するあらゆる不平等と抑圧に満ちた、明らかに保守的な「性別分業」をそこで保存しようとした。ある日おそらく女性も、男性が今日占めているいくつかの社会的機能を占めることができるかもしれない、とデュルケームは譲歩する。しかし、それは女性が、教育のようにその根本的な性向に合致する一定の分野にとどまることが条件である（デュルケームがこれを書いているのは、幼児教育と初等教育において女性が多数になった時期であることを想起されたい。教育は、女性が優越性を獲得した最初の社会的空間であり、そこから彼女たちは男性が独占する他の要塞の征服へと飛び出したのである）。

さらに、残念なことに、この偉大な人物は、おそらく避けがたい変化に譲歩するのをためらっていたことが感じられる。しかし、興味深いのはそこではなく、彼のスタンスを根拠づけるのに役立っている主張、性差の性質についての主張である。実際には奇妙な主張であるが、掘り返してみるに値する。それは以下のようなものである。本当の性差は、単に↓生物学的で機能的な、言わば「自然的」性質のものではなく、より根本的には、おのおのの性的階級が自らの「自然」と取り結ぶ対極的な関係の中にある。男性の自然は、男性をして、より広い社会化、その本能の「文明化」、その感情の高等な抑制、理性的な開放へと向かわせる。反対に女性の自然は、文明化された男性の理性化の動きに抵抗する。彼女は、常に衝動と感情の声による語りかけのごく近くにとどまる。例えば、『自殺論』においては次のように表現されている。「女性の性的欲求は、それほど精神的なものではない。なぜなら一般的に女性の精神生活は、それほど発達していないからである。〔…〕女性は男性よりも本能的な存在であるから、平穏と静謐を得るためには、女性は自分の本能に従いさえすればいいのである」。以下のことは少なくとも明らかにされるメリットがあるだろう。社会生活における女性の従属的地位は性差によって正当化され、対極的な二つの「心理のタイプ」つまり各性別が、自らの生物学的本能的自然と取り結ぶとされる対照的な二つの関係の中に根を下ろしているのである。

男権的言説には、男性的なるものと女性的なるものの根本的な特殊性を「自然」の中に根拠づけるやり方が他にもいくつも存在する。これらは多くの場合この特殊性を自明のものとして扱う。デュルケームのそれは、明示的に理論化されているという長所を持っているだけである。しかし、男女間に結ばれた関係の探究についてどれだけさかのぼってみようと、いかに驚くべき解釈をしようと、同じ制御装置へと送り返される。男性は、自らの優越性を確立し維持するのに必要な正統性をそこに見出すのである。

この第一の立場は、異性愛規範的な視点（↓異性愛主義）と矛盾するだろうか。この立場が同性愛の観念を思考不可能なものとしていることは簡単に分かる。事実、この見方では同性愛者は、道徳的な怪物（宗教と精神科医が採用する↓倒錯者に対する見方）以上のものであり、論理的な怪物にすらなる。男性的なるものが、女性的なるものとの対比において、男性の最大の社会化によって定義されるであれば（より「文明的」になること、「感情的」でなくなること、より「理性的」になること）のであれば、女性の側にひっくり返る男とは、逸脱、男性と女性の「変質」以外の何であると言うのだろうか。

ここから第一の結論を引き出すことができる。人文社会科学の歴史に男権主義的伝統が浸透していること、男性主義的（男性支配を指すのに可能な別の語で言えば男根主義的）な構造と表象が大量に存在することは、間接的あるいは暗黙に、同性愛嫌悪的な精神構造と厳密に相関している。言い換えれば、両性の関係を本質的に不平等なものと考えることは、性差を自然なものとする概念を前提とし、これが異性愛の規範性を含意する。男性支配と同性愛嫌悪は同じスタイルの言説、同じ「イデオロギー」に属する。その結果、女性の劣等化あるいはその価値の低下という主題が探知されれば、同性愛否定的な見方の兆しと見なすことができる。両者は対になっているのである。

■象徴的法と同性愛嫌悪

それでは、命題をひっくり返して、↓フェミニズムと同性愛嫌悪的偏見との闘いとの間に反対に密接な関係を発見することができるだろうか。フェミニストと同性愛者の闘いの現代史は、一定の一致を示している。抑圧されていた女性と同性愛者は、共通の敵を持っていることを漠然と認識している。より一層興味深いことは、↓人類学と↓哲学の隣接領域では反対の兆候を見つけることができることである。↓象徴的秩序全体、つまり思考の可能性そのものが、最も重要な、分解不能な、そしてとりわけ貴重なこの差異に根拠づけられている。「〔…〕伝統的な思考であれ科学的な思考であれ、あらゆる思考の根本にあるのは性差の観察である。〔…〕思考の究極的な上限であり、その上には、本質的な観念的対立、つまり同じものを異なるものに対置する対立が基づいているのである」と人類学者フランソワーズ・エリティエは述べて、同性カップルの承認に反対している。

このように、性的差異化が性的秩序と結びついており、その秩序において性差は超えられない地平の役割を果たす。ここにどれだけの飛躍があるかをきちんと理解する必要がある。確かに、人類は性的に差異化された形態で存在している。しかしこの与件は、その適切さについても、それに与えられるべき価値についても何も述べない。人類を定義する「象徴的法」を直ちにそこに見出そうというのでなければ。これは、事実（性的に差異化されていること）とそこに人びとが与えている意味の間に隔たりがあるのに、そうとは言わずその隔たりを埋める一種の一次的な「自然化」である。

同じように神聖化された性差という前提から出発したピエール・ルジャン

ドルにおいては、男女の差異を作り出す表現である親子関係の次元が強調されている。同性愛結合という考えそのものが、このような見方においては、厳密な意味で不条理であるというだけでなく、本質的に人類冒瀆犯罪である。こちこちの同性愛嫌悪が、そこではお墨付を与えられているのである。

三番目の例は、フェミニストと「左翼」の規準のうちで展開しているだけに、興味深い。性差についての本質主義的思考が、明らかに慎重な形式をとっているにも拘らず、いかに不可避的に、ありきたりの保守的かつ同性愛嫌悪的な哲学に行き着くかを、ありのままに理解することができる。「互いに依存することをやめてしまったら、離れてしまったら、他方の性を欲するかわりに、今日私たちが『同性愛』と呼ぶ同一のものに対する欲望に出会うとすれば、性差をどのように考えればよいのか」とシルヴィアンヌ・アガサンスキーは書いている。

この道筋から出てくる印象的なことが一つある。ここで私たちは、大別して二つのケースに直面している。性差は、不平等で男根主義的な方向で、精神的自然に結びつけられるにせよ（「デュルケーム」ケース）、平等でフェミニスト的な方向で、象徴的法の「自然」に結びつけられるにせよ（「エリティエ」ケース）、後者においては暗黙に、前者においては明示的に、異性愛規範、つまり同性愛嫌悪への全面的賛同として役に立ち得る。

従って、男性支配を強化する者とそれと闘う者、社会的な性的関係を分析するために「自然」を援用する者と「象徴的法」を援用する者の境界線は、同性愛嫌悪者と非同性愛嫌悪者の境界線とは一致しない。言い換えれば、男性支配や男女間の不平等を批判するだけでは、同性愛嫌悪を逃れるには十分ではない。両性の関係を分析する方法が暴いていることは、隠された性差の観念である。そこには、同性間で展開される生活形態に対する、そうとは認識されないか否認された、あるいは公然の敵意が、根拠としている土台がある。もはや同性愛嫌悪と闘う必要がない、あるいは単純にそれが消えた文化の登場を期待できるのは、ただこの土台を破ることによってである。

そこで最後に、今日の人類学、社会科学に、このような文化の到来のきっかけがあるかを問う。もちろん部分的でしかないが、そのいくつかを提示しよう。

“性差”を脱構築する

哲学の固有領域では、アイデンティティ観念の批判が、このような動きに属している。そのうちフランソワ・ラプランティヌの本が明快な宣言となっている。しかし、本質主義的な存在論的カテゴリーとそこから生ずるアイデンティティの割り当てを破壊する最も精力的な企てとなっているのはドゥルーズの業績全体である。両性の割り当ては、この転覆作業を逃れられない。アイデンティティの限界を固定するあらゆる形態の二項対立と同様に、各個人が、男か女かという二者択一の中に閉じこめられるやり方は、二つではなくn個の性別を意味する「少数派になる」というコンセプトへと解消される。この再定式化は、ある新しい無意識の観念を経由する。セクシュアリティを脱家族化し、欲動を「外」との関係に置き、「私たちの愛は、普遍的な〈歴史〉の派生物であり、パパ－ママの派生物ではないということを示す」「アンチ・オイディプス」の無意識である。

その精神分析学における批判的バージョンは、サビヌ・プロコリスの業績において、精力的に追究されている。彼女は、ニーチェとフーコーの系譜的観点に着想を得て、「存在の規範」の歴史性を明らかにしている。そこでは、人間の人生における「性差」の異性愛規範的押しつけが果たす根本的な支配の役割が、細かく解体されている。従って、これはラカンの文句であるが、「男、女、そして子は、シニフィアン［意味しているもの。言語記号の表記や発音。シニフィアンによって意味される内容・概念はシニフィエ］でしかない」ということから、衝撃力のある帰結を練り上げることができるだろう。まず手始めに、これらのシニフィアンの上に、人間の究極的性質を構成する「象徴的秩序」を根拠づけることが不可能であること、男女の解剖学的差異に「正常で完成された」セクシュアリティを創設する役割を与えることが不可能であることである。

そして、イヴ・コゾフスキー・セジウィックの高名な著作『クローゼットの認識論』によって有名になったクィア理論〔「クローゼット／慎み」の項の注参照〕の周囲で発展したアメリカの理論的政治的運動も、性別化された分断の自明性を脱構築することに貢献している。非常に多様な性的振舞いと戦略が発明されていることを示すために、異性装のパラダイムを挙げることができるだろう。これらは男女の差異の、アイデンティティとしての適切さを疑わせる。異性装者がジェンダー攪乱のモデルになるというのではなくて、ある役割の中で具現化された性別の位置は、まさに他と同じような一つの役割でしかなく、一つの解釈でしかないということを理解させるためである。性差のこのような脱構築は、同性愛／異性愛の対立を含めた二元主義的分類を拒絶する、より大きな運動の中に刻まれるものである。一定の「状況」のために、ゲイが積極的なアイデンティティを求める闘いへ至ったとしても、この「アイデンティティの政治」は、依然として敵の土俵にとらわれたままなのである。少数者に固有の創造的土俵は、むしろ継承されてきたアイデンティティの境界を消滅させることである。ここで、主体の真実としてのセクシュアリティとアイデンティティの結び目、政治的な結び目をほどこうとするフーコーの偉大な説に再び私たちは出会う。このフーコーの見方が、まず『知への意志』で倒錯について展開されたことは、よく知られている。しかし、フーコーが性差にもそれが拡大可能であると思っていたことは、両性具有について、一九七九年の著作が示している。この著作では、たとえ「自然」が両性具有という識別不可能性の証拠を解剖学的にもたらしたとしても、性別の不確定が権力にとって耐えられない性質のものであることを浮彫りにしている。

ジャン＝マニュエル・ド・ケロス（齊藤訳）

↓異性愛主義、社会学、象徴的秩序、心理学、人類学、精神分析、他性、哲学、同性愛者の子育て、同性婚、トランス嫌悪、フェミニズム、普遍主義／差異主義、本質主義／構築主義、歴史

政治（フランス）

政治における同性愛嫌悪《ホモフォビア》は、広範なテーマであるが、このテーマを絞ることも難しい。というのも、同性愛者一般に対する、制度化された同性愛嫌悪、政党と議員の同性愛嫌悪、有権者から生じる同性愛者一般に対する同性愛嫌悪、さらに同性愛者と考えられた、あるいは同性愛を公にした政界の人物についても述べなければならないからである。最近では、↓パックスと↓同性愛者の子育てについての議論をめぐって、時には暴力的な同性愛嫌悪が明らかに生まれているが、この問題が過去にはどうだったのかについてはよく知られていない。いずれにせよ、ここで扱うのは主として政界についてである。

一七八九年のフランス革命以来最近まで、政界はジェンダー的に同質であった。パリテ法〔政党に男女同数の候補者の擁立を義務づける〕にも拘らず、二〇〇一年の選挙以来、市町村議会レヴェルを除けば、政界は依然として男性によって支配されている。政治文化とその作法を発展させ（政党は、なかなか男女混合にならなかった）、国民代表と政府を独占してきたのは、男性たちであった。歴史的には、↓軍隊、↓刑務所、あるいは修道院といった男女混合ではない社会集団は、同性愛関係が発達するのに向いていることを示している。これほど長きに渡って男性ばかりで構成されてきた政界についても同様であろうか。この観点からの歴史は、これから研究されなければならない。しかし、立法者や政府のメンバーの中に、過去に同性愛者がいた、あるいは現在いると考えても間違いではないだろう。また女性が政界に受け入れられて以来（一九四四年以降のことに過ぎない）、これまで政治の世界に入った数少ない女性の中にも、同性愛者がいたことがあり、

今もいると考えることもおかしくはない。それでもやはり、つい最近まで、秘密は固く守られ、事情に通じた人びとの間だけで共有されてきたことには変わりがない。

実際に、国民代表は、↓家族と異性愛規範（↓異性愛主義）の守護者である。政治家のモデルは、長い間、家族の父、民法典の守護者であった。民法典は、家族を、そして結婚を社会の根本的な柱の一つとしている。バルザックも、独身であることは劣等の烙印を押されることであることを率先して示している。離婚が一八八四年に可能になったにも拘らず（革命によって法の中に登場した離婚は、王政復古時に廃止されている）、一九九〇年代の元大臣ミシェル・ロカールが離婚を発表したことは、一つの事件であった。二〇世紀の終わりまで、政治家は結婚していなければならず、できるだけ家族の父でなければならなかったのだ。一九八一年の選挙前夜、左翼の共和国大統領候補となり、この選挙に勝つことを望んでいたフランソワ・ミッテランは、大臣の職に就くために結婚式だけでも挙げるべきだと側近の若い大臣候補者たちに知らせた。それでは、規範とされた形態以外の関係はどのように考えればよいだろうか。ミッテラン大統領の「もう一つの家族」［結婚相手以外の愛人との間に娘が一人いた］の存在が示しているように、規範とはそれとなく侵犯されるものである。

重要なのは、「良民」に模範として与えられるべきモデルである。だから同性愛は、政治家の婚姻外関係よりもさらに政治の表舞台から排除されていたのである。政治家の婚姻外関係は、異性愛関係のみであろうか。いや、そんなことはない。歴史は、カンバセレス［革命期の政治家、法律家］が同性愛者であったことを示しており、彼のおかげで、第一帝政以来、ソドミーは犯罪とは見なされなくなったとも言われる。生まれたばかりの近代民主主義は、もはや同性愛関係に罰則を科そうとはしなかった。ただし、公的生活において両性が混同しないように見張ることはした。こうして革命暦九年霧月一六日（一八〇〇年一一月七日）の命令《オルドナンス》によって、警視総監の許可なしに男装することが女性に禁じられた。しかし第二次世界大戦の終わりまで、舞踏会、ダンス、宴会、公的な祝宴に異性装をした女性を入れることを主催者に禁じる一八三三年の命令《オルドナンス》を除けば、男性は女装することで訴追されることはなかった。

本当のところは、↓フランスの立法者は一九四二年まで同性愛を無視している。立法者は、「良俗」の名のもとに「逸脱」と判断される行いを訴追し、時にはリストアップする手間を↓警察と司法にまかせていた。ヴィシー政権下のフランス国家が、同性愛を差別する法律を導入したことは、全く驚くべきことではない。道徳秩序が何よりも優先されたからである。共和国が再建されたにも拘らず、この法律が廃止されなかったことは、それよりは意表をつくかもしれないが、解放後に続く数十年の間に、MRP（人民共和運動）［一九四四年に作られたキリスト教民主主義政党］から共産党までの政治階層全体が賛同して、家族主義が栄えることになることを思い起こす必要がある。一九六〇年に、同性愛を「社会的災禍」とする↓ミルゲ修正が採択されたのは、この文脈でのことである。実のところ、同性愛の問題は、議会における議論の対象とはなっていなかった。この問題を展開させようという圧力は、市民社会にはほとんど存在しなかった。主たる運動であったアルカディアが、改良主義的であることははっきりしていた。確かに、アルカディアは、これらの法律を批判し、その廃止を議員たちに請願したが、公的生活と↓私生活を分離しようとする当時のジレンマに閉じこめられていた。政治家に対してロビー活動を実践しながら、同性愛を政治的問題にしなかった。ゲイとレズビアンの運動が現れ、自らを政治的であると定義したのは、一九六八年に大きな変化が起きたときである。

運動の圧力は次第に強く感じられるようになり、進歩主義的政党、とくに社会党がその要求を考慮に入れるまでになった。ジャン・ダネは、次のように述べている。「一九八〇年代までに同性愛が置かれていた社会的状況から結論されるのは、同性二人の間の愛情関係は、法律家をあまり刺激しなかったということである」。同性愛嫌悪とは、ダニエル・ボリヨが示すような意味で「リベラル」である。同性愛は、人目につかない限りで許されるということである。それでもなお法は依然差別的であることにはかわりがない。権力についた左翼がこれを改めることになった。保守陣営の強い抵抗にも拘らず、左翼は、ヴィシーによって採択され、共和国によって維持され、一九八〇年には加重された（未成年間関係を処罰する補足項目が法律に付け加えられた）刑法三三一条を改正した。一九八一年四月二日の法律の採択以来、同性愛はもは

「国民議会でのソドムの子どもたち、あるいはあらゆる位階の議員への袖飾りの命を受けた使節団」1790年。革命期の冗談。革命は、その過度の要求、おどけたユーモアにも拘らず、性的自由の紛れもない擁護であることにはかわりがない

や抑圧されてはいない。以降闘いは、同性カップルの地位の承認を目指して行われることになる。これはとくに、社会保障および生存配偶者による賃借の継承について、異性内縁と同等の権利を同性カップルに認めなかった判例◆への反動であった。

一九九〇年代に始まった同性カップルの地位についての議論は、政界と社会一般の同性愛嫌悪が潜在的なものにはとどまらないことを明らかにする。家族主義団体からの三万六五〇〇ほどの市長宛の請願は、カップル、とくに同性カップルについて検討されているパートナー契約が絶対に市役所［通常の結婚式が行われる］に登録されないように要求するもので、これは一万五〇〇〇程度の署名を集めたようである。一九九九年一月三一日の反パックスのデモは、極右、カトリック右翼、原理主義的右翼を含む団体によって動員された数万人の人びとを集め、右派の政治家もこれに参加していた。議会では、パックスへの賛否は、右翼と左翼で分かれただけでなく、左翼の中にも少なくとも消極的な議員がいたことを示している。国民議会での最初の読会のとき、これら議員がほとんど来なかったので、議場において与党が少数派になり、法案は否決されてしまった。続く審議では、稀にみるほど粗野な同性愛嫌悪（「もしここにホモがいたら、ケツに小便をかけてやる」とＵＤＦ［フランス民主連合］の議員ミシェル・メランは述べている）、あるいは典型的な暴力の表明（ＵＤＦの元老員議員エマニュエル・アメルによると、Ｐａｃｓ《パックス》は「エイズ感染の実践」を意味するフランス語の略語だそうである）が顕になった。

パックスについての議論、そして同性愛者の子育てについての議論には、同性愛問題を改めて政治化するという利点があった。同性愛嫌悪的な発言を行った議員がいたとしても、左翼がパックスを支持することはもはや決まったことであった。反対に、同性愛者の子育ての問題、とくに同性カップルによる養子縁組については、まだ左派と右派の境はなかった。確かに、ＲＰＲ［共和国連合］所属議員ルノー・ミュズリェが始めた、同性愛者による養子縁組を禁止することを求める請願は、議会右派の中からしか署名を得ることができなかった。しかし、左派の中でもこれと逆の立場をとる者は男女を問わず非常に稀であった。

最近の議論のおかげで、政治家が自分は同性愛者であると公表するまでになった。フランスの政界でそれを行った人はまだ非常に少ない。これらの政治家が自らの「発露」をどのように経験したか、自らの周囲に、そしてとくに自らの所属する政党と支持者組織の活動家にどのようにそれが受け止められたかを伝える証言を残すまで待たなければならない。右派の二人の地方議員（ジャン＝リュック・ロメロとフィリップ・メナール）は、すでに自らの経験を「生々しく」伝えている。それでも、一般的には、議員の口が固いことには変わりがない。それが型通りでないときにはとくに、自らの私生活について、そのため、同性愛者として知られる人物のアウティングという問題が生じる。その人物が同性愛嫌悪的な立場をとったり、一九九九年の反パックス・デモのようなデモに参加したりした場合は、とくにそうである。政界は、いくつかの例外を除いて、新しい社会問題、とくに同性愛の問題に対して、依然と

◆判例　最高裁判所である破毀院は、一九八九年に、疾病保険の受給資格を同性パートナーへ適用することや同性パートナーが亡くなったパートナーの住居を引き継ぐことを認めなかった。

（齊藤）

して及び腰である。議員の世界の現実が変化したとしても（『プロショワ』誌は、一九九九年春に、一七一人の国民議会議員が、独身、死別あるいは離婚により独身、あるいは内縁状態にあり、「パックス可能」であるという調査結果を発表している）、一般的に議員は、自分が有権者のメンタリティである と見なすものと衝突することを恐れている。有権者は、その私生活について議員や市長をあえて恨むだろうか。自らの同性愛を公にした、いくつかの議員の例は、そうではないことを示している。さらに「ゲイおよびレスビアン票」なるものがフランスに存在するだろうか。この問題は絶えず提起されているが、これに答えることは不可能である。反対に、明らかに同性愛嫌悪的な男女政治家に対する制裁投票は存在するだろうか。この問題に答えることも不可能である。同性愛嫌悪の議員が、今日まで議会に議席を持っていたということだけは確認できる。これらの議員が議席を失ったとしても、他の理由で制裁されたと見ることもできる。

政界は、他の世界と同程度に同性愛嫌悪的であり、それ以上でも以下でもない。しかしながら、強い印象を残すのは、おそらく、社会全体に対して、それして進行している変化に対して、左右を問わず遅れていることであろう。

フランソワーズ・ガスパール（齊藤訳）

↓アウティング、アンリ三世、王弟殿下、私生活、処罰、寵臣、同性愛者の子育て、同性婚、非処罰化、フランス、ミルゲ、養子縁組

聖書

キリスト教は聖書の宗教であり、その教義の本質も、その信仰の本質も、どちらも聖書の教えに負っている。聖書は一般的に一巻本として刊行されているが、実際は複数の書からなっていて、大きく「旧約聖書」と「新約聖書」に分類される。「新約聖書」は神の啓示が決定的な要素となっている。なぜならそこでは、神の子と見なされているイエス・キリストが、人類を罪から救うために地上に遣わされて到来したと語られているからである。「新約聖書」に語られているこの出来事は決定的ではあるけれども、それでも「旧約聖書」の有効性が失われるわけではない。「旧約聖書」の最後を飾り、それを完成させているのも、神の子の到来の予告なのである。だからキリスト教は↓ユダヤ教と「旧約聖書」を共有している（ユダヤ教はイエスを待望の救世主とは認めず、だから「新約聖書」も拒否している）。キリスト教のさまざまな教会がその信仰と教義を、神の言葉と敬っているこの聖書から存分に汲み取っているのだ。

「旧約聖書」

同性愛は「旧約聖書」の複数の書の中ではっきり非難されている。教会は「旧約聖書」の文章を、現在の社会のための規範（同時に歴史的に見たすべての社会、地理的に見たすべての社会の規範）に敷衍する。「旧約聖書」の文章が、歴史的に時間軸上のどこに位置づけられるか、また文化的に地理上のどこに位置づけられるかということは、よく分かっている。大ざっぱに言えば↓中近東、

詳しく言うならその中のいくつかのユダヤ人社会、聖書にイスラエルの民と書かれている人びとの中から発生したものである。「旧約聖書」の文章がつくられた時期は極めて幅が広く、おおよそ千年、紀元前一一世紀から紀元前二世紀にかけてである。そのため調子も一通りではない（律法書、歴史書、文学書、預言書の間で異なる）し、言語でさえ同じではない（ヘブライ語が主であるが、アルメニア語、ギリシア語もある）。「旧約聖書」の登場人物の中には、同性の間で相互に愛情を抱いているのではないかと疑われる者もあり、またそれでもとりたてて貶められてもいないが（例えばダヴィデとヨナタンの間の深い友情が思い出される）、同性愛の実践については何度も非難されているのである。

同性愛の実践を最初に断罪しているのは、最もよく知られている箇所で、『創世記』の中にある（『創世記』は聖書の冒頭に位置し、聖書の中で最も古い書である）ソドムとゴモラの逸話である。聖書はいくつかの節に渡ってこの逸話を描いている（『創世記』一九章一～二九節）。二人の人間の男の姿をした天の使いがソドムの町にやって来て、ロトとその家族の家に迎え入れられた。この町の他の住人がやって来た。聖書が言うには、彼らはその二人を「知り」たがったのである。そのためロトは二人を守ってやらなければならなかった。翌日、神は罰としてソドムの町の上にも、ゴモラの町の上にも「硫黄と火」（『創世記』一九章二四節）を降らせた。この逸話からソドム人（ソドミーをする人）という呼称が生まれたのである。この言葉の文字通りの意味は「ソドムの町の住人」ということである。しかしこの言葉には、単独で使われる場合でも厳しい宗教上、道徳上の、また社会的な非難の意味が含まれる。それはあまりに厳しく、誰かがこの言葉に該当するとされたなら、その者は原則として火刑に処されると定められている。長きに渡って定められ、また実際に適用されていた火炙りという罰は、従って聖書のこのくだりで語られている神の下した罰を直接根拠としているのである。この火は、浄めの象徴と理解される。ここで同時に言及されている硫黄については、毒を消す役も果たすけれども、何よりも不毛を表す表象である（『ヨブ記』一八章一五節参照）。この不毛性（生殖不能）がまたしても、同性愛者のつながりが倒錯だという主張を正当化するために、同性愛嫌悪《ホモフォビア》を抱く者たちから根拠としてしばしば用いられるのだ。火と硫黄が一緒になると、明らかに地獄を連想させる。一般に地獄の表象は、炎と吐き気を催させるような臭いの観念からできている。『創世記』のこの逸話の中で、同性愛関係が動詞の「知る」という隠喩を通してしか言い表されていないことにも注目する必要がある。この隠喩は聖書の中ではおなじみである。それはまず何よりも、異性愛の関係を表している（『創世記』四章一節参照）。従ってこの隠喩は前提がなければ中立的なのであり、同性どうしの関係であるときだけ否定的な意味を持つのである。さらに精確に言えば、この隠喩は聖書の中では人間どうしの関係しか関わりがない。ソドムの町が出てくるとすぐにゴモラの町に言及するところがいくつもあるが、女どうしの関係について語られるところは一切ない。一九世紀以来今日に至るまで、ゴモラ人という言葉はソドム人の女性版を表す、つまり「レズビアン」の意味だとされてきた。しかし聖書はゴモラの町を支配していた倒錯をはっきりとは指摘しないし、とにかく女性どうしの関係については何も言っていないのである。つまりゴモラ人という言葉の現代的な意味は、単に聖書に出てくる二つの町が隣りあっていることから引き出して、ジェンダーの対称性に当てはめたものに過ぎないのである。ゴモラ人という言葉の方が文学的ではあるけれども、それでもやはりソドム人という言葉と結びついた否定的な意味あいを強く含んでいる。かくしてこの二つの言葉は、『創世記』の逸話から取り出された、聖書に直接依拠するものとして、同性愛嫌悪の非難の中に取り込まれるのである。

以上のように、男性どうしの関係に対する聖書で最初の言及は、「知る」という動詞を用いた否定的な隠喩だった。続く言及は『レヴィ記』の中にあるが、それはもっとあからさまに、文字通り言い表されている。そのために同性愛嫌悪が烈しさを増している。同じテーマの扱いがこれほど異なるのは、問題に対する考え方の違いではない（男性同性愛が断罪されていることはどんな場合にも変わらない）。そうではなくて、一つの書の性質の違いに由来する。『創世記』は一つの物語であって、文学的効果を持っている。一方の『レヴィ記』は、明らかに法の語り方が用いられていて、許されることと許されないことを明瞭に区別しているのだ。実際『レヴィ記』は、法律集、文化に関わる掟《おきて》集の様相を呈している（レヴィというのは神殿で祭祀を司った部族の名前である）。この書の作成が終わったのはかなり遅く（紀元前五世紀から紀元前四世紀）、この書で語られている儀礼的な法体系は、論理的に言って、聖書の他の箇所では言及されていないし、教会の伝承にも残っていない。しかしながら聖性、浄め、犠牲といった道徳上の戒律は、新約聖書の多くの節で背景として存在していて、また教会が自身について抱くイメージにも影響を与えることになるのである。実際「聖性は『レヴィ記』の、いや旧約聖書全体の中心的概念である。この概念は純潔の概念と縁続きである」（*<Ancien Testament>*収録の『レヴィ記』の序文より）。この聖性の概念は、信徒に対する道徳的な要請も含んでいる。なぜなら、信徒自身の聖性は神の聖性の証しだからだ。まさにこの聖性の戒律の文脈で、つねに不純なものと見なされる同性愛者の関係に関して、二度、禁止が言い表されているのである。それは以下の二つの節である。

汝、女と寝るごとくに男と寝るなかれ。これは厭うべきことなり。
（『レヴィ記』一八章二二節）

もし女と寝るごとく男と寝ることをせば、これその二人、厭うべきことを行うなり。二人ともに必ず殺さるべし。その血はおのれに帰せん。
（『レヴィ記』二〇章一三節）

文体が文章の性質を示している。一つめの引用では、「汝」という言葉の使用法と命令形によって、人は自分が法律の文章を読んでいるのだということが分かる。二つめは、罪と見なされる行為に始まり、それに対する罰の提示に至る。こちらは刑罰の規定なのである。ここでもまた、同性愛行為の明確な禁止に注目するだけではなく、より重大なこととして、断罪されているのが同性愛行為を実践している者だということに注目しなければならない。この二つの節がユダヤ人の聖性の戒律（中でも対象としているのは異教徒と交易を営んでいるユダヤ人である）の中に含まれているからといって、死刑の暴力性はいささかも減じられることはない。同性愛嫌悪に基づくこの暴力は、のちにカトリック教会がそれを自分のものとして、何世紀もの長い間実際に遂行されることになったときに、一層明瞭なものとなる。同性愛者を火炙りにしろという主張は、今でも聖書の命令の名のもとに実行されるこの暴力に通底しているのだ。

■「新約聖書」

「新約聖書」は、聖書の中のイエスが到来した後に書かれた部分である。そこで語られているのはキリストの生涯と（『福音書』）、弟子たちの、それから教会の初期の活動（『使徒行伝』）であり、またキリスト教という新しい神学の土台もここに据えられる（『黙示録』および『手紙』とりわけ聖パウロによるものを参照）。キリスト教の教会は、キリストの到来以降に生まれたわけであるから、論理的に考えてユダヤ人によって書かれた「旧約聖書」を知らなかったはずはないが、拠り所にしていたのは断然「新約聖書」の方であった。教会はこの神の言葉に基づいて自分たちの正統性を築き上げ、そしてまた、自分たちの教義の大部分を確立したのである。「新約聖書」の中の同性愛嫌悪を見る前に、『福音書』の中には同性愛関係やそれを実践する者に対する否定的な言辞は一切見当たらないこと、まして明確な禁止は存在しないことに注目しておく必要がおそらくあるだろう。いくつかのささいな証拠に基づいて同性愛関係に言及していると安易に結論づけることは可能かもしれないが（独身者のイエスはやはり明らかに独身者の男性集団とともに暮らしていた。『ヨハネによる福音書』は「イエスの愛したまう弟子」について語っている（一三章二三節））、しかしそれでも『福音書』で同性愛関係が問題になっている箇所はないのである。従って教会は同性愛嫌悪を『福音書』、あるいはイエスの言葉自体から引き出したのではない、ということになる。イエスの言葉はむしろ、外れ者であると見なされるような、あるいは通常なら禁じられているようなセクシュアリティに対して寛容であることに注目する必要がある（イエスは娼婦らや宦官を丁重に迎えている）。しかし教会は、「新約聖書」の他の書から、とりわけパウロの『手紙』から、すぐに同性愛の禁止を引き出してくるのである。

パウロの『手紙』の文章は、パウロの関心の本質を示している。純潔のためにはキリストの教えへの改宗が不可欠であるということである。この意味で同性愛行為は不純なものとなる。なぜならそれは、異教徒の戒律がしぶとく残っていることを表しているからである。それを行う者は神の国に入ることは許されないであろう。その者らは霊的にはすでに死んでいるのだ。その後の西洋の歴史に、なぜ同性愛に対する死刑があれほど散見されるのか、その理由がこれによって理解される。いずれにしてもパウロは、教会にとってはその神学の本質的な典拠であるわけだが、同性愛という悪徳↓に手を染める者は（真の）生命を失っているとすでに断言しているのだ。だから『コリント人への第一の手紙』で次のように説くのである。

> 淫蕩な者、偶像を崇拝する者、姦通する者、あらゆる種類の男色を行う者、盗みをする者、強欲な者、酒に溺れる者、誹謗する者、奪う者などは、みな神の国を嗣ぐことなきなり。（第六章九～一〇節）

ここでもやはり、フランス語訳（フランス語への共同訳◆）の「あらゆる種類の男色を行う者」という表現が、元のギリシア語にくらべてはるかに曖昧で、遠回しであることに注意する必要がある。元のギリシア語を逐語的にフランス語に置き換えるなら、二つの異なる名詞、例えば「男娼になる者と男色を行う者」と解釈される。しかしウルガタ［ローマ・カトリック教会の標準ラテン語訳聖書］も、この二つめの語に対しては、「男色を行う者」という言葉にくらべると限定的でなく、また文化的な位置づけも曖昧な、「男と寝る者」という表現を用いている。以上のように、ほんの少し元の聖書の言葉に当たってみるだけで、同性愛を語る言葉が翻訳者によって婉曲化されていることがよく分かる。これは羞恥心からくる反応だと解されるが、そのような反応は、科学的な研究をしようとするのであれば邪魔なだけである。

パウロが示しているリストに今一度戻ると、この使徒は、事細かに悪行を挙げ連ねながら、同性愛を他のもっと重大な過ち、例えばさまざまな形態の盗みや嘘に混ぜ込み、同じように扱っていることが分かる。だから同性愛者が普通法↓を犯した犯罪者↓と混同され、刑務所に入れられたり死刑にされて罰せられてきたのは、教会の教義に従った結果だと言えるわけである。パウロは自分の弟子のテモテに宛てた、また別の『手紙』の中で、掟の厳しさを「不法の者、服従せぬ者」の悪行を理由に正当化している。ここでもやはり、「男と寝る者」があらゆる種類の犯罪者、例えば「父を殺す者、母を殺す者、人を殺す者、淫蕩な者」や「奴隷を商う者、偽る者、偽り誓う者」と混同されている（『テモテへの第一の手紙』一章九～一〇節）。その後の歴史はソドミー犯が、他の犯罪者と同じように実際に罰せられてきたことを示している。同性愛を犯罪と同等に扱うという、ここで説かれている混同に基づいて、同性愛嫌悪は大きな飛躍を成し遂げたのである。

パウロの『手紙』のもう一つ別のくだりを引用し、詳しく分析しておくべきであろう。その理由は、そのくだりが同性愛にふける者たちのことを、普通法の犯罪者と混ぜあわせることなく、とくに強調しているからであり、さらにそれだけでなく女性同性愛について語っているからである。

> 〔…〕神は彼らを卑しき情慾にまかせたまえり。すなわち女は自然の関係を不自然の関係に代え、男もまた同じく、女との自然の関係を棄てて互いに情慾の炎を燃やし、男と男とでおぞましきことを行いて、その迷いに値すべき報いを己が身に受けたり。
> （『ローマ人への手紙』一章二六～二七節）

このくだりにおいても同性愛はやはり、神の言葉を拒絶する者たちの不純の徴《しるし》と考えられている。そしてまた同時に、神による、必然的に公正な罰の痕跡でもある。その必然性は「その迷いに値すべき報い」という文言に表されている。従って同性愛は、神を認める術を知らない者たち、つまり異教徒にふさわしい罰として理解され、また生きられなければならない。背景にあるのは、明らかに古代の異教徒の状況である。ギリシア人たちの習俗や信仰

◆フランス語への共同訳　ただし二〇〇四年版の共同訳では、問題の箇所は「男娼になる者も、男色を行う者も」に改められているようである。（山本）

は、さきに引用した二つの手紙ですでに否定されている。ここでは罰の対象がもっと拡大し、神の言葉を受け容れないすべての者となっているのだ。同性愛を、神を拒絶する者への重い罰と見なしていることから、パウロがこの拒絶の問題にいかに思い煩わされていたかがよく分かる。しかしそうしたところで、拒絶はますます烈しくなるだけである。

だが何より重要なのは、教会やキリスト教を受け容れた社会がその同性愛嫌悪の暴力を、以上のような聖書の文言に照らしあわせてつねに正当化してきたということである。そうした文言は文字通り繰り返し口にされ、中には今日でも未だに使われているものもある。例えば「卑しき情慾」という表現は二重の意味で軽蔑的である。「卑しき」という形容詞はたいへん否定的であるし、また「情慾」という言葉もそれに劣らない。というのも「情慾に駆られた者」は自らの肉体の命ずるところに身をまかせ、神との関係を忘れてしまうからである。この堕落は男にも女にも当てはまる。この点についてだけは、女性同性愛の性愛が明確に禁じられるべき重要性を帯びるのである。最後に、「↓自然に反する」という表現が、のちに同性愛嫌悪に基づくあらゆる迫害を正当化するに当たって、存分に役立てられることになるということを指摘しておくべきであろう。

ティエリ・ルヴォル（山本訳）

↓悪徳、異端、カトリック、自然に反する、神学、正教、生殖不能、ソドムとゴモラ、パウロ、プロテスタント、放蕩、ユダヤ教

生殖不能

同性愛者と同性愛に想定される生殖不能は、同性愛嫌悪《ホモフォビア》↓レトリックと、セクシュアリティ、カップル、↓家族の不平等を↓異性愛主義（ヘテロセクシズム）的に正当化する決まり文句の一つである。「本質的に生殖不能である同性愛は、国家的義務の基礎となる人口学上および教育上の基準を満たさない」と、例えばクリスティーヌ・↓ブタンは↓パックスの審議の際に明言している。しかしこの「生殖不能」の明確な内容をはっきりさせようとすると、この内容は蒸発してしまう傾向がある。この逆説は、「生殖不能」の言説が提示しようとする内容そのものを認識するのではなく、この「生殖不能」の根本的性質を理解すると、実際に明らかになる。歴史を通じたその表現の連続性と多様性（生↓物学的あるいは道徳的な意味で使われ、行為、個人、または今日ではカップルについて使われもする）に行き着くどころか、「同性愛者の生殖不能」は、実際には、「客観的」とされるあらゆる確認された事実を超越する、象徴的精神的構造を参照しているのである。現実に、異性愛主義的言説においては、この生殖不能は、何よりも形而上的であり、それゆえに、少なくともそれに依拠する者にとっては異論の余地がない。この「形而上的」性質から二つの重要な帰結が生ずる。一方で生殖不能という概念の一般性は、いかなる個別の内実にも優越し、科学的な論理によっては「反駁する」ことができない。他方で、この概念は現実を超えたところに位置づけられるので、現実に幅をきかせることができる。例えば、〈自然〉［原語は大文字で始まる］という規範的思想の名において、自然を修正しようとしたり、あるいは自然によって提供された可能性を禁じよう

する。自らはそのような〈自然〉のスポークスマンであるとうそぶいているのである。

■「生殖不能」の考古学

生殖不能という主題の近代的バージョンは、実際には、より古い二つの伝統に由来している。一つめは、フランス語で「自然に反する《コントル・ナチュール》」という表現、または一八世紀であれば「反自然的《アンチフィジック》」という形容詞に訳される、ギリシア起源のパラ・ピュシンという概念をめぐるものである。ギリシア人においては、自然《ピュシス》は、生殖の物理的な過程としての自然である。従って、この概念は元々は、あまり道徳的含意を持たなかった。自然の概念がよりはっきりした「倫理的」な価値を獲得するのは、ストア哲学の遅い影響のもとにおいてである。この思想においては、男女のカップルは卓越した重要性を帯び、これが古典古代の古い伝統においてより価値を持っていた男色関係を格下げした。ストア派に影響を受けて、キリスト教思想はパラ・ピュシン概念の道徳的性能を強化する。以降、自然は神の作品と見なされる。従ってパラ・ピュシンであるものは、物理的な意味で自然に反するだけでなく、道徳、神それ自体に反するのである。

もう一つの伝統はユダヤ教の伝統である。聖書では、アブラハムは老齢で、その妻サラは子を作れないが、ヤーウェは、「砂粒、空の星ほど多くの」数え切れない子孫を約束する。こうして「アブラハムへの約束」が、旧約聖書全体を貫くライトモチーフになる。サラは妊娠し、アブラハムに子孫を一人与えた。ユダヤの民が少しずつ形成される。そしてソドムとゴモラに行ったのはまさにアブラハムの甥ロトである。悪徳と罪に満ちた二つの町は、神の罰である石と劫火によって破壊される。ところで劫火は、ユダヤ教において、浄化の象徴であると同時に生殖不能の象徴でもある。しかしそれだけではない。ロトの妻が、神の禁止にも拘らず大惨事を見ようと振り返ったとき、彼女は、塩の柱に変えられてしまう。ところで塩も生殖不能の象徴である。ソドミー、性的逸脱、神の罰、象徴的生殖不能を結びつける神話の一貫性の根は非常に古いことが分かる。

この二つの伝統が、中世において、とくにトマス・アクイナスによって融合させられる。しかしこの時代、生殖不能という概念の価値論的な機能は非常に曖昧であった。確かに生殖不能は否定、神の呪いに結びつけられていた。しかし同時に生殖の拒否は、僧が自らに課す独身、禁欲、貞節の規範が示すように、純潔とまでは言わないまでも、禁欲の一形態と言えた。ちなみにテンプル騎士団やカタリ派のような異端は、この純潔と生殖の拒否を非常に重要な争点としたので、これらの者は男性どうしの関係に対する寛容さでやがて糾弾される。それ以来、生殖不能が呪いであるとしても、生殖の拒否は、潜在的な価値であることには変わりがなかった。反自然に寛容であるとして常に嫌疑をかけられはしたが。

旧体制《アンシアン・レジム》下でも、この生殖不能という概念の両義性は続く。性的な自由至上主義思想では、自然に反するソドミーが、とりわけ女性にとってのメリットとして表現されることもあった。というのも、妊娠は不貞を暴露したり、女性が母となればこの女性を長い間家に閉じ込めるかもしれない不適切なものだからである。ミラボーが言うように「放蕩は子を全くつくらない」のである。男性間あるいは女性間の快楽は、生殖による隷属を追い払っているように見えるためにより一層自由で魅力的なものと思われた。しかし自律的享楽という考えは、人びとを怖じ気づかせた。キリスト教の言説においては、ソドミー関係の生殖不能性は、過剰な浪費あるいは身体的な霊気の無為な消費の逆説的な裏面であった。一九世紀の隠語は、同性愛者に「無駄にする女」という名を与えている。

一九世紀から二〇世紀に、この仕掛けはいくつもの変化を経験する。というのも、この概念は、ますます退化の理論、そして医学的科学主義的レトリックのさまざまな副産物と結びつくようになるからである。当時、オナニーと性逆転は、人を生殖不能にするという考えが広まる。「生殖不能」であるのは行為ではなく、人がまるごと生殖不能になるのである。生殖不能が行為の領域を離れ、まぎれもない「本質」を定義するものとして主体の内面に組み込まれたのは、同性愛者が医学的および精神医学的言説の中で全体的な人格になったときであった。同性愛は、もはや罪の問題ではなく、むしろ「病理学」の問題になる。「性逆転者」の「異常性」は「神経の退化」と関係があり、これが生物学的な生殖不能を引き起こすと考えられた。個人そのものが生殖不能でないとしても（医師たちは、これを認めなければならなかった。というのも当時の多くの同性愛者が結婚し、家族の父であったからである）、その子どもは生殖不能になるとされた。そしてその子どもが生殖不能でないとすれば、「科学的」呪いは、孫たちの上に降り注ぐ。ところでこの考えは、一九世紀を直接の起源とする一定の言説において今日でも見出せる。精神分析医ジャン＝ピエール・ウィンテルがそうである。彼は『ル・モンド・デ・デバ』（二〇〇〇年三月）のような新聞によってまじめに採り上げられたのでなかったら笑いを招いたであろう表現で、同性愛者に育てられる子に想定される「象徴的外傷」について述べている。「象徴的外傷が第一、第二、さらには第三世代に、生命の伝達の停止として、つまり狂気、死、あるいは生殖不能として現れる恐れがある」。従って退化の理論は、病的遺伝という視点を議題にのせたのである。このような見方では、同性愛者は、生殖不能な出来損ない、一種の「種の終わり」、隔世遺伝によって致命的な摩耗が進行する長いプロセスにおいて、世代を通じて蓄積された生殖不能の最終段階と見られる。

それ以来この時代の言説において、集団的な生殖不能が普及し国家全体を破壊するかもしれないという幻想が広まった。ところでこの恐怖は、ヨーロッパにおいてナショナリズム運動の躍進が目立つようになるという状況で広まっている。国家の強さは、ミシェル・フーコーが生－権力について述べていたような人口の管理において、住人と徴兵可能な兵士の数によって評価されるようになった。子宮は公式の政策による囲い込みの対象となり、これは女性を再生産機能に矮小化することを正当化し、同時に、とくに第一次大戦後の出生率低下の恐れが、同性愛者の迫害、性差別と同性愛嫌悪を再び結びつけて正当化した。ヨーロッパ全土を貫くこのパラノイアは、ナチス・ドイツとソヴィエト連邦で最高潮に達するが、これらの体制では、身体の道具化の政治によって、同性愛者は、「本質的に」生殖不能で、国家にとって無益で社会にとって有害な対象であった。従って、治療するか追っ払わなければならなかったのである。

ところで、この同性愛の生殖不能は国力にとっての脅威であるという見方は、意識の中に今日でも広く残っている。そのようなわけで一九九八年、「アメリカを憂う女たち」という結社の年次会合の際に、ウィルマ・レフウィッチは、「妊娠中絶の一般化、多子家族の母の不妊手術、同性愛の推奨によってアメリカの人口を減らそうとする」世界的な陰謀があると述べている。さらに一国を超えて、同性愛によって脅かされているのは人類の生存そのものである。そしてこれはしばしば同性愛嫌悪レトリックの究極的な主張となっている。「もしすべての人が同性愛者だったら……」（と同時に、誰も次のように言うことは考えない。とくにカトリック教会は、「すべての人が司祭や修道女であったら……」とは言わない）。あたかも、同性愛嫌悪的差別と迫害をやめなければならないのなら、伝染があらゆる人類に及び、人類がまもなく地球上から消えるかのようである。これは終末論的な幻想であり、この幻想を広める者がさらに地球の人口過剰を恐れているのだからより一層不条理である。それでもこの主張は、言説および意識の中に非常に頻繁に現れる。例えば、マルグリット・デュラスは、『愛と死、そして生活』において、同性愛の普遍的な到来に大まじめに言及することを恐れなかった。「それはあらゆる時代を通じての一大破局となるでしょうよ。初めのうちは潜伏している。わずかな人口減少が観測されるようになる。〔…〕みんなそろって最終的人口減少を待つようになるかもしれない。その間ずっとみんな眠っているのね。最後の人間の死は気づかれずに過ぎてしまう」。

しかしながら、（地理的および社会的に）どこでもいつでも克服不可能であることが明らかに見える同性愛と生殖不能の結びつきが、非常に特殊な性格のものであることを強調しなければならない。事実今日でも、アラブ世界、アフリカ、アジアなどの多くの文化圏では、同性愛行為が（異性愛）結婚および生殖と両立しないということは全くない。同様に、西洋世界の民族的マイノリティの中には、集団にとっての子孫が単なる結婚制度より根本的な価値を持っており、多くの男性が同性愛の生活に入る前に子をもうけようと努める。この社会階層の男性にとっては、「生殖秩序」の掟は次のようなものである。「自分のセクシュアリティが何であれ、子を持てば、種は永続し名誉は救われる」。同性愛者は生殖不能ではないということを単に思い起こすだけでも、西洋の枠組みに対する全くの逆説となる。他の多くの社会では、生殖不能は、同性愛関係に対置される反駁できない象徴的証拠でないことは明らかである。

■神話から政策による強制へ

同性愛嫌悪的な生殖不能神話は、「生殖不能者が再生産される」という逆説と不可分である。ギイ・オッカンガムはこう述べている。「同性愛の伝染という考えは、欲求の生産が進むという多少神話的な性質を持っている。G・マセによって『監獄の月曜日』において引用されている警察署長は、『この人びとは、生殖しないにも拘らず、増殖する傾向がある』と述べる」。ところで、同性愛関係の生殖不能という考え自体が、脱構築されなければならない。たとえそのために、社会思想の前提的なカテゴリーを断たなければならないとしてもである。これは確かにある程度の努力を要する。現実に、生殖不能の観念は、再生産という目的に対してしか意味を持たないが、これは狙いにおいて失敗する。誰もキスを生殖不能の行為であるとは考えないだろう。キスは客観的に子をもたらさないにも拘らずである。生殖がキスの目的ではないので、当然にそのようには考えられたことはないのである。同様に、他のあらゆる同性愛あるいは異性愛行為（愛撫、フェラチオ、クンニリングス、ソドミーなど）が生殖不能であると考えるべき理由は全くない。どんなセクシュアリティであれ、その行きつく先がもっぱら生殖でなければならないと考えるのでなければである。そのように考えることは、伝統的な道徳の前提であることが多い。そうである以上、諸個人はキスやソドミーからあり得ない妊娠を期待していないのだから、これらの行為について生殖不能を語ることは論理的に不正確である。同性愛の生殖不能という考えは動かしがたい社会的自明をなしてはいるが、それでもこの考えは歴史的に時代遅れとなった仕掛けに結びついている。それが言説において残っていることは、それを利用する人びとがこの概念を練り上げることに失敗したことを暴露している。

諷刺雑誌『ル・リール［笑い］』の「婦人専科」特集号の表紙。「銀婚式。もしも私たちに息子がいたら、今はもう25歳になっている頃だとはね」。

このような状況で最終的に、「生殖不能」の考えは、本当でも嘘でもなく、ただ単に「パフォーマティヴ」［発話することが行為を遂行することになるという性質］であることが分かる。この考えは、社会的あるいは生物学的現実で幅をきかせようと努めて、時にはまさに犯罪的な論理の中でその固有の根拠を生産する傾向を持つ。論理は簡単である。同性愛者は「生殖不能」である。そして（同性愛者は実際は生殖不能ではないから）生殖不能でないとすれば、生殖不能にしなければならない。同性愛者は、子を持つことが「できない」。もし同性愛者が子を持つとすれば、子を同性愛者から取り上げなければならない。

保守派の議員ピエール・ルルシュが、パックス審議の際、国民議会の上部の座席から「奴らを去勢しろ！」と叫んだとき、彼はおそらく自分が言ったことについて自覚していただろう。この発言は悲しいことに有名になった。事実、二〇世紀初めから、最初の遺伝学の発展とともに、医学は性逆転者を「治療」しようとし、あるいはそれに失敗した場合は、不妊手術をしようとした。強制的集団不妊手術は、一九〇四年からオーストリアの精神科医エルンスト・リューディンによって推奨される。彼は一九三三年にヒムラーによって統率された遺伝についての専門家委員会に参加する。従ってナチスは、この措置を実施したが、その実現は大量には行われなかった。なぜならヒムラーはまだ「治療」する「希望」を持っていたからである。

より最近では、同性愛者が子育てをする家族の承認についての↓フランスでの議論と同性カップルによる↓養子縁組の権利が、もちろんやや穏和ではあるが、類似の仕掛けの倒錯したロジックを登場させた。実際にそれまで、同性愛者は家族的「責任」や親としての「機能」を引き受けないことで批判されることが多かった。ところが、同性カップルが養子縁組を希望すると、子を持つという願望を「葬ら」なければならないと反論される。事実、フランスの法律◆は同性カップルに養子縁組を禁じ、同性愛者が実際に子を育てている現実の家族の承認を拒んですらいた。同性愛者の象徴的生殖不能が、法によって完遂された「社会的生殖不能」を反対に正当化する。社会的生殖不能が、「確認」として機能し、象徴的生殖不能をいわば「証明する」のである。

同様に、一九九〇年代の生殖補助医療◆へのアクセスの問題は、このパフォー◆マティヴなロジックを明るみに出した。これによって、同性愛者の想定される生殖不能（上に見たように、まさしく常に形而上的な意味である）を持ち出すことが、同性愛者に生殖の権利を拒否する口実として役立つ。こうして「生命倫理」法は、生殖補助医療を独身者と結婚しているカップルに限り、同性カップルはそれによってアプリオリに排除されることになった。似非論理的な作用はやはり同じである。生殖補助医療技術は、不妊の異性カップルに「人工的」な生殖へのアクセスを与えて自然を「回復する」ことを目的とする。この「自然を回復する」可能性によって、この「自然」が人間の選択を制約しているのではなく、あらゆる者に生殖補助医療へのアクセスを認めることを禁じるものは何もないという自覚が開ける。ところが選択された政策は、反対の方向へ進んだ。「自然」の超越性は存在しないという考えを受け入れる代わりに、「外見を取り繕おう」として自然を「まねする」ことでこれまでのところ満足してきた［生殖補助医療や共同養子縁組は男女のカップルにしか認められていなかった］。驚くほど逆説的な振舞いによって、ゲイとレズビアンの要求に対置されているのは、（それを「回復する」と主張する動きによって「実践的には」否定された）このような自然の観念である。

フランスの法律家ダニエル・ボリヨは、循環論理法によってゲイとレズビアンに現代的な生殖医療が拒否されていることを考察し、異性愛性交と「人類の存続」を結びつける異性愛主義的主張が、いかに滑稽さを増しているかを示している。しかし、必然的に再生産的で社会的有用性に密接に結びつけられている異性愛に対して、同性愛を「純粋な欲望」と見なすより婉曲的な思考も、矛盾を免れることができない。というのも、われわれは異性愛の独身者に結婚を強制もしていなければ、結婚した者に、子を持つことを課したり、生物学的に生殖不能であっても養子縁組を命じることもない。何らかのセクシュアリティの価値と社会的権利をいわゆる「生殖の見込み」によって条件付けることは、結局、ピルや人工妊娠中絶の禁止を要求することへと帰結する。さらにこのことは、避妊と中絶に最も暴力的に反対するグループが、一般的には最も暴力的に同性愛嫌悪的であることを説明している。ダニエル・ボリヨが、ユーモアをまじえて述べるように、「生殖の論拠の背後に、アンチ同性愛的な何らかの敵意が隠されていないかを自問してみる必要がある」。結局、クリスティーヌ・ブタンが断言するように、同性愛は「生殖不能で一時的な投機」であり、この「生殖不能」がまず同性愛嫌悪者の心の中にある。そういうわけで、まさに生殖不能という概念は、ゲイとレズビアンにとって危険なのである。

セバスティアン・ショヴァン、ルイ＝ジョルジュ・タン（齊藤訳）

↓医学、勧誘、自然に反する、神学、生物学、退化、同性愛者の子育て、同性婚、養子縁組、レトリック

精神医学

精神医学が、同性愛の問題をすばやくつかんで、それを精神病の一つとして構築したのは、一九世紀の後半である。そしてこの専門化は、長く持続し、精神医学は、本質的に、同性愛の医学対象とするパラダイム的な分野にとどまり続けた。他の領域で広く受け入れられた理論的与件（同性愛の病理的性質と先天的性格、遺伝（↓遺伝学）の危険、ジェンダーの逆転（↓性逆転）……）と、提案された治療（嫌悪療法、電気ショック、ロボトミー、催眠、心理療法。最後のものは精神分析理論が、多くの精神科医によって利用され始めたときからである）の大部分が、精神医学のものである。とくに精神医学は、その中で、男女を問わない同性愛者の大量かつ日常的な統制が行われたという意味で、特別の重要性を帯びる。確かに、遺伝子仮説は諸個人の去勢や不妊手術を引き起こし、ホルモン仮説は、実験台として使われた人を死に導いたが、これらのいかなる分野も、一世紀近くの間、五大陸の、数百万の男女の生活に影響を与えるようなことはなかった。反対に、同性に魅力を感じる少年や大人の多くが、周囲の者たちに強制されなくとも、自らの意思によって精神科を訪れた。だからこそ、アメリカ精神医学会によって作られた精神病のリストから同性愛が削除されたことは、ストーンウォールと同じ程度に重要な同性愛の解放の鍵となる日であるように見える。

一八世紀に精神病を専門とする研究が登場して以来、同性間の性的関係は、精神科医の特別の関心の対象であった。といっても、一九世紀後半まで、同性間性関係は、確かに精神疎外の原因になり得るが、それもせいぜいアルコールの濫用や、異性間性交への頻繁な依存と同程度の「欠陥のある」行動であった。さらに、必ずや狂気と死に至る「性的」秩序にとっての災禍は、当時、マスターベーションであり、これがあらゆる医学的関心の対象になっていた。

反対に、一九世紀の最後の四半世紀には、同性愛は精神医学の主たる対象となる。おそらく、ウィーン出身のフランスの精神科医ベネディクト・モレルが、一九世紀半ばのさまざまな著作で広めた退化の理論、同性間性関係が関わる犯罪や政治のさまざまな三面記事、一九世紀末におけるジェンダー関係の構造の変化などによって、同性間の性関係に対する特別の関心が引き起こされた。精神医学は、法医学――以前は、同性愛を研究する主たる分野であった――よりも、病因と治療の可能性を提案できたので、「当然に」この問題に携わることになったのである。

この同性愛の精神医学対象化の中心人物は、一八八九年からウィーンで精神医学の講座を持っていたリヒャルト・フォン・クラフト＝エビングである。一八八六年初版の彼の著作『性的精神病質』は、二〇世紀を通じて、彼の死後もその弟子であるアルベルト・モルによって定期的に加筆されて再版を重ねたが、初版から、医学を本職とする人びとの輪をはるかに超える成功となった。同性愛の分析は三つの有力な軸に要約される。

(1)　同性愛は、フェティシズムやサドマゾヒズム同様に、性的倒錯の一つであると同時に、あらゆる他の倒錯の理論的モデルをなしている。その意味で、同性愛は、個人に責任があるとは見なすことができない精神病の一つである。

◆**フランスの法律**　二〇一三年に同性カップルの婚姻が認められ、それに伴って、共同での養子縁組も可能になった。生殖補助医療へのアクセスについては変更されていない。（齊藤）

◆**生殖補助医療**　フランスでは人工授精や体外受精、第三者の精子や卵子の利用などが、一定の条件を満たす男女のカップルに認められているが、代理母は禁止されている。（齊藤）

(2) 同性愛は生得的、すなわち生まれつきのものであり、その病因は、退化理論の病的遺伝の一つである。従って、家系の進行的衰退の産物である。

(3) 治癒することはめったにないので、同性愛が臨床で確認された場合は、ジェンダーを転換することが指示される。たとえ同性愛者の大半が自らの性別の外見と精神的生活を保持しているとしてもである。

同性愛の病的性質、遺伝、ジェンダー転換。これでほとんどすべて言ってしまったようなものである。概説書のすべてのページに表明される法医学者タルデューの嫌悪感やナチの医師の犯罪的な嫌悪とは反対に、クラフト＝エビングを辛辣な同性愛嫌悪の医師と形容することは難しいとしても、それでも彼は、この三つの言明を結束させた医師であり、医学を同性愛者の統制と社会的排除の特権的な技術とした。逆説的なことに、クラフト＝エビングの科学的提案は、多くの国々、とくにドイツ帝国で禁錮刑に処される危険があった当時の同性愛者にとって進歩のように考えられた。最初の同性愛者の運動とそのリーダーであるマグヌス・ヒルシュフェルト↓が、女性化した同性愛者つまり「発達障害」（ヒルシュフェルトが用いた語）によって同性愛者になるという見方を甘受するという両面性は、ここからきているのである。同性愛者自身に受け入れられていたために、この問題について精神医学はより堅固な基礎を持つことができた。

精神科医のジャン・マルタン・シャルコーとヴァランタン・マニャンは、精神医学と神経医学の境界的な領域で、「性的感覚の逆転」に脳を起源とする原因を想定して、病因論的考慮をさらに押し進めた。マニャンは、ニンフォマニア、男子色情症、露出症↓と全く同様に、同性愛は、後部脳脊髄の諸障害のグループに属しており、後部大脳皮質の機能不全による感覚障害であると考えた。初めて、「同性愛脳」という考えが表明されたのである。これがのちに同性愛の治療として、ロボトミーを正当化する。そして今日でも、サイモン・ルヴェイのゲイの視床下部についての研究の公表以来、脳が新たに特別な関心の対象になっている。ゲイであることを明らかにしている研究者自らが、同性愛の「自然的」性質を新たに証明するために、性的指向の起源を脳に特定する理論に回帰していることは、一九世紀の精神医学の考えが根強く持続していることを示している。これは、同性愛にとって医学が、抑圧のベクトルであると同時に解放の手段でもあるという逆説的側面を改めて表している。

ピエール＝オリヴィエ・ド・ビュシェ（齊藤訳）

↓医学、遺伝学、心理学、性逆転、精神分析、生物学、退化、脱ゲイ運動、治療、倒錯、内分泌学、ヒルシュフェルト、ファシズム、法医学

精神分析

一九七三年、ドゥルーズは、ＦＨＡＲ（同性愛者革命的行動戦線）の創設メンバーであるミシェル・クレソルあてに、以下のように書いた。「内輪の冗談であるが、ＦＨＡＲの男性、女性解放運動の女性たち、そうした者たちが、精神分析を受けることができるだろうか。嫌ではないのか。こうした人びとが精神分析を信じられるのか」。一目で、この皮肉を理解することはたやすい。それほどに、さまざまな通俗的精神分析が、滑稽なまでの狂暴さで、同性愛嫌悪《ホモフォビア》を競ってきたからである。事実、精神分析の発明以来、フロイト、アーネスト・ジョーンズから、トニ・アナトレラそしてダニエル・シボニまで、精神分析のさまざまな潮流が、絶えず以下のように説明してきた。

(1) 性逆転↓（インヴァージョン）、そして同性愛は、セクシュアリティの退行的

一形態（不完全な欲動の幼児的固定と母親あるいは父親へのエディプス的同化）であり、大半の精神的「病気」の病因学的要因の役目を果たす（不完全な欲動を抑圧できないことによる倒錯↓（パーヴァージョン）、不完全な同一化によるヒステリーと神経症、〈父の名〉の喪失あるいは否定によるパラノイアを始めとする精神障害）。

(2) 明らかな同性愛は、とくに、「倒錯」の構造、つまり（欲動を抑圧しない者の）神経症の裏面に当たる。その意味は、道徳的意味としばしば混同されている（フロイトのセクシュアリティ理論によれば、憐れみを知らず、残酷さと官能的衝動を結びつけて、悪のために悪を欲する者）。

(3) それでもなお、やや難しいとしても、男女の同性愛者を「治療↓」しようとすることはできる。彼らまたは彼女たちが治療の「誠実な意思」を持っていることが条件である（フロイトの患者は、残念ながらこの「誠実な意思」を持っていなかった）。さらには合意がなくともよい。アメリカ合衆国では、最も反動的な精神分析医が、この目的で診療監獄を建設した。

(4) 男女を問わず同性愛者の苦しみは、彼ら／彼女らを抑圧する社会や、貶める恣意的な道徳規範に由来するのではなく、彼ら／彼女ら自身に、そして自らのエディプス・コンプレックス［男子が母親に性愛感情を抱き、父親に嫉妬する無意識の葛藤感情］に由来するのである。従って、彼ら／彼女らは政治的権利要求の正当な担い手となることはできない。それは私事だからである。

(5) ある意味、同性愛は本当に存在するわけではない。というのも同性愛的欲望は、本当の欲望ではなく、本質的には異性愛的な他のエディプス的欲望の代用に過ぎないからである。女性同性愛者が欲するのは、男根《ファルス》である。男性同性愛者が欲するのは、母であり、（ソドミーの場合には）母との同一化、（フェラチオの場合には）乳房が部分的対象として欲されている。

(6) これはおそらく酷過ぎるのだが、フロイトがシュレーバー［ドレスデン控訴院民事部部長。中年期以降、パラノイアを発症し入院した］について述べたように、いずれにせよ同性愛者は、「人類の一般的利益」に積極的に貢献することができるが、それは「同性愛者自らが、自分の官能的快楽への嗜好を実行しようとする傾向に抵抗するという条件においてである」。

要するに、無意識は論理を無視するということが本当だとすると、精神分析も似たようなものであるということを認めなければならない。かくして同性愛は、病気（神経症と精神病）の源あるいは徴候であるのに、全くその反対でもある（倒錯）。従って、同性愛は、治療することができるにも拘らず、全くの病気というわけではない。同性愛は実際には存在しない（政治的にも、そして私的にすらも）が、それは昇華されなければならない。何たる「戯れ言」であろうか。元々は無神論であった精神分析が、次のような最悪の宗教的詭弁を模倣するように見えるのだからなおさらである。男女の同性愛者を拒絶しつつどのように受け入れるのか、糾弾する（彼／彼女たちは倒錯者である）と同時に、同性愛者は自分がしていることを分かっていないのだからどのように許すのか（彼／彼女らは病気である）、などである。

それでもやはり、これらすべての虐待、これらすべての害にも拘らず、一律無差別に、精神分析を同性愛嫌悪で非難するのは、かなり難しい。まず、精神分析は、ずいぶん改心した。セクシュアリティを末端で扱う者として、精神分析は、少なくとも西洋社会においては道徳の変化に適応しなければならなかった。多くの同性愛者は、精神分析診療所に自発的に通い（父の求めで倒錯した娘を受け入れるフロイト流の方法は、過去のものである）、その中には、自ら診療所を開くことを躊躇わない者もいる。たとえば、精神分析の同性愛嫌悪的大海のただ中に、はっきりと反同性愛嫌悪的な小島が常に存在していたかもしれない（ゲオルグ・グロデック［ドイツの医師、作家。心身医学の先駆者とされる］やオットー・ランク［オーストリアの精神分析家］のような精神分析医は、初め孤立していたが、今日では数が増えている）。そして、根本的な部分で、精神分析がその起源から、同性愛嫌悪的に構成されていたというのは確かではない。それには少なくとも三つの理由がある。

最初の理由は、歴史的な公正に関わる。二〇世紀初頭のブルジョワジーの偏見を精神分析全体に負わせることはできないし、精神分析を、同性愛を抑圧するかあるいは正常化するかという側面だけから描くことは、歪曲的である。時には、精神分析が、数多くの同性愛者にとって、身を守り、話を聞いてもらい自分自身を再構成する場所になったであろうというだけではなく、その理論が必然的に同性愛嫌悪的であるとは限らないからである。明らかな分析であれ、見たところ抑制的な分析であれ、同性愛者についての分析だけを読み過ぎると、多くの点で他の分析がそれよりマシとは言えないことを忘れてしまう。言い換えれば、「本当の」精神分析は、トマス主義的というよりもずっとアウグスティヌス主義的なのである。というのも、精神分析は同じ疑いをあらゆるセクシュアリティにかけているからである。二番目の理由は、より思弁的であると同時に、より戦術的でもある。精神分析は、もっぱら同性愛を「標準化」し、「非政治化」する効果しか持たないというのは当然のことだろうか。同性愛的欲動の普遍性と同時に、本来の目的を逸脱するあらゆる欲動の普遍性を認めることで、逆に、精神分析は、意図せざる結果として、自由に表明されたあらゆるセクシュアリティが根本的に転覆的な性質を帯びることを根拠づける方向に向かっていないだろうか。三番目の理由については、本質的に戦略的なものである。正常化への意欲と、転覆への意欲の間を必然的に揺れ動くゲイ・レズビアン・バイ、クィア（「クローゼット／慎み」の項の注参照）、トランスジェンダーの運動にとって、全く同じではないが類似した揺れと絶えず折り合いをつけてきた実践的理論的分野と接触を保つ利益が、将来ないとは言えない。その揺れとは、欲望を救うために悦楽を犠牲にするか（これは否が応でもドゥルーズ的である）、真の快楽を救うために悦楽の偽の欲望を犠牲にするかである（これも否が応でもフーコー的である）。

精神分析学者は、同性愛嫌悪的であったし、あり続けているという否定できない事実に照らして、これらの理由を一つずつ検証してみよう。最近のパックスについての議論では、精神分析学者は、同性カップルと同性愛者の子育ての承認に真っ先に反対した。賛同を表明しないまでも（これは筋の通った精神分析学者にとっては、いかがわしい、さらには不可能な態度である）、最低限の職業倫理から、精神分析学者としてはこのような政治的問題に介入することを慎むことを表明したものはほとんどいなかった。

■歴史から理論へ

生まれつつあった精神分析と、実践とファンタジーと同性愛的欲動の混合との最初の出会いは、生憎の出会いであった。全く些細なことではあるが、少なくともそれらの将来的な関係（あるいは関係のなさ）を長期にわたり、迂遠にした側面があった。第一に、精神分析は、支配的な二重の同性愛嫌悪言説の接合において生まれたことがある。ドイツ精神医学の疾病学的言説とウィーンおよびドイツ・ブルジョワジーの道徳的言説である。この意味で、精神分析は、初め、他からやって来た偏見を引き継いだだけである。二番目に、フロイトが同性愛的欲動の最初の形態を見たのは、苦痛や精神的不調の徴候においてであったことは仕方のないことであった。明確に元気な男女同性愛者は、フロイトの新しい形態の「療法」に身を委ねる必要は全くなかった。ドーラの呼吸困難と自殺未遂をでっち上げたのはフロイトではないし、「ウィーンの若い女性同性愛者の挑発」も、シュレーバーの女性化幻想も、その神の後光を抱くという大きな夢も、フロイトの発明ではない。第三に、同性愛を「治療」しようとしたのはフロイト自身であるようには思われない。この要求は、まず患者の家族から来ていた。フロイトにドーラやハンスを「治す」ように求めたのは、その家族、とくに父であった。従って、このレヴェルで、精神分析の同性愛に対する関係を規定したのは、精神医学的治療の自由業的で商業的な性質である。黎明期の精神分析にとって、（経済的な意味で）治療の要求の素性を精査することは難しかった。要求が重要な職業倫理に反するとしてもである（優先されるべきは患者の要求である）。これは商売の掟である。IPA（国際精神分析協会）の総会で、アーネスト・ジョーンズは、この家族の要求の「経済的原則」を「社会全体的原則」に一般化しているようにすら見える。彼は、世界から見て、同性愛は「非難すべき罪であり、われわれのメンバーがそれを犯すならば、重大な信用失墜を招くだろう」と述べた <cité par Roudinesco & Plon>。

精神医学から受け継いだ同性愛嫌悪が、ブルジョワからの信頼に対する欲求、そして商業的利益などとともに、その被分析者の客観的苦痛によってさらに堅固になるのは容易い。こうしてみるとアーネスト・ジョーンズとカール・アブラハム以来、アンナ・フロイトによって積極的に引き継がれた、一九六〇～七〇年の性革命に至るまでの精神分析運動の主要部分が、同性愛者が精神分析医になることを禁止するためだけでなく、さらに同性愛者を異性愛者に変えるために活発に働いていたことが理解できる。といっても、ここでは固有の意味で精神分析的なものではなく、見かけ上は、精神分析医を異性愛象徴的秩序の新たな司祭にしようとする、金と集団と権力の不気味な（無意識の？）勘定だけが見える。

しかし、このように推論することで、精神分析医たちは自らに信頼を置いた患者だけではなく、自身の理論をも裏切っていた。というのも、フロイト理論から、外から持ちこまれた幼稚な先入観を取り去れば、精神分析医が熱心に異性愛をすすめる宣教師へと転換することは、実際には、本来のフロイト理論の深い両義性を無視してなされたはずだからである。フロイトの先入観が「幼稚である」というのは、フロイトも時が経つに連れて変化するように見えるからである。フロイトが、息子を治療しようとするアメリカ人の母親にあてた、一九三五年四月九日の晩年の著名な手紙が今日まで残っている。「同性愛が、長所でないのは明らかであるとしても、恥じなければいけないことは何もないし、悪徳でもなければ、堕落でもない。それを病気と形容することもできないだろう。〔…〕同性愛を悪徳として迫害することは、大きな不正であり、残酷である」。先入観がおそらく外から持ちこまれたというのは、フロイトの初期の分析の本質が、二つの盲点の周りを回っているからである。まず、病的なのは同性愛衝動それ自体、あるいはその抑圧なのか。次に、（男女の同性愛者は、前性器期のセクシュアリティである肛門期あるいは男根期にとどまり、至ることがないとされるが）エディプス・コンプレックスの「正常な」解消における「正常」とは何を意味するか、である。これは、あらゆる不完全な衝動の抑圧を要求する文明の紛れもない道徳律なのか、道徳的含意のない単なる統計的記述的標準なのだろうか。これらの二択問題に前者をもって答えるのであれば、戦闘的同性愛嫌悪に入り込むことになる。これらの二択に後者をもって答えるならば、ライヒ〔オーストリア生まれの精神分析学者。性の解放を唱えた〕のように、同性愛嫌悪などもはや全く存在せず、精神分析も本当のところ存在しないことになる。それほどまでに、去勢あるいは男根の優位というその本質的根拠が粉々にくだけるからである。しかし、フロイトは、決してはっきりと断定しなかった。実際に、最初の二択については、ある時は（例えば、シュレーバーについて）同性愛者の「弱さ」は、「対象が自分自身と同じ生殖器を持たなければならないという要求から決して解放されることができなかった」ことに由来すると述べている。従って、ここで成人にとっての「固着」あるいは「退行」に当たるのは同性愛衝動そのものである。またあるときは、弱さは抑圧そのものに由来しており、従って同性愛パラノイアは、「社会的な衝動的備給のそのような性化から防御」しようとすることで起きる。だから病気は、衝動からではなく、不適切な防御から生じていることになる。そして二番目の二択についても同様である。フロイト分析が欲望の神学に自らを駆り立てる場合、あるときは、ほぼ道徳的な異常性が問題となっている。つまり、愛することができるためには去勢を受け入れて、欲望は、エディプス・コンプレックスを解消しなければならない◆というのである（これは「性理論のための三篇」〔渡邉俊之訳、『フロイト全集』第六巻、岩波書店、二〇〇九、所収〕と少年ハンスの分析にとくによくあてはまる）。またあるときは、完全に道徳以下の異常性、つまり純粋に統計的な異常性の問題である。なぜなら、母親に同一化する同性愛者は、他者を愛することができるだろうからである。母親が彼を愛することができ、それゆえに他人を同じように愛した、あるいは愛せなかったようにである（「集団心理学と自我分析」とやはり少年ハンスの分析によくあてはまる）。ところで本質的なことは、まさにフロイトが決着をつけなかったこと、決着をつけることを自らに禁じているようにすら見えることである。フロイトは、去勢をあらゆるセクシュアリティの共通の地平として見せ、（同性愛が原型であるような）倒錯は、この中間において、もはや異常ではなく、単なる「神経症の裏面」のように現れるのである（異性愛の代償であって、文明の代償ではない）。このようにして神経症と倒錯は、病的なものを正常

◆……解消しなければならない　男の子は二歳から六歳にかけて、父親に敵意を抱き、母親に対して愛情を求めようとする性的願望を持っていると見なされる。こうした性的願望は、近親姦を意味するから禁止される。父親に敵意を抱くために、男の子は、その報復として去勢されるのではないかという恐怖を持つようになる。この恐怖が契機となって、近親姦的願望が抑圧され、父親のようになろうとする同一視によってエディプス・コンプレックスは克服され、清算されるとされる。（齊藤）

なものから差別化する判断の用語ではもはやなく、単なる道徳観念のない無意識の選択を表す用語となる。確かに、それでもなお去勢の理論そのもの、つまり精神分析そのものに異議を申し立てることもできる（それにはおそらく十分な理由がある）。しかしそのときは、何らかの同性愛嫌悪という名目においての異議申し立てでは全くない。その理論的な未決定において、固有の意味でフロイト的な精神分析は、そっくり同性愛嫌悪的《ホモフォビック》であり得ると同時に、反対に同性愛親和的《ホモフィリック》でもあり、「幼児退行」の観念ですら、同性愛嫌悪的なものをもはや全く含まないのである。なぜならそこでは、幼児退行が、根源的にはあらゆる快楽の本性だからである。

従って、この点についてラカンを「火炙り」にすべきでないことはもちろんである。さらに、ラカンがアメリカの超規範主義的潮流に抗して、フロイトの読解を復権し、理論と言うより言説と実践のレヴェルにおいてではあるが、フロイトが、大抵「弱さ」「無能」「治療に抵抗する」といった道徳的含みのある用語を選ぶ原因となった先入観をフロイトから取り除こうとしたことについて、ラカンに敬意を表するべきである。このように、ウィーンの若い女性同性愛者の分析の中止について、ラカンは次のように述べている。「フロイトがどのように考えようとも、〔転移〔幼児期における親に対する感情が分析者に向けられること〕において〕この患者の態勢という袋小路にその責任のすべてを押しつけることはとてもできない。態勢についてのフロイト自身の治療、概念、先入観が、治療の中止と関係がある」。それでは、ラカンによれば、若い女性同性愛者に起こり得る感情転移についてのこれらの先入観とは何であるのだろうか。想像界のレヴェルではなく、象徴界のレヴェルでのみ介入し、想像態勢と象徴態勢を、それゆえに転移と分析的関係を混同したことである。従って、本当のところ、現実において男であるか女であるかはどうでもよいのであり、構造の中でしめる象徴的地位だけが重要なのである。何らかの転移、より広く、何らかの関係は、常に可能である。「倒錯」は神経症と同様に一つの構造だからである。従って同性愛は、異性愛と同じように「正常」以上でも以下でもない。なぜならそのいずれも正常ではないからだ。ある意味では、いずれも存在しない。異なるもの、つまり〈他者〉が存在するだけである。

この点からすれば、象徴的秩序保持の名において、法的承認（同性婚）あるいは親子関係を禁じることを説く精神分析医は、厳密な意味で自分が何を言っているか分かっていないのである。象徴的秩序の転覆の要請から、これらの関係が標準化することを馬鹿にする者も全く同様である。象徴的秩序が、順応主義的に想像的同一化によって、忌まわしくも脅かされたり、支えられたりし得るのであれば、まさにそれは象徴的秩序ではなかったということである。あるいはラカン派の言葉で言えば、「それが本当ならそうと分かるはずだ」なのである。より単純化して言うならば、本質的であるとすれば、まさにそれらが象徴的でしかないからという理由でのみ、そうなのである。誰がどんな立場への同一化を「選ん」でもよい。自分自身の健康にとって唯一重要なことは、そこにしっかりと立てることである。この意味で、男女同性愛者の倫理もまた、彼（あるいは彼女）がしめる立場（男根か去勢か、攻めか受けか、など）を承認して、「自らの欲望の正統性の前に後退しないこと」にあるかもしれない。確かに、これはあまり優雅なことではないかもしれない。同性愛嫌悪の問題ではなく、女性嫌悪の問題かもしれないが、それも怪しいものである。

そうならば、ゲイに対してであれ、レズビアンに対してであれ、もはや同性愛嫌悪を問題にすることは全くできないだろう。というのも象徴的記号である〈王〉、すなわち〈男根《ファルス》〉の天下は、パウロにとっての神のように立場を配分しているだけだからである。つまりそれは「人格」も体の構造も「考慮することなく」行われているのである。この点について、晩年の（そしてかなり難解であることも多かった）ラカンは、ドゥルーズの冗談に釣り合わせるように、滑稽な言葉を好んだ（明らかにここで彼らは同じものを笑っている）。それは、彼が、当時「あらゆる人」あるいは「あらゆる人である種」と呼んでいた象徴的〈男根《ファルス》〉は、自ら設定した性行為において真実を述べるのであって、同じ名の関係においてではなく、そのような名は存在しないと説明するためであった。

あらゆる人から二重論理的な痕跡が残るとすれば、それはあらゆる人たる種しかないということ、唯一たるものは何もないということだと推定できるだろう。〔…〕その種は、象徴的地位が何らかの言説の秩序によって伝達される様式からなり立っている。この立場から、主人、同様に奴隷、また学者ぶる人《ペダン》といった種が永続し、これに対応するホモ《ペデ》、鋸をひく者が付け加わる。最後のそれは、鋸をひかれる者なしではだめだろうと言える。

ここに何らかの同性愛嫌悪の徴候を見るならば、ユーモアを欠くと言うだけでなく、とんでもない勘違いである。それほどまでに、ここでは反対にあらゆる同性愛嫌悪言説が（そして同じように一義的に同性愛親和的なあらゆる言説も）礫にされているのである。「汚いホモ」は、自分を小さな主人だと思っている者にしか見えないのである。そして、自分自身の知が自らを裁く、しかも無情に裁くところでのみ、〈他者〉について判断できると信じられるのである。ラカンの語で言うならば、精神分析医もまた、バカなのである。

▒倒錯者とは何か

つまり、ラカンのおかげで、精神分析は最終的に同性愛嫌悪のあらゆる疑いを晴らすことができ、後は、厳密な意味で象徴的な（従って全く別の〈法〉の管轄にある）秩序ではなく、現実的な（従って政治的法的な）何らかの異性愛秩序の根拠を、なおも精神分析に見出せると考える者たちを、「愚劣」であるとして軽蔑すればいいだけであると、本当に言えるのだろうか。完全には言えない。その上、それは、少なくともフランスでは、「主人の言説」を惜しまず使ったラカン自身のせいでなのである。ラカンがそれを、極端にとは言わないまでも、楽しんだことで、彼は無罪放免とはいかないのである。より厳密に言うならば、ラカンは、性差をただ象徴的秩序の中だけに位置づけることによって、また彼がそれを語るときの真剣さとユーモアの混合によって、同性愛嫌悪的なあらゆる言説やあらゆる要求の正統性を奪うことに成功した。そうして、過去や未来の精神分析学者を見限ることによって、精神分析を同性愛嫌悪的であるという非難から救うことができたのである（意に反して。というのも明らかにラカンにとってはどうでもよかっただろうから）。それでもなお、そこからどちらかと言えば同性愛嫌悪的な基礎に拠って立つ者が出てくる。それには少なくとも三つの理由がある。

まず、ラカン自身、自らの言説に置いた限界を侵犯している。その限界とは、「学問の妄想」にとどまること、科学者、ノイローゼ患者、倒錯者、精神異常者といった、真実あるいは自らの真実を求め、それに対して困難を感じている者のそれぞれに個別的にのみ介入することができるだけであり、決して一つの言説をすべての者にあてはめること、唯一たること《プールトゥテ》はできないということである。ここでの私たちに関わりがあることは、象徴的構造は、それが現実を現実として根拠づける以上、現実から独立しており、そのことは、同性愛あるいは異性愛の個別的逸話に一つの真実があるかもしれないが、同性愛関係一般を考える意味、ましてや同性愛と異性愛の包括的な関係を考える意味はないということを暗黙に意味する。ところが、ラカンは我慢できなかった。彼は、一派を形成し、パリ大学ヴァンセンヌ校、フランス・ラジオ・テレビ放送局（ORTF）などあちこちに行って、みんなのために〈倒錯者〉と〈主人〉について語ったのであった。こうして、彼はパンドラの箱を再び開けてしまったのである。精神分析学者は、語り、政治的に介入しなければならない。やはり「そのこと」の専門家であるのだから。ところで、今日優先的に介入すべきなのは、性差の問題、より正確に言えばゲイとレズビアンの要求についてでなければ、何についてであろうか。ラカン主義はすべて、これらの争点については黙ることを覚えた方がいい。それはラカン主義の仕事ではない。しかし、ラカンは侵犯した。だから師匠を模倣しなければならないのである。今日の精神分析の同性愛嫌悪は、いかに商業主義的で汚れていても、以前のような欲得ではなく、症状である。そのためにいくつもの点でさらに許しがたいのである。

第二に、ラカン自ら、大文字始まりや言葉遊びの乱発によって、政治の領域に象徴的秩序が隠されているという手がかりを与えてしまっている。大文字の〈父の名〉、〈男根《ファルス》〉、〈シニフィアン〉、〈他者〉などと言うことは、想像界の扉を、まさに閉めると主張しながら同じ瞬間に開くことである。というのは、ドイツ語と違って、フランス語や英語で大文字を使うことは、当然に、人、人物像、それらの人や人物像から想像して特定できる行動を参照することだからである。ラカンは、固有名詞、つまり父の名は、普通名詞、つまりあらゆる意味作用の中に匿名で配分される呪力《マナ》［メラネシア語で力を意味する宗教的観念。人や物に付着して特別の力を与える］に過ぎないと言いたかったのである。「〈父の名〉を想定することは、〈神〉である。それは、何のために、首尾よい精神分析が、〈父の名〉を利用しつつ、それが不要であることを証明するかなのである」。しかし、父の名に大文字を用いることによって、自らの意に反し、あるいは破廉恥にも、ラカンはそれを再び神聖な人格に仕立て上げてしまった。そして、そうすることでその欺瞞に大きく貢献したのである。続いて、倒錯の構造は、必然的に〈倒錯者〉の構造になり、同性愛的〈欲動〉は、〈男女同性愛者〉の〈欲動〉、「より多くの快楽を求める者」の権化そのものになり、象徴的秩序は、悲しいことに、国家の法の中に現れている以上、何が何でも保持しなければならない〈象徴の秩序〉に具象化されたのである。言葉遊びについても同様である。ラカンにとって言葉遊びは、言うことではなく、仄めかすことでつかみとして巧妙に役立っているが、そこには、それを注意して聞いている者がいるという危険がある。言葉遊びは、ラカン自身によって乱用され、もはや言葉の癖あるいはスローガンでしかなくなってしまい、それが明らかにした以上の症状を流通させる。上に引いた「学者ぶる人《ペダン》」に対しての「ホモ《ペデ》」という表現は、言われたことを理解しないで繰り返すことを覚えた者たちの間で、同性愛嫌悪を正統化する効果を持つおそれがないだろうか。われわれ自身この言葉遊びのゲームに加わって、以下のように容易く言えるであろう。ラカンは、決まり文句を繰り返すうちに、自らの弟子に、言葉によってうまく構えることを教えたが、それは確かに自らの足元を（さらにはその被分析者を）よりよく撃つためであった。しかし、悪いことは起きてしまったようである。というのは今日では、これら弟子たちは、現実の欲望が表出するのを妨げるためだけにしか、少なくとも公的には、介入しないからである。

最も悪いのは第三の点で、これが最も重大な非難である。（語の本来の意味で）反動的な（つまり、他者のものとされる幻想に反応した）立場に強迫的にこだわることで、ラカンは単純に、象徴的秩序によって根拠づけられたただ一つの現実界の名において、絶対の権限をもって現実を無視すること、そしてそうすることで、ある人びとが求める精神の健康を、唯一の〈他者〉から仮定されるただ一つの〈真実〉という祭壇に犠牲として捧げることを（再度）教えたのである。かくしてラカンは、彼を担ぎ出す精神分析学医に、現実の通俗的な苦しみ、つまり「社会問題」から顔を背けることを教え、精神分析医の快適でシニカルな無関心さを単に強化したのである。少なくとも、精神分析診察室にやって来る主体の苦しみに注意を払うことから誕生した精神分析は、ラカンによって、診察室内外の苦しみをすべて軽視することに終わる。その苦しみは、ラカンの理論に全く反して、絶対的に現実的としか呼べないものであるが、ラカンは、それ自体重要ではない症状としか見なさなかった。確かに、ラカン自身には、この無関心とこの症状の撲滅を拒絶することで、精神分析医多数派のピューリタン的な（さらに同性愛嫌悪的な）愚劣に反対する勇気があった。自らの弟子やパリ大学ヴァンセンヌ校の学生たちに、彼らより優れた人を探せば確実に見つかると言いに行ったときも同様である。確かに、他人の苦痛に敏感な優れた商魂は、耐えがたい愚劣の類であることも多い。しかし、つまるところ勇気は、単に自己満足的ではないにしても、その性質上伝達されることができない幻想に過ぎない。そして、それは基本的に非政治化する。精神分析にとって、反動的である以上によい方針はないと彼自身の革命から繰り返し教えたのも、ラカンなのである。この観点から、精神分析一般、そしてとくにラカン派の精神分析が、FHARの社会的反乱について、同性愛の非処罰化、パックス、さらにはエイズについて、固有の政治的な争点を、完全にあるいはほとんど完全に欠落させていたことは、精神分析が今日でも頑迷であることを雄弁に物語っている。

このような三つの理由によって、フロイトによって精神分析を同性愛嫌悪から救っても無駄であり、ラカンによって精神分析医を救うのも無駄である。結局、ラカン自身も完全に救うことはできない。ラカンも風呂の水と一緒に流して捨ててしまった方がいいかもしれない。それは、彼が同性愛者の〈大義〉にとっての「盟友」ではなかったらしいという理由によるのではない（そのことで彼を非難するのは馬鹿げているだけでなく有害で、ラカン的である。同性愛者の「私的な」苦しみに対する許しがたい軽視の症状）。ましてや、あらゆる性的確立に結びついた幻想からラカンが目を覚まさせるからなどではない。それは単に、ラカンが結局、哲学的な誇大妄想を精神分析の嫌悪に取り替えたに過ぎないかもしれないからである。そうして、同性愛嫌悪を含めた反応的な嫌悪の手の中にただ精神分析を預けたのである。それはここでは、要求する「〈倒錯者〉」、つまり同性愛の活動家への嫌悪である。

▒さまざまな同性愛の複雑な構造物

このように精神分析それ自体には、少なくとも同性愛者の闘いにとって期待できることはおそらく何もない。それでもやはりそれを完全に無視することは、最終的なリスクを含んでいないわけではない。すなわち無数の矛盾の上に組み立てられた信じられないような複雑な構造物がどのようなものであるかを忘れること、そのような放棄は意味を持ち得る。というのも精神分析が如何に非政治的で病的恐怖症であるとしても、同性愛者、ゲイ、レズビアン、クィアなどのさまざまな団体↓やコミュニティが、まさにこれらの矛盾に対決し続けているからである。これらの矛盾を精神分析が解決しないまでも採り上げたことは、少なくとも価値があった。とくに、以下のような矛盾である。象徴的にであれ、同性愛と性差の概念を放棄しながら、同性愛嫌悪とジェンダーの差異という概念自体をどのように浸透させるのか。エイズについて言えば、ある種の許しがたい行為（性感染症への注意を怠ることやコンドームなしの性行為の推奨など）に対して、何らかの形で欲望と法、愛と快楽の関係の問題を引き継ぐことなく、自らの問題を片付けたと言うことができるだろうか。「無意識の対象選択」という概念そのものを放棄して、性的アイデンティティの自然さとジェンダーを超えたアイデンティティの自由な使用を主張することができるだろうか。この両面性を最もよく表明しているのは、「無意識の対象選択」という概念なのである。〈男根-王〉への参照をすべて放棄することは、ゲイとレズビアンのセクシュアリティを分けているどう見ても現実的な深い溝を単純かつ拙速に否定することではないか。あるいは、欲望の流用と特別な構造という固有の意味での倒錯をすべて放棄することは、同性愛コミュニティをプチブル的なピューリタニズムに引き渡すこと（「われわれは正常である！」）や、（特別なことはもはや何もなくなる以上）コミュニティの概念そのものを消し去ることではないだろうか。

これらの問いに対していかなる一義的な答えも見つけることはおそらくできないであろう。単に、このレヴェルでは、精神分析をある程度利用すること、あるいはこっそり利用することは、思考し続けることを助ける。それゆえに他のすべての闘いと同様に、セクシュアリティをめぐる闘いにおいても、同盟と断絶は、少なくとも外的であると同様に内的なものであるということを思い出させてくれるかもしれない。精神分析と縁を切るのは間違っているかもしれない。ラカンは、その相変わらずの尽きることのない意地の悪いユーモアで、次のように問うていた。「われわれは、フロイト的転覆によって背負うことを約束されているもの、すなわちセックスのための存在たり得るだろうか。われわれはそのような立場で持ちこたえられるほど勇敢であるようには見えない。ゲイもである。このことはわれわれがそのような存在に比肩していないことを示していると思う」。これを注意深く見て、「フロイト的」を「同性愛の戦闘的活動の」に置き換えてほしい。ラカンの意図はどうであれ、すべての者にとっての警告は、なおもここにあるかもしれない。

ピエール・ザウイ（齊藤訳）

↓悪徳、医学、異常、異性愛主義、象徴的秩序、心理学、性逆転、精神医学、他性、脱ゲイ運動、治療、倒錯、恥

生物学

医学と全く同じように、同性愛に対する生物学の取り組みもまた、同性愛嫌悪《ホモフォビア》の言説をつくり上げてしまうという点において、科学的論証の両面性を示している。そのような言説は大きな柔軟性を備えているので、全く正反対の結論に達することさえあり得る。

同性愛に関する「生物学」の歴史を改めてたどってみようとするなら、動物学や人類学（自然人類学の意味）、遺伝学の領域に属する事実の列挙を参照することと以上に、哲学の領域に属する、人間と自然をめぐる言説を分析しなければならないことが分かる。この意味では、同性愛に関する科学的言説の構築に対して生物学が果たした貢献は、比較的周辺的なものであったように見えるかもしれないし、さらに生物学は、医学とはちがって、同性愛者個々人の将来を左右するような直接的な働きかけはしてこなかったかもしれないが、それでもなお生物学は、伝統的な性道徳の形成に中心的な役割を果たしてきたのである。論争が絶えないことがそれを証明している。実際、生き物を経験的に、あるいは伝説のように記述していた頃に始まって、極端な専門性が要求される高度な科学的観察記録に至るまで、時間軸を極めて広く取り上げてみても、大ざっぱに言って問いはいつも同じである。すなわち同性愛は「自然」であるのか否か。

この問いの起源は、動物の身体構造と行動に関して古代の科学が形成した知識体系にある。とくに問題とされたのは、ウサギとハイエナとイタチである。古代の後半から中世の前半にかけての神学が、動物の例から類推して、人間どうしの性的関係を問題にする際に、この三種を推論の根拠としたのである。紀元前五世紀のギリシアにおける科学革命以降、さまざまな哲学者や博物学者が、動物界の事実や逸話を収集した。その著者にはアリストテレスやビザンティンのアリストファネス、アナクサゴラスなども含まれる。その中で先に挙げた三種の動物にも、それぞれにさまざまな特徴が割り当てられた。こうした著作は経験的知識と伝説的な言い伝えのない交ぜであり、また各著者の間でも矛盾がないわけではなかった。しかしこの三種の動物に与えられた特徴は、のちのキリスト教時代に、性的な「異常行動」を示すと解釈されることになるのである。例えばウサギは、うしろに向かって放尿するとアリストテレスは観察した。そののち、毎年肛門が生え替わる動物であると見なされた。ハイエナは、毎年性別を換えて、年ごとに雄になったり雌になったりするとされた。イタチは口で性的な関係を持つと言われた。

ところがキリスト教の時代になると、複数の神学者がこうした動物たちの性的な「非順応主義」を、『レヴィ記』に集められている禁止の寄せ集めに関係づけた。例えば今日では外典と見なされている『バルナバの手紙』は、ヘブライ人の食べ物に関する禁忌を、これらの動物の風習と想定されていることを理由に正当化している。ウサギの肉を食べることが禁じられているのは、少年を好きになる恐れがあるからであり、ハイエナの肉が禁忌なのは、姦通や誘惑の危険があるからであり、イタチの肉を拒むのは、口と性器の関係を拒むからであるというのだ。勝手な読解である。なぜならそのようなことはどこにも書かれていないし、ましてハイエナは『レヴィ記』の中では触れられてもいないのだ。しかしながら動物学のこうした「知識」と、神学との結合は、歴史を通じて伝播され、アレクサンドリアのクレメンスが再びそれを持ち出してくることになる。この人物は教父で、その著書はキリスト教の教会による性道徳の形成に中心的な役割を果たした。

これと同じ時代に、同性愛を非難するために生物学が改めて招集されている。そのやり方は、先の例とは全く正反対であったが、一部にはキリスト教徒もこの論点を用いた。ローマ帝国の絶頂期にたいへん広く流布されていて、キリスト教信仰と類似する部分も確かに含まれているストア派の思想から、自然の概念を勝手に借用し、その自然をもとに、同性の者どうしの関係を考えるうえでの主要なパラダイムがこの時代に構築され、それは以後一八世紀まで続くのである。そして確かに三世紀にアレクサンドリアのクレメンスは、ハイエナが前述のように行動することを認めながら、同時に別のところでは、生殖を目的としない性的関係は「自然に背く」というふうに主張して、自己矛盾におちいっているのだ。しかしながら「自然に反する」という概念がすみずみまで広がっていくのは、もっとずっと後、中世最盛期［中世中期、一二世紀〜一三世紀］の間である。「自然に背く」という論法は実際には問題を含んでいる。そこには、自然の秩序は神の意志の反映であり、生殖はセクシュアリティの「自然な」目的であるから、それは神の望んだ道であるという考え方が含まれている。ところが、動物においては多くの相手と関係を持ったり、頻繁に近親姦に及んだりするという風習があって、それがキリスト教道徳とどちらかと言えば相容れないということに、多くの著者が気づいていたのだ。しかし最後の審判が迫っていると信じて疑っていなかったこの時代にあって、何よりも大問題となったのは貞操だった。聖アウグスティヌスのような人にとって、まして聖ヒエロニムスのような人にとって、セクシュアリティはたとえ婚姻関係の中にあっても、非常にうさんくさいものなのである。

同性愛は「自然に反する罪」だから拒絶するという論法が十二分に活用されるようになるのは、一二世紀、一三世紀になって、教会が性行為や結婚の実践、そして夫婦の慣行などを定める掟を、膨大な努力を傾けて体系化してからのことなのである。そのとき同性愛の断罪は決定的なものになった。アルベルトゥス・マグヌスは、同性愛は性的な罪の中で最も重いとした。その理由は、同性愛が「恩寵も、理性も、自然も」汚すからであり、姦通が汚すのは恩寵と理性だけだからというものであった。トマス・アクイナスは、同性愛は罪であるとした。なぜなら同性愛は人類の繁殖を妨げるからであるという。聖トマス・アクイナスの影響は決定的であった。というのも彼は「自然に反する悪徳」という文言の中に、同性愛、マスターベーション、獣姦のすべてを、そして異性愛の行為であってもそれが妊娠に至らなかったり（生殖不能）、あるいは妊娠しないようにしたりする行為であれば、それらもすべて含めたからである。ある意味で性行動の自然な性質のほとんどが、「自然に反する」ことになってしまうのだ。このことは、中世および古典主義時代の文献の中に出てくる「ソドミー」という語の解釈を困難にしている原因でもある。

以上のような状況が変化したのは、一八世紀後半から一九世紀の間にセクシュアリティの概念自体が長い時間をかけて練り上げられてから後のことである。その間に、科学の言説は神学の言説とははっきりと切り離されて世俗の手に戻され、同時に動物に関する中世の伝説的な言い伝えは反駁された。同性愛が医学によって病理学上の実体として構築されていくと、この問題は医学が独占的に扱うようになり、それによって同性愛はしだいに「自然」の領域に組み込まれるようになった。この過程はしかし、極めてゆっくりと段階的に進行していったので、一九世紀前半の法医学はまだ「自然に反する」とか「反自然」といった用語を、医学によって自然の領域に組み込まれたものに対して当てはめていたのである。確かに精神科医のクラフト＝エビングは、同性愛という「倒錯」を精神病の一種であるとしたけれども、一九世紀末の精神医学自体は、この問題の基礎に新たに生物学を据えようという方向へ、少しずつ進んでいった。それ以来、二つの問題が争点となった。第一に、遺伝の問題である。同性愛を病気として組み立てていく動きが広がったのは、精神病を退化説の枠組みの中で考えていた時期であった。退化説は、フランスの精神科医モレルが一八五〇年前後に発表したもので、精神異常のあらゆる形態を、つねに一群の「人類の正常な類型が病的に退化したもの」と説明し、この退化が遺伝によって子孫に伝えられていくとした。モレルの理論はしだいに廃《すた》れていったが、同性愛は生得の性質であり、遺伝によってうつっていくという観念は二〇世紀を通じて消えることなく存続した。第二に争点と

◆例えばウサギは……と言われた　ウサギの放尿についてはアリストテレス『動物誌』第五巻第二章他多くの言及があるが、肛門についてはアリストテレスには見当たらない。ハイエナとイタチについては、アリストテレス『動物発生論』第三巻第六章にほぼ同内容の指摘があるが、アリストテレスはこれを間違いとしている。（山本）

なったのは、病因という概念である。同性愛には原因があるはずである、そしてその原因は必然的に生物学的性質のものである、というわけだ。そういうわけで、同性愛を精神病として記述した初期の研究が出版されると、すぐに脳の器質的損傷を探す研究が始まっている。↓内分泌学が誕生するやいなや、同性愛の原因探索の道は脳だけではなくなり、ホルモンもその一つとなった。そのおかげで先に述べた遺伝の理論に基づく説明の筋が通るようになったのである。

同性愛が病気と見なされることによって、「自然なもの」の領域に帰還したことは、当事者からさえ進歩だと思われることがよくあった。例えばドイツの初期の同性愛運動は、医師のマグヌス・↓ヒルシュフェルトという象徴的な人物を中心に形成されていったが、当時、彼の考えでこの理論が再び持ち出されてくるのである。ヒルシュフェルトは「↓性逆転」について、単なる「進化のつまづき」に過ぎないとまで言うのである。「自然に反する」という言い方から連想される罪の概念とくらべれば、病気の概念はたぶん依然として有害であるとはいえ、よりましなように思われる。少なくとも法的にどのような影響を被るかという点と、またとりわけ当事者が、それぞれちがったふうに病気の意味を見出すことが可能であるという点については、そうであろう。同性愛を生物学の領域に位置づけようという意志は、この時代の動物行動学の観察によっても強化された。ただし動物行動学は、アンドレ・↓ジッドの『コリドン』にならって、同性愛を病気と見なすことには反論した。

医学分野から始まったこの理論は、同性愛者に対する最悪の拷問を、とりわけ第三帝国の↓ドイツで正当化することに役立ったのち、奇妙なことに今日では、ゲイや「ゲイ・フレンドリーな」研究者たちが行っている遺伝学や神経解剖学の最新の研究の基礎となっているのである。そうした研究者たちは、↓北アメリカの信仰心の篤い環境の中で、当事者にのしかかっている過ちや罪の重荷を取り払うために、「自然である」ことを立証しようとしているのである。

同じように社会生物学もまた、この学問の創始者エドワード・O・ウィルソンの研究以来、ダーウィンが築いた基礎にのっとって、同性愛の問題を進化理論の中に組み込もうとしてきた。社会生物学は同性愛を健全で自然なものであると報告し、さらにそれは利他的衝動という人間性の一面であり、それによって人間の人口を「生態にふさわしく」調整することが可能になっているとして、同性愛の病因論に関するこれまでの研究のすべてを綜合してみせた。しかしながらそのような理論は、進化論主義者の目的論の一形態に過ぎないことは自明であり、古代後期の教父の考え方からほとんど解放されていない。すなわち、自然に起源を持つと仮定された「メートル原器」に基づいて、人間の行動の道徳的価値を測定しようとした考え方のことである。アメリカの状況においてはそのような研究も同性愛者にとって有益かもしれない。しかしこれまでの歴史がはっきりと示しているように、そのような研究には抑圧的な面が貼り付いている可能性が高い。

ピエール＝オリヴィエ・ド・ビュシェ（山本訳）

↓医学、遺伝学、自然に反する、神学、生殖不能、治療、退化、内分泌学、法医学、レトリック

ソドムとゴモラ

ソドムとゴモラのエピソードは、『創世記』の中にある（一九章一～二九節）。天使あるいは人間の訪問者たちがソドムのロトのところにやって来る。ロトは訪問者たちをもてなしたが、町の住人が彼らを「知り」たがったので（「知る」はここではっきりと性的な意味）、ロトは訪問者たちを守らなければならな

神の憤怒よって破壊された聖書の町は伝統的な文学あるいは図像を触発してきた。とりわけ1903年に出版されたエドモン・ファズィの小説がそれを証明している（ジョソによる表紙挿絵）

くなる。彼は自らの娘をかわりに差し出すことをも提案した。翌日神は、ソドムの町とゴモラの町に地獄と神の罰のメタファーである硫黄と火を降らせて、これらの町を罰した。

非常によく知られたこのくだりは、今日では同性愛に対する最も明白な聖書の禁忌とされている。しかし、現実には、常にそうであったわけではない。伝統的な注解では、時折、この件をロトのもとを訪れた使者に対するもてなしのルールに反する無礼と解釈された。↓聖書自体は（『ユダの手紙』六〜七節）、このエピソードを神に対する重大な侵犯と見ることを示唆している。二人の訪問者は、天使と人間の間の不適当な関係を結ぼうとしている。従って、人間との不法な関係を求めて、神に背いたのは天使である。

別言すれば、同性愛関係の非難を読むよくある解釈は、聖書そのものにおいてすら唯一の解釈ではない。この解釈は紀元前二世紀から現れる。敬虔な↓ユダヤ教徒は、このようにしてギリシア風俗の影響と同胞の男色行為を非難していた。この非難は、キリスト教の最初の思想家とともに広く発展する（アレクサンドリアのクレメンス、ヨアンネス・クリュソストモス、アウグスティヌスなど）。彼らにとって同性愛は古代異教文明の生活様式から生じたものだった。このような非難は、一三世紀から宗教言説の紛れもない紋切り型になっていく。

ティエリ・ルヴォル（齊藤訳）

↓悪徳、イスラム教、異端、カトリック、自然に反する、神学、聖書、ペトルス・ダミアニ、パウロ、放蕩、ユダヤ教

退化

退化説は一九世紀半ばに、フランス人の精神科医ベネディクト＝オーギュスタン・モレルがいくつかの著作の中で定式化した。モレルは病因学を根拠として、あらゆる精神病が、他の例えば肺結核や梅毒などといったような病理の結果として広がるとした（ここで言う精神病は広い意味で理解する必要がある。それは当時、「神経の」病気と定義されたすべての病気に相当し、癲《てん》癇《かん》や筋疾患《ミオパシー》も含んでいる）。この理論の基本的公準は、病気が遺伝するとしたところにある。その遺伝は病気や何らかの行動障害の形で現れるが、系統樹を下っていけばいくほどその発現が頻繁になり、ついにはその家系の「退化」に至るというものである。

メンデルの遺伝学の法則がまだ知られていなかった時代にモレルが唱えたこの理論は、祖父のアルコール依存症、母方の叔母のヒステリー、いとこの筋疾患《ミオパシー》が、「欠陥の遺伝」という形で当人の同性愛と関係しているのだと仮定した。この理論は医学界をはるかに越えて広範囲に反響を呼び、同時代の多くの人びとに西洋文明の衰退を指し示した。この理論が世紀末の精神に与えた影響については、エミール・ゾラの文学作品がその大きさを物語っている。この理論は科学的な定理としては曖昧過ぎるにも拘らず、ダーウィン主義やメンデルの法則の「再発見」に即応する形で、人類の遺伝に関する新たな知見の中にさしたる困難もなく統合されていく。

「性的倒錯」、中でも第一に同性愛を、退化の問題に再び明確に結びつけた最初はオーストリア系ドイツ人の精神科医で『性的精神病質』の著者リヒャルト・フォン・クラフト＝エビングである。クラフト＝エビング自身は、この問題に特別長々と拘《こだわ》ってはいなかったが、しかし彼の先駆的業績によって、同性愛の遺伝的伝染という問題が創始されたのである。今日でもこの分野において遺伝的研究が行われていることの根底には、遺伝的伝染という考え方が横たわっている。個々の同性愛者を「人種の終焉」、最後の「生殖不能の未熟児」、病的家系のなれの果てとする表象、また同性愛を西洋文明の衰退の徴候とする表象、さらにはローマ帝国の歴史を例に挙げる退廃の思想に基づくものの見方など、すべてはこの理論に由来するのである。

ピエール＝オリヴィエ・ド・ビュシェ（山本訳）

→遺伝学、性逆転、精神医学、精神分析、生物学、退廃、脱ゲイ運動、治療、倒錯、内分泌学、ヒムラー、ヒルシュフェルト、ファシズム、法医学

退廃

退廃と同性愛を結合することは、語りを組み立てる一つの方法である。その目的は、一方で同性愛は社会を腐敗させるとしてそれを貶めることであり、もう一方で男性・女性とは異なる同性愛者からなる第三の社会を貶めることである。語りは「事実確認的」でもあり得るし、規範的でもあり得る。「事実確認的」な語り方の場合、その言説は明確な同性愛嫌悪《ホモフォビア》の価値観という特徴を伴って社会に刻み込まれ、それによって社会が強化されることを目指している。規範的な語り方は、退廃を規範の侵犯の結果であると解釈し、同性愛の有害性をあげつらって社会の改革を目指す。

第一の、退廃を確認することを目指す語り方は、その過程を通して同性愛嫌悪の過去と現在を結びつけ、同性愛嫌悪的価値観がいかに重要であるかということを追認しようとする。それには二つの面があって、一つには同性愛を国民の衰弱に結びつけること、今一つは同性愛を否定すべき派生段階に結びつけることである。

国民の衰弱という主題に関して、質的な観点から言えば、退廃について何か意見を表明する際に、古代を引きあいに出すことがしばしばある。すなわち退廃が古代ローマの崩壊の原因であるという説明である。これはキリスト教徒の作家の物語ないし解釈であり、彼らはローマ帝国がキリスト教を弾圧したため、多かれ少なかれ意識的にローマ帝国を断罪しているのである。しかしながらこの解釈は議論を呼び起こす。例えばベッカリア［一七三八〜九四］は、姦通や少年愛、嬰児殺しなど「証明しがたい犯罪」を扱った『犯罪と罰』の序文で次のように断言している。「国民の大半が活力を失っていれば、美徳を発揮するだけでなく、大罪を犯すこともできない。従って、国を滅ぼすような大罪は、必ずしも一国家の衰退の徴《しるし》であるとは言えない」。またジェレミー・ベンサムも国家を引きあいに出して以下のように主張する。もしも同性愛が人びとを衰弱させるなら、その犠牲者は同性愛者だけであるが、そうであるという生理学的証拠は何もない。逆に同性愛を実践していた↓古代ギリシアやローマの兵士が疑いもなく強力であったことを考えれば、この仮説はむしろ間違っていることになる。

量的な観点から言うなら、近代国家の出現とともに現れた常套句は、人口の減少と道徳的退廃、国家の退廃という三つの要素を結びつけ、また逆に人口増加と国民の力の増大を結びつける（トマス・ホッブズやモンテスキュー）。退廃のこのような「確認」は、ナショナリストや出産奨励主義者の着想の基本的な要素となり、同性愛の犯罪視（↓処罰）の新たな根拠とされた。しかしここでもやはり、退廃と人口との結びつきには異議が挟まれる。ベンサムは、男性どうしの関係が人口を減少させるという論拠は確証されていないと主張した。ベンサムは暗黙のうちに、またレトリックとしては、人口の増加が望ましいことだと認めてしまっているわけだが、同性愛がそこには何の害も及ぼさないことを示したのだ。

さらにまた、同性愛は、中立的ないし肯定すべき最初の段階に対して、しばしば退廃という派生段階であると、しかもそれは個人のレヴェルであっても集団のレヴェルであってもそのように見なされる。生得的なものと後天的なものの二元論、また最初のものと派生的なものの二元論の基礎には、原罪という文化的参照基準、すなわち最初は善であり、悪は派生的なものであるという基準が横たわっている。マグヌス・↓ヒルシュフェルトは、二〇世紀初頭の↓ドイツの数多くの訴訟に専門家として出廷してこの解釈に反対した。ヒルシュフェルトは同性愛を生得的な性質であると最初に主張したうちの一人であった。彼は生まれつきの同性愛の責任は取れないということを論拠にして、通常の裁判ではおおむね被告の無罪を勝ち取ったが、政府の高官を巻き込んだ大きな裁判がいくつか続くと、その影響力は低下して、彼の理論はしだいに受け容れられなくなっていき、最後には改めて拒絶された。その代わりに持ち上げられたのが、同性愛は後天的に獲得されるものであり、退廃の産物であり、力の↓退化と相関するものだという議論であった。

退廃を規範への侵犯の結果であると解釈することを目指す第二の語り方では、同性愛嫌悪的価値観を持つ社会の妥当性を確認することはもはや問題ではなく、同性愛嫌悪が十分に強くないために、現在と未来の断絶が生じてしまうような社会を改革しようとするのである。

この種の主張は中世末期、次いで↓プロテスタントの影響下、そして一七世紀、一八世紀の思想家とともに展開された。書き手がこの議論を用いるときに照準を合わせているのは、一方では↓カトリックに基づく政治的宗教的体制の機能であると同時に、もう一方では君主制の妥当性である。どちらも政治的社会的に不毛であり、新しい社会と置き換えなければならないと主張するのだ。

宗教集団、とりわけ修道院は槍玉に挙げられた。マルティン・ルターは聖職者や修道士の同性愛を仄めかし、またローマをしばしば↓ソドムになぞらえてカトリック教会を批判した。この論争は、カトリックとプロテスタントの間の論戦の焦点となった。この議論は、啓蒙哲学者の筆のもとでさらに強化された。彼らは同性愛を、社会から見れば奥まったところにいる、貴族や宗教者などフランスの中でも特定のカーストの行動だと非難し（ヴォルテール、ジェルヴェーズ・ド・ラトゥーシュ、ディドロ）、宮廷や修道院の同性愛神話の形成に一役買ったのである。

聖職者や貴族のエリートが同性愛であるという仮説は、当の集団が社会の利益に少しも貢献せず、自らの利益にのみ没頭していることを示唆していた。主な狙いはその集団の政治的正当性を揺るがすことにあり、彼らはその性的実践が自縄自縛となって腐敗堕落し、自分たち自身とその社会の両方の退廃を招いていると批判するのである。エリートの同性愛という主張の中心にあるのは、その集団の集合的な責任の欠如の確認であり、道徳の再建の要請である。言うところの同性愛者の行動の立て直しのための手段は、集団の解体を狙った、個々人に対する刑法による規制から始まって、超法規的手段または革命に至るのである。

フロラ・ルロワ＝フォルジョ（山本訳）

↓自然に反する、ジッド、神学、生殖不能、ソドムとゴモラ、退化、哲学、伝染、倒錯、文学、放蕩、レトリック

他性

同性愛嫌悪《ホモフォビア》を表明するために最近発明された言い方。この浅はかな考え方はしかし、徐々に優勢になってきていて、今日では↓哲学者、聖職者、↓精神分析家、↓人類学者の間によく見られるようになった。いわく、同性愛は真の他性に対する恐怖である。いわく、同性愛は自分と同じものに対して目が眩んでいる状態である。いわく、同性愛はナルシシズム的な引きこもり状態である。このような評価がいったいどこからやって来たのであろうか。

おそらく↓旧約聖書の文言ではないであろう。イヴはアダムからつくられたのだから、女性が初めから純粋な他性として姿を現したわけではないのだ。↓ソドムとゴモラについては、「その厭うべき行為を訴える叫び」（ただし『創世記』では単に不正、罪と言われているだけである）、すなわち共有されている掟に対する違反を訴える叫びこそが、この二つの町を他のすべての町から区別し、この二つの町に神の雷をもたらしたのであって、どう解釈してもこれらの町が他性を否定しているから罰せられたことにはならない。だからこの二つの町は他性についてたいした教訓になっていない。のちに自分の二人の娘と近親

姦の関係を結ぶ、ソドムの町の唯一の正しき人ロトにしても、もちろん言うまでもなく他性の教訓にはならない。

新約聖書の伝承の中にも、これ以上の議論は見出されない。新約聖書の中心概念は「隣人」であるが、これは定義上、普遍的な他者としての「〈他者〉」のことであり、つまり誰でもよい誰か、任意の誰かであり、生物学的な区別や実際の行動による区別とは一切無縁である。パウロでさえ、「忌まわしい変節行為」（『コリント人への第二の手紙』一二章二一節）に対する非難を、やはり掟に対する違反だけに結びつけているのであり、他者とは関係がない。要するに、同性愛とは自分と同じものに対して目が眩んでいる状態であるという、おかしな断定が生まれてきた源は、聖書の文言ではないのである。

そこで哲学に目を向けてみたい。とくに現代哲学に注目する。というのも、ギリシア哲学はプラトンからローマのストア派に至るまで、他性の概念に全く関心を示さず、ただ自分と同じもの、似ているものへの愛（または友情）だけを一義的に特権化しているように見えるからである。そして実際、〈他者〉との関係を中心とする現代の同性愛嫌悪の真の萌芽は、中でもヘーゲルやレヴィナスが性のちがいに付与した重要性に見出されるのである。しかしこの場合も、深い根源にまでは至らないかもしれない。というのもヘーゲルにおける〈他者〉像も、レヴィナスにおける〈他者〉像も、生物学的な区別から形成されることもあれば、生物学的な区別に抗って形成されることもあるからだ。〝〈他者〉〟や〝対他〟といった現代的な概念も、あまり誇張せずに考えるなら、そこから全く正反対の命題をつくり上げることも全く可能である。すなわち同性愛は、他者の視線の優先であり、他者にとっての対象としての自己の選択を意味し得るのだ。これこそがサルトルのジュネ解釈である。すなわち同性愛の起源、あるいはサルトルが言うように「前＝少年愛」とは、対他存在ということに真理を見出している人間の置かれた状況なのである。

次に、精神分析を見る。この分野は、もっと真剣にこの議論に取り組んでいるように思われる。同性愛を初めて「自己愛《ナルシスティック》」と見なし、母親は去勢されたのだとすることによって性の差異（↓性差）に到達するだけの力を欠いた状態だと分析したのはフロイトである。ここからフロイトは、母親と自己を同一視するせいで、〈他者〉の象徴体系に到達することができない同性愛者の欲動を言い表す言葉として、性逆転（インヴァージョン）や倒錯（パーヴァージョン）という用語を正当化しているようだ。しかしここでも、話はたちまち複雑になってくる。なぜならまず第一に、「自己愛《ナルシスティック》」と「依託的愛」（自然の欲求に依託している）との間にフロイトが設けた区別が、まずもって異性愛の範囲内に収まっているからであり、それのみならず価値判断とは完全に無縁の区別だからである。「依託的」愛とは要するに、「ママかつ娼婦」への愛ということでもあるわけだから、それは〈他者〉や象徴界に到達するための入口としてはやはり、たいして役に立たないのである。第二に、フロイトはしばらくのちに、ナルシシズムが自己愛《ナルシスティック》を手に入れるためには、対象の外部性を保っている二次的ナルシシズムが必要であり、おそらく二次的ナルシシズムは付随的に、死の欲動から防御するための手段という不可欠の役割を担っていると考えるようになったからである。第三に、フロイトはとりわけ女性の同性愛について、自己愛《ナルシスティック》が依託的愛に反転すること、そしてそのとき同性愛は、父親への同一化を通して〈他者〉像への特権的到達方法となることを、発見していてもおかしくはなかったからである。他方でラカンは次のように主張している。想像界と象徴界が分離されることによって主体が構成されるとき、その分離をもたらすのが性の違いなのであれば、それ自身が象徴界の効果であると。別の言い方をするなら、〈他者〉の象徴的地位を占める像は男性であっても女性であっても、どちらでも全くかまわないということである。要するに、通俗的精神分析や二〇世紀初頭のアメリカ流精神分析理解によれば、同性愛者の男女は、自分と同じものの像に閉じこもっていることにされるのだが、フロイト（そしてラカン）の原資料を真摯に読んでみれば、おそらく同性愛者は同一性から解放されるであろうし、少なくとも同性愛者は、〈他者〉との関係というおそらく永遠に問題をはらんだ複合性に関しては、異性愛者と全く同じ平面に位置づけなおされるであろう。

最後に、同性愛を他者の抹消の一形態に還元する人類学の議論については、ほとんど何も言うことはない。無理があることが明白だからだ。経験主義的な民族誌が、一方では同性愛に対する関係が極めて多様であること（最も抑圧的な社会から最も融合的な社会まで)、また一方で他性に対する関係が極めて多様であること(最も開放的な社会から最も閉鎖的な社会まで)を、過去一世紀以上に渡って豊富に収集してきたのだから、どうすれば人類学のように、そこから帰納される最小限の定数として、他者の排除と性的関係において性が同じであることとを結びつけることができるのか、よく分からないのである。構造人類学については、レヴィ=ストロースの提唱した根本原理を遵守してきたように見える。すなわち、あらゆる文化、あらゆる文明の基盤は、それが禁じていることの中にあるのではなく、それが禁じているという事実にこそ、その禁止の構造にこそ存するというわけだ。

以上、どの分野でどれほど真剣に議論しようとも、同性愛を同一性の領域に還元することを最後まで正当化し得る議論は見出されない。それでもこの還元は今日なおよく目につくのだが、(あくまで論証というレヴェルに限って言えば)説得力のある仮説はただの一つも見つけられない。この還元は、単なる意味《シニフィアン》するものの効果に過ぎないのではないだろうか。すなわち同性愛《ホモセクシュアリティ》という言葉自体が直接生みだす効果、つまり文字通り「自分と同じものに対するセクシュアリティ」と理解されるこの言葉自体の効果である。この点について意義深いのは意味《シニフィエ》されるものと指示対象《レフェラン》の循環性であり、このタイプの同性愛嫌悪の議論はすべてこの循環性を手段として用いている。聖職者が持ち出すのはもはや↓神学ではなく精神分析であり、人類学は精神分析に依拠し、哲学は人類学を拠り所に(レヴィ=ストロース主義者の一部に見られる几帳面な同性愛嫌悪は、彼らの師の文字通りの意味での人類学から考えるよりは、師がルソーに傾倒していたことから考えた方が、ずっとよく理解できる)、そして哲学はサヴォワ助任司祭の信仰告白[ルソー『エミール』第四編のタイトル]に支えられる。別の言い方をすれば、意味《シニフィエ》されるものはもはや真の重要性を持たないのだ。今後重要であるのは、ただ意味《シニフィアン》するもののみ、「名は体を表す」だけなのだ。

しかし「今後」というのもおそらく言い過ぎであろう。というのも、同性愛者は最初から疾病分類学が用意した分類には全く、あるいはほとんど収まらないのである。同性愛者に割り当てられる「自分と同じものへの愛」は、結局は単なる意味《シニフィアン》するものの効果に過ぎないということになる。この点についてのよい例は、疾病分類学上の用語として同性愛という言葉を半ば発明したと言えるクラフト=エビングが、つねに「真の同性愛」という言い方をして、「性心理学的両性具有」という曖昧過ぎて精神医学としては使えない概念からそれを区別する必要があったという事実である。この事実から、自分と同じものに対する眩惑とは、現実とは全く関係のない概念であり、同性愛者による他者の否定とは、命題というよりはただの作業仮説だということが分かる。

以上のような視野に立てば、「同性愛者」という偽りの科学用語は極めて怪しいものと感じられるであろう。この言葉こそが、他性をめぐる現代のあらゆる同性愛嫌悪の真の核心なのである。そうなれば返す刀で、こんどはこの言葉から生まれた同性愛嫌悪という概念が怪しまれるであろう。この概念は戦略的な価値は大いにあるかもしれないが、文字通り解するなら、この言葉によって告発せんとするものそのものの土台を正当化しかねない危険がつねにあるからである。

↓性差、精神分析、哲学、普遍主義/差異主義

ピエール・ザウイ(山本訳)

脱ゲイ運動

「脱ゲイ」運動は一九七〇年代のアメリカに登場した。これは、自身の同性愛が「治った」という男女が、ゲイ・レズビアンに対して、自分と同じ道を歩むよう呼びかける運動である。この運動の背景には宗教があることが目に

付く。とくに「新生キリスト教徒」運動（ある程度長い期間、無神論または宗教に対する無関心に陥っていたが、その後、福音書の「真理」を再発見したと称するキリスト教徒の運動）である。「脱ゲイ」運動が飛躍的に発展したことはまた、一九七〇年代初頭にアメリカ精神医学会が精神病のリストから同性愛を外したことに直接関連している。ゲイ・レズビアンの積極的な運動が勝利したことによって、少なくとも象徴的なレヴェルでは、一世紀に渡る同性愛に対する↓精神医学の支配に終止符が打たれたのであるが、そのことは確かに、同性に惹かれる自分を「治したい」と願う多くの人びとからその手段を奪いとるという、望ましくない結果をもたらしたのである。そういう人びとの中でも、自身の宗教的な信条と性的指向との折り合いをうまくつけることができない者たちが、所属教会の内部あるいはその傍らで集まり、例えば望ましい異性愛を求めて互いに助け合う自助グループをつくるというのは極めてよくある話だ。このようにして多くの組織が設立されたのであり、大部分が福音派のコミュニティに結びついている。一九七六年以降は、その大半が「エクソダス［モーセに率いられたイスラエルの民のエジプト脱出のこと］」という名の連盟組織に加入していく。

こうしたコミュニティの主な活動は、回復療法《リパラティヴ・セラピー》という考え方を中心にして組織される。回復療法とは、宗教上の実践を心理療法に組み合わせたものである。たいていの場合、治療として行われているのは、夕方に集まって祈りを捧げたり、↓聖書の読書会を開いたりして、その後「キリスト教徒の」↓心理学者による、あるいは集団討論という形での、心理療法が施されるという展開である。こうした組織の中には「中毒」と闘うために確立された技術から直接的な影響を受けているものもあり、「無名のアルコール依存症者たち《アルコホーリクス・アノニマス》」や「無名の麻薬依存症者たち《ナルコティクス・アノニマス》」といった組織を見本として、それをそっくり模倣した「無名の同性愛者たち《ホモセクシュアルズ・アノニマス》」式の組織をつくっている。さらにこうしたグループは、同性愛をジェンダーの逆転（↓性逆転）と見なす伝統を再び持ち出してきて、レズビアンの会員には女性らしくすることを、ゲイの会員には男性らしくすることを勧める。しかもその方法が、メーキャップ教室であったり、自動車工学の勉強であったり、バスケットボールであったりするのだ。最も過激なグループでは、悪魔祓いや電気ショックを使った嫌悪療法［当人の意志的な制御が利かない嗜癖や行動を止めさせるために、有害刺激を与える療法。嫌忌療法、罰療法とも言う］を行うに至る。

以上のようなさまざまなグループは、アメリカの宗教右派との間に価値観の面で多くを共有しているのだが、一九九〇年代末までは、宗教右派からの支持は遠慮がちで控えめだった。その理由は一方では、そうした組織を構成しているゲイ・レズビアンは、たとえ「悔悛」していようと、また「治る」ことを願っていようと、なおその多くが同性との行為を実践していたり、同性に対する欲望を持っていたりするからである。また一方では、「脱脱ゲイ」の証人が急速に増えていったからでもある。その証言によって、療法では効果が得られないこと、参加者の多くが失望させられたこと、そして何よりも困難から抜け出すためには、結局は自分の性的指向を受け容れてしまうのが最善の方法であることが、指摘されたのである。例えば大いにメディアで宣伝されたことだが、「エクソダス」の創設者の二人は、結局二人で一緒に暮らすために運動を放棄し、二人して反「脱ゲイ」運動の中心的な活動家となり、それは二人のうちの一方が↓エイズで亡くなるまで続いた。このような意味で「脱ゲイ」グループは、大方の保守派宗教組織から見れば、あまり信頼に値しない「同盟者」のように映っていたのである。

このような状況が一九九〇年代末に変化した。クリントン政権の時代に、いくつかの都市または郡で反差別的な法制度が実現するという進歩が見られたり、また共和党の内部から保守派のゲイ団体が出現して、政治家に対してロビー活動をかなり活発に展開するようなことが起きた。こうした事態を背景に、宗教右派が「脱ゲイ」と同盟関係を結ぶことが適当だと見なすようになったのである。この同盟によって宗教右派は、ゲイ・レズビアンは変わり得るのだから反差別法など無駄だという論法を主張することができたのである。一九九八年にこの同盟は一つのマスコミ・キャンペーンを実施するに至る。それは「愛の真実」と題され、一八の大きな宗教右派組織から五〇万ドルにものぼる財政支援を得て、アメリカの国民的新聞社の中でも最も大きな新聞（『ワシントン・ポスト』、『USAトゥデイ』、『ウォール・ストリート・ジャーナル』……）に掲載された。キャンペーンの皮切りは『ニューヨーク・タイムズ』紙の一ページ全面を使って、「妻であり、母であり、元レズビアン」であるアンヌ・ポークを紹介している。彼女は次のように宣言する。「真実があなたを解放してくれる。私がその生きた証しです」。このとき以来、一般大衆向けキャンペーンが数を増していく。このことは、宗教右派のゲイ・レズビアンに対する戦いの戦略の一部として、「脱ゲイ」グループが組み込まれたことを示している。

「脱ゲイ」はおそらく、北アメリカにおける同性愛嫌悪《ホモフォビア》の歴史上、最も痛々しい徴候の一つである。「脱脱ゲイ」の証言には、自己嫌悪（↓恥）が集団的体験として生じた場合には、どれほどの破壊力を持つかということが示されている。このような活動から身を守る最良の盾は、同性愛者↓団体での活動や教会での活動の中で、信仰と同性愛との折り合いをつけるように努めることである。「エクソダス」は多くの国に支部をつくっているが、この現象は現在のところ北アメリカの範囲にとどまっている。しかし福音派が↓ラテンアメリカ、アフリカ、ヨーロッパ東部、↓東南アジアへ進出していくことによって、こうした組織が世界中に影響力を広げる可能性はある。

ピエール＝オリヴィエ・ド・ビュシェ（山本訳）

↓医学、異性愛主義、北アメリカ、神学、精神医学、治療、プロテスタント

ダンス

映画『リトル・ダンサー』に、一二歳の主人公の少年とその父親が対立する場面がある。少年はボクシング教室に通っていたが、同じ場所で開かれているクラシック・ダンスのレッスンの方に参加しているところを父親に見つかったのだ。


「じゃあお前はダンサーになりたいって言うのか？」

「それが何か悪いの？」

「それが何か悪いんだ、ダンサーなんかになるってことは」

「全然普通のことだよ」

「普通だとも。女の子だったらな。でも男の子の場合はちがうんだ、ビリー。男の子っていうのはサッカーをやったりボクシングをやったりレスリングをしたりするもんだ。男の子はバレエ・ダンサーになりたがったりしないんだ。父さんの言ってることが分かるか？」

「父さんが、ダンスのどこをいけないって言ってるのか、分からないよ」

「お前は父さんが何をいけないって思ってるか分かってるはずだ」

「ううん、分からないよ」

「いや、お前は分かってる」

「分からないってば」

「いいやお前はよく分かってるはずだ。神様に誓って。父さんを誰だと思ってる。お前はちゃーんと分かってるんだ」

「何を？　何が言いたいの？　パパ？」

「殴られたいんだな、ちがうか？」

「全然だよ、ぜったいちがうよ」

「いや、おまえは殴られたいんだ、ビリー」

「ねえ、オカマばっかりじゃないんだよ、パパ。アスリートより筋肉もりもりのダンサーだっているんだから」


世論が↓カリカチュアとして描く同性愛者の肖像を集めたギャラリーには、美容師や骨董屋、インテリアデザイナーと並んでダンサーも目立つ場所に掲げられる。ビリー・エリオットの父親の反応は、彼の言葉が表しているものを考えると極めて興味深い。すなわち言葉による↓暴力に加えて、身体的暴力を

加えるという脅し、厳格にジェンダーを区別する発想（男の子にはサッカーやボクシング、プロレスなど集団でやる激しいスポーツを、女の子には裁縫やダンスなど当然のことながらもっと女の子らしいことを）、男のダンスをすぐに同性愛と同一視すること、クラシック・ダンスに焦点を当てること。エリオット氏が動転してしまったのは、自分の息子が何のダンスでもいいからとにかく「ダンサーになること」を望んでいると考えたからというより、息子がバレエ・ダンサーに、クラシック・ダンスのダンサーになりたがっていると見て取ったからに他ならない。

クラシック・ダンスのダンサーをめぐって表現される以上のような同性愛嫌悪《ホモフォビア》は、西洋の、とりわけクラシック・ダンスが誕生し、発展したフランスにおけるその歴史に関連があると思われる。クラシック・ダンスもその起源においては、異性愛世界の中でも最上の世界で首尾良くやっていたのである。あの稀代の女好きでもあった「舞踊家王」のルイ一四世が、名前だけでなく実際に統治に携わるようになったごく初期の一六六一年にはもう、王立ダンス・アカデミーを設立したのだ。歴史の皮肉であろうか、この王は女好きのわりには戦争ではさほど雄々しくはなく、王弟殿下と呼ばれた弟のオルレアン公フィリップ一世［フィリップ・ドルレアン、一六四〇～一七〇一］の方が戦争と男を好んだのだった。このように考えると、一七世紀末にはダンスと同性愛は結びつけられてはいなかった。従ってその結果として、同性愛嫌悪に基づくダンサーの表象も存在しなかったのである。

それが引っ繰り返るのが一九世紀である。トーシューズとチュチュが発明され、ロマンティック・バレエが創始されたのである。このバレエは、プリマ・バレリーナすなわちカルロッタ・グリジ［一八一九～一八九九］からマリア・タリオーニ［一八〇四～一八八四］まで女性のトップ・ダンサーの姿に完全に支えられて成り立っている。クラシック・ダンスの文法は、最終的に女性ダンサーを中心に確定する。この新しい振付け構成においては、男性ダンサーはもはや引き立て役、持ち上げ役、補佐役でしかなく、相手の女性ダンサーの女らしさや気品をよりよく浮き出させるためだけの存在となった。そして実際に、一九世紀の大作家たちに筆を執らせるまでに魅了したのは女性ダンサーの方だった。例えば大のバレエ愛好家で『ジゼル』の台本を書いたテオフィール・ゴーティエから『エロディアード』のステファヌ・マラルメを経て『魂と舞踏』の著者ポール・ヴァレリーに至るまで、みなダンスについて語るときには、基本的に女性ダンサーのことを語っているのである。男性ダンサーについて書かれるとすれば、軽蔑をもって扱われた。テオフィール・ゴーティエは、『ダンスについて』の中で嫌悪感を露わに次のように言う。「男性ダンサーの筋肉質の身体が汗びっしょりになっている」。女性の専有物と見なされるようになったこの非男性的芸術の中心には、男の居場所はもはやない。そして男性ダンサーは男でもなく女でもない混合体と見なされ、嫌悪しか呼び起こさなくなったのである。

このような、男性ダンサーの新しい形象の最も完成された描写は、おそらくアナトール・フランスの『舞姫タイス』であろう。

この年齢不詳、性別不詳のよれよれの出来損ないは、その娘を何かにつけて手荒に扱い、その娘の中に女性という人種全体を見て、憎しみでもって責め立てた。彼はバレリーナのライバルであり、バレリーナの気品を求めてやまなかった。その彼がパントマイムで、また顔の表情で、演技する技をタイスに教えた。そしてまた、所作、姿勢、あらゆる人間感情、とりわけ恋愛の情熱を教えこんだ。彼は嫌悪を感じながらも、熟練の師ならではの助言をタイスに与えた。しかし彼は、タイスが男の欲望のために生まれてきたことをまざまざと見せつけられるやいなや、自分の生徒に嫉妬して、意地悪な女の子のようなやり方で、その頬を引っ掻き、腕をつねり、後ろから近寄って錐で突いた。

また、男性ダンサーに関心を示す作家が稀にいたりすれば、その作家自身が同性愛者であった。男性のダンスと同性愛との同一視という、出現したばかりの現象は、それによって強まるばかりだった。例えばピエール・ロティは、『氷島の漁夫』の中でかなり愛想良く次のように書いている。

彼は魅力的な踊り手だった
まっすぐだった。楢の木のように
くるくる回った。軽やかで気高い優雅さで
頭をうしろにのけぞらせて。

以上のように、ダンスが官能、女性性、女性的男性、男性同性愛に結びつけられたことは分かった。しかしダンスはまた、女性同性愛を意味することがある。女性どうしのこのエロティシズムは、自立していて享楽的なさまを見せつけていたので、どこか地獄の悪臭を思わせるところがあって、道徳家を警戒させた。二〇世紀初頭のイギリスでは、議員のノエル・ペンバートンが自ら同性愛嫌悪の十字軍の先頭に立って、中でも「クリトリス崇拝」を告発し、↓ワイルドの『サロメ』を演じた女性ダンサーのモード・アランを、レズビアニズムへの↓勧誘だと攻撃した。現代バレエの中には、サフィズム的エロティシズム（↓サッフォー）を醸しているように見えるものがあることは本当である。例えばそれをよく物語っているのは、バレエ・リュッスの演目で一九二四年にジャン・コクトーの原案、ブロニスラヴァ・ニジンスカ［一八九一～一九七二、ニジンスキーの妹］の振付けでつくられた『牝鹿』である。中では女の子たちが互いにすれ違い、触れあっているのだが、その様子はあからさまに煽情的であった。音楽を担当したフランシス・プーランクは次のように説明している。「『牝鹿』では恋愛が問題なのではない。［…］このバレエの中では誰も生涯の恋人として愛しあってはいない。セックスをしているのだ」。さらに破廉恥なことには、コレットはナタリー・バーネーの家で、裸でマタ・ハリの役を演じて踊ってみせた。そのときは少なくとも内輪の観客相手だったわけだが、一九〇七年にこんどはムーラン・ルージュの一般の観客の前で「再犯」に及んだ。コレットは官能的に踊ってみせ、その女の愛人であるミッシーが彼女を抱きしめた。このパントマイムがまさに騒動を引き起こした。↓警察が劇場になだれ込み、報道は↓スキャンダルを暴き立て、この出し物は禁じられた。この騒ぎは、人びとの頭の中にあったダンスと↓放蕩とレズビアニズムの結びつきを一層強化することになった。

それ以来、ダンスの演目は男性同性愛だけでなく女性同性愛にもしばしば結びつけられるようになった。男性のクラシック・ダンスに分類されるものについて言えば、ニジンスキーやベジャールによる復権への試みはあったものの、われわれは未だにこの一九世紀の遺産の上に立っているように思われる。クラシック・ダンスのダンサーを表すときの同性愛嫌悪に基づく表象は、例えばジャック・シャゾ［一九二八～九三］のように同性愛者であると公言するダンサーが出現したことによってますます力を得て、集団的無意識の中にしっかりと根を下ろしたように見える。男性ダンサーの形象は先験的に汚名を着せられているのである。同性愛者であり、女のようであり、軽率な、知性のかけらもないような存在なのだ。さらにひどいことには、はっきりとゲイのための作品であること、あるいはゲイ・フレンドリーであることを謳っている作品ですら、このような貶めるような表象が含まれているのだ。例えば、クリストファー・アシュリーの『ジェフリー！』では、主人公のジェフリーが、友人のスターリングから誰かボーイフレンドを見つけてカップルで暮らすよう忠告を受ける。スターリングは自分がダリウスという恋人と同棲していることを例に挙げるが、それに対してジェフリーはこう反論する。

「でもダリウスはダンサーだろ。『キャッツ』のダンサーじゃないか」
「だから何だっていうんだ？　お前には誰か男のパートナーが必要だって言ってるんだ。脳みそが必要なわけじゃないだろ」

ところが同性愛嫌悪に基づいて描かれる男性ダンサー像も、多くの点で曖昧なのである。男性ダンサーはしばしば公然と非難を浴びるし、職業柄、一般の観衆にいつも囲まれているので、同性愛嫌悪の暴力に過度なまでにさらされることが多い。例えばルドルフ・ヌレーエフは、ソヴィエト政権下であまりにも多くの圧力を受け、一九六一年に亡命を余儀なくされた。しかしながらその一方で、ダンサーとしての芸術が名声を博しているおかげで、一定の自由が得られることもある。例えば最近の例では、スペイン人ダンサーナチョ・ドゥアトのカミングアウトが、広く敬意をもって迎えられた。さらには、例えば中近東やインドの社会には、コメディアンの男性ダンサーが、時に全く典型的な女性のジェンダーを身にまとっていることがある。それは彼らには認められているけれども、他の男性であれば誰であろうとおそらく罰せられるようなことなのだ。しかしながらこのような寛容も、寛容というものがいつでもそうであるように、かりそめのものであることがしばしばである。例えば中国では、京劇のダンサーや歌手は、女性的な装いでありながら、観衆の人気を博しているように見えていたが、毛沢東革命の初期［一九四九］に、突然警察に逮捕されてしまった。そのことは『さらば、わが愛／覇王別姫』［陳凱歌（チェン・カイコー）監督、一九九三］にも描かれている。逮捕された者たちは、時に「再教育」のために強制収容所に送られ、極めて残虐な処遇を受けた。

最後に、職業的なダンスを離れて、サロンのダンス、気晴らしや余暇としてのダンスについても述べておく必要がある。そうしたダンスも、同性愛嫌悪のいらだちの的になることが非常に多いのだ。例えばフランスでは警察の命令によって、第四共和政［一九四六～五八］の間ずっと、男どうしがカップルになって公の場所で踊ることが禁じられていた。同様の規則が同時期のアメリカも支配していた。そもそもストーンウォール・インが最初に評判になったのも、当時、ニューヨークで唯一、男性どうしが何の心配もなく踊ることができるバーであるということで通っていたからなのである。今日でもなお、世界中のほぼ至るところで、ゲイやレズビアン向けのディスコというものが存在するなら、それは特別に厳しい警察の監視と抑圧の対象となっている。ただしどこにあるかはっきりしないような、親しみにくい、危険なハッテン場にくらべれば、そのような場所は一般的に、比較的開放的な場ではある。しかしその一方で、男性どうしがカップルになって踊ることに危険が伴うということが、ゲイ文化草創期からディスコ・ミュージックやダンス・ミュージックが成功を収めた理由の一端でもある。実際そうした新しい音楽は、一人で踊ることができるのである。それに対してワルツからロックンロールまで、それ以前の音楽の場合には、同性愛者の男性がパーティで他の参加者一同の機嫌を損ねないように踊ろうとするなら、わが意に反して異性愛の恋愛遊戯に参加することを余儀なくされていたのである。女性どうしがカップルになって踊る場合は、一般的に男性にくらべればまだ受け容れられやすい。きっと男が少な過ぎるせいだとか、男の誘い方が野暮ったかったり、不器用過ぎるせいだと思われるのだ。その女性カップルがどことなく恥ずかしそうに、また仕方なさそうに振舞っていれば、同性愛ではないかと疑われることはない。しかしながら二曲も三曲も続けて踊っていれば疑われる危険は大きくなる。レズビアンだと思われれば、それが本当だろうが間違っていようが、公然と非難を受けることになる。

ダンスは全体的に見て、性をめぐる仕掛けとして社会という組織の中で重要な位置を占めている。舞踏会やダンスパーティ、その他の夜会やパーティで人が踊るとき、それはしばしば青年期における最初のエロティックなやりとりの機会なのだ。この意味において、ダンスの習得はある種、異性愛への加入儀式なのである。たとえ最初の練習はしばしば一人で（例えば箒と一緒に）であったり、また同性どうし（友だちどうしが自分の部屋で……）であっても、だ。従ってダンスの技術を習得することは、象徴的な争点として不可欠なのであ

『ダンシング族』（1925）
踊るためにここに集った「このかわいらしい殿方たち」は、画家のジャン・オーシェールの嘲笑と嫌悪を同時に引き起こしたのであろう

る。もしも若い青年男性が長い間踊ることができなかったり、踊ろうとしなかったりしたら、物笑いの種になったり疑いにさらされる恐れがある。自分が女の子を「リードする」力と才能があることを、たとえそれは緒についたばかりだとしても、証明してみせなければならない。さもなくば、彼の男性性はすっかり見損なわれるかもしれない。逆にあまりにもダンスが好きだと言い過ぎることも、またダンスの動きにある種の快楽を感じていることを見せることも、疑いの原因になる。その点について『イン&アウト』が示していることは当を得ている。この映画の、同性愛者であることを秘密にしている主人公は、男らしさを再び取り戻させてくれるノウハウのテープを買う。そのテープは心地よい音楽で始まり、主人公はリズムに合わせて身体を動かす。突然、あらかじめ録音されていた声が叱り始める。「本当の男というものは耐えなければいけないんだ！　アーノルド・シュワルツェネッガーが踊ったりするか?!　筋肉が付き過ぎで、歩くのがやっとなくらいなんだぞ！」要するにこの矛盾した命令は、踊り過ぎるか、踊らなさ過ぎる者は同性愛者だということを示している。もう一度言うが、異性愛の男性というものは、何ごとにつけ、節度を保つ術を心得ているものなのだ。

エルヴェ・シュヴォ、ルイ＝ジョルジュ・タン（山本訳）

↓異性愛主義、音楽、シャンソン、スポーツ、美術、文学、放蕩

団体

単なる文化サークルでも出会いサークルでもない、公然と活動をする本当の意味での同性愛運動団体は、ドイツの医学者マグヌス・↓ヒルシュフェルトが創設した団体が最初である。一八六八年コルベルク〔現ポーランド〕生まれのヒルシュフェルトは、医学を学び、神経症と精神病の専門家となった。同性愛を禁じる法制度（プロイセンの刑法、ドイツの刑法第一七五条）について医学的観点から問題を論じ、これに反対する闘いに身を投じる。同性愛は医学や心理現象に属することではあるかもしれないが、法的見地から「責任」を問えるものではない、同性愛者は↓犯罪者ではない、としたのである。一八九五年のオスカー・↓ワイルドの裁判は広く知れ渡り、それによって問題の深刻さは度を増した。直後の一八九七年にヒルシュフェルトはＷｈＫ（科学的人道委員会）を設立した。委員会の請願活動は十分に功を奏し、議会での議論を呼び起こした。ところがナチズムが到来し、ＷｈＫの活動に容赦なく終止符が打たれ、マグヌス・ヒルシュフェルト自身はフランスに亡命して余生をニースで過ごした。

戦前のフランスには大規模な同性愛「世界」が存在した。しかしその表現は何よりも文化的なものであった。人びとはプルーストや↓ジッドを読み、サロンに出入りした。しかし組織立った方法で権利を求めることはなかった。それでも一九二四年一一月には、同性愛嫌悪《ホモフォビア》に反対するための雑誌『性逆転』が創刊された（題名はその後『友愛』と改められた）。この雑誌は↓性逆転者に向かって「あなた方は正常であり、健康である」と訴えることを望んだが、短命に終わる。雑誌の創刊者が良俗壊乱の罪で三ヶ月の刑を科され、刑務所に入れられたのである。

公に姿を現し、組織を結成しようという意志は、いずれにしても控えめなものではあったけれども、ヨーロッパの多くの国およびアメリカで表面化した。両大戦間期、アメリカのレズビアンやゲイは、ダンスパーティーや「社交サロン」を組織した。とくにニューヨークには自由の風が吹き、「グリニッチ・ヴィレッジ」地区に人びとが集った。一九五〇年から六〇年の間に、バーがいくつも開店した。一九六七年に活動家クレイグ・ロッドウェルが世界で初めて開いたゲイの書店「オスカー・ワイルド・メモリアル」は、最先端の運動と議論の場という役割を務めた。一九六九年六月に歴史的な↓ストーンウォール暴動が起こると、数多くの団体が生まれた。中でも全国ゲイ・タスクフォースは今もなお活動を続けている（のちに全国ゲイ&レズビアン・タスクフォースとなった）。同性愛団体による運動は、権利要求の段階に突入したのである。

第二次世界大戦後、フランスの団体の活動状況で目につくのはアルカディアに限られていた。これはアンドレ・ボドリーが一九五四年に創刊した同名の雑誌の周辺に、ひっそりと集まったグループである。アルカディアは多くの同性愛者に出会いと語らいの場を提供したが、その言葉遣いは説教臭く、臆病な団体の枠組みの内側に引きこもったままだった。この団体の正式名称がこれまた毒にも薬にもならないような名前で、CLESPALA（ラテン諸国文学科学クラブ）という。もっと強く権利要求する団体の出現は、フランスで社会運動が激発する六八年五月を待たなければならなかった。フェミニスト運動の拡大に引き続いて、一九七一年にはFHAR（同性愛者革命的行動戦線）が結成される。この団体の存在自体は束の間のものであったが、その痕跡は長期に渡ってフランスのゲイ運動に残された。「クラブ」や秘匿主義からの断絶は徹底的だった。男性同性愛者《ホモセクシュアル》やレズビアンの集団が白日のもとに身をさらしただけではなく、自ら告発者となって抑圧を追及したのである。

FHARに続いてフランスの主要都市にも団体結成の動きが広がっていった。これらの団体はどれもGLH（同性愛解放集団）という同じ略号で呼ばれたけれども、極めて多様であった。どれも非常に政治色が強く、抑圧に対処することよりは、男性同性愛者《ホモセクシュアル》の、またレズビアンの社会や、その社会が感じている圧迫感の性質を定義づけることに焦点を当てていた。「同性愛者の言説」を生産することは望ましく、必要なことではあったけれども、それはGLHが具体的なものに働きかける能力に欠けていることを覆い隠してしまった。同性愛嫌悪による抑圧に反対することもできなかったし、当時はまだ刑法によって差別的に扱われていた同性愛を、完全に犯罪と見なさなくすること（↓非処罰化）もできなかった。さらにゲイの団体と、レズビアンの運動体との間のイデオロギー対立に加え、双方が互いに団結する場がなかったことが、同性愛嫌悪反対闘争にブレーキをかける組織上の問題となった。実際GLHの多くは男性中心で、レズビアンは団体の中に別個の組織をつくり、GLHとは異なる潮流となった（フェミニストや分離主義の潮流である）。

こうした無力さが確認されると、活動家の中には各集団のイデオロギー上の特性を残しておき、目標とする活動のために最小限必要な同盟関係だけ築くという組織形態を追求する方向へ進む者が出てきた。この作業は困難を極めた。それだけ亀裂や不信が強烈だったのである。対立の深さからパリのGLHは三つ別々の集団に分裂した。「GLHPQ（政治と日常）」、「GLH基礎集団」、「GLH12・14」（分裂の日付である）の三つである。アルカディアは徐々に破滅に向かっているところだったが、自ら忌み嫌うこうした「アジテーション」の一切に参加することを拒んだ。政党、労働組合、関連団体の人びとと、地方自治体の議員らから、ヴェールに包まれてにせよ公然とにせよ敵意を示されたことも、組織化の作業が簡単には済まない原因だった。しかしながらフランスの外で、組織への意志がついに実る。一九七八年、コヴェントリー（イギリス）で、IGA（国際ゲイ連盟、のちにレズビアンのLを加えてILGAとなる）が設立されたのである。初めて国際的な第一歩を記したこの団体が、フランスの同性愛者に連合して運動するよう呼びかけた。

マルセイユのGLHは、めずらしく結社に関する一九〇一年法に基づく非営利団体の資格を登録されたGLHの一つである（登録名はCORPS（セクシュアリティ民間公開研究センター）、というユーモラスな名前［corpsは普通名詞なら肉体、団体の意］）。一九七九年の夏、この団体が主催となってUEH（同性愛夏期大学）が組織された。当時のマルセイユ市長ガストン・ドゥフェールが「この市にある多くのコミュニティ」の一つと言ったのだから、確かにマルセイユ市はこの組織に比較的好意的だったのである。GLHはフランス中からやってきた四〇〇人前後の活動家の男女を迎え入れ、宿泊所を提供するのに困難を感じなかった。マルセイユで開かれたこの最初のUEHのとき、そこに呼ばれて結集してきた集団間の亀裂を乗り越えて、とにかく差別と闘うという一点に集中した男女混成の連盟組織をつくろうではないかという考えが提起された。この提案を主導した中心人物はジャック・フォルタン、エルヴェ・リフラン、メラニー・バデール、ジュヌヴィエーヴ・パストルらだった。それはすぐにCUARH（同性愛への抑圧と闘う緊急委員会）と名づけられた。一九七九年七月二八日付けの一通の手紙が、男性同性愛《ホモセクシュアル》団体、レズビアン団体に送られた。

CUARHはそこに参加を望む同性愛者の団体を連携する組織であり、最重要事項に関してキャンペーンを立ち上げ、率先して活動を推進することを目的としています。CUARHはまた、民主的な権利と同性愛者の自由を拡大していきます（同性愛嫌悪に反対するキャンペーン、同性愛者リストの廃止、公務員に関する法第一六条の廃止、刑法典の改革など）。CUARHは、必要があれば政治組織や労働組合、あるいは民主主義組織などの反抑圧勢力とも、共同でキャンペーンを進めていくために連帯を求める必要があります。

同時期にフランスでは、同性愛の機関紙誌も進展を見せた。『ゲイ・ピエ』、『マスク』、『ヴラスタ』、『レズビア・マガジヌ』などが、運動団体の推し進める闘いを報じた。CUARHは当初は諸団体の連携組織として構想されたわけだが、しだいに固有の生命を得て、活発に活動するようになっていった。その中心を担ったのは、一九八〇年一一月に創刊され、一九八二年から最終号の一九八七年二月までキオスクで売られた機関誌『ホモフォニー』であった。この機関誌の編集委員会は、言ってみれば半ば自律的な活動集団となり、CUARHという組織の中で特別な位置を占めるようになった。そのため、人びとを動員してさまざまなキャンペーンを推進するに当たっては、この編集委員会が原動力の役割を担っていた。

一九八〇年代の男女混成の団体による同性愛運動がどれほど前進し、またどれほど困難であったかということが、そこで使われている語彙、図像を用いるときのバランスへの配慮、編集上のさまざまな選択によく表されている。例えば、「同性愛嫌悪」という新語は当時はほとんど使われていなかったのだが、それがだんだんと機関誌で大きな位置を占めるようになっていく。それは一つには、それまで用いられていた「反同性愛的人種差別主義《レイシズム》」という言葉が重苦し過ぎるということも理由の一つであっただろうが、また別の理由として、男性同性愛者《ホモセクシュアル》およびレズビアンへの抑圧を「人種差別主義《レイシズム》」と定義づけることが引き起こす議論を避けたいということもあった。

CUARHは創設以来、刑法典の中の差別的な面を廃止するために烈しい闘いを進めた。具体的には、第三三〇条および第三三一条第二項に関する闘いである。第三三一条第二項（旧第三項）は、「性的同意年齢」に違いを設けていた。異性愛関係の場合は一五歳以上は適法とされるのに対して、同性愛関係の場合は一八歳未満が違法となる（ヴァレリー・ジスカール・デスタンが民法上の同意年齢を引き下げるまでは二一歳未満が違法であった）。こうした条項は一九四二年にヴィシー政権によって導入されたのだが、その後、一九四五年の解放後に追認された。一九六〇年には国民議会議員のポール・ミルゲが同性愛を「社会の災禍」と定義づけている（六八年五月の後、短命に終わったある同性愛新聞もこの言葉を題名に使っていた）。法務省によれば、一九五八年から一九七五年までの間に、この条項に基づいて訴追された人の数は六四八七人であったという。

一九七八年六月、アンリ・カイヤヴェ議員が上院に廃止案を提出し、上院はこれを可決したが、ジャン・フォワイエが法務委員会の委員長を務めていた国民議会が、一九八〇年四月にこれを否決した。CUARHは抗議のためのデモを組織し、一九八〇年六月二一日に一〇〇〇人近い人びとを国民議会前に集めた。

一九八一年に大統領選挙が近づいてくると、CUARHはメディア・キャンペーンを展開する好機とした。CUARHは当初から差別的な法律に反対するために全国的な請願活動を行ってきた。そして多くの芸術家、例えばダリダ、イヴ・モンタン、コスタ＝ガヴラス、フランソワ・トリュフォーや、また多くの政治家、例えばロベール・バダンテール、ユゲット・ブシャルドー、レーモン・フォルニ、ジゼル・アリミ、ブリス・ラロンドなどがこの請願に署名を寄せた。CUARHが進めた請願への動員キャンペーンによって、例えば司法官組合などさまざまな組織に立場を鮮明にさせることができた。中でも社会党は、大統領候補フランソワ・ミッテランがこう宣言した。「どのような形態の同性愛であろうと、不平等や差別を受けてはならない」。

六〇〇〇人以上の署名を集めたこの請願キャンペーンが一段落つくと、CUARHはパリで「国民行進」を組織した。一九八一年四月四日のこの日、呼びかけに応えて約一万人が集まった。これは自主的な同性愛者デモとしては当時で最大の規模となり、それまでのデモのちっぽけな動員数とは比べものにならないほどであった。この成功に後押しされて、CUARHは以後毎年六月に男女混成の国民行進を開催した。そして一九八二年六月一九日土曜日にはフランスで初の、真の意味でのゲイ・プライドが、「男性同性愛者《ホモセクシュアル》とレズビアンの国民行進」という名で催された。ゲイ・プライドという言葉が用いられたのは、それからさらに数年後のことである（パリで最初のデモは、クリストファー・ストリートの事件〔ストーンウォール暴動のこと〕を記念してGLHPQが一九七七年六月に呼びかけたデモである）。フランソワ・ミッテランが大統領に選出されて政権が交代し、ロベール・バダンテールは刑法典の見直しの準備にとりかかった。刑法第三三一条の差別的条項は、一九八二年八月四日法によって撤廃された。

CUARHは、同性愛を理由に失職した個人の事例に関しても動いた。ルーアン市に解雇されたジャック・オドン、マルセイユで通学生監督をしていたが一九七八年に文部省より罷免されたジャン・ロシニョールなどもこれに当たる。だがさらに象徴的だったのは、同性愛が単独で公式に解雇理由とされた事例であった。このような事例について、CUARHはブルーフスフェアボートというドイツ語の用語も使っていた。この言葉は職業上の禁止を表している。エリアーヌ・モリッサンのケースがこれに当たる。モリッサンはベルギーの教員で、テレビ番組に参加してレズビアンであることを宣言したのだった。雇用主に当たるエノー州の反応はすばやかった。モリッサンは公職を罷免されたのである。

CUARHは一九八七年にすべての活動を停止した。この時期、同性愛の団体は極めて多様化し、それぞれがさまざまな関心の対象を示していた（スポーツや音楽、出会いなど）。同性愛嫌悪反対闘争は、もはやゲイ・レズビアン団体だけが遂行すべき活動ではなくなり、政党、労働組合、人道団体もまた、この問題に取り込まれ、しだいに自らの立場を表明するようになってきていた。そうした団体に詰めより、同性愛の問題に配慮するよう迫ったのは、一九七〇年代、八〇年代の数多くの活動家であった。そして時おり政党（緑の党）や労働組合組織（CGT〔労働総同盟〕）、非営利団体（アムネスティ・インターナショナル）などの内部に、同性愛に特化した委員会がつくられてきた。政治家は今ではレズビアン＆ゲイ・プライドの先頭に立っている。労働組合もそこに参加している。同性愛嫌悪反対闘争は、しだいに意思表明の領域から行動の領域へと移ってきている。それは同性愛団体だけの闘いであることをやめ、政治全体の争点となったのである。

一方、国際的な同性愛団体は一〇世紀末にすっかり様変わりした。北ヨーロッパに古くからある団体（オランダのNVIH－COC、スウェーデンのRFSL、フィンランドのSETAなど。またイタリアのARCIGAY、オーストリアのHOSIなども同様である）は、それぞれに歴史もあり、揺るぎない地位を保ってはきたが、多くの国では過去の分裂状態を乗り越えて、多くの場合連盟的な全国組織をつくっている（フランスのLCBT団体連盟、デンマークのLBL、ベルギーのFAGLとFWH）。それとは逆に東側の国々では、本当に重苦しい精神的圧迫を受け、行動を起こせばすぐに抑圧されていた。一九八四年にレニングラードで団体結成が試みられたが、すぐにKGBによって一掃された。ゴルバチョフ時代になってペレストロイカの気運が高まって初めて、一九八九年にモスクワ・ゲイ・レズビアン同盟が誕生し、同性愛の新聞『TEMA』

が公式に登録されたのである。

しかし一九九〇年代には、団体活動の様相をがらりと変える新たな転換が、技術的な面で起きた。電子的な手段による情報発信と受信ができるようになって、団体の社会学的側面が一変したのである。インターネットの出現によって、伝統的なメディアを利用することがほとんどできない集団（トルコや↓ヨーロッパ中部・東部）や、あるいは極めて限定されている集団（リヒテンシュタインの団体FLAY）が、ずっと目につくようになった。しかし何よりも、インターネットのおかげで公式に団体を結成することが困難な、あるいは禁じられている国でも、インターネット・サイトをその代わりとすることができるようになった。それによって旧ソヴィエト連邦圏の国々を包括する情報ネットワークがつくられたのである（↓ロシア）。また、二〇〇一年にエジプトで起きた同性愛嫌悪に基づく訴訟に関して、世論がいち早く情報を得ることができたのもインターネットのおかげであった。

国連は「情報社会」についてNGOに意見を求めた（二〇〇三年にジュネーヴでのこと。二〇〇五年にチュニスで開かれた世界情報社会サミットに向けてのものだった）。「情報社会」は企業だけに関わることではない。それはゲイ・レズビアンにとっては、団体活動に変革をもたらすものである。世界中が通信でつながる時代がやって来るのだ。

ジャン＝ミシェル・ルソー（山本訳）

↓SOSホモフォビア、処罰、ストーンウォール事件、政治、非処罰化、ヒルシュフェルト、ミルゲ

中近東

中近東は、厳密に定義されていない地理的エリアであるが、およそ地中海からオマーン海、西はトルコから東はイランまで広がる地域を指す。この地域の人びとの多くはアラブ人である。この地域には、慣行や一般的態度において、そしてとくに同性愛に対して、はっきりとした地域間の相違がある。この相違は、二つの要因によってほぼ説明することができる。宗教と西洋からの影響である。宗教は、↓イスラム教にせよ、↓ユダヤ教にせよ、キリスト教にせよ、中近東全体においては支配的な力である。社会慣行と一般的態度は、支配的信仰によって広く決定され、さまざまな国において、宗教的少数派は、多数派の社会規範に広く順応してきた。また、外国文化への開放程度は、LGBT（レズビアン、ゲイ、バイセクシュアル、トランスジェンダー）のアイデンティティと同性愛嫌悪《ホモフォビア》に関する概念がヨーロッパおよび北アメリカの思想に基づいているだけに、より一層重要な地域間相違の要因である。

全体的には、中近東は、同性愛に最も敵対的な地域の一つであるように見える。というのも↓「自然に反する」行為が死刑にされる世界の九つの国家のうち四ヶ国があるのは、この地域だからである［二〇〇八年現在］。これらの国は、サウジアラビア、アラブ首長国連邦、イラン、イエメンであり、これ以外にも、アフガニスタン、パキスタン、スーダン、チェチェンといった、文化的にはこの地域の動きにも関係している近隣国がある。この事実は重く、以下のように表現することができる。中近東は、同性愛者にとって最も恐ろしい場所であると。この印象は、事実かもしれないが、まだ裏付けられてはいない。な

ぜなら、法律上の形式的な同性愛嫌悪があまりなくても、社会的非公式な同性愛嫌悪が強い国々を考慮に入れなければならないからである。例えば、毎年調査される同性愛嫌悪殺人の数に関する記録を調べるだけでよい（この基準だけで言えば、ブラジルは、同性愛関係が見たところは禁じられていないにも拘らず、おそらく世界で最も同性愛嫌悪的な国ということになるだろう）。さらに、中近東の人びとは、かなり以前から、法の厳格さを避けることを心得ており、これらの法は確かに非常に厳しく適用されるが、国家は、その政策を実施する手段を常に持っているとは限らず、恐れられているほど頻繁には厳しく適用されない。そして、どんなに厳格であっても、これらの国々の男女同性愛者に対する敵意を、避けられない、抑止できない、取り返しのつかない一種の性向であると考えてはならない。このような態度は、この地域社会の「自然な」表現というにはほど遠く、反対に歴史の中に刻まれたものであるので、これをたどってみる必要がある。

事実、中近東には、古代以来、古代ペルシア時代、続いてアラブ・イスラム支配下の時代に、同性愛文化ないし男色文化の中心地があった。そのことは、アブー・ヌワースやハーフィズなどアラビア語の最も偉大な詩人を含む詩人たちの詩句の中で示されている。さらに、スーフィズム［イスラムの神秘主義］は、非常に同性愛官能的な神秘的書物を生み出しており、ハッラージュ、ジャラールッディーン・ルーミーやイブン・アルファーリドら詩人においては、神の愛と少年愛が、同じ道をとっているように見える。そして、いくつもの物語が、サアディーの『薔薇園』や『千夜一夜物語』でのように、男性、王子、王の欲望をそそる青年と坊やを登場させている。そこには女性間の恋愛関係も出てくるが、かなり珍しいことであり指摘するほどではない。しかし、この官能的あるいは煽情的な文学↓は、ガザール（ペルシアとウルドゥの伝統的叙情詩）の中でなお非常に存在感があったが、知られていないことが多い。後代の検閲↓によって、意図的に隠蔽されるか、注意深く不穏当箇所を削除されるかしたため、さらに知られることがなかった。しかしながら、一九七〇年代から八〇年代頃には、イランにはまだ比較的活発な同性愛コミュニティがあり、今日ではほとんど信じられないことであるが、アフガニスタンのカンダハルにすらあったのである。従って、今日の同性愛者への敵意は超歴史的必然ではない。それは、西洋の権力がますます帝国主義的、脅威的、敵対的になっているように見えることに対する反動の論理という意味で、イスラム教、とくにイスラム原理主義の台頭に呼応している。このようにイスラム原理主義は、西洋へのアイデンティティ的抵抗という解決方法として現れ、この文脈では、元々の伝統にも拘らず、同性愛は、ゲイ・レズビアン運動に関連した西洋の、従って必然的に誤った輸入文化としてしか受け取られないのである。誰かと誰かの秘密の行為については目をつぶることができるが、白昼堂々、あるいは自由に行われているように見えるものはすべて、耐えがたい侮辱のように考えられている。従って、イスラム教国家では、同性愛者に対する敵意は、対抗のダイナミズムに従っており、西洋一般、とくにアメリカ合衆国を批判する宗教的かつ国家主義的言説によって強化されている。

これらのいくつかの事情説明があれば、中近東における今日の同性愛嫌悪の基礎をおそらくよりよく理解することができるだろう。イスラムおよびイスラム原理主義の重要性と西洋の影響に対する開放あるいは敵意の程度という二つの要素を考慮するならば、この地域は、三つのグループの国に分類することができる。たいていアラブ人国家であり、一般的には西洋の影響に対抗しているイスラム教に支配された諸国家、次に、国民がほぼ非アラブ・イスラム教徒とキリスト教徒であり、西洋の影響により開かれているトルコとキプロス、最後に、ほとんどの国民がユダヤ人で、西洋文化によって大きく影響されているイスラエルである。

■イスラム教国家

中近東には、イスラム教文化の国々が多く含まれている。サウジアラビア、バーレーン、アラブ首長国連邦、エジプト、イラン、イラク、ヨルダン、クウェート、レバノン、オマーン、パレスチナ、カタール、シリア、イエメンである。同性愛に関する情報は、一般的にこれらの国々ではあまり多くない。

これらのイスラム教社会は、女性がほとんどすべての領域で男性に大きく従属しているために、西洋では性差別社会と呼ばれるような社会である。異性愛モデルにだけ価値を与えているために、異性愛主義（ヘテロセクシズム）社会でもある。同じ家族のメンバーが常に一緒に暮らし、ほとんどプライヴァシーがなく、結婚するときに初めて家族から離れることもよくあることである。国によって開きがあるが、男女それぞれが厳密に限定された役割を持ち、両性間の接触は非常に限られている。イスラム教社会では、ホモソーシャリティ［「極右」の項の訳注参照］が規範である。男性間あるいは女性間の情愛的な仕草は頻繁に行われ、性的な含意が全くなければ、公然とひけらかすこともできる。西洋人にとっては、公的な場所での女性の少なさ、この男性間の身体的な親密さは驚くべきことかもしれない。しかし、男性が男性的に振舞う限り、他の男性に挿入した場合も含めて、彼は称えられ尊敬される。反対に、男性が女性的に振舞った場合、あるいは「受け」の役割を果たした場合、体面は汚され、変質者と見なされる。

　これらの社会においては、性別とジェンダーのカテゴリーは、とくに権力構造、支配的地位、あるいは従属的地位、規範的行動あるいは逸脱行動との関係で定義される。この状況では、同性愛は、（ゲイあるいはレズビアンとしての）アイデンティティに結びついているのではなく、行為（性別や地位に適応しない不適切な行い）に結びついている。同性愛嫌悪という言葉をもって、アメリカの心理学者ジョージ・ワインバーグが初めに定義したように、閉鎖された場所に同性愛者といることの恐怖と理解するなら、この用語は、これらの社会については不適切であるかもしれない。なぜなら人びとは同性の者と常に生活しているからである。イスラム教徒の男性が恐れているのは、実際には、人びとが自分を本物の男と見なしてくれないことである。そうである以上、同性愛に反対する傾向を指すものとして「同性愛否定」という用語が好ましいように見える。

　イスラム教国家においては、行為が公然か非公然であるかの区別は西洋よりも厳格である。たいていは、性教育がほとんど存在せず、同性愛だけでなくセクシュアリティ一般が、公然とは語られない主題となっている。従って、同性愛とセクシュアリティ一般そしてエイズ感染予防の手段についての基本的知識が欠けており、この無知が同性愛否定を培っていることは明らかである。

　同性愛は、公的に表明されるか私的に表明されるかで、受け取られ方が変わってくる。私的には、男性間のセックスは、それが秘密裏にとどまり、一定のルールに従う限りで、多かれ少なかれ許されている。事実、人生のあるときに同性愛関係を持つ可能性のある男性は非常に多い。さらに、異なる階層の男性間の一定の関係は、とくに、年上の金持ちの男性と若くより貧しい者との間で、普通に受け入れられている。時には金のため、あるいは全く別の取り計らいを得るための同性愛行為は、結婚前には、頻繁に行われている。しかし、これを公にするには、社会的圧力が大きく、逸脱行動に支払う代償も同様に大きい。このような状況で、時には同性愛行為を継続しながらも、たいていの男性は最終的には結婚する。これらの同性愛行為の継続性とそのバイセクシュアル的機能にも拘らず、これらの男性にとっては、同性愛あるいは異性愛の問題は、特別なアイデンティティを形成しないのである。

　イスラム世界の女性間関係については、情報はさらに少ない。最も保守的な国では、女性は家に閉じこめられている。最もリベラルな国でも、支配的な考え方では、女性が自律的な性的欲望を持つものとは考えられていない。彼女たちは、自分の夫の欲望を満足させるだけでよいのである。夫以外の人間との女性の性的接触は、どんなものであれ、非常に厳しく禁じられる。中近東のいくつもの国においては、自分の欲望を抑えられなかった妻と娘たちが、家族のメンバーによって殺されている。これが「名誉殺人」と呼ばれるものである。

　興味深い事実は、国によっては、トランスジェンダーが比較的公然と大目に見られており、同性愛者と同じ敵意にはさらされていないことである。男性俳優と踊り手は、女性的な態度をとってもよい。イラクには、生物学的には女性でありながら男装し、女性に通常課された数多くの制限から開放されている人びとが存在し、この現象は、部分的には共同体によって許されているように見える。同様に、オマーンにも、出来損なった男性のように考えられている、一種の第三のジェンダーであるハニースが存在する。ハニースは同性愛関係を持つ生物学的な男性だが、最終的には結婚することもできる。彼らは社会規範に応じて、中性的な衣服をまとい、中性的に振舞う。他の国◆では、状況は異なる。例えばエジプトでは、性別の変更は一定の範囲で合法であるが、トランスセクシュアルが劣等烙印を強く押されることも多い。

イスラム教国家には、正式には、ＬＧＢＴの組織はないが、いくつもの国に団体が存在し、多少なりとも非合法な形で集結している。集会は、一般的には私的な場所で行われる。公的な場所での集会は、当局の制裁を避けるために偽って行われる。ドバイ◆では、ゲイナイトの開催を告知したディスコが、最近警察によって閉鎖された。

「すべての世界の国」に関する情報を含むという自負にも拘らず、『スパルタカス国際ゲイ・ガイド』は、中近東の三つの国の情報しか与えてくれない。エジプト、ヨルダン、レバノンである。これらの国の出会いの場所は、ゲイ専用というわけではないか、あるいは非常に控えめなものである。このガイドは、エジプトに関し、大都市のハッテン場や複数のバーとホテルを含むリストを載せている。カイロには、ダンスホールとエスコートサーヴィスもある。ヨルダンについては、首都アンマンでは、バーが二つ、ダンスホールが一つ、レストランが一つ、他の地域ではいくつかのハッテン場が言及されているだけである。レバノンでは、二つのバー・ダンスホール、浴場、ハッテン場が載せられている。全体では、ゲイとレズビアンのための場所は、非常に少ない。とはいえ、残りの中近東地域よりもイスラム教の力が弱く、西洋の影響に最も開かれた国でのことである。それでも、これらの国では、自分のゲイあるいはレズビアン・アイデンティティをはっきりと披瀝している人に出会うこともある。

しかし、↓メディアにおいてセクシュアリティに自由に言及することはできない。同性愛は、何らかの↓スキャンダルが起きたときにだけ登場する。この場合に、「↓犯罪者」はすさまじい言葉で描写される。同性愛に関する複数のインターネットサイトがアクセス可能であるが、これらはほとんど常に欧米のプロバイダによって提供されており〈Al-Fatiha, Glas, Huriyah〉、その事実の意味するところは明白である。さらに興味深いことに、イランの人びとについての無視できない数の同性愛関連情報が存在することを指摘できる〈Homan〉。

これらの国々の多数において、イスラム法シャリーアが適用されている。シャリーアは、同性愛を非常に重大な罪とするイスラム原理主義の基礎である。同性愛は、エジプトとイラク◆以外の、中近東のアラブ民族の国すべてで、男性にとっても女性にとっても違法である。といっても、同性愛が公式には違法ではない国においても、あらゆる可視的な同性愛は、道徳や国民感情に関する法律に違反するとして訴追されることがある。以下の国々において、同性愛行動は、投獄に至り、これに懲罰が伴う場合もある。バーレーン、ヨルダン、クウェート、レバノン、オマーン、カタール、シリアである。イラン、サウジアラビア、アラブ首長国連邦、イエメン、アフガニスタンでは、懲罰は、ケースに応じて、鞭打ちから死刑にまで至る。

アムネスティ・インターナショナルとＩＧＬＨＲＣ（国際ゲイとレズビアン人権委員会）は、とりわけ同性愛に関する、これらの国全体における悲劇的な人権蹂躙を伝えている。ゲイと分かった外国人は、懲罰を避けたければ、国を離れることが許される。このようにしてカタールでは、一九九七年に数十人の外国人労働者が、同性愛を認めたことで追放されている。エジプトでは二〇〇一年に五二名の同性愛者が投獄されたが、国際的な働きかけが一時的

◆他の国　例えばイランでは、同性愛は死刑となるが、性転換は合法であり、国の補助金も得られる。トルコでも性転換手術は合法であるとされる。（金城）

◆ドバイ　二〇〇五年、アラブ首長国連邦のドバイで、ゲイのコミットメントを祝う式典の準備をしていた一二名の男性が逮捕・投獄されている。ゲイの出会いの場は多少の例外はあるものの、ほとんどが地下組織のようになっている。またこういった場所はゲイだけのものというわけではなく慎重に行動せざるを得ない。（金城）

◆エジプトとイラク　二〇一二年五月発行のＩＬＧＡの報告書〈Paoli Itaborahy〉によれば、エジプトには同意した成人間の私的な場における同性愛行為自体を罰する法律はない。しかし近年、売春撲滅を目的とする法律や、「宗教侮辱」や「公然破廉恥行為」に関する刑法の規定を用いてゲイ男性が投獄されている。イラクでは二〇〇一年にサダム・フセインによって同性愛が違法とされたが、二〇〇三年のアメリカの侵攻を経て、同性愛関係を違法としない一九六九年の刑法が復活した。しかしＬＧＢＴの人びとが、シャリーアの裁判官を自称する者から同性愛行為を理由に死刑を宣告されて超法規的に処刑されたり、民兵によって誘拐、脅迫、拷問、殺害されたりする事件が頻繁に起きているという報告がある。（山本）

「男との放蕩」で告訴され、52人のエジプト人が2001年3月11日にナイトクラブで逮捕されている。エジプトの法律は、このような「罪」については最高5年の禁錮刑を定めている

に司法の異常な熱意を抑制した。さらに、イランではここ数年、同性愛行為で有罪とされた複数の男性に死刑が宣告されている。サウジアラビアでも同様に、三人の男性がソドミーで告発され、二〇〇二年一月一日に首を落とされている。アフガニスタンでは、タリバン崩壊以前に、カンダハル州知事モハマド・ハッサンがこう述べている。「われわれは迷っている。ある識者たちによれば、これらの者を街の一番高い建物の頂上に連れて行き、空中へと突き落とすべきであると言う。別の識者たちは、壁のそばに穴を掘り、これらの者たちを穴の中へ入れ、そして壁をひっくり返して彼らを生き埋めにするべきであるという」。一九九八年二月二四日にソドミーで告発された三人の男性について選ばれたのは、明らかに二つ目の方法であった。戦車が、彼らの上に石の壁をひっくり返した。奇跡的に、彼らは無数の怪我にも拘らず生き延び、ムラ・オマールは善意から恩赦を彼らに与えた。不幸なことに、一九九八年三月二二日、アブドゥル・サミ（一八歳）とビスミラー（二二歳）は、運悪く瓦礫の下で死亡した。

　さまざまな懲罰の可能性は、ムサヴァ・アルデルシリ師の言葉の中にも見出すことができる。彼は、テヘラン大学で、以下のように述べた。

> 同性愛者に対して、イスラムは最も厳しい罰を命じた。シャリーアに従って立証されれば、その人物を取り押さえて立たせ、剣で二つに切り裂き、首を切るか、頭全体をかち割らなければならない。彼（あるいは彼女）は、倒れるだろう。〔…〕その死後、薪を用意して、死体をその上に置き、火をつけて焼くか、山まで運んでいって、突き落とさなければならない。そして死体の肉片を集めて焼くのである。あるいは、穴を掘り、火をつけてそこに生きたまま投げなければならない。他の罪については、このような処罰はない。

　言うまでもなく、最悪のことは常に起きるわけではなく、慎み深さ（↓クローゼット）によって、一般には、法によって定められた懲罰を避けることができている。しかし、法による懲罰が存在するという客観的条件によって、日常的に不安な空気が支配していることが多い。ゲイあるいはレズビアン・アイデンティティをとる者が目立ってしまうことは必至であり、家族および社会の圧力から逃れるために出身国から亡命しようとすることもしばしばある。このようにして、多くのパレスチナ人が、家族と当局の脅威を逃れるためイスラエルに亡命している。また、バーレーン王女の一人が、同様の理由で国を離れた<ILGA, 1999>。これらの国の出身者の何人かが、西洋諸国で同性愛を理由として政治的亡命を認められているが、移民に関する法律は、より厳格になっているので、たいていの場合は出身国に送り返されている。ところで現実には、これは氷山の一角でしかない。というのも性的指向に基づく↓差別と嫌がらせは、主として、このテーマがタブー視され続けているために隠されているからである。

強制入院と強制治療については、情報はさらに少ない。一般的にこの事実は秘密にされるが、それでも、少なくともパレスチナ領土内では明白である。そこでは、多くの人が、性的指向を変更するために入院させられている。

イランの状況は、少し特殊である。数十年前、国が西側の影響により開かれていた時代、同性愛者に対する態度は、アラブ諸国よりも「好意的」であった。イスラム革命とともに、同性愛の禁止がより厳格になり、懲罰がより粗暴になった。また、追放された複数の政党は、ゲイとレズビアンの権利の支持を表明している。

イスラム国家においては、あらゆる出版が何らかの検閲に付される。同性愛に関する出版が、エジプトとクウェートの大学や、ヨルダンとアラブ首長国連邦のインターネットサイトで検閲差し止めをされた。レバノンでは、あるインターネットプロバイダが、ゲイサイトを提供していたために訴追され、それを助けようとした人権団体も同様に裁判で攻撃されている。

トルコとキプロス

キプロスの住民は、ギリシア人とトルコ人のコミュニティからなっている。ギリシア人は、たいていの場合、正教のキリスト教徒であり、トルコ人はイスラム教徒である。非常に保守的なキプロス正教会は、セクシュアリティのような社会の問題について大きな影響力を行使しており、近年では、その指導者たちが、同性愛に強く反対する立場をとっている。これら二つの国においては、宗教が、社会生活のあらゆる側面において重要な役割を果たしている一方で、西側の影響がかなり強く感じられる。トルコとキプロスにおける社会的態度は、イスラム国家よりもリベラルであるように見え、セクシュアリティに関する規範はより緩やかであるように見える。トルコにおける両性の分離は、他の中近東のアラブ諸国ほどには強くないようである。それゆえに、その社会文化的な風土では、ヨーロッパやアメリカが経験したような、ゲイおよびレズビアン・アイデンティティの発達がある程度可能である。

トルコ社会は、セクシュアリティ一般と同性愛について、西洋と東洋の混合した規範を作り出した。タピンクは、トルコにおける四つのタイプの男性同性愛を区別している。(1)他の男性と相互的なマスターベーションを行うが、オーラルセックスやアナルセックスは拒否する異性愛の男性。(2)受けの同性愛者との関係で常に攻めの役割を保持し、異性愛アイデンティティに疑問を持たない異性愛男性。(3)「受け」の同性愛者と関係を持つ同性愛男性（最初の二つのタイプと反対に、この関係の二人のパートナーは、多少なりともゲイ・アイデンティティを持つ）。(4)攻めと受けの区別が実際の社会的妥当性を持たないゲイ・アイデンティティを引き受けた男性。

キプロスでは、大半は同性愛者だけのものではないが、ＬＧＢＴのビーチ、バー、ディスコがいくつも存在し、あらゆる種類のＬＧＢＴ向けのサーヴィスについての情報をまとめているインターネットサイト（「アルキメデス」）が存在する。さらに一九八八年以降は、ゲイ解放運動が存在し、アンチ・ゲイの法律を改正するために闘っていた。といっても、同性愛否定の恐怖のために、出会いは隠れて行われることが多い。そういうわけで、支援のためのサイトが作られている。

トルコの都市、とくにイスタンブールにおいては、少なくとも一九七〇年代半ばからゲイのサブカルチャーが明らかに存在している。ゲイおよびレズビアンの出会いの場は多い。商店、レストラン、ホテル、スポーツセンター、映画館などである。中にはもっぱらゲイおよびレズビアン向けのものもあるが、そうでないものもある。最も大きな組織は、一九九三年に設立されたラムダで、インターネットサイトを持ち、毎週出会いの場を組織し、月刊誌を刊行している。

一般的に、中近東の政党はゲイ・レズビアン運動をほとんど支持していなかった。ところがトルコでは、急進民主緑の党が、一九八〇年代にゲイとレズビアンの運動に好意的に動いていた。この党は、実際に警戒の必要が増していたエイズ予防を促進した。トルコの同性愛者は、ある程度、結婚の圧力に抗して、家族に自分の同性愛を明かすこともできる。親は、時には、子の同性愛を受け入れることもあるが、多くの者が、性的指向を原因として、自らの家族との関係を断絶せざるを得ない。

近年キプロスは、同性愛に関する大きな変化を経験した。実際に、一九九八年まで同性愛は違法であり、この禁止条項で訴追された者は、禁錮一四年で罰されていた。一九九八年に、同意のある成人間で私的に行われた同性愛関係が合法化されたが、異性愛関係に比べると法定同意年齢について差別を残していた。二〇〇二年に、ヨーロッパ連合の圧力で、性的同意年齢が、同性愛関係について一七歳に引き下げられ、異性愛関係の同意年齢に歩調を合わせた。トルコでは、同性愛は、かなり前から非処罰化されていた。しかし両国とも、同性愛が公然と表現されると、猥褻《わいせつ》であると見なされ、何らかの口実で訴追される可能性がある。

さらに、キプロスではその合法的地位にも拘らず、同性愛者は、人権侵害の犠牲者になることが多い。同性愛嫌悪暴力の場面は、ありふれており、ゲイは職を失うことを恐れている。少なくとも、ある男性が性的指向を理由として軍隊への入隊を拒否されたというケースが知られている。さらに、同性愛の疑いは、移民を拒絶する、あるいは出身国へ送り返すための十分な理由となっているようである。

同様に、トルコでも合法的地位にも拘らず、当局は、これらの問題についてほとんど寛容さを見せない。一九九三年にイスタンブールで、ゲイとレズビアンの会合が禁止され、外国からの代表が逮捕された。一九九四年には、トルコ南方の都市で、二人の男性の公衆の面前でのキスが、正式に禁止された。トルコ軍は、同性愛者を入隊させない。一九八〇年代の終わりには、多くの同性愛者が警察によって殴られ、逮捕された。精神病院に閉じこめられた者も多くいた。さらに警察は、これらの人びとの使用者への通知も行い、こうして、これら同性愛者は職を失うことになった。

ジェンダーの変更は、一九八八年からトルコでは合法である。トランスセクシュアルと異性装者は、イスタンブールでは非常に目につき、これが警察の酷い攻撃を引き起こしている。この人びとが殴られ、逮捕され、家を焼かれることが何度も起きている。一九九〇年代の終わりに、トルコ警察による拷問が、国際人権擁護団体によって指摘されている。

トルコのメディアは、同性愛に対して曖昧な態度をとっている。同性愛者はしばしば、あまり好意的でない観点で登場し、当局によって情報が検閲されることもある。同性愛についての複数の書物が禁止され、あるゲイ・ラジオ局が一九九七年に禁止された。

イスラエル

この国は多数派ユダヤ人のものであるが、無視できない数のイスラム教徒とキリスト教徒を含んでいる。多くの移民が、世界中のさまざまな価値をイスラエルにもたらしている。従って、イスラエルにおけるユダヤ人コミュニティは非常に不均質で、複雑で、ダイナミックであり、それについて一般的に語ることは難しい。非宗教的なユダヤ人は、西洋世界の社会変化に強い影響を受けている。非宗教的な場所では、セクシュアリティ、同性愛、エイズ関連の問題に、公然と言及することもできる。セックスとジェンダーについての考え方は、西側におけるそれに非常に近く、そこでは同性愛に対する態度は改善されているようである。

宗教は、イスラエルにおける中心的事柄であるが、価値と規範に関する態度は多様である。大半のイスラエル人は、ある程度、自らを信仰者であると考えている。最も保守的な立場は、超正統派によって支持されている。超正統派は、同性愛に劣った地位を与えているユダヤ法に厳密に従う。これらの者たちは、社会の他の部分からいわば孤立して、両性の分離とジェンダー役割の分離が明らかに存在するコミュニティの中で生活している。社会的変化がより遅い超正統派のコミュニティでは、セクシュアリティは公然とは話さないテーマであり、閨房の中の秘密にとどまっている。従って同性愛に対する態度の変化は遅い。

アラブ系イスラエル人も、独自のコミュニティを形成しており、この国の最も大きいマイノリティである。この人びとはイスラム教徒、あるいはキリスト教徒である。イスラム教徒のアラブ系社会では、両性の隔離は他のイスラム教国ほど厳格ではないが、それでも両性の分離とホモソーシャリティが明らかな現実をなしていることには変わりない。社会の近代化は常に可能であるが、同性愛に対する態度は非常に保守的であり続けており、要するにイスラム教国、そしてある意味で正統派ユダヤ教徒のコミュニティにおける態度に通じるものがある。

しかし、ここ数十年間の間に、イスラエルのゲイとレズビアンは、公的空間でその可視性を高めることに成功している。同性愛者、レズビアン、バイセクシュアル、トランスジェンダーの団体、エルサレムのオープンハウスや社会的進歩と寛容のためのセンターが組織するデモは、同性愛に対する一般的な見方が相対的に進歩している印象を与える。しかしながら、嫌がらせや脅迫は珍しくない。

トランスジェンダーは、LGBTコミュニティの中で組織化されてきた。トランスセクシュアルの歌手たちが、広く公衆の心を摑んだが、トランスセクシュアルの多くは、報復を恐れてより閉ざされたサークルの中にとどまっている。ジェンダーの変更は合法であるが、正規に行うことは非常に難しく、外科手術はめったに利用することができない。

ゲイとレズビアンの問題は、ユダヤ人の非宗教的メディアにおいて公然と議論されており、好意的に提示されることも多い。反対に、宗教的メディアにおいては、もしこれらの問題が言及されることが仮にあったとしても、同性愛否定が規範である。

イスラエルの政教分離は、多くのイスラム教国よりも確立しているが、それでも完全ではない。確かに、同性愛者であることを明らかにしている男女政治家がおり、ゲイとレズビアンの権利を公式に支持する異性愛者がいる。しかしながら、多くの政治的宗教的指導者が、同性愛に反対の態度を示している。政治および司法システムは、明らかにイスラエル社会の保守層の圧力を常に被っている。

司法システムは、同性愛関係に不利益を課しておらず、イスラエルは、中近東で唯一、同性愛者を差別から守る法律を持っている国である。ここ何十年かの間に、いくつもの裁判が、異性パートナーに倣って同性パートナーが一定の権利を持つことを最終的に認めている。テルアビブ市は同性カップルの登録を初めたが、全国レヴェルではまだ認められていない。そして結婚は宗教的な法律によって規律されている。同性愛者の親に関するいくつかの訴訟では勝訴することができたが、同性カップルが養子をとることそのものは、勝ち取られていない。

進歩主義的な規制と個人的実践の間には溝があり得るとはいえ、当局は数年前から、より好意的な態度を表明している。こうして、ゲイとレズビアンは軍隊に受け入れられたが、現実の敵意に直面することも多い。同様に、公式には、警察はゲイ・レズビアンコミュニティと協力しているが、個人のレヴェルでは、警察官が非常に同性愛嫌悪的であることもある。

ダニエル・ウェイシャット、ルイ＝ジョルジュ・タン仏訳（齊藤訳）

→イスラム教、異性愛主義、インド、警察、検閲、正教、団体、暴力、マグレブ、メディア、ユダヤ教

◆補遺

この地域の国々の同性愛をめぐる法制度の最近の状況は、二〇一二年五月発行のILGA（国際レズビアン・ゲイ連盟）の報告書によれば以下のとおりである（括弧内は発効年）〈Paoli Itaborahy〉。

同性愛行為を合法としているのは、イスラエル（一九八八）、キプロス（一九九八）、トルコ（一八五八）、バーレーン（一九七六）、ヨルダン（一九五一）、の五ヶ国、およびパレスチナのヨルダン川西岸地区（一九五一）。なお、イラクの同性愛行為に関する法制度は不明瞭である。

同性愛行為を違法としているのはアラブ首長国連邦、イエメン、イラン、エジプト、オマーン、カタール、クウェート、サウジアラビア、シリア、レバノン、の一〇ヶ国、およびパレスチナのガザ地区、北キプロス・トルコ共和国（国際的には未承認）である。

同性愛行為に死刑を科しているのは、イエメン、イラン、サウジアラビアの三ヶ国。

同性愛関係か異性愛関係かに拘らず同じ性的同意年齢を定めているのはイスラエル（二〇〇〇）、キプロス（二〇〇二）、トルコ（一八五八）、ヨルダン（一九五一）の四ヶ国、およびパレスチナのヨルダン川西岸地区（一九五一）。

性的指向に基づく雇用差別を禁じているのはイスラエル（一九九二）、キプ

ロス（二〇〇四）の二ヶ国。

ジェンダー・アイデンティティに基づく雇用差別を禁じている国はない。

性的指向に基づく差別を憲法で禁じている国はない。

性的指向あるいはジェンダー・アイデンティティに基づく憎悪犯罪であることが加重事由とされる国、性的指向に基づく憎悪を煽動することを禁じている国はない。

同性カップルに結婚を認めている国はない。

シヴィル・パートナーシップ、登録パートナーシップ、シヴィル・ユニオンなどの制度によって、同性カップルに結婚と同等の、あるいはほぼ同等の権利を認めているのは、イスラエル（一九九四）のみ。

同性カップルが共同で養子縁組することを法的に認めているのはイスラエル（二〇〇八）のみ。（山本）

中国

中国は伝統的に、↓異端審問所の火炙りも、↓強制収容も、社会全般の不↓寛容もない、ゲイ・レズビアンの天国のように見える。あらゆる分野に渡る文献として、書かれて残されているものが示している長い伝統が、それを立証している。それは紀元前五世紀にまでさかのぼることができる。中国人にとってセクシュアリティは自然なものであり、その規則正しい活用は健康と長寿の秘訣である。だから中国人は、性愛の実践自体を非難したり、性行為を規制する法律を定めたり、性的指向をめぐる人間の個性を秩序立てたりしようとは思わない。しかし文献を深く検証してみると、言外に含まれた意味があることが分かる。それは明朝（一三六八〜一六四四）以降、とくに清朝（一六四四〜一九一二）下で明確に機能するようになり、ある種の同性愛嫌悪《ホモフォビア》の増大を表している。しかしそれはまだ全然一般的なものでも、絶対的なものでもない。それがもっと過激で組織的な締めつけとなるのは、二〇世紀初頭に西洋の↓医学や↓精神医学の理論が侵入してきてからのことだ。それは何よりもまず社会からの排斥と「常軌を逸した」性愛に重苦しい沈黙を強いるという形をとって顕れた。

結婚は、一族にとって家系を保つために必要とされていたが、だからと言って結婚が男性どうしの、あるいはサフィズム的（↓サッフォー）な性愛の妨げにはならなかった。家族としての義務をきちんと果たしている限り、少なくとも男性は、他の男性を愛したり、お稚児を囲って、その子にはふさわしい嫁を探してやるなどといった繊細な気配りをすることも、禁じるものは何もなかった。逆に結婚しないことは考えられず、反社会的だと見られた。唯一この義務を免れることができるのは↓仏教の聖職者であったが、だからと言って独身でいることが正当化されるわけではなかった。

■破滅に導くもの

古代の道徳家や編年史家が、↓放蕩を非難する書き物を数多く残している。しかしその非難は、恋情の過多、酒や女あるいはお稚児の濫用に向けられたのであって、そういったことそのものに対してではなかった。哲学者たちは愛妾やお稚児、宦官、帝国の重大事を司る確かな能力を備えていない小人《しょうじん》の悪影響につねに目を光らせていた。歴史家は、恋情にふける者のために国を覆され、家を滅ぼされた例から教訓を引き出した。国家や家族の帰趨はこの上ない重大事なのだから、理性を欠いた熱情に翻弄されるわけにはいかないのであった。編年史家は、天子に対してその才と道徳的影響力で玉座の支えとなる者を讃え、逆に君主を悪に導くような無能力者、追従者を糾弾した。そうした者への非難はあくまでも政治的性質のものにとどまった。すなわち名誉の不履行であるとか、権力の濫用であるとか、帝国の特権の侵害であるとか、財政の破綻などだ。

■肉体の罪を非難する仏教

仏教は一世紀に中国に現れ、六世紀から九世紀の間、中華帝国の思想と宗教に多大な影響を与え、それによって中国に肉体の罪という考え方がもたらされた。仏教においては、セクシュアリティは全般的に精神生活の妨げになると見なされている。用心しなければならないのは、主に悪の道に誘う女である（ここで扱っているのは男が男のために書いた文献であることに注意）。同性愛は正面から取り上げられ、場合によっては非難された。しかし異性愛行為以上に非難を受けることはほとんどなく、非難の理由も、肉体への執着と罪への傾向を増加させるからということであった。仏教において在家に対して、あるいは出家に対して適用される規則の総体は、中国におけるレイプ、姦通、同族結婚の禁止にくらべると詳細に渡っているが、これはインドで練り上げられたものである。仏教徒はみな、邪淫を断たなければならない。これには男どうしの場合も含まれるとする注釈もある。より詳しくは僧院の規律すなわち「戒律」に規定されていて、そこでは性行為のあらゆる変種が取り上げられている。射精を伴う挿入は、入れる穴が何であろうと、また相手が誰であろうと、教団から除名されることになる。僧侶の相互マスターベーションは、罰として苦行を科されるだけで済む。尼僧の場合はわずかな過ちとしか見られない。パンダカ、すなわち仏教教団に加入することが認められていない、身を持ちくずした女の心を持っている異性装者を相手に罪を犯した場合には、相手が女性であった場合より罪は軽い。しかし相手が男らしい男である場合よりは罪が重い。規則は誘惑の機会を避けることにも気を配っていて、僧侶の寝所、風呂場、便所についても規定している。しかし仏道にいそしむためであれば、教団内の友愛を称揚することも辞さないし、僧侶の間の男性どうしの性愛、尼僧の間のサフィズム的性愛、さらには例えば日本で見られた僧侶の相手をする若者すなわちお稚児のような少年愛の伝統も称賛されるのである。

■道徳的秩序へ

宋王朝（九六〇～一二七九）下では、仏教の影響を受けた儒教の新しい潮流である朱子学が起こった。すなわち禁欲と欲望の制御を旨とするある種のピューリタニズムの出現である。儒教の古典をこのように解釈することが、明代初期には政府の公認教義となる。明代後期の一六世紀、一七世紀の都市化した社会を、快楽主義でのんき過ぎると感じていた一部のエリートは、外（日本と満洲）からの危機が間近に迫っていながら政治体制が無為におぼれていく時期にあって、道楽や習俗の退廃など、王国が衰退し外部からの占領に甘んじることになる「元兇」に抵抗した。続く清帝国は、科挙の登用に心を配り、セクシュアリティを改めて道徳の枠内に収めることを追求し、以前よりも一層夫婦の閨に閉じこめておくことを望んだ。

「善書」と呼ばれる民衆向けの道徳手引き書と、行為の善悪を分類し、それぞれの善と悪の度合いを格付けして一覧表にした「功過格」と呼ばれる書物が宋王朝時代に出現し、一六世紀から一八世紀まで何冊も出版されて大きな影響力を持った。この二つは、因果応報という仏教思想に基づいてはいるけれども、大衆化した儒教と、仏教、道教の三教合一の典型であり、かなり偽善的な倫理を推奨していた。誕生した当初から姦通と放蕩を非難していたのだが、その中で一七世紀に現れた二冊が男性同性愛に触れている。その二冊は同時に、妾との関係が度を越すこと、お稚児を囲うこと、売春宿に通うこと、そして少年愛も槍玉に挙げている。

明代中期になると、法制度がソドミーに関心を払うようになる。ただしサフィズムは無視したままである。それより以前では、宋朝時代の（法律書ではなく）文学書一冊が政和時代（一一一一～一一八）の法律に言及している。それは、首都の男娼を習俗壊乱の罪で捕らえ、笞刑を科することを命じる法律である。明代の法典が嘉靖時代（一五二二～六六）に修正された条項では、肛門への挿入（とくに男性どうしと限定されていない）を口に糞を入れることになぞらえ、一〇〇回の笞刑と規定している。清代の法典はこれを取り入れたうえで「姦淫罪」として一つの章にまとめた。この章には、少年に対する誘拐、暴行で、集団によるもの、そうでないもの、暴力を伴うもの、そうでないもの、死に至らしめたもの、そうでないものを規定する一連の条文が含まれる他にも、合意に基づく肛門性交《ソドミー》（「鶏姦」）もターゲットにしている。罰則は一〇〇回の笞刑と一ヶ月間の首枷、手枷である。一二歳未満の少年に対する誘惑はレイプと同等と見なされている。しかし実際には、一二歳以上を対象にした性犯罪の場合と同じ刑罰が科されていた。誘拐、レイプ、殺人などの重大事件の場合はかなり厳格にこの法制度が適用されていたことが、司法を担当する刑部の大臣および最終審の法廷である審刑院と大理寺の文書によって知られる。合意に基づく肛門性交《ソドミー》の訴追事件は、中央当局の裁決を仰ぐ必要がないため、その輪郭をつかむことがより困難なままにとどまっている。

明代末期、清代初期には、もっとはっきりした同性愛嫌悪を表明する書き手が出てくる。民衆の統治に当たって、明確な法制度よりも社会的な行動規範の方をはるかに重んじるような文化にあっては、性をめぐる受動性はジェンダーの階層秩序と社会的地位を転覆してしまう。明清時代にとくに目についた奴隷や娼婦を連想させるので、性をめぐる受動性は不名誉、中傷、そして時には恐喝まで引き起こす恐れがあった。お稚児は金か何か恩恵に与ることしか頭にないので、気が変わりやすく、悪口をしゃべりまわることが多かった。同性愛嫌悪に基づく侮辱の言葉、すなわち「女役」を直接仄めかす言葉が初めて出現する。もっと一般的には、男性どうしの愛は、なぜそうなのかは実は言わないのだけれども、ばかげたことだとされたり、あるいは異性愛の哀れな代替物（刑務所や軍隊で）だと見なされた。陰と陽との結びつきは、天と地の意志に一致している。同様に女性を愛することは物事の秩序の中に収まっている。それに対して少年愛は、奇妙であることはまだよいとしても、肛門に挿入するという事実からして汚らしいし、そこから得られる快楽から考えても理解しがたく、ましてそれが結婚の拒否という最大の不道徳に結びついたときには、ほとんど「自然に反する」というわけである。

■医学の言説とブルジョワ「道徳」

このように不寛容が見られるようになったけれども、その初めの頃は、伝統への自覚も、異性装の俳優たちへの関心が大いに高まることも、学生どうし、文人どうしの愛も、妨げられることはなかった。しかし二〇世紀に西洋が侵入してくると、西洋は同性愛嫌悪を徹底化、一般化して同性愛を非難して沈黙を強いた。アヘン戦争以来、西洋人と日本人によって加えられた屈辱に傷つけられてきた二〇世紀初頭の知識人たちは、外国に範をあおいで知的にも、文化的にも、政治的にも完全にこの国を「近代化」することが必要だと叫んだ。清帝国が崩壊し（一九一一）、一九一九年に五・四運動が起こると、西洋化が開始され混乱が引き起こされた。悪いことはすべて伝統や儒教のせいにされた。民主主義と科学が社会的道徳的美徳とされ、新たな偶像と化した。知識人や学生は、古い習俗の枷からの解放を求め、その代わりに自分たちが窮屈なプチブル的心性と、なりふり構わぬ科学万能主義の枷を新たに背負い込むことには無自覚だった。しかし西洋化は中国側でそれをいったんわがものとした上で進んだのだし、選択の余地がなかったわけではなかった。とくに同性愛嫌悪に関してはそうだった。

セクシュアリティに関する医学、精神医学の言説や、セクシュアリティという概念自体が翻訳されて中国に出現し（ハヴロック・エリスが一九二六、一九四七年に出版されている）、一九二〇年代三〇年代の中国人の医学者や心理学者が西洋のあらゆるカテゴリーを取り込みながら書いたものを通して、それは明確な形をとっていった。一九二〇年代に「同性愛」という言葉（同性恋）が、それに伴うばかげた言説をひとそろえ引き連れて出現し、それまでの性の理論のあらゆる概念に取って代わった。中国人による言説が、同性愛という言葉を中国人の慣習的な思想に組みこんだ結果、同性愛は（一時的な、治癒し得る）「異常」であり、「性逆転」であって、医学や精神医学の管轄に属するものということになった。性愛術やかわいい子どもをつくる方法などを解説する医学文献によって、医学がセクシュアリティに関して適切なことを言っているという考え方が流布されていった。中国では社会的道徳的な通念にかなっているかどうかということが古くから重視されてきたため、それまで個人の快楽の追求を中心とする分析的なものであった性科学が、もっと規範的なものになったのである。性科学の理論家は、国民の「質」に不安を覚え、国民を優生学の方へ導いていった。そのとき生殖を伴わないあらゆるセクシュアリティ、すなわち売春やマスターベーション、肛門性交《ソドミー》などが、家族や国家の安泰のために（電気ショックを使ってでも）根絶しなければならない病いであると、また絶対的な沈黙を課すべき「社会の災禍」であると、見なされたのである。同性愛はタブーになった。中国は一九四〇年代から八〇年代まで、同性愛に関して何も生みださなかった。台湾、香港も一九七〇年代まではほとんど変わりなかった。また国民党指導部にも共産党指導部にも、ヒムラー流の公然とした激しい同性愛攻撃は見当たらない。しかしだからと言って一九五〇年代から七〇年代の中国にはゲイ・レズビアンは存在しなかったとか、同性愛は性病の場合を範として中国から「根絶」されたのだと、まじめに主張することはできない。しかし共産主義者の大衆化された全体主義体制によってそのような主張が繰り返し唱えられたため、台湾では一九八〇年代まで、西洋における改革から孤立した大陸中国では一九九〇年代まで、そうした考えが一般にまかり通っていたのである。中国の精神医学会が同性愛を精神病のリストから抹消したのは、実に二〇〇一年のことであった。

キリスト教とその同性愛嫌悪の宣伝は、香港を除くとそれほど影響力がなかった。精神医学の言説以上に西洋化の影響がはっきり見てとれるのは、一九世紀の「文明化した」ヴィクトリア朝的行動様式に沿って習俗の見直しが起き、「過去の野蛮な面を払拭」したいと願い、海外の最新流行を追いかけるようになったことである。かくして性愛は、異性愛の単婚制《モノガミー》であることは厳として動かしがたく、ロマンティックな牧歌的恋愛によって完成され、ブルジョワ的結婚で締めくくられるもの以外にはあり得なくなったのである。お稚児や男どうしの戯れ、女どうしの戯れなど、もはや問題にはならない。自分とは異なる性別を体現する者を口説かなければならないのだ。慣習的な道徳が昔から重視されるので、生殖の規範と家父長制の規範に反するということが、独身者や、もっぱら同性愛であったり、公表していたり、女性的であったりする男性同性愛者を社会から排斥する理由となる。同性愛嫌悪は法制度よりむしろ、社会的排斥となって顕れることの方がはるかに多いのである。中国のゲイは、偽装結婚を強いられ、露見するのではないか、そのために社会的評価や職を失うことになるのではないかという強迫観念の中で生きている。家族を中心にしたシステムの中では、いかなる意味でも個人が私的な領域を持つことは困難であり、人目のある狭い家屋も不都合を増長する原因となっている。しかしその一方で、民衆の暴力的な反応あるいは「ホモ狩り」のようなものもほとんど見られないのである。同性どうしのエロティシズムが目につく形で出現しても寛容に迎えられることさえある。別の生き方を唱導するようなものでない限り、あるいは「同性愛」という野蛮でタブーとなっている言葉を発しない限りにおいて。

抑圧

中国のゲイ・レズビアンの最大の敵が社会的規範だとするなら、それに力を貸す警察権力もまた、悪影響が目立っている。一八六五年以降、また一九〇一年にイギリス人は香港にイギリス流の法制度を導入し、肛門性交《ソドミー》を終身刑、男どうしの行為による習俗壊乱を一年間の禁錮重労働、それらの未遂を最大一〇年の刑で罰していた。こうした法律はすべて、一九九一年に地方法制をイギリス本国の一九六七年の法制度に合わせる中で廃止された。その際に植民地のエリート中国人からすさまじい反対がなかったわけではない。

南京国民政府が定めた一九二八年の法制度は、今でも台湾に適用されているが、肛門性交《ソドミー》を犯罪とすることをやめた。しかしだからと言って、習俗壊乱や麻薬取引に関する法律が濫用されることを防ぐことにはならなかった。これは罰金または最大七年の刑を科せられる。台湾ではつい数年前までこの手段が用いられていた。また、ゲイ・レズビアンの集まる場所に警察が執拗に攻撃することも、やはり妨げられなかった。

共産党政権下の中国は、確かにソヴィエトを模範にしたところはあったけれども、同性愛に対しては独自の抑圧手法を振るった。共産党政権の関心は清時代の法学者のそれと時に似通う。そしてそこでは投獄が、他の全体主義的な体制ほど重要な役割を担ってこなかった。またソヴィエトの法律とは正反対に、同性愛を犯罪とはっきり規定する法律は一つもない。それでも同性愛が、他の結婚外のセクシュアリティ全般と同じように抑圧されることに変わりはなかった。ただ、同性愛の明確な規定がなかったことと、社会的統制の方便がさまざまに存在したことが、事態を分かりにくくしている。この国では、何か問題があれば末端の共同体がこれを解決し、必ずしも自動的に司法機関に訴えることがない。その末端の共同体は「単位」と呼ばれ、ひと揃いの統制手段を備えている。すなわち警告、生涯ついてまわる個人に関する記録「档案」への過失の記載、党からの除籍、降格、罷免などである。国家によって完全に統制されている体制下では、市民とその家族の社会的評価と生存手段をターゲットにするそのような懲罰は、極めて恐るべきものである。道徳の範疇に含まれる不正の大半が、このような扱いを受けた（そして今でもこのように扱われている）。この政権全体に広がっている恣意性と、無政府状態の時期が複数あったことを考慮に入れるなら、「不良分子」やその他の「反革命」に適用されてきた刑罰や投獄は、合法か非合法かは別としてもあらゆる種類に渡っていたと言える。例えば共産党が政権を取る以前に女形の俳優であったことが発覚した者は収容所に送られたし、ゲイは処刑されたり（これは加重情状の場合のようだ。最後に処刑されたのは一九七七年）、有罪とされてさまざまな刑期で「労働による矯正」のための収容所（労改）や刑務所に入れられた。同性愛的な行動が、徒刑囚に対して政治犯罪の嫌疑をかけて、刑を追加する理由にされることがあった。一九七九年の刑法一六〇条は、「フーリガン的行為」という違法行為を定めることで、事態をわずかに「明確化」した。しかしこの違法行為には何もかもが含まれていて、乱闘から、暴力的な集団騒擾、女性に対する猥褻行為（猥褻な意図を持って乱痴気騒ぎを組織すること）、その他の逸脱行為をすべてカバーしている。これによって同性愛の抑圧が可能になったのである。同性愛者は一九八〇年代までこの法律によって重い刑を科されて刑務所や収容所に入れられた。一九九七年の刑法改正によって、この法律の適用が細かく規定され、それ以後「乱行目的の集まり」以外は犯罪と見なさなくなった。警察がゲイの出入りする場所に手入れを行って罰金を徴収したり、警察署に拘禁したり、マフィアがゲイに恐喝したり、少なくとも叱責したりということが稀ではない。権力はその統制の届かないところで市民が率先して行動することに対して、異常なほどの猜疑心を抱いているので、「同志」を組織するあらゆる試みが罪とされてしまう。

■「開放」とその限界

一九七八年以来、開放が大いにもてはやされてきたが、依然としてそれは選択的である。映画、テレビシリーズ、海外の最新流行などは、しだいに自由に入ってくるようになった。ただしゲイの運動とゲイの公然化は対象外である。メディアが伝え広める偶像化されたアメリカのイメージは、こざっぱりした「正常な」カップルや、女ったらしのブロンドの主人公である。かくして中国のポップ・カルチャーは、他には選択肢のない異性愛の小品から甘ったるい感傷を抽出しているのだ。それによって習俗もすでに変化した。一〇年前であれば、男どうし、女どうしが往来の真ん中で手をつないだり、肩を組んでいても誰も驚かなかった。それは友情の表現でしかなかったのである。しかし二〇〇〇年には事態は正反対になっていた。そんなことをすれば同性愛だと思われるのだ。

報道機関もまた、この同性愛という言葉に絶対的沈黙を課してきた。それは香港や台湾では一九八〇年代まで続いた。共産党政権の中国では、ヴェールが少し開かれ、この言葉と概念が大衆化しつつある。金儲け主義に支配されている商人の社会では、結局それについて語るようになった。センセーショナルなものばかり追求し、基本的に覗き見趣味に基づいているメディアは、そうすることでよく売れるからである。同性愛嫌悪が毎ページに花盛りであり、同性愛は、例えば殺人、レイプ、売春、自殺、エイズなど、ありとあらゆる種類のものと同類扱いされている。西洋のゲイ・レズビアンのデモや運動の情報が入ってくると、同性愛は異境の悪徳だという月並みな表現まで踏襲される。同性愛のコミュニティはドラァグクイーンのイメージに集約される。台湾や香港では、一九九〇年代に「同志」（中国語でクィアのこと）団体が精力的に反応したことによって、ジャーナリストは少しは客観的になることを余儀なくされたが、それでもいつもそうだとは限らない。

古典教育があまねく破壊され、その方面の教養の欠如が全般的に広がったことによって、中国人はその根から切り離されてしまった。それはゲイ・レズビアンたちも変わりない。そのためにかつての寛容は忘れられ、もはや検↓閲の必要もないほどになった。実際には古い文献は立派な版で手に入る。異性愛の場合でもゲイの場合でも、極度にエロティックな場面や作品だけが削除されたり、禁じられたりしているのである。そうやって存在を否定する一方で、学者たちは共謀して、今でもよく知られている逸話や文献を異性愛的に歪曲し、解釈し直している。そうやって輸入品に他ならないピューリタニズムを、中国古来のしきたりであるとか、儒教に含まれるものであるかのように見せているのである。多くの有力者が道徳を声高に説いたり、自民族中心主義を激しく唱導したりする中で、同性愛は「自然の法則と中国の伝統に反する」と非難し、一九七〇年代以降は、それを退廃した西洋からきた異境の悪徳であるとしてきたのである。また、ゲイ・レズビアンの活動家に言及するときは、アングロ＝サクソンか日本人であることがほとんど常である。

海外から取り入れた考え方に基づくものであれ、伝統的な考え方に根ざすものであれ、同性愛嫌悪の言説は政治体制にも支えられて中国にしっかりと根づいている。そしていつもは賞賛の的であるはずの西洋文明で起きている変化を物ともせずに、しぶとく生きながらえているのだ。

ロラン・ロン（山本訳）

↓医学、異性愛主義、共産主義、朝鮮、東南アジア、日本、仏教、ロシア

◆補遺

中国および台湾における同性愛をめぐる法制度の最近の状況は、二〇一二年五月発行のＩＬＧＡ（国際レズビアン・ゲイ連盟）の報告書によれば以下のとおりである（括弧内は発効年）〈Paoli Itaborahy〉。

中国では、同性愛行為は合法である（一九九七、ただし香港、一九九一、マカオ、一九九六）。

中国では、同性愛関係か異性愛関係かに拘らず同じ法的同意年齢を定めている（一九九七、ただし香港、二〇〇五／〇六、マカオ、一九九六）。

台湾では、性的指向に基づく雇用差別を禁じられている（二〇〇七）。（山本）

チューリング（アラン・〜）

イギリスの数学者であるアラン・チューリング（一九一二〜五四）は、コンピュータ・サイエンスの父と称される人物であり、アメリカのマッカーシズム（↓マッカーシー）とそれがイギリスへ波及したことで生み出された同性愛嫌悪《ホモフォビア》の最も有名な犠牲者の一人である。科学史において、チューリングの業績は、数学と軍事が交わる領域であるコンピュータ・サイエンス、計算機科学、人工知能、そして認知科学の到来に重要な役割を果たした。戦争中、ドイツ軍の軍事暗号「エニグマ」を解読することを可能にしたチューリングの業績は、今日の情報科学の発展の基礎になった。

マンチェスター大学の尊敬されていたこの教授の人生が悪夢に変わるのは一九五一年のことであった。一九歳の若い労働者アーノルド・マレイとの短い関係ののち、彼の住居にマレイの友人が泥棒に入ったことが分かる。彼は被害届を出し、捜査過程でマレイと性的関係を持ったことを認めた。彼の証言によって、一九五二年に彼は猥褻《わいせつ》罪で愛人とともに逮捕される。これは二年の禁錮刑に当たる罪であった。二人とも有罪であると認め、マレイは条件付きで釈放されたが、チューリングは↓医学的治療義務付きの保護監察に置かれた。同時に暗号化と暗号解読技術に関するあらゆる仕事がチューリングから取り上げられた。彼は、性的衝動を消す目的で一年間女性ホルモンを摂ることを強制され、その治療の結果、胸かふくらんだ。チューリングは、移動や人付き合い、とくに外国の友人との付き合いを制限され、大学の中に特別

に作られたポストに隔離された。一九五四年、彼は、青酸カリの塗られたリンゴを食べて→自殺する。

アラン・チューリングの運命は、国家の安寧にとって「危険（→脅威）」として認識された個人の運命そのものである。というのも同性愛者であると同時に高いレヴェルの科学者で国家機密を扱う領域にも関わっていたからである。その死によって、彼は同性愛の大義の殉教者になった。そうして彼の人生は、ヒュー・ホワイトモアによって製作された戯曲『ブレイキング・ザ・コード』になり、オーストラリアではオペラ［ジュリアン・ワグスタッフ作『チューリング・テスト』］にもなったのである。

ピエール＝オリヴィエ・ド・ビュシェ（齊藤訳）

→医学、オイレンブルク事件、北アメリカ、自殺、スキャンダル、反逆、フーヴァー、暴力、マッカーシー

寵臣（ミニョン）

→アンリ三世の治世下（一五七四～八九）で、王のお気に入りの取り巻きを総称する寵臣《ミニョン》という語から、人びとは、奇抜で異様な身なり、浮ついた職業、退廃した道徳、いわば男色家を思い起こす。これは、『両性具有者の島』（一六〇五）において、アルテュス・トマ・ダンブリが、ヴァロワ最後の王の宮廷で流行している洗練を諷刺するのに用いた言葉である。恥ずべきで→退化していると判断された権力を失墜させるには、性的逸脱を仄めかすだけで十分である。ダンブリは、サヴォワ大使ルネ・ド・リュサンジュが一五八〇年代に行った攻撃を引き継いだのだ。リュサンジュは、→カトリック同盟に買収されて、「あらゆる淫乱と卑猥に満ちたまさにハレム、ソドミーの学校」として王の官房を批判した。諷刺文の感興は、常にレトリックの頂きまで高まるとは限らないもので、一五七八年、ピエール・ド・レトワルは、その日記にケリュス Caylus という名の寵臣のことを書くに当たって、わざわざ Culus［尻を意味する cul にかけている］と綴り換えている。またサン・リュック Saint-Luc という名前は Cats in cul と綴り換えているが、これはイタリア語でペニスという意味の cazzo という単語にちなんでいる。ソドミーの→悪徳は、当時の女性化したダンスや、宮廷の→退廃的な服装の流行と同じように、教皇至上論の伝播と見なされていたからである。

このように国民的良識によって誹謗された寵臣《ミニョン》とは何であったか。この用語自体は、それに曖昧に結びつけられることの多い意味［同性愛者、稚児］を当時は持っておらず、「お気に入り」の類語として一般的に使われていた。アンリ四世は、たくましい異性愛者でありながら、そのような寵臣と呼ばれる者たちを持っていたが、ソドミーの疑いに身をさらすことはなかった。確かに、アンリ三世のお気に入りたちは、前後の時代のお気に入りと比較して特殊であったことには違いがない。それは王がお気に入りを政治的な武器と考えていたという点においてである。中級の貴族の出身であった彼らは、大物とその党派の影響の釣り合いをとる任務を負っており、二次的には、王とこれらの者が直接ぶつかることを防いでいた。しかし、彼らの素行を見れば、寵臣たちは女性的で物憂げな男性のイメージにはほど遠い。彼らの振舞いの中に軽薄さがあっとしても、それは全くつまらない理由で剣を抜く彼らの気楽さの中に求められるだろう。この手のことが極まった事件の一つは、六人の敵対者のうち四人を決闘場で亡くした一五七八年四月二七日の著名な寵臣の決闘であった。さらにこれらの血なまぐさい喧嘩のよくある原因は、女性の寵愛をめぐる争いであった。逆に寵臣の同性愛は、ほとんど痕跡がない。一五七八年の決闘の犠牲者の一人、ルイ・ド・モジロンがアンリ三世の性的パートナーの一人であったことが、一五九七年に出版された著作の中で隊長詩人パピヨン・

ド・ラスフリーズによって伝えられているとしてもである。一五九七年と言えば、アンリ三世の治世であり、同性愛はなお火炙りであるという不寛容な時代である。いわゆる王弟殿下エルキュール・フランソワだけが、王の弟であるという地位に守られた上で、その愛人ダヴリリとの関係を宮廷で大っぴらにしていたが、そのために当時の誹謗文書によって中傷されることはなかった。反対に、誹謗文書はその長兄、言うところのブーグル［宗教的異端と男色者の両方の意味を持つ。詳しくは「アンリ三世」の項目を参照］の王を攻撃した。このとき、同性愛嫌悪《ホモフォビア》が、確かに優雅で格好の良い若者たちに取り囲まれて、統治のルールを変えようとしている王を狙う政治的中傷のお決まりのカテゴリーとして現れたということである。これらの若者は、美と善の調和というプラトン的理想に合致し、とくに献身的であったので、大貴族や宗教的過激派にとっては大いに有害であった。寵臣に対する道徳的攻撃は彼らを政治的に無力化するための手段に過ぎなかった。

ロラン・アヴズ（齊藤訳）

→アンリ三世、王弟殿下、退廃、フランス、レトリック

朝鮮

朝鮮語のどの辞書にも、同性愛嫌悪《ホモフォビア》という言葉は含まれていない。この言葉がどこにも存在しないので、朝鮮にはそのような事態も存在しないのだと考えたくなる。しかし実際は、調査した一八種類の辞書のうち一七種類までが同性愛を「性的倒錯→」と定義しているのだ。従って事態はさほど単純でないことが分かるだろう。同性愛嫌悪や異性愛主義→（ヘテロセクシズム）、そして性差別主義や人種差別主義も、目に見えない過程と目に見える敵対行為という二重の過程を通して作用している。事実、同性愛者に対する攻撃はだんだん増えてきているのだ。

同性愛関係に対する否定的な態度を示す文献が最初に現れるのは、一三九二年から一九一〇年まで朝鮮を支配した朝鮮王朝（李王朝）の時代である。それ以前の高麗王朝（九一八～一三九二）は仏教→を奨励したのに対して、この新王朝は旧王朝の放蕩→と同性愛を非難し、新しい儒教の潮流である朱子学を奉じて家族内の階層秩序、男性支配、男女の分離、性的純潔を重んじた。同性愛関係が初めて有罪とされたのは、世宗治下（一四一八～五〇）であった。世宗が自分の妾に対して、他の妾と同性愛関係を持ったことで有罪とし、罰として一〇〇回の殴打を科したのである。また世宗治世の第一八年目、息子の妃が自分の妾と同衾している現場を発見したときには、世宗はこの妃を宮廷から追放した。妃は自分の父親に殺され、その父親はその後自殺した。

儒教の政治への適用は、実は七世紀にはすでに現れていることである。性に関する陰陽のイデオロギーは、国王に対する服従に基づいて男性に対する服従を強化し、また同性の者どうし（陰と陰、陽と陽）の関係は自然→に反するとする考え方に、厳格に従わせることに役立っていた。しかし朝鮮王朝期に、強制的異性愛が再生産体制としてシステム化されたことにより、束縛は二重になった。すなわち、男性だけが家族→の長になり得るということと、息子がいなければ家系が途絶えることになるので、親にとって、また先祖にとってそれが最大の恥とされたことである。社会的地位が上昇するほど、息子が家族の中でひときわ高い位置に置かれた。そして父親が死ねば、その役割を息子が引き継いだ。父親の権威に反するような行為は、自然の秩序を侵すだけでなく、社会の存続も脅かすものとされた。

今日でもなお、男性偏重のせいで女の子が選択的に堕胎されたり、生まれた後でも殺されたりするので、人口に占める男女の割合が大きく違っている。例えば一九九五年には、女の赤ん坊一〇〇人に対して男の子は一一三・四人だった［二〇〇六年には女一〇〇人に対し男一〇七人］。この不均衡は三人目、四人目の子どもになるとさら

に一層著しく、女の子一〇〇人に対してそれぞれ一七九・四人、二〇五・四人という数字に達する。儒教と陰陽思想は日常生活のあらゆる側面に及び、セクシュアリティ全般が白い目で見られた。この点においてはキリスト教によく似ている。しかしながら、異世代間の同性愛関係は存在したのである。そして両班《ヤンバン》（地方の支配階級）や男寺党《ナムサダン》（村から村をまわって歌舞、軽業を見せた男性芸能集団）の間では、同性愛がある程度認められていた。とくに男寺党には美《ミ》童《ドン》（美少年）と呼ばれる少年たちがいた。彼らは気をそそるような服装をした。多くの場合女の子の服を着ていたが、そうでない場合もあった。しかし結婚すべき年齢に達してもその地位にとどまることを望むなら、それは倒錯であって望ましくないことだと見なされ、はっきりと非難を受けた。つまり厳密な意味での同性愛は、やはり家族や社会の組織から排斥されたのである。同性愛は社会に混乱をもたらす要因であり、それを実践する者は、異性愛という規範から逸脱してジェンダーのイデオロギーを脅かすと告発されたのである。今日になっても、この厳格さは和らいでいない。

一九世紀にはカトリックが、司祭ではなく知識人が輸入した書物をつうじて入ってきた。キリスト教は預言を広めることよりも、健康や医学に関する一般的、実用的な知識を普及させることを重視したので、広範囲に広まって民主化運動の基盤となっていった。当初は多産を奨励することも、同性愛嫌悪を後押しすることも困難だったが、最終的には罪の概念が明確になった。今日の宗教コミュニティをつくっているのは原理主義的な人びとであり、彼らは布教活動に伴って、テレビやラジオ、新聞、インターネットをつうじて、極めて同性愛嫌悪の強い言葉を絶えず流している。

朝鮮は二〇世紀に数多くの苦難を経験した。日本による植民地化（一九一〇～四五）、南はアメリカ、北はソヴィエト連邦による暫定統治（一九四五～五〇）、朝鮮戦争（一九五〇～五三）、そして停戦による終結。北朝鮮（朝鮮民主主義人民共和国）については、資料がないためにいかなる断定もしがたいが、そこでは他の（旧）共産主義国と同様に、同性愛は社会にとって災禍と見なされている。南（大韓民国）では、厳しい試練を乗り越えたのちに、政府はこの国を全速力で産業化時代に突入させた。そしてこの国家的プロジェクトから逸脱するように見えるものはすべて、排除されるべきものとなったのである。

一九六〇年代には、自由化の圧力によってソウルの楽園《ナグォン》地区に同性愛のサブカルチャーが出現し、いくつもの新語が生みだされた。「換尻《カルボ》」を逆さまにして「尻換《ポガル》」という言葉がつくられた。「換尻《カルボ》」自体が売春婦、あるいはもっと一般的に放蕩者を意味する非常に俗な言葉である。「同性恋愛者《トンソンヨナエジャ》」というのは男性の相手とのみ性交をする男性という意味の言葉で、同性愛者を公然と罵るときに用いられる。西洋のゲイ世界と接触するまでは、同性愛者自身が「ホモ」という言葉を使っていて、その後、異性愛者もそれを侮蔑の言葉として使うようになった。「ゲイ」という言葉も使われていたが、トランスジェンダーの意味だった。最もよく使われる言葉は「異般《イバン》」（「その他」という意味）で、これは西洋における「ゲイ」と同じようにアイデンティティとしての同性愛者を指す。「異般《イバン》」という言葉の起源はさだかではないが、反対の意味の「一般《イルバン》」から来ているのかもしれない。

しかしながら同じ時期に、二人の女性の間の恋愛関係を描いた小説が禁じられた。そしてそのすぐ後の一九七〇年代には、同性愛の問題が医学の問題として取り上げられた。朝鮮は、陰陽文化との関連で性的に成熟しているので、同性愛者の割合が少ないのだということを主張する研究書が出版されたのである。ジェンダーの規範が再び強調され、また西洋から性逆転の思想も輸入されたことを背景に、精神医学が同性愛を、社会的に容認しがたい機能不全と規定した。ちょうどそのとき、西洋の医学界では同性愛を精神疾患のリストから除外したところであった。

社会的差別や法的な抑圧への反発によって、さまざまな性的なアイデンティティの確立が促された。また、それを公然と表現する新しい文化も発展し始めた。一九九〇年代には、ＬＧＢＴ（レズビアン、ゲイ、バイセクシュアル、トランスジェンダー）の活動家団体がいくつも生まれて、同性愛者を目に見える存在とすることに役立った。しかし同時に、同性愛は社会の安定、道徳、健康にとって脅威であると主張する同性愛嫌悪の言説も一段と声が高くなった。それ以降、同性愛嫌悪はもはや抽象的な信条ではなくなり、しだいに宗教上の教義、政治信条、差別行為、そして「伝統」と「自然」法則に根拠を置く科学的欺瞞になっていった。

今日では、軍隊でのソドミー行為は犯罪とされている〔徴兵された者は心理テストを受け、同性愛者と見なされれば収容もしくは除隊される〕。また一般的な法規で、自然に反する行為は性犯罪とされてきた。一九九七年、ソウルで最初のクィア・シネマ・フェスティヴァルが政府から禁じられた。政府はそれを不法で猥褻《わいせつ》だと見なしたのである。一九九八年に、韓国のゲイ雑誌が初めて出版倫理委員会から未成年者への販売を禁じる通達を受けた。一九九九年、学校教材でゲイはエイズ感染者で、性的倒錯者であると描写された。エイズ撲滅のための政策は、大部分が反ゲイ政策である。エイズ撲滅運動の団体は、この病気と闘うとされてはいるが、実際は同性愛の「拡散」と闘っているのであり、そのために同性愛嫌悪と最も保守的な性道徳を奨励しているのである。二〇〇〇年一〇月、評判の良かった俳優の洪錫天《ホン・ソクチョン》がカミングアウトをすると、翌日彼はすべての仕事を失った。しかしそれによって少なくとも同性愛が日常生活の中で話題となったし、差別を禁じる手段がとられることにはなった。

二〇〇一年七月、情報通信相がＬＧＢＴサイトを「有害メディア」に分類する制度を採用した。これによって若者が利用することのできるあらゆる端末、すなわち学校や図書館、インターネット・カフェなどの端末によるアクセスを遮断することが義務づけられた。不適切サイトの基準としては、同性愛は「猥褻および倒錯」というカテゴリーに分類されている。真っ先に刑事訴追されたのは、二〇〇一年一一月、最初で最大のゲイ・サイトのオーナーに対するものだった。このオーナーは、自ら「有害サイト」である旨を掲示し、一万ドルの費用を負担して若者のアクセスを禁じるフィルターを導入することを命じられ、さもなくば二年の投獄を科されると通達された。今日起こっている新たな事実として、同性愛者であると見なされた人びとが身体的暴力行為の標的になっている。

イ・フソ、ルイ＝ジョルジュ・タン仏訳（山本訳）

↓共産主義、中国、東南アジア、日本、仏教

◆補遺

二〇〇三年四月、韓国国家人権委員会は青少年保護の条項から反ゲイに関する文言を削除するよう命じた。この保護条項では、同性愛のような悪から青少年を守らなければならないとされていた。

二〇一二年六月、ソウル中心部のハンビット・メディアパークにて一三回目となるコリア・クィア・ラヴ・フェスティヴァルが開かれた。このフェスティヴァルの撮影は報道機関にのみ許可され、また報道機関は個人が映っている映像を公表する場合には被写体となった個人に許可を得なければならないとされている。同性愛者に汚名を着せる風潮がそれだけ根深いということが言える〈GAYSTARNEWS〉。

（金城）

朝鮮半島の二ヶ国における同性愛をめぐる法制度の最近の状況について、二〇一二年五月発行のＩＬＧＡ（国際レズビアン・ゲイ連盟）の報告書〈PAOLI ITABORAHY〉によれば、朝鮮民主主義人民共和国、大韓民国の両国ともに、同性愛行為は合法であり、同性愛関係か異性愛関係かに拘らず同じ法的同意年齢を定めている。

（山本）

治療

医学にとって同性愛の治療の問題には、二つの目的があった。最初の目的、つまり個人の治癒は、二つ目の目的である社会防衛の関心、今日なら「公衆

衛生」と呼ぶものと重なっていることが多かった。この意味で、状況は大きく見て結核の歴史やアルコール中毒の歴史に似ている。フランスでは、ミルゲ修正が示すように、アルコール中毒や売春と同様に、「社会の災禍」として同性愛を分類することが正当化された。同時に、同性愛者の「治療」については、当然に医師の失敗が繰り返されたが、それが治療法の「独創性」を助長した。そこで用いられた方法には明確な知識による裏付けが一切なく、いかさま治療のようなものであった。この意味で、男性であれ女性であれ同性愛者は、アルコール中毒者、薬物中毒者、「精神病患者」などがそうであったように、一連の「行動矯正」の格好の実験体の一つであった。

逆説的なことに、治療の問題は、同性愛に関する医学的理論においてはたいした役割を果たしていない専門家の管轄であることが多かった。ヒルシュフェルトは、医師であり同性愛活動家であるという二重のラベルのために、治療の問題が自分に関係あるとはほとんど感じていなかった。クラフト＝エビングは、バイセクシュアルを例外としたが、同性愛の治療の可能性を信じていなかった。フロイトは、精神分析のメソッドがこの意味で実用化され得るとは全く考えなかった。その学問領域の性質上、内分泌学者だけが、常にホルモン治療を勧めた。これは研究報告書の中だけのことで、対象となったのは、幸いなことに少数の個人のみだった。主にアメリカ合衆国と、ナチス・ドイツにおいて起きたが、ナチス・ドイツではより野蛮な形をとった。

より頻繁であったのは、純粋に臨床的な精神科医によって行われた試みであった。これら精神科医はほとんど著作を残していないことが多いが、自分の患者を治療するために精神医学による多種多様な治療を試した。フロイトの『性欲論のための三篇』の杓子定規な読みに基づいたさまざまな精神治療に加えて、主たる試みは主に嫌悪療法に基づいていた。それは、吐剤や電気ショックを利用して、個人がその欲望の対象を「嫌悪する」ように仕向けるものであった。さらに悲劇的なことに、戦後、主としてアメリカ合衆国と旧ソ連で、多くの「社会的逸脱」のケースと同様に、ロボトミー手術が行われたことがあった。

同性愛者は矯正不可能であるのに、今日でも同性愛者を「治癒する」希望を持っている人びともある。中近東の国々では、強制収容が時折行われている。ちなみにアメリカ合衆国では、「脱ゲイ運動」のグループが、祈りと精神治療の奇妙な混合である修復治療を勧めている。これは、多くのイニシアティヴを推進する大キャンペーンを指揮している宗教右翼によって支持されることが多くなっている。想像通り、それがあまり成功していないことは明白だが、とくにラテンアメリカ、東南アジアでのこのグループの発展は、同性愛の治療は望ましいというだけでなく可能であるという考えに新たな活力を与えている。遺伝学研究は、少なくともアメリカ合衆国で、一般的には同性愛欲望の自然性を示す役割を果たしたが、「遡及」治療の可能性を仄めかしている。実際に、（出生前診断と欠陥のある遺伝子の修正によって）「穏やか」だが決定的に同性愛を「最終的に」矯正する一種の優生学の可能性を夢見ている者もある。そして、勧められているすべての治療が失敗しても、ポール・キャメロン医師が一九八五年に考えた最終解決が残っている。彼は「保守的政治行動会議」で発言し、「これから三、四年のうちに、幸運な医学的偶然がない限り、議論すべき選択肢の一つとして、同性愛者の殲滅を考えなければならないだろう」と述べている。

ピエール＝オリヴィエ・ド・ビュシェ（齊藤訳）

↓医学、遺伝学、性逆転、精神医学、精神分析、生物学、退化、チューリング、脱ゲイ運動、倒錯、内分泌学、ヒルシュフェルト、ファシズム、法医学、暴力、ミルゲ

デヴリン（パトリック・〜）

一九五四年八月二四日、↓イギリスの国会は同性愛者が起訴された一連のス↓キャンダルの裁判をうけて、新たに委員会を設置し、「同性愛者の犯罪に関連する法と慣行、および法廷でそうした犯罪を犯したと認められた者に対する処遇」を検討させた。この委員会は最終的に、成人どうしが同意の上で私的に行った同性愛行為については告発すべきではないと勧告する報告書を作成した〈WOLFENDEN〉［委員会の長ジョン・ウォルフェンデン（一九〇六〜八五）の名を取って「ウォルフェンデン報告」と呼ばれる］。これは、一五三三年、ヘンリー八世時代の法制度（*Stat. 25 Henry VIII, c. 6*）にさかのぼる伝統との断絶を意味していた。

この法案をめぐって法学・哲学者のハーバート・L・A・ハートと弁護士・裁判官パトリック・デヴリンが対立した。ハートは独自の↓功利主義的な議論を展開した。デヴリンの方は、刑法上の同性愛の不利益扱い（↓処罰）を支持する者がよく用いる一連の古典的な議論を改めて持ち出してきて、ユダヤ＝キリスト教の伝統的道徳観念を擁護し、その立場を補強するために、さまざまな資料を時間を越えて、少なくとも歴史を越えて通用するものとして提出した。

デヴリンの考え方には、中世のキリスト教かあるいは宗教改革の性道徳を改めて定式化したい、そして近代国家に対する市民の忠誠心をその等価物としたい、という意志が反映しているように見える。ハートが分析しているように、「社会と、その社会で共有されている道徳とを同一視しない限り、私的な背徳行為というようなものが存在するというデヴリン卿の反論は成り立たないし、性的な背徳行為をそれが『私的』に行われたものであっても国家反↓逆になぞらえるような彼の考え方も成り立たない」。

議論の最大の争点は、道徳の定義と位置づけを確定させるところにあった。デヴリンによれば、どんな社会でも一つの道徳が共有され、支配し、法制化される必要がある。彼は人びとの道徳観念を統制できないような社会は、崩壊を余儀なくされると主張した。そしてさらに、今はもう顧みられないが当時は通用していた見解を持ち出してくる。すなわち道徳的な紐帯の喪失と社会の崩壊の間に因果関係があることは、歴史が示しているというのだ。これに対してハートは次のように力説した。どんな社会にもその存続のためには少々の道徳が共有されていることが不可欠であるという受け容れやすい仮説から出発しておきながら、デヴリンは、だからこそある社会における道徳の規範が変化することは、それが何であってもその社会の崩壊を招くという、受け容れがたい仮説に行きついてしまったのだ、と。

デヴリンはまた、次のようにも主張した。「イギリスの法制度は独自の基準を持っている。すなわち良識のある人、バランスの取れた人、ロンドンの南の中流階級の人びとが住むクラファム界隈でバスに乗っているような人のことである。こうした人びとに対して、彼らが本能的に厭うべきだと感じる行いが、どうして実際に厭うべきであるのかなどということについて議論を強いてはならないのだ」。時代を越えた性質の事柄であるからという理由で討議を制限しようとした先の論拠がうまくいかなかったため、こんどはこのような論拠を持ち出してきたわけだが、その目的は同性愛の不利益扱いという問題を、単に討議の俎上から消し去ることだけである。

フロラ・ルロワ＝フォルジョ（山本訳）

↓イギリス、寛容、功利主義、差別、処罰、非処罰化、ヨーロッパ法

テオドシウス一世

テオドシウス一世［三四七〜三九五］のもとで公布された三九〇年の法は、議論の的である。その本当の意図について、すなわちこの立法が、受け側の同性愛一般を対象としていたのか、男性売春だけを対象にしていたのかについて議論されている。懲罰は恐ろしいものだった。というのも定められていたのは死刑だからである。テオドシウスは同性愛に対する立法を行った最初のキリスト教皇帝ではない。彼に先だって、四分割統治時代の西方の皇帝コンスタンス一世が、三四二年一二月四日に受け側の同性愛行為を処罰する法律をすでに採択していた。

テオドシウスは、非常に敬虔なキリスト教皇帝であった。とくに簒奪帝マクシムスに対する戦争での勝利は、神の恩恵によると確信していた。従って、キリスト教道徳の尊重は彼にとって第一義的な重要性を持つ政治宗教的問題であった。このようにして、この皇帝の法は、後期古代ローマ帝国における同性愛の↓処罰化の動きの中に組み込まれると同時に、個人的な政治 - 道徳的関心に応えるものであった。しかしその法以上に、テオドシウス帝の治世をこの問題について悲しくも有名にしたのは、ある同性愛者の逮捕を発端とする事件である。ソゾメノスのような↓正教会の歴史家によって、この話は五世紀に語られている。

三九〇年、有名な御者が同性愛の事件で、ブテリクスによって逮捕されテッサロニケに投獄された。ブテリクスは、イリュリアの軍団を率いていたゲルマン人である。ところで競技場での二輪馬車レースは、とくにローマやコンスタンティノポリスなどの大都市の住人の大きな楽しみであった。勝者となった御者は紛れもないスターであった。最も人気のある者については、敬意を表して像が建立されすらした。その名、喝采、レース、勝利を不滅のものにするために、台座には短詩が刻まれた。権威あるレースがテッサロニケの競技場でまもなく行われるところだったので、人びとは囚人となった御者を解放することを要求した。このことは、当時の東方諸州の大都市住民が、同性愛を深刻なものとは見ておらず、御者にレースへの参加を禁じ、そうすることで自分たちの楽しみであるレースのレヴェルを下げるに価するほどの理由とは考えていなかったことを示している。当局の拒否は、反乱を引き起こし、その最中にブテリクスは殺された。この知らせはテオドシウス帝を怒らせ、恐ろしい抑圧が、この街におそいかかった。何千人もが虐殺された。ミラノ司教アンブロジウスは、テオドシウスの破門を宣告し、悔い改めるように強いた。

この事件は、同性愛の歴史における転機を示している。同性愛が非難され処罰される新しい時代が始まるのである。それでもこのエピソードは、部分的には、例外的な条件で起きた一時的な事件である。実際には、国家の真の同性愛嫌悪《ホモフォビア》が実施されるのは↓ユスティニアヌス一世の治世である六世紀だからである。

ジョルジュ・シデリ（齊藤訳）

↓異端、自然に反する、処罰、神学、ソドムとゴモラ、聖書、パウロ、暴力、ユスティニアヌス帝

哲学

一見したところ、同性愛は、そして結果的に同性愛嫌悪《ホモフォビア》も、悠久の哲学にとっては、二重に二次的な問題であるように思われる。まず、一般的に、風紀の問題は一級の哲学には属さないとされる。そして同性愛についての考察は、風紀についての偉大な形而上学や家庭生活についての偉大な哲学においても極端に周辺的であるからである。ミシェル・フーコーの最後の業績や精神分析に影響された哲学（サルトル、マルクーゼ、ドゥルーズ……）ですらも、この二重の規律を根本的に裏切るものではない。これらは、同性愛嫌悪でもアンチ同性愛嫌悪でもない。とくに、哲学の真の問題（おそらくその真の恥）は、同性愛という特定な問題との関係が薄いことよりも、女性との関係、およびセクシュアリティ一般との関係の中にある。

より本質的には、同性愛という用語は、一九世紀末に歴史的に構築された概念と現実を指すので、少なくとも最も古典的な論者たちが、哲学においてとくに好まれる次のような実践を行うことはできなかった。それは、世紀を超越する問題について永遠性、恒久性、あるいは少なくとも継続性を見つけることである。それゆえにこれらの実践だけが厳密な意味で哲学的とされ得るのである。例えば、西洋哲学が生まれた（そしてここでは西洋哲学だけに関わるのだが）古代ギリシアのような文化、つまり一定の条件で少年間、場合によっては少女間の愛を称賛しながら、（時には非常に厳しく）ソドミーを非難した文化は、同性愛嫌悪の文化であろうか。哲学にとって、このような問いは意味がない。なぜなら、何よりもまず、同性愛嫌悪という概念と、それが前提にしている同性愛の概念がそこではよく分析されていないからである。少年に対する関係とソドミーは別物であり、この二つを同じ概念のもとに混同することはできない。概念化されない物事すら存在する。そういうわけで、人種差別の概念と同様に、同性愛嫌悪の概念は、哲学的概念という完全な尊厳を手に入れることができないかもしれない。

いずれにせよ、同性愛（あるいは、さまざまな歴史的呼称によれば、ソドミー、「欺罔《ぎもう》」、自然に反する愛）という超歴史的なみせかけをもつ問題は、哲学の中心的な問題ではなく、それゆえ逆に、哲学に特有な同性愛嫌悪を語ることもできないことになる。当時の同性愛嫌悪が意味したものを挙げて、特定の哲学者の特定の同性愛嫌悪を指摘することはかろうじてできるだろうが、それが哲学の普遍的イメージをいかなる形でも汚すことはない。

しかしながら、この最初の分析の段階にとどまって、文学と同様に、そして宗教や精神医学とは異なって、哲学が、通俗的なまでに今日的で、経験的そしてとりわけ戦略的である同性愛嫌悪の問題に、本当に無関係であると信じることは難しい。少なくとも二つの事実がこの「自明」とされる分析を疑わしいものにする。

第一に、文学には、アリストファネスからミシェル・ウエルベックに至る同性愛嫌悪的文学に対して、サッフォーからルノー・カミュまで、明らかに同性愛に親和的な文学がひっそりと寄り添う形で存在するにも拘らず、哲学にはこのようなものを見つけることができない（アウトサイダーのディドロ、サド、ドゥルーズは、例外をなしている）。哲学全体において同性愛（どのような形にせよ）の糾弾は確かに周辺的で非体系的ではあるが、数が豊富で激しいことには変わりがない。他方で、逆に同性愛の擁護（固有の意味でも派生した意味でも）を少なくとも最も世に認められた哲学者たちの中に見つけることは全くできない。改めて言うが、サルトルもフーコーも、その著作からは、同性愛擁護的な哲学者であると言うことはできない。それは、同性愛者の大義に対しての彼らの政治的コミットメントがどのようなものであったにせよである。このことは、この二人に対する非難では全くないが、少なくとも一つの事実であり、奇妙な事実である。同性愛嫌悪《ホモフォビア》／同性愛擁護《ホモフィリア》の問題が哲学にとって純粋に無関係の事柄であるならば、なぜ、この問題が哲学に「侵入する」とき、一方からしか侵入しないのであろうか。なぜ哲学は、この問題については、キリスト教文学にすら劣り、一義的に憎しみにだけ開かれて、愛には開かれていないのだろうか。

第二に、哲学は、多くの人にとって自明のことを少なくとも問題化することをこれほど頻繁に行ったのだ、と鼻にかけるがこれは正当ではある。そのような哲学が、同性愛という事実、あるいはむしろ同性愛が構成する事実と行為の混沌の中に、何らかの問題を見ることを拒み続けていることにも驚くだろう。例えば、少なくとも奴隷制を問題と考え、そうしてその正統性を少なくとも問題にしたことについてアリストテレスに敬意を表するのは、少なくとも今日では当たり前のことである。同様に、「ユダヤ人問題」を、より正確には、預言者のように悲劇的に、ヨーロッパにおけるユダヤ人の未来を問題化した最初の一人として、ニーチェに敬意を表すことは全く当然となっているのである。しかし、同性愛に関しては誰が問題化したのか。プラトンの『法律』の中で同性愛が明らかに問題になったとき、本当のところは同性愛の性質やその帰結より、その矯正が主題となっていた。それから二五〇〇年後、最近の非常に注目すべき国際的スケールの著作、『ギリシアの知』〈BRUNSCHWIG, LLOYD (dir.)〉においても、この問題は同様に不在である。エラステースとエロメノスの関係が、数十年の間アテネの徒弟概念の中心にあったにも拘らずである。別言すれば、同性愛が概念化されていないため、単純で、全く問題提起的でないものとして同性愛を使っているのは、哲学者自身（さらには現代の翻訳者や評釈者）であることも時折あるのだ。

第三の奇妙な事実は、おそらく最も重要である。哲学が（哲学にとっては問題ではないはずの）同性愛の問題を再び持ち出すのは、附随的にではなく、哲学史上の重要な時期においてであり、哲学は、各時代の立法よりもずっと厳格で抑圧的な姿勢をとる。まず紀元前四世紀のプラトンの『法律』は、男性間セクシュアリティというスパルタ社会の「災禍」を厄介払いするために可能な措置を検討しているときに書かれた。そして一三世紀、トマス・アクイナスの『神学大全』は、彼がパウロとアウグスティヌスからだけでなく、同じようにアリストテレスに依拠して、つまり理性と自然において、なぜ「自然に反する罪」が「あらゆる罪のうちで最も重大」であるかを根拠づけようとしていたときである。そして、ルソーは感情的同性愛嫌悪と言うべき同性愛嫌悪を総括すると同時に、祝福されるべき啓蒙の時代とおそらく究極の近代的反動の一種の架け橋として使った。そして、ヘーゲルからレヴィナスまでの哲学は、直接あるいは間接に、他性と差異を性差に基づけようとした。こうして同時に同性愛は〈他者〉への恐怖であるという、今日的な同性愛嫌悪のドクサの基礎が築かれたのである。

これら鍵となる各時期では、同性愛嫌悪はもはや全く残余的、社会的あるいは疑似哲学的ではないのは非常に注目すべきことである。反対に哲学は、「自然に反する行い」に対する政治的抑圧の厳格化を自ら先取りしているように見える。プラトンは、教育的愛というアテネの貴族政治モデルの崩壊を先取りした。以降、厳密な意味での古代文明全体にとって、哲学的道徳は、すべての者の道徳、つまり「当然に」異性愛的な道徳にならなければならないことになる。さらにトマス・アクイナスは、少なくとも中世初期の無頓着に比べれば恐ろしい暴力を先取りしたが、これが善良なキリスト教徒を男色家から守るための異端審問となる。そしてルソーは、感情と家内領域での「自然的」不平等に基づいた市民的平等という概念を、古代人と全く違った意味で作り上げたが、彼は、本当のところフロイトやその他の人文科学よりもずっと空想的で同性愛嫌悪的な人類学を先取りしている。

このように分析の二段階目では、奇妙にもすべてがすっかりひっくり返るように思われる。哲学にとって無縁なのは同性愛という考えそのものではない。全く反対に各時代の同性愛嫌悪の波の中で、宗教や、より最近では精神医学と同様に、哲学は同性愛嫌悪を設定する役割を担うことができ、実際に担ったかもしれない。

かといって、このように単純な転覆で満足することもできないだろう。まず、これまでに見た時期とは別に、哲学が「自然に反するセクシュアリティ」の社会的受容において鍵となる役割をおそらく果たした、少なくとも二つの別の時期を加えることができる。それは啓蒙期と、一九七〇年代（とくにフランス）から一九八〇年代（とくにアメリカ合衆国）までの時期である。（公然のあるいはそうでない）同性愛嫌悪を読み取れる、あるいは根拠づけている哲学のコンセプトや主張そのものが、同性愛解放闘争に役に立ったのである（ルソーは除くが）。かくして、プラトンにも拘らず、そしてプラトンのおかげで、ソクラテスの人物像は、とくに同性愛嫌悪的な人物像のようには決して見えない。同様に、トマス・アクイナスの論証は、回り回って、ほとんど自らの批判のように現れ、同時にパウロやアウグスティヌスの哲学的でない暴力的厳格さをも同時に切って捨てるほどである。そしてヘーゲルやレヴィナスが根拠づけた〈他者〉のコンセプトに基づいて、同性愛を自己愛に同視することを批判することも不可能ではない。意識であれ超越性であれ、〈他者〉はやはり生物学的性別以上のもの（あるいは以下！）であり、レヴィナスとヘーゲルは、少なくとも、生物学的な所与に依拠するのと同じ程度にそれを断ち切ることも教えてくれるのだ。

　要するに、厳密に哲学的な同性愛嫌悪が何かという問いに一義的に答えることはできない。といっても、内部に手がかりがないわけではない。この問題について哲学は無垢ではない。従って、固有の哲学的な意味で、すなわち哲学者の哲学を基礎づけている意見において、セクシュアリティについての紛れもない同性愛嫌悪的な考え方を、何が生産し根拠づけ得るのかを問うことは許されている。思想、判断、禁忌の歴史の、無数の単なる伝達手段の一つではなく、ある形態の同性愛嫌悪の、紛れもない原因あるいは紛れもない根拠として、哲学を捉えることが可能である。別言すれば、言説の効果について騙されないようにして、――なぜなら、最も直接的に暴力的であからさまなものが、哲学的に最も的確であるとは限らないからだ――「哲学」において、いかなる哲学特有の理由において、そして何があれこれの形態の同性愛嫌悪の根拠の役目を果たすことができた、あるいはこれからも果たすのだろうかと問うのである。大まかに言って、ギリシア、中世キリスト教、啓蒙主義、現代哲学という西洋哲学の重要な時期に対して四つの回答が可能である。

■ギリシア哲学――政治的同性愛嫌悪

　伝説的な少年好きとしてのソクラテス像はよく知られており、この伝説は、好感と反感の両方の理由で擁護されている。フーリエによるソクラテスとプルーストによるソクラテスがそうであるが、それ以前にアリストファネスによるソクラテスと一部の新トマス主義者によるソクラテスが、逆の視点からではあるがそうであった。しかし、それはプラトンが描いている本当の哲学的なソクラテスとは異なる。とくに『饗宴』では、ソクラテスは、美しいアルキビアデスが試みるあらゆる「奸計」に抵抗する禁欲のモデルそのものであるように見える。彼が伝えようとしたディオティマの言葉は、パイドロスとパウサニアスが行っていた少年愛の擁護に見事な対をなすように現れる。プラトンが伝えるソクラテスにとっては、美しい体を美しい魂に、美しい魂を美学へと導くエロスの力学が存在し、この美学に従って、ソクラテスは、「美しい体をさして重要ではな」く、魂の美ですら、情のある愛としての〈美〉に比べれば、単なる一つの段階でしかないと見るようになる。従って、ソクラテスにおいては、いわゆるプラトニック・ラヴの擁護すら超えるのである。同性愛でも、愛の果ての同性愛擁護でさえない。別の論拠ではあるが、『パイドロス』においても同様である。あまりに満ち足りた愛人は、最期の日に、「翼を持たずに」自らの体を出るという。いずれにせよ、哲学がプラトンにおいて始まるのは、同性愛関係あるいは同性愛擁護的関係においてと言うより、言ってみればその「内的批判」においてなのである。この哲学者が先駆的であったのは、少年たちの恋人としてではなく、それを放棄する者としてだったのである。

　しかし、この愛の弁証法の中に、来るべきヘレニズム期ギリシアの同性愛嫌悪の根拠は少しも見ることができない。このときプラトンが、肉体的、さらには精神的愛をも超越することを主張したとしても、だからといって同性愛への一般的な批判をしたことにはならない。元々少年間の愛は、いずれにせよ女性に対する愛（異性愛、女性同性愛の両方）よりもその点で常にうまくいっていたのである。ところで、プラトンは異なる者への愛よりも、同類への愛を相変わらず擁護していた。そして彼の哲学に固有な女性嫌いは新たな同性愛嫌悪よりもなお強かった。しかし、『法律』においては調子が完全に変わる。今度は、同性愛行為には「いかなる健全性もなく、神にとってむしろ憎しみの対象であり、最も醜いものの中でも最も醜い」。このような自由市民と奴隷、女性と子どもを含めた「一致した公衆の声」（八三八c）を法的かつ宗教的に確立することが重要になる。プラトンが、男性同性愛を糾弾するために、女性と奴隷と子どもの声に呼びかけているのだ！　一体何が起きたのだろうか。

より「フェミニスト」でより敬虔になった初老のプラトンの主張は、不合理である。まず、その趣味は変わっていないからである。改めて、プラトンは対極にある者との友情に対して同類との友情が優越することを肯定し続けている。次に、これが先人よりもより宗教的な文章というわけでは全くない。ところが、プラトンは、本来の目的で宗教を使うと主張し、それを命じるのは哲学だけであると言う（少なくとも近代的な感情からすると、これ以上の冒瀆があるだろうか）。変わったのは、プラトン自らの新しい目的である。それは政治的立法である。彼自身がそう述べている。男性間セクシュアリティが稀であったなら、立法する必要はなかっただろう。言葉を変えれば、同性愛は、都市国家を深刻に害する限りで、非難されるべきであった。ありふれた行為になった同性愛は、都市国家の再生産と発展の重要な子種を損失し、無駄にして、都市国家をすっかり害している。従って、ここで私たちは、宗教的、心理的、道徳的服従ではなく（極端なことを言えばこれらと反対に）、まさに本来的に政治的な、もっと言えば政治哲学にふさわしい同性愛嫌悪の発明に居合わせているのである。争点は、子種、つまり人類および人類という種《しゅ》の政治である。言い換えれば、どこまで政治哲学がありふれた行為の普遍性を支持しなければならないかという問題である。重要なのは、政治に適用される概念の普遍性であり、政治は全員のものでしかあり得ないという本来的に哲学的な考えである。従ってプラトンは、筋が通っている。彼は「変わって」いない。

このものさしでは、アリストテレスのより厳密に「道徳的」な批判ですら、より無害で本来的な意味では哲学的でないように思われる。彼の記述は暴力的であるにはちがいない。不節制のさまざまな原因について考察し、自然傾向（獣性）、病気あるいは習慣による病的な傾向などに分類して、彼はこれらのリスト（非網羅的！）を作る。「髪を引き抜く、爪、炭や土までかじる、同性愛」（『ニコマコス倫理学』Ⅶ、六）。しかし、リストの暴力性だけに注目すべきではない。まず、アリストテレスは、「同性愛者」を、ウブリゾメノイ、字義通りに言えば「幼年期にもてあそばれた者」、一般的にはソドミーを行う人と理解しているからである。ところでこの面では、ソドミーをしばしば非難するギリシア人の一般的な意見とアリストテレスには差がない。彼は、これによって哲学的な意味での同性愛嫌悪を創造しているわけではない。さらに、同性愛者に対する評価は暴力的なまでに低いが、そこには「無実化」も透けて見えている。習慣は彼らに由来するのではない。というのも彼らは子どもの時に「もてあそばれた」ので、これらさまざまな傾向は、悪徳の外側に位置し、従って、逆にそれを制圧できるようになることは厳密な意味での節制には属さないということである。より荒っぽく言えば、同性愛の「習得」というアリストテレスのファンタジーは、ほとんど基礎道徳的で、男色家の政治的「怠慢」というプラトンのファンタジーの方がずっと同性愛嫌悪的であるように見える。

それではアリストテレスが、プラトン的な法律のユートピアの暴力を、解消ではないにしても（というのも彼は、欲望には普遍性を推定しながら、自然に反した「人為主義的」なソドミーという考え方にどっぷり入っている）中和できたのはなぜか。それは、ソドミーの自然に反する性格の強調である。自然の外側にある同性愛者は、悪徳と美徳の範囲の外側におり、それ故に政治の中心ではなく境界にいる。自然に反する、従って「当然に」同性愛は稀であるという議論は、欲望を非常にかきたて野火のように広がる（当然に男性）同性愛の危険（あるいはファンタジー）をせき止めているのである。これでアリストテレスが完全に疑いを晴らしたわけではない。普遍思想の改造（普遍はもはやすべての者ではなく、大部分の者だけにあてはまるものになった）という代償を払って、普遍的、というよりむしろできるだけ普遍的な性道徳の形而上学を作るという哲学らしい願望が維持された。しかし、特定のセクシュアリティを暗い「おまけ」の事例として閉め出してのことであった。

こうして、このできるだけ普遍的な道徳を作るという願望は、ヘレニズム時代の哲学全体において維持される。共感的な理解からはほど遠く、また「逸脱的」セクシュアリティを厳しく厳密に糾弾することからもほど遠かった。これに対してフーコーなら「確かに、ギリシア人は大したことはなかった」というだろう。つまり、アリストテレスからずっと後に、まさに共通の道徳の名において、例外よりも規範が問題を提起するのである。この規範は男色家を事実上は共通規範が引き起こす偶発的な暴力にさらす一方で、特殊なセクシュアリティに対する無関心によって、同じ程度、男色家を保護したのである。

キリスト教的中世哲学――「自然による」同性愛嫌悪

紙幅の都合で、ここで神学および厳格な政治を背負っていたキリスト教哲学の紆余曲折に立ち入ることは不可能である。しかし、中世キリスト教哲学の二大人物、アウグスティヌスとトマス・アクィナス（もしアウグスティヌスを勝手に中世哲学者にすることが許されれば）を見ると、奇妙なことにすべてがひっくり返るように見える。辛辣な同性愛嫌悪の根拠の役割を果たしているのは、もはや気むずかしいプラトン主義と普遍主義ではなく、トマス的なアリストテレス主義と自然の普遍性についての、見かけ上はより穏健な考え方である。

確かに、アウグスティヌスが「不純」（自然に反するセクシュアリティ）の問題に正面から取り組むとき、彼は惜しむことなく糾弾する。「従って、自然に反する罪は、ソドムの者たちに起きたように、どこにおいても常に嫌悪と懲罰に値する。すべての人びとが自然に反する罪をおかせば、同じ理由で非難されるべきであり、神はそのような使用法のために人間をお創りになったのではないのだから神の法の裁きをうける恐れがある。事実、神の御業である自然の制度を放蕩の堕落によって汚すことは、神とわれわれの間に要求されている社会的秩序に違背する」（『告白』Ⅲ、八、一五）。しかし少なくとも二つのことに気づくだろう。まず、プラトンに比べると、はっきりとした変化がある。この嫌悪は、厳密に政治的な論拠に基づくことをはっきりとやめている。すべての民がソドミーで非難されるのは、個人が非難されるのと「同じ理由」によってである。言い換えれば、もはやソドミーは、自然と社会秩序にとって特別な害ではないのである。確かに害ではあるが、慣習に対する罪や、同じ文章のすぐ後に描かれている侵害のような他の罪と同じ理由で害なのである。そしてここでのアウグスティヌスにとっての問題は、神を愛し、神だけを愛することが可能な「時と場所」を探すことである。言い換えれば、ソドミーの第一のそして主たる罪はこの愛を横取りすることである。まさにこのことから、この罪は快楽とセクシュアリティそのものに関するより一般的な批判においてしか理解され得ない。この点については、ソドミーの糾弾を、結婚という合法な関係において捉えられた性的快楽のアウグスティヌスによる描写、さらには合法な結合で妊娠した女性――物質、すなわち、プラトン的に言えばまさに無に近いものと同視された――の描写と対比させるだけで十分である。そうすれば、アウグスティヌスの問題は同性愛嫌悪では全くなく、セクシュアリティ一般であること、それはピーター・ブラウンが完璧に示して見せたように、キリスト教が容認する形態のセクシュアリティにまで及ぶことを確信できる。

従ってこのレヴェルでは、各人の行為の特殊性にはこだわらず、厳密な普遍主義によってそれらすべてを同じ一つの嫌悪のもとにまとめ、そうして中世最初の数世紀に同性愛嫌悪が広まるのを妨げたのは、アウグスティヌスのプラトン主義であるように思われる。

反対に、自然に反する罪（自慰、ソドミー、同性愛、異常なセクシュアリティ）が特殊な争点になったのは、トマスのアリストテレス主義によってである。トマスは、節制についての問いの最後の二つの項をこれにあて（『神学大全』第Ⅱ－Ⅱ部一五四問一一項および一二項）、他の問題の例として再度取り上げている（同、第Ⅱ－Ⅱ部九四問三項、第Ⅱ－Ⅱ部一四二問四項）。実際、良きアリストテレス主義者であるトマスにとっての目的は、不節制の罪を「分類」すること、つまりさまざまな重大性のレヴェルを評価することであった。ところでこのものさしでは、自然に反する罪を不節制の罪の最大の罪として分類するように彼に強いたのは、宗教的啓示ではなく、まさに哲学である。彼が、そこでどのような権威ある主張（その中にはアウグスティヌスのものがある）を、自分の理論をよりよく主張するために用いていようともそうなのである。というのも、以下のように述べるのは、完全に哲学的な理論であって、直接的には神学的ではない。「種の自然は、どんな個人よりもすべての個人に密接に結びついている。そういうわけで種の自然に反して犯される罪は、最も重い」（『神学大全』第Ⅱ-Ⅱ部一五四問一二項第三異論解答）。同様に、「何かを歪めて使う罪は、それを正しい用法を怠る罪よりも重大である」（同、第四異論解答）。より厳密に言えば、ここでは、自然の上に政治を根拠づけるアリストテレス主義がキリスト教的に復活させられている。神の御業と考えられた自然に反することが、神の直接的な命令（主として隣人愛について定める福音書）に背くよりもより重大になる。言い換えれば、「同性愛嫌悪的」命令に哲学を従わせたのは、啓示ではない。反対に、キリスト教ならではの啓示に対して、同性愛嫌悪を強化するように強いたのは哲学である。神学に対する哲学の関係は、トマス・アクィナスが何を言おうと、それほど従属的ではない。というのも次のような重苦しい論証は、とくに哲学的だからである。節制が、自然の必要に支えられているとすれば、自然の必要は、種の再生産（「良き欲望」とトマスは言う）に結びついているから、ソドミーあるいは同性愛の欲望（彼ははっきりと二つを区別しており、ソドミーの方が悪い）は、論理必然に、最悪の罪とされた。

と同時に、トマス・アクィナスを決定的に打ちのめす必要はない。というのも、まず彼は自分が表明した異議によって、それが自らに跳ね返ってくる危険に自ら身をさらしているからである。それは宗教的に（自然ではなく、隣人愛だけが、信仰の条件である）、あるいは論理的に（もしそれが自然において起こるなら、どうしてそれを自然に反すると形容することができるのか。そして人につけこみもせず、暴力的でもない同性愛関係があることになれば、その根本から揺るがされるのはアリストテレス主義全体である）すらそうである。それゆえにここでは、常に批判に開かれた理性的論証哲学の広がりが再発見できる。さらに、破廉恥なことに彼はここであることを教えてくれている。というのも、この問題についてトマスは、アリストテレスを細かいところで誤解しており（アリストテレスにとっては、ソドミーは獣性ではなく、習慣であり、いずれにせよ彼にとってはそこに悪徳があるのではない）、心ならずも、同性愛嫌悪に関しては、いかに論拠が反転可能であるかを示している。一般的な欲望を攻撃すること（プラトン主義）は、最も欲望をそそるという理由で、同性愛を最悪の災禍に見せることができる（プラトン）のと同様に、他の罪と同じく咎めるべきであるがゆえに無実の罪であるように見せる（アウグスティヌス）こともできるのである。また、アリストテレスがプラトンの法律への情熱を静めたように見えるのに対して、アリストテレス主義者トマス・アクィナスは、異端審問の時代に、少なくともナチズム以前の歴史ではほとんど唯一と言える組織的な大ソドミー狩り↓が始まるのを助けたのである。これほどのシステムを使ってこのような暴力を実施するには、単に宗教だけでなく、多くの哲学が必要だったことは間違いない。

■啓蒙哲学——感情の反動的同性愛嫌悪

ついに、啓蒙時代がやって来た。ある種の共和主義哲学は、自らの同性愛嫌悪問題に片を付けることなく、このような月並みの表現をする。しかし、まずテクストに照らせば、そのようにしか考えられないのではないか。第一に、イングランド・スコットランドの啓蒙である。一方で自然という論拠についての、他方で、同性愛は自然に反するかもしれないという考えについてのヒューム的な二重の批判以上に強いものはない。まず、われわれは自然が「欲する」ものを知らず、それは単なる習慣と慣習の原則である。そして、自然に反することは何も起こり得ない（ヒューム『人性論』Ⅲ、Ⅱ、Ⅰ参照）。こうしてあらゆる同性愛嫌悪は、そもそも個人的かつ私的な性質のものであるか、宗教的偏見によるものであることになる。いずれにせよ、のちに同性愛嫌悪をあらゆる合理的哲学言説から放逐するベンサムの『男色論』は、共感によって穏健化し、全面的な約束主義［科学の理論や法則の真理性を、便宜上の取り決めの結果として理解する立場］をも備えた、この功↓利主義という哲学的基礎に基づいていた。

フランスのディドロとサドについてもほとんど同様である。ただし議論は異なっている。というのもディドロの重要な論拠は、規範的自然主義から記述的自然主義への移行である。唯一の一貫した形態の、あるいは大多数の者の法として理解された自然から、その表れと批判全体を含むような、継続的だが多形的な自然への移行である。この点について『ダランベールの夢』の中で、その登場人物のボルドゥが、次のように非常にはっきりと述べている。「人生は、寄せ集めであり、感性は要素である」。このような見方では、一つの要素が別の要素を正当に裁くことはできない。

反対に、「フランス人よ！　共和主義者たらんとせば今一息だ」〔『閨房哲学』に挿入されている政治パンフレット〕の中で、サドの論拠は超規範的な自然主義に基づいている。自然は法であり、断定的な法であるが、それはまさに自然のよう、つまり欲望と自由のようであり、集団的な制度ではない。自然の法に語らせたいならば、実定法はほとんどいらない。この見方においては、制度に反しても同性愛が存在する以上は、それは自然に適合していることになる。それは悪でないだけでなく、善でもある。そしてサドは、革命期の月並みな男性性の表現とは対極的な、『饗宴』の中のパイドロスの言葉に近い主張を繰り返す。スパルタを見よ、と。

見かけ上は矛盾するこれら二つの主張において興味深いのは、それらが共通の敵を名指ししていることである。それはルソーであり、その感情の自然主義である。自然を、寄せ集めや経験的な自然法ではなく、「感情」の中に位置づけることは、反自然の古い主張をこっそり復権させることである。確かに、ルソーは『告白』の二巻で、その思春期の悲しい誘惑の経験を私的個人的感情のレヴェルにおいてのみ語っている。「この出来事は、将来に渡って、神飾りの騎士の企てから逃れさせ、そのようなものとして通っている人びとを見ると、とても恐ろしいムーア人の雰囲気と動作を思い出し、私はとても恐ろしくなったので、それをほとんど隠すことができなかった」とルソーは述べる。しかしそれだけでは終わらない。彼が以前にはほとんど語らなかったこの「恐怖」と「嫌悪」は、より「哲学的」と考えられている彼の文書全体にのしかかってくるのである。『ダランベールへの手紙』でのスイスのブルジョワジーの子どもの恐ろしい描写がそうである。『エミール』において、完全に腐敗した性道徳の例としてレスボスを仄めかしているのがそうである（四巻）。しかし、厳密に観念的なレヴェルでは、ルソーの自然の声という感情は、単なる私的感情にとどまることは決してない。反対に、道徳と教育のための原理のまさに表明の場、政治のための一般意志の場でさえある。従って、ルソーにとっては、この主観的真実、真実‐誠実は、固有の意味で哲学的言説の周辺でだけ有効な、安値の一次的な真実ではない。それはあらゆる真実のまさに中心である。言い換えれば、彼の同性愛嫌悪を支えにやってくるのは、厳密に非哲学的な、そして実際に辛かったであろう特定の経験ではなく、自然に見える感情を政治的決定と道徳教育の中心に置く、自然の哲学としての彼自身の哲学である。「神飾りの騎士」にとっての地平が明るくなろうとした啓蒙の世紀に、このようにルソーは、古代人の政治的同性愛嫌悪と中世の「自然による」同性愛嫌悪を結びつけるという離れ業を、「欺かない」自然の感情の庇護のもとにやってみせたのである。「あたかも慣習的な絆を形成するのに自然の手がかりがあってはならないかのように、〔…〕良い市民を作るのが良い息子、良い夫ではないかのように」（『エミール』四巻）。「ルソーあるいは道徳のタランチュラ」とニーチェはルソーを呼んでいる。

さらに少し不当かもしれないが、ルソーは、カントを汚染するところまで行くと言えるかもしれない。カントの形式的道徳は、アプリオリに決定される、従ってあらゆる（性別やその他の）経験的特性から自由な人格の尊重のみに基づいており、あらゆる人種差別一般同様にあらゆる同性愛嫌悪とも無縁であるはずである。実際に、カントは↓同性婚をほとんどあらかじめ正当化するような「性的共同体」の見事な定義（「ある者による他の者の性的器官と性的能力の相互的利用」）を行った。しかしその後で、カントは次のように述べることもためらわなかった。この利用は「自然」であることもあれば、「自然に反する」ような、つまり「同性の者、別の種の動物」の利用でもある。そして、「この数え切れないと言われる法の侵犯、自然に反する悪徳は、人類に対するわれわれ自身の↓侮辱であり、いかなる制限も例外も完全な非難から逃れさせることはできない」と述べたのである。ところで、これが書かれているのは

『実用的見地における人間学』ですらなく、『法論の形而上学的基礎』〔『人倫の形而上学』の前半部のタイトルで、『法論』と略される〕の中であるが、このような言葉は「カント的」に正当化することはできない。従って、不当にもこう言うべきである。これはあまりカント的ではなく、やはりルソー的である、と。

■現代哲学——生物学－人類学的同性愛嫌悪

もう少し先へ進もう。ルソーは、同性愛嫌悪的な過去の哲学的二大立論の基礎を総括するだけでは満足せず、さらに、まさに近代的な同性愛嫌悪の基礎を築いた。私たちは、のちにヘーゲルからレヴィナスまで、生物学的・人類学的、本源的な性差の確立という形で、こっそりとこの同姓愛嫌悪が流れるのを見ることになる。実際、生物学的性差に基づく〈他者〉愛という像を作り出したのは、やはり部分的にはルソーである。これはもちろん異性愛の正統化ではなく（このような正統化はほとんど存在したことがない）、私たちの他者への関係の人類学的基礎は、明白な生物学的性差の次元そのものに位置づけられるという考え方である。「自然も、理性も、男の中にある女に似た部分を愛するように女をし向けることはできないし、女が男に愛されるためにすべきなのは、男を真似ることでもない」（『エミール』五巻）。そして逆もまた正しい。

従って、外見は似ていても、今度は、古風な「反自然」のモデルとははっきりとした断絶がある。同性に対する愛について、自然の啓示への逸脱あるいは差異を糾弾することはもはや重要ではなく、反対に、紛れもない他性像として他者を構成する能力がないことを、そのような愛に見るのである。同性愛は、もはや自然の均一性に違反するのでもなければ、「自然」の欲望を「倒錯させる」（逸らす、外れるという固有の意味で）のでもない。同性愛の糾弾は、（同類への愛という）固有の意味で同胞愛《ホモフィリア》と呼ぶべきものを真に擁護しようとすることから生じるのではない。反対に、同性愛の本質的な過ちは、自然の原初的混成性、つまり同性愛に先行して、男女という関係の形態のもとでのみ経験すべき最初の他者を欠いていることである。従って、腐敗させられているのは「自然」そのものではなく、その対となるものである。同類との良好な交流の基礎、他の者すべてとの良好な関係の基礎が腐敗させられているのである（イエズス会と修道院の罪、あまりに男性的あるいは女性的なあらゆる同業団体の罪）。ルソーにとっては、惨めなソフィがエミールにとっての「最初の」他者で「なければならず」、「原初的に」、他の男たちへののちの彼の関係を基礎づけなければならないのである。

〈他者〉についての偉大な二つの近代哲学、ヘーゲルとレヴィナスの哲学は、この裂け目の中へすべりこんでいく。ヘーゲルはそれをはっきりと述べている。性差、それは人間の精神の「目覚め」、単純で固定的な単数性の「眠り」からの脱出を可能にする、実質的普遍性への最初の一歩である（『エンチクロペディー』第三部「精神哲学」三九八節への補遺）。言い方を変えれば、生物学的に異なる性別の間の性的行為のみによって、他者の中に自らを再び見つけることが可能になり、精神は即自的存在から対自的存在へと至ることができる。この性差の契機は、最初の契機の一つに過ぎないが、決定的である。『精神現象学』では、意識のレヴェルだけで推論していた主人と奴隷の弁証法が演じた中心的役割を、『エンチクロペディー』の中では性差が果たしているように思われる。もしヘーゲルのテクストをあえて敷衍することが許されるならば（というのもヘーゲルのテクストははっきりとは述べていないから）、以下のように言うことはたやすい。同性愛、それは単純で、乳幼児期から弁証法的発展のできない固定性である。同性愛者は、即自的存在に永遠に閉じこもり、人類としての他者に到達することは決してない。この他者は、抽象的で空虚な〈あらゆる他者〉ではなくて、現実の他者であり、それは他者を、自らの同胞と類とする因果関係を豊富に含んでいる。同性愛者は、〈他者〉（同胞）も、類も持たない。

レヴィナスは、全く別の見方で、〈他者〉の超越性の現象学を一世紀の後に作ったが、やはり原初的に同性愛的な他者を不可能にする同じ装置に従った。彼がそれをはっきり述べたのは、本質的に所有不可能な関係としての〈他者〉への関係の、原初的でないとしても少なくとも「内奥の」核を見つけようとしたときである。「そして、存在することが控えめな欠如であり、その本質的な欠如によって、親密性の領域を画する手厚いもてなしが実現されるような

〈他者〉は、〈女性〉である。〈女性〉は、内省、〈家〉と住居の内部性の条件である」（「控えめな」「本質的な」という語、そして〈 〉［原文では大文字で始まる語］のニュアンスを正しく感知してほしい）。言い方を変えれば、親密なるもの、つまり性的であると同時に貞淑な愛、「休憩の場」での愛という意味で、生活しやすく人間的な〈他者〉に対する関係、そして、厳しく絶対的な〈他者〉の〈超越〉の中に心地よい内在を作れるのは、（〈男性〉にとって）〈女性〉だけである。レヴィナスはそのマルティン・ブーバー［オーストリア生まれのユダヤ宗教思想家］批判の中でさらに明示している。「ブーバーが、そこに人間間関係のカテゴリーを見る我／汝の関係は、対話者との関係ではなく、女性的他性との関係である」。これ以上ないほど明確である。愛、性別は、生物学的性差の中につなぎ合わされるのでなければ、人間的ではあり得ないということである。

しかし、ここでもあまり性急にヘーゲル哲学やレヴィナス哲学の全体に同性愛嫌悪の非難を浴びせることはできないだろう。ヘーゲルが性差の問題を考慮しようとしたのは、実現された〈理性〉のレヴェルではなく、「人生の時期」の分析においてだけである。この観点からすると、はっきりと同性愛嫌悪的な痕跡が入ってくるのは、哲学体系（そこでは固有に生物学的なるものの占める場所はない）の中ではなく、準備過程のレヴェル、（『エンチクロペディー』だけに特有の）「物理的」現象学のレヴェルであると擁護することも正当かもしれない。同様にレヴィナスについても、同性愛嫌悪を語れるのは、その倫理的他者の原初的な構成においてではない。このレヴェルでは、他者の絶対的超越性は、目を伏せることすら強い、男性と女性、あるいは子ども（レヴィナスは〈息子〉と言っている。しかしおそらくこの表現は、アブラハムの犠牲に関連しており、宗教的であって、哲学的ではない）の単なる区別すら完全に禁じられる。レヴィナスの同性愛嫌悪を語れるのは、「住まい」の現象学のレヴェルにおいてだけである。晩年のハイデガーがそれに根本的性質を与えたのとは反対に、レヴィナスにとっては全く根本的性質を持たない。そしてこの点に関して、同性愛者は〈他者〉を否定しているというのは、それによってレヴィナスが言おうとしたことをまさしく何も理解しないことである。

面白いことにヘーゲルの中に、ギリシア人とは反対に、同性愛ではないとしても、青年期の異性愛の覚醒をはねのけた厳密に「大人の」同胞愛を擁護しようとする真面目な論証を見つけることさえできる。そしてレヴィナスにも女性と結婚している男性（同性愛嫌悪をなおも警戒するのなら、これは馬鹿にできたものではない）の幸福な同性愛を支持する論証を見つけることができるかもしれない。これらの男性だけがおそらく他性の絶対的経験に身を委ねることができるのであり、この経験は、家内領域の「慎み」から純化されたものだからである。

これらの論述は、最終的にヘーゲルおよびレヴィナスの、そして彼らを通じて哲学そのものを、その同性愛嫌悪的「派生物」の汚名から救うためのものではない。もう一度言うならば、これは「派生物」の問題であるようには見えない。ただ最後に私たちの命題を思い起こしておこう。哲学は、時に同性愛嫌悪である。しかし哲学が同性愛嫌悪的であるとき、それはその周辺においてに過ぎない。しかしながら哲学が時に同性愛嫌悪的であり得る、あるいはあり得た以上、決まった常識や宗教の仮面としてでもなければ、ひそかに抑圧された体質的な、つまり前哲学的な衝動のイデオロギーとしてでもなく、哲学特有の理由のためかもしれない。ヘーゲルは、同性愛嫌悪的であるようには見えない。なぜなら一九世紀初頭のドイツ・プロテスタントのブルジョワであったからである。レヴィナスについても性革命以前のユダヤ人ブルジョワであったから同様である。彼らは哲学的に同性愛嫌悪的である。というのも彼らが哲学的だからである。この意味で、この二人は、例えば、より厳しい言葉を用いたカントよりもずっと同性愛嫌悪的である。哲学がその潜在的な同性愛嫌悪について自問しなければならないのは、言説のレヴェルではなく、観念そのもののレヴェルにおいてであろう。このことから、明らかに哲学的に偉大なこの二つの「ケース」に鑑みて、哲学者全体に、戦略的で「低俗」とされる同性愛嫌悪という問題に対して、少しの謙虚さを喚起すること、現実を把握しているという自惚れから、あらかじめ現実から自らを放免する度しがたい欲望を少し改めるように奨めることができるかもしれない。まさにヘーゲル自身が予感した通りである。哲学は教訓的にならないようにしなければならない。教訓を垂れれば報いを受けずにはいられないということである。

ピエール・ザウイ（齊藤訳）

→悪徳、医学、異性愛主義、功利主義、自然に反する、象徴的秩序、神学、精神医学、精神分析、生物学、他性、普遍主義／差異主義、本質主義／構築主義

デュラス（マルグリット・〜）

マルグリット・デュラス（一九一四～九六）は、仏領インドシナ［現在のヴェトナム］に生まれ、子ども時代の大半をそこで過ごした。一九五〇年代からパリの文士のお歴々の間で寵児となり、つぎつぎと作品を発表して成功を収める。『太平洋の防波堤』［田中倫郎訳、河出文庫、一九九二］、『モデラート・カンタービレ』［田中倫郎訳、河出文庫、一九八五］、『ロル・V・シュタインの歓喜』［平岡篤頼訳、河出書房新社、一九九七］、『ラホールの副領事』［三輪秀彦訳、集英社文庫、一九七七］、『愛人（ラマン）』［清水徹訳、河出文庫、一九九二］などであり、この最後の作品で一九八四年にゴンクール賞を受賞している。不鮮明な物事、存在の困難、つねに未遂に終わる欲望の麻痺、これらがデュラスのさまざまな作品のすべてに共通の雰囲気である。

同性愛嫌悪《ホモフォビア》については、マルグリット・デュラスはたいへん興味深い事例である。つまり同性愛嫌悪の標本のような存在であり、しかも二つの理由でそう言える。まず第一に、デュラスはある種の女性的な——フェミニスト的とはあえて言わないが——同性愛嫌悪を例証している。それは女性に対する称賛であると同時に制限でもあるような考え方に基づいている。彼女にとって女性は、男性との関係、そして子どもとのつながりの中でしか、その真の性質を手に入れることはできない。この二つがつながって初めて、彼女は自分の存在の輝かしい喜びを見つけだすのである。ロール・アドレールが記録しているように、デュラスは次のように宣言している。「私にとっての情熱は、男と女の間の、雷光のような、つかの間のもの以外には考えられない。子どものいない女は、当人に言わせると本当の女ではないそうよ」。極めて異性愛主義（ヘテロセクシズム）的なこうした考え方は、同性愛者一般への原則的憎悪との間に、必然的に相関関係がある。デュラスの親しい友人は、彼女の同性愛者に対する辛らつさに衝撃を受けることがしばしばあったという。彼女は「汚らわしいホモ」という言葉で攻撃を繰り返し、この侮辱を正当化して、次のような少なくとも矛盾していることを主張していた。「同性愛の優しそうな外見には、暴力への挑発があるような気がする」。

しかし運命の皮肉によって、マルグリット・デュラスは一九八〇年に、同性愛者であるにも拘らずヤン・アンドレア・シュタイナーに恋してしまう。この「であるにも拘らず」はおそらく「であるからこそ」なのであろう。この生涯最後の、そしてもしかすると生涯で最初の恋は、複数の作品の素材になった。中でも『死の病い』では、奇妙な場面があって、一人の男が生まれて初めて女性と関係を持とうとするが、女の方は悲しげに、次のように言う。「あなたは何も、そして誰も愛さない。あなたは自分がそれを生きていると思っているこの違いすらも愛してはいない。あなたは死者たちの体の優美さ、あなたの仲間たちの優美さをしか識らない」。そして次のように結論づける。「あなたは死の支配の先触れだ」。

言葉と、沈黙と、声の優美な表現を通して、この物語はすでにタイトルからして、同性愛嫌悪の言説によくある二つの主題を結びつけている。同性愛は、個人としては病気であり、社会としては死をもたらす脅威ということだ。マルグリット・デュラスは、本人の告白によれば、美しい言葉のヴェールのもとに同性愛を「予審」に付したのである。それでもこの作品の教訓を理解しない者たち——そういう者が多いのだが——のために、デュラスは『愛と死、

そして生活』の中で、苦心して説明の文章を開陳している。同性愛の、言ってみれば襲来を匂わせながら、彼女は次のように言う。

それはあらゆる時代を通じての一大破局となるでしょうよ。初めのうちは潜伏している。わずかな人口減少が観測されるようになる。〔…〕みんなそろって最終的人口減少を待つようになるかもしれない。その間ずっとみんな眠っているのね。最後の人間の死は気づかれずに過ぎてしまう。

かくして同性愛は、ディディエ・エリボンが正当にも指摘しているように、マルグリット・デュラスの作品と、またその人生において、魅惑の対象であると同時に憎悪の対象となったのだ。そのように考えることによって、同性愛に好意的な彼女の公の立場と、彼女の言説にいつも現れている同性愛に対する断固とした憎悪の両方が、一度に理解される。ヤン・アンドレアに欲望をそそる怪物の姿を見れば見るほど、欲求不満も手伝って、彼女は悲しいことにこの男を攻撃してしまう。

毎朝いつも遅い時間に、あなたが階段を下りてくる軽やかで魅力的な足音が聞こえてくると、吐き気を催すような言葉が頭に浮かぶ。「ホモ」、「男色家」、「オバさん〔受け側の男性同性愛者〕」。そうなのだ、それが彼なのだ。あなたは若い魅力的な男のように見えるけれども、私はその男が私に何をしたか考える。私にとってあなたが下劣であろうが、それでも私が耐えられるのは世界であなた一人であることに変わりはない。

しかし『青い眼、黒い髪』〔一九八六〕では、デュラスは和解を試みている。言わば同じ青写真を取り上げながら、今度はある種の諦念に達しているのだ。「あなたが私を嫌悪することなんか、私には関係ないことよ。それは神が原因で、そのまま受け取るべきだし、自然や海と同じように尊重すべきでしょ」。それでもやはり同性愛が悩みの、涙の、押し殺された憎しみの種であることに違いはなかった。デュラスはみたび、この苦しい経験に形を与えようとして、『眠り』と題する作品を書こうとしたが、力尽きてこの計画は放棄してしまった。

マルグリット・デュラスが二〇世紀で最も同性愛嫌悪の深い文学者というわけではないことは確かである。いや、それとはほど遠い。同性愛を攻撃し、同時に理解しようとするこの失望にめげない執拗な意志こそが、デュラスという事例の同性愛嫌悪に次ぐ第二の興味深い点である。男から愛される女であり、母であることを使命とする一人の女が、そのために同性愛者によって二重の意味で否定されていると感じている。マルグリット・デュラスの同性愛嫌悪は、そのような女性の省察と経験に結びついているのは確かだが、しかしそれは同時に文学作品が練り上げられる舞台ともなっているのだ。この意味において、彼女の同性愛嫌悪は極めて両義的である。街では、デュラスは自身の粗雑な異性愛主義《ヘテロセクシズム》の赴くままに、最も暴力的で、しかもしばしば最も馬鹿げた宣言をしたりする。例えば彼女は、ロラン・バルトを手本とすべき人だとは見ない。なぜなら彼が同性愛者だからだと言うのだ！　それとはちがって作品の中では、彼女の同性愛嫌悪は演出されている。従って距離が置かれている。そして詩的な形態の中に収められていて、その形態は暴力的であると同時に抑制的であり、またあまりに悲痛であると同時にあまりに神秘的でもある。だから彼女は、同性愛者も含むあらゆる人びとから、喝采を浴びるのである。

ルイ＝ジョルジュ・タン（山本訳）

→異性愛主義、性差、フェミニズム、文学、レトリック

伝染

同性愛の伝染という主題は、一見したところ医学的な同性愛嫌悪《ホモフォビア》の数多くある主題の一つで、悪に関する宗教的な考え方に深く根づいたものである。この主題のそもそもの起源は確かに、サタンは人間を悪に引きずりこもうとし、極めて首尾よくそれを成し遂げる（かくも悪魔は美しく、肉体は弱く、禁断の木の実は魅力的なのだ）という考え方に見出される。従って悪の根源は主体にとって何らか外部的なもので、主体は知らず知らずのうちに「悪い出会い」の犠牲となるのであり、そしてその出会いに由来する習慣の虜となるのである。このような文化的背景のもとで、同性愛が伝染性の精神的病いの一種であるとされたのは無理からぬことである。一三世紀の神学者アルベルトゥス・マグヌスの立場もこれだった。「伝染病であり、人から人にうつって広がっていく」。そしてこの病気に伝染する危険にさらされているのは、むしろ金持ちの方であるとしたのだ。またおそらく「髪飾り事件」のときにルイ一四世が気にかけていたのもこの考え方であろう。一六八二年に、ルイ一四世がソドミーを行う者を有名な人士も含めて数多く宮廷から追放した事件のことであり、息子の一人ヴェルマンドワ伯爵への影響を案じてのことだった。

この主題は一九世紀の医学によって大きく刷新される。アンブロワーズ・タルデューは、一八五七年の著書『風俗犯罪に関する法医学的研究』で、かなりの数の古い形而上学的偏見を自称実証科学によって粉飾しているのだが、彼によれば本物の男色家（性逆転者（インヴァート））は極めて数が少ないが、彼らは「オバさん［受け側の男性同性愛者］」（倒錯者（パーヴァート））を「徴集」するのだという。医師や精神医学者の大半はタルデューにこぞって追随した。そして一九世紀末には、同性愛者は獲物に襲いかかり、誘惑し、変身させ、逸脱させる捕食者であるという見方が定着することになる。オスカー・ワイルド裁判の裁判官も、はっきりこの立場に立っていた。裁判官の一人は一八九五年五月二五日に、「若者を堕落させずにはおかない同好の集まりの中心」であると、この作家を非難している。また検事は次のように語っている。「社会を脅かす精神的伝染病であり、時が経つにつれて全体に広がることが確実な癌である」。パストゥール的な科学の最新の進歩がこの主題にも及んでいることが、ここから読み取れる。同性愛は今や、健康な有機体を損なうためにこっそりやって来た病原菌なのである。要するに、マイノリティの性的な好みであったものが精神病となり、精神病が、全世界に大流行する疫病に変化しかねない社会的病気となったのである。以上のような理由で、一九六〇年代まで、性科学者や教育者は同性愛の伝染の危険という考えに取り憑かれていた。ガルニエ博士は『神経と生殖器の衰弱』［一八九五］の中で、次のように書いている。「有性生殖の世界にきちんと適応できていない精神病質者について考慮に入れるべき重要な点は、人の出入りの多い社交場に行かせないことである。そこではとくに、時季が来ると新たに徴集しにやって来る一味に出会ってしまう恐れがあるからだ」。ハインリヒ・トーベンは、一九二二年に刊行された『若者の倒錯とそれとの戦い方』の中で、当時流行していた学説自体に「わがドイツの若者を同性愛中毒に陥らせる危険、すなわち若者の倒錯の下地になる危険がひそんでいる」と力説している。道徳家のテオドール・ド・フェリスは一九三〇年に、『プロテスタンティズムと性的問題』で次のように書いた。「同性愛者が示している異性への嫌悪こそが、同性愛者を病人に分類する理由である。それもかなり危険な病人である。なぜなら同性愛者はつねに新しい相手役を探しているのであり、こんどはその相手役を異常者にしてしまうからだ」。

この理由があるために、法がゆるす限りどこでも司法官は、「未成年者の堕落」事件すなわち被疑者が少年の最初の相手である場合には、たとえ少年の同意があっても、とくに厳しく対処したのである。フランスで一九四二年から六〇年にかけて裁判が厳格化されたのは、同性愛者は若者に伝染する病人なのだという考えに基づいている（クェンティン・クリスプの次の言葉を思い出そう。「同性愛とはギリシア起源のもので、社会主義よりも蔓延していないが、とくに子どもにとっては社会主義より危険である」）。ジグムント・フロイトが性逆転者《インヴァート》と倒錯者《パーヴァート》の対立に終止符を打ったのは確かだが、「絶対的性逆転者」から「両性愛的性逆転者」や「一時的性逆転者」に至る諸段階があることは、あい変わらず認めていたのである。しかもかなりの数の、とくにアメリカの精神分析家は、一九七三年に同性愛が公式に病理から外された後も、倒錯《パーヴァージョン》や伝染といった語彙を使い続けるのである。

従って、絶対的性逆転者が遂行しているとされる、「徴集」や「改宗」といった神話は持続する。それだけ長続きしたのには、幻想に付けられた理屈が人口に膾炙したという背景があった。すなわち同性愛者は子どもをつくることができないので（↓生殖不能）、新しい世代をつくるために無実の犠牲者を一定数、引っ張り込むのだという理屈である。性的アイデンティティの発生をめぐるこの劇的な空想が原因となって、教師（偏向教育、オルグ、悪例といった強迫観念）や寮生が疑いに包まれることになる（イギリス病の理論によれば、イギリスのエリート層には他にくらべて同性愛者の割合が多い。その理由は、パブリック・スクールで無垢な子どもたちが、不良の同級生の悪影響を受けるからだという）。またこの空想は、若者運動の責任者やアングロ＝サクソンの士官に頑固な同性愛嫌悪が根づいている理由でもある（前者の例としては、一九九〇年にアメリカのボーイ・スカウトが公然の同性愛者を公式に閉め出した。後者については、つい最近まで軍の士官が、性逆転者を↓軍隊に受け容れることは、軍隊全体の汚染に道を開くことになると考えていた）。最後にこの空想は、「文化の未来」のような団体が、ゲイ・レズビアン運動がメディアで目に付くようになることに熱心に反対している理由でもある。同性愛嫌悪のキリスト教右派にとっては、同性愛者を見せることは、徴集するのを手伝っているようなものなのだ。↓エイズにしても、同性愛嫌悪の者たちから当初はもっけの幸いだと見られていたのが、エイズによって同性愛者がメディアの中でありふれたものになるにつれて、最終的には同性愛嫌悪の者たちを震え上がらせている。

また、伝染について語る者は治療の可能性について語る者でもある。医師や↓精神医学者は、数世代に渡って「けぐれ者」を正しい道に戻してやることは可能だと主張してきたし、実際にあらゆる種類の↓治療法（行動療法、精神療法、生体医学療法）を提案し、「倒錯した」習慣の影響を阻もうとした。そしてこの夢想は、「ゲイのプロパガンダ」あるいはヨハネ・パウロ二世が「ゲイのイデオロギー」と呼んだものとの戦いを望む、アメリカの政治団体のモラル・マジョリティや、その後はキリスト教徒連合などに再び姿を現す。中でも↓脱ゲイ運動の伝道師と呼ばれる祈禱集団の中で一九九〇年代に始まった回復療法《リパラティヴ・セラピー》キャンペーンは特筆に値するが、しかし脱脱ゲイ者がユーモアをもって力説しているように、効果は限られている。「第一日目の夜、ともに祈禱する仲間を選びます。第二日目の夜にはその仲間と祈ります。そして第三日目の夜に、その祈りは叶えられるというわけです」。

伝染源すなわち悪の源は隔離し、その力を中和しなければならない。絶対的性逆転者、男色者、捕食者をまず見つけ出さなければならない。そのために、並外れた努力を注いで男色者の外面に顕れた性格を研究する学問を打ち立てようとしたのである。女性的な男性同性愛者なら分かりやすいのだが、ケーリー・グラント、ジャン・マレー、ダーク・ボガード、ロック・ハドソンなどのように見分けのつかない同性愛者は、つねに医者たちにたいへん悩ましい問題を突きつけてきたのだ。そしてひとたび見つけ出したなら、その新参の男色者を隔離しなければならない。この村八分の幻想が最高度に達したのがナチスの強制収容所であった。ナチスは、絶対的性逆転者たちが民衆を危険に導きかねないという強迫観念に苛まれていた。彼らの倒錯した行為が青年、それもとりわけ最も美しい青年に伝染すると非難したのである。そのような青年の長所は、来たるべき超人のために不可欠なのである。そこでナチスは「生まれつきの同性愛者」と「一時的な同性愛者」の区別を断行した。前者は強制収容所に送られ労働を強いられ、時に医学実験や去勢を施され、多くの場合は殺害された。↓後者に対してナチスはより寛容な態度を示した。なぜなら正しい道に戻すことを期待できるからであった。

ピエール・アルベルティーニ（山本訳）

→医学、学校、勧誘、脅威、軍隊、神学、生殖不能、退化、退廃、脱ゲイ運動、治療、放蕩

ドイツ

起源から一八七一年――ソドミー、「神に反する罪」から「自然に反する罪」へ

古代ゲルマニアにおける同性愛への抑圧についてはほとんど分かっていない。法典のほとんどが同性愛に言及していないのだ。タキトゥスはその著『ゲルマニア』の中で、「破廉恥な罪を犯した者」が沼に沈められたと書いてはいる。実際は、この種の刑罰は「受け」側の男性、あるいは「女性的な」男性にしか適用されなかったものと思われる。そうした人びとは兵役に適さないからである。同性愛関係は両性の役割に基づく階層構造を乱さない限り、法によって罰せられるということはなく、家族の判断に属する問題とされていた。レズビアニズムに関しては一切言及がない。

五世紀に西ローマ帝国が滅亡すると、その後ゲルマン民族の最初の諸王国が建国されていった。ゲルマン法は五世紀から九世紀の間に中世ラテン語で書かれ、今日の↓ポルトガルからドイツにかけての領域に適用された。ローマ法を手本にしたゲルマン法は、しだいにソドミーを宗教上法律上の罪と見なすキリスト教道徳の影響を受けるようになっていった。六世紀以降、一連の法典が発布される。例えば今日のスペインでは、西ゴート王国のキンダスウィント王の法典（六五〇年発布）、レケスウィント王の法典（六五四年発布）で、ソドミー犯は去勢に処すとされていた。また今日のポルトガルでは、同じく西ゴート王国のアラリック二世の法典（五〇六年発布）で、去勢の他に公職からの追放、頭の剃髪、鞭打ち、死刑も規定されていた。西ゴート王国のエギカ王の影響下で開かれた第一六トレド公会議（六九三）では、司教、司祭、助祭でソドミーの罪を犯した者は、免職、流刑に処するとされた。西ゴート王国系統の諸王国では、一六世紀まで同性愛に対する抑圧は限られた範囲内に収まっていた。しかし今日のドイツやイタリアの領域にあったゲルマン諸国では、「ソドミー」で有罪とされる男の例が実際に存在する。一三二八年にはシュバーベン［ドイツ南部］で数人の男が吊るし首にされている。一四〇九年三月にはアウクスブルク［ドイツ南部］で、エーバーハルト司教の指示により皮なめし職人と一人の聖職者が生きたまま火炙りにされている。また別の二人の男、ウルリヒ・フライとヤーコプ・キースは、塔の上から手足をしばられて吊るされた。二人は吊るされる前、土曜日から次の木曜日までの間、食事を与えられていなかった。しかしながら「ソドミー」という言葉の正確な意味を確定するのは困難である。というのもこれは、同性愛関係に関わる言葉であると同時に、異性愛関係の場合や獣姦や↓異端にも使われることがあったからである。一六紀になると、「↓自然に反する罪」が登場する。この言葉はまず、一五〇七年のバンベルク刑事勅法で規定され、次いで一五三二年のカール五世刑事勅法（カロリナ）の一一六条に受け継がれる。カロリナはソドミー犯に対して火炙りに処すと規定し、カール五世治下の神聖ローマ帝国、すなわち今日のドイツ、オランダ、スペインに適用された。実際、一七三一年、プロイセン王フリードリヒ・ヴィルヘルム一世は、ソドミーの罪を犯したレプシュという名の男をポツダムで火炙りの刑に処した。

同性愛嫌悪《ホモフォビア》が処刑という形で表現されることはそれほど多くはなかったが、それとは違う形で顕れることがあった。例えば、政治上、宗教上の敵の信用を失墜させる手段として、ソドミーに及んだという告発が利用されていた。例えば一三世紀の神聖ローマ皇帝フリードリヒ二世が、この種の攻撃の標的に

されている。当時、皇帝と敵対していたローマ教皇が策動したのである。また一六世紀にカトリックの聖職者をめぐって、同性愛を大いに仄めかしていたのがルターである。レズビアニズムは法の規制を受けてはいなかったが、極めて稀ではあるけれども、女性が「ソドミー」で訴追されることもあり得た。例えば、カタリナ・マルガレータ・リンクとカタリナ・マルガレータ・ミュールハーンの二人が、プロイセンのハルバーシュタット［現ドイツ中部］で裁かれている。リンクは一七一七年にミュールハーンと結婚する前、男装して何度も軍隊に入隊した経験があった。彼女は革でできたペニスを用いて、自分が男性であると相手に信じさせたのである。リンクは死刑判決を受け、ミュールハーンは「夫」の正体を知った後も「夫」との性的関係を続けたかどで、三年の刑と追放を命じられた。

一八世紀、一九世紀の法律家は、啓蒙主義の影響のもと、人間本来の性質をより尊重する「自然法」の確立を目指した。死刑は徐々に廃止されていった。一七九四年のプロイセンの法律では、「ソドミーおよびその他の、あまりにも厭うべき行為であるためここにその名を記すことのできない自然に反する罪」を、杖刑の上、強制労働に処すとしている。しかし決定的であったのは、一九世紀初めにナポレオン法典にならって法改正がなされたときであった。フランスでは一七九一年の革命立法により、ソドミーをもはや犯罪とは見なしていなかった。それにならってドイツの領邦諸国が、刑法の見直しを始めたのである。バイエルンは一七五一年にはまだ、ソドミーを斬首ののち火炙りに処すとしていたが、一八一三年、成人どうしの同意に基づく同性愛行為を禁じる法律を廃止した。ウュルテンベルクは一八三九年に、ブラウンシュワイクとハノーファーは一八四〇年に、同様の法改正を行った。バーデンでは公然となされた行為だけが処罰の対象とされた。ザクセン、オルデンブルク、チューリンゲンでは、刑は最長でも一年とされた。しかしこうした変革以上には後が続かなかった。それどころか、どこよりも制限の強いプロイセンの一八五一年の刑法が、その後のドイツの刑法の基礎となるのである。プロイセン刑法は、まず一八六七年に併合されたハノーファーに拡大され、次いで一八六九年には北ドイツ連邦に、そして一八七一年にはドイツ帝国全体に適用されることになったのである。

▒一八七一年～一九三三年
――ヴィルヘルム治下のドイツ帝国およびヴァイマル共和国における同性愛と政治

ドイツ帝国刑法（一八七一年）第一七五条は、「自然に反する性行為は、男性の人間どうしで行われたにせよ、また人間と動物の間で行われたにせよ、拘禁刑に処す。市民権の剥奪が命じられることもある」としている。条文の文言はいぜん曖昧ではあるが、判例は厳密であった。「性交類似行為」のみが、この法による規制対象とされたのである。その結果、以前と比べると警察が同性愛者を標的とすることは少なくなった。警察に目を付けられるとすれば、密告されたか、あるいはむしろ、自ら危険な行動（男性用小便所で他人を誘いかけたりするような）をとっている場合であった。警察の追及は、労働者階級に向けられることがはるかに多かった。しかしこの法の実効性について過小評価してはならない。一九〇二年から一九一八年の間は年平均三八〇人が逮捕されていたのに対して、一九一九年から一九三四年の間には、それが七〇四人になっているのである。刑は場合によってさまざまで、とくに実行された行為の「深刻さ」、実行者の年齢によって変わったが、三ヶ月以下の刑が大多数であった。しかし抑圧の度合いは地域によって違った。中でも首都は寛容であると評判だった。警察は集いの場所を稀にしか取り締まらなかったので、本当の意味で同性愛のサブカルチャーが花開いたのである。そうは言っても警察は、ピンクリスト（同性愛者のリストを意味する）を持っていたようである。このリストはのちに、ナチスが同性愛者の絶滅計画を首尾よく遂行するために利用されることになる。一方、法による取り締まりを背景に、同性愛者はつねに脅し屋のなすがままに脅迫され、時に自殺に至ることがあった。マグヌス・ヒルシュフェルトのＷｈＫ（科学的人道委員会）など複数の同性愛者の運動団体の活動家が活発な運動を展開したが、また刑法第一七五条の見直しを求める法案が数回に渡って帝国議会に提出されたが、この条項は廃止されなかった。この条項の廃止を謳った一九二九年の法案は、ＳＰＤ（ドイツ社会民主党）やＫＰＤ（ドイツ共産党）など左翼政党の支持を受けたが、議会の多数派が入れ替わった結果、結局廃案となった。

世論の同性愛嫌悪は、政治に加えてスキャンダルや報道機関のキャンペーンなどによって、休むことなく養われていた。一九〇二年、産業界の大物フリードリヒ・アルフレート・クルップが、社会主義の新聞『前進』で槍玉に挙げられ、カプリ島の別荘に男性の若者を囲っていると非難されたことで、自殺に追いこまれた。しかし人びとの心に最も長い間刻まれたのは、オイレンブルク事件（一九〇七〜〇九）であった。これは、一連の軍部のスキャンダルが続いた後、マクシミリアン・ハルデンというジャーナリストによって暴露された事件である。そこで槍玉に挙げられたのが、ヴィルヘルム二世の側近で、その友人であり相談役でもあったフィリップ・オイレンブルク侯爵と、ベルリン市駐屯士官であったクーノ・フォン・モルトケ伯爵であった。この事件は政治的な含みにも事欠かなかった。というのも、オイレンブルクはフランスとの和解に積極的であったため、第一次モロッコ事件で軍部から強い恨みを買っていたのである。その後開かれた裁判は、話題に溢れていた。報道は大々的に取り上げ、世論に同性愛嫌悪と反ユダヤ主義の偏見が植えつけられた（証言に立ったマグヌス・ヒルシュフェルトはユダヤ人だった）。外国で同性愛が「ドイツの悪徳」と呼ばれるようになる一方、ドイツでは同性愛に対して反逆罪に問うことが多くなった。同性愛への懸念は大きく、刑法第一七五条を改正するための一九〇九年の法案は、例えばレズビアニズムにまで適用を拡大するというように、この条文の強化をめざすものだった。ただしこの改正案は実を結ばなかった。レズビアニズムは密かに行われている限り、とくに心配の種ではなかったのである。ただし独身の女性や自立した女性は、家族や道徳にとって危険であると非難されてはいた。一九二〇年代には、さらにフェミニストがしばしばレズビアンとされた。第一次世界大戦直後、目に見えて同性愛者であると分かる男女がそれまでになく多くなり、人びとはこれを「伝染」だと信じた。ラインハルト・ムムに率いられたドイツ福音教会委員会のような宗教集団や、保守勢力や極右勢力が結集したドイツ国家人民党（ＤＮＶＰ）のような政党は、若者を同性愛のような「現代の」危険から保護するために、「ポルノグラフィーおよび堕落に反対する」活発なキャンペーンを展開した。それによってかなりの数の男性同性愛やレズビアニズムをめぐる出版物が標的となった。リヒャルト・オスヴァルトとマグヌス・ヒルシュフェルトがつくった映画『他の人と違って』（一九一九）は、ミュンヘンなどいくつかの都市で上映後に暴動が起き、検閲の対象となった。

一九二〇年代の終わりには、同性愛嫌悪の議論がしだいに政治目的に利用されるようになっていった。ＳＰＤやＫＰＤはそれまでは同性愛者の主張を支持していたが、ファシストに対する戦いという状況に置かれ、ナチスの指導者の信用を失わせるために、同性愛者であるということを、臆面もなく糾弾の理由として利用するようになり、人びとの間に混乱を撒き散らした。ＳＡ（突撃隊）のリーダーであり、周知の同性愛者であったエルンスト・レームは、そのようにして『ミュンヒナー・ポスト』や『赤旗』が組織した辛辣な報道キャンペーンの標的とされたのである。一九三四年にソヴィエト連邦で同性愛を違法行為と規定したのをうけて、同性愛を「ファシストの倒錯」と見なすことが共産党の新方針となった。また、ナチ党の中枢には同性愛が蔓延しているという噂が、ドイツからの亡命者によって流された。しかしそのときにはもう、同性愛者に対する迫害が始まっていたのである。

一九三三〜四五年――ナチズム下の同性愛迫害

ドイツにおける同性愛嫌悪は、ナチ体制下でその頂点に達した。権力の座に着く前から、ＮＳＤＡＰ（国民社会主義ドイツ労働者党［ナチ党の正式名称］）は同性愛嫌悪の立場をとっていることで注目されていた。ミュンヘンで集会が開かれたとき、マグヌス・ヒルシュフェルトが標的にされ、極めて激しい身体への暴力を受けた。しかしながらある種の曖昧さは残る。同性愛運動の側は、自分たちに対するナチ党の敵意を完全には納得していなかった。なぜなら、ナチ党にはエルンスト・レームという、同性愛者団体ＢｆＭ（人権同盟）のメンバーで同性愛者であることを公然化していた人物がいたわけだし、また党の中枢には、他でもないハンス・ブリューアーが展開した男性国家の理論の信奉者が、少数派ながら存在したのであるから。ハンス・ブリューアーは、義勇軍やＳＡ内のいくつかのグループに近く、また同性愛運動団体「特別な者のコミュニティ」のメンバーであった。ブリューアーはドイツの青年運動組織、例えばワンダーフォーゲルなどに関する研究に基づいて、指導者への忠誠にまで昇華する、同性間のエロティックな関係を称揚したのである。「長いナイフの夜」事件（一九三四年六月二八～二九日）によってレームとＳＡが粛清されると、疑う余地はなくなる。今やナチ党の公式の立場が、同性愛への弾圧と嫌悪ということになった。それは警察長官↓ヒムラーが一九三七年二月一八日にＳＳ（親衛隊）の将官を前にして行った演説にもよく表れている。同性愛者は、「人種に対する↓犯罪者」であり、ドイツ国民の「生存に不可欠な」ものを損なわんとしている。同性愛者は「治療」するか、排除しなければならない。一九三三年二月から三月にかけて権力を掌握するや、その最初の数週間からすでに、同性愛のあらゆる表現に終止符を打つための手段が講じられた。男性同性愛、レズビアンの運動は禁じられ、出版物は廃刊され、集いの場所は一斉検挙を受けた。一九三三年五月六日、両大戦間期のヨーロッパの同性愛者にとって、おそらく最も象徴的な存在であったマグヌス・ヒルシュフェルトの性科学研究所が略奪を受け、破壊された。それによって数百万点にのぼる書籍や貴重な文書が火の中に放り込まれたのである。そこまでくると、ドイツの男性同性愛者とレズビアンにとって、退却は不可避となる。ある者は国外に亡命し、ある者は結婚した。誰もが秘密のうちに、また不安のうちにじっとしていた。

　同性愛者に対する迫害は、どのカテゴリーに分類されるかによって異なっていた。一九三四年二月一〇日にはすでに、「青年を堕落させる者」と売春する同性愛者を定期的に監視するよう命じる内務省令が発せられている。また、同性愛事件を専門に取り扱う部局がゲシュタポの中枢に設置された。初期のこうした迫害手段は一九三五年九月に完成を見た。刑法第一七五条が強化され、ただ同性愛的な欲望を抱くだけで取り締まりの対象となるよう解釈が拡大し、また第一七五条ａ項が導入され、売春行為、力の行使、職権濫用について規定されたのである。レズビアニズムは、例えば法学者ルドルフ・クラーレなどが規制しようと働きかけたものの、法の規定から外された。しかしレズビアンに対してより寛大だったと見てはならない。女性が軽く見られていただけのことである。女性のセクシュアリティは、必要であれば↓暴力によって、容易に制御し得ると思われていたのだ。ただしこのことは一定の混乱を引き起こした。というのも、ドイツに併合されたオーストリアでは、レズビアニズムは五年の刑に処されるからである。また、レズビアンも密告を避けることはできなかった。かなりの数のレズビアンが強制収容所に送られているのである。その理由とされたのはさまざまで、「政治的」理由であったり、「反社会性」が理由になったりした。刑法第一七五条の強化に伴って、新しい部局として同性愛および堕胎と戦うための帝国センターが開設された。これは報告されたすべての同性愛者について、登録し、カードに記載し、分類する役割を担っていた。ＳＳ中尉ヨーゼフ・マイジンガーの指揮する二つの部局が延べ一〇万人近い同性愛者をリストアップし、そのうち五万人以上が刑を宣告された。同性愛撲滅運動はナチ党内部、中でもヒトラー・ユーゲントやＳＳで、とりわけ厳しく遂行された。国防軍の内部では、長い間独自のやり方で同性愛に対する監視と抑圧を行っていた。同性愛嫌悪のキャンペーンは、反体制派の人物や体制にとって望ましくないと判断された人物を標的にすることもあった。一九三七年には、カトリックの修道会が槍玉に挙げられた。非難は全くのでっち上げで、世論が真剣に受け取ることはほとんどなかった。同じ年、もう一つのキャンペーンが始まっている。こちらは、チェコスロヴァキアの併合に反対する将官たちが標的とされた。それによってヴェルナー・フォン・フリッチェ上級大将が、ハインリヒ・ヒムラー、ラインハルト・ハイドリヒ、ヘルマン・ゲーリングによってしつらえられた舞台に上がらせられ、犠牲となった。

　しかしながら、同性愛者をまとめて絶滅させることがナチス体制の課題とされたことは一度もなかった。ヒムラーでさえ、同性愛者を「治す」ための、例えばホルモン療法（↓治療）や去勢などのような「医学的」な試みを奨励していたほどである。ヒムラーは、それによって同性愛者をドイツ国民の共同体に再統合し、とくに↓軍隊に入れることを望んでいたのである。↓強制収容所も、「再教育」のための事業だとされていた。そのためアウシュヴィッツやザクセンハウゼンでは、男性同性愛者は売春宿に行かされた。収容所に送られた同性愛者の人数を正確に算出することは困難である。初期の犠牲者は、累犯者、男娼、小児性愛者であった。裁判を一度も受けなかった者もいたし、また強制収容所に拘禁されて刑期が恣意的に延長される者もいた。いずれにせよ「ピンク・トライアングル」［収容者を識別するために着けた逆三角形の胸章で男性同性愛者を表す］を着けた者は、非人間的な拘禁条件に直面させられた。収容所内の位階では、ユダヤ人のすぐ下、最下層に位置づけられ、しばしば最も苛酷な労働を割り当てられ、他の囚人とは切り離された。他の囚人たちの多くが、同性愛嫌悪の偏見を煽られていた。収容所で死亡した同性愛者の数は、延べ五〇〇〇人から一万五〇〇〇人と見られる。恐怖政治をしいたり、犠牲者の人間性を奪ったり、行為に釣り合いがとれないほどの刑罰を科したりして同性愛者を弾圧したのは、第三帝国に固有のやり方だったかもしれないが、しかし刑法一七五条が戦後もなお効力を保っていたことを見ると、ナチスの同性愛嫌悪の源泉が、人種差別主義や好戦的なイデオロギーを超えたところにあったことは明らかである。

一九四五年以降——制度的同性愛嫌悪から異性愛主義（ヘテロセクシズム）

第二次世界大戦後、かつての「ピンク・トライアングル」は、しばしば軽蔑の目で見られ、自分たちが収容された理由について証言することをためらい、むしろ秘密にしておくことを選んだ。実際ＢＲＤ（ドイツ連邦共和国）では、刑法第一七五条と一七五条ａ項はそのまま維持され、新しい刑法典に統合された。同性愛者は認知されることも、ナチズムの犠牲者ということで賠償を受けることもなかった。一九六九年六月二五日に、やっと二一歳以上の成人どうしが同意の上で行う同性愛行為が罰せられなくなった。そして一九七三年六月七日、ドイツ連邦議会は同意を認める年齢の下限を一八歳まで下げた。しかしそれでも差別が残されたことになる。というのも、異性愛関係の場合、一四歳で性的には成人と見なされることに決められたからである［一九九四年にこの不平等は解消された］。刑法第一七五条のいかなる改正にも最も強く反対した勢力の中には、カトリック、プロテスタント両方の教会があった。両教会は一九五〇年代に、同性愛にまつわる出版物を禁止するよう活発に活動した。ヴァイマル共和国時代に同性愛で有罪判決を受けた人は一万人に満たなかった。これに対して一九五〇年から一九六五年の間に有罪判決を受けた同性愛者は、四万五〇〇〇人近い数となった。有名な訴訟の中でも、とくに一九五〇年から一九五一年のフランクフルト・アム・マインで起きた事件を挙げておくべきであろう。まず初めに男娼が幾人か逮捕されたのだが、このうちの一人が顧客について詳しく書きとめた手帳を所持していたため、警察は町中で大規模な検挙を実施し、一〇〇名以上を逮捕したのである。事件を担当したロミニ判事は、すでにナチ体制下でフランクフルトの同性愛者四〇〇人を有罪にしたことで知られていた。新聞が早くから警察の手法や主たる証人の信用性を問題にする一方で、五人の男性が自殺をした。その後、問題の証人は偽証罪に問われて有罪となり、二年半の刑を宣告され、ロミニ判事は配置換えとなった。

東ドイツでは状況はさらに混乱していた。ソヴィエト連邦共産党指導部と、東ドイツ共産党指導部の間に見解の相違があったからである。ＵＳＳＲ（ソヴィエト社会主義共和国連邦）では、同性愛が依然として厳しく抑圧されていたのに対して、一九四九年から一九六九年までＤＤＲ（ドイツ民主共和国）の首相の座に就いたオットー・グローテヴォールは、ヴァイマル共和国時代に刑法第一七五条の廃止を支持していた人物だった。一九四八年に一つの「妥協」が見出された。刑法第一七五条は維持するが、文言は一九三五年以前に改める、第一七五条ａ項も効力を失わないが、最長刑を一〇年から五年に軽減する、というものであった。それから後は、第一七五条の改正法案が持ち上がっても、ことごとくＵＳＳＲに却下された。政治目的のために同性愛という口実を利用するという手段が、再び用いられるようになった。一九五三年六月一七日の蜂起に参加していた司法相マックス・フェヒナーが、自分の運転手と同性愛関係を持ったという理由で八年の拘禁刑という判決を受けたのである。一九六八年、第一七五条は改正され、第一五一条に、一八歳以上の男性どうしの同性愛関係は処罰の対象としないと規定された。一九八八年には同意を認める年齢の下限を一六歳まで引き下げた。このような法制度上の進歩はあったものの、だからといってこの時代の東ドイツの同性愛者の生活の難しさは隠されるものではなかった。男性同性愛の、あるいはレズビアンのサブカルチャーと言えるものは、実際の行動の面では存在していなかった。多くの男女が不安を払拭するために、「見かけ上」の婚姻関係を結んだ。ゲイ・レズビアンの出版物は一九八八年まで禁じられていた。一九八二年にやっと、最初の同性愛《ホモファイル》運動がいくつか日の目を見た。その中には、プロテスタント教会の後押しを受けているものもあった。この点についてはBRDとは大きな隔たりがある。BRDでは一九五〇年代からすでに同性愛運動が創設されていたし、一九七〇年代以降は合衆国を真似てゲイ・レズビアン解放運動を開始していたのである。DDRでは共産党政権の最後の数年間に、同性愛をめぐる光景には華々しい前進が見られたが、同性愛の運動はスタージ〔東ドイツ国家公安局〕によって厳しく監視されていた。スタージは「兄弟」または「アフターシェイヴ」と名づけられた作戦で、秘密警察を運動に潜りこませていたのである。東西ドイツが再統一されると、刑法第一七五条は完全に廃止された。一九九四年六月一一日のことであった。

同性愛嫌悪の態度や偏見は確かに広い範囲で下火になりはしたが、それでもまだ完全に消え去ったわけではなかった。一九九一年二月から三月にかけて、ミヒャエル・ボホーがGMF-GETAS研究所とともに実施した、反同性愛的な態度に関する調査がある。対象となったのは旧東ドイツ人一〇〇二名、旧西ドイツ人一二二〇名である。それによると、西ドイツ出身者の六五%、東ドイツ出身者の六九%が、「他人の性的指向」には関心がないと答えていて、前回の一九七四年の調査結果と比べると進歩が見られるものの、同性愛者に対する社会的、職業的差別を支持すると表明する者の数はあい変わらず多い。保守派の党員(CDU〔キリスト教民主同盟〕やCSU〔キリスト教社会同盟〕)、キリスト教のいずれかの教会に属する者、DDR出身で地位を失った者などの間では、同性愛者に敵意を持つ人の割合が目立って多い。全体的に見ると、少なくとも国民の三分の一が同性愛者に強い敵意を持ち、別の三分の一はどっちつかずである。反同性愛的な態度が減ってきているのは宗教離れが進行していること、個人主義的、快楽主義的な生き方が普及していること、社会生活における道徳上の規範が緩和されてきていることなどに関係づけられる。しかしそれでも同性愛嫌悪の偏見が根強く残っているのは、同性愛者を、とくに→メディアを通して目で見る機会が極端に少ないこと、男性および女性の役割に関する「伝統的」概念がなくなっていないことに、おそらく原因があるだろう。さらに他の国と同じように、→エイズの流行が古くからの恐怖の復活に一役買っている。一九八三年『シュピーゲル』紙が「致命的伝染病エイズの神秘」と題する特集を組んだ。それ以来、ヒステリー状態が始まり、エイズウイルスは「神のもたらした罰」になぞらえられるようになった。しかしながら過去数年間で、事態は大きく進歩した。二〇〇一年六月、自身が同性愛者であることを公言していたクラウス・ヴォーヴェライト(SPD)がベルリン市長となった。二〇〇一年八月には、同性愛者どうしのパートナーシップがドイツで公的に認められた。「パートナー宣言」を取り交わすことによるもので、それによって男女間の婚姻とほぼ同じ権利を享受することができる。ただしバイエルンなどいくつかの州はためらいを見せている。「ピンク・トライアングル」の存在の認知という、より微妙な問題については、未だに解決を見ていない。一九九五年四月二三日、同性愛コミュニティのある代表者が、公の式典で初めて演説することを認められた。ナチズムの犠牲になった同性愛者に捧げる銘板が、一九八九年にベルリンのノーレンドルフプラッツで除幕された。しかし記念碑の建設については未だに棚上げされたままになっている。二〇〇〇年一一月には、ドイツ政府がやっと公式に、第三帝国下でゲイ・レズビアンが受けた迫害に対して謝罪した。しかしながらナチズムの犠牲となった同性愛者への賠償に賛成を表明しているのは、今日までのところ緑の党だけである。

フロランス・タマニュ(山本訳)

→医学、オイレンブルク事件、カリカチュア、共産主義、強制収容、警察、軍隊、検閲、差別、スキャンダル、トムラー、ヒルシュフェルト、ファシズム、暴力、メディア

◆補遺

ドイツの同性愛をめぐる法制度の最近の状況は、二〇一二年五月発行のILGA(国際レズビアン・ゲイ連盟)の報告書によれば以下のとおりである(括弧内は発効年)<Paoli Itaborahy>。

性的指向に基づく雇用差別を禁じる法(二〇〇六)を持つ。

トランスジェンダーの人びとへの差別は、ジェンダー差別一般を禁じる法によって禁じられている。
同性カップルに結婚とほぼ同等の権利を認める法（二〇〇一）を持つ。
同性カップルのパートナーの子または養子を養子にすることが法的に認められている（二〇〇五）。
ドイツの憲法に当たるドイツ連邦共和国基本法には明文規定がないが、以下の州憲法には性的指向に基づく差別を禁じる規定がある。チューリンゲン自由州（一九九三）、ブランデンブルク州（一九九二）、ベルリン州（一九九五）。

（山本）

倒錯

これは一九世紀後半の精神医学↓において、生殖目的を逸脱する行為や誘惑を指すのに使われていた総称的な用語である。ドイツ人精神科医リヒャルト・フォン・クラフト＝エビングの分類業績が、この概念の定義の中心にある。その著『性的精神病質』で、臨床の一覧表から、倒錯「種」の類型論が組み立てられた。これらは、対象選択の方向性の誤り（同性愛、獣姦、フェティシズム）、性的衝動の行動の異常（サディズム、マゾヒズム）、性的な目的での他の身体機能の濫用（糞便嗜好）、そして「前戯」と見なされる行為（のぞき、露↓出）しか行わないことなどである。

クラフト＝エビングによって同定された倒錯のリストは膨大であったが、同性愛こそが、自らの科学理論を構築する理論的モデルであり、さらに彼の臨床描写において、他の倒錯とも結びつけられることが多かった（同性愛とサディズム、同性愛とフェティシズムなど）。ここにおいて、同性愛は、あらゆる倒錯の「母」のように現れ、それゆえに、「同性愛者」と「倒錯者」がほぼ普通に類義語になったのは驚くに当たらない。

フロイト以降の精神分析↓は、一九世紀の精神医学の概念にほとんど関係がなくなったので、倒錯概念が顧みられることはなかったが、クラフト＝エビングが用いたような「性的倒錯」は、今日の性科学だけでなく多くのポルノの語彙の起源になっており、こうして倒錯の語と同性愛の結びつきは永続的に強化されるのである。

ピエール＝オリヴィエ・ド・ビュシェ（齊藤訳）

↓悪徳、医学、遺伝学、性逆転、小児性愛、精神医学、精神分析、生物学、退化、脱ゲイ運動、治療、内分泌学、ヒムラー、ヒルシュフェルト、ファシズム、法医学

19 世紀以降、「倒錯」のテーマは、言説を肥やし、同性愛を扱う文学の中にも現れることになる

同性愛者の子育て

メンタリティが変化し、同性愛が多くの人びとにとって、他のセクシュアリティと同様、一つの様式になったように見え、同性愛者のカップルが多くのヨーロッパの国々で認められている現在でも、同性カップルの親という主題が停滞していることは否定できない。デンマークは同性愛者のカップルを認めた最初の国である。一九八九年に、養子縁組を除いて、異性愛者のカップルと同様の権利を同性愛者のカップルに与える「登録パートナーシップ」法を採択している。一九九三年のノルウェー、一九九五年のスウェーデン、一九九六年のアイスランドは同じ道をたどり、やはり養子縁組を排除していた。それでもアイスランドは、パートナーの子を養子にすることを認めている点で特殊であった。一九九五年、ハンガリー憲法裁判所は、同性愛者の内縁に異性愛者の内縁と同じ権利を与えたが、やはり養子縁組は除いている。フランスは、一九九九年のパックス法で、同じ方向性をとっていた。同性カップルを子を持つ可能性から排除する法律が作られるのは、同性カップルの承認に関する重要な進歩が成し遂げられたときであることが多い。

しかし、オランダ、スウェーデン、ベルギー、イギリス、スペインのナバラ州、合衆国のヴァーモント州とニュージャージー州、カナダのケベック州で、開放が日の目を見た。二〇〇二年、ケベック議会は、同性カップルが養子縁組を行う権利を全会一致で認めた。ヴァーモントとニュージャージーは、同性カップルによる養子縁組を合法と認めている。スペインのナバラ州は、二〇〇〇年に、安定したカップルの法的平等のための法律を制定している。この法律は、カップルの権利について、同性愛者であろうと異性愛者であろうと差別を禁じ、その結果、安定したカップルのメンバーは結婚しているカップルと同じ権利と義務を持って養子縁組を行うことができることを明らかにしている。スペインでは二〇〇五年に同性婚が合法化されると同時に養子縁組も認められた。オランダでは、二〇〇一年から同性カップルは民事婚することができ、養子をとることもできる。スウェーデンは、二〇〇二年六月に同性愛者が結婚し、共同で養子縁組をすることを認める法律を採択した。イギリスでは二〇〇五年から、ベルギーでは二〇〇六年からカップルでの養子縁組が可能になった［養子縁組と同性婚に関する法制度の最新状況は、それぞれの項目の補遺を参照］。

これらの開放にも拘らず、ゲイとレズビアン国際人権委員会は二〇〇〇年に、ゲイとレズビアンの親や親になろうとする者が出会う一連の困難について、世界中の例を挙げている。子どもとパートナーあるいは、子どもとその親のパートナーとの家族的な関係の保護の問題、離婚後の子の監護に関連する司法判断、養子縁組や受け入れ家族になることを禁じる法律、ゲイとレズビアンを生殖技術から排除する法律の問題などがある。

フランスでは、最も進歩的な者は、おそらく同性愛は親としての能力に影響がないという考えを受け入れているが、二〇〇一年に「あらゆる差別を排除する家族法改正」の動議を提出した緑の党を除くと、ほとんどの政治家は、同性カップルの親によって育てられている子どもが、他の子どもと同じ保護を受けることを認める法的規定を作ることを拒否することで一致していた。

言葉

フランスの同性愛嫌悪《ホモフォビア》を語るには、同性愛と子どもをめぐる同性愛嫌悪的な態度がとられてきたことをしっかりと見すえるべきだろう。すべての者にとって、同性愛者が親になることは、超えるべきでない限界、人間の境界、同性カップルの承認によってもたらされる取り返しのつかない恐怖であった。同性愛者が親になるというテーマは、パックスについての議論のときにすべての者によって振りかざされた脅しであり、紛れもない嫌悪への呼びかけであった。複数のタイプの主張が展開された。

1　同性愛者の子どもへの願望は疑わしい

テレビやラジオでの討論で言明された代表的フレーズは次のようなものである。

「彼らはちょっと贅沢を言って子どもをほしがっているが、それは流行だからである。彼らにとって子どもは消費の対象なのだ。彼らは、われわれが犬か猫をほしがるように、子どもをほしがっているのだ」（シャルル・メルマン）、「彼らは子どもへの権利を要求している」（ルノー・ミュズリエ、ベルナール・アコワイエ）、「彼らは小児性愛者である」（エヴリヌ・スレロ）、「彼らは自分たちの倒錯したフェティシスト的欲求を満たすために子どもをほしがっている」（ジャン＝ピエール・ウィンテル）、「同性カップルは、養子縁組によって自分たちの関係を標準化しようとしている」（ナジル・アマド）。精神分析学者ダニエル・シボニは「快楽の原理が、象徴的なものを押しつぶそうとしている〔…〕偏見がないことはもちろん、開放的で自由な自己という美しいイメージを持つために、子どもたちが、芝居のように登場して、犠牲にされるような状況を作るべきだろうか。大人は自分のイメージに陶酔しているが、子どもはいい迷惑である」。

2　それは子どもの利益にならない

子の利益は、フランス法においてとても重要で（民法典二八七条）、同性愛に常に対置されている。多くの人びとにとって、同性カップルの法的承認は子どもを犠牲にしてなされるものであった。そして、この点について、多くの法律家と精神分析学者の意見が一致した。子どもは、自己形成するために父と母を一人ずつ必要とし、一人多くても一人少なくてもいけない（コンセイユ・デタ〔政府の諮問機関。最高行政裁判所でもある〕の報告「生命科学――倫理から法へ」一九八八）。中には、同性カップルによって育てられた子どもに恐ろしい未来を予言する者もあった。同性者が親である家族の子どもが受ける「象徴的傷」について、ジャン＝ピエール・ウィンテルはこのように書いている。「それが、第一世代、第二世代、さらに第三世代に、生命の伝達の中止として、つまり狂気、死、あるいは不妊の形で現れる恐れがある」と。この調子である。アメリカ、イギリス、ベルギー、オランダでの数十の研究はもう少し冷静だが、そこでは子どもが今では成人し、さらに子ども自身が親となっているからである。これらの調査によれば、ゲイとレズビアンの親によって育てられた子どもが、性的アイデンティティ、性的指向、性別化された行動、アイデンティティや人格の障害、非行などについて発達障害を起こすことは、より「古典的な」家族の中で育てられた子どもに比べて、多くも少なくもないという。ところでこれらの研究は、厳格な手順に則って行われ、家族に関係する職業の専門誌に公表されたにも拘らず、常に否定されている。政治家たちは、これらの研究を政治運動的な研究であるとして払いのけている。その主張は、少なくとも、もっともらしくはある。何らかの調査によってゲイとレズビアンの親に育てられる子どもが元気であることが示されるたびに、その調査は政治運動的であることを非難され無効にされる。何の臨床的経験にも、何の実地調査にも、いかなるサンプルにも基づいてもいない純粋に理論的なテクストが、同性の両親に育てられると子どもが危険にさらされると断定していても、それは決して政治運動であるとは疑われない。ところでこれらのテクストの著者たちも、多数派として、活動家であることには変わりがない。確立された規範の活動家である。

精神分析学者の中には、パックスによって制度化されたモデルがエディプス・コンプレックス理論の普遍性を廃れさせることを懸念する者もある。シモヌ・コルフ＝ソスは以下のように述べる。「パックスによって、同性カップルが一つのモデルになる。ところでこのモデルは、エディプス・コンプレックスというアイデンティティ構築の古典的なモデルを廃れさせる。精神分析学は、エディプス構造が、アイデンティティを構成する二重の差異、すなわち性差と世代差へと各人を関係づける普遍的原則であることを示した」。ここでは、子の利益と理論の利益のどちらが問題になっているのだろうかと首をかしげたくなるだろう。より一般的には、ほとんどの主張は、親としての能力はセクシュアリティとは関係がないかもしれないと認めており、結局は子どもの利益が脅かされているのではないことを認め、社会全体の利益を引き合いに出しているのである。制度化された同性愛は、社会を危険に陥れ、その根本を掘り崩すと言うのである。

3　それは社会のためにならない

決まり文句のように機械的に執拗に表明されるのは、↓性差の否定、↓他性の否定、さらに他方の性別の否定と同性愛との同視である。これらの定型句はトニ・アナトレラによって繰り返されている。彼はこう述べる。「前者の場合（異性愛）、社会にとっての利益は、活力的なものであるのに対し、後者の場合（同性愛）には利益は不在である。〔…〕社会は異性愛的でしかあり得ない。〔…〕社会が組織化され歴史の中で持続できるのは、このようにしてでしかない」。トニ・アナトレラにとって、異性愛は大人のセクシュアリティであり、「性差」の同義語である。彼は、性的行動に矮小化された同性愛者は性差を理解できないとするのである。

この性差の否定への非難とともに、別の恐れ、性化された再生産が不可欠でなくなる世界の到来への恐れが現れているのが見える。生殖とセクシュアリティと親子関係の間の分離を考えることができないために、同性愛者の子育てに恐ろしい表象が投影されている。同性愛者の子育ては、男性界と女性界に決定的に分割されてもはや出会うことができなくなった人類への第一歩であるらしい。クローン化による再生産についてフランソワーズ・エリティエが表明する恐れは、他の者たちが同性愛者の子育てについて表明する恐れと同じ性質のものである。おのおのが自らの中に引きこもる傾向を持つというものである。

> 他方の性への依拠は再生産のためにはもはや必要なくなるだろう。これは、男性と女性の性的出会いによる結びつきをなくすことになる。〔…〕諸政府がクローンによる再生産を禁じているのはこの状態を避けるためである。

今度はパックスについて述べて、シモヌ・コルフ＝ソスは、こう述べる。「同一のものの安逸の中で満足することができるときに、なぜあえて他性の危険に身をさらすであろうか」。そこでは同性愛者が親になることとクローンを同じように恐れている。

> 家族制度は、男性－女性、子ども－大人という二つの根本的に対極的な二対の間の働きを統制することで、社会的平面の組織原理を定義する。クローン化のモデルであると同時にパックスのモデルでもある新しいモデルは、二つの類似物の結合、あるいは同じものによる同じものの生成を推奨し、二つの異なるものの結びつきの必要を放棄する。〔…〕パックスとクローン化は同じ原理に従っている。

同性愛者の子育てについての恐怖に満ちた言葉の中では、常に混同がまかり通っている。親であることは、多産性と混同され、同性愛は、↓生殖不能と同視される。次のような論理である。「自然は同性カップルが再生産することを許さない。従って同性カップルは親になることはできない」。

社会秩序、↓象徴的秩序を通じた社会全体の利益は、家族法によって脅かされているように見える。家族法は、離婚や再婚によって生じる再構成家族において、子が、二人の父、二人の母を持つ可能性に配慮しているからである。我らが知識人たちにとっては、親子関係を受胎から切り離して考えること、↓生物学的な真実らしさではなく、約束と責任に基づいて親子関係を考えることが信じられないくらい難しいようだ。父および母という言葉は、養子縁組のシナリオにおいても、人工生殖医療のフィクションにおいても相変わらず生殖行為者を表している。そこから、ドナーの匿名性を定める生命倫理法や完全養子のための偽の出生証書などが出てくるのである。イレーヌ・テリーのように、何よりもまず親子関係が無条件のきずなとして確立されることを重視する者たちは、男性を父として、女性を母として制度化することは、生物学を模倣することによってのみ、これまで可能であったのだと述べる。そして子がすべての者に共通する親子関係の中に登録されるためにと、出自の履歴と法的親子関係と社会的親子関係〔生みの親ではない人が子の養育を担当する親子関係〕を分離するという考えを退ける。コリヌ・ドビニは、実の両親の否定の原因はフランス法の完全養子縁組制度〔実親との法的関係を完全に断ち切る養子縁組〕の中にあると考えているが、同性カップルによる養子縁組が、実親の否定を強化するのではないかと恐れる。批判の対象が制度であっても、子どもたちが同性カップルから生まれたと信じさせようとする不条理な意図は、同性カップルのものであるとされている。

■事実

同性愛者が親であるとき、あるいは親になろうとするとき、言葉だけにとどまらず同性愛者に対する明らかに差別的な態度が存在する。三つの種類の法的判断に分けて、それを指摘することができる。

まず、親権行使に関する法的判断である。一九九三年のフランスの親権に関する法律は、夫婦が別れた場合の親権の共同行使を定めている。ところが、両親のうち一人が同性愛者であった場合に、裁判官がその親のもとに子を住まわせることをためらうのならまだ良い方で、最悪の場合には、子と同性愛者である親の面会を第三者の立ち会いのもとに行うことを命じる。訪問権または宿泊権、あるいはその双方についての判決の中には、親のパートナーの同席を禁じるような制限を伴うものもある。この点に関して、次のような逆説を見るのは興味深い。カップルとして暮らしていない同性愛者の父は、家族生活と相容れない夜の生活を送っており不安定であると見なされる。何年も前からカップルとして暮らしている同性愛者の父は、より安心だが、子どもを混乱させないためにカップルと子どもは対面させてはならないのである。

次に、養親となるための許可に関連する決定がある。一九六六年以来、養子縁組についてのフランスの法律は、二八歳以上のあらゆる人に、養子縁組を行うための許可を申請することを認めている。県会は、申請者が、心理学的観点から十分な受け入れのための条件を満たしていることを保証するために調査を行わなければならない。法律は、申請者が一人で暮らしていなければならないとも、特定の性的指向でなければならないとも示していない。エルヴェ・リアルが示しているように、最高行政裁判所《コンセイユ・デタ》は、恣意的であると考えられる県会の判断を制限しようとした。最高行政裁判所《コンセイユ・デタ》は、単なる独身状態を理由とする許可の拒否を棄却したことがある。しかし、それは性的指向が問題にならなければの話である。というのも申請者が同性愛者であることを隠していないときは、話は全く別だからである。たとえ、申請者が「確かな人間的かつ教育的資質を備えている」（一九九六年一〇月九日、モギュエ総括意見書）としても、「人生の選択〔性的指向のこと〕」と異性の基準が不在であることが簡単に拒否の理由になる。フロラ・ルロワ＝フォルジョが述べるように、親になろうとする同性愛者の個人的要求に応えることを拒絶するのは、本質的に政治的な行いである。同性愛が個人的不適格事由と同列に置かれ、諸個人の能力が問題にされているわけでは決してない。同性愛と親の資格の否定は、常に同性愛の特別扱いを経由して結びつけられる。行政決定の担当者は、申請者の同性愛が問題なのではないと強調して、特別扱いの論理を出さないようにしているが、不許可の理由の中で申請者の同性愛を頻繁に持ち出しており、「当該事例において、不許可の適法性を認めることは、同性愛者からの養子縁組のあらゆる申請を、暗黙に、しかし必然的に頓挫させることになる」（一九九六年一〇月九日、モギュエ総括意見書）と説明するほどである。この状況は、まぎれもない悪循環を作り出している。ゲイとレズビアンは、養子縁組をして家族を形成したいのなら、隠さなければならないことを分かっている。福祉部門はそれを分かっているので、結婚していないあらゆる人に「同性愛を疑う」。ルノー・ミュズリエのような議員たちは、同性の人と暮らしている申請者には養子縁組を禁じる立法を行いたいと思っている。このような法律ができれば、これは私生活尊重の紛れもない侵害に当然に行き着く。カップルとして子を受け入れたいと願うゲイとレズビアンは、複数形の「私たち」であるに拘らず、関係を隠すために「私は」と言うことを強いられており、ソーシャルワーカーの権限や援助を安心して利用して計画をたてることができない。ベルギーでの実践は、異なる観点を明らかにする。レズビアンのカップルの人工生殖の申請を検討する心理学者は、カップルの安定性や、各パートナーが社会と自分の家族に対して同性愛を受け入れさせていることが、親の資格に好意的な基準として考慮されている。

最後に、パートナーの子の養子縁組に関する判断がある。フランスではこれは結婚しているカップルだけに許されている。それでも単純養子縁組の制度は、生みの親の同意と、子が一三歳以上のときは本人の同意があれば、子を実際に育てた人がこの子を養子にすることを許している。この場合には、養親子関係が、実親子関係に加わるが、親権は養親だけに移される。このような養子縁組は、二番目の親による養子縁組とも呼ばれ、子と、その法律上の親のパートナーとの間の関係の持続性を保証する解決策になり得る。生みの親が親権を失って養親が親権を持つこの解決策は、子どもが未成年のときは実現が難しいが、子が成年であればメリットが多い。このような場合、あらゆる関係者の間に合意があれば、このようなやり方には特別な困難はないと考えることができるだろう。現実には、このような法的仕組みの適用は、司法官が多少なりとも同性愛嫌悪的であった場合、その個人的信念が働く非常に大きな余地を残している。二〇〇〇年には、ある女性がその女性パートナーの子で、出生以来二人で育てた子を養子にする申請をした。成人していた子は、この養子縁組を希望し、母親も同様であった。これに反対する他の親は存在しなかった。しかし司法官の決定は、この子が二人の母親を持つことを拒否した（コルマール大審裁判所、二〇〇〇年六月二八日）。控訴審でも（コルマール行政控訴院、二〇〇一年二月一六日）、「フランス社会の現状では、参照基準となる家族モデルは、男性と女性からなるカップルである」という理由で、この判断は追認された。↓判例は、同性愛嫌悪的にせよそうでないにせよ、判事の個人的評価が考慮されていることを示している。実際、パリ大審裁判所は反対に、二〇〇一年六月二一日、ある女性がその同性のパートナーの未成年子を養子にすることを許可した。親権は養親に移るので、この実親であった女性は親権を失う。こうしてこの子らは生みの母と養親の母という二人の母親を持つことになった。

　いずれにせよ、パックスがもたらした変化は顕著である。同性カップルは市民権を得、この新しい法律は、それに先行した議論の予想よりもずっと平穏に定着した。家族の風景には、同性愛者が子育てする家族が含まれるようになっている。緑の党は、「ゲイとレズビアンの親および未来の親協会」の提案、とくに同性あるいは異性の内縁カップルによる養子縁組と社会的親の地位に賛成の立場を公に示している。反対に、性的指向が養子縁組の承認を拒否するのに十分な理由になると考えている県会の抵抗にも直面している。

二〇〇二年二月、フレテ対フランス事件◆において、ヨーロッパ人権裁判所は、人権条約八条（私生活と家族生活の尊重）と一四条（差別の禁止）違反でフランスを非難することを拒否した◆。四対三の僅差であったとは言え、残念なことに、この判決は、調査のときに同性愛を明かしていた申請者を養子縁組から排除するという原則的立場を確認するためのお墨付きのように使われている。二〇〇二年六月六日、最高行政裁判所《コンセイユ・デタ》が別の同種事件について自らの判例を踏襲した同じ日に、スウェーデンとケベックは、同性カップルによる養子縁組を法律の中に書き込んだのであった。

　従って、家族法の新しい規定が不可欠である。ますます多くの学者、家族問題の職業的専門家がそれを確信している。社会的親の地位、内縁カップルへの養子縁組の開放、二人目の親による養子縁組、生物学的な真実らしさよりも、養育計画の一貫性を基準とした人工生殖医療へのアクセスなどである。家族改革は、血縁関係だけでなく、まさに親としての倫理に基づいた規定を作らなければならないだろう。伝統的家族、再構成家族、同性愛者が子育てする家族、単身家族、養親子家族、人工生殖を利用した家族、里親家族など現代的なあらゆる家族形態を含められるように、三人以上の親による子育てを考慮しなければならない。そのために親の構造の三側面に地位を与える必要があるだろう。出自を知るという生物学的な側面、生物学的な側面と必ずしも一致しない系譜的登録を子に与える法的な側面、子が自分を育てた者との紐帯を維持するための社会的な側面である。自然の秩序によりうまく接合させようとどれか一つを消したりすることなく、これら三つの側面に地位を与えることである。

マルティヌ・グロス（齊藤訳）

◆フレテ対フランス事件　調査中に自身の性的指向を隠していなかったフレテ氏が、養親資格申請を許可されなかったために、人権裁判所にフランス政府を提訴した事件。（齊藤）

◆フランスを非難することを拒否した　ヨーロッパ人権裁判所は、二〇〇八年Ｅ・Ｂ対フランス事件でこの判例を変更し、性的指向に基づく養親資格拒否を条約違反とした。（齊藤）

↓異性愛主義、家族、差別、象徴的秩序、小児性愛、生殖不能、同性婚、パックス、判例、養子縁組、ヨーロッパ法

◆補遺

フランスでは二〇一三年に結婚を同性カップルにも認める法律が可決された。これによって、養子縁組については同性カップルと異性カップルは平等になった。人工生殖については男女のカップルに限定されたままである。代理母はすべての人に対して禁止されている。

（齊藤）

同性婚

一九九〇年代に同時、あるいはほとんど同時に、スカンディナヴィアからオランダ、ベルギー、↓フランスを経由して↓スペインまでの多くのヨーロッパの国々で、そして北↓アメリカ、さらには他の地域で、「同性婚」の要求が現れたことが、解放の新たな段階を画すことは明らかである。この要求は、とくに合衆国で不運を味わった。フランスでは、部分的にしか成功しなかった。それでも、↓寛容から承認への転換は、多くの国々で達成された抑圧から寛容への転換に比肩する歴史的重要性を持つことが分かるだろう。

と言っても皮肉なことに、この道徳の進歩は、フランスそして合衆国での、↓不寛容の目覚ましい再登場と重なっている。同性愛嫌悪《ホモフォビア》は、法的な解放とともに消え、存在するとしても過去の残余であると、人びとは信じようとした。はるか遠くの文明が、反啓蒙主義的同性愛嫌悪というおあつらえ向きのイメージを投げかけており、それは奇異であるだけに不安を抱かせることはなかった。それに、同性愛者に好意的ないかなる政策も阻むための新しいよりどころを、西洋の開明的社会の寛容とする者もある。これらの快く良心的な保守主義者によれば、あらゆる要求は、無益であり（瀕死の同性愛嫌悪を抑止することに何の意味があるのか）、同時に、これはいくばくか矛盾しているが、危険なことになる（衰えた同性愛嫌悪を目覚めさせるリスクをなぜとるのか）。

このような矛盾を明らかにする「ゲイの結婚」についての議論は、士気低下を主張する者たちの誤りと同時に正しさも認めることになる。まず、これらの者たちは誤っている。なぜなら同性愛嫌悪は、決して消えていないからである。同性愛嫌悪は、その仮面を、↓レトリックを、論理を変えたに過ぎず、その目的は変わっていない。実際、同性愛嫌悪も人種差別と同じである。そこに恒常的な姿をあてがうよりも、その転身を追跡する必要がある。人種差別は、同性愛嫌悪が同性愛を定義するように、↓生物学あるいは文化を使って、人種を定義することができる。ゲイ同様に黒人に対しても、同化の意志であろうと分離の意欲であろうと、統合の政治であろうと↓共同体主義（コミュニタリアニズム）であろうと、それらを代わる代わる非難する。従って、人種差別と同様に同性愛嫌悪も、その変貌の裏では一貫しており、マイノリティの政治、この場合同性愛の政治との対抗の中で、反動として影のように形を変えるに過ぎない。

次に、不幸の預言者たちの言うことは、当たっているところもある。ゲイとレズビアンのための結婚要求が、実際に同性愛嫌悪の復活を引き起こしたであろうということは認めなければならない。フランスの例は、それをよく示している。「ホモを火炙りに！」と叫ばれたのは、一九九九年一月のパックスに反対するデモの最中である（↓パックス）。このような発言のコレクションが、街頭に限られないことはよく知られている。驚くには当たらないかもしれないが、↓パックスは極右のプレスの中に怪物を呼び起こした（国民戦線に近い『現在』紙の一面は、二人のゲイが「シーツの中に」子どもを受け入れようとしている絵を載せた）。またこれは驚くべきかどうか分からないが、国民議会（ある議員は獣医のところでパックスを結ぶことをふざけて奨めた）や元老院（元老院議員

某にとっては、Pacs《パックス》はエイズ感染行為の頭文字を意味するらしい）にも怪物の目覚めは及んだ。

かと言って政治的討議に頻繁に起こるこれらの暴走に、知的生命体は無縁であるなどと信じるのはよそう。小者については言うに及ばず、見識を期待したかった知識人の中にも、このような暴走が見られる。歴史家エマニュエル・ル・ロワ・ラデュリが、『フィガロ』の記事で、即座に小児性愛の亡霊を振りかざす（きくところによると小児性愛は一九八〇年代以降増加しており、ヴィシー時代には存在しなかったそうだ）［「ゲイ嫌悪」の項参照］一方で、法学者ピエール・ルジャンドルが、『ル・モンド』のインタヴューで、「同性愛主義」（彼によると、「ナチズムを継承する快楽主義の論理」をもたらすもの）に対する呪いの言葉を引き継いだ。同性愛者がナチの収容所へ送られたことを奇妙にも忘れている修正主義の同性愛嫌悪版であるこれらの幻想を生み出したのは、確かに同性婚についての議論である。

この同性愛嫌悪の再流行と辛辣さをどのように理解すればよいのか。もっと言えば、同性愛嫌悪の後退と回帰を全体的にどう考えればよいか。登録パートナーシップについての議論は、同性愛嫌悪を暴くものに過ぎないのか、それともその触媒なのか。一つ目のアプローチでは、単にわれわれの社会の潜在的な同性愛嫌悪が今日表現手段を見つけただけということになる。今日言われているようなことは、常に言われていたことだった。おそらくはそうであろう。しかしそれでは本質が欠けていないか。というのもこれらの議論を機会として、何か新しいことが確かに起きているからである。だから同性愛嫌悪を非歴史的な不変の定数に還元しないでおこう。「ゲイの結婚」は、同性愛嫌悪を明らかにするだけでなく、それを構築するのである。また、同性愛嫌悪の今日的な現れを、時間を超えた何らかの不変の心理的特徴のせいにしてもならない。というのもこれは、同性愛の拒絶によって同性愛嫌悪を説明することに終わり、不変の人間的性質の中に同性愛嫌悪を組み込むようなものだからである。現在が歴史的に特殊であると考えるのも、同じことである。それは何が変化しているかを理解することを禁じ、さらにそれによって解放の政治を考えることを妨げすらする。

二つの議論、すなわち二つの社会を比較することで、根本的には常に同じ物語が繰り返されるという幻想を切断することが可能になる。討論が全くあるいはほとんど同時進行である場合でも、毎回異なる物語が作用している。周知のようにフランスでは、パックスについての議論は、直ちに「パックスを超える」ところに移動した。法的地位としては、カップルのことだけが議論されているが、実際の対立は、ほとんど子どもの問題についてのものであった。同性カップルによる養子縁組あるいは人工生殖を退けるために、同性カップルに実際的あるいは象徴的な利益――結婚に近いもの――を与えても良いと言う者もあった。従って、法律はひとことも触れていないけれども、論争が集中しているのは親子関係であった。

アメリカ合衆国では対照的に、同性愛者の結婚闘争は、姻戚関係そのものに関係している。従って、親子関係を防衛することが重要なのではなかった。文化の人類学的基礎、それは結婚であった。同性カップルに結婚を開放することを迫るハワイ州最高裁の判決への反動で採択された法律も、「結婚防衛法」という名前である。従って、フランスでは親子関係、合衆国では結婚が神聖化されている。別言すれば、これら議論は同時進行したが、大西洋の両岸で同性愛嫌悪が結晶化する点は異なっていたのである。

しかしながら、多様な国内的文脈を超えて並行する同性カップルの地位要求と同時に、なぜ、同性愛嫌悪が復活しているのかを理解することができるだろうか。自発的、普遍的、さらには自然な同性愛嫌悪という安易な説明を放棄するならば、これだけ異なる諸文化において、これらの論争の際に、何が同性愛嫌悪を引き起こしているのかを問うてみる必要があるだろう。「同性婚」と言うとき、正確には何を問題にしようとしているのかを明らかにしなければならないのはこの点においてである。

改めて逆説的であることを承知で、まず（少なくとも厳密には）同性愛者が、結婚することが問題なのではないと仮定してみよう。事実、われわれの社会は、常に同性愛者の結婚を非常によく受け入れてきた。しかし歴史家ジョン・ボズウェルによる前近代ヨーロッパの「同性結合」の例は脇に置いておこう。というのもそれが「同性婚」の原型と言えるかが確かではないからである。反対に多くの同性愛者が、私たちの社会でずっと以前から——異なる性別の人と——結婚している。結婚は、男性にとって、さらに女性にとってもせいぜいその性的素行を改善する希望であり、最悪の場合にはそれを人びとに隠そうという意志であった。強制結婚については言うまでもない。英語では、これをゲイの「あごひげ」と言う。セラピーあるいは偽装としてのこのモデルには、アンドレ・ジッドを始めとして著名な人物が含まれる。このモデルでは、同性愛者は結婚の内側に入っているが、同性愛はその外側にとどまっている。

二番目に、厳密な意味での「同性婚」が問題なのではないと推定しよう。パックスについての討議の際、同性愛者だけに限定された地位を与える対案は、同性か異性かを問わないあらゆるカップルのための共通の地位ほどには懸念を引き起こさないことを私たちは目の当たりにした。スカンディナヴィアでのこの種の最初の立法の成功が、セクシュアリティの分離に基づいていたのは、おそらく偶然ではない。デンマーク、のちのノルウェーとスウェーデンでは、「同性愛者のための」結婚が問題となったので、同性婚への抵抗は少なかった。同様に、ハワイ州では失敗したことが、ヴァーモント州では成功している。前者の場合は、同性愛者への結婚の開放が争点であったのに対し、後者の場合は、同性愛者だけに限定された結婚に類似する地位の問題であった。

従って、毒々しい同性愛嫌悪を作動させるのは、同性愛者の結婚でも、同性愛者のための結婚でもない。「ゲイの結婚」の本当の争点は、それは「結婚」、言うなればただの結婚である。つまり同性のカップルを含めて同性愛者に結婚を開放すると同時に、同性愛に結婚を開放することなのである。その理由は二つある。それはセクシュアリティの秩序と性別秩序に関係している。結婚において作用しているのは、まさにこの二つの間の連接なのである。結婚に手をつけるということは、もちろん正統な規範に手をつけることなのである。

まず、セクシュアリティの問題である。しかし、恐れを抱かせるのは、同性愛そのものというより、おそらくその標準化であろう。合衆国での「神はホモを憎む」という叫びは、最もエキセントリックな異性装者に向かってだけではなく、最も型どおりのカップルに向かっても浴びせられる。言い換えれば、同性愛の標準化が、その最もラディカルな挑発と同じくらい恐れを抱かせるのである。ミシェル・フーコーは、「街角で出会い、視線で誘惑し合い、互いの尻に手を置いて、一五分のうちに寝る二人の若い男性」の紋切り型が人びとを安堵させるものであるのに対して、「愛情、優しさ、友情、貞節、連帯感、仲間づきあいの中にあって不安にさせるもの」を思い起こさせて驚かせたことがあった。同性愛嫌悪はこのようにして、「性的行為」ではなく「生活様式」への反動として生まれるのである。最近の経験がその正しさを示しているように見える。アーミステッド・モーピン原作の『テイルズ・オヴ・ザ・シティ』（一九九三）のテレビ版で、最も刺々しい反応を引き起こしたのは、二人の男性が五〇年代風の清らかなキスをする場面であった。アメリカの「モラル・マジョリティ」を震撼させたのは、まさに登場人物たちの無垢さであったのだ。

この標準化が恐れを抱かせるとするならば、それはまさにそれが規範の自明性を動揺させるからである。結婚の異性愛性は、かつては言うまでもない自明のことであったが、もはやそれは当てはまらない。同性愛は、異性愛制度としての結婚の再考を強いる。それは、言い換えれば、結婚を平等の論理の中に巻き込むために、結婚を改革するように促す。セクシュアリティの秩序についての不安が、性別秩序についてのもう一つの不安と交錯するのはここにおいてである。フランスでは同性愛者が親子関係を持つことに反対するために、保存しなければならないのは性差であると言われていなかったか。合衆国でも中絶への権利を阻止しようとする同じ運動が、同性婚に反対していなかったか。反フェミニストは、両性の平等についての憲法修正条項は同性婚に通ずると、宣言していなかったか。

要するに、同性婚は規範を再考することを余儀なくする。もし、もはや同性愛が、結局は人びとを安心させる型どおりの転覆ではないとすれば、結婚の異性愛性も規範として正当化されない。動揺させられているのは、異性愛主義（ヘテロセクシズム）だけではなく、性差別の最も堅固な根拠である。結

婚に手をつけた？　同性愛嫌悪が荒れ狂っても、何人も驚いてはならない。◆

エリック・ファサン（齊藤訳）

↓異性愛主義、北アメリカ、団体、同性愛者の子育て、パックス、判例、養子縁組、ヨーロッパ法、レトリック

◆**補遺**

同性婚をめぐる法制度の最近の状況は、二〇一二年五月発行のＩＬＧＡ（国際レズビアン・ゲイ連盟）の報告書によれば以下のとおりである（括弧内は発効年）〈Paoli Itaborahy〉。

同性カップルに結婚を認めているのは一〇ヶ国――アイスランド（二〇一〇）、アルゼンチン（二〇一〇）、オランダ（二〇〇一）、カナダ（二〇〇五）、スウェーデン（二〇〇九）、スペイン（二〇〇五）、ノルウェー（二〇〇九）、ベルギー（二〇〇三）、ポルトガル（二〇一〇）、南アフリカ（二〇〇六）――、およびその他の地域――アメリカのアイオワ（二〇〇九）、ヴァーモント（二〇〇九）、コネティカット（二〇〇八）、ニューハンプシャー（二〇一〇）、ニューヨーク（二〇一一）、マサチューセッツ（二〇〇四）の六州とワシントンＤＣ（二〇一〇）。メキシコのメキシコシティ（二〇一〇）――である。

シヴィル・パートナーシップ、登録パートナーシップ、シヴィル・ユニオンなどの制度によって、同性カップルに結婚と同等の、あるいはほぼ同等の権利を認めている国は一三ヶ国――アイルランド（二〇一一）、イギリス（二〇〇五）、イスラエル（一九九四）、オーストリア（二〇一〇）、コロンビア（二〇〇九）、スイス（二〇〇七）、デンマーク（一九八九）、ドイツ（二〇〇一）、ニュージーランド（二〇〇五）、ハンガリー（二〇〇九）、フィンランド（二〇〇二）、ブラジル（二〇一一）、リヒテンシュタイン（二〇一一）――、およびその他の地域――アメリカのイリノイ（二〇一〇）、ウィスコンシン（二〇〇九）、オレゴン（二〇〇八）、カリフォルニア（二〇〇〇～）、デラウェア（二〇一二）、ニュージャージー（二〇〇七）、ネヴァダ（二〇〇九）、ワシントン（二〇〇七～九）の八州。イギリス王室領のマン島（二〇一一）。オーストラリアのヴィクトリア（二〇〇八）、タスマニア（二〇〇四）、およびニューサウスウェールズ（二〇一〇）の三州と首都特別地域（二〇〇八）。メキシコのコアウイラ州（二〇〇七）――である。

結婚に伴う権利の一部が同件カップルに認められているのは八ヶ国――アンドラ（二〇〇五）、ウルグアイ（二〇〇八）、エクアドル（二〇〇九）、クロアチア（二〇〇三）、スロヴェニア（二〇〇六）、チェコ（二〇〇六）、フランス（一九九九）、ルクセンブルク（二〇〇四）――、およびその他の地域――アメリカのコロラド（二〇〇九）、ハワイ（一九九七）、メリーランド（二〇〇八）、メーン（二〇〇四）、ロードアイランド（一九九八～）の五州。オーストラリアのウェスタンオーストラリア（二〇〇二）、クイーンズランド（一九九九～）、サウスオーストラリア（二〇〇三、七）の三州とノーザンテリトリー（二〇〇四）、ノーフォーク島（二〇〇六）である。

（山本）

◆**結婚に……驚いてはならない**　実際にはこの予言の通りのことが起きた。社会党のフランソワ・オランド大統領は選挙期間中より、同性婚の合法化を公約しており、大統領就任後の二〇一三年に「皆のための結婚」、つまり同性カップルにも結婚と養子縁組を開放する法律が成立した。これに対し、フランス全土、とくにパリで、法案に反対する大規模なデモが繰り返し行われ、若者の参加も目立った。そこでは、「一人のパパ、一人のママ、これが権利」というスローガンか繰り返された。最も過激な者たちと治安部隊との衝突に発展したデモもあった。同時に、同性愛者が襲われる事件が複数起きるなど、すでに過去のものであると思われていた同性愛嫌悪的暴力が復活する傾向を見せ、衝撃を与えた。（齊藤）

東南アジア

東南アジアは非常に多様な文化が絡みあった複雑な地域である。この地域に属する国は一一あり、それぞれがみな、さまざまに異なる伝統や集団で構成されている。しかもこの地域は、数世紀来、文化の交差点となっている。中国、インド、イスラム教、そしてもっと最近では西洋、キリスト教など、さまざまな影響を受ける場所なのだ。そうした影響が、先立って存在する土台に積み重ねられてきたのだが、多くの場合は本当に混じりあうことはない。だから、同じ一つの国の中にさまざまな社会集団が共存していて、互いに非常に異なる文化を持っていることもあり得るのだ。

この地域のそれぞれの国が、さまざまな文化的影響を受けるその受け方自体も多様なので、同性愛嫌悪《ホモフォビア》の度合いや種類は国によって異なっている。例えばイスラム教の力がたいへん強いのはインドネシア、マレーシア、ブルネイであるが、他の国ではさほどでもなく、イスラム教コミュニティがあまり大きくはない。タイは今まで一度もヨーロッパ勢力によって植民地化されたことがない。おそらくそのために、タイはピューリタニズムの影響を免れてきた。逆にフィリピンは約五〇〇年に渡って、初めはスペインの、次にアメリカの支配を受けてきた。住民の大多数が、少なくとも公的にはキリスト教を信仰している。しかしながらこの国には、同性愛を罰する特別な法律がない。それとは反対にシンガポール、マレーシア、ミャンマーといった、旧イギリス植民地の国々は、インドとイギリスの刑法の影響のもと、はっきりと同性愛に狙いを定めた法律を持っている。こうした法律があるために、国家による同性愛嫌悪が正当化されやすい。とくにシンガポールではそうである。

同性愛嫌悪が文化的現象である以上、東南アジアという文化的に同質でない地域の同性愛嫌悪を、一般化して述べることは難しい。逆にさまざまな文化的勢力ごとに、そこから生じ得る同性愛嫌悪の種類を示すことは可能である。

■在来文化

この地域には複数の在来文化が存在する。そのためここでもやはり、過度の一般化は慎むべきである。しかし、とくに先住民文化を西洋における同性愛の構造、同性愛嫌悪の構造と比較してみるならば、いくつかの共通点が明らかに見てとれる。

この地域の主要な言語の中のどれ一つとして、「同性愛者」「ゲイ」「レズビアン」といった言葉を、おおよそにせよ翻訳できるような固有の単語を備えていない。つまり、同性愛という指向がこの地域では西洋のように客観化されていないのである。こうした在来文化に同性愛という振舞いがないわけではない。そうではなくて、こうした文化が、性的指向をジェンダーに固有の側面、あるいはアイデンティティの根拠とは見なしていないということである。しかしながら、そうした文化も同性愛行動に対してしばしば社会的制裁を加えることがある。とくに同性愛行動が男女の社会的規範を覆すのではないかという印象を与えるときに、制裁を受ける。

タイの社会を例に挙げてみよう。そこでは、社会的な役割を果たすことがたいへん重視されていて、それによって自分のプラスイメージを獲得するという文化がある。この在来文化にとって同性愛行動はそれ自体が悪いわけではない。その点に関しては同性愛がしばしば罪深く、自然に反すると見なされる西洋文化のありようとは正反対である。しかし個人の社会的役割にはふさわしくない、ほとんど適応できない傾向だとは見なされるのである。

結婚は、この社会的役割の一側面として重要である。くだんの文化はつねに農民の伝統に結びついているから、そこでは子どもが老人にとって絶対に欠かすことのできない杖のようなものと見なされている。あらゆる行為が相応の報いを受けるという仏教的観念も、人びとが規範に従って行動しなければならないと強く感じる理由になっている。なぜなら、自分自身の欲望を満たそうとすれば、その報いを受けなければならないと恐れるからである。タイの文化においては、公の場でのイメージと私的な場での現実とをはっきりと区別する。その点についても仏教が拠り所になっていて、公の規範から見てずれがあったとしても、それが私的な領域における変種であれば、社会は寛容を発揮して、それを受け容れるのである。しかしだからと言ってそれが社会的に容認されたことには決してならない。対立がないことに価値を置く文化であるから、同性愛に対してあからさまな法的または制度的制裁が加えられるということはほとんどないものの、社会の期待に逆らうようなことをすれば、極めて重大な反応を引き起こす可能性がある。だから同性愛行動を暴露された者は、肩身の狭い思い、深い恥の感情をしばしば味わうのである。

東南アジアの言語に元からある単語で、同性愛を表すものはないが、その代わりトランスジェンダーを表す単語はかなり多い。例えばタイではカトゥーイ、ミャンマーではアチャウッ、フィリピンではバクラ、マレーシアではバポッやパンダン、インドネシアではワリアやバンチがそれに当たる。

トランスジェンダーは、隠されているところは全くなくて、あからさまに社会的規範を裏切っているのが目につくのだが、どうにも対処のしようのない現象だと一般に思われているので、在来文化の大半はトランスジェンダーが占める余地を認めてこざるを得なかったのである。しかしその位置づけは、はっきりと境界線で画されている。トランスジェンダーは完全に周縁化されているし、劣った者たちと見なされ、社会の中で明確に定められた一定の位置を割り当てられているのだ。例えばフィリピンでは、バクラはしばしば美容院で働いたり、女中や市場《いちば》の売り子として働いている。あるいはまた、レジャー産業やセックス市場《しじょう》で、異性愛の男に対してサーヴィスを提供している者もいる。興味深いことには、カトリック教会の聖職者の列にも加わっている。タイでも、宗教上の務めという点をのぞけば、カトゥーイが占める社会的位置はフィリピンとほぼ同じである。彼らはしだいにテレビにも出演するようになってきている。社会に受け容れられたというわけではなくて、時に演劇的な、あるいはコミカルな魅力があるからである。

そうした社会的な位置づけの中にいる限り、彼らは黙認されている。しかしここでもやはり、そうした寛容を受容とは区別しなければならない。というのも、くだんの「第三の性」がひとたび伝統的な位置づけを抜け出そうとすれば、深刻な抵抗に突き当たることになるからである。例えば一九九六年に、六人のカトゥーイを含むバレーボールチームが、タイのチャンピオンシップを勝ち取ったのだが、彼らを国の代表としてオリンピックチームに招集する可能性が出てくると、強い反対の声が巻き起こったのである。

■中国人コミュニティ

中国から東南アジアへの移住の流れは、少なくとも一〇〇〇年前から存在していた。しかし過去一世紀間の移住者は、以前に比べて格段に多い。いくつかの国、とくにタイやフィリピン、ヴェトナムでは、こうした移民は現地の言語や習慣を取り入れ、地域住民に同化してきた。宗教が同じだったことも、同化を容易にした。タイ、ヴェトナム、カンボジア、ミャンマーでは仏教、フィリピンではキリスト教である。中国人はキリスト教にすぐ改宗する。イスラム教の伝統がある国、例えばマレーシアやインドネシアでは、中国人コミュニティは隔絶したままである。いずれにしても中国人は、多かれ少なかれ地域住民に同化しながら、別のコミュニティを形成している。それは東南アジアに特有の、一つの文化集団となっている。

中国文化は個人の義務と、家族に対する責任を極めて重要視する。しかもこの特徴は、家族が大人数で、階層化がはっきりしている構造を持っているために、ますます強められるのである。そこではライフスタイルに関して個人的な決断が認められる余地はほとんど残されていない。この社会は家父長制的であるので、ジェンダーの問題はとくに厳格に扱われる。しかしながら理想的男性像は、これ見よがしの男性中心《マッチョ》主義のようなものではなく、むしろある種の思慮分別や自制心、あるいは言わば、家族的価値観や社会的価値観に対する自己犠牲という形をとる。そして女性の理想は母として、祖母として、妻として、男を尊重し、家族にとっての美徳を励行することにある。

東南アジアの多くの在来文化と同じように、中国人コミュニティも性的指向をアイデンティティの根拠とは見なさない。中国文化は元々、結婚と家系の存続が保証される限り、同性間の情愛関係、同性とのエロティックな関係に広い寛容を示していた。結婚は伝統的に、両家の間で取り決められ、恋愛結婚など誰もしないし、男が単婚制《モノガミー》の範囲にとどまっているとは誰も期待していない。男は手段がある限り大勢の妾を持つものとされ、婚姻外の関係を女と結ぼうと、男と結ぼうと、ほとんど違いはない。

しかしながらこの地域の中国人コミュニティは、西洋のある種のセックス嫌悪、同性愛嫌悪の傾向を吸収してきた。この点については、移住の時期が重要な要因となる。中国人移民の多くは、清朝時代、または中華人民共和国の初期に、この時代に関わりの深い習慣を伴って、東南アジアにやって来た。この時代の中国社会は、西洋の軍事的技術的な力に屈服し、自分たちが大いに遅れていると痛感していた。そして伝統的な儒教的価値観の多くを問題視し、放棄したのである。その中には、多様なセクシュアリティに対する古くからの寛容も含まれていた。そのようなセクシュアリティは、精神と体力を消耗させると断罪されたのである。その代わりに中国人が採用したのは、もっとピューリタン的で、当時の西洋人の考え方にもっと合致する原理だった。東南アジアに移住してきた中国人は、ヨーロッパによる植民地体制の影響のもと、自分たちのそうした原理をさらに一層強めることになった。このピューリタニズムが、強い同性愛嫌悪感情を生みだしたのである。だからその根は、ユダヤ＝キリスト教の伝統に由来しているわけだが、中国人コミュニティは（フィリピンをのぞいて）同性愛嫌悪を聖書の言葉で言い表すことはなかった。同性愛は、罪であるとか、↓倒錯であるとか、病気であるとされたのではなく、責任感の欠如とされたのである。ここで同性愛嫌悪は、↓家族への服従、結婚と男性の子孫の必要性、ジェンダー・アイデンティティといった伝統的なテーマを繰り返しているのである。ただしこのときには、かつての習慣とはちがって、↓異性愛主義（ヘテロセクシズム）と単婚制《モノガミー》が絶対的な条件とされた。

しかしながら中国人世界の中に、とりわけ香港と台湾では、社会的同性愛嫌悪に反対しようとするゲイ・レズビアンの意識の萌芽が見られるようになってきた。中国本国でも、セクシュアリティの別の可能性《オルターナティヴ》を探究する映画がいくつもつくられている。そうした映画や雑誌は、少しずつ東南アジアに浸透しているが、その影響力の及ぶ範囲は、おそらく今でも中国語が広く話されているシンガポールとマレーシアにとどまるであろう。この地域の他の国の中国人コミュニティは、現地の言語を取り入れているので、こうした進歩に巻き込まれることはほとんどないものと思われる。

■植民地主義とキリスト教

タイ以外のすべての東南アジアの国が、二〇世紀前半、ヨーロッパまたはアメリカの支配下にあった。さらにもっと前から植民地化されていた国もある。公式的には独立を保ったタイですら、西洋を真似ようとしてきた。今日、西洋の影響力が文化に及ぼした衝撃は顕著である。一般的に東南アジアのエリートは、他の住民に比べてより西洋化されている。しかしセクシュアリティの領域に関しては、エリートの文化はしばしば、ずっと以前に西洋化されたときの習慣や観念からつくられている。植民地時代にキリスト教の宣教師の学校に行かせてもらえるほど裕福な両親を持った者たちは、当時の西洋の道徳によって人格形成されていることが多い。この観念が文化的エリートによって吸収され、次の世代に伝えられたのである。

このような状況なので、東南アジアのエリートの性道徳はしばしば古めかしい外観を呈する。今から三〇年ないし五〇年も前の西洋で流通していた言説や価値観を思わせるからである。在来の伝統や中国人の伝統におけるあり方とは正反対に、当時の西洋的価値観の中で同性愛は客観化されたのだが、それはゲイ文化が目につくようになったからではなく、同性愛とトランスジェンダーという現象とがしばしば混同されたからである。同性間の情愛やエロティシズムは、一切正当なことではなくなった。それはしばしば精神病理学という↓医学の眼鏡を通してそのように見なされたのである。エリートは西洋から、同性どうしの接触に対する嫌悪感も受け継いだ。よく知られているように、この↓社会階級に属する男はみな、他の男と握手したり肩を組んだりしようとしない。しかしそれは、在来文化では極めてよくある仕草であり、しかも友情以上のことは何も意味しないのである。

シンガポールでは、イギリス人が発布したソドミー禁止法が独立後もそのまま残され、エリートの考え方は国家による同性愛嫌悪という形態の中に現れている。新聞、↓映画、↓メディアは一般に、同性愛に肯定的な映像が流布されることがないよう、注意深く監視されている。同性間のエロティシズムの表象に対する↓検閲は、異性間の性愛にくらべてはるかに厳しく、また全般的にポルノグラフィーとして有罪とされる危険を伴っている。一九九七年、行政当局はゲイ・レズビアン団体の設立に関わる申請を、何も理由を示さないまま却下した。二〇〇〇年には、同性愛問題をテーマにした討論会に関する申請が、やはり却下されている。このときは却下を正当化する理由として、同性愛行為が法律で禁じられている以上、この討論会は認められないとされた。しかもシンガポールで実施されている性教育では、同性愛を非常に否定的に取り扱っている。そのせいで無知と同性愛嫌悪が跡を絶たない。

マレーシアでは、与党の急進派勢力がソドミー禁止法を積極的に利用している。マハティール首相［任期一九八一～二〇〇三］のライバルと目されていたアンワル・イブラヒム元副首相が、ソドミーを立証され↓刑務所に入れられた◆。国民の多くはこれを国家による同性愛嫌悪の強化の徴《しるし》とは見ずに、それよりも純粋に政治的な策謀であると考えた。しかし同性愛に対する感じ方をめぐって、このエピソードによって事態が改善されたところはほとんどないのは確かである。

タイでは一九九六～九七年に、教員養成のための三六校の地域大学を運営するラジャパット・インスティテュート協議会が「異常な性および異常なジェンダー」の学生を排除しようとした。しかし民衆の間に抗議の声が上がったのをうけて、最終的に法案は廃棄された。しかしこの試みは大学のエリートが抱く同性愛嫌悪が、民衆のそれよりも明らかに厳しいことをはっきりと示した。

キリスト教はヨーロッパの帝国主義とともに到来した輸入品である。信仰者はマイノリティで、国民の五％以上を占める国は稀である。しかしシンガポールでは全人口の一八％［二〇一〇年］、フィリピンでは九二・五％［二〇〇〇年］がキリスト教徒である［東チモールでは九九％以上がキリスト教徒（二〇一〇）］。フィリピンのキリスト教はたいへん古いので、言わば在来文化の一つとなっている。独特の儀式があり、しかもその儀式ではバクラが役割を担っている。しかし他の東南アジアの国々ではもちろん、フィリピンですら、キリスト教の飛躍的発展はプロテスタント教会によるところが主である。プロテスタント教会のいくつかは、字義通りのたいへん保守的な宗教を実践している。

シンガポールでは、同性愛に関するあらゆる議論が、キリスト教の伝統を重んじる人びとからの激しい反対を引き起こす。罪だとか、自然に反するといった観念が関係する議論となると、必ず↓聖書が引っぱり出されてくる。『出エジプト記』から着想を得た合衆国の↓脱ゲイ運動団体「選択」が、すでに一九九〇年からこの地域で活動をしている。これは教祖的な人物に率いられている団体で、同性愛から転向するための治療を奨め、その目的のためにはどんな力をも利用する。またメディアをたいへんうまく利用し、宣教師が運営する多くの学校に出入りして、罪責感と自己嫌悪を少しずつ注ぎ込む。

同性愛に関する議論においてキリスト教文化が果たしている役割を示すには、一九八〇年代の香港で起きたことを思い出すだけでよい。もちろん香港は今日では中国の一部であり、厳密な意味での東南アジアの国ではない。当時、↓警察官や高い地位についている人びとを巻き込んだ↓スキャンダルや事件がいくつも起きたことをうけて、イギリスの植民地政府は同性愛の不利益扱いを止めること（↓非処罰化）について世論を問うた。そのとたんに、教会とキリスト教団体が同性愛に反対する十字軍を出動させたのである。

■社会主義

社会主義は東南アジアが西洋から受けたもう一つの影響である。しかしそ

◆アンワル・イブラヒム……刑務所に入れられた　一九九九年に職権濫用罪で六年の刑を受け、服役中の二〇〇〇年にソドミーで有罪となりさらに九年の刑が言い渡された。この判決は控訴審で二〇〇四年に覆され、職権濫用罪での刑期は終わっていたので釈放された。（山本）

れが適用されたのは主にはヴェトナムで、ラオスやミャンマーではそれよりも定着度合いが低い。ヴェトナム文化は広範囲に渡って中国の影響を受けているので、中国人的な態度がヴェトナムの至るところで見られる。一言で言うなら、厳密な意味での法的抑圧はないけれども、同性愛行動は少なくとも非難されているし、排斥に至ることもしばしばある。人びとは結婚し、子どもをもうけることを迫る強い圧力を感じている。

この地域に社会主義が根づくと、それによって保守主義と社会による統制がまた一つ新たに加わることになった。同性愛者はこの政策からとくに狙われていたわけではないが、広く「個人主義者」が政府の攻撃対象となっていた。例えばヴェトナムの警察は鋏を持ってあちこち巡回し、ベルボトムのズボンを切ってまわった。それは西洋資本主義の退廃のあからさまな徴《しるし》なのであった。社会がこのような威嚇的な空気に満ちていたので、同性愛者や、他のあらゆる種類の周縁的な人びとは、自己表現することは危険だと判断した。

いずれにしてもヴェトナムの社会主義は、儒教にならって力の示し方が中庸である。例えばハノイの文人の間では公然の秘密となっているのだが、国公認の詩人ク・フイー・カン［一九一九〜八五］とゴ・スアン・ジャウ［一九一六〜八五］の二人は、非常に長い間二人で暮らしていた。しかもク・フイー・カンは社会主義政権で閣僚に任命されたこともあり、政治の支配体制の中で、重要な位置を占めていた。はっきりしているのは、この儒教的社会主義体制は必要があれば目をつむることができる、ということである。

一九九〇年代にある村で（ヴェトナムはその八〇％が農村である）、レズビアンどうしが結婚するという出来事があった。両家はその日のために祝宴を開いた。しかしながらこの情報が世界中をかけめぐったところで、おそらく体面を気にして当局が介入した。しかしこの面では、時に物事はもっと自由に運ぶ。

■イスラム教

インドネシアの人口の八七％、マレーシアの六一％［ともに二〇一〇年］がイスラム教の伝統を守っている。東南アジアで実践されているイスラム教は比較的穏健であり、イスラム教到来以前の習慣と折り合いをつけてうまくやろうとしている。だからイスラム教徒住民の文化的な慣行は、イスラム教原理主義者よりむしろ、その根っこにある在来文化に近い。

しかしイスラム教が同性愛行動を非難していることは明白である。この地域には同性愛に関しては沈黙を守るという文化があるので、同性愛傾向を持つイスラム教徒は、その秘密を守ることを余儀なくされ、親しい友人以外には打ち明けたりしない。もしも同性愛傾向が目に付けば、家族からは排斥されるし、友人からは侮蔑され、モスクや長老からは圧力を受ける可能性がある。もしもレズビアンの関係が発覚したときには、結婚がお膳立てされ、強制されることになる。それは正常な外観を取り戻すためである。このような状況にあるため、同性間の肉体関係や恋愛は、ほとんどすべての場合において、未だに人目を忍ぶ秘密のままにとどまっている。

数年前からインドネシアやマレーシアでは、ワッハーブ派の影響を受けた複数の団体が、より厳格なイスラム教を説いている。一般に彼らの活動はイスラム法《シャリーア》の遂行を目指していて、出会いや会食の場は彼らに言わせれば悪徳を助長しているから「浄化」する必要があると考える。セクシュアリティに関わることについては、結婚前の禁欲と両性の分離を強く奨めている。

二〇〇〇年一一月一一日、ジョクジャカルタ近郊のカリウランにあったエイズ撲滅センターを、こうした団体の一つに属する武装民兵が、棒や短刀、銃などを持って襲いかかった。そこには主に、同性愛の男性とワリアがいた。この団体のメンバーがのちに発表した声明によると、その場にゲイとワリアが存在したことで自分たちの攻撃を正当化している。つまり彼らの活動はエイズを動機としているというよりむしろ、厳密な意味での同性愛嫌悪に根ざしていることが明白である。インドネシアにおいては、これは突出した特殊事件ではない。アラブ風の服装をした男たちが、ゲイやワリア、そして彼らと交際のある者たちに非常にしばしば攻撃をしかけている。こうした戦闘的原理主義的イスラム教徒がさらに今後も社会に進出し、同性愛嫌悪に基づく行動を増していくかどうかは、今はまだ分かっていない。

■セックス産業

セックス産業は、同性愛嫌悪の動機の中で主要な要素であるわけではない。しかしこの現象には言及しておくだけのことはある。というのも、それがために今存在している同性愛に対する寛容が崩れてしまう恐れがあるからだ。同性愛の売春は、東南アジアのどの国にも、社会主義のヴェトナムにも現に存在する。しかしこの現象はタイにおいては、かつてないほどの規模になってきている。これまでは、この商売は地元の市場に結びついていた。しかし今では、セックス観光が経済の基盤になっているような場所がある。しかも収集された情報によれば、多くの小児性愛者↓がタイやカンボジア、フィリピンに幼い少年を求めてやって来ているらしい。

一定の限度を超えれば、おそらくこれらの社会は自尊心から、またとにかく公の利益を考えて、この現象に対抗し始めるであろう。二〇〇一年にはタイのプラチャイ内相が、過剰な性的問題、レジャー産業の行き過ぎを制限するためのキャンペーンを開始した。そしてそれは民衆から圧倒的に歓迎されたのである。これまでのところこのキャンペーンは、控えめに遂行されてきたし、同性愛者や異性愛者の出会いの場も尊重されてきた。しかしだんだんと警察官が、厳格な措置をとるということを理由にして、同性愛者を攻撃するようになってきている。二〇〇一年の数ヶ月の間、バンコクのゲイ・サウナは定期的に手入れを受け、テレビのチャンネルが「みだらな」光景をレポートすると謳ってゲイ・バーの様子を放映した。

同性愛者の観光客の数が増えることで、それに巻き込まれる国内の人間も多くなれば、心配なのは返す刀で同性愛嫌悪の態度が一般に強化されはしないかということである。しかも小児性愛者の観光客が増えれば、小児性愛と同性愛の混同というやっかいな事態も心配される。この危険には注意を払っておくだけのことはある。

■西洋のリベラリズムとゲイ・レズビアンの意識

現代の西洋のリベラリズムの観念や価値観から影響を受けていない国は稀である。東南アジアも例外ではない。しかし実際に東南アジアの国々にそうした観念を適用するとすれば、それはとりわけ海外で教育を受けた若いエリートの役割である。

こうしたエリートの若者の中には、西洋的なスタイルを取り入れて、アイデンティティやカミングアウト（↓クローゼット）を問題にしたり、人権という言葉を使ったりする者もいる。異性愛者でも時に、差別↓の撤廃や、同性愛やバイセクシュアルといった性的指向の多様性とその認知に好意的である。しかしながらそうした世代は数も少なく、首都に集中しているため、社会に与え得る影響はさほど大きくはない。だがいずれにしてもマニラ、シンガポール、クアラ・ルンプル、ホーチミン市、バンコクでは、ゲイの世界がだんだんと目につくようになってきている。それは、同性愛者向けのバーやナイトクラブの数がしだいに増えてきていることにも表されている。異性愛者の遊び場でも、性的指向が曖昧であることがおしゃれだとされることがある。

シンガポールでは、多くの劇作家が同性愛をモチーフやテーマとして作品に取り入れている。タイやフィリピンでは映画作家が同性愛という要素を映画に取り込んでいる。それをよく表しているのは、先に述べたバレーボールの選手の実際にあった話を元につくられたタイの映画『アタック・ナンバーハーフ』［日本公開、二〇〇一］で、これは興行的にも大成功を収めた。

ゲイ・レズビアンがこのように目に付くようになったことによって、世間の態度が変わったとまで言えないとしても、少なくともある種の緊張が生じた。例えばシンガポールでは、当局の検閲によって制限が課されているにも拘らず、インターネット上でのリベラルな立場の表明がしだいに広がってきている。それによって同性愛嫌悪の支持者は、自らの立場の根拠を明らかにする必要が出てきた。それまでは、彼らが触れまわる偏見は自明のことだとされていたので、論証する必要などなかったのである。同性愛嫌悪が自身の正当性を証明することを余儀なくされる以上、こうした情勢は世論の検証と進歩を可能にしてくれる。

ここ数年の間、シンガポールの閣僚はこの点に関して自らの政策を公式に回答する必要に迫られている。それによれば、現に存在しているソドミー禁止法は、合意した成人どうしの関係には決して用いないとのことである。それと並行して、リベラルなエリート層の若者が、検閲を緩めるよう圧力をかけた。

このような状況があるからといって、同性愛嫌悪がしだいに消滅しつつあると信じることは危険であろう。確かに西洋的リベラリズムは前進している。しかしそれは今なお不確かであるし、そのうえキリスト教保守主義やイスラム教原理主義も同様に広がりつつあるのだ。しかも同性愛が客観化されればされるほど、また在来文化や中国人文化には同性愛の概念がない以上、さらにはまた自由な表現の価値が高まれば高まるほど、同性愛嫌悪もまたより強力になり得るのである。これまで東南アジアではゲイ・バッシング（「ホモ叩き」）がほとんど見られなかったが、それがすでに姿を現そうとしていないかどうか考えてみる必要があるのだ。

アウ・ワイパン、ルイ＝ジョルジュ・タン仏訳（山本訳）

↓イスラム教、インド、オセアニア、共産主義、中国、朝鮮、日本、ヒンドゥー教、仏教、プロテスタント

◆補遺

この地域の同性愛をめぐる法制度の最近の状況は、二〇一二年五月発行のＩＬＧＡ（国際レズビアン・ゲイ連盟）の報告書によれば以下のとおりである（括弧内は発効年）<Paoli Itaborahy>。

同性愛行為を合法としているのは、ヴェトナム、カンボジア、タイ（一九五七）、東チモール（一九七五）、フィリピン、ラオスの六ヶ国、およびインドネシアの大部分である。

同性愛行為を違法としているのは、シンガポール、ブルネイ、マレーシア、ミャンマーの四ヶ国である。インドネシアは国家レヴェルの刑法では、法的合意年齢に達していない者との同性愛行為を禁じているだけだが、二〇〇二年にアチェ州がイスラム法《シャリーア》を採用することを国会が認めた。これはイスラム教徒にしか適用されない。また南スマトラのパレンバンのように、同性愛関係に拘禁刑と重い罰金刑を定めている都市も存在する。

同性愛行為に死刑を科している国はない。

同性愛関係か異性愛関係かに拘らず同じ法的同意年齢を定めているのは、カンボジア、ヴェトナム、タイ（一九五七）、東チモール（二〇〇九）、フィリピン、ラオスの六ヶ国である。

法的同意年齢について、同性愛関係と異性愛関係との間に不平等があるのは、インドネシア一国である。

性的指向に基づく雇用差別を禁じている国はない。

ジェンダー・アイデンティティに基づく雇用差別を禁じている国はない。

性的指向に基づく差別を憲法で禁じている国はない。

性的指向に基づく憎悪犯罪であることが加重事由とされる国はない。

ジェンダー・アイデンティティに基づく憎悪犯罪であることが加重事由とされる国はない。

性的指向に基づく憎悪を煽動することを禁じている国はない。

同性カップルに結婚を認めている国はない。

シヴィル・パートナーシップ、登録パートナーシップ、シヴィル・ユニオンなどの制度によって、同性カップルに結婚と同等の、あるいはほぼ同等の権利を認めている国はない。

結婚に伴う権利の一部が同性カップルに認められている国はない。

同性カップルが共同で養子縁組することを法的に認めている国はない。

同性カップルのパートナーの子または養子を養子にすることが法的に認められている国はない。

（山本）

トランス嫌悪（トランスフォビア）

男女の同性愛者が同性愛嫌悪《ホモフォビア》の対象になるのと同様に、トランスセクシュアル、トランスジェンダー、異性装者、ドラァグクイーンあるいはドラァグキングも差別的扱いの標的になる。これらの人びとは、特定のセクシュアリティによってアプリオリに定義されるのではないし、ここで拒否や排除の反応を引き起こすのは、厳密には、異性愛モデルに違反するセクシュアリティ形態をとっていることではない。それでもセックスとジェンダーと、これらのアイデンティティが構築されている外見の関係が、異性愛中心的秩序を動揺させる。トランス嫌悪《フォビア》は、そのアイデンティティによって社会的性的役割の配置を曇らせ、セックス間、ジェンダー間の境界を侵犯する個人に対して、敵意や多少なりとも自覚的で自動的な反発となって表れる。

一九世紀の終わり、ドイツのマグヌス・ヒルシュフェルトとクラフト＝エビング、アルベルト・モル、イギリスのハヴロック・エリスとヘンリー・モズリーらの業績に続いて、精神分析医たちは一連の性的病理に没頭していた。同性愛、異性装、フェティシズム、獣姦、露出症、小児性愛などである。これら「倒錯」に対する最初の科学的所見と描写から、諸カテゴリーが確立され、さまざまなアイデンティティが区別されるに至った。こうして性転換願望は、同性愛および異性装と同じように、新たに定義された性的病理とされた。一九四九年、「性転換症」という語が、性別変更手術を懇切するある女性のケースについて「性転換精神症」という記事を発表したアメリカ人デイヴィッド・O・コールドウェルによって導入された。ジェンダー・アイデンティティの障害を示す人は、病人と見なされ、行動とアイデンティティを正常化する治療を実施する医療機関に委ねられた。性転換症あるいは異性装はその他の逸脱的行動から公式に区別されていたので、これらは医療機関の特別な抑圧を受けることになった。続いて、医学分野の外ではあるが、トランスジェンダー、ドラァグキング、ドラァグクイーンのようなカテゴリーが構築され始めた。

しかし固定観念においては、トランスジェンダリズムやトランスセクシュアリズムは、当たり前のように同性愛と混同され続けている。同種の「病気」、同様に「堕落した」「いかがわしい風俗」として、これらは社会規範に照らして、異質、エキセントリック、倒錯と名指しされる。こうしてトランス嫌悪《フォビア》と同性愛嫌悪《ホモフォビア》は、頻繁に混同されるのである。同性愛者やトランスセクシュ

プラトンの両性具有者神話と第三の性についての新しい医学理論がここで混ざり合って、非常に恐ろしい創造物を作り出す。この小説を紹介するカタログは、一九〇二年に発表されたこの書物の射程をはっきりと説明している。「このような性の終わりを非難しなければならなかったのだ。幻想的な道徳的書物においてではなく、魅力的で心をとらえる小説の中で、勝利する愛、半狂乱の愛、夢中にさせる愛を恥ずべき悪徳に対置させることによって。このような愛こそが、我ら種を偉大にも救い、肉の忌まわしさを浄化するのである。この小説は暗い絵、殺人の図像、悪夢を含むが、同様に甘く激しい愛によっても飾られている」

アル、異性装者向けの一連の侮辱表現を次のように並べることができる。ホモ、ゲイボーイ、オカマ、汚いレズ、男色家、女男などである。それにこの十把一絡げは、これらの者たちが同一の共同体に帰属しているという考えを強化している。ある者は「侮辱の共同体」と呼ぶが、その中で同じ形態の抑圧にさらされた特殊な社交形態が発展したのである。現在でも、一九六九年に暴動の舞台となったストーンウォール・イン（↓ストーンウォール事件）が最も名高い例である。これらの社会集団はまた、一定数の同じ要求を共有しており、例えばいくつもの国で、ゲイ・プライドはＬＧＢＴ（レズビアン、ゲイ、バイセクシュアル、トランスジェンダー）プライドとなり、その際に、そうした要求が表明されている。この共同体のさまざまな側面の可視化の例証である。

実際に、トランス嫌悪は、同性愛嫌悪と非常に似た形態で表明される。と同時にこれらの嫌悪は対象集団の特徴に応じた特殊性も含む。その最も粗野で明白な表現は、おそらく物理的↓暴力と威嚇である。パリの環状道路、あるいはトランスセクシュアルが通う売春の場所での夜の「殴り合い」、トランスジェンダーへの闇討ちと侮辱が思い浮かぶ。トランスセクシュアルの中には、自分の腕に抱いている娘が、自分が思っていたような生物学的な女ではなくトランスセクシュアルだと分かったことによって、乱暴な反応をした男について証言している者もいる。トランスセクシュアルの殺害が、三面記事の常連記事になっている国も未だにある。これらの暴力の恐れは、非常に不安な状況、とくに暴力的な社会状況に直面している多くのトランスセクシュアルやトランスジェンダーに見られる。自らの国での死の脅迫を逃れるためにフランスにやって来たアルジェリアのトランスセクシュアルたちがそうである。というのもこれらの者たちが存在するだけで、その↓家族に危険が及んだのである。

しかし、トランス嫌悪は、直接攻撃、言葉の暴力や嫌悪や抑圧の非合理な表明ほどアプリオリには派手ではないが、より陰険で日常的に心に強く残る他の形態をとることがある。それはピエール・ブルデューが「象徴的暴力」の語で名指ししたものに近い。嘲弄、軽蔑、散漫な抑圧、制度化された差別的扱いといった形で、トランス嫌悪は表れる。

トランスセクシュアルに固有の状況は、ジェンダー・アイデンティティが出生時の生物学的性別に対応しないということであり、生物学的性別は医学的および法的権力に結びついているので、トランス嫌悪は制度の中に明白な例を持っている。さらにトランスセクシュアルは、自分のアイデンティティと身体的変化を認識する中で家族、↓学校、職場あるいは時には出身国との断絶を経験する。その中でいずれもトランス嫌悪が文化的に表れる。事実、身分証明書、パスポート、民事身分書類の交付、名前あるいは民事身分の変更あるいは社会保障番号変更のための無料の法律援助を受けること、国外への放逐あるいは強制退去の場合の外国人のトランスセクシュアルの滞在許可の申請、庇護の申請、普通法の事件、裁判所への召還、攻撃された場合の被害届などは、いずれもトランスセクシュアルが「日常のトランス嫌悪」に直面するケースである。

法的な観点からみると、裁判所の判断は、長い間、社会からの潜在的な追放を表現する、あるいはそれが表明される条件をつくっていた。フランスの法的枠組みは、トランスセクシュアルの問題あるいは性別の変更について沈黙し、法律は性別の定義を一切していなかったので、トランスセクシュアルに対する思考と決断を確立するのは、まず↓判例であった。そういうわけで最近まで↓フランスでは、トランスセクシュアルは、クロード、カミーユあるいはドミニクのような中性的な名前の使用しか許されていなかった。トランスセクシュアルにとって決定的なのは民事身分の変更である。というのも民事身分はあらゆる公式書類の決定、それゆえに諸権利、とくに家族的な権利の決定を取り仕切るからである。しかし、ホルモン療法および外科的な性別変更を経ていない限り、民事身分の変更は難しい。現時点で、国家と社会が、ジェンダーの障害を抱えている人を、望んでいないにも拘らず、苦痛の多い手術へと駆り立てていることは明らかである。トランスセクシュアルの中には、自らのアイデンティティと外見に一致する公式書類を得るために手術を受けたことを認める者もある。「出生時の身分と反対のアイデンティティを選びながら、自らの生殖器を正常化していない私たちは脅威なのである。状況が、外科的に『正常化』したとき、われわれは代償を払ったことになる」と。

一九四〇年代終わりと一九五〇年代、トランスセクシュアルは、その性別変更要求を通じて、そしてジョージ・ジョーゲンセンによるクリスティン・ジョーゲンセンへの変身が知られるようになったことから、可視的な存在になった。事実、一九五二年内分泌学者クリスチアン・ハンバーガーはジョージ・スタラップとE・ダール＝アイヴァーソン医師らとともに、アメリカ軍の元GIの英雄で、写真家になったジョーゲンセンを手術した。このケースによって、性別転換願望は、国際的レヴェルで新しい力を得、ジェンダー・アイデンティティの障害としてDSM（精神障害の診断と統計の手引き）に登録されることになる。精神科医ハリー・ベンジャミンは、「トランスセクシュアル」という語の使用を認めさせた。彼にとってこの語は自らの生物学的性別と反対の性別に自分が属していると考える人を指した。ハリー・ベンジャミン協会［現在はトランスジェンダーの健康に携わる国際医師会］は、精神科医、精神療法技術者、内分泌科医そして外科医と協同して、手術希望者への対応のモデルを作った。

それ以来、トランスセクシュアルが最も重いトランス嫌悪の表明にぶつかるのは、おそらく、トランスセクシュアルの社会統合の後見人であると考えられ、アイデンティティと性別をトランスセクシュアルに「再割り当て」する権力の保持者である専門家との関係においてである。専門家たちは、正常化の公式な回路を集積しているからである。そのようなわけで、トランスセクシュアルに対する医師の発言には暴力を含むものもある。例えばフランスの精神科医コレット・シランは、「トランスセクシュアルの患者は、すべてを身体的な次元に置き、精神的な次元には何もない」と述べた。アニェス・オッペネマーは、「精神化の拒否」と言っている。彼女は次のように言う。

> （トランスセクシュアル個人間の）差異にも拘らず、共通する一定の特徴は、とくに、その月並みで、規範的、ステレオタイプ的で比喩的次元を失ったロジックであると分かる。トランスセクシュアルが提示する物語は、あらゆる歴史の否定である。その言説は医学の他者、社会の他者を呼び出し、それらを説得しようとする。その苦痛は、セックスとジェンダーの不一致のみに帰され、絶対的信仰の中に避難する。この信仰は、科学の「進歩」が病気の進行に地位を与えていることと不可分である。対話者は、否定し、肯定し、要求するロジックと対決させられるのである。

トランスセクシュアルが通る過程全体を通じて、圧力はさまざまな形をとる。外見についての容赦ない批判（「手を見せなさい。足を見せなさい。あなたはあんまり女らしくありませんね」）、何年もの間続く精神科医の診察を受ける義務、辛辣な診断結果（「あなたは頭がおかしいですね」）、調和は欲しいが手術までは希望しない人へのホルモン治療処方の拒否など、嫌がらせはきりがない。

逆説的なことに、「普通の生活」を送ることは、多くのトランスセクシュアルにとって、拒絶を逃れるために二重生活を送ることの受容を意味する。「上着を着てネクタイを締める」、つまり一時的にアイデンティティを隠すのである。性転換願望は、職場からの排除を引き起こすことが多い。身分証明書の名前と写真が外見に一致せず、身体の変化が始まり隠せなくなったために、仕事を辞め、新しい働き口も見つからない。この文脈では、売春が、女性として生きることを決めた多くのトランスセクシュアルに残された出口の一つである。これは「トランスセクシュアル」は「売春」と同類であるという一般に広まった命題を強化している。排除のシステムがどのように自らを肥やすかがよく分かる。

用語とそれがカバーしているものの曖昧さ——誰がトランスセクシュアルで、誰がトランスジェンダーで、誰がドラァグクイーンなのか——と、この特殊なアイデンティティの構築の中心にある「移行」の行為とが、トランス嫌悪という語にその長所と短所を与えている。トランス嫌悪とは、性的行為の次元にとどまらず、あるときに、あるいは繰り返し、ジェンダーの境界を越える者に対する攻撃を指す。その長所は、「性別」やジェンダー、両性の関係の伝統的な観念を脅かす者に対する辛辣で制度化された反応を暴くことである。その短所は、トランスセクシュアルが特定の個人的利益、少数派の中の少数派と混同され、トランスセクシュアルに対する差別を、言葉が稀であるだけに、ほぼ不可視なものにしてしまうことである。実際に、同性愛嫌悪という語は、同性愛という語の登場からほぼ一〇〇年後の一九七一年頃に遅まきに現れたに過ぎない。トランス嫌悪という語の使用はさらに新しく、辞書にも載っていない。この言葉における典拠の不在は、「迷惑な」人びとに対する否定の表れであろう。それは、↓異性愛主義（ヘテロセクシズム）が考えることを禁じたものの存在を奪い、それによってその権利の平等を奪うことを示している。

ガエル・クリコリアン（齊藤訳）

↓異性愛主義、ゲイ嫌悪、象徴的秩序、バイセクシュアル嫌悪、暴力、レズビアン嫌悪

◆補遺

二〇一二年五月発行のＩＬＧＡ（国際レズビアン・ゲイ連盟）の報告書によれば、性別適合治療後の性別を承認する法制度のある国および地域は、以下のとおりである（括弧内は発効年）<Paoli Itaborahy>。

アルゼンチン（二〇一二）、イギリス（二〇〇五）、イタリア（一九八二）、ウルグアイ（二〇〇九）、オーストラリア（州によって発効年が異なる）、オランダ（一九八五）、スウェーデン（一九七二）、スペイン（二〇〇七）、ドイツ（一九八一）、トルコ（一九八八）、日本（二〇〇四）、ニュージーランド（一九九五）、パナマ（一九七五）、フィンランド（二〇〇三）、ベルギー（二〇〇七）、ポルトガル（二〇一〇）、南アフリカ（二〇〇四）、ルーマニア（一九九六）の一八ヶ国、およびアメリカ、カナダのほぼ全域とメキシコのメキシコシティ（二〇〇九）。

なお、他にも多くの国が、性別適合治療後の「新しい」性別を、結婚への権利の形で承認する法制度を持つ（一般法、判例法いずれもある）。

（山本）

内分泌学

一九一二年にはすでにマグヌス・↓ヒルシュフェルトが、自ら提唱する第三の性の理論にとって確固たる科学的な基礎となるようなものを求めて、雄性ホルモン「アンドリン」と、雌性ホルモン「ジネシン」が存在するという仮説を立てていた。生理学者ブラウン＝セカール［一八一七〜九四］以来、治療目的で臓器抽出物が利用されるようになり、とくに粘液水腫に対して甲状腺抽出物を投与するという臓器療法が成功を収め（一八九一）、また副腎の内分泌物が血圧を高める働きを持っていることが発見された（一八九四）ことにより、知の新しい分野が開かれた。それによって誕生したのが、内分泌学である。以上のような流れを背景にして、ヒルシュフェルトの仮説は定式化されたのだった。一九世紀初めに自立していった生理学によってもたらされた数々の発見の利点は、ほとんど即座に性腺に適用された。一八九三年にはもう、ブラウン＝セカールが科学アカデミーの報告書の中で、睾丸抽出液には生理学的かつ治療的効果が存在すると断定している。効果のある病理として挙げられているリストは幾分多過ぎではあるが、風邪から癌にまで、壊疽《えそ》からヒステリーにまで及んでいる。

そのときから性ホルモンの探究は始まり、一九二三年から三四年の間にエストロゲン、プロゲステロン、テストステロンが発見されて完成を見る。ただし一九二九年にはどちらかと言えば予期しなかった事実が持ち上がっている。エルンスト・ラクール［一八八〇〜一九四七］とアムステルダム学派とが、「正常で健康」な男性の尿から女性ホルモンを分離したのである。この発見は一九三四

年に雑誌『ネイチャー』誌に掲載された記事で追認された。それによると、種馬の尿の中に大量のエストロゲン・ホルモンの存在が明らかになったという。このことは中間的な性という着想を実際に強化することになったし、また同性愛を雄性ホルモンと雌性ホルモンの間の不均衡の結果であると見なす考え方にもつながった。この理論はあっという間に成功を収めた。一方でこの理論は、既成の知識に完璧に同化し、↓性逆転の理論を強化し、そして何よりも男性の中の女性的要素、女性の中の男性的要素の所在を明確にした。ホルモン理論はその一方で（最終的に）、↓治療法を提案することになった。それは、それまで心理療法が引き受けてきた治療の試みにくらべて少しは確かであろうと見られた。

　それ以来、ホルモンの均衡を回復させる成分をめぐってさまざまな試みが相次いだ。時にはかなり滑稽な状況に至ることもあった。例えば一九四四年に『臨床内分泌学報』に掲載されたグラス博士とジョンソン博士の論文は、自分たちの処置が成功三例に対して、八例が失敗に終わったと結論づけている。しかもその八例の間では、同性愛衝動の増大が見られたというのだ。しかしこの逸話から記憶しておかなければならないのは、数多くの同性愛者がモルモットにされ、治療の名目のもとに、深刻な結果をもたらしかねないような、有効成分の実験台となったということである。しかも注射されていたホルモン抽出物は、少なくとも初期においては「理想的な」条件で精製されていたわけではないから、なおさら深刻であった。同じこの治療の分野でもっと劇的に有名になったのが、デンマーク人の内分泌学者カルル・ヴェルネト［一八九三～一九六五］である。この人物は、↓ヒムラーの後押しを受けて、ブーヘンヴァルトの強制収容所で、長期に渡って血液中にテストステロンを放出する「人工男性腺」の移植実験を行った。このように内分泌学は、同性愛の「治療」の試みの中でも最も重要な分野の一つとなっていった。そしてこの試みはその後、一九六〇年代までアメリカで続けられたのである。しかしながらこうした試みは、そのつど不首尾に終わるのが常だったので、それほど広くは普及しなかった。そしてこの分野における↓精神医学の優性に対しては、何の歯止めにもならなかったのである。

ピエール＝オリヴィエ・ド・ビュシェ（山本訳）

↓医学、遺伝学、性逆転、精神医学、精神分析、生物学、退化、脱ゲイ運動、チューリング、治療、倒錯、ヒムラー、ヒルシュフェルト、ファシズム、法医学

日本

日本における同性愛嫌悪《ホモフォビア》は、遠近両方の起源を持つ複雑な問題である。この現象が日本固有の性質のものなのか外からもたらされたものなのかをめぐって議論が展開している。日本の同性愛嫌悪者の中には、今日でも、同性愛の中国起源を主張し、八世紀から九世紀に仏教僧院とともに列島に現れたとする者がある。その論敵たちは、多くの点について、舶来品は、同性愛嫌悪の方であると答えている。というのも、同性愛嫌悪は、事実、一六世紀にはイエズス派の宣教師の影響下で、そしてとくに一九世紀に、西洋列強への開国の流れの中で、広まったからである。本当のところは、渡辺恒夫が示すように、そのような二項対立では割り切れないようである。

　日本は、九世紀から一九世紀までに、僧、武士、（江戸時代の）裕福な町人まで、豊富な同性愛の歴史を経験している。男性間の関係、より正確には、一定の年齢の男と若い小姓の間の関係が広がるのは、一五世紀から一七世紀の武士の間においてである。そこでは、同性愛は、「武士道の華」として高められている（二人の男性間の愛は、生殖へと向けられておらず、男性と女性の関係より

無私で、より純粋なものと見なされる）。江戸時代の裕福な町人階層では、同性愛は、女性化と売春を介していることがしばしばであった（同性愛者を指すのによく使われる語は、女性的な受けを指すオカマである）。ここで演劇は、女形を通して、日本のゲイ・カルチャーに貢献し、中心的な役割を演じている（非常に人気のあるこれらの役者は、歌舞伎において女役を専門とし、興行の後、売春することもあった）。かつての日本において、同性愛行為はかなり普及していたように思われ、当時の規範はバイセクシュアリティであったと言う者さえいる。しかし、これは女性売春と男性売春の数的な非対称によって事実上はっきり否定される。日本の伝統が、男性同性愛ついて非常に↓寛容であったとしても、女性同性愛はあまり好意的には見られなかった。男性の快楽に奉仕せず、懐妊に結びつかない女性のセクシュアリティは、それだけで全く受け入れられるものではなかった。

　日本における最初の同性愛嫌悪の大きな波は、一五四九年のイエズス会宣教師の来訪と一致する。フランシスコ・ザビエルは、あちこちに「↓ソドムの罪」を見た。彼は、禅宗の僧院を訪れ、「僧たちの間で、↓自然に反する厭うべき↓悪徳があまりに広がっており、彼らは↓恥の感情を一切抱かずにそれを行っている」ことを発見して恐れている。フランシスコ・ザビエルは、まもなく彼らに忠告をしたが、それは驚きと笑いを引き起こした。訪問を続けるうちに、フランシスコ・ザビエルは、武士や大名たちも僧と同じ行為に及んでいることに気づく。そこで彼は、最も重大な三つの罪は、子殺し、偶像崇拝、「厭うべき罪」であることを説明して、顰蹙《ひんしゅく》を買った。ある程度のちに、妥協が見つけられ、庶民は、通りで宣教師たちを冷やかすことで満足した。「見ろよ。あれが、男子と寝るなと言っている男たちだよ！」しかし、渡辺によれば以下のことに疑いはない。一五九七年以降、宣教師に厳しい迫害が襲いかかるが、イエズス会の最終的な失敗は、大部分、その辛辣な同性愛嫌悪のためであったということである。

　それはそうとして、自生の同性愛嫌悪は、徳川末期（一八世紀から一九世紀）、つまり日本の閉鎖から西洋の感化の受容へと移行する時代に進行する。将軍の中には、男娼に社会的無秩序の原因を見て、それを禁止しようとした者もいる。将軍たちは、同性愛を心中に（愛する者の死に際して、その愛人が切腹することがあまりに多かった）、あるいは情痴犯罪に（恋愛の嫉妬は、大島渚の映画『御法度』のように、しばしば血の海に終わった）結びつけて、武士の同性愛を撲滅しようとした。同様に、男として通用しており、奉行によれば、男以上であった、タケという女性が、風俗を壊乱したかどで一八三〇年代に有罪を宣告され、追放されたという。従って、日本の同性愛文化は、西洋列強が開国を強制したとき（一八五三）には、細り始めていたという印象を持たせる。

　同性愛嫌悪は、西洋人の来訪と一八六八年の大政奉還とともに質的に強化された。一九世紀の宣教師は、一六世紀の先達同様に、彼らが発見した有様と、未だ多くの日本人がソドミーに寛容なことに憤慨した。西洋に対するコンプレックスを強くしていた明治政府は、世界の目から見て、日本が尊敬されるように、列強の道徳に譲歩するように努めた。以後、同性愛は、イギリス人の眉をひどくひそめさせた混浴と同じように、時代遅れで不健全な、うち捨てるべき伝統と見なされる。従って、明治時代（一八六八〜一九一一）は、厳格な性規範をたたき込むこと、公認された性的アイデンティティの絶対化（男には女性的なところがあってはならず、女性は、「良妻賢母」の規範に従わなければならない）、同性愛を異常な↓タブーであるとした悪評に特徴づけられる。一八七三年のある法律は、一八四一年の法度を引き継いで、「鶏姦」の罪を行う者は誰でも九〇日間の禁錮（↓刑務所）に処されるとした。一八八三年に立法は緩和され、「鶏姦」の罪は、フランスの影響で、より広い「公然猥褻《わいせつ》罪」に置き換わった。以後、一六歳以下の未成年の誘惑は、性別を問わず一ヶ月から二ヶ月の強制労働に処せられることになった。とくに、東京大学の学生の「不品行」に対する一八九九年の報道キャンペーンが示すように、社会的な不寛容が顕著に増大する（ある新聞は、「同性愛行為は、あらゆる文明国で重罪として処罰されている」として、日本でも同様に処罰することを要求している）。明治時代には、武士が消えて実業家や官吏に転身し、歌舞伎は過去のレパートリーを維持するだけになって衰退したことも重要である。おそらく、明治・大正・昭和の西洋化された↓軍隊は、武士間の感情的遺産の一部を保持したかもしれない（明治の軍隊の精鋭は、薩摩の出身であり、薩摩武士は、その「剛毅な」

同性愛の伝統によってとくに知られている。そして、神風特攻隊がしばしば帯びる同伴自殺の性質は、軍隊における同性愛の存続あるいは再出現を証明している）。一部の国家主義的知識階層は、今日まで、武士道、そして時には、そのエロティックな側面へのノスタルジーを抱き続けていた。三島由紀夫（一九二五〜七〇）の場合がそうである。三島は、武士の血を引く父方の家系の一部に強く執着し、それを通じて禁欲と男性性の理想に執着した。それに、その自伝的物語『仮面の告白』は、一九三五〜四五年の日本において同性愛を見舞うタブーをよく示している。若い主人公の苦悩は、同時代のイギリスにおける「クィア」の青年のそれに劣らない。そして、一九四五〜五二年のアメリカによる占領は、明治期と同様のメカニズムを再発動させた。一九四三年から同性愛はアメリカ軍において禁じられており、勝者の同性愛嫌悪が、新たに敗者の潜在意識に情報を与えたのである。

このように一八七〇年代に行われた性的アイデンティティの再画定がほとんど今日まで維持されることになった。帝国政府は、そこから大きな利益を得たのである。かくして、宗教上の罪としては日本で一度も根付いたことがないとしても、社会の同性愛嫌悪は、↓西洋よりもさらに強くなったのである。個人の性的指向が何であれ、結婚への家族の圧力は相当なものである。従って、同性愛者は多くの場合この不文の掟に服従している。結婚は、庇護の役割を果たし、その陰で各人が折り合いをつけようと努める。明治以来、そしてとくに教育勅語以来、↓学校、家族、社会が「すべての日本人は同じである」（つまり日本人は、同じでなければならない）と教えてきた。同性愛は、道徳的宗教的理由で悪いのではなく、正常なセクシュアリティと異なっているから悪いのである（そもそもこの掟にとっては、同性愛はセクシュアリティではなく、「偽りのセクシュアリティである」）。このような文脈においては、カミングアウトがとても難しいことが分かるであろう。一方で、物理的形態のゲイ・バッシング、つまり同性愛嫌悪的暴力が稀であるとしても、同性愛者であるとの評判を得たものは誰でも、笑い者にされることが非常に一般的である。異なることを自認し、異なっていることを恐れないと言うことは、日本においては全く途方もないことである。つまりそれは、社会的紐帯の強固な社会においては、日常的な親密な関係を離れ、土着の文化的伝統と完全に無縁の個人主義を標榜することである。そして、そもそも常に同性愛は、人びとが話題にしないことであった。このタブーの重さに見当をつけるために、以下のことを思い起こして欲しい。日本の法がゲイとレズビアンが自衛隊に入ることを禁じていないとしても、一九九八年までは同性愛をあえて明らかにする自衛隊員はいなかった。

一九九〇年代に西洋の影響のもとで、物事が動き始めた。いくつかの勇気↓ある団体が、そのうち最も重要なものであるアカーが、絶えず闘争を行ったからである。七年の訴訟の後、一九九七年にアカーが、東京都青年の家の宿泊施設からゲイの利用を排除した東京都に対して、前例のない裁判上の勝利を勝ち取ったのである。今日、日本における同性愛嫌悪との闘いは、何よりまず、一九世紀末に実施された性的・家族的道徳の批判的修正を通じて行われている。かくして同性愛者の境遇の改善は、日本においては、他国以上に女性の境遇の改善と連帯するのである。

ピエール・アルベルティーニ（齊藤訳）

↓中国、朝鮮、東南アジア、仏教、漫画

は

バイセクシュアル嫌悪（バイフォビア）

同性愛嫌悪《ホモフォビア》からバイセクシュアル嫌悪（バイフォビア）を区別する必要があるのは、排斥の要因が異なっているからである。しかしながら、区別しようという意志が、ある一つの存在を選択的に認めようとする意志の顕れであるとするなら、それは同時に排除しようという意志でもあり得る。なぜならば、嫌悪《フォビア》というもの、とくに個人を差別する嫌悪《フォビア》が果たす役割は、ある個人またはある集団の優越性を作為的に構築することであるが、残念なことにはそのために、その個人またはそれが属する集団にとって、異なるだけでなく劣っていると見なすことのできる男女が、比較の対象として必要とされるのだ。嫌悪《フォビア》はしばしば、ある人びとに関するステレオタイプの言明の形をとる。自己の価値を高めるためにはその反対に、言明の対象となる人びとを他者として構成する必要があるのだ。だからそうした嫌悪《フォビア》の背後には、自身が社会からの自己改善要求に応えられていないという不安が表明されている。だからこそ嫌悪《フォビア》は、それ自体が守ろうとしているはずの境界線をしばしば越えてしまう。例えば異性愛、バイセクシュアル、同性愛の間の境界線である。なぜなら嫌悪《フォビア》は、社会的な命令事項、すなわちしばしば自然と見なされるほど内在化されている規範が暗黙のうちに求めていることが何なのか、ということを示しているからである。そうなるともはや、差別的なステレオタイプの言明に含まれている、戦略的な作為を明らかにするだけでは不十分なのである。もしも嫌悪《フォビア》の拠って立つ土台をとことん追及することを望むなら、それだけではなく何よりも、嫌悪《フォビア》を煽っている社会横断的なイデオロギーと、嫌悪《フォビア》が示唆する束縛を、排除する者が行使する束縛も、排除する者自身が囚われている束縛も含めて、暴き出すことが重要なのである。

バイセクシュアル嫌悪は、同性愛嫌悪と、両性間およびジェンダー間の階層化とが共通して持っている基盤によって説明されるかもしれない。しかし同時に、バイセクシュアル嫌悪に固有な排斥の様式をつうじて把握することもできる。この項では、バイセクシュアル嫌悪に特有な、そうした特徴を取り上げて説明してみたい。バイセクシュアル嫌悪の特徴の一つは、規範に属する異性愛者の男女からだけでなく、性的マイノリティを代表する男性同性愛者《ホモセクシュアル》やレズビアンからも、それがあからさまに言明されることにある。従って攻撃は多面的で互いに交差している。そしてまた、あえて明瞭に表現される。昨今ではある種の排除について、暗に仄めかすのでなくはっきりと口にすることを躊躇わせるPC（ポリティカル・コレクトネス〔政治的に正しいこと、という意味〕）のイデオロギーがあるが、バイセクシュアル嫌悪はPCの回りくどい表現も用いない。

バイセクシュアルの立場が明らかに「どっちつかず」であること、集団としても政治的にもバイセクシュアルの最近の歴史が未だによく見て取れないこと、この二つを結びつければ、バイセクシュアルの男女が標的となっている差別を説明するのに十分であると、出発点の段階では仮定しておいて良いかもしれない。しかしそうなると、バイセクシュアルの排斥は、政治的歴史とはっきりした文化を持たないあらゆる中間的な集団に対する排除と変わるところはないことになる。ところが、確かにある一部の要素はこの比較の妥当性を裏付けているかもしれないが、バイセクシュアル嫌悪の深さを理解するためには、そうした要素だけでは不十分なのである。というのも、バイセクシュアルに対する暴力の核心は、周期的に熱心に主張される次の確言にあるからなのだ。すなわち「バイセクシュアリティは存在しない」ということである。この確言の意味するところは、バイセクシュアルの人間も存在しないし何の正当性も持たない、なぜならバイセクシュアルは頭でつくり上げたまやかしであり、非現実的な夢想だということである。再び中間的な集団との比較の話に戻れば、混血の人びとは実際にある肉体の特徴を持っているという事実を否定されることはない。確かに肌の色は肉体に表示されていて、見て取れる。しかしバイセクシュアリティは、外見に顕れるような徴《しるし》がないのである。唯一、男女両性のパートナーの存在が知られれば、見て分かる徴にはなる。しかし、差異を示す物理的な徴がないこともまた、バイセクシュアリティに固有なことではない。レズビアンや男性同性愛者《ホモセクシュアル》の中には、その恋人の性別が、見かけでは分からない人もいる。またあるレズビアンが、ここ一〇年の間性的なパートナーを持っていなかったからと言って、レズビアンを自称し続ける権利を否定はされない。それは男性同性愛者《ホモセクシュアル》の場合でも同様である。またそれは、現時点ではセクシュアリティのない寡婦の場合でもほぼ同様で、人はいつまでも彼女を異性愛者だと思い続けるであろう。だからバイセクシュアリティは存在しないという理由で排斥する場合には、何か特殊なものが賭けられているのである。バイセクシュアリティが自らの存在を証明し、自らの存在を絶えずその誹謗者全員の眼前に繰り返し突きつけ、知らしめでもしない限り、それは存在しないとされてしまうのである。

　ジュディス・バトラーはJ・L・オースティンから着想を得て、反復の意味を明らかにした。反復は暗黙の規範を築くが、それと同時にその規範を揺り動かすために、反復することだけで作戦を遂行することになり得るというのだ。もしも誰かが、存在すると思われていない何かを繰り返したなら、すでに自然なものと化している支配的な社会的命令の構造の方が問題にされるのだ。この範囲で、バイセクシュアリティとその反復は、その出発点においてはバイセクシュアル嫌悪の言葉を投げつけられるであろうが、規範の再解釈の道具になり得るし、そうした規範に含まれている階層化や排除の原理を根底から覆す作業も可能にしてくれるのである。バイセクシュアリティが解放の役割を果たし得るということについて、過度の楽観主義を開陳したいわけではないが、少なくとも、バイセクシュアリティを自分のものとして主張する男女に対して、絶えずそれを主張することが要求されるということは、それだけバイセクシュアリティが、良きにつけ悪しきにつけ、異性愛者の男女にとっても、また同性愛者の男女にとっても、そしてバイセクシュアルも社会の外側で生きているわけではないのだからおそらくはバイセクシュアルの男女自身にとっても、つまり誰にとっても極めて不安なものである可能性を秘めている証しだとは言える。

　バイセクシュアリティがかきたてると思われる不安の中でも、性的なパートナー、愛、そしてまた歴史や記憶に対する誠実さを知ることが、極めて困難であるという不安がある。ここにこそ、バイセクシュアル嫌悪の主要なパラドックスがある。なぜなら、バイセクシュアルなど存在しないのではないかという疑いの声を黙らせるために、たえず反復して自らの存在を証明するためには、バイセクシュアルは両方の性のパートナーをどんどん増やして、疑いを持つ者に見せてやらなければならないからだ。ところが、バイセクシュアルにいつも投げかけられる非難の一つが、「きっと浮気性にちがいない」というものなのだ。つまりバイセクシュアリティが存在することを証明するためには、誹謗者の気に入りはしないこと、差別の理由になること、すなわち複数のパートナーと関係を持つことが必要なのである。だからバイセクシュアルの男女が異性愛や同性愛の男女にくらべて、（少なくとも性的、感情的には――歴史に対する誠実さとなると問題はもっと複雑になる――）より誠実なわけでも、より不実なわけでもないということを、事細かに言いつのることはさして重要ではない。そうではなくて、攻撃の内容、その隠された意味を問うことが重要なのである。誰も拒まないという理由で非難されるとき、実際その非難をどう解釈すればよいのだろうか。不実に対する非難というバイセクシュアル嫌悪のこの形態は、あらゆる性的指向全体を横断している規範を明るみに出しているように思われる。多かれ少なかれ、一つに限定され、排他的な愛情がずっと可能であると、信じ続けられるかどうかが問題なのだ。そして典型的なイメージ通りのバイセクシュアルが、ありもしない完成に向かって観念的な努力を重ねて、誠実の幻想とそこに含まれるあらゆるものに疑いを差しはさむことを、人はなかなか許すことができないのである。

　誰もがみな、何らかの違いを理由に他人から排除された体験を味わったことが少しはあって、そのためにいつでも自分をなるべく良く見せたいと思っている。この願望によって、バイセクシュアリティが排斥されたり、その存在がこれほど疑わしく思われたりすることを部分的には説明できる。バイセクシュアルの人びとは、異性愛と手を結んでその恩恵を一身に受けると同時に、自分たちがマイノリティに属していることを、メディアを通して表現したり、政治的な活動を表立って展開することを拒否しているように見えている。バイセクシュアルの積極的な活動はほとんど広がりを見せていないし、バイセクシュアリティに対する誹謗者から時に意図的に無視されている。だからこそ、自分のことを問題にされないようにし、不安を遠ざけようとする者が、ある特定の集団、この場合はバイセクシュアルにあらゆる非難の矛先を向けさせる危険があるのだ。

カトリヌ・デシャン（山本訳）

↓異性愛嫌悪、異性愛主義、ゲイ嫌悪、精神分析、トランス嫌悪、放蕩、レズビアン嫌悪

パウロ

タルスのパウロ（六二年から六四年頃没）は、生まれつつあったキリスト教と最初は闘ったが、その後この新しい宗教に改宗したユダヤ人である。彼は、最も熱烈で最も厳格な弟子の一人になる。新約聖書では、その行動はとくに『使徒行伝』の書に、その教義については彼が創設した教会に送った書簡（『使徒書簡』）に明らかにされている。

　彼の視点は、神秘的であると同時に道徳的である。彼は、キリストの人物像と、個人の神に対する関係に興味を持っていた。教会のキリスト教神学の多くの部分は、彼の著作に基づいている。彼は自らの著作で、いかめしい哲学を奨め、人間性に対して厳しい判断を行っている。パウロは、人間性の中の悪徳と彼が考えるものすべてを非難するが、その中で、同性愛はかなりの位置を占めている。同性愛行為は、神によって創造され望まれる存在と人間的自然の倒錯を表しているため悪いものと見なされる。キリスト教会をよりどころとして同性愛嫌悪的《ホモフォビック》な考えや同性愛者に対する暴力行為を正当化する者たちが今日まで広く継承する、「自然に反する」という概念はこのようにしてパウロによって導入された。

　実際にはパウロにとって、同性間の関係は、とりわけ異教徒の古い人間性の残滓であったから、キリスト教と無関係の、つまり不純な掟とともに非難されたのである。同性間の行為に対する非難は、このように宗教的道徳的原則から確立されたが、行為を行う人がこの否定的な判断に組み込まれて糾弾されることもかなり多かった。行為と人の区別は難しく、濫用的な糾弾を避

ける上で効果的であるとは言えなかった。それに、同性愛行為を行う人の糾弾よりも同性愛行為を糾弾する方が、同性愛嫌悪的でないとも、「憐れみ」の表れであるとも言えないのである。

→悪徳、異端、自然に反する、神学、聖書、ソドムとゴモラ、ユダヤ教

ティエリ・ルヴォル（齊藤訳）

恥

他の汚名を着せられた集団と同じように、ゲイ・レズビアンも多くの点で「恥の子」である。そのうちの多くの人びとの生いたちには、折々に感じる当惑や不安が延々と連なっている。それは、あるものは現実のものとして、またあるものはヴァーチャルなものとして、さらにあるものはあからさまに、またあるものは暗々裏に繰り返される、さまざまな屈辱に充ち満ちているこの異性愛者の世界で育っていくことの困難を表す当惑と不安である。カミングアウトの前はもちろん、それからずいぶん長く経っていても、同性愛者の生活はほとんど構造的に、終わることのない残酷な感情によって育まれている。そうした感情を抱くのは、自分自身を発見したときであり、あるいは自分自身を受け容れようとしたときであり、また社会は「不適切な」人間たちを望んでいないことを日々社会から知らされる一方で、自分がまさにその階級に属しているのだという意識が強まる中、それを受け容れようとしたときである。恥は傷つけられやすさからくる感情であり、普遍的に誰もが抱き得るものである。しかしそれは、誰にでも、人間のどんなカテゴリーにも普遍的に分配されているわけではない。われわれは、理屈の上では恥の前に平等である。しかし現実社会では、ある者は他の者と比べてより「平等」である。脆弱性、傷つけられやすさのこの不平等な分配を明るみに出すことこそ、恥とその社会的な利用のされ方、あるいはもっと一般的に言って、異性愛の〝経済学〟における恥の戦略的な「機能」を文字通り政治的に分析する出発点である。

恥とは、社会の秩序がその支配のもとにわれわれを「捕らえ」、放さないために用いる機構の中でも、最も強力なものの一つである。社会はそれによって、ある場合には「正常者」が「まっとうな道」から離れることを妨げるのであり、またある場合には「→異常者」に対して、身を隠すこと、見えない存在でいること（→クローゼット／慎み）、烙印を押されたこれこれのカテゴリーに属していることを認めないことを強いるのである。恥は、最も悪い局面に至るまで生き残り、カミングアウトという最も幸せで最も誇らしい局面さえも越えて生き延びて繰り返し何度も現れ、時には最も思いがけないとき、完全にそれに打ち克ったと思いこんだときにさえやって来る（多くの同性愛者にとって、恥は墓場までついて回る）。ディディエ・エリボンが言っているように、「ある言葉の曲がり角、ある状況の曲がり角には、必ず古傷が潜んでいて、それがまざまざと甦ってくる。あるいはまた、新たな恥が潜んでいて、それが私の心を満たす。さらにはまた、古い恥が潜んでいて、それが再び表面に浮かび上がってくる」。ゲイ・レズビアンが経験し、耐え忍んでいる恥は、日常の一連の相互作用の中で繰り返し生じる集合的な圧迫の政治的効果であるから、おそらくそれと有効に闘うためには、集合的に闘うしかないだろう。恥は、われわれの身体と同時にわれわれの主体性の中に、そして異性愛者の社会の客観的な仕組みの中に、一つの機構としてしばしばあまりにも深く根づいているので、純粋に個人的な意志による命令あるいは決心だけでは、それを「認めない」ことすらできないのである。

■圧迫の政治的効果としての恥

　あらゆる感情が、仮に見かけは最も個人的で、最も内面的な感情であろうとそうであるように、恥も空から降ってくるわけではない。それは身体の経済という政治的な経済に刻み込まれているのである。あらゆる経済的社会的秩序は、資本主義であろうと、人種差別主義であろうと、性差別主義であろうと、同性愛嫌悪《ホモフォビア》であろうと、「自身の存在を存続させる」ためには正当だと認められる必要がある。いかなる支配も、もしもその効果として従わせたり、劣等感を抱かせたりする対象となる者たちが、何らかの方法でその支配を内在化しない限り、長期間行使されることはあり得ない。異性愛主義（ヘテロセクシズム）の支配もこの法則を免れない。しかしこのように無理やり承認させ、内在化させても、もしもそれがただ抽象化された個人の集合による、純粋に知的で理論的な賛同だけに依拠しているのだとしたら、それほど堅固なものにはならない。しかし実際には、同性愛嫌悪の「公平無私な」権力は、恥を通してもっと具体的な現実を拠り所としているのである。人間は社会の表面に漂う純粋な精神ではない。血もあり肉もある存在であり、後天的に習得された反射神経と、幾分か意識的で幾分か制御も可能な体質を備えた、社会化された身体なのである。正確に言えば、同性愛嫌悪の機構が機能することを可能にしているのが、この根本的な「身体性」なのである。だから恐れ、恥、強制された慎み、自分で課した慎み、あるいはまた物笑いの種になっているという感情、不適切な人間だという感情の中で、私が異性愛主義の秩序に屈するのは、「意に反して」［フランス語の熟語で文字どおり訳すと「私の身体を守るために」］起こることであって、私にはほとんどどうしようもないのである。こうした社会的な情動はすべて、ほとんどわれわれの意に反してわれわれの中に生じ、われわれに働きかけるのである。フランスの社会学者ピエール・ブルデューの言い方を借りるなら、そうした感情は、条件づけられたわれわれの身体と、支配する側の社会が実現する適法性と階層秩序との、「密かに結ばれた共犯関係」を利用するのである。このような現象がどうして可能になるのか理解するためには、組織的な「同性愛嫌悪の陰謀」や圧迫といったシニカルな想像を働かせる必要は全くない。実際同性愛者は、この不平等主義の世界によって形成されるので（そしてずっとその状態を保ち続けるので）、あらかじめ機械的に備え付けられた精神的かつ身体的な傾向として、世界の制度化された分割と、権威を振るう仕組みを受け容れ、それによって同性愛嫌悪が自分たちに行使する、時に逆説的な権力の一部を同性愛嫌悪に与えてしまうのだ。恥においては身体がある意味で心を「裏切って」、同性愛者が自分で自分のことを、現実の存在にせよ仮定の存在にせよ他者の視線を通して、ということはつまり社会の異性愛主義的な見方を通して見ることを強いるのである。恥というこの情動が、ゲイ・レズビアンの人生の中で、いかに長い間続くものであるかよく示しているのは、身体が非常にしばしば、いつまでも「クローゼット」から出られないということであり、それは、もはや忍耐することはできないという意志による決断や、圧迫に対する精神の激しい戦いが望むよりもずっと後までそこにとどまるのである。世界に接しているこの身体が、世界を「理解」し、世界の中で活動することを可能にしているのだが、しかし身体のせいで、世界から傷つけられやすくなってもいる。私の身体を通して世界が私に作用することによって、社会秩序は私にとって重きをなすこと（「それは私よりも強い」）が可能となるのであり、同性愛嫌悪の仕組みや担い手に私の恥を掻きたてる権能を与え、「恥じてはいけない」こと、「もう恥じるべきではない」ことを、私が重々「分かっている」ときに、最もばつが悪い形で恥が呼び覚まされるのである。

　恥は、自己嫌悪によって養われるのだが、自己嫌悪は同性愛者の主体をはみ出す。なぜなら自己嫌悪は完全に個人的なものであり得ないし、絶対的に自覚的なものでもあり得ないからである。自己嫌悪は、他者から自分に伝えられ、自分の身体に取り込まれた軽蔑を参照する。「自身の中にいる他者への恐怖」として内在化されるこの同性愛嫌悪は、社会的、心理的な燃料を恥に供給するにとどまらない。それはしばしば、「他者の中にいる自身への嫌悪」に投影されるのである。すなわち、他の同性愛者の拒絶ということであり、同じ烙印を押されているにも拘らず（むしろ同じ烙印を押されているからこそ）、自己を他の同性愛者と同一視することを拒むのである。だから恥は、それに支配される者たちを「聖なる」社会から分離して、一人一人順に「しつける」

だけでは満足しない。それと同時に恥は、その者たちどうしが互いに同一視することを困難にし、それによってその者たちが政治的に結集することも難しくして、その者たちの間を分断する任務を負っているかのように、すべてが推移する。恥は孤立を助長し、孤立が恥を助長する。異性愛主義の世界は、実際に計画的に組織した者が誰もいないのに、驚くほど実によくできているのである。

　マイケル・ウォーナーは最近の作品で、恥と烙印とを区別することを提唱している。それによれば、恥は行為にしか関係しないが、烙印は個々人の存在そのもの、その社会的本質の規定に及ぶという。この区別を避けるなら、確かに「侵犯」と「汚辱」とを一緒くたにする状態に逆戻りすることになる。「侵犯」は、「正常」で「普遍的」な個人が社会や性の限界と戯れるだけであるのに対して、「汚辱」の方は、犯した行為、あるいはまだ犯していない行為自体をはるかに越えて、個人が、場合によっては生涯に渡って拒むことのできない「忌まわしい」アイデンティティを課され、烙印を押されるのである。烙印は、恥の根本的で永続的な形態であり、行為に対して、場合によってはそれが現実に行われる以前に汚点を付けるのである。だから侵犯と汚辱との間にある（エリボンに言わせるなら、ジョルジュ・バタイユとジャン・ジュネの間にある）政治的な距離は、性的不浄に自由に接続することと、社会から性的不浄と同定されながら、そこから抜け出すことが不可能であるという、はるかに根源的な事実との間にある距離に等しいのである。

　しかしそのように区別するからと言って、西洋社会における形而上学的な世界観の比較的普遍的な性質を隠蔽することがあってはならない。これは、社会的な主体の行為を、その当人に内在する本質の表れと（「行い」は存在の表現であり、存在は「行い」の究極の原因であると）考える見方である。現実に恥は、標的となるか否かは人によって平等でないとはいえ、行為が、あるいは行為の可能性が生み出すものでありながら、必ずその行為の範囲をはみ出すのである。また恥は、罪責感にも決して還元できるものではない。罪責感であれば、人格の規定まで断罪することはなく、あくまで局所的なものにとどまるのである。つまり恥を掻きたてる行為は、程度はさまざまであり様態もさまざまであるが、つねにその行為者の本質（あるいは「イメージ」）に影響を及ぼすのである。

　ゲイ・レズビアンとして烙印を押された者たちの属するカテゴリーは、社会的に構造的な脆弱性を抱えている。この脆弱性は、それが活性化され、利用され得るような具体的な状況や相互作用において、そこに属する者たちをとりわけ傷つきやすくする。そのとき同性愛者を襲う恥は、同性愛者の社会的アイデンティティの烙印との間に、互いに強化する関係を維持する。その烙印の特殊な論理は、恥によって身体的に表されるのである。

身体的情動としての恥

　身体的情動の典型としての恥は、あらゆる人種差別主義に固有の矛盾を孕んだ憎悪の結果として生じるものであり、その隠れた一面である。そうした憎悪は他人に対して、人からその性質が見下げられるのはその当人の責任だとすることであり、つまり、他のところでは当人には責任がないと断言しているようなことで他人を非難することである。性的な人種差別主義としての同性愛嫌悪は、その中心的なレトリックとして、ある種の撞着語法を行使する。すなわち同性愛は不道徳な病気であり、同性愛者は矯正すべき矯正できない人間だと言う（おそらくエイズに対する反応として出てきた「恥ずべき病気」という見方にも、このレトリックが見出される）。そういうわけで、何もしていないのに過ちを犯しているとか、何も変えることができないのに、とにかく「するべきようにしていない」とか、本質の部分で見下されながら、ただ純粋に「その場にそぐわない」といった、逆説的な感情で恥が満たされていることも当然である。意味作用において悲劇的なこの情動がさらに強力に、さらに残酷なものになるのは、その恥がはからずも外に露呈してしまったということの自覚によって恥が上塗りされるときであり、そうなることは実に多いのである。そのとき、怖ろしい螺旋運動が始動するのだ。それによって感情は、最初の段階よりも何十倍にも強い力を持つようになる。なぜならそこにはまり込むと、恥が恥を養うことによって指数関数的に恥が自己増殖する現象を抑えられないからである。

同性愛に関連する社会的な信用の失墜が、他人から、あるいは独りでに、シニカルに、あるいは無意識のうちに、引き起こされるような、しばしば苦しい状況下では、恥という身体感覚は、傷つきやすさや無力を示す身体的な反応によって表される。すなわち顔が赤くなったり、汗をかいたり、震えたり、具合が悪くなったり、である。こうした反応を通して身体は「しつけられ」るのであり、また世界から突然侵入されるのであり、そして改めて社会的な場から消え去ってしまいたい、隠れたい、逃げ出したい、またある意味で自分を抹殺したい、もう存在したくないというのでないとすれば、少なくとももう「その場には」存在したくないという差し迫った欲望を抗いがたく表出するのである。別の言葉で言うなら、恥は同性愛嫌悪をその言葉通りに受け取るのである。なぜならこの社会からすれば、「悪しき」性的指向があるのなら、不適切だとなるのはその存在すべてであり、後退という悲痛な努力によって自己を抹消するよう努めるべきであるのも、他でもなくその存在であるということになるからである。そしてまた、この存在はぴったりと身に付いている以上、精神に代わって身体が、ある意味でこの後退を実現するように努めることになる（「身を小さくする」、「慎ましくしておく」）。恥という徴候は、こうした身体的後退の悲痛な試みが失敗に終わっていることを表している。誰もがいつの日か、またいずれかの機会に、こうした非常に屈辱的な状況に置かれる可能性がある。しかし多くの同性愛者にとっては、とりわけ大都市の中心部から遠く離れて、また守ってくれるようなコミュニティから遠く離れて生活している同性愛者にとっては、こうした状況が人生そのものである。同性愛に関わる恥は、「個々の状況に応じて生じる一時的なもの」である以前に、実存に関わるものなのである。

さらに、ゲイ・レズビアンが経験する恥は、社会的経済的な被支配者の他のカテゴリーが受ける古典的な屈辱にくらべると、より特殊なところがある。それは社会的に「適切でない」という感情にとどまらず、また社会や家族など周囲の人たちからひどく「趣味が悪い」と見られているという感情にも限定されず、さらに加えて、異常であるのは自分の快楽のあり方においてなのだという痛ましい意識もある。つまり、制御することを諦めたか、あるいはそもそも制御のしようのない、人間性の中でも最も傷つけられやすい部分（男性であれば「男らしさ」）において異常であるという意識だ。ところが支配する側の「真理の制度」によれば、この快楽のあり方こそが、まさしく人格の本質を規定するのである。もちろん、このように快楽に焦点を当てることのどこにも「自然な」点はない。それとは正反対に、この焦点化は極めて政治的な構築物なのであり、「文明化された」社会における羞恥心（羞恥心のない恥はない）の歴史的発達を活用するものなのである。それによって支配する側の正常性の定義に収まらない慣行や人間集団を「欲動的なもの」、「獣的なもの」に還元するのである。

従って恥は全体的であると同時に還元的である。同性愛嫌悪に基づく見方によって、同性愛者のアイデンティティは純粋に「性的な」指向に還元され、多かれ少なかれつねに動物的なものだと見なされる「性癖」や「欲動」といった言葉によって考えられる性的なものが、ゲイ・レズビアンのあらゆる行動、あらゆる思考のおおもとであるとされる。ゲイ・レズビアンは、自身の存在全体が「↓倒錯した欲動」というアイデンティティを与えられることに気づく。だからこそ同性愛嫌悪はゲイ・レズビアンを単に異常だと見なすだけではなく、実際には何よりも羞恥心がない存在であると見なしもするのである。異性愛主義の社会にとって、同性愛者は実はある種の「生きた挑発」なのだ。そのセクシュアリティが適切でないという事実そのものにより、同性愛嫌悪に基づく見方は、同性愛者に対してもはや自身のセクシュアリティ以外の何者でもない存在となることを余儀なくし、そうすることによって、異常であることの不適切さを、↓露出症の品のなさで裏打ちするのである（しかし露出症は、実際は支配者や道徳家の詮索好きで偽善的な視線によって押しつけられるものなのである）。同性愛者は自身の↓私生活に還元されることによって、実は私生活を奪われるのである。私生活はもはや、嘲弄され、象徴的に陳列され、反対の例として挙げられるためだけにしか存在しないのだ。ゲイ・レズビアンが自身のアイデンティティから「性的なものを払拭」するためにどんなことをしようとも（時にそれは、馬鹿げたことにまで至る）、欲動への還元は、同性愛者の額《ひたい》に欲望における不可触民の印としてしっかりと刻み込まれて残るのである。同性愛者が現れるだけで、とりわけその存在が目に見えるように、見てそれと分かるようにした場合にはとくに、品位や「礼儀正しさ」に対する侮辱となるのであり、大っぴらな暴力でなければ嘲笑の種となるのである。

身体的なもの、欲動的なものの領域について「秩序を乱している」という感情は、一個の欲動に還元され、「文明化の過程」によってまさにその身体的なもの、欲動的なものの領域を、内面的で私的な範囲に押しこめようとしてきた社会に直面するので、同性愛に基づく恥は、汚れているという感情、公然と、すなわち不適切で良俗に反する状況において汚れているという感情との間に、特権的な関係を結ぶ。同性愛嫌悪は自身の羞恥心のなさと目の眩んだ覗き見趣味を「性逆転者」という存在に投影し、「汚れた」快楽という幻想の見世物を出現させる。それによって同性愛者は象徴的な意味で、たえず公然陳列の現行犯で取り押さえられる裸という社会的な屈辱を課されるのである。しかしこの裸は、実はスキャンダルだと騒ぎ立てることによって服を脱がせる視線そのものが生み出し、そして隠しておくのである。恥は、ゲイ・レズビアンに対する支配する側の見方を、ゲイ・レズビアン自身が内在化する結果として生じるのであり、この見方によってゲイ・レズビアンは自身を陳列し、自身の「内密の」器官を陳列する一個の裸の身体に還元されるのである。それは「動物的」欲動を備えた身体であり、それは「汚れ」への欲動である。恥は、以下のような考え方に対する同性愛者のある種の「身体的忠誠」の現れである。すなわち、自身について「暴露された」こと（あるいは暴露される恐れのあること）は、同性愛者の性質を規定するうえで根本的な何物かを示しているのであり、またこの「何物か」は、隠しておかなければならない、あるいは隠しておくべきだったものだという考え方である。もう少し根源的な言い方をするなら、恥は同性愛者の主体に対して、その身体の襞の奥に、あるいはその意識の奥底に、隠しておくべき、あるいは明らかにすべき「何物か」が確かに存在するという神話に対する信念を押しつける。そしてまさにこの「何物か」について恥じるよう促されるのである。つまり同性愛嫌悪は、恥じ入らなければならないような事柄と、その「事柄」についての恥を、いっぺんに生み出す力を持っているのだ。

■恥と誇りの間にあるゲイ・レズビアンのアイデンティティ

以上のような還元、排斥、脅迫の仕組みと、そうした仕組みがあるという意識的な、また無意識の予測を通して、恥は、同性愛者に隠れていることを強い、目に見えない存在にさせてしまう傾向がある。これは「特権としての不可視性」という意味ではない。「特権としての不可視性」は、普遍的なものを独占する支配者にのみ許されるのであり、また自明のアイデンティティ、期待に応え、期待が強化するようなアイデンティティ、自分が何者であるか言うこと、自分が何者かであることを認めることが必要のないアイデンティティ（「ママ、ぼくは異性愛者なんだ」とは決して言う必要がない）にのみ許される。この手の不可視性は、「良き兵士」の不可視性であり、風景にあまりになじんでいるため、最終的には社会の調度の一部となるような者たちの不可視性である。しかし同性愛者が堪え忍ぶ「烙印としての不可視性」はまた別のものである。それは圧迫され、抑えつけられ、言葉で言い表せず、考えることもできないアイデンティティの不可視性である。むしろそういったことがすべて存在しないこと、それまで一切存在しなかったことを望むようなアイデンティティである。そのようなわけで、ゲイ・レズビアンにとって誇りというものが、歴史的にその概念を借用した相手である黒人にとって持つ意味にも増して、さらに大きな意味を持つとすれば、それは恥による不可視化が、ゲイ・レズビアンに対する象徴的な支配を行使する主要な手段の一つであったからである。個人的な面にせよ、集団的な面にせよ、「ゲイ」というアイデンティティを構築するということは、まさにこの仕組みに抗うことに努力を傾けるということである。ゲイ・プライドが目指すのも、まず何よりも同性愛者としてのアイデンティティを取り戻すことであり、それによって烙印を、私的であると同時に公的な誇り《プライド》へと反転するのであり、元々同性愛嫌悪の社会によって割り当てられたアイデンティティを、「昂然と面《おもて》を上げて」要求することによって、当初目論まれた侮辱を武装解除するのである。だから誇り《プライド》とは、何よりもまず政治的な戦略なのであり、そこに場違いなナルシシズムしか見て取ろうとしない者は、しばしば現実や圧迫の効果的な仕組みに対してほとんど関心を持たない、犯罪的な無分別を示しているわけである。ゲイ・レズビアンが集結するコミュニティは、単に政治的動員の手段として役立っているだけでなく、同時に、もっと日常的なレヴェルでは、同性愛者を守ってくれる避難所として役に立っているのである。それによって同性愛者は、支配的な階層秩序と距離を置いて自分を建て直すことができる。そうした階層秩序こそまさに、同性愛者に内在化され、同性愛者自身に向けられたときに、恥と自己嫌悪を生み出すのである。

しかし中には、フランソワ・ドゥロールのように、誇りを持つように命ずることには、ある種の副作用があると主張する者もいる。つまり、「恥じ入っている者」、誇りを手に入れることが、一時的にせよ、決定的にせよできないすべての者にとっては、それが恥じることへの恥を生み出し、最初の恥を倍加する可能性があるというのだ。しかし自身が反動的な言説を擁護する圧迫者の側に立たないで、恥にその「尊厳」を与えるにはどうすればよいのか。しかもそれをアイデンティティの純粋に否定的な側面に還元しないためにはどうすればよいのか。またもしもわれわれが確かに恥の「子」であるのなら、この原初の母胎を抜け出す道は、しかもそのためにわれわれの恥ずべき「起源」を軽蔑して、それを見失わずにいられるような道は、たとえいかに細かろうとも存在するのであろうか。この板挟みを解決し、「ゲイの恥」に新しい視点をもたらすためには、恥の中心に書き込まれているパラドックスを解明するよう努めるべきである。一方で恥は、異性愛主義の秩序の「身体的承認」の、そしてその法則と階層秩序への強いられた服従の、狡猾な一形態である。また一方で、恥がゲイ・レズビアンの主体性を創始する経験であるという事実が、恥に特別な価値を、肯定的とまでいかないとすれば少なくとも生産的な価値を認めているのである。

われわれを構成しているのは恥であり、われわれを集結させているのもやはり恥である。恥の中に入ることはすでに、人が何であるか、人が誰であるか、そして同性愛嫌悪に基づく社会秩序に強いられることによって、われわれが当初躊躇《ためら》いがあったにも拘らず人目に付く形で連帯するのは誰とであるかを、全く同時に承知するということである。誇りの重視は正当であるが、それによって忘れることがあってはならないのは、恥の中、圧迫の間隙を縫って生きてきた情動の経験のすべてである。それは、恥のさまざまな手段、さまざまな要因の倒錯的な性愛化（ジュネがそうだったように、これは恥の手段や要因を周縁で武装解除する方法、誇りに向かう独自の道を歩み始める方法の一つとなり得る）から始まって、恥と恥が課す周縁性によって生み出され、育てられ得る、政治的社会的自覚へと至る経験のすべてである。誇りはつねにその中に恥の系譜を含んでいる（「人は同性愛者であることを誇りにすることを常に少しだけ恥じている」とギイ・オッカンガムが書いている）のと同じように、恥は、それが真に引き受けられたとき、人が「恥じることを恥じる」ことをやめたとき、逆説的なある種の誇りを含み持つのである。ディディエ・エリボンが説くように、この誇らしい恥は「自己の再発明の出発点でありかつ支え」であり得る。「ゲイの恥」は、われわれを疎外された存在、「服従させられた」存在として世界の中に置くので、すでにそれは否定の形ではあるが、いやすでに否定の形を越えて、われわれの自由のような何ものかを内に孕み持っているのである。

セバスティアン・ショヴァン（山本訳）

↓異常、異性愛嫌悪、異性愛主義、クローゼット／慎み、自殺、私生活、レトリック、露出症

パゾリーニ（ピエル・パオロ〜）

文学者であり、詩人、小説家、脚本家、映画監督、随筆家、批評家でもある、ピエル・パオロ・パゾリーニ（一九二二〜七五）は、おそらくメディア界でポストモダン文化に自覚的に入ったイタリアで最初の知識人である。彼は、自らの一貫性、急進的イデオロギー、権威について全く譲歩することなく文化産業で働くことのできた、同時代では稀な一人でもあった。パゾリーニの立場についてどのように考えるにせよ、彼が、同業者たちよりもずっと前に、そして反世間的態度をとることなく、新聞およびテレビを利用して初めて「大衆」を前に自分自身の真実を表現したことで特別な人気を獲得することができたということは、注目すべきである。その真実とは、当時のそして今日のメディアが一般に発するものとは大部分相容れない真実である。しかし、これらの同じメディアが、パゾリーニを一つの「事例」、「現象」、「スキャンダル」にし、彼の秩序破壊的な性格を極端に単純化してその適性を治療すべき、あるいは罰すべき、アプリオリに病的な「他性」に矮小化しているのである。

自らが身を捧げた批判的侵犯的「パフォーマンス」と、この侵犯を除去したがっている大半の公衆との間の長い格闘の中で、パゾリーニの同性愛アイデンティティと彼が自らに引きつけた社会的糾弾は、確かに根本的な役割を果たした。一九四九年から、つまり有名になるずっと前から、パゾリーニは男色を隠さないと決めていた。より重要なことは、あるとき、この「倒錯した」欲望は、彼にとって、自らの芸術の中で決定的な要素になったことである。この欲望は、時には中心的なテーマとして繰り返されただけでなく（『狂宴』『テオレマ』『石油』を思い浮かべるだけでよい）、より巧妙ではあるが、彼の作品全体をその生い立ちに結びつけ、意味で満たす、作品全体を貫くイデオロギー的結び目でもある。彼にとって同性愛は、他者との差異化の印ではなく、むしろ他者に対するラディカルな対置の記号である。「パゾリーニは、〈差異〉よりも〈他性〉を常に好んだ」〈Benedetti〉。単にゲイの尊厳と平等の要求を生み出すことに限定されることなく、多くの場合には、これら要求を無益で無駄と考えて無視さえしつつ、同性愛者意識は彼の中で、彼の思考の中心において作用した。それは、あらゆる言説に先行する形式として、従って彼の対話者にとっては、遠ざけるあるいは迂回することが不可能な最初の与件なのである。パゾリーニ自身は、それを分かっていた。「彼らが常に糾弾したのは、同性愛というより、周りに同調させようとしても、同性愛が圧力、脅迫の手段にならない作家である。実際には、スキャンダルは、私が同性愛を隠さなかったからだけではなく、私が沈黙することを完全に拒否したから起きたのだ」。

生涯を通じて、そしてその死後ですら作家には犯罪がつきまとったが、そこに同性愛嫌悪《ホモフォビア》が、あからさまであれ遠回しであれ、なぜそれほど多く表れたのかといえば、結局、パゾリーニの行動において「倒錯した」欲望が中心的な性格を持っているからなのである。非常に攻撃的で数の多かったチンピラの同性愛嫌悪（あまりに多かったので、パゾリーニは告発するのをやめた）は、月並みにファシスト的な形で表れた。『アッカトーネ／乞食』の初演のローマの映画館バルベリーニの襲撃が典型的である。ところどころに、パンチ、叫び（「ゲス野郎！」）が飛び、野菜（「ソェンネル――その意味するところは明らかである」と翌日のプレスがコメントしている。フェンネルは、イタリア語で、男色家を指す俗語である。というのも焦げた人体のにおいをかき消すために、火炙りに処される者の足にフェンネルを投げつけていたからである）が投げつけられた。

法的な分野においては、パゾリーニに対する同性愛嫌悪は隠れた規範から生じていた。一九四九年から一九七七年までの間、パゾリーニはおよそ三三回も訴えられている。とくに、ポルノ、猥褻《わいせつ》、公然猥褻、国教侮辱の罪で非難されている。しかし、多くの↓警察沙汰、つきまといや裁判所での露出（↓露出症）の告発以外の非難は、同性愛嫌悪的な背景を常に含み、多かれ少なかれ間接的な道徳的↓検閲という形で現れることが多かった。一九六一年一一月のサン・フェリーチェ・チルチェオのエピソードは、同性愛嫌悪的妄想がいかにパゾリーニの「堕落」を思い描くかを特徴的に表している。ある若い給油係が、パゾリーニが売り上げを盗もうとしたとして告発したが、彼によると、パゾリーニは黒い手袋に黒い帽子、黄金の弾丸をこめたピストルを持っていたというのだ！「文化的遅れが一定レヴェルになると、人は作者をその登場人物に一致させようとする」、「泥棒を描く者が泥棒なのである」とパゾリーニは評している。これは、ローマの非行少年の世界に舞台を設定した一九五五年に公表された小説『生命ある若者』への言及である。武装強盗を立証できないので、論告求刑は、性的攻撃の仮説に集中する。当事者は、精神鑑定を要求し、鑑定はパゾリーニを「性的異常、言葉の絶対的な意味での同性愛者〔…〕、異常があまりに深いので、異常を異常として感じることができないことを露呈しつつも、自覚的に自らの異常を受け入れている。露出症でのぞき見趣味の同性愛者〔…〕であり、根本的に堕落した衝動への傾向があり深い不安の徴候を示している者」と描写した。

パゾリーニの迫害の逸話では、結局二つのエピソードがとくに際だっている。一連の出来事の最初と最後である。一九四九年一〇月二二日、パゾリーニは、当時、フリウリ地方のカザルサから数キロメートルの中学校で↓文学を教えていたが、地元の憲兵によって未成年誘惑と公共の場所での猥褻行為で告発された。すでにその一年前から、パゾリーニは活発な共産主義活動家で、サン・ジョヴァンニ・ディ・カザルサ共産党支部の書記長であった。その政敵、とくにキリスト教民主主義者が、スキャンダルを告発したのである。イタリア共産党フリウリ地区の指導者は、告発に根拠があるのかどうかを確かめもせず、パゾリーニを党から追放することを決めた。視学官は、彼がとどまることを望んだ生徒の親たちの抗議にも拘らず彼を解雇した。イタリア軍の元将校であった彼の父の反応は厳しく、パゾリーニは母とともにローマへと逃れなければならなくなった。排斥は、教権支持右派とファシストから生じ、保守的な左翼にまで広がった。このときから、「作品の猥褻性と古代都市の神々の軽視と未成年の誘惑を作家の人生そのものであるかのように混同する」ことを許されたと世論は感じることができたのである〈FORTINI〉。

この最初期の尚早な同性愛嫌悪エピソードが、パゾリーニの存在に烙印を押したとするならば、二番目はその殺害を正当化する性質のものである。パゾリーニは一九七五年一一月一日から二日にかけての夜、オスティアの水上機基地付近で、一七歳の若者ピノ・ペロージによって、乱暴に殴られた後、自らの車で何度も轢かれて殺害された。逮捕されたペロージは、パゾリーニは自分をローマ中央駅付近で拾った後、性的報酬を自分に要求したので、その攻撃に反撃したのだと自分を弁護した。イタリアのテレビ局は一一月二日の夜、この殺害を、同性愛者の世界に典型的な下劣な犯罪として伝えた。多くのメディアは、他の人間が居合わせたこと、紛れもない謀殺であったかもしれないことを推測させる多くの手がかりが犯行現場で採取されたことへの言及を怠った（実際に、ピノ・ペロージは、一九七六年に未知の共犯者とともに殺人罪で有罪判決を受けた。翌年控訴院は、有罪を確認したが、共犯者の可能性については証拠不十分とした）。

最後に、パゾリーニと同性愛嫌悪的敵意を持つ周囲とのサドマゾヒズム的な関係に言及することが重要である。「あらゆるイタリアの社会↓階級の中に広まっていた、同性愛者を殺すことは合法も同然という考え方に、このような特定のケースでは、パゾリーニはあのように終わるしかなかったという恐ろしい考えが時を経て加わった。パゾリーニは死ななければならなかったのだ〔…〕。ペロージと『知られざる者たち』の無意識の中で、パゾリーニを殺せたというだけでなく、殺さなければならなかったという暗い確信が、時とともに形成されたと断言したとしても、おそらく真実からそう遠くない」。このモラヴィアの言葉は、この迫害の舞台で、犯罪を可能に、ひょっとしたら不可避にして、犠牲者と死刑執行人を互いに結びつける特別な関係を隠している。根本では暴力的で、糾弾に飢えている順応主義的な社会は、反順応主義的、反逆的であるだけでなく、誤りを運命づけられ、自らも象徴的処罰を欲している犠牲者、要するに理想的な犠牲者に激しく襲いかかることしかできなかったのである。

パゾリーニは、常に無実の迫害を受ける被害者の使命――「辱められる悦びには限界がない／とりわけ自分が無実だと感じているときに」――を負っていたが、他人の非難があればあるほど反抗したくなる彼自身の指向がそれをしばしば裏切った。「私は、サッカーでは、アウェーゲームの敵対的な観客の前でだけ、良いプレーをした」。組織された社会は、市民と見なされた者の中に、騒がしいとか「異なっている」といった何らかの理由に基づいて、模範的な犠牲者を常に探し求めていることを私たちは知っている。本質的に「異なっている」パゾリーニは、さらにマゾヒスティックな贖罪の衝動に駆られており、この衝動自体が、満たされない全能欲望と原初的な自己陶酔的な傷、要するに自らの精神的アイデンティティを根拠づけている世界から形而上的に排除されているという感覚に結びついている。パゾリーニは、彼が自己定義したように、完璧な「スケープゴート」として、幼少期から犠牲という考えに強力に引きつけられていた。「私の空想において、イエスの真似をしたいという欲望がはっきり現れた〔…〕。私は自分が、十字架の上につられ、釘を打たれるのを想像した。私の脇腹は、うすいヴェールでかろうじて覆われており、膨大な群衆が私を見ている。この公開殉教は、最後に享楽的なイメージになった」。『アッカトーネ／乞食』、『豚小屋』、『奇跡の丘』、『意志薄弱な男』といった彼の作品が殉教のシーンで満たされていることは知られている。パゾリーニの自らを批判的に露出する生得的な才能は、広まっていた同性愛嫌悪攻撃の感情に偶然に直面し、長いサイコドラマ、残酷なパフォーマンス、象徴的殉教と同時に現実の殉教を引き起こしたのであった。

ジャン＝ルイージ・シモネッティ、ルイ＝ジョルジュ・タン仏訳（齊藤訳）

↓イタリア、映画、検閲、スキャンダル、文学、暴力

パックス（PACS）

フランスにおいてパックス◆が、どちらかと言えば「左翼的」である方に分類される多くの人物（イレーヌ・テリーやフランソワーズ・エリティエ）の反対にあったとしても、パックス反対の立場を指す「反パックス」という表現は、とくに同性カップルに権利を認める法案の採択に反対して闘う右派運動を指している。というのは、この表現がおそらくは「反中絶」という語を連想させるからであり、その活動家は反パックスの運動にも関わっている。反パックス世代で、最も派手な反パックス・デモを組織した集団は、↓家族団体あるいは中絶反対組織の原理主義的活動家たちと、共和国連合（RPR、当時）およびフランス民主連合（UDF）の右派活動家並びにそのシンパの結束から生まれている。法案審議の最後の数ヶ月間のデモが目立っていたとしても、それらは↓極右ネットワークが行った数年間に渡るキャンペーンの帰結でしかないことを忘れてはならない。例えば、同性カップルを承認するという考えは、一九九七年終わりから非常に保守的なAFC（↓カトリック家族協会）のネットワークの動員を喚起することになった。あらゆる家族団体の中で、おそらくAFC連盟は最も国民戦線〔フランスの極右政党〕に近い。このことは国民戦線が反パックス・キャンペーンにほとんど参加していなかったという事実をはっきりと相対化

◆パックス（PaCS: Pacte civil de solidarité）　民事連帯契約。性別を問わないカップル契約で、結婚に似た財産的利益などが得られる。同性カップルを認める効果を持つため大きな議論を引き起こした。一九九九年から実施されている。（齊藤）

する。パックス反対闘争は、非常に優先順位が高かったので、連盟は、「諸家↓族がパックスについてよりよく集結できるように」、九月二六、二七日に予定されていたルルド〔聖母マリア出現で知られる巡礼地〕への年次巡礼を延期した。そのキャンペーンは一九九八年に始まる。全方位に配布された四ページのパンフレットは、当時CUCS（社会民事結合契約）◆と言われていたものを「〝安売り〟の結婚」として紹介している。というのも、強力な「同性愛ロビー↓」から生まれたこの契約は、結婚の（不都合な）義務なく、そのあらゆる権利（利益）を含むからである」。この法案は、社会を不安定化し、社会的組織を破壊し、民事婚を消滅させる脅威をもたらし、子の利益に反し、長期的にはポリガミー〔一夫多妻などの複婚制〕の法的承認を引き起こし、「ゲットー↓を形成し、排除を増大させる多文化社会の出現を引き起こす」として非難されていた。全体で、一〇万枚のビラが配られ、そのほとんどが、ワールドユースデイ〔カトリック教会の若者向けイヴェント〕のときである。そしてロビー活動が開始される。おそらく最も成功した活動は、「共和主義的結婚のためのフランス市長集団」によって組織された活動であった。この活動は、公式にはフランス民主連合所属の市長によって行われたが、その後ろには、反動的なカトリックネットワークがあることがすぐに分かる。

■反CUS活動

「CUS（社会結合契約）に反対する市長」作戦は、一九九八年四月一五日付けの『ル・モンド』紙のある記事のおかげで、初めてその名が聞かれるようになった。「一万二〇〇〇人の市長が、CUSに反対」という見出しの記事である。国民議会での審議がラストスパートの論議にさしかかろうというとき、社会結合契約に反対する市長たちの新しい反逆が、大きな評判を呼んだ。こうして「同性婚↓」に反対する一万二〇〇〇の署名が、返信されて収集されたようである。しかしいかなる組織によって？　誰がこのようなダイレクトメール送付の費用を支払うことができたのか？　主催者の情報提供に基づく初期の記事から明らかなのは、数ヶ月前から温められていた手紙作戦だけである。分かったのは、返送用の意志宣言書を同封した最初の手紙が、三月二日にフランスの三万六七〇〇人の市長に届いたということだけである。社会結合契約は「まぎれもない同性愛者の結婚」と名指しされ、これを創設しようとする法案に対して「共和主義的結婚を防衛する」ことが、警告するような調子で市長たちに要請されている。意向を尋ねられた者は、手紙のようなものに署名するだけでよい。それによって市長たちは「あらゆる社会の自然的根本的な要素としての家族を保存すること」を気にかけており、「同性の人びとのためのカップル契約の実施とそのような契約の挙式への身分官吏としての市長の関与」〔フランスでは、市長が結婚式を執り行うことで結婚が成立する〕に反対であることを宣言するのである。結果は、一万二〇〇〇の署名が、数週間で集められた。その公式発表の中で作戦を誇らしげに公表した同組織は、以下のように伝えている。「一万二〇〇〇のフランスの市長が〝共和主義的結婚〟を防衛するために一つの集団に集結している」。新しいカップル契約が採択された場合は辞職する、と述べることをためらわない者もいた。この成功に力を得て、組織のスポークスマンであるミシェル・パントンは、不快な同性愛嫌悪《ホモフォビア》を伴った、「真の論議を求める市長たちのアピール」を流布した。「病に冒されたわれわれのフランス社会で、まだ健全な二つの細胞――家族と市町村――、デモクラシーにとって決定的な重要な二つの細胞が、壊滅的な弱体化の危機にさらされている。これらを毒す恐れのある毒は、世論にほとんど知られていない」。こうして、ミシェル・パントンは、クルーズ県のフェレタン市長の任期後、政治的には無視され、精彩を欠いていたが、このプロジェクトの推進者として姿を現し、復活したのである。フランス民主連合から新しい仕事をあてがわれたこの男は、ほとんど忘れられた存在であった。極左、ドゴール派、中道派、バール派、最終的には極右と渡り歩いた理工科学校卒業生であるこの六二歳のパントンは、反「同性婚」の覚醒の日が来るまでは、自らが一九三七年一二月二三日に生まれた地で、静かにキャリアを終えようとしていた。すぐに疑いがわき上がってくる。

　請願の公表の三週間後、ジャーナリストたちは大挙して電話をしたが、無駄であった。ミシェル・パントンも、この件を担当する広報部長ヴィアネ・マランも請願者の一覧を公表するつもりはなかった。しかしプロショワ〔個人の選択を擁護する研究調査団体〕が、ついにそれを獲得する。何ヶ月間もの検証の後に、この文書の検討からフランスの市長たちの肖像が自ずと浮かび上がる。多数は農村部の市長で、政治的な党派分類のない非常に小さな市町村の市長たちである。三年後の二〇〇一年の市長選挙の際に、プロショワは、有権者が利用できるように自らのインターネットサイトにこのリストを載せている。数多くの団体および個人と協力し、今度はプロショワ協会の側が、これら一万五〇三二人の市長のうちできるだけ多くに問いただそうと手紙作戦を組織した。その回答のヒットパレードがやはりインターネットで公開された。数多くの団体――その中の一つがFURIE！である――が、非常に暴力的な他の同性愛嫌悪的組織と渡り合わなければならなかった。それが「文化の未来」である。その反CUS投書キャンペーンは、官邸に溢れかえった。

■「文化の未来」のキャンペーン

CUSに反対する市長請願から五ヶ月後の一九九八年夏、「文化の未来」は、それが「おぞましい」、「不快」と見なす「同性婚」プロジェクトに反対する葉書で官邸を満たす作戦を実施した。同じやり方である。表には、引き裂かれたフランスの地図を背景に、稲妻に貫かれた伝統的な家族がえがかれる。全体に「同性愛化された〝結婚〟にノンを！」という字幕が入り、宛先は首相となっている。裏面の文面からは、あらかじめ製造された型通りの憎しみがしたたりおちてくる。

> 首相殿。同性〝結婚〟および内縁と結婚の平等の承認プロジェクトは、許容できません。〔…〕それは私たちを二〇〇〇年前に連れ戻す退廃的な社会的選択です。明日、フランスでは、性的な逸脱が規範になり、結婚が時代遅れになるでしょう！　これは法の適応ではなく、〔…〕同性愛ロビーの鋤の打撃によって、社会を解体しようとする攻撃が決定的な段階に至ることです。首相殿、私はこの文化の未来による呼びかけに署名し、われわれの社会を未だ野蛮から引き離してくれている残りの文明を破壊するこのおぞましい計画を放棄するように強く要請します。

一九九八年の七月から八月の間に、全体で七万から一〇万のこの種の紙切れが、首相官邸に到着した。郵便係はこれらを粉砕すると宣言したが無駄であった。数字が度肝を抜き、メディア報道が期待された効果をもたらした。しかしここでも、使用されている方法は不誠実なものである。これはあらかじめ印刷されており、名前も住所もない（日付と署名のみ）、どのような活動家のグループでも複数の署名をすることが可能である。

しかし「文化の未来」とは何者なのか？　一九八六年四月二四日に創立され、リュック・ベルによって率いられたこの団体は、「TFP（伝統・家族・財産）」と呼ばれるブラジルの新興宗教に結びついている。一九六〇年にプリニオ・コレア・デ・オリヴェイラによって開かれたTFPは、フランスでは、ジャン＝リュック・ゴダールの『ゴダールのマリア』、スコッセシの『最後の誘惑』といった映画に反対する大きな抗議キャンペーンに参加して頭角を現した。南アフリカとナミビアではアパルトヘイトを支持する白人極右の側に立った。アメリカ合衆国における使徒は、他でもないポール・ウェイリッチである。彼は宗教右翼の創設者であり、ダイレクトメールのテクニックの開発者である。とくにこのテクニックはアメリカの宗教右翼の成功を引き出し、CUSに反対する「文化の未来」の作戦を一瞬輝かせた。しかしながら、おそらくその極端さのために、「文化の未来」はすぐにパックス反対運動において乗り越えられ、見苦しくない、従ってより効果的な「反パックス・ジェネレーション」によって支えられるようになる。

■反パックス・デモ

反パックス・ジェネレーションは、デモからデモへと次第に拡大していった、この法律に反対する保守系団体が取り結ぶ同盟を通じて構築されていった。まずAFC（カトリック家族協会）によって行われた反パックス攻撃は、UNAF（全国家族団体連合）の中にすぐに反響を得た。UNAFの大部分は、カ

◆CUCS（社会民事結合契約）　パックスの前身となったパートナーシップ制度構想。その後CUS（社会結合契約）に引き継がれる。（齊藤）

トリック系の保守的団体から構成されており、その最も闘争的な団体は、決戦場で力に訴えることで一致していた。AFC連盟は、他の三つの運動とともに「結婚作戦」と呼ぶものを組織する。他の三つの運動とは、後の「パックスに反対する結婚のための連盟」を構成することになる「フランスの家族」、「プロテスタント家族連合」、「イスラム家族連合」である。主としてAFCの影響下にあるこれらの四団体は、共同でシンパを誘って市庁舎前に赴き、「結婚の誓いに対する愛着」を示し、他の形態の共同生活に結婚の特権を与えないことを公権力に要求する象徴的な登録簿への署名活動を行った。まもなく、この作戦の源であるAFC連盟は、四月に開始された請願について一五万の署名を、「結婚作戦」について六万五〇〇〇の署名を集めたと主張した。AFCは、このノウハウ、チェーンメールを活用する方法を「生命の権利同盟」から借りている。この同盟は一九九五年からクリスティーヌ・ブタンの怪しい議会活動を庇護している組織である。一〇月九日からの反パックス・デモ参加者が着ていた色つきのTシャツの費用を支援しているのも「生命の権利同盟」である。この団体も、相次ぐデモの広報戦略に影響を与えている。

反パックス・デモは、議会で審議が始まる一〇月九日までは、パリと地方で増えていたが、たいした成果はなかった。音響装置、Tシャツは、まだ登場していなかった。反響があった最初のデモは一〇月三日土曜日のことである。「結婚のための」請願で連携していた四つの主要な家族団体の呼びかけで、五〇程度の都市で同時に会合が催された。これが「パックスに反対する結婚のための連盟」の最初の公式の行動である。一部の都市では、会合は、ラルフロンのような反ファシズム活動家やCNT（全国労働連合）のような無政府組合主義の活動家、あるいはゲイやレズビアンの団体の反対にぶつかった。イル＝エ＝ヴィレーヌ県では、三〇人程度の人がとっくみあいになった。議会審議の開始と他の諸集団の合流で状況は一変する。これらの集団は、より魅力的な抗議の形態を考えるのに向いていたのである。

一〇月九日の国会は、反パックス動員に取り組む方法の転機となった。議会審議が昼食休憩で審議を中断している間、数百人のパックス反対者たちがブルボン宮の前であらん限りの声を上げてデモを行った。驚いたことに、それに合流した数人の議員を除き、そこにはテクノのリズムに体を揺らし、緑とオレンジのTシャツを着た若者しかいなかった。これほど反動的な目的のデモでは見たことがないものである。しかし、無邪気さはうわべだけである。どちらかと言えば攻撃的な護衛チームを従えた主催者は、見覚えのある顔以外は通さないのである。外では、それでも非常に有名な『アイ・ウィル・サヴァイヴ』を大声で歌っているのが聞こえる。確かに、この歌は同性愛者の運動とレズビアン&ゲイ・プライドで最も好まれているヒット曲をすぐに彷彿とさせる。しかし、この曲が同時に、「サヴァイヴァー」であると自ら称する若者の全く新しい運動の賛歌であることを知る人はほとんどいない。この運動は、ヴェイユ法〔一九七五年に中絶を合法化した法律〕以降に生まれ、自らを中絶の「サヴァイヴァー」であると考える若者の運動である。この若者たちの悲しい動機にも拘らず、企画の才は、パックスへの反対に若い力を与えるには妥当なものであった。今度はあらゆる家族団体が一一月七日に向けて動員をかける。

この日、野党の議員が議場の中でキャンペーンを行っている間、反パックスは数千人でデモを行っていた。他の団体が「パックスに反対する結婚のための連盟」の創始者たちに合流してから、デモ隊の列はかなり膨らんでいた。そのうちいくつかの団体は、すでにCUSに反対する市長請願に積極的に参加していた。「生命への権利同盟」、「専業主婦連合」、「人間の尊厳のためのプロテスタント会合」、「反パックス学生連盟」、「幼児期と安全」、「フランスの価値」、「カモメ」の他に、「共和主義的結婚のためのフランス市長集団」、「家族推進協会」、「世界母親運動」がいた。正確にはデモ参加者は何人だったのか。おそらく四万から五万人の間である。一〇月九日のリハーサルと同じように、「パックスに反対する結婚のための連盟」は、色彩については金を惜しまなかった。出費を顧みず、参加者をプラカード、Tシャツ、オレンジ、赤、青、緑の派手な色の帽子で飾った。楽しい音楽によってリズムを与えられたり（「ラ・マカレナ」）、古き良き定番（ゴールドマン、ダリダ）によっていい気持にさせられたりして、行進はシックな界隈（ダンフェール＝ロシュロ、ヴォバン広場）を通る配慮もしつつ、新しい道徳秩序の「近代性」と溢れんばかりのイマジネーションを証明しているつもりなのであろう。思いがけない演出に満ち溢れていた。先頭には、蛍光色に塗られたシトロエン２ＣＶが、新郎新婦の格好をしたカップルを乗せている。プラカードに倣って、スローガンも若返っていた。「パックス出てけ」、「パパ二人、ママ二人、大混乱よ、こんにちは」、「パックスは一一月、養子は一二月」、「パックスに数十億フラン、誰が払う？」、「パックスするなら《パクセ》、金を出せ《カスケ》」、「ああパックス、ああ絶望、ああ厳しい青春」などである。しかし、先頭の横断幕が色とりどりに印刷されていても、主催者配布ではないプラカードに書いてある副題を忘れさせることはできない。「家族にさわるな」、「フランスの家族が第一」、そして「ＰＳ＝ＰＤ〔社会党＝ホモの意味〕」というビラである。『リベラシオン』の質問を受けた家族推進協会の女性活動家は、こうもらした。「私の美容師が同性愛者であろうと気にならないが、それは私的な事柄にとどまるべきです」。別の参加者たちが、同性愛者に育てられた子どもについての意見交換をしているのを、『ヴァッシュ・フォル』のジャーナリストのマイクが拾っている。そのうちの一人は、「その子どもたちは山のような混乱を経験し」、「すぐに精神科の世話になるだろう」と診断する。別の者は、「同性愛カップルの中には、遺伝子の事故で非常に女性化した者もいて、母親役割を果たすことができることが時にはあるかもしれない。それだけでも何もないよりはましだけど……」と述べている。フランス・キュルチュールとＦＧラジオの電波には、「ホモは監獄に！」、「自然に反するカップルによって育てられたいか？」、「ホモはサタンだ！　悪魔だ！　奴らを倒さなければ！」といった雑然とした宣言がのった。この群衆はヴォバン広場で止まり、移動してきた野党議員を一人ずつ喝采で迎えた。ニコラ・サルコジ、エリック・ドリジェ、パトリック・デルナット、ピエール＝クリストフ・バゲ、フィリップ・ド・ヴィリエである。ブタン氏に用意された「クリスティーヌ！　クリスティーヌ！」という格別の歓迎については言うまでもない。プレスは、道徳秩序の擁護者の新しいルックスに驚いた。『リベラシオン』には、困惑したことを認める通行人の反応が引かれている。「彼らはパックス賛成でデモしているのかと思った」。『フィガロマガジン』は、熱狂的である。「若く、賑やかで、おしゃれ。週末の反パックス・デモは、法案の敵対者も擁護者も驚かせた」。しかしすでに別の全国反パックス・デモが準備されつつあった。

最も有名で、最も暴力的でもあった反パックス・デモは、一九九八年一月三一日のそれである。このデモはブタン自身によって呼びかけられている。今度は家族主義的、宗教的ネットワークとフランスの極右のかなりの部分が、丸ごと動員を予定していた。組織化が急がれていた。一一月七日以降、若返りをかつてなく望んでいた「パックスに反対する結婚のための連盟」は、「反パックス・ジェネレーション」に変化した。この名前に決まるやいなや、これが多数のステッカーの上に印刷された。ロゴは緑と朱色で、「社会団結のために」という副題が入っている。一月一八日には、規約も登録された。目的は単純である。「共和主義的結婚を守り」、「パックス法案が可決される」のを避けることである。反パックス・ジェネレーションの郵便受けは、「反パックス・ジェネレーション」の名で、クリスティーヌ・ブタンの「生命への権利同盟」の本部に置かれた。このデモは、パリの街頭に一〇〇万人の人びとを結集させた私立学校のためのデモのように立派なデモとして期待されていた。全部で、地方九一県から四〇〇の大型バスが到着することが予想された。警察が控え目な数字を発表することを恐れた主催者は、初めて電子写真計量システムであるＳＰＥＣの利用に訴えた。これによって一人単位の正確さで反パックスのデモ参加者数を計算することができる。一週間前から、パリのシックな界隈ではあらゆる車が、デモに参加して、「社会団結へウイ」と述べようと促す黄色いビラで覆われた。これほどばらばらな団体を結集させ、合意に至るための唯一のスローガンである。

ゲイとレズビアンの活動家たちの側は、象徴的な反撃を組織した。デモ当日の朝、アクトアップの活動家たちは、霧笛の音と、「ブタン、起きろ、ホモが下にきてるぞ！」という声で主催者を起こした。それより少し早く、別の同性愛者の団体は、早朝の薄明かりを利用して、ヘテロ防衛同盟の署名入りの「パックス＝ホモ」と黒字に黄色の文字で書かれた巨大判の反パックスのポスター（おそらく非常にファッショ的な学生組合ＧＵＤ（学生防衛ユニオン）の展示品である）を破くことを決行した。同性愛者の活動家は、時間をかけて自家製のステッカーでそれらを覆った。「ヘテロリスト」、さらには「そのＴシャツを着たお前たちは馬鹿みたいだ」といったステッカーである。そして九時頃、デモ参加者の最初の一団が到着する。パリ七区は、ユニフォームを着て、青いロングケープを羽織った若者の上陸場所になった。これら若者は、やはり法衣を着た教会人に伴われ、みなこの地区の教会へと急いでいた。彼らがスキンヘッドの頭に帽子をかぶっているのを見れば、あらゆる極右の大きな派閥が呼び出されていることには疑いはなかった。心休まる光景ではない。一五時、パレードが始まる。デモ出発の高台から、主催者が、「われわれが時代遅れではないことを見せなければならない！」と述べる。『花嫁万歳！』、『ガリラヤの東方三博士のように』、『アイ・ウィル・サヴァイヴ』といった曲が流れる中、まさに反パックス派は、すべての技術的財政的手段を自由にとれる状態にあった。広告コンサルタントが夢見るような「実物大の悪ふざけ」状況である。インタヴューされた若いデモ参加者は、大半が私立学校の生徒であることが分かる。ワールドユースデイのファンであるか、多少なりとも原理主義的な信者である。アクション・フランセーズ〔王党派の団体〕の活動家も目立っており、喝采を受けた。ベレーをかぶった身なりのよい紳士たちの集団は、髪を短く刈っており、太鼓に合わせて「パックスは通らない」と「ろくでなしの共和国は首つりにする」という曲に合わせて歌っていた。よく知られた王党派の賛歌である。渦を巻いて溢れ出る人種差別的、性差別的意見はもちろんのこと、騒々しく際限のない同性愛嫌悪は、勇気をふるって列に近づこうとした者に衝撃を与えた。『週刊シャルリー』は、「健全なカップルのために」というプラカードを持った「くすんだめがねをかけたオールドミス」が言った珠玉の言葉を取り上げている。「あなたはもう見たことがありますか。動物がこれほど倒錯した考えと交尾するのを」。同様に『フランス・ソワール』が採り上げた次のような法律の説明も注目されるべきだろう。「同性愛は、社会の退廃、病気である。マイノリティを考慮に入れることはできない」。他にもたくさんある。カラーで印刷された一万八〇〇〇のプラカードとその他の中には、「愛はパックスではうまくいかない」「ジョスパン、後ろに気をつけな！」「今日の同性愛者、明日の小児性愛者」そして「ホモを火炙りに！」などがあった。

それまで控えめであった極右の議員が、高い地位を占め、三色のたすきがあちこちではためいた。ブルノ・メグレ、ブルノ・ゴルニシュ、マリ＝フランス・スティルボワが入り交じって、分裂した二つの国民戦線のメンバーが距離を置いて、白百合の紋〔フランス王家の紋〕とふくろう党〔ヴァンデ戦争を戦ったブルターニュの反革命王党派〕の紋が刻まれた原理主義者の旗を背景に行進した。右派の仲間たちが仲良くそれに続いた。シャルル・ミヨン（この男は数日前に、同性愛者の陰謀によってローヌ＝アルプ地域圏議会の議長の座を失ったと宣言し、プレスを呆然とさせた）はもちろん、パトリック・ドゥヴェジャン（RPR、オ＝ド＝セーヌ県）、ルノー・ドヌデュ・ド・ヴァブル、ジェラール・アメル（ドル県選出議員）、マルセル・トギュルド（元老院議員）、ルノー・デュトレイユ（フランス民主連合エヌ）、ドミニク・ドール（サヴォワ県DL（自由民主党））、クロード・ゴアスゲン（DL、パリ選出）、エルヴェ・ゲマール（RPR、サヴォワ県選出）、フィリップ・ド・ヴィリエらが続いた。

■同性愛嫌悪暴力の逆効果

反パックスの大結集は、期待された効果を発揮しなかったどころか、逆効果であった。一月三一日のデモの翌日、どの計測によっても反パックス派の減少が記録された。厳密に計測された九万八二七一人が最高であった。私立学校問題は、同じネットワークからやってきた百万人以上の人びとに火をつけた。しかし、反パックス・デモの最大の失敗は、このデモが同性愛嫌悪暴力を押さえることができなかったことである。最高潮は、トロカデロ〔パリ一六区にある〕であった。歓迎にかえてアクトアップ・パリは、パックス監視所と協力して、「ホモフォブ」という横断幕を「シャイヨ宮のオネエ《クイーン》たち」の署名入りで掲げた。これを見るなり、反パックス活動家の怒りが爆発する。「汚いホモめ！　地獄で焼かれろ！」、「お前らのエイズにはうんざりだ！」などは、反パックス・デモ参加者に喝采された特別攻撃隊員の主な合い言葉であるようだ。トロカデロの広場では、人類博物館に入るために列を作っていた野次馬が、カウンターデモを即興で行った。群衆に向けて親指を下向きに立てたのである。『リベラシオン』は、「右翼的デモによって罠にはまった右派」と述べている。数日後、カトリック系新聞『ラ・クロワ』は、ショックを受けたカトリック教徒の投稿で、溢れていた。そのうちのかなりの者が、この不寛↓容な示威作戦の中に自分はいなかったことを表明している。一部のゲイとレズビアンの活動家は、一歩退いて、この明らかな同性愛嫌悪的暴力↓は、それまで無関心であった世論にショックを与えることを可能にしたと考えている。しかし、この勢いをパックスとゲイ／レズビアン・カップルに好意的な共感の動きに向けさせるには、さらに多くのエネルギーと、才能と、広報と戦略が必要だったのである。

カロリーヌ・フレスト（齊藤訳）

↓家族、カトリック、極右、同性愛者の子育て、同性婚、ブタン、暴力、養子縁組、レトリック

バルカン半島

バルカン半島で、同性愛が比較的目に付くようになったのは、つい最近のことである。このことは、域外からの視線が集まるようになったことや、西洋からゲイ・レズビアン解放運動の全く新しい方法が輸入されるようになったことと、関連づけて考えなければならない。バルカン半島の多くの国で、同性愛嫌悪《ホモフォビア》に基づく極端な暴力↓が起こっている近年の状況を理解するためには、バルカン半島社会の伝統の中で、同性愛と同性愛嫌悪がどのように特徴づけられるのかということを、分析する必要がある。

旧ユーゴスラヴィア、ルーマニア、ブルガリア、アルバニア、ギリシアといった国々は、他方では極めて不均質な社会（民族、言語など）であるのだが、実は長い間農村的な家父長制というモデルが支配してきたという共通の特徴があって、同性愛者の生き方や、同性愛嫌悪の型はこのモデルによって決定づけられるために、各国が互いに、構造的に似通っている。こうした状況はまた、これらの国が一九世紀、二〇世紀に、ほとんど民主的でないか、あるいは全く民主的でない政治体制下にあったこととも相関している。なぜならそうした政治体制のおかげで、伝統的な社会は存続することができたのであり、またその支配的価値観も生き延びたからである。結局、合法のものも非合法のものも含めて同性愛嫌悪に基づく暴力は、伝統社会の二つの特徴から説明できる。そしてこの伝統は、それぞれの国が西洋的な近代性に門戸を開くのか否かという問題をも伴っているのである。

この観点から分析することは、実際には困難である。原資料は乏しく、また極端に不均質である。この問題を扱う研究もほとんどない。とくに時代が古くなればますますそうである。従ってある一定の慎重な態度を強いられる。しかも、女性同性愛とレズビアン嫌悪↓（レズボフォビア）の分析は、原資料に偏りがあるせいでとくに困難であることをお断りしておきたい。いずれにしてもこの項は、研究の手がかりをいくつか示すこと以上のものではない。

■バルカン半島の伝統社会における同性愛と同性愛嫌悪

この社会に関する最初の人類学的な文書は西洋人の旅行記で、それは一八世紀に始まり、さらに科学的であることを目指した形式で一九世紀まで存続する。しかしこれらの文書は慎重に読まれなければならない。なぜならこうした文書は、何よりも中間的なもの、つまり東洋と西洋の中間として東洋的ヨーロッパ、バルカン半島的ヨーロッパというものを「でっち上げ」ているからである。ラリー・ウルフが指摘したように、二つの顕著な特徴が一八世紀の旅行記にすでに現れているし〈Wolff〉、一九世紀の文書にも見られる。その二つの特徴とは、一つは極めて強力な家父長制に基づく権力機関が、女性をその貞節も含めて統制していること、今一つは男性の暴力が、個人的に、

また集団的に、とりわけ武器の使用を伴って行使されることである。だからこそ、一八五〇年にモンテネグロ公国の大公が国民に発布した法典は、ほぼ二〇%が女性に関わること、ほぼ五〇%が武器に関わることで占められているのだ。

女性の統制と男の同胞愛という二つが、独特の慣行を規定している。例えば、モンテネグロでは一九世紀に義兄弟の契りが見られる。これは、若い男二人が武器を持って教会へおもむき、互いのために生き、互いのために死ぬことを誓い、それぞれの武器を交換するのである。同性愛か否かに関わりなく熱烈な友情である。しかし正当な友情とされる。なぜなら男らしい友情だからであり、女性だけでなく、女性性も排除しているからである。

逆に家父長制権力の必然として、それが別の慣行に向かうこともあり得る。例えばアルバニア北部の「宣誓処女」がそれである。この現象は二〇世紀になってもまだ見られた。これは、家族に男の子孫がいない場合に、女の子を小さいうちから男として育て、成人すると男の服を着せて男の振舞いをさせるというものである。成人した「宣誓処女」は家族の指揮を執る。そうしなければその家族は自律性を保てないのである。家族は「宣誓処女」を男と見なして、その指示に従う。「宣誓処女」は独身を貫かなければならない。しかし「宣誓処女」と女性というカップルはあり得るようである。つまり社会を乱すのは同性愛ではなくて、ジェンダーが曖昧になる恐れがあったり、社会で共有されている男性的な人間関係が示す男性性を、混乱に陥れる可能性があったりするものなのである。

こうした要素は伝統的なギリシア文化にも見られ、それは現代においてもまだはっきりと存在している。肉体だけでなく感情の面でも男女がはっきり区別されることによって、青年期の同性愛と、成人男性どうしの熱烈な友情の両方が促進される。このことは複数の研究が明らかにしている（一九七〇年代のキプロス島およびコルフ島［ケルキラ島のこと］の田園地帯のギリシア人青少年に関する研究〈Anest〉、それよりもっと年長者については、一九九〇年から一九九二年のピレエフスおよびアテネのギリシア人に関する研究〈Yannakopoulos〉）。成人男性間の友情は、あくまでも感情の上での問題であり、その性質の範囲内にとどまることが求められる。従って同性愛があり得るかもしれないし、実際しばしばあるのだが、それは沈黙に付されるのだ。

ここまでくると、同性愛の存在を否認することの重要性が理解される。感情の面での男女間の区別に結合された、この地域の住民の男根を中心にしたイデオロギーにとっては、あからさまな同性愛、おおっぴらな同性愛者は存在してはならないのである。それを公然とわが者にしようとする輩に気をつけろ、というわけである。そのようなホモやオカマ（ギリシア語では例えばプースティデスと呼ばれる）は、手ひどい侮蔑を受け、あらゆる暴力を被る危険がある。アングロ＝サクソンの世界ではたいへんよく知られている、一九四一年に出版された『黒い小羊と灰色の鷹』という本の中で、長期に渡るユーゴスラヴィア旅行について語りながら、著者のレベッカ・ウェストはこの否認を言い触らす役を買ってこう言う。「セルビアには同性愛者はいない」（それにひきかえイギリスは……、とウェストは嘆く）。同性愛の存在の否認、ここに本質がある。なぜならそれによって、あらゆる男性同性愛が異境のこととして構造化されるからである。

■同性愛の新たな顕在化と同性愛嫌悪の強化

以上のような背景があるので、伝統社会が一九七〇年代以降、とくに一九九〇年代に西洋からやって来たゲイ・レズビアン解放のモデルを歓迎しないことも理解される。それは国教とされている東方正教会↓が絶えず同性愛嫌悪キャンペーンを張っていることにも表されているが、それにとどまらず古いモデルに従って生活している男性同性愛者もまた、西洋的解放モデルを受け容れることができないのである。そうは言っても法的、また政治的状況や、西洋に対する門戸開放の影響で、新しいゲイのモデルはバルカン半島にも根づいた。そのため同性愛者の中では、コスタス・ヤンナコプロスが明らかにしたように、新旧どちらのモデルに従っているかによって、互いに逆説的な同性愛嫌悪を抱いている。そのうえ個人のレヴェルでは、内なる同性愛嫌悪と同性愛の真の解放という二つのアイデンティティを、器用に折り合いをつけつつ同居させているのである。

しかし共産主義から抜け出してきたばかりの国々では、同性愛嫌悪の暴力が最も顕著に現れているのである。この問題に関するデータは、実際に一九九〇年代の一〇年間で様変わりした。この問題に関して一〇年以上に渡って公に議論が交わされてきたこと、極端な暴力が驚くべき執拗さで振るわれていること、法制度の改革が遅々として進まないこと、解放を促す外圧が大きいこと、こういった事態がすべてあわさって、バルカン半島の国々は、かつて硬直化していた社会が民主化に向かうとき、ゲイ・レズビアンの権利がどうなっていくか見とどけるための実験場と化している。

ユーゴスラヴィア社会主義連邦共和国を構成していたクロアチアおよびスロヴェニアと、一九八四年に同性愛を犯罪と見なさなくしたブルガリアをのぞいて、この地域の共産主義国家はすべて、同性愛を法律で犯罪と規定していた。この地域の社会の家父長制的性質は、一九三〇年代から同性愛を犯罪と見なしていたソヴィエトのモデルにぴったりと合致したのである。例えばアルバニアでは、行為があったか、あるいは単なる傾向であるかに拘らず、同性愛が最高で一〇年の刑をもって罰せられていた。こうした国々で、一九八〇年代終わりに共産主義政権が崩壊すると、マイノリティの問題が中心的な課題の一つとなった。アイデンティティの危機が深刻化する状況にあって、同性愛者がその権利を要求することは、顰蹙《ひんしゅく》を買うだけだった。

セルビアを例に挙げよう。この国では一九九〇年代の前後に大きな出来事があった。最初の出来事として、一九九一年六月二七日、この国唯一のゲイ・レズビアン団体であるアルカディアが「違っていることへの権利」というテーマを掲げて集会を開いた。そして同日、かねて独立を宣言していたスロヴェニアに対して、セルビアのスロボダン・ミロシェヴィッチ政権が攻撃をしかけたのである。この最初の侵略戦争こそが、その後ほぼ二〇年に渡る、クロアチア、ボスニア、そしてコソヴォ自治州［二〇〇八年にコソヴォ共和国として独立を宣言したが国際的には未承認］のアルバニア人に対する戦争の端緒となったのである。それはまた、セルビアにおける本当の意味での同性愛者狩りの始まりでもあった。最後の大きな出来事は、ミロシェヴィッチ体制がついに崩れ去ったのち、二〇〇一年六月三〇日、ベオグラードでの最初のゲイ・プライドの開催である。警察は前もって知らされていたにも拘らず、デモ参加者を守るために何もしなかった。ネオファシストのサッカーファンや東方正教会の若い信者、極右ナショナリズムの指導者ヴォイスラヴ・セセルジの支持者らが、デモ参加者に激しく殴りかかったのである。

おそらくこの出来事から、この地域の特徴的な要素の一つが見てとれる。ナショナリズム、制度的な暴力、そして同性愛嫌悪の暴力の間に、極めて強い結びつきがあるという点だ。同性愛嫌悪反対闘争の困難、遅々として進まない改革の原因もここにある。バルカン半島の国々で過去一〇年間に起きた同性愛嫌悪に基づく暴力の第一の特徴は、侮辱のステレオタイプが何よりもまず総動員されるという点にある。中でも最も目につくのは、国家への反逆という侮辱である。例えば一九九四年には、アルバニア唯一のゲイ団体のメンバーが逮捕されて痛めつけられ、スパイ容疑で告発されている。ルーマニアの同性愛団体ACCEPTが、この国で発行されている紙媒体の雑誌上で一九九八年に組織的に行った同性愛嫌悪に関する調査によれば、ゲイ・レズビアンに対する不満の中で最も多いものの一つが、無理やりこの国を「ヨーロッパ化」しようとしているという非難であった。二〇〇一年になってもなお、セルビアの新しい民主政権に敵対するデモで、ミロシェヴィッチ派が叫んだジンジッチ首相に対する非難は、「ホモでユダヤ人でNATOの手先」というものだった［ジンジッチは二〇〇三年に暗殺された］。

従って警察がゲイ・レズビアンに対して拷問行為に励むのには、社会から、そしてしばしば政府からも支持されているという感情があるのだ。そうした事例はアルバニア（一九九四）でもブルガリア（一九九六）でも調査記録が残っている。ここではマリアーナ・チェティネルとボリス・アレスコヴの事例に目を留めておきたい。マリアーナ・チェティネルは、一九九五年夏、ルーマニア警察に逮捕された。「他の女性を誘惑しようとした」という理由であった。彼女は殴られ、侮辱され、ののしられ、「一一時間の間ずっとキリストと同じ姿勢でいることを強いられた」（アムネスティ・インターナショナルによる一九九八年の報告）。ボリス・アレスコヴはセルビア人のゲイで、二〇〇〇年七月に国家保安局の局員から厳重監視下に置かれた。非合法組織との関係を自白させようとしたのである。アレスコヴは痛めつけられ、犯してやると脅された。二人は、この受難の後、亡命を余儀なくされた。

　マリアーナ・チェティネルの例が示しているように、キリスト教という拠り所が、同性愛嫌悪に基づく行為の動機や根拠、さらにはその形式においても重要な役割を演じている。だが問題になるのは、キリスト教の伝統的な道徳という基準だけにとどまらない。それならば東方正教会だけでなくカトリックの伝統においても同性愛嫌悪が含まれているのである。それ以上に実際には、バルカン半島の東方正教会の国々（セルビア・モンテネグロ［現在は別々］、ルーマニア、ブルガリア、マケドニア、ギリシア）では、教会が民族を基礎に組織されていて、セルビアのように国民のほとんどが信仰をきちんと実践していないような場合であっても、教会が国民の多数派のアイデンティティの根源であると同時にマイノリティ排斥の根源でもあるという役割を果たしているのである。だからこそ、同性愛の非処罰化に対して、ルーマニア正教会の総主教テオクティストは、「ルーマニア性」の擁護の名のもとに凶暴な戦いをくり広げているのである。ここでもやはり、問題の結節点はナショナリズムにある。このナショナリズムはあらゆるマイノリティを排斥する（排斥の対象となるマイノリティは、性的マイノリティもそうだが、第一には民族的マイノリティ、すなわちルーマニアではハンガリー人、セルビアではアルバニア人やムスリム、ブルガリアやギリシアではトルコ人、そしてすべての国でロマである）。そしてこのナショナリズムはまた、家父長制的な男性支配の権力に密接に結びついている（フェミニスト団体も追及の対象となる）。

　今日では、現地の団体の圧力とヨーロッパからの要請により、マケドニアとスルプスカ共和国（ボスニア・ヘルツェゴヴィナの二つの構成体の一つでセルビア系）をのぞくすべての国で、同性愛は犯罪と見なされなくなっている。しかし現在の、国によって極めて対照的な状況を理解するためには、この間の経過に注意を払うべきである。

■バルカン半島の旧共産主義国における同性愛嫌悪とそれに対する闘い

　バルカン半島の旧共産主義国は、政治状況の違いによって三つのグループに分類できる。まず第一は、スロヴェニアとクロアチアのグループである。中でもスロヴェニアは最も興味深い。この国は一九八四年にゲイ団体のある最初の国となり、また一九九一年の独立に伴う民主化の際には、真の平等を保証した最初の国にもなった。すべての民主政党がゲイ・レズビアンの権利を支持したのである。それ以来、ゲイの世界が目に付くようになった。例えば文化的な行事や雑誌、ラジオ放送などが存在する。二〇〇一年にはスロヴェニアで最初のゲイ・プライドが開催された。同性愛者の男女に関わることで現在議論されているのは、同性婚というテーマである。この状況はスロヴェニアとクロアチアにしか見られない。実際クロアチアは、ナショナリストのフランコ・トゥジマンが政権についていた間［一九九〇〜九九］はもっと閉鎖的であったが、今では北に接する隣国スロヴェニアと同じ道を歩もうとしている。

　二つ目のグループの国では、法制度はすぐに改革されたものの、団体の設立が困難で、同性愛嫌悪に基づく示威行動も未だに数多い。アルバニアでは、一九九五年に同性愛が犯罪と見なされなくなった。しかし躊躇なくすんなり決まったわけではない（一九九四年には引き延ばしのための策がとられた）。団体が一つ存在するが、脆弱である。ブルガリアでは、一九九一年に同性愛が犯罪と見なされなくなった。しかし団体の結成はこのときが初めてで、さらに地方も含めて団体活動が再び始まるのは、一九九〇年代末になってからのことであった。ボスニア・ヘルツェゴヴィナ連邦（ボスニア・ヘルツェゴヴィナの二つの構成体の一つでムスリムおよびクロアチア系）は最近、同性愛を犯罪と見なさなくなったようである。ゲイ・レズビアン団体は一九九八年に一つ設立されて以来、その後が続かない。しかしながら連邦の首都サラエヴォには西洋人が極めて多いこともあって、ゲイ向けとはっきり言える場所はないものの、ゲイ社会の萌芽というべきものが存在している。そのためスルプスカ共和国のボスニア人のゲイも、サラエヴォにやって来る。これはこの連邦には珍しい多文化併存の事例である。他方で、モンテネグロ、コソヴォ自治州、マケドニアについては情報がほとんど皆無である。

　第三のグループにはルーマニアとセルビアが含まれる。過去一〇年間で、政治に原因のある同性愛嫌悪の暴力が最も激しかったのが、このグループである。一九九三年、ヨーロッパ評議会がルーマニア政府から、加盟条件として同性愛嫌悪の法制度を撤廃するという約束を取りつけた。加盟の前提条件がこれだけではなかったことに、注目しておく必要がある。このときから紆余曲折が始まった。一九九四年には議会がこの要求を審議することをあっさりと拒否する。一九九五年には、この撤廃に伴う新しい刑法典の投票を拒否する。最終的に一九九六年、同性愛禁止は撤廃されたが、それは見かけの上だけだった。実際には、新しい第二〇〇条で、「公然と行われる、あるいは公的なスキャンダルを呼び起こした」同性愛行為がすべて罰せられることになったのだ。この文言はどんな解釈の余地もある。なぜならルーマニアの法律の中には、この文言で使われている概念を定義したものはないからである。そのうえ細かく規定されていることには、「誘惑あるいはその他のあらゆる手段を用いて、ある人物に対して自分と同性愛関係を持つことをそそのかした者、宣伝活動のための団体を結成した者、あるいはそのために何らかの形で勧誘活動をした者はすべて」、最高五年の刑の判決を下され得るのだ。この法律の適用によって、少しでも大っぴらなゲイ活動は、以前にも増して危ういことになったわけである。ルーマニアの同性愛団体はこのように不安定な状況に置かれてはいるけれども、国際的な圧力の結集と、ルーマニアがヨーロッパ連合に加盟を求めていることを頼みの綱としている。なぜなら、二〇〇〇年一二月のヨーロッパ連合基本権憲章には、性的指向に関連するあらゆる差別を拒否すると、はっきり書かれているからである。二〇〇一年七月、結局ルーマニア議会は第二〇〇条の差別的な部分を廃止した。そしてこのときに地方都市（クルジュ、ティミショアラ）にもゲイ団体が創設された。しかし暴力的な同性愛嫌悪の言説は、地方の極右勢力にとってはアイデンティティに関わる強力な方針として、未だになくならない。

セルビアはまた別のケースである。この社会は長い間共産党政権以後のナショナリスト政権によって統治され、しかも戦争状態にあった（一九九一〜二〇〇二）。しかしながらベオグラードは、国全体が門戸を開くべきだと主張する都市であった。この範囲内で、一九八〇年代から大っぴらなゲイ活動を認めさせようとする要求はあったが、共産党政権以後の体制からは荒々しく排斥されたに過ぎなかった。なぜならそのような要求は、ミロシェヴィッチのナショナリズムの基盤にある好戦的男性優位《マッチョ》主義とは真っ向から衝突するからである。ボリス・ダヴィドヴィッチが英語で出版した驚くべき書物『セルビア日記』は、運動には参加していないベオグラードのある同性愛者の、戦争のあった数年間の生活を政治と性の両面から綴った正真正銘の年代記で、体制側が反政府活動家に対してだけでなく、ユーゴスラヴィアの民族的マイノリティに対しても、どれほど絶え間なく同性愛嫌悪の侮辱を投げつけていたか、毎日欠かすことなく書き記している。この体制は、クロアチアでもボスニアでも、正規軍ばかりか民兵まで使って民族浄化を遂行し、セルビア人の正規の軍人にも準軍事組織の軍人にも、ボスニア人の女性をレイプするよう奨励したのと同様に、自らの利益のために国内では同性愛嫌悪の暴力の後押しをしたのである。

だからこそゲイの活動家が、フェミニストや平和主義の団体に所属していることが非常に多いのである。こうした団体は、平和を説くだけでなく、あらゆる形態の男性中心主義の支配と暴力に反対する運動を推し進めているからである（例えばゲイ団体の「マーブル・アス」〔大理石の尻の意味〕によるボスニアでの反戦活動）。セルビアで傑出している団体は「黒衣の女性たち」で、一〇年以上前から「〔…〕軍国主義、戦争、民族主義、男性中心主義の暴力」と、「階級、年齢、社会的地位、異性愛者／同性愛者、既婚者／独身者といったあらゆる差別」と闘っている（セルビアの「黒衣の女性たち」のウェブサイトより）。セルビアの社会は今なお激しく分裂したままで、保守的な勢力も活発である。他の国でも同じことだが、最近の民主化の真価を測る物差しは他にもあるだろうが、同性愛嫌悪に対して実効性のある闘いが遂行されているかどうかという物差しによっても測られるべきである。

▒現在と未来、民主化と同性愛嫌悪反対闘争の関係

以上に挙げたさまざまな事例のすべてからよく分かるのは、同性愛嫌悪とそれをなくすための闘いが、民族の複数制を受け容れさせるための闘いや、女性の権利を認めさせるための闘いと並んで、ある国の民主化の度合いを示す

重要な目印だということである。バルカン半島の社会における権力の伝統的形態は、↓異性愛主義（ヘテロセクシズム）と男性中心主義の暴力によって特徴づけられてきた。共産主義体制は、この権力の形態が新たに身にまとった衣装に過ぎなかった。ヨーロッパへの門戸開放は残念ながら、戦争や深刻な経済危機ということを背景になされたことであった。最初のゲイ・レズビアン団体がいくつも創設された後をうけるタイミングで、性的マイノリティも含むマイノリティに対して平等に対処するよう西洋からの要請があったのは時宜を得ていた。しかしこの要請は同性愛嫌悪に根ざした排斥を強めることにもなった。それでもそれは、現地の活動家を支え、育てたということだけでなく、外から圧力をかけるという介入の仕方（例えばオランダの団体COOR、ILGA（国際レズビアン・ゲイ連盟）、アムネスティ・インターナショナルなどの果たした役割を挙げておく）を、西ヨーロッパの国々に思い出させた点でも、絶対に欠くことのできないものであった。今、地元の、少なくとも大都市の団体が、まだ微かではあるけれども復活する好機を迎えている。そうした団体に対して、西ヨーロッパ由来のイデオロギーをよく考えずに押しつけてはならない。何よりもこの国々の闘いにぴったりと適合するイデオロギーが必要である。スロヴェニアの例が示しているように、同性愛嫌悪反対闘争は、民主化、門戸開放、平和の文化と相携えて進んでいくべきなのである。

フィリップ・マザネ（山本訳）

↓共産主義、警察、古代ギリシア、正教、反逆、ヨーロッパ中部・東部、ロシア

◆補遺

バルカン半島の国および地域における同性愛をめぐる法制度の最近の状況は、二〇一二年五月発行のILGA（国際レズビアン・ゲイ連盟）の報告書によれば以下のとおりである（括弧内は発効年）<Paoli Itaborahy>。

同性愛行為を合法としているのは、アルバニア（一九九五）、ギリシア（一九五一）、クロアチア（一九七七）、コソヴォ（一九九四）、スロヴェニア（一九七七）、セルビア（一九九四）、ブルガリア（一九六八）、ボスニア・ヘルツェゴヴィナ（ボスニア・ヘルツェゴヴィナ連邦、一九九八、スルプスカ共和国、二〇〇〇、ブルチコ行政区、二〇〇一）、マケドニア（一九九六）、モンテネグロ（一九七七）、ルーマニア（一九九六）である。

同性愛行為を違法としている国はない。

同性愛関係か異性愛関係かに拘らず同じ法的同意年齢を定めているのは、アルバニア（二〇〇一）、クロアチア（一九九八）、コソヴォ（二〇〇四）、スロヴェニア（一九七七）、セルビア（二〇〇六）、ブルガリア（二〇〇二）、ボスニア・ヘルツェゴヴィナ（ボスニア・ヘルツェゴヴィナ連邦、一九九八、スルプスカ共和国、二〇〇〇、ブルチコ行政区、二〇〇一）、マケドニア（一九九六）、モンテネグロ（一九七七）、ルーマニア（二〇〇二）である。

ギリシアでは誘惑罪に当たる場合のみ、法的同意年齢について、同性愛関係と異性愛関係との間に不平等がある。

性的指向に基づく雇用差別を禁じているのは、アルバニア（二〇一〇）、ギリシア（二〇〇五）、クロアチア（二〇〇三）、コソヴォ（二〇〇四）、スロヴェニア（一九九五）、セルビア（二〇〇五）、ブルガリア（二〇〇四）、ボスニア・ヘルツェゴヴィナ（二〇〇三）、マケドニア（二〇〇五）、モンテネグロ（二〇一〇）、ルーマニア（二〇〇〇）である。

ジェンダー・アイデンティティに基づく雇用差別を禁じているのは、クロアチア（二〇〇九）、セルビア（二〇〇九）、モンテネグロ（二〇一〇）である。

コソヴォ（二〇〇八）では、性的指向に基づく差別を憲法で禁じている。

クロアチア（二〇〇六）では、性的指向に基づく憎悪犯罪であることが加重事由とされると規定している。

ジェンダー・アイデンティティに基づく憎悪犯罪であることが加重事由とされる国はない。

性的指向に基づく憎悪を煽動することを禁じているのは、クロアチア（二〇〇三）、セルビア（二〇〇九）、ルーマニア（二〇〇〇）である。

同性カップルに結婚を認めている国はない。

シヴィル・パートナーシップ、登録パートナーシップ、シヴィル・ユニオンなどの制度によって、同性カップルに結婚と同等の、あるいはほぼ同等の

権利を認めている国はない。

結婚に伴う権利の一部が同性カップルに認められているのは、クロアチア（二〇〇三）、スロヴェニア（二〇〇六）である。

同性カップルが共同で養子縁組することを法的に認めている国はない。

（山本）

反逆

同性愛者を国家の反逆者に同視するのは、同性愛嫌悪《ホモフォビア》言説に繰り返し現れる主題である。この糾弾は非合理な論拠を拠り所とし、一九世紀末から、同性愛者を批判するため政治的軍事的スキャンダルに没頭していた。

人びとは、同性愛者を「他者」であると想像している。同性愛者は、家族についても国家についても、よそ者、共同体の周辺にあえて位置する者である。その振舞いは、目前の享楽という点から分析され、自己中心的で自己満足的であると見なされる。同性愛者は、非再生産的なセクシュアリティを促進し、文明にとっての危険となるのである。同様に、同性愛者は社会秩序にとっての脅威をなす。というのも、同性愛者は新しいパートナーを求めて階級の境界を踏み越えて、承認されたハイアラーキーを危険にさらすことをためらわないからである。そして男性同性愛者は、女性化した者と見なされるので、女性固有と考えられた欠陥によって非難されることがあった。こうして同性愛者は、節操がなく、臆病でおしゃべりだということになる。その結果、同性愛者は、危機の時期には、他の烙印を押された少数派とともに、社会的制裁のスケープゴートになった。反逆者たる同性愛者のイメージは、同性愛が外国から入ってきたと考えられたことが多かっただけに、一層繰り返されることになる。一一世紀には「アラブの趣味」の問題と考えられた。一三世紀には、「フランスの悪徳」、その後一四世紀から一六世紀までは「イタリアの悪徳」として知られ、一八世紀から一九世紀までは「イギリスの悪徳」、東方では「西方の悪徳」、ブラック・アフリカでは「白人の悪徳」である。

イギリスでもフランスでも、二〇世紀初めのオイレンブルク事件は同性愛を「ドイツの悪徳」に同化させることを助長した。そこで第一次大戦中、同性愛の疑いはとくに脅迫的な響きを持った。『失われた時を求めて』の第七篇『見出された時』の中でプルーストは、この観点の変化を指摘している。「戦争以来、その後の時評の調子が変わった。男爵の性逆転だけでなく、おまけに彼のいわゆるドイツ国籍と称するものまであばかれる始末で、『フラウ・ボッシュ』◆とか『フラウ・ファン・デン・ボッシュ』とかがシャルリュス氏のあだ名として通用していた」［『見出された時』井上究一郎訳、『プルースト全集』第一〇巻、筑摩書房、一九八九］。イギリスではノエル・ペンバートン・ビリング議員が、同性愛者に対する紛れもない魔女狩りを指揮する。彼は一九一八年の「最初の四万七〇〇〇人」という題名の記事で、高い地位にある同性愛者に対してドイツ諜報機関による脅迫が行われたと暴き立てている。ジャーナリストであるアーノルド・ホワイトは、ドイツの同性愛者はイギリスの若い兵士の「計画的な誘惑」に屈したと断言した。

戦間期には、反逆の疑いはより政治的になる。ベルリンやロンドン、パリといったヨーロッパの首都における同性愛サブカルチャーの開花は、伝染の幻想にとりつかれた世論に警戒され、同性愛者の権利擁護活動の展開は、陰謀の噂に油を注いだ。同時期、W・H・オーデンやスティーヴン・スペンダーなどの詩人や作家が集まっていたイギリスの知識人グループは、「ホミン

◆フラウ・ボッシュ　フラウはドイツ語の女性の敬称。ボッシュは、第一次世界大戦中のドイツ兵の軽蔑的な呼び名。シャルリュスのドイツびいきの風評にひっかけている。（齊藤）

テルン」というあだ名を付けられた。彼らの共産主義への共感とともに、大学時代からの同性愛ネットワークへの所属を世間に暴く手段であった。フランスでも、↓共産主義者と同性愛者の同盟という脅威がまじめに受け取られた。水兵の一時的な売春がありふれたことであったトゥーロンやブレストといったいくつかの軍港では、「共産主義者の水兵と同性愛者の水兵が通う商業施設」をリストアップするために、監視書類が作られた。他方で「共産主義と同性愛のプロパガンダ」の詳細なリストが作られた。第二次大戦後、この同性愛嫌悪↓レトリックが、アメリカ合衆国で再度始まる。↓マッカーシーによって始められた「アカ」に対する魔女狩りは、ネブラスカ州上院議員ケネス・ウェリーによって指揮された反同性愛者キャンペーンと重なっていた。ウェリーは、とくに戦時中の外交は、脅迫されたエリート同性愛者によって支配され、「六〇〇〇人の↓倒錯者」があらゆるレヴェルの国家機構に今や入り込んでいると主張した。状況は皮肉で、マッカーシーの複数の側近、その顧問ロイ・M・コーンや、FBI長官J・エドガー・↓フーヴァーなどは自身が「恥ずべき」同性愛者であった。この同性愛嫌悪キャンペーンは、数千人の公務員の罷免を引き起こし、外国にも影響を及ぼした。とくにイギリスは、モスクワに亡命した「ケンブリッジのスパイ」ガイ・バージェスとドナルド・マクリーンの事件において、共産主義、反逆、国家の安寧への侵害が混同され、反同性愛パラノイアが頂点に達した。

しかし、一九二〇年代には共産党、とくにドイツ共産党が同性愛者の要求に対して一定の支援を表明したが、共産党の態度は曖昧なものであった。一九三四年から、ソ連邦は、同性愛嫌悪的立法を実施し、それから同性愛は「ファシストの倒錯」に同視されることになる。突撃隊のようなナチスの一部のグループがホモエロティックな美学を利用し、男らしい関係を評価したとしても、彼らはすぐに排除されている。ここで、反逆の糾弾に新しいヴァリエーションが加わる。ナチスのイデオロギーは同性愛者を、ドイツ民族の拡張を妨害する↓退化した者、人種への反逆者と見なし、それゆえに抹殺されなければならないと考えた。そのように、第三帝国で同性愛者が受けた迫害にも拘らず、同性愛と↓ファシズムを関係づけることはなかなか止まなかった。

実際、反逆の告発は、他の同性愛嫌悪的ステレオタイプと同様に同性愛者自身によって内在化されていることがある。ユダヤ人で同性愛者であったモーリス・サックスは、一九四二年にドイツに移住することを選び、とくにドイツ国防軍の諜報部で働いた。一九四三年に投獄され、他の囚人によってリンチされて死んでいる。ジャン・↓ジュネのように、反逆を栄光とライフスタイルにした者もいた。同性愛者を犯罪者と見なす社会で、反逆を賞賛することは底辺に生きることを自ら引き受けること、敵に支援を表明することである。ブラックパンサー党あるいはパレスチナの戦士の側に立つにしても、テロリズムと赤軍を支持するにしても、ジュネは常に排除された者の側に位置した。このような場合に同性愛嫌悪的偏見は、伝統的な愛国主義を足蹴にする新たな誠実さと忠誠を生み出すことを助けたのであった。

フロランス・タマニュ（齊藤訳）

↓オイレンブルク事件、北アメリカ、脅威、軍隊、チューリング、伝染、フーヴァー、マッカーシー、レトリック

犯罪者

かつて同性愛者は、世界中ほとんど至るところで文字通り犯罪者とされていた。しかもいくつかの国では未だに犯罪者のままである。↓フランスでは一七九一年にすでに、合意した成人どうしの同性愛行為を犯罪と見なさなくなっている。またこの点についてはいくつかの国が追随した。例えばオランダは

一八一〇年にフランスの刑法典にならっている。しかしヨーロッパの他の国、アングロ＝サクソンの国の同性愛者たちは、同性愛が犯罪と見なされなくなる（↓非処罰化）まで、さらに一世紀以上待たなければならなかった。ポーランドでは一九三二年、イギリスで一九六七年、カナダで一九六九年である。アメリカのいくつかの州、世界中の多くの国で、未だにソドミーまたは同性愛を有罪とする法律が存在する。

一方、法的には同性愛が犯罪ではないようなところであっても、それが社会にとって損害であり侵犯であると見なされることは極めて多かった。その結果、犯罪者と同性愛者の同一視が決まり文句となったのである。なぜなら、（同性愛嫌悪《ホモフォビア》の言説を信じるなら）どちらも礼節の規範に背くのであるし、両者は夜の冒険で互いに隣りあっていて、どちらもその活動によって既成の秩序を脅かすからである。例えば警察官のフランソワ・カルリエ［一八六〇〜七〇年に、パリ警視庁の風紀部門の長］が一八八七年に次のように書いている（『二つの売春』）。

> そのような情念〔同性愛のこと〕は、社会的視点から見ると最も恐るべき結合を生みだす。主人と召使い、泥棒と前科のない者、ぼろを着た不作法者と上品な者などが、互いに同じ社会階級に属しているかのように、行き来しあうのである。

これと同じ視点で、作家のアリ・コフィニョンは一八九〇年に次のように書いている。「百万長者と乞食が仲良くなり、役人と前科者が恥ずべき愛撫を交わす」。

一九世紀に同性愛――当時はむしろ「男色《ペデラスティ》」と言われていた――について物を書くフランスで最初の「専門家」になった者のうち、最も多かったのは法医学者（例えば一八五七年に『風紀紊乱罪に関する法医学的研究』を書いたアンブロワーズ・タルデュー）と警察官（例えば先に引用したカルリエ）だった。彼らの書く物は、犯罪と同性愛を混同する傾向があり、また犯罪（窃盗、殺人、恐喝）の犠牲者が同性愛者であるというただそれだけで、犯罪の犠牲になったのは自業自得であるとすることさえあった。例えばタルデューは、パリの同性愛者に対する恐喝の容疑で二〇人前後が起訴された事件（ランパール通り事件）で一八四五年に予審判事が述べた言葉を引用している。「パリでは、男色は学校のようなものだと言える。そこで最も悪賢い、最も大胆な犯罪者が育つのである」。そしてタルデューは、犯罪の被害者にいささかの同情も示さずに、次のように説明している。

> このような恥ずべき習慣〔同性愛のこと〕は、窃盗の一手段、あるいは特別な手順の一つとなったのだ。それを通して犯罪結社が結成されるのである。
> 〔…〕最悪の場合には、男色が口実、あるいは餌のようなものとして、殺害に利用されるのである。

カルリエの方は、次のように主張している。

> 男色には、次のような特異な点がある。すなわち男色はあらゆる犯罪者の欲望を掻きたてるのである。それが犯罪を誘発していると言えるかもしれない。
> 〔…〕男色者がいとも簡単に血を流すことは、真に恐るべきほどである。日常生活ではあれほど臆病で、小心で、さも優しげな者たちが、突然、最も冷酷な犯罪者に対しても残酷になれるのである。

イタリア人のチェーザレ・ロンブローゾ（一八三五〜一九〇九）は、科学的犯罪学の創始者の一人で、『犯罪人論』（一八七六）や『犯罪――原因と治療』（一八九九）の著者であり、犯罪傾向は人部分が遺伝的なものであり、犯罪者に生まれついた者の心理（↓心理学）や身体的特徴さえも（例えば頭部の形状）、通常人とは異なると考えた。ロンブローゾが唱えた説によれば、犯罪者は原始時代から「隔世遺伝」した情念と、「異常性欲」（同性愛的欲望）の虜であるという。ロンブローゾの考えは大きな影響力を持った。一九〇八年にベリヨン博士が、殺人の嫌疑をかけられたある同性愛者について、『レクレール』

紙に寄せた次のような宣言にもロンブローゾの反響を聴き取ることができる。「道を外れた嗜好を持つ者はすべて、そうでない者より犯罪傾向が強い」。さらにベリヨンはこう付け加える。「もはや見かけ上でしか男に見えないような人間がいる。そのような人物には十分に注意しなければならない」。

ベリヨンがここで言っているのは、パリのペピニエール通りでホテルの主人をしていた同性愛者のピエール・ルナールのことで、この人物は一九〇八年六月に、雇用主の銀行家レミーを、自分のホテルで殺害した疑いで告訴されていた。裁判で次席判事は陪審員に次のように問いかけた。「ルナールが罪を犯したことへの物的証拠はありません。しかし必要でしょうか」。実際、ルナールに対する訴追事項でこの裁判をつうじて最も重かったのは同性愛ということだった。それだけで、一九〇九年二月に、彼に対して終身の強制労働を科すのに十分だったのである。『ル・マタン』紙はそれでもルナールの無罪を信じて次のように報じた。「有罪の論証は結局のところ以下につきる。すなわち同性愛に始まり、犯罪に終わったのだ」。当時の同性愛嫌悪の態度をうまく要約する言葉である。同性愛と犯罪を同一視することは、それほど多かったのだ。ジッドは『コリドン』の中で、はっきりとルナールの事件を念頭に置いて、それを非難することになる。

このような同性愛嫌悪が、その後何十年もの間、警察と司法の世界で続くことになる。例えば一九五八年には、パリ警視庁の司法警察長官が演説の中で、同性愛者の世界を「犯罪に好都合な世界」でありなおかつ「犯罪ウィルスが生まれてくる『温床』」であると述べ、聴衆に対して「同性愛者の〝勧誘〟活動と宣伝が孕んでいる危険」（窃盗、売春、殺人）に十分注意するよう呼びかけた。その一方で、センセーショナルな報道がこうした同性愛嫌悪感情を温存するのに一役買っている。十あまりの中から二つだけ例に挙げる。一九三五年一月一〇日付の『探偵』誌が、パリのトゥルヌフォール通りのアパルトマンで絞殺された若い菓子職人の死に関する記事を掲載している。「またしてもオバさん［受け側の男性同性愛者］の事件」と警部はため息をついたそうだ。そして同誌は性逆転者たちの世界を捜査するのが警察にも困難であることを読者に説明する。「孤立した者たちの犯罪、同性愛者の犯罪は、まさに秘密の犯罪の典型である」。また一九四七年にカンヌの骨董商の男が昔の愛人の男に殺害されたときには、『週刊ポリス』誌が被害者の写真を表紙に掲げ、次のような思わせぶりなキャプションを付けた。「この男の素行がこの男を殺した」。

このような同性愛嫌悪の態度は、大衆文化とりわけ映画と文学にも見出される。一九八一年にはすでに、ヴィトー・ルッソがハリウッド映画における同性愛嫌悪を検証している。ハリウッド映画では、同性愛者を伝統的に二種類の対照的なステレオタイプとして描いてきた。シシー（頭の足らないオカマ）と犯罪者（危険な腹黒い男色家や人殺しのレズビアン）である。アルフレッド・ヒッチコックの映画はこの点に関して良い例となる。例えば『レベッカ』（一九四〇）では、陰険な家政婦のダンヴァーズ夫人が、主人の最初の妻を狂おしいまでに慕って、第二の妻の幸福（そしてその命？）を脅かすのだったし、『ロープ』（一九四八）では、愛しあう二人の若い男が、ただ殺人の快楽から、そして自分たちが普通の人間にくらべて優れた知性を持っていることを証明するために、同級生を殺す。さらにウィリアム・フリードキンの『クルージング』（一九八〇）も挙げることができる。アメリカのゲイ・コミュニティはこぞってこの映画を非難した。映画の中で刑事が、ゲイの世界に潜りこんで連続殺人の捜査を遂行するが、最後には自分自身が同性愛と殺人の衝動に身を任せてしまう。まるで、同性愛と犯罪傾向は何か伝染するようなものであり、たがいに結びつきがあるかのようである。

それとはちがって、ギイ・オッカンガムが「同性愛ノワール」と呼んだ――なぜなら夜の、危険な、そして時に暴力的で、犯罪的ですらあるから――作品による文学表現は、同性愛者の手になるものが圧倒的多数である。彼らは時に周縁的な地位、アウトローの環境に自己満足している。おそらくジャン・ジュネがその最も良い例であろう。しかしディディエ・エリボンが明らかにしたように、他の同性愛作家たちの多く、例えばオスカー・ワイルド、マルセル・プルースト、マルセル・ジュアンドー、ジュリアン・グリーンらにもやはり、「同性愛者と犯罪者の結びつきというテーマがはっきりと」見出されるのである。

一九六〇年代以降、ゲイ・レズビアンのライフスタイルは社会的変化を遂げ（秘匿の終焉と「↓クローゼットからの脱出《カミングアウト》」）、戦闘的な、また反体制的な運動が大きく進展し、そしてとりわけ少なくとも西洋においては、過去二、三〇年の間にこの点に関する世論がゆっくりとだが改善されてきていることにより、事実上また潜在的に、同性愛者を犯罪者と見なすことは、だんだんとなくなってきている。そうは言っても、つい十年前にパリ三区の警察署長は筆者に次のように言ったりはしたのだ。「いずれにせよ、ホモの世界には犯罪や犯罪者が少なくないってことは認めなきゃならん」。

マイケル・シバリス（山本訳）

↓悪徳、映画、勧誘、脅威、強制収容、グラーグ、警察、刑務所、処罰、スキャンダル、デヴリン、反逆、判例、非処罰化、文学、法医学、マッカーシー、メディア、ヨーロッパ法

判例

裁判官が同性愛を名指して考慮に入れることは、一九世紀半ば以降の、フランス法の変わらない特徴である。判例は、多少なりとも婉曲的な仕方で、同性愛を名指しして烙印を押しただけでなく、同性愛を特殊な情状として作り上げ、法の定めよりも不利な特別取り扱いを作り上げていったように見える。

↓フランスの歴史上、このような態度が最初に明らかになっていたのは、刑法においてである。というのも、一八一〇年刑法典の立法者が同性間の関係をとくに処罰しないことを決めたにも拘らず、フランスの裁判官は、一八五〇年代以降、大人と子どもの関係が問題となっているときの刑罰の加重事由、さらには↓処罰の理由とするために、絶えずこの特殊性を引き合いに出した。今日のフランスでこのような態度が↓刑事分野においては放棄されたとしても、それは変化して、民法、とくに家族法の中で離婚と親の諸権利の行使において繰り返し現れているようである。

数は少ないが、二〇世紀前半に配偶者の同性愛が暗に問題となった離婚判決がある。例えば、一九〇九年には、「妻に対して、無関心さらには敵対的になるまでに彼を支配した情熱的な友情」を別の男性と維持し、自分の妻を「ひどく侮辱した」として夫の過失で離婚が言い渡されている。判決による夫の描写から、「同性愛者」の像が透けて見える。弱い、不誠実、利己的などである。同性愛者は、妻に対してだけでなく、義理の家族に対しても、冷笑的で悪意ある裏切り者であるとされる。別の男性との関係に対する当初の非難が、社会的に↓倒錯し、バランスを欠いた、正常でないパーソナリティへの非難へと横滑りしていく様子が分かるだろう。ここには当時の↓医学が描いたイメージが延長されている。破毀院〔民事・刑事・社会事件を扱うフランスの最高裁判所〕は、「女性の愛情に酷似した彼の恋人の愛情」について、「あまりに奇妙な兆候を示す関係」と述べている。破毀院は、恋人に対する夫の誘惑は夫の病的な感受性の高まり、一種の脳ヒステリーの現れであると考えており、医学的言説から着想を得ていたようである。

一九四〇年代以降にこうした判決が増えていった。つまるところ、これらの判決は、民事裁判官にとって「同性愛という過失」が独立に存在することを示している。原則においては、婚姻に伴う義務（貞操、共同生活）の不履行を持ち出せばすむにも拘らずである。配偶者の同性愛は、配偶者の性行動に関係する伝統的な諸問題の一つとしてではなく、もっぱら↓侮辱として考慮された。さらに、ある最近の判例によると、夫に「同性愛的傾向」があれば、妻の側が家を出ること、有過失の夫との性的関係の拒否（同性愛関係がこの拒絶に先行する限りで）、また夫の「同性愛情事」に関して第三者に「秘密を漏らすこと」も許容される。

同様に、判例は、離婚の財産面については、一般的な民事責任に基づいて、

配偶者の同性愛が、補足的な損害賠償の支払いを引き起こすことを認めた。要するに多くの判決が、このように配偶者の「周知の同性愛」が、他方の配偶者に精神的損害を与えることは明らかで、これが償われるべきであると認めているのである。従って、このように配偶者の同性愛は、不法行為法の意味における過失と考えられ、法的に「社会的振舞いの過失」と見なされるのである。

親としての権利行使については、一九八〇年代以来、同性愛者であることがその親の権利享受を妨げること、あるいは少なくともそれを制限することが「妥当」であると考えられている。その上、そのことに関しては、いかなる立法もなく、判例だけを根拠にそう考えられているのである。このように一九八〇年代半ば以降の判例は、親の同性愛を理由とした親の権利行使の制限によって特徴づけられており、それはその親に共同親権を与えることの拒否であり、その親の住居を子どもの居所とすることの拒否であり、また訪問権や子どもを泊める権利の制限さらには排除でもある。

同性愛に対する偏見によって動機づけられたこれらの判決は、汚名の永続に直接に貢献する。

親による子どもの誘拐や、親の「いかがわしい行為」や↓露出症がそうであるように、判例において同性愛は、例えば別離の際に両配偶者によって合意されている親権に関する取り決めの不利な変更を可能にする「重大な理由」をなしているようである。過失による離婚同様、親権の帰属を拒否するために親の同性愛を考慮に入れることは、普通に行われている。

居住地の決定に関して、同性愛は常に決定的な事情のようである。裁判官が、親の性的指向、あるいはそのカップルでの生活「それ自体」が、子の利益と両立しないと考えることもあれば、調査によって父の教育上の適性、子の↓心理学的障害の不在が証明され、教育的な追跡調査が実施されることもある。性的指向が中立あるいはささいな与件ではないことは明らかである。このような論理は、裁判官が同性愛という事情に特別の関心を払っていることを証明している。というのも裁判官は、性的指向を無化するため、不利な偏見に抗弁できるだけの適切な要素を持つことを要求しているからである。

訪問権と子を泊める権利については、既述の論題の延長にある。同性愛という事情は、裁判官の特別な配慮の対象であり、これは同性愛者にとって敵対的な前提である。訪問権が与えられたとしても、よくてそれは父の同性愛にも「拘らず」なのであり、父が子に害を与えないということが確認された限りでである。こうして親の同性愛は、子に会う機会を月に一回の週末、一月に一日、年に二回などに制限し得るのである。ちなみに、子がいるときの父の振舞いには条件が付けられる。「あらゆる女性的な振舞いを排除した家族の父にふさわしい態度」、さらには伴侶を同席させないこと、つまり子に会う権利を第三者のところで行使する義務である。

親の諸権利の行使に課されるこれらの制限、あるいは離婚において同性愛がそれ自体過失として扱われていることから注意を引くのは、それが差別的取り扱いであるという以上に、判例が同性愛に対する重大な偏見を伝える言説を作り上げ持続させているということである。判例は現状の道徳の反映でしかないが、それでもやはり、同性愛に対する民事裁判官の態度は、法的厳格性の異例なまでの欠如だけでなく、次のような卓越した役割を示している。公式には、フランス法が同性愛関係を非難していなくとも、判例は、社会にとって事実上明白な、烙印を押された同性愛という差異を構築しているのである。

ダニエル・ボリヨ、トマ・フォルモン（齊藤訳）

↓家族、差別、処罰、同性愛者の子育て、同性婚、非処罰化、ヨーロッパ法

美術

この項目の記述は、すべてを網羅しているわけでもないし、かといって西洋美術のある特定の時期に特化して述べるわけでもない。いくつかの事例に基づく提案をしてみたいと思っているだけである。同性愛嫌悪《ホモフォビア》がそれ自体として芸術上の問題となったことは、かつて一度もなかった。植民地芸術やナチス芸術といった、ある一つのイデオロギーを広めようとする意志に合致するような表現をはっきりと備えた芸術が存在し得たのと同じような形で、同性愛嫌悪芸術と言えるようなものが存在したことは、未だかつてないのである。歴史を見渡せば、せいぜいのところ同性愛嫌悪に根ざした作品、あるいは最近の時代であれば同性愛を扱った作品が、特異な作品としていくつか見つかる程度である。もちろんそうした作品リストをつくることは可能であろう。それはかなりたいへんな作業になるだろうが、場合によっては同性愛嫌悪に向かう衝動が歴史上絶えることなく続いていることが分かるかもしれない。またもしかすると、保証の限りではないけれども、同性愛嫌悪の時代区分も示すことができるかもしれない。同性愛に対する↓寛容が広まって同性愛芸術が出現してきた歴史上の時期は、近年のゲイ・レズビアン・スタディーズによって明らかになってきているが、同性愛嫌悪の時代区分を示すことができれば、そうした成果の確認、あるいは微修正も可能であろう。しかしながら、現代の芸術作品の場合をのぞいて、この作業は大きな障害に突き当たるだろう。なぜなら確かに原資料は存在はするのだが、↓侮辱や嘲笑のコードというものは極めて移ろいやすいものであるから、議論の対象にしている芸術作品が、実際にどのような性質の同性愛嫌悪を含んでいるか確信を持てないことが非常に多いのである。この事実をいくつか例を挙げて見てみよう。

最初の例は、ルネサンス期のキリスト教絵画に見られる男どうしのカップルの像である。一九八九年に発表された論文で、歴史学者のジョゼフ・マンカはそうした例をいくつも挙げている。中でも有名なのはエルコーレ・デ・ロベルティが一四七〇年に描き、現在はヴァチカン美術館の絵画館《ピナコテーカ》に収蔵されている『聖ビセンテ・フェレールの奇蹟』である。こうした同性のカップルは、キリスト到来以前の異教徒の世界の↓倒錯性を象徴するものとして描かれているのであろうという、同性愛嫌悪に基づく説明は説得力もあり、論証もされているかもしれないが、しかし同時に、似たような異教徒を描いた同じ時代の聖画にも注意を払っておく必要がある。例えばミケランジェロの『聖家族』［別名『トンド・ドーニ』］には、聖家族のうしろに裸の美しい若者たちが描かれているが、ミケランジェロがこの若者たちを侮辱しているふうには見えないのである。第二の例は、やはりルネサンス期の↓イタリアの作品である。フェラーラ公爵ボルソ・デステを、あまり男らしくなく、三美神をきどった稚児らと一緒にいることが好きな人物として描いている絵画や文章であるが、これは一見すると公爵を嘲笑しているように見える。しかしワーナー・ガンダーシーマーは、豊富な資料に基づいて、女性的に描いているこの描き方が同性愛嫌悪ではなく、ボルソ・デステ公爵自身の利益のためなのだということを確証している。というのも公爵は、乱暴だったフェラーラの宮殿の先代の公爵と一線を画したいと願っていたからである。

以上のように、こうした特異な作品が同性愛嫌悪を前提としているのかどうかということは、探究してもよく分からないのである。それは、そうした作品が生みだされ、また受容された状況が、多くの場合はよく分からないままとなっているのでなおさらである。例えばイタリアの画家マルコ・ゾッポの一四六〇年の作品で、現在、ロンドンの大英博物館に収蔵されているデッサンには、どうしても同性愛嫌悪に基づく作品であると断定したくなる数多くの表現が見出される。例えば背景では二人の男どうしが抱き合っているのだが、年長の方は自分の剣の柄頭をしっかりと握っている。剣はこの時代には男根の象徴として用いられていた。また前景では小天使が遊んでいるのだが、そのうちの一人が他の一人の尻にふいごを差し込んでいる。しかしながらこのデッサンは、明らかに私的な性質のものであり、この画家の動機がいかなるものであったのか、またこの作品を誰に向けて描こうとしたのか再構成することが不可能である以上、画家の同性愛嫌悪的性質が本当はどのようなものであったかということも、確定することはできないのである。単にマルコ・ゾッポと、誰かは分からないがその出資者が、少年好きという好みを共有していて、その秘密を示しているというだけかもしれない（一六世紀の画家ブロンツィーノが描いたいくつかの絵がそうだった。そのうえブロンツィーノは同性愛を嘲弄するようなソネットの諷刺作品の作者でもあった。だがそのソネットを同性愛嫌悪だとは断定しがたい。なぜならブロンツィーノも、彼がそのソネットの読者として想定していた人びとも、どちらも同性愛者であったと考える十分な理由があるからである）。

↓カリカチュアをのぞいて、芸術作品の同性愛嫌悪は曖昧な性質のものであるから、それをはっきりと確定することはしばしば困難であるが、美術史家の言説や検閲↓制度は、公的に烙印を押すことが狙いである以上、もっと簡単に同性愛嫌悪を指摘することができる。例えば歴史学者ルイ・レオーのいくつかの文章には、美術史学という学問を長い間支配してきた同性愛嫌悪の徴候が見られる。例えば聖セバスティアヌスの図像学に関する参考書には、次のように書かれている。「〔聖セバスティアヌスには〕もはや、ソドム人たち、すなわち同性愛者たちの守護者といういかがわしく、恥ずべき意味づけしかされなくなっている。イル・ソドマ〔イタリア語でソドミーの意味で通称。本名はジョヴァンニ・アントニオ・バッツィ〕がその絵の中で讃美しているように、同性愛者はアポロン型の美青年の姿に描かれた聖セバスティアヌスの裸体に惹かれるのである」〈*Iconographie...*〉。こうした言説が示唆しているのは、よくある紋切型の前提である。すなわち、芸術とは美しいもの、気高いもの、超越的なものへの憧憬であるとすれば、↓悪徳など含みようもない。もしも倒錯性があるとすれば、それはすべて見る者の悪意に宿っている。罪なのは、性的興奮を呼び起こすような姿に聖セバスティアヌスを描いている絵画の方ではなく、同性愛者の濁った眼差しの方だ、というわけである。

一六世紀に美術史学が学問として誕生して以来、こうした取り組み方がずっとまかり通ってきたため、異性愛の欲望が説明手段として頻繁に用いられる一方、同性愛を、作品の製作過程や後世の受容に影響を与える要因の一つとして考慮することが、長い間禁じられてきたのである。こうした態度は、ラファエロ、ミケランジェロ、レオナルド・ダ・ヴィンチという三人のルネサンスの天才に関する後世の史料編纂において顕著である。ラファエロに関しては、異性愛者であったので、画家の感情を大いに考慮に入れて作品が分析されてきた。ところが後の二人に関してはそれとは対照的に、その同性愛を否定したり隠蔽したりして、作品をあらゆる「侮辱」から守ろうとする努力が払われてきた。例えばミケランジェロの初期の注釈者たちは、ミケランジェロが無実であると主張していたし、また一六二三年には、ミケランジェロの甥の息子が初めて画家の遺したソネットやマドリガルを編纂するに当たって、その大半が同性愛の相手トンマーゾ・デイ・カヴァリエーリ宛であったのを、そうではなくてあたかも一人の女性に宛てて書いたものだという印象を与えるように改変した（そのうえ、一八九七年にカール・フライが元の手稿に当たってテキストを復元するまで、これが文献学上でも規範的な版だとされていたのである）。男性の肉体に対するミケランジェロの讃美を理解するために、最終的に重視されたのはフィレンツェの新プラトン主義であった。この解釈によって同性愛の問題は、つまらないこととして長い間回避することができたのである。レオナルド・ダ・ヴィンチに関しては、ミケランジェロとも異なる成り行きとなった。一九世紀の史料編纂によって、レオナルドはセクシュアリティとは無縁の、憂鬱な芸術家という神話的な人物像をまとわされたのである。この神話からすれば、レオナルドが少年たちに対する愛を公言したとしても、あくまでも知的なものだとすることができた。最近の研究によって、レオナルドの快楽主義的な性格が再構成され、またそれによって作品に占める好色な部分を再評価することが可能になると、この神話は打ちのめされた。

最後に注目しておかなければならないのは、美術に刻印された最も重大な同性愛嫌悪の痕跡は、芸術家が生き、そして作品を製作していた社会からの広範囲に渡る不寛容の側に求める必要があるということである。確かに芸術家の特異な才能や、社会から見れば周辺に位置づけられるような生き方は受け容れられていて、同性愛の芸術家がその性向を理由に仕事をすることを妨げられるようなことは、ほとんどの場合なかったことは事実である（例えばペルジーノも、ボッティチェリも、レオナルド・ダ・ヴィンチも、同性愛者の告発を専門とする組織からソドミーを告発されているが、その時代で最も有力な出資者からも、仕事の依頼が途絶えることはなかった。同様に、写真の草創期からすでに、ドイツのヴィルヘルム・フォン・グレーデン男爵やアメリカのフレッド・ホランド・デイの作品を迎え入れ、後押しをする鑑賞者が存在していたのである）。しかしその代償として、芸術家は自らの同性愛を表現することはできなかったのである。実際長い間、芸術作品は同性愛嫌悪で武装した権力によって、しばしば検閲されたり貶められたりしてきたので、同性愛の表現はむしろ自主規制（同性愛を別のものに偽装したり、抑圧したりする）や秘匿を助長する危険をつねに孕んでいた（同性愛の秘匿に関してフォン・グレーデン男爵を再び例に挙げると、男爵がその芸術を糧として生きることができたのは、彼の写真が地下のネットワーク内にしか出回らなかったからである。しかも原板はイタリアのファシスト政権によってすべて破棄されてしまったので、男爵の写真が後世に遺されたのは、それをこっそり購入した収集家の手を介する以外に道はなかった）。

自主規制や秘匿を拒否することには危険が伴っていた。例えばアメリカの画家トマス・エーキンズ（一八四四〜一九一六）がこの危険を冒している。エーキンズはその業績を認められ、教育機関に高い地位を占めていたのに、同性愛を隠さない作品を公表し始めたとたんに、問題視されるようになった。それ以来、裸体、中でも男性の裸体を描く練習が中心であった彼の教育方法も批判を浴びるようになり、↓放蕩を隠す知的な隠れ蓑に過ぎないのではないかと疑われ、エーキンズは職を辞することを強いられたのである。

一九世紀末にはすでに、同性愛を↓クローゼットにしまい込むことを拒絶する態度が広がり始めた。それに伴って検閲の規制は、同性愛作品を公然と陳列することにとくに向かうようになった。同性間のエロティシズムを描いたジョン・シンガー・サージェントの水彩画を収蔵していたアメリカの美術館は、長い間それを公に展示しなかった。同じアメリカで、あれほど市場からも批評家からも神聖視されていたロバート・メープルソープの作品ですら、公に展示するとなると二〇世紀末でも難しかったのである。最後に、フランスの写真家ユニット、ピエール＆ジルが、アメリカでの回顧展開催を実現するために、いくつかの作品の出展を取り下げることに同意しなければならなかったことも、この問題をよく表している。

カリム・レスニ＝ドミニュ（山本訳）

↓映画、音楽、カリカチュア、検閲、広告、シャンソン、ダンス、文学、漫画、メディア

非処罰化

↓フランスは、ソドミーの罪を廃止した最初の国である。実際、一七九一年の革命期の法典も、一八一〇年の刑法典も旧体制《アンシアン・レジム》下で訴追されていた罪を維持することが適当であるとは考えなかった。法を世俗化するという意志、啓蒙時代の自由主義的な↓哲学、↓家族を各観的に侵害する行為のみの処罰など、同性愛に対する刑事法の無関心を説明する仕方はさまざまである。この時期以来、フランス法が同性間の合意ある成人間関係を処罰したことがないとしても、同性愛への烙印は一九世紀半ばから刑事裁判官によって練り上げられ、

それは一九四一年の立法者によって受け継がれ、最後の差別的刑事規定が消えるのは、一九八〇年代初めのことであった。

このように一八五〇年から、刑事裁判所は、「同性愛倒錯」を際だたせ、これを特別に処罰するために、同性愛について何も述べていない刑事規定（強制猥褻《わいせつ》罪、未成年者淫行教唆罪）を歪曲する解釈作業に没頭した。この判例は、一九三〇年までに破毀院［民事・刑事・社会事件を扱うフランスの最高裁判所］によって強化され、罪刑法定主義の原則に違背する危険を冒しても、裁判所の言う医学規範によって名指しされた「倒錯者」から未成年を十分に保護していない立法の「欠陥」を埋めることを自らの使命としていた。

一五〇年間の無関心の後、一九三〇年に行われた抑圧的性道徳の強化の延長上で、二〇世紀後半からは立法者が裁判官を引き継ぐ。法律は、やはり同性の成人間関係を処罰しなかったが、社会的に危険な同性愛の異常性という根拠固めをして、道徳主義的な判例を追認した。売春斡旋との闘いに関して採択された一九四二年八月六日の法律によって、ヴィシー体制は、同性愛行為をとくに処罰するために刑法典を修正した。以降、「自らの情欲を満たすために、二一歳未満の同性の未成年とみだらなあるいは自然に反する行為を行った」者は六ヶ月から三年の禁錮刑で処罰された。

戦後、この立法の動きに終止符が打たれたわけではない。解放時、同性の成人と未成年の間の関係の特別な処罰は、明示的に受け継がれ、重罰化されさえした。同時に、異性関係の性的成年は一五歳に、同性関係の性的成年は二一歳とされた（一九七四年には一八歳）。「社会禍と闘うあらゆる適切な措置」を政府がとることができるとする一九六〇年七月三〇日の法律へと至る審議において、議会は、ド・ゴール派議員であるポール・ミルゲの修正を全会一致で採択している。これはアルコール中毒、売春、結核と並んで、同性愛を同じく抑止されるべき災いの一覧に加えるものであった。そして一九六〇年一一月の法律が、公然猥褻罪を改正し、公然猥褻が「同性の者との間で犯された自然に反する行為」であることを加重事由（刑は二倍）としたのである。

変化が現れるのは、一九八〇年代初め以降に過ぎない。レイプと強制猥褻罪の改正に関する議論の際に、立法者は、公然猥褻罪処罰の同性間加重を廃止することを受け入れていた。議論の際に強調された論拠は、性道徳の変化に照らし、自らのセクシュアリティを選び完成させる自由を承認する必要性であった。しかし、一九七八年から一九八〇年の間に起きた議会での激しい議論にも拘らず、性的成年の差異は残った。「自然に反する行い」に対して若者を特別に保護する必要性という論拠が、勝ったのである。

同性愛者に対するあらゆる差別的規定を廃止する用意のあったミッテランの公約が実現するには、一九八一年五月の大統領選挙と、左翼の政権獲得を待たなければならなかった。一九八一年の終わり、性的成年の差異を廃止する法案の審議のときに、改めて非常に活発な議論が行われた。問題になっていたのは、成年者と一八歳未満の未成年者の関係の問題よりも、むしろ同性愛の位置づけ、その拒絶、ある者たちの想像の中でそれが引き起こす恐怖であったことを議論は明らかにしている。この者たちにとって、このタブーを法の中に維持することが重要であったのは、異常と見なされたセクシュアリティが開花することを「断念させる」よう象徴的な社会的非難を永続させるためであった。

一九八二年八月四日の法律は、成人と一五歳未満の未成年の関係が異性愛か同性愛かであるかの区別を止め、刑事法の前の平等を最終的に確立した。一七九一年にソドミー罪が消滅して以来、同性間関係に烙印を押す最後の刑事規定が廃止され、フランスにおいて同性愛は完全に非処罰化されたのであった。ちなみに、性的指向に関わる基本的権利を初めて尊重することによって、周辺化から紛れもない性的自由の承認への移行が可能になったのである。

この非処罰化のプロセスによって、同性愛嫌悪《ホモフォビア》は次第に処罰化されていった。この動きは、個人間の差別的区別を処罰する刑法典の規定に「素行」という文言［性的指向の婉曲語として使われていた］が付加されたことに表れている。こうして同性愛を理由とするあらゆる区別、とくに財やサーヴィスの提供の拒否、雇用の拒否、不利益や解雇が、禁錮や罰金に処されることになった。しかし、同性愛の問題化から同性愛嫌悪の問題化への移行は、完成されるにはほど遠い。というのも、まず差別事実を訴追するにしても、行為者の差別的意図を立証することの不可能性にぶつかる。そしてより陰険な差別的行為は、刑法典によって考慮されていないからである。確かに最近の法律は立証責任を緩和し、間接差別［直接差別と異なり、一見中立的だが実際に適用されると特定の人びとに対して不利に働く条件などを指す］の概念を導入した。しかし、これが関係しているのは雇用の分野だけである。さらに人種差別との闘いとは異なり、フランス法は、同性愛嫌悪的差別、暴力、嫌悪をそそのかす言動の処罰、同性愛嫌悪的侮辱の処罰すらも一切定めていない。この方向での複数の法案が近年作られているが、議会審議の対象となったものはない。

ダニエル・ボリヨ、トマ・フォルモン（齊藤訳）

↓**異常、差別、象徴的秩序、処罰、哲学、判例、侮辱、法医学、ミルゲ**

◆**補遺**

二〇〇四年、フランス国民議会は同性愛者への差別に基づく侮辱的発言を違法と決定し、これに違反した者は最長一年の禁錮刑に処され得るとした。また本書の編者ルイ＝ジョルジュ・タンの提唱で始まったＩＤＡＨＯ（国際反同性愛嫌悪・トランス嫌悪デーの略で五月一七日。この日はＷＨＯが分類する疾病リストから同性愛が除外された日）運動が実を結び、フランス政府が国連に世界規模での同性愛の非処罰化を訴えることを決定、これに賛同する国々の共同声明の形で二〇〇八年一二月、国連総会で「性的指向とジェンダー・アイデンティティに関する声明」が読み上げられた。当初これは国連総会決議として採択することが目指され、日本を含む六六ヶ国が賛同した。しかし反対する声明がイスラム協力機構の主導のもとに提出され、アメリカ、中国、ロシア、ヴァチカン市国など五七ヶ国に支持された。そのため、この声明は国連総会の場で読み上げられた宣言としては初めて同性愛者の権利に言及する画期的なものではあったが、二〇一二年の時点ではまだ正式に採択されるに至っていない。

（山本）

ヒムラー（ハインリヒ・〜）

ハインリヒ・ヒムラー（一九〇〇〜四五）は、最初ＳＳ［親衛隊］の隊長（一九二九）、その後ゲシュタポ［国家秘密警察］長官（一九三四）、さらにドイツ警察の長官（一九三六）、最後に内務大臣（一九四三）という経歴を持ち、ナチスの同性愛嫌悪《ホモフォビア》の中心的理論家であり、第三帝国《ライヒ》での同性愛者迫害の主要な推進者であった。

ヒムラーは、一九三七年二月一八日、ＳＳの将官を前にした演説で、ナチスの同性愛嫌悪の原則を披露した。それは、大衆的な偏見を、人種差別主義と優生思想のイデオロギーに役立つように再生利用したものだった。彼は自分がこの問題の専門家であるとして、同性愛の蔓延を強調し、それが伝染病のように国民全体を脅かしていると力説した。すでに第一次世界大戦によって人口を減らしてしまったドイツにあって、男性同性愛は、堕胎と同様に――ヒムラーはこの二つをよく同一視する――、「民族の存続」に対する攻撃であり、帝国《ライヒ》の拡大とその「生存圏」の征服を妨げる。ヒムラーは国家の中枢に同性愛者の秘密連合が形成されることが、どれほどの危険をもたらすかということについても熱弁を振るった。同性愛者は売国奴であり臆病者だ。奴らは愛国心を犠牲にして性的な連帯を優先する。まさに獅子身中の虫である。その正体を暴露して、害を流すのをやめさせなければならない。しかも奴らは秘密にしておこうと気を配っているが、そのせいで「圧力をかけるには恰好の標的」となり、国家を弱体化させる者たちである。同性愛者のもたらす危険は、ナチスの「美徳」をすべて体現しているとされるＳＳのようなエリート組織にとっては、他の場合よりもはるかに大きい。ヒムラーにとって同性愛は人種の混淆の結果であった。ヒムラーによれば、ドイツ民族がその起源であるゲルマニアにならって遠征することこそ、そのような「災禍」から身を守る手段である。だから若者を同性愛の誘惑から解放せねばならないのであり、そのための手段としては、間接的には↓スポーツや労働、規律などを用いるとともに、必要があれば買春や早い結婚を奨励し、また私生児も寛容に処する必要があるとした。つまりヒムラーは、ピューリタニズムや理想主義の語調のもとに、異教的な、あるいは酒神祭的な社会への誘惑を隠し、それによってキリスト教道徳にも逆らったのである。かくしてヒムラーは、同性愛嫌悪の複数の側面を体現する存在となる。彼は「女性的男性」の同性愛者というステレオタイプに結びついた蔑視に、さらに男らしさが強迫観念としてつねにつきまとっている社会における人口減少という恐怖（↓生殖不能）と↓退化という懸念を付け加えたのだ。そこにはさらに、個人的な要素も加えることができるかもしれない。男性同性愛に関してヒムラーは、理屈を越えた恐怖や嫌悪に取り憑かれていたように思われる。そうした恐怖や嫌悪が、ある種の覗き見趣味につながり、他人のセクシュアリティに関して法律を定めることに組織者として真の喜びを見出すようになり、ついには浄化という自分の幻想を実行に移させることになる。

SS帝国《ライヒ》指導者として、また警察長官として、ヒムラーは一九三六年一〇月一〇日付の秘密指令を発し、一九三三年のナチスの政権掌握時点からすでに開始されていた「同性愛および堕胎との戦い」を中央集権化し、優先順位を付けた。刑法第一七五条［「ドイツ」の項参照］を強化するために、同性愛者のリストアップを任務とする「同性愛および堕胎根絶帝国《ライヒ》センター」などの新機構を発足させた結果、逮捕者数はかなり増加することになった。このことは、売春婦や「若者を堕落させる者」あるいは累犯者といった、一定のカテゴリーに分類される「↓犯罪者たち」を↓強制収容所に送る形でも現れた。ヒムラーは、ナチ党、SS、ヒトラー・ユーゲントから同性愛を根絶することに格別の重要性を与えていた。というのも、男らしさを重視するこれらの組織において、仲間関係を崇拝するあまり少しずつ両義性が増していくことに意識的であったからである。しかし国防軍を「浄化する」ための彼の試みは、長い間実らずにいた。それはヒムラーが主導権を握っていることを好ましく思わない軍の高官からの抵抗があったためである。一九三七年、ヒムラーは↓カトリック教会と軍（↓軍隊）の参謀本部に対しても、同性愛嫌悪キャンペーンを敢行した。

しかしすべての同性愛者を絶滅することがナチ体制の目的ではなかったし、ヒムラー自身も、「後天的に習得した」同性愛、あるいは「↓放蕩」に属する同性愛、あるいはまた「誘惑」された同性愛と見なし得る同性愛者に対しては、「再教育」の可能性を検討していた。ヒムラーは、同性愛者を「↓治療」するために医者たちが推奨する、精神分析からホルモン療法まで、さまざまな手段に強い関心を示した。例えばマティアス・ハインリヒ・ゲーリングのドイツ心理学精神療法研究所は、七〇％の成功率を誇示したのである。その目的は、いずれは同性愛者を国民共同体に再統合することであった。しかし戦争も初期段階を過ぎると、「再教育」計画も第二の局面に突入することになる。ヒムラーはしだいに、「反社会的な者たち」のために時間と金を無駄づかいする論理に賛成しなくなっていく。強制収容所送りにすることの方が論理にかなったこととなり、「治癒した」同性愛者を前線に送り返すために、いろいろ論争はあったものの、去勢が最も簡単な手段として実施された。ブーヘンヴァルトにおけるカルル・ヴェルネト博士［一八九三〜一九六五］の犯罪的な実験も、このようにしてヒムラーによって奨励されたのである。

フロランス・タマニュ（山本訳）

↓医学、勧誘、強制収容、極右、生殖不能、退化、退廃、治療、伝染、ドイツ、ヒルシュフェルト、ファシズム、ペタン、暴力、反逆

ヒルシュフェルト（マグヌス・〜）

マグヌス・ヒルシュフェルト（一八六八〜一九三五）は、バルト海沿岸地方のユダヤ人の家に生まれ、ミュンヘンとベルリンで医学を学び、アメリカ、アフリカ北部を旅してまわった後、マクデブルクに居を構え、その後、ベルリンのシャルロッテンブルク地区に移り住んだ。患者の一人が結婚の前日に、本当の性的指向を理由に自殺したことが、ヒルシュフェルトに同性愛の「原因」について検討させるきっかけとなった。ヒルシュフェルトがTh・ラミエンというペンネームで一八九六年に初めて出版した著書『サッフォーとソクラテス』は、「女性の心と男性の身体を持つ」と定義された「第三の性」の存在をすでに提唱していたカール・ハインリヒ・ウルリヒスの研究からとくに強い影響を受けている。『男性および女性における同性愛』（一九一四）では、数多くの証言と数千にも及ぶアンケート調査に基づいて、自説をさらに洗練、発展させた。この本の中で彼は、「中性者」が存在すると主張し、それを性的な器官、身体的な特徴の違い、性本能、精神的な特徴の違いという四つを基準として定義している。それによれば、人間は両性具有、半陰陽の度合いの差によって分類できるとした。ヒルシュフェルトは同性愛を先天的なものであり、後天的に習得されるものではないと考え、それは「異常」ではなくむしろ「性の変種」であって、それを変えることは不可能であるとした。

マグヌス・ヒルシュフェルトは、性科学者であると同時に一人の活動家として、一八九七年五月一四日、ベルリンに世界初の同性愛者運動のための団体、WhK（科学的人道委員会）を設立した。この団体の歴史についてはヒルシュフェルトが『過去から現在まで』（一九二三）の中でたどっている。彼はまた、『ベルリンの同性愛者』（一九〇八）の中で、すでにベルリンの同性愛者の世界の豊かさに言及している。一八九九年から一九二三年まで定期的に発行された雑誌『中性者年報』には、同性愛に関する基礎的な論文が発表された。この雑誌は一九二六年に『WhK会報』に引き継がれた。この団体が目標として掲げていることは複数あった。男性どうしの性的関係を拘禁刑（刑務所）によって罰するとしたドイツ刑法第一七五条を撤廃すること、世論に対して同性愛に関する情報を提供すること、同性愛者に自身の権利擁護に対する関心を持たせることである。これらの目標のためにWhKは複数の統治機関や主要メディアに対するロビー活動を遂行して、敢えて穏やかな口調で語った情報パンフレット『第三の性について国民が知っておかなければならないこと』を数万部配布した。さらに一八九七年には刑法第一七五条の撤廃を求める署名運動を実施し、直ちに第一線で活躍する数千人からの署名を集めた。その中には医師（クラフト＝エビング）や、政治家（カール・カウツキー、エドゥアルト・ベルンシュタイン）、芸術家（トマス・マン、ライナー・マリア・リルケ、エミール・ゾラ）、科学者（アルベルト・アインシュタイン）が加わっていた。左翼の政治家の中にもヒルシュフェルトの主張に関心を持つ者が出てきた。そのうちの一人、SPD（ドイツ社会民主党）党首のアウグスト・ベーベルは、一九〇五年に刑法一七五条の問題を帝国議会に提起した。その論拠として彼は、性科学者の研究によれば、同性愛者、バイセクシュアルは人口の六％であり、すなわち数千人のドイツ人が脅迫者からゆすられる危険があるとした。道徳秩序とドイツ国民の活力の名のもとに、リベラルと保守が対立し、この法律は何も変わらないまま残された。

オイレンブルク事件は、こうした活動に一時停止をもたらした。これは、政治情勢の混乱に乗じて、ヴィルヘルム一世の側近で、顧問であったフィリップ・オイレンブルク侯爵と、ベルリン市駐屯士官クーノ・フォン・モルトケ伯爵が、ジャーナリストのマクシミリアン・ハルデンによって同性愛者であると告発された事件である。その後の裁判に「専門家」として証言するよう召喚されたヒルシュフェルトは、一九〇七年一〇月、モルトケの「無意識的指向」は同性愛的であると言い得ると断言した。彼はそれによってこの問題に関する政府の偽善を断ち切りたかったのである。しかしこの戦略は結果的に災いを招いた。ヒルシュフェルトは証言を撤回したが、彼の団体の支持者は三分の一にまで減った。それは、それまで彼を支持してきた裕福な同性愛者たちが、こんどは自分たちが白日のもとにさらされるのではないかと恐れるようになり、ヒルシュフェルトへの好意が失われた徴《しるし》であった。一九〇九年には、最終的には否決されたものの、刑法一七五条をレズビアンにまで拡大適用しようとする法案が提出された。このときＷｈＫは一時的にいくつかのフェミニスト団体と協調行動をとった。しかしＷｈＫが現実的な影響力を振るったのは、ヴァイマル共和国〔一九一九〜三三〕が成立してからのことである。この体制下でベルリンには同性愛者のサブカルチャーが開花し、ＷｈＫに好意的な雰囲気が充ち満ちたのである。

一九一九年、ヒルシュフェルトはベルリンに「性科学研究所」を設立した。この研究所は、同性愛に関する既存の文献を収集することを任務とする科学的研究所であると同時に、医学的あるいは心理学的な支援をもとめるあらゆる同性愛者を受け入れるセンターとしても、すぐさま世界中に名を知られるようになった。アンドレ・ジッド、ルネ・クルヴェル〔一九〇〇〜三五〕、クリストファー・イシャウッドなどがここを訪れている。ヒルシュフェルト自身も国際的な活動を拡大し、イギリスでは「性心理学研究イギリス協会」の設立（一九一四）を支援し、「性改革のための世界連盟」の結成（一九二一）にも尽力した。また海外での講演も数多くこなした（一九三三年の『ある性科学者の世界旅行』を参照のこと）。一九一九年には、教育用の社会的な映画の専門家で、プロデューサー兼監督のリヒャルト・オスヴァルトとともに、世界初の同性愛者運動の映画『他の人と違って』をつくり上げた。この映画は刑法第一七五条の撤廃を訴え、ゆすりなどの脅迫によって自殺に追いこまれることもある「性逆転者」の苦しみに、世論の関心を向けようとした。この映画は報道機関から絶賛の評で迎えられ、また本当に大衆的な成功も収めたことは確かだが、その一方で、道徳秩序の信奉者や反ユダヤ主義的な世界から暴力的な攻撃の標的にもされた。映画上映の際に何度も暴動が起き、その結果いくつかの都市、例えばミュンヘンや、シュトゥットガルトでは一九一九年五月二四日に、警察が映画上映を禁止した。最終的に一九二〇年に、再び検閲によって上映禁止とされ、それ以後は医師に対する上映か、科学的な目的を持った組織での上映しかできなくなった。

マグヌス・ヒルシュフェルトはＷｈＫを他の同性愛者団体と結びつけることも試みたが、敵意に直面させられることになった。ここでもまた反ユダヤ主義には事欠かなかった。彼に敵対する者の中には、アドルフ・ブラントの「特別な者のコミュニティ」にならって、ヒルシュフェルトの女性的男性という同性愛者観に与することを拒否し、古代の少年愛というエリートの男らしいモデルを重視する者もいた。左翼政党は、ヒルシュフェルトの議会への請願は支持したが、彼自身との関係は必ずしもはっきりしたものではなかった。というのも、ＳＰＤ（ドイツ社会民主党）とＫＰＤ（ドイツ共産党）は、ファシストとの闘いの中で同性愛嫌悪に基づく論拠を利用することを躊躇《ためら》わなかったし、とくにＳＡ〔突撃隊〕の隊長で、有名な同性愛者であるエルンスト・レームを槍玉に挙げていたからである。ヒルシュフェルトは一時期、自身の政党を設立することも検討したが、彼は直ちに、同性愛者コミュニティの内部の連帯感の欠如に失望させられることになった。一九二九年が、転換点であった。刑法一七五条の廃止が帝国議会で審議されたが、多数派の交代によって可決されなかった。自身の団体内部でも強い批判を受けたヒルシュフェルトは、辞任しなければならなくなった。一九三三年にヒトラーが政権を掌握すると、ＷｈＫは禁止され、会員の中には逮捕者も出た。性科学研究所も破壊された。ヒルシュフェルトは、そうした出来事が起きたときに海外にいたので、死を免れた。彼はすでに一九二〇年代から、集会の際に何度かナチスの襲撃の標的にされていたのである。一九二〇年一〇月四日にはミュンヘンで、最も暴力的な脅威に曝された。石で武装した群集から罵声を浴び、もみくちゃにされ、攻撃を受けて重傷を負ったのである。ナショナリストの新聞は、彼が殺されなかったことにただ遺憾を表明するばかりで、この事件を歓迎した。そして一九二二年には、ウィーンでの講演の際に、一人の若者が彼を撃った。ヒルシュフェルトをヴァイマルの典型的な代表者と見るナチスからの迫害は強まる一方で、一九二九年以降は、公の場に姿を見せることも不可能となった。彼はフランスに亡命し、研究所を再建しようとしたが、果たせなかった。消耗したヒルシュフェルトは一九三五年にニースで亡くなった。

ヒルシュフェルトは先駆者として、また有名人でもあったことから、侮辱や攻撃を一身に集めた。彼の宣伝好きやメディアを過剰に利用しようとする点は、彼が同性愛を医学の領域に引きずり込み、同性愛を同情的な視点から見、同性愛者を病人や犠牲者と見なすことを世論に求めた点とともに、これまでも批判の対象とされてきた。政治的無関心を自認してはいたけれども、それは時に見境のないところまで行った。同性愛者に向かって左翼政党に投票するよう命じておきながら、自分の主張の味方につけたいとなると、現実感覚を失って、最も保守的な政党にもいくらでも支援を求めた。しかしながら彼の行動、彼の理論を、時代の文脈に置き直してみた方が良いだろう。敵対勢力に直面し、どちらかと言えば孤立しながらも——WhKは最盛期でも五〇〇人の会員しかいなかった——、マグヌス・ヒルシュフェルトは休むことなく戦闘的活動を展開し、勇気を持って数万の同性愛者に希望を吹きこんだのであり、彼のおかげで同性愛はそれ以降、議論の一つのテーマとして、科学と人道主義に基づいて話し合うことが可能になったのである。

フロランス・タマニュ（山本訳）

↓映画、オイレンブルク事件、強制収容、極右、スキャンダル、団体、ドイツ、ヒムラー、ファシズム、暴力

ヒンドゥー教

ヒンドゥー教における同性愛嫌悪《ホモフォビア》を示す前に、まずヒンドゥー教とは何かということを定義する必要がある。通常、ヒンドゥー教は一つの宗教であるとされるが、そのように呼ぶことは誤りである。事実、ヒンドゥー教は一つの一貫した神学的教義でもなければ、哲学的な諸問題に関する教義の集大成でもない。実際ヒンドゥー教が扱っている領域は、一元論から多神論または汎神論という多少なりとも拡散した形態まで、非常に幅広い。そしてこの幅広い領域にこそ、旧約聖書によって規定された厳格な一神教が出現するはるか以前に、極めて豊かな文化が独自の発展を遂げたのである。

「宗教」という言葉が、信者が関係を結ぶ対象としての神の存在をあらかじめ前提にしているのなら、実際ヒンドゥー教にはこの言葉を当てはめることはできない。ヒンドゥー教徒自身は、「宗教」という言葉を使うよりサナータナ・ダルマという言い方をする方を好む。これは、「永遠の信条の体系」を意味する。ダルマはドゥリー（「縋《すが》る」）というサンスクリットから派生した言葉で、つまり人が縋《すが》ることのできる信条、寄りかかることのできる信条という意味である。そこから意味が広がって、ドゥリーを義務と訳すこともできる。

ヒンドゥーの形而上学の体系はダルシャナ（「直接触れること」）と呼ばれ、どの点をとっても西アジアの封建的な体系とは相容れない。ヒンドゥーの体系は全部で六種ある［六派哲学］。

(1)　ニヤーヤ（「純粋な論理」）学派。哲学者ガウタマ（釈迦とは別人）が大成した。

(2) ヴァイシェーシカ（「特殊性」）学派。カナーダまたはカナブジュと呼ばれる哲学者が大成した。

(3) サーンキヤ（「数える」）学派。哲学者カピラが大成した。

(4) ヨーガ（「義務を負わせる」）学派。哲学者パタンジャリが大成した。

(5) ミーマーンサー（「自己目的な祭事」）学派。哲学者ジャイミニが大成した。

(6) ヴェーダーンタ（「『ヴェーダ』の末尾」）学派。哲学者バーダラーヤナが大成した。

以上の体系はどれをとっても、何か唯一の神の存在に言及するものはないし、また唯一の真の形而上学に言及するのでもない。また同時に、これらの体系は現世の道徳にはほとんど関係していない。ただしヒンドゥー教の聖典は、祭式の集大成であるカルマカーンダと、知識の集大成であるジュニャーナカーンダとに大別される。別の言葉で言うなら、祭式によって認識に至るか否かが決まるのだ。従って、道徳と倫理は明瞭に区別される。道徳はヴャーヴァハーリカ・ダルマ（一時的な義務）に、倫理はサナータナ・ダルマ（永遠の義務）に直接関連する普遍的体系に属している。

ヒンドゥー教の信条の体系についての説明は以上で終えるとして、次に、西洋社会における同性愛嫌悪に比肩し得る限りで、ヒンドゥー教に同性愛嫌悪の根が含まれているかどうかという点を説明する。ヴャーヴァハーリカ・ダルマには、同性愛の問題についての道徳的な立場が一切含まれていない。同性愛は自由意志に基づく行為であり、同性愛者は完全に規範の枠内でそれを実践するものと見なされている。

それでは性に関わる規範を尊重しない人間とはどのような者であろうか。ヒンドゥーの最も古い聖典である『ヴェーダ』の中には、パンダカに言及しているものがある（『アタルヴァ・ヴェーダ』）。これは、女のように髪を伸ばし油をつけて波打たせ、装身具を身にまとい、だからと言って女装者ではないような「女っぽい男」を指している。この言葉は次のような悪口として使われる。「お前の息子などパンダカになってしまえ」（『アタルヴァ・ヴェーダ』）。叙事詩の聖典『マハーバーラタ』には、別の悪口が登場する。戦士であるシカンディ王子がナプンサカと呼ばれているのだ。この言葉は、挿入しない者という意味である。しかし王子が挿入しないのは、自分の意志でしないのか、それともできないのかは分からない。つまり王子の性行動は少なくとも明確ではないのである。『マハーバーラタ』の別のところでは、クリーバという言葉も出てくる。この言葉は戦士アルジュナを指しているのだが、彼は追放されたために、女装して王女ウッタラーの宮殿に身を隠す。そして王女の舞踊の先生になる。ただしアルジュナは王女の兄弟から性的に言い寄られたときに拒絶している。だから同性愛の行為が問題になっているわけではない。

→仏教やジャイナ教の聖典は、トリティカ・リンギカという言葉に言及しているが、これは第三の性と訳すことができる。しかし実際にはジャイナ教の経典には一〇以上もの男性の分類が出てくるのだ。それは服装や社会における男性のさまざまな立場による分類で、例えば禿頭であるとか、女っぽいとか、口髭がないといったことによって分けられている。ここでも、性行動が本当に問題になっているわけではない。

セクシュアリティをジェンダー・アイデンティティと同一視する唯一の例は、『シヴァ・プラーナ』（シヴァ神古譚）に登場する。そこではシヴァ神が、アルダナーリーシュワラ（半男性）とも呼ばれている。シヴァ神は非常に多くの要素が複合した神である。その象徴であるリンガのように、シヴァ神は種子を蓄える禁欲者であり、時に世界中に種子をばらまく。聖なる物語の一つに、シヴァ神があまりにも熱い精液を浴びせたので、火の神アグニはそれを受け止めることができず、ガンガー河にこぼしてしまったとある。ガンガー河ではこぼれた六滴の精液から、シャンムカ［スカンダの別名］と呼ばれる神が生まれた。

以上に挙げた、性の規範に違反する男性の定義のほとんどすべてが、排他的な同性愛行動を問題にしているのではない。神は時に女に変身し（例えばヴィシュヌ神はモヒニーに化身する）、そのときには同性愛行為を行うことになる。しかし同性愛に結びついたいかなる汚名も着せられることはない。ただしそのような汚名が存在するならの話だが。

同性愛に対する罰について言及しているのは、国家の統治に関する政治論の集大成『アルタシャーストラ』（前四〇〇〜前三五〇）と、『マヌ法典』（後二〇〇〜三〇〇）だけである。そこでは同性愛が、自覚していないか、故意であるかは問わず、生殖を目的としない行動（→生殖不能）と見なされる。『アルタシャーストラ』では膣によらない性行為を第一級の罰に値するとし、『マヌ法典』の方では、それよりは軽い罰を規定している。

上の二つの例では、明らかに精液が「社会的資源」と見なされていて、それを生殖以外の目的に無駄に費やすことを禁じている。精液が生殖のために用いられ、それに加えて膣への挿入が伴っていれば、可能な限り何をしようが完全に有効であり、正当であるとされる。つまり、同性愛嫌悪は生殖を目的としないことに関わっているのである。もしも男が子どもをつくるために性行為を行うことを敢えて拒否するなら、社会的資源が浪費されることになるわけであるから、それを理由にその男を罰しなければならない。これこそ『マハーバーラタ』の中で、女族長のガーンダーリーがパーンドゥに言っていることである。ガーンダーリーは「子どもがいなければ地獄だ」、他の男から子種をもらってくると言ってパーンドゥを脅すのである。ここで問題になっているのは道徳ではない。夫の遺伝子を妻が受け継ぐことであり、また夫の家族を妻が受け継ぐことである。

アショク・ロウカヴィ、ルイ＝ジョルジュ・タン仏訳（山本訳）

→インド・パキスタン・バングラデシュ、生殖不能、中国、朝鮮、東南アジア、日本、仏教

ファシズム

「ファシズム」という言葉は、古代ローマの束桿《そっかん》［執政官の権威の象徴で、数十本の木の棒を斧のまわりに束ねたもの。ラテン語ではファスケス］を意味するイタリア語の「ファッショ」にその起源がある。ムッソリーニが一九一九年にイタリアで創始した「イタリア戦闘ファッシ」がこれを組織のシンボルとして以降、意味が拡張され、「ファシスト」という呼称が、一九一九年から四五年の間にヨーロッパで展開されたその他の運動体や党派にも適用されるようになったのである。そうした運動体や党派には、ナショナリズム、軍国主義、指導者の崇拝、一党独裁、コーポラティズムといった、いくつかの共通する特徴がある。ドイツの国家社会主義もファシズムの一形態ではあるが、ファシズムとは本質的に異なる性質も帯びている。中でも最も重要なのは、人種理論が重視されていた点であり、それによって優生学的措置と、「主人たる人種」が支配するのに必要な「生存圏」の征服が正当化されることになったのである。

すべてのファシスト体制が、同性愛の問題を同じように重視していたわけではない。同性愛問題を総体として分析の対象としたのは、ナチ政権だけである。ナチスは同性愛の監視、抑圧のために極めて完成された装置をつくり上げた。しかし他の国は、一時的な対処をしているだけであり、それも部分的には→ドイツの影響を受けてのことであったように思われる。しかしこの問題について深く検証した研究はまだないのであるから、このように早急に結論づけるのは慎重さを欠いている。今日、よく文書化されているのは、同性愛者がナチズム体制下でたどった運命についてだけである。

まず最初に、法的歴史的状況の違いを確認しておくべきである。地中海諸国では、日常生活の中で男女が厳密に分けられていたせいもあって、同性愛者は男女ともに比較的寛容な扱いを享受していた。確かにカトリックの伝統はソドミーを断罪していたし、受け側の女性的な「性逆転者」は嘲笑と軽蔑の種だった。なぜなら「性逆転者」は、ジェンダーに結びついた階層秩序に疑義を呈するからである。しかしながら同性愛行為は一般に、特殊なアイデンティティに関係するものとは見られていなかった。バイセクシュアリティが比較的広範囲に見られたのである。だからこそ、兵士や船乗りが売春行為をしても、同性愛者であるとは見なされなかったのである。同性愛嫌悪《ホモフォビア》に基づく法制度がなかったことも手伝って、こうした国々、とりわけイタリアは、自国で実施されている監視の目を逃れたいと願う数多くの同性愛者たちを引きつけてきた。かくしてオスカー・ワイルド裁判〔一八九五〕の後、カプリ島はとくに評判の高い保養地となった。そこにはアデルスウェルト＝フェルセン男爵、サマセット・モーム、E・F・ベンソン、ノーマン・ダグラス、ナタリー・バーネー、ローメイン・ブルックスなどがやって来たのである。ドイツの状況はこれとはかなり異なっていた。ドイツでは一八七一年の統一以来、刑法第一七五条によって、男性同性愛は拘禁刑を科せられていた。一九二〇年代のベルリンは、出会いの場がふんだんにあったせいもあって、外国の同性愛者を数多く引きつけていたのも確かだが、その寛容は表面的なものに過ぎず、同性愛嫌悪の偏見は、教会や保守派政党、報道機関によって維持されて、世論に深く根を下ろしていたのである。

従ってナチスの同性愛嫌悪は、その特有の論理を展開するに当たって、比較的好都合な土壌を見つけられたのである。その論理とは、同性愛は「人種に対する犯罪」であり、ドイツ民族の生命力を脅かす退化の徴《しるし》であるにちがいない、というものである。ヒムラーは演説で、この解釈を大衆化するよう努め、「自然に反する悪徳」の抑圧を組織した。抑圧は、一九三三年の政権掌握からすでに開始され、三五年以降、「長いナイフの夜」事件〔一九三四年にヒトラーが敵対者を粛清した事件。「ドイツ」の項参照〕をうけて強化された。しかしその一方で、同性愛者を「治療する」という考え方も、ナチ思想にとっては奇妙なことではなかった。なぜならそれによって「惑わされた」人間を国家という集団に、とりわけ軍隊に、再統合することができるからである。強制収容所に送ることは「再教育」という名称が与えられていて、そこではさらに危険な「医学的」実験や、極端な場合は去勢にまで至る治療が施された。しかしながら同性愛に対する告発は、政治的な下心がなかったわけではない。体制内の敵に対して、それが何度も利用されているのである。

イタリアでは、一九二二年にファシストが政権を握ったが、そのことが直ちに同性愛者の運命を変えることになったわけではない。例えばムッソリーニは、一九三〇年に新刑法に関する議論があった際、同性愛嫌悪に基づく法制度を導入することには反対したのである。その理由は、イタリア人は男らしいから同性愛者になるわけがないというものだった。それ以外にはどうやら、経済的な利益が道徳的判断よりも優先されたらしい。同性愛者の観光事業は外貨の供給源であり、それを窮地に追いやるわけにはいかなかったのである。つまるところイタリアでは、ドイツで見られたような戦闘的な運動に比肩するものは存在しなかった。同性愛者の組織的なコミュニティも、とくに危機感を引き起こすことはなかったように思われる。それでもやはり、同性愛者は新たな差別の標的とされた。バーは手入れの対象となったし、とくに「目立ち」過ぎると判断された幾人かの人物は追放された。しかし一九三八年には、新しい政令が可決された。ナチス政権の模倣というのが本当のところであろうが、今回は直接に同性愛者が標的にされた。エットーレ・スコラ監督の映画『特別な一日』（一九七七）が示しているように、その政令以後、同性愛者は「政治」犯（↓犯罪者）であると見なされ、刑務所に入れられるか、遠くの島に追放される危険があった。イタリアではファシスト党の党員が同性愛者であると認められれば辞職を迫られたし、ドイツではSS〔親衛隊〕の隊員であれば死刑に処された。いずれにせよ多くの同性愛者にとって、ファシズム下での生活は、恐怖、苦悩、屈辱を意味していたことは確かだが、彼らの大半はとくに付け回されることなくこの時代を過ごした。

スペインでの同性愛に対する抑圧に関しても、全体的に検証されたことは一度もないようである。確かに同性愛嫌悪に基づく暴力は増えていたのであり、それは一九三六年に共和主義者で同性愛者のフェデリコ・ガルシア・ロルカが処刑されたことにも表されているが、フランコは、この点に関してはヒトラーからの圧力に屈することがなかった。そして政権の最後の数年間は、同性愛のサブカルチャーが再び現れることさえ許したのである。

以上のように、ファシスト政権がすべて共通の論理や実践を展開したわけではないけれども、それでも同性愛に対して敵対的であったことには変わりはない。一九三四年以降、共産党が同性愛者を「ファシストの↓倒錯」と見なす宣伝を広めたが、これは根拠のないことであった。確かにナチスのある種の集団、例えばエルンスト・レームのSA［突撃隊］のような集団には、同性間のエロティシズムがその大きな構成要素となっていることが見て取れるし、また同性愛者の中にはファシズムのイデオロギーを感じ取れる人物も幾人か存在する（だがファシズムのイデオロギーを奉じる異性愛者の方がどれほど多いことか）ことは確かだが、だからといってさまざまなファシスト政権下で、数万人という同性愛者が弾圧や差別の犠牲になったことを忘れてはならない。

フロランス・タマニュ（山本訳）

↓イタリア、共産主義、強制収容、極右、グラーグ、軍隊、警察、スペイン、退廃、治療、ドイツ、ヒムラー、ヒルシュフェルト、ペタン、暴力

フーヴァー（ジョン・エドガー・〜）

ジョン・エドガー・フーヴァー（一八九五〜一九七二）は、おそらく同性愛と同性愛嫌悪《ホモフォビア》の歴史上、最もなぞめいた人物の一人である。FBI長官としての彼は、同性愛者の集団的組織化のあらゆる試みの監視と統制に着手し、そして休むことなくそれを遂行し続けた。彼と副長官のクライド・トルソンは、アメリカの連邦機関の真っ只中にあって、同性愛者を「内なる敵」に仕立て上げるために、こつこつと疲れを知らずに働いた張本人であり、マッカーシズム（↓マッカーシー）の真の要であった。ところが同時に、フーヴァーとトルソンは、四〇年以上に渡って、恋人どうしだったのである。一九九三年のアンソニー・サマーズの著書『大統領たちが恐れた男——FBI長官フーヴァーの秘密の生涯』［水上峰雄訳、新潮文庫、一九九八］が挙げている証拠によれば、幾分か留保を付けるべき証言もいくつかあるものの、フーヴァーの性的指向にはほとんど疑いの余地はない。しかしそれでも彼の逆説的な態度を解釈することの困難に変わりはない。しかも、アメリカの左翼によって行われてきたフーヴァーの同性愛の告発は、やはり同性愛嫌悪の一つの形態であることを免れないのであり、そのことはゲイ・レズビアン問題に対する左翼の「好意」の限界を示している。

この人目を引くパラドックスを説明するには、最初から仮説を立てるより他に方法はない。最も広く流布している仮説は、フーヴァーを内在化された同性愛嫌悪の象徴、自己嫌悪（↓恥）の象徴と見なす解釈であり、それが一九五〇年代の同性愛者《ホモファイル》の初期の運動に対するフーヴァーによる警察活動という形で外面化されたのだとする。しかしトルソンとの間に四〇年近くもの間持ち続けた二人っきりの、そして同時に見たところ調和のとれた関係が、この仮説を支持することを難しくしている。そこで、フーヴァーをその時代の人間として、また社会的な威厳を保つ義務を負った高級官僚として見る必要が出てくる。さらに、同性愛者に対する彼の活動、とくに初期の同性愛《ホモファイル》組織に対する彼の活動は、もっと広い視野に置き直してみる必要がある。↓警察としてのフーヴァーの攻撃は、アメリカ共産党の党員または旧党員に対しても、またヘンリー・ウォーレスの進歩党党員に対しても、反人種隔離主義の活動家に対しても、実行されたのである。フーヴァーは何よりも、連邦民主制をとる国家の中心に、情報に関する全体主義的な技術を構築しようとした象徴

である。この国家においては、まさに中央官庁は、数多くの地方権力から割り当てられている限界を超えようとする傾向があるのだ。フーヴァーが同性愛者団体↓をとくに標的にしたことは、比較的よく文書に残されている事実ではあるが、彼にとってあらゆる集団的反体制組織は、ＦＢＩの存在の正当性そのものが拠って立つ脅威↓でもあった。

だから次のような仮説を立てることができるだろう。すなわち、フーヴァーの同性愛者としての経験は、純粋に私的かつ個人的な事実として構成されていて、彼の政治的な位置が保守派のものであったことは明瞭であるという事実から、それは男らしい友情、男性的な忠誠に重きを置く価値観を示していると見なし得る。この個人的経験としての同性愛こそは、初期の同性愛《ホモファイル》組織の歩みと正反対をなすものなのである。なぜならそうした組織は、同性愛の集団的経験を構築しつつあったのであり、また最初のマタシン協会の創始者であり元共産党員であったヘンリー・ヘイなどのように、初期の活動家たちは明らかに左翼的な立場に立っていたからである。だからフーヴァーのパラドックスは、一つの世代間抗争に要約されるのである。それは、ゲイ・レズビアンの歴史には比較的よく見られることだが、不連続性の大きさによって特徴づけられる。フーヴァーが、自分の安定して「高貴な」愛の関係が、中流階級または民衆の同性愛者とは何の関係もないと考えたとしても、全く無理のないことである。そうした同性愛者たちは、必ずしもカップルにならないし、カップルになろうともしないし、人種を越えた性的関係も受け容れ、左翼で「麻薬中毒の」「ビート・ジェネレーション」の芸術家たちと行き来したり、称賛したりしている……。同性愛者を比較的まとまりのある社会集団として把握するようになったのは、一九五〇年代をつうじて構築されつつあった考え方である。われわれが過去をふり返って、フーヴァーの感情生活を同性愛であったと評価することは確かに可能である。しかし逆に、この感情生活の次元が、フーヴァーの社会的な立場や政治信条に影響を与えていたはずだと主張するのは、時代錯誤に属することである。

ピエール＝オリヴィエ・ド・ビュシェ（山本訳）

↓北アメリカ、警察、反逆、暴力、マッカーシー

フェミニズム（フランス）

「レズビアンの問題というのは存在しない。あるのは異性愛者の問題だけである」。一九七〇年代初頭に同性愛が議論されたときの、女性解放運動の立場を要約すれば、このようなスローガンとなるであろう。そして一九七一年初頭に、後に「精神分析と政治－女性版」というグループとなる団体↓が組織した「同性愛女性の問題」を中心的な議題とする集会から、多くのレズビアンの活動家（とその他）が、集団で――そして爆発的に――席を立ったのもこのような理由であった。また、ＭＬＦ［女性解放運動］とＦＨＡＲ［同性愛者革命的行動戦線］が、一九七一年三月一〇日のメニー・グレゴワールによるラジオ番組「同性愛、この悩ましき問題」を妨害したのも、やはりこのような理由であった。そして最後に、一九七一年秋にはもう「赤いレズたち」という挑発的な名前を付けたグループが創設されたのも、やはりこの理由からであった。

このような過激で「革命的」な立場は、そもそもこの時代の運動の大半に共通するものだった。フェミニストの目標は、既存の社会の中で女性の置かれた状況を改善することではなく、さらに「改革する」ことではなおさらなかった。そうではなく、男女間で行使される束縛、支配、権力すなわち「家父長制」という体制、とりわけ性の支配の体制全体を分析し、告発し、転覆し、最終的には破壊することに目標が置かれていたのである。フェミニストの運動の特異性（それ以前の運動と比較して）が、まさに身体とセクシュアリ

ティの問題を強調したことにあったのだとすれば、そうした問題が、他のあらゆる抑圧の現場、他のあらゆる抑圧の様態を分析するに当たって、切り離すことができないからであったということを思い出す必要がある。だからこそフェミニストは、当時流行していた「性の解放」というイデオロギーに対しても、同時に異議を唱えていたのである。

だからレズビアンの活動家がまず最初に専念したのは、同性愛の擁護でも、同性愛の公然化でもなく、異性愛に基づく家父長制の問題化であり、異議申し立てであり、批判――とげとげしいまでの――だったのである。異性愛に基づく家父長制を、そして極めて多くの場合に狡猾なその形象、ニコール＝クロード・マティウの言葉を用いるならそれが「後生大事にしている型にはまった考え方」を、まず最初に目に見えるものにすることが問題だった。そしてそれは、直接、間接の数え切れないほどさまざまな方法で遂行された。例えば自然発生的な行動や理論化された行動、スローガンやシャンソン、あるいはデモや論文などによってである。

運動の創設に当たって、男女混成にはしないということが決定されたことはよく知られている。つまり男性と、また男女混成の運動体とは政治的に断絶することが決められたのである。そしてまた、このようなホモソーシャリティ〔「極右」の項の訳注参照〕は、主に戦略的な理由から決定されていたこととは言え、直ちに運動の競争相手から性的な理由によるものであろうと解釈されたこともよく知られている。運動はすぐさま「レズ」と「欲求不満女」の集団だと揶揄され、烙印を押されたのである。さらに付け加えるなら、フェミニスト運動は、それまでは異性愛者だった新入りの活動家が、女性どうしの関係の可能性を初めて知る喜ばしい発見の場、そしてそのうちの多くが同性愛者になる場ということにもなった。

行動における異性愛の拒否に加えて、数多くの文章、考察、請願、キャンペーンなどで、異性愛主義（ヘテロセクシズム）すなわちモニック・ヴィティッグが後に「ストレートの思想」と名づけたものに対して、直接的に反対が唱えられた。例えば『パルチザン』誌の創刊号（一九七〇）には、「膣オーガズムの神話」（アン・コート）、「女性は不感症であるという神話」（C・ロシュフォール）、レイプ、さらには堕胎、望まずに母親になることなどを主題とした文章が並んでいた。その後に続く他の号では、家族からの執拗な干渉、女性性器切除、女性に対する性的暴力、そしてもっと後にはアドリエンヌ・リッチが定式化した「強制的異性愛」などが特集された。かくして異性愛関係を「明白」で、「自然」で、必然的な性質のものだとする型にはまったあらゆる言説が、問題化され、議論され、解体され、笑うべきものであると同時に受け容れがたいものとされた。

要塞を築くための長く困難な作業、すなわち批判、家父長制的な制度や神話（とりわけ「女性的セクシュアリティ」の神話）との闘い、家父長制的な「型通りの考え方」の中でも最も盤石なものの粉砕があって初めて、運動を離れても、そしてまた運動の内部でも、レズビアンの公然化への理論的政治的要求が、最終的に耳を傾けられるようになったのである。

そうした要求はほとんど毎回、烈しくつらい論争を経て出てきたものであった。フェミニストの運動に対するレズビアンからの一群の批判は、一九七〇年代末から展開されてきたのである。フェミニストの運動ははっきりと異性愛を名指しで批判せず、暗黙のうちに批判するという形になっているし、そのためにフェミニストのレズビアンの存在が目に見えないままになっていると非難された。例えば「女性団体連合体」が催したいくつかの集会（一九七七～七八）や、最初のレズビアン新聞の一つである『女性が愛しあうとき』（一九七八～八〇）では、「階級闘争」という当時の運動の流れの中で、レズビアンの活動家が自分たちはその流れに加わることを否定されている、目に見えない存在とされていると言って、運動内部のさまざまな形態の抑圧を告発したのである。実際、解放運動がその内部のマイノリティ集団に対して抑圧を再生産してしまうことはあり得る。レズビアンの活動家たちはとくに、いわゆる優先事項という名のもとに、あるいは「女たちの大多数を悩まさないように」沈黙を強いられることと、同性愛（と異性愛）に関する議論が隅に追いやられていることを問題にした。そうした問題がある一方で、「女性が自分たちの身体と自分たちのセクシュアリティを自由にする権利を獲得するために、性の規範に反対する闘いを構成する部品にならなければならなかったのである」<<Le movement...>>。

確かに同性愛は「階級闘争」路線に「受け容れられて」いた。しかしそれは「特殊なもの」としてであって、そのような「寛容」がますます私たちに、自分たちの位置づけが「埒外」なのだと感じさせた。「そのような偽物の受け容れによって、私たちは否定されていると感じたのだ」。レズビアンの活動家はこのように書いている<<Texte...>>。また実際、同性愛はつねに恐怖を与えるのだと彼女らは言う。そしてとりわけ、異性愛者はほとんどレズビアンに向き合おうとしないし、またレズビアンが提起する問題に取り組もうとはしないということ、その一方でレズビアンはどんな女性闘争にも、例えば堕胎への権利のための闘いにも極めて積極的であることを強調する。レズビアンの問題がもっと早いうちから出現していたような、その他の路線における論争は、もっと複雑であった。とくに女性同性愛者の「新」「旧」論争はそうだった。古くからの女性同性愛者は、レズビアン集団からは離れた位置をわざと保っていることがあった。自分たちが運動によって解放されたはずの「ゲットー」が、再びでき上がってしまうことを心配したのである。しかしそれとは逆に、運動の中でレズビアンになった女たちは、「古くからの女性同性愛者」が抱えている、自から抑圧を受け、そして時にそれを内在化してきた者に特有の苛立ちや抑圧を理解しがたかったのである<ANNE : CLEF>。「ラディカル・レズビアン」(一九八〇年から八二年の「ジュシュー・レズビアン・グループ」や「ラディカル・レズビアン戦線」)たちの方は、家父長制の戦略としての異性愛である「異性愛権力」との闘いを呼びかけ、フェミニズムに対しては、「異性愛フェミニズム」であり「協力」の一形態であると批判した(一九八〇年六月のレズビアン会議の文書<*Nouvelles questions féministes*, no 1>。その展望は政治勢力としてのレズビアンを打ち立てることにあり、その根拠は、レズビアニズムは政治的選択であり、男性による女性の横領に抵抗する特権的な形態であるという分析であった。この点についてはさまざまな意見対立があり、それらは運動の全体に渡っていたのは確かだが<<Hétérosexualité...>>、中でもレズビアンどうしを分裂に導いた。また『ケスチオン・フェミニスト』誌の集団が、暴力的に、そしてすべての女性にとって痛ましいことに、分断に至ったのも、この意見対立に端を発していたのである。このせいで、長い間この問題に関するあらゆる公の議論が麻痺してしまった。

一九八〇年代、九〇年代を通して、レズビアンの発言は大きくなっていった(資料センター、フェスティヴァル、グループ、出版物、カフェ、全国会議……)。しかしフェミニストの運動の残りの部分は、活動家にしても大学人にしても、レズビアンの問題提起や権利要求を自分の問題とすることはなかった。最も体制的な潮流や集団、とくに公権力やアカデミックな世界から認知してもらおうと気をつかってる者たち、あるいは既成の政界に参入することを目論んでいる者たちが、レズビアンも、異性愛体制に対する最も批判的な問題提起も、目に付かないようにしてしまうことに貢献していた。女性に関する研究、あるいはフェミニズムの研究は、未だに大多数が異性愛中心のままであった。一九九七年の「女性の権利のための全国会議」の際にも、レズビアンはまたしても周縁に追いやられた。レズビアニズムは特殊なものであり、個人の特性であり、単なる性的な選択であると見なされた。しかし実は、問題はもっと一般的なものなのである。これこそが、実際にははっきりと口にされるさまざまな抑圧やさまざまな抵抗を内部に包摂しながら、横断的かつ非分断的な視点を構築する際の困難なのである。

このときの会議の期間中に、またその後に起きた抗議と、「全国レズビアン連絡会議」の結成によって、状況は変化した。そしてレズビアンは、諸団体、党、労働組合を結集してつくられた「女性の権利全国連絡会議」に、以前にも増して大きな位置を占めることができたのである。しかし国際レヴェルでは、二〇〇〇年の夏に催された「世界女性行進」の組織内で同じ紛争が起きた。各国を代表する女性団体の大多数は、レズビアンの権利のための闘いを、あるいは「性的指向」の自由すら、全世界の基本綱領に含めることを拒絶したのである。フランスでは確かにフェミニストの闘いにレズビアン嫌悪(レズボフォビア)に基づく差別との闘いを含めることが合意されたけれども、それもレズビアン自身がそのために奔走しなければ実現しないことだった。

ある心配が未だに持続している。フェミニストの運動体は、レズビアンが目に付くようになれば、運動の「信用が失墜」するのではないか、あるいは運動を危機に陥らせるのではないかと恐れているのである。しかしレズビアン嫌悪に向き合うことを放棄するなら、あるいはそれをレズビアンだけの問題であると考えるなら、それは、性差別主義の強力な武器を手つかずのままに放置することを意味する。それは、レズビアンやレズビアニズムを目に見えない存在にすること、あるいはそれに烙印を押すことは、実際は女性の独立、女性の力のあらゆる是認を犯罪とし、中傷するために、また女性を分割して統治するために男性権力が用いる手段なのである。このことはスーザン・ファーが強調している通りである。

今日の若いレズビアン活動家の中には、フェミニストの運動と関わりを持たない者もいるし、またフェミニズムはレズビアンの要求を本当に考慮したことはなく、本質的に「同性愛嫌悪」的であったし、今もそうあり続けているとさえ考える者がいることはよく知られている。しかし事態はそれよりも限りなく複雑であることを、以上で示し得たと思う。後は、フェミニズム理論がつくられていく過程で、レズビアンの問題がどのように位置づけられたかという問題が残っている。ところが、それを女性各人の人生の選択の問題だとする態度は別としても、この点については運動の初期の段階から理論上の二つの主要な選択肢があり、その間に極めて深い意見対立が見られるのである〈KANDEL〉。

革命的フェミニスト、あるいはラディカル・フェミニストの方は、「女」と「男」という概念そのものが完全に歴史的、社会的、政治的につくられたものであり、家父長制的支配という特殊な関係の中でしか意味を持たないと主張する。例えば一九七〇年には、クリスティーヌ・デルフィがすでにこの関係を階級関係であると言い表している。デルフィにとっては、またコレット・ギヨマンやモニック・ヴィティッグにとっても、資本主義的搾取の消滅は、「労働者」と「使用者」という対立するカテゴリーにも終止符が打たれることを意味するのと同じように、「家父長制」の消滅は、自動的に「男」と「女」という二つのカテゴリーの消滅をもたらすのである。そうなれば、「男」と「女」というカテゴリーは、社会的な作用における必要性も、性的な関係における正当性も同時に喪うことになるのだ。この立場は、シモーヌ・ド・ボーヴォワールが『第二の性』〔一九四九〕で主張した立場に本質的に近く、明らかに反自然主義、反本質主義、平等主義、普遍主義的であることがよく分かる（とくに以下を参照«Variations…»）。これとは反対に、この他の活動家や理論家にとっては、「性差」は人類という種にとって無視できない構成要素であり（二つの性が存在する）、「女性的な」ものとは、これまで男性権力によって虐げられ、抑えこまれてきた側面であり、運動はそれを発掘し、発達させ、称揚することを目的としなければならないのである。このようにして「性差」に対する、そしてしばしば母性に対する正真正銘の絶対的信頼が、運動の中、とりわけアントワネット・フークが率いる「精神分析と政治」グループの中で、そして同時に数多くの知識人や芸術家、例えばリュス・イリガライ、エレーヌ・シクスー、アニー・ルクレール、シャンタル・シャヴァフといった面々の集まりの中で生まれたのである。以下のことを強調しておく必要がある。「差異」を本質と見なすところにまで至り得るような「差異」の重視は、当時の運動の多く、とりわけ反人種差別主義運動に共通の姿勢ではあったけれども、「MLF〔女性解放運動〕」の差異主義は、大っぴらに、あるいは暗黙のうちに、自然主義と生物学主義に基づいて差異を正当化した唯一のものであった（「工場を労働者の手に、子宮を女性の手に、生けるものの生産は、われらのものである」と「精神分析と政治」グループは書いている）。興味深いことには、フレンチ・フェミニズムを唯一代表するものとして、アメリカで読まれ、教えられているのがこの思潮であることを指摘しておく。

ところでこの主題はつい最近になって、知識人女性——と若干の男性——によってほとんど同じ形で再び取り上げられた。例えば同一性に関する議論の際の、シルヴィアンヌ・アガサンスキーや、ジュリア・クリステヴァ、ピエール・ルジャンドルらである。多くの国でこの母性のフェミニズムは、しばしば家族の擁護に結びつけられ、同性愛嫌悪の立場から一再ならず例として用いられてきた。例えば世界で初めて議会における男性／女性の同等性を可決した国であるインドの極めて活発なフェミニスト運動が、一九九七年から九八年にかけて上映されたディーパ・メータ監督の映画『炎の二人』〔一九九九年、東京国際レズビアン&ゲイ映画祭にて上映〕を激しく批判した。この国で初めてレズビアンの関係を描いたこの作品は、女性の悪いイメージを流布するとして非難されたのである。この点において、フェミニストの運動体が、映画の上映館を襲撃した右派のヒンドゥー教団体の分析と軌を一にしたのである。また、性差にこれほど卓越した価値を与える姿勢は、女性団体、フェミニスト団体に見られるだけでなく、より多くの場合、とくにアメリカの反フェミニスト団体に見られるのである〈Fourest〉。そうした団体は一般的に、家族主義の思潮、妊娠中絶反対の宗教団体、貞淑同盟などに近いのである。このことは例えば、「アメリカを憂慮する女性たち」という団体の一九九八年の年次総会での、ウィルマ・レフウィッチによる宣言がよく物語っている。彼女は、「妊娠中絶の一般化、多子家族の母の不妊手術、同性愛の推奨によってアメリカの人口を減らそうとする」ことを狙った世界的な陰謀があるのだと言ったのである。

「性差」を強調すること、さらには上のように「差異」を信奉すること、こうした姿勢はセクシュアリティの平等という考え方、あるいはゲイ・レズビアンの闘いと両立するのであろうか。それに対する回答は、運動の初期にすでにラディカル・フェミニストから出されていた。彼女らにとって「性差」は、家父長制のもう一つの論拠として使われている策略に過ぎない。女性をそのジェンダーの中に、その抑圧の中に閉じ込めるためにあるものだ。こうした回答は、一九七〇年代の終わりからはっきりと定式化されていた。その中でもモニック・ヴィティッグは次のように断言していた。「レズビアンは女ではない」、なぜなら「レズビアニズムは性というカテゴリーを越えたところにあるからだ」。

しかしながら一九九〇年代末に、同性愛者どうしのパートナーシップを徐々に法案化していく動きに伴って論争が活発になってくると、初めて「性差」は（世代間の差異とともに）、↓パックスや↓同性婚や↓同性愛者の子育てへの敵対者が振りかざす絶対的な武器となったのである。これらの実現を支持する者たちは、「↓象徴的秩序」を蝕むと非難されたのだ（この概念は、クロード・レヴィ＝ストロースから不当に借用したものであることは、↓人類学者のジャンヌ・ファヴレ＝サアダが明らかにしている）。そしてまた、結果として西洋文明を土台から掘り崩すと、もっと悪いことにはあらゆる論理的な思考の可能性を崩壊させると言われたのである。フランソワーズ・エリティエにとっては、性差はあらゆる思考の条件そのものであり、思考にとっての「最終的な限界」である。ピエール・ルジャンドルもまた、「性差こそは理性の堅固な中核」であり、「反論の余地のない普遍的原理である。男は女ではなく、女は男ではないということだ」という言い方をしている。そしてパックスに関する話の結論として、次のように言う。「国家は理性の保証人たる役割を放棄しようとしている。ナチズムから受け継がれた快楽主義の論理に道を開くために」。フェミニストの運動の中でさまざまな議論、論争、紛争の対象とされてきた「性差」は、十数年の時をへだてて、戦いのための概念になり、社会的保守主義の武器になったのである。

興味深いことにこの論争には、差異主義の言説、「女性性」というアイデンティティに関わる言説や、そうした言説を弁護する者たちと闘ってきたフェミニスト運動の活動家が参加していなかったのである。そうした活動家にとっては、家族という制度や、カップルの（それが仮に同性愛者どうしのカップルであっても）正当性について態度を保留することがおかしなことだとは思わなかったのだし、またそれによってフェミニストの根本的な要求が損なわれてしまうとは思わなかったのだろう。「男」であろうと、「女」であろうと、「ホモ」であろうと、「ヘテロ」であろうと、「トランス」であろうと、「バイ」であろうと、（はたまた「無性」であろうと）、いかなるアイデンティティを持つ者であってもそれぞれが、まったき権利を備えた個人であると認められることという、フェミニストにとって根本的な要求事項のことである。

リリアヌ・カンデル、クロディ・レスリエ（山本訳）

↓異性愛主義、家族、寛容、象徴的秩序、性差、同性愛者の子育て、同性婚、普遍主義／差異主義、本質主義／構築主義、レズビアン嫌悪

ブキャナン（パット・〜）

パット・ブキャナン［一九三八〜］はアメリカの政治家、新聞各紙の論説委員で、二度に渡って共和党の大統領候補指名を争う予備選挙に立候補（一九九二、一九九六）、テキサス州の富豪ロス・ペローが共和党から分かれて一九九五年に始めた改革党から、大統領選に立候補（二〇〇〇）した。パット・ブキャナンはおそらく、復活した福音派と保守的な共和党支持者の同盟関係のうえに形成されているアンチ・ゲイ運動の象徴である。自身は熱心な↓カトリック教徒であるが、教会のちがいを越えて、正統的↓ユダヤ教徒まで含んだ「キリスト教徒連合」を合衆国につくることを選んだ世代に属する。それは各教会に共通の、道徳上の闘いを遂行するためである。闘いの矛先はまず何よりも妊娠中絶とゲイ・レズビアンの権利に向けられた。アニタ・↓ブライアントはメディアの世界、または市民社会に属して妊娠中絶反対運動を展開した。パット・ブキャナンは、政界のアニタ・ブライアントである。またパット・ブキャナンはニクソン大統領、レーガン大統領の協力者であったが、宗教右派による共和党「浸透工作」の首謀者の一人である。宗教右派は共和党に入り込み、穏健派の党員に↓「家族の価値の再建」（すなわち中絶反対と同性愛反対）を擁護するよう仕向けたのである。

一九七〇年代には一貫してアニタ・ブライアントを支持していたパット・ブキャナンが、↓エイズが出現すると、自分の憎しみを最大限に表明する機会を得ることになった。彼は一九八三年の論説で、エイズが、まさに自然の秩序に刃向かってきた者に対する自然からの報いだと説明している。「かわいそうな同性愛者たち。彼らは自然に対して宣戦布告したが、今や自然は彼らに恐ろしい報復を見舞おうとしている」。

しかしながらパット・ブキャナンは経済と国際政治に関しては放任主義を採り、また周期的に反ユダヤ主義を露わにするため、しだいに彼は共和党内で周縁に追いやられていった。そして二〇〇〇年の大統領選挙の際に、離党することになるのである。改革党の創始者ロス・ペローと、党の事務局長（この人物は正真正銘の同性愛者だった）の反対を押しきって、パット・ブキャナンは改革党の指名する大統領候補となったが、共和党と民主党の狭間を行く「第三の道」がことごとく失敗に終わってきたアメリカの政治システムの中で、ブキャナンの政治的地位はこれで本流から外れたと考えられるであろう。

ピエール＝オリヴィエ・ド・ビュシェ（山本訳）

↓北アメリカ、フーヴァー、ブタン、ブライアント、マッカーシー

侮辱

侮辱は、同性愛嫌悪《ホモフォビア》現象の本質的な構成要素の一つである。たとえこれが、包括的に理解することが難しい微妙なテーマであるとしても、今日ではこの形態の同性愛嫌悪表現を刑事的に罰するという問題が提起されている。侮辱は、ディディエ・エリボンが分析したような力を持っているため、侮辱の刑事処罰がはっきりと求められるようになった。

まず侮辱は、他者と比較して名指しされた個人あるいは個人が含まれるカ

テゴリーの異常性↓、劣等性を参照基準とする。それは個人やカテゴリーを恣意的に階層化する。しかしより根本的なのは、侮辱が同様に、それが向けられた者の人格アイデンティティを構築し、このアイデンティティが必然的に劣ったものになることである。その上、それは大っぴらに声高く言われるか、より陰湿であるかに関わりなく、侮辱の暴力↓への恐れによって恒常的な脅威になるのである。

それに侮辱の力は、ある時点でこの劣等的地位をあてがわれる可能性のある名宛人の意識の中だけにあるのではない。これは日常語の中にその排除の価値が深く定着しているためである。これらの日常語自体をあらゆる個人が頭にたたき込んでいるのだ。この言語的経験は、ゲイとレズビアンの人格をフォーマットするという補足的な効果を持つ。このフォーマットされた人格は、絶対的に自明なものとなって、言語的経験が引き起こす恥↓の感情、社会的劣等性の恐れを完全に組み入れることになる。

侮辱を介し、侮辱の力と効率性を通じて、言語は、同性愛嫌悪の非常に重要なベクトルであることが明らかになる。しかし言葉は単に時間を限定された攻撃であるばかりではない。言葉は、性的指向によって決定された恣意的な社会的ハイアラーキーの表象を実質的に体現し持続させている。さらにそれは「客観的に」暴力的な表現（「汚いホモ」「汚いレズ」）だけが問題になるとも限らない。より包括的に、同性愛に対する差別↓を練り上げ、正当化し、あるいは表明する言説全体の問題でもある。従って、理論的な観点から見ると、同性愛嫌悪的侮辱の観念がこのように多様な状況全体に適用され得るとなると、法による処罰の実現可能性そのものが疑わしくなる。

そうであるとしても、まず、差別を作っている言説の批判やその科学的脱構築と、同性愛嫌悪的侮辱の刑事的処罰を区別しなければならない。実際、反人種差別規定を模範とした法が提示しているのは、まず、とくに同性愛嫌悪的差別、暴力、嫌悪の煽動を禁止し罰することである。次に同性愛嫌悪的性質の名誉棄損、つまり「それがもたらされた人の身体や人格の名誉あるいは尊厳を傷つける事実を主張すること、あるいは非難すること」である。そして、最後に同性愛嫌悪的性質の侮辱、つまり「あらゆる無礼な表現、軽蔑的言葉あるいはいかなる事実上の根拠もない罵言」である。

この見通しでは、法は同性愛嫌悪的侮辱の根絶に関するいかなる任務にも合理的に取り組むことはできない。しかし、法は、まず同性愛嫌悪の最も露骨な現れを消滅させること、そしてとくに教育的効果として、それが不法であることを社会に向けて明らかにすることができる。一九九九年以来、フランスでは、この方向での法案が複数提出されている。しかしそのうちのいずれも、未だに議会での審議の対象にはなっていない。◆

ダニエル・ボリヨ、トマ・フォルモン（齊藤訳）

↓異常、学校、語彙、差別、恥、暴力、ユーモア、レトリック

ブタン（クリスティーヌ・〜）

クリスティーヌ・ブタンは、パックス↓審議の際に国民議会のただ中で聖書をかざした、末代まで名を残すであろう人物で、フランスにおいて同性カップルの法的承認を頓挫させようと最も固く決心した人の一人であった。ある日、フランス民主連合（UDF）会派の名において発言した彼女は、法案に反対して五時間ぶっ続けで壇上を独占した。「同性愛とは、性別の異なる他者に到達する能力がないこと以外の何物でもない。そして、差異を受け入れられないことが、排除以外の何であろうか」。「同性愛を普通のライフスタイルとして承認し正当化した文明はすべて衰退を経験した」とも予告した。結局この反パックス耐久レースは、彼女を前例がないほど有名人にし、彼女に狂信

者のイメージを与えることになった。「イヴリヌ県の聖母」とあだ名される彼女だが、それでも神聖な啓示を経験したのは、すでに議員であった一九八六年頃のことに過ぎない。それ以来彼女は、この原理主義的キリスト教団体の最大幸福のために、政治を自らの信仰に利用してきた。これら団体はフランス議会の中に大きな同盟者をやっと見つけたのである。アメリカ合衆国の下院における宗教右派議員に匹敵する道のりを歩んだクリスティーヌ・ブタンは、イヴリヌ県の支持者に近い利益団体が支持する大義のために、自らが議員として持つ手段を利用するのが得策であることをすぐに理解した。中絶、パリテ［政治における男女同数制。詳しくは「象徴的秩序」の項目の訳注を参照］、とくにパックスについての議論では、根本的に反動的なパーソナリティを顕にしたが、最近では、監獄の問題について、すべての右派の逆をついて一種の無垢さを回復しようとした。彼女が大きな憐れみを示したことに衆目は一致する。しかし彼女の過去の守護霊は立ち直り、彼女はそれ以降、反ポルノ・キャンペーンの先頭に立っている。

　一九四四年生まれのクリスティーヌ・ブタンは、五歳のときに母を亡くしている。長い間一人娘であった彼女は、彼女の父の二度目の結婚の後、「呪われた」再構成家族の純粋な産物となる。パリ第二大学で法律学を修め、一九六七年の結婚の後、まず国立科学研究センターの報道担当官になり、次に農業銀行の月刊誌『家族問題』のジャーナリストになる。ＵＤＦ党員である彼女は、レーモン・バール［ジスカール・デスタン大統領の下で首相を務めた政治家］の後ろ盾のおかげでイヴリヌ県で立候補する。彼女をバールに紹介したのはシャルル・ミヨン［ジュペ内閣で国防大臣を務めた政治家］である。珍しいことに、彼女は国民戦線を含むさまざまな政党に接近し、二〇〇二年の共和国大統領選挙に何の公認もなくためらわず立候補したのに、所属政党から何の制裁も受けなかった。彼女の同僚たちは、いつも彼女の発言の極端さにショックを受けているが、それでもブタンは、右派が奪うことのできない後ろ盾を持っていると考えるべきである。

　一九九五年の回勅「いのちの福音」出版の際に、ヨハネ・パウロ二世（↓カトリック）は、「教皇庁家庭評議会」委員に彼女を任命する。この機関は、教皇庁の中絶反対活動全体の紛れもない中枢機関である。従って彼女は、ヴァチカンの外交官に等しい地位にあるのである。これはフランス人民の代表としては具合の悪いことであるように思われる。クリスティーヌ・ブタンと何の関係もない中絶反対団体は稀である。彼女は、非常に↓不寛容で同性愛嫌悪《ホモフォビック》的な聖都のサークルである「性道徳の↓倒錯煽動を予防するキリスト者団体」の名誉会長である。彼女はまた、クレール・フォンタナの「神の休戦」［中絶反対派の組織］の後援会に参加している。しかし一九九四年以来、彼女の団体活動の主要な部分は、彼女の直接の支配下にある団体に集中している。「生命の権利同盟」である。まずこの同盟は、「命のためのリレー」を介して行われた手紙請願キャンペーンにおいて、調整的役割を果たした。このキャンペーンは、ピンクミニテル［フランス独自の情報通信端末ミニテルを使った対話を提供する出会い系のようなサーヴィス］、↓メディアにおけるポルノ、「↓同性婚」、さらに、同性愛や↓自殺を扱う本によってかわいい子どもたちを↓倒錯させているとして非難されたエコール・デ・ロリジールのような子ども向け出版社に対して行われた。同盟は最近、全く新しいロビイングの方法をその功績に加えた。国民議会の審議を傍聴して列をなす年配の人びと、クリスティーヌ・ブタンが絶えず親しげな視線を送る人びとはいったい誰なのだろうかと不思議がられていた。答えは、再び生命の権利同盟の本部の中にある。そこでは、数年前から会長ブタンが忠実な同盟会員に、ロザリオ《コンタツ》の祈りを唱えてフランスの政治家の魂のために祈るように奨めていると秘書が説明している。「政治家たちが命と家族を守り救うために」である。毎水曜日六時半に、国民議会近くで行われる儀式である！

　クリスティーヌ・ブタンが広く注目を浴びたのは、反中絶闘争においてであった。一九八六年から一九九八年の間、「命の受容を促進する議員集団」と名付けられた議会内集団の先頭に立って、国民戦線所属議員の支援で議会内での中絶反対を珍しくないものにした。こうして、彼女は右派政党の党首たちに、反中絶ゲリラで有罪とされた人びとを恩赦するように促した。一九九五年、ノイヴィルト法［経口避妊薬を合法化した法律］に長年反対しているジュペ内閣の法相

◆いまだに議会での審議の対象にはなっていない　二〇〇四年にプレスの自由に関する法律の改正がなされ、同性愛嫌悪表現が法的規制の対象となった。同性愛嫌悪を煽る表現は、最大で一年の禁錮と四万五〇〇〇ユーロの罰金となる。（齊藤）

ジャック・テュボンは、これらの人びとの大赦を含む大統領大赦法案を用意して、「中絶に賛成して、あるいは反対して闘う者の間の均衡」を生み出すことが重要であると説明した。これが六月二一日に国民議会に出されると、大赦は、社会党、共産党、与党議員の一部から厳しく批判され、中絶と避妊の権利連盟（CADAC）、「家族計画」［避妊と中絶を擁護するフェミニスト集団］、緑の党がこの批判を支持していた。そこで政府は、譲歩し、大赦から反中絶ゲリラを排除して法案を見直すことを提案したが、法を厳密に適用して、中絶を勧める者と女性に中絶を十分に思いとどまらせない者を処罰しなければならないと断言した。「家族計画」がターゲットであることは明らかであった。

しかし、クリスティーヌ・ブタンを有名にしたのは、とくにパックスについての議論の際のスタンスである。彼女は、同性カップルの承認に対する闘いの先頭に立つことをためらわなかった。彼女の演説は、『同性愛者の「結婚」?』というその著書同様に、今日的な同性愛嫌悪の紛れもないアンソロジーをなしている。彼女によると、同性愛者の運動は、「私たちの社会の根本をほりくずす」ことを狙いとしており、「危険にさらされるのは、法の一貫性全体、そして国家財政の均衡である」。その発言の中では、陳腐であると同時に不吉な↓レトリックの常套手段が展開されている。そこでは最も恥ずべき混同の実行すらもためらわれない。「養子になる子にとって、同性愛と↓小児性愛の境界はどこにあると言うのだろうか」。彼女は、このように同性愛を危険と同視して、公衆の恐怖心を利用しようとした。「問題にされかねないのは、文明と民主主義の根本である」、ゆえに、同性愛者のカップルの承認という「底なし沼の中で、ごたまぜに飲み込まれかねないのは社会全体の骨組みなのである」。要するに、「こうして野蛮時代に戻ってしまう」のである、と。

しかしながらクリスティーヌ・ブタンは自分を同性愛嫌悪的であると思っていない。そもそも、「『同性愛嫌悪』は多くの場合、同性愛者自身の心の中にしか存在しない」と自著の同性愛者に関するところで彼女は書いている。そして「同性愛を理由とする同性愛者に対する↓暴力の遂行という問題を客観的に説明することは困難だろう」と述べる。大きな思いやりをもって彼女はさらに進む。彼女は、自分が「同性愛者の苦しみ」を理解しており、いずれにせよ同性愛者を「愛している」と宣言して、寛容の証を立てる。というのも彼女は、控えめにこう述べるからである。「それがいかに醜悪で人格否定的であっても、それぞれが自らの真実を持っている」と。

フィアメッタ・ヴェネ（齊藤訳）

↓カトリック、寛容、脅威、極右、神学、政治、退廃、同性婚、パックス、フランス、ミルゲ、レトリック

仏教

一六世紀半ばに聖フランシスコ・ザビエル他キリスト教の宣教師が初めて↓日本を発見したとき、訪れた仏教の僧院を覆いつくしていた「ソドミー」の雰囲気に唖然としている。イエズス会士の描写はおそらくは誇張されているであろうが、同性愛、もっと精確に言うなら少年愛は、確かにこの国ではずっと仏教に結びついてきた。中世前期から近世に至るまで、僧侶と小僧の間の男性どうしの性愛は、僧院では普通のことであった。年若い青年の小僧は通常、白粉をつけ化粧をし、時にもめ事の種となった。この伝統について書き記した文書をたどると、空海（七七四〜八三五）にまでさかのぼる。この人物は日本の偉大な聖僧の一人で、真言密教の開祖である。僧侶は一般に、貴族または武士階級の出身であるが、この階級においては少年愛は文化的洗練と見なされ非常に重んじられる一方、男女の関係はしばしばそれよりも評価が低かった。少年愛はマンジュシュリーの祝福であると位置づけられてさえい

た。サンスクリット語でマンジュシュリー、日本語への音訳で文殊師利〔文殊菩薩〕は、智恵第一の菩薩であり、一般的には若者の姿で表される神話的な存在である。日本語の発音「モンジュシリ」は、美少年の臀部《シリ》を連想させなくもない。

日本の例はもちろん周辺的なものにとどまる。何しろ仏教のどの宗派においても、僧侶は貞操を守ることを義務づけられ、いかなる異性愛関係も禁じられているのだからなおさらである。逆説的なことには、少年愛の習俗は、仏教文献に同性愛関係に対する言及がほとんどないことによって正当化されてきた。ベルナール・フォールが「仏教の中で同性愛が根本的に問題にされたことは一度もない」と書いているように、実際同性愛は仏教の中にひそかな位置を占めていたのである。戒律を記した初期の文献には、僧侶に禁じられているあらゆる形態の性的関係を、事細かにあげつらねた一覧表が挙げられていて、ぜったいにありそうもないようなものまで入っている（カエルの口、象の鼻……）。異性愛関係、オナニー、さまざまな形態の獣姦については、細大漏らさずそこに徹底的に挙げられているのだが、こと同性愛関係の禁止に関しては、逸話をいくつか遠回しに語る以外には、ほとんど触れられていないのである。在家の信者に対しては、仏陀は五つの道徳的な戒律すなわち五戒を授けている。それは「自分が他人からされることを望まないことを他人にするな」という原則に基づいていて、殺すな、盗むな、などである。三番目の戒〔不邪淫戒〕が禁じているのが「性的不品行」である。しかしこの言葉は曖昧なままにとどまっている。四世紀インドの有名な仏教の注釈書である『阿毘達磨倶舎論』〔ヴァスバンドゥ（世観、四〇〇〜四八〇頃）が体系化した論書〕は、この戒を四つの形態に分けて詳説している。すなわち性的不品行とは次のような場合を指す。禁じられた女性（幼い少女、結婚している女性）との関係、禁じられている経路を用いること（フェラチオ、肛門性交）、禁じられた場所（寺など）で行うこと、禁じられた時期（月経期間）に行うことである。この注釈の著者の頭の中には、禁じられた経路ということで直接同性愛関係を表す意識はない。従って、同性愛は言わば無視されているのである。

長い間パンダカという言葉の意味をめぐって議論がかわされてきた。仏教経典では、僧侶になることができない人物をこの言葉で形容している。しかし言葉としては曖昧で、西洋のさまざまな翻訳者が、宦官、両性具有、さらには同性愛者などの語を、代わる代わる当ててきた。注釈には、身体的、心理的に性的アイデンティティがはっきりとしない人びとを漠然とひとまとめにして言っているのだとされている。五世紀の偉大な仏教の注釈者である仏音《ぶっとん》〔パーリ語のブッダゴーサの音訳〕は、性的不能者までこのパンダカに分類している。しかしこの種の入門の拒否が、初期の仏典が奇妙にもほとんど沈黙を守っている同性愛関係そのものを禁じているということにはならない。それでも数世紀にも渡る仏教の長い発展の歴史の中には、同性愛に言及している仏典もいくつか見つかる。例えば西暦紀元が始まる頃のある仏典には、同性愛者は火の化身に容赦なく地獄に引き立てられていき、その交接を理由に焼かれると書かれている。その後何世紀間も曖昧な状態が続いたが、仏音の著書とされる『善見律』〔律蔵の解釈〕でついにはっきりと、僧侶は女性とも、男性とも、男女の区別のはっきりしない者（つまりパンダカ）とも、関係を持ってはならないとされた。一九世紀チベットの最も偉大な学僧の一人パトゥル・リンポチェ〔一八〇八〜七八〕は、その著書『悟りへの道』の中で、性的不品行を説明して次のように羅列している。「マスターベーションをすること。結婚している者、婚約している者と性的関係を持つこと。相手が独身の者であっても昼間に行うこと、儀礼として終日の断食に服している者、病気の者、妊娠している女性、月経期間や出産直後で体調をくずしている女性と性的関係を持つこと。仏法僧の三宝〔仏陀、その教え、およびその教団のこと〕を表すものが存在する場所で行うこと。両親、家族、まだ年頃になっていない少女と性的関係を持つこと。そして最後に口や肛門などの経路を用いること」。ここでもやはり、同性愛そのものが言及されているわけではないけれども、それでも暗黙のうちに同性の者どうしの性的関係が禁じられているように思われる。いずれにしても、現在のダライ・ラマはこのことを質問されると、亡命して最初の数年間は、仏教では同性愛が禁じられているという解釈を語っていた。

しかしダライ・ラマのその後の立場の変化は、良い手本となる。アメリカの同性愛コミュニティがダライ・ラマの当初の発言に傷つけられたと表明したのだが、これに対してダライ・ラマは公式に謝罪し、異性愛カップルであろうと同性愛カップルであろうと、その関係にとって必要であるのは、互いの尊重と心遣いだけであると述べたのである。合衆国ではまさに、仏教徒のコミュニティが同性愛者というアイデンティティに隣接して形成されてきた。中には仏教コミュニティの名称に、ゲイやレズビアンといった言葉を冠しているセンターも珍しくはないのである。アメリカの仏教徒同性愛者コミュニティにはすでに、トミー・ドーシーという象徴的な人物が存在した。この人物は元ドラァグクイーンでジャンキーであったが、禅師となり、サンフランシスコのゲイの集まる地区にエイズ患者のためのホスピスをつくった後、一九九〇年に自身もエイズで亡くなった。「君たちみんなのために」というのが彼の口癖であった。

このホスピス［マイトリ・ホスピス］は今も続いている。

エリック・ロムリュエール（山本訳）

→インド、中国、朝鮮、東南アジア、日本、ヒンドゥー教

普遍主義／差異主義

普遍主義と差異主義という二つの対極は、フランスの知的議論を常に形作ってきた。この分裂は他の国々においても存在するが、フランスでは傑出した重要性を帯びており、立場、主張、理論をアプリオリに定義するものとされている。普遍主義と差異主義の分断は人種差別や性差別に関する言説において決定的な重要性を持っていたし、現在でもそうである。同様に同性愛の問題についても、パックスについての議論が改めて見せたように、この二つの極が機能したのであった。普遍的なるものが差異を超越し、差異に優位に立たなければならないという考えは、明らかであるか否かに拘らず、多くの言説に存在している。この考えは、アイデンティティは何よりもまず一義的かつ還元できない差異として構築されると考える差異主義に対立する。本当のところ、知識人の世界では、普遍主義が支配的な立場にあることは明らかであり、そのうえフランスではあえて差異主義であろうとする者は誰もいない。とりわけ普遍主義は政敵をやり込めるために使われる論法の戦略であるようにみえる。しかし実際には、普遍主義がレトリック戦略に役立つこともあるので、どちらの哲学も同性愛嫌悪《ホモフォビック》的意味において、同じ人びとによって都合のよい道具にされることがあった。こうして普遍主義は一連の矛盾する命令を生産し、同性愛はそれにとらわれる危険がある。

■規範的普遍主義

封建社会の社会的、経済的、文化的決定論から個人を解放するために構想された政治的法的普遍主義は、啓蒙主義の合理主義的企ての中心にある。しかしながら、歴史はこのような「解放」の両義性を暴露している。この解放はとくに植民地主義的なパターナリズムを正当化することに役立ったからである。特殊な立場としての普遍主義は、特殊主義的な「連鎖」に絡め取られているように見える集団の解放を主張する、支配的な集団の闘争戦略になり得る。異性愛主義（ヘテロセクシズム）的な言説についても同様である。異性愛が多数派であるという事実の名において、同性愛は、医学、精神医学、あるいはキリスト教道徳によって特殊な逸脱と考えられたので、フーコーの表現によれば、同性愛者は「矯正されるべき矯正不可能者」となったのであった。人間の尊厳と同性愛は相容れないと言われる。普遍の鏡においては同性愛の差異は、犯罪でないとしても、異常増殖物、欠陥として映るからである。私たちは健全な心身を持つ人間存在として、この異常と一体化することはできないことになる。精神身体衛生の普遍的理想が、それを禁じているように

見える。あらゆる人間的共同体が生殖力と出生率を前提とする以上、異性愛的普遍主義は、単に自らと自らの普遍の法則を自覚する自然の表明である。従って同性愛者は、道徳的あるいは遺伝的奇形とされる。無自覚な狂人、倒錯した性的自由主義者、そして「不幸な」ダウン症患者の中間である。好奇、憎悪、憐憫、治療的試みの対象となった同性愛者は、常軌を逸しているという理由で受容不能な差異を体現した。その受容は、ペストやコレラに市民権を認めるようなものであった。この見方では、同性愛者は、人間が政治的な動物であるという意味での人間的存在ではない。その素行が社会を形成するために要求される普遍性と対立しているからである。自分を変え、一市民に戻るのでなければ、いかなる権利も同性愛者には認めることはできない。その差異が、取り返しの付かないもめごとを引き起こすのである。

■普遍的理性の裁判所

普遍主義的主張は、パックスについての議論の際に、同性愛嫌悪レトリックを知的に見せるために使われた。攻撃され、責められ、病気とされているのは、もはや個人としての同性愛者ではなく、「論理の過ち」としての同性愛一般である。今日の異性愛主義的普遍主義は、自然と生物学を超え、存在論的な普遍、「理性の事実」、つまり性差とくにその補完性に基づいている。種を永続させるために男女の出会いを必要とする生物学的掟を軽視して、「自然に反している」ことで同性愛が批判されるばかりではもはやない。「同一なるものへの欲望」に限定された同性愛が、国家によって異性愛と同等に認められることができないのは、それが象徴的秩序、根本的な他性、「思考の最終的な限界」（フランソワーズ・エリティエ）、「理性の中核」、「反論の余地のない普遍的原理」（ピエール・ルジャンドル）を無視しているからである。論理的なものと生物学的なものを混合するこれらのなぞめいた主張は、ソクラテス以前の、経験的な知識が不足するがゆえに大胆な思索を展開できた時代の哲学者たちの威嚇的で神託のようになぞめいた断章を想起しているが、これは驚くべきことである。ここでは、例えばアナクサゴラスの「知性」は、世界を動かし説明するのは最終的には、対極のものが引きつけあう特殊な力、つまり「対極の性別」が引きつけあう力でしかないとされる。この場合、この普遍主義的で異性愛主義的な論理は、ギリシア思想がもたらしたものを忘れているように見える。ギリシア思想は同性間の官能的な欲望という社会的文脈において広く発達したからである。

■差異主義的〝症状〟と異性愛主義的差異主義

同性愛は、これらの善き法と善き論理の外への追放に対して、当然ながら、人間的かつ社会的に活力のある差異であろうとしてきた。この漸進的な正当化の歴史のプロセスにおいて、同性愛の非処罰化と脱医療化は、根本的な一段階をなしている。今日、少なくとも欧米社会において公式には、同性愛者はもはや犯罪者、病人とは見なされていない。刑法典一二一条の名においてグラーグへ同性愛者を送っていたスターリニズムがしたように、恥ずべきあるいは病的な差異とはされてはいないのである。大学の学術的会議からゲイ・プライドまでが、同性愛者の文化、感受性、人間性を肯定して、音、画像、文章によって、同性愛が尊重可能な差異であり、同性の人に引きつけられることは、「人類学的な普遍」、つまりあらゆる社会に潜在的に存在するものであることを示そうとした。数多くの知識人に支持され、同性愛の大義は、正統で普遍的な大義、性的指向を差別の基準にすることを拒む人間の一種の精神的名誉になる。「彼らは差異への権利を持つ」のである。

ところで、健全で幸福なアイデンティティの肯定に必要なはけ口として、さまざまな共感を引きつけた差異主義的な言説は、二つの副作用を引き起こした。一方で、それはずっと前から、普遍主義的で規範的、保守的な異性愛言説によって「症状」として解釈されてきた。異性愛的なコンセンサスの中で自らの存在を完成させることが賢明であるにも拘らず、差異に固執することは、ナルシシズム、他性の拒否、未熟を表明していることになる。他方で、この差異主義言説は、進歩的で、リベラル、寛容で、祝祭的な性的多様性を楽しむ差異主義的な異性愛主義的言説によって引き継がれる。ところでこの讃辞に染められた共感は、私的領域を出たとたんにその限界に達する。同一人物においても、家族の父としての側面が、理解ある友人の側面をすぐに消し去ってしまう。夜の性的行為は多様であり得るとしても、朝がくれば象徴的秩序、異性愛しかないと感じているのだ。同性愛者は標準時が指定する時刻には、特殊であることを期待されるが、公的な時空間に侵入した場合には、↓露出症さらには↓勧誘と同視されるのである。

　このように差異主義的な言説は、同性愛を、研究の興味深い対象として知的な空間に、あるいは非常にエキゾティックな宇宙を持つ私的空間に閉じこめようとする傾向がある。公共空間と公法は異性愛主義を前提とするが、それはこのような認識から常に生じている。

■分離主義的差異主義あるいは差異への命令

　従って差異の領域では、極端に議論がずれやすくなっている。差異への（理論上の）権利は、すぐさま（現実の）諸権利の差異になる。異性愛主義的かつ差異主義的な論理においては、同性愛者はせいぜい特別な空間をあてがわれるに過ぎない。尊重は距離を置くことである。性的指向の差異の社会的承認は、無害ではない。それは部分的にもう一つの社会をつくることである。暗黙の社会契約が破られる。分裂が不可避になる。分離主義は、異性愛主義的秩序の擁護者とラディカルな同性愛者の活動家の間の断絶から生まれた不幸な妥協のように現れる。異性愛秩序の擁護者は、モデルの普遍性を維持して、ジェンダーの混乱という脅威を遠ざける。ラディカルな活動家にとっては、自らの性的指向を完全に貫く生活を自由に送ることができる。各自が自分の場所に、自分の（同性愛あるいは異性愛の）↓ゲットーにとどまり、↓本質主義的な見方において各自が性的行動によって定義され、そこに限定される。同性愛者と異性愛者は、共通の分母である性的指向に決定的な価値を与えるという考えによって結びつけられ続ける。このゲットー化は、普通法からの排除と、場合によっては、パックスのように特殊な権利を与えることで表現される。パックスは普遍主義的幻想を保たせてくれるが、それは同性愛者であれ異性愛者であれすべての人に向けられているからである。しかし、パックスの存在は同性愛者に結婚（↓同性婚）を禁じているという差別を客観的に強調して、差異主義的な現実を追認しているのである。

（軽罪と重罪に最も近い行為として）「合意のある」成人間で受け入れられた同性愛は私的な領域での対等の尊厳、つまり子の養育を始めとした異性愛と同様の普遍的使命を主張しようとすると、再び問題視されるようになる。子の社会化と養育は、人類永続のため異性愛特権の最も明らかな象徴であり、懐胎と新生児を受け入れる普遍的形態として優遇される結婚が、あらかじめ正当化される。異性愛カップルだけが生物学的に子を産み出すことが可能であるので、子を育てるのに「ふさわしいのは」異性愛者だけであることになる。↓精神分析は、人格の形成におけるエディプス・コンプレックスの普遍性という論拠をうまい具合に提供している。これにより同性愛者によって育てられた子は、必ず心理的に停滞するか逸脱するとされ、集団的な良心、性別と世代の普遍的な差異、象徴的なるものに到達することができないとされる。他性の拒絶が、社会的な親から子へと伝達される危険があると言う。同性愛は、今日の姿、つまり愛情的性的で特殊なものにとどまらなければならない。公的にも私的にも追随者を生んではならないのである。同性愛は制度化を要求することはできず、決まった形を持たないまとまりのないものであり続けなければならない。社会的、論理的、そして生物学的に必要とされる普遍の周辺で一部の個人に偶然起こる差異なのである。

　それでも同性愛が、一般的な権利、さらに異性愛と対等の可視性を望むとすれば、何を言われるであろうか。まず同性愛者が自己否定をしている、社会的な生物多様性に対する罪を犯している、自らの差異の標準化、つまり（禁忌の危険な香りに結びつけられた）自らの文化の衰退に残念なことに手をつけている、要するに異性愛秩序の受容を認めたと言われるであろう。「自らの固有の差異」の侵害だということである。その一方で、両方のいいところだけを取ろうとしていると言って同性愛者は批判される。つまり普遍性と責任を引き受けず、異性愛者のような象徴的模範的性格を持たないのに、異性愛者の権利を享受しようとしたとして批判される。「普遍の侵害」である。従って同性愛者は他の人と同じであろうと努めようとすれば異なることを強く促され、他の人びとと異なって現れるときは同じになることを求められるのである。

　おそらく「同性愛者」という種の区分の必要、つまり、さかのぼれば普遍的なジェンダーの必要から逃れることが進歩である。こうした区分が二つの混同を引き起こしている。まず、一般的な事実である異性愛が普遍になる。そして、異なるものである同性愛は→異常になる。革命期の刑法は、同性愛行為を犯罪とすることをやめ、各自の性的生活に対して法が差別をしないことを原則とした。性的指向に対する民事的無差別への道は、これから見つけられねばならない。

ダリボール・フリウ（齊藤訳）

→異常、異性愛主義、共同体主義、ゲットー、象徴的秩序、性差、生殖不能、精神分析、他性、哲学、本質主義／構築主義、露出症、レトリック

ブライアント（アニタ・〜）

アニタ・ブライアント［一九四〇〜］はアメリカのポピュラー歌手で、元ミス・オクラホマ。一九七〇年代後半の同性愛者のための法制度に反対する運動で、キリスト教右派の先頭に立つ。とくに影響力をふるったのは、「新生」と呼ばれるキリスト教徒たちに対してである。「新生」キリスト教徒とは、宗教から遠ざかっていた期間、あるいは宗教に無関心だった期間を経たのちに、聖書のメッセージを再発見して成人後に「改めて回心した」キリスト教徒のことで、ほとんどがキリスト教原理主義者である。アニタ・ブライアントが同性愛と戦う十字軍に参加したきっかけは、奇妙なことに、これまた「新生キリスト教徒」——ただし穏健派——のジミー・カーターが開始した一連の施策に反発してのことだ。ジミー・カーターは大統領に選出されると、ゲイ・レズビアンに関する政策に着手した。彼は複数の州でソドミーに関する法律が撤廃される動きを見せるとこれを後押しし、地方自治体が同性愛者保護の条例を採択するのに手を貸したのである。そしてその種の規定がマイアミ市で採決されようとしたときに、マイアミ市民だったアニタ・ブライアントは行動を開始して新しい経歴の第一歩を記したのである。地域の住民投票を提案し、精力的に→ロビー活動を展開して、アニタ・ブライアントは法案を否決させることに成功するのである。

アニタ・ブライアントの積極的な活動がメディアを通じて広範囲に配信された結果、この国ではマッカーシズム（→マッカーシー）以来最大規模となる「アンチ・ゲイ」キャンペーンが起こった。反差別をすでに法制化している、あるいはまさに法制化しようとしている市や郡で、さまざまなロビー団体が結成された。とくにピューリタン的プロテスタントの傾向が強い、グレート・プレーンズ［ロッキー山脈東麓］とロッキー山脈地域の各州では顕著であった。その結果、ミネソタ州の州都セント・ポール、カンザス州のウィチタ、オレゴン州のユージーンで反差別条例が撤廃された。オクラホマ州は同性愛を助長したり「実践」したりする教授をすべて罷免することができる法律を可決した。一九七八年、カリフォルニア州では、州上院議員ジョン・ブリッグズが、公然の同性愛者を教員に採用することを禁止する市民立法の住民投票を行うよう運動の先頭に立った（この発議は、反ブリッグズ陣営をロナルド・レーガン、フォード元大統領、カーター大統領らが支持して廃案となった）。以上のような法制度に関わる運動によって、同性愛嫌悪《ホモフォビア》に基づく→暴力は倍増した。そしてサンフランシスコではある庭師が殺される事件まで起こるのである。殺された庭師の母親は言った。「アニタ・ブライアントの手は息子の血で汚れている」。

アニタ・ブライアントの活動は、反対に→ストーンウォール事件以来最大規模で同性愛者を動員することにもなった。東海岸、西海岸の主要都市では、多くのデモが開催され、アニタ・ブライアントが宣伝広報を務めていた商標「フロリダ・シトラス」全製品に対する不買運動も起きた。フランスでは、メー

デーのデモで初めて同性愛者が自ら行進を組織したとき、アニタ・ブライアントに反対する合衆国のコミュニティに連帯を表明して行われたのだった。

ピエール＝オリヴィエ・ド・ビュシェ（山本訳）

↓音楽、北アメリカ、ブキャナン、マッカーシー

フランス

フランスは長きに渡って、同性愛に関して両義的な国であった。革命と自由の国として、同性愛の非処罰化を果たした（一七九一）最初の国でありながら、カトリックかつラテンの国として、フランスは伝統的に同性愛を罪と恥辱に結びつけてきた。習俗における自由、露骨、色事が国民性の一部だとされることがたいへん多いが、それもかなり厳格に異性愛に限られているし、また同性愛嫌悪《ホモフォビア》を含んでいることさえあり得る（自然に反するという主題系は、フランスにもってこいの土壌を見出したのである）。また、歴史的に見ても、フランスにおける同性愛者解放は、一筋縄ではいかない。第一次世界大戦期と一九二〇年代には、少なくとも大都市では、あるいはまた文学作品の中では、同性愛の公然化がはっきり進行したけれども、それに続くヴィシー政権から一九七〇年代初頭までの時期は、はっきりした後退を特徴とする「社会の災禍としての同性愛」の時代である。

中世と近代――「異端」と「ソドミー犯」の時代

同性愛あるいは性に関する少数派の好みに対する民衆の偏見は、とくに受け側の、外見的に男らしさを「欠いている」同性愛に向けられた。それは、古代から軽蔑と嘲笑の種だった。エリートの態度は、それより複雑な変遷を遂げた。一一世紀から一二世紀は、修道院における同性愛がある意味で頂点に達し、さらには、ジョン・ボズウェルが明らかにしたように、同性愛の一つのサブカルチャーが発達した時期であったのが、一三世紀後半には、同性愛者が神学および教会法に基づいて烙印を押されるのである。これは第三回ラテラノ公会議（一一七九）の結果をうけて起きたことである。この会議は、同性愛行為を断罪した初めての世界司教会議となった。しかし一二世紀にはすでに、「自然の嘆き」（リールのアラヌス［一一二八以前〜一二〇二］の著作の題名）を歌い上げ、当局の不作為に不平を鳴らす声が聞こえていたのである。中世の文化史にはよくあることだが、この現象はキリスト教西洋全体に見られた。一二五〇年から一三〇〇年の間に、それまではヨーロッパのほとんど全域で完全に合法的であった同性愛行為が、法制度の大半で死刑を科され得る犯罪となったのである。

同性愛者は、ほぼ同時に起きたさまざまな現象の犠牲となった。第一に、一三世紀に道徳的神学の専門家たちが、しだいに「自然」という女神に引きつけられていった。これについてジョン・ボズウェルは次のように言っている。「奇妙な皮肉と言えるが、明らかに異教から取り入れられた一つの文学的な形象が、多数派の性的好みを体現しているという意味でその名で表され、最終的に神学の教義を席捲することになったのである」。第二に、マイノリティに対する憎悪が増した。とくに十字軍に結びついた反イスラム的な外国人嫌悪《ゼノフォビア》が高まった。そこからソドミーと異端の同一視が出てくる（この同一視は、『ローマ人への手紙』一章二六、二七節を極めて限定的に解釈することによって導き出されたものであり、また「アルビジョワ派」［一二〜一三世紀に南フランス全域に広がったキリスト教の異端カタリ派の別名］の弾圧に大いに利用された）。一三世紀に同性愛者がしばしば「異端者《エレティック》」という言葉の変形である「異端児《エリト》」と呼ばれていたことは大きな意味を持っ

ている。その一方で、同性愛者に対して教会がますます厳格になっていったために、多くの同性愛者を偏見のない異端に走らせたこともまた確かである。第三に、この場合は教会に対して投げかけられる同性愛という非難から一線を画する必要が、教会――神父に独身を課すことに苦労していた――にあったこともまた、明らかに作用していた。結局、一三世紀のパリの神学は同性愛を敢然と断罪するのである。アルベルトゥス・マグヌスにとっては、同性愛は性的な罪の中でも最も重い種類のものであった。なぜなら同性愛は、「恩寵、理性、自然」を同時に汚すからであり、また同性愛はその「激しさ」、その「腐臭」、その「執拗さ」、その「伝染力↓」によって厭うべきものとなるからである。トマス・アクイナスは、人間のセクシュアリティは、「鳥のセクシュアリティのように」（ここでトマスは動物に同性愛は存在しないという、民衆的な常套句を採用している）、異性愛で単婚制《モノガミー》でなければならないとした。トマスは自然に反する悪徳↓、すなわちマスターベーションや獣姦、同性愛、異性愛であっても生殖を目的としない結合は、色欲の最も罪深い形態であると強調した。そして同性愛を最悪の種類に属する暴力行為または不快な行為、例えば人食いや獣姦、汚物を食うこと（その後しっかりと定着することになる同一視）などに匹敵するとした。つまり、トマス・アクイナスは民衆の偏見に聖なるお墨付きを公に与えたのだと言えるし、またトマス以降、カトリックの神学者は誰一人として、同性愛を擁護する危険を冒す者はなくなることを強調しておきたい。

以上のように神学者の支持が得られた後、フランスでは一二四六年から一三〇〇年の間に同性愛嫌悪の法制度が出現することになる。一二四六年に編纂されたトゥーレーヌ＝アンジュー地方の慣習法では、第七八項でソドミー犯に対して火刑に処すと定められている。一二七〇年編纂のパリの慣習法書でも同じ罰が規定されている。「オルレアン古慣習法」と呼ばれる『法と裁きの書』（一二六〇年前後）では、ブーグル◆（異端の意味）とソドミー（同性愛の意味）を区別し、次のように規定している。

ソドミーを行ったことが立証された者は、睾丸を失わねばならぬ。その者が二度目にそれをした場合には、陰茎を失わねばならぬ。その者が三度目にそれをした場合には、焼かれなければならぬ。〔…〕女でそれをした者は、そのつど四肢のうちの一本を失わねばならぬ。三度目には、焼かれなければならぬ。

フィリップ美男王（四世）の治世下（一二八五～一三一四）において、法典はしかるべく整えられ、それがフランス革命まで適用されることになる。一三一七年から一七八九年の間に、王政下のフランスは、少なくとも三八人をソドミーを理由に火刑に処した形跡が残っている。火刑はしばしば緩和措置《レテントゥム》（受刑者に火を付ける前にあらかじめ絞殺すること）を伴っていた。三八という数はかなり少ないが、いずれにせよこの数字が、この期間中に王国が知り得た現実の同性愛行為の数というわけではない。罰は主として、厭うべきであると言われている犯罪に対する恐怖を吹きこむことに役に立ったことは明らかであるが、しかし当局がすべての同性愛の事件に罰を適用しようとしなかったことも確かである。その理由はたぶん、罰すべき罪が刑罰によって宣伝されることになるのを恐れたのであろう。さらに、「この厭うべき行為の名残をいささかもとどめないため」という理由で訴訟書類が受刑者とともに焼かれたことも、秘匿へのこのような要請があったことからよく理解される。口で言い表せないというこの犯罪の性質が、かえって「口にされぬ罪」について雄弁に語っているのである。さらに一七五〇年には、「そのような種類の実例が、多くの若者たちに、知らなかったことを教えることになるため」、火刑に訴えることを止めざる得ないことが力説されている。また旧体制《アンシアン・レジム》の末期には、ルイ＝セバスティアン・メルシエが、「あのように卑劣な行為に対する刑罰は、公衆にとってスキャンダル↓である。〔…〕それは最も部厚いヴェールで覆い隠さねばならないような、恥ずべき見世物である」と述べている。それとは別

◆ブーグル　ブルガリア人という意味のラテン語を語源とする言葉で、バルカン半島に異端が生じたことから「異端」という意味を持つが、その後、男性同性愛の意味になった。「異端」の項参照。（山本）

に、宗教的権威も、罪人が青年である場合には、かなり寛大であった（瀆罪規定書が青年には比較的穏便な罰を定めていた）し、またあらゆることから考えて、修道院における同性愛は、とくに放任主義の修道会（後期のクリュニー修道院、カルメル会）では、比較的数が多かったはずである。しかしそれでもなお、一二世紀に花開いたゲイのサブカルチャーが、一三世紀末の方針転換によって押しつぶされたことはやはり明らかである。

テンプル騎士団事件（一三〇七～一四）は、同性愛者、または同性愛者であると噂される者たち（テンプル騎士団の内部で実際に同性愛が実践されていたかどうかという点については、今でも歴史家の間で意見が分かれる）が、大規模に槍玉に挙げられたフランスで最初の出来事であった。テンプル騎士団は、修道会であると同時に騎士団であり、元々はオリエントのラテン人王国［一〇九九年の第一回十字軍によるエルサレム占領によって建設されたエルサレム王国］の警護の任に当たっていたが、やがて威信を失うと所有欲を刺激する存在となった。騎士団が西洋世界全体に極めて豊かな財産を持っていたからである。一二九一年にパレスチナに残されたラテン人国家の最後の切れ端が滅亡すると、騎士団は軍事的な役割を失った。そのときにフィリップ美男王［四世］はテンプル、ヨハネ、ドイツの三大騎士修道会に合併を勧めたが、中でもテンプル騎士団がこれを拒絶した。一三〇五年から一三〇六年前後に、エキュー・ド・フロワランとかいう名前の人物による密告をうけて、フランス王フィリップ四世（美男王）はテンプル騎士団員を告発した。罪状は異端（瀆聖と偶像崇拝）とソドミーであった（テンプル騎士団への入団式では、口、へそ、肛門、性器に何度か接吻することも含まれると考えられていた。また、騎士団は団員に対して、売春宿で娼婦を相手にするよりは、むしろ団員どうしで性交することを奨励しているとも考えられていた。要するに騎士団は、その点に関してイスラム教徒の影響を受けているのではないかと疑われていたのである）。そのように告発されたテンプル騎士団の騎士たちは、周到に用意されたネズミ取りにつぎつぎと引っかかっていった（フランスの王国内でおよそ二〇〇〇人が逮捕された）。そしてあり得ないような暴力を伴う拷問をされ（そのことで自白が増えた）、手続き度外視で判決を受けた（パリ大学のある神学者は「事実は明白であるからその犯罪は周知の事実である」と断言した）。そしてかなりの数が火刑に処されたのである。一三一〇年五月にパリではそのうち五四人が焼かれた。騎士団の総会長モレは一三一四年三月に火炙りにされた。他にもサンリスとカルカッソンヌで火刑が行われている。フィリップ美男王の動機ははっきりしない。彼はテンプル騎士団の同性愛を本当に信じたのであろうか。単に騎士修道会の合併を進めたかっただけであろうか。テンプル騎士団の財産に手を付けたかったのだろうか。興味深いことには、同じフィリップ美男王がこの数年前、宿敵である教皇ボニファティウス八世に対して、教皇と国王の間の神学と政治学の主張のぶつかり合いが最高潮に達した一三〇三年に、同じ告発をしている。テンプル騎士団の事件の後では、同性愛に対する糾弾が極めて厳しいものになったことは明らかである。そしてそれは結局、実際行われた糾弾としては分かっている限りで最も厳しいものだった。

二世紀後、同性愛嫌悪には外国人嫌悪が加わった（「イタリア人の悪徳」と言われた）。同性愛嫌悪は宗派間分裂に利用され、政治的諷刺の中に頻繁に現れるようになった。確かにルネサンス期のイタリアは、同性愛が最も目に付く時代であった。それは都市において新プラトン主義が拡大したこと、画家や彫刻家の間で肉体的な美を崇拝する傾向が強まったことの影響であった。そのため一六世紀や一七世紀にフランスにやって来たイタリア人が、白百合の御紋の王国［フランスのこと］に断罪すべきセクシュアリティを持ち込んだとして告発されることがよくあったのである。イタリア人をつうじて同性愛は贅沢や、男よりは女の領分のはずの身体的な外見に対する過剰な配慮と結びつけられるようになった。女性的なエリート男性という主題はすでに一四世紀には現れていたが、イギリスとの間に大敗北を喫した時期のアンリ三世の治世下（一五七四～八九）で大きく広がった。王の寵臣たちが王の愛人であると見なされ、そのうえ王宮の中で男たちが女装している姿が見られたのである。それは特別にスキャンダラスなことであった。なぜならシルヴィー・スタンベールが言っているように、「男が女の服を着るということは、男性は完璧だと認められているのに、その完全性の名を汚す」からであった。宗教戦争を背景に、こうしたことがすべてピューリタニズム、とりわけプロテスタントの勢いを増大させた。これについてはアグリッパ・ドービニェが『悲愴曲』［一六一六］の中で表現している。ドービニェにとってヴァロワ王家の王宮は裏返しの世界であった（「王子たち」六六三～六六九行）。

真の統治者たる者、真の王族たる者は
自らの情熱の上に法を打ち立て
不屈の魂をもって自分自身をも支配し
移ろいやすく力の足りない野心を自ら叩き直す
決して両性具有者でもなければ、女のような怪物でもないはず
堕落した嘘つきの怪物でもないはず
男たちの上に立つ主君というより、売女の下僕に生まれてきた方が良かったような者ではないはず

アンリ三世とその寵臣たちとの関係が、正確にはどのようなものであったかはっきりしていない（彼らはみな女性関係があったようである）。ここで重要なのは、宮廷人も民衆も、それを性的なことであり、厭うべきことであり、厄介なことであると見ていたという事実である。ロンサールも次のように書いている。

国王は接吻とお追従のどちらも抱きとめているらしい
昼に夜にやってくる丸ぽちゃの新顔の寵臣から
寵臣たちは金欲しさから、順に差し出す
ふっくらしたその尻を。そして割れ目が裂けてもがまんする
その尻穴はマンコと化す。それはずっと高くつく
古代人から憎まれたスキュラ［メガラ王ニソスの娘、敵将ミノスに恋して父を殺し、王国をミノスに差し出した］の割れ目よりも

これを見ると、諷刺文学において、ソドミーへの非難と圧政への非難がいかに結びつくかよく分かる。寵臣の貪欲が国を滅ぼし、そして国土を食い物にする。一四世紀初頭のイギリスで、エドワード二世の愛人の寵臣たちが国を枯渇させると見なされたのも同じことである。またフロンドの乱の時代（一六四八～五三）には、イタリア出身の枢機卿ジュール・マザランに対して同じ告発がなされる。非常に多くのパンフレットや小冊子がマザランを「やる側の男色家」であるとか「やられる側の男色家」であると言いつのり、若き国王［ルイ一四世］に伝染させようともくろんで、まんまと王弟殿下［オルレアン公フィリップ一世（フィリップ・ドルレアン）、一六四〇～一七〇一］をたらしこむことに成功した（おまけに母后アンヌ・ドートリシュまで「イタリアの悪徳」に染めた）と告発した。ここでは同性愛は外国から来たものだという主題（その後しっかりと定着することになる主題）の重要性を指摘できる。同性愛はあまりにもおぞましく、フランスに生まれたものではあり得ない。ソドミー愛好者は、フランスを滅亡させることに没頭する外国人集団に他ならない。

女性どうしの性愛に対する敵意のこもった言説が定着するのもルネサンス期である。女性同性愛に関するキリスト教の教義は、そのときまでは極めて貧弱であった。女性同性愛の危険を意識させたのは、古代の作品が再発見されたこと、中でもサッフォーの作品がアンリ・エティエンヌによって復刊されたことによる。二人の女どうしが互いに恋愛感情を抱くことがあり得るということに気づいたのである（ここでもやはり、ブラントームによって「イタリアから移入された方法」と呼ばれている）。そしてすぐさまこの感情には烙印が押されることになった。アンリ・エティエンヌが「トリバード」という軽蔑的な言葉をでっち上げて、それが革命期まで非常によく使われることになった。男にとってトリバード（「擦りつける女」「摩擦する女」）は、偽物、見せかけ、物まねの側に属している。なぜなら相手に挿入できないからだ。要するに、男性器なしのセクシュアリティがスキャンダルだったのであり（当時の俚諺に「女には夫か囲いのどちらかが必要だ」と言われた）、レズビアンは偽りだとされた。だからそれ以来、男装する女性が追及を受けたことも驚くには値しない。異性装は、神学者にとっては重大な偶像崇拝であり、神の御心の否定であったが、世俗権力にとっては、それは何よりも「偽造犯罪」であった。

一七世紀には別の主題によって同性愛嫌悪は充実してくる。その主なものを挙げれば、「リベルタン思想」（無信仰という意味での）、階級の混ぜ合わせ、放蕩などである。まだそのほとんどすべてがキリスト教徒である社会にあっ

て、同性愛者はしばしば冒瀆だと決めつけられた。一六二〇年代の詩人テオフィル・ド・ヴィオやその一世代後の大コンデ［コンデ親王ルイ二世、一六二一～八六］がそうだった。彼らはまた、社会階級の自然な調和を覆すということでも非難を受けた。ソドミーは貴族がその召使と寝ることだったからである。ヴァンドーム元帥の場合には、この転覆が二重の意味を持った。なぜなら彼は、民衆層の者たち、使用人、馬丁、御輿担ぎなどと性交しただけでなく、その際に厳として受け側の役割だけに甘んじたからであった。ソドミーをする者は、だんだんと堕落や「悪意」を非難されることが多くなっていく。これは、ルイ一四世の偉大なる世紀の社交界が普及させた、繰り返し現れる主題である。金持ちはその贅沢によって、しだいに重い罪を犯すようになっていくという螺旋に陥るというのだ（彼らはその「鈍りきった感覚」を、「常軌を逸した言動」によって目覚めさせようとする）。そして怖ろしい罪の越えがたい頂点に位置するのが「キリスト教徒の間で行われる冒瀆的な罪」だったのだ。ルイ一四世は、秩序と上品さを保つことを気にかけ、自らの弟（ギーシュ伯、シュヴァリエ・ド・ロレーヌ、エフィア侯らにすっかり首根っこを押さえられいてる）が見せつける光景に激怒し、ソドミーにふける者たちを嫌い、対抗措置をとった。自らの聴罪司祭や説教師によって、「聖書は名前を呼ぶことを禁じているけれども、陛下はよくご存じでお嫌いになっているあの怪物ども」に対する怒りを煽られたルイ一四世は、ラ・ヴァリエール夫人との間に生まれた当時一四歳の息子ヴェルマンドワ伯爵の純潔を脅かしたということで、「その一団」すなわち一六七八年頃に王宮でつくられた「教皇権至上主義の」秘密結社に対して厳しい罰を与えた。一六八二年六月、ヴェルマンドワは尋問に迫られて他の仲間の名前を白状した。この人物は訓戒と鞭打ちを受けた。一団の他の面々は宮廷から追放された。そうは言っても、高位にある同性愛者（ルイ一四世治世下のヴェルサイユには非常に多かった。あくまでもパラティナ侯女［ルイ一四世の弟オルレアン公の妃エリーザベト・シャルロッテのこと］やサン＝シモン［『回想録』の作者］の言を信じるならば、であるが）への対抗措置はかなり限定されていた。叱責する、脅す、一時的に追放する、そして場合によって、とくに相手が若者である場合には鞭打つ（ジャン＝バティスト・コルベールの息子はこれだった）、あるいは強制的に結婚させるといったところである。裁判や、ましてや火炙りは、民衆層の者だけに限られていた。ソドミーで一六六一年に処刑されたショーソンとファブリのことを歌った哀歌が、この「二重基準」についても告発している。「もしも皆が火炙りになるなら／彼らと同じことをした者が／あっと言う間に、おお／フランスの何人もの領主や／お偉い坊様たちが／ご臨終というわけさ」。パリの同性愛者たちは、何よりも一六六七年に創設されたパリ警察を相手にしなければならなかった。その責任者である警視総監は、あらゆる権力を握っていた。総監は「蠅」と呼ばれたスパイと情報提供者の網を張りめぐらし、その目と耳を通してすべてを掌握した。罰を与える権限、刑務所に収容する権限もあった。ルイ一五世の治世初期には、総監は二人の部下を「おぞましい者たち」の尾行に当たらせていた（「おぞましい者たち」はおよそ二万人いると見られていた。そして彼らはしばしば誘いをかけているところ、当時の言い方で言うなら「ひっかけ」ているところを逮捕された）。この不幸な人びとは、その社会階層に応じて、単に叱責を受けるだけだったり、バスティーユ（エリートの刑務所）に送られたり、フォル＝レヴェクの刑務所や、プティ・シャトレ［セーヌ左岸の小城塞で牢獄として用いられた］、ビセートル病院（この場合は性病患者と一緒に）に送られた。裁判にかけられることは極めて稀だった（一七一五年から一七八三年の間に同性愛を理由とした処刑が七件あったが、七件のうちの五件は、より重い罪に応じたものであった）。高位のレズビアンもまた監視の対象となり、その名簿は王に提出され、国内追放処分とされることもあった（ミュラ夫人の場合がこれであった）。

一八世紀には、啓蒙主義の影響で同性愛嫌悪に変化（と言っても消滅ではない）が見られた。堕落という主題によって、すでに罪であったものが、社会的病理へと横滑りしていく口火は切られていた。それが今や啓蒙精神によって、同性愛が神の法を犯す罪であるよりは、自然に反する罪ということになったのだ（そもそもソドミーを行う者は、しだいに「反自然的な者」としばしば呼ばれるようになっていた）。また興味深いことには、レズビアニズムがしだいにクリトリス肥大症と関係づけられていくことも確認できる。実際、「啓蒙哲学者」の大半は同性愛をさほど良い眼で見てはいなかった。例えばモンテスキューにとっては（それでもこの人物は火刑を止めることを求めていた）、同性愛は特殊な環境（ギリシア人のように裸で生活していたり、コレージュのように青年が集まっていたりすること）のせいであるとし、そうした環境は文明化した社会であれば廃止しなければならないとした（「このような犯罪を一切企てないこと、正しく取り締まることによって、あらゆる習俗の乱れと同じようにこの犯罪を追放すること、そうすれば直ちに自然が、ある場合には人びとの権利を守り、またある場合にはそれを回復してくれるであろう」）。ヴォルテールにとって同性愛はイエズス会士に特徴的なものであり、それゆえに根本的に不合理である。また別のところでは、同性愛に法的な罰を与えるべきではないが、社会道徳によって引き続き排斥すべき「謬見」だとは見なしている。ルソーはと言えば、「袖飾りの騎士〔男色家のこと〕」に対して身体的な反感を感じていた。彼は両性の相補性をあまりにも「自然だ」と信じていたので、生殖を離れたセクシュアリティという考え方を受け容れることはできなかった。調和を乱す声はわずかに聞こえるばかりだった。しかしその中には、自然に反するという考え方そのものを拒絶する者もいた。「現に存在しているものはすべて、自然に反することも、自然の埒外にあることもあり得ない」と力説したのはディドロだった。彼はしかし、『修道女』の中で、修道院におけるサフィズムを、囲い込みの、とくに負の影響であると見なしている。すなわち「引きこもると堕落する」というのだ。その他には、性的快楽の自由への権利は合理的だと公言する者がいた。例えばコンドルセにとっては、「ソドミーは、暴力を伴わない限り、刑法の管轄ではあり得ない。どの人間の権利をも侵害してはいないのだから」。そうは言っても、大多数の者にとっては、同性愛はつねに堕落に属する事柄であって、それをよく証明しているのが、旧体制の最後の数年間に、マリー・アントワネットに対する激しい攻撃として、レズビアンであるという主題が利用されていたことである。それは一七九三年一〇月に革命法廷で彼女が裁かれるまで続いた。

▒一七九一年から一九四二年――犯罪とは見なされなくなるが、受け容れられはしない

　コンドルセの娘たるフランス革命は、公共領域から宗教を切り離し、ソドミーを瀆神や魔法とともに、「想像上の犯罪」として片付けた。こうした非処罰化はカンバセレスのおかげで、一八一〇年のナポレオン刑法典に取り込まれた。この刑法典はソドミーを犯罪としたことがない。フランスの法制度の中には、もはや二人の同性の成人が、同意に基づいて性的関係を交わすことに反対するものは何もなくなったのだ。しかし法制度のこの沈黙が、実際に社会の中に寛容が大きく広がっていたことを意味するわけではない。単に、前世紀にくらべて大きいというだけに過ぎない。革命的な異議申し立てが再び出現するのではないかという潜在的な不安に絶えず苛まれてきたこの国においては、立法者の野心に越えられない限界を課すものとして、「自然」が神話化されてきたのであり、同性愛はフェミニズムと同じように、この神話化の犠牲となったのである。そのうえ一九世紀のフランスでは、法制度の沈黙は、そのような怪物的行為への恐怖に対する、社会的に最もふさわしい回答であるに過ぎないとする考え方が見出され、時にそれが司法官からも擁護されているのである。確かなことは、司法権力が極めて嫌々ながらにしか、この法を運用しなかったということである。同性愛は、裁判では自動的に量刑を重くする情状と受け取られた。しかも、執政政府や帝政以降は、行政当局の恣意性も無視できない。一八〇〇年には、パリ警視庁が女性に対して「男装」を禁じる命令を出した。一八〇四年には、公権力が司法の枠組みを完全に踏み越えて、ベルジュラとデュエムという男性同性愛者どうしの使用人のカップルを断罪し、警察の決定だけで別れさせ、国内での追放処分にした。アンヌ＝マリ・ソーンが書いているように、社会全体でタブーが極めて強力だったのである。この話題は日常の会話では極めて稀にしか触れられることはなく、同性愛の事件が起きても、多くの者にとって一九五〇年代までは、本当ではないだろうというある種の疑いが掻きたてられた（そもそもこのタブーが原因となって、一八七〇年から一九〇〇年の間に、大都市で同性愛の売春が発達したのである）。以上のすべてのことから、一九七〇年代の半ばになっても、同意した成人どうしの同性愛関係を法に反するとまだ信じ続けているフランス人が数多く存在した理由が説明される。

　一八三〇年代から四〇年代にかけて、少なくとも文学作品の中では、性別の役割をめぐるある種の流動性が特徴として見られる一方で、一九世紀半ば

以降、それがはっきりと硬直化することもまた確認されるのである。アイデンティティの境界線が強化されるのである。一八四八年六月［六月蜂起］から一八五一年一二月［ルイ・ナポレオン・ボナパルトのクーデタ］までの社会不安から誕生した第二帝政は、同性愛を徐々に非行や犯罪に結びつけていった。この否定的なステレオタイプは、同性愛者が登場する小説の中に公然と出現した。そしてそのような小説は数を増していったのである。一八五九年のジュール・メリーの『ムッシュー・オーギュスト』、一八六七年のテオドール・ド・バンヴィルの『パリのパリっ娘たち』、一八六八年のエルネスト・フェードーの『シャリス伯爵夫人または今日の習俗』、一八七〇年のアドルフ・ベロの『マドモワゼル・ジロー』などである。それとは別に、司法官の中には未成年者に対する放蕩の教唆を罰する刑法第三三四条を利用しようと努めた者があった。そのために異性愛行為と同性愛行為の間に不均衡が生じた（一八五一年九月一日のアンジェ控訴院の判決）。そしてこの試みは破毀院［民事・刑事・社会事件を扱うフランスの最高裁判所］が刑法の厳密な運用に立ち戻るよう命じるまで続いた。さらに別の司法官は、文学におけるポルノグラフィーと戦って、ボードレールの『悪の華』に収められたレズビアンの詩篇（「レスボス」、「地獄に落ちた女たち」）に「良俗の壊乱」を見出し、有罪に値するとした（一八五七）。

第二帝政は、何よりも警察の活動が再び活気を取り戻す時期である。この活動は法の隙間に発達したのであった（小児性愛との戦いだけは、確固たる法制度を根拠としていた。すなわち、一一歳未満の未成年者に対する「暴力を伴わない強制猥褻《わいせつ》」に関する一八三二年の措置であり、この年齢は一八六三年に一三歳に引き上げられている）。旧体制の伝統が復活して、風紀警察がハッテン場に介入し、逮捕を進めた。また風紀警察は同性愛者の売春者をリストアップしたが、実際は「煽動スパイ」の策動によって売春に仕立て上げられた者たちだった。同性愛者が司法事件に関わった場合には、風紀警察が近隣の聞き込みをした。最後に、第二帝政は、医学に基づく烙印も強化した。これについて最も重要な名前は法医学者アンブロワーズ・タルデューである。この人物は一八五七年に、有名な『風紀紊乱罪に関する法医学的研究』の初版を刊行している。この作品でタルデューは、実証主義によって同性愛嫌悪を堅固なものにした。そこでは男性同性愛者が女性と動物の両方と同一視されている（女性も男性同性愛者も、どちらも生物学的に決定されている。男性同性愛者の心的な属性、すなわちおしゃべり、移り気、裏表のある態度などは女性的であると見なされる。また男色家はその交接においてもその器官においても犬を思わせる。さらに肛門性交《ソドミー》は糞便を連想させる）。タルデューは、男性同性愛者群が持っている解剖学的、生理学的特徴を、何世代にも渡る医学生に植えつけたのである。「臀部の過剰な発達、肛門の変形による漏斗《じょうご》形化、括約筋の弛緩、肛門周辺の皺、突起、隆起の消滅、肛門開口部の極度の拡張、糞便の漏出、潰瘍、亀裂、痔核、痔瘻、直腸膿漏」。陰茎が犬のペニスの形状をしていることも忘れてはならない。しかもタルデューは、類型学までこしらえた。この類型学はカリカチュア的ではあるけれども、やはりたいへん長く存続した。一時的な同性愛者は「オバさん」であり、生まれつきの同性愛者は「真の男色者」であり、男色者には「攻め側」と「受け側」がいる。タルデューは最終的に、同性愛者が示す社会の転覆という特質を気にかけなければいけないと訴える。同性愛者はフランス人と外国人の間に接触をもたらし（タルデューは「この下劣な情念のコスモポリタニズム」という言い方をしている）、社交界の人間と民衆層の人間も接触させ（タルデューは同性愛売春に多大な関心を寄せている）、恐喝や犯罪の蔓延をもたらすので公共の秩序を脅かす（最近の一連の殺人事件はすべて「大騒ぎとともに残酷な結末を示しているのだ。それは、最も賤しい界隈の掃きだめの中に、自分の怪物じみた欲望の満足を求めるべき秘められた関係しか見出せないような輩がたどり得る結末である」）。タルデューの筆は矛盾に満ちていることを指摘しておこう。臨床医学の科学性に気を遣っているわりには、毎ページに退化に関わるレトリックが混ぜ合わされている。少年愛は生得的なものであるという主張と、少年愛は悪徳であり、ということはすなわち道徳に反する選択であるから、その責任を狂気のせいにしたり、あるいは精神的に責任能力がないとすることはできず、それどころか処罰の対象としなければならないという主張とが、同居している。

一八八〇年頃、フランスの国力に対する国民の疑いや不安、退廃への恐れを背景に、同性愛が精神病に位置づけられるようになる。ジャン・マルタン・シャルコー教授が一八八二年に、フランスで初の「性感覚の逆転」(↓性逆転)の症例を記述する。一八八〇年代末にはもう、ラダムが患者を催眠術によって↓治療しようと試みている。シャルコーは、一部にはドイツ↓医学との競争の影響もあって、フランスにおける同性愛の心理疾患化を果たし、そうしたことで同性愛の社会的受容の可能性を一段と希薄にすることに貢献したのだと言われてきた。一八八二年に、しっかり定着することになる「性的↓倒錯」という表現をつくりだしたのもシャルコーである。この表現に、医学的、社会的、道徳的な関心がすべて結集しているのだ。一八八五年には、アレグザンドル・ラカッサージュとガブリエル・タルドが『犯罪人類学・犯罪学・正常および病理心理学文書』誌を創刊し、犯罪者群には性的倒錯者の割合が抜きんでて高いとはっきり断言している。同じ時代、社会ダーウィニズムの影響のもと、同性愛は遺伝的↓退化の徴《しるし》ということになった。一八七六年に、アンリ・ルグラン・デュ・ソール博士は、医学↓心理学学会で、多くの「性欲倒錯」はヒステリーの遺伝に起因すると公言した。同じ理由でシャルル・フェレ博士は、一八九九年の『性的本能、進化、退廃』の中で、同業者に対して性逆転者を結婚させせないようにと勧めている。こうしたことがすべて、アンブロワーズ・タルデューのすでにかなり重苦しかった遺産を、さらに重くのしかからせることになった。一世紀以上に渡って、フランスの医師にとって、同性愛は正常であったためしはなく、つねに病的なものだった。ダニエル・ボリヨが言うように、「『どのように人は同性愛者になるか』ということを説明しようとする医学理論はすべて、同性愛者になってはならないということを前提にしている」。そのうえ異を唱える意見がほとんど聞かれないのである。レオン＝アンリ・トワノ博士は、一八九八年にパリで出版された『風紀紊乱罪と性感覚倒錯』の中で、タルデューに反対して同性愛者は見た目では分からないと主張している。マルク＝アンドレ・ラファロヴィッチは、一八九六年の『ユーラニズムとユニセクシュアリティ』の中で、多くの男性同性愛者はたいへん男性的であり、退化は一切見られないと主張して激しい批判を浴び、医学界からは個人的に数々の悪口を言われた。タルデュー流の奇形学や性逆転に関するカリカチュア的な紋切型は、一九五〇年代にも医学部で普通に教えられていたし、一九七〇年代半ばになっても、アヴェロン県の田舎では、そのような文章の著者の物真似をする医者がいた。同性愛がしだいに医学で扱われることが多くなっていったからと言って、それと並行して警察の介入主義が進展することが妨げられたわけではない。しかもそれは、第三共和政〔一八七〇〜一九四〇〕の原則的な自由にも拘らず進行したことである。風紀警察の急襲が、男子用共同小便所や最もよく知られたハッテン場、例えばとくに同性愛者の出入りが頻繁なカフェや公開のダンスパーティなどを中心に、数を増していった。軍人も監視の対象となった。「悪徳の民主化」という幻想が現れた。フランソワ・カルリエ〔一八〇〇〜七〇年に、パリ警視庁の風紀部門の長〕の時代にはすでにリストアップの作業が極めて重視されていたが、一八九四年には「パリのお歴々」に関する「習俗身上調書」の作成を担当する「社交界係」が設置されて、それがますます強化された。

一九世紀末には、↓レズビアン嫌悪(レズボフォビア)の複雑化も見られた。逆説的なことには、放蕩者の間ではレズビアン嫌悪は減ったようである。一方、異性愛の娯楽面での進歩に伴って、文学におけるサフィズムの主題がしだいに勢いを増していった。それはピエール・ルイスの一八九五年の『ビリティスの歌』がよく物語っている。だがこの主題はまた、ポルノグラフィーや手広く展開していた売春の世界でも伸びていった。売春宿ではサフィズムが、すべてに飽きた男たちの一夫多妻幻想を養っていたのである。同性愛嫌悪の無意識の中で、レズビアニズムがこのように自立していったことは、今日までその痕跡を残している。すなわち今日ではそれこそが「ボーフィスム〔中流フランス人の反動的、人種差別主義的な傾向〕」の目安である(二〇〇一年にケーブルテレビの番組で、スポーツ・ジャーナリストのティエリ・ロランが、浮かれたインタビュアに次のように説明した。「男どうしっていうのはぞっとするが、女どうしなら、ちょっと見てみたいね」)。しかし一九世紀の終わりには、レズビアンの危険性という主題も現れる。女性をめぐる条件(学校教育の延長、女性の労働、いかがわしい読書)があまりにも急速に変化すれば、必ずや倒錯を生みだし、社会全体を脅かすとされたのである。警戒の声が大きくなっていった。例えばジュリアン・シュヴァリエの医学的な著作（一八八五年の『性的本能の逆転』）や、一応社会学ということになっているアリ・コフィニョン（一八八九年の『生きているパリ――パリにおける堕落』）やレオ・タグジル（一八九一年の『世紀末の堕落』）の研究である。同じ時期、医者の中にレズビアニズムをクリトリス切除によって「治療」できると主張する者が現れた。

二〇世紀初頭の、全く初期段階ながら同性愛者が表現し始めたこと、それから第一次世界大戦以降にしだいに同性愛者が目に付くようになっていったこと、こうした動きが、性別役割の疑問視やアイデンティティと自然との切り離しを背景に出てくると、保守的な人びとの間に同性愛嫌悪の炎が燃え上がった。オリンピックの組織はその最初から、同性愛嫌悪に基づく昇華という考えに取り憑かれていたのである。ピエール・ド・クーベルタン（一九一三年の『スポーツ心理学試論』）によれば、「精神神経症は、男らしさに対する感受性のある種の消滅を特徴としている。これを回復させ、強化できるのはスポーツだけである」。大衆文学では、しばしば同性愛が退廃に結びつけられた（ギュスターヴ・ビネ＝ヴァルメールの一九〇九年の『リュシアン』および一九二九年の『砂の上に横たわった女たち』、ウィリー&メナルカスの一九二三年の『代用の愛』、シャルル＝エティエンヌの一九一四年の『レスボスのノートルダム』および一九二四年の『去勢された男たち』、ヴィクトール・マルグリットの一九二二年の『ラ・ギャルソンヌ』、シャルル＝ノエル・ルナールの一九三〇年の『男嫌い』）。保守的な文学批評は両大戦間期に繰り返し、同性愛という主題の文学への侵入を大声で非難した（一九三一年一〇月二三日付の『ル・タン』誌で、アンドレ・テリーヴが「有害な宣伝主義」という言い方をしている）。一九〇六年から一九三〇年代半ばまで発行されていた諷刺雑誌『ファンタジオ』は、同性愛のカリカチュアを数多く掲載し、それによって異性愛に基づくガリア気質的な陽気な猥褻話という、今や危機に瀕している国有財産の健全な要素を擁護すると公言している。一九二〇年代、三〇年代の右翼は、同性愛に人口減少の主要な要因を見ていた。右翼にとっては、同性愛者は、働く女性と堕胎を施す医者とともに、国を弱める主要な元兇であった。フェミニズムを中傷する者は、それとレズビアニズムを結びつけた。このことをよく表しているのが、ラディカル・フェミニストのマドレーヌ・ペルティエに関して流れていた噂や、一九二八年から三〇年のマルト・アノー事件の際の被告に対するメディアの扱いであった。裁判で微妙な立場に立たされたこの「女銀行家」は、保守派の喜びそうなものをすべて備えていた。彼女はユダヤ人で、無神論者で、離婚経験者で、レズビアンだったのだ。

外国由来の異常ということが、多くの者にとっての同性愛に付き物の観念であった。ベルエポック期には、ロート博士（ゾラの友人のジョルジュ・サン＝ポールの筆名）が、ラファロヴィッチに反論して、フランスには同性愛は非常に稀であると主張している。「性逆転は大半の地方で全く見られない。フランス人の圧倒的大多数はそのような傾向が存在することすら知らない。もしもフランス人がそのようなことについて話を聞いたら、それについて極度の反感を示す」。リオラン博士は、『少年愛と同性愛』（一九〇九）の中で、大まじめに次のように断言している。ギリシア人が同性愛者だったのは、その妻が醜かったからであり、フランス女性はたいへん美しいので、そのような女性のいる国では同性愛が発達するはずはないと。一九世紀には、「アラブの習俗」という言い方もよくされていた。一九一〇年頃、ドイツで同性愛に関する研究が増え、またオイレンブルク事件が明るみに出たことから、「ドイツの悪徳」という表現も使われるようになった。この表現は第二次世界大戦まで長持ちした（この主題系は、フランスのジャーナリズムがナチスの同性愛嫌悪政策をほとんど取材できていなかったことをよく物語っている。それは一九四〇年代まで、ヴァイマル共和国時代の決まり文句である「ベルリンは新しいソドム」を繰り返していたのだ）。イギリスもこの原始的な民族学兼性科学を免れなかった。『ファンタジオ』誌が一九二七年に、イギリス人の四人に一人は同性愛者であると断言した。エディット・クレッソンが六〇年後に、妄想であるはずのこの数字を繰り返すことになる。

一九二〇年代、三〇年代に、保守的な人間から同性愛嫌悪の敵意と憎悪を一身に集めたのはジッドという名前であった。そのため反ジッド主義が、フランスの同性愛嫌悪の一成分にまでなったのだ。反ジッド主義は、ジッドの『コリドン』によって、一九二四年から二五年にかけて大きなスキャンダルが持ち上がったのに伴って出現した。このエッセーの中でジッドは、多くの偏見と反対の立場をとった。例えば、同性愛者は必ずしも女性的であるわけではなく、優秀な兵士になれるであるとか、少年愛（青年と極めて幼い少年の間の愛。当時の性的同意年齢が一三歳であったことを想起すべきである）は、若い女性を売春と性病から守るための優秀な解決策であるとか、少年愛は、その感情面での豊かさのおかげで、結婚や家族に対する責任への真の準備期間となるとかであり、要するに、少年愛はフランス社会にとって、不運ではなく幸運であるということだ。医者や心理学者からはすぐに、そして激しい反応が起きた。フランソワ・ナジエ博士は一九二四年にはもう『反コリドン』を公刊した（この本には「自然はジッドを憎む」というエピグラフが添えられていた）。アンジェロ・エスナールも『同性愛心理学』（一九二九）の中で、同じ調子でジッドを批判した。こうした著者たちは、同性愛が健全で、尊敬すべきものであり得ることを認めようとはしなかった。彼らにとって同性愛者は、未発達の存在であった。とりわけ同性愛者が自身を病人と認めない場合にはそうだった。そして彼らにとってジッドは、若者を腐らせる極めて危険な存在であった。医学界を越えて、カトリック右派も家族の権利とフランスの将来の名のもとに、ジッドに対して怒りをぶちまけた。ポール・クローデルは、とりわけ憤慨し、ジッドに手紙を送った。「もしもあなたが男色者でないのなら、なぜこのような類の話題を奇妙にも偏愛されるのですか。またもしもあなたが男色者であるのなら、お気の毒なことです。お治しなさい。そしてこのように厭うべきことを広めてはなりません」。さらにクローデルは、一九三一年に同性愛嫌悪に基づくボイコット戦略に手をつけた。ルイ・ジューヴェが、同性愛を問題にしているマルタン・デュ・ガールの『無口な人』を演出することを良しとしたため、彼との協力関係を打ち切ったのである。カステルノー将軍とアンリ・ルロー＝デュガージュ議員が、『コリドン』スキャンダルに乗じて、「家族単位投票」を再要求し、将来のために準備をしない独身者のエゴイズムを告発し（第一次世界大戦以来、人口中の男女比が再び不均衡になっているので、将来はなおさら暗い）、女性に対してその自然な役割、女性の永遠の特性に戻ってくれと懇願した（この時代の著作家の中には、男性同性愛の原因を、ある面ではフェミニズムの影響を受けた支配者的な母親が増えていることにあるとする者もいた）。例えば『あえてその名を口にしない愛』（一九二七）におけるフランソワ・ポルシェのように、最も穏健な者たちは、同性愛は愛と混同してはならない悪徳であるという意見を固持し、ジッドに対して、私的領域の範囲を踏み越え、勧誘を目論み、同性愛の「旗頭」になろうとしていると非難した。ジッドはあらゆる方面から非難されたが、その非難の矛先は要するに、ディディエ・エリボンがみごとに主張したように、「同性愛に関する同性愛者の発言を出現させたこと」であった。この反ジッド主義という現象は、絶対的な重要性を持っている。それは、同性愛者を家族の滅亡をたくらむ怪物のようなものに仕立て上げたのであり、この幻想はパックスに関する議論が起きるまで延々と続くのである。またこの現象がヴィシー政権に、中でも二一歳未満の者との同性愛行為を犯罪とした一九四二年の法律に影響を与えたことは明らかである。さらにこの現象は、フランスのエリートの大部分、教育界の無視できない範囲を、長きに渡って浸し続けた（一九七五年頃、文学の教授資格を持っている者がその経歴の最後に、高校の最終学年の生徒の前で「ＮＲＦ［ジッドが創刊した雑誌『新フランス評論』］のホモクラブ」とふざけて言った）。この現象は、右翼ジャーナリズムにも長い間常套句を提供し続けた。ジッドの態度は全く独自のものであったし、大半の同性愛者は隠れて生きていたのだが、男色者は露出症であり、勧誘活動を遂行するという書かれ方をしたのである。またすでにユダヤ人に対して用いられていた非難のし方にならって、あのような輩がはびこっているようでは、文化の世界で成功するには「あれになる」必要があると言われた。

しかし両大戦間期の同性愛嫌悪は、カトリックや医学の影響のもとに、有力者に向かっただけではなかった。二〇世紀初頭のフランスには、同性愛嫌悪の前衛部隊が存在したのである。その痕跡はフェミニストに見出すことができる。クリスティーヌ・バールがみごとに明らかにして見せたように、フェミニストの大半がレズビアンと同一視されることを恐れ、レズビアンを女性の敵であるとさえ言った。さらに、パリのレズビアン活動の中心が、大部分はアングロ＝サクソンの女性によって担われていたのも意義深いことである。

同性愛嫌悪はシュルレアリストの間で非常に大きい（アンドレ・ブルトン「私は男色者を糾弾する。彼らは人間的な寛容に対して、精神的道徳的欠陥で報いている。その欠陥は自らを一つの組織として打ち立て、私の尊重するあらゆる計画を麻痺させようとしている」。アルベール・ヴァランタン「男色者は、世界中の何よりもぞっとさせられる」。ポール・エリュアール「男のようなレズビアンには最も強い憎悪を感じる」）。最後に、同性愛嫌悪は一九三四年以降は共産党員の間にも発達する。共産党はスターリンの影響のもとに、「ドイツの悪徳」という古くからある言い回しを再び取り上げ、長きに渡って同性愛をファシズムとブルジョワ社会の堕落に結びつけた。

■一九四二年から一九七一年——同性愛、「社会の災禍」

共和主義的な個人主義に敵意を持っているヴィシー政権の家族主義は、根本的に同性愛嫌悪である。ヴィシー政権はカトリックとアクシヨン・フランセーズ〔ナショナリストの団体〕の影響のもと、フランス革命に由来する道徳におけるリベラリズムと快楽主義的な個人主義は、少子化と退廃の元兇であるという批判を展開する。一九四二年八月六日の法律は、一七九一年以来初めて、同性愛関係に限定して犯罪とした。この法律によって刑法典には新条項第三三四条が創設された。この条項には、当事者と同じ性を持つ二一歳未満の未成年者との間に「淫らで自然に反する行為」を行った場合は拘禁刑（↓刑務所）に処すと定められている。この法律が、ジッド的な厭うべき行為を標的としたものであることは極めて明確であるが、それと同時に、一九三〇年代末の共和主義者の家族主義を完成するものでもあった。ここにおいて、ジェラール・ノワリエルが研究した「ヴィシー政権の共和主義的起源」を見てとることができる。出産奨励に反する宣伝を禁じた一九三九年の家族法と一九四〇年一月の法律が、実際には大衆の間に国力の低下の原因は無軌道な行動にあるという信念を、ヴィシー政権以前に撒き散らしていたのだ。多くの者にとってフランスは、ルネ・ジュアンによる定式化にならえば、「アルコール中毒によって荒廃し、好色によって腐り、少子化によって蝕まれて」いたのである。ヴィシー政権はこの傾向に歯止めをかけるべく対抗措置をとろうとしたのである。女性の永遠の特質、それを通して性別役割を固定すること、家父長制の構造の正当性が頑強に要請された。それはまた、「青いヴェール」という、一九四二年から始まった女性教育の女性化とエリートの男性化のプロジェクトの時代だった（全く喜劇的なことには、このプロジェクトで模範とされたのは、パブリックスクールの精神、リヨテの思想、アベル・ボナール〔どちらも同性愛者として有名だった〕の駄作の数々だった）。そうは言っても、伝説とは異なり、ヴィシー政権は同性愛者を死に追いやったことはない（フランスで強制収容所に移送された同性愛者はアルザス・モゼル地方の者だけだった。この地方は一九四〇年から四四年まで、ドイツ刑法第一七五条の直接的な支配下にあった）。

最も重大な問題は、ヴィシー政権の同性愛嫌悪が、この問題に関する多数派の世論のあり方を明らかに反映していたことであり、さらに戦後の家族主義者の団結にとって鍵となる要素になったことである。ヴィシー政権との間には、断絶よりも連続性の方が大きいのであり、一九四二年の法律の中味は、一九四五年の政令に繰り返されているのである。解放の時期の政治担当者たちは、異性愛関係に基づく家族主義の制度化を推し進め、それは一九九〇年代まで続いたのである。家族の擁護が一九四六年の憲法にも書き込まれた。家族協会全国連合は、当局の恒常的な諮問機関となった。他の基本的な組織も家族の擁護をめざした（家族手当金庫全国連合、人口家族高等委員会、人口家族省〔実際の政府機関としての「省」ではない〕）。要するに戦後、家族に関する多くのロビー団体が出現したのだが、戦前にくらべてその力は強力で、要求も聞きいれられやすくなった。こうしたロビー団体には、教会の家族主義（家族への絶対的信仰と個人への深い敵意に基づいている）と、国家の家族主義（より実用主義的で、少子化と戦うこと、大家族を助けることを目的とする）とが、混ぜ合わされている。カトリック・インテリゲンチャに多大な影響力を持つエマニュエル・ムーニエが、一九四六年の自著『性格論』の中で、同性愛嫌悪に基づく憎悪を公にしている。

政界では、キリスト教民主主義者、共産主義者、ド・ゴール主義者によって、家族、親子関係、良俗といった同じ概念が共有され、これらの概念が一貫して同性愛嫌悪を（たいした議論もないまま）正当化するものと見られていた。左翼の中ではフランス共産党がかつてないほどの力を持ち、中道がもはやラディカルであるよりはむしろキリスト教民主主義的となり（その一方でMRP〔人民共和運動〕がしばしば「ペタン主義再生機」の役割を果たす）、最強硬派の右翼の最も感じの悪い思想にド・ゴール主義がお墨付きを与える。こうしたことがすべて組み合わさって、とりわけひどい影響が生みだされていたのだった。かくして一九四五年から六八年という時代は、明らかに法律を通じての「戦いの時代」となった。一九四五年の命令《オルドナンス》は、ヴィシー時代の第三三四条から刑法第三三一条三項をつくり、「未成年者との間の自然に反する淫らな行為」を罰した。一九四九年七月一六日の法律は、若者向けの出版物に関するもので、同性愛の作品および出版物の配布の範囲を、かなりあからさまに限定した。一九六〇年の命令《オルドナンス》は、刑法第三三〇条二項を定め、同性愛による公然猥褻《わいせつ》の場合は刑を加重すると規定した。最後に一九六八年には、フランスはWHO〔世界保健機関〕の分類を公式に採用して、同性愛を精神病とした。このような経過をたどって同性愛者は、寛容に迎えられているだけの二等市民となったのであり、いかなる抗議の可能性も、表現の自由の可能性も享受できない存在となったのである。このことがはっきりしたのは、一九六〇年にミルゲ修正法が可決されたときである。さまざまな法律の条文が至るところから押しよせて、社会的な秩序は異性愛で成り立っているのだということを、そして同性愛者は変装して生きていかねばならないのだということを、同性愛者は思い知らされた。借家に関する法律は（一九八二年まで）、借家人はその住居に「一家の良き父として節度を持って」居住しなければならないと定めていたし、一九八三年までは、公務員は「良き習俗、良き道徳を備え」ていなければならなかったし、一九四〇年代末から一九六〇年代末までは、警察の命令により公共の場における異性装および同性二人でのダンスが禁じられていたのである。

以上のような法律や諸規定がひと揃い整えられていく過程には、世論の中に不安が高まっていったことも背景としてあった。アメリカで一九四八年に刊行されたアルフレッド・キンゼイの著作『人間における男性の性行為』〔アルフレッド・C・キンゼイ他、永井潜、安藤画一訳、コスモポリタン社、一九五〇〕は、フランスでもすぐさま翻訳された。キンゼイの結論は、同性愛者は人が想像しているよりもかなり数が多いと思わせるところがあった。とりわけ、「幼児期の拒絶反応」に関するフロイトの主張が流布された影響で（流布させたのは女性誌の大半、数多くの医学の入門書、しだいに数を増していた子どもを扱う専門家などである）、同性愛を教育の失敗の結果と見る見方が、しだいに増えていった。そのため同性愛者の子どもを持つという事実が社会にとって大惨事である分、親の責任感もそれに見合う大きさになった。中流、上流階級では、自分の子どもの遊びに気をつけておくこと、異性装をやめさせること、男の子には武器を与え、女の子には人形を与えること、息子と母親の間にあまり強過ぎる関係ができないようにすることなどは、親としての自分の責任であると誰もが以前よりも強く感じている。

つまり、この戦後すぐの数十年間は、かつてなかったほどの強さで、家族がわが子を異性愛化しなければならないという義務を痛感していた時期なのであり、ピューリタニズム、すなわちあまり早いうちから異性愛関係を持たない方が良いという考えを維持していた中流階級では、この強迫観念の神経症的性質がますます強化された。四方八方に広がったこの不安は、一九六四年のジャン・ドラノワの映画『悲しみの天使』が、極めて貞節な映画にも拘らず大きな嫌悪感を呼び覚ましたことにも読み取れるが、とくに一九三〇年代、四〇年代生まれの世代に顕著な特徴である。この不安は、ジャック・シラクのような人間の持つ偏見にも見られるし、またリオネル・ジョスパンがこの話題を長い間避けていることにも見てとれる。同性愛嫌悪は他の面でも極めて旺盛で、思いもよらない人物の筆から迸ったりもした。例えばシモーヌ・ド・ボーヴォワールは、性差別主義の偏見と果敢に闘っていたにも拘らず、一九四九年の『第二の性』の中で、レズビアンについて次のように書くことを自らに許したのである。「進んだ女たちというあの一団ほど、精神の狭量と身体の欠損という悪い印象を与えるものは他にない」。

一九六〇年、同性愛は「社会の災禍」であり、公権力はそれを食い止める義務があるとするミルゲ修正法とともに、政治の上での同性愛嫌悪は頂点を迎える。夜間に開会された突然の採決によって、ド・ゴール主義の国民議会議員ポール・ミルゲは（ポスト植民地時代の懐疑的な状況の中で文明を救うのだと主張して、子どもの保護という反ジッド主義的な主題系を繰り返し）、同性愛を売春やアルコール依存症と同一視させたのである。ミルゲ修正法によって、それ以後、同性愛嫌悪は攻撃的なものになった。この法律は抑圧の枠組みをはみ出し、予防手段を組織することを目指している。あらゆる手段を講じて、災禍と見なされるセクシュアリティが発達することを未然に防ぎ、そして何よりもそれを目に付かないままにしておくことを、公権力に義務づけたのだ。ミルゲ修正法の象徴的な暴力性はあまりにも強く、フレデリック・マルテルの言を信じるならば、フランスの同性愛者の多くが亡命を考えたという。そのうえ一九六〇年代は、フランスにおいて同性愛嫌悪が一般化する時代でもあった。保守派の同性愛嫌悪は、大統領夫妻が完璧に体現していた（たいへん上品ぶったイヴォンヌ・ド・ゴールは、とくに「特殊な習俗」に対する敵対者で通っていた）。またブラッサンス流の大衆的な同性愛嫌悪（一九六四年の『仲間を先に』では「ソドムとゴモラじゃなかった」と歌っている）は、同性愛は倒錯し気の狂った金持ちの悪徳であるという極めて古くからある考え方に基づいていた（この時代が同性愛嫌悪を示す侮辱の言葉の絶頂期であったことも指摘しておかねばならない。すなわち「ペデ」、「ペダル」、「ペドック」［以上三つはいずれも男色家の意味の「ペデラスト」の変形］、「掘られ屋」、「オカマ」、「オバさん野郎」、「オバチャン」、「お仲間」、「お仲間ちゃん」、「女の子ちゃん」、「愚鈍女《グイン》」［レズビアンを指す］などといった言葉が、街でも、休み時間の教室でも、カフェでも、競技場でも、兵舎でも、警察でも、一日中聞かれた）。さらにはミュージック・ホール［カフェ・コンセールから発達した形態で、それよりも規模が大きく、飲食物を注文する義務がない代わりに入場料を払う］やできたてのテレビにも同性愛嫌悪は見られた。ピガールの「オカマ」キャバレーには、同性愛嫌悪のネタで大笑いするために、ほろ酔い気分の地方出身者が集まった。ロジェ・ピエールとジャン＝マルク・ティボーのコンビは、同性愛嫌悪のコントを演じた。ジャン・コクトー、ジャン・マレー、ジャン＝ルイ・ボリー、ジャック・シャゾらをからかう無数の冗談にも同性愛嫌悪が見られた。当時フランスが経験していた都市化の加速こそが、同性愛という現象が目に付くようになるのに好都合なのだという仮説が口にされた。同性愛者が主に都市住民であったとすれば、一方の同性愛嫌悪の方も、都市に好んで花開いた。街路も、公共の場所も、公共交通機関も、言葉による攻撃の機会を無数に提供した。一九六〇年代後半には、同性愛嫌悪の主題系が、世代間対立をも極めて激しく助長した（戦争経験者の父親世代が、ベビーブームの時代に生まれた息子たちと対立したのである）。最年長の者たちは、若者は窮乏生活も知らず、男らしさに欠けていると感じ、過剰消費と快楽主義の民主化によって集団的に堕落に陥っていると信じこみ、アントワーヌ［歌手、一九四四〜］の「長い髪」やイエイエ族の男性歌手の高い声に、男女両性が混じり合う前兆を見ていたのだ。

　しかし反体制側の者が偏見を免れたというわけでもなかった。極左の同性愛嫌悪（一九六八年五月には、占拠したソルボンヌの中で、謎に包まれた団体である男色者革命行動委員会が、自分たちの掲示した手書きのポスターが八枚剥がされたとして、同性愛者が社会的警察的抑圧の犠牲にされていると告発した）、また前衛的精神分析の同性愛嫌悪というものが存在したのである。パリのインテリゲンチャの間で大人気だったジャック・ラカンは次のように叫ぶ。「われわれ精神分析医のところに、同性愛は倒錯ではないなどと言いに来るようなことがなければ良いのだが。同性愛は受け容れられ、承認され、そのうえ歓迎されているのだから、などと言って。それでもやはり同性愛は同性愛以外の何物でもない。一つの倒錯であることに変わりはないのだ」。このような状況にあったから、一九六八年に実施された同性愛に関する初の統計調査で、敵対的な意見が非常に多かったことも驚くには値しない。クリスティーヌ・バールが言っているように、そういう意見にとって同性愛は、「治療すべき病気か、あるいは戦うべき倒錯」なのだ。

　残るは自己嫌悪である。一九五〇年代、六〇年代にフランスで見られた同性愛運動の萌芽は、唯一、『アルカディア』誌周辺に起こった動きだけであった。この雑誌は、アンドレ・ボドリーが一九五四年に創刊したもので、定期購読者は数千人を数えた。『アルカディア』は、公権力がこの雑誌の販売に課した制約を見ても明らかなように、ほとんど労働者の加わる余地はなかった。ボドリーの威厳を保つ戦略はそこに由来していて、そのため彼は他の「同性愛者《ホモファイル》」に絶えず教訓を垂れるようになり、彼なりの同性愛嫌悪的な発言をするようになった（とくに愛という名目で誘惑することについて）。それで『アルカディア』の集会は、いささか滑稽なことにお説教の会のようになったのである。しかもこの戦略は全く効果がなかった。世論に対しても全く影響力はなく、偏見に対しては全く武装解除することはできないうえに、ブルジョワで小心なホモという同性愛者に対する否定的なステレオタイプを強化することに貢献しさえした。

■一九七一年以降——自由化に対する抵抗

ゲイ・レズビアン革命は、アングロ＝サクソンの国に遅れをとりながらも、一九七一年にはフランスにも及んだ。同性愛はしだいに目に見える存在になってきた。同性愛者は対象とされてばかりの階級であることをやめ、自ら権利要求の声を上げ始めた。同性愛者は何よりも、社会全体がセクシュアリティや快楽に対して新たな視線を向けるようになったことに恵まれた。あらゆる前線で、同性愛嫌悪は退却し始めた。それでも同性愛嫌悪は、三つの時期に対応する三つのテーマの周辺に結集した。同性愛の非処罰化への拒否、エイズという伝染病によって掻きたてられた恐怖、同性婚と同性愛者の子育てに対する敵意である。

同性愛に対して法的に烙印を押し続けることを望むのは、当初はカトリック教会に固有の性質であった（とくにヨハネ・パウロ二世に顕著であった。この人物は一九七八年に教皇に選ばれ、現代における最も烈しい同性愛嫌悪の発言をする者の一人となった）。ローマの権威にとっては、同性愛は一つの堕落であり続けているのだ。一九八二年四月、ストラスブールのエルシェンジェ司教が、次のように断言してスキャンダルを巻き起こした。

> 私は、身体障害者を尊重するように、同性愛者を尊重しています。しかし同性愛者が、自らの身体障害を健全と見なすことにしたいというのなら、私は賛成ではないと言わざるを得ません。

ローマの教理《カテキズム》の最新版は断固たる調子である。

> 聖書に基づいて、聖伝は常に「同性愛行為は本質的にふしだらである」と宣言してきた。同性愛行為は、自然の法に反している。同性愛行為は、性行為が生命を授けるものであることを妨げる。同性愛行為は、真の感情的、性的補完性から生じるものではない。同性愛行為は、いかなる場合においても承認を得ることはできないであろう。

教皇自身が一九九二年に、同性愛者の雇用、住居、社会保障に特定した差別に賛同し、エイズ患者の権利を制限することさえ認めたのである（『オッセルヴァトーレ・ロマーノ』紙、一九九二年八月四日）。教皇はまた、東ヨーロッパ諸国での同性愛の非処罰化を、あらゆる手段を講じて妨げようとした。最後に教皇は、ヨーロッパ議会が同性愛を「法的に承認」したこと（一九九四）を糾弾した。

右翼および極右は、その一部はヴァチカンの言説にも無関心ではないが、同性愛者をあい変わらず病人と見なしている（レズビアンは「欲求不満」であると、しばしば、少なくとも個人的には見なされている）。一九七〇年代の性革命、同性愛者がしだいに目に付くようになったこと、一部のゲイの間で性的な面に消費する額が高まったこと、「奥の部屋《バックルーム》」［ゲイ・バーなどの内部に作られた薄暗い小部屋］の出現、レザー・ファッションやSMの流行、こうしたことはすべて文明に対する脅威、正真正銘の退廃の徴《しるし》であると見なされた。同性愛の非処罰化への拒否、すなわち第三三一条二項の廃止の拒否もここに由来する。この問題は、（一九八〇年から一九八二年にかけて）二年間に渡る論争を呼んだ。争点は、同性愛の同意年齢（一九七四年以来一八歳とされていた）を、異性愛の同意年齢である一五歳にそろえるかどうか、ということであった。一九八一年の総選挙で選ばれた国民議会の右翼議員にとって、同性愛は依然として社会に迫る災禍、家族に迫る危険のままであった。同性愛は自然に反している、同性愛を一般に開放するわけにはいかない。どこかの好色な老人が一五歳の自分の息子を相手に肛門性交《ソドミー》に耽るなどということは、正常な一家の父親であれば考えるだけでも耐えられないだろう（これに対しては法務大臣ロベール・バダンテールが全く正当にも次のように答えた。「それではそれに似た光景、どこかの好色な老人が一五歳の自分の娘を相手に肛門性交《ソドミー》に耽るという光景を、一家のどんな父親であれば想像することに耐えられるのでしょうか」）。そしてまた、同性愛は未成年者をどんどん正常から遠ざけ、自主性を奪っていく渦の中に叩きこむ。だから未成年者を同性愛から守らなければならないとされた。

ここには、フランスの政治活動においてよく対立する、自由に対する二つの考え方を、極めてはっきりと見てとることができる。一つは概括的な考え方で、どちらかと言えば左翼のもの（自由はできる限りの差異を包括すべきである）、今一つは、規範的な考え方で、どちらかと言えば右翼のもの（自由は、社会的な禁止の枠組みの中に限定されるべきである）である。同性愛の非処罰化が確実となると、右翼は嘘の論拠を持ち出すことも躊躇《ためら》わなかった。しばしば同性愛と小児性愛を混同させるようにしたのである。小児性愛に対しては、世論の中に嫌悪感が高まっていた。さらに最初の保革共存体制のとき［一九八六～八八年、大統領フランソワ・ミッテラン、首相ジャック・シラク］には、右翼はあからさまに、同性愛嫌悪の最後の切り札に賭けようとさえした。一九八七年三月には、シャルル・パスクワ［当時の内務大臣］が若者向けの出版物に関する一九四九年の法律を、『週刊ゲイ・ピエ』の締めつけに利用しようとした（結局は失敗した）。当時の強硬派の右翼にとっての同性愛者は、数も多くないし、どちらかと言えば左翼寄りの有権者であるから、かっこうのスケープゴートになってくれると映ったのである。しかし問題は、その頃にはすでに、多くの異性愛者が道徳秩序の守り手よりもゲイの方に連帯感を感じるようになっていたこと、だから右翼の戦略が、中道の有権者の票を稼ぐには全くの逆効果を生むことだった。そして最後に右翼の党派に残されたのは、私生活における異性愛主義（ヘテロセクシズム）だった。党は候補者に、「伝統的」家族の擁護者として、女性と子どもを前面に押し出したキャンペーンを張るよう命じた。UDF［フランス民主連合］、RPR［共和国連合］の党員にとって、カミングアウトすることは未だに大きな危険を伴う。そのことは、フィリップ・メナール事件がよく表している。

確かに同性愛嫌悪は主に右翼陣営に属するものであるが、とくに一九七〇年代には、左翼の一部にも関わりがあった。共産党はスターリン以後極めて家族主義的になり、ゲイ運動の最初期の権利要求にしばしば敵対した。ジャック・デュクロは一九七一年に、FHAR（同性愛者革命的行動戦線）の活動家をののしった。「治してもらってきな、男色家ども」。ロラン・ルロワは一九七二年に「下り坂にある資本主義の腐敗」という言い方をした。他にも一九七五年から七六年にかけての『ユマニテ』紙［一九九〇年代まで共産党直属だった日刊紙］には、極めて同性愛嫌悪の強い文章がいくつも見つかる。極左の一部もそれほど同性愛者に好意的ではなかった。ギイ・オッカンガムが活動家として所属していた小さな団体「革命万歳」は一九七一年春にゲイ問題をめぐって自然消滅した。労働者主義をとる派閥が付いていけなくなったのである。同じ頃、「労働者の闘争」は同性愛者のプチブル的個人主義を批判し、『すべて！』［一九七〇年から七一年にかけて発行されていた極左新聞で、「革命万歳」に近いとされる］については、その中味が「男性用公衆便所の落書きと同水準」だと言った。LCR［革命共産主義同盟］について言えば、一九七七年になるまで「同性愛者全国委員会」の創設を受け容れなかった。最後に、穏健派左翼の党にも一時的な同性愛嫌悪の事例が見られた。例えばポピュリスト的な同性愛嫌悪を示す例としては、エディット・クレッソンが一九八七年に、同性愛は「病気の一種である」と言い、イギリス男性の四人に一人がゲイであると言い張り、さらに一九九一年にも「異性愛の方がいい」と公言して同じ過ちを繰り返した。病理的な同性愛嫌悪を示す例としては、オート＝ピレネー県選出のPRG［左翼急進党］所属上院議員フランソワ・アバディが、二〇〇〇年六月に『ヌーヴェル・オプセルヴァトゥール』で次のように宣言した。「私が人類の墓掘り人と呼んでいる人びと、確固たる未来をぐらつかせる人びと、つまり同性愛者の味方にはなれない」。この人物は、自由民主党の国民議会議員セバスティアン・シュニュに対して、真実とは思えない中傷の言葉を投げかけた後、PRG［左翼急進党］から除名されている。

最後に、フランスの巨大メディアは、『リベラシオン』紙を除いて、一九七〇年代にゲイ運動の権利要求に直面した際に大きく躊躇っていたことを述べておこう。最も有名な事例は、一九七一年三月一〇日のメニー・グレゴワールによるRTL放送のラジオ番組「同性愛、この悩ましき問題」である。この司会者は、番組の最中に次のように発言した。「いずれにしても同性愛者であることは良いことではない」。またORTF放送が一九七三年から七五年にかけて、二年間に渡って躊躇っていたことはよく知られている。その後、この放送局は、『ドシエ・ド・レクラン』［毎回テーマを設定して、そのテーマに関わりのある映画を放映し、その後討論するというテレビ番組］で同性愛の問題を取り上げた。ゲイまたはゲイ・フレンドリーの初期のメディアについて言えば、一九七一年に情け容赦ない内務大臣だったレーモン・マルセランによって、「良俗の壊乱」および「ポルノグラフィー」の嫌疑をかけられた。『すべて！』の発行者であったサルトルはこれに抗議し、幸運にも司法はサルトルの主張を認めた（一九七一年七月一六日の憲法評議会の決定で、これが表現の自由および結社の自由への侵害であり、憲法違反であるとされた）。さらに、一九七〇年代には映画において大きな進歩が見られ、同性愛が目に見える存在となった一方で、同じ時期に、同性愛のとんでもないカリカチュアの実例を示す大衆向け映画がいくつもあったことは示唆に富んでいる。その手の映画としては、例えば一九七三年のジャン・ヤンヌの『オレには金が必要なんだ』や、一九七八年から八五年にかけてのエドゥアール・モリナロの『Mr.レディMr.マダム』シリーズがある。

一九八〇年代にエイズが突然出現したことにより、一定の環境で一定の形態の同性愛嫌悪が再び活発化した。フランスでも、他と同じように、「エイズに対する恐怖を理解するためには、同性愛がどれほど社会的に受け容れられているかということが非常に重要な要因になる」（ミシェル・ポラック）。右翼の一部はついに同性愛の息の根を止めるくさびを手にしたと考えた。一九八二年二月一五日、アヴェロン県選出のRPR所属国民議会議員ジャック・ゴドフランは、カポシ肉腫の症例が増えていることについて健康相に注意を促し、若者に対して「同性愛の危険」（この部分は当初はもっと婉曲な概念が使われていて「リスクグループ」とか「ハイリスク・セクシュアリティ」と呼ばれていた）を伝えるキャンペーンを張ることを提案した。この伝染病が出現した当初は、思わぬ幸運が実現したと見なされた。この病気が、カトリック保守主義の家族の規範を否定するようなセクシュアリティの持ち主に限定して感染したからであり、エイズは神の罰であるという主題は、まだフランスでは大きな取り上げられ方はしていなかったものの、そこここで、中には医者にすら、この主題が見られたのである。例えば、アルベール・ジェルマン教授によれば「エイズウィルスは、生殖の生理学を不純な快楽に変形した者を攻撃する才があった」。古典的な右翼は是が非でも品位を守ることを余儀なくされたが、極右は、実際には成功しなかったものの、ペストの恐怖を再来させようとさえした。一九八七年、ル・ペンは状況が極めて深刻であり、エイズ患者のための「エイズ診療所《シダトリウム》」を設置すべきだと公言した。しかしこのレトリックは結局ほとんど根づかない。そのうえ国民戦線の中ですら、同性愛嫌悪は、一九八〇年代には外国人嫌悪《ゼノフォビア》や人種差別主義《レイシズム》にくらべると支持者が少なかった。そうは言っても、「多重被輸血者協会」は一九九五年に、「同性愛という習俗の解放は、エイズを蔓延させることによって多くの血友病患者、多くの被輸血者の死の原因となった」とあえて告発し、「無辜の」犠牲者と「罪深い」病因の間にある違いを強調し、そして全く同時にこの対比を自分たちの利益のために利用した。この対比は、全カトリック右派の間では、オフレコながら当然とされている。それでも一九九〇年代終わりの数十年間には、保守派の失望はかなり深刻なものになった。なぜなら中流のフランス人は、この伝染病によってフランス社会へのゲイの統合が急速に進んだために、同性愛が異性愛と同じ力を持ち得ること、たとえキリスト教の偏見とは言え、親が子に対して怖ろしいほどの同性愛嫌悪を抱き得ることを思い知らされたからである。

保守派ほど逆上はしなかったかもしれないが、政権左翼もエイズに関するメディアの取り扱いについては、必ずしも安んじていられたわけではない。確かに政府はこの伝染病の初期段階から、すでにそれを同性愛者に限った病気だと見なすことを拒否していた。しかし、全く新しい団体であるAIDESが、一九八五年に公権力に対して予算を求めたところ、マティニョン［首相官邸］は最初これを拒否した。側近の一人の告白によれば、その理由は「ホモを援助していると思われないように」ということだった。これと同じ不快感は、やはり同じロラン・ファビウス内閣が、一九八五年から八六年にかけてのコンドームに関する広告の認可を停止したことにも現れている。ピエール・ベレゴヴォワ内閣はと言えば、一九九二年五月、カトリックの家族主義のロビー団体からの脅しに簡単に屈して、フランス・エイズ撲滅協会がキャンペーンをテレビで放送することを、首相自身の権限で禁じた。

フランスが経験した同性愛嫌悪の炎の中でも、極めて大きな燃え上がりを見せたのは、一九九八年秋から一九九九年夏にかけての、パックスすなわち同性愛カップルの認知に関する法律を争点にしたものだった。議会左翼は、この問題について小心とは言わないまでも極めて慎重な態度をくずさず、パックスの議論と同性愛者の子育ての議論を結びつけることを拒み（パックスは親子関係とは関わりがない）、パックスを結婚と同等のものにつくり上げようとはしなかった（パックスを市町村の役所で交わすことはできないようにせよという右翼からのごり押しを呑んでしまった）。

　驚くべきことではないが、カトリック教会は、同性愛カップルの法的認知と戦う十字軍において、主要な役割を担った。この認知は教皇座にとっては実は破局の象徴であった。なぜならそれによって、家族やセクシュアリティに関するカトリックの説教が、実態とも法制度ともそぐわないものとなり、ますます周縁化するからであった。教皇の眼には、キリスト教の↓象徴的秩序は同性愛の拒否の上に成り立っているものであり、それを公平な法制度が考慮に入れるということは、たとえそれが世俗のものであっても、非キリスト教的秩序しか生みださない、異教と野蛮への逆戻りしか生みださないように映るのだった。政教分離に抵触しているように見えないよう、フランスの教会は聖書に書かれた禁止を利用しないよう用心し、その教理《カテキズム》を慎重に↓人類学と↓精神分析で塗り固めた。その方面に関する主要な専門家であるトニ・アナトレラ神父は、科学的な配慮を自称してメディアに出没した（同性愛は原始的なセクシュアリティである。同性愛カップルを認知しようとするのは、象徴的秩序、人類学的秩序を脅威に陥れ、個人および社会から理性を奪う方向にわれわれを向かわせる。同性愛の活動家はかくして文明の墓掘り人とされたのである）。しかしカトリックのロビー活動の声の中心をなしていたのは、イヴリーヌ県選出のUDF所属国民議会議員で、「教皇庁家庭評議会」委員クリスティーヌ・↓ブタンであった。この人物は、ヴァチカンのレトリックを完全に踏襲して、同性愛を「他性の拒否という悲劇」と見なし（そこには、他者というものは必ず性を異にする者でなければならないとする詭弁を指摘できよう）、それを理由に同性愛「カップル」という言い方はできないとした。彼女の周辺には、カトリックのネットワークが動きまわっている。「文化の未来」（ブラジルの↓極右宗派で、ゲイ・フレンドリーと見なされる公権力や企業に脅しをかけている「労働＝家族＝所有権」の関連団体）、カトリック家族協会、『ポルノグラフィーの黒い波』を聖書としている都市活力協会、生命の権利同盟である。このように結集したカトリック勢力の独自性は、フランスの他の代表的な大宗教、すなわちプロテスタントの家族主義団体や、↓ユダヤ教、↓イスラム教の機関に呼びかけ、一神教の全宗教が集結して、同性愛嫌悪に基づくある種の大同団結運動を起こそうとしていることである。

　しかしながら一九九八年から九九年にかけて、最も目に付いた同性愛嫌悪は政界のそれであった。右翼は、ド・ゴール主義にせよ、キリスト教にせよ、リベラルにせよ、いずれも同性愛の非処罰化を認めるという敗北を喫した時点で、寛容は限界に達したと考えていた。右翼は同性愛カップルの認知について聞く耳を持たなかったし（同性愛は私的領域内に、ということはつまり理想的には慎みの領域、目に見えない存在の領域内にとどまるべきである（↓クローゼット／慎み））、まして同性愛者の子育てについては言うまでもなかった。というのも、フランスの保守派は一九八〇年代、九〇年代の家族革命（結婚が減り、離婚が増え、「再構成」家族［連れ子のある再婚家庭］が増え、片親の家族が増えたこと）を本当には受け容れていなかったのである。静かに進行したこの革命によって、自然で、単純で、普遍的な家族の神話、すなわちヴィシー政権以来、あるいは解放以来きちんと腰を落ちつけていたはずの、家族主義の信条が壊されていくに従って、なおさらそれは受け容れがたいものとなった。右翼にとって法律は、既成事実と闘うものでなければならなかった。そして大文字で始まる規範を思い出させ、大文字で始まる象徴的秩序を維持し、大文字で始まる自然を救うものでなければならなかったのだ（サビヌ・プロコリスがふざけて「大文字崇拝」と呼んでいることを指摘しておこう）。ここではとくに、公になり、公表され、教育され、讃えられるに値するセクシュアリティは唯一異性愛だけであるという主張に見られる、セクシュアリティ間の象徴的不平等に注意を払うべきである。だからこそ右翼は、病気を撒き散らす陰謀を糾弾するのである。一九九三年にはすでに、オワーズ県のRPR所属国民議会議員エルネスト・シェニエールが、次のように告発している。「同性愛者や麻薬中毒者といった外れ者のマイノリティが、強力なキャンペーンを張って、圧力をかけ、自分たちの倒錯や自分たちの異常行動を公平に扱う法律を通過させて、法制度に組み込もうとしている」。右翼はまた、極めて古い人口学的詭弁を再び繰り返す（法務大臣のジャック・トゥーボンは、一九九五年一一月二九日、国民議会で次のように叫んだ。「シヴィル・ユニオンの契約を創設するかどうかが問題なのではない。そうではなくて問題は、この国にもっと結婚を増やし、もっと子どもを増やし、そうすることによってフランスをもっと強くすることなのだ」）。しかし、同性愛者が家族をもうけ、子どもを育てることを妨げるために、この手の論拠を利用するときには、その不合理を理解しようとはしない。右翼は何よりも「共和主義的良識」の代弁者であると自ら主張する。クルーズ県フェルタン市のＵＤＦ所属の市長ミシェル・パントンは、田舎の市町村の長に対して、一九九八年春、「同性の者どうしの結合契約および、民事的身分登記の担当吏員として市町村長がこの種の契約の式を執り行うこと」に反対する請願書への署名を呼びかけ、一万二〇〇〇筆を集め、大きな反響を呼んだ（フランスの市町村長の三人に一人が署名をした。しかしその市町村の住民の人口は、フランス全体の人口の一〇％にしかならないことを強調しておくべきであろう）［このキャンペーンの詳細は、「パックス」の項参照］。社会の中の保守層の一部には、国の根っこの方からもたらされたこの抵抗への呼びかけによって、自分たちに正当性を与えられたと感じる者もあった。おそらくこのことから、同性愛嫌悪に基づいて書かれたものが、信じがたいほど一斉に花開いたことも理解されるであろう。それは『フィガロ』紙の読者欄への手紙によく表されていたし、またパックス擁護にまわった議会右翼の中心人物であるロズリヌ・バシュロの勇気に対して寄せられた、極めて攻撃的な、時には憎悪に満ちた手紙にもそれはよく表されていた。最後に一言しておきたいのは、ＲＰＲの穏健派パトリック・ドゥヴェジャンが、自分がパックスを拒否するのは同性愛者をリストアップする危険から守る必要があるからだと主張したことである（おそらく偽善であろう）。ドゥヴェジャンが挙げた理由は、ファシズムが再び出現するかもしれないのだから、同性愛者には秘密のままにとどまる方がよいと勧めるべきだし、あいまいな寛容の方が、法制度が情報処理するリストに登録されるよりもましであろうというものだった。

最も保守的な者たちは、文明と未来を守るのだと主張した。議会での論争の際、ＵＤＦ所属の若い国民議会議員で、この問題ではつねに先頭に立っていたルノー・デュトレイユは、ウルム通り［高等師範学校の所在地］で社会科学のＤＥＡ［専門研究過程修了証書］を取得した人類学の自称専門家であることを理由に、次のように断言した。パックスは「人間関係に関する遺伝子組換えトウモロコシのようなものだ」と。「フランスのための運動」の党首フィリップ・ド・ヴィリエは、次のように叫び声を上げた。

> パックスというあなた方の改革は、単なる野蛮への逆戻りに過ぎない。あなた方は、社会を掘り崩すために、まず家族から掘り崩した者たちの後に続こうとしている。いつか犠牲者が立ち上がり、あなた方に向かって容赦ない言葉を投げかけるであろう。「あなた方は破壊的社会主義者だ」と。

この戦いにおいて、少なくとも世論がこの法案に対してはっきりとした賛意を示していない間、強硬派右翼がエリゼ宮［大統領官邸］から支持を受けていたことは明白である。というのも、ジャック・シラクの典型的フランス人的ポピュリズムには、同性愛嫌悪も含まれていたからである。パリ市長時代のシラクが、最高行政裁判所《コンセイユ・デタ》の否定的な判例の元兇である。一九九八年六月六日、シラクは次のように宣言した。

> 結婚の権利を、現代において見られる他の人間関係と同じ次元で扱うことによって、その自然を損ない、広く開放する危険を冒してはならない。そのようなことをすれば、家族の根本的価値観から遠く離れることになる。

一九九八年一二月三一日に、フランス人に向かって年末の挨拶をしたときには、かなり遠回しながら再び攻撃を加え、多数派の「信条」を傷つけてはならないと述べた。一九九七年の国民議会解散が運の悪い結果を招いた〔社会党が勝利して第一党となった〕ことで屈辱を受けたシラクは、そこから立ち直るために、同性愛嫌悪の波が現れたらそれに乗ろうと待ちかまえていたことは明らかである。シラクの妻ベルナデット・ショドロン・ド・クルセルは、伝統主義的な階層に属するカトリック教徒であり、慎重にしなければならないという義務を例外的にかなぐり捨てて、一九九八年の一〇月、『フィガロ』紙上で極めて戦闘的なインタヴューに応じた。その中で彼女は、同性愛者も同性愛嫌悪の者のどちらの肩も持たないながら、「ゲイ・プライドの興奮した参加者」を糾弾し、同性愛カップルの一般開放に対する反対を公然と掲げた。

しかし同性愛嫌悪の興奮した参加者の方は、期待された民衆からの支持を得られずにいた。デモがいくつも相次いだ。そうしたデモの主催者は、一九八四年にカトリック教育を訴えたデモのときの大量動員に匹敵するものになることを密かに期待していた。一九九八年一〇月九日のデモは、やや間に合わせ的であったにも拘らず、カトリックの若者集団の活力を示した。彼らは「パックス・アウト」と書かれたいろいろな色のTシャツをこれ見よがしに着て、ブルボン宮〔国民議会議事堂〕の前に詰めかけた（まさにその日、法案不受理の動議が採択されるという神をも驚かす出来事が起き、数時間の間法案が葬り去られたものと思いこまされた）。一九九八年一一月七日のデモは四万から五万人を動員し、新しいスローガンも試された（「パパ二人、ママ二人、大混乱よ、こんにちは」）。最大だったのが一九九九年一月三一日のデモで、九万八二七一人の参加者を集めた（非常に細かく勘定したが、見込みよりは少なかった）。そのスローガンの中には、醜悪にまで暴走したものもあり（「今日の同性愛者、明日の小児性愛者」、「ホモを火炙りに」）、右翼は極右の罠に落ちたのかと思わせた。こうしたアジテーションの収支決算は、議会右翼にとってはマイナスに終わった。議会右翼は敗北し（パックスに関する法律は一九九九年一一月一五日に公布された）、もはや時代遅れであることが明らかとなった（この点については一九九九年の夏にはすでに、内部の若い世代の議員から数多くの批判があった。そのうちの一人がフィリップ・メナールであった）。しかしながら、それでもその一年後に、RPRのルノー・ミュズリエは、同性愛カップルに養子縁組を禁じることを求める署名活動を行った。理由は、同性愛者の子育ては子どもに害を及ぼすというものだった（この請願は一六八人の議員の署名を集めた。その中には、レーモン・バールやアラン・ジュペもいた〔どちらも首相経験者〕）。

パックスに関する論争は、（パックスは親子関係には関わりがないのだが）同性愛者の子育てに対する強い躊躇いを、左翼のインテリゲンチャの間に出現させもした。ギイ・コック、イレーヌ・テリー、『エスプリ』誌、シルヴィアンヌ・アガサンスキーなどのことを言っているのである。保革共存の状況も手伝って、左翼の一部は、「象徴的秩序」を救い、「極端主義者」たちのつねにより不条理な要求から「自然」を救うことが、自分たちの使命であると思いこんだ。ギイ・コックが、その暴力性と不寛容のために誰よりも笑い者になったとすれば、社会学者イレーヌ・テリーは、再構成家族の偉大な専門家であったのだが、マルティーヌ・オーブリー〔当時の雇用・連帯相〕の官房から使命を仰せつかり、エリック・ファサンの一貫した合理性を前に、いささか知的信用を失った。『エスプリ』誌は、一九九〇年代の初めの数年間は開放的で輝きに満ちた時期を迎えていたのだが、その臆病さはカトリックのインテリゲンチャの避けがたい衰退を表していた。シルヴィアンヌ・アガサンスキーは、おそらくは自分の夫の慎重さを正当化しようと気遣って、『性の政治学』の中で異性愛こそ人類の自然であると主張し得ると思いこみ、同時に同性愛を侵犯へのロマンティシズムであるとして、それに平等の恩恵を与えないことを良しとしたのである。左翼のエッセイストの中には、フレデリック・マルテルのように、さほど説得的ではないのだが、アメリカのモデルにのっとって、フランスの同性愛者の共同体主義（コミュニタリアニズム）化が、国家の政治的価値観にとって危険なものになりかねないと非難する者もあった。大学の世界では、ゲイ・レズビアン・スタディーズの導入を阻止するために、似たような論拠が利用された。その正当性を断固として問題にしたのは、この主題に関する研究をほとんど何も、アングロ=サクソンのものも、フランス人のものもほぼ全く知らない者だった。

社会における同性愛嫌悪は、大ざっぱに言えば後退したということを強調して、結論としたい誘惑にかられる。しかし実際は、同性愛はフランスにおいて未だにあらゆる種類の侮辱↓の言葉、攻撃、解雇、脅迫を掻きたてているということを、「↓SOS同性愛嫌悪」(一九九四年創立)の調査報告は明らかにしている。この同性愛嫌悪は、国中どこでも同じ重みではない。フランス中部(男性優位主義《マッチョ》のフランス、「名誉を重んじる」社会のフランス)は、大ざっぱに言って、未だにフランス北部よりも同性愛者に対する敵意が強い。エリート(政治的、経済的)、農民、郊外住民(ブルジョワ、プロレタリア)は、都市中流階級やインテリゲンチャよりも同性愛者に対する敵意が強い(ただしすでに見たように、インテリゲンチャは人がしばしば思うほどゲイ・フレンドリーではない)。六〇歳以上の人びとは、三〇歳未満の人びとにくらべて偏見が強い。何らかの宗教の「信者でありかつ実践者」は、「無関心層」にくらべて限りなく偏見が強い。また、今も大きく広がりつつある抽象的なレヴェルでの寛容と、近親者が同性愛者であったことを知ったときに依然として逆上した反応を掻きたてられることの間に、大きな溝があることも指摘しておいた方が良いだろう。

それでもやはり、全体的に見れば世論は進歩している。統計調査がその証しである。一九八五年から八七年にかけての調査以降、同性愛は「自身のセクシュアリティを生きる一つのあり方であり、他のあり方と変わらない」と考える人びとが、フランス人の多数を占めるようになった。さらに世代間に見られる対立は、極めて有望な未来を意味していることが、やはり統計調査で示された。一九九三年に調査対象となった青年のうち七六%が、同性愛を非難すべきではないとしている。一九九〇年代の最後の数年間には、三〇歳未満の圧倒的大多数が、パックスに賛成であるだけでなく、同性婚にも賛成している。このことから、右翼の戦いは後衛戦の様相を呈してきていると思われる。同性愛嫌悪のこのような退潮には複数の原因がある。まず基本的な理由として、フランスにおけるカトリック教会の道徳的文化的影響力のかつてない衰退がある。フランス人の圧倒的大多数が、成人のセクシュアリティは、本人の個人的意識以外の決定機関によって左右されるべきではないと考えている。教会の非難の対象が、もはや必ずしも世論にとっては非難すべきものではなくなっている。この理由の他に、さらにエイズがある。エイズはそれまでしばしば嘲笑され、軽蔑されてきた社会階層を悲劇の光で包むことになった。同性愛者と言えば自動的に、そしてその大半が笑いに結びつけられる時代はもはや終わったのである。メディアの中には、情報を提供し、合理的説明を加え、幻想を現実に置き換えることによって、こうした現象を強化するものもあった(ジャン=リュック・ドラリューの番組『議論の余地あり』が進める極めて教育的な活動や、『ル・モンド』紙のたいへん意義深い進歩を強調しておきたい)。

同性愛者が目に見える存在となったこと、また同性愛者に人びとが抱くイメージ、そして同性愛者の擁護という点について、共同体主義化もその改善に独自の役割を果たした。パリのレズビアン&ゲイ・プライドは、一九九〇年代に大量の参加者を迎えるようになった(ゲイ・プライド一九八八の参加者は一〇〇〇人、一九九二年が一万人、一九九五年が六万人、二〇〇一年が二五万人)。一九九七年から九八年以降、グランド・ゼコールや大学、企業で結成されるゲイ・レズビアン団体の数も増えてきている。こうした動きのすべてが、逆に同性愛嫌悪を犯罪と見なすことの検討に向かわせている。法案は存在する(パトリック・ブローシュ法案、フランソワ・レオタール法案)。またレズビアン&ゲイ・プライド二〇〇〇のスローガンが、あの破廉恥なミルゲ修正法に向かったことも意義深いことであった。もはや「社会の災禍」は同性愛ではない、同性愛嫌悪の方なのだ。この災禍との戦いが、新世紀の政治が遂行すべき主要な仕事の一つとなることは疑いようがない。

二〇〇二年にはしかし、ゲイ・レズビアンの側がまだ決定的に勝負に勝ったわけではないことも明らかになった。大統領選挙および議会選挙(二〇〇二年五月〜六月)で右翼が勝利したことは、すでに烈しくパックス反対を表明して同性愛嫌悪を宣言していた者たち(ルノー・ミュズリエ、ルノー・デュトレイユ、アンリ・プラニョル、エルヴェ・ゲマール、ジャン=フランソワ・マテイ、クリスティアン・ジャコブ、アムラウイ・ムカシュラ)が入閣することを意味していた。家族相クリスティアン・ジャコブ[在任二〇〇二〜〇四年]は、事情に通じていないうえに極めて頑固に立場を変えないので、同性婚、同性愛者の子育て、同性愛カップルの養↓子縁組の権利といった仕事を、ほとんど完全にお蔵入りにしてしまうのではないかと心配される（同じ時期に、あの非常に保守的なイギリス上院が、同性愛カップルの養子縁組の権利を認めた）。何よりもベルトラン・ドラノエ［同性愛者であることを公表している］に対する殺人未遂事件［二〇〇二年一〇月五日］は、二〇〇一年にドラノエがパリ市長に選ばれたときに同性愛嫌悪の暴走が見られなかったことによって醸された楽観的な雰囲気を一掃した。フランスでもやはり、不寛容が、とりわけ宗教に由来する不寛容が、未だに同性愛者にとって脅威となっているのだ。

ピエール・アルベルティーニ（山本訳）

→アンリ三世、医学、異性愛主義、異端、ヴィオ、ヴィヨン、映画、王弟殿下、学校、カリカチュア、キュスティーヌ、共産主義、極右、警察、自然に反する、ジッド、神学、寵臣、同性愛者の子育て、同性婚、パックス、ブタン、文学、ペタン、ミルゲ、メディア、養子縁組

◆補遺

フランスにおける同性愛をめぐる法制度の最近の状況は、二〇一二年五月発行のＩＬＧＡ（国際レズビアン・ゲイ連盟）の報告書によれば以下のとおりである（括弧内は発効年）<Paoli Itaborahy>。

同性愛行為は合法である（一七九一）。

同性愛関係か異性愛関係かに拘らず同じ法的同意年齢が定められている（一九八二）。

性的指向に基づく雇用差別が禁じられている（二〇〇一）。

トランスジェンダーの人びとへの差別は、ジェンダー差別一般を禁じる法によって禁じられている。

性的指向に基づく憎悪犯罪であることが加重事由とされる（二〇〇三）。

性的指向に基づく憎悪を煽動することは禁じられている（二〇〇五）。

結婚に伴う権利の一部が同性カップルに認められている（一九九九）。

同性カップルが共同で養子縁組することは認められていない。

（山本）

その後のさらなる変化については以下のとおりである。異性カップルが行っているのと全く同じ結婚が同性カップルにも認められている。結婚しているカップルには共同養子縁組が認められているので、同性カップルも共同養子縁組ができる。人工生殖医療は、結婚しているか否かにかかわらず、異性カップルにしか認められていない（二〇一三）。「同性愛者の子育て」「同性婚」「養子縁組」の項も参照のこと。

（齊藤）

プロテスタント

元々プロテスタントは、男色家に対する寛大な傾向をほとんど持っていなかった。それに、プロテスタンティズムは、カトリック聖職者の「悪習」に対する神学的・道徳的批判に基づいており、そこに男色に寛大でなければならない理由など一つもなかった。さらに、ローマをソドムに見立てることは、ユグノー［一六～一八世紀のフランスのプロテスタント］のレトリックの決まり文句の一つになっており、カルヴァンやルターといった神学者、『ヘロドトス称賛』のアンリ・エティエンヌのような人文主義者、また『悲劇』でアンリ三世を激しく攻撃したアグリッパ・ドービニェのような詩人は、道徳的退廃一般と、とくに男色家の影響を非難する機会を逃さなかった。テオドール・ド・ベーズは、若い頃の詩句で、愛人であるカンディードよりも、お気に入りであるオドベールを好いていることをいたずらっぽく表現した。これは大きなスキャンダルになった。ベーズは、カルヴァンの後を継いで、ジュネーヴのアカデミーとスイスとフランスのプロテスタント教会の長になるために、罪深き魂の産物である自らの一時的な錯乱を反省して、自己批判しなければならなかった。さらに、一六世紀および一七世紀を通じて、プロテスタントが支配したジュネーヴにおいて

は、複数の男と女が、自然に反する行いを理由に、断頭、絞首、溺死を強いられている。さらに、イギリスで同性愛嫌悪的《ホモフォビック》立法を強化するソドミー法を一五三三年に公布したのは、イギリス国教会樹立の原因となった王、ヘンリー八世である。数年ののちに、エリザベス一世は、ソドミー法は永遠であると宣言する……。ところでこのようなプロテスタントの同性愛嫌悪的態度は、長い命脈を保った。というのも、一九三〇年になっても、テオドール・ド・フェリスが『プロテスタンティズムと性的問題』の中で次のように述べているからである。

> 同性愛者が示す他方の性に対する嫌悪により、同性愛者は病人、それも危険な病人の中に分類される。なぜなら、同性愛者は、新たなパートナーを求め、今度はパートナーを異常にしようとするからである。

一九三六年にも同様に、ジョルジュ・ポルタルが、プロテスタント倫理と同性愛者の生活に折り合いをつけることがどれほど難しいかを、まさに『プロテスタント』と題された小説の中で示している。このような状況では、プロテスタンティズムによって課された道徳的厳格さの空気は、一般的に、いかなる性的な多元性の承認についても、ほとんど好意的でないことは初めから明らかである。

　しかし、今日、プロテスタントの同性愛に関する聖書解釈は、カトリックの解釈とは著しく異なっており、カトリック的伝統に比べると、プロテスタント的伝統の思想家によって展開された考察は、どちらかと言えば、同性愛により好意的な地位を与えていることを特徴とする。同性愛者の位置づけが、宗派によって異なるとしても、それでもやはり、以前から牧師たちが同性カップルの結婚式を行ってきたことは注目に値する。このことは、いくつもの理由によって説明できる。

　まず、プロテスタントが諸宗派に分裂しており組織の上下関係に限界があったことが、道徳問題についてのある程度の自律を可能にした。非常に特徴的なことに、熱心なカトリックであった作家ポール・クローデルは、一九一四年三月九日付けで、アンドレ・ジッドに戒めの手紙を送って、こう述べている。「あなたは、とくに〔…〕プロテスタント的遺伝気質の犠牲者なのであり、あなたが、あなたの行動の原則を自分の中にしか求めないことに慣れてしまったのはそのせいである」。

　次に、個人的自由と私生活の保護の概念は、プロテスタント文化において根本的なものである。新教は、存在する権利を闘って勝ち取らなければならなかった。このことから、思想、良心あるいは表現の自由といった個人的自由が根本的なものと見なされる。この個人的自律は、私的領域における公的、国家的介入の排除を意味する。私生活の保護は、プロテスタントが支配的な国では根本的なものとなったので、私的領域における同性愛の非処罰化を支持する論拠として前面に押し出された。新教文化は、スケープゴートが指定される危険に配慮する。それは、主としてプロテスタントが長い間標的になってきた政治的物理的排除だからである。それに今日、同性婚に好意的な主張の一つは、二流市民と考えられていた中世のプロテスタントの状況と同性愛者の状況の類似性に基づいている。プロテスタントとユダヤ教徒がカトリック信仰の洗礼を受けていなくても結婚できるようになったのは、一七九一年のことに過ぎない。それ故、法学者ダニエル・ボリヨが述べるように、結婚制度の役割は、人口のさまざまな構成員の統合を進めることであると考えることもできるかもしれない。ここで重要なのは、少数派の否定的特性を打ち消すために少数派を承認することであり、社会的な多元性の自覚と受容である。

　最後に、プロテスタンティズムにおいては、聖職者に独身の義務はなく、性的「差異」の問題は、あまり大きな障害とは思われてはいない。カトリック的文脈においては、カップルと家族の概念が密接に結びついているのに対して（二人の人の結合の目的は、生殖である）、これらの概念は、プロテスタントの文脈においてはそこまで結びつけられていない。このようにカップルと家族の概念の区別は、結婚を秘蹟とするカトリック的な考え方とは異なって、結婚が二人の人の間の契約として構想されているプロテスタント文化の国において、より速い展開をみたのであった。

ルネサンスと宗教改革は、政治的、社会学的、経済的そして文化的な激動を背景として、結婚を契約と見る考え方に有利に働き、これがフランス革命の革命家に影響した。神聖な意志から生ずる秘蹟としてではなく、契約として考えられた世俗婚を制定したのはこれら革命家たちである。プロテスタント界には、カトリック界よりも、人格的権利の出現により有利な土壌があり、これが同性カップルを認めることを可能にした。

このようなアプローチが同性間結婚の検討をより容易にするとしても、それでも、現在、結婚を執り行う教会は稀であり、大半は祝福の式を執り行うだけである。これらの結婚は、異性間の結婚と同じものとしては、国家当局によって認められていないことがある。さらに、法律によって宗教婚挙式の前の民事婚が義務付けられ、かつ民法が同性どうしの結婚を予定していないフランスのような国においては、同性愛者の宗教婚は、不可能であり違法であるから、祝福だけが許されることになる。

今日のヨーロッパにおける同性カップル承認の最初のモデルが、合法化されたのはデンマーク（一九八九）、ノルウェー（一九九三）、スウェーデン（一九九四）、オランダ（一九九七）であり、プロテスタント文化が支配的な国である。同様に、アイスランドの内縁に関する法律（一九九六）、オランダの家族法改正に関する法案（一九九八）は、同性愛者の子育てに比較的好意的であった。世界で最初に同性間の民事婚を認めた国もまた、プロテスタントの国、オランダである。

ヨーロッパ、とくにスカンディナヴィア諸国では、強い政治的影響力を持つプロテスタント教会が、男女同性愛者の精神的要求を少しずつ考慮に入れてきた。一九九七年の初め、北ドイツのプロテスタント教会（ＳＥＫ）が、教会会議を開いて、同性カップルの祝福を正式に行うことを決めた。同様に、ストックホルムのルター派の司祭たちは、同性愛カップルの祝福を数年前から行っている。

フランスでは、プロテスタントの伝統の中で祝福式が行われている。最初の同性カップルの祝福は、一九七四年にドゥセ牧師によって行われ、牧師は何年か後に解放キリストセンターを創設している［ここで性的少数者を受け入れていた。ドゥセ牧師は一九九〇年頃に殺害された］。しかし、この二人の女性あるいは二人の男性のカップルの祝福は、当事者間あるいは第三者に対して権利も義務も与えない。この誓いは、道徳的精神的レヴェルでしか効果を持たない。さらに今は亡きドゥセ牧師の教会の規模が小さかったこと、フランスにおけるプロテスタンティズムの比重の軽さは、これらの祝福の挙式を例外的なものにした。

アメリカ合衆国では、複数のプロテスタント教会が、同性カップルを認めている。その宗教的儀式は、宗教婚の形式をすべて備えている。多くの書物やインターネットサイトが、さまざまなタイプの儀式についての実践的な助言や、同性婚の企画準備に特化したあらゆる種類の業者の連絡先を載せている。北アメリカ大陸でおそらく最も影響力のあるユニテリアン・ユニヴァーサリズム教会は、一九七〇年代から男女の同性カップルを祝福している。ユニヴァーサル・フェローシップ・オブ・メトロポリタン・コミュニティ教会は、一九九四年のストーンウォール二五周年を記念するニューヨークのゲイ・レズビアン・バイ・プライドの際に、多くの同性カップルを結婚させたことで、注目を集めた。メトロポリタン教会あるいはウィッカ［現代西洋の魔術復興運動］も男女同性愛者のカップルを受け入れている。男女同性愛者が伝統的な教会からは遠ざけられているのに対して、ここでは男性二人あるいは女性二人の宗教婚は、信仰の宗教的「活性化」に貢献するとされているのである。

とはいえ、同性カップルを宗教的に聖別することを受け入れるかについては、関係する宗派と社会によって非常に差がある。例えば、デンマーク人の三三％が、男女同性愛者ための宗教婚に好意的であり、二一％が同性のカップルのための特別の宗教的儀式があるべきだと考えている。しかし問われた人のうち四〇％は、同性カップルのいかなる宗教的承認にも反対している。

さらにアメリカ合衆国では、多くのプロテスタント運動が同性愛者の味方をしたが、激しい同性愛嫌悪的キャンペーンも、宗教右派やモラル・マジョリティと結びついたプロテスタント教会によって行われた。すでにマッカーシズムの時代に少し異なる形で存在したこれらの運動は、ビル・クリントン大統領期以降、エネルギーを回復している。クリントン大統領は、ゲイとレズビアンに軍隊への入隊を禁じていた法律を廃止しようとして、心ならずも、前例のない大騒ぎを引き起こすことになった。同性婚の問題に対しても、福音諸派は、とくに暴力的で悪意に満ちた新しい同性愛嫌悪キャンペーンを行った。中絶や公民権運動に反対する運動においてすでに名を上げていた数多くの人物にとって、このキャンペーンは、非常に割がよくメディア映えする新しい十八番であった。例えば、パット・ロバートソンは、一九九八年にその宗教番組の中で、オーランドのゲイとレズビアンの店がその虹色の旗を掲げ続けるならば、神はオーランドにトルネードを起こすか隕石を落とすだろうと述べている。また、パット・ブキャナンは、二〇〇〇年の大統領選挙で改革党の候補になる以前、共和党の中で同性愛嫌悪テーゼを広めるのに大きく貢献している。

医学と道徳の混ざった言説で同性愛嫌悪の普及版のようなビデオカセットを流通させるキリスト教徒連合は、多少なりとも教会一致運動的な基礎に基づいている。カリスマ性のある団体によって製作されたカセットである『ザ・ゲイ・アジェンダ』は、三ヶ月足らずで六万部の売り上げを記録し、クリスチャンTVで抜粋が放送され、地元議員には無料で配布された。さらに、このキリスト教徒連合は、『ゲイ・マニフェスト』も配布しているが、これは不吉な「陰謀」を暴露するゲイとレズビアンが登場する下品なでっち上げであり、『シオンの賢者の議定書』を思い出させずにはおかない。一九九五年に、『ニューズウィーク』誌が、恐るべき調査結果を公表した。それによれば、二一％のアメリカ人、福音派キリスト教徒の四三％が、ゲイおよびレズビアン運動は「サタンの化身」であると考えている。そして、いくつかの宗派は、キリスト教再建主義のように、自然に反する行いに及ぶ者の死刑を要求している。

ところで、このような言説が何の効果も持たないはずはない。宗教的発想の反ソドミー法を多くの州が持っていた国では、なおさらである。軍隊の問題に関してビル・クリントンは、正規の資格を持っているゲイとレズビアンの排除を追認する妥協を行った。同性婚に最初好意的に取り組んだいくつかの州は後退し、この意味におけるあらゆる立法をあらかじめ禁じる法律を採択した州もある。同性愛者にあまりに「好意的な」企業やメディアをボイコットするキャンペーンも開始された。採用における差別や選択的な解雇が、「子の利益」の名においてとくに学校で勧奨された。脱ゲイ運動が勧める「回復療法《リパラティヴ・セラピー》」が増えたが、これは多少堕落した精神分析と宗教のちゃんぽんである。より深刻なことに、同性愛嫌悪殺人が次第に増えているようである。ところでこの同性愛嫌悪の傾向は、これらプロテスタント諸教会によって培われた強い宗教的感情を拠り所としている。これらの教会は、聖書、ピューリタンの伝統に常に言及し、「神はホモを憎む！」と述べることをためらわないのである。

プロテスタンティズムでは、最もリベラルな立場も、最も抑圧的な立場も可能なのであり、このような状況で、プロテスタント諸派の同性愛に対する態度について画一的に述べることは、もちろん難しい。この表面的な相違は、プロテスタント文化を横断する同性愛嫌悪が、実際には、厳密な宗教的信仰を超えるさまざまな根本原因によっているという点から説明できる。つまるところ、宗教的同性愛嫌悪は、単に宗教的事柄ではないのである。

フロラ・ルロワ＝フォルジョ、ルイ＝ジョルジュ・タン（齊藤訳）

↓イギリス、北アメリカ、神学、スイス、正教、聖書、ドイツ、ユダヤ教、ヨーロッパ北部

◆**オランダ**　オランダでは二〇〇一年、同性婚が合法化されたのと同時に同性カップルが養子縁組をすることが法律で認められた。（金城）

◆**『シオンの賢者の議定書』**　ユダヤ人がキリスト教の廃絶と世界征服を陰謀している証拠として、反ユダヤ主義が利用している捏造された文書。（齊藤）

◆**反ソドミー法**　二〇〇三年六月二六日、連邦最高裁はテキサス州の反ソドミー法を無効とした。（金城）

文学

文学界は、一種の例外的な恩寵によって、社会の特徴である過酷な同性愛嫌悪《ホモフォビア》をおおよそ免れているという執拗な偏見がある。これによれば、文学界は、いつの時代にも同性愛が自由に表現する手段を見つけられる一種の避難所ですらあったという。この広く普及した見解は、作品が生み出された環境を完全に誤解している。例えばテオフィル・ド・ヴィオ↓やオスカー・ワ↓イルドやレイナルド・アレナス↓といった作家が、さまざまな時代にたどった運命を忘れている。これらの作家は、同性愛嫌悪を逃れるどころか、作家として知られているという事実そのもののために同性愛嫌悪にさらされたのである。実際に、この災いに苦しんだ作家は数多い。法によって訴追され、裁かれ、投獄された者の他に、逮捕もされず有罪宣告も受けていないが、自らに激しくふりかかる社会的道徳的強制を被らなければならなかった者たちを挙げなければなるまい。レオパルディ、ゴーゴリ、テネシー・ウィリアムズ、トマス・マン、ジュリアン・グリーン、そしてラドクリフ・ホールらは、過酷なスキャンダル↓に対峙しなければならなかった。

文学生活における同性愛嫌悪の言説と実践は、フランスや他の国々においても、まだ手つかずの豊かな研究領域をなしている。ここでは、いくつかの道筋を綱領的に示すだけにとどめる。というのも当然に、すべての国、すべての時代についての統一された問題提起は非常に難しいからである。ここでは、関係する多くの作家が公私に渡る生活で被ったであろう圧力は、ほとんど扱わない。そのような仕事は、何とも長いものになるであろう。もっとも本書のいくつかの文学関係の項目、例えば、ジッド↓やヴィオレット・ルデュック↓の項目は、問題のこの側面を扱っている。しかしこの論考では、同性愛嫌悪的な言説の文学的手法を分析するために、作品そのものを考察する。

事実上、作品における同性愛嫌悪の論理は二つの異なるレヴェルで作用する。それは以下のように現れる。

- 自らの道徳に従い、同性愛を告発するため、その著作の中で同性愛の正体を暴くと主張する作者の作品
- 同性愛の自由な表現が自らの道徳と相容れないと思われたときに、テクストの中の同性愛を隠そうとする批評者の作品

このように、同性愛嫌悪の論理は、作者にとっては同性愛に対する言説を生産すること、反対に批評者にとっては、同性愛にあまりに多くを与えかねない作品を削減することにある。一方で言説の生産、他方でその削減というわけである。事実上、配置されている装置は、対立することがあっても完全に補完し合う手順によって機能しており、結局そのどれもが、作品の中に同性愛を書き、読み込む、あるいは読み込まない方法なのである。従って、同性愛嫌悪の詩学があり、それに文献学的な同性愛嫌悪がある種呼応しており、その両者が同性愛にあらかじめ決められた文学的空間を割り当てているも同然なのである。

同性愛嫌悪の詩学から……

この同性愛嫌悪的言説の詩学は、時代を通じて、自らのイデオロギー的目的に、その文学的手法を適応させてきた。このような意図で、この詩学は、攻撃や皮肉をさらに辛辣にし活性化するため、諷刺というジャンルに頼ることが多かった。おぞましいとされる風評を誰かに押しつけてその人に汚名を着せるのが一般的であった。同性愛嫌悪的な諷刺の常套手段は、あまり変わり映えしないものだがすこぶる効果的である。人物描写は好んで用いられる方法であり、次のような攻撃を行う。モデルを描くために特徴を歪曲する、あるいは同性愛を示すとされる細かい特徴を強調するのが一般的である。それは、かつてジャン・ロランやピエール・ロティ、モンテスキウを標的とした

多くのカリカチュアに倣っている。こうして同性愛は、女性的な男性、あるいは男性的な女性の特徴をもってえがかれる。このような言動が憎しみに満ちていることもしばしばだが、諷刺の快く陽気な調子はこれに外見的な軽さを与える。従って、諷刺は、烙印を押された人を象徴的かつ陽気に死に至らしめることのできる、いわゆる真実の鏡なのである。

このようにして、アンリ三世は、数多くの詩人、とくにロンサールによって、激しく攻撃されたのである。アグリッパ・ドービニェは、『悲愴曲』においてアンリ三世に数多くの詩句を割いているが、それは次のようなものである。「女性的な仕草、サルダナパルスの目／〔…〕一目見て、誰もが心配した／自分は、女性の王あるいは女王の男性を見たのだろうかと」。同様に、次の世紀にはマザランが諷刺詩の格好の標的になった。彼は、どんな悪徳よりも恐ろしい悪徳を行っていると非難された。スカロンは、その著名なマザリナード［マザランを批判する歌］において、この悪徳にあらゆる語尾変化をつけて世間に吹聴することを躊躇わなかった。こうしてマザランは、「ソドムの咎を持つ執達吏／王国のあちらこちらを開拓し／掘って掘られる男色家／最高位の男色家／どんな仕事も良くこなす男色家／大きくなったり小さくなったり／国の尻を掘る男色家／そして最高純度の男色家」とされるのである。性的な諷刺詩は、標的となっている敵の、現実のあるいはそうであると思われている同性愛だけでなく、誰であれこきおろし、打ちのめすことを可能にする。同性愛嫌悪の侮辱同様に、あらゆる状況でいつでも使える普遍的な手段なのである。

ところで、この諷刺の感興とカリカチュア趣向は、軽演劇のような根強いジャンルにおいて、二〇世紀を通じて広く保持されている。どこかの場面で、「堕落したオネエ《クイーン》」や「その気のある」若い男を登場させない芝居はない。事実、同性愛者（これは男性同性愛者を指す。というのもレズビアンはこれらの戯曲にほとんど現れないから）は、通常端役に押し込められてはいるが、常に登場する。彼は、定められた役割を果たしている。それは、中世演劇の道化役やイタリア喜劇の道化《アルルカン》のように、ただ楽しませる役目を持つだけではない。引き起こされた笑いを超えて、この登場人物は心底不安をかきたてる人物像であり、大声で笑うことで追っ払うべきはまさにその不安である。オネエは、その態度、鋭い叫び、しなった手首、色鮮やかでエキセントリックな服で完全に識別される。社会的なステレオタイプが、演劇の型になっているのである。あるいは、逆に演劇の型が社会的なステレオタイプに影響しているのでなければだが。文学史および文化的エリートたちは、これらの戯曲にほとんど重要性をおかないが、庶民的な興行の中では、決定的な要素をなしていることに変わりがない。それを見た多くの観客にとっては、これらの戯曲だけが、架空の社会的存在を構築するために使えるただ一つのイメージをなしたからである。このような状況で、同性愛は、滑稽だが嘆かわしい現実、気がかりだがなじみのある現実として現れる。この不安な奇妙さは、ジャン・コーのある戯曲が象徴的に示している。これはジャン・ルフェーヴルの度重なる上演により有名になったレパートリーの古典的作品で、そこでは「悪」が国中に広がり、主人公は、自分が寝取られ亭主であること、さらに不幸きわまることに息子が「それ」であることを知る。本当に、もはや何もうまくいかず、そのことが『哀れなフランス』というこの戯曲のタイトルを正当化する。このジャンルの極致は、ジャン・ポワレの『Mr.レディMr.マダム』によって達成される。これはミシェル・セロによって一五〇〇回以上演じられ、一九七八年には映画にもなり、フランスと合衆国で賞も受け、テレビで定期的に再放送されており、その庶民的かつ商業的な成功は疑いがない。悲痛でほろりとさせるドラァグのザザとルナートの二人の登場人物によって、この作品は広範囲の大衆を満足させ、全体的には、社会的なステレオタイプの固定化に広く貢献した。庶民的な同性愛嫌悪がそこで満足を得たのである。

同性愛嫌悪言説の詩学は、諷刺とカリカチュアの他に、文学に二つの領域を見つけることができた。二つのジャンルと言っても良い。その詩学は、一方では、宗教の説教と広い意味でのモラリストの伝統の中で、他方では、啓蒙的・学術的な文学の中で発達した。この二つの方向性は、全く異なる文体を伴う。モラリストの言説は、格言、聖書の引用、誇張法、最上級、感嘆、時には呪詛すら好んで用いる。学術的言説は、より穏和であろうとし、その目的のために整えられた厳密な用語法を駆使して主題を体系的に扱い、せいぜい高潔な憤慨を表明するにとどまる。この意味で、学術的言説は、モラリス

トのありふれた非難を婉曲にしているという感覚を与える。実際には、いわば合理的な根拠を与えることによって非難を硬化させているのだが。しかし、この二つの様式を結びつけているのは、真面目な精神であり陰鬱な深刻さである。反対に、諷刺は滑稽さにのめり込んでいる。こうして、トマス・アクイナスの『神学大全』から、ガラス神父の『好奇教義』、エティエンヌ・ピヴェール・ド・セナンクールの『恋愛論』、ピエール・ジョゼフ・プルードンの『愛と結婚』を経て、アンドレ・ブルトンの『性についての探求』における宣言に至るまで、一般的に思想的文書は、付随的にでしかないとしても、同性愛に対する最も反啓蒙主義的な偏見を存続させてきた。ヴォルテールその人も、『正義についての書簡』において、「罰としては軽蔑こそがふさわしい低俗でおぞましい悪徳」をソドミーの中に見る。この判断は、『哲学辞典』の「ソクラテス的愛」の中でも追認されている。もっともこの悪徳は禁錮（↓刑務所）には値しないと認めてはいるが。

小説では、同性愛嫌悪言説の分析は、虚構という装置によって歪曲が導入されていることから、より微妙である。例えば一九世紀の終わりから二〇世紀初頭にかけて、同性愛が、魅惑的ではあるがステレオタイプ化されて不健全な形で出てくる一連の庶民的な小説が、多少前衛的な↓退廃の雰囲気の中で発展する。ガブリエル・フォールの『サッフォー最後の日』（一九〇一）、J・ド・シェルヴェイ博士の『逆転した愛』（一九〇七）〔「性逆転」の項に表紙図版掲載〕、シャルル＝エティエンヌの『レスボスのノートルダム』（一九二四）、同『レオニーと呼ばれたレオン』（一九二二）、ヴィクトール・マルグリットの著名な『ギャルソンヌ〔ボーイッシュな女性の意味〕』（一九二二）、ウィリー＆メナルカスの『代用の愛』（一九二二）、シャルル＝ノエル・ルナールの『男嫌い』（一九三〇）などはすべて、同性愛嫌悪的な空想を連続的な層のように重ねていく小説である。疑わしい素行の古代の遊女、中世を起源とする妖しい↓異端、↓旧体制《アンシアン・レジム》の放蕩者、一九世紀の両性具有者、当時の疑似科学が描いたような第三の性別を持つ↓性逆転者など、けだるい散文の芸術的な婉曲表現にすべてがくるまれており、それが烙印を押す対象を思い起こしては楽しんでいるように見える。

これに関して、マルセル・プルーストの大著『失われた時を求めて』は、

一九世紀終わりから二〇世紀初め、文学全体が、同性愛者を一般的に中性的で退化した退廃的な存在として描いていた
右ページはともにシャルル＝エティエンヌの作品。右『レオニーと呼ばれたレオン』（一九二二）、左『レスボスのノートルダム』（一九二四）。左ページ右『あの可愛い殿方たち』（フランシス・ド・ミオマンドル、一九二二）、左『女のようになった男』（ジャック・ド・バンドル、一九二二）

その本質的な曖昧さのためにすぐれて象徴的なケースとなっている。彼の小説において、同性愛は暗い伝説、つまりソドムとゴモラの伝説に結びつけられている。同性愛は、ジュピアンのように奴隷であるということ、あるいはシャルリュスのように退廃した貴族であるということを指している。同性愛は回りくどいもつれの中、暗く長い地獄への下降の中で行われる。この下降は、『見出された時』において、これらすべての性逆転者が最終的に自らの堕落を明らかにして仮面を捨てるという最終的な啓示に終わる……。登場人物は複雑で魅惑的であるけれども、それでも彼らの上にのしかかるとされる先祖代々の呪いに彼らが打たれていることには変わりがない。

ここで話者は、ある文学的プリズムを通じて同性愛を見せようとしており、三つの主たる同性愛嫌悪言説を借用している。諷刺詩のありふれた人物描写やカリカチュア、モラルと宗教の伝統的紋切り型、そして当時の医学の言説である。医学は、性逆転の中に病気や生殖器の欠陥を見ようとしていた。とくに『ソドムとゴモラ』の中で、このテーマに割かれた長談義に透けて見える考え方である。この著作は内在化された同性愛嫌悪のある種の詩的な勝利であるように見える。しかし本当のところ、『失われた時を求めて』は、諷刺でもモラリスト言説でも、学術的言説でもない。それは、社会的な言説をポリフォニー的調和の中で編制するロマネスクの著作であり、一義的な読みはできないのである。

しかしながら、非常に洗練されているとはいえ、全体的に否定的なこの同性愛の見方は、アンドレ・ジッドを怒らせずにはおかなかった。「この真実に対する侮辱は、みなの気に入るかもしれない。異性愛者に対しては、その先入観を正当化し、その嫌悪感を満足させ、他の者たちは、プルーストの描く者たちがあまり自分に似ていないことに満足する。要するに、全体的に姑息なこともあって、私はプルーストの『ソドム』以上に世論を誤りに引きずり込むことのできる文書を知らない」とジッドは述べる。ガストン・ガリマールによれば、ジッドはプルーストに次のように宣告したようである。「あなたは五〇年来の問題を後退させている」。プルーストが同性愛者であることが知られる前、事実、プルーストの作品は、実際に厳粛なモラリストの作品のよ

うに理解されていたのである。ポール・ド・ベランは、「悪徳を防止するためには、それを忌むべきものとして告発する勇気を持たなければならない」と、プルーストが描く性逆転者の「忌むべき」人物描写に非常に満足して『自由な発言』の中で述べている。ロジェ・アラールは、『ＮＲＦ』において、プルーストの著作は「性的倒錯の一つの魅力、つまり美的な魅力を切断」しており、これが大きな利点であると述べる。ポール・スーデは、『失われた時を求めて』においてプルーストは、「これらの堕落した者の行き過ぎを直接に描いたのではなく、それらの悪徳に応じてその心理を探求した」のだと述べる。要するに、同性愛嫌悪偏見は、『失われた時を求めて』によって力づけられたように感じたのである。勘違いがあったとしても、それは仕方のないことであったと言わねばならない……。

しかしながら、ジッドはもちろんであるが、プルースト自身も、文壇の流行の中に同性愛を置いたのである。これは、少なくとも、文学における同性愛への関心について、一九二六年に、ウジェーヌ・モンフォールが始めた『レ・マルジュ』の大調査から醸し出される一般的な感情であった。とりわけバルビュス、モーリヤック、ドリュ・ラ・ロシェルら、尋ねられた作家たちは、このテーマが同時代の小説において明らかに再び勢いを盛り返していることに気づき、さらに憤慨しただけであった。従って、同性愛が問題となっている以上、同性愛と闘うためには、その仮面をはがすだけでは十分ではない。なぜなら同性愛は破廉恥にも自ら仮面をはがして公衆の前に姿を現そうとするから、これに対抗しなければならなかった。

■文献学の同性愛嫌悪へ……

同性愛を隠す、一般的にはこれが同性愛嫌悪のもう一つの大きな原動力である。非難するかわりに、より巧みで効果的な文献学の実践に訴えれば十分である。それらはいずれも、カトリックが、文学界の偉人たち、認められ聖別されたあらゆるギリシア・ローマの著者の著作すべてを、一言で言えば自然に反するみだらな愛を恥も外聞もなく描いたと言って、死後改編するために広く使った方法である。

最初のテクニックは、隠蔽である。最も厄介なテクストは、しばしば忘却へと放逐された。奇跡的な発掘でもなければ、知られることは全くない。激情が高まった時代にはこれらが破壊されてしまったことも多く、われわれは失われた宝にせいぜい思いをめぐらすことができるだけである。二つ目のテクニックは、削除である。これは普通、不穏当箇所を削除された出版、「ルイ一四世の王太子用」［ルイ一四世の息子用に際どい箇所を削除したギリシアやラテンの古典］になるというわけである。こうして、サッフォー、アナクレオン、ピンダロス、カトゥルス、ウェルギリウス、ホラティウス、ティブルス、マールティアーリスなどは、より適合的な顔、つまり異性愛者の顔を見せるように無菌化されたのである。三つ目のテクニックは、改竄である。これは、文書を隠したり削除したりするのではなく、修正してしまうことにある。いくつかの細かい点を変えるだけで事足りることもしばしばであった。例えば代名詞の性を変えるだけで片づいてしまうのだった。

例えば、ミケランジェロの詩はそのようにして伝えられた。六〇年間、その後継者は草稿を隠してきた。最終的にテクストは公開されたが、彼がその愛人であるトンマーゾ・デイ・カヴァリエーリに宛てた愛のソネットは、一部を削除されるか、その名宛人の身元が中性化あるいは女性化された。例えば「私は、鎧をつけた騎士の虜である」という句が、「私は、美徳の鎧をつけた心の持ち主の虜である」に変わる。ドイツの碩学カール・フライが草稿を精査して最終的にオリジナルの文書を再現したのは、一八九七年のことに過ぎない。従ってミケランジェロの作品は、隠蔽、削除、改竄を順番に経たのである。死後の性的改宗の好例である。

隠蔽、削除、改竄は、テクストに直接に作用することで、強行的にテクストと著者を「異性愛化」する。より巧みに、解釈学的な道具に訴えることで、同じように決定的な結果を得ることも時には可能である。テクストを変えなくても、未来の読者の判断を変質させるために解釈だけで十分な場合がある。これについて、一六〇九年に出版されたシェークスピアの『ソネット』は、まさに模範的な例をなしている。実際には、最初の一二六の愛の詩が若い男性に向けられており、続く二八の詩が暗くなぞめいた「ダーク・レディ」

に宛てられていた。一六四〇年に、ジョン・ベンソンが、「彼は」「彼の」を「彼女は」「彼女の」に変えた新しい版を出版した。しかし、オリジナルがすでに公衆にとって入手可能であったので、彼の下手な文献学的介入は、彼がまさに隠そうとした現象への注目をとくに引きつける可能性があった。より巧みな次の世紀の批評者たちの中には、行儀の良い読者たちに対して、エリザベス期に特有の言葉の用法の問題に過ぎないと学術的な説明をした。困惑したコールリッジはまず、詩は確かに若い男性を想起してはいるが、本当の愛があるわけではないと断定した。それから、詩はまったき本当の愛を喚起しているが、男性名の固有名詞は読者を惑わせるためにわざと置かれたのであって、若い男性を指しているのではないと述べたのである！　フランソワ＝ヴィクトル・ユゴーは、これらの詩を訳した後、若い男性に宛てられたところは、涙に暮れる女性の愛人であると想像した。ちなみに作品の中にはそのような痕跡は見当たらない。

　これらのソネットが問題になったのは、同性愛を描いていたからではないことは明らかである。そうであるならば、図書館の禁書棚に捨て置けば十分だったからである。このソネットが問題だったのは、この同性愛あるいはバイセクシュアルの人物がウィリアム・シェークスピアという名前だったからである。これは少し違う問題である。シェークスピアが、あの大シェークスピアが、男色家であるなどと認めることはあり得ないことであった。なぜなら彼はすでに文壇の最も高い場所を占めているからである。こうして強い↓異性愛主義（ヘテロセクシズム）的感情が批評家たちをとらえ、シェークスピアをわが者にし、力づくで「善良な人びと」の共同体に入れようとする。そして批評家たちは、無尽蔵の捏造と想像を展開するのである。

　このような例は、全く稀ではない。隠蔽、削除、改竄、解釈といったさまざまな実践は、作家を異性愛化するために作家の死後に相当頻繁に実行されてきたが、これを昔の時代のことだと思ったら間違いである。これらの行為は次第に維持しがたくなっていったが、二〇世紀まで使われていたのである。今日、最も流通しているのは、おそらく婉曲である。コレットのテクストの数多くのレズビアン的側面は、『純粋なものと不純なもの』だけでなく、〝クローディーヌ〟もの〔同名の少女を主人公とするコレットの一連の小説〕においても、少なくともフランスでは非常におぼろげに触れられているだけである。プルーストの批評者たちにおいてすら、同性愛は頻繁に相対化される。つまり、それは結局瑣末なテーマでしかない、さらにそれほど興味深くもないという風にである。それに彼らのうちの一人は、実のところ「プルーストはその魂において異性愛者であった」とまで述べているのである！

　しかし婉曲は、かろうじて解釈の一形態であり、まだ注釈学の範囲である。今では神殿の護衛たちがこの粗野な方法に頼ることは少し減ってきている。彼らは、政治的な論拠をより好んで用いる。作家の同性愛が彼の作品を説明するために持ち出されるとき、彼らはその発言をわざとかき消そうとする（それは作家を利用しようとする試みではないのか。ゲイやレズビアンの↓共同体主義（コミュニタリアニズム）ではないのか。作家の↓私生活を尊重しなければならないのではないか、という具合に）。異性愛作家の私生活は、作家の作品を説明するためにとくに広く研究され、考慮されているのにである。

　生前、トマス・マンが沈黙していたことが、その死後の批評の沈黙につながっていることは明らかである。しかし、『ヴェニスに死す』の著者が、『死後二〇年たってから紐解く毎夜の覚え書き』を残している以上、批評の控えめさ（↓クローゼット／慎み）は、むしろ回避の戦略であるように見える。この伝記的「詳細」が、トマス・マンの他のいくつかの作品を明らかにする上で重要なだけにである。同様に、ロラン・バルトの『偶景』が死後発表されたことは、激しい批判を引き起こした。というのも人びとはそこに死後↓「アウティング」を見たからである。しかし現実には、このテクストは誰にとっても新しい秘密を暴露するものではなかった。その官能的で詩的な抽象にも拘らず、『恋愛のディスクール・断章』によって欺かれたのは、不注意な読者か不誠実な読者だけであった。控えめではあるがロラン・バルトが心を打ち明けている、『彼自身によるロラン・バルト』については言うまでもない。

　しかしながら全体的に、文学における同性愛嫌悪は相対的に小さいように見えるかもしれない。この誤った印象は、実際には文学表現のあり方のために生ずる。事実、同性愛嫌悪は、とりわけ限りなく巧妙な負の働きによって作用するからである。これが同性愛嫌悪を見えにくく、さらに効果的なものにしている。自己検閲と慎重さのために、構想していた作品の執筆、完成、署名、公表を決してしない著者は多い。E・M・フォースターの『モーリス』、ガルシア・ロルカの『暗い愛』、ウンベルト・サーバの『エルネスト』、コクトーの『白書』、マルタン・デュ・ガール『モモール大佐の回想』などを思い起こせば十分である。他の著作が日の目を見たとき、それらは、隠蔽され、削除され、改竄され、無視され、とくに、テクストの伝達において主要な鎖の環である学校というフィルターを通じて浄化される。こうして作られた文学的空間は、同性愛嫌悪、とくに同性愛を免れて、驚くほどなめらかで中立的であるように見える。同性愛はこのように希薄化され、奇妙なことに上級な文学的創作やジャンルには存在せず、諷刺的、道徳的、あるいは学術的言説にはよく出てくることになったのである。そこでは同性愛は、もっぱら好意的でない観点から扱われており、格下げされていた。

ところで二〇世紀の、とくに最後の数十年の政治的社会的状況は、仄めかし、婉曲、迂言がもはやなくてはならない文彩ではない同性愛文学の登場を可能にした。主人公は、不幸（ジュリアン・グリーンの『南部』）や犯罪（ジュネの『泥棒日記』）、自殺（ロジェ・マルタン・デュ・ガールの『無口な男』）を余儀なくされることはない。とくにレズビアン文学が、認知されないまでも知られるようになった。これらの作品において、同性愛ははっきりと描かれ、さらにはそれらの中には、まわりの同性愛嫌悪と激しく対決するものもある。ジッドの『コリドン』の意図はすでにそうであった。さらに、スコット・ギブソンの詩集『血と涙——マシュー・シェパードのための詩』の目的もそうである。しかし、これはフランスなどいくつかの国にはあてはまることであるが、他の地域ではそうではない。これらの地域では、同性愛についても他の主題同様に、執筆の自由はかなり遠い地平にあるのである。

ルイ＝ジョルジュ・タン（齊藤訳）

↓アレナス、ヴィオ、ヴィヨン、映画、音楽、学校、検閲、ジッド、シャンソン、ダンス、デュラス、パゾリーニ、美術、ホール、漫画、ユーモア、ルデュック、ワイルド

ペタン（フィリップ・〜）

ペタン◆（一八五六〜一九五一）が個人的に同性愛嫌悪《ホモフォビア》的であったことは疑いない。彼のような出自と経験を持っていれば、同性愛嫌悪は、彼の世代の男性としては全く普通のことである。農家に生まれカトリックとして幼年期を過ごし、非常に敬虔な祖父母を持ち、母方の二人の叔父は聖職者で、サントメールの「自由」中学校［宗教団体が経営する私立学校のこと］で学業を修めた後、駐留地で閉じこめられた生活を送り、その青年期から死に至るまで、保守的な教権支持者右派との強い関係を持っていた。さらにペタンは、その非常に数多くの女性とのアヴァンチュールで知られている（一九二〇年に遅い結婚をし、一九四〇年代までは未婚既婚を問わず数多くの女性たちの愛人であった）。おそらく異性愛は、彼にとって自明のことであっただろう。ペタンの同性愛嫌悪は、作家で海軍士官のピエール・ロティとユベール・リヨテ［フランスの軍人。モロッコ総督を務めた］を標的にした。一九一六年、ペタンは、「この自惚れた厚化粧のお爺ちゃん」が、目に化粧をして口紅を塗っているという理由で、ロティを食事に同席させなかった。彼は、「おそらくピエール・ロティ海軍士官は、モロッコのリヨテのところで、より役に立つ」と、リヨテの性的素行を仄めかす不実な手紙を大臣に送ってさえいる。さらに、ヴェルダンで勝利したペタンが、アブド・エル・クリムの反乱鎮圧にモロッコへと派遣されていた一九二五年から一九二六年の間に、ペタンの偏見はリヨテとの関係の悪化を助長した。その偏見は、占領下で再び

現れる。ピエール・ラヴァル〔ヴィシー政権の副首相、首相〕とドイツによって押し付けられた閣外教育大臣で、非常に対独協力主義的であったアベル・ボナールは、ペタンとその妻によって「オカマのゲシュタポ」というあだ名を付けられていた。

ペタン個人の同性愛嫌悪は、当時の何百万のフランス人の同性愛嫌悪と大して変わらなかったに違いないが、一九四〇年六月◆からは明らかに政治的なものになった。出生率低下（↓少子化）と↓退廃の紛れもない根源として、フランス革命から生じた道徳的自由主義、快楽主義的個人主義をヴィシー政権は批判したが、その要に、同性愛嫌悪がなったからである。一九二〇年代および一九三〇年代に同性愛者が比較的目についたことは、ヴィシー的右派にとって、フランスと第三共和制が陥った道徳的悪の表れであったが、ダラディエ〔一九三三、三四、三八〜四〇年にフランス首相を務めた政治家〕の取り巻きに同性愛者、とくに官房長として、サドマゾヒズムの信者エドゥアール・プフェフェールがいたという事実がこの現象をおそらく強化した。第三共和制の致命的な罪は、「享楽の精神が犠牲の精神に優った」ことである。さらにペタン元帥は、自分は「享楽主義者と第三共和制の擁護者による」抵抗を受けていると、一九四三年七月一〇日に作家のアンリ・ボルドーに述べて、このような興味深い同類扱いをしている。彼にとって、同性愛は、↓家族と社会から断絶した快楽の追求であり、最悪の個人主義の一形態であることは明らかで、「われわれはこの個人主義が原因で死にかけた」のである（こう述べつつ、ペタンのセクシュアリティが、どんなに異性愛的であっても、生殖にほとんど向けられていなかったことは面白い。彼は、多くの女性と関係を持ったが、子どもはいなかった）。元帥の取り巻きすべて（ラファエル・アリベール、メネトル博士、提督たち）が、反動的、保守的、非常にカトリック的な同性愛嫌悪で考えを同じくしていた（今日、フィリップ・ド・ヴィリエ〔政治家。極右政党MPF（フランスのための運動）党首〕、シャルル・ミヨン〔保守政治家。ジュペ内閣の国防大臣〕、あるいはクリスティーヌ・↓ブタンたちに見られる同性愛嫌悪と大体同じもの）。行儀の良さで取りつくろうので、同性愛にはっきりと言及するのははばかられることが多かったが、それでもヴィシー・イデオロギーの重要な文書に婉曲的な言葉で同性愛が登場していることには変わりない。青少年期と↓文学に関する大半の言説で、同性愛が対象とされている。作家ルネ・ジュアンは、戦前からジッド、コクトーらのパリの文学界の素行を非難し、そこに一九四〇年の敗北の起源を見た（これらの不吉な影響のために、フランス人は「アルコール中毒によって荒廃し、好色によって腐り、少子化によって蝕まれた人民」になった）。王党派の作家シャルル・モーラスを崇拝する諷刺文書の書き手、ルネ・バンジャマンは、「↓風紀警察が一時的にまだ隠しているものを、明らかにすることを最上と信じている芸術」を攻撃している。当時の文化的文脈では、体制の家族主義言説と出産奨励主義言説も、暗黙に同性愛嫌悪的であった。このような言説は、ヴィシーのあらゆる下部党派を結集し、「女性的永遠」、両性の補完性（しかも完全に女性嫌悪の）、哲学者ギュスターヴ・ティボンが好んだ家父長的構造を賛美した。

ヴィシー政権は、同性愛者を↓強制収容していない。唯一フランスで強制収容された同性愛者は、一九四〇年から一九四四年まで直接にドイツ刑法典が適用されていたアルザス・モゼル地方の人びとであった。しかしヴィシーの同性愛嫌悪は、ペタンが法的↓差別を復活させたので、同性愛者にとって悲惨な結果となったことには変わりがない。実際、一九四二年八月六日の法律は、一七九一年以来初めて、同性間関係を特別に処罰した。刑法典に新三三四条が加えられ、それが同性の二一歳以下の未成年との「下品で↓自然に反する行為」を禁錮刑に処すことを定めていた。より深刻なのは、この条文が解放後、ド・ゴールによって継承されたことであった。実際、一九四五年七月二七日の命令《オルドナンス》は、この規定を刑法典三三一条二項としたが、これは一九八二年まで効力を持った。ここでは、フランス社会の脱ペタン化は非常に遅々としたものであったことを強調することができる。戦争を経て勢力を増したキリスト教民主主義と共産党は、ヴィシー同様に同性愛嫌悪的であり、ド・ゴール主

◆フィリップ・ペタン　フランスの軍人で、第二次世界大戦中フランスがドイツに敗れた後、ヴィシー政権で一九四〇年から一九四四年まで国家主席を務めた。（金城）

◆一九四〇年六月　ペタンがナチス・ドイツとの停戦協定にサインして、パリと大西洋側一帯を含む北部と西部フランスをナチスの統治下に置き（その他の五分の二の地域は非占領地域とされた）ヴィシー政権が発足した。（金城）

義は社会問題についてペタン主義に非常に近かった（一九四四年七月に「われわれは結局同じ考えを持っている」とペタンに言わしめたのはおそらくこれであったかもしれない）。共産主義者、カトリックからなるレジスタンスは、ナチズムが同性愛者の運動であると信じさせること、「ピンク・トライアングル」［ナチスの収容所で識別のために着けた逆三角形の胸章。男性同性愛者を表す］の迫害を隠蔽すること、同性愛に象徴的烙印を押すことをさらに助長した。ゲイとレズビアンにとっての解放は、一九四四年では全くなかったのである。

ピエール・アルベルティーニ（齊藤訳）

→強制収容、極右、軍隊、警察、差別、退廃、ファシズム、ブタン、フランス

ペトルス・ダミアニ

一〇〇七年にイタリアで生まれたペトルス・ダミアニ［イタリア語名はピエトロ・ダミアーニ］は、一一世紀、とくに教皇レオ九世治下のカトリック教会で最も影響力の強かった人物の一人である。ペトルス・ダミアニは最初は修道士であったが、その後神学生、司教、そして枢機卿となった。一一世紀後半の教会改革運動で重要な役割を果たす。中でも比較的よく知られているのは、おそらく叙任権をめぐるローマ教皇と神聖ローマ帝国の間の権力闘争で、ペトルス・ダミアニが、司祭を選び、聖別する世俗の役人の権利を擁護したことであろう。

しかしペトルス・ダミアニは、『ゴモラの書』というラテン語の小さな書物の著者でもある。一〇四八年から一〇五四年の間に書かれたこの『ゴモラの書』は、レオ九世に直接呼びかける形で書かれているが、その言葉は同時に非難の対象となっている者たちにも向けられている。ペトルス・ダミアニは、論証を始めるに当たって、性に関する「↓自然に反する」罪を四つのカテゴリーに区別している。すなわち一人で犯す罪、相互マスターベーション、素股性交、「完全に自然に反する行為」すなわち↓肛門への挿入である。ペトルス・ダミアニによれば、この「四つの行為は、ソドムの堕落という毒に満ちた根源に［…］由来する」。

ペトルス・ダミアニは次いで、以上の行為によって罪のある者は聖職者の円居《まどい》に受け入れてはならない、そして聖職者の円居にある者で、以上の行為によって罪ある身となった者は解任されなければならないと説く。ペトルス・ダミアニの気がかりは中でも、罪を犯した当の相手に対して罪を告解するという事態だった。「過ちの張本人が裁判官にもなる」ということだからだ。またペトルス・ダミアニは別の場所で次のように言っている。シモニア（聖職売買のことで、一〇世紀、一一世紀に大きな問題となった）の罪を犯した司祭は、それでもなお司祭にとどまるが、教会の人間でソドミーを犯した者は、自然に反する罪を犯したのであり、従って聖職をまっとうすることはできない。「堕落の罪であらかじめ汚れたような聖なる供物をどれほど捧げようと、神はそれをお受けにはならない」。

ペトルス・ダミアニの言葉はきわだって厳しい。

> 実にこの↓悪徳は他のいかなる悪徳とも比べものにならないのである。なぜならこの悪徳はあらゆる悪徳の範囲を越えているからである。事実、この悪徳は肉体の死であり、魂の破壊なのである。この悪徳は肉体を汚染し、精神の光を消す。［…］この悪徳を犯した者は、地獄の門を開き、天の門を閉ざす。［…］この悪徳を犯した者は、聖職者の集いから放逐され、悪魔に取り憑かれた者、悪魔のために働いている者とともに祈らざるを得ない。

ペトルス・ダミアニは先人が書いた贖罪規定書を検討して、同性愛行為に対

する罰が彼に言わせれば寛大過ぎるということで断罪している。ペトルス・ダミアニにとってこの色欲の罪と闘う唯一の手段は、純潔は天国で報いられるということを覚えておく以外にはなかった。

一見するとペトルス・ダミアニの論述は全く型にはまったもののように見える。見なれた考え方がいっぱい詰まっているからである。例えば同性愛を自然に反すると記述したり、同性愛を聖書に書かれたソドムとゴモラの出来事に結びつけたり、聖職者と聖職者が導くべき者たちの間の性行為を恐れたりすることとである。こうした印象は確かにあるものの、しかしながらこの小冊子が用いているイデオロギーの中には何か完全に新しいものがある。確かにキリスト紀元の最初の千年紀の間、同性愛行為は禁じられていた。しかしこの禁止はさほど厳格なものではなかった。ヨーロッパ各地の大半で同性愛行為は寛容に処され、許され、時には完全に受け容れられていた。ペトルス・ダミアニのこの論述以前には、「ソドミー」の明確な定義は存在しなかったのである。この作品は、ソドミーが自然と（というよりむしろ反自然と）はっきり結びつけられた最初の書物に入る。

そうであるからこそ、ペトルス・ダミアニの思想は、当時、異常なほど過激だと見なされたのである。ジョン・ボズウェルが指摘しているように「同性愛の問題をかくも厳しく見まもる必要があるということを、ペトルス・ダミアニは誰にも納得させることはできなかった」。教皇がペトルス・ダミアニに宛てた書簡には、ペトルス・ダミアニがこの本を著したことに感謝の意が述べられてはいるものの、聖職を解任することができるのは、極めて長い間そのような行為に及んでいた者（あるいは期間は短くても、行為の相手が多い場合）、あるいは「肛門の行為に耽っている」者に限ると伝えている。教皇はこれらの行為が罪になることは認識していた。しかしペトルス・ダミアニが求めるほどの厳格さでもってそれに対処しようとはしなかったのである。

だが『ゴモラの書』は次の一二世紀に読者を得ることになる。ソドミーに関する異常なほど厳格なペトルス・ダミアニのレトリックが、一一七九年の第三回ラテラノ公会議の間に、初めてキリスト教会の法規とされたのである。「自然に対するこの淫奔な罪、そのために神が堕落した者たちに怒りを下され、五つの町を焼き尽くしたその罪を犯した者は誰であっても、聖職者であれば解任するか、あるいは修道院に閉じ込めて罪をつぐなわせ、世俗であれば破門され、信者の集いから追放する」。この時代のキリスト教は敏感で、ユダヤ人や異端者、癩病患者に対する抑圧機構が数多く導入されているが、一一世紀にペトルス・ダミアニが展開したイデオロギーもその一環として、同性愛に対するキリスト教の態度を正当化するために利用されたわけである。この態度は、今日でもなお感じとることができる。

アダム・ワイス（山本訳）

↓悪徳、異端、異端審問、カトリック、自然に反する、神学、聖書、ソドムとゴモラ、パウロ

法医学

同性愛の「専門家」を歴史上最初に自認した学問領域である法医学は、性的行為の宗教的な統制から同性愛の医学対象化までの過渡的形態と見なすことができる。医学対象化は、一九世紀後半に主として精神医学によってなされた。宗教的統制による同性愛問題へのアプローチは、教会と、少なくともヨーロッパ絶対主義諸国においては神の法の世俗的協力者であった国家による糾弾と直接に結びついて構築されていた。法医学の目的は、同性愛行為が行われたことを証明することであった。この意味で、のちの研究とは反対に、この医学は同性愛の原因分析も、同性愛の治療も提示せず、ましてや「同性

愛者」（あるいは同性愛という語はまだ発明されていないから、男色家である）を特別な実体として構築することなどはなおさらしなかった。その唯一の目的は、身体の専門的学問として、二人の同性間で性的行為が行われた明らかな形跡を明るみに出すことである。革命後のフランスのように、法的には同性愛を抑圧しない社会でも、他の違法な状況（売春、恐喝、流血犯罪）について、情報を「補足」する法医学の役割はそのまま残った。

三つの研究が、この学術的分野の重要な画期をなしている。一八世紀初めのイタリアのザッキアス、一九世紀初めのドイツのカスパー、一八六一年から法医学講座を持ったより後の世代のフランス人タルデューである。これらの研究は、共通する構造を持っていた。それは同性愛行為でとがめられた者の社会的習性を説明する「社会学的」次元——一九世紀に好んで取り上げられたような社会の最下層の「社会学」を含む言説——と「自然な」用法を頻繁に逸脱する器官は、永遠にその濫用の痕跡をとどめるという前提を出発点とする解剖学的次元を混同することである。解剖学的方法は、性的関係の際に強制があった明白なしるしを見つけることを目的とするレイプ臨床医学と類似性を持つ。そもそも、男色家についてのタルデューの研究は、風紀紊乱とレイプに関するより広い研究の一部をなしていた。

法医学の言説は、同性愛の宗教的あるいは法的抑圧を支える補助科学としての地位の他に、医学↓において、そしてより広く社会において、同性愛についての一定の表象を正統化することに大きく寄与した。実際、法医学が扱う犯罪の性質のために、同性愛は港と売春宿という夜の世界のみの体験で、そこでは売春、恐喝、ゆすり、反逆↓、搾取が日常茶飯事であるという見方がされた。この結びつきをもって、タルデューは、（同性愛者の意味での）男色が最も大胆な犯罪者を作る学校であると言ったが、これは、二〇世紀初めのロンブローゾ［イタリアの精神病学者、法医学者］の犯罪学派によって改めて肯定されている。この学派は、「生まれつきの性逆転者↓」と「生まれつきの犯罪者」の間の類似を強調し、それゆえに同性愛が社会的に危険であるというあらゆる言説の構築を可能にした。のちにジャン・ジュネは、社会に対する自らの反逆において、この言説を武器として利用することになる。

ちなみに、法医学にとって重要な証拠は、肛門の拡張であった。タルデューは、攻め側の同性愛行為の証拠の積極的なしるしを見つけたと述べていた。それは、「生来」、狭過ぎるとされる孔への挿入を繰り返したために歪んでほそったペニスであった。多くの場合に、女性的な形態の尻の成育を伴った、漏斗型で括約筋のゆるんだ肛門が、受け側の肛門性交の証拠とされ、そのため肛門性交は同性愛と混同されていた。「オカマを掘られた奴」という侮辱は、その根拠を科学に見出すことになった。そして、わずかな胸の成育とペニスの衰えを伴うことの多い性逆転者の骨盤の女性的特徴が、性逆転理論の予兆となった。以降、同性愛はジェンダーの逆転としてしか考えられないことになる。この意味で、法医学は性的行為の相違の根拠を肉体に置いて同性愛者の身体を発見したが、これは同時代に人種を発見した植民地医学と自然人類学↓の発展と同種のものであった。

ピエール＝オリヴィエ・ド・ビュシェ（齊藤訳）

↓医学、遺伝学、性逆転、精神医学、精神分析、生物学、退化、脱ゲイ運動、治療、倒錯、内分泌学、犯罪者、ヒルシュフェルト、ファシズム

放蕩

フランス語の「放蕩《デボーシュ》」という言葉は、一五世紀に登場して以来、通常は「あらゆる感覚の快楽、中でも性愛と食に関わる感覚の快楽の濫用」を表す。一六世紀、一七世紀、一八世紀の道徳用語としては、この言葉はとりわけ道徳

的に非難すべき浪費の概念、ブルジョワの節約原則への違反を伝えるものであったが、同時に理性をないがしろにして感覚に隷従することへの非難の烙印でもあった。放蕩をめぐる言説は古代ギリシア、ローマ以来の、また聖書の戒律以来の反省に依拠している。また放蕩をめぐる言説がある種の男性性の定義、男性に固有の行動規範にはっきりと含まれているのが見てとれる。それは繰り返されて、あからさまではないにしても男にとっての強迫観念のようになることもある。道徳的な、また性的な力を散逸させてしまうのではないかという強迫観念である。だから放蕩が古代において男性同性愛に結びつけられていること（女性同性愛にくらべてずっと多い）を知っても驚かないだろう。使徒パウロもその『手紙』の中で、娼婦と交わって「娼婦と一つの身体となる」者と、忌まわしい習俗の人びとを結びつけている。「淫蕩な者、偶像を崇拝する者、姦通する者、あらゆる種類の男色を行う者〔…〕は、みな神の国を嗣ぐことなきなり」（『コリント人への第一の手紙』六章九～一〇節）。同様に『テモテへの第一の手紙』の冒頭の律法の真の役割を定義しているくだりでも、律法はそもそも正しい者のためにあるのではなく、次のような者のためにあるのだと述べて、「淫蕩な者」と「同性愛者《オモセクシュエル》」（二つ目の言葉は『エルサレム版フランス語訳聖書』で使われている訳語である）とを、そのリストの中ですぐ隣どうしに並べているのである。

「姦淫」という言葉も、キリスト教が放蕩を糾弾する際にしばしば復活する。トマス・アクイナスにとっては、姦淫とはまず第一に姦通のことであるが、しかしこの哲学者に特有の「自然の法」という考え方に基づけば、姦淫の範囲はさらにそこから「自然に背く行為」というところまで広がり得るという。本質的に異性愛である公然の放蕩と、周縁的ながらその存在がはっきりしていて、根絶することもできない男性同性愛との間に、一定程度の連想関係が結ばれる源がまさにここにあったことは興味深い。そもそもの発想は、二種類の放蕩の連続性ということだったのだ。「女のような男たちが国中を支配し、その薄汚い放蕩にとめどなくのめりこんでいる」と書いたのは、一二世紀の歴史家オードライクス・ヴァイテイリスであった。放蕩の特徴としては、アンリ三世の寵臣たちに対する諷刺がそうだったように、一方では同性愛者固有の生き方であるとされることもあれば、また一方で、異性愛者の世界が含意されることもあり得たのである。

一七世紀初頭、放蕩と同性愛の結合に新しい調子を加える二つの現象が起きた。まず第一に、一六〇〇年前後に「リベルタン思想」が出現したことである。この潮流には、習俗に関する慣習的な掟からの解放と同時に、宗教への信仰からの解放という点で、いにしえの快楽主義が蘇っているようである。リベルタン思想は出発点においては哲学的な本質を備えていたが、しだいにその中身は空になっていき、ただの放蕩という言葉の伝統的意味と同じものになった。リベルタンの潮流にはテオフィル・ド・ヴィオのような有名な同性愛者が幾人か含まれていたから、それを告発する言葉には、ソドミーとの混同がしばしば見られるようになったのである。「放蕩者」と「ソドミーを行う者」という二つの言葉がだんだんと近くなっていったのだ。この接近は旧体制《アンシアン・レジム》の時代全体を通して続いた。ただし「ソドミー」という言葉を今日の意味〔肛門性交〕で捉えてはならない。それはともかくも日常的な行動からはほど遠い、本質的に奇妙で、そしていささかなりとも恐るべき、放蕩の光景を結集させた言葉であったのだ。

一七世紀のフランス、そしてイギリスは、貴族の間に男どうしで一時的に徒党を組んで行動することが多かったという特徴もある。それはしばしば不法行為に走り、また時に同性愛行為にも及んだが、それがはっきりと「放蕩」の名で呼ばれたのである。ビュシー＝ラビュタン〔一六一八～九三〕は、その著『ガリア恋愛史』の中で、放蕩を宮廷婦人の尻が軽くなり過ぎたせいにしている。一六八〇年から八二年にかけては、いくつもの事件が起きて騒ぎとなった。その中には、ルイ一四世のもとで絶大な権力を振るったジャン＝バティスト・コルベールの息子が関わる事件や、ルイ一四世自身の息子ヴェルマンドワ伯爵の関わる事件もあった。伯爵は同性愛を公言する集団に加わっていたのだった。彼は父親の目の前で鞭打たれたうえで追放された。過度の飲食に耽ること、売春宿の女のもとに足繁く通うことと同性愛とが、この時代に密接に結びついたのである。

一八世紀は「生まれつきの放蕩はいない」、悪い影響によって放蕩になるのだということに拘《こだわ》った時期だった。モーリス・ルヴェールによれば、若い男娼を逮捕したときに警察が尋ねる基本的な質問の一つは、「最初にお前を放蕩にしたのは誰だ」であるという。アベ・プレヴォーの『マノン・レスコー』にも、デ・グリューがある神父を回想する怪しげなくだりがある。神父は「ぼくのことを美しい少年だ、だがパリでは用心しなくてはいけない、パリでは若者が簡単に放蕩に走ってしまうと言いながら、頬を二、三回軽くたたいた」。放蕩という言葉を老獪なこの神父が口にしたのは若者を罠に誘い込むためであることを考慮に入れれば、ここでは放蕩はほとんど必然的に、同性愛という意味を含んでいる。逆に同性愛も必ず放蕩に至らずにはいない。ドルバック男爵にとっては、「そのような友情〔…〕の基礎には、悪徳と放蕩しかない」(『普遍道徳論』、一七七六、五一五)。自分たちが「自然」と呼ぶものから逸脱する不快な生き方をすべて節度がないと見なすような一元的な道徳観から放蕩に無理解と嫌悪を表明するのが、かなり大ざっぱに言って、ルソーやヴォルテールの意見である。この点で、この二人はディドロと対立する。ディドロは「酒に関する放蕩」ならときどきは悪くないと言うし、またその『私生児に関する対話』では、同性愛を人類にとって最も有害な行為と分類するような態度からはほど遠い。いずれにしても一八世紀は、放蕩をめぐる言説が大きな広がりを見せたのである。マリヴォーやレティフ・ド・ラ・ブルトンヌ、モンテスキュー、サドなどにおいては、この語の出現数は数え切れないほどである。当時は放蕩という概念の、すべてを呑みこむような勢いが圧倒的だったので、同性愛そのものに関する省察は完全に姿を消してしまった。同性愛は放蕩の一特殊ケースとなったのであり、放蕩自体がそもそも劇的な逸話性を備えていたのに加えて、その中でもさらに逸話的であるとされた。そして放蕩という強迫観念は、倒錯という強迫観念同様、社会における奢侈の位置づけ、文明の価値、行動の位置づけ、男女それぞれの責任などについての根本的な問題提起と合流していく。

　結局のところ、放蕩という概念が元々混乱を生じやすいのは、それが他から切り離された単独の行為ではあり得ないからなのである。放蕩はいろいろな面で徒党を、さらには友愛を前提としていて、そうした友愛は、宗教と社会から祝福される結婚の誓いとは別の次元に属するものなのである。現代の「乱痴気パーティ」同様、放蕩は性の境界線を消してしまう。いや、もっと正確に言うなら、社会的人間関係の中でそれぞれの性が演じなければならない役割の境界線を消すのだ。そこから放蕩が同性愛と結びつけられる理由が理解される。放蕩とは、男と男との関係であり、社会的人間関係の中でも独特のものであり、それ自体が社会と相互作用している関係である。女の「放蕩者」が聖書の時代からいつでも非難を受けてきたのは確かだけれども、放蕩は集団幻想の中ではつねに、本質的に男の衝動を意味したのであり、男の役割を越えるという選択、解放、離反なのである。だからこそ女の放蕩者は強く、男っぽく、潜在的にレズビアンの女と見なされるのだ。従って「放蕩の仲間」という表現の中に、同性愛者は伝統的に位置づけられてきたのである。これはユダヤ人がやはりそのように位置づけられたのに等しい(例えばサン=レアルの『ドン・カルロス』やルサージュの『ジル・ブラース物語』にそのような記述がある)。この同性愛という付属物が、放蕩をさらに縁遠いもの、根本的に他性の世界のものにしている。しかしこの他性の世界は、糾弾の対象であると同時に羨望の対象であり得る。徒党を組むというとりわけ同性愛的な傾向だと見なされるものへの非難の中には、羨望も宿っているのである。真に同性愛的な欲望と、社会的規範を外れた男性どうしのパートナーシップへの欲望との間を、行ったり来たりする羨望である。ユダヤ人に対するのと同じように、同性愛者に対しても、人は自ら持っていないものをすぐに押しつける。同性愛者の場合であれば、例えばエリザベート・バダンテールが一九九二年の『XY——男とは何か』〔上村くにこ、饗庭千代子訳、筑摩書房、一九九七〕で定式化したように、「感情を伴っている場合には不可欠のいくつもの段階を踏むことなく、数多くのパートナーと関係を持つこと」ができるというようなことである。同性愛と同じように放蕩も男の条件の破棄である。放蕩という強迫観念については、セヴィニェ夫人が興味深いことに「女より男に大きな害を及ぼす」と言っているが、それは男性同性愛という強迫観念に通じているのだ。二つを結びつけているのは肉体的、社会的な生殖不能への苦悩、神を前にしたときのむなしさがもたらす苦悩である。だからミラボーは、何を言いたいのか曖昧なところはあるが、次のように言ったのだ。「放蕩は子を全くつくらない」。

一八世紀に放蕩と男性同性愛が強く結びつけられたとすれば、一九世紀にその結びつきが弱くなったことは明白である。新しい医学の言説が同性愛者を病人と見なすようになり、もはやそれは自分で自分の生き方を選んだ「放蕩者」ではなくなるのだ。また、一般的に「↓性逆転（インヴァージョン）」と「倒錯（パーヴァージョン）」が区別されたことにも注目しておく必要がある。「性逆転《インヴァージョン》」は一つの病気であると本気で考えられていた（その原因は、↓精神医学的であったり、解剖学的であったり、↓内分泌学的であったりと、互いに競争しあっている理論によってさまざまだった）。「倒錯《パーヴァージョン》」の方は、後天的な性質で、半ば意志によるものと見なされた。そしてこんどはこの「↓倒錯」の概念の周辺に、放蕩だと見なされる特徴や、また同性愛的な振舞いは「↓伝染」するといったような恐れが、どちらも強迫観念として再び見てとれるようになる。このような強迫観念が数多くのキャンペーンを生みだし、若者に対して倒錯者とつきあうとどのような危険があるか警告し、またより一般的には召集兵や浮浪者への監視が強められたのである。

さらに一九世紀はまた、同性愛者間の結合が社会を攪乱するという恐怖にも敏感であった。例えば貴族のデカダンと金のない召使いとが共謀の感情で結びつくと考えられていたのである。社会の中である種の出世を果たそうという者、あるいは羨望の対象であると同時に道徳的には非難の対象でもあるような社会的自由を標榜しようという者にとっては、高級娼婦と同じように、同性愛もまたいかがわしい手段の一つと見られていたのだ。プルーストの作品の登場人物の幾人か（シャルリュスとジュピアンのカップルだけでなくオデットやアルベルチーヌも）が動きまわっているのも、不透明で、別世界のようで、一般人にはとうてい入り込めないような社交界であり、その世界が語り手にとっては神秘を表すと同時に、語り手が構成しようとしている社会や心理、感情の法則を根底から揺り動かすような不安定さも表しているのである。この世界を語り手は「悪徳」の一語に集約させている。プルーストの語り手がその世界を描写するやり方、つねに軽く触れながら決して巻き込まれはしない、興味津々の野次馬のようなやり方によって、近代社会における放蕩のかつてないほどの曖昧な位置づけが浮かび上がる。

同性愛を放蕩に結びつけて貶めることは、二〇世紀に、とりわけ一九七〇年代の同性愛解放運動以降は決定的に終焉したと見てよいだろう。しかしながら最近の二つの事実は、ある種の主題の永続性を物語っている。まず第一に、↓エイズという伝染病をめぐって起きたことである。世界中の複数の国、中でもアメリカで、宗教的原理主義者たちがこの病気を同性愛者の放蕩への罰ということにしようとした。この驚くべき予期せぬ「ゲイの癌」は、活動家たちの運動によってはからずも提起された問題に、決着をつけたかのように思われた。さらには、エイズの犠牲者を、輸血で感染したような「無辜の」犠牲者と、同性愛に関連のある、さらにはセクシュアリティ一般に関連のある犠牲者とに、区別してよいという考え方が広まっていった。第二の不安な事実は、↓同性愛者の子育てをめぐる議論の中で、同性愛者の権利要求に敵対する陣営で、同性愛者の「ライフスタイル」は子どもの教育と両立しないという考え方が再び出現したことである。養子にした子どもに同性愛が伝染するのではないかという↓脅威と、また↓小児性愛の目的で子どもを養子にする可能性もあるのではないかという脅威が、どちらも強く人びとに訴えかけている。同性愛が社会に同化されることを求めるためには、近代社会が旧体制《アンシアン・レジーム》以来ずっと放蕩に対してとってきた本質的に曖昧な態度を清算する必要があるようだ。同性愛は、さまざまなものが交差する懸念すべき交差点だと未だに思われているのである。

ジル・シウフィ（山本訳）

↓悪徳、アンリ三世、医学、ヴィオ、エイズ、自然に反する、神学、性逆転、生殖不能、ソドムとゴモラ、退化、退廃、寵臣、哲学、伝染、倒錯、パウロ、文学、ペトルス・ダミアニ

暴力

「根拠のない」暴力は存在せず、同性愛嫌悪《ホモフォビア》暴力も、人間の行為はすべてそれをなすものにとって何らかの意味を持ち、ある程度自覚的な動機を含んでいるというルールの例外ではない。しかし同性愛嫌悪について真剣に考察するならば（あらゆる形態の人種差別と同様に）、「偏見」や「表現」さらに「イデオロギー」といった曖昧で無味乾燥な概念の中にとどまることはできない。これらの概念は、確かに、暴力を単なる「不合理な衝動」に矮小化することを拒絶することで、恣意的な狂気とこれら暴力を区別し、これら暴力をより「合理的に」、意味の分かるものにしようとする。しかし、物理的言語的攻撃の原因を、ただ心理的な一貫性の中に、あるいは言説の中に純粋な合理性を探すことで、これらの概念は暴力の社会的実践的基礎、その「社会学的」必然性を探すことを放棄している。これらの概念は、社会には不条理があるということを暗黙の前提とし、問題の根底を欠落させることが多く、問題を解決するための効果的な備えとなることができない。

暴力が表明される言葉を換えるだけで、現実を変え社会的暴力をなくすことができると信じていたPCの過ちと観念主義的な悪習の繰り返しを避けるために、同性愛嫌悪暴力、つまり言葉の暴力と行動の暴力を異性愛主義（ヘテロセクシズム）支配の一般的構造の中に位置づけ直さなければならない。確かにこの抑圧のシステムは、言語の中に表明され、頭の中に存在する。しかしこのシステムはまた、諸制度（学校、国家、軍隊、司法、結婚、親子関係など）のはたらきの中に具現化され、（とくに都市の）物理的な空間構造の中に客体化され、身体の中にまで刻み込まれ、最も日常的な行為の中に結実する。個人や集団は、日常的行為の中で、継続的に社会的な仕組みを自分の中に取り込んでいる。従って、巧妙な言語とミクロの相互作用の暴力に対する関心がもっともなものであるとしても、それはその現象の包括的な歴史的理解の中に位置づけられなければならない。（ゲイ、レズビアンなどの）アイデンティティが支配関係の産物であり、否が応でもそれへの反応として、抑圧の中で、そして抑圧よって構築されているという問題を理解しなければ、社会秩序とその番人が同性愛者に暴力をふるい、同性愛者の「性質」やアイデンティティと繰り返し衝突することを理解できない。同性愛嫌悪暴力は不条理なものではない。社会が、社会を裏から定義している自分自身の半身に留保している暴力である。今日、ゲイやレズビアンであることは、この暴力の申し子であることでもある。

■複数形の暴力から単数形の暴力へ

暴力は、まず、物理的あるいは象徴的な複数の暴力であり、われわれが感じ、目にし、そのようなものとして解釈している暴力である。これには、日常のありふれた侮辱から、反パックス・デモ参加者の最も憎悪に満ちた恐喝とスローガン、そして野球バットの致命的な殴打による蛮行までが含まれる。フランスの社会学者ダニエル・ヴェルゼール＝ラングが指摘したように、同性愛嫌悪は何よりもまず、越境嫌悪《トランスフォビア》的暴力である。この暴力は、同性間の愛そのものよりも、女性が「男性的な」特性を持つこと、男性が「女性的な」特性を持つことに対する暴力である（従ってこの暴力は、同性愛者でなくてもこれらの特性を持つ人びとをもねらうことがある）。これらの暴力と侮辱はマッチョなものであることが非常に多いが、そこにはほとんど常にセクシュアリティと性的な単純化が刻まれている。同性愛者に対する懲罰的レイプという究極的例がそうである。標的がレズビアンの女性であるかそのように見なされた女性であるときは、攻撃はとりわけ、攻撃者（彼らは複数であることが多い）だけでなく、攻撃者が連帯していると感じている男性という集団一般が性的に利用できない女であることを罰する機能を持つ。反対に、レイプがゲイ男性を対象とするとき、標的にされているのは、ゲイ男性による「地位にふさわしい振舞い」の拒絶や不能である（が、それだけではない）。攻撃者は、ゲイとの懲罰的性的関係を自らの異性愛性に対する深刻な危険と常に見なすわけではない（なぜなら、彼らは自らの行為をゲイとの関係とは見ず、ゲイに対する一方的行為だと思っているため）。しかし、彼らが一般的には、性的な「不浄」との接触の際に、一定の男らしい配慮に努めることは非常に示唆的である。その配慮はこの接触が↓伝染へと変貌することを何となく妨げようとするものである。社会的－性的秩序というしきたりへの違背を償うのに必要であると見なされるその大小のいやがらせは、この秩序を尊重させると同時に、文字通り存在させてもいる。これらは、われわれに痛々しい記憶という形で、あるいは暴力が「実行」されるのを必要としないほどに十分に深く根を下ろした実践の先取りという形でこの秩序を刻み込む。

しかし物理的暴力は、最も野蛮な形態においても、決して単に物理的であるにとどまらない。言語的暴力は最も婉曲的な形態においても単に言葉が示す以上のことを常に言っているのであり、これら暴力を社会的に効果のあるものにする原理は、それらを現実化する行為や言葉の中にのみ存在しているのではない。言葉の重みをなしているものは、言葉の中だけにあるのではない。一発のキックは、確かに痛みをもたらす。しかし、次のようなことを意味するからこそそれはより一層痛いのである。「これがお前だ」、「お前は汚いレズ、二流の市民、異常で劣った存在でしかない」こと、攻撃者は、自らは名付けられることなく名付け、自身は分類されることなく分類するのに対して、暴力を受ける側はその一撃で「客観的な」規範とハイアラーキーを思い出させられ、攻撃者の権力によって相応の社会的地位に戻される存在であることである。これらの攻撃が、時には遠方からでも心身に不可避的に働きかけることができるのは、これらの攻撃が↓象徴的秩序に依拠し、これを引用し、再引用し、強化しているからである。ところでこの秩序は、純粋に社会的アクターの外側にあって、彼らに「影響」という形でしか働きかけない知的あるいは政治的「文脈」ではない。象徴的秩序は、よりラディカルに、主体性の最も内奥を貫き、秩序の掟に従って自発的に機能する個人を生産して、その生き写しの主体性を作る。「公開の」暴力（時には単なる暴力の脅しとして現れる）を通じて、この秩序は同性愛者の主体あるいは同性愛者であるとされた主体を文字通り尋問する。時にこの秩序は、麻痺させ口をきけなくすることもできる。というのもこれを抑圧として形容するための言葉がないことも多いからである。

こうして、言葉と力の「魔法の」暴力の抑圧的な効率性はそれに先行する継続的な社会的作業から引き出される。この社会的作業が、思考の習慣、実践への反射、主体に下劣な権力を与え得る認識の型を教え込むことになる。この型は、それが攻撃者と犠牲者によって共有されているためにより強いものになる。侮辱あるいは物理的攻撃は、獲得された心理的メカニズムと条件付けられた反応を活性化し、個人的かつ集団的な抑圧の歴史によって蓄積された社会的エネルギーと暴力のすべてを解放し動員する「始動装置」として作用する。言い換えれば、時には物理的言語的攻撃が、触知できる物理的な現実（「単なる」一言、軽蔑的なまなざし、「ちょっとした」嫌がらせ、など）よりも大きな効果をもたらすのは、これらの攻撃が明らかであり、分かっていること、感じられていることを、意識および社会化された身体の最も深いところにまで思い起こさせるからである。それらが「述べている」ことはいわずもがなであるだけに、残酷で効果的である。

この体系的暴力の帰結は、日常的な相互行為、放棄、反発をあきらめることで再生産されるので、この暴力によって抑圧される者自体の「自発的な服従」を促す。同性愛者は自らを「反自然」と考えるまでになる。抑圧が正統あるいは「普通」であると感じられたときに、つまり、ジェンダーあるいは性的アイデンティティの社会関係において支配される立場にある者が、「自然の」自明性に基づいてそれを体験するようになるときに常に作用しているのが、ピエール・ブルデューの表現を借りるならば、「象徴的暴力」である。

◆PC　ポリティカル・コレクトネス。言葉や用語における差別や偏見を取り除くために「政治的に」正しい用語を使うこと。（齊藤）

■象徴的秩序と社会的秩序

確立された象徴的秩序は、論理的には、物理的暴力の効果を増幅し、言葉の暴力を「無礼な」権力そのものにするが、これによって無言の命令が、明示的な命令として言明される必要すらなく、最も具体的な効果を発揮することができる。例えば、同性愛嫌悪犯罪者の証言は一致して、彼らが「国」や「道徳」にとって何か良いことをしたと思っていると本気で主張し、なぜ非難されているのかを理解できないことを示しているが、これをまじめに考える必要がある。彼らがそう主張するのは、曖昧な公式の有罪宣告の背後で、彼らが生きている社会が彼らに送る混乱した複数のシグナルの中に、社会的な役務を行ったという一つの証明、さらには憎悪犯罪に対する励ましあるいは賞賛を感じるからである。

とりわけ、個人の暴力が、法の暴力、あるいはより間接的には、法の不平等を承認する規範的な↓人類学理論と一部の↓精神分析学の解釈の暴力の中に根ざしていることを見のがすだろうか。国家の暴力は、法的、象徴的あるいは厳密に物理的なもの（拘禁、死刑、火炙り、拷問、強制↓収容など）でもあり得たが、民主社会においては、その暴力は、法的な差別的措置の形態で、同性愛者に対する攻撃との政治的闘いを締め付け続けているのである。異性カップルと同性カップルの権利の不平等を承認し続けている国家に、日常の同性愛嫌悪との公的な闘いを望むこと自体が非常に難しいことであり、さらには矛盾してすらいる。ユダヤ人のカップルが結婚する、あるいは養子をとることを禁じている国家において、「反ユダヤ差別法」があることを想像できるだろうか。

従って大っぴらな暴力は、象徴的法的な掟のいわば「施行令」である。これらの暴力は秩序を喚起するだけで十分な機能を果たすことが多い。なぜなら、この秩序は、意識においてだけでなく、異性愛主義的世界の構造の中で、日常的に存在し観察されるからである。この世界は、同性愛者に「畏怖の念を起こさせ」、幅をきかせる。「何人も象徴的秩序を知らないとは見なされない」◆というわけである。一部には同性愛者が主観的には解放に至ることがあるとしても、「事実」による「否定」を「確認する」ために「顔を覆う」ことなく目を向ければ十分である。こうして、これらの社会的ルールと掟に異議を唱えることは、すぐさま、「ありのままの現実」とそれらの社会的ルールと掟を「否定する」ものとして非難されるに至り、よくて「明白性」から逃亡し、自然のハイアラーキーを認めないふりをするPCの偽善者、最悪の場合には、夢幻の中へのつかの間の逃亡の妄想で「現実」界を置きかえてうち捨てる頭のおかしい者として名指しされる。

言い換えれば、象徴的秩序は、現実に存在する差別と実際に適用されている不平等からなっている社会という「客観的な」世界に依拠しなければ、歴史によって制度化された性的分断とハイアラーキーをこれほど首尾よく「自然化する」ことはできないのである。象徴的秩序は、社会の性的秩序の象徴的次元だけを構成し、それを強化しようとしている。同性愛嫌悪的な世界観には、あらゆる支配的見方がそうであるように、自らの効果であるはずのロジックを見事に転倒させる傾向がある。ゲイとレズビアンが「物事の道理」において占める従属的地位、つまり可視性とアイデンティティにおいて従属的地位にあること（支配の産物であることが理解されないままの地位である）は、意味と象徴と尊厳が「当然に」劣等であることの「客観的な」証拠として機能する（「ホモが隠れているのは、何か恥ずかしいことがあるからにちがいない！」）。さらに同性愛嫌悪的反応が集団的に行われることは、価値を切り下げる社会的判断が超越的で普遍的であるという（それが想定するものを生産することに貢献しているという意味で）もっともらしい幻想を肥やしている。このような社会的判断を囲い込んでいるのがこれら同性愛嫌悪的反応であり、これら社会的判断は対抗言論や対抗実践によって武装解除されなければ、まぎれもない宣告のように機能してしまう。このようなわけで最も目を引き、最もメディア的に反響のあるような同性愛嫌悪暴力は、異性愛主義の氷山の一角であるに過ぎず、同性愛嫌悪暴力に固有の物理的および社会的刻印を現実に（攻撃によって）あるいは仮想的に（明示的あるいは暗黙の脅迫によって）強化することで、日常的に同性愛嫌悪暴力を刷新するのである。

しかし、この性規範の不可視の暴力を、ある意味、その主たる行為者である者自身も被っている。同性愛者、「オネエ」、「異常者」に対する攻撃は、攻撃によって他者への距離を表明し実現するにあたって、男らしさには常に道を踏み外す可能性があり、自らと男らしさの間には距離があることを忘れたり、忘れさせたりするのに都合のよい、象徴的かつ物理的方法である（「自分らしくしろ」「男たれ」）。この攻撃は、さまざまな「男らしさ」の失敗に対する常なる闘いの重みと、不確定で不安定であるためにより過剰に演じられる「男」であるという確信のみかけの背後で、恒常的に開き続ける裂け目を埋めるための果てしない努力という日常的な圧力を被害者に転嫁する。従って同性愛嫌悪暴力は、性差別と異性愛主義的支配の社会心理的構造の中に刻み込まれており、行為者が暴力を犯すことを「許可されていた」と感じていることだけでなく、犠牲者によって攻撃されたと心底感じていることをも理解しなければ、暴力の「不可解な」性格を理解したことにはならない。行為者自身の弱点、自らの支配によって支配されている支配者の、自らは完璧に遂行することができない役割の、ある意味での犠牲者としての弱点を、暴力の犠牲者の存在自体が暴露すると脅かすのである。従って、同性愛嫌悪犯罪の犯人は、社会的－性的秩序の単なる操り人形ではなく、むしろそのハイアラーキーに利害関係を持つ解釈者になっているのである。

最後に、おそらく社会生活においては、蓄積された暴力の「保存の法則」ような何かがある。同じ烙印、同じ不公正を課された者が抑圧への集団的抵抗によって暴力の蓄積に対抗していないときには、犠牲になった同性愛者が、ともに劣等烙印を押された者に対して、さらには自らに対して軽蔑と暴力を向けるリスクが相変わらず残っている。例えば、↓自殺にまで至る自己破壊的な行動においてである。しかし、個人的集団的な抵抗運動による政治的な暴力への対抗は、その実践的な良識と自身の「正常性」についての怠惰を問題にされて居心地の悪くなった支配者（ここでは異性愛者）の恩着せがましさによって、「攻撃的」あるいは「ヒステリック」であると解釈される可能性が大きい。この据わりの悪い感情は、闘争によって道を切り開いて社長室までやって来た労働者を前にして「そんなにわめくには及ばない」と述べる偉そうな社長の言葉と同じ程度の暴力性を現実には含んでいる。

従って、最もあけすけで恥ずべき蛮行から、抗議の試みに対して社会的秩序が自明であることを笠に着て常識と自然の言説で対抗し、自らが暴力であることを否定する微妙な無言の暴力まで、同性愛嫌悪暴力のさまざまな形態に力を与えているのは、社会的および象徴的な装置全体である。この装置は、同性愛嫌悪暴力を追及する試みが原因に取り組むことなく効果への対応に追われるのではないかと思わせるほどよくできている。しかし、ディディエ・エリボンがまさに述べているように、「常識を犯罪化する」のが常に難しいことは確かであるとしても、その動かない論理にも拘らず、人びとが本当の根元を攻撃しようと決意したとき、「常識」が完全に不動で、絶対に不敗であることが明らかになったことなどない、ということを忘れるべきではない。

セバスティアン・ショヴァン（齊藤訳）

↓異性愛主義、強制収容、グラーグ、ゲイ嫌悪、警察、語彙、シェパード、自殺、象徴的秩序、処罰、トランス嫌悪、バイセクシュアル嫌悪、恥、侮辱、レズビアン嫌悪、レトリック

ホール（ラドクリフ・〜）

一九二八年に『さびしさの泉』が刊行されたとき、↓イギリスの詩人で小説家のラドクリフ・ホール［一八八〇〜一九四三］は、その著作（いくつもの文学賞をとった『ア

◆「何人も……見なされない」　法の不知を理由としてその適用を免れることはできないという意味の、「何人も法を知らないとは見なされない」という法諺にかけている。（齊藤）

ダムの品種』）とライフスタイルによってすでに有名であった。彼女の最初の恋人は、一九一五年に死んだメイベル・バッテン（ニックネームは〝レイディ〟）であったが、彼女の生涯の情熱は、彫刻家のユナ・トラウブリッジに向けられていた〔二人が出会った当時、トラウブリッジはアーネスト・トラウブリッジ海軍長官と結婚していた〕。ラドクリフ・ホールは、「新しい女性」の象徴として、一九二〇年から小説家として以外では、「ジョン」として、短髪で男装をしていた。それに対して、トラウブリッジは、より女性的な身なりをしていた。二人は、パリのナタリー・バーネーや人里離れたライにあるエディ・クレイグのサロンのような、上流のレズビアンのサロンに好んで通った。このカップルが公衆の目にスキャンダラスに映ったとしても（一九二〇年にラドクリフ・ホールは、アーネスト・トラウブリッジの結婚を破壊したとして訴えられているが、この裁判に勝っている）、それでもこの二人の女性が、はっきりと保守的な政治的意見を表明していたことには変わりがない。ラドクリフ・ホールは、カトリックに改宗し、一九三〇年代にはファシズムに接近し、フィレンツェにユナとともに居を構えることを選んだ。

ラドクリフ・ホールは、『消えたランプ』（一九二四）のような初期の作品において、レズビアニズムを婉曲的に扱っていた。しかしながら彼女は当時、レズビアニズムの苦しみを公衆に明らかにするため「性逆転」について本を書くという計画を温めていた。一九二六年から一九二八年の間に執筆された『さびしさの泉』は、ハヴロック・エリスやクラフト＝エビングのような性科学者の業績に強く影響されたメロドラマ的小説で、「生まれつきの性逆転者」の具現である若い男役のレズビアン、スティーヴン・ゴードンの苦しみに満ちた運命が中心となっている。その人生には、「差異」と孤独と排除が刻まれている。

ジョナサン・ケイプを編集者として一九二八年七月二七日に出版されたこの本は、初めはそれほど話題にはならなかった。しかし一九二八年八月一九日、『サンデー・エクスプレス』誌が、一面に編集長ジェイムズ・ダグラスの署名で、「禁止されるべき本」という挑発的な記事を載せた。そこでは、「健康な少年少女には、この小説より青酸カリの小瓶をやる方がましであろう。毒は体を殺すが、道徳的毒は魂を殺す」というくだりがある。ホールが最も男性的なポーズをとっている写真が、この言とともに掲載されており、この作家に対する不利な証拠をなしているように見える。論争は、すぐに全国的な広がりを持った。それに適した土壌があった。というのも、第一次世界大戦の終了以来、女性同性愛が盛り返しているという感覚が広がっていたからである。おびただしい文献が、独身女性の数が増えていることを強調し、フェミニズム運動が部分的原因となって、女性同性愛が伝染するという考えを吹き込んで恐怖を培養し、世論の中に広げた。自活し、人生を楽しむ独立した男のような女である「フラッパー」とレズビアンのイメージが重なることもあった。一九二一年、レズビアニズムを処罰しようとする法案が下院で可決されたが、最終的には貴族院で否決されている。否決の主たる論拠は、何も知らない女性の無垢をそのような行いから守ることであり、法律の公布がそのような女性の好奇心を目覚めさせてしまうかもしれないということであった。この文脈で、ラドクリフ・ホールの小説の出版は、見せしめを作る好機であった。

出版業界の否定的な反応を見てとり、ケイプは、書物の猥褻《わいせつ》的性質についての意見を求めて、内務大臣に問題の本を一部送っている。そのピューリタニズムと一徹さで知られる内務大臣ウィリアム・ジョインソン＝ヒックスは、八月二一日に、即座の出版中止を命じた。二二日、書籍は書店から引き上げられたが、ケイプは、ペガサス・プレスを通じて、フランスから出版を続けることを企てた。イギリスへの輸送に際して、パリ印刷分が税関で差し押さえられた。一九二八年一一月九日、これらの書籍が処分されるべきか否かを決定すべく、猥褻裁判がバウ・ストリート裁判所で開始される。

事件の始まり以来、かなりの数の知識人が、小説を擁護するために動いた。E・M・フォースターとレナード・ウルフは、抗議文の公表を企てたが、この計画は妨げられた。それは部分的にはラドクリフ・ホールの介入によってであった。彼女は、作品の芸術的価値の強調にこだわったが、その点についてためらいを見せた者が多かったからである。裁判の際に、多くの者の離脱にも拘らず、バイセクシュアルや同性愛者を含む四〇人が作品を擁護する用意があることを公言していた。しかし、そんなことは問題にならなかった。最初の証人デスモンド・マッカーシーが書籍の猥褻性に反駁すると、すでに敵意を明らかにしていたバイロン判事は、他の証人を忌避した。小説の科学的かつ深く道徳的な性格を示そうとする弁護側の努力は、ほとんど反響を得ることができなかった。一一月一六日バイロンは、書籍の処分を宣告する。彼によればこの書籍は、「最もおぞましく汚らわしい猥褻性を持つ、↓自然に反する行いに」関係しているのであった。一一月二二日、『マンチェスター・ガーディアン』誌に四五人の知識人の抗議文が掲載されたが、結果を出すことはできなかった。一二月一四日、トーマス・インスキップ検事総長が、控訴審でこの判断を追認した。

『さびしさの泉』は、主人公スティーヴン・ゴードンの中にシンボルとモデルを見つけた、さまざまな世代のレズビアンに影響を与えた。一九四九年までイギリスでは出版が禁じられたが、アメリカ合衆国で出版され、ベストセラーとなった。フランスでは、ガリマール社からこの小説が出版され、これから着想された戯曲がパリで上演されたが、著者の同意はなかった。ラドクリフ・ホールとユナ・トラウブリッジは、↓スキャンダルに深く傷ついて、一九二九年にイギリスを離れることを選択する。この作品の糾弾は、戦間期のイギリスのレズビアン嫌悪↓（レズボフォビア）の頂点を示している。猥褻性の批判の後ろに、ジェンダー・ハイアラーキーを侵犯し、家父長的社会を脅かす外見と生活様式を持つ女性を問題視する態度が現れている。ところで『さびしさの泉』出版と同じ年には、ヴァージニア・ウルフがヴィータ・サックヴィル＝ウェストへの密かなオマージュである『オーランドー』を出版し、コンプトン・マッケンジーが貴族的なレズビアン・コミュニティの諷刺である『並外れた女たち』を出版しているが、これらが問題にされることはなかった。

フロランス・タマニュ（齊藤訳）

↓イギリス、検閲、スキャンダル、伝染、文学、メディア、レズビアン嫌悪、ワイルド

ポルトガル

一九世紀までのポルトガルの立法全体は、独立国家としてのポルトガル以前の、西ゴート法典をモデルとしていた。ソドミーの処罰は、初めてそこにおいて現れ、ポルトガル王国においても一四四六年のアフォンソ法典、一五二一年のマヌエル法典、一五九五年のフェリペ法典において維持された。今日まで残っている資料はわずかではあるが、ソドミーの糾弾、とくに火炙りは、中世を通して、ごく稀にしか適用されなかったのではないかと推測するのが適当であろう。同様に、一六世紀から一八世紀までのポルトガルでの男色に対する異端↓審問の激しさは、その審問の量よりも「質」によって特徴づけられる。全体的に、審問による迫害の主たる被害者は改宗ユダヤ人で、密かに自らのユダヤ↓教を信仰し続けていることをとがめられた。ソドミー容疑条項は、改宗者すなわち「新キリスト教徒」の系譜に含まれておらず、隠れユダヤ教徒の疑いをかけることができなかった「昔からのキリスト教徒」をとくに対象としていた。ソドミー容疑条項は、本当の男色家だけでなく、異端審問あるいは教会の敵と想定された者、とくに知識人と科学者を消滅させるための理想的な道具であった。また、これが社会的統制の機能を果たしたことは、明らかである。糾弾された者の多くが、修道士や奴隷、ブラジル入植者であった。

男色家は、少なくとも一五五一年から一七五二年まで宗教裁判所による異端者宣告を受けた。異端審問の黄金時代は一七世紀であり、道徳的な制裁を口実とした政治的迫害に役立っていた。異端審問は、一五八〇年から一六四

〇年まで、絶対的な国家内国家としてポルトガルを支配したスペイン王の利害を非公式に代理していた。一六四〇年の独立の革命家の一人、ヴィラ・フランカ伯爵ロドリゴ・ダ・クーニャは、その素行のために厳しい攻撃にさらされた最も有名な犠牲者である。一六五二年に終身刑の有罪宣告を受け、二一年の投獄の後亡くなった。

異端審問のメンタリティは、「新国家《エスタード・ノヴォ》」独裁体制（一九二六〜七四）に至るまで、社会的な同性愛嫌悪《ホモフォビア》を形作っていた。そこではカトリック原理主義が道徳的神学を解釈するように、近代医学が科学的論拠によって同性愛嫌悪を強化していた。ポルトガルの精神医学は、一九世紀に支配的であった同性愛を病気と見なす傾向に従った。とくに、同性愛者に対する医学や法学の姿勢に影響したのは、一九四九年に前頭葉切断手術（つまりロボトミー）の開発によってノーベル賞を受賞した神経学者エガス・モニスであった。彼の『性生活』論は、一九〇六年から一九三二年までの間に一六版まで刊行され、科学的同性愛嫌悪の金字塔になっている。彼は、ベルリンのコミュニティのように、初期の組織化されたコミュニティの存在とカール・ハインリヒ・ウルリヒス［一九世紀ドイツの作家で同性愛者解放運動のパイオニアとされる］の著作は非難するために引用したようなものだった。第一共和制（一九一〇〜二六）は、さまざまな点において開放の時代であった。にも拘らず、大統領の一人、テイセイラ・ゴメスは、その文学書で告白したように、同性愛者であったことが部分的には原因となって辞職しなければならなくなった。

明らかに同性愛官能的な文学は、フェルナンド・ペッソア、アントニオ・ボット、ジュディテ・テイセイラの一九二〇年代の作品に登場する。ボットとテイセイラは、リスボン学生ファシスト同盟によって行われたキャンペーンの犠牲者となった。ペッソアたちが二人を擁護したが、二人は、一九二六年の独裁開始の後、公然の敵意に耐えられず出国を余儀なくされた。両者とも一九五九年に困窮の中で亡くなっている。ボットはまず、植民地省の職を追われ、カトリック教会の圧力で帰国申請を拒否された。ボットとテイセイラの事件は、作家の間に長く続く深い傷を残し、作家たちは、独裁政権によって早くから制度化されていた正式な検閲に加えて、自己検閲をするようになった。一九七四年まで、文学における同性愛表現は、仄めかしあるいは非常に控えめな形でしかできなかった。独裁の間の社会的、医学的、宗教的、および法的同性愛嫌悪の無名の犠牲者の歴史は、これから研究されなければならない。それでも、警察による言葉のあるいは身体への攻撃は、少なくとも一九六〇年代まではよくあったことで、それが公の辱めにまで至ることがあったことは分かっている。時には、社会的地位の高い家族が、「恥ずべき」身内を隠すために、精神病院への強制収容に訴えることもあった。ある著名なダンサーは、四〇年間精神病院に収容されていた。「公然猥褻《わいせつ》」であまりに札付きになった最も低い社会的地位の人びとには、強制労働施設への監禁や田舎の辺鄙なところに隔離するような保安措置がとられた。

フランス刑法に強い影響を受けた一八八六年の刑法典は、「自然に反する悪徳を行うことにふけるすべての者」に保安措置の適用を定め、「一方あるいは他方の性別の人に対する強制猥褻」を処罰していた。この刑法典は、一六歳以上の成人間のあらゆる関係を非犯罪化する一九八二年の法典まで効力を持ち続けた。一九七四年の革命によって、結社と表現の自由が保障され、最初のＬＧＢＴ（レズビアン、ゲイ、バイセクシュアル、トランスジェンダー）組織の出現が可能になった。しかし、右派の政治勢力は常にそれに反対した。その例が、独裁政権打倒後の過渡的軍事政権のメンバーであるガルヴァウン・デ・メロ将軍であり、彼はゲイ・レズビアン運動を作ろうという最初の試みに対して最も辛辣な言説を発した一人であった。左派政党に関しても、その言説がそれ以上に好意的というわけではなく、それは一九九〇年代まで続いた。政党と組合があらゆる市民的活動を独占しており、ＬＧＢＴの運動は、重要な闘いのための力を逸らし、これらの闘いの尊厳を汚すような要求を持ち出して労働運動を分断し、弱体化させ、士気を低下させると糾弾された。全く驚くべきことに、共産党（↓共産主義）のメンバーの中には、同性愛を政敵排除に利用した者もおり、ここには長く辛い共産主義の同性愛嫌悪が表れている。独裁の間も、ジュリオ・フォガサは、失墜した共産党の指導者であったが、彼は、共産党の暗黙の了解のもとに、同性愛者であるとして告発され、投獄されたのであった。

さらに、最近の研究は、同性愛嫌悪が社会全体に依然としてかなり広まっていることを示している。とくに社会的にどう感知されているかという大衆のイメージについては、ゲイとレズビアンのコミュニティ自体にも同性愛嫌悪がある。このことは、↓家族や↓ゲットーという閉鎖された領域の外側でのライフスタイルの肯定を非常に難しくしている。

フェルナンド・カスカイス（齊藤訳）

↓医学、異端審問、警察、スペイン、ファシズム、暴力、ラテンアメリカ

◆補遺

ポルトガルにおける同性愛をめぐる法制度の最新状況は、二〇一二年五月発行のＩＬＧＡ（国際レズビアン・ゲイ連盟）の報告書によれば以下のとおりである（括弧内は発効年）〈Paoli Itaborahy〉。

ポルトガルは二〇〇七年以来、同性愛関係か異性愛関係かに拘らず同じ性的同意年齢を定めている。二〇〇四年以降、性的指向に基づく差別が憲法で禁じられている。二〇〇七年から、性的指向に基づく憎悪犯罪であることが加重事由とされ、また性的指向に基づく憎悪の煽動も法的に禁じている。二〇一〇年以降、同性愛者の結婚が認められている。（山本）

本質主義／構築主義

本質主義と構築主義をめぐる議論は、西洋世界の知の歴史をつらぬく↓哲学上、認識論上のいくつかの論争に関連している。年代的に見れば、この論争は認識に関するプラトンの理論を信奉する者と、アリストテレス的方法を奉じる者との間の対立にまでさかのぼる。この認識論上の対立が、われわれの思想史の中に縦横に行き渡っているし、また顕在的か潜在的かは別として、科学の大多数の分野にもこの対立は存在する。

↓人類学、↓社会学、↓歴史学をセクシュアリティの研究に応用しようとした場合には、この対立がはっきりと表に現れる。この場合、極めて図式的に言えば、本質主義者は歴史や文化を越えた連続性という面からセクシュアリティを分析し、逆に構築主義者は不連続性の面から分析する。

本質主義者は、（男性の、および女性の）同性愛の基本的なアイデンティティというものが、歴史や文化を越えて存在するはずだと考える。男性同性愛者《ホモセクシュアル》もレズビアンも、いつでも、そしてどこでも存在してきたはずだという。一方構築主義者にとっては、「セクシュアリティ」の概念は、ということは結果的に異性愛の概念や、同性愛の概念も、実際にどの文化にも存在しているカテゴリーではあるが、その意味や象徴的価値には時に大きな違いがあり、正反対の場合すらある。だから↓古代ギリシア人の「同性愛」について語ることは時代錯誤なのであり、またニューギニアの先住民族における二人の男性の間の性的接触を「同性愛」と呼ぶことも自民族中心主義ということになる。ただしそのように異議を申し立てているからと言って、われわれの時代と異なる歴史的なある時点においては、またわれわれの地域とは文化的に異なる地域においては、同性の人間に性的に惹かれることがないと言っているわけでは全くない。

二〇世紀後半までの著述家の大半は、本質主義的な視点からセクシュアリティを取り扱ってきた。構築主義的な取り組み方が出現するのは、やっと一九六〇年代初頭の人類学的研究からである。これは、性風俗や性行動の文化的多様性が主張されるようになった時期であり、また↓イギリスでメアリー・マッキントッシュが「同性愛の役割」に関する社会学的研究を進めていた時期でもある。その少し後にフランスでは↓ミシェル・フーコーの、またイギリスではジェフリー・ウィークスの諸作品が、社会構築主義の理論的経験的基

礎を確固たるものにしたのである。

この二つのパラダイムは科学的な研究や分析の中心において共存しているが、また他の形態の認識、とりわけ常識という形態の中にも姿を見せる。例えばキャロル・ヴァンスが主張しているように、われわれはみな、セクシュアリティに対して本質主義的な見方をしているところがある。人間の行動は自然に基づくものであり、遺伝学的、生物学的、生理学的な不変の仕組みによってあらかじめ決められているという本質主義の考え方は、実は至るところ、またあらゆる人に広がって信条と化しているのである。同じような一つの振舞い方を共有していると、われわれの目に映る人たち全員を、均質な一つの範疇に分類する傾向があるという点についても同様である。つまり、すべての同性愛者、すべてのバイセクシュアル、すべての異性愛者が同じようなものだと見なしてしまうのである。ところが細かく分析すれば、性的指向によって個々人を似た者どうしとして括ることができないことは、難なく認められるであろう。だが、人間の精神にとって現実を、固定的な範疇を用いて考えた方が、流動的な概念を用いるよりも簡単なのだということも認める必要がある。

この二つの考え方は、互いに全く異なるやり方で科学的な、また政治的な道具として用いられている。しかし本質主義とその信奉者を保守主義と分類し、構築主義者をすべて進歩主義とするのは、あまりにも単純化し過ぎであろう。またそれぞれの思想の陣営が均質で、互いに完璧に対立していると主張することは間違いであろう。セクシュアリティの扱い方の中の、例えば性科学や生物医学といった学問から生まれたものなどが、どちらかと言えば本質主義的な傾向を持っていることは確かである。これはもしかすると、そうした学問では正常とそこからの逸脱という言葉で分析がなされるからかもしれない。この立場は、同性愛の病因論（内分泌学、遺伝学、精神医学、心理学などと深く関連している）の探究にとっては都合がよい。また異性愛は「正常」だと考えるので、その「原因」の探究はなおざりにする立場でもある。社会科学の領域には他の形態の本質主義も存在する。例えば歴史学者の中には、中世に「ゲイ」が存在したと考える者がいるし、人類学者はアメリカ先住民族における「同性愛」について語り、動物学者も全く同様に、ある動物種に「同性愛」行動が観察されるという言い方をする。

この二つの考え方が政治の分野で利用される場合も、その意味はやはり一様ではない。そもそも「同性愛」という言葉がハンガリー人の学者であり活動家でもあったカール・マリア・ケルトベニーによって一九世紀半ばにつくられたときには、ドイツ帝国の新刑法の第一七五条によって同性愛が罰せられることを防ぐために、同性愛が人間の「本当の性質」として存在するのだということを示すのが目的だったのだ。一九世紀後半の、科学的でもあり世に認められてもいたマグヌス・ヒルシュフェルトを始めとする同性愛運動の活動家の大部分が、同じような立場を取っていた。

二〇世紀にもこの種の議論が、中でも同性愛の生物学的起源をめぐる研究に現れる。例えば、異性愛者男性の視床下部と同性愛者男性のそれとでは大きさが違うという主張に基づく、大脳病理学者サイモン・ルヴェイの研究である。この科学者は自身がゲイであることを公表していた。彼によれば同性愛者男性の視床下部の大きさは、女性のそれに近いという（ただしこの場合の女性の性的指向は明確にされていない）。生物学によって説明しようとするこのような立場は、バイセクシュアリティのような第三のあり方を受け容れることが困難であろう（バイセクシュアルの視床下部はどれぐらいの大きさなのか）ということもあるが、何よりもこうした立場が問題となるのは、ユドー・シュクレンクが指摘しているように、倫理的な面であることに注目しなければならない。

現代の戦闘的同性愛運動を奉じる者の中には、同性愛（男女問わず）の起源が、自然の中に根を張って存在することを示す科学的真理さえ明らかにできれば、同性愛が正当化されると考える者がいる。同性愛が自然であるから「正常」であるということになれば、その「自然性」という根拠は、政治的、医学的、宗教的、その他あらゆる種類の同性愛嫌悪《ホモフォビア》に基づく偏見と社会的制裁に反対するために用いられることになる。そうなると、例えばカール・ハインリヒ・ウルリヒスなどの活動家が一九世紀以来、同じ理由で用いてきた根拠と似通ってくる。「第三の性」という理論のそもそもの発端となっていることのような論理は、「自然」という概念そのものが、人が望む通りに利用され得ることを示している。例えば、同性愛の生物学的起源をめぐる理論は、同時にある種の危険な偏向に、科学的正当性を与えかねないのだ。具体的には、男性同性愛者やレズビアンを「↓治療」するとか、それが生じることを「予防」するために医学的な処置を施すといったことである。

社会的なものの起源を生物学的なものの中に求めるこのような「科学的」探究は、古くから存在する悪魔である。その悪魔によってイデオロギーが捏造され、すでにいくつもの決定論的な考え方が正当性を自称するに至った。そのうちの最悪のものが、ナチスのイデオローグや科学者が信奉した優生学である。

ロメル・マンデス＝ライト（山本訳）

↓医学、社会学、神学、心理学、人類学、性差、精神分析、生物学、哲学、普遍主義／差異主義、歴史

マグレブ

■立法と政治

マグレブにおいて、セクシュアリティを規律する立法が同性愛嫌悪《ホモフォビア》を最も極端に表している。マグレブでは同性間の性行為は、「強制猥褻《わいせつ》」に分類される罪である。モロッコでは、同性愛は刑法典において「同性の個人との破廉恥なあるいは自然に反する行為」（四八九条）という表現で示され、六ヶ月から三年の禁錮刑、あるいは一二〇から一二〇〇ディルハムの罰金に処される。アルジェリア刑法典は、「公然猥褻が同性の個人との自然に反する行為であるときには」（三三八条）、六ヶ月から三年の禁錮刑と一〇〇〇から一万ディナールの罰金を定めている。チュニジアでは、固有の意味での同性愛は処罰されないが、「ソドミーは〔…〕三年の禁錮刑に処される」（二三〇条）。これらの立法は、個人に異性愛を強い、同性愛者全体を社会にとって危険な犯罪者にしている。従って自らの好みの傾向や行為について語ることは、拒否や劣等の烙印を押される危険だけではなく、警察に告発される危険を冒すことになる。同性愛者が集まる場所に通うことも、警察の手入れの際に逮捕される危険を冒すことである。警察の手入れの頻度は、時の政治的な議論、先述したような国家の公職担当者が「性的逸脱との闘い」を選挙の争点にしたか否か――犯罪との闘いを掲げれば、同性愛行為を取り締まるということになるからである――、そして、それぞれの国でのイスラム原理主義による同性愛嫌悪言説がどのような反響を呼んでいるかに依存する。その結果、アルジェリアでは、その立法が定める以上に、あらゆるレヴェルの同性愛行為が、最も弾劾すべきものとされている。それに、国を逃れフランスに庇護を求めるマグレブ諸国の同性愛者の中で最も数が多いのは、アルジェリア出身者である。しかし、一九八八年にモロッコでも、ラテファ・イマヌとヒンデ・タールジの同性愛とマラケシュの街頭で行われる少年売春に関する記事が、『カリマ』誌（一二四号）に掲載されたのに続いて、大量検挙が行われ、この雑誌は発禁にされた。より最近では、カサブランカの警視総監が二〇〇一年春に一斉検挙を指揮した。そしてこの警視総監は、社会主義進歩党の協力紙である『バイアヌ・アル・ラウム』紙（二〇〇一年四月二四・二五日号）で、自らの並外れて効率の良い犯罪抑止を誇った。というのも「性的逸脱」のかどでの逮捕件数が、自らの指揮する出動の「おかげで」相当上昇したからである。チュニジアに関しては、残念ながら情報は存在しない。

また、この同性愛の処罰は、同性愛と売春や窃盗を無礼にも同一視させ続けている。この同一視のために、同性愛者は暴力（殴打、負傷、レイプ、侮辱）の被害者となっても、その同性愛を理由として自らの権利を主張できない者とされ、これらの者に対してなされた暴力は、合法とされるか処罰されずにいるようである。ラテファ・イマヌは、一九九五年にエイズと闘うモロッコ連盟の内部レポートの中で、「若い男娼、とくに最も女性化された男娼が、看守と他の囚人との間の営利的な取引の対象になっている」が、襲撃者や斡旋者に対して被害者が訴えを起こすことができないことを伝えている。また、これら三ヶ国において、同性愛者の保護は、各国の人権擁護団体の議題に上っていないことに気がつくだろう。隠れる必要性が、マグレブには同性愛者はいないと思わせる不可視性を生んでおり、これに同性愛は西洋の問題だという考えが加わる。ここでは、西洋の帝国主義への抵抗が同性愛嫌悪を作り出している。

■同性愛に反対する家族

　同様にこれらの立法は、男性同性愛が不名誉、女性同性愛が反乱の象徴となっていることを共通して表現している。これらの概念の意味の広がりをよりよく理解するためには、しばらくマグレブの家族のそばについてみればよい。親と子は、小さな単位をなしており、これがより大きな全体、つまり父系の系族に組み入れられている。ここには、一人の共通する父系の先祖を持つすべての子孫が含まれる。系族、家族、名誉が混じり合い、家名、すなわち父の名は、この名誉の化身である。名誉とはより広く、男と女のそれぞれの役割を定義し性的な規範を定立するコードと規範の総体である。事実、このように観念された家族と家名の永続は、男の子孫を必要とする。従って、名誉と結婚と男の子の父であることの間の、つまり名誉と異性愛と男性の間の緊密な絆が確立されるのである。

　かくして、男子が、同性愛をアイデンティティとして公に表明し、結婚する可能性をすべて排して、あるいは女性への同一化を通じて、とくに「受けの」ソドミー行為を通じてその同性愛を生きるとき、それは系族にとっての屈辱と恥辱、許すことのできない不名誉となる。それに、さまざまな男性の不名誉事由に共通して現れていることから、同性愛がレイプや小児性愛よりも重大な「不名誉」あるいは「過失」であると分かる。このような分類は幸いにも立法の中には確かめられない。そして失われた名誉は、家族の中の他の男性によって回復されなければならない。それはまず父と兄弟である。このような回復は、同性愛者である主体の社会的死、すなわちさまざまな制裁や辱めによってあらゆる同性愛行為を止めるように強制すること、最終的には勘当によってのみ実施される。大半の時間殴られ、侮辱され、時には罰と称して兄弟によってレイプされた後、同性愛の息子は、捨てられ家族から追放される。彼には「相続権がない」こと、家族手帳から「抹消される」ことが伝えられる。このようにして、「真の男」の肩書きに値しない人物、つまり尊厳、誇り、名誉を失った存在とされた後、同性愛者の少年は、実際に「人間以下」のものとして扱われるのに対して、彼を軽蔑する者の同性愛嫌悪はこれと同時に、彼らを「名誉の男」、「真の男」に仕立てる。

　レズビアンに対する同性愛嫌悪は、少し異なる形態をとる。というのも、一方で、家族における娘の地位は息子の地位と同じ程度には評価されていないからであり、他方で、セクシュアリティが性交の実践のみに綿密に結びつけられているからである。一族の永続は、娘が生む子どもではなく、息子の子どもにかかっているので、レズビアニズムは、一族の未来を危険にさらしはしないのである。さらに、性的観点からの女性の名誉は、結婚の日まで処女を保つことにある。従って、血統は、女性同性愛が婚前期にとどまっている限り、女性同性愛によって危険にさらされることはないことになる。だから、レズビアンという人物像は笑いを誘うものではあっても、レズビアンのセクシュアリティは、存在し得るセクシュアリティだとすら考えられていない。従って、人びとはレズビアンを想像できない。だからと言って、結婚に抵抗したり、男性的な外見で現れたりすれば、女性同性愛は、一方で異性愛秩序、他方で、男性支配を逃れるものであるから、両性間のハイアラーキーへの不服従となる。それゆえに、レズビアンの道徳的非難は見かけ上男性同性愛の非難よりも穏やかに見えるが、それでも暴力的なことには変わりがない。身体的暴力と強制結婚、言い方を変えれば永続的なレイプは、性的な自由と男性に対する自律という場違いな要求に制裁を課そうとするのである。ところ

◆マグレブ　「日の沈むところ」または「（アラブの）西」を意味し、一般的には北アフリカの三国、モロッコ、アルジェリア、チュニジアを指す。　（金城）

で、賃労働に就く、すなわち経済的な自立を得るマグレブ女性が少数であるという現実を見れば、結婚を逃れることは非常に難しい。さらに女性に対する社会的管理によって身動きの自由がほとんどないことは、レズビアンをゲイよりもさらに破滅的な孤立の中に置く。従って女性同性愛嫌悪は、家族からのレズビアンの排除や投獄としてではなく、強制結婚を介して、女性同性愛というセクシュアリティを否定し、彼女たちの自由を剥奪することに表れている。

またマグレブの同性愛嫌悪は、同性愛を治療すべき病気と見なしており、精神科医、あるいは思慮深い言葉で「迷った」存在を神の道に引き戻すことができると思われているイマーム、あるいは、同性愛者に取り憑いて「狂わせている」ジュヌーン（目に見えず時折有害な存在）を同性愛者から追い払うことができるかもしれないファキハ（コーランのスーラを知っていて、「悪魔に取り憑かれた人」を悪魔払いするための護符を作ることのできる学識者）に診てもらうべきだと考えている。さらに同性愛嫌悪は、同性愛と同性愛者を指す用語に表れている。というのもそれらはすべて、軽蔑的な意味合いを持っており、侮辱に使われるからである。

■宗教によって正当化された同性愛嫌悪

同性愛嫌悪は、コーラン関連の文書とハディース（預言者ムハンマドのものとされる行動と発言の撰集）の中に現れている。コーランは女性同性愛については全く言及していない。反対に、はっきりと男性同性愛を糾弾している。七章八〇および八一節では、以下のように人びとに述べる預言者ロトに言及している（同様に二七章五四～五五節、二六章一六五節も参照）。

> これ、お前たち、世界中の誰一人いまだかつて犯したこともないような破廉恥をしておるのだな。お前たち、女のかわりに男に対して欲情を催すとは。まことに言語道断な奴［井筒俊彦訳『コーラン』岩波文庫、改版、二〇〇九］。

ロトの人びとは、その預言者の警告を聞かず、神の行いによって絶滅させられた。このことから、↓イスラムの男性同性愛に対する見方は明らかである。ハディースの方は、男性間ソドミーを行う罪人に科される罰についてより明示的である。「攻め」も「受け」も、ジナー（婚姻外性行為）の罪人に定められた懲罰、すなわち石打ち処刑を受けなければならない。女性同性愛に関しては、ハディースはほとんど何も言っていないが、ハディースの一つは、それをジナーと同一視している。

正統イスラム教は同性愛を非常にはっきりと糾弾しているが、同性愛は広まっていても秘密にとどまっている限り「大目に」見られている。コーランとハディースの解釈は、シャリーア（コーランとハディースに基づくイスラムの戒律）を適用する国々の間で異なる立法を生んでいる。マグレブ諸国は、シャリーアを適用しないが、シャリーアが、憎悪言説さらにはイスラム原理主義者によって行われる殺人の支えになっていることは否定しがたい。原理主義者は、とくにアルジェリアで厳格であるように見える。しかし、オンライン紙『ケルマグレブ』が二〇〇一年五月号で伝える、カイロのアル・アズハル大学教授のエジプト人のイスラム知識人、アル・ミターニのインタヴューは、各国固有の立法にも拘らず、原理主義的言説が国境を越えて広がっているということを示している。これは国際的なアラビア語の新聞『アル・マジャラ』によって実現されている。アル・ミターニは、女性同性愛を「神の法に対する反逆」および「神によって創られた人間の性質の否定」とし、「これらの女性を［…］その死まで」投獄して処罰するべきであると述べた。男性同性愛については、「ある男が本当に同性愛の↓倒錯者であると判明したならば［…］、宗教的原則を適用して、その男を追い払って殺し、生活を浄化しなければならない」と言明する。フランスに亡命するアルジェリア人同性愛者が証言する暗殺と恐喝は、同性愛者が武装イスラム集団（ＧＩＡ）の格好の標的であることを示している。しかし、責任者の身元を突き止めることやこれらの犯罪と迫害の広がりを知るための調査は、今日不可能である。このような調査は、脅かされている人の身元を暴き、その家族と調査者をあまりに大きな危険にさらすことを意味するだろう。にも拘らず、進行している訴訟についてのいくつかの情報がある。フランスに本拠を置く、同性愛者およびトランスセクシュアルの、移民と滞在に関する権利の承認を目指す団体であるアルディスは、アルジェリアのイスラム原理主義者の用いる追跡テクニックの犠牲になったことがある。原理主義者は、団体のホームページを訪れ、団体が支持していた人びとを攻撃して殺すと脅した。正規滞在の権利を得た複数のアルジェリア人が結婚と親の圧力に屈することを拒否したために、その家族がＧＩＡのメンバーに密告したケースをアルディスは報告している。アムネスティ・インターナショナルのフランス支部が支援するレズビアンのアルジェリア人は、その服装があまりに男性的と判断されたためにイスラム原理主義者の攻撃の犠牲になったという事実に基づいて、難民として認められた。性行動およびエイズ感染の危機管理についての調査の中で、カビル〔アルジェリアの民族〕のある男性同性愛者が、仮装ダンスパーティーの際に殺されたアルジェリアの若い同性愛者を知っていると私に打ち明けてくれた。彼は、殺人者たちがＧＩＡに属していると見ている。最後に、性的指向に基づいてフランスで最初に政治的難民と認められた人物は、アルジェリア軍に迫害され、イスラム原理主義者に殺すと脅されていたアルジェリア人のトランスセクシュアルであったことを想起しておこう。

クリステル・アメル（齊藤訳）

↓イスラム教、異性愛主義、警察、性差、中近東、暴力

マッカーシー（ジョゼフ・〜）

ジョゼフ・マッカーシー（一九〇八〜五七）は、アメリカ、ウィスコンシン州選出の共和党所属の上院議員で、一九四七年から一九五四年に合衆国で起きた反共闘争の傑出した人物である。「マッカーシズム」の名でよく知られたこの時期には、保守派によって「反アメリカ的」と見なされた者は、必然的に共産党とソヴィエト連邦の影響を受けているとされて攻撃された。アメリカ社会全体における紛れもない魔女狩りが実施された。事実上、マッカーシズムは、マッカーシーの行動以前に始まっている。マッカーシズムという現象は、マッカーシーの中に、その最も徹底的で憎しみに満ちた表現を見つけたに過ぎない。より構造的に見れば、マッカーシズムは、一九二四年からＪ・エドガー・↓フーヴァーを長として、この運動の中に自らの行政的警察的活動の政治的表現を見出したＦＢＩの活動から、直接的には生じている。

一九四七年、冷戦が始まる中、トルーマン大統領の推進で、連邦公務員の「忠誠」を調査することを任務とする上院委員会が組織された。この委員会の標的は、全体主義、↓ファシズム、↓共産主義を擁護するあらゆる公務員であった。こうして当時の官公庁全体において、大規模な調査がＦＢＩの協力のもと始まる。マッカーシーによる一九五〇年のウェストヴァージニア州ホィーリングでのスピーチ〔マッカーシーは州政府に勤める共産主義者の名を挙げた〕に続いて、事態は激しさを増す。数日後、国務副長官ジョン・ピュリフォイが、委員会で証言するよう召還される。一九四七年以来、何人の公務員が辞職したかという質問に、ピュリフォイは「九一人」、と答え、大部分が同性愛者であったと説明する。従って、同

性愛者、「倒錯者」の人物像は、共産主義者、「アカ」のそれに直接的に結びつけられていた。アメリカ合衆国の歴史において初めて、同性愛が主要な政治的争点となる。同性愛についてのマッカーシズム言説の論理は単純である。同性愛者は、性根の弱い個人であり、とりわけ脅しの犠牲になりやすく、さらに多くの外国の影響下にある秘密のサークルに属している、というものである。従って同性愛者は、国家反逆者たることを「運命づけられている」ことになる。このような状況で、国家の安全に関わる、とくに連邦の行政機関に関係する職は、同性愛者には閉ざされなければならないとされた。「性的逸脱者」に門戸を閉ざす一九五二年の移民法の採択、「性的倒錯」を連邦職からの排除理由とするアイゼンハワーの大統領令とともに、この論理が支配する。

一九五四年一二月のマッカーシーの失脚は、彼が軍隊の中で続行しようとしたとてつもない調査が原因であったが、その右腕であったロイ・コーンの同性愛についてのやむことのない噂（のちに真実と判明）のためでもあった。彼の失脚は、状況を根本的に変えたわけではなかった。それ以来、同性愛の問題はアメリカの公論の中心に据えられ、FBIの中に同性愛者を統制する任務が制度化され、ゲイに対する差別が法的根拠を獲得する。

一九四七年から一九五〇年の間、つまりこの運動が過激化する前に、一七〇〇人以上の連邦職への応募者が同性愛を理由として退けられ、四〇〇〇人以上の軍隊の構成員と五〇〇人近くの政府公務員が解雇されている。歴史家ジョン・デミリオは、一九五〇年から一九五三年の間に連邦の行政機関から解雇されたゲイとレズビアンの数を、月に四〇から六〇と見積もっている。さらに、一九五〇年以降、マッカーシズムは単なる公職「追放」の限界を超える。当時、同性愛者に対する紛れもない「パニック」が国全体で生まれつつあった。一九四九年にすでに、『ニューズウィーク』誌は、同性愛者を「性的殺人者」として扱っていた。まもなく全土で、ゲイ・レズビアン・バーへの警察の手入れが増加し、警察の諸部門は、ひっかけが行われる施設と公共の場所での逮捕からリストを作り、こうして情報を集められた人びとの交友関係について調査した。いくつかの州ではアイダホ州に倣って、廃れていた反ソドミー法が再活性化されたが、これによれば当事者を禁錮刑に処することができた。よりさもしい逸話としては、マイアミで起きた同性愛嫌悪《ホモフォビア》殺人について、一九五四年に地元の新聞が、「普通の」人をそのような行為を犯すようにし向けるのだからとして、同性愛者を罰することを奨めたことである。

ゲイとレズビアンに対するマッカーシズム政治は、国境を越えて、カナダとイギリスで影響を持った。そこでもまた、同じ「内なる敵」のイデオロギーの名において、公的行政機関に攻撃が集中した。カナダは、合衆国で採用された措置に類似する移民希望者に対する措置を採択したが、そこではこの運動は、つかの間の高揚にしかならなかった。奇妙に思われるかもしれないが、イギリスで、同性愛と売春の問題について調査する任務を負った一九五四年のウォルフェンデン政府委員会が設置されたのは、まさにマッカーシズムの危機のためであった。この委員会は一九五七年にその結論を公表し、同性愛が社会的危険であるという考えを退けた。これは一〇年後の非処罰化へと至る最初の政治的行動であった。

合衆国では、マッカーシズムの結果、生まれつつあった同性愛者の運動（マタシン協会やビリティスの娘たち）は、控えめな姿勢を強いられた。その運動は徹頭徹尾同化主義的で、例えば外部でのひっかけに関して権力に協力することさえあった。マタシン協会の中にあったよりラディカルな闘争の試みは、一九六九年のストーンウォール反乱までは容易には実現しなかった。今日でも、アメリカの軍隊におけるゲイとレズビアンの存在に関する議論は、マッカーシズムの時代に作られたこの論理に直接に結びついている。

ピエール＝オリヴィエ・ド・ビュシェ（齊藤訳）

↓イギリス、北アメリカ、脅威、軍隊、警察、チューリング、反逆、フーヴァー

漫画

漫画は文学の一ジャンルである、いや正真正銘、第九の芸術であるといったぐあいに、注釈者によってその定義は異なる。漫画が生まれたのは一九世紀の終わりで、↓カリカチュアと挿絵入り小説から遺産を受け継いだ。漫画は子どもや青年層の読者向けの説話様式として、すぐに利用されるようになったので、同性愛問題を扱うことは自制された。もう少し詳しく言うならば、一九七〇年代までに進化を遂げた漫画の主人公の大多数は、極度に無性化された世界の住人――漫画の主人公は多くは擬人化された動物であったので、無性化は一層著しかった――であるか、あるいはそれよりもっとリアルな世界の住人だとしても、その世界が自明なこととして認めていたのは異性愛だけであり、それが登場人物どうしの感情的な関係を通して表現されていた。この規則からの唯一の例外は、ポルノグラフィーの性質を持った作品で、とくにそれは一九二〇年代のアメリカ（↓北アメリカ）に花開いた。

逆説的なことだが、漫画のこの無性化された性格によって、登場人物の社会的関係を後からいかようにも解釈する余地が広がった。純粋に喜劇的な短い説話形態（主に新聞に掲載される四コマ漫画あるいは一ページ漫画）をのぞいて、世界中の漫画作品のかなりの部分が、実は冒険物語を扱っている。冒険物語では、主人公はしばしば副次的な登場人物つまり脇役を伴っていて、互いに友情関係を結ぶ。仲間意識をたいせつにする価値観を、若い読者に対して説き広めるという「教育的」配慮に基づいてこの関係が描かれるとき、それは一層強調されることになる。ここから、登場人物間の「迷彩を施された」同性愛を見つけ出そうという（ごく最近の）再解釈が可能になってくるのである。そのような解釈ができそうな二人組のリストは長大なものになる。『タンタン』シリーズのタンタンとハドック船長、タンタンとチャン（『青い蓮』の巻）、アンリ・ヴェルヌ原作の『ボブ・モラーヌ』シリーズのボブ・モラーヌとビル・バランタインなどなど。ジャック・マルタンの『アリックス』シリーズでは、作者はさりげなく描いているけれども、その主役たちを結びつけている感情がいかなる性質のものであるかについては疑いの余地はほとんどない。これは極めて特殊な事例であって、その他のヨーロッパの漫画作品については、このように再解釈されることをあらかじめ意図していたと考えることは困難である。

アメリカの状況はさらに複雑である。一九三八年以来、アメリカン・コミックスの最大のジャンルであるスーパーヒーロー物では、サイドキック［「相棒」のこと］の原則にのっとって多くの登場人物がつくられてきた。主人公のかたわらでは、主人公と同じ力や技を持つ若い青年がものものしく控えていて、大人の主人公はこの若者にとって指導者ないし父親役を果たす、という原則である（グリーンアローとスピーディ、フラッシュとキッド・フラッシュ、アクアマンとアクアラッド、キャプテン・アメリカとバッキー、そしてもちろんバットマンとロビンなどなど）。ところでこの伝統の直接の起源としては、アメリカで一九五〇年代まではどこにでも見られた一個の人間像が見つかる。それはホーボー、つまり季節ごとに移動して歩く渡り労働者のことである。ホーボーとコミックスのスーパーヒーローとは、男らしさと冒険家の理想という価値観を共有している。それからホーボーは伝統的に年下のホーボーを連れていて、年下のホーボーは年上の指導者に従って遍歴を重ね、仕事を習う。極端なほど男ばかりのこの世界では、年下の方が年上に対して手ほどきの見返りに性的に奉仕することも認められていた。スーパーヒーローとサイドキックの、より詳しく言うならバットマンとロビンという有名な二人組の再解釈はすべて、おそらくこのホーボーとの相似関係から始まったのであろう。バットマンの場合が一層分かりにくいのは、一九四〇年につくられたバットマンの宿敵ジョーカーが、やせぎすで陰険、白粉を塗って化粧をし、緑と紫の衣装を身にまとう道化師の姿に描かれているからである。この人物像は、一九三〇年代のニューヨークのけばけばしい「オネエ《クイーン》」たちを描くときに用いられるのと全く同じなのだ。

バットマンは男らしく少年愛傾向の同性愛者で、若い友人ロビンと一緒に、ジョーカーの女性的で鋭敏な同性愛と戦うなどという同性愛の表象があり得るかどうか、われわれにはほとんど判断がつきかねる。しかしながらこうした解釈があったからこそ、一九五〇年代のアメリカで、漫画が読者を同性愛に引き込もうとしている（↓勧誘）という非難の声が初めて起きたのである。精神科医のフレドリック・ワーサムが「漫画」↓メディアによってアメリカの若者が堕落すると告発した『汚れなき者たちへの誘惑』の初版が刊行されたのは、確かにマッカーシズム（↓マッカーシー）の時代であった。このときにコミックスは、若者の非行から自殺まで、その悪行のすべての原因とされたのであり、二つの力でもって若者の精神に悪影響を及ぼすとされたのである。二つの力とは、暴力、とりわけECコミックスから出版された恐怖漫画（『地下室の物語』など）に顕れた暴力と、セックスであった。バットマンとロビンは同性愛を助長する、「アマゾンの王女」ワンダーウーマンはレズビアニズムを助長する、そして数え切れないほど多くの作品が、スーパーヴィラン［怪人］によって紐で縛り上げられ、猿ぐつわをかませられる若い女性を描いてSMを助長するとされ、コミックスが焚書の対象とされた。実際このときのアメリカは、明らかに赤の脅威の実質的な共犯者であるとして、内なる敵を追いかけ回していたのである。

この主張はかなり成功を収めたので、主な漫画出版社（動乱の最中に倒産したECコミックスは除く）は自主↓検閲と「居住まいを正す」ための手段としてコミックス・コード委員会を設置せざるを得なかった。これは内部規制のための組織で、コミックス一冊ごとに認可証を発行した。このときからアメリカの漫画には重い抑圧がのしかかり、それが一九八〇年代まで続くことになる。そこでは同性愛はもちろん、セックス全般が、引きあいに出してはいけないものとなった。

↓フランスは、大西洋の向こうのアメリカをおおっていた強迫観念の雰囲気を体験したことはなかったかもしれないが、実際には若者の保護に関わる一九四八年法が同じような効力を持っていたのであり、それは一九八〇年代半ばまで廃止されなかった。一九六〇年代末になって初めて、漫画週刊誌『ピロット』出身の若い作家たち（ゴットリーブ、マンドリカ、ブレテシェルら）が「若者向け」に漫画を発表することをやめる。ポスト六八年世代の対抗文化と結びついた、フランス語の新しい大人向け漫画が、『サヴァンナの噂話』、『チャーリー』、『冷たい霊気』などの漫画誌に登場した。そこではセクシュアリティがついに姿を現すことになったのである。しかしゲイの定期刊行誌『ゲイ・ピエ』が創刊されるまでは、レゼやヴュイユマンらが作画したものを除いて、漫画に同性愛のテーマが本当の意味で出現したことはなかったし、またそのような戦闘的な漫画（コピやキュネオの作品）もなかった。そして一九九〇年代初頭に、初めて「大手」の出版社（グレナ）が公然とゲイの物語を出版するという冒険に出た。ラルフ・ケーニッヒの『キラー・コンドーム』の翻訳を刊行したのである。フランスおよびベルギーの漫画には二種類あって、第一は主に子どもや青年層の読者に向けた漫画「シリーズ」であり、第二は文学作品や映画作品により近い漫画で、読み切りを旨とする「アート」漫画である。この二分法によって同性愛が表現される余地は、極めて限定的なものになったのである。同性愛は第一の領域から排除され（ただしセクシュアリティは、どの形態も排除されている）、第二の領域では「純粋にゲイの」単行本だけに限定されている。これはゲイ↓映画やゲイ↓文学を見ならったやり方であり、読者はほとんどゲイに限られるので、物議をかもすこともなく、あからさまな同性愛嫌悪《ホモフォビア》の表明に出会うこともないのである。

アメリカン・コミックスの状況はほとんど正反対である。一九六〇年代に始まったシルバー・エイジ◆に、マーヴェルズ・コミックス（『スパイダーマン』、『ファンタスティック・フォー』など）が引き起こしたスーパーヒーロー革命によって、コミックス読者の社会学的性格は様変わりした。実際スーパーヒーローは、読者の中の最年少層を見捨て、青年層および初期成人層の両方、すなわち一五歳から三〇歳までの膨大な読者層を一挙にメインターゲットに仕立てた。だから一九七〇年代から一九八〇年代のスーパーヒーロー物ではリアリズムが増しているのである。そのための主要な手段の一つが、登場人物をアメリカの社会問題に直面させるという方法であった。このような状況にあって、一九六〇年代末にはマーヴェルズ・コミックスが『スパイダーマン』のあるエピソードの中であえて麻薬中毒の問題に取り組み、コミックス・コード委員会の認定を受けないまま出版に踏みきって先鞭を付けたことにより、この委員会は少しずつ効力を失っていく。一九七〇年代末以降、同性愛が問題化した。ゲイ・フレンドリーな作家と保守的な作家の間で同性愛問題が立場上の争点になった事情は、漫画の登場人物の権利が出版社（主にはマーヴェルとDCの二社）に帰属し、登場人物の処理を最初は脚本家が、その後で作画家が担当するという制度にあったのである（ゲイ・フレンドリーな作家の中には、一九八〇年代、九〇年代にカミングアウトした者もいた）。ここに同性愛嫌悪の言説が拡大する大きな可能性があった。例えば一九七〇年代末に、『ハルク・マガジン』（まさに「大人」向けに出版されていた雑誌形式の白黒印刷のコミックス）のある号で初めてはっきりと同性愛が言及されたときには、ブルース・バナー博士［超人ハルクに変身する］がぼろをまとって半裸でいるのを見つけた脇役が、博士に対してはっきりと、承知しようが拒もうがいずれにしても博士で用を足してやると告げている。

しかしアメリカン・コミックスの制作者の世界にもある程度のリベラリズムは存在していて、そのおかげで一連の進展が見られたのである。まず最初にそれは、ゲイやレズビアンの脇役を導入することから始まった（『キャプテン・アメリカ』のアーノルド・ロス、『スーパーマン』のマギー・ソウヤーなど）。次に、スーパーヒーローのチームの一員として主役級のゲイ・レズビアンを誕生させた（『ニュー・ガーディアンズ』のエクストラーニョ、『超人ハルク』に登場するパンテオン・チームのヘクターなど）。そして以前から登場している主役にカミングアウトさせもした（『アルファ・フライト』のノーススター、『リージョン・オブ・スーパーヒーローズ［スーパーヒーロー軍団］』のシュライキング・ヴァイオレット、ライティング・ラス、エレメント・ラッドら）。しかしその代わり、作品タイトルを「専有」するようなゲイの主人公を生みだそうという試みはほとんどなかった。その稀な試みの一つが『エニグマ』である。しかしこれは、各巻限定少部数の「ミニ・シリーズ」に収められていて、十分に成熟した読者向けのコレクターズ・アイテムであり、アメリカン・コミックスというよりは、フランス、ベルギーの読み切り成人漫画に近い。

以上のようにコミックスが同性愛に歩み寄りを見せたものの、それは未だに不確かであるし、また限定されている。エクストラーニョの例がこのあたりの事情をよく表している。エクストラーニョは一九八〇年代の終わりに『ミレニアム』の登場人物として生みだされた。そして生みだされるやいなや、さまざまなゲイ・フレンドリーな作家たちの論争のまっただ中に立たされたのである。作家たちは互いに同性愛嫌悪だと非難しあっていた。なぜならエクストラーニョが南アメリカ出身のオネエ《クイーン》の姿に描かれていたからである。しかしながら、女性的な姿は同性愛の正当な表象か否かというこの論争は、たちまち終わってしまった。新しい版元がエクストラーニョを、ニュー・ガーディアンズという名のチームの一員として、チームの名を冠した作品に登場させることになったからである。版元はエクストラーニョの同性愛の問題は解決されると宣言した。その理由は、ニュー・ガーディアンズの面々が宇宙警備隊の列に加われば、おそらくエクストラーニョは「治る」からだということだった。また、『リージョン・オブ・スーパーヒーローズ［スーパーヒーロー軍団］』に登場するシュライキング・ヴァイオレットとライティング・ラスのレズビアンのカップルと、この二人と同族の男性エレメント・ラッドは、ゲイ・レズビアンのアメリカン・コミックス・ファンの間では本当の意味で偶像だったのだが、エクストラーニョと同様に、この三人も一九九〇年代半ばに、DCコミックスによって文字通り再び異性愛化されてしまうのである。DCコミックスの用いた方法は、シナリオを改変して、スーパーヒーローの世界はいったん滅んだことにして、それを再び建て直す際に主要な登場人物を当世風に

◆シルバー・エイジ　アメリカン・コミックスの歴史は、一九三〇年代から五〇年代半ばのゴールデン・エイジ、五〇年代末あるいは六〇年代初頭から七〇年代初頭のシルバー・エイジ、七〇年代初頭から八〇年代半ばまでのブロンズ・エイジ、八〇年代半ばから二一世紀初頭の今日に至るモダン・エイジに分けられることがある。
（山本）

改めるというものであった。コミックスの世界ではこのようなシナリオの改変は常套手段であるかもしれないが、それによってDCコミックスは、それに先立つ十数年の自分たちの勇敢な試みを消しゴムで消し去ってしまったのだ。

今日、新しいものが到来しているとすればそれはおそらく↓日本からである。日本ではすでに数十年前から漫画の波が次から次へと続いている。そしてそれは、西洋の市場をも呑み込み始めたのである。日本では、同性愛が漫画本の世界に確固たる位置を占めていて、そのうえ「少年愛《ショーネンアイ》」と呼ばれるそのジャンルは、高く評価されてもいる。このジャンルでは、男性どうしの恋愛がいじらしいロマンスとして描かれていて、しばしば性的な関係もはっきりと描かれる。それを「ヤオイ」と言う。西洋人にとっては驚いてしまうことだが、実はそうした物語は女性によって書かれていて、しかもほとんどの場合が若い女性を読者対象としているのである。読者はそこに複雑で、目新しく、親しみやすく、感傷的ではあるが大胆な、新しい男性像の表現を見出すのであり、逆説的だがそれは若い女性読者が個人的に期待する男性像なのである。この意味で、こうした作品によって男性同性愛の評価が高まる可能性はあるし、またそれゆえに日本における↓ゲイ嫌悪反対闘争の役にも立つ。その社会的文化的影響は、もしかするとこれから数年のうちに感じ取れるようになるかもしれない。それと並行して「ヘンタイ」も少しずつ発展してきている。これは少女どうしの恋愛関係、性的関係を描くもので、こちらの場合は男性作家が男性読者のために描く漫画本である。しかしそのようなレズビアンのイメージは客観化され、固定化され、ステレオタイプ化されているように見える。そうであれば日本における女性同性愛の社会的受容を促す可能性はほとんどないであろう。

ピエール＝オリヴィエ・ド・ビュシェ（山本訳）

↓映画、カリカチュア、広告、美術、文学、メディア

ミルゲ（ポール・〜）

ポール・ミルゲ（一九一一〜二〇〇一）は、同性愛を「社会的災禍」とし、二〇世紀↓フランス政治の同性愛嫌悪《ホモフォビア》の頂点をなした一九六〇年の修正条項に名を残している。

ミルゲは、三流議員で、その国民議会議員としてのキャリアは極端に短い（一九五八〜六二）。彼に政治家の素養はなかった。一九一一年にヴァル・ド・メス（当時ドイツであったモゼル県）の農民の家に生まれ、小学校の高学年教育を受けただけで、卸売り肉の小さな冷凍業者でとても若くして働き始めた。彼の実存を変えたのは、戦争であった。ミルゲは、モゼルの事実上の崩壊とドイツ帝国への併合を拒否して、アンドルのレジスタンス運動に加わり、一九四四年には、シュルクフというコードネームで、ベリ・クルズのゲリラ戦闘員全体の指導者になる。彼は、有能なリーダーで、六月六日の味方への援護は決定的であった（鉄道の遮断、イギリス特殊部隊への援護）。解放によって、彼の職業上の打算も勝利する。彼は、しばらくの間食糧庁の精肉課長であった。一九五六〜五七年は、ラ・ヴィレットの屠殺場の再建築計画で重要な役割を果たしたが、これは、後で無謀でおそろしく費用のかかるものであることが判明する。モゼルのレジスタンス運動の志願兵の頭で、永遠のド・ゴール主義者であり、さらに一九四七年からはフランス国民連合所属のメス議会議員となった彼は、キリスト教民主主義者ジョゼフ・シャフを選挙区から追い落として、一九五八年にド・ゴール派新共和国連合（UNR）の国民議会議員に選出される。一九六二年に前任者に倒され、共和国民主連合のモゼル県責任

者と仲違いして以降、議会選挙に立候補することはなかった。二〇〇一年五月、ひっそりと亡くなった。

ポール・ミルゲ議員の行動は、限られた範囲のものであまりインスピレーション豊かではない。ロレーヌの石炭産業の利益の擁護、精肉業者ロビー、危機にある（↓脅威）西洋文明の擁護、反アメリカ主義の混合である。しかしこの男は、一九六〇年七月一八日に、「社会の災禍」に同視された「同性愛を抑止するためにあらゆる措置」をとることを政府に認める修正を提案し採択させたことで今日知られている。この修正は、アルコール中毒と売春斡旋行為の規制を政府に委任する法律に同性愛を規制対象として加えるものであるだけに、さらに侮蔑的である。それ以降フランスにおける同性愛は、これらの異論の余地のない悪に結びつけられたのであった。ミルゲは、いくつかのフレーズで自分の修正案を紹介した。

長々と説明することは無用であると思います。というのも、同性愛という災禍、われわれが子どもたちをそれから守る義務のあるこの災禍の重大性については、皆様自覚されているからであります〔途中同性愛と小↓児性愛の混同が見られるが、当時は普通のことである〕。

変化する世界の中で危険なまでに少数派であるわれわれの文明がこれほど脆弱になっているときには、われわれは、文明の権威を減じるいかなるものに対しても闘わなければなりません。他の領域同様にこの領域でも、フランスは模範とならなければならないのです〔ここでは、極端にド・ゴール主義的な調子、脱植民地化のメランコリックな仄めかし、そしておそらくイギリスでのウォルフェンデン委員会の結論から三年後、非↓処罰化に好意的なアングロ＝サクソン諸国の動きへの否定的な言及に気づくだろう〕。

ミルゲは、彼の育った社会的環境（アルザスとモゼルは一八七一年から一九一八年まで同性愛を禁止していた）とその有権者（ミルゲがキリスト教民主主義者の支持を得ようとしていたというのは大いにあり得る）の同性愛嫌悪的偏見を担っていた。

採決は、夜の審議の終わり頃に行われ（これはミルゲ修正と、一八八五年のウェストミンスター議会でのラブーシェア修正の共通点である。後者はイギリスの同性愛者に対して、多くの恐ろしい結果をもたらした）、それはほとんど議論なしであった（ミルゲ修正についての意見交換は官報の一段すら占めていない。官報によれば、賛成三二三反対一三一という最終的な結果が発表されたとき、「議場の左と中央から拍手」があった）。投票した議員にとって、この法律の争点はとくにアルコール規制であり、反対に票を投じた者、あるいは棄権した者が（のちに、このケースに当たるフランソワ・ミッテランが信じさせようとしたのとは反対に）、同性愛者のためではなく、アルコール業界ロビーの利益を守るためにそのような行動をとったことは明白である。その上、翌日の『ル・モンド』は、ミルゲ提案について数行があてられただけのアンドレ・バレの記事を以下のタイトルで掲載している。「国民議会は白家用ブランデー製造者の特権を命令《オルドナンス》で政府が制限することを認めた」。ほとんどすべての者、とりわけ共産主義↓者、キリスト教民主主義者、ド・ゴール主義者にとって、同性愛は、「社会的災禍」でないにしても、少なくとも病気であって、それに対して措置をとることは正当であるということもまた明らかであった。だからミルゲに反論する、あるいは同性愛者を擁護するために議場で発言する者が誰もいなかったのであった。投票理由の説明はなかった。ミルゲ提案は、主として笑いをもって受け入れられたが、このことは、一九六〇年のフランスにおいて同性愛は正当な政治的テーマではなかったことを思い起こさせる。討論に尊厳を与えようとした社会問題委員会議長マルセル・ドヴォ（UNR）は、次のような真意明白な反応をした。「私は、これがとくに面白いとは思いません。私たちは、シャンソニエにいるのではありませんよ。私がこれらのことを話すのに少しも戸惑ってはいないのは確かです。というのもそれは存在するのですから。それを抑止するためにそれについて話すのは当然です」。

元老院でも素早く採択され、侮蔑的な法律が七月三〇日、共和国大統領シャルル・ド・ゴールとロジェ・フレイ、エドモン・ミシュレ、ピエール・シャトネ、ウィルフリート・ボームガルトネ、ベルナール・シュノに署名されて発効した。『ル・モンド』は全く論評をしていない。『パリ・プレス』は、雄々しい文体の説明文をつけてミルゲの写真を載せている。「ロレーヌ出身、四八歳、会社経営。彼は同性愛に対する措置を要求した最初の議員となるであろう」。アルカディア協会だけが、ミルゲに対して書簡で抗議したが、それも大変恭しいものにとどまった。ミルゲは、その回答の中で、家族の父（彼は結婚して二人の子どもを持っていた）としての彼の懸念を強調し、抑圧的措置ではなく医学的措置を政府に要求したのだと主張した。そうして、数ヶ月後、一九六〇年一一月二五日の命令《オルドナンス》が、同性愛的性質の「公然猥褻《わいせつ》」◆の刑を重くした。黎明期にあったパリの同性愛コミュニティは、これによって大きな影響を被った。アルカディアに関連するクラブは、日曜日の午後のダンスパーティを中止せざるを得なくなり、雑誌はその三行広告を停止した。

時がたち、おそらくミルゲは次第にその修正を誇らしく思わなくなったのか、興味深いことに一九七三年の選挙公約では一言もそれについて述べていない。孤立した悲壮な彼は、それでも、一九七五年一月の同性愛をテーマとする『ドシエ・ド・レクラン』という番組に出演した。時代は変わった。ミルゲは、ジャン＝ルイ・ボリー［同性愛者の権利を擁護する作家、ジャーナリスト］の敵ではなかった。参加した司祭と医師たちすらも、番組中はミルゲに対して共同戦線を張ったのだった。

ピエール・アルベルティーニ（齊藤訳）

↓異常、異性愛主義、処罰、政治、フランス

◆補遺

一九七二年には、当時のミルゲの熱意をあてこする『社会的災禍』というゲイ雑誌が出版された。（金城）

メディア

同性愛は、メディアによって、沈黙、糾弾、嘲りという三つの取り扱いを長い間受けてきた。

一九世紀、新聞は同性愛について語らないか、侮辱するときだけ同性愛に言及した。「恥ずべき行為」「汚らわしい素行」「厭うべき交わり」などである（フランスで最初に同性愛がメディアで大きく取り上げられたのは、一八七六年にジェルミニ伯爵がシャンゼリゼの男子用公衆便所で逮捕されたときであった）。多くのイギリス人にとって同性愛は、名前の付けられない、口に出すことのできない悪徳、キリスト教徒の間では名づけられない悪徳であった。一九二〇年代に、『タイム』紙は、一年に一、二回だけこのテーマについて一口情報を載せるだけであった（同性愛が全く触れられない年も数年ある）。同紙は、一九三〇年代には「同性愛」という語を決して使わず、同性愛は「重大な良俗壊乱」とされ、同性愛者のバーは、「特殊な評判のバー」とされた。一九二九年、ロンドンで行われた性改革のための世界連合の総会の際に、プレスの「↓タブー扱い」が告発される。例えばその前年、『デイリー・エクスプレス』紙は、ラドクリフ・ホールの事件について、「治癒できないのなら、沈黙して堪え忍ばなければならない、いくつかの↓悪徳が世の中にはある」と書くことが正しいと思っていた。アングロ＝サクソン諸国では、同性愛に関する出版のほぼ全体が猥褻《わいせつ》規制法で告発される恐れがあったと言わなければならない。その最も有名なものは、一八七三年のアメリカのいわゆるコムストック法である。

フランスでも、そして左派のプレスであっても、タブーは非常に強かった。ジッドが『コリドン』をプレスの手助けなく一九二四年に出版したとき、『カナル・アンシェネ』は、意味明白な囲み記事を掲載している。「アンドレ・ジッド氏は、その著書（それはスキャンダルを引き起こしかねない）を批評家にも友人にも贈らないと発表している。それはよかった！　書店にも同じはからいをしてあげたらどうだろう」。タブーは、同様に画像にも及ぶ。イギリスの有名な諷刺週刊誌『パンチ』は、一九一九年から一九三九年までほとんど同性愛諷刺を載せていない。アメリカでは、長老派教会会員であるウィル・ヘイズとイエズス会の神父ダニエル・ロードによって一九三〇年に起草されたヘイズ・コードが、ハリウッドで三〇年以上の間効力を持ち、同性愛を映画で描くことを不可能にした（三条六項「性的倒錯は、仄めかしであっても禁止される」）。従って一九三〇年から一九六一年まで、同性愛は、世界で最も力強い映画作品においても曖昧に仄めかされているに過ぎない。一九六一年のコード改正は「性的逸脱」の表現を可能にしたが、「節度、慎重、自制」をもってのことに過ぎない。同年、同性愛についての初めてのテレビ番組があった。『拒絶された者』というこの番組は、サンフランシスコKQEDの公共放送で放映され、当時としては例外的にリベラルなものであり、続いて他のローカルチャンネルで再放送された。フランスのテレビは長い間、同性愛問題への恐怖によって麻痺させられていた。一九七三年（大統領府の求めで）、改めて一九七四年（国営放送組織ORTFの社長アルテュール・コントの求めで）に、同性愛を扱う『ドシエ・ド・レクラン』が放送を中止された。最終的にこの番組が一九〇〇万人の視聴者に放映されたのは、一九七五年一月のことだった。

一九世紀の最後の三〇年間、そして一九三〇〜五〇年代の同性愛嫌悪《ホモフォビア》の強化は、同性愛者を「見せ物のカテゴリー」にする傾向があった。同性愛者が新聞に登場するのは、三面記事であった。ここに出てくる同性愛者は、倒錯者、自殺者、殺人者、犯罪者、反逆者、要するに、一九五三年に『サンデー・ピクトリアル』紙が述べたように「邪悪な男」とされるのである。同性愛関連の三面記事は、フランスのようにあまりピューリタン的でない国では、派手な宣伝が示すようによく売れた。一九〇三年のアデルスウェルト＝フェルセン事件（若い男爵がフリードランド通りの自分のアパルトマンでコンドルセ高校の生徒が参加する猥褻《わいせつ》な活人画を開催したとして訴追された）、一九〇八年のルナール事件（ある給仕長が、その雇用主を殺したとして訴追されたが、疑いは主として被告人の同性愛にかかっていた）がそうである。メディアは、あらゆる差別的言説（精神科医の言説――同性愛者は病気である。警察の言説――同性愛者は犯罪者である）を拡大した。同性愛の病気扱いを広めること（ワイルド事件、バージェス事件、モンタギュー事件といったとりわけイギリスの「事件」の際にはとくに）がメディアの役割であったと言えるだろう（それは映画の役割でもある。映画で仄めかされている同性愛は、ヒッチコックの一九四八年の『ロープ』のようにほとんど常に犯罪的である。ハリウッドの有名な俗諺は、「幸せな同性愛者を見せてくれ。さすれば私は陽気な死体を見せよう」である）。

一九六〇年代および一九七〇年代初めまで、このような扱いが続いた。一九六二年にロンドンの『サンデー・ピクトリアル』紙が「どうやってホモを狩り出すか」かを誇らしげに読者に説明している。一九六三年の『ニューヨーク・タイムズ』には、「同性愛はニューヨークでますます目につくようになっており、一般の懸念を引き起こしている」というタイトルの記事がある。この主題での初期の番組の一つ（『CBSリポート』、一九六七年）で、ジャーナリストのマイク・ウォーラスは、「平均的な同性愛者は、……異性結婚のように継続的な関係を持つことができない」とあえて断言している。そして、メニー・グレゴワールが、RTL［フランスのラジオ局］の番組の一つを「同性愛、この痛々しい問題」（一九七一年三月）にあてたのは、医学界と教会に発言させるためであった。要するに、同性愛を語ることは、それを糾弾するという条件で可能だったのである。イギリスの大衆的プレスは、この烙印趣味を今日まで保っており（『サン』紙を傘下に収めるニュースコーポレーションのCEOルパート・マードックは、病的なまでにアンチ・ゲイである。フリート街［ロンドンの新聞社街］のタブロイド紙編集者たちの多くは、大衆迎合主義から、同性愛嫌悪的記事

◆公然猥褻　一八一〇年にフランスの刑法で定められたもので、行為や猥褻物陳列で公衆にスキャンダルをもたらすものを罰する。（金城）

は自分たちの新聞と平均的世論を結びつける筋道の一つだと思っている)、この趣味は、強迫観念的な暴露の妄想と結びついており、有名著名人某の同性愛を推測あるいは告発する「一面」が数え切れないほど生まれているのである。

プレスが伝える同性愛者のイメージの最後のものは、↓カリカチュア、物笑いの種、なよなよした者である。これはイギリスにおいていち早く生み出され(一八世紀以降の、さらし台にかけられるオカマ《モリー》、手首のしなった「きざ男《フォップ》」は、ヴィクトリア期の長いタブー以前には反復されたテーマであった)、フランスでは一九世紀初めに形成された(女性に背を向けて七面鳥と戯れるカンバセレス〔ナポレオン法典の起草に加わった法律家、政治家。同性愛者であったと言われている〕の絵が最初である。続いて男の体を持つ女性的な人物である「↓性逆転者」は、たくさんのデッサン、たくさんの「機知に富んだ」言葉を裁判記録にまで生み出した)。一九〇七年の↓オイレンブルク事件(同性愛嫌悪が反軍国主義と結び合わさった数多くの絵が、ドイツとフランスで量産された)から一九六〇年代の間を頂点とするこのカリカチュア熱は、同性愛問題を卑近で軽蔑すべきものにした(一九六〇年に、E・M・フォースターが、『モーリス』の後書きの中で、憂鬱をこめて強調したように)。一九二〇年代と一九三〇年代のフランスの諷刺出版物は、「感情の↓異端」、「ドイツの悪徳」(一九三三年に『ファンタジオ』は、ヒトラーを頭のおかしいオネエとして描いた)、「特殊な素行」の「プロパガンダ」、健全な国民的色事にのしかかる危機などとして同性愛を非難した。イギリスでは、「ポラーリ」(同性愛者が使うスラングのこと)が、一九五〇年代終わりにBBCの娯楽番組に登場した。フランスでは、ベル・エポックから一九五〇年代まで、シャンソニエ(↓シャンソン)が同性愛を存分に笑いものにした。ポール・↓ミルゲがその著名な修正を提案したとき(一九六〇年七月一八日)、出席している国民議会議員が身をよじって笑ったことはその本質をよく表している。「男娼」「オカマ」「ホモ野郎」「ネエさん」といった言葉は、演芸場やラジオを通って、学校、兵舎、工場において、数え切れない冗談、裏声を出してしなった手首で波打つように歩く物まねを伴って現れた。こうして各異性愛者は同性愛が何であるか知っている気になるのである。それは行動障害、笑いもの、欠陥であるというようにである。このあまり善意でないおちゃらけは、完全には消えていない。『Mr.レディMr.マダム』の色々な焼き直しや、BBCの有名なコメディ『お客様、御用を承っておりますか?』(一九七二〜八五)の中に再び見出すことができた。今日でも『デカ頭』(RTL局)のしつこい冗談の中に、シチュエーション・コメディの女性的なボディビルダーの中に、あるいはラジオでのジャック・ラング〔社会党所属の有名政治家〕の物まねの中に見出せる。

さらに同性愛嫌悪的↓検閲は、一八九六年から一九六〇年の間に、同性愛者の出版物が突き当たったとても大きな困難の原因である。最初の出版の試みの一つは、一八九六年と一八九七年にヴィルヘルム二世治世下プロイセン王国で、耽美主義者アドルフ・ブラントによって行われた。その雑誌『デア・アイゲネ』は初期に大変な困難を経験する。別の試みは、月刊文学誌『アカデモス』で一九〇九年に発刊された。この実験的試みはひそかなもので、一年も続かなかった。このような試みが本格的に始まるのは、ドイツの同性愛者運動が例外的に活発であった一九二〇年代ヴァイマル共和国においてである。いくつもの定期刊行物が登場し、成功を博した。一九一九年から『友情』、一九二二年に『島』(一九二九年に、一五万部の印刷部数に達した)、一九二四年の『女友だち』がそうである。しかし、あらゆるタイプの情報と非常に多くの三行広告を提供していたこれらの精力的な出版物は、すぐに、ラインハルト・ムムが主導するキリスト教徒のキャンペーン「猥褻・低俗物反対」の対象になる。このキャンペーンは、一九二八年から三一年の間に発行禁止を勝ち取っている。残っていた同性愛者のプレスは、ナチによって絶滅させられて終わる。

アメリカ合衆国では、一九二四年にヘンリー・ガーバーによってシカゴで『友情と自由』が発行されたが、警察の粗暴な介入を受けるまでに二号を発行しただけだった。ゲイの出版物の波が起こるのは、マタシン協会が設立される一九五〇年頃ロサンゼルスである。一九四七年に創刊する『ヴァイサ・ヴァーサ〔逆もまた同様の意〕』は、初めてのレズビアン雑誌である。一九五三年創刊の『ワン』は最初の「クィア〔「クローゼット／慎み」の項の注参照〕」雑誌である。しかし『ワン』は、一九五四年から連邦の郵便検閲と対決しなければならなかった(郵政公社が猥褻であると判断する雑誌を配達することを拒んだ)。『ワン』の編集者たちは、郵政公社を相手取って訴訟を提起し、長い闘いの末、一九五八年に最高裁の勝訴判決を得た。フランスでは、一九二四年一一月創刊の『性逆転』誌が、「良俗壊乱」のかどで、セーヌ小審裁判所によって(一九二六年三月)、続いてパリ控訴院によって(一九二六年一〇月)、そして最高裁判所である破毀院によって(一九二七年三月)すぐに有罪とされた。この機会に破毀院は、「良俗壊乱」罪は、文体に猥褻性がなくとも成立し得るのであり、同性愛の恐ろしさは、言葉にあるのではなくそのこと自体にあると裁定した。一九五二年に創刊された非常に勇敢で闘争的な『未来』誌は、あらゆる広告を↓禁止され、一九五三年三月から一九五四年六月まで発行停止処分を受け、一九五六年一二月五日の最高行政裁判所《コンセイユ・デタ》の以下のような判決によって葬り去られた。「個人の絶対的自由と性的行為の自由の名において、同性愛を擁護し高揚させるがごとき出版物は、その目的が通常の道徳と相容れない出版物という他ない」。『ゲイ・ピエ』以前の主要な同性愛関係刊行物であり、非常にまっとうな雑誌である『アルカディア』は、同様に、一九五四年の発刊から一九七五年まで、陳列と未成年への販売を禁止された(編集長アンドレ・ボドリーは、一九五五年二月に良俗壊乱によって軽罪裁判所で訴追されている)。一九八二年七月にも、自由放送の認可を担当したオロー委員会が、『フレカンス・ゲイ』に周波数を割り当てることを拒否する(フレカンス・ゲイは、一九八一年九月以来非合法の放送を行い、ある程度の人気を得ていた)。周波数が公式に「ゲイとレズビアンとその友人たちのラジオ」に与えられるためには、三〇〇〇人の視聴者のデモ(一九八二年七月二〇日)が必要であった。認可されていても、同性愛者のメディアは、今日まで財政的に脆弱であり、いくつかのすばらしい成功を除いて、回転がかなり速くなっている(この現象は、合衆国、フランス、ロシアなどどこでもある程度確認される)。

一九七〇〜八〇年代に物事が変化したとしても、それはゆっくりとした部分的な変化に過ぎなかった。まず、ニュース情報番組が同性愛に対して臆病な態度を長くとっていることに気づくだろう。この臆病さには、いくつかの原因がある。一九八〇年代初頭までは、このテーマに合法性がなかったこと、現実が「家族的視聴者」にショックを与えるという思いこみ、顔を出して証言をする同性愛者が希少であることなどである。↓エイズ、同性愛者団体の増加、レズビアン&ゲイ・プライドの成功がこの状況を根本的に変化させたとしても、メディアの同性愛嫌悪は相変わらず存在している。ジャーナリストが同性愛と↓小児性愛を混同するとき、犯罪者の同性愛にしつこく言及するとき、あるいはシラク夫人の声明が暴力的なまでに同性愛嫌悪的であることを見過ごすとき、同性愛者を取り巻くニュースの重要な部分について沈黙しているとき(例えば「↓スポーツ部門」の時代錯誤な同性愛嫌悪の犠牲になったゲイ・ゲーム)、番組ディレクターがゲイ・レズビアン番組を作ることを拒み(フランスの地上波には一つもない。イギリスには一九七九年からいくつもある)、パリのレズビアン&ゲイ・プライドの情報を最低限に限るとき(TF1局)に、メディアの同性愛嫌悪は馬脚を現す。それは、大半のフィクションに同性愛者が不在であることを当然のこととし、必然的にリアリティ番組の参加者は異性愛者となる(M6局『ロフトストーリー』、二〇〇一)。西洋諸国以外での状況は、さらに不安をもよおさせる。イゴール・コンは、一九八〇年代ソヴィエトのプレス、一九九〇年代ロシアのプレスの同性愛嫌悪の激しさを明らかにしている。そこでは同性愛が、嫌悪すべきすべてのもの、ボルシェヴィズム、シオニズム、西洋民主主義、ときにはその三つすべてと同視されている!

一九七〇年代の西洋諸国において同性愛者は、メディアにおけるキリスト教保守主義者の「バックラッシュ」を引き起こした。それは、フロリダにおけるアニタ・↓ブライアントのキャンペーン(「私たちの子どもを救え」)によって一九七七年にアメリカ合衆国で始まり、レーガン期には、エイズを「神の罰」であるとして、それに対する恐れを積極的に利用しながら追求された。同性愛の紋切り型の否定的イメージをあまり知識のない大衆に見せ、疑似科学的なデータを提供することを狙いとして、当時、アメリカのキリスト教右派出版物が増加した。この「モラル・マジョリティ」にとって、同性愛では自己実

◆ゲイ・ゲーム　ゲイのオリンピックと言われる大会。「オリンピック」の呼称使用をアメリカ合衆国オリンピック委員会が許さなかった(↓スポーツ)。　(齊藤)

現することが不可能である（同性愛者は安定した関係を持つ能力がなく、不幸であり、治療が必要である。私たちは非常に頼もしい「治癒率」を誇っている）と信じさせることが重要であって、キリスト教の同性愛嫌悪こそが同性愛者を不幸にするような社会条件を作っていることは見向きもされないのである。

一九七〇年代のフランスにおいては、保守系の『フィガロ』紙が、メディアの同性愛嫌悪の例を数多く提供している。その中には、一九七九年六月のルノー・マティニョンのジャン＝ルイ・ボリー［同性愛者の権利擁護運動を行った作家、ジャーナリスト］の死亡記事のように、時には卑劣に近いものもある。「彼は、滑稽から極左主義者を、極左主義から道化を、小さな少年から自らの仲間を作り出し、似非知識人をまるまる倒錯させた」。さらにフランスでは、最初の保革共存の際に、同性愛関係プレスを政治的に窒息させる試みが行われた。一九八七年三月、内務大臣シャルル・パスクワは、フランスの出版界で主要な同性愛関係雑誌である『週刊ゲイ・ピエ』に、未成年者の保護に関する一九四九年の法律を適用することを求めた。この事件は大騒ぎになる。ジャック・ラングは抵抗勢力をリードし、パスクワは結局譲歩したが、だからといってキリスト教徒の同性愛嫌悪ロビーが消えたわけではない。一九九〇年代の、テレビでの反エイズ広告についての議論（ゲイがセックスをしているのを、あるいはただ単にキスしているところを見せなければならないか）の際に、そしてとくにパックスと同性愛者の新しい権利についての議論の際にキリスト教徒の同性愛嫌悪ロビーが活動するのが見られた。一九八六年に結成され、ブラジルのセクトＴＦＰ（伝統・家族・財産）と関係がある伝統主義者の団体「文化の未来」は、ゲイとレズビアンを世俗的に不可視にすると決心し、ゲイやレズビアンがテレビに現れると、それがシダアクションの場合でも、大量の投書で対抗した。『フィガロ』紙のパックスについての読者投書を見ると、パックスが、カトリック、ヴィシー派、ド・ゴール派からなる伝統的なブルジョワジーの中にどの程度の打撃を引き起こしたのか見当がつくが、ずっと洗練されている『ル・モンド』の自由論壇や『エスプリ』のいくつかの記事も、カトリック言説が、公式左翼の一部をも汚染しながら、人文科学の排斥を維持しようとして自らを人文科学で糊塗することもできることをよく示している。同性愛嫌悪の家族主義ロビーは、ゲイとレズビアンの新しい力、流行の牽引者としての役割、若者への相対的な影響力を懸念していた。従って、同性愛者が、家族についてのメディアでの議論（一九九〇年代）に乱入したことは、このロビーにとって激震であり挑戦であった。このロビーは、今や同性愛者に多少なりともよいイメージを持つ世論に抗して、同性愛者の子育てに反対する運動を作らなければならなかった。結果は、多くのメディアによる反パックス特集であった。「自然」と性差を尊重する熱烈な呼びかけ（その頂点は、一九九八年一一月、フランス・トロワ局の番組で発言を独占するギイ・コックを前に、フィリップ・マンジョとエリック・ファサンが呆然としたときであった）、若者文化の象徴的要素の取り込み（ゲイの愛唱歌『アイ・ウィル・サヴァイヴ』、一九九八年一〇月九日以降同性愛嫌悪議員ルノー・デュトレイユとクリスティーヌ・ブタンによって着用された派手な「パックス出てけ」のＴシャツなど［「パックス」の項参照］）、（『フィガロ』とＴＦ１局の親切な助けで）私立学校を擁護した一九八四年の大きな運動の再現を目指したカトリック家族団体のデモなどがそうであった。しかし、これらのデモの中で最も大きかった一九九九年一月三〇日のデモは、主催者の期待を下回り、醜悪と滑稽の中に陥った。右派は、メディアを介して逆転を望んだのだが、それは、後ろ向きの恐怖と再沸騰する信仰を見せただけだった（「ホモを火炙りに！」）。他方で、アクトアップは、これらのデモ参加者に対してトロカデロ［シャイヨ宮がある場所］の高みから、「シャイヨ宮のオネエたち」と見事に署名された横断幕で平然と立ち向かった。

メディアの肯定的な変化は、部分的には、ゲイとレズビアンの運動によって起きた。同性愛嫌悪がメディアによって構築され広められていることを自覚したゲイとレズビアンは、とくに合衆国では圧力グループとして自らを組織化した。ストーンウォール事件（一九六九）は、ここで決定的な役割を果たした。アメリカの同性愛者が、自分たちが大手プレスのまさに検閲の犠牲になっており（暴動は、『ニューヨーク・タイムズ』の三三ページ目の数センチ四方の囲み記事でしか取り上げられなかった）、歪曲されずに一般の人びとの良心に訴える闘いを行わなければならないと理解したのはこのときである。同性愛者たちが、ベトナム戦争反対の活動家たち、公民権運動の闘士たちの戦術を採用するのもこのときである。この戦術の狙いは、デモ、マーチやパレードによって「イヴェントを生み出す」ことにあった。一九七三年にGAA（一九六九年にニューヨークで、「ゲイ解放戦線」の穏健派によって設立された「ゲイ活動家連盟」）の活動家は、ABCテレビの幹部たちと、テレビドラマに表れるゲイとレズビアンのステレオタイプについて討論した。同年、「ゲイ・レイダーズ」は、CBSの夜のニュースを中断した。さらに同じ年、GAAの離反者が、NGTF（全国ゲイ・タスクフォース）を登場させ、これは一九七四年、劇的なまでに同性愛嫌悪的であった『マーカス・ウェルビー・M・D』［一九六九年から一九七六年までABCで放映された医療ドラマ］の広告のボイコット指令を発した。一九八五年には、大メディアが当時エイズを扱っていたやり方に抗議するために、ニューヨークでGLAAD（侮辱に反対するゲイ・レズビアン連盟）が設立される。事実、この病気は、当時アメリカのプレスにおいてまさに大慌てのヒステリーを引き起こした（「有罪の犠牲者」とされた同性愛者を、異性愛者と子どもに対置したり、ロック・ハドソン［エイズで亡くなったアメリカの同性愛者の俳優］のような病気の有名人を執拗に攻撃し、大規模に病気を広めて復讐しようとする邪悪な同性愛者の幻像を抱かせた）。GLAADの行動は、長い目で見ると完全なる成功であり（一九八八〜九二年以降、エイズに関する情報が充実し、医学的、合理的なものとなった）、GLAADは今日では、合衆国におけるゲイの主要な監視圧力団体である。GLAADの勝利の中でもとりわけ大きいのは、『ニューヨーク・タイムズ』に対して同性愛者を指す「ゲイ」という語を使わせることに成功したことである。一九八七年までこれは拒否されていたのである。GLAADはまた、ディズニー・ABC社の責任者に、ドラマ『エレン』の主人公がレズビアンのカミングアウトをすることを認めさせた。これは一九九七年のテレビ界の主要な出来事であった。

アクトアップ（パワーを解放するためのエイズ連合）の起源は、本質的にメディア闘争に結びついている。この運動は、レーガン政府の惰性だけでなく、大メディアに偏見をも見ていたニューヨークの活動家によって、一九八七年に作られた（アクトアップの創始者の一人、ヴィトー・ルッソは、同性愛の映画表象の専門家でもあった）。そして、アクトアップの戦略は、アメリカおよび世界の他の地域で（アクトアップ・パリは一九八九年に作られた）、あっという間に非常に華々しいものになった。責任者への騒がしい攻撃、街頭演劇と街宣、一九八九年のウォールストリートのような最も予想外の公共の場所での横断幕の展開と活動家が自らの体に鎖を巻き付けるパフォーマンス、ピンク・トライアングル［ナチスの収容所で識別のために着けた逆三角形の胸章。男性同性愛者を表す］や、「沈黙＝死」のスローガンなどメディアを通じて広まった衝撃的なイメージの創造、またパリでは、一九九三年一二月に巨大なコンドームがパリのコンコルド広場のオベリスクにかぶせられた。この戦略は、魅了と抵抗の両方を引き起こした。大メディアは、長い間、アクトアップを非合理的な過激派として扱っていた（フランスでは一九九六年のシダアクションの失敗はアクトアップのせいにされた）。アメリカの公権力は、活動家を威嚇するために警察、FBI、司法を使った。しかし一般的に、このゲイの直接行動主義は、非ゲイ・メディアの振舞いを最終的には改めさせることになった。これらメディアは同性愛者により関心を示し、検閲を減らし（一九九三年のワシントンでのゲイ・マーチの中継取材の際にそれが分かる）、自らの発言に注意するようになり、またゲイ・パワーを発見するのだった。それは、ゲイがエリート、そして流行の発信者の中に数多くおり、高い可処分所得を有しており（ゲイ・カップル＝DINK）、広告業者の関心をひき、ボイコットという武器を使うことをためらわないという事実である。イギリスでは、メディアに向けた行動は、アンジェラ・メイソンの「ストーンウォール」（ゲイとレズビアンが苦しんでいる不平等を強調する）とピーター・タッチェルの「アウトレイジ！」（あらゆる形態の同性愛嫌悪を告発する）の間で分担されている。一九九〇年代初めからタッチェルは、司教と政治家のアウティングを実行する一方で、高校生に「ゲイであるのはOKだ」というビラを配ったり、カンタベリー大司教によるいわゆる復活祭のミサを邪魔したり、極度の同性愛嫌悪で知られるジンバブウェ共和国の大統領ロバート・ムガベの公式訪問に彼を

◆シダアクション　エイズ（フランス語でシダ）の研究、予防、治療などを発展させることを任務としている団体シダクシオンと連携して、毎年テレビ九局、ラジオ五局が寄付を呼びかけるキャンペーン。（齊藤）

追い回したりして、まさにハプニングを生み出すところまで行った。

フランスでは、一九七〇年代の同性愛者の運動はメディアへの抗議において形成された。一九七一年三月一〇日のメニー・グレゴワールのＲＴＬ局の番組は、レズビアンによる大ハプニングで中断される。これは同性愛者革命的行動戦線（ＦＨＡＲ）とゲイとレズビアンの最初のデモ（一九七一年のメーデーのデモにＦＨＡＲが参加）の直接のきっかけとなった。さんざんためらった後、大手プレスが同性愛者に興味を持つようになった。一九七三年創刊の『リベラシオン』は、ゲイの現象に大きな可視性を与えて同性愛嫌悪と闘った最初の日刊紙である（「フランスのプレス全体が一〇〇年の間に提供した情報よりも豊富な情報を八年で」提供したと豪語している）が、この配慮は、一九七九年に「良俗壊乱と↓放蕩教唆」で訴えられるという結果をもたらした。成り行きは悪くなる。一九八〇年代に編集方針が変わり、この新聞は、幾度もエイズに関して「ゲイの癌」という語を載せた。一九九七年から二〇〇一年は、同性愛者の権利について奇妙なまでに慎重であった。一九六〇年に『ル・モンド』は、↓ミルゲ修正について一言の批判もしなかったが、フランソワ・ミッテランの大統領選勝利の翌日にゲイ票の大きさを強調し（一九八一年五月一二日）、一九九〇年代を通じて進展を続け、その編集方針は今日この問題について非常に進んだものにまでなったが、二〇〇一年のレズビアン＆ゲイ・プライド後の投書が示すように、それが読者の気に入ったわけではないようだ。『ル・モンド』のゲイとレズビアンに対する最近の好意的扱いにはいくつかの要因がある。最も重要なのは、編集部におけるキリスト教民主主義者ロビーの衰退、エイズ（その悲劇的な重大性は、同性愛問題を高尚にし、ゲイの参加主義を呼び起こし、記者の中にはこれに参加する者もあった）、パックス、結婚、同性愛者による子育てについての最近の議論の文化的政治的重要性（これは、進歩的左派をゲイとレズビアンに与させた）などである。テレビで、平均的視聴者の同性愛者に対するイメージを改善するのに最も貢献したのは、フランス・ドゥ局の『議論の余地あり』である。司会者のジャン＝ジャック・ドラリューは、一定の繊細さと善意をもって、普通の同性愛者（田舎の人、労働者の息子、隣人と何ら変わらない男）を見えるものにし、同性愛嫌悪の紋切り型を壊し、同性愛者による子育てを、見えるもの、考えられるもの、言い表すことのできるもの、つまり生活慣習の中に入れることに寄与した。

最後に、非同性愛メディアの同性愛者ジャーナリストが自らの性的指向を隠すことが以前よりも減り、この人びとの権力的地位への就任が同性愛嫌悪の後退を証明・強調している。一九九〇年、『ニューヨーク・タイムズ』の副編集長ジェフリー・シュマーツは、同性愛者であることを明らかにした。一九九二年には、全国レズビアン・ゲイ記者協会が作られ、これは三年後には一〇〇〇人のメンバーを数えた。イギリスでは、名乗り出た同性愛者が高級紙（『ガーディアン』、『タイムズ』、『インディペンデント』）や大きなテレビ局（ＢＢＣ、チャネル４、ＩＴＶ）で比較的多く働いており、二〇〇二年まで「プレス苦情委員会」の長であったのはゲイ男性である（ガイ・ブラック）。フランスの状況は、アングロ＝サクソン諸国と同様ではない。いくつかの例外を除けば、依然として慎み（↓クローゼット）が絶対である（フランス・テレビジョンの社長マルク・テシエが良い例である）。

最後に、テレビドラマで、ゲイとレズビアンが過小にしか表象されていないことがある。その点で最も進んでいる国はおそらくイギリスである（ジェレミー・アイアンズの出生作、『ブライズヘッドふたたび』から、『クィア・アズ・フォーク』『わが人生』、世界中で放映された『アブソルートリー・ファビュラス』まで）。アメリカ合衆国では、ここまではいかなくとも、状況は一九九〇年代に改善された。世界中のプロデューサーと視聴者が体験した最近の進展でおそらく最も意義深いのは、カルト的人気を誇るアメリカのドラマ『フレンズ』である。どの主人公もゲイではないが、全員ゲイ・フレンドリーで、ロスの元妻が女性と結婚することを尊重しそれに感動する……。キスに関しても物事は動きつつある。長い間、大衆ドラマにおいて同性愛者のキスは絶対的タブーであった。一九九五年に、最初に男性どうしがキスするシーンをショック与える目的でなく登場させた大衆的なドラマは、オーストラリアの『ＧＰ』であった。

ピエール・アルベルティーニ（齊藤訳）

↓アウティング、映画、カリカチュア、検閲、広告、スキャンダル、美術、文学

◆補遺

アメリカのドラマ『二人は友だち？――ウィル&グレイス』では、初めてゲイが主人公となり、ゲイかストレートかを問わず、大ヒットとなった。物事が動き始めていることを示す良いエピソードが二〇〇八年の出来事であろう。視聴者（そのほとんどが異性愛女性）が、CBSの昼メロ『アズ・ザ・ワールド・ターンズ』に登場する二人のゲイの登場人物が異性愛カップルのように当然のこととして描かれていない、として抗議活動を行っている。（金城）

自身もレズビアンであるアイリーン・チェイケン脚本の『Lの世界』は、ロサンゼルスに暮らすレズビアンたちをスタイリッシュに描き人気を博した。（齊藤）

ユスティニアヌス帝

同性愛に対する本当の政治的な抑圧は、東ローマ皇帝ユスティニアヌス一世（五二七～六五）の治世において行われる。アルセノコイテス、アンドロコイテスという用語は同性愛者を指すのに用いられ、同様に少年愛という語も使われた。男性同性愛の抑圧は、東ローマ帝国では新しいことではなかった。女性間の性的関係は、文献において知られ、存在が証明されていたし、自然に反する性的関係一般を禁止する法も存在した。しかしながら、ユスティニアヌス帝は、同性愛の抑圧に厳粛かつ劇的な性格を与え、東ローマの歴史家の文書に残るほどに時代の精神に強い印象を与えた。こういうわけで、ユスティニアヌス帝の政治は、今日われわれが同性愛嫌悪《ホモフォビア》と呼ぶものにとって真の転換期となった。男性同性愛をターゲットに立法すること、男性同性愛者の処罰の演出などは、いかに男性間の性的関係が当時の国家的争点になっていたかを十分に示している。

いくつもの法的文書が同性愛の抑圧に言及しているが、最も完全な法的枠組みを据えたのは、五五九年にさかのぼる新勅法一四一である。それはコンスタンティノポリスの住民に宛てられており、男性間の性行為だけを対象としている。この法のキリスト教的文脈ははっきりしている。その論拠と用語が、同性愛者に対して行われた抑圧政策の動機の体系的な説明を提示しているので、これを検討する必要がある。ユスティニアヌス帝は、神の怒りを避ける意図によってこの法を正当化している。一般的に、東ローマ帝国の法において神の怒りの帰結は、飢餓、地震、ペスト、蛮族による破壊である。ユスティニアヌス帝によれば、この怒りは、同性間の親密な関係が実践されていたソドムに対して現れたのである。事実、ソドムの地は、消せない火によって焼き尽くされ、それは「今日」、すなわちユスティニアヌス帝の時代まで続いている。従って、ソドムに対する罰は教訓的な側面を持つ。帝国の住人は、それを教訓として役立てなければならない。この罰は、同性愛行為の冒瀆的な性格を示しているのである。ユスティニアヌス帝は、使徒パウロと国家法による禁止を援用する。彼は、この行為が動物の間ですら見られないとして、その反自然的性格を暗示する。法は二つの場合を定めている。「互いを堕落させ合う」男たちは、それをやめ、総大主教に自らの「病気」を知らせ、悔い改めなければならない。この措置に従わず、罪を頑として改めない者は、訴追され、最悪の罰を受ける。これは死刑を思い起こさせるが、東ローマの文献によれば、実際に適用されたのは去勢である。

歴史家プロコピオスは、密告による同性愛の告発が行われ、有罪判決を受けた者は去勢され、公衆のさらし者になったと伝えている。彼は、この措置が、元々ユスティニアヌス帝と対立した派閥である「緑党」、皇帝を攻撃した者や最も豊かな者にも適用されて財産の没収に使われていたことを明確にしている。プロコピオスの言については論争になっているので注意して受け取る必要がある。しかしながら、同性愛の告発と去勢の適用が政治的な武器として使われていたことは大いにあり得る。プロコピオスは、バシアノスという若い男性の例を引いている。ユスティニアヌス帝の妻であるテオドラは、バシアノスに同性愛の罪を着せたが、それは彼が彼女を陵辱したからである。バシアノスは、去勢され、殺され、財産を没収された。

他の東ローマ帝国の著作家たちも、この同性愛嫌悪政策のいち早い実施を確認している。ヨアネ・マララスとセオファネスは、ロードスのイザイヤとトラキアのディオスポリスのアレクサンドロスという主教について五二八年頃に起きた話を記している。彼らは同性愛行為で告発されている。彼らは、コンスタンティノポリスへ連れて来られ、裁かれ、主教の地位からおろされ、有罪を宣告された。セオファネスによると、彼らは去勢された上、市中を引き回された。その間に、市中に触れ回る者は次のように叫んだという。「主教として、あなた方は、名誉ある僧服を侮辱してはならない」。東ローマ帝国の歴史家ケドレヌスは、多くの同性愛者が去勢され、アゴラの丘に裸でさらされたという。マララスは、「男性への欲望に苦しむ者」は、ユスティニアヌス帝によってとられた措置以来、恐怖を抱いていると伝える。実際に逮捕されて去勢された後に死亡する者が多かったからである。

このような態度は、ユスティニアヌス治世下の一般的な法状況の中で検討されなければならない。ユスティニアヌスの法は一般的に、性道徳と↓家族に関わる問題について厳格化している。性的不能に冒された男性の結婚に関する権利は制限され、五四二年に合意による離婚が廃止された。ユスティニアヌスの↓聖書への言及が示すとおり、キリスト教道徳の影響が確かに効力を持った。神の罰への恐れを過小評価することはできない。地震が頻繁に起き、それは時に東ローマ帝国においては壊滅的なものであり、とくにコンスタンティノポリスは脅威にさらされた。同様に帝国では、ペストが大流行するとともに飢餓、蛮族の侵入が、帝国の属州に時折被害を与えていた。

つまるところ、ユスティニアヌス帝の政治は、その広がり、適用された刑の厳しさ、そして同性愛者に対して行われた抑圧とそれによって同性愛者が支配された恐怖のすさまじい意図的演出によって、同性愛嫌悪の歴史における重要な画期をなしている。当時実行されたのは真の国家的政策である。罪人をさらし者にすることは、公権力による同性愛の取り扱いにおいて根本的な転換があったことを見せようとする意思を示している。同性愛は、はっきりと不法なものとされ、すべての者がそれを理解しなければならないということであった。

ジョルジュ・シデリ（齊藤訳）

↓自然に反する、神学、聖書、ソドムとゴモラ、テオドシウス一世、パウロ、ペトルス・ダミアニ、ユダヤ教

ユダヤ教

■原典において

ユダヤ教の同性愛非難は、律法《トーラー》の三つの節に基づいている。『レヴィ記』一八章二二節によると男性間の性的関係は、死を被るべき（『レヴィ記』二〇章一三節）「厭うべきこと」であり、『申命記』二三章一八節は、男性の聖娼［宗教儀式としての売春を行う者］を非難している。ユダヤ人による聖書戒律の最初の解釈は、タルグムの中に見ることができる。タルグムとは、アラム語訳旧約聖書のことであり、西暦初期にパレスチナのシナゴーグで読まれていた聖書の注解版である。『レ

ヴィ記』一八章二二節のタルグムは、テクストを厳密に解釈し、『レヴィ記』二〇章一三節において受ける罰は、石打ち刑であることだけを説明している。反対に、『申命記』二三章一八節では、聖娼という廃れた用語を消去し、校訂版の一つであるオンケロスによるタルグムは、禁忌を以下のように再定義する。「イスラエルの息子である男性は、奴隷の妻を持ってはならない」。結局、これらの原典は、男性間の性関係をカナンあるいはエジプトの悪徳でありイスラエルには関係しないと考え、ほとんど注意をはらっていない。そもそもユダヤの古い伝説によると、聖書がエジプト人ポテパルを「去勢者」と呼んでいるのは、彼がもてあそぶ目的でヨセフを獲得し、神の奇跡がポテパルを去勢したからであると言われている（偽ヨナタン訳タルグムによる『創世記』三九章一節、ミドラーシュ〔トーラーの注釈書〕・ラバによる『レヴィ記』八六節）。ソドムのエピソード（『創世記』一九章）は古代のパレスチナの「ソドミー」に関する注解にほとんど影響していない。この都市の欠陥は、ヨセフス〔ユダヤ人の歴史家。三七〜一〇〇頃〕も強調するように（『ユダヤ古代誌』一巻一九四節以下）、恥知らずな裕福さから生じた貪欲が外部の訪問者に対する非人間的な扱いとなって現れたことにあった（またすでに『エゼキエル書』一六章四九節に同様の記述がある）。

古代のユダヤ教

ミシュナ〔紀元二〇〇年頃に編集された口伝律法の集成〕、そしてタルムード〔ミシュナおよびその注釈ゲマラを集大成したもの〕の時代以前の記録から二つの指摘ができる。

聖書中のイスラエルの地で作られた古代文書は、同性愛が非ユダヤ人の、あるいはノアの大洪水の時代の人びとで、売春に耽ったりソドミーをたたえる頌歌を作っていたために絶滅した人びとの行いであるという考え方を反映している。ある伝承は、異教徒の王たちが自分を神と見なしたため、神は罰として、女性的な性的従属に彼らを委ねたと伝える。しかしながら、『申命記』三二章一六節の「厭うべきこと」という語から、イスラエルの砂漠地方も、偶像崇拝に屈したために、この「悪徳」に陥ったのだと考える少数説もある（『申命記』へのシフレー〔ミドラーシュの一種〕、三二八節）。同じ発想で、複数の賢者〔ミシュナ、タルムードの時代のラビのこと〕が、四つの不可分の理由で、神は自分たちの祖先をバビロンへ追放したと考えていた。それは、偶像崇拝、社会的な不正と暴力、ソドミーと姦通である（タルムード『ソタ』六章九節）。これらの記録は、三重の解釈をカバーしている。まず、同性愛者がいるのは他者のところであるということ。次に、イスラエルで同性愛が稀なのは、同性愛は創造者が作った神聖な社会的「秩序」に反する一連の罪の結果であり、罪に対する高度に象徴的な罰のためだからである。最後に、古代ユダヤ教は、正統な教義というより正統な実践、正しい思考というより正しい行動に配慮していたということがある。同性愛に関して、テクストは行為を糾弾しているが、同性愛を人格として構成する可能性はなかった。

次に、ディアスポラ〔ユダヤ人でパレスチナ以外の地に移り住んでいた人びと〕から生まれたギリシア語の古代ユダヤ文書は、同性愛に対するギリシアの寛容の前に恐怖を示している。『アリステアスの手紙』〔旧約聖書外典の一書〕（紀元前二世紀）一五二節では、男性間関係を近親姦と同視している。そして、「しかしわれわれは、そのようなことから隔たっていた」と結論する。この文章は、弁明だけが目的であったわけではない。幾人ものギリシアのモラリストと交流しつつも、倫理的優越性を主張し、風紀を改善することを使命としていたユダヤ教を反映しているのである。同じことは『シビュラの託宣』〔一部が旧約聖書偽典とされる〕三巻一八五行にも見て取れる。この中では、ユダヤ人はこの逸脱から無傷であると断言されている（三巻五九六行、五巻四三〇行）。「偽フォキュリデス」と呼ばれるパウロと同時代のモラリストが次のように忠告している。

> 少年は、巻き毛を顔の上に伸ばさないこと、主人は少年の髪を編まないこと、髪の房でシニョンを結わないこと、男に長髪はふさわしくないこと、それはあだっぽい女性の属性である。美少年の青少年期を注意深く見守ること、なぜなら男性愛を情熱的に求めるものが多いからである。
> （二一〇〜二一四行。他に以下も参照のこと。三行、一九〇〜一九四行）

この文書は、アプレイウス〔古代ローマの著述家。一二五頃〜?。『変身物語』は別名『黄金のろば』として有名〕の『変身物語』同様に、古代の性的興奮における頭髪の重要性を裏付けている（『コリント人への第一の手紙』一一章一〜一六節を参照のこと)。ヨセフスは、聖書の名においてユダヤの同性愛糾弾を堅固にしている(『ユダヤ古代誌』三巻二七五節、四巻三〇一節、『アピオーンへの反論』二巻一九九節、二一五節、二七三節)。彼は同性愛者を去勢された者に同視する。両者とも、生殖を拒否しており、「子の殺害者」だからである(『ユダヤ古代誌』四巻二九一節)。

アレクサンドリアのフィロン〔前二〇〜後五〇〕は、その記念碑的な聖書の注解において、この問題をほとんど扱っていない(『アブラハムについて』一三五、『特別な律法について』一巻三二五節、二巻五〇節、三巻三七〜四二節、『観想生活について』四八〜六四節)。しかし彼にとっても、同性愛行為は生殖不能であるから生殖の命令「生めよ、増えよ」(『創世記』一章二八節)に背いている。その論拠は、禁欲主義と、何よりも「自然」の原理であり、少年愛は男性の体を女性の形態に歪めるというものである。彼は、ギリシア・ローマの饗宴を引き合いに出して、稚児の特徴である服、髪、おしろいと香水を嘲笑した<SZESNAT>。さらに(攻めの)少年愛者は、社会が期待する青年期のエネルギーとやる気を腐敗させていると述べる。その情熱のために、彼は消耗、破滅し、公民生活に無関心になると言うのである。

■タルムードと古代の注釈者たち

忘れられがちだが、以上のような記述は、タルムード時代を生み出す基盤となった。ミシュナは、同性愛行為を石打ち刑に値する重罪に(「ネズイキーン(損害)」編「サンヘドリン(最高法院)」七章四節)、あるいは根絶に値する三六の違背の一つに(「コダシーム(聖物)」編「ケリトット(破門)」一章一節)分類している。根絶は、さまざまな司法解釈を導く語である。タルムードは、同性愛(イコール近親姦でもある!)と他の二つの重大な過ち、偶像崇拝と殺人を結びつけている(「ネズイキーン(損害)」編「サンヘドリン(最高法院)」七四a)。ソドミーが「自然に反する」とすれば、その禁忌は、ユダヤ人だけではなく、人類全体を対象とする(同、五八a)。この禁忌に関して、未成年はあらゆる処罰を免れ(同、五四a)、聖書はレズビアン関係には言及していないので、これに課されるのは鞭打ちだけである。従って糾弾の理由は、自然の観念、家族的社会的構造の秩序であり、偶像崇拝の危険と同様に、唯一神によって樹立された創造の秩序を覆す危険なのである。マイモニデス(一一三五〜一二〇四)は、攻めの同性愛と受けの同性愛を区別した(『戒律の書』の戒律第三五〇番に対する注釈を参照)。具体的なケースについて判例となっている意見を収集したレスポンサ〔ラビ回答書。律法に関する質問に回答する形で書かれた著作〕もまた、世紀を通じて同性愛関係についての責任を定めようとしている。

ユダ師《ラビ》(四世紀)は、以下のように述べる。独身者は家畜を持ってはならない。二人の独身者は一つの寝具で寝てはならない。しかし、賢者たちはこれを許している。

(ミシュナ「ナシーム(婦人)」編「キダシン(婚約)」四章一四節)

賢者たち同様に、タルムードもこの心配を無用とし(「ナシーム(婦人)」編「キダシン(婚約)」八二a)、マイモニデスもそれに倣った。しかしながらヨセフ・カーロ師《ラビ》(一四八八〜一五七五)は、周囲の邪淫を恐れて、二人の男性が二人きりにならないように要求した。またヨエル・シルキス(一五六一〜一六四〇)は、この邪淫はポーランドのユダヤ人には関係がないと評価する。隠蔽なのか、あるいは厳しく効果的な教育の帰結なのか、同性愛的着想の官能的な中世ユダヤ詩が存在したにも拘らず<SCHIRMANN>、同性愛はユダヤ教においては流行しなかったと考えられ続けた。実際、ユダヤの歴史は、「ソドミーを行う者」の残酷な弾圧を知らない。ディアスポラの中、異教徒《ゴイム》の法のもとで生き、ユダヤ教は自身の法を適用する可能性をほとんど持たなかった。さらに、パリサイ派の時代以降、ユダヤ教は死刑そのものを嫌っていた。ハラーハー〔ユダヤ法〕は、最悪を避けるのに適した柔軟性を常に有した。広く普及した見解があるとしても、キリスト教のある集団が主張した愛の優位を攻撃するジャコボヴィッツどまりである<JAKOBOVITS>。

ユダヤの法では、いかなる快楽主義の倫理によっても、姦通や近親姦同様に、同性愛という品行は正当化されない。それが愛と呼ばれていても、愛や互いの合意によって行われたそのような行為がいかに真正であり得るとしてもである。

▒変化

「ユダヤの民が選ばれし民であるということは、ユダヤの民が他の民に対する無限かつ永遠の責任を有するということを意味する」〈BERNHEIM, p.44〉。この確信は、ユダヤ教の同性愛についての発言の基礎に横たわっている。三つの要因が、問題を刷新している。それは、ユダヤ人を含む人びとのカミングアウト、フロイト以降のセクシュアリティ研究、↓エイズの蔓延である。

これらの問題について、ユダヤ教諸派は一致しているわけではない。「正統派」ユダヤ教は、多様で構造化されておらず、事実上国法に従わないで良いのであれば、抑圧的な態度をとり続けるであろう。「穏健な」ユダヤ教（保守派ユダヤ教）は、ハラーハーの要請とあるがままの人間への配慮という伝統上の人間的諸価値を両立させようと努める。穏健派は、同性愛者のアイデンティティを認める傾向があり、アメリカ合衆国の穏健派を揺さぶった論議（一九九〇～九二）では、公然の合意へと至った。しかしこれは極めてかぼそい合意である〈DORFF, 2000, pp.87-96〉。ラビの位階◆へのアクセスは同性愛者であることを明らかにしている者には閉ざされたままであり、運動の側は、同性愛者の権利が社会的に承認されるための闘いに断固としてコミットしている。

戒律に背かざるを得ない者は有罪とはされない、というタルムードの原則（「ネズイキーン（損害）」編「ババ・カマ（第一の門）」二八b）に乗じて、「正常」の中に入ることができないものとして同性愛を認め許そうとする者もある。また、セクシュアリティはその開花を要求する神の贈り物であるから、同性愛者に永遠の純潔を余儀なくさせることを認めない者もある。リベラルな改革派ユダヤ教は、別の原則から出発する。聖書、タルムードとその注解者は、変化していく歴史的状況によって条件付けられており、ハラーハーはセクシュアリティに関する新しい与件を考慮に入れて改定されなければならないと言うのである。

同性愛についての言説は、このような区分とは必ずしも一致しない。あるラビの明晰なまなざしがこのことを裏付けている。「ユダヤ人の同性愛者は、三重の断層の試練を受けている。宗教的断層は、その同性愛者を禁忌の領域へと追いやり、家族的断層は、同性愛者を沈黙に直面させ、コミュニティの断層は、ユダヤ人同性愛者をのけ者にしてしまうのである」〈BERNHEIM, p.80以下〉。他方で、なお同性愛を精神疾患に同視し、同情と理解を要すると考える者もある〈JAKOBOVITS, « Aids... »〉。この場合に個人的開花の名のもとですべてを許容することは他の逸脱を引き起こし、人食を正当化するところまで行くという。このようなごたまぜは、戒律（『レヴィ記』一九章一六節参照）の名において、エイズに感染した同性愛者を世話することを奨めはするが、エイズに至らしめた行為を激しく非難する。病気は、それによって悔いる病人をしてより慈悲に値する者たらしめるかもしれないと言うのである〈ROSNER〉。エイズが神聖な罰などでは全くないとしても、結局は、放任社会の安直の帰結であり、それに対して支払われるべき代償であると見るのだ。

こうした見解は、ユダヤ教全体を覆っているわけではないが、同性愛者のユダヤ教徒が自らの特殊性を肯定することへと駆り立てる。アングロ＝サクソン諸国には、ゲイのシナゴーグが存在する。一九七七年以来、「友人の家《ベート・ハヴェリム》」は、「パリとパリ地方のユダヤ人と同性愛者のユダヤ人を結集している」。長老会議は、これをユダヤ教の結社とは認めていない。これらの組織は、ユダヤ教原典の自由主義的な解釈に基づいているのは明らかだが、あいまいな傾向を保持している。ユダヤ教の中で同性愛者のアイデンティティを要求するのか、シナゴーグのコミュニティの中で生じる拒否に対する避難所となるのかの間でである。保守派ユダヤ教と長老会議の権威ある発言者は受け入れる方向で尽力している。

◆パリサイ派　ユダヤ教の一派で、律法を厳格に守り、細部に至るまで忠実に実行することによって神の正義の実現を追求した。（齊藤）

◆ラビの位階……閉ざされたまま　二〇〇七年現在、アメリカユダヤ教神学校はゲイとレズビアンのラビを任命し、またゲイやレズビアンを公にしている学生も受け入れている。（金城）

ダニエル・ボヤリンによると、同性愛者が範疇化されたのは二〇世紀である。「フーコーは、『われわれの時代は、性的異質性を創始した』と述べるが、われわれの時代は、ほぼ同様に、人種的異質性を創始したと述べることもできる」〈Boyarin, 1994, p.239〉。ユダヤ教それ自体もまた、範疇化されたのである。この観点から、しばしば差別の標的となるユダヤ共同体は、同性愛コミュニティと結びついている〈Dorff, 2000, p.88〉。その本質において、ユダヤ文化は、必ずしも同性愛嫌悪の傾向があるわけではない。ユダヤ文化は「ハラーハーと人間性」の〈Bernheim〉、その宗教的規範と人権の深い意味、ハラーハーと聖書そのものによって培われたその意味の均衡を探しているのである。

クロード・タサン（齊藤訳）

→悪徳、古代ギリシア、自然に反する、神学、聖書、生殖不能、パウロ、暴力

ユーモア

二人の→神学生の若者が、神学校の校庭で自転車を乗り回していたという話がある。二人は自転車に乗りながら、大声でいろいろなことを叫び、馬鹿笑いしていた。ついに偉い神父が窓を開け、怒ってこう叱りつけた。「大声で騒ぐのをやめなさい。さもないとその自転車に元通りサドルを付けさせますよ」。

フランス語の「ユムール」という言葉は、英語の「ユーモア」から借用した語で、一八世紀に出現した。ディドロとダランベールの『百科全書』から、一九世紀の最初の世代まで、この言葉は一般に、→イギリスと結びつけて使われた。ヴィクトル・ユゴーは「ユムールと呼ばれているイギリスのこれ」と言っている。しかしながらすぐにこの言葉は、当時の辞書に書かれているように「→フランスの冗談好きの精神」（例えばフランソワ・ラブレーに見出されるような精神）を指すものとして、さらには「→イタリア流の才気」を指すものとして使われるようになった。また他に→ドイツ語にはヴィッツという言葉が存在することも知られていて、これは通常「機知」と訳される。これについては、フロイトによって重要な解釈が理論的になされている。

今日では、フランス語の「ユムール」および多くの言語におけるこれに相当する言葉は、以上のような概念と、さらに他の概念（空想、陽気、滑稽、など）を全部まとめて含んでいるような、一つの類を表している。極めて一般的に、この言葉は現実を、その愉快で突飛な側面を目立たせるように描写する方法であると、言うことができる。ある種の言語的な操作を指す言葉はどれも、ユーモアと関連があると考えることができる。すなわち諷刺、揶揄、嘲弄、嫌み、皮肉などである。しかし厳密には、例えばイギリスのユーモアがそうであるように、ユーモアはまず何よりも現実とのある一定の関係を表現するものである。ラカンによれば、それは「思考することのできないものとしての現実」に近づく一つの方法である。

ユーモアがそれ自体で反ユダヤ主義であり得るように、「同性愛嫌悪《ホモフォビア》」であり得るかどうかという問いに答えるのは難しい。ユーモアの表現や機知は、現実を裏返しにするので、その意味は一つではなく、これこれの物事に反対しているのかどうか言うことは簡単ではないのである。むしろそれは、元々非常に多声的な性質を持っていて、実際に人はユーモアの言葉に複数の声を聞き取っているのである。そうした声の中の一つだけに還元するとすれば、それはユーモアの持つ内容を減じることになるだろう。ユーモアを生みだすためには、揶揄の要素が距離を置くこと、他の声のフィルターを通すことが必要である。だから揶揄の要素は、先験的にそれとは正反対の要素である自嘲にも、簡単に甘んじるのである。さもなければ、ユーモアなど存在しない。

だからこそ同性愛嫌悪のユーモアは、同性愛者自身が自分のものとしているユーモアの中にも含まれるのである。それは、ユダヤ人のユーモア作家に、いくつもの反ユダヤ主義的冗談を見出せるのと同じである。民衆の一つのカテゴリーがある特定の形態のユーモアを発達させるとき、そこに、そのカテゴリー自体が対象となり得る排斥が、特権的な形で組み込まれていることに気づくことがよくある。また別の面では、ユーモアは演劇やシャンソニエの作品と同じように、ある社会に流通している紋切型、決まり文句、その他のステレオタイプを研究しようとする者にとっては、恰好の領域である。「ホモの冗談」の中には、それを口にした者の実際の意図を越えて、混乱し、逸脱し、時に再構成することが困難な表象が結集される。そうした表象の共通点は、心理的な負荷を背負っていることで、そこにはしばしば口にした者本人も認めたがらない感情が充填されているのである。そのときまさに一つの役割を演じているのが——反ユダヤ主義と同様に——同性愛嫌悪なのだ。同性愛嫌悪によって、他人との間に相互了解済みの領域、個人的な表現を覆い隠してくれる共通の決め事が提供されるのである。

同性愛者を対象とするユーモアの第一の特徴は、何よりも、ただ言及するだけで機能するという点である。「同性愛者」と口にするだけで、それについて何も言わなくとも、すでに笑いを誘うものと見なされている。例えば一九三〇年代から五〇年代の多くのコントやシャンソン↓（フェルナンデルによる有名な例が一つある）には、人物の一人が同性愛者であることを、幾分か小さな声の台詞で匂わせるという、非常に初歩的な喜劇の手法が使われている。「彼はもしや、ちょっと……」といった手法で、場合によっては身振りも加えられる。そうすると必ず観衆は腹を抱えて笑うのだ。異性愛社会の真っ只中で、男性同性愛者、とくに女性的な姿をカリカチュア↓にしたものが、長い間喜劇の一つの決まり事であり続けてきた——そしておそらくそれは未だに進化の途上にある——のであり、この決まり事にはよく洗練されたユーモアを練り上げる必要などないのである。ここにあるのはある種の便利なレディーメイドであり、そのおかげでユーモアに欠けるような状況に、思いがけない連帯感が生じるのである。

ジョージ・ワインバーグ［一九七二年の著書で初めて「同性愛嫌悪」という用語を使った］によれば、同性愛嫌悪は何よりも、同性愛者の近くにいさせられることに対して、異性愛者が感じる恐怖を根とするのだという。だから同性愛嫌悪のユーモアに見出される独創性や創造性は、一部には、この危険にさらされる可能性が潜在的にあるような状況を、考えたくないという意志の産物であると解釈することもできるかもしれない。本稿はここで冗談選集を提示するものではない（そういったものなら他に存在する。例えばシセの著書を参照のこと〈SISSER〉）ので、少しの例を引用するにとどめたい。以下の諷刺四行詩は、音楽家ジャン＝バティスト・リュリについて書かれた一七世紀のものである。

ある日クピドが母親に言った
なぜぼくは服を着ていないの
ぼくが素っ裸でいるところをバティストに見られたら
ぼくのお尻はもうおしまいだ

盛りのついた同性愛者にレイプされる可能性がある可愛いクピドは、虚構の中で無垢な異性愛者を表していることが見てとれる。

グレゴリー・レーンは『男の生活』［一九九二］の中で、同性愛嫌悪は何よりも本質的に男性的なものであり、また女性よりはるかに男性に関するものであるという。この意見については議論の余地があるが、同性愛を主題とするユーモアを観察すると、うなずけるところもある。同性愛に対する嫌悪《フォビア》の中では、ある程度巧みにその嫌悪を表現しているユーモアに見られるように、確かに一つの強迫観念が支配的である。それは挿入されるという強迫観念である。（男性によって）何よりも軽蔑されるのは、男が性的関係においてその攻め側としての役割を失うという可能性である。それは男らしさの否定、自分自身の否定と同一視される事態である。同性愛嫌悪のユーモアの中でからかわれるのは、他の男と性的関係を結ぶ男全般というよりむしろ、受け側の役割を引き受ける男である。思考の及ばないことは何かと言えば、聖書に記述されているあのトエヴァー［ヘブライ語で「厭うべきこと」］が、自らの意志による選択の対象となり得るということである。古代には敵に対して儀礼的に行う肛門性交《ソドミー》が存在したのと全く同じように、同性愛嫌悪のユーモアは、その本質的な機能として、根源的な他者と考えられる人物を、肛門性交《ソドミー》の受け側になる者の立場に置く。この場合、描かれる姿としては二通りあり得る。一つには、自分の意思に反して、多かれ少なかれおかしな状況で、同性愛者に肛門性交《ソドミー》をされる人物である（さきに引用したリュリに関する冗談がこれに当たる）。今一つには、挿入されたいという滑稽な意志を表明する人物である。例えばのろい車の運転手の冗談がある。彼は後続の運転手からこう言われる。「早く行けよ。でないと尻に突っこんじゃうぞ」。彼は答える。「口約束は守られた試しがないからな」。

いずれの場合にしても、挿入されることが最も想像できないこと、最も思考の及ばないこと、そして社会的政治的に最も過激な意味をまとうものを表している。人はどうあってもつねに、名づけ得ぬ者、非人間的な者によってお釜を掘られるのである。こうした状況の表象を用いた多かれ少なかれ押しつけがましい喜劇は、しばしば命令、要請、禁止といった形態に落ち着く。例えば二〇〇二年のフランス大統領選挙のキャンペーンでは、次のようなスローガンが掲げられた。「もはや尻込みしているときではない。国民戦線が立ったのだから」。

「開いた尻」（アリストファネスの喜劇に出てくるリプロクトスなる人物の呼び名）を持つ男というイメージは、↓古代ギリシア、ローマにおいて頻繁に登場する。この開いた尻に対するあらゆる種類の侮辱を生みだすような冗談が、カトゥルスやマールティアーリス、ペトロニウスの『サテュリコン』には散りばめられている。女性的であることと受け側であることに関連する揶揄が、ここでスカトロジックな流れにぶつかる。これは男性同性愛を主題とするユーモアにおいては、一定不変の要素である。二人の男どうしの間の挿入の場面には、極めてしばしば卓越した役割を担う第三者が登場する。糞である。糞はあらゆる種類の状況、あらゆる種類の言葉遊びのきっかけとなる。「二人の退屈した男が一番ホモに似ているときはいつ？　一方がマンコの役《ばかげたこと》をして、もう一方が糞まみれになる《うんざりする》とき。フランス語で「お釜を掘る」という動詞と「うんざりさせる［文字通りには糞まみれにする］」という動詞は、フランス社会では未だに極めて侮辱的な言葉であり、ある種の滑稽さがこの二つの言葉には結びついているとされている。同性愛者を種にしている冗談のかなりの割合が、一般的に極めて猥褻《わいせつ》な調子を示している。そこではセクシュアリティ、とりわけ肛門や口を用いるもの、またマスターベーションのセクシュアリティに対する侮蔑的な見方が表明される。こんな話がある。「精子銀行で働くホモが、仕事中に呑むので解雇された」。ホモの冗談はここでは、セクシュアリティへの軽蔑を含む状況の集大成となる。そうした状況には、異性愛の男らしいイメージは、留保付きで距離を置いて借りて来られるに過ぎないのが普通だ。その一方で男性同性愛者のイメージは、この状況に全面的に従属している。このことは、稀ではあるけれども、女性同性愛を扱ったユーモアについても当てはまる。この手の冗談が、滑稽なほど男性的な女性像を中心に展開しない場合には、奇妙で不適切で総じて「本物の」性交よりも劣るセクシュアリティを登場させることが中心となる。「レズビアンの指がとても太かったら、何と言えば良いでしょう。彼女は何て良い物を持っているのだろう」。

これとは別に、ホモの冗談にセクシュアリティを登場させるもう一つの強迫観念がある。↓生殖不能、性的エネルギーの全く無駄な蕩尽、浪費という強迫観念である。同性愛者のセクシュアリティは、しばしば深いところにある否認を覆い隠すような軽薄で滑稽な負荷を持たされている。社会の大半は性的エネルギーを模範的なカップルに（あるいは宗教に）注ぎ込ませる運河を何としてでも建設しようとする。そして同性愛者はほとんどの場合、この図式から外れていると見なされるので、しばしば奔放で貪欲、かつ非生産的なセクシュアリティを代表する集団としてカリカチュア化され、利用される。同性愛者が子孫を必ずしも持てないことは、「罰」を表しているとするところから、愉快から最も遠い類のユーモアが生じる。そこでは他人の「欠陥」が――小びと症、脊柱後彎症、斜視が笑われるように――嘲笑されている。そしてそれはフロイトが「シャーデンフロイド」［他人の不幸を喜ぶ気持］と呼んだものに似たもの、すなわち「悪口の喜び」がある。例を挙げよう。「楽観主義の最たるものと言えば？　乳母車に投資する二人の男性同性愛者」。この冗談が正真正銘の同性愛嫌悪であることに、全く疑いの余地はない。なぜならここでの「ユーモア」

は、冗談の対象となっている者を貶め、全く同時に冗談の語り手を持ち上げることによって、両者の位置づけの違いを悪化させるところにあるからである。しかしながら同性愛者の繁殖への恐怖を晴らすためには、生殖不能がもたらしてくれる保険では足らないらしい。次の言葉はトリスタン・ベルナール〔フランスの作家、一八六六〜一九四七〕作とされている。「彼らが子どもをつくらなくても同じことだ。毎年どんどん増えているのだから」。

同性愛者を対象とする異性愛者のユーモアは、ユダヤ人やベルギー人を対象にした（非ユダヤ人や非ベルギー人が発する）ユーモアと同様に、一般的に、自分から離れたところに↓他性を規定し、それとの対照によって自身のアイデンティティを構築する一つの方法となっている。同性愛者は私ではない。ユダヤ人は私ではない。この他性は、人が自分からは祓い落としたい性質を集結させる。そして、その他の点では無関心以外の何ものの対象でもない範疇に属する人びとを、この性質の象徴的な保持者に仕立て上げるのである。この仕組みはたいして害はないが、倒錯的であることは明らかである。それは言語の中に、発話者がついに意識することのない意味の原型を据えつけるのである。男性同性愛の世界には、現代のわれわれの社会で「男性的なもの」という強迫観念をつくっているすべてのものが結びつけられる。すなわち実行力、緊張感、エネルギー、精力……などの欠如、要するに、男を「しっかりしなく」させるものすべてである。例えばある給仕が、アルコール度数の高い酒を勧めながらこんなふうに言うことがあり得る。「強いでしょう？　ゲイ・プライドで出せるような酒じゃないってことですよ」。それでいてこれが同性愛嫌悪のユーモアだという自覚は全くないのである。

今日では、同性愛者を対象とするユーモアは根本的に変化しようとしているように見える。女性的男性というカリカチュア（「オカマ」のユーモア）で描かれる同性愛者の古典的表象は、卑猥な冗談と全く同じように、過去数十年にくらべてもあまり流行らなくなっているようである。同性愛者コミュニティがしだいに目に付くようになってきたことと、現代文化においてそれが比較的重要性を持つようになってきたことが、もっと繊細なユーモア、もはや自認された無知ではなく、共生することに伴う必要性によって養われたユーモアの出現を促したのである。ホモの冗談の最後の世代の中には、ホモを対象とするユーモアの古典的な武器庫となっていた遠慮のない身体的な図式から離れて、もう少し「文化的な」ゲイ界の表象の基礎を築こうとしている者も見出される。その例としては、例えば次のようなものがある。「あなたのところに入った泥棒がゲイだってことが、どうして分かったと思いますか？　値打ちのある物が全部消えていたし、残っている物は、全部きちんと整理されていたからね」。

最後に、同性愛嫌悪そのものが喜劇の種にされてきたことを挙げておきたい。今日では、第三者の諷刺的な表象よりむしろ、異なる者どうしの対話によってユーモアがつくられている。それは「嫌み」の文化である。そこでは嫌みが暴き立てる攻撃性を嫌み自体が嘲笑したり、あるいは嫌みの滑稽な手法自体に攻撃性を一体化させる。その場合には、同性愛嫌悪に含まれる「嫌悪の」要素が、強力な笑いの要因となり得るのだ。このことは例えばギイ・ベドやローラン・リュキエ、ローフン・ジェラなどのコントによく表されている。この種のユーモアは、観客の一部にとっては、自身の同性愛嫌悪を晴らしてくれるし、また別の観客にとっては、言わば自分自身を笑わせてくれる。もしユーモアが、同性愛嫌悪に対する最良の治療法だったとしたら、どうだろうか。

ジル・シウフィ（山本訳）

↓カリカチュア、語彙、シャンソン、性差、侮辱、文学、暴力、レトリック

養子縁組

フランスでは、養子縁組をする権利に関して、同性愛は子の利益を害し得ると見なされていた。以前の法状況では、単身者によるものであれ、カップルによるものであれ（完全）養子縁組について、同性愛は権利の完全行使の障害となっていた。

民法典の文言によれば、「二八歳以上の年齢の人は誰でも」養子をとる可能性を持つが、実際には、養子縁組の申請者が自分の同性愛を話に出せば、申請者は許可を一切拒絶された。完全養子縁組の手続きは、福祉部門による許可を得るための行政的段階と、それに続いて養子縁組が裁判所によって宣言される司法的段階からなっている。一九九三年、調査中に性的指向を隠さなかった単身者が、初めて不許可処分となった。その理由は、その「人生の選択〔同性愛のこと〕」と「恒常的な母性的指標の欠如」であった。事実審裁判官は不許可処分を取り消したが、最高行政裁判所《コンセイユ・デタ》は不許可を一九九六年に最終的に追認した。このようにして、これがその後確立された判例となった。養親候補者が同性愛者であることは、当然に不許可を正当化することになった。

一見すると、この判例は異性愛の単身者による養子縁組に関する判例の延長上に組み入れることができそうである。単身異性愛者に対して裁判官は、不許可を正当化できるのは、カップル生活の拒否というよりもむしろ、養子縁組の計画の中での「他方の性別」イメージの欠如であるとはっきり述べている。しかし同性愛が特別扱いの理由であることははっきりしている。というのも同性愛は、おのずから他方の性別の「イメージの欠如」を意味すると裁判官が見なしているからである。従って、この欠陥が事実において評価される異性愛の単身者と違って、同性愛の単身者にとって、この欠陥は暗黙の前提であった。いずれにしても同性愛事由はこの参照基準の欠如を意味するものとして考慮された。従って、原理的に、そして法律が公式に規定していることに反して、同性愛者の養親はその許可申請が受け入れられることを期待することはできなかった。

しかしながらこの判例は、あらゆる裁判所で一致を見ているわけではなかった。事実、いくつかの行政裁判所は、申請者の同性愛を理由とする不許可を取り消している。これらの裁判所はその判決において、「〔申請者の〕パーソナリティのこの側面は、子の養育にとって害をもたらし得る行動を伴わなければ、不許可を正当化できない」と考えている。しかし、このような判断は、最終的には最高行政裁判所《コンセイユ・デタ》の破毀にぶつかるのである。

さらに、ヨーロッパ人権裁判所〔ヨーロッパ人権条約の履行を監督する国際裁判所〕も二〇〇二年二月に批判の余地のある判決を出した。子の利益の尊重についての専門家の意見が「分裂」していること、フランス国内および国際世論の「根本的な対立」、養子縁組可能な子の数が少ないことを考慮して、現状では同性愛を理由とする不許可は、差別ではないと考えた。

同性カップルによる養子縁組は、以前のフランスでは不可能であったが、それは民法典が結婚したカップル、つまり異性カップルにだけ共同養子縁組を認めていたことによる。これは、とくにゲイとレズビアンに関係する法律に原因を有する差別の問題である。しかし、このことに加えて、この差別を維持する公的な意志も明らかであった。というのは、例えば一九九六年の改正の際に、共同養子縁組が内縁カップルに許されなかったのは、同性愛カップルが認められた場合に、同性カップルへの養子縁組の禁止が不可能になることをまさに防ぐためであった。さらに、パックスについての議論を通じて法務大臣は、「政府は、同性の二人の人に共同で子どもを養子にすることを認めるための法改正を提案しない」と何度も断言していた。その上それは、子どもの「精神的、社会的、関係的アイデンティティ」のためには「幼児期と思春期を通じて目の前に父と母を持つ」必要があるというものである。精神分析学者、↓人類学者、そして↓社会学者の順番に援用されてきた男性／女性の二重の指向対象の必要性が、法律家によって引き継がれたのである。

このアプローチはフランス法が他の家族と同じように保護している単親家族の正統性をも根本的に問題にしかねない。さらにこのアプローチは、男性あるいは女性の親役割の存在についての、一九六〇年代以降の家族法の発展と矛盾する。家族法の発展を特徴付けるのは、性別が親役割と関係がなくなることだからである。

実際のところ、私たちの近代法の哲学は、生物学的コンプレックスには長い間無関心であり、「同性愛者を親とする」親子関係を法的に可能にする許容力を自らのうちに持っている。しかしながら、立法者がこの現実を具体化することができ得るかどうかはまだ分からないのである。

ダニエル・ボリヨ、トマ・フォルモン（齊藤訳）

↓家族、差別、同性婚、同性愛者の子育て、判例、ヨーロッパ法

◆補遺

同性カップルの養子縁組をめぐる法制度の最近の状況は、二〇一二年五月発行のＩＬＧＡ（国際レズビアン・ゲイ連盟）の報告書によれば以下のとおりである（括弧内は発効年）〈Paoli Itaborahy〉。

同性カップルが共同で養子縁組することを法的に認めているのは、一二ヶ国――アイスランド（二〇〇六）、アルゼンチン（二〇一〇）、アンドラ（二〇〇五）、イスラエル（二〇〇八）、オランダ（二〇〇一）、スウェーデン（二〇〇三）、スペイン（二〇〇五）、デンマーク（二〇一〇）、ノルウェー（二〇〇九）、ブラジル（二〇一〇）、ベルギー（二〇〇六）、南アフリカ（二〇〇二）――、およびその他の地域――アメリカのイリノイ、インディアナ、ヴァーモント、オレゴン、カリフォルニア、コネティカット、コロラド、ニュージャージー、ニューハンプシャー、ニューヨーク、ネヴァダ、マサチューセッツの一二州とワシントンＤＣ。イギリスのイングランド（二〇〇五）、ウェールズ（二〇〇五）およびスコットランド（二〇一〇）。オーストラリアのウェスタンオーストラリア（二〇〇二）およびニューサウスウェールズ（二〇一〇）の二州と首都特別地域（二〇〇四）。カナダのアルバータ、オンタリオ（二〇〇〇）、ケベック（二〇〇二）、サスカチュワン（二〇〇一）、ニューファンドランド・ラブラドール（二〇〇三）、ニューブランズウィック（二〇〇八）、ノバスコシア（二〇〇一）、ブリティッシュコロンビア（一九九六）、プリンスエドワードアイランド（二〇〇九）、マニトバ（二〇〇二）の一〇州、およびヌナブト、ノースウェスト（二〇〇二）の二準州。メキシコのメキシコシティ（二〇一〇）――である。

また同性カップルのパートナーの子または養子を養子にすることが法的に認められているのは、ドイツ（二〇〇五）、フィンランド（二〇〇九）およびオーストラリアのタスマニア州（二〇〇四）である。

（山本）

ヨーロッパ中部・東部

ヨーロッパ中部および東部の国々の歴史は、全体的に非常に入り組んでいる。今日この地域に含まれる九ヶ国は、どれも基本的に第一次世界大戦が終結［一九一八］した後に、同盟国側の大帝国が分裂したことによって誕生した。一

◆現状では……差別ではない　二〇〇八年にヨーロッパ人権裁判所の判例変更があり、他性指標の欠如を理由とする承認拒否は違法とされた。（齊藤）

◆同性カップル……不可能　フランスは二〇一三年に同性カップルにも異性カップルと全く同じ結婚を認める法律を可決した。これによって、共同での養子縁組が同性カップルにも認められることになった。（齊藤）

九一八年以前の歴史を見ると、三つの支配勢力ごとに共通性があることが分かる。すなわちオーストリア＝ハンガリー、ロシア、ドイツであり、もちろんそれぞれの影響圏は、時代により、また場所により大きく変動してきた。一九一八年以後の時期については、国ごとに紹介する必要がある。同性愛に対する刑法による抑圧という点については、それぞれの国で異なる進展を遂げたからである。

■第一次世界大戦以前——抑圧的な司法の伝統という基礎

ヨーロッパ中部および東部では、当初は本質的に宗教的な戒律であった、中世に起源を持つ「ソドミー禁止法」が、一九世紀半ばというかなり遅い時期まで維持されていた。こうした法律の形成と適用は、場所と時代によって異なるが、それが生殖を目的としないあらゆる性的実践を標的にしていた点では共通している。だからソドミーの概念も、男女問わず同性の者どうしの関係だけでなく、動物との性行為を意味する「獣姦」の他、さまざまな事柄を包摂していることが極めて多かった。このような定義はオーストリア＝ハンガリーの影響圏と、ドイツの影響圏の一部で優勢だった。東側では、つまりロシアの影響圏では、ソドミーの概念はより厳密になり、明確に肛門への挿入と定義され、女性どうしの関係は含まなくなるのである。

ヨーロッパ西部、南部の大部分が、フランス革命とナポレオン法典の影響下で、ソドミーに関する古い法律を徹底的に廃止したのとは異なり、ヨーロッパ中部および東部の国々では、一九世紀半ばに近代刑法を整備したときにも、そうした古い法律の遺産を自動的に受け継いだのである。ソドミーの概念は、「自然に反する」放蕩行為の概念に取って代わった。古い法律の地域ごとの性格は、そのまま残された。男性同性愛はロシアおよびプロイセンで依然として犯罪とされた。その後一八七一年以降はドイツ帝国全域にこれが適用された。オーストリア＝ハンガリー二重王国、次いでオーストリア＝ハンガリー帝国では、一八五二年に採用された刑法典によって、男性同性愛だけでなく女性同性愛も処罰対象とされた。このような道筋をたどらなかった唯一の国がルーマニアで、一九世紀末にナポレオン法典を範として、同性愛を異性愛と区別しないよう定めた。従ってルーマニアでは同性愛が法的には合法化されていたのである。この状況は一九三六年まで続いた。

■第一次世界大戦以後

バルト海沿岸諸国　バルト海沿岸地域は歴史を通じてスウェーデン、ポーランド、ドイツ、ロシアによる支配に引き裂かれてきた。わずかに一九二〇年から二一年の間に、一時的な独立を達成したに過ぎない。両大戦間期に束の間存在した三つの新興国は、同性愛に関する特別な法制度を備えてはいなかったようである。しかしこのように罰則が形式上は定められていなかったからと言って、それが寛容の徴《しるし》というわけではない。主要都市や港湾都市の中には、おそらく事実上、同性愛者の出会いに好都合な場所を提供するところも稀にはあったであろう。しかしそうした場所がそのようなところであるとは考えられていなかったし、また公表もしていなかったはずである。定まった場所としては存在しなかっただろうし、コミュニティが組織される萌芽にすら及んでいない状況だった。当時の政治状況は、習俗の自由化に有利な雰囲気ではなかった。バルト三国は当初は民主的であったのが、急速に権威主義的な潮流に流されていき、一九三〇年代には極端にナショナリスティックな独裁体制がしかれるに至った。中でもラトヴィアはファシズムを公然と掲げた。

一九四〇年のソヴィエト連邦によるバルト三国の併合は、ソヴィエト連邦の一九三四年の反同性愛法（刑法第一二一条）がバルト海沿岸地域でも効力を持つようになったことを意味した。従ってソヴィエト連邦併合時代の全期間を通じて、男性同性愛は重い拘禁刑を科すとされたのである。一九九一年に奪回した独立によっても、最初のうちは何も変わらなかった。三つの共和国の政界全体に渡って、ある種のものの見方が反映されていて、ソヴィエト連邦の刑法第一二一条の撤廃には断固として敵対していた。しかしながらヨーロッパ連合への加入を急ぐバルト三国は、ヨーロッパ理事会からの要請を満たすために、廃止の覚悟を決めなければならなかった。エストニアおよびラトヴィアは一九九二年に、リトアニアは一九九三年にソヴィエト連邦時代の刑法一二二条を廃止したが、こんどはそれに伴って「性的同意年齢」をめぐって新しい差別措置が出現したのである。それでもラトヴィアでは一九九八年に、この差別が解消され（すべての人にとって一六歳とされた）、二〇〇一年現在でエストニアとリトアニアで廃止が進行中である（すべての人にとって、それぞれ一四歳と一六歳となる）。しかしこのような進展も、ヨーロッパ連合の諸機関およびＩＬＧＡ（国際レズビアン・ゲイ連盟）などの国際ゲイ・レズビアン組織による精力的な働きかけに譲歩を示したに過ぎない。同じ時期にバルト諸国では、諸団体が法的な認証を得ようとしても、これ以上ないほどの困難に突き当たっていたのである。また差別的法制度の撤廃に関する議論の際に、そうした団体が意見を求められたことも一切ない。

政界の大部分、とりわけ影響力の強いナショナリスティックな派閥やさまざまな教会が、同性愛嫌悪《ホモフォビア》の激しい言説を流布し続けた。それでも一九九〇年代末には、バルト諸国の世論の中に寛容が広がっていくのが感じ取られた。同性愛はメディアで議論される主題となり、メディアももはや同性愛を自動的に、否定的な、あるいはカリカチュア的な表象で表すことはしなくなった。それぞれの国に極めて活発なゲイ・レズビアン団体が一つ以上存在し、とくに公然化することについては他に類を見ないほど勇敢に闘っている。それは一九九五年にリトアニアの五人の活動家が、この国最大の日刊紙のうちの一つでカミングアウトしたことに範をとっている。それとは正反対に、ゲイ・レズビアン向けの場所の提供は、未だに極めて控えめである。ヴィルニュス［リトアニア］には、バー一軒と特定の日の夜にしか開かないディスコ一軒があるだけである。タリン［エストニア］にはバーとサウナが数軒、リガ［ラトヴィア］にはピュルヴという名の大きなディスコ・クラブが一軒ある。このクラブが一九九八年に爆弾による攻撃の標的にされたことは、同性愛嫌悪の徴候が未だに極めて暴力的な形態をとり得ることを示している。それより数週間前に、極右政党が反同性愛者キャンペーンを強力に推進していて、ピュルヴを「退化した者の巣」と表現していたのである。

ポーランド　両大戦間期のポーランドは、刑法の面で奇妙な状況にあった。第一次世界大戦終結によって新国家として再編されたポーランドは、それまで旧ドイツ領、旧オーストリア＝ハンガリー領、旧ロシア領からできていた。一九三二年に独自の刑法が採用されるまでは、それぞれの地域が、独立以前に効力のあった刑法の制度を暫定的に維持していたのである。従って男性同性愛は全域で犯罪とされていたのに対して、女性同性愛は一八五二年のオーストリア刑法を適用していた地域だけで犯罪とされていた。一九三二年に採用された新刑法は、フランスの刑法に範をとって同性愛と異性愛との間にいかなる区別も設けないものだった。性的同意年齢に関しても区別はなく、あらゆる種類の性的関係について、一五歳を同意年齢と定めていた。

一九三九年にドイツがポーランドを侵攻するのに伴って、東部地域がソヴィエト連邦によって併合され、ソヴィエト連邦の法制度が適用されることになった。そのためそこではソヴィエト連邦の刑法第一二二条によって男性同性愛が禁止されたわけである。ドイツによって併合ないし占領された地域におけるナチスの反同性愛政策は、理論的にはドイツ人だけに関わるもので、「人間以下」のポーランド人には関わりないものだった。しかしながら、ポーランド人の同性愛者がドイツ人と関係を持った場合には、抑圧がポーランド人にまで及んだ。相手のドイツ人同様、刑務所か強制収容所に収容される危険があった。

注目すべきは、一九三二年の新刑法採用によって、男性同性愛も女性同性愛も犯罪と見なすことを完全に止めたこと（↓非処罰化）が、そののち、一九三九年から四五年までのドイツおよびソヴィエト連邦による併合の時代を除いて、一度も問題にされなかった点である。この点においてポーランドは、一九三〇年代についても戦後の共産主義支配の時代についても、ヨーロッパ中部および東部の他の国から見て例外的な存在なのである。しかし法的な面でこのようにリベラルだからと言って、同性愛者に対する風当たりが他の国よりも本当に穏やかだったと結論することはできない。啓蒙思想やフランスというモデルのリベラルな影響は、ポーランドの少数派の知識人エリートの範囲を越えることはほとんどなかったのである。別のもっとよく目立つ影響力が、形を変えて同性愛者に対する明白に敵対的な社会の雰囲気を形成していた。両大戦間期には極端にナショナリスティックで反動的な独裁への流れがあり、第二次世界大戦後一九八〇年代までは、習俗に関して極めて規範的な共産党独裁体制があったのである。そしてまた、両方の時期に共通して、↓カトリック教会もかなりの影響力を振るっていた。

　ゲイ・レズビアンの戦闘的な集団が形成されたのは、とにもかくにも民主体制に向けた移行が始まってからのことである。ブロツワフにはＥＴＡＰが、グダンスクにはＦＩＬＯが、ワルシャワにはＷＧＡが、一九八六年から八七年にかけて出現した。一九九〇年代を通して、同性愛者団体、とくにラムダのネットワークが、行政当局がしつこく言いがかりを付けてきたにも拘らず、その存在感を強めてきた。ゲイ・レズビアンであることを慎重ながらも見てとれるようにすることが、肯定されるようになってきた。そのことは、ワルシャワにゲイ・レズビアンの情報センター「レインボー」が存在することにも表されている。このセンターは、この種のものとしてはヨーロッパ東部の国で唯一の存在である。しかしながらこうした進歩も国内最大の二都市に限られる。二〇〇一年のＩＬＧＡの調査によれば、考え方の傾向としては依然として深い同性愛嫌悪が示されている。同性愛を「正常」と考えるのはポーランド人の五％に過ぎない。一方八八％が、同性愛は「自然に反する」振舞いだと判断する。しかしまた、ポーランド人の四七％が、この振舞いも寛容に扱われるべきだとする。これに対して四〇％は受け容れがたいと見なす。この調査によって、ゲイ・レズビアンが未だに言葉による、あるいは身体的な暴力を頻繁に受けていることが示された。とくに同性愛を公表した後の、あるいはそれが発覚した後の、家族、友人、職場の同僚など、周囲にいる人たちからの暴力が多い。

オーストリア、ハンガリー、チェコ、スロヴァキア　一九一八年のオーストリア＝ハンガリー帝国の分裂によって直接誕生したこれらの国々においては、基本的に以前からの抑圧の伝統が維持されることになった。男性同性愛も、女性同性愛も不法行為のままで、もしもそれが発覚した場合には、社会から受け容れられることはなかった。従って秘匿することを余儀なくされていた（↓クローゼット／慎み）。しかし一九二〇年代には、戦争と古い秩序の瓦解が生みだした、政治的、経済的、社会的、道徳的なカオスの状況が、習俗のある種の解放に有利に働いた。そのような解放が見られたのは、ウィーン、プラハ、ブダペストだけのことであり、これらの都市は、すでにオーストリア＝ハンガリー王国時代から、幾分か自由の余地を残していたのである。

　ハンガリー、とりわけブダペストは、同時代のベルリンほど華々しくはないが、それを思わせるような進歩を遂げた。そしておそらく矛盾はブダペストの方がより著しかった。ナイトライフの異様な盛り上がり、奔放な快楽、騒々しいまでの贅沢三昧といったことは、基本的に金持ちの旅行者という少数者だけに許された特権であった。性的な接触が容易だったとすれば、そのほとんどは、極端な経済的困難を背景に売春行為が広く行われていたことによる。男性同性愛者の売春も頻繁であったが、職業的であるよりは一時的なものにとどまっていた。さらにはハンガリー名物の温泉浴場も、同性どうしのある種のエロティシズムの文化の存在に貢献していた。そこは性的なサーヴィスが売られる場ではなかったが、直接的であからさまな接触が簡単に成立する場であったのだ。バーやクラブもいくつかはつくられていたが、ベルリンと違ってブダペストの同性愛世界は依然としてかなり慎ましやかだった。さらに同性愛世界が権利要求運動に至るということもなかった。はっきりブダペストだけに限定される、このようなリベラルでありながら曖昧な雰囲気は、その後一九三〇年代および戦争中に、極端にナショナリスティックな独裁からファシズムに流れていく潮流に逆らうことはなかった。

　戦後一九五〇年代までは、狭量な道徳的秩序という特徴のもとにあったことは変わりなかったが、このときはスターリン主義の影響であった。それでも一九六一年には、成人の同意に基づく同性愛は、不法行為と見なされなくなった。性的同意年齢は、異性愛関係については一四歳であったのだが、同性愛関係に関しては一八歳と定められた。この時代、ハンガリー政府は、社会生活や個人的な自由の統制に関して、他の東側諸国にくらべてはっきり見てとれるほど柔軟な姿勢を選択した。この「ハンガリーの例外」は同性愛者にとって有利に働いた。公式の言説やものの見方の傾向は、あい変わらず同性愛嫌悪に基づいていたが、それ以後は暗黙のうちに自由の余地が認められるようになったのである。一九六〇年代半ばにはすでにブダペストのど真ん中にあったカフェ「エジテム」が、夜はゲイ・バーに変身し、そのことが半ば公認されていた。この場所は、この種のものとしては長い間共産圏で唯一の存在であり、またもちろん温泉浴場によって、ブダペストは他の東側諸国の同性愛者にとって、全く不出来ではあったが小さな黄金郷《エルドラド》となっていた。

共産主義政権の末期以降に見られた進化は、本当に際だっていた。しばしば「奥の部屋《バックルーム》」を備えた数多くのバーやクラブに加えて、ブダペストのゲイ世界は、広場やドゥナ川〔ドイツ語でドナウ川〕の土手など、屋外のハッテン場が一つの正真正銘の文化を形づくっていたという特徴がある。そうした場所は数も多いし、また昼間も含めて多くの人が出入りしていたうえ、異性愛者の公衆の目からほとんど、あるいは全く隠されていなかった。そのおかげでゲイ世界は実践においては極めて強力で、驚くほど公然化していて、コンプレックスも払拭されていたのだが、一方で同性愛者として権利要求することは注意深く避けるところがあり、矛盾をきたしていた。ゲイ・レズビアンのアイデンティティを公表することは依然として極めて困難である。そのことは、一九八九年以降にも組織が脆弱であるように見えることによく表されている。組織の努力や、ヨーロッパ連合からの圧力もあるのだが、後継政権は、性的同意年齢に関して未だに存在する差別を撤廃することを、断固として拒否している〔補遺参照〕。どの政治家も、またどの政党も、同性愛について肯定的な発言をしていない。政権与党も含めていくつかの政党は、社会と家族にとって危険な「偏向」だと自分たちが見なしているものに対して、より精力的に戦う意志を表明している。従って現在のハンガリーは逆説的である。言説や表象という点においては、旧共産圏の国々の中でも最も同性愛嫌悪が強い国の一つでありながら、ゲイの居場所が、少なくとも首都においては最も豊かに、また最も祝祭的に提供されている国の一つなのである。

チェコスロヴァキアという若い国家〔一九一八年独立〕は民主主義体制の確立に努め、近隣諸国の独裁あるいは半独裁体制にくらべれば基本的により好ましい環境にあったと言えるが、両大戦間期のチェコスロヴァキアでは、同性愛者をめぐる諸条件に目立った進歩は見られない。民族間の対立、政治的な分裂が国を蝕み、そのような状況は古くからよくあるように、伝統的道徳秩序への自閉を促した。一九三八年のドイツによる国家の解体から一九四五年までの間は、帝国に割譲されたズデーテン地方では「法的に」、また「ボヘミア＝モラヴィア保護領」の住民はドイツ系であろうとなかろうとその全部が「事実上」、同性愛者に敵対するナチスのさまざまな抑圧装置一揃え（刑務所や強制収容所への収容）の適用を受けた。半ば独立を維持したスロヴァキアは、この措置を免れた。

戦後は、スターリン主義の共産党政権が、ハンガリーと同様に刑法による抑圧、そしてさらには社会的道徳的抑圧を温存した。そしてこの国でもやはり、合意に基づく成人男女の同性愛を禁止する法令が廃止されるには一九六一年まで待たねばならなかった。そのうえこの廃止に際して、法的最低年齢に関する差別的な法律が制定されたこともハンガリーと同じだった。しかしハンガリーと違っていたのは、プラハにはっきりゲイ向けであると分かる場所ができるのが、一九八〇年代になってからのことだったという点である。

一九九〇年以降は、チェコ共和国で非常に好ましい状況の進展が見られたが、一九九三年に独立したスロヴァキアではそれほどでもない。法的最低年齢に関する差別は一九九〇年に廃止されていたので、現在の両国家では、法的な面においては同性愛と異性愛の区別はもはや一切ない。

チェコでは、プラハとそれより小さないくつかの都市で、ゲイ・レズビアン向けの場所が数多く提供され、また活発な組織も存在する。大政党である社会民主党など複数の政治団体、およびヴァーツラフ・ハヴェル大統領ら第一線の政治家が、平等の権利と差別撤廃措置の要求を支持している。例えば二〇〇〇年〔ＩＬＧＡの資料（補遺参照）によれば一九九九年〕にチェコ国会は、労働法の新条項を可決させた。これは「性的指向を理由にした」差別を禁じると明言している。考え方の傾向という面では、同性愛に対する寛容を自認するチェコ人の割合が、一九九五年に二九％であったのが、一九九九年には四八％に増えていることに注目すべきである。ただしぎりぎり過半数のチェコ人が未だに同性愛に対する敵意を自認してはいる。◆

スロヴァキアにおける進歩はチェコよりは緩やかである。いくつもの組織がゲイ・レズビアンのコミュニティをつくろうと必死になっている。そしてついに定期刊行物を発行するところまでは到達した。しかしゲイ・レズビアン向けの場所についてはそれほど進歩がなく、ほとんど全く存在しない。わずかに国の東部にある中堅都市にバーが一軒と、ブラチスラヴァ郊外に月に一晩だけ開くディスコがあるばかりである。政界は全体的に同性愛嫌悪が強い。中でもキリスト教民主運動の党内には、戦闘的な同性愛嫌悪が見られる。この党は、政治面でカトリック教会の肩代わりをしている党で、スロヴァキア社会全体に多大な影響力を持っている。

両大戦間期のオーストリアでは、合意に基づく成人男女の同性愛を禁止する、一八五二年の刑法第一二九条および一三〇条が問題にされることはなく、この規定に基づく有罪判決も数多くあった。ドイツ国内と同様に、ナチスが法律をさらに厳罰化する前は、罰則は比較的穏健なものだった。「アンシュルス」［一九三八年のナチスによるオーストリア併合のこと］に伴って、ドイツで一九三三年に開始されたナチスによる「同性愛根絶」政策がオーストリアにまで拡大することになった。一九三八年から一九四五年までのオーストリア人の同性愛者は、刑務所や強制収容所でドイツ人の同性愛者と完全に運命をともにしたのである。

ドイツと同じように、終戦は中途半端な解放しかもたらさなかった。強制収容所における死の脅威は消滅したが、刑法第一二九条、一三〇条はなくならなかったし、ナチスのイデオロギーの遺産も残された。オーストリア社会は、↓警察も裁判官も、かつて以上に同性愛者を犯罪者↓と見なした。二〇世紀初頭あるいは一九二〇年代よりも熱心に法が適用された。収容所の生き残りの同性愛者は、ドイツ国内と同様、ナチズムの犠牲者とは見なされず、補償や年金などの措置から排除されている。

オーストリアが同性愛の全面禁止を廃止したのは一九七一年のことだったから、ヨーロッパの民主体制の国々の中では最も遅い国の一つとなった。そのうえカトリック教会と保守派政党は、廃止の代わりにいくつかの差別措置を導入することに成功している。すなわち男性同性愛者の売春禁止（第二一〇条、一九八九年に廃止）、同性の者に対するあらゆる放蕩の教唆禁止（第二二〇条および二二一条、一九九七年に廃止）、さらには一九歳以上の成人と男性同性愛関係を持つことのできる法的最低年齢が一八歳と定められている（第二〇九条）が、これに対して異性愛関係、女性同性愛関係では一四歳が最低年齢とされている。

第二〇九条はオーストリアのさまざまな法的措置および憲法、さらにヨーロッパ議会やヨーロッパ理事会の決議に反しているにも拘らず、二〇〇二年六月までその効力を失わなかった。ヨーロッパ連合のこの二つの機関は、それまで繰り返しオーストリアに対して、その国内法制度をヨーロッパ基準に合致させるよう命じてきた（↓ヨーロッパ法）が、オーストリアはそれに応じなかったのである。第二〇九条廃止法案が可決を見なかったのは、右派および極右政党による断固とした妨害があったからである。このような非妥協的態度は、象徴的なだけではない。有罪判決の数が、一九九〇年代初頭には次第に下がってきて年に約一五件になっていたのに、これが再び上昇して一九九〇年代末には年に平均三五件にまでなっていたのだ。被疑者のほぼ三分の一が一八歳から二〇歳で、四分の三が四〇歳未満であった。二〇〇二年に第二〇九条が消滅したのは、国会が廃止を決めたのではない。オーストリア憲法裁判所が、市民の処遇の平等原則に違反していると評価したため、この条項が無効となったのである。

共産圏の国々と違って、オーストリアでは表現の自由と結社の自由が認められていたため、非常に組織力の強い、また非常に活発なゲイ・レズビアン団体が、一九七〇年代から出現することが可能であった。同性愛運動は政界の一部でも進展を見た。今日でも緑の党と社会民主党が運動を支持している。またオーストリア社会もかなりの進展を示している。伝統的な同性愛嫌悪は、ナチスのイデオロギーの遺産とカトリック教会の多大な影響力の両方によって養われてきたが、それがとくに若い世代の間で、著しく後退しているのだ。しかし国民の一部の無視できないほどの勢力が、あい変わらずポピュリスト右派や極右の政策を積極的に代弁して、暴力的な同性愛嫌悪を唱導し続けてはいる。例えば一九九一年には、一九七一年以前のような同性愛の全面的禁止の復活を歓迎すると宣言したオーストリア人の割合が、未だに二七％にも達したのだ。

ルーマニア　刑法の面で初めて同性愛がとくに標的にされたのは、一九三六年、習俗における厳格な規律の立て直しを主張するファシスト団体「鉄衛団」［コドレアヌが結成した反ユダヤ主義団体「大天使ミカエル軍団」から一九三〇年に派生］の影響下でのことだった。厳密に言えば、この法律は同性愛行為を禁じているわけではなく、公衆道徳の壊乱という特定の不法行為を創設したのである。同性愛行為が誰かに知られるだけで、この不法行為は成立した。

ルーマニアでファシズムが崩壊しても、事態は少しも軟化しなかった。それどころか、男女いずれもの同性愛関係そのものを禁じる法律が一九四八年に採用されている。ハンガリー、チェコスロヴァキア、ドイツ民主共和国など、この種の全面禁止を一九六〇年代に廃止し、そのうえとくに一九八〇年代には、いくつかの場所では控えめであればゲイ世界にも寛容を示すようになった他の共産党政権の国々とは異なり、ルーマニアのチャウシェスク体制は最後［一九八九］まで同性愛者に対する執拗な抑圧を止めなかった。同性愛者への抑圧は、一九七〇年代から硬化の一途をたどったルーマニアの独裁体制の、全般的な進展の一環として組み込まれた事態だったのだ。

共産党以後のルーマニアは未だに、そして群を抜いて、ヨーロッパ中部の中で最も同性愛嫌悪の強い国である。同性愛の全面禁止が廃止されたのは、やっと一九九六年になってからのことである。しかもその際に、一九三六年から一九四八年の時代の、公衆道徳の壊乱に関する法制度が復活している。それを定めた刑法第二〇〇条は、同性の二人の間の行為は、潜在的に公衆に目撃される可能性のある場所で行われた場合、あるいは私的な場所であっても公衆がその行為を知ってしまう「危険」があるような条件下で行われた場合は、すべて一年から五年の刑に処すると定めている［二〇〇一年、廃止］。この場合の「公衆」の概念については、判例によって極めて厳密に規定されている。私的な場所で行われた行為については、例えば隣人など、二人以上の者がその行為を知るだけで、公衆道徳の壊乱が成立する。しかも第二〇〇条は、あらゆる形態の同性愛関係の教唆を禁じている。そこにはすべての「宣伝、団体、勧誘」が含まれる。従ってこの条文は、同性愛に関するあらゆる情報のやりとりにとって大きな障害になっているし、またゲイ・レズビアン団体にとっては表現の自由を強く制限するものとなっている。ゲイ・レズビアン団体は、団体の存続のために、この法律をかわすような策を講じることを強いられている。

いくつもの政治団体や正教会から激しい抵抗があったにも拘らず、同性愛の全面禁止が解かれたのは、バルト三国と同じように、ヨーロッパ連合からの要求に譲歩しただけのことである。それ以来、ヨーロッパ理事会、ヨーロッパ議会、人権諸団体、さらにはＩＬＧＡが、第二〇〇条などすべての同性愛者に対する差別措置撤廃を求めて、相次いで圧力をかけた。二〇〇〇年に国会はこの改革案を上程し、上院では可決されたものの、実現には至らなかった。

法的な面から見ても極めて不安定な条件下にありながら、また政治団体からの支持も一切ないうえに、極めて敵対的な世論に直面しつつも、成果を上げようと努力を重ねているゲイ・レズビアンの権利擁護団体が二つもある。困難な状況の例としては、例えばルーマニア人の八六％が、同性愛者を隣人に持ちたくないと考えている。ＩＬＧＡの調査では、調査対象となったゲイ・レズビアンの二八％もが、少なくとも一度以上、肉体的暴力の犠牲になった経験があると言っている。団体の支持者は限られている。団体と接触があることを周囲の者に見つかれば、自分が同性愛者であることがばれてしまうと心配する者が多いのだ。ブカレストにクラブが一軒ある以外には、ルーマニアには公然と同性愛者向けを謳った場所は一つも存在しない。◆しかもそのク

◆**ぎりぎり過半数のチェコ人が……敵意を自認してはいる**　二〇〇六年に行われたアンガス・レイド社の世論調査では、およそ五二％のチェコ国民が同性婚に賛成しており、これはヨーロッパの平均を上回っている。（金城）

◆**ルーマニアには……一つも存在しない**　その後、ブカレストやほかの都市に数軒のゲイ・バーができた。またブカレストでは、二〇〇四年に政府の機関からの援助を受けてゲイ・プライドを祝う行事が行われた。一方、同性パートナーシップや同性婚は認められていないものの、この話題について語られることも多くなっている。（金城）

ラブも、頻繁に警察の手入れの標的にされているのだ。

ミシェル・セルス（山本訳）

→共産主義、ドイツ、バルカン半島、ファシズム、ヨーロッパ法、ヨーロッパ北部、ロシア

◆補遺

この地域の国々における同性愛をめぐる法制度の最近の状況は、二〇一二年五月発行のＩＬＧＡ（国際レズビアン・ゲイ連盟）の報告書によれば以下のとおりである（括弧内は発効年）<Paoli Itaborahy>。

同性愛行為は九ヶ国すべてで合法である――エストニア（一九九二）、オーストリア（一九七一）、スロヴァキア（一九六二）、チェコ（一九六二）、ハンガリー（一九六二）、ポーランド（一九三二）、ラトヴィア（一九九二）、リトアニア（一九九三）、ルーマニア（一九九六）。

法的同意年齢は、九ヶ国すべてで同性愛関係か異性愛関係かに拘らず同じである――エストニア（二〇〇二）、オーストリア（二〇〇二）、スロヴァキア（一九九〇）、チェコ（一九九〇）、ハンガリー（二〇〇二）、ポーランド（一九三二）、ラトヴィア（一九九九）、リトアニア（二〇〇三）、ルーマニア（二〇〇二）。

性的指向に基づく雇用差別は、九ヶ国すべてで禁じている――エストニア（二〇〇四）、オーストリア（二〇〇四）、スロヴァキア（二〇〇四）、チェコ（一九九九）、ハンガリー（二〇〇四）、ポーランド（二〇〇四）、ラトヴィア（二〇〇六）、リトアニア（二〇〇三）、ルーマニア（二〇〇〇）。

ハンガリーでは、ジェンダー・アイデンティティに基づく雇用差別が法律で禁じられている（二〇〇四）。

オーストリア、スロヴァキア、ポーランド、ラトヴィアでは、トランスジェンダーの人びとへの差別は、ジェンダー差別一般を禁じる法によって禁じられている。

ルーマニアでは、性的指向に基づく憎悪犯罪であることが加重事由とされる（二〇〇六）。

エストニア（二〇〇六）、リトアニア（二〇〇三）、ルーマニア（二〇〇〇）では、性的指向に基づく憎悪を煽動することが禁じられている。

同性カップルに結婚を認めている国はない。

シヴィル・パートナーシップ、登録パートナーシップ、シヴィル・ユニオンなどの制度によって、同性カップルに結婚と同等の、あるいはほぼ同等の権利を認めている国は、オーストリア（二〇一〇）、ハンガリー（二〇〇九）の二ヶ国である。

チェコ（二〇〇六）では、結婚に伴う権利の一部が同性カップルに認められている。

（山本）

ヨーロッパ法

一九八〇年代以降、ヨーロッパ法の枠組みは、同性愛への法的・社会的烙印に抗する最も重要な法的変化をもたらす源になっている。実際に、今日でも加盟国の反差別立法や政策の進歩の多くが、ヨーロッパ評議会（ヨーロッパ人権条約に署名した四七ヶ国［経済統合が中心的な課題であるヨーロッパ連合とは別の機関］）の勧告によって、またヨーロッパ連合（議会、委員会）諸機関の決議、ヨーロッパ人権裁判所［ヨーロッパ評議会の機関。ヨーロッパ人権条約の履行を監督する国際裁判所］の判決によって、勧められた、さらには命令されたものである。このように、さまざまな法領域でゲイとレズビアンの権利平等の尊重を呼びかけているヨーロッパ法秩序が、反同性愛嫌悪《ホモフォビア》と平等における最も重要な動力であることは否定できない。

一九八一年にヨーロッパ人権裁判所の下したダジョン対イギリス事件◆に対

する判決は、同性愛を理由として、市民に対する差別↓を行う国家を初めて国際的に非難したものであった。人権裁判所は、成人男性間で行われた同性愛行為を処罰する北アイルランドの法律が、条約が保障している私生活↓の尊重を侵害していると見なしたのである。判例となったこの最初の判決によって、関係する国家は立法を修正せざるを得なくなった。こうしてヨーロッパ評議会もヨーロッパ連合も、加盟候補国が同性愛者に対する刑事的差別を廃止することに特別の関心をはらうようになった。そのような規定を残しているヨーロッパ連合の他の加盟国は、定期的にヨーロッパ議会によって告発されている。

一九八〇年代初期以降、ヨーロッパ法の影響は、刑法を超えて働くようになる。それは、同性愛の社会的認知とゲイとレズビアンの日常生活により広く関係している。こうして一九七九年から、ヨーロッパ評議会議員会議〔ヨーロッパ評議会加盟国の国内の議会で構成〕によって勧告案が採択されている。それは、閣僚委員会〔ヨーロッパ評議会の意思決定機関。加盟国大臣で構成〕に対して「同性愛者の道徳的法的保護が提起する問題についての世論の喚起」、職業的あるいは「その他の」差別の廃止、ゲイとレズビアンの安全を保障するための措置の考案、また「あらゆる市民に与えられる権利と便宜の享受」を目的とする活動を作業プログラムに入れるように要求していた。一九八一年には、議員会議は「同性愛傾向を修正する」ためのあらゆる活動や義務的な医学研究↓の中止だけでなく、雇用、子の監護権、訪問権および宿泊権について取り扱いの平等を、「それ以上でも以下でもなく」保障することを勧告する文書を採択している。一九八四年、ヨーロッパ議会は、職場における性的差別に関する決議を採択し、一九八六年には、加盟国に性的嗜好を根拠とした差別禁止原則を適用するように要求している。

一九九四年には、クラウディア・ロート報告〔「労働」の項参照〕に続いて、ヨーロッパ議会がヨーロッパ共同体におけるゲイとレズビアンの権利の平等についての決議を採択し、重要な一段階が達成された。この決議は、刑事的処罰↓および差別に終止符を打つよう加盟国に要求し、同性愛嫌悪的暴力↓と闘い、同性愛者を標的にするあらゆる形態の社会的差別に対してキャンペーンを組織するよう促している。「同性のカップルの結婚あるいは同等の権利の享受の禁止が解除されるように」という意味で同性カップルの権利の承認に好意的であっただけでなく、「ゲイとレズビアンの親になる権利、子を養子にする権利、育てる権利」にも好意的な呼びかけが初めてなされたのである。さらにヨーロッパ人権裁判所は、一九九九年に、ポルトガルを批判する判決の中で、同性愛を理由として親に訪問権を与えないことは、条約に照らして正当化できない差別であると厳粛に宣言している。しばらくして、人権裁判所は、軍隊↓における同性愛者の排除政策についてイギリスの違反を認めている。

性的指向を理由とする差別禁止の原則を確立しているのもヨーロッパ法である。一九九七年に、アムステルダム条約は、これらの差別の禁止が現れた最初の国際文書となった。この進展が、二〇〇〇年に採択されたヨーロッパ連合の基本権憲章によって強化されたことの意味は明白である。その二一条は、「とくに〔…〕性差に基づくあらゆる差別」の禁止を定めている。それ以来、理事会は、加盟国が雇用と労働において取り扱いの平等を誠実に保障することを強制する指令を採択している。

一定の進歩にも拘らず、ためらいは依然として残っている。ヨーロッパ人権裁判所は、同性カップルに結婚する権利も家族生活尊重権↓による保護も認めていない。ヨーロッパ司法裁判所〔ヨーロッパ連合法を扱う裁判所〕については、同性パートナーに配偶者の資格を認めることを拒絶している。しかし、とくに欠落しているのは、人種差別や性差別対策に比肩し得るようなヨーロッパの同性愛嫌悪撲滅政策である。実際に、あらゆる領域におけるあらゆる形態の差別からの保護を保障する指令が二〇〇〇年に採択されたが、性的指向についてのこの保護は、労働と雇用に限定されているのである。

ダニエル・ボリヨ、トマ・フォルモン（齊藤訳）

↓差別、私生活、処罰、同性愛者の子育て、判例、非処罰化

◆ダジョン対イギリス事件　北アイルランドの町ベルファストの船員でありゲイの活動家でもあるジェフリー・ダジョンが、彼の性的行為について警察に職務質問をされたことに端を発する事件。ダジョンは最終的にヨーロッパ人権委員会に不服申し立てをした。（金城）

◆補遺

ヨーロッパ人権裁判所は近年良い方向へ進展し、同性婚と同性カップルの子育てへの権利を認めるようになってきた。二〇〇三年、ヨーロッパ議会は同性愛者が結婚し養子縁組をすることを可能にするよう勧告した。また、同議会はEUに対して、法的にも実際上もすべての形態の同性愛者差別を廃止するよう強く求めている。さらに加盟国に対し、異性愛・同性愛を問わず、家族の定義を拡大して、結婚をしていないカップルについても結婚をしている者と同じ権利を認めるように勧めている。しかしながら、同性婚を認めないことやカップルでの養子縁組を認めなくとも人権条約には反しないという判決が出ている。これらの点について、各国の法整備はまちまちである（二〇一二年の現状については、それぞれ「同性婚」、「養子縁組」の補遺を参照）。

ヨーロッパ人権裁判所がこれまでに出した主な判決を挙げると、二〇〇三年のカーナー対オーストリア事件ではパートナーの死亡後、居住権を奪われたのは違法な差別行為であるとし、また二〇〇八年のE・B対フランスの事件では、性的指向に基づいて養子縁組をする権利を奪われるのは禁止された差別に当たりヨーロッパ人権条約に違反するとしている。

さらに二〇〇六年から二〇〇七年にかけてヨーロッパ議会では、ヨーロッパで増加している同性愛嫌悪に対処すべく三度決議文を採択している。その内容は、同性愛嫌悪行為に対してきちんと司法判断を下すこと、およびヨーロッパで五月一七日をIDAHOと認めることなどである。IDAHOとは、本書の編者ルイ＝ジョルジュ・タンの提唱で始まった運動で国際反同性愛嫌悪・トランス嫌悪デーの略。五月一七日は、WHOが分類する疾病から同性愛が外された日である。

（金城）

ヨーロッパ北部

ヨーロッパ北部の国々は、今日ではゲイ・レズビアンに対する寛容では評価が高いが、それは正当である。とくにデンマークとオランダは、差別からの保護、同性愛カップルの認知、さらには養子縁組の権利などに関して、先駆的な役割を果たしている。しかしだからと言って、ヨーロッパ北部の社会から、同性愛者に対するあらゆる形態の差別、あらゆる敵対行動が消え去ったとは言えない。同性愛者を特別に保護する必要があることが、それを物語っている。しかし国会で肯定的な法律が可決されるのは、考え方が進歩してきていることの反映であるし、また国民の圧倒的大多数が、同性愛はセクシュアリティの「正常な」一ヴァリエーションであり、平等な権利を認められてしかるべきだとする考え方に同調していることの表れである。逆にこうした法律が存在することが、性的指向の尊重は社会生活の規範であるということを明確にし、偏見や同性愛嫌悪《ホモフォビア》に基づく態度と闘う役に立つのである。

今こうした結果に至っているのは、歴史的に見れば、過去三〇年間に渡る価値観の真の転覆の賜物である。それ以前も確かに刑法の面に限って言えば、ヨーロッパ北部の国々は、スカンディナヴィア半島のように、どちらかと言えば穏健な抑圧の伝統に組み込まれていたか、あるいはベネルクス三国［オランダ、ベルギー、ルクセンブルク］のように、リベラルな伝統に組み込まれていたかのどちらかである。しかしいずれの場合であっても、同性愛や同性愛者の同化について肯定的に思考されることはかつてなかった。だから決定的な転換点がやってきたのは、西洋諸国全般と同じく、一九六〇年代から七〇年代の「性の解放」と呼ぶに値する出来事が起きたときなのである。このときに目に付くのは、同性愛者の力強い運動が飛躍的に発展したことであり、考え方の進歩という面でも、斬新な法的枠組みの練り上げという面でも、そうした運動が公然と、また戦闘的に闘う力を示すことで大きな役割を果たしたのである。

同性愛の非処罰化への長い道のり

ベネルクス三国は、刑法の面ではフランス革命から直接的な影響を受けているという点で、長い間北欧諸国［ここではノルウェー、スウェーデン、デンマークのスカンジナヴィア三国に、アイスランドとフィンランドを加えた五ヶ国を指す］とは区別されてきた。今日、ベルギー、ルクセンブルク、オランダの領土になっている地域をフランスの革命軍が占領したことによって、一七九二年から九五年という時代にすでに、この地域はフランス国内同様、中世に宗教的起源を持つ「反ソドミー法」を無条件に廃止するに至った。ソドミーの概念は、肛門への挿入だけを言うのではなく、より一般的に生殖を目的としない性行為すべてをその標的としていた。だから反ソドミー法は、男であれ女であれ、同性どうしの関係すべてを犯罪としていたのである。革命期に続いてナポレオンが占領したことによって、同性愛と異性愛を区別しない刑法が採用され、同性愛を犯罪と見なさないということが、法制度として確立した。

そのとき以来この三ヶ国では、合意した成人どうしの同性愛関係に認められたこの自由が、問題にされたことは一度もない。しかしながら、「性的同意年齢」に関しては、二〇世紀に差別措置が登場することになる。しかしそれらも今ではすべて廃止されている。

ベルギーでは、相手が未成年者の場合に合意が認められる最低年齢が初めて定められたのは一八四六年のことで、このときは誰にとっても一四歳とされた。その後一九一二年に、一六歳に引き上げられた。ベルギーが男女問わず同性愛関係の場合について、最低年齢を一八歳に引き上げたのは、一九六五年になってからのことで、このときの精神は、フランスにおけるミルゲ修正法の動機となった精神に似ている。この措置は一九八五年に廃止された［異性愛、同性愛問わず一六歳となった］。

ルクセンブルクはベルギーにたいへんよく似ていて、当初は何の規定もなかったのだが、一八五四年から一九七一年の間には、あらゆる種類の性的関係の最低年齢は一四歳と定められていた。それが一九七一年になって、ベルギーの一九六五年の措置と同じような差別措置を採用した。性的同意年齢が再び誰にとっても同じになり、一六歳と定められたのは、一九九二年になってからのことである。

最後にオランダでは、誰にとっても最低年齢は一六歳であると最初に定められたのが、一八八六年であった。それが一九一一年に、男女問わず同性愛関係の場合に限って、性的同意年齢を二一歳にするという規定が刑法に導入され、一九七一年まで効力を失わなかった。一九七一年には、再び誰にとっても、最低年齢は一六歳と定められた。一二歳から一六歳の未成年者との間に異性愛関係または同性愛関係を持った場合でも、その未成年者本人から、またはその両親からの訴えがない限り、訴追の対象にしてはならないとされている。

ベネルクス三国のように、一八世紀末に同性愛を犯罪としなくなるという出来事を、北欧諸国が経験することはなかった。北欧諸国が一九世紀に整備した近代的な刑法典は、例外なく男性同性愛関係を禁じていた。女性同性愛もスウェーデン、フィンランドでは処罰の対象とされたが、ノルウェー、デンマークでは犯罪とされなかった。

同性愛の非処罰化に至る道のりは、デンマークで一九三〇年に、スウェーデンでは一九四四年に始まっている。同意した成人どうしの同性愛が認められたのである。しかしどちらの国でも、性的同意年齢に関する差別措置が導入された。異性愛関係の場合は一五歳であるのに対して、同性愛関係の場合は一八歳とされたのである。しかもそれ以前は法律の対象となっていなかった女性同性愛も、この措置の対象に含まれることになった。この措置が撤廃されるのは、デンマークでは一九七六年、スウェーデンでは一九七八年のことであり、それによって誰にとっても性的同意年齢は一五歳と定められた。デンマークの刑法におけるその他の差別措置、例えば同性愛関係の「教唆」に関する措置、売春に関する措置、あるいはその他のさまざまな性的犯罪や不法行為は、一九六七年から一九八一年の間に徐々に廃止されていった。アイスランドは一九四四年の独立まではデンマークの自治領であったので、デンマークの一九三〇年の法律が適用されていた。差別的な面が廃止されたのは一九九二年からである。このときとくに、誰にとっても同じ性的同意年齢が一四歳と定められた。

フィンランドとノルウェーでは、同性愛の非処罰化の動きはもっとゆっくりしていた。この二ヶ国で、男女の同性愛の全面的禁止が解かれたのは、それぞれ一九七一年、一九七二年になってからのことである。しかしノルウェーでは、一九七一年の時点ですでに同性愛を完全に犯罪と見なさなくなったと考えることができる。この年、異性愛関係も含めて性的同意年齢がすべて一六歳に定められたからである。フィンランドでは、男女の同性愛を三つの措置によって他から区別し続けた。性的同意年齢を、同性愛以外の関係で一六歳であるのに対し、同性愛関係の場合は一八歳にしていること。未成年者に対する権威の濫用の罪が、同性愛以外は相手が一六歳から一八歳の場合に適用されるのに対して、同性愛の場合は一六歳から二一歳の場合に適用されるとしていること。最後に「同性愛関係の教唆」という特別な不法行為を設定していることである。これらの差別措置は一九九八年に撤廃された。これによって、同性愛の非処罰化への道のりは、ヨーロッパ北部のすべての国々において終了したことになる。

■一九六〇年代～一九七〇年代――同性愛に対する社会の見方の転換

ヨーロッパ北部のさまざまな国における、同性愛者に対する社会の態度の変遷を考えるに当たっては、成人どうしの同性愛をベネルクス三国では犯罪と見なさなかったこと、デンマークやスウェーデンでは比較的早い時期に非処罰化したことを、あまりに肯定的に解釈しないように気をつけなければならない。デンマークとスウェーデンがそれぞれ一九三〇年と一九四四年に同性愛の非処罰化を果たしたことは、社会が、あるいは立法者が、同性愛を「正常な」あるいは受け容れるべき指向の一つであると見なしたことを意味するわけではない。そうではなくてむしろ、同性愛は司法制度の管轄ではなく医学や精神医学に属する病気の一つだと見なされたのである。その一方で、「若者の保護」の領域に社会がもっと介入すべきだという考え方が広がっていった。従って改革によって期待されていたのは、同性愛の非処罰化よりも、未成年者が「正常な」性的発達の「道から外れ」ないようにもっと効果的に保護すべしという配慮に基づいて、法制度を「近代化」することの方だったのである。同じような傾向は、ベルギーやルクセンブルクではもっとはっきりと見てとれる。この二ヶ国では司法制度上一五〇年以上も同性愛を不利益扱いしてこなかったのに、結局、性的同意年齢について法的な不平等を定めたのである。

しかしベルギーとルクセンブルクでは、ヨーロッパ西部の国々で一九六〇年代半ば以降に始まった習俗の変遷に直面した際、持ち前の変化の遅さがほとんど時代錯誤なまでに保守的な反応という形になって現れた。豊かな対抗文化の出現の象徴となったのは、アムステルダムやコペンハーゲンのような都市であった。そこでは政治的な論争やフェミニズム、性の解放、それまでとは違う別の生き方が交差していた。性的な自由は、宣言文や極端に過激な体験以上に、セクシュアリティをめぐる社会的道徳的規範の変化として、すべての国で少なくとも数年の間だけは触知できた。同性愛者は至るところで組織をつくり、権利を要求し、以前にはあり得なかったことだが公然と自らを誇示し、時代の雰囲気を断固として利用し、そこに積極的に参加した。

徐々に同性愛は性的な病気の領域から抜け出して、セクシュアリティの一ヴァリエーションと見なされるようになっていった。一九七〇年代以降、同性愛関係については同意年齢を高く定めていた法制度を撤廃する動きが出てきたことは、国によって早い遅いはあったものの、同性愛に対する見方の変化を立法者が配慮するようになった証しである。同性愛の非処罰化の最終段階の後、すぐに引き続いて同性愛者のための法制度が練り上げられていったことによっても、同性愛に対する考え方の根本的な変化が確認できる。セクシュアリティを尊重される権利は、基本的人権の一つとなったのであり、ある人にとってセクシュアリティは固有の社会的な弱点になることが明白である以上、その権利を保障するよう行動することが立法者の義務として課せられたのである。

以上のような進歩は、さまざまな国で活発に活動する同性愛者組織が果たしてきた役割と切り離して考えることはできない。オランダや北欧諸国における同性愛運動の大きな特徴は、一つの大きな団体あるいは全国的な同性愛者連盟が存在して、全体がよくまとまっていることである。こうした組織の設立はかなり早く、一九四六年から一九五〇年の間であったが、それを支持する声やその影響力は一九七〇年代初頭までは小さなものだった。しかし一九七〇年代初めに、どの組織でも活動家が急激に増え、その言説は過激になり、自らの存在を公然化することがその活動の中心に据えられた。そうした組織は内部ではしばしば極めて激しい論争が起きているにも拘らず、よくまとまっているおかげで、しだいにゲイ・レズビアンのコミュニティを真に代表する機関として、公権力や政党から認められるようになり、新しい法的な枠組みを練り上げるに際しては、欠かすことのできない提言勢力となったのである。

ゲイ・レズビアンの権利を保護するための法律

一九八〇年代初頭以降、ベルギーを除くすべてのヨーロッパ北部の国々で、ゲイ・レズビアンをその性的指向に関連する差別から保護することを明確に目的とした措置が、法制度の中に徐々に取り入れられていった。ノルウェーでは一九八一年、デンマークとスウェーデンが一九八七年、オランダが一九九一年から九二年、フィンランドが一九九五年、そして最後にアイスランドとルクセンブルクが一九九六年から九七年のことである。一般的には既存の法律の改正が行われたのである。そうした法律は、ある人たち、あるいは集団を、その出自を理由に、またある民族、ある人種、ある宗教に所属していること、あるいは所属していないことを理由に、差別することを不法行為であると規定するものであった。そこで差別の動機を並べたこの古典的リストに、「性的指向」という一般的な概念が加えられたのである。この種の法律によって禁じられている差別行為の範囲は、国によって若干異なるが、大ざっぱに言ってどの国でも二つの種類の不法行為が問題にされている。一つには、ある人またはある集団に対する差別、敵意、憎悪、暴力を挑発または教唆する行為である。今一つには、財やサーヴィスの提供を拒むことである。

大半の国々では、同時に、あるいは第二段階として、労働環境における差別からゲイ・レズビアンを保護する措置を整備している。最初がオランダで一九九四年、次いでフィンランド（一九九五）、デンマーク（一九九六）、ルクセンブルク（一九九七）、ノルウェー（一九九八）、そして最後がスウェーデン（一九九九）で、それぞれかなり似通った法律を採用して、雇用における差別、解雇の濫用、そして同時に賃金、昇進、責任、労働条件などの面における被雇用者間の処遇の不平等を禁じた。

「新しい権利」──同性愛者カップルの認知

デンマークは一九八九年に、同性愛者どうしのカップルに法的地位を認めた世界で最初の国となり、センセーションを巻き起こした。デンマークのシヴィル・パートナーシップは、フランスで一〇年後に採用されたパックスとは違って、同性のカップルにしか適用されない制度であり、従って明確に「同性婚」を対象としたものである。それを象徴することとして、結婚という言葉自体は避けられているけれども、役所で執り行われる儀式は、異性愛者どうしの民法上の結婚の儀式と、何の違いも感じられない。このシヴィル・パートナーシップ制度は、二つの大きな点を除けば、民法上の結婚と全く同じ権利と義務に門戸を開いた。二つの点とは、同性愛者のカップルは養子縁組の権利から排除されていることと、一九九七年の法律以降は、生殖補助医療への権利から排除されていることである。デンマークの法制度の適用に当たって、一定の自律性を認められているフェロー諸島では、シヴィル・パートナーシップ制度を採用していない。

いくつかの国がデンマークのモデルから強い影響を受けて、同性愛者どうしのパートナーシップを民法上の地位として登録する制度の形態を整えた。ノルウェーは一九九三年、スウェーデンは一九九五年、アイスランドは一九九六年、オランダは一九九八年のことである。オランダの場合、このパートナーシップ制度は異性愛者どうしのカップルにも開かれている。これらの国で採用された法制度は、どれも民法上の結婚と極めて近い法的枠組みを提供しているが、親子関係ないし養子縁組に関連する権利に関しては断固として例外とされている。

フィンランドでもデンマーク型のシヴィル・パートナーシップ法案が議論されてはいるが、二〇〇一年現在で、まだ成立を見ていない。しかしそれでも、「共同生活を営んでいる」という根拠が性別に関わりなく法律によって認められるので、また、例えば生殖補助医療の利用について定めた法制度が存在しないように法制度には明らかに隙があるので、実際上は、同性のカップルにもさまざまな社会的権利が認められていると言える。

最後にベルギーでは、やはり親子関係と養子縁組に関連する権利は例外とされているものの、結婚を同性どうしのカップルにも認める法案が二〇〇一年六月に閣僚会議で承認され、二〇〇二年一一月に上院で可決された。下院がこれを可決するのは二〇〇三年になると見られている。ベルギーはまた、これとは別に二〇〇〇年に「法的同居」に関する法律を採用している。その精神は極めて斬新である。それは同性愛者どうしのカップルの認知の問題ではなく、性別にも、また関係の性質にも関わりなく、共同生活を営む二人の人間の間の契約の問題である。従って、この法律は同性愛者どうしのカップルだけでなく、例えば兄と妹というような関係にも門戸を開いている。必要があれば公証人の前で協定を交わしたうえで、戸籍係へ出向いて宣言するだけで事は済む。それによって基本的に契約当事者間の経済的連帯関係が成立し、別れる際には同居中に得られた財の行方について、この法律に基づいて決済される。

以上のように、ほぼ一〇年の間に、ヨーロッパ北部のすべての国で、ある種の法的基準が設けられたことになる［最近の状況は補遺参照］。それによって同性愛者どうしのカップルにも、住居、税金、相続、別居または「離婚」に関しては、異性愛者どうしのカップルとほぼ同じ権利が認められることになった。しかし、どの国でも親子関係の領域については限界に突き当たっている。すなわちパートナーどうしの一方の子どもに対して、共同で親としての権限を行使すること、女性にとっては生殖補助医療を利用すること、そしてカップルとして子どもを養子縁組することである。シヴィル・パートナーシップの法制度は、男性同性愛者およびレズビアンに、公式に共同生活を営む権利を認めるという利点はあったのだが、逆説的なことには、同性愛者どうしのカップルのためにおおむね特殊な地位を創設したことによって、結婚への権利は完全に閉ざされることになり、新たな差別を生みだしてしまったのである。デンマークはこの歪みに向き合って、一九九九年に追加の一歩を踏み出した。パートナーがそれ以前の関係でもうけた子どもを、もう一方が養子縁組する権利を認めたのである。

オランダは、同性愛者特有の権利という論理と根本的に断絶した最初の国である。二〇〇一年六月以来、オランダは同性どうしの二人の人間に対して民法上の結婚契約を結ぶことを認めたのである。この結婚は、親子関係や養子縁組も含めてあらゆる点で異性愛者どうしの結婚と同じである。ただし最後の点については、同性愛者どうしのカップルに養子縁組の権利を認めることに対して、海外の団体や機関から敵意が示されたために、オランダの立法府はしばらくの間、養子縁組の権利をオランダ国籍を持つ子どもに限ることにした［二〇〇五年にこの規制は緩められた］。一九九八年に創設されたシヴィル・パートナーシップ制度は、異性愛者どうしのカップルにも開かれていたが、それはそのまま結婚とは無関係に存続している。二〇〇二年中に、他の国でも同様の前進が始まっている。この点で最も進んでいるのはスウェーデンで、二〇〇二年六月に可決された法律によって、二〇〇三年二月以降、同性のカップルに対して、異性愛者どうしのカップルと全く同じ条件で、外国人の子どもも含む養子縁組が認められることになった。

ミシェル・セルス（山本訳）

↓差別、同性愛者の子育て、同性婚、養子縁組、ヨーロッパ中部・東部、ヨーロッパ法

◆補遺

この地域の八ヶ国における同性愛をめぐる法制度の最近の状況は、二〇一二年五月発行のＩＬＧＡ（国際レズビアン・ゲイ連盟）の報告書によれば以下のとおりである（括弧内は発効年。本文と齟齬がある場合もそのまま記載した）<Paoli

Itaborahy〉。

同性愛行為は八ヶ国すべてで合法である――アイスランド（一九四〇）、オランダ（一八一一）、スウェーデン（一九四四）、デンマーク（一九三三）、ノルウェー（一九七二）、フィンランド（一九七一）、ベルギー（一七九五）、ルクセンブルク（一七九五）。

法的同意年齢は、九ヶ国すべてで同性愛関係か異性愛関係かに拘らず同じである――アイスランド（一九九二）、オランダ（一九七一）、スウェーデン（一九七八）、デンマーク（一九七六）、ノルウェー（一九七一）、フィンランド（一九九九）、ベルギー（一九八五）、ルクセンブルク（一九九二）。

性的指向に基づく雇用差別は、九ヶ国すべてで禁じている――アイスランド［原文では記載漏れ］（一九九六）、オランダ（一九九二）、スウェーデン（一九九九）、フェロー諸島とグリーンランドを除くデンマーク（一九九六）、ノルウェー（一九九八）、フィンランド（一九九五）、ベルギー（二〇〇三）、ルクセンブルク（一九九七）。

スウェーデンでは、ジェンダー・アイデンティティに基づく雇用差別が法律で禁じられている（二〇〇九）。

オランダ、デンマーク、フィンランド、ベルギーでは、トランスジェンダーの人びとへの差別は、ジェンダー差別一般を禁じる法によって禁じられている。

スウェーデンは、性的指向に基づく差別禁止を謳う憲法を制定している（二〇〇三）。

性的指向に基づく憎悪犯罪であることが加重事由とされるのは、以下の四ヶ国である。オランダ（一九九二）、スウェーデン（二〇〇三）、デンマーク（二〇〇四）、ベルギー（二〇〇三）。

性的指向に基づく憎悪を煽動することを禁じているのは、以下の七ヶ国である。ベルギー（二〇〇三）、デンマーク（一九八七、ただしフェロー諸島は二〇〇七、グリーンランドは二〇一〇）、アイスランド（一九九六）、ルクセンブルク（一九九七）、オランダ（一九九二）、ノルウェー（一九八一）、スウェーデン（二〇〇三）。

同性カップルに結婚を認めているのは、以下の五ヶ国である。アイスランド（二〇一〇、同時に登録パートナーシップ制度は廃止）、オランダ（二〇〇一）、スウェーデン（二〇〇九）、ノルウェー（二〇〇九）、ベルギー（二〇〇三）。

シヴィル・パートナーシップ、登録パートナーシップ、シヴィル・ユニオンなどの制度によって、同性カップルに結婚と同等の、あるいはほぼ同等の権利を認めているのは、以下の一ヶ国である。フェロー諸島を除くデンマーク（一九八九、ただしグリーンランドは一九九六）、フィンランド（二〇〇二）。

ルクセンブルクでは、結婚に伴う権利の一部が同性カップルに認められている（二〇〇四）。

同性カップルが共同で養子縁組することを法的に認めているのは、以下の六ヶ国である。ベルギー（二〇〇六）、デンマーク（二〇一〇）、アイスランド（二〇〇六）、オランダ（二〇〇一）、ノルウェー（二〇〇九）、スウェーデン（二〇〇三）。

フィンランドでは、同性カップルのパートナーの子または養子を養子にすることが法的に認められている（二〇〇九）。

（山本）

ラテンアメリカ

ラテンアメリカが「発見」された一五世紀から一六世紀への折り返しの時期は、スペインとポルトガルがソドミーという、厭うべき冒瀆的な罪に対して歴史上最も不寛容になっていた時期でもあった。この時代にイベリア半島には十数ヶ所に異端審問所↓が設けられ、ソドミーを国家反逆罪↓や国王殺害の罪に匹敵する重罪と見なしていたのである。そしてアメリカ大陸のスペイン領にも、メキシコやペルー、コロンビアなど複数の異端審問所が設置された。ブラジルには異端審問所の視察官や「親友」［異端取締官のこと］がポルトガル領の植民地全域を定期的に巡察し、ソドミー犯を告発、逮捕した。ソドミーの罪は、ブラジル総督が本国ポルトガルの国王にあらかじめ諮ることなく死刑を宣告できる数少ない犯罪の一つであった。

ラテンアメリカの同性愛嫌悪《ホモフォビア》は、今日でもなおイベリア半島の男性優位《マッチョ》主義にその根源が見出される。その前提となっているイデオロギーは、征服の時代の神学の↓、次のような道徳論を発想の源としている。「あらゆる罪の中でソドミーは最も恥ずべきで、最も汚らわしく、最も淫らな罪であり、神の目から見ても人間の目から見ても、これほど耐えがたい罪は他にない。神はこの罪のゆえに地上に洪水を引き起こしたのであり、この罪のためにソドムの町とゴモラの町（↓ソドムとゴモラ）を破壊したのであり、この罪が理由であらゆるキリスト教国におけるテンプル騎士団を一日にして滅ぼしたのである。だからこそそのような罪を犯した人間は、すべて火炙りに処し、その火によって灰となし、その者の肉体も、その者の墓も二度と思い出されることのないようにすることをわれわれは命ずるのである」。同性愛者は国王裁判所、異端審問所、司教裁判所の三種類の法廷によって迫害されていたのである。

新大陸にやって来たヨーロッパ人は、この地に極めて多様な民族と文明が存在すること、そしてその慣行がユダヤ↓＝キリスト教を基盤とする文化とは非常に異なっていて、例えば裸、名誉の概念、処女性、近親姦、一夫多妻または一妻多夫制、離婚、そしてとりわけ同性愛や異性装、トランスセクシュアリティなどに関して、時にヨーロッパとは全く正反対の慣行があることを知った。

一五一四年にはすでに、『インディアス自然一般史』↓［スペインの歴史家オビエドの著書］に、カリブ海地域でも大陸の領地でも、土地の者たちは冒瀆的な悪徳を好んでいると書かれている。征服者たちはインディオが崇拝する彫刻や偶像に、同性どうしの性行為があからさまに表されているのを見て、心底憤慨した。メキシコであろうが中央アメリカであろうが、アンデスやアマゾンなど南アメリカであろうが、どこでも同じ一つの事実が確認される。すなわち「インディオの男女の多くが肛門性交《ソドミー》を行っている」。そして多くの年代記作者が肛門性交《ソドミー》を無信仰に結びつけている。「土地の者は本当の神も主イエス・キリストも知らない。だから毎日、最悪の罪を犯しているのだ。それは例えば偶像崇拝や人間の生け贄、人肉食、悪魔との会話、肛門性交《ソドミー》といったことである」。

しかし少なくともアメリカ先住民族の文化すべてが、同性間の性愛に好意的であったわけではない。フランシスコ会の年代記作者は、マヤ人やアステカ人にとって「肛門性交《ソドミー》の受け側となる者は厭うべきで、冒瀆的で、嫌悪すべきだと考えられていて、人びとの軽蔑と嘲笑を買った」と書いている。コロンブスの到来以前の文明に次のような相反する性質が見られることは特筆に値する。すなわち、一方で両性具有や同性愛に価値を置く極端にディオニュソス的な神話体系を持ちながら、他方では同性間性行為に死刑を適用することもあるアポロン的な、時に極めて抑圧的な道徳が実践されるのである。新世界における同性愛の研究の先駆けとなったベネズエラ人のアントニオ・ラケーナも一九四五年の著書の中で言っているように、「同性愛が受け容れられるか排斥されるか、また敬われるか厳しく罰せられるかは、それが実践される国による。しかしとにかくベーリング海峡からマゼラン海峡まで、同性愛が現に存在していたことは確かである」。

一五一三年は新世界における同性愛嫌悪のとりわけ悲劇的な歴史が幕を開けた年であった。スペイン人の征服者バスコ・バルボアがパナマ地峡でインディオの同性愛男性を発見し、そのうち四〇人を拘束、自分の犬に喰わせたと、同じ時代のピエートロ・マルティーレが証言しているのである。一五四八年には、迫害が制度の遂行者である植民者側のヨーロッパ人同性愛者にまで及んだ。グアテマラでソドミー犯七人が拘束されたのだが、そのうち四人が聖職者だったのである。彼らは火刑台で死刑にされるところだったが、地元住民が蜂起したために免れた。

ソドミーを理由に南北アメリカ大陸への流刑が最初に執行されたのは一五四九年であった。元はリスボン市長の召使いであったエステヴァン・レドンドという名のポルトガル人の若者が、ブラジル北東部に永久追放されたのである。一五七一年にはメキシコとペルーに、一六一〇年にはコロンビア沿岸のカルタヘナに異端審問所が設置された。ポルトガル領アメリカで見られた状況とはちがい、スペイン領アメリカの異端審問所はソドミーの罪を追及する権限を持たなかった。それは国王裁判と教会裁判の管轄とされたのである。

ブラジルでは一五九一年から一六二〇年の間に、二八三人の男女がソドミーの疑いで取り調べを受け、四四人が有罪判決を受けている。国王のガレー船送りとなった者やアフリカやインドの辺境に流刑となった者も複数あった。植民地時代のブラジルで告発された二九人のレズビアンのうち、五人が罰金刑および名誉刑を科され、三人が追放、二人が公開の場での鞭打ちとされている。最も有名なのはフェリパ・デ・ソーザで、国際ゲイとレズビアン人権委員会の提唱した国際人権賞にその名を残している。一六四六年にポルトガルの異端審問はレズビアニズムを罪に問わないことに決め、確かにレズビアニズムを理由に死刑を科されることはなくなったが、レズビアンは依然として国王裁判と司教裁判から迫害を受け続けたのである。

ブラジルの歴史上、他に二人の若い男性同性愛者が処刑されたことが文献で確認できる。一六一三年、現マラニョン州沿岸部の都市サン・ルイスで、カプチン会の宣教師にそそのかされたフランス人侵略者の命により、ティビラすなわち肛門性交《ソドミー》の受け側として知られていたインディオのトゥピナンバを砲身の先にくくりつけて大砲を発射し、「汚れを祓い浄めるために」身体を粉々にした。一六七八年には北東部の現セルジペ州で、もう一人の犠牲者が処刑されている。若い黒人奴隷が「白人の軍人とともにソドミーの罪を犯したので鞭打ちの刑を受け死亡した」のである。

植民地時代のラテンアメリカで、ソドミーをした者への迫害が最も苛烈だったのはメキシコである。一六五八年には首都に暮らす一二三人のマリキータ［オカマ］が告発され、そのうち一九人が逮捕され、一四人が火炙りにされている。中の一人は一五歳に達していないという理由で火刑を免れたが、それでも鞭打ち二〇〇回、強制労働六年の刑を宣告された。一六七三年には首都南部のミスコアックでまた別の迫害があり、ムラート［黒人と白人の混血］、黒人、メスティソ［インディオと白人の混血］からなる七人のソドミー犯が火刑に処された。

ポルトガルとスペインで異端審問が終結すると、ラテンアメリカの異端審問所もまた姿を消した。メキシコとペルーは一八二〇年、カルタヘナとブラジルは一八二一年のことであった。しかしこの恐るべき怪物は公式的には滅ぼされたものの、心性や偏見は命令されて変わるものではなく、今日でも異端審問の亡霊はラテンアメリカの大陸の至るところに生き残っている。それは性的マイノリティに直面したときの道徳的で不寛容なイデオロギーの中にだけではない。地方のエリートの顔ぶれにもそれは現れている。各地の極めて古い家系は、異端審問所のあの恐るべき異端取締官や役人の直接の子孫なのである。

ナポレオン法典でソドミーが犯罪視されなくなったことの影響で、ラテンアメリカの新しい国の大半の刑法典には、ソドミーがもはや犯罪として記載されていない。しかし実際には一九世紀を通じてソドミーの訴追は続くのである。偏見と差別、とくに性的に「受けであること」への偏見と差別のせいである。強制猥褻《わいせつ》や売春という理由で、また女装者の場合には身分詐称の罪で告発し、多くの同性愛者が新たに編成された警察の手で恫喝されたり、投獄や拷問を受け続けた。つまり同性愛者にかけられていた異端審問の毒牙の持ち主が警察署に移っただけのことである。それでも医者や科学者の中には、「性逆転者」の男女を監獄（↓刑務所）や警察の留置所に入れさせないように善意から証言をする者たちがいた。しかし診療所や病院で彼らの治療をしようとすればするほど、医者たちはかえって公認道徳の番犬となってしまうのだった。マリコン［オカマ］男色家たちに時に医師が講じる手段は、まさにある種の暴力、ある種の拷問であった。大きな苦痛を伴う手当て、電気ショック、大量のホルモン、有害な化学物質、さらにはたいした効果が明らかにされていないにも拘らず、猿の睾丸を移植するなどという治療法まであった。

二〇世紀のラテンアメリカの、数百万人のゲイ・レズビアン・バイセクシュアル・トランスジェンダーの人びとにとっての日常は、自分たちの家族からも見放され、街角では侮辱され、職（↓労働）に就くこともできずに、社会の周縁におしやられ、身を隠し、自らをさげすみ、あげくに自殺したり殺されたりするというものだった。一七〇〇万人もの同性愛者を擁するブラジルでは、あらゆる社会的マイノリティの中でもゲイ・レズビアンに対する嫌悪が群を抜いて強いことが調査によって明らかにされた。差別は言葉による↓侮辱から公務員による暴力、恣意的な投獄を経て同性愛嫌悪に基づく殺人にまで至る。メキシコでは今に至るまで、ゲイが「四一」という異名で呼ばれてきた。これは一九〇一年に一晩のうちに逮捕された同性愛者の数を表している。彼らは、首都の街路と公衆便所を清掃させられるという屈辱的な懲罰を受けた。

『スパルタカス国際ゲイ・ガイド』によれば、ラテンアメリカおよびカリブ海のどの国にも、ハッテン場や、ゲイ・フレンドリーなバーなどの商業施設、あるいはゲイ・レズビアン・トランスセクシュアルの住人が大っぴらに出入りできるようなところが必ずあるという。しかしながら同性愛者の権利擁護のための団体の存在を、断続的にせよ保証している国は、そのうちの半分に過ぎない。

ラテンアメリカの国々は、インディオの遺産、アフリカの文化、イベリア半島の伝統を特徴としているが、その混ざり具合はそれぞれの国で異なり、社会経済的にも、文化的にも大きな多様性を示している。しかしどの国にも共通している特徴は、男性優位主義《マッチョ》と同性愛嫌悪が極めて強いことで、これはキリスト教に基づいた規制がいつでもどこでも↓家族からかけられることと、若者の経済的自立の難しさによってさらに拍車がかかり、その結果、同性愛者のカミングアウトが進まない原因となっている（↓クローゼット）。そしてこのことはまた、ゲイ・レズビアン・トランスジェンダーの活動団体が脆弱である理由の一つでもある。同性愛者が受ける非難があまりにも烈しいので、「ラテンアメリカでゲイでいるためには、すごくマッチョでなければならない」とよく言われている。マリカ、あるいは地域によってそれから派生したマリキータ、マリキーニャ、マリコナなどが、男性同性愛者を侮辱する際に、ポルトガル語圏のブラジルもふくめてラテンアメリカ中で最もよく使われる言葉である。レズビアンに対しても同様の嫌悪が向けられる。レズビアンは自分自身の家族や、元恋人の男、離婚した元夫などからしばしば極めて深刻な暴力を受ける。そうした暴力を掻き立てているのは↓レズビアン嫌悪（レズボフォビア）、女性嫌悪《ミソジニー》のイデオロギーであり、それによって女性どうしの性愛が、男性優位主義《マッチョ》のヘゲモニーに背き、侵害するものと解釈されるのである。

この地域の国の中でもキューバ共和国は、一九六〇年代に政府が暴力を行使するという不幸な出来事があったために特異な存在となっている。同性愛は資本主義的↓退廃の徴候であると断じられ、マリコンたちが攻撃され、逮捕、追放されたのである。トマス・アレア・グティエレス監督作品の『苺とチョコレート』［ホルヘ・ペルゴリア主演、一九九三（日本公開、一九九四）］やレイナルド・↓アレナス『夜になるまえに』［安藤哲行訳、国書刊行会、二〇〇一新装版、ジュリアン・シュナーベル監督、ハビエル・バルデム主演で映画化、二〇〇〇（日本公開、二〇〇二）］など複数の本や映画に、この時代のキューバの同性愛嫌悪に基づく不寛容が描かれている。しかしこのような状況は、もはや完全に、あるいはほとんど過去のものとなった。フィデル・カストロのこの島で、どんな同性愛運動が組織されているのかという点については一切情報がないが、ゲイ・レズビアンが都市コミュニティの内側で多少は団結しようとしていることが知られている。この動きは、キューバ当局が今日では比較的寛容になっていることに勢いを得たものである。性的指向やジェンダーの問題を尊重するという当局のこの新しい態度は、国連での公式会議や北京で開かれた世界女性会議［第四回、一九九五年］などで公式に確認された。北京では、キューバはラテンアメリカの国では唯一、性的指向に基づく差別をなくすための基準案にすべて賛成を投じた国であった。

ラテンアメリカでは男性優位主義《マッチョ》を大きな特徴とするイデオロギーが一般的で、このイデオロギーのために同性愛嫌悪に基づくとりわけ暴力的な行為が引き起こされてきたが、それでも一九六九年にはラテンアメリカで初めて、同性愛者の人権を擁護するための団体がアルゼンチンで結成された。この団体は一九七一年以降、同性愛解放戦線の名で知られるようになった。一九七八年にはメキシコとブラジル、一九八〇年代にはペルー、コロンビア、ベネズエラにゲイの団体が設立された。一九九〇年代にはチリ、ウルグアイ、プエルト・リコ、ジャマイカにＬＧＢＴ（レズビアン・ゲイ・バイセクシュアル・トランスジェンダー）運動が組織された。チリ、キューバ、エクアドル、ニカラグア、プエルト・リコでは、一九九〇年代半ばまで同性愛が犯罪と見なされていた。二一世紀初頭の時点でソドミー禁止法を温存しているのはプエルト・リコとニカラグアである。エクアドルは現代にふさわしい路線の好例となった。暗黒時代から抜け出し、現代的な市民社会へと飛躍したのである。具体的には南アフリカに次いで、性的指向を理由とした差別の禁止を憲法で謳う、世界で二番目の国となったのだ。一九九〇年代には性的指向を擁護する法律がいくつも採択された。ブラジルの七〇以上の市、アルゼンチンのブエノス・アイレスとロサリオ、メキシコのアグアスカリエンテス州がそれである。メキシコでは、レズビアンであることを公然と発表している女性が下院に議席を持っている。ラテンアメリカ大陸の多くの国の首都で、ゲイ・プライドの祝典という形で大衆的な街頭行動が催される機会がしだいに多くなってきている。とくにブラジルのサンパウロで開かれた二〇〇一年のゲイ・プライドには、二五万人以上の参加者が集った。

しかし全体的に見れば、ラテンアメリカおよびカリブ海諸国は極めて道徳的、抑圧的な法制度を存続させていて、一般的にゲイ・レズビアン・トランスジェンダーに対して厳しく、差別的にそれを適用している。しばしば同性愛は量刑加重理由となり、異性装は強制猥褻《わいせつ》や身分詐称と扱われる。またすべての国の民法や憲法で、家族という単位や内縁関係が異性間カップルにしか認められていないため、ゲイ・レズビアンには結婚（↓同性婚）の権利がない。

ラテンアメリカとカリブ海諸国の大半で、はっきり見て取れる特徴は、異性装者・バイセクシュアル・ゲイ・レズビアンが極めて深刻な肉体的暴力と精神的束縛を被っていることである。それは植民地と奴隷制度という過去からの帰結である。ブラジルの全域で「ホモを殺せ」という言葉が諺のようによく使われている。南アメリカ大陸の至るところで、ゲイやレズビアンの子どもを持つくらいなら泥棒の息子や売春婦の娘を持った方がましだと、両親が言う。↓カトリック教会の司教や、最近では原理主義的な↓プロテスタント教会の牧師がそれよりもっと熱心に、↓メディアや説教で、ゲイに向けた↓エイズ予防キャンペーンを非難し、同性愛者を烈しく攻撃しているため、同性間のシヴィル・パートナーシップの法制化を阻む困難がますます増している。そうした宗派の中には、同性愛者を治療する診療所を運営しているところも複数ある。カリブ海の英語圏の国では植民地時代のソドミー禁止法が温存されていて、過去数年間に渡って同性愛嫌悪を実行に移すための公認の手段として利用されてきた。例えばこの海域のクルージングに参加したゲイの乗客が、上陸を拒まれたりしているのだ。

さらに深刻な事態として、同性愛嫌悪を理由にした殺人が起きている。国際的な報道機関はこの地域のほとんどすべての国で、同性愛者や異性装者が殺人の犠牲者となっているとつねに告発している。殺人は極めて残虐なやり方で実行されている一方、唾棄すべきことにはそうした犯罪の実行者が免責を享受する風土がある。中には殺し屋集団や警察自身が、また最近ではネオナチ・グループが犯した殺人事件も複数ある。この地域を対象とする憎悪犯罪《ヘイトクライム》の統計は存在しないが、ラテンアメリカで最も大きな二つの国については、同性愛嫌悪を理由とする殺人事件に関する信頼に足る情報がある。一つはメキシコに関するもので、同性愛嫌悪による憎悪犯罪《ヘイトクライム》市民委員会の情報。それによれば、一九九五年から二〇〇〇年の間に、二一三件の同性愛嫌悪に基づく殺人事件が記録されている。しかし実際の数字は、おおよその三倍になるはずだという。もう一つはブラジルに関するもので、バイーア・ゲイ・グループの記録。それによれば、一九八〇年から二〇〇〇年の間に一九六〇件の同性愛嫌悪に基づく殺人事件が起きているという。六九％がゲイ、二九％が異性装者、二％がレズビアンである。つまり平均すると、同性愛嫌悪に基づく殺人が四日に一件起きていることになる。

ラテンアメリカとカリブ海は、同性愛嫌悪を理由とする犯罪が世界で最も多い地域であり、その件数は群を抜いている。観光客をかくも心地よくもてなし、同性愛文化がかくも豊かに花開き、同性愛者がかくも歓びに満ち溢れて暮らす大陸において、悲しむべき特性である。

ルイス・モット（山本訳）

↓アレナス、異性愛主義、異端審問、警察、人類学、スペイン、性差、暴力

◆補遺

ラテンアメリカおよびカリブ海地域における同性愛をめぐる法制度の最近の状況は、二〇一二年五月発行のＩＬＧＡ（国際レズビアン・ゲイ連盟）の報告書によれば以下のとおりである（括弧内は発効年）〈Paoli Itaborahy〉。

同性愛行為を合法としているのは、アルゼンチン（一八八七）、ウルグアイ（一九三四）、エクアドル（一九九七）、エルサルバドル（一八〇〇年代）、キューバ（一九七九）、グアテマラ（一八〇〇年代）、コスタリカ（一九七一）、コロンビア（一九八一）、スリナム（一八六九）、チリ（一九九九）、ドミニカ共和国（一八二二）、ニカラグア（二〇〇八）、ハイチ（一八〇〇年代）、パナマ（二〇〇八）、バハマ（一九九一）、パラグアイ（一八八〇）、ブラジル（一八三一）、ベネズエラ（一八〇〇年代）、ペルー（一八三六～七）、ボリビア、ホンジュラス（一八九九）、メキシコ（一八七二）。

同性愛行為を違法としているのは、アンティグア・バーブーダ、ガイアナ、グレナダ、ジャマイカ、セントヴィンセントおよびグレナディン諸島、セントクリストファー・ネヴィス、セントルシア、ドミニカ国、トリニダード・トバゴ、バルバドス、ベリーズ。

同性愛関係か異性愛関係かに拘らず同じ法的同意年齢を定めているのは、アルゼンチン（一八八七）、ウルグアイ（一九三四）、エクアドル（一九九七）、エルサルバドル、キューバ、グアテマラ、コスタリカ（一九九九）、コロンビア（一九八一）、ドミニカ共和国、ニカラグア（二〇〇八）、ハイチ、パナマ（二〇〇八）、ブラジル（一八三一）、ベネズエラ、ペルー（一八三六～七）、ボリビア、ホンジュラス、メキシコ（一八七二）。

法的同意年齢について、同性愛関係と異性愛関係との間に不平等があるのは、スリナム、チリ、バハマ、パラグアイ、およびいくつかのイギリス領（アングイラ島、ヴァージン諸島、ケイマン諸島、タークス・カイコス諸島、バミューダ諸島、モントセラト島）。

性的指向に基づく雇用差別を禁じているのは、エクアドル（二〇〇五）、コスタリカ（一九九八）、コロンビア（二〇〇七）、ニカラグア（二〇〇八）、ベネズエラ（一九九九）、およびいくつかの州や都市（アルゼンチンのロサリオ市（一九九六）、ブラジルのサンタカタリーナ（二〇〇三）、サンパウロ（二〇〇一）、バイーア（一九九七）、パライバ（二〇〇三）、ピアウイー（二〇〇四）、ミナスジェライス（二〇〇一）、リオグランデドスウ（二〇〇二）、リオデジャネイロ（二〇〇〇）の八州、および連邦直轄区（二〇〇〇）とその他多くの市、メキシコのアグアスカリエンテス、キンタナロー、コアウィラ、コリマ、チアパス、チワワ、ドゥランゴ、トラスカラ、ベラクルスの九州（二〇〇一～九）およびメキシコシティ）。

ジェンダー・アイデンティティに基づく雇用差別を禁じているのは、アルゼンチンのロサリオ市（二〇〇六）。

性的指向に基づく差別を憲法で禁じているのは、エクアドル（二〇〇八）、ボリビア（二〇〇九）、およびいくつかの州や地域（アルゼンチンのブエノスアイレス州（一九九六）、ブラジルのアラゴアス（二〇〇一）、サンタカタリーナ（二〇〇二）、セルジッペ（一九八九）、パラー（二〇〇三）、マットグロッソ（一九八九）の五州および連邦直轄地（一九九三）、イギリス領ヴァージン諸島（二〇〇七））。

性的指向に基づく憎悪犯罪であることが加重事由とされるのは、ウルグアイ（二〇〇三）、エクアドル（二〇〇九）、コロンビア（二〇一一）、ニカラグア（二〇〇八）、ボリビア（二〇一一）、およびメキシコの一部（コアウィラ州（二〇〇五）および連邦直轄地（二〇〇九））。

ジェンダー・アイデンティティに基づく憎悪犯罪であることが加重事由とされるのは、ウルグアイ（二〇〇三）、エクアドル（二〇〇九）、ボリビア（二〇一一）、およびメキシコの一部（コアウィラ州（二〇〇五）および連邦直轄地（二〇〇九））。

性的指向に基づく憎悪を煽動することを禁じているのは、ウルグアイ（二〇〇三）、エクアドル（二〇〇九）、コロンビア（二〇一一）、ボリビア（二〇一一）、およびメキシコの一部（コアウィラ州（二〇〇五）および連邦直轄地（二〇〇九））。

同性カップルに結婚を認めているのは、アルゼンチン（二〇一〇）、およびメキシコの一部（連邦直轄地（二〇一〇））。

シヴィル・パートナーシップ、登録パートナーシップ、シヴィル・ユニオンなどの制度によって、同性カップルに結婚と同等の、あるいはほぼ同等の権利を認めているのは、コロンビア（二〇〇九）、ブラジル（二〇一一）、およびメキシコの一部（コアウィラ州（二〇〇七））。

結婚に伴う権利の一部が同性カップルに認められているのは、ウルグアイ（二〇〇八）、エクアドル（二〇〇九）。

同性カップルが共同で養子縁組することを法的に認めているのは、アルゼンチン（二〇一〇）、ブラジル（二〇一〇）、およびメキシコの一部（連邦直轄地（二〇一〇））。

（山本）

ルデュック（ヴィオレット・〜）

フランスの女性作家ヴィオレット・ルデュック（一九〇七〜七二）の自伝期の幕開けとなり、出世作となった一九六四年の『私生児』は、彼女の最初の伝記的作品であり、自らが非嫡出子であったことを示している。彼女の著作は、愛されない絶望と書けない恐怖に貫かれている。スキャンダルに肥やされた彼女の悪評は終生ついてまわった。彼女は、ボーヴォワールに「醜い女」と呼ばれ、私生児で、貧しく、孤独で、女性と男性同性愛者を愛し、長い間世に埋もれていた女性作家であり、「すべての厄介な周辺性の総和」〈JANSITI〉であった。カトリーヌ・ヴィオレが述べるように、その著作を「純粋に自伝的」と見なすことが安易であるとしても、ルデュックの人生と文章があまりに結びついているので、女性として作家として、彼女は激しい批判と対峙させられた。しかし、すべての批判が同性愛嫌悪《ホモフォビア》によるものであったのだろうか？

ヴィオレット・ルデュックの初期の恋人たちは、女性同性愛者であった。一九二五年に彼女は、コレージュの学生であるイザベル・P（『テレーズとイザベル』一九六六）に、そして生徒監督であるドゥニーズ・エルジェス（『荒廃』（一九五五）のセシル、『私生児』のエルミーヌ）である。後者の関係は、一九二六年に「風紀」を乱したとして退学させられる原因となった。こうして彼女は、同性愛嫌悪に早くから向き合うことになった。しかし彼女の母にとっては、同性愛者であるよりも、「未婚の母」であることの方が不名誉であった。おそらく母親のこの寛容のおかげで、罪悪感なく同性愛の生活を受け入れることが容易だったのかもしれない。とはいえ、ルデュックはいくつかの異性愛関係も体験しており、彼女のレズビアンたちとの関係は曖昧であった。彼女が出口のない感情を感じていた相手であるボーヴォワール（『ボーヴォワールの女友達』（一九四八）と『宝拾い』（一九六〇）の中の「マダム」）に宛てた手紙の中で、「女性は男装していないと、自分のカップルを認めさせるにはあまりに弱く、生気がない」と述べている。同性愛嫌悪の攻撃があった場合の防衛反応であったのだろうか。それはあまりなさそうである。というのもルデュックは、ザックス、ゲラン、ジュネら男性同性愛者に対する称賛を隠さなかったからである（『頭の中の狂気』一九七〇）。さらに、敵意を呼び起こしたのは、彼女が女性を愛したとか同性愛者に取り囲まれているからではなく、むしろその非妥協的な性格なのである。彼女が自分自身に感じていた憎しみが、女性嫌悪の一形態に変わったということもあり得る。

現実に、同性愛嫌悪的性格の攻撃は、女性としてではなく、とくに作家としての彼女を標的にしていた。元々『荒廃』の冒頭に置かれる予定だった『テレーズとイザベル』は、さまざまなレヴェルの検閲を受けた典型的な例である。この作品は、ルデュックのイザベルに対する情熱から着想されており、二人の少女の恋愛関係が詳細に描かれている。ルデュックは、スキャンダルを起こそうとしているのではないと断言するが、その「ひるむことのない誠実さ」は、まず原稿の添削をしたボーヴォワールにショックを与えた。「すばらしいページもあるが、〔…〕出版に関しては、不可能である。これはジュネと同じくらい生々しいレズビアンのセクシュアリティの話である」と。この最初の検閲にも拘らず、出版社の編集者は、この「女子学生の話」の中に、「詳細で並外れた猥褻性《わいせつ》」を見た。これをさらに検閲し、「エロティシズムを削除して情感だけを維持」しなければならなかった。ペニスと中絶を緻密に描いたことも、編集者を狼狽させたが、とくに顰蹙《ひんしゅく》を買ったのはレズビアンの場面であった。こうして『荒廃』は、不穏当箇所を削除されたバージョンで一九五五年にガリマール社から出版されるが、「乳房の魅惑的なつぼみ〔…〕開いた女性器の肉」の探求こそがルデュックの心をつかんでいた。「このような拒絶の後で書き続けること？　私にはできない。切断された手足の残りの部分が私の皮膚から絶えず出たがっているようだ」。一九六四年に、『テレーズとイザベル』を『私生児』の第三章に挿入するが、それは、カトリーヌ・ヴィオレが抹消されたページを検証して示したように、自己検閲という紛れもない代償を伴った。残りは一九六六年に出版される。事実、同性愛嫌悪的な批判は、この作家にとってまさに荒廃をもたらした。彼女は、自分の書いたものの価値を疑い始めた。「やめておこう。〔…〕どうしたってそれは不快なのだ」（『頭の中の狂気』）。彼女は最後には、死後の一九七三年に出版された最後の自伝『愛を追いかけて』の中で、「自分がレズビアン嫌い」なのではないかと自問し、レズビアンを悲しく「錯乱している」と形容するに至る。

　しかし、一九世紀以降には、女性同性愛者が登場するたくさんの文学作品が存在する。なぜルデュックの書いたものは、拒絶されたのであろうか。

　ルデュック研究者のコレット・トゥル・アルによれば、それはルデュックが、ボードレールやバルザック、プルーストに見られる「悪癖に染まり罰を受けた」女性のカップルのイメージから遠ざかったからであるという。ルデュックは、テレーズとイザベルを、「↓悪徳に染まったと言うには、あまりに嘘偽りのない真実」として描き、男性のエロティックなファンタジーに基づく女性同性愛の表象を揺るがしたのである。彼女は、女性の見方で描かれたレズビアンのセクシュアリティを再評価した最初の作家だったのである。女性間の恋愛的友情が許されていたとしても、それはリリアン・フェダマンが描いた「精神愛」であり、エロティシズムと情感について編集者たちがまさに指摘したように、純粋に性的な側面はタブーにとどまっていたのである。従って、ルデュックに対して行われた検閲は、単に同性愛嫌悪であるだけでなく、↓反フェミニズム的と見なすことができる。

　女性を愛しながら、レズビアンに対して共感をほとんど持たないルデュック自身に似て、彼女の作品は逆説的な運命をたどる。一九五〇年代に、彼女が糾弾されたのはレズビアン的な愛のシーンのためであった。一九七〇年代には、彼女のレズビアニズムはいかなるイデオロギーにも支えられていないために、エレーヌ・シクスーやモニック・ヴィティッグ〔いずれもフランスのフェミニスト作家〕と異なって、その作品は大学人やフェミニストの興味を引かなかった。ルデュックにおいては、欲望が、女、男、自然すらも包含する。何よりもまず詩情の問題なのである。彼女は、「愛、そして欲望すらも性的傾向に還元されないことを示した」（ルネ・ド・セカッティ）。そこからまさにルデュックの逆説が生じている。ある形態の同性愛嫌悪やさらに↓レズビアン嫌悪（レズボフォビア）のために、一九六四年まではルデュックの著作が読者を得ることができなかったのに対して、一九八〇年代まで彼女の作品に研究関心が向かなかったのは、同性愛や女性愛の欠如のためなのである。

アンヌ＝クレール・ルブレイヤン（齊藤訳）

↓学校、検閲、スキャンダル、文学、ホール、レズビアン嫌悪

歴史

ほんのつい最近まで、同性愛は歴史家にとって正当な研究対象ではなかっ

た。複数の要因が一致してこの軽視に向かわせたのである。一つには、長い間政治が優位を占めていたことが、歴史家が私的な振舞いに関心を示さない素地となった（本当か仮定かはさておき、せいぜい、これこれの偉大な人物には「自然に反する嗜好」があったと言う程度）。今一つには、大学人たるもの、あのような厭うべき行為を前にしたときに、まともな人間の抱く嫌悪感を共有してしかるべしとされていたのだ（モーリス・サルトルが言っているように、「古代ギリシアの文献資料にあまりにも強い関心を寄せ過ぎると、あたかも二〇世紀初頭のヨーロッパにおいてなお同性愛者に科されていた禁止事項を撤廃する正当な理由を、ギリシア人の行動の中に探しているかのように、古代ギリシアに対して怪しからぬ好意を持っていると疑われるのではないかと心配したものだった」）。こうした点にこそ、研究者の自由の暗黙の限界が存在するのだ。一九世紀初頭のプロイセンにおける大学改革以来、西洋の大学は理屈の上では欲得と関わりない純粋な真理の研究に基づく、リベラルな体制であるはずだ。しかしどんな真理も発見して良いというわけではない。アカデミックな言説は、ある時代にはその時代の、ジョン・スチュアート・ミルが「世論からの道徳の強制」と呼んだものによって、極めて厳格な束縛を受けるのである。しかも一八八〇年代から一九六〇年代の大学人が、万が一同性愛という主題に手をつけるようなときには、その主題について、世間一般と正確に同一の決まり文句を弄するのである。すなわち同性愛は、キリスト教以前の古代人の堕落の一形態である（これがアンリ＝イレネー・マルーと、その他大勢のキリスト教徒の歴史家たちの立場である）。それからまた、同性愛は宗教や軍隊、宮廷のコミュニティが生み出す逸脱の一形態である（ジュール・ミシュレからエルネスト・ラヴィスを経てフランソワ・ブリュシュに至るフランスの一世紀に渡る史料編纂の歴史を貫くこの決まり文句には、右翼も左翼も賛成できる利点がある）。あるいはまた、同性愛者は虚弱である（エドワード二世［イングランドのプランタジネット朝第六代国王、在位一三〇七～一三二七］、ジェームズ一世［イングランドのスチュアート朝初代国王、在位一六〇三～二五］、オルレアン公フィリップ一世［フィリップ・ドルレアン、一六四〇～一七〇一］）。あるいは放蕩者だ、倒錯者だ、頭がおかしい、退化した者だ（生物学者はしばしば同性愛という主題を利用して、それを無邪気にも小児性愛の主題に混合する。そうやってネロやジル・ド・レ［一四〇四～四〇］、エルンスト・レームに関わる奇形学を仕立て上げるのである）。あるいはこんな言い方さえある。これこれの人物が同性愛者であることが明らかになったり、あるいはこの堕落を免れていたことが明らかになったりすると、その人物は公に「黒とされた」とか「潔白とされた」と言われる（場合によって現代でも続けられている、終わりのない論争、すなわちカエサルやアンリ三世、プロイセン王フリードリヒ二世［在位一七四〇～八六］、リヨテ［フランスの軍人、一八五四～一九三四］、モンゴメリー［イギリスの軍人、一八八七～一九七六］、ヒトラーの性的な趣味をめぐる論争が、ここから始まっている）。もちろん、「自然に反する習俗」という参照項目は、数世紀もの間、山盛りのレトリックの中でも欠かせない成分であった。二〇世紀のフランスおよびイギリスの複数の歴史家が、プロイセンの将校たちの世界には、同性愛がはびこっている疑いがあると仄めかしていることも驚くべきことではないかもしれない。これは客観的な科学というよりは、むしろ世界戦争に高揚したナショナリズムに依拠する野蛮な民族心理学の発作である。同様に、一九四八年に刊行されたアンリ＝イレネー・マルーの著名な『古代教育文化史』の、『少年愛』に関する章が、うんざりした気持の表明に満ち溢れていることも意義深い（いわく、「自然に反する性的関係」、「異常行為」、「卑劣な犯罪」、「非常識と狂気」、「怪物じみた逸脱行為」、「地獄に堕ちた女たちの過ち」、「偏向した性的本能の災禍」）。こうした象徴的な執拗さの結果として起きたことの一つが、その後五〇年以上に渡って、ナチスによる同性愛嫌悪の犯罪に関する、ほとんど完全な沈黙であった。同性愛者は大半の人（そして大半の歴史学者）の目には怪物と映っていたので、第三帝国に関する初期の専門家は、同性愛者が犠牲者という地位にも、また研究対象の地位にもふさわしいとは思わなかったのだ。そのために、この点に関して大きな遅れが生じたことは、今日ピーター・タッチェルが告発している通りである。

大学人をめぐる社会学的な要素が、ここでは独自の役割を果たしている。戦後世代のフランスの歴史学者は、しばしば極めてピューリタン的な中流階級の教育者の家庭に育っていることが多く、ある場合には共産主義に基づいて、またある場合にはキリスト教民主主義に基づいて、人格形成されている。このことが性的な問題に対して、歴史学界が長い間閉鎖的な態度を取ってきた一因である（ウルム通り〔高等師範学校の所在地〕では、カトリック系活動家もスターリン主義者もこの問題についてはほとんど前衛的ではなかった。むしろ最も遅れていた部類と言って良いだろう）。他にも、フランスの歴史学者の根深い精神的狭量を示す徴候には事欠かない。フランス革命期のサンキュロットを専門とする学者ダニエル・ゲランが、一九五〇年代から六〇年代に、どうも臭うぞという噂を立てられたのは、彼が極左的だったからというよりは、そのセクシュアリティのせいである方がはるかに大きかった。ジョルジュ・デュメジルほどの並外れた研究者でも、自身の同性愛を認めることができたのは、晩年になってから、一九八〇年代のことであった。当時は、ゲイ・レズビアン運動の話題が出ただけで、ソルボンヌやコレージュ・ド・フランスの社会史や現代史の優秀な教授たちは、本当に不愉快そうな表情を露わにしたものである。フランソワ・ブリュシュの『偉大なる世紀〔ルイ一四世時代のこと〕辞典』（一九九〇）の中の、「教皇権至上主義者〔イエズス会のことを指すと思われる〕の悪徳」という項目の嘲笑的な記述や、エマニュエル・ル・ロワ・ラデュリがパックスに対する敵意を正当化するために、一九九八年一〇月一九日付の『フィガロ』紙上で、同性愛と小児性愛を同一視したこと〔「ゲイ嫌悪」の項参照〕などは、著しい同性愛嫌悪がほぼ今日に至るまで、右翼の歴史学者の中に維持されていることを十分に証明している。しかもこの長きに渡る無理解は、悪循環になってしまっている。大学人が臆病であったり敵意を持っていたりする事柄については、非常に長い間（ロジェ・ペイルフィット流の）アマチュアの歴史家が活躍する場となってきた。アマチュアは何よりもスキャンダルの年代記（あるいは列挙や告発）に関心を示し、性行動の歴史性を把握する能力を完全に欠いている。こうした凡庸な研究がこんどは、同性愛はまじめな、尊重すべき話題ではないという考え方の存続に貢献してしまうのである。

タブーが最初に取り払われたのは古代史の領域、中でも古代ギリシア史の領域であった。ただしそれは、厳密に同性愛嫌悪に基づく解釈のおかげであった。一九世紀の末には、古代ギリシアやローマにあたかも同性愛が存在しなかったかのように振舞うことは、もはや極めて難しくなっていた。大学の実証主義は資料の読み込みの上に成り立っていたし、学生は古代の文献の中で、絶えずきわどいくだりにぶつかっていたからである（例えばプラトン、クセノフォン、エウリピデス、プルタルコス、カッシウス・ディオ、ウェルギリウス、カトゥルス、スエトニウス、『ヒストリア・アウグスタ』〔四世紀末に成立したと言われるラテン語のローマ皇帝列伝集〕などが挙げられる）。従って文学部（と、フランスの場合であれば高等師範学校文科への受験準備学級）の古代史の講義が、長い間医学以外で同性愛のことが話される唯一の場だったのだ。そこでは同性愛は社会的な現象とされていた（異常な現象であることは確かだが、その他のことでは極端に誉れ高い文明には、特徴的な現象でもある）。しかもその言説は歪められていると同時に貧困でもあった。例えばケンブリッジのE・M・フォースターのような学生に対して、古代ギリシア人の習俗は「名指すのもはばかられる」ものだと言ってそれで良しとし、それ以上の解説の必要を免れようとする者もいたし、ギリシア的愛は性的なものではなかったと、（当然のことながら証拠を示すことなど考えもせずに）断言する者もいた。このやり方は、古典古代の研究を道徳的に救済し、同時に現代の同性愛者が古代に範を求めることを防ぐという二重の利点があった。若きジョルジュ・デュメジルが、第一次世界大戦中にソルボンヌで学生だったときに、そこで遵守されていた金科玉条もこのようなものだった。マルー教授が、一九五〇年代、六〇年代に示していた当惑も同様のものであった。彼はギリシア的愛の精神的な次元を強調し、肉体的な面が表に現れているのは偶発的なことでしかないと言って、極めてキリスト教的なことにそれを「肉体の弱さ」に関係づけていたのである。

以上のようにさまざまな偏見が沈殿しているもとで、同性愛問題の歴史的な刷新は困難を極めた。刷新は一九世紀末のアングロ＝サクソン世界で始まった。おそらくはイギリスの大きな大学で、クィア〔「クローゼット／慎み」の項の注参照〕のサブカルチャーが大規模に形成されたことがその理由であろう。同性愛に関心を示した最初の近代的な歴史学者が、オックスフォードの一教員ジョン・アディントン・シモンズであったことは、重要なことである。彼は一八七三年に執筆し、一八八三年に刊行された『ギリシア倫理学における一問題』の中で、少年愛を擁護し、それがギリシア道徳の中心をなすと見なし、好戦的な性質を持つものであったという理由で、同性愛イコール女性的男性というヴィクトリア朝時代の言説に反論し、また健全な性質を持っていたという理由で、同性愛は精神医学の専売特許ではないとした。それでも検閲は極めて厳しかった。シモンズは自分がオックスフォードの詩の教授職を得られなかったのは、悪い評判が立ったせいだとした。彼は一八八三年に自分の研究を刊行した際、たったの一〇部しか印刷しなかった。それはロンドンで一八九七年に刊行されたハヴロック・エリスの『性対象倒錯』〔『性の心理』第二巻〕に再録されたのだが、シモンズ（一八九三年に亡くなっていた）の権利継承者はエリスのその本の第一版を消滅させるために全部買い上げ、第二版にはシモンズの名前を出さないように、エリスに強く要求した。同性愛の歴史編纂はその誕生時点からこれほどの困難に見舞われたのに、さらにその後非常に長い間中断を経験するのである（オックスフォードとケンブリッジが再び「ゲイ・スタディーズ」の中心となるのは、一九七〇年以降のことである）。ドイツでは一八九七年から一九三三年の間に、歴史的な（基本的には伝記的）研究がいくつか、マグヌス・ヒルシュフェルトと彼のＷｈＫ（科学的人道委員会）（一八九七年設立）、『中性者年報』（一八九九年創刊）、「性科学研究所」（一九一九年開設）を中心に見られたが、そのうちのどれ一つとして、真に科学的な野心を持ったものはなかったし、二〇世紀の同性愛文化は本質的に、歴史よりも文学を経由するものだったのである。

一九七〇年代以降、西洋のほぼ至るところで、さまざまな要因が影響して事態は変化を見せた。ゲイ運動が現れ、同性愛者が法的な規制から自由になり、だんだんと同性愛が医学の軛《くびき》から解放されたこと。これらすべてがアカデミズムにおける偏見の後退を促し、歴史家を全く新たな考察に向かわせたのである。社会史や、とくに女性史のブームが起き、それによってセクシュアリティや「ジェンダー」の問題は、より正当な研究主題となった。その一方で私生活の歴史学によって、感情の領域に属すること、秘められた空間、「通常の人びとの異常な生活」と呼び得るものを考察することができるようになった（個人的な事例の研究に基づくミクロ歴史学から、同性愛に関する一流の歴史研究が生まれてきた。それは、その後他の分野の歴史研究にとっても、模範とされることになる）。アメリカでは、一九六〇年代、七〇年代に、奴隷制の歴史学が刷新されることによって、法的、社会的、心理的な抑圧に屈従しているコミュニティの持つ反発力や抵抗力を理解するための、分析の道具がそろえられた。人類学の文献が至るところで、伝統的社会が比較的共通する特徴として、同性愛的な儀礼を持っていることを明らかにした（しかしフランスの大学が、ベルナール・セルジャンの極めてまじめな作品である、一九八四年に刊行された『ギリシア神話の中の同性愛』と、一九八六年に刊行された『ヨーロッパ古代における秘儀伝授としての同性愛』を温かく迎えたのは、一つにはセルジャンが、古代ギリシアの同性愛を「儀式化し」、そうすることによってそれを、同時代の快楽主義的な同性愛から遠ざけたということがあったからだと言うこともできる）。同性愛は私的な行動に還元できるものではなく、集合的な現象として研究すべきものであり、それは特殊な社会的人間関係を生産していて、この社会的人間関係自体が不断の進化を遂げているのだということが、しだいに多くの研究者によって強調されるようになった。そうなってきてはっきりと理解されるようになったのは、同性愛の長きに渡る抑圧は、宗教上の抑圧、警察の抑圧、法的な抑圧などといった膨大な調査領域を形成していること、そしてそうした抑圧の頂点がわれわれのすぐ目の前の、スターリン時代のソヴィエト連邦や、ナチス・ドイツであったこと、しかしながら同性愛者の歴史はこうした抑圧に還元することのできないものであること、そして歴史（とりわけ一八九〇年代から一九三〇年代）は、同性愛の社会史に関心を持つ者に、幸せな驚きをもたらしてくれるということである。そしてついに、そして何よりも、各時代はその時代に特有の性的アイデンティティや、その時代に特有の役割、その時代に特有の合法、非合法の考え方を、一から構築したり、既存のものを再構築したりしているのであり、本質主義的な時代錯誤こそが、歴史学者が最も陥りがちな危険であるということが、発見されたのである。

こうした疑いようのない進歩がセクシュアリティの歴史の全領域に新たな展望を開いたものの、その受容という点では、とりわけフランスでは、問題があった。なぜならそうした進歩がほとんどの場合、自身が同性愛者で、自分の性的指向を隠さないでいようという気持にだんだんとなりつつあった歴史学者に任されていたからである。そうした根本的に新しい研究によって当惑させられた（そして時に断罪された）者たちは、当時みな、骨を折らずに自己防衛できる術を手に入れた。すなわち次のような非難を浴びせたのである。そうした研究の著者たちは歴史学者というよりはむしろ活動家であるから、科学外の目的を追求するあまり、材料を不当に取捨選択し、文献を無理に解釈し、歴史学の方法論を騙《かた》ってごまかしているのではないか、と。ジョン・ボズウェルの『キリスト教と同性愛――一～一四世紀西欧のゲイ・ピープル』（一九八〇）［大越愛子、下田立行訳、国文社、一九九〇］がそうだったように、方法論上の過ちを根拠とする非難が評判を傷つけることがあった。しかしボズウェルに対する厳しい批判者は同性愛者の歴史学者であったことは指摘しておく必要がある。それは「ゲイ・アカデミクス」が、その敵対者は気に入らないことかもしれないが、一枚岩ではないということの証しである。そのうえ、ボズウェルのこの本をめぐって交わされた知的な品位を保った論争のおかげで、（ボズウェル流の）「本質主義」と（フーコー流の）「構築主義（↓本質主義／構築主義）」の立場のちがいが明確になったことも、極めて有益であった。同性愛者の歴史学者に対して（あるいはゲイ・レズビアン・スタディーズのポリティカル・コレクトネスの立場に対して）繰り返される、戦闘的だという非難は、保守的な歴史学者が同性愛嫌悪の偏見を表明しているか（ここで保守的だと言ったのは、そうした者たちの政治的選択を指しているのではない。フランスではそれは極めて進んだ社会主義者だったりすることがある）、「マイノリティの政治」に対して苛立ちまぎれに拒絶しているかに過ぎないことがしばしばである。後者の場合であれば、そこには意識的にせよ無意識にせよ、反アメリカ主義がたくさん入り込んでいる。いずれにせよ、同性愛者が自分たちの同類の過去に、だんだんと関心を深めていっていることを非難するのは困難である。ジョージ・チョーンシーがまさに言っているとおりである。

> ゲイの間で歴史的な知識に対する渇望がこれほど強いのは、同性愛の歴史が極めて長い間否認され、口を閉ざされてきたからであり、また教育の場でも隠蔽され、↓家族の間でも口伝えでそれが伝えられることが一切なかったからである。これは他の周縁化された集団とは大いに異なるところである。

別の言葉で言うなら、もしも異性愛者で、普遍主義者で、理屈の上ではいかなる偏見にも染まっていない歴史学者が、この問題に関心を持ったり、それをもっとよく研究してきていたなら、同性愛者の歴史学者が、そうした研究のすべてをしなければならないということはなかったはずである。それから最後に、ゲイ・レズビアン・スタディーズの科学的な進歩が、必ずしもその戦闘的な態度と歩調を合わせてきたわけではないということを強調しておいた方が良かろう。「社会構築主義者」は、性的なカテゴリーというものは通時的に変化し得るものだということを強調し、「永遠の相のもとに」［スピノザ『エチカ』の言葉］見た同性愛者という包括的かつ不変のカテゴリーに、中世やルネサンスの偉人を分類することは拒否する。その点において彼らは多くの活動家とは正反対の態度を取っているのである。活動家の方は、自分たちの旗のもとに「獅子心王」リチャード一世［イングランドのプランタジネット朝第二代の国王、在位一一八九～九九］やミケランジェロを加えることで喜んでいた。さらに彼らはまた何よりも、今日では信頼のおける研究では主流になっている「社会構築主義」の言説が、回復療法《リパラティヴ・セラピー》（↓脱ゲイ運動）を信奉するキリスト教徒の陣営に、根拠として利用されないかということを恐れてもいた。

それはそうかもしれないが（また、ジャン・ル・ビトゥが設立に奔走している「同性愛史料・文書センター」を、文化相やパリ市長が支持していることにも表されているように、フランスの研究者にも関心が回復してきたものの）、最近の偉大な歴史研究の大半がアングロ＝サクソン世界で行われていることは明らかである（多くの例があるが、その中でもとくにイヴ・コゾフスキー・セジウィック、エリザベス・ケネディ、マデライン・デーヴィス、エスター・ニュートン、ジェフリー・ウィークス、ジョージ・チョーンシー、アラン・ベリュベ、デイヴィッド・M・ハルプリン、ジョナサン・カッツの研究を挙げることができる）。また、この主題に関するフランスとアメリカの史料編纂を比較してみると、フランスは圧倒されてしまう。アメリカの同性愛団体は、（とくに財政的に）大きな力を持っているので、組織的な資料収集は、口承資料も含めて、大西洋の向こうの方がはるかに進んでいる（ニューヨークの「レズビアン・ハー〔原文ママ〕ストリー・アーカイヴズ」が一九七四年に設立されて以降、ジョナサン・ネッド・カッツによる『ゲイ・アメリカン・ヒストリー』〔一九九二〕と題された資料集の出版、一九七八年の「バッファロー・ウィメンズ・オーラル・ヒストリー・プロジェクト」と「サン・フランシスコ・レズビアン・アンド・ゲイ・ヒストリー・プロジェクト」の開始が挙げられる）。同様に、ミシェル・フーコーの影響を受けたアメリカの歴史学者の問題提起の方が、一般的に言って、フランスの歴史学者のそれよりも豊かである（例えば性行動の定義自体、アイデンティティに関わる語彙、友情と性愛の境界、「ジェンダー」や異性装の性的な意味、セクシュアリティを貫く階級差などの問題である）。フランスの遅れは、同性愛に関係する歴史学の出版物やこの部門の研究を専門にする研究者の出版物が比較的稀であることでも目立っている。アメリカ人の結社本能のおかげで、アメリカの専門別学会の大きなもののほとんどすべて（歴史学会、美術史学会、社会学会、人類学会など）に、「ゲイ特別部会《コーカス》」が誕生している。それによって、新しい研究チーム、新しい研究対象、新しい科学的問題が、つぎつぎと生み出されている。フローレンス・タマニュは、『両大戦間期のヨーロッパにおける同性愛の歴史――ベルリン・ロンドン・パリ、一九一九～三九』〔二〇〇〇〕というすばらしい論文を仕上げたが、一九世紀のフランスにおける同性愛を扱った研究の最良のものが、アングロ＝サクソンの共同研究であることを忘れることはできない〈MERRICK & RAGAN〉。一九六八年以降のフランスのゲイ・レズビアン運動の歴史について、フランスで書かれた基礎的な研究の最初の作品であった『ピンクと黒』〔フレデリック・マルテル著〕が、ジャーナリストによるものであって、厳密な意味では大学人によるものでなかったことも、示唆的である。そうは言っても、ジョージ・チョーンシーが明らかにしているように、「解放された」と言われる一九八〇年代、九〇年代のアメリカにおいてさえ、若い歴史学者の多くが、将来の自分の職業を危うくすることを恐れて、同性愛を研究主題とすることをあきらめなければならなかったのである。西洋の至るところで、影響力のある大学人が人事委員会の席上で、同性愛者であることを公表している研究者の進路を、純粋に科学的な要請という仮面をかぶって阻むことなど、極めてたやすいことなのである。とくに候補者の数が多く、またその資質がほとんど等しいという条件下では、そうすることが一層簡単なのであるが、ほとんどすべての場合に、この条件はすべてそろうのである。

ピエール・アルベルティーニ（山本訳）

→学校、検閲、古代ギリシア、社会学、人類学、哲学、文学、本質主義／構築主義

レズビアン嫌悪（レズボフォビア）

「同性愛嫌悪《ホモフォビア》」という用語は両性の同性愛者に関係しているのに、なぜ「レズビアン嫌悪（レズボフォビア）」という用語を使う必要があるのか。ゲイとレズビアンの状況に同一性があったならば、この区別は確かに余計である。しかし、フランス全国レズビアン連絡会議（CLN）の確認する事実はそのようなものではない。CLNが、個人としてのあるいは社会集団としてのレズビアンに関わる同性愛嫌悪的な証言を分析したところ、そこにはレズビアン嫌悪に固有の特徴が現れている。

最初の特徴は、マリー＝ジョー・ボネがその著作『女たちの愛情関係』において証明するように、文化および歴史においてレズビアンの存在が広く隠

蔽されてきたことである。歴史家がレズビアニズムに言及するとき、それはしばしば変質させられて、例えばギリシア・ローマ文明で社会的に認められていた少年愛とは反対に、性的な次元、あるいは感情の次元に矮小化されることも少なくない。今日でも、レズビアニズムをメディアが隠蔽することはよくある。レズビアンが登場する本や映画の紹介において、二人の女性の関係が恋愛としての性質を持つことは無視されることも多い。例えば、映画『ＧＯ　ｆｉｓｈ』（一九九四）は、いくつかの新聞によって、四人の若い女性の「センチメンタルなアバンチュール」として「解釈」され、彼女たちのレズビアンとしての探求は、筋立ての中で明らかであるにも拘らず言及されなかった。フランスの活字メディアと放送メディアは、レズビアン＆ゲイ・プライドのときですら、「レズビアン・プライド」と「全国レズビアン会議」と記された横断幕にも拘らず、レズビアンを無視している。いくつかの番組がこの検閲を中止したが、人びとは、同性愛者の文化とコミュニティを本質的に男性のものと見なしている。レズビアン組織と文化に対する関心の薄さが、「ゲイ・パワー」にあてられた記事の豊富さとはっきりとしたコントラストをなしている。これこそ、家父長制社会において一般的に女性に与えられる二次的な地位という性差別の現れである。ところで何らかの人や組織をその存在を否定するために隠蔽することは、有害な排除を引き起こすため、差別と見なされるべきである。

　レズビアン嫌悪的な烙印も、特殊である。ゲイが小児性愛に同視されるならば、レズビアンは、「ポルノの呼び込み」［ポルノで、最終的には男性とセックスさせるために他の女性を見つけてくる女性］としての表象によって価値を下げられている。女性間のセクシュアリティは、否定されるのでなければ、二次的なものと見なされ、矮小化されてポルノの中で使われるが、そこでは男性異性愛者のぞき見趣味の対象である。このようなレズビアンのカリカチュアをひけらかしても処罰されることはないが、これは名誉毀損ものである。このような背景で、レズビアン活動家の名前と電話番号がポルノ雑誌に載せられたり、レズビアン・フェミニストの教養誌である『レズビア・マガジヌ』がキオスクではポルノのコーナーに分類されたりするのである。

　レズビアンに対する暴力もゲイに対する暴力も、男性／女性の性役割の侵犯に制裁を加えるが、攻撃の根源的な意味は異なっている。ゲイは、主として女性に対する男の権力の非行使について制裁されるのに対して、レズビアンは、男性に対する独立性のゆえに懲らしめられるのである。彼女たちへの攻撃は、その女性器、両性具有的なジェンダー、異性愛秩序と家父長制秩序への不服従を標的とする。家族による拒絶、男性役割の横取りを何となく卑猥な言葉であてこする近所の人びとのいやがらせ、懲罰的なレイプは、それを証明している。これを示すものとして、父による娘への侮辱の典型は、「お前が売女の方がよかった」、隣人によるそれは「タマを移植してこい」というものである。いずれにせよレズビアン嫌悪には、性差別の倍加が含まれる。

　レズビアン嫌悪と闘うためには、権利を要求するテクストにおいて、「同性愛嫌悪」に「性差別」という用語を付け加えるだけでは十分ではない。後者は女性全体に関係しており、前者は、多くの場合ゲイに対する攻撃しか想起しない。それに対して、レズビアンは男性が支配する世界において女性として差別されると同時に、異性愛社会において同性愛者として差別されており、レズビアンに対する憎悪は二つの現象を結びつけているのである。

　従って自らをゲイから区別して団結するレズビアンに対して向けられる普遍主義的議論は、まやかしである。それは、「人間《オム》［フランス語で人間を意味すると同時に男性も意味する語］」や「同性愛者」という語彙において男性と女性を混同することで、両性のハイアラーキー、男性の文化的政治的経済的優位とそこから生ずる、性差別的・レズビアン嫌悪的な差別を見えないものにする。それは、フェミスト的かつレズビアン的な要求を失墜させる。このように男性的普遍に中立化されているため、レズビアンは、レズビアン嫌悪の特殊性を強調し、差別を予防し抑止する立法の中でレズビアンに対して明示的な配慮を要求することでしか、不可視性を逃れ、自らの尊厳と権利を擁護することができないのである。

　この分析は、ヨーロッパとアメリカの数多くの研究、およびラディカルな、あるいはフェミニスト的なレズビアン文化を作った著作によって確立されてきた。男性支配への不服従に対する懲罰と追放は、『女性に対する犯罪についての国際法廷裁判報告書』において、いくつもの例証を見つけることができる。

例えば、レズビアンのノルウェー人女性は、入院させられて「矯正」を受けさせられたが、それは彼女が嘔吐しているにも拘らず、元夫による性交が日常的に彼女に課されるというものであった。ドイツでは、裁判官とジャーナリストが、夫を殺した二人のレズビアンに対する訴訟を利用して、レズビアンに「あらゆる種類の殺人、自殺、暴力行為」を行う傾向がよく見られると非難した。その著者は以下のように結論する。

> レズビアンに対する差別は、女性に対して行われる性的抑圧の究極を表している。ここでは女性が性的に独立することへの男性の恐れがはっきりと現れている。レズビアンは、その生き方によって、家父長制社会の土台そのもの、結婚、家族にとっての脅威なのである。というのも、女性は自分自身のセクシュアリティを発達させることができるとは考えられていないので、男性が関係しない性欲は禁止されるのである。

『同性愛――権力と政治』の中でスーザン・ヘミングスは、イギリスにおいて、一九七九年からの同性愛者の権利の後退と女性雇用の減少に先行してレズビアン嫌悪のキャンペーンがあったことを挙げている。労働党の女性候補者が、自分の同性愛を公に「告白」するように強いられたことが以下の新聞のくだりから読み取れる。「創造主は種を永続させるために、互いに引きつけあう二つの性をわれわれにお与えになり、この計画を堕落させる男と女は神を怒らせる」。『イヴニング・ニュース』紙は、父を持たずに育てられる子を創造する恐怖を表明して、レズビアン・カップルの人工生殖を告発する。『デイリー・エクスプレス』紙のある記者は、「男児は男児たらねばならない」と題された記事の中で、自分のキャリアを危険にさらして「学校で性差別と闘う一〇の方法」を教える女性教師を攻撃している。このキャンペーンでは、反フェミニズム・キャンペーンが反レズビアン・キャンペーンに結びついている。そのエッセー「認められるべき権利」の中で、ケベックのレズビアンは、そのような反動的流れにおいて制度が果たしている役割を強調している。例えば、病院では医療チームが、同性愛関係の愛情の重要性を否定しながら、女性の抱える問題をその同性愛のせいにし、司法は女性同性愛と性的倒錯を結びつけて、レズビアンの女性から子どもの監護権を奪っている。

この点について、イレーヌ・ダンスクとリンダ・ピアーズは、女性同性愛の病理化についての医学と精神分析の責任を想起している。女性同性愛が、もはや疾病として登場しないとしても、その烙印は、未だに福祉部門によって流布され、精神の中に残り続けている。この差別を明らかにするためにこれらの著者は、「強制的異性愛」、つまり「女性の身体の家父長的なコントロールを確保する機能を持つ強制」を問題にする。彼女たちは、この概念をアドリエンヌ・リッチから借りている。リッチにとって、「異性愛は、自然の事実でも、先天的な特性でもなく、同性の関係と、女性に対する男性の支配が浸透した社会的構築物である」（→本質主義／構築主義）。彼女らによれば、この「強制的異性愛」はあるイデオロギーを伴う。それは「あらゆる個人は異性愛者でなければならず、そうでなければ不道徳、倒錯、逸脱、病気、欠陥がある、つまり劣っていると見なされる」という「異性愛主義（ヘテロセクシズム）」である。

このような定義は、論理的にはゲイにもレズビアンにも当てはまるが、この定義が同性愛嫌悪の性差別的要素を暴いていることから、とくにレズビアンによく当てはまるように思われる。「異性愛主義」という用語や「レズビアン嫌悪」という新語こそ現れないけれども、フェミニストとレズビアン文化を創始した著作は、このイデオロギーを生産するシステムのはたらきを完璧に明らかにしている。ケイト・ミレット、ニコール＝クロード・マティウとクリスティーヌ・デルフィの系譜に属す唯物主義フェミニストであるコレット・ギヨマンが、「性別化《セクサージュ》」によって、すなわちそれぞれの女性の夫あるいは父による私的横領、集団的に女性全体を占有することによって、男性階級が女性階級を抑圧するさまざまな方法を告発している。モニック・ヴィティッグの唯物論レズビアニズムは、「男性」と「女性」というカテゴリーそのものを問題にする。「問題となっているカテゴリーは、私がストレートの思考と呼ぶあらゆる学科、理論、潮流、思想の寄せ集めの中で、根源的なコンセプトとして機能している。〔…〕女性、男性、差異、そして歴史、文化および現実のようなコンセプトを含めて一連のコンセプト全体がこのような刻印を押されている」。ヴィティッグは、この概念的構築物の政治的目的を強調する。「異性愛は、われわれが生きている政治制度であり、女性の奴隷化に基づいている」。従って、他の女性を愛し、男性のカテゴリーには属しない女性は、「ここでは逃亡者、逃亡する奴隷、つまりレズビアンと見なされるのである」。そしてヴィティッグは以下のように宣言する。「レズビアンは、女性と暮らし、女性と仲間になり、女性と寝ると述べるのは適切ではない。というのも女性というカテゴリーは、異性愛の思考システム、経済システムでしか意味を持たないからである。レズビアンは女性ではないのである」。

　これらの分析のおかげで、なぜレズビアニズムが家父長制社会にとって許しがたく、望むと望まざるとに拘らず秩序転覆的であるのかを最もよく理解することができる。しかし、これらの分析は、同時に、レズビアン嫌悪に対抗するために採るべき戦略の選択肢を提示している。ヴィティッグの戦略は、「社会的世界全体の概念的再評価」を目指す。「経済的関係の変革は十分ではない。鍵となる概念の、つまりわれわれにとって戦略的な概念の政治的変革を行わなければならない」。ヴィティッグのレズビアン思想は、普遍性の概念そのものが基づいているジェンダーとセックスの侵犯ではなく、その廃止を目指すものである。また、その戦略は、レズビアンに特有な文体、フィクション、ユートピアが何であるかという例を女性（および男性？）に提供するため、異性愛文化的な遺産を転覆するような言語と文学的ジャンルを再発明することにもある。

　この革命的潮流を受けて、ラディカル・レズビアンたちは、異性愛システムを廃止することを目指し、同様の脱構築を追求する。彼女たちにとって、「レズビアン・コミュニティの建設は、政治的勢力の基礎を表すのであって、単なるアイデンティティの表現ではない」。このような理由で、一九七八年の分裂以来、家父長制とあらゆる女性にとっての抑圧の基礎としての異性愛の優越性を根本的に問題にしない「異性愛フェミニスト」から距離をとっている者もある。ヨーロッパおよび北アメリカのレズビアンの中では、唯物論レズビアニズムとラディカル・レズビアニズムの影響は顕著であるが、レズビアンの闘争は多様化しており、社会的承認と権利平等のための同性愛者の改良主義に巻き込まれた、と言う者もある。

　フランスでは、CLNが、集団の多様性と複数の政治的信条の存在を理由として、社会におけるレズビアンの可視性とその市民権の擁護を現実的な優先的目的として掲げている。このことはとくに、女性の権利全国連絡会議（CNDF）やヨーロッパ女性ロビー会議への積極的な代表の出席、世界女性マーチへの参加に表れている。彼女たちの行動は、レズビアン嫌悪を性差別の極限の表現として理解することを促進すること、異性愛女性と同性愛女性の相互支援の必要性を明らかにすることにある。この歩みがよい結果をもたらしたことは、次のことを示している。それは、女性が受ける共通の抑圧を辛抱強く説くことによってのみ、システムが前から女性に植え付けてきた内なる異性愛主義を後退させることができるということである。

　レズビアン嫌悪攻撃に対する闘いは、ゲイとの連帯によっても行われ得る。ゲイが男性として支配階級の特権を享受しているとしても、ゲイ自身も強制的異性愛から逸脱しており、抑圧されていることには変わりがないからである。しかし、同性愛嫌悪攻撃が制裁されることを求めて、共通の行動によって予防政策と反差別の装置の中に性的指向を組み込むことを目指すとしても、法律において、レズビアン嫌悪の性差別的次元がはっきりと考慮されることが不可欠である。そういうわけで、CLNは、諸機関の関係者に対してこの視点を強調し、共通の目的を超えて、必要なところで法に独自の修正をもたらそうとしているのである。法律家アンヌ・ル・ガルが述べるように、「〈法〉を生産する法的、社会的、政治的次元においても、自らが自律的な何者かでなければ、規律、表現手段、信仰、超越性、他者への関係すらも持つことはできない。そしてどんな法律も、男性同様女性に課されるのである……」。

レモンド・ジェラール（齊藤訳）

→異性愛嫌悪、異性愛主義、ゲイ嫌悪、サッフォー、トランス嫌悪、バイセクシュアル嫌悪、ホール、レトリック

レトリック

同性愛嫌悪的《ホモフォビック》レトリックは、以前にはそれほど多くなかった。確かに、用語は豊富であった。男色家《ソドミット》、性逆転者（アンヴェルティ）、ホモ《ペダル》、オバちゃん《タント》、ふぬけ《ロペット》、オカマ《タペット》、擦りつける女《トリバード》、吸う女《ブルトゥーズ》、レズ《グイン》、めす犬《グース》などである。しかし、レトリックとしては、数語の侮辱（「汚いホモ！」）や呪詛（「奴らの血よ、奴らの上に降り注げ！」［マタイ伝からとられたユダヤ人に対する呪詛を模倣していると思われる］）や金言（「レズビアンは欲求不満の女である」）などの非常に粗野な構文に甘んじていた。レトリックは、これらフレーズの境界をほとんどはみ出さなかった。というのも一つのフレーズで十分だったからである。それだけですべて言ったことになり、全員が賛同しているかのように見えたのである。この言説が相対的に貧困であるからといって、その力や効力が減殺されないことは明らかである。その反対である。単に、それ以上言う必要がなかったのである。

しかし時が経ち、同性愛嫌悪のレトリックは、改善されなければならなくなった。以前よりも暴力的あるいは辛辣になったというのではなく、今日それは以前よりも洗練されているのである。構文が立派になり、概念が洗練された。とくに新しいのは、同性愛嫌悪のレトリックが自らに自覚的になったことである。これはレトリック空間における新しい与件を示している。それまで同性愛嫌悪言説は、自らをほぼ一枚岩だと考えていた。従って、それは真実、明白、自明であった。ところが、最近では当たり前とされていたことが議論の余地のある一つの意見になり、実際に議論されるようになった。この逆境とそれへの反省を経験したことによって、同性愛嫌悪言説の中に一定の不安、一言で言えば深い危機が引き起こされた。同性愛嫌悪言説は、後退ではなく、変化を迎えたのである。イデオロギー的前提を正当化し、社会的イメージを刷新し、政治的敵対者を倒すために、新しい状況に合わせて自らの言語ツールを調整しなければならなかった。それでも、長い間自らの手口、手法であったパトス［感情の高まり、激情］、幻想、非合理と感情を放棄することなく、より合理的に、少なくともより論証されているように見えるロゴス［理性、言語、理法］のレトリックを開発しなければならなかった。今や同性愛嫌悪言説は、その装いを新調したのである。

では、同性愛嫌悪言説とはいったい何か。本当のところ、それは奇妙で境界を画定するのが難しい対象である。というのもそれは、キリスト教言説、マルクス主義言説あるいは精神分析言説のように、固有のレトリック、公式の教義、参照テクスト、認可されたスポークスマンを持った、多少なりとも特定された社会集団によって語られる安定した言語的集成ではないからである。それはどちらかと言えば、脈絡のない切れ端、あちらこちらで、あらゆる分断を超えてすべての階層を横断して宣言される全く異質なフレーズと定型表現の寄せ集めである。それは、一般的にはすべての人が言っているようで、個別には誰も言っていないようなものである。そして時には、心の底では同性愛嫌悪的ではない、あるいは同性愛嫌悪的でないと思っている人びとによって、何の気なしに言われているものである。要するに、この偏在する言説は、同時にこぼれ落ちていくものであるが、少なくとも、それを客体化し、その論拠の大部分が汲み上げられている一般的トポスへと還元することはできる。

同性愛嫌悪レトリックの論理

トポスとは、レトリック分析の語彙で、各自が自らの話題を展開するために必要な材料を見つけることができる一種の貯水池である。

疑似理論的なトポスは、同性愛嫌悪言説の「学問的な」支えをなしている。論証の仕掛けの中でそれが占める相対的な重要性は、近年増加する一方である。それは、最も保守的な意見表明を婉曲化しつつ補強するために、ますます利用されている。このように道具化されたこれらの理論によって、それを援用する者は、自らの言説に、客観的かつ科学的で、それゆえに真実を語っているように見せる中立的な外観を与えることができる。このようにして、最も暴力的な党派的立場が、専門家の言説のようにまかり通ることに成功する。しかしながら、最もよく利用されている科学や学問分野は、かつてと同じではない。以前は、同性愛嫌悪言説は、↓神学、道徳、あるいは↓医学のトポスに依拠していた。原罪、↓放蕩、自然と反自然（↓自然に反する）、病気や遺伝的欠陥などは、共通の慣用語法に繰り返し現れる要素であった。ところで数十年前からは、好んで援用される学問領域は、むしろ精神分析、↓社会学、そして↓人類学である。ナルシシズム、↓倒錯、↓他性、↓象徴的秩序、↓性差などが、今やもてはやされる概念である。時代を象徴的に表すのは、↓カトリックの諸機関が同性愛の世俗的↓処罰の必要性を繰り返し述べるとき、かつては非常に頻繁に言及された、炎によって焼き尽くされる↓ソドムとゴモラの暴力的なイメージを賢明にも避け、精神分析に好んで依拠していることである。かつてカトリックは、精神分析を、猥褻《わいせつ》で過度に寛大であると考えていたにも拘らずである。

しかし、同性愛嫌悪言説はまた、それほど学術的でない言説にも依拠している。それは、公式の科学というよりも、一般的な意見に属する技術的な意味での一般的トポスである。

第一のトポスは、おそらく↓異性愛主義（ヘテロセクシズム）のトポスである。それは異性愛的欲望が個人を完成するという先験的な目的論への一種の深い信仰である。それは、事故や悪意ある影響がなければ、どんな子どもも異性愛者であるか、やがてはそうなり、男は女のために作られており、とくに女は男のために作られているというものである。このような暗黙の態度は、↓神学、↓生物学と精神分析が広く引き継いだ一種の通俗的な人類学を基礎としている。それは現実にはありそうもない異性愛の心理的規準のイメージであり、この混じりけなしの異性愛主義は暗黙に同性愛的欲望を排除している。せいぜい、同性愛は一段階に過ぎず、異性愛の完成前の通過点、最悪でも、道半ばの致命的な事故である。そこから結局のところ、同性愛が欲望の異性愛的目的を危険に陥れ、あらゆるレヴェルにまで至ることを懸念する感情であるところの、厳密な意味の同性愛嫌悪が出てくる。災禍がじわじわ進行し、個人、↓カップル、↓家族、国家を脅かし、さらに人類までもが、同性愛の↓伝染によって生殖不能に襲われ、地球上から絶滅するかもしれないというのである。このことから、二次的であるというだけでなく、男であれ女であれ同性愛者は、集団に対立し、脅威中の↓脅威ですらある以上、↓反逆者と見なされるのである。同性愛者たちは、どこにでもいて、その仲間を組織し、悪事をたくらみ陰謀を企て、↓ロビーを形成し、同性愛↓勧誘を行い、そしていわば世界的な脅威をなすというのである……。

ところで、この同性愛嫌悪レトリックは、根底的な女性嫌悪に基づいていることが多く、これと密接に連帯している。この見方では、男にとって女性に似ることほど下卑たことはなく、同性愛者の男性のイメージは、明らかに女性的な男のイメージであり、それが軽蔑と嘲弄を鼓吹している。反対に、同性愛者の女性がより男性的であるように見えれば、彼女は、最初に彼女に与えられた正しい位置を拒絶しているのだから、それは高慢で憤慨すべき欺瞞であることになる。ところが同性愛嫌悪レトリックのイメージは、奇妙なことにひっくりかえって形を変えることができる。というのも、男性同性愛者が男性的でないことで非難されるとしても、場合によっては、あまりに男性的過ぎることでも彼は非難され得る。↓スポーツや筋肉トレーニングを好むことは、明らかに人工的で不実である。女性同性愛者については、彼女が女性的であればあったで、女性的過ぎて正直でないことになる。その魅力は、有害かつ悪魔的な何ものかである。男性は、男らしくなければならないが、適度に男らしくなければならず、女性は、適度に女らしくなければならない。しかし、たまたま同性愛者が、男らしさあるいは女らしさのちょうど中庸にとどまった場合は、もっと悪いのである。なぜなら、同性愛者は人びとをだますために大衆の中にとけ込もうとしていることを疑われるからである。結局のところ、より分かりやすく、その意味で安心できるオネエがいいと思われていることに気づくだろう。要するに、どうあっても気に入らないのである。

また、同性愛嫌悪レトリックは、外国人嫌悪《ゼノフォビア》言説に依拠することが多い。一六世紀はイタリアの悪徳、一八世紀と一九世紀は、イギリスの悪徳、二〇世紀初頭はドイツの悪徳として、同性愛は、フランス人によってさまざまに認識されてきた。同性愛が外国、よそからくる行為であることはもちろんであったが、どこでもというわけではない。一般的に、それはその時々のライバル国で支配的な国の行いであった。これら言説は、このように烙印を押されたライバル国に対して、ただ表出せんとする敵意と憎悪に形式を与えたのである。あらゆる点で恐ろしい強国を性的にこき下ろす、象徴的な一種の埋め合わせである。この同性愛嫌悪言説と外国嫌悪言説の一致は、過去のものだろうか。おそらくそうではない。ブラックアフリカでは、同性愛は白人の悪徳と見なされることが多い。そのような考えのために、エイズが同性愛者の問題、つまり白人の問題と見なされ、エイズ対策（エイズ無策）において相当の影響を持つことがある。この場合、白人への憎悪と同性愛への軽蔑が、相互に強化しあっている。フランスでも同様に、同性愛者が、実際アメリカ化していること、あるいはアメリカ化しているという思い込みが、攻撃の論拠であることが多い。確かに、同性愛はアメリカの悪徳とはされていないが、ゲイとレズビアンの生活様式は、アングロ＝サクソン的な共同体主義（コミュニタリアニズム）に結びつけられて、フランスとその共和主義モデルを危険に陥れる恐ろしいアメリカの影響であると見なされている。大西洋の向こう側では、ゲイ・レズビアン・スタディーズは、例えばフーコーやデリダ、シクスーの業績から着想されている限りで、フランスの影響下にある研究とされることがある。これは知的正統性をあらかじめ失墜させようとする主張である。

　最後に、同性愛嫌悪レトリックは、社会的嫌悪の言説に時折一致する。一九世紀のプロレタリアートにとってブルジョワジーの悪徳であった同性愛は、当時のブルジョワジーにとっては、あいかわらず不道徳な労働者階級の行い、あるいは当然に退廃的な貴族階級の行いであった。この社会的表象は今日では緩和されたが、それでもその復活の一形態を、例えば郊外の若者の言説の中に見ることができる。そこではゲイ・レズビアン・カルチャーは、一種のブルジョワ的気取り、裕福な階層に特有の贅沢および色欲嗜好、当然におぞましい社会的差異の表れと考えられている。そのことは、ラガ［レゲエの一ジャンル］やラップ、レゲエ界の有名人が、「自然」かつ庶民的で過剰な男性性を肯定するための戦略として同性愛嫌悪言説を繰り返し用いたことが証明している。同様に一九八〇年代、エイズの出現は、これらの「危険を冒す人びと」が正当な罰を受けるという、同性愛者に対する憎悪と恐怖の言説を再活性化した。「エイズがホモを治す」と、決まってアメリカ合衆国の宗教右翼のスローガンは謳っていたが、これはもちろん死によって「治療する」という意味である。世界中で、エイズ患者に対して、追跡あるいは入れ墨によるマーキング、「エイズ特別療養所」あるいは隔離を奨めた者は多かった。このような状況で、エイズは、タイムリーに同性愛者に対する排除の言説を正当化し強化した。別のジャンルであるが、同様にパックスについての議論は、社会的憎悪の主張を引き起こした。それは反動的で偏狭なプチブル的性格を持ち、同性愛者と、まことしやかに言われるその裕福さ、納税者を犠牲にする明らかに度を超した税制上の要求を批判するものである。「ホモのために税金を払うのか？」というスローガンが繰り返され、これが経済的なロジックが再び見出された。やや忘れられていたそのロジックのひな形は、二〇世紀にさかのぼるものであった。ところが、アメリカ合衆国では、この言説は弱まっていない。ユダヤ人に倣って、同性愛者はハリウッド、メディア、財界、政界を支配する強力過ぎる少数派のように見なされることがある。このような状況で、権利の平等に関する要求（例えば反ソドミー法の廃止、ゲイおよびレズビアンの結婚の承認）は、法外な特権のように現れる。同性愛者のヘゲモニーはすでに確立され過ぎているのだから、当然に拒否しなければならないというのである。

■同性愛嫌悪レトリックの戦略

　これらさまざまなトポスのすべてが、同性愛嫌悪的な立論の材料となっている。これらは具体化を必要とするが、それは、どれもがことごとくレトリックの罠であるようなさまざまな戦略によってなされる。

　まず、定義の戦略である。これらの言説では、同性愛は、微妙にではあるが、権威主義的に定義されていることが多い。語源において、同性愛は、いわゆる同類に対する愛、ナルシシズム、自閉である。ゆえに同性愛は他性の拒否、閉鎖、↓ゲットーなどに結びつけられる。戦略はこのように実行され、このたった一つの定義から、欲するすべての帰結を生じさせる。存在を想定された本質の中に閉じこめる。これは無害で理性に基づいているように見えるだけに、より一層割がいいことが分かる。明示的に、あるいは暗黙に、いったん配置されると、あるいは強制されると、この定義は、恐るべき武器、社会に対する見方と分断の原理として絶対的な精神的構造になり得る。この定義は、全く異質の現実にも巧みにこっそりと拡大される。作為的な同一視である。こうして同性愛は、男色、↓小児性愛、倒錯、放蕩、ドラッグ、エイズ、↓生殖不能などの類義語になっていく。このような同一視は、意図的で理不尽なレトリックという弱点よりも、そのシニカルな威力を示している。

　次に、単なる命令である。定義の戦略と比べて、命令は、同性愛とは何かではなく、同性愛はどうあるべきかを定義する。男らしさ、女らしさ、慎み（↓クローゼット）、貞節、性的欲望の昇華などへの命令である。というのも、同性愛嫌悪言説は、明らかに規範的言説だからである。同性愛嫌悪言説が命じる規範は、幼少期から内在化され、相当の精神的強制力を持つ。二重の命令、つまり代わる代わる閉塞させようとする作戦は、より微妙ではあるがやはり効果的である。このレトリック戦略は、時の必要に応じて、矛盾する命令を次々に発するのである。かくして、正常化の命令は、長い間同性愛嫌悪言説の特権的なモチーフであった。しかし、いくつかの団体が同性カップルの法的承認を思い切って要求するようになると、望ましいとされた正常化の方向に沿うように見えるこの要求は、今度は、社会規範を危険に陥れると言って批判されるのである。このようにして正常化を同性愛者に勧めていた言説そのものが、今度は反対により転覆的であることを勧めて、その社会に統合される意志を非難したのである。同性愛者の子育てについての議論は、同様の働きを見せた。同性愛者は、種の再生産に参加することを拒否するとして、「自己中心的」であると非難されていた。しかし、レズビアンが人工生殖への権利を要求し、同性カップルが↓養子縁組への権利を要求すると、この欲求もまた「自己中心的」であると判断され、「子どもを持ちたいという欲求を葬るように」要求する。要するに、子どもを欲しようと欲しまいと、同性愛者が自己中心的であることには変わりがない。命令に従おうが従うまいが、同性愛者はどうあっても違反しているのである。同性愛者が堂々と生きれば、慎むように要求し、ひっそりと生きていれば、何か恥じ入ること、汚らわしいことなどがあるということになる。議論の論法は常にあらゆる方向において閉じられている。

　別の戦略は、罪責感を与えることである。事実、同性愛嫌悪言説は、それが引き起こし維持している↓恥のレトリックの効果を相当程度当てにすることができる。多くの同性愛者が、烙印を押されることを恐れて、社会的言説のうち最も暴力的あるいは最も侮辱的な決まり文句を何も言わずに聞きながす覚悟を決めている。長い自省を経て、この恥の感覚を追い払ったと思ったとしても、緩和された形態で、恥の感覚は残存し、やましい気持、自己↓検閲、反動的言説に特徴的な逆効果の論法、あるいは犠牲の論法に動かされやすくなる。このようにして同性愛者は、いとも容易く自らに対置された象徴的あるいは道徳的秩序を困惑させないために、不快にしないために、危険にさらさないために、自らの個人的自由をいくつか放棄する。最も突飛で不自然な逆転をも受け入れる。集団から排除され、↓不寛容の犠牲でありながら、不寛容と排除のかどで責めを負わされるのである。地下へと追いつめられながら、隠れていることに対する批判を受け入れる。同性愛嫌悪と闘いながら、同性愛嫌悪をさらに煽っていると責められるのだ。これらのレトリック戦略の戦術的利点は、全く明らかであると言うよりない。なぜなら、この戦略は、同性愛者自らが、権利要求と正統な言説の領域から撤退するように導くからである。

　最後の同性愛嫌悪言説の戦略は、同性愛嫌悪そのものを自ら否定することにある。この否定は、「私は同性愛嫌悪者ではありませんが、でも……」の形式で最もよく知られているが、さまざまな表現のレヴェルを持っている。最もラディカルなのは、↓歴史の否定である。例えば、多くの旧従軍兵士会は、長い間同性愛者の強制収容の事実を否定してきた。当然に、この否定の同性愛嫌悪的性格も同様に否定したのである。それほど極端でないがよくあるのは、矮小化の試みである。同性愛嫌悪的行いを無視するわけではないが、それを感じよく笑って相対化する。運動場でのいじめは子どもの遊びでしかない、差別は確かに存在するがもっと重要な問題がたくさんある、などである。この論理では、ある種の楽観視、あるいは無知が、曖昧な感じの論述を持ち出して、悪気のない人も含めた人びとを、問題軽視の喧伝者にしてしまうのである。この論理によれば、同性愛嫌悪は、多少なりとも遅れた遠くの国のこと、あるいは、昔のことであることになる。それがまだ存在するとしても、残滓としてであり、早晩、道徳的進歩によって解消される。この進歩は、もちろん継続的で不可逆的で、同性愛者の団体のやむことのない要求は、馬鹿げていて、場違いで、さらには不快ですらあることになる。

今日の同性愛嫌悪言説の状況についていくつか述べて締めくくろう。ゲイとレズビアンの権利要求に直面して、この言説は、手順を修正し、時には、人文科学に訴えて、それを補強しながら婉曲にしなければならなくなった。その他には、言ってみればこの近代化のプロセスにおいて、この言説は、幾度もの試練をくぐり抜けてきた戦略に従っており、異性愛主義、女性嫌悪、外国嫌悪、社会的嫌悪言説一般と、歴史的構造的に近似している。それでもこの言説は、散漫で、つかみにくく、微妙な対象であることは変わらない。というのも根本的には、これは言説というより、言葉の雰囲気であり、その通常の効果は、実効的な発言がなくても感じられるからである。これが、決定的な点である。一度も経験したことのない者には理解しにくいが、事実、社会的同性愛嫌悪が、恒常的な精神的不安の象徴的条件を作り出し、侮辱や呪詛はそのおまけでしかないのである。従って、頻繁な身体的暴力↓はもちろんのこと、あちこちでなされる発言以上に、嫌悪レトリックは、配された言説よりも、言説の可能性の中に存している。これこそが、その潜在的ターゲットである者に、恒常的な恐れを抱かせ、ターゲットになる者はその言説をうまく逃れ、先回りし、押し戻し、あるいは内在化しようとするのである。無視できない精神的負担を負わされた厳しい日常である。しかしながら、同性愛嫌悪言説は、自らの限界にぶつかり始めている。結局のところ、それにはいかなる合理性もないので、同義反復的な贅言（「だって、男は男ですよ！」）や難解な超越的概念（神、道徳的、自然的あるいは象徴的秩序……）に依拠するしかなくなっている。いずれにせよ、今やこの言説は、自分を正当化しなければならないと感じているようである。これはこの言説にとっては、すでに小さな敗北である。

ルイ＝ジョルジュ・タン（齊藤訳）

↓異常、異性愛主義、カリカチュア、勧誘、語彙、象徴的秩序、人類学、精神分析、他性、侮辱、暴力、文学、ユーモア

労働

一九一四年、マグヌス・ヒルシュフェルト↓は、彼が集めた一万人の同性愛者のケースのうち、重くのしかかる圧力のために、七五％が自殺↓を考えたことがあり、二五％が実際に自殺を図ったことがあると示している。この時代の自殺の第一の原因は、刑事訴追とその帰結、とくに失業の恐怖であった。

今日、同性愛者が職場で直面している困難は、二つの形態に区別される。一方で個人に対する差別、他方で職業活動におけるゲイあるいはレズビアンのカップルの扱いである。個人に対する差別の基礎には、労働への参加が社会の良好な機能への貢献と見なされ、積極的な意味を持つという前提がある。二つの同性愛嫌悪的《ホモフォビック》差別の立場が、はっきりと現れる。貢献を承認することの否定、貢献する権利の否定である。

貢献の承認の否定は、同性愛者、あるいは同性愛に関係する人がこの良好

な機能に貢献すると考えることを拒絶する。例えば、啓蒙時代の思想家たち、ディドロやヴォルテールは、旧体制《アンシアン・レジム》の品行、とくに同性愛が教会関係者の間で一般的であったと考えて同性愛一般を批判した。自らの政治的意図――権力保持者の批判――を強化するために、閉ざされた宗教集団の中のソドミー行為をこれらの集団の政治的不毛（→生殖不能）に結びつけ、このような集団は社会の利益ではなく、自らの利益のみに奉仕すると説明した。自閉を助長するような性的行為が推測される者は、必然的に腐敗していることになる。というのも社会的規範は、グループ間の交流を第一とするからである。これら啓蒙思想家たちは、閉鎖的な特権階級の行いとしての同性愛関係を批判したのであってそれ自体を批判したのではない。性的な不毛から類推される政治的な不毛を批判することが重要であった。働かない、集団にとって生産的ではない、それは生殖をしないようなものであった。このような主張は、特定のグループの政治的排除をねらっていたが、間接的に同性愛行為に対する烙印を永続させることになった。

　働くことによって社会に貢献する権利の否定は、同性愛者が労働界の集団的なダイナミズムに参加することを拒絶する。このような態度は、映画『フィラデルフィア』（一九九三）で示されている。そこでは主人公が、→エイズに苦しむことから同性愛者であることが知られ、職場から、そして彼と同僚を結びつける男らしい兄弟愛のコンセンサスから拒絶される。

　この強く根付いた古典的な差別の論理に対し、同性愛者の→団体と協働するヨーロッパの諸機構の影響で、反差別規定が数十年前から推進される傾向にある。例えば、ヨーロッパ評議会（→ヨーロッパ法）の議員会議の一九八一年の勧告は、この問題を人間の平等の領域においてとらえ、同性愛者が被害者となっている差別を排除することを目指した。議員会議は、とくに同性愛者が労働、雇用において取り扱いの平等を享受することを要求している。ヨーロッパ連合では、ヨーロッパ議会が、加盟国にヨーロッパ市民の性的指向に基づくさまざまな差別を終わらせることを要求する決議を一九九四年に採択している（ロート勧告）。一九九七年に採択され、一九九九年にフランスで発効したアムステルダム条約は、その一三条で「この条約の他の規定を害することなく、共同体に与えられた権限の範囲で、理事会は、委員会の提案に基づき、ヨーロッパ議会に諮問した後に、全会一致で、性別、人種または民族的出自、宗教または信条、障害、年齢、もしくは性的指向に基づく差別と闘うため、必要な措置をとることができる」と定めている。二〇〇〇年一一月には、雇用と労働に関して、性的指向に基づく差別の禁止を拡大するヨーロッパ連合の指令が採択されている。さらに二〇〇〇年一二月七日に採択されたヨーロッパ連合基本権憲章が、性的指向に基づくあらゆる差別をはっきりと禁じている（第三章、二一条）。これらのさまざまな文書は、社会秩序および法秩序に、性的指向の問題とその平等扱いの要請を組み入れる長所を持っている。ただし、それら文書には強制が欠如していたり、加盟国が消極的であったりするため、現実の実施は難しいこともある。

　国家レヴェルでは、相当数の国家が反差別規定をすでに実施している。フランスでは刑法典や労働法典が、「性的指向」に基づく雇用における差別を禁じている。スウェーデンでは、雇用者と被用者の争いを解決する国家調停が存在する。しかし、反差別規定は、存在し適用され得るとしても、立証の困難と差別の陰湿さにぶつかることが多く、その結果同性愛者が訴えようとすることは稀である。

　個人に対する差別を超えて、労働法が、同性カップルと異性カップルの社会的差異が強調される特権的な場所として現れていることは重要である。従業員や従業員の団体は、配偶者とカップルの概念の定義とその取り扱いの方針を企業に修正させるか、変化を拒否する理由を企業に説明させようとして、ヨーロッパ連合の諸機関、世界中のさまざまな国の公的審級、企業そのものに対して訴え出てきた。それは、鉄道あるいは航空の乗客輸送業の領域においてであった。

　ヨーロッパ諸機関は、個人的差別に対する闘いで進歩的な立場をとる一方で、労働におけるカップルの権利についてはその立場はほとんど進展しておらず不均衡が存在している。イギリスの鉄道会社に勤務するレズビアンの労働者（G氏）に関する一九九八年二月一七日の判決で、ヨーロッパ司法裁判所は、同性間の内縁の承認の問題について、このような結合を承認することはできないとしたのであった。別件で提訴を受けたヨーロッパ司法裁判所の第一審裁判所は、一九九九年一月二八日判決において同じ立場をとった。そのときの申立人（D氏）はスウェーデン法上の登録パートナーであったにも拘らずである。二つの事件において裁判所は、ヨーロッパ共同体法は同性カップルを、内縁（最初のケース）に、あるいは結婚（次のケース）に同一視できないと考えたのである。ヨーロッパ連合の司法機関は全体的にはあまり好意的でない立場を維持したが、カップルに権利を与える好意的な規定はヨーロッパ諸機関の被用者に適用されている。同性愛者の公正な扱いについての一九九四年のロート勧告の実施は、ヨーロッパ議会の労働者についてはすぐに行われた。建物、企業の食堂、語学の授業へのアクセスが性別に関係なく労働者のパートナーに認められた。これらの便宜を受けるためには、カップルは議会内部の「ドメスティック・パートナーシップ」簿に登録されなければならない。

フランスでは、配偶者とカップルについての法的概念は、一般的用語法と労働法において、異性愛規範的な秩序に制限されていた。最高裁である破毀院［民事・刑事・社会事件を扱うフランスの最高裁判所］が、二つの事件で一九八九年に初めて同性愛カップルの内縁の成立について判断したが、そのような内縁は成立せず、その結果法的効果を引き起こすことはできないとした。一つ目の事件は、エールフランス社の男性客室乗務員に関係するものであった。エールフランス社は、従業員の地位規程によって従業員と「結婚している配偶者および自由結合の内縁者」に認められる配偶者無料航空券を、この男性のパートナーに拒否したのであった。二つ目の事件は、社会保険の被保険者の女性とそのパートナーの事件である。このパートナーは、「被保険者と結婚している夫婦のように暮らす人に」受給権者の資格を認める一九七八年一月二日の法律の利益を受けようとして拒否された。一九九九年一一月一五日のパックスと内縁についての法律は、パートナーが職業生活において援用することができる権利に関しては画期的であった。労働法典が定める利益が適用可能になった。パックス・パートナーが同じ企業で働いている場合、同時に休暇を取る権利を享受することができる。そしてパックス・パートナーは、労働法典三一四二－一条四号に掲げられた家族的事由の場合には、特別休暇を取得することができる。そしてパックス法は、国家公務員、軍勤務公務員、病院勤務公務員の地位規程に関する一九八四年と一九八六年の法律を修正した。これらの規程のいずれかが適用される公務員がパックスを結ぶと、パートナーの勤務地の近くに配置してもらうことを要求することができる。

パートナーシップに関する立法は、労働法において広い効果を持つ（一九八九年のデンマークの「登録パートナーシップ」法、一九九三年のノルウェーの「同性カップル登録パートナーシップ」法、一九九四年のスウェーデンの「登録パートナーシップ」法、一九九六年のアイスランドの「法的内縁」法、一九九七年のオランダの「登録パートナーシップ」法）ことがあるが、職業領域での効果が限られているか、影響がないものもあった（一九九八年三月のベルギーの「法的同居」法）。

並行してヨーロッパ以外では、一九九〇年代後半に、労働者にとってのカップルの権利が進展した。イスラエルでは一九九四年一一月、宗教的祝祭日の時期に結婚配偶者に与えられる無料航空券の交付をその従業員の同性のパートナーに拒否したエルアイ社を、最高裁判所が制裁した。一九九五年以降、イスラエルの立法府であるクネセトは、社会保険と軍隊に関して「配偶者」の定義を変更し、同性のパートナーにも拡大している。カナダでは一九九九年五月、政府、公企業、軍隊によって雇用されている同性のパートナーが遺族年金を受けられるようにする計画を採択した。一九九九年、ケベック議会は、税、自動車保険、社会保険、年金、遺族年金に関して、異性愛内縁に認められた権利を同性カップルに拡大した。大西洋の向こう側、例えばサンフランシスコ市では、少なくともカップルのうち一人が同市で働いている同性内縁カップルにドメスティック・パートナー証明を発行しているが、これは象徴的な価値しかない。

私企業での展開は、国家や超国家的機関の展開よりも速いことが明らかである。ヨーロッパで活動する数多くの国際的企業が、同性愛者の従業員のパートナーに社会的給付を認めている。アップル、HP、ディズニー、タイムワーナー、コダックやIBMがそうである。AOM、TATやコルセールのようなフランスの小さな運輸系私企業が、トラヴェル・パートナー制度を採用している。これによって、従業員の親族や内縁相手は、性別に関係なく、優遇措置をの適用を受けて一緒に移動することができる。

フロラ・ルロワ＝フォルジョ（齊藤訳）

↓軍隊、差別、団体、同性婚、ヨーロッパ法

◆補遺

二〇一一年五月発行のＩＬＧＡ（国際レズビアン・ゲイ連盟）の報告書によれば、雇用差別を禁じる法制化の状況は、以下のとおりである（括弧内は発効年）<Paoli Itaborahy>。

性的指向に基づく雇用差別を禁じているのは、五三ヶ国――アイスランド[原文では記載漏れ]（一九九六）、アイルランド（一九九九）、アルバニア（二〇一〇）、アンドラ（二〇〇五）、イギリス（二〇〇三）、イスラエル（一九九二）、イタリア（二〇〇三）、エクアドル（二〇〇五）、エストニア（二〇〇四）、オーストラリア（州によって発効年異なる）、オーストリア（二〇〇四）、オランダ（一九九二）、カナダ（一九九六）、カボヴェルデ（二〇〇八）、キプロス（二〇〇四）、ギリシア（二〇〇五）、グルジア（二〇〇六）、クロアチア（二〇〇三）、コスタリカ（一九九八）、コロンビア（二〇〇七）、スウェーデン（一九九九）、スペイン（一九九六）、スロヴァキア（二〇〇四）、スロヴェニア（一九九五）、セーシェル（二〇〇六）、セルビア（二〇〇五）、チェコ（一九九九）、デンマーク（一九九六）、ドイツ（二〇〇六）、ニカラグア（二〇〇八）、ニュージーランド（一九九四）、ハンガリー（二〇〇四）、フィジー（二〇〇七）、フィンランド（一九九五）、フランス（二〇〇一）、ブルガリア（二〇〇四）、ベネズエラ（一九九九）、ノルウェー（一九九八）、ベルギー（二〇〇三）、ボスニア・ヘルツェゴビナ（二〇〇三）、ボツワナ（二〇一〇）、ポーランド（二〇〇四）、ポルトガル（二〇〇三）、マケドニア（二〇〇五）、マルタ（二〇〇四）、南アフリカ（一九九六）、モザンビーク（二〇〇七）、モーリシャス（二〇〇八）、モンテネグロ（二〇一〇）、ラトヴィア（二〇〇六）、リトアニア（二〇〇三）、ルクセンブルク（一九九七）、ルーマニア（二〇〇〇）――、およびその他の地域――アメリカのアイオワ（二〇〇七）、イリノイ（二〇〇六）、ヴァーモント（一九九二）、ウィスコンシン（一九八二）、オレゴン（二〇〇八）、カリフォルニア（一九九三）、コネティカット（一九九一）、コロラド（二〇〇七）、デラウェア（二〇〇九）、ニュージャージー（一九九二）、ニューハンプシャー（一九九八）、ニューメキシコ（二〇〇三）、ニューヨーク（二〇〇三）、ネヴァダ（一九九九）、ハワイ（一九九二）、マサチューセッツ（一九九〇）、ミネソタ（一九九三）、メリーランド（二〇〇一）、メーン（二〇〇五）、ロードアイランド（一九九五）、ワシントン（二〇〇六）の二一州およびワシントンＤＣ（一九七三）のほか、多くの市やタウン。アルゼンチンのロサリオ市（一九九六）。イギリス領ジブラルタル（二〇〇六）およびイギリス王室領のマン島（二〇〇七）およびガーンジー（二〇〇五）。コソボ（二〇〇四）。台湾（二〇〇七）。ブラジルのサンタカタリーナ（二〇〇三）、サンパウロ（二〇〇一）、バイーア（一九九七）、パライバ（二〇〇三）、ピアウイー（二〇〇四）、ミナスジェライス（二〇〇一）、リオグランデドスウ（二〇〇二）、リオデジャネイロ（二〇〇〇）の八州および連邦直轄区（二〇〇〇）とその他多くの市。メキシコのアグアスカリエンテス、キンタナロー、コアウィラ、コリマ、チアパス、チワワ、ドゥランゴ、トラスカラ、ベラクルスの九州（二〇〇一～九）およびメキシコシティ。なお、ナミビアは二〇〇四年に性的指向に基づく雇用差別を禁じる法を廃止した。

ジェンダー・アイデンティティに基づく雇用差別を禁じているのは、合計一九ヶ国――オーストラリア（一九九六）、クロアチア（二〇〇九）、スウェーデン（二〇〇九）、セルビア（二〇〇九）、ハンガリー（二〇〇四）、モンテネグロ（二〇一〇）の六ヶ国と、トランスジェンダーの人びとへの差別がジェンダー差別一般を禁じる法によって禁じられている以下の一三ヶ国、アイルランド、イギリス、イタリア、オーストリア、オランダ、スロヴァキア、デンマーク、ドイツ、フィンランド、フランス、ベルギー、ポーランド、ラトヴィア――、およびその他の地域――アルゼンチンのロサリオ市（二〇〇六）。カナダのノースウェスト準州（二〇〇四）。アメリカのアイオワ（二〇〇七）、イリノイ（二〇〇六）、ヴァーモント（二〇〇七）、オレゴン（二〇〇八）、カリフォルニア（二〇〇四）、コロラド（二〇〇七）、ニュージャージー（二〇〇七）、ニューメキシコ（二〇〇三）、ミネソタ（一九九三）、メーン（二〇〇五）、ロードアイランド（二〇〇一）、ワシントン（二〇〇六）の一二州およびワシントンＤＣ（二〇〇六）と

その他の多くの市やタウン。

（山本）

ロシア

九八八年以降のキリスト教化は、ロシアにビザンツの性道徳を導入する効果を持った。正教の教会法（「聖規則《ノモカノン》」）のスラボニア語訳である『舵の書《コルムチャヤ・クニーガ》』と聖書は、ムジェロジェストヴォ（『レヴィ記』の表現をスラヴ語に写した言葉で「男が男に重なって横たわる姿勢」の意味）と「ソドムの罪《ソドムスキ・グレーフ》」を禁じて、ロシアの同性愛嫌悪《ホモフォビア》にキリスト教的基礎を与えている。ロシア語の最初の正教教会法は、ユスティニアヌス法典を参照基準としている。（一九世紀にアファナーシエフによって集められたが検閲にあった）官能的な民間伝承によると、異教の東方スラヴ人の性道徳は、非常に自由で、同性愛行為は受け入れられており、古代の世俗法がそれを罰したことはなかった。宗教上の罪は悔悛に属することなので、ロシアの皇帝は、教会と教会の裁判所に性的問題を任せた。同性愛は、年代記には出てこないが、広く行われ、大目に見られていたので、異端に関係するときや、高位聖職者の同性愛が表沙汰になった場合以外では、同性愛が処罰されることは稀であった。ノヴゴロドのニフォンテ主教（一二世紀）の回答に基づいてつくられた最初の贖罪規定書（一三世紀）は、ソドミーに対してかなり寛大である。

ソドミーの概念は、結婚に関するすべての堕落を包含しており、ソドムの歴史を淫乱と猥褻《わいせつ》に対する処罰ととらえる解釈に説明がつく。第一に生殖へと向けられたセクシュアリティは、女の上に男が向かい合う挿入に限定されなければならず、そうでなければ「自然」と神の秩序を破ることになる。正教によれば、同性愛行為は、二重あるいは三重の罪である。「男性の倒錯」という言葉が「手による倒錯」すなわちマスターベーションを指すこともあり得た（同じことがギリシア語の「マラキア」についても言える）。贖罪は、罪人の年齢と結婚状況によって決められ、既婚の年をとった男性にはより厳しかった。若さは、衝動のコントロールを欠いていることの弁明になった。この見方では、若い女性の間の放蕩は、マスターベーションにしかならず、結婚と親子関係を脅かす異性間姦淫に比べてささいなものとされているように見える。

同性間行為は、男子修道院における性的放縦の形態として当たり前になっており、高僧を心配させていた。一七世紀まで修道院は、神聖な禁忌と修道誓願にも拘らず、若い下僕や売春する乞食、「ひげのない若い」訪問者との自然に反する関係を隠しているのではないかと疑われていた。彼らの心惑わす美は、規律を敷く者にとっては、修道士を破滅させるための悪魔の最終的な企みである。一六世紀に、隠れ修道士ニル・ソルスキーは述べている。「女性的な顔をした美しい若者から遠ざかりなさい。彼らを見てはいけない。なぜなら、それは教父の一人が述べたように、修道士にとって悪魔の罠だからである。可能であれば、彼らと必要もなく二人きりでいないようにしなさい、とカエサレアのバシレイオスは言った。なぜなら自分の魂ほど重要なものは他にないのだから……」。この欲望に対抗して、ニル・ソルスキーは、他でもないキリストの犠牲（この悪徳によって相殺されてしまう）をまさに議論に持ち込んで、悲嘆に暮れた。「自然に反しているため動物には無縁の物事によって、振り回されている」と。

専制政治は、ロシア領土上の法的、道徳的、宗教的規範を統一するという野望を伴って登場し、ロシアのツァーリがその後見人となって、超越的道徳を喚起しようとした。バイセクシュアルであったと評されている若き日のイワン四世が主宰した一五五一年の百章会議《ストグラフ》［モスクワで開かれたロシア正教会の主教会議］の議事録によれば、異教起源の農民の大祭が教会の禁忌を侵犯し自然の性的役割を逆転（↓性逆転）させているとして激しく批判されている。「男と少年が、〔…〕女の服で身を飾っている」。一九世紀の進歩主義者によって批判されることになる一六世紀半ばの著名な『家庭訓《ドモストロイ》』は、都市のエリートのメンタリティと身体コントロールの要請を表している。その女性嫌悪と家父長的保守主義は、自然に反する行いの告発にも表れている。「キリスト教徒は、どのように病およびあらゆる苦しみを治癒するか」を説明する第八章は、魂の悪と堕落を扱っている。ソドムの罪がそこで引かれている。不貞、快楽におけるあらゆる情動的な逸脱、ののしり言葉、罵詈雑言、悪魔的な態度と振舞い、節度を欠いた遊戯、刺激的な踊りや楽曲、迷信、魔術、そして儀式、断食および宗教上の祝祭を尊重しないことなどと並べられている。

モスクワ社会の性的自由について、ロシアの文献では触れられていないが、とくに獣姦と同性愛がありふれてあることは、外国の旅行者の眉をひそめさせていた。「非常に下品な」人びととされたロシア人の「野蛮」（ルネサンス期以降の常套句）は、一般的な猥褻さ（ごった返しの混浴の浴場、猥褻な子ども向けの人形劇）、そして好色、飲酒癖によっても表されていた。「ロシア人は、あらゆる倒錯、そして人間とだけでなく動物との自然に反する罪にまで身を任せている」〈OLEARIUS, pp.152-3〉。同性愛は、野蛮の表れの一つで、宗教や道徳による社会統制（西側では、宗教改革とトリエント以降のカトリック↓が実施した目標）の遅れを示し、これらモンゴル化した偽のキリスト教徒に他性↓の烙印を押すことに役立ったのである。

ムジェロジェストヴォ（「男が男に重なって横たわる姿勢」）の最初の非宗教的処罰は、一七〇六年のピョートル一世の軍事規律によるものであって、民事法によるものではなかった。自らバイセクシュアルであったピョートルは、その敵であるスウェーデンから規律モデルの着想を得たのである。一〇年の後、火炙りの刑をやめ一〇年の追放に置き換えた。この規律はスヴォーロフやクトゥーゾフといったその性的素行がよく知られた貴族の将軍には適用されなかった。

一八三〇年の法典と一八三二年の新刑法典（九九五条）は、聖書の名において、ソドミーを四年から五年のシベリア流刑によって罰している。九九六条は、レイプや虐待が未成年者や精神薄弱者に対して行われた場合に刑を二倍にしている。ここでもゲルマン系のプロテスタント世界に負うところが大きい。処罰↓するという考えは一八一三年にさかのぼる。アレクサンドル一世は、反フランス大義の筆頭であった。条文は、聖書を援用している。というのもツァーリは、キリスト教にのめり込んでいたからである。しかし法律は、ひどく上品ぶった表現（同性愛や肛門性交は対象としているのかはっきりしない）と事実立証の困難のために適用不能であった（適用されなかった）。この法律は、内部および外部向けのイデオロギー的機能を持っていた。それは、道徳をエスカレートさせることで憲法の欠如を補い、ロシア国家を自由主義の西方に対して徳の鑑のように見せることである。この時期、ロシア国家は、玉座と祭壇の関係を密なものにし、専制政治の「国民的で正統な」性質を宣言していたのである。一八四五年、ムジェロジェストヴォは、「自然に反する悪徳」になる。これは皮肉であった。当時のイデオローグで、主要な大臣であったウラロフが同性愛者だったからである。

上層階級については、公になることや訴追を避け、あまりに目立つ関係を解消させるために、ひそかな配置転換や一時的な追放が選ばれた。ムジェロジェストヴォの性質が厳密に定義されていないことが、一八四五年の法律をいささか欠陥のあるものにしていた。一八七二年に貴族院が、「男色」と「ソドミー」を最初から同性間肛門性交として定義した。異性間肛門性交を同様に扱うことは、ある人びとに不快感を与えたからである。ハリコフ［ウクライナの都市。ハルキウ］からの上品な抗議者たちによると、「肛門性交が、犠牲となった女性に与える堕落的な影響は、男よりもずっと少ない」そうである。一九世紀末、同性愛と法律について、法律家、医師、宗教家の間で最初の議論が行われ、西方の心理学↓および医学↓、そして生まれつつあった精神分析学↓によって影響された穏健派や自由主義者と、道徳的保守主義者が対立した。法律は不要であるという論拠が示されたにも拘らず、教会と国家は、性に関する法の還俗化を拒否した。自由な西方の退廃↓を承認するように見える以上、処罰の廃止は考えられなかった。専制的道徳秩序は、いかなる合理的な議論の徹底も妨げた。（唯一問題とされていた）男性同性愛が、獣姦やレイプと同じようなものと見なされ、社会秩序転覆の深い恐怖を引き起こしたので、合意のある成人の私的な性生活への介入が、正当なものであるように思われたのである。一九〇三年に、ある委員会は、獣姦を法典の適用から外しつつ、合意のある男性間ソドミーを合法化せずに、世俗法における人身の保護に基づいて、国家の同性愛嫌悪を合理的に正当化することを提案した。聖書に代わって、自然主義的な人類学的説明が支配的になる。同性愛を、レイプ、あるいは未成年者誘惑、精神薄弱へのつけ込み（相手方の無分別や無能力、身体の自然の用法に加えられた物理的暴力）と同じものと見なすことが有力であったが、このような類推には限界があり（「レイプ」の被害者がいない）、第一に、合理的な法を考案しようとしているところでは適切とは見なされなかった。処罰の根拠が宗教的であることは明白で、最も近代的な法律家たちは、道徳と、法と、宗教を区別することを提案した。彼らは、世俗的処罰に反対しつつ、自らの「道徳的」嫌悪を明言していた。偉大な自由主義の法律家ウラジミール・ナボコフ［同名の小説家の父親で、合意ある成人間の性的行為に法律は関与すべきでないとしていた］は、極めて模範的な経路をたどり、個人的な嫌悪から誠実な寛容へと移行した。

出版物が統制されていたため、同性愛は政治的にも社会的にも決して掘り下げられなかった。貴族と王室に触れることはできなかったが、ヘーゲル法学派の領袖で保守主義の歴史家セルゲイ・ソロヴィヨフは、「ソドム王子ゴモラ市民」と述べて、反動的雑誌『市民』の発行者であったメシェルスキ王子を公然と非難した。これは、「ポジャルスキ王子とミーニン市民」という貞潔な二人組にかけた言葉遊びである。この二人は、一六一二年にモスクワの解放者となった国民的英雄で、国家は彼らの記念碑を作っていた。メシェルスキは、宮廷で自分のお気に入りを不当に優遇していたが、正教司祭の父を持つソロヴィヨフは、メシェルスキの中に、一六世紀の外国からの旅行者が記した悪徳の伝統をも見たのであった。後に、ボグダノーヴィチ将軍は、アレクサンドル三世の弟のパリ来訪を記した外国の新聞が、「セルゲイ王子」とその曹長である「愛人M…」と書いたことを嘆いている。何というスキャンダルか！　保守主義者たちは、上層階級のおおっぴらな同性愛の中に体制の信用低下を見たのである。

宗教的権威に反逆しフェミニストでもあった最も急進的な進歩主義者たちも、同性愛に対して厳しくないわけではなかった。アンドレイエフへの手紙でゴーリキは、クズミン（最初の同性愛《ホモファイル》小説『翼』（一九〇六）の著者。これは大きなスキャンダルになった）による同性愛の耽美主義的称揚を厳しく批判した。詩人で劇作家のイワーノフは次のように述べる。「これらは古代の様式の奴隷であり、自分を抑えることができず、自由と同性愛を混同する者たちである。これらの者たちは、奇妙にも人間の解放と、掃きだめ徘徊を混同する。時には、ペニスの解放に至ることもあるが、それだけの解放である」。快楽主義的で非社交的な人の悪徳、専制体制の明白な共謀者という同性愛の見方は、ソヴィエト時代には、ファシズムと結びついた同性愛のコンセプトへとすべりこむ。医師でもあったチェーホフは、売春と結びつけられたレズビアンに対する軽蔑を乗り越えることができなかった。型破りなエッセイストであるヴァシリー・ローザノフ（『月の光の人びと』一九一一）は、修道院の独身や上品ぶった道徳主義に表れる、禁欲的で抑圧的な教会的キリスト教に対して、聖書の広大無辺のセクシュアリティを対置し、自らその「猥褻な」歌い手となった。しかし、彼にとって同性愛は、そのような性の敵としてだけ現れた（おそらく精神分析の治療を受ける人との交流に基づく見方である）。そしてローザノフにとって、同性愛者の教会に対する影響力は明白であったようである。同性愛は、淫乱であろうが貞節で純であろうが、堕落を導く逸脱的存在であり、生命と社会の敵である。それは、矛盾した幻想の対象であり、容易い引き立て役なのであった。

自由主義者と社会主義者が望んだ一九一七年ロシア革命後の非処罰化は、両義的なものであった。それは、（生まれつきのものであれ、獲得されたものであれ）病気や異常の犠牲者を許すという精神病理学的な見方から生じており、反啓蒙主義的な宗教的道徳主義を茶化すものではあった。目立たない限り、合意のある成人間の同性愛は誰にも迷惑をかけないので、それを処罰することは残酷であるように思われた。しかし、治療が可能になり次第、治療することが望ましいとも考えられていた。というのは、同性愛という状態はそれ自体が痛々しいものであると思われたからである。このことから、治療は選択の問題に属するべきと考えられ、一九三〇年の時点ではまだ、ソ連は自らの進歩主義的な立法を『ソヴィエト大百科事典』の中で自慢していた。

しかしスターリン的徳は、平等主義的道徳と全体主義国家の名において、再生産機能に限定されたセクシュアリティを正常とすることを要求する。快楽はアプリオリに疑わしいものであり、社会的任務の遂行によってしか正当化されない。内戦後、国家政策は完全に出産奨励主義的になり、ソヴィエト市民は生殖を行い、人口基準と「ソヴィエトの価値」に対応する子孫を育てるよう命じられる。↓家族は、社会化の第一の「細胞」としての機能を再び見出す。この文脈では、セクシュアリティの持つ再生産という使命は、種の↓生物学的性質から科学的に正当化されてドグマとなる一方で、マルクスの理論全体が証明した（経済的かつ性的な）「生産者」の極めて社会的な性格は、（来るべき完全な社会を表す）国家に対するソヴィエト人の性的な責任を暗黙に意味した。同性愛は、エネルギーと生産の消耗ということになる。さらに反ナチズムの議論では、一九三四年六月の「長いナイフの夜事件」のときに、同性愛者が突撃隊と関係していたことが不利に働いた。ゴーリキは、「同性愛を矯正せよ、さらばファシズムは消える」（『プラウダ』誌、一九三四年五月）というタイトルの記事を書いている。スターリンは、政令によって（一九三三年一二月）、刑法典の中に一八三二年の文言を再導入した（一五四条、後に一二一条）。

外務大臣であったチチェーリンは、治療に送られ関節を外された。抑圧は一九三三、三四年から始まる。ソヴィエトの司法は厳格である。一九三六年にクルイレンコ検事は、それを反ブルジョワおよび反ファシストという争点にした。同性愛者は、ファシズムとの共謀で責められ、「社会のカス」、旧体制の「脱落した最下層」となった。同性愛は、危機にあるブルジョワジーの道徳的退廃と非合理な虚無主義の兆候であった。同性愛は、粛正時代に致命的になる。クズミンは寿命を全うしたが、その愛人ユーリ・ユルキンは一九三八年に銃殺された。一九五二年の『ソヴィエト大百科事典』の記事では、同性愛を、アルコール中毒、性的放縦と資本主義社会の状況に関係した西側の現象であるとしている。従って、ソヴィエト連邦にこの現象が存在するというのは、侮辱であり、あり得ないことであった。「人民の敵」の陣営による抑圧は、誤ったイデオロギーは現実によって矯正されることを暴力的に隠滅しているというのである。しかし強制収容所（↓グラーグ）は、代用的な同性愛行為を暴力のうちに作り出した。「受け」と推定された者や強制された者は、そこで「堕落した者」として、軽蔑される性的対象、あるいは保護者の愛人になる。KGBのある部署は、五年の懲役が科されるこの罪を追跡し、一年当たり平均一〇〇〇人の新しい囚人を提供していた。それは、体制の終わりまでに五万人から六万人に上った。社会主義的条件に抵抗する同性愛は、精↓神医学と（サディズムと↓小児性愛と同様に）「性的倒錯」の領分である。同性愛は、精神病患者の中に分類されたのである。

エリツィンの大統領令によって一九九三年に処罰は廃止され、これは西側に民主化への兆候として受け止められた［一九九七年には、性的同意年齢の規定における異性愛者と同性愛者の不平等が解消された］。しかしながら（ポスト・）ソヴィエト時代の烙印は、大衆による嘲笑という形をとっている。ゲイは「空色《ガルボーイ》」レズビアンは「ピンクの娘」として名指しされている。ここに、「正常な」真の大人の、精神的に遅れた者の未熟に対する恩着せがましさが表れている。これは託児所や幼稚園のリボンの色で、出生から性別を刻印する↓異性愛主義（ヘテロセクシズム）的システムの奇妙な表れである。薄い色は始まりを表し、同性愛者は、男性的あるいは女性的な性的発達が未熟な段階で止まっている者と考えられているのである。これは、ソヴィエト連邦で流通した俗流フロイト主義である。「男色家」の略語である「ペディク」「ピドール」のような軽蔑的で攻撃的な用語もある。同性愛嫌悪は、当然に男性間の↓侮辱の最たるものとして表現されている。「オカマ掘られちまえ」と侮辱して男性性を疑うことは、とくに「空色」を対象としているのではなく、「自分の母ちゃんをやれ」という侮蔑で置き換えることもできる。すべてが政治的になる国では、ゴモセクスアリスト［ロシア語で同性愛者の意］という概念は、性的指向をイデオロギー的選択にしてしまう。かよわいアルメニア人アナスタス・イワノヴィチ・ミコヤン［ソ連の政治家。常に政権の上層部の中を生き延びた稀有な存在］の東方的洗練は、彼がスターリン派に「お気に入り」として仕えているという評判をもたらした。さもなくばどうして彼が粛正を生き延びて高位に長くとどまることができたことを説明できるのか。このような噂は（あるいはこれは冗談に過ぎないのだろうか）、（自らが恐れかつ嫌悪する）権力に自らの論理を投影し、すべてを性的に還元して暴君をけなす手段（スターリンはコーカサス人であった）を見つけようとする、俗っぽい心理を示している。

国を解体し、ブレジネフ的な社会保障を終わらせた、期待外れで疑わしい「デモクラシー」に対し、人びとは、この「女性的」とされた体制を中央権力の弱さとエリツィンによって早急に非処罰化された同性愛に結びつけた。西側の自由主義の利益享受者のように見なされた同性愛者は、「性的民主主義者」と呼ばれている。そこには、権力の濫用（無辜の人民が権力者の恣意によって男色の犠牲になっている）という隠喩や類推（同性愛者のセクシュアリティは、民主主義における腐敗した権力のあり方と同じである）も見出せる。非処罰化は、共謀の自白と受け取られ、同性愛者は腐敗の時代に特権を受ける者とされる。ゴーリキはそう遠くない。国家主義者、そして正教徒でスラヴ文化擁護主義者で、ロシア帝国およびスターリン的平等秩序を懐かしむ者にとっては、これらの放埒な利益享受者は、聖なるロシアへの敵の侵入によってもたらされた、ロシア人民には無縁の道徳的倒錯の象徴である。正教会は、同性愛のいかなる正常化も猛烈に拒否し、国家に未成年者の保護と、「倒錯者」の教育職と司令官職への就任の禁止を求めている。正教徒で愛国主義者の歴史家アンドレイ・V・グルントフスキは、その著『ロシアボクシング、歴史、民俗、技術』（サンクトペテルブルグ、二〇〇二）において、国民的な男性的美徳の再興と、若い男性の名誉と社会性の学びの場としてボクシング習得を強く訴えている。彼によれば、「性教育の領域における伝統の不在が、性逆転の発展を生み（性的規範の拒否）、これが、おおっぴらなあるいは隠れたサディズムの登場に結びついている」。ゆえに、彼は、フロイトのエネルギー理論と正教の精神性に依拠して、↓スポーツの中に道徳的退廃への救済を見るのである。ロシア、ウクライナ、ベラルーシでは、精神医学が処罰の後を引き継ぎ、時には「異常者」を設備の整った治療機関へと送りこんでいる。それはとくに、闘争的活動や集会の際に「フーリガン的暴力行為」で糾弾された↓警察の差別の犠牲者がこれにあてはまる。政治的、道徳的、性的異端の結合が奇妙に連続する。国家の同性愛嫌悪は消えたが、隠れ蓑として国家にとって役立っているのは犯罪である。国家と地方行政は、かなり保守的で、人びとの同性愛嫌悪を反映している。それでも一九九一年以来、とくに大都市では、同性愛嫌悪は教育を受けた若い人びと、「西方主義者」の間では弱まっている。

ニコラ・プラーニュ（齊藤訳）

↓異端、共産主義、グラーグ、神学、正教、聖書、ソドムとゴモラ、バルカン半島、ユスティニアヌス帝、ヨーロッパ中部・東部

◆補遺

二〇〇〇年代以降のロシアでは、ＬＧＢＴによるデモや集会の開催が公権力による拒否に遭うという問題が頻発した。非合法なままにデモが決行され、暴力的なカウンターデモとの衝突があっても参加者が警察によって保護されないという問題が発生した。またロシアでは、二〇一三年に、同性カップルによる養子縁組を禁止する法律と「同性愛プロパガンダ」を禁止する法律が成立した。（齊藤）

露出症

フランス社会はその根底にある共和主義精神によって特徴づけられる。そこでは「共同体」の概念さえ批判の対象となり、時に自己をさらけ出すことが困難な社会である（↓共同体主義）。この点において、↓ゲイ・レズビアンの歴史は、フェミニスト運動や、反人種差別運動、↓エイズ撲滅運動などを貫いている躊躇《ためら》いと大きくは違わない。ゲイ・レズビアン・コミュニティはアイデンティティに基づく権利要求の中心にあって、次のような問いをずっと経

験してきた。物の考え方を改めさせるためには、どこまで自分をさらけ出して良いのか。同性愛者であるかどうかを問わず、多くの人にとって、証言をするということ自体がすでに一種の露出症、つまり「見せびらかし」ているのである。このような道徳の問題へのすり替えは、辞書の定義にもはっきり現れている。「自分の感情や↓私生活、隠しておくべきことを公然と誇示すること」。ところがこの点を注意深く検討してみると、公私の区別を規定しているさまざまな約束事は、ある者たちに対して機能する場合と、また別の者たちに対して機能する場合とで、不平等であることが分かる。異性愛者は、自分たちの異性愛の徴《しるし》をどんなものでも露出することができるという社会的特権を享受している（婚姻公示、指輪、↓家族での外食、社交界への参加、職場でのお喋り、など）。そして自分たちが社会に合致しているということで、露出症と見なされることもなく、あたう限りの象徴的な利益を得ているのである。逆に発言者が同性愛者である場合、同性愛者が個人的にせよ集団的にせよ公然化する場合、いつでもそれは、すべて時宜を逸した場違いで不作法な行いと見なされる。趣味が悪いと思われるか（「どうして自分をさらけ出したりするのですか?」）、道徳的に良からぬことをしているのではないかと疑われる（「どうして隠していたのですか?」）。同性愛者の言説はすべて、つねにそれだけで過剰なのである。なぜならそれは、社会からの↓寛容という恩恵を得るために必要な慎みの限度を越えてしまっているからである。要するに、↓クローゼットが終わった瞬間に、しばしば露出症が始まっているのである。

　ところで同性愛者の露出症は、同性愛嫌悪《ホモフォビア》の↓レトリックに現れたものとして見てみると、一つの歴史を形づくっていることが分かる。実を言えば当初は、同性愛者の露出症という考え方そのものが、存在したとはとても思えないのだ。旧体制《アンシアン・レジム》下では、ソドミーをする者をめぐる社会的言説は、むしろオカルト教団や秘密結社、目に見えないネットワーク、まさに↓悪徳のフリーメーソンのようなものを念頭に置いていた。二〇世紀になってもまだ、マルセル・プルーストがその底知れぬ闇を描こうとしている。このような状況にあって、ソドミーをする者は↓治療不能の露出症患者などからはほど遠く、むしろ隠蔽の達人だと思われていたのである。もちろん札付きも存在することはしていた。しかし一般的に言えば、↓自然に反する行いは、沈黙に、あるいは少なくとも囁き声に包まれていた。このことは、はっきりと感じとることのできる、社会的なある種の合意にかなっていたのであり、それは、社会の中で互いに作用しあって生きている各人の相互的な利益を侵さないために必要な合意だったのである。異常なセクシュアリティは、厳しい訴追を避けるためには露出しない方が、完全に得だったのである。当局はしばしば目を瞑《つむ》る方を好んだ。なぜならそのような事件では、高い地位の人間が問題になる可能性があるし、またそれまで知られていなかった行為に関する知識や、もしかするとそうした行為への嗜好までをも、未だ汚されていない意識に吹きこみかねないので、そうした事件があまりに耳目を集めるような事態は避けたかったのである。それ以来ほとんどの場合、この手のことに関しては、モラリストであろうと↓放蕩者であろうと誰もがそれについて言い過ぎないように、沈黙することを好んだのである。

　しかしながら一九世紀末以降、同性愛者の露出症が社会的言説の常套句となった。だからと言って本当に物の見方が引っ繰り返されたわけではない。それは文字通りには確かに昔の紋切型とは正反対なのだが、装いが新しくなったからと言って紋切型が放棄されたわけではない。逆説的な形で、同性愛者は自らに対する否認を払拭しがたいものとして課されることになる。例えば同性愛者は、隠れていることを好む露出症者、あるいは自分を露出することを好む秘密の存在にされてしまうのだ。このような集団表象は、実はヨーロッパにおいて同性愛がしだいに目に付くようになっていく可能性の現れだったのであろうか。あり得ないことではないが、まだ証明されたことではない。いずれにせよ、悪徳が、少なくともこっそり行われていた古き良き時代を懐かしむ、というのがお決まりとなる。

　そんなわけで、文学における同性愛への執着を特集した一九二六年の雑誌『レ・マルジュ』誌で、フランソワ・モーリヤックが↓ジッドやプルーストの影響を解説して、次のような言い方をするのである。それ以来「隠れていた者が、隠れないようになった」（強調はモーリヤックによる）。ラシルドは同じ号で、次のように断言している。「同性愛者はほとんどすべて露出症者であり、芸術家や文学者である場合には、自分を語りたいという欲求を感じるのである」。ここでこうした言葉が使われていることは、重要である。「露出症」という言葉がつくられたのは最近で、一八八〇年のことである。これは医学の、より明確には精神医学用語の一つである。クラフト＝エビングやシャルコー、マニャンらの著作の中では、露出症という言葉は正真正銘の病気を表している。それは同性愛と全く同じことで、しばしばこの二つの概念は結びつけられた。同性愛はあらゆるやり方で、あらゆる形態の倒錯に結びつけられていたのである。従って同性愛者の露出症という考え方は、似非科学的な金科玉条の一つなのであり、それはソドミー愛好者といういにしえの形象が、医療の分野に移されていく過程を物語っているのである。この意味でそれは、単に道徳の語彙が医学の領域に移されただけのことなのである。かつてはこれ見よがしの悪徳と言われていたのが、それ以降は病理としての露出症と言われるようになっただけである。しかし医学的に定式化されたことによって、この考え方には新しい力、動かしがたい科学的正当性のようなものが加えられることになった。そのことは、ラシルドの見解が半ば必然的な性格を帯びていることにもよく表されている。ラシルドの見解は、言わば格言のような様相を呈していて、そのまま『紋切型辞典』の項目になりそうである。精神医学におけるこの金科玉条は、トマス・ローカの注釈にもう一度現れる。この人物は、文学において再び同性愛が流行していることを、フロイトから想を得て、露出症的かつナルシシズム的喜びに結びつけている。「オーストリアの傑出した精神病医が、われわれの心の奥底は一つの下水槽であることを発見して以来、これらの文士様たちは、夏の夜のブーローニュの森で行われているように、明かりが漏れないようにしながらその下水槽で快楽のパーティを催しているのだ」。つまり議論はあらかじめもう済んでいるのである。一つの倒錯にもう一つ別の倒錯が加わるだけなのであり、同性愛者は一般的に露出症なのだ。そしてその点で最悪なのが作家たちなのである。

　同性愛イコール病気という考え方は、三〇年から四〇年前はまだ思い込みとして信じられていたのだが、今日ではそれほど受けが良くない。そうであるならば、そうした医学的、精神医学的概念と結びついていた同性愛者の露出症という考え方も、おのずと潰《つい》えたであろうと想像することがあるかもしれない。しかし実際は、消え去るどころではなかった。政治の領域に移動しながらしっかりと維持されているのである。ゲイ・レズビアンの権利のために本当の戦闘的運動が開始されたと考えることができる時点（レズビアンも含めたのは、かつてはパリの自分たちだけのサロンでひっそりとしていたレズビアンも、それ以来この露出症に罹ってしまったからである！）から数十年が経っているのに、奇妙なことにはこの問題が未だに今日性を持っているのだ。同性愛者による公然とした示威活動が行われるたびに、それが性に関するものであろうと、社会に関するものであろうと、政治に関するものであろうと、保健衛生に関するものであろうと、見えない一線を踏み越えた容認しがたい逸脱であると受け止められてきたのである。しかも、露出症という言葉は快楽、自尊心、自我といった観念と結びつけられたのである。ゲイ・レズビアンが自分を表現する言葉が、羞恥心や自制心を伴っていれば、いっとき耳を傾けてもらうことはあり得る。しかしそれがあからさまに喜びを謳ったり、アイデンティティに基づく言説を弄したりして自分のことを語るなら、耐えがたいものと見なされる。だからこそレズビアン・ゲイ・プライドが、しばしばこの露出症という問題に、しかも多くの場合たいへん素朴な形で定式化されたこの問題に、結びつけられるのである。すなわちそこに参加している裸の同性愛者たち、ドラァグクイーンたちはみな、同性愛者の良くないイメージをそっくりそのまま表していることになるのである。ところがリオのカーニヴァルが表しているかもしれない異性愛者の悪いイメージについては、誰も批判しようとはしない。要するに同性愛者は街を歩いているだけでも露出症だということになるのだ。このような、同性愛者に投影されたイメージに対する恐れは、実は同性愛者団体の草創期にまでさかのぼるのである。歴史家たちが明らかにしているように、一九五〇年代にはもう、差別全般の解決を探求していたゲイ・レズビアンたちは、外からの圧力だけでなく、自分たちの仲間からの無理解に立ち向かわなければならなかった。スキャンダルを巻き起こして、またすべてを壊しかねない危険に直ちに立ち向かうよりは、隠して生きた方が良いと考える者がいたのである。それがある意味で動機となって、自分の行為に自分自身で道徳を課していた。秘密を抜け出すこと、ありのままの人間として自分をさらけ出すこと、集団での活動に参加することなどは、反発《バックラッシュ》を被る恐れ、しっぺ返しを食う恐れがあった。つまり、その汚らわしいアイデンティティのために、彼らは忌まわしい存在として社会の組織から排除される恐れがあったのだ。従ってこの問題の要は同性愛嫌悪なのである。外からの同性愛嫌悪として社会の同性愛嫌悪があり、内なる同性愛嫌悪として同性愛者自身の同性愛嫌悪があるのだ。

だからこそ今日でもなお、多くの同性愛者作家が、男女問わず自分自身の同性愛について仄めかすことすら一切しないのである。ところがその同性愛こそが、そうした作家の創造活動の中心となっていることが多いのだ。従って露出症に対する拒否反応が、口に出すかどうかは別としてもある種の恐怖感によって養われていることは確かである。それはインテリゲンチャに属する者にすら見られるほどありふれた恐怖感なのである。望ましい結末は、本当に自分をさらけ出したり、自分がどのような人間であるか実際に公言することなどしなくても、社会からできるだけ多くのもの（認知、権利、↓パックス、↓同性愛者の子育てなど）を獲得することなのである。多くの同性愛者が、カミングアウトという現象に対してつねに強い躊躇いを感じているという事実を見ると、そう感じる同性愛者たちが日常的に自らに課している、わざとらしい振舞い方や中途半端な嘘が、その者たちにとって終わることのない気詰まりの種になるのではないかということが心配される。すべての問題がそこにある。ゲイ・レズビアンの生活が現実的に改善されるためには、それがどんなものであれゲイ・レズビアン文化から直接の後押しを受ける必要があることは明らかである。そしてそのことは、しばしばある種の勇気を必要とするのである。それは主には、露出症になる勇気でもあるのだ。同性愛について語っている↓映画を製作すること、ゲイまたはレズビアン向けのバーを開業すること、服装に関わる約束事や社会的な約束事を通して、街頭で自分が同性愛者であることが見てとれるようにすること、そうしたことはすべて、自分自身に対する肯定であるだけでなく、他人に対する肯定でもあるのだ。確かに多くの社会的な振舞いが、例えば街頭でパートナーと手をつないだり、同僚にパートナーのことを話したりといった何でもないことが、異性愛者の大半にとっては完全に「自然な」ことであるのに対して、ゲイやレズビアンの場合となると、露出症の一形態ということになって耐えがたいものだと見なされる危険があるのは明らかである。しかし、もしも多くの人が少なくとも公式には認めているように、同性愛が本当に正当だというのなら、そのような露出症は実は表現の自由の純然たる行使であると考えられなければならないはずである。異性愛者は自覚していないかもしれないが、その自由を特権的に享受しているのである。

ディディエ・レトラド（山本訳）

↓アウティング、異性愛主義、共同体主義、クローゼット／慎み、ジッド、スキャンダル、政治、団体、恥、文学、レトリック、ワイルド

ロビー

フランスで「ロビー」という言葉は、「同性愛者のロビー」行動を告発するときに、同性愛嫌悪的《ホモフォビック》な文脈でよく用いられる言葉である。例えば伝統主義的↓カトリックの新聞『現在』は、一九九九年三月一六日の一面において、「同性愛ロビーの反撃」というタイトルで↓同性愛者の子育ての問題を扱ったが、「怖がらないで、シーツの中に受け止めてあげるのが分かるだろう」と言って二人の男が小さな子どもに手を伸ばしている挿絵がつけられている。名誉毀損や同性愛嫌悪的憎悪の煽動に対して、同性愛者の団体が私人として訴訟を

提起することは法的に認められていないにも拘らず、プロショワ〔個人の選択を擁護する研究調査団体〕の反同性愛嫌悪闘争基金は、同性愛者を代表する何らかの団体が名誉毀損で訴えることを財政と兵站の両面から援助しようとした。残念ながら、同性愛嫌悪的な意味で用いられる「同性愛ロビー」という表現は、極右の専売特許ではない。パックスについての審議が行われているとき、この表現はフランス人議員の口から幾度も聞かれた。例えばブッシュ・デュ・ローヌ県選出の自由民主党所属議員のギイ・テシエは、パックスは「一人のゲイの議員が、同性愛ロビーの要求を満足させ、ゲイ・コミュニティに対して自らの選挙公約を果たすためにでっち上げられた」（一九九八年九月一〇日）とはっきり述べている。パリの八区および九区で無料配布されている隔月刊行物において、共和国連合（RPR）のピエール・ルルシュは、「パックスは、あるロビーから引き出された糸のような話であったが、左翼政党によって引き継がれ、次第に制御できない毛糸玉から糸を繰っている。そこでは家族、社会全体、国家の役割、連帯、財産と人の身分などがこんがらがっているのである。〔…〕最もけしからんのは、われわれの社会のバランス、人口の永続性と年金の財源にとって悲劇的なこの法案が、近代的なものとして提示されていることである」と述べた。「文化の未来」という団体も同様に、「同性愛ロビーの攻撃は、われわれの文明の本質的原則を破壊する槍の刃なのです」と述べたビラを広く配布した。

「ゲットー」の理屈同様、ロビイングの非難は、ゲイとレズビアンの団体が共同体主義（コミュニタリアニズム）に基づいて機能しているという考えの上に成り立っている。ところが、「ゲットー」の理屈とは反対に、ゲイとレズビアンの団体を、フランス社会に影響を与えるために一般的利益を犠牲にして要求を行う利益団体、勧誘活動を行う混沌とした集団として名指しすることもある。このような非難は、一定の反アメリカ主義からも共感を得ている。「ロビー」という語は、政治家を買収して政治的生活に影響を与え、民主政の良好な機能を妨げるアメリカ合衆国の武器や煙草のロビーと結びついているからである。フランスでは、何らかの大義のための結社的あるいは闘争的な行動の正統性を奪うために、この語が頻繁に使われる。パックスの場合には、同性愛者の団体が政治家を買収したか、いずれにせよあまり奨められたものではない内密の方法を用いてパックスが獲得されたことを、この語で示唆することができる。この戦略は、ユダヤ人やフリーメーソンに対して使われた戦略に非常に近い。この戦略は、陰謀のレトリックに訴える。ユダヤ人が陰謀を企むのを批判するように（偽造された『シオンの賢者の議定書』◆）、同性愛者が、社会と文明の破壊を企むために密かに結集していると想像させるのである。アメリカ合衆国では一九九九年に、ゲイとレズビアンによって仕組まれた「陰謀」を暴こうとして「ゲイ・マニフェスト」がマイアミの「キリスト教連合」によって広く普及させられた。

しかし、現実は全く違っている。パックスの際に目撃された人民的連帯は、最も優柔不断な政治家をも進路変更させた。圧力団体の意味で活動しているのを見ることができたのは中絶反対派の諸団体のロビーである。これは三万五〇〇〇以上のフランスの市役所に回状を送り、電話で再度コンタクトをとることができる十分に大きな組織である。単なる一結社である「文化の未来」も、「男色家」に対して警戒を呼びかける請願を数十万の国民に送っている。このロビーは、進歩ではなく差別の号令のもとに、デモを組織することのできる影響力のある団体であり、デモのたびに、大型バスの代金を即金で支払い、フランス全土からやって来る数百のデモ参加者の移動をまかなうこともできた。無事に到着すると、デモ参加者全員が、「パックス出てけ」と印刷された質のよいTシャツを受け取っていた。Tシャツだけでも、代金は少なくとも三〇万ユーロと見積もることができる。それからカトリックのプレスに現れた記事や議会の委員会を欠かさず傍聴した教会の大御所も同様だろう。

同性愛者のロビーについて言えば、それが本当に存在していたならば、保守派が一〇月九日のパックス法案不受理の申し立ての採択に成功することはなく、当時の多数派である左翼がこの審議に来るのを忘れることはなかった◆。

（齊藤）

◆『シオンの賢者の議定書』　一九世紀末〜二〇世紀初め、警察の求めに応じて一人のロシア人によって捏造されたとされる、ユダヤ人がキリスト教徒を根絶やしにしようと企んでいることを示す文書。

であろう。保守派が後でいろいろ言ったけれども、この行為によって、同性愛ロビーが存在しないことがまさに証明されたようなものである。反対に、一〇月九日の夜にあるものが誕生する。それまで、同性愛ロビーで十分だろうとパックスを気にかけていなかった人びとが、左派の臆病さに突き動かされ決起したのである。諸団体（アクトアップ、アルディス、LGBTコミュニティセンター、プロショワ）に、九日から他の団体（AIDES、エイズ・インフォ・サーヴィス、SOSホモフォビア、APGL（ゲイとレズビアンの親および未来の親協会）……）が加わり、パックス監視所を立ち上げたのである。反パックス・ロビーの方法を細かく分析し、それを逆に利用した。反パックス陣営がしたように、議員の動きは観察され、批判された。しかし、これらの団体のメンバーは、議員に嫌がらせをしたことはないし、称賛もしなかった。パックス監視所のメンバーは、市民社会と立法権の間の曖昧な領域を飛び越え、自らに留保されていたそして自ら獲得した言説空間に精力を傾けたのである。一〇月九日には非効率的であった、あるいはただ単に存在しなかった同性愛ロビー活動が、精力的な動員、この人民的連帯を可能にしたのである。ロビーがそこから生まれたということであろうか。歴史のみがそれを判断できるだろう。いずれにせよ、ゲイとレズビアンの運動にあてがわれていた「ロビー」という用語は、その軽蔑的な意味合いから、もちろんゲイとレズビアンの運動の正統性を失墜させることを目指しており、それは同性愛嫌悪のレトリックのまさに常套手段である。身体的、精神的、象徴的暴力と闘い、すべての者の権利の平等を要求し、差別を告発することを目的とする、このいわゆるロビイングは、むしろ最も高貴な意味での民主政的運動と政治的行動の原則そのものなのではないか。

カロリーヌ・フレスト（齊藤訳）

↓異性愛主義、脅威、共同体主義、勧誘、ゲットー、パックス、普遍主義／差異主義、レトリック

ワイルド（オスカー・〜）

ヴィクトリア期の同性愛嫌悪《ホモフォビア》の頂点は、オスカー・ワイルド（一八五四〜一九〇〇）の裁判と処罰であり、これは同性愛の表象における一つの転換期であった。

一八九五年に最初の裁判が始まったとき、ワイルドはその栄光の絶頂にあった。その戯曲『真面目が肝心』が、絶大な成功を収めていた。この作家は頭が良く話し好きで、かつ鋭いエスプリの持ち主であり、その著作、短編、詩、戯曲、小説だけでなく、皮肉と華やかなライフスタイルによっても評判を博した。耽美主義派の領袖で、彼のエキセントリックな衣装は、彼の気取りを大いに楽しんだ諷刺画家の格好の標的であった。世界は彼の足元にひれ伏した。ロンドン、ニューヨークからパリまで、最上流社会は彼を争って招待した。しかし数ヶ月の間に、ワイルドの名は、イギリスで最も嫌われ最も軽蔑される名になるのであった。

その二〇年前から、イギリスは「自然に反する罪」を登場させたいくつものスキャンダルを連続して経験した。一八七一年の二人の異性装者アーネスト・ボールトンとフレデリック・パークの裁判、一八八四年のダブリン城事件、そしてクリーヴランド・ストリートのスキャンダル（一八八九〜九〇）である。最後の事件では、もみ消そうとする政府の努力にも拘らず、若い電報配達人を好み、男娼館に詳しかった貴族が巻き添えになった。一八八五年に発効したラブーシェア修正によると、男性間で行われた「風俗を害するあらゆる行為（猥褻《わいせつ》罪）」は、二年以下の懲役あるいは禁錮に処された。一〇年以

上の自由刑を定めていた過去の法律に比べて刑が軽いように見えるとしても、有罪宣告の数は大きく上昇した。実際に、修正の故意に曖昧な表現は、それまで「ソドミーの罪」だけに関係していた法律の適用領域を広げたのであった。オスカー・ワイルドは、その最も有名な被害者の一人であった。

ワイルドが最初の同性愛経験を持ったのはオックスフォードにおいてである。彼は、ロバート・ロスと友情を結び、芸術史家ウォルター・ペイターのサークルに通った。ペイターは、随筆撰集『ルネサンス』(一八七三)でヴィンケルマンの美学を遠回しに賞賛し、古代の風俗の自由の再発見を呼びかけていた。一八八四年、コンスタンス・ロイドとの結婚で一時噂は下火になったが、小説『ドリアン・グレイの肖像』の出版によって再び噂が広まった。若いだて者という曖昧な彼の人物像、二重生活、画家ベイシル・ホールワードとの厄介な関係は、さまざまな解釈をもたらした。他方で、ミケランジェロ、モンテーニュ、あるいはシェークスピアが繰り返し仄めかされたのは、すべて入門者である読者のための暗号であった。一八九一年は、当時二一歳であったアルフレッド・ダグラス卿との出会いの時であった。彼らの関係が短い期間のものであったとしても、その愛着は継続的なものであることが明らかになる。「ボジー」[ダグラスの愛称]の影響で、ワイルドは、ロンドンの男娼の世界と「女豹たちとパーティをする」楽しみを発見する。しかし彼は軽率な行動のためにいいように脅迫されることになる。ワイルドは、挑発を好み、ホテルやカフェ・ロワイヤルに労働者階級の少年を招いて散財することをためらわなかった。彼の戯曲『ウィンダミア卿夫人の扇』(一八九二)の初演のとき、その友人の中に、ボタンホールに緑の刺繍をこれ見よがしにつけている者がおり、これは同性愛を認める暗号であると一部では解釈された。この無頓着が、致命的になる。ブルジョワ順応主義の不文の掟に背いたワイルドは、ますますしつこくなる噂の標的になった。ワイルドが、彼のクラブに中傷葉書を送って、彼を「なん色家《ソムドマイト》を気取る」と非難したクイーンズベリ侯爵、つまりボジーの父に対して、大半の友人の意見に逆らって誹謗中傷で裁判を起こしたのはこの噂を終わらせるためであった。

裁判は一八九五年四月三日に始まる。まもなく、防御側であるはずのクイーンズベリが、攻撃者の立場に位置しているかのようになった。彼の弁護士たちは、ワイルドとの性関係を証言できる若い男娼の証言を集めることに成功したのである。作家の機知のきいた言葉にも拘らず、裁判は、侯爵の不起訴で終わった。さらに悪いことに侯爵は、四月二六日と、五月二二日に二つの別の裁判を起こす。そこで今度はワイルドが、良俗壊乱とソドミーのかどで被告となったのである。国を離れるようにワイルドに勧める度重なる友人たちの圧力にも拘らず、ワイルドは国を離れることを拒絶した。「あえてその名を口にしない愛」の意味について問われ、ワイルドは、同性愛を擁護する感動的な弁論を行い、それによって彼は拍手喝采を浴びた。この共感の再来は長くは続かず、耐えがたい証言が増幅した。ウィルス判事は宣告する。「これは、私に与えられた事件の中で、最悪の裁判である」。五月二五日、『ナショナルオブザーヴァー』は「デカダンス派の偉大な開祖」が二年間の禁錮重労働に処された、と伝えている。この判決は、人びととプレスによって熱狂的に歓迎された。この裁判の開始以来、彼の戯曲はポスターから外され、『つまらぬ女』のアメリカツアーは中止された。何十人もの名だたるイギリス人が、同性愛が法によって禁じられていないフランスへと逃げ出し、ワイルドのかつての友人たちの大半は、慌ててワイルドを見捨てた。

ワイルドは、その禁錮重労働の間、アルフレッド・ダグラスへの手紙の形式で、その傑作の一つである『逝きし者に冥福あれ』を書いている。そこで彼は自らの落ち度を認めたが、罪悪感については一切否定した。服役を終えたワイルドは、打ちのめされていた。セバスチャン・メルモトの偽名でフランスへ逃げ、ロバート・ロスのような誠実な友人たちに助けられ、『レディング牢獄の唄』(一八九八)を書く。一九〇〇年に、彼はパリで四六歳で亡く

◆**左翼がこの審議に来るのを忘れること**　国民議会でのパックス法案の審議の初日、十分な数の与党議員が審議に出席せず、法案が否決されてしまった。(齊藤)

◆**ダブリン城事件**　アイルランド国民党の政治家ウィリアム・オブライエンが、ダブリン城の管理者たちと『統一アイルランド』紙の幹部たちの間で同性愛行為があったと主張した。(齊藤)

なった。

ワイルドの処罰は、同性愛嫌悪の表れの最も有名な例の一つである。裁判のスキャンダルやその反響は、世論の中にステレオタイプをある程度刻み込むことに貢献した。法と↓医学が結びついた影響のもとで、同性愛の新しい表象が構築されていった時代に、気取りと女性化に還元されたオスカー・ワイルドの人物像は、世論の目に、↓悪徳と↓退廃の象徴になっていった。「青少年を腐敗させる」同性愛者は高潔な社会への↓脅威と認識された。従ってそれは暴かれねばならなかった。同時に家族道徳を保護し、保守党の首相ソールズベリの表現によればあらゆる「犯罪の模倣」を予防するために、「↓倒錯」の存在そのものについて秘密が守られなければならなかった。こうして一八九六年、同性愛に関係する裁判の記録の公表を禁止する「猥褻《わいせつ》証拠出版法」が導入される。

逆説的なことに、ワイルドの裁判はアイデンティティ形成のプロセスにおいても決定的な役割を果たした。少なくとも大都市では、すでにしっかり形成されていた同性愛サブカルチャーの存在を明らかにし、プレスにおける男性同性愛についての論議を開始することで、裁判は多くの男性に自らの特殊性についての自覚を抱かせた。オスカー・ワイルドは、同性愛者の殉教者として、究極の指標になった。彼の名前そのものが一つの暗号である。こういうわけで、一九一四年に執筆されたE・M・フォースターの小説『モーリス』の主人公は、「オスカー・ワイルド型の名前の付けられない者」として定義されている。また、ワイルドの作品を読むこと自体が、不名誉であると見なされることがあった。スキャンダルから二〇年以上後に、のちに作家になるべヴァーリー・ニコルズが、『ドリアン・グレイの肖像』を読んでいるところを押さえられ、自分の父によってたたかれ侮辱された。父は、本のカバーにつばを吐きかけてから、それをばらばらにした。ワイルドの退廃、その名にかけられた非難、彼の受けた刑罰のおぞましさは、さらに長期に渡って、同性愛的愛着を持つ可能性のあるあらゆる男性にとって、警告の役割を果たしたに違いなかった。

フロランス・タマニュ（齊藤訳）

↓アイルランド、悪徳、イギリス、警察、スキャンダル、退廃、文学、ホール

日本語版解説

本書を性的マイノリティについて考えるきっかけに

監修者　金城克哉

本書のフランス語版の原書である *Dictionnaire de l'homophobie* が出版されたのは二〇〇三年、英語の翻訳版の出版は二〇〇八年である。原書の出版からすでに一〇年の月日が流れ、ＬＧＢＴ（レズビアン・ゲイ・バイセクシュアル・トランスジェンダー）を取り巻く状況に変化はあったが、洋の東西を問わず同性愛嫌悪《ホモフォビア》の状況を俯瞰的に、そしてさまざまなトピック・地域・時代に着目して記述がなされた本書が日本語版として刊行されることの意義は計り知れないものがある。

以下、原書が出版されてから現在（二〇一三年六月）までのＬＧＢＴに関する出来事を年ごとに振り返っておきたいと思う（以下の記述においては私が所属する琉球大学の図書館を通じて利用できる『朝日新聞』の記事データベース「聞蔵Ⅱビジュアル」を主に活用した。これはとくに理由があるわけではなく、単に他の新聞記事データが過去一〇年分利用できなかったためである）。

■二〇〇三年

二〇〇三年は日本のＬＧＢＴの歴史において一つの画期的な出来事があった。性同一性障害を公表した上川あやさんが五月に世田谷区議に当選（定数五二で六位当選）したのである。上川さんは男性として生まれたが自分の心の性は女性であることに気づき、一九九八年から女性として生活していた。地方政治・国政政治を問わず政治の場にＬＧＢＴの当事者が現れたことで、ようやく日本でもＬＧＢＴの声が政治に反映される契機が訪れたことは本当に喜ばしいことであった。後に述べるように、このＬＧＢＴと政治の関わりという点については大阪ではある大阪府議がレズビアンであることを公表し、その後民主党公認で比例代表候補となったこと、東京では新たにゲイであることを公表している区議が現れることへとつながっていく。

また首都圏か地方かを問わず、地道な活動は続けられている。七月には一二回目となる東京国際レズビアン＆ゲイ映画祭が東京・青山のスパイラルホールで開かれた。富山県では性同一性障害者や同性愛者が、市民ネットワークを作り、一般の人びとや行政に性的マイノリティへの理解を呼びかける活動を始めた。九月には同じく性的マイノリティへの理解を訴えるために札幌で第七回目となる「レインボーマーチ in 札幌」が開催され約九〇〇人が参加した。また、愛媛では高校三年生浅井柑《かん》さん（18）の「三度目の正直」が第八回坊ちゃん文学賞の大賞を受賞した。この作品の中では自身の同性愛に悩む女子高生の姿が描かれている。さらに、教育の現場でも大阪府の高校では生物の時間に、また兵庫県の小学校では性教育の一環として同性愛を取り上げる試みも行われるようになった。行政側からＬＧＢＴへの配慮を示す出来事もある。宮崎県都城市議会は一二月一八日「男女共同参画社会づくり条例案」を可決し、「性別または性的指向にかかわらずすべての人」を対象とすることを盛り込んだ。

一方、二〇〇三年当時、アメリカでは二〇〇一年に就任した共和党のブッシュ（ジュニア）大統領の政権下にあった。ブッシュ政権を支えていたのは保守派層、とくに南部を中心とした宗教右派と呼ばれる人びとであった。この宗教右派の人びとは聖書の教えに忠実に従い、それに反する者・事柄に強く反発する。もちろん同性愛などもってのほかだと考えている人びとである。そのような土地柄の一つ、テキサス州ではこの年六月、同性愛嫌悪に新たな光が差す出来事があった。テキサス州は同性愛を犯罪とするソドミー法が残る一三州のうちの一つであるが、アメリカ連邦最高裁判所が同性愛者どうしの性行為を禁じたテキサス州の州法は憲法のプライヴァシー保護規定に違反するとして、無効とする決定を下したのである。われわれはテレビで放映されるゲイ・パレードの様子などから、アメリカは性の解放が進んでいる土地柄で同性愛にも寛容であろうと思いがちであるが、実際にはそうではない。この二一世紀になってからでさえ、ソドミー法があるところでは同性愛者を警官が尾行・監視することが常態化していたという。また同じ六月、隣国のカナダではオンタリオ州とブリティッシュコロンビア州で同性婚が合法化されている。一方、上述したようなキリスト教右派ばかりではなく、キリスト教にもさまざまな宗派があるが、アメリカ聖公会（Episcopal Church）では同性愛者であることを公表しているジーン・ロビンソン司祭（56）の主教任命が承認され、主要宗派の幹部に同性愛を公表している人物が就任する初めてのケースとなった。同じ英語圏ではあるが、九月にはイギリスで当局によって難民申請を却下されたゲイのイラン人男性イスラフィル・シリ（Israfil Shiri）さんが、強制送還された場合に受ける懲罰を恐れるあまり、マンチェスターの難民申請局のオフィスでガソリンを被り焼身自殺を図る（五日後に死亡）という痛ましい事件も起きている。

■二〇〇四年

この年の日本でのＬＧＢＴに関する最も重要な出来事は、七月に戸籍上の性別変更を可能とする「性同一性障害特例法」（正式名称は「性同一性障害者の性別の取り扱いの特例に関する法律」）が施行されたことであろう。一九九八年に埼玉医科大学が国内初となる公式の性別適合手術を行っており、それ以降手術を受ける人も年々増えてきたが、戸籍上は依然として元の性のままであるという状態が続いていた。この法律により、体の性と心の性の不一致に悩む人びとは法的にも自らの望む性を手に入れることができるようになった。ただし、同法の適用条件として、「現に婚姻をしていないこと」という文言が加えられた。これは結婚をしている性同一性障害者が戸籍を変更した場合、同性婚という状態が発生することになるが、日本の現行法では同性婚が認められていないためである。

先に性的少数者に対する行政側の配慮の例として都城市の例をあげたが、福岡県八女市でも同様に「男女共同参画のまちづくり条例」において「性同一性障害または性的指向を理由とする差別をしてはならない」という文言を盛り込んだ条例案を一月に作成したところ、市に対して同性愛擁護だという批判がよせられたため、「性同一性障害またはその他性に関する事項を理由とする……」という文言へと変更を余儀なくされている。

ヨーロッパでは一〇月にスペイン政府が同性婚を認める法案を了承した。社会保障や相続で通常の夫婦と同じ権利を保障し、養子も迎えられる内容となっている。フランスでは南西部にある人口約二万人のメグル市で初の同性愛者の結婚式が行われた。政府は「違法」と中止を求めたが、マメール市長（緑の党）は「同性愛者と異性愛者が同等の権利を持てないのは人権侵害」と反論。第一号となる三三歳と三一歳の男性カップルは五日、市役所で同市長を前に結婚を宣誓した（『朝日新聞』二〇〇四年六月九日）。また、ヨーロッパ委員会の委員長ジョゼ・マヌエル・バローゾがヨーロッパ連合の司法・自由・安全委員会の委員としてイタリアのロッコ・ブッティグリオーネを推薦したが、三時間の面接の中でブッティグリオーネは「同性愛は罪である」「家庭では女性が子どもをもうけ、女性は男性の庇護を受けるものである」といった発言がなされたため、ヨーロッパ委員会では彼を適任ではないとして同委員会および他の委員会に加わることを拒否した。それまでは同性愛嫌悪はマイノリティの問題であるとされていた（少なくともそういう扱いが当然であるとされる風潮があった）が、ヨーロッパ委員会では同性愛嫌悪を取るに足りない事柄とは捉えず、マジョリティにも影響を及ぼす深刻な問題であると見なしているということが大きくクローズアップされた。

アメリカでは同性婚をめぐって市や州によってさまざまな対応が見られた。西海岸のサンフランシスコ市では二月に同性同士の結婚を認め同性愛カップルに婚姻証明書を発行した。また東部マサチューセッツ州の最高裁は同じ二月、同性愛者のカップルの結婚を認める判断を、同州上院に対する意見書の中で示し、通常の夫婦と全く同じ権利・保護を認めた。これを受け、五月一七日からは結婚証明書が発行されるようになった。その一方で、オハイオ州では二月にタフト州知事が同性間の結婚を禁止する法案に署名、五月にはそれが州法として発効した。市や州といった地方自治体が同性同士の婚姻を認めても、それが国として認められているわけではない。それに伴う権利の発生を新聞記事は次のようにまとめている。「例えばニューヨーク市では三五ドルを払い結婚認定証を得ると、約一八〇〇もの権利が生じる。市による権利が約二〇、州が財産相続など約七〇〇、連邦政府は年金相続など一一〇〇以上。だが、州法が『同等の地位』を決めても、連邦政府分の権利は与えられないのだ」（『朝日新聞』二〇〇四年四月二〇日）。市のレヴェルで婚姻が認められても、パートナーの財産相続はできず、さらに上のレヴェルの州が婚姻を認めても年金相続はできないというようになっているため、より多くの権利（異性婚と同等の権利）を得るためには、連邦法による承認がどうしても必要となるのはこういう事情による。このような状況の中、一一月には大統領選が行われ、同性婚を禁じる連邦憲法修正への支持が盛り込まれた共和党の政策要項を推し進めるとした、ブッシュ大統領が再選を果たした。

二〇〇五年

二〇〇三年に大阪府議となった尾辻かなこさんが、二〇〇五年八月に出版した自叙伝において自らがレズビアンであることを公表し、大きな話題となった。また同じ大阪では大阪府住宅供給公社が一〇月に、公社が運営管理する一二四団地、約二万二〇〇〇戸の住宅について、ハウスシェアリング制度として友人など親族以外の単身者同士でも同居を認めることにし、二〇〇六年度から順次、賃貸を許可する方針を固めた。同性カップルの場合、これまでとくに男性どうしの入居を断られるケースがほとんどであり、このニュースは同性カップルにも朗報となった。一方、厚生労働省のまとめによると、二〇〇四年一年間のＨＩＶ感染者数は一〇〇〇人を超え、累計で一万人以上となったことが分かり、先進国の中では感染者数・エイズ発症者数とも最悪を更新し続けている実態が明らかとなった。

中国では同性愛者がおよそ三〇〇〇万人いると見られているが、復旦大学で二〇〇五年九月の新学期から学部生向けに「同性愛研究」講座が開設され、立ち見の学生がでるほどの人気であったという。その一方で、一二月には中国の公安当局が北京で予定されていた同性愛者の文化イベントを開催直前に阻止するという出来事もあり、中国の保守的な一面が露呈した形となった。またロシアでも五月にモスクワ中心部で同性愛者が無許可でデモ行進をしようとしたとして、一〇〇人以上が警察に拘束される騒ぎも起こっている。

中東では一一月、アラブ首長国連邦の警察当局が、結婚パーティーを開いたとしてゲイ男性ら二六人を逮捕するという事件が起きている。本書の「イスラム教」の項目で詳しく述べられているようにイスラム圏の多くの国で同性愛は犯罪とされており、アラブ首長国連邦の場合、最高でむち打ちと懲役五年の刑が課されるという。この事件では警察幹部が逮捕した男性らにホルモン投与などを行うと発言したことから、アメリカ政府が懸念を表明している。また、ポーランドでこれまでにも「同性愛のライフスタイル」が促進されるとして同性愛者のパレードを禁止したり、「同性愛が促進されるようなことになれば人類は滅びる」といった問題発言をしたりして物議をかもしてきたレフ・カチンスキがこの年大統領に就任した。このように世界ではＬＧＢＴに関する暗いニュースの多い年であったが、南アフリカ共和国では新憲法の中で「性的指向に基づく差別を禁止する」という文言が盛り込んでおり、同年一二月、裁判所は政府に対し、同性婚の合法化を命じる措置をとっている。

二〇〇六年

先に宮崎県都城市の「男女共同参画社会づくり条例」では性的マイノリティに配慮した「性別または性的指向にかかわらず（すべての人の人権が尊重され）」という文言が挿入され、画期的な条例として注目されていることを紹介したが、それが一転、新条例案では削除されることになった（文章の書き出しは「すべての人の人権が尊重され」のみが残った）。市側は削除の理由について、「性的指向は人権の一分野。尊重する対象は『すべての人』との表現で包括できる」としていると言うが、もしその理屈が通るのであれば、何もわざわざ「男女共同参画社会づくり」とせずとも、「すべての人の参画社会づくり」とすればいいということになる。日本国憲法第一四条に「すべて国民は、法の下に平等であつて、人種、信条、性別、社会的身分又は門地により、政治的、経済的又は社会的関係において、差別されない。」とあるにも拘らず男女の雇用機会が均等でないために男女雇用機会均等法が生まれたのであり、この都城市の条例も、理念はともかく「現実にはそうなっていないため」に敢えて条例として策定したのであろう。この文言削除により、図らずも都城市の市議会議員（そしてこの文言の削除をせまった市民）の中に同性愛嫌悪が根強くあるということが露呈した形となった。

また、大阪では一〇月に行われた「関西レインボーパレード」に参加予定であった男性二人がホテルのダブルの部屋に宿泊するのを断られたという出来事もあった。宿泊業者が客を拒否できるのは、感染症の患者や賭博などの行為をする恐れがある場合などのみであることから、ホテル側は大阪市保健所から営業改善の指導を受けている。ホテル側は「お客様が間違って予約されたものと判断し、ツイン部屋の利用を勧めただけだ。男性どうしだから拒否したわけではない」としている（『朝日新聞』二〇〇六年一〇月一八日）。もしホテル側が客の勘違いだとしてツインの利用を勧めたのだとしても、客側がダブルの部屋の利用を再度申し込んだのであれば（空き室状況にもよるであろうが）それに応じてしかるべきだったのではないかと思われる。

このような同性愛嫌悪の一方で、この年には同性愛者を取り巻く人びとに配慮した取り組みがなされたことが注目される。同性愛者は幼い頃から学校生活の中で同年代の子供から「ホモ！」「レズ！」「オカマ！」「気持ち悪い！」などと言われて傷つき、またそのような言葉を投げつけられるのを恐れ、同性に惹かれる自分の感情を他人に知られまいと必死で隠して生きていかねばならない。意を決して自分が同性や両性に惹かれるのだということを知ってもらうために告白することを「カミングアウト」と呼ぶが、同性愛者の側はそれによって心の負担軽減がなされるものの、それを知らされた側は逆に大きなショックを受けるであろうことは容易に想像できる。その告白をすんなりと受け入れられる柔軟な考え方の持ち主であれば事はそれほど重大ではないが、同性愛嫌悪が強い場合にはパニックに陥ってしまうこともある。この二〇〇六年二月には、そういった「同性愛であることを告白された側」の人びとの悩みを受け止めようと、カミングアウト・コンサルタントのかじよしみさんが活動を始めた（年末までに一四〇人から二三件の相談があったという）。また関西では性的マイノリティの家族や友人が交流する会が活動を始めている。また、秋田県では高校二年生を対象に性に関して相談したいことを尋ねたところ、男子では性同一性障害が六・五％、女子では同性愛が七・四％と、どちらも二〇〇三年の結果を一ポイント以上上回る結果となったという。思春期の多感な時期に悩みを抱えて生きていく辛さは察してあまりあるものがある。われわれは身近にＬＧＢＴの人びとがいることに配慮し、カミングアウトされた際にはそれを受け止める心構えを持っていなければならない。

■二〇〇七年

ＬＧＢＴとその周囲の人びとの相互交流の場も首都圏ばかりではなく各地に作られるようになっている。二〇〇七年二月には高知県で性的マイノリティとその支援者の団体が設立された。また八月には神奈川県に性感染症の情報提供を含めた総合的な支援の場が、県のＨＩＶ予防啓発予算をもとに作られた。福岡県ではこの年の春から四人の行政書士が同性愛カップルが抱える悩みや不安（財産分与や医療機関への対応など）の相談に乗るというサーヴィスが始まった。このような草の根の運動が少しずつ増えてくる一方で、先に述べたこととも関連するが、ＬＧＢＴを取り巻く同性愛嫌悪がいかに根強いものであるか、そしてそのことによりＬＧＢＴ当事者がいかに悩んでいるかを示す重要な調査結果がこの年に発表された。京都大大学院医学研究科の日高庸晴客員研究員らが約六〇〇〇人（ゲイ六八％、バイセクシュアル二六％、わからない六％）を対象に実施した調査によると、ゲイとバイセクシュアルの男性の「約半数が学校でいじめに遭い、三人に二人は自殺を考え、一四％は自殺未遂の経験がある」との結果が得られたと報じられた。この調査結果の持つ意味については改めて述べたい。また政治の分野では、先に紹介したレズビアンであることをカミングアウトしている大阪府議の尾辻かなこさんはこの年、民主党から公認を得て参議院選比例区から立候補した。結果は惜しく声を政治に反映させようとした試みがなされたことの意義は大きいと言える。

アメリカでは九三年当時のクリントン政権の時代に同性愛者が軍務につけるかどうかをめぐって、「問わず語らず」方針（同性愛であるかどうか尋ねることはしないし、自ら言う必要もない）という案が採用され、それ以降、対外的に公表しない限り軍人となることが許されてきたが、この年、軍の統合参謀本部議長がメディアのインタヴューで「同性愛は不道徳だと思う」と述べたことが三月に明らかになった。また同じ三月、イタリアでは政府が同性どうしも対象にした「共同生活に関する権利と義務（ＤＩＣＯ）」法案を議会に提案したところ、教会やカトリック系議員から「伝統的な家族の否定だ」と反対を受けるという出来事があった。スイスでは二〇〇七年から同性カップルにも異性カップルと同等の権利を認める「登録パートナーシップ制度」が施行された。二〇〇七年現在、アンドラ、ベルギー、グアム、アイスランド、オランダ、南アフリカ、スペイン、スウェーデン、そしてイギリスでは同性カップルが養子を迎えることを認めている。

■二〇〇八年

九月と一〇月には恒例となった札幌と関西のプライドパレードが開かれ、「博多どんたく港まつり」のパレードには性的マイノリティの団体が参加している。このようなヴィジビリティ（可視化）を打ち出すことに対して保守的な人びとからは、「なぜわざわざパレードをする必要があるのか」「なぜ目立とうとするのか」といった意見が出されることがあるが、性的マイノリティはどこにでもいること、またマイノリティであるからといって卑屈にならず、自らの性的指向やＬＧＢＴであることに誇りを持っていることを自他ともに認めてもらいたいという思いが込められていることは、読者の方々には是非知っておいていただきたい。何となれば、性的マイノリティは「存在さえしないもの」としか扱われないのだから、わざわざ目立とうと思っているのではなく、その存在をしっかりと異性愛社会に認めてもらうという意義があるのである。

この年は海外での動きが活発化した年であった。日本が最も影響を受けるアメリカでは大統領選挙が行われ、バラク・オバマ氏が黒人ではアメリカ史上初となる大統領選に勝利した（正式就任は翌年の一月）。二〇〇四年の選挙では同性婚が一つの争点となり、アメリカの家族の価値を守ろうとする保守派の支持を得て共和党のブッシュ氏が勝利したのであるが、今回の選挙では同性婚や中絶といった倫理的な問題はマケイン、オバマの両陣営とも回避する傾向があり、経済をいかに立て直すかに力点が置かれ、「チェンジ！」をキーワードにしたオバマ上院議員が勝利したのであった。このように大統領選で回避された同性婚の問題は、しかしながら、州レヴェルの問題として激しい論戦が戦わされた。サンフランシスコやウェスト・ハリウッドといったゲイの多く集まる街があるために比較的全米の中でもリベラルな土地柄だと考えられているカリフォルニア州では、五月に州の最高裁判所が同性婚を合法化したが、それを不服とする側が州憲法に同性婚禁止を明記する「提案八号」を提示、一一月に住民投票が行われた。その結果、過半数の賛成をもって「提案八号」が可決され、カリフォルニア州では一転して同性婚が違法となってしまった（五月から一一月までの間に婚姻届を出したカップルについては婚姻関係を認めるとし、一一月以降は新たな同性婚の届けはできなくなった。二〇一三年六月に連邦裁判所で「提案八号」の違憲性に対する最終判断が下される予定である）。

同性愛が犯罪と見なされてきたこと、そして今なお犯罪とされている国や地域があることについては本文で詳しく述べられているが、国によってはこのことが政治に利用される場合もある。マレーシアではこの年の七月にアンワル元副首相が同性愛行為の容疑で逮捕されるという事件があった。アンワル氏は一九九九年に時のマハティール首相との確執から職権濫用の罪に問われて有罪判決を受け、さらに二〇〇〇年には同性愛の罪で有罪となったが、後者の同性愛については最高裁で無罪となり二〇〇四年に釈放されていた。これは与党側がアンワル氏の率いる野党を弱体化させる方略だとして反発、翌日には保釈され、八月の連邦下院選挙では与党候補の倍の得票で当選し、九年ぶりに国政に復帰することとなった。この背景にはマレーシアがイスラム教国家であるということがあるが、日本から地理的にも近い東南アジアの国でこのような同性愛の犯罪利用が見られることに今後も注目していかねばならない。

■二〇〇九年

この年は同性愛嫌悪がさまざまな波紋を呼んだ年であった。八月にはイスラエルのテルアビブで同性愛者の集会に男が乱入・銃を乱射し、二人が死亡、十数名が重軽傷を負う事件があった。同じく八月にはサッカー、イタリア代表のリッピ監督が、ゲイをカミングアウトした選手は代表チームに招集しない方針を表明した。九月にインドネシア・スマトラ島北部のナングロアチェ州議会が同性愛や飲酒・婚前交渉などへの厳罰化を一層推し進める条例案を可決、一〇月には東アフリカのウガンダで与党国民抵抗運動（NRM）の国会議員が同性愛行為に最高で死刑を科す厳罰化法案を議会に提出し（これ以前から同国には同性愛行為を行った者に対して最高で禁錮一四年を科す法律が存在する）、欧米各国から非難を受けた。

アメリカでは前年のカリフォルニアと同様にこれまで三一の州の住民投票で同性婚に反対の決定がなされているが、四月にはアイオワ州最高裁が同性婚を禁じる法律に違憲判決を下し、ヴァーモント州議会では同性婚を認める法案が可決された。続く五月にはメーン州議会が同性婚の合法化法案を可決、さらに六月にはニューハンプシャー州議会が合法化法案を可決し、全米で六番目となる同性婚を認める州となった。市のレヴェルであるが、一二月には首都ワシントンで同性婚を合法化する法案に市長が署名をしている。またスウェーデンでは五月に同性婚が合法化された。

このように同性婚の合法化が前進する中、日本では政治の場で同性婚が論議されることはまだなかったものの、この年、日本人の同性愛者が海外で同性婚をするケースに一つの道が開かれた。海外で結婚する場合には結婚可能年齢であることや独身であることを証明する書類（「婚姻要件具備証明書」）が必要となる。二〇〇二年に法務省はそれまでになかった「申請者本人の性別」と「結婚する相手の性別」を記入する欄を設け、海外で同性婚をしようとする日本人に対してはこの証明書の発行を差し止めるよう通達を出していた。法務省はこの年の三月よりその方針を転換し、「婚姻要件具備証明書」とは別に新たに独身であることを証明するだけの新しい様式の証明書を発行することとなった。これにより、日本人が海外の国（二〇〇九年現在ではオランダ、カナダ、スペイン、ベルギー、南アフリカ、そしてアメリカの一部の州）で同性婚をすることができるようになったが、その一方で法務省が今回証明することになったいわゆる独身証明書を申請する場合には、当局側に同性婚であることが知られることとなり、プライヴァシーの侵害にあたると指摘されている。

■二〇一〇年

先述したアメリカ軍における“Don't ask, Don't tell”（同性愛であるかどうか尋ねることはしないし、自ら言う必要もない）という方針が大きく変更されたのはこの年であった。三月にゲーツ国防長官が同性愛者のアメリカ軍勤務を禁じた法律の運用を緩和すると発表し、五月下旬にはアメリカ議会下院が同性愛者がアメリカ軍で公然と勤務することを禁じた法律の撤廃法案を二三四対一九四の賛成多数で可決した。翌月にはそのまま上院でも同様の判断がなされると思われたが、上院では九月に同法案を採決するための動議が反対多数で否決され（与党である民主党は一〇〇議席のうち五九議席を占めているが動議可決に必要な六〇議席に届かなかった）、審議自体に入ることができなかったが、一二月になりようやく上院でも撤廃が賛成多数で可決され、アメリカ軍における同性愛差別に幕が下ろされることとなった。

同じアメリカでは二〇〇八年にカリフォルニアで州憲法で同性婚を禁じる「提案八号」が住民投票で支持され同性婚が違法とされたことについて触れたが、この年、二〇一〇年の八月にはこれに新たな進展が見られた。アメリカの憲法修正第一四条では平等保護が謳われているが、この住民投票の結果がこの修正第一四条に反するとして争われた裁判で、サンフランシスコ連邦地裁が州憲法改正を違憲と判断し、改正条項の執行差し止めを命じた。住民投票結果を覆すこの判断では「同性婚を認めないのは、結婚や社会で男女が異なる役割を持つと見られていた時代の遺物」であるとされ、同性婚反対派の主張する「父母に育てられるほうが、子どもはよく発達する」という主張についても根拠がないとしてそれをしりぞけた。この後、反対派はさらに同性婚禁止を訴え控訴することとなる。

一方、ローマカトリック教会の同性愛嫌悪関連の発言は続いていた。本文中でも詳述されているが、先々代の教皇の時代から教理面での大きな柱となり、二〇〇五年に新たに教皇となったベネディクト一六世は、この年の二月、イギリスで同性愛者の雇用差別を禁止する法案が審議されていることを知り、この差別禁止が教会の職員採用にも適用されると考えられることから、法案成立を進める労働党政権を批判している。隣国の中国では一月に、二〇〇人の観客が詰めかけた大きなバーで男性同性愛者が八名の出場者の中から一名の世界大会出場のための代表を決めるイベントが企画されたが、届出のない集会として当局に解散させられるという出来事も起こっている。

日本ではこの年の一二月に当時の石原東京都知事の発言が批判の対象となった。一二月八日の『毎日新聞』（ウェブ版）の記事は知事の発言を次のように伝えている。

東京都の石原慎太郎知事は七日、同性愛者について「どこかやっぱり足りない感じがする。遺伝とかのせいでしょう。マイノリティーで気の毒ですよ」と発言した。石原知事は三日にＰＴＡ団体から性的な漫画の規制強化を陳情された際、「テレビなんかでも同性愛者の連中が出てきて平気でやるでしょ。日本は野放図になり過ぎている」と述べており、その真意を確認する記者の質問に答えた。

七日の石原知事は、過去に米・サンフランシスコを視察した際の記憶として、「ゲイのパレードを見ましたけど、見てて本当に気の毒だと思った。男のペア、女のペアあるけど、どこかやっぱり足りない感じがする」と話した。同性愛者のテレビ出演に関しては、「それをことさら売り物にし、ショーアップして、テレビのどうのこうのにするってのは、外国じゃ例がないね」と改めて言及した。

アイスランドではシグルザルドッティル首相が七月に同性の配偶者を持つ初の首脳となり、（二〇〇九年には）アメリカの一〇〇万以上の市としては初めてヒューストン市の市長に同性愛者であることを公表しているアニース・パーカー氏が当選したという世界状況の中、日本の首都、東京の首長の発言が同性愛嫌悪剥き出しであることから、現在の日本の同性愛嫌悪がどのようなものであるかが透けて見えるように思われる。このことについてはあらためて述べる。

二〇一一年

この年も政治の場にＬＧＢＴの声を届けるための大きな一歩が記された年となった。四月に行われた東京中野区と豊島区の区議に、ゲイであることをカミングアウトしている石坂わたる氏（無所属）と石川大我氏（社会民主党公認、現在は自治みらい会派所属）が当選した。二〇〇三年に上川あやさんが世田谷区議に当選したことについては触れたが、国政選挙および地方選挙で同性愛者であることを公にして当選した例は今回が初となった。

一方アメリカでは六月にニューヨーク市で同性婚を認める法案が成立している。興味深いのは、市当局が向こう三年間で約五万六〇〇〇組の同性カップルが結婚することにより、およそ一億二四〇〇万ドルの利益がニューヨーク市にもたらされると試算しており、市の観光局が同性婚観光キャンペーンを始めたと伝えられている点である。単に同性愛嫌悪に基づく結婚機会の不均衡是正が見直されたのではなく、それがいかに経済へとつながるかを考えているところはアメリカらしい側面が見られて面白い。ちなみに二〇一二年のアメリカ成人ＬＧＢＴの購買力は七億九〇〇〇万ドルであるとの見積がなされている（Witeck Communicationsによる試算）。さらに余談となるが、ゲイカップルは子どもがいない分、可処分所得が多いとされているが、カナダでの調査ではゲイの収入は異性愛男性と比較するとわずかに低い（レズビアンは異性愛女性よりも一五％高い）という調査結果がある（カリフォルニア大学アーバイン校のクリストファー・Ｓ・カーペンター准教授が経済学専門誌に発表した論文による）。

この年の八月に大阪・神戸アメリカ総領事館総領事にパトリック・ジョセフ・リネハン氏が就任したが、氏はブラジル・サンパウロ出身のエマーソン・カネグスケ氏と二〇〇七年にカナダで同性婚をしていることで話題となり、新聞などで取り上げられた。同じく八月にはキューバで性転換手術をした元男性とゲイのカップルの結婚式が行われている。本書のレイナルド・アレナスの項でキューバでのフィデル・カストロ前国家評議会議長の政権下の同性愛弾圧について触れられているが、キューバでは二〇一一年現在同性婚は認められていないが、カップルの一方が二〇〇七年に性転換手術を受けていたため、女性としての身分が認められ結婚式を挙げたという（式はカストロ前国家評議会議長の誕生日である八月一三日に挙行された）。

■二〇一二年

先に石原前都知事の発言を取り上げたが、一国の大統領が同性愛嫌悪的な発言をすることも稀ではない。この年ベラルーシでは人権状況が悪化したためEUが制裁を強化したが、その制裁を推し進めたのがドイツの外務大臣で二〇一〇年に同性パートナーと結婚式を挙げたギド・ウェスターウェレ氏であったため、ベラルーシのルカシェンコ大統領は「同性愛者になるくらいなら独裁者と呼ばれたほうがまし」と語ったとされている。同じ一国の大統領でも、オバマ大統領はこの年、同性婚を支持する考えを明確に打ち出したが、これはこの年の大統領選の争点の一つとなり、対立候補を制し大統領に再選されている。

時間が前後するが、この年の七月にはCNNの人気テレビキャスターのアンダーソン・クーパー氏がカミングアウトをし、世間を驚かせた。LGBTのヴィジビリティ（可視化）が重要であることに関連して言えば、このように（少なくともアメリカでは）有名人が自身の性的指向を明らかにすることにより、「LGBTは異性愛者と何ら変わったところはない」ということを強く印象付けることができる。日本ではこの数年、マツコ・デラックスさんのような「オネエ系タレント」と呼ばれる方々がマスコミで多く取り上げられるようになったが、ゲイやバイの男性が、皆女性のような格好をし「オネエ言葉」を話しているわけではないということは繰り返し指摘する必要がある。異性愛社会で声をあげられずにいるLGBTにも実にさまざまな人びとがいるのであって、「ゲイだから〜である」、「レズビアンは皆〜である」といったステレオタイプ的な見方に囚われていると、自分の周りの多様性に自ら目を閉ざしてしまうようになる。この年の六月には金沢で多様な性のあり方を知ってもらうイベントが開催されたり、沖縄でも大学生が自身の同性愛に悩んだことやいじめにあったことなどを中学生に語って聞かせたり、小規模ながらもLGBTが参加したパレードが開かれたり（一一月）しているが「LGBTはテレビの中だけの話、海外での話ではない。みんなの身近なところにいる」ということを広く知ってもらえれば、LGBTという「同性を愛する人」「両性を愛する人」「体の性と心の性が一致しない人」などさまざまな人びとのことを、より身近に感じてもらえるようになる。そうすれば、例えば「同性愛は病気だから矯正しなければならない」という考え方が誤りであることが理解できるようになるのである。この年の八月、カリフォルニア州の下院で、同性愛者を異性に関心を持つように変えるための「治療」やカウンセリングを一八歳未満を対象に行うことを禁止する法案が賛成多数で可決されたと報じられたが（『朝日新聞』八月三〇日）、同性婚の議論が進む中、サンフランシスコやロサンゼルスといったLGBTが比較的多いと考えられるカリフォルニア州でさえ、「治療が必要である」と考えられていたことにあらためて驚かされる。

拙訳書でも同様の引用をしたが、ここであらためて笠原嘉『不安の病理』（岩波新書、一九八一）の言葉を引用しておこう。人が安定して生きていくためには、⑴「生まれてこのかた自分は『一貫した存在』として今日まで生きつづけており、さらに今後もその延長上を生きるであろうという自信」と⑵「自分という存在もしくは自分の生き方が、自分の生きているこの『社会によって是認』されているはずだという自信」が必要だとされている（八八〜八九ページ）。本書でさまざまな形で取り上げられた同性愛嫌悪とは、LGBTその他のセクシュアリティを持つ人びとが安定して生きていく二つの基本的な自信を大きく損なうものである、という見方ができるのではないか。本文の「ストーンウォール事件」の項で取り上げられたように、それまで当局によってしいたげられていたLGBTが警察に抗ったという出来事であるが、アメリカでは毎年六月にこの出来事を記念してゲイパレードが催される。それが日本や世界各地に波及し、至るところでパレードが行われるようになった。こういったパレードでは「プライド」という言葉が一つのキーワードとして用いられることがあるが、LGBTはこれからもLGBTとして生きていき、（社会的な是認がたとえ得られなくとも）このLGBTとして生きている自分を誇り、損なわれてきた自信を取り戻すという意味合いがある。

LGBTが声をあげると、きまって「あいつらは病気だ」「ことさら権利だの何だのと事を大きくして何のつもりだ」「黙って陰で生きていれば誰も何も言わないのにこんなことをして」などといった横槍がはいる。現在の日本では未だにLGBTに対する偏見が根強く残っている。いや、こういうふうに自分が思っていることを偏見だとすら感じない人びとも大勢いる。「日本社会の偏見」というふうに語られると大変抽象的でつかみどころがないもののように思われるが、偏見というものは社会にあるのではなく、われわれ一人一人の人間の心の中にある。その（自分でもそれと気づかない場合もある）偏見やLGBTに対する嫌悪感情を少しでも軽減するためには教育が重要な役割を果たすと思われる。「異性を好きになることがあるのと同じように同性を好きになることもあり、それは自然なことである」と教師が一言言うだけで自信を持って生きていける子どもたちがいる。先に日高氏のゲイやバイセクシュアルを対象とした調査で三人に二人は自殺を考え、一四％は自殺未遂の経験があるという結果が得られたことについて触れたが、LGBTの心の健康のためにも、教育現場はLGBTの扱いについて真剣に検討してもらいたい。

最後に二〇一三年六月末の時点でのLGBTを取り巻く状況について触れてこの解説を終えたいと思う。ヨーロッパで盛んになった同性婚の動きだが、現時点ではヨーロッパで八ヶ国（オランダ、ベルギー、スペイン、ノルウェー、スウェーデン、ポルトガル、アイスランド、デンマーク）その他（アルゼンチン、カナダ、南アフリカ、ニュージーランド）で同性婚が認められている。アメリカでは州レヴェルでは可能なところもあるが、国としてこれを認めるまでには至っていない。良きにつけ悪しきにつけ世界の諸国は程度の差こそあれ何らかの形でアメリカの影響を受けていると言ってもいいだろう。そのアメリカではカリフォルニア州の住民投票によって同性婚が禁止されたが、これが違憲であるかどうかの判断が連邦最高裁によって六月になされた。判決では結婚を一人の男性と一人の女性との間になされるものであることを定めた「結婚防衛法（結婚保護法）」が違憲であるとの判断が下された。これにより、同性婚が事実上合法となった。またこの判決を受け、カリフォルニア州の連邦高裁は六月二八日、同性婚の停止を解除し婚姻届の受理を開始した。アメリカが国として同性婚を認めるようになれば、これまで活発でなかった同性婚の議論が日本でも盛んになり、近い将来、日本でも同性婚が可能となるかもしれない。一方、本書のいくつかの項目で取り上げられたフランスの情勢であるが、二〇一二年五月、反同性婚を訴えたサルコジ大統領を抑え、同性カップルに結婚と養子を持つ権利を与えることを選挙公約としていた社会党のフランソワ・オランド氏が大統領選挙に勝利した。一一月、フランス政府は同性婚およびゲイによる養子縁組の合法化法案を閣議決定、二〇一三年二月には国民議会（下院）で同法案が賛成多数で可決され、四月一二日に上院が同法案を可決した。四月二三日には再び修正点の審議のため下院で採決が行われ、与党社会党の賛成多数で可決され、一九九九年にパックス法が成立してから一四年目にしてようやく同性カップルにも異性カップルと同等の権利が認められることとなった。この間、数十万人規模の反同性婚デモが実施されるなど、フランス社会は同性愛に対して寛容になってきていたと思われていたのに反して、反対派が巻き返しを図っているという。トビラ法務大臣は六月にも法律が施行されるとしているが、施行までにはまだいくつかのプロセスを経る必要があるとされる。法案採択直後に野党の右派・国民運動連合（UMP）が違憲審査を請求する動きを見せるなど、これからの動静に注目が集まる。

この一〇年を振り返って分かるように、LGBTを取り巻く状況は少しずつではあるが確実に動いてきている。これからもわれわれはこの歩みを止めることなく進んでいかねばならない。これまでの人生の延長を生きる一人の人間として、またこの存在が社会から是認される一人の人間として。自信と勇気と誇りをもって。

最後になりましたが翻訳者のお二人について触れさせていただきます。フランス語版の出版後すぐに齊藤笑美子・山本規雄の両氏が翻訳にとりかかられたとうかがっていますが、諸事情により、今年（二〇一三年）まで日本語版の出版が叶わなかったとのこと。これだけの大著を翻訳するにあたり、齊藤笑美子氏、山本規雄氏のお二方はさまざまなご努力、ご苦労をされてきたに違いありません。ここで両氏にあらためて敬意を表したいと思います。また私にお声かけくださり本書の出版にご尽力くださった明石書店の編集長、黒田貴史氏にもあらためてこの場を借りてお礼申し上げます。ありがとうございました。

MERLE Robert, *Oscar Wilde ou la Destinée de l'homosexuel*, Paris, Gallimard, 1985.

SINFIELD Alan, *The Wilde Century : Effeminacy, Oscar Wilde and the Queer Moment*, London, Cassel, 1994.

VALLET Odon, *L'Affaire Oscar Wilde*, Paris, Gallimard, « Folio », 1997.

Boston, Beacon Press, 1990.
HIRSCHMAN Albert O., *Deux Siècles de rhétorique réactionnaire*, Paris, Fayard, 1991.
LARGUÈCHE Évelyne, *Injure et sexualité*, Paris, PUF, 1997.
MACKINNON Catharine, *Only Words*, Cambridge, London, Harvard Univ. Press, 1996.
REBOUL Olivier, *Langage et idéologie*, Paris, PUF, 1980.
REBOUL Olivier, *La Rhétorique*, Paris, PUF, 1983.

■労働

DECRESCENZO Teresa (dir.), *Gay and Lesbian Professionals in the Closet*, Binghamton, Harrington Park Press, 1997.
ELLIS Alan, POWERS Bob, *A Manager's Guide to Sexual Orientation in the Workplace*, New York, Routledge, 1995.
ELLIS Alan, RIGGLE Ellen, *Sexual Identity on the Job*, New York, The Haworth Press, 1996.
FRISKOPP Annette, SILVERSTEIN Sharon, *Straight Jobs, Gay Lives : Gay and Lesbian Professionals*, Boston, The Harvard Business School, 1996.
LEROY-FORGEOT Flora, *Histoire juridique de l'homosexualité en Europe*, Paris, PUF, 1997.
LEROY-FORGEOT Flora, MÉCARY Caroline, *Le Pacs*, Paris, PUF, « Que sais-je ? », 2000.
LEROY-FORGEOT Flora, MÉCARY Caroline, *Le Couple homosexuel et le droit*, Paris, Odile Jacob, 2001.
LUCAS Jay, *The Corporate Closet : the Professionals Lives of Gay Men in America*, New York, The Free Press, 1993.
MCNAUGHT Brian, *Gay Issues in the Workplace*, New York, St Martin's Press, 1994.
MÉCARY Caroline, *Droit et homosexualité*, Paris, Dalloz, 2000.
RASI Richard (dir.), *Out in the workplace*, Boston, Alyson Publications, 1995.
SIMON George, ZUCKERMAN Amy, *Sexual Orientation in the workplace*, London, Sage Publications, 1996.
SOS Homophobie, *Rapports Annuels*.
SPIELMAN Susan, WINFELD Liz, *Straight Talk about Gays in the Workplace*, New York, The Haworth Press, 2000.
◆訳注・補遺の参考文献：
PAOLI ITABORAHY, Lucas, *State-sponsored Homophobia*, ILGA, May 2012.

■ロシア

ENGELSTEIN Laura, *The Keys to Happiness : Sex and the Search for Modernity in Fin-de-siècle Russia*, Ithaca, Cornell Univ. Press, 1992.
FRÉMONT Benoît, « Out of the Blue : une histoire des homosexuels en Russie », *Regard sur l'Est*, 2001, nos 26 et 27.
KARLINSKY Simon, « Russia's Gay Literature and Culture : The Impact of the October Revolution », *in* CHAUNCEY George, DUBERMAN Martin, VICINUS Martha (dir.), *Hidden from History : Reclaiming the Gay and Lesbian Past*, New York, Penguin, 1990.
KON Igor, *The Sexual Revolution in Russia from the Age of the Czars to Today*, New York, Free Press, 1995.
KOUZMINE Mikhaïl, *Les Ailes* (présentation et traduction de B. KREISE), Toulouse, Bibliothèques Ombres, 2000.
KREISE Bernard, « Avant-propos », *in* JOUKOVSKI Vassili, *Les Derniers Instants de Pouchkine*, Bibliothèques Ombres, Toulouse, 2000.
LEVIN Eve, *Sex and Society in the World of the Orthodox Slavs 900-1700*, Ithaca-New York, Cornell Univ. Press, 1989.
MOROZOV G., ROMASSENKO V., *Neurologie et psychiatrie*, trad. E. BRONINA, Moscou, Éditions de la Paix, s.d. [peu après 1950].
OLEARIUS, *Voyage à Moscou*, 1659.
STERN Mikhaïl, *La Vie sexuelle en URSS*, Paris, Albin Michel, 1979.
TULLER David, *Cracks in the Iron Closet, Travels in Gay and Lesbian Russia*, Chicago, Univ. of Chicago Press, 1996.
VICHNEVSKI Anatoli, *La Faucille et le rouble, la modernisation conservatrice en URSS*, Paris, Gallimard, 2000.

■露出症

ADAM Barry D., DUYVENDAK Jan Willem, KROUWEL André (dir.), *The Global Emergence of Gay and Lesbian Politics : National Imprints of a Worldwide Movement*, Philadelphia, Temple Univ. Press, 1999.
GUILLEMAUT Françoise, « Images invisibles : les lesbiennes », *in* DORAIS Michel, DUTEY Pierre, WELZER-LANG Daniel, *La Peur de l'autre en soi, du sexisme à l'homophobie*, Montréal, vlb Éditeur, 1994.
KRAFFT-EBING Richard von, *Psychopathia sexualis*, Paris, G. Carré, 1895［クラフト＝エビング『性的精神病質』，邦訳『変態性欲心理学』平野威馬雄訳，河出書房，1956］.
LEVER Maurice, *Les Bûchers de sodome*, Paris, Fayard, 1985.
Les Marges, t. XXXV, no 141, mars 1926, rééd. par Patrick CARDON, *Cahiers GaiKitschCamp*, no 19, Lille, 1993.
TAMAGNE Florence, *Histoire de l'homosexualité en Europe, Berlin, Londres, Paris, 1919-1939*, Paris, Le Seuil, 2000.
THOMPSON Mark (dir.), *The Long Road to Freedom : The Advocate History of the Gay and Lesbian Movement*, New York, St Martin's Press, 1994.

■ロビー

BOUTIN Christine, *Le « Mariage » des homosexuels ? CUCS, PIC, PACS et autres projets législatifs*, Paris, Critérion, 1998.
BULL Chris, GALLAGHER John, *Perfect Enemies, The Religious Right, the Gay Movement, and the Politics of the 1990'*, New York, Crown Publishers, 1996.
CLAMEN Michel, *Le lobbying et ses secrets : guide des techniques d'influence*, Paris, Dunod, 2000.
GOLDSTEIN Kenneth M., *Interest Groups, Lobbying and Participation in America*, New York, Cambridge Univ. Press, 1999.
HERMAN Didi, *The Antigay Agenda*, Chicago et London, Univ. of Chicago Press, 1997.

■ワイルド

ELLMANN Richard, *Oscar Wilde*, Paris, Gallimard, 1994.
JULLIAN Philippe, *Oscar Wilde*, Paris, Christian de Bartillat, 2000.

Jansiti Carlo, *Violette Leduc*, Paris, Grasset, 1999.

Trout-Hall Colette, *Violette Leduc, la mal-aimée*, Amsterdam, Rodopi, 1999.

Viollet Catherine, « Violette Leduc. Les ravages de la censure », in *Genèse textuelle, identités sexuelles*, Paris, Du Lérot, 1997.

● ヴィオレット・ルデュックの著作：

Leduc Violette, *Thérèse et Isabelle. Texte intégral*, Postface et notes de Carlo Jansiti, Paris, Gallimard, 2000.

▩歴史

Boswell John, « Revolutions, Universals, and Sexual Categories », *in* Chauncey George, Duberman Martin, Vicinus Martha (dir.), *Hidden from History : Reclaiming the Gay and Lesbian Past*, New York, Penguin Books, 1990.

Bluche François, « Relativité du vice ultramontain », *in* Bluche François (dir.), *Dictionnaire du Grand Siècle*, Paris, Fayard, 1990.

Celse Michel, Zaoui Pierre, « Négation, dénégation : la question des “triangles roses” », *in* Mesnard Philippe (dir.), *Conscience de la Shoah, critique des discours et des représentations*, Paris, Kimé, 2000.

Chauncey George, Duberman Martin, Vicinus Martha (dir.), *Hidden from History, Reclaiming the Gay and Lesbian Past*, New York, Penguin Book, 1990.

Dowling Linda, *Hellenism and Homosexuality in Victorian Oxford*, Ithaca-London, Cornell Univ. Press, 1994.

Éribon Didier, *Réflexions sur la question gay*, Paris, Fayard, 1999.

Éribon Didier, *Michel Foucault*, Paris, Flammarion, 1989［ディディエ・エリボン『ミシェル・フーコー伝』田村俶訳，新潮社，1991］.

Éribon Didier, « Georges Dumézil, un homosexuel au xxe siècle », *Ex aequo*, 1997, no 4.

Éribon Didier, « Traverser les frontières », *in* Éribon Didier (dir.), *Les Études gay et lesbiennes*, Paris, Éd. du Centre Georges-Pompidou, 1998.

Fassin Éric, « Politiques de l'histoire : *Gay New York* et l'historiographie homosexuelle aux États-Unis », *Actes de la recherche en sciences sociales*, 1998, no 125.

Foucault Michel, *Histoire de la sexualité*, Paris, Gallimard, 1976-1984, 3 vol［ミシェル・フーコー「性の歴史」第1巻『知への意志』渡辺守章訳，1986，同，第2巻『快楽の活用』田村俶訳，1986，同，第3巻『自己への配慮』田村俶訳，1987，すべて新潮社］.

Guérin Daniel, *Autobiographie de jeunesse*, Paris, Belfond, 1972.

Halperin David, « Comment faire l'histoire de l'homosexualité masculine », in *Revue européenne d'histoire sociale*, 2002, no 3.

Katz Jonathan Ned, *L'Invention de l'hétérosexualité* [1995], Paris, epel, 2001.

Kennedy Elizabeth, Davis Madeline, *Boots of Leather, Slippers of Gold, The History of a Lesbian Community*, New York, Routledge, 1993.

Marcus Sharon, « Quelques Problèmes de l'histoire lesbienne », *in* Éribon Didier (dir.), *Les Études gay et lesbiennes*, Paris, Éd. du Centre Georges-Pompidou, 1998.

Marrou Henri-Irénée, *Histoire de l'éducation dans l'Antiquité*, Paris, Le Seuil, 1948［H・I・マルー『古代教育文化史』横尾壮英他訳，岩波書店，1985］.

Merrick Jeffrey & Ragan Bryant T., Jr (dir.), *Homosexuality in Modern France*, Oxford Univ. Press, 1996.

Rupp Leila J., « History », *in* Zimmerman Bonnie (dir.), *Lesbian Histories and Cultures*, London - New York, Garland, 2000.

Sartre Maurice, « Les Amours grecques : le rite et le plaisir », *L'Histoire, enquête sur un tabou : les homosexuels en Occident*, Paris, 1998.

Tamagne Florence, *Histoire de l'homosexualité en Europe, Berlin, Londres, Paris, 1919-1939*, Paris, Le Seuil, 2000.

Tamagne Florence, « Homosexualités, le difficile passage de l'analyse des discours à l'étude des pratiques », in *Revue européenne d'histoire sociale*, 2002, no 3.

Tin Louis-Georges (dir.), *Homosexualités : expression/répression*, Paris, Stock, 2000.

▩レズビアン嫌悪

Coordination lesbienne nationale, *La Lesbophobie en France*, dossier, mars 2001.

Bonnet Marie-Jo, *Les Relations amoureuses entre les femmes*, Paris, Odile Jacob, 1995.

Delphy Christine, *L'Ennemi principal*, Paris, Syllepse, 1976.

Guillaumin Colette, *Sexe, race, et pratique du pouvoir --- L'idée de nature*, Paris, Côté-Femmes Éditions, 1992.

Lesselier Claudie, « Formes de résistance et d'expression lesbiennes dans les années 1950 et 1960 en France », *in* Tin Louis-Georges (dir.), *Homosexualités : expression/répression*, Paris, Stock, 2000.

Millett Kate, *La Politique du mâle*, Paris, Stock, 1971.

Matthieu Nicole-Claude, *L'Anatomie politique*, Paris, Côté-Femmes Éditions, 1991.

Rich Adrienne, « La Contrainte à l'hétérosexualité et l'existence lesbienne », *Nouvelles questions féministes*, no 1, rééd. 1981.

Russel Diana E. H., Van de Ven Nicole, *The Proceeding of the International Tribunal on « Crimes against women »*.

Wittig Monique, *La Pensée straight*, Paris, Balland, 2001.

▩レトリック

Angenot Marc, *La Parole pamphlétaire*, Paris, Payot, 1982.

Delor François, *Homosexualité, ordre symbolique, injure et discrimination : Impasses et destins des expériences érotiques minoritaires dans l'espace social et politique*, Bruxelles, Labor, 2003.

Éribon Didier, *Réflexions sur la question gay*, Paris, Fayard, 1999.

Goffman Erving, *Stigmate*, Paris, Minuit, 1975［アーヴィング・ゴッフマン『スティグマの社会学——烙印を押されたアイデンティティ』石黒毅訳，せりか書房，1970］.

Grahn Judy, *Another Mother Tongue, Gay Words, Gay Worlds*,

HEKMA Gert, « Homosexuality and the Left in the Netherlands : 1890-1911 », *Journal of Homosexuality*, 1995, vol. 29, nos 2-3.

Homosexuelle Initiative (HOSI) Wien, *Rosa Liebe unterm roten Stern*, Kiel, Frühlings Erwachen, 1984.

http://www.ilga-europe.org〔国際レスビアン・ゲイ連盟ヨーロッパ支部〕.

http://www.lbl.dk〔デンマークの団体〕.

http://www.coc.nl〔オランダの団体〕.

http://www.homodok.nl〔オランダのゲイ・レズビアン・アーカイヴ〕.

http://www.llh.no〔ノルウェーの団体〕.

http://www.rfsl.se〔スウェーデンの団体〕.

ILGA-Europe, *L'après Amsterdam : l'Union européenne et l'orientation sexuelle*, Bruxelles, 1999.

LILIEQUIST Jonas, « State Policy, Popular Discourse, and the Silence on Homosexual Acts in Early Modern Sweden », *Journal of Homosexuality*, 1998, vol. 35, nos 3-4.

NAERSSEN Ax van (dir.), *Interdisciplinary Research on Homosexuality in the Netherlands*, New York, Haworth Press, 1987.

NILSSON Arne, « Creating Their Own Private and Public : The Male Homosexual Life Space in a Nordic City During High Modernity », *Journal of homosexuality*, 1998, vol. 35, nos 3-4.

NOORDAM Dirk Jaap, « Sodomy in the Dutch Republic, 1600-1725 », *in* HEKMA Gert, KENT Gerard, *The Pursuit of Sodomy : Male Homosexuality in Renaissance and Enlightment Europe*, New York, Harrington Park Press, 1989.

ORESKO Robert, « France, Germany, and Scandinavia : Homosexuality and the Court Elites of Early Modern France : Some Problems, Some Suggestions, and an Example », *Journal of Homosexuality*, 1988, vol. 16, nos 1-2.

ROSEN Wilhelm von, « Sodomy in Early Modern Denmark : a Crime without Victims », *Journal of Homosexuality*, 1988, vol. 16, nos 1-2.

VAN DER MEER Theo, « Tribades on Trial : Female Same-Sex Offenders in Late Eighteenth-Century Amsterdam », *Journal of Homosexuality*, 1991, vol. 1, no 3.

VAN DER MEER Theo, « The Persecutions of Sodomites in Eighteenth-Century Amsterdam : Changing Perceptions of Sodomy », *Journal of Homosexuality*, 1988, vol. 16, nos 1 et 2.

◆訳注・補遺の参考文献：

PAOLI ITABORAHY, Lucas, *State-sponsored Homophobia*, ILGA, May 2012.

■ラテンアメリカ

AZOULAI Martine, *Les péchés du Nouveau-Monde : les manuels de confession des Indiens, xvie-xviie siècle*, Paris, Albin Michel, 1993.

BALUTET Nicolas, « Le Mythe des géants sodomites de Patagonie dans les récits de voyage des chroniqueurs des Indes occidentales », *Inverses*, 2002, no 2.

BURG Brian Richard, *Sodomy and the Pirate Tradition, English Sea-Rovers in the 17th Caribbean*, New York, New York Univ. Press, 1995.

CARRIER Joseph, *De los Otros : Intimacy and Homosexuality Among Mexican Men*, New York, Columbia Univ. Press, 1995.

CARDÍN Alberto, *Guerreros, chamanes y travestis. Indicios de homosexualidad entre los exóticos*, Barcelona, Tusquets, 1989.

Comisión Ciudadana de Crímenes de Odio por Homofobia, Reporte de crimenes 2000, Mexico, 2001.

DELON Michel, « Du goût antiphysique des Américains », *Annales de Bretagne*, 1977, no 84.

ICCHRLA, *La Violencia al Descubierto : Represión contra Lesbianas y Homosexuales en America latina*, Toronto, 1996.

GOLDBERG Jonathan, « Sodomy in the New World : Anthropologies Old and New », *Social Text*, 1991, no 9.

GREEN James, « Beyond Carnival : Male Homosexuality in Twentieth-Century Brazil », *Journal of Homosexuality*, 2002, vol. 42, no 4.

LANCASTER Roger N., « Subject Honor and Object Shame : The Construction of Male Homosexuality and Stigma in Nicaragua », *Ethnology*, 1988, no 27.

MATHY Robin M., WHITAM Frederic L., *Male Homosexuality in Four Societies : Brazil, Guatemala, the Philippines, and the United States*, New York, Greenwood Publish. Group, 1986.

MENDÈS-LEITE Rommel, « Les Tropiques et les péchés : mésaventures des sodomites au Brésil entre le xvie et le xviiie siècles », *in* MENDÈS-LEITE Rommel, *Sodomites, invertis, homosexuels : perspectives historiques*, Lille, Gay-KitschCamp, 1994.

MOTT Luiz, *Epidemic of Hate : Violation of Human Rights of Gay Men, Lesbians and Transvestites in Brazil*, San Francisco, IGLRHC, 1996.

MOTT Luiz, CERQUEIRA Marcelo, *Causa Mortis : Homofobia*, Salvador, Editora Grupo Gay da Bahia, 2001.

MURRAY Stephen, *Male Homosexuality in Central and South America*, San Francisco, Instituto Obregón, 1987.

ORDONEZ Juan P., *Ningún Ser Humano es Desechable : Limpieza Social, Derechos Humanos y Orientación Sexual en Colombia*, San Francisco, IGLRHC, 1995.

RAMOS Juanita (dir.), *Compaòeras : Latina Lesbians, an Anthology*, New York, Routledge, 1994.

VAINFAS Ronal, *Tropico dos pecados : moral, sexualidad e inquisição no Brasil*, Rio de Janeiro, Campus, 1989.

WILLIAMS Walter, *The Spirit and the Flesh : Sexual Diversity in American Indian Culture*, Boston, Beacon Press, 1986.

YOUNG Allen, *Gays Under the Cuba Revolution*, San Francisco, Gay Fox Press, 1981.

◆訳注・補遺の参考文献：

PAOLI ITABORAHY, Lucas, *State-sponsored Homophobia*, ILGA, May 2012.

■ルデュック

FADERMAN Lillian, *Surpassing the Love of Men : Romantic Friendship and Love between Women from Renaissance to the Present*, New York, Morrow, 1981.

BORRILLO Daniel, FASSIN Éric, IACUB Marcela (dir.), *Au-delà du PaCS*, Paris, PUF,1999.

BORRILLO Daniel, « La protection juridique des nouvelles formes familiales : le cas des familles homoparentales », *Mouvements*, no 8, mars-avril 2000.

FORMOND Thomas, *Les Discriminations fondées sur l'orientation sexuelle en droit privé*, thèse pour le doctorat en droit privé, Université de Paris X - Nanterre, septembre 2002.

GROSS Martine (dir.), *Homoparentalités, État des lieux*, Paris, ESF, 2000.

LEROY-FORGEOT Flora, *Les Enfants du pacs, réalités de l'homoparentalité*, Paris, L'Atelier de l'Archer, 1999.

NADAUD Stéphane, *Homoparentalité, une nouvelle chance pour la famille ?*, Paris, Fayard, 2002.

◆訳注・補遺の参考文献：

PAOLI ITABORAHY, Lucas, *State-sponsored Homophobia*, ILGA, May 2012.

▩ヨーロッパ中部・東部

ADAM Barry D., DUYVENDAK Jan Willem, KROUWEL André (dir.), *The Global Emergence of Gay and Lesbian Politics : National Imprints of a Worldwide Movement*, Philadelphia, Temple Univ. Press, 1999.

Bucharest Acceptance Group (ACCEPT), *Sexual Orientation Discrimination in Romania : A Survey of violence, harassment and discrimination against Romania's Lesbian, Gay, Bisexual and Transgender Community*, Bucarest, 2001.

CLAPMAN Andrew, WAALDIJK Kees (dir.), *Homosexuality : an European Community Issue. Essays on Lesbian and Gays Rights in European Law and Policy*, Dortrecht-Boston-London, Martins Nishoff Publishers, 1993.

DURANDIN Catherine, *Roumanie, un piège ?*, Saint-Claude-de-Diray, Éd. Hesse, 2000.

GRAU Günter (dir.), *Homosexualität in der NS-Zeit*, Frankfurt am Main, Fischer, 1993.

GRAUPNER Helmut, *Homosexualität und Strafrecht in Österreich : eine Übersicht*, Wien, Rechtskomitee Lambda, 2001.

Háttér Society for Gays and Lesbians in Hungary, Labrisz Lesbian Association, *Report on the Discrimination of Lesbians, Gay Men and Bisexuals in Hungary*, Budapest, 2001.

Homosexuelle Initiative (HOSI) Wien, *Rosa Liebe unterm roten Stern*, Kiel, Frühlings Erwachen, 1984.

http://www.ilga-europe.org〔国際レスビアン・ゲイ連盟ヨーロッパ支部〕.

http://www.hosiwien.at〔オーストリアの団体〕.

http://www.rklambda.at〔オーストリアの団体〕.

http://www.gay.lt〔リトアニアの団体〕.

http://lambdawa.gejowo.pl/pozostale/english.html〔ポーランドの団体〕.

http://www.accept-romania.ro〔ルーマニアの団体〕.

Human Rights Watch and the International Gay and Lesbian Human Rights Commission, *Public Scandals : Sexual Orientation and Criminal Law in Romania*, New York, Human Rights Watch, 1998.

ILGA-Europe, *L'après Amsterdam : l'Union européenne et l'orientation sexuelle*, Bruxelles, 1999.

Lambda Warszawa Association, *Report on discrimination on grounds of sexual orientation in Poland*, Warsaw, 2001.

LEVIN Eve, *Sex and Society in the World of the Orthodox Slavs 900-1700*, Ithaca - New York, Cornell Univ. Press, 1989.

STEAKLEY James, « Sodomy in Enlightment Prussia : From Execution to Suicide », *in* Kent Gerard, Gert Hekma, *The Pursuit of Sodomy : Male Homosexuality in Renaissance and Enlightment Europe*, New York, Harrington Park Press, 1989.

WOLFF Larry, *Inventing Eastern Europe*, Standford, Standford Univ. Press, 1994.

◆訳注・補遺の参考文献：

PAOLI ITABORAHY, Lucas, *State-sponsored Homophobia*, ILGA, May 2012.

▩ヨーロッパ法

Assemblée parlementaire du Conseil de l'Europe, *Situation des lesbiennes et des gays dans les États membres du Conseil de l'Europe*, Rapport du 6 juin 2000 (document 8755), http://stars.coe.fr/doc/doc00/fdoc8755.htm.

BORRILLO Daniel, *L'Homophobie*, Paris, PUF, 2000.

BORRILLO Daniel, « L'Orientation sexuelle en Europe : esquisse d'une politique publique anti-discriminatoire », *Les Temps modernes*, 2000, no 609.

CLAPMAN Andrew, WAALDIJK Kees (dir.), *Homosexuality : an European Community Issue. Essays on Lesbian and Gays Rights in European Law and Policy*, Dortrecht-Boston-London, Martins Nishoff Publishers, 1993.

MEYER Catherine-Anne, « L'homosexualité dans la jurisprudence de la Cour et de la Commission européenne des droits de l'homme », *in* BORRILLO Daniel (dir.), *Homosexualités et droit*, Paris, PUF, 1999.

NEWTON David, *Gay and Lesbian Rights : a Reference Handbook (Contemporary World Issues)*, Santa Barbara, ABC-Clio, 1994.

WINTEMUTE Robert, « Libertés et droits fondamentaux des personnes gays, lesbiennes et bisexuelles en Europe », in *Homosexualités et droit*, BORRILLO Daniel (dir.), Paris, PUF, « Les Voies du droit », 1999.

WINTEMUTE Robert, « Strasbourg to the Rescue ? Same-Sex Partners and Parents Under the European Convention », *in* ANDENAES Mads, WINTEMUTE Robert (dir.), *Legal Recognition of Same-Sex Partnerships*, Oxford, Hart Publishing, 2001.

▩ヨーロッパ北部

BOONE Marc, « State Power and Illicit Sexuality : the Persecution of Sodomy in Late Medieval Bruges », *Journal of Medieval History*, no 22, 1996.

GRAHAM Mark, « Identity, Place, and Erotic Community Within Gay Leather Culture in Stockholm », *Journal of Homosexuality*, 1998, vol. 35, nos 3-4.

HANSEN Bent, *Nordisk bibliografi : Homoseksualiteit*, København, Pan, 1984.

http://www.hentaiseeker.com
http://www.mag-paris.org/magazette/33/mangas.php

MANGELS Andy, « Out of the Closet and into the Comics », *Amazing Heroes*, 1988, nos 143-144.

SUVILAY Bounthavy, « Le Héros était une femme : le travestissement dans le manga », *ProChoix*, 2002, no 23.

■ミルゲ

●ポール・ミルゲの著書：

MIRGUET Paul, *Viandes et réalités économiques et politiques*, Paris, Brunétoile, 1957.

MIRGUET Paul, *Programme de réformes et d'action politique pour une France libre et sociale*, Metz, Reinert, 1973.

■メディア

ALWOOD Edward, *Straight News : Gays, Lesbians and the News Média*, New York, Columbia University Press, 1996.

CHAUNCEY George, *Gay New York : Gender, Urban Culture and the Making of the Gay Male World, 1890-1940*, New York, Basic Books, 1994.

GROSS Larry, « Sexual Minorities and the Mass Media », *in* BORCHERS Hans, KERUTZNER Gabrielle, SEITER Ellen, WORTH Eve-Maria (dir.), *Remote Control : Television, Audiences, and Cultural Power*, London, Routledge, 1990.

HOWES Keith, *Broadcasting It : An Encyclopaedia of Homosexuality on Film, Radio, tv in the uk, 1924-1993*, London, Cassel, 1999.

RUSSO Vito, *The Celluloid Closet : Homosexuality in the Movies*, New York, Harper & Row, 1987.

SANDERSON Terry, *Médiawatch : The Treatment of Male and Female Homosexuality in the British Media*, London, Cassell, 1995.

SIGNORILE Michelangelo, *Queer in America : Sex, the Media and the Closets of Power*, New York, Random House, 1993.

STEAKLEY James D., « Iconography of a Scandal : Political Cartoons and the Eulenburg Affair in Wilhelmin Germany », *in* CHAUNCEY George, DUBERMAN Martin, VICINUS Martha (dir.), *Hidden from History : Reclaiming the Gay & Lesbian Past*, New York, New American Library, 1989.

TAMAGNE Florence, *Histoire de l'homosexualité en Europe, Berlin, Londres, Paris, 1919-1939*, Paris, Le Seuil, 2000.

WEEKS Jeffrey, *Coming Out, Homosexual Politics in Britain, from the Ninetenth Century to the Present Time*, London, Quartet Books, 1977.

■ユスティニアヌス帝

Corpus Iuris Civilis, t. 3, éd. R. SCHÖLL, G. KROLL, W. KUNKEL, 6e éd., Berlin, 1959.

CEDRENUS Georgius, *Corpus Scriptorum Historiae Byzantinae*, éd. I. Bekker, t. 1, Bonn, 1838.

MALALAS Jean, *Ioannis Malalae Chronographia*, éd. I. THURN, *Corpus Fontium Historiae Byzantinae* 35, Berlin, 2000.

PROCOPE, *Anekdota*, in *Procopii Caesariensis Opera Omnia*, vol. 3, *Historia quae dicitur Arcana*, éd. J. Haury, Leipzig, 1906, rééd. rev. G. WIRTH, 1963.

SIDERIS Georges, *Les Anges du Palais. Eunuques, sexes et pouvoir à Byzance (ive-viie s.)*, Paris, Brepols, 2003.

THEOPHANE, *Theophanis Chronographia*, éd. C. de Boor, vol. 1, Leipzig, Teubner, 1883.

■ユダヤ教

BECK Evelyn Torton (dir.), *Nice Jewish Girls : A Lesbian Anthology*, Boston, Beacon Press, 1989.

BERNHEIM Gilles, *Un rabbin dans la cité*, Paris, Calmann-Lévy, 1997.

BOYARIN Daniel, *A Radical Jew. Paul and the Politics of Identity*, Berkeley, Univ. of California Press, 1994.

BOYARIN Daniel, *Carnal Israel : Reading Sex in Talmudic Culture*, Berkeley, Univ. of California Press, 1993.

DORFF Elliot N., « Conservative Judaism », *Encyclopedia Judaica* [abrév. : *EJ*], CD-ROM Édition, 1997.

DORFF Elliot N., *Épître de l'amour*, Paris, Nadir, 2000.

JAKOBOVITS Immanuel, « Aids : A Jewish Perspective » ; « Homosexuality », *EJ* – CD-ROM Édition, 1997.

LENEMAN Helen, « Reclaiming Jewish History : Homoerotic Poetry of the Middle Ages », *Changing Men*, 1987, no 18.

ROSNER Fred, « Medical Ethics of Judaism », *EJ* II, 2000.

SCHIRMANN Jefim, « The Ephebe in Medieval Hebrew Poetry », *Sefarad* 15, 1955.

SHOKEID Moshe, *A Gay Synagogue in New York*, New York, Columbia Univ. Press, 1995.

SZESNAT Holger, « "Pretty Boys" in Philo's *De Vita Contemplativa* », *The Studia Philonica Annual* 10, 1998.

WIGODER Geoffrey (dir.), « Judaïsme conservateur », « Judaïsme orthodoxe », « Judaïsme réformé », *Dictionnaire encyclopédique du judaïsme*, Paris, Le Cerf, 1993.

■ユーモア

BLONDEL Éric, *Le Risible et le dérisoire*, Paris, PUF, 1998.

FREUD Sigmund, *Le Mot d'esprit dans ses rapports avec l'inconscient*, trad. M. Bonaparte et M. Nathan, Paris, Gallimard, 1953［フロイト「機知」中岡成文ほか訳,『フロイト全集』第 8 巻, 岩波書店, 2008, 所収］.

FLOWERS Charles, *Out, Loud and Laughing : a Collection of Gay and Lesbian Humor*, New York, Anchor Books, 1995.

LABONTE Richard, *Tickled Pink : Lesbian and Gay Humor Fiction*, Boston, Alyson Publications, 1994.

MARTIN Thierry, *Brèves gay de comptoir*, Paris, Montblanc, H & O Éditions, 2000.

MINOIS Georges, *Histoire du rire et de la dérision*, Paris, Fayard, 2000.

SISSER Pierre, *Amour et humour gay*, Paris, Ramsay, 1995.

■養子縁組

APGL, *Petit guide bibliographique à l'usage des familles homoparentales et des autres*, Paris, 1997.

BORRILLO Daniel, PITOIS Thierry, « Adoption et homosexualité : analyse critique de l'arrêt du Conseil d'État du 9 octobre 1996 », *in* BORRILLO Daniel (dir.), *Homosexualités et droit*, Paris, PUF, 1999.

don, Hamish Hamilton, 1985.

Cline Sally, *Radclyffe Hall : a Woman called John*, Woodstock, The Overlook Press, 1998.

Dickson Lovat, *Radclyffe Hall at the Well of Loneliness*, London, Collins, 1975.

Souhami Diana, *The Trials of Radclyffe Hall*, London, Weidenfeld & Nicolson, 1998.

▒ポルトガル

Assunção Aroldo, Mott Luiz, « Love's Labors Lost : Five Letters from a 17th Century Portuguese Sodomite », *in* Kent Gerard, Hekma Gert (dir.), *The Pursuit of Sodomy : Male Homosexuality in Renaissance and Enlightment Europe*, New York, Harrington Park Press, 1989.

Cascais Fernando *et al.*, *Estudos gays, lésbicos e queer* (à paraître).

Cascais Fernando, « Como quem não quer a coisa », *Fenda (In) Finda*, 1983.

Mendonça José L. O., Moreira António, *História dos principais actos e procedimentos da Inquisição em Portugal*, Lisboa, Imprensa Nacional / Casa da Moeda, 1980.

Moita Maria Gabriela, *Discursos sobre a homossexualidade no contexto clínico : A homossexualidade dos dois lados do espelho*, thèse de Doctorat, Porto, Instituto de Ciências Biomédicas de Abel Salazar, 2001.

Mott Luiz, « Portuguese Pleasures : the Gay Subculture in Portugal at Inquisition's Time », *in* Altman Dennis, Vance Carole, Vicinus Martha, Weeks Jeffrey (dir.), *Homosexuality, Which Homosexuality ?*, Amsterdam, Free Univ. Press, 1989.

Mott Luiz, « Justitia et Misericordia : a Inquisição portuguesa e repressão a nefando pecado de sodomia », Paris, CIDH, 1990.

Pessoa Fernando, *Aviso por causa da moral*, Lisbonne, Hiena Editora, 1986.

◆訳注・補遺の参考文献：

Paoli Itaborahy, Lucas, *State-sponsored Homophobia*, ILGA, May 2012.

▒本質主義／構築主義

Boswell John, « Revolutions, Universals, and Sexual Categories », *in* Chauncey George, Duberman Martin, Vicinus Martha (dir.), *Hidden from History : Reclaiming the Gay and Lesbian Past*, New York, Penguin Books, 1990.

De Cecco John, « If You Seduce a Straight Person, Can You Make Them Gay ? Biological Essentialism vs Social Constructionism », *in* De Cecco John, Elia John (dir.), *Lesbian and Gay Identities*, New York, Harrington Press, 1993.

Foucault Michel, *Histoire de la sexualité*. I : *La volonté de savoir*, Paris, Gallimard, 1976［ミシェル・フーコー「性の歴史」第1巻『知への意志』渡辺守章訳，新潮社，1986］.

LeVay Simon, « A Difference in Hypothalamic Structure Between Heterosexual and Homosexual Men », *Science*, 1991, no 253.

MacIntosh Mary, « The Homosexual Role », *Social Problems*, 1968, 4.

Schuklenk Udo, « Is Research Into The Cause(s) of Homosexuality Bad for Gay People ? », *Christopher Street*, 1993, no 208.

Schuklenk Udo, « Scientific Approaches to Homosexuality », *in* Haggerty George E. (dir.), *Gay Histories and Cultures : An Encyclopedia*, vol. II, New York – London, Garland Publishing Inc., 2000.

Stein Edward (dir.), *Forms of Desire. Sexual Orientation and the Social Constructionist Controversy*, New York, Routledge, 1992.

Vance Carole, « Social Construction Theory : Problems in the History of Sexuality », *in* Altman Dennis, Vance Carole, Vicinus Martha, Weeks Jeffrey (dir.), *Homosexuality, Wich Homosexuality ?*, Amsterdam-London, Uigeverij An Dekker-Schorer et GMP Publishers, 1989.

Weeks Jeffrey, *Coming Out : Homosexual Politics in Britain from the Nineteenth Century to the Present*, London, Quartet Books, 1977.

▒マグレブ

Anonyme, « Liwat », *in* Bosworth C. E. *et al.*, *Encyclodépie de l'islam*, nouv. éd., t. V, Paris, Maisonneuve & Larose, Leyde E. J. Brill, 1986.

Chebel Malek, *Encyclopédie de l'amour en islam*, Paris, Payot & Rivages, 1955.

Courtray F., « La Loi du silence. De l'homosexualité en milieu urbain au Maroc », *Gradhiva*, 1998, no 23.

Hamel Christelle, « Questions d'honneur : l'homosexualité en milieu maghrébin », *in* Gestin Agathe, Lagrave Rose-Marie, Lepinard Éléonore, Pruvost Geneviève, *Dissemblances. Jeux et enjeux du genre*, Paris, L'Harmattan, 2002.

Schmitt Arno, Sofer Jehoda (dir.), *Sexuality and Eroticism Among Males in Moslem Societies*, New York - London - Norwood, Harington Park Press, 1992.

Wafer Jim, « Muhammad and Male Homosexuality », *in* Murray Stefen O., Roscoe Will (dir.), *Islamic Homosexualities. Culture, History and Literature*, New York, New York Univ. Press, 1997.

▒マッカーシー

D'Emilio John, *Sexual Politics, Sexual Communities*, Chicago-London, Univ. of Chicago Press, 1983.

D'Emilio John, *Making Trouble. Essays on Gay, History, Politics and the University*, New York - London, Routledge, 1992.

Reeves Thomas, *The Life and Time of Joe McCarthy*, New York, Stein & Day, 1982.

▒漫画

Busscher Pierre-Olivier de, « Paroles et silence. Les représentations du sida et des sexualités dans un média grand public : l'exemple de la bande dessinée américaine », *Sociétés. Revue des sciences humaines et sociales*, 1993, no 39.

Leyland Winston, Mills Jerry (dir.), *Meatmen : an Anthology of Gay Male Comics*, San Francisco, GS Press, 1986.

■ペタン

BORRILLO Daniel (dir.), *Homosexualités et droit*, Paris, PUF, 1998.

GRIFFITHS Richard, *Pétain et les Français, 1914-1951*, Paris, Calmann-Lévy, 1974.

GURY Christian, *L'Honneur retrouvé d'un officier homosexuel en 1915, suivi de Grande guerre et homophilie*, Paris, Kimé, 2000.

LOTTMAN Herbert, *Pétain*, Paris, Le Seuil, 1984.

MUEL-DREYFUS Francine, *Vichy et l'éternel féminin*, Paris, Le Seuil, 1996.

■ペトルス・ダミアニ

BOSWELL John, *Christianisme, tolérance sociale et homosexualité*, Paris, Gallimard, 1985［ジョン・ボズウェル『キリスト教と同性愛――1～14世紀西欧のゲイ・ピープル』大越愛子，下田立行訳，国文社，1990］.

JORDAN Mark, *The Invention of Sodomy in Christian Theology*, Chicago, Univ. of Chicago Press, 1997.

LECLERQ Jean, *Saint Pierre Damien, ermite et homme de l'Église*, Rome, Edizioni di storia e letteratura, 1960.

TIERNEY Brian, *The Crisis of Church and State*, Toronto, Univ. of Toronto Press, 1988.

●ペトルス・ダミアニの著作

Liber Gomorrhianus, Patrologia, Series Latina [éd. Migne], Paris, Garnier Frères, 1844 ; trad. de Pierre J. PAYER, *Book of Gomorrah*, Waterloo, Wilfrid Laurier Univ. Press, 1982.

■法医学

ARON Jean-Paul, KEMPF Roger, *La Bourgeoisie, le sexe et l'honneur*, Bruxelles, Complexe, 1984.

BONELLO Christian, « Du médecin légiste à l'aliéniste. L'homosexualité sous le regard de la médecine au xixe s. », *in* TIN Louis-Georges (dir.), *Homosexualités : expression/répression*, Paris, Stock, 2000.

CARLIER François, *La Prostitution antiphysique*, Paris, Le Sycomore, 1981 (1re édition 1887).

CASPER (dir.), *Traité pratique de médecine légale*, Paris, Baillière, 1862.

CHEVALIER Julien, *L'Inversion sexuelle*, Paris, Stock, 1893.

COUTAGNE J.-P. Henry, « Notes sur la sodomie », in *Lyon médical*, Lyon, Henri Georg Libraire, 1880.

MARTINEAU Louis, *Leçons sur les déformations vulvaires et anales produites par la masturbation, le saphisme, la défloration et la sodomie*, Paris, Éd. A. Delahaye et E. Crosnier, 1884.

RITTI Antoine, « De l'attraction des sexes semblables », *Gazette hebdomadaire de médecine et de chirurgie*, 4 janvier 1878.

SCHWARTZ Léon, *Contribution à l'étude de l'inversion sexuelle*, thèse de médecine soutenue à Montpellier, 1896.

TARDIEU Ambroise, *Étude médico-légale sur les attentats aux mœurs*, Paris, Éd. Baillière, 1860.

■放蕩

ARON Jean-Paul, KEMPF Roger, *Le Pénis et la démoralisation de l'Occident*, Paris, Grasset, 1978, rééd. : Le Livre de Poche, 1999.

BOSWELL John, *Christianisme, tolérance sociale et homosexualité*, Paris, Gallimard, 1985［ジョン・ボズウェル『キリスト教と同性愛――1～14世紀西欧のゲイ・ピープル』大越愛子，下田立行訳，国文社，1990］.

COLIN Spencer, *Histoire de l'homosexualité de l'Antiquité à nos jours*, Paris, Le Pré aux Clercs, 1998.

COFFIGNON Ali, *La Corruption à Paris*, Paris, Librairie illustrée, 1888.

GODARD Didier, *L'Autre Faust. L'Homosexualité masculine pendant la Renaissance*, Montblanc, H & O Éditions, 2001.

GODARD Didier, *Le Goût de Monsieur, l'homosexualité masculine au xviie siècle*, Montblanc, H & O Éditions, 2002.

HAHN Pierre, *Nos Ancêtres les pervers. La vie des homosexuels sous le Second Empire*, Paris, O. Orban, 1979.

KIMMEL Michael, Messner Michael (dir.), *Men's lives*, Boston, Allyn & Bacon, 2001 (5e éd.).

LEVER Maurice, *Les Bûchers de sodome*, Paris, Fayard, 1985.

RAYNAUD Ernest, *La Police des mœurs*, Paris, Malfère, 1934.

SERVEZ Pierre, *Le Mal du siècle*, Givors, André Martel, 1955.

■暴力

Amnesty International, *Identité sexuelle et persécutions*, EFAI, 2001.

BERRILL Kevin, HEREK Gregory (dir.), *Hate Crimes : Confronting Violence Against Lesbians and Gay Men*, London, Sage, 1992.

BOURDIEU Pierre, *Méditations pascaliennes*, Paris, Le Seuil, 1997［ピエール・ブルデュー『パスカル的省察』加藤晴久訳，藤原書店，2009］.

CECCO John de (dir.), *Bashers, Baiters and Bigots : Homophobia in American Society*, Binghamton, Harrington Park Press, 1985.

COMSTOCK Gary David, *Violence against Lesbians and Gay Men*, New York, Columbia Univ. Press, 1991.

DELOR François, *Homosexualité, ordre symbolique, injure et discrimination : Impasses et destins des expériences érotiques minoritaires dans l'espace social et politique*, Bruxelles, Labor, 2003.

ÉRIBON Didier, « Ce que l'injure me dit. Quelques remarques sur le racisme et la discrimination », in *Papiers d'identité, Interventions sur la question gay*, Paris, Fayard, 2000.

HEREK Gregory, « Psychological Heterosexism and Anti-Gay Violence : The Social Psychology of Bigotry and Bashing », *in* BERRIL Kevin, HEREK Gregory (dir.), *Hate crimes : Confronting Violence against Lesbians and Gay Men*, Thousand Oaks, Sage Publications Inc., 1992.

KANTOR Martin, *Homophobia : Description, Development and Dynamics of Gay Bashing*, Westport, Praeger, 1998.

MASON Gail, TOMSEN Stephen (dir.), *Homophobic Violence*, Sydney, Hawkins Press, 1997.

SOS Homophobie, *Rapport 2002 sur l'Homophobie*.

■ホール

BAKER Michael, *Our Three Selves : A Life of Radclyffe Hall*, Lon-

Rapport 2001 sur l'homophobie, Paris, SOS Homophobie, 2001.

REY Michel, « Police et sodomie à Paris au xviiie siècle », *Revue d'histoire moderne et contemporaine*, Paris, 1982.

ROBINSON Christopher, *Scandal in the Ink, Male & Female Homosexuality in Twentieth Century French Literature*, London, Cassell, 1995.

SIBALIS Michael David, « The Regulation of Male Homosexuality in Revolutionary and Napoleonic France, 1789-1815 », *in* MERRICK Jeffrey, RAGAN Jr, BRYANT T. (dir.), *Homosexuality in Modern France*, Oxford, Oxford Univ. Press, 1996.

SOHN Anne-Marie, *Du premier baiser à l'alcôve, la sexualité des Français au quotidien (1850-1950)*, Paris, Aubier, 1996.

STEINBERG Sylvie, *La Confusion des sexes, Le travestissement de la Renaissance à la Révolution*, Paris, Fayard, 2001.

TAMAGNE Florence, *Histoire de l'homosexualité en Europe, Berlin, Londres, Paris, 1919-1939*, Paris, Le Seuil, 2000.

TARDIEU Ambroise, *Étude médico-légale sur les attentats aux mœurs*, Paris, J.-B. Baillière, 1857.

THERY Irène, *Couple, filiation et parenté aujourd'hui, le droit face aux mutations de la famille et de la vie privée*, Paris, Odile Jacob - La Documentation française, 1998.

THEVENOT Xavier, *Homosexualités masculines et morale chrétienne*, Paris, Le Cerf, 1992.

TIN Louis-Georges (dir.), *Homosexualités, expression/répression*, Paris, Stock, 2000.

TISSOT Dr S., *L'Onanisme : dissertation sur les maladies produites par la masturbation*, Lausanne, Chapuis, 1760.

◆訳注・補遺の参考文献：

PAOLI ITABORAHY, Lucas, *State-sponsored Homophobia*, ILGA, May 2012.

■プロテスタント

ABELOVE Henry, *The Evangelist of Desire : John Wesley and the Methodists*, Stanford, Stanford Univ. Press, 1990.

AUBIGNÉ Agrippa d', *Les Tragiques* [1616], Paris, Gallimard, 1995.

BEN BARKA Mokhtar, *Les Nouveaux Rédempteurs. Le Fondamentalisme américain aux États-Unis*, Paris, Les Éditions de l'Atelier et Labor & Fides, 1998.

BÈZE Théodore de, « Son affection pour Candide et Audebert » [1548], *in* CÉARD Jean, TIN Louis-Georges, *Anthologie de la poésie du xvie siècle*, Paris, Gallimard, 2003.

BULL Chris, GALLAGHER John, *Perfect Enemies, The Religious Right, the Gay Movement, and the Politics of the 1990'*, New York, Crown Publishers, 1996.

CECCO John de (dir.), *Bashers, Baiters and Bigots : Homophobia in American Society*, Binghamton, Harrington Park Press, 1985.

ESTIENNE Henri, *Apologie pour Hérodote* [1566], Paris, Liseux, 1879.

FELICE Théodore de, *Le Protestantisme et la question sexuelle*, Paris, Librairie Fischbacher, 1930.

FOUREST Caroline, *Foi contre choix, la droite religieuse et le mouvement « prolife » aux États-Unis*, Paris, Éd. Golias, 2001.

GIDE André, *Si le grain ne meurt*, Paris, Gallimard, 1926［アンドレ・ジッド「一粒の麦もし死なずば」根津憲三訳，『ジイド全集』第２巻，角川書店，1957］.

HERMAN Didi, *The Antigay Agenda*, Chicago-London, Univ. of Chicago Press, 1997.

LEROY-FORGEOT Flora, *Histoire juridique de l'homosexualité en Europe*, Paris, PUF, 1997.

LEROY-FORGEOT Flora, *Les Enfants du PACS*, Paris, L'Atelier de l'Archer, PUF, 1999.

LEROY-FORGEOT Flora, MÉCARY Caroline, *Le Couple homosexuel et le droit*, Paris, Odile Jacob, 2001.

PORTAL Georges, *Un protestant*, Paris, Denoël, 1936.

PERCEY William A., « Protestantism », *in* DYNES Wayne R., *Encyclopedia of Homosexuality*, New York, Garland Publishers, 1990.

PUFF Helmutt, *Sodomy in Reformation Germany and Switzerland, 1400-1600*, Chicago, Chicago Series on Sexuality and Society, 2003.

SCHOUTEN H. J., « La Soi-Disant Pédérastie du réformateur Jean Calvin », *Arcadie*, 1962, no 105.

■文学

BRISTOW Joseph, *Sexual Sameness : Textual Difference in Gay and Lesbian Writing*, London, Routledge, 1992.

DOLLIMORE Jonathan, *Sex, Literature and Censorship*, Cambridge, Polity Press, 2001.

JAY Karla, GLASGOW Joanne (dir.), *Lesbian Texts and Contexts : Radical Revisions*, New York, New York Univ. Press, 1990.

LARRIVIÈRE Michel, *Les Amours masculines, l'homosexualité dans la littérature*, Paris, Lieu commun, 1984.

MARKS Elain, STAMBOLIAN George, *Homosexualities and French Literature*, Ithaca-London, Cornell Univ. Press, 1979.

LAURENT Émile (Dr), *La Poésie décadente devant la science psychiatrique*, Paris, Maloine, 1897.

Les Marges, t. XXXV, no 141, mars 1926, rééd. par Patrick CARDON dans les *Cahiers GayKitschCamp*, no 19, Lille, 1993.

MCFARLANE Cameron, *The Sodomite in Fiction and Satire, 1660-1750*, New York, Colombia Univ. Press, 1997.

MUNT Dally (dir.), *New Lesbian Criticism : Literary and Cultural Reading*, London, Harvester, 1992.

ROBINSON Christopher, *Scandal in the Ink : Male and Female Homosexuality in Twentieth Century French Literature*, Cassel, London, 1995.

ROSARIO Vernon, « Inversion's histories / History's Inversions. Novelizing fin-de-siècle homosexuality », *in* ROSARIO Vernon (dir.), *Science and Homosexualities*, New York, London, Routledge, 1997.

SALDUCCI Pierre (dir.), *Écrire gai*, Québec, Stanké, 1999.

TIN Louis-Georges, « La Littérature homosexuelle en question », *in* TIN Louis-Georges (dir.), *Homosexualités : expression/répression*, Paris, Stock, 2000.

WOODS Gregory, *A History of Gay Literature, the Male Tradition*, New Haven - London, Yale Univ. Press, 1998.

■ブライアント

BRYANT Anita, *The Anita Bryant Story : The Survival of Our Nation's Families and the Threat of Militant Homosexuality*, Old Tappan (nj), Fleming H. Revell, 1977.

SHILTS Randy, *The Mayor of Castro Street*, New York, St Martin's Press, 1983［ランディ・シルツ『ゲイの市長と呼ばれた男――ハーヴェイ・ミルクとその時代』藤井留美訳，草思社，1995］.

■フランス

AGACINSKI Sylviane, *Politique des sexes*, Paris, Le Seuil, 1998［シルヴィアンヌ・アガサンスキー『性の政治学』丸岡高弘訳，産業図書，2008］.

AHLSTEDT Éva, *André Gide et le débat sur l'homosexualité ; de L'Immoraliste (1902) à Si le grain ne meurt (1926)*, Göteborg, Acta Universitatis Gothoburgensis, 1994.

ANATRELLA Tony, *La Différence interdite*, Paris, Flammarion, 1998.

BACHELOT Roselyne, *Le Pacs, entre haine et amour*, Paris, Plon, 2000.

BARD Christine, *Les Femmes dans la société française au xxe siècle*, Paris, Armand Colin, 2001.

BARD Christine (dir.), *Un siècle d'antiféminisme*, Paris, Fayard, 1999.

BLUCHE François, « Vice ultramontain (Relativité du) », in *Dictionnaire du Grand Siècle*, Paris, Fayard, 1990.

BONNET Marie-Jo, *Les Relations amoureuses entre les femmes du xvie au xxe siècle*, Paris, Odile Jacob, 1995.

BORRILLO Daniel, *L'Homophobie*, Paris, PUF, 2000.

BORRILLO Daniel, *Homosexualités et droit*, Paris, PUF, 1998.

BORRILLO Daniel, FASSIN Éric, IACUB Marcela (dir.), *Au-delà du PaCS, L'expertise familiale à l'épreuve de l'homosexualité*, Paris, PUF, 1999.

BOSWELL John, *Christianisme, tolérance sociale et homosexualité, Les homosexuels en Europe occidentale des débuts de l'ère chrétienne au xive siècle*, Paris, Gallimard, 1985［ジョン・ボズウェル『キリスト教と同性愛――1～14世紀西欧のゲイ・ピープル』大越愛子, 下田立行訳, 国文社, 1990］.

BOURDIEU Pierre, *La Domination masculine*, Paris, Le Seuil, 1998.

BOUTIN Christine, *Le « Mariage » des homosexuels ? CUCS, PIC, PaCS et autres projets législatifs*, Paris, Critérion, 1998.

CAMUS Renaud, *Journal d'un voyage en France*, Paris, Hachette-pol, 1981.

CARLIER François, *Études de pathologie sociale, Les deux prostitutions*, Paris, E. Dentu, 1887.

CHARCOT Jean-Martin et MAGNAN Victor, « Inversion du sens génital et autres perversions sexuelles », *Archives de neurologie*, 1882, nos 7 et 12.

CORBIN Alain, *Les Filles de noce, misère sexuelle et prostitution (xixe siècle)*, Paris, Aubier Montaigne, 1978［アラン・コルバン『娼婦』杉村和子監訳，藤原書店，1991］.

CORBIN Alain, « Amour et sexualité », *in* DUBY Georges, ARIES Philippe (dir.), *Histoire de la vie privée*, t. 4 : *De la Révolution à la Grande Guerre*, Paris, Le Seuil, 1988.

DEJEAN Joan, *Sapho. Les fictions du Désir : 1546-1937*, Paris, Hachette, 1994.

DELPHY Christine, « L'Humanitarisme républicain contre les mouvements homos », in *Politique : La revue*, 1997, no 5.

DUBOST Jean-François, *La France italienne, xvie-xviie s.*, Paris, Aubier, 1997.

ÉRIBON Didier, *Réflexions sur la question gay*, Paris, Fayard, 1999.

FASSIN Éric, « Homosexualité, mariage, famille », *Le Monde*, 5 novembre 1997.

FASSIN Éric, « Le Savant, l'expert et le politique. La famille des sociologues », *Genèses*, 1998, no 32, p. 156-169.

FASSIN Éric, « L' "intellectuel spécifique" et le PaCS : politique des savoirs », *Mouvements*, 2000, no 7.

FLANDRIN Jean-Louis, « Contraception, mariage et relations amoureuses dans l'Occident chrétien », *Annales* ESC, nov.-déc. 1972.

FOUREST Caroline, VENNER Fiammetta, *Les Anti-Pacs ou la dernière croisade homophobe*, Paris, *Pro Choix*, 1999.

FRAISSE Geneviève, *Muse de la Raison, La démocratie exclusive et la différence des sexes*, Paris, Alinéa, 1989.

GIRARD Jacques, *Le Mouvement homosexuel en France (1945-1980)*, Paris, Syros, 1981.

GRAILLE Patrick, *Les Hermaphrodites aux xviie et xviiie siècles*, Paris, Les Belles Lettres, 2001［パトリック・グライユ『両性具有――ヨーロッパ文化のなかの「あいまいな存在」の歴史』吉田春美訳，原書房，2003］.

HERNANDEZ Louis, *Les Procès de sodomie aux xvie, xviie, xviiie siècle*, Paris, Bibliothèque des curieux, 1920.

HERVE Frédéric, *La Censure du cinéma en France à la Libération*, Paris, ADHE, 2001.

LEROY-FORGEOT Flora, MECARY Caroline, *Le Pacs*, Paris, PUF, 2001.

LEVER Maurice, *Les Bûchers de Sodome, histoire des « infâmes »*, Paris, Fayard, 1985.

MARTEL Frédéric, *Le Rose et le noir, les homosexuels en France depuis 1968*, Paris, Le Seuil, 1996.

MARTEL Frédéric, « Les Risques supposés du communautarisme gay », *Le Figaro*, 24 janvier 2001.

MERRICK Jeffrey, RAGAN Jr, BRYANT T. (dir.), *Homosexuality in Modern France*, Oxford, Oxford Univ. Press, 1996.

MERRICK Jeffrey, SIBALIS Michaël (dir.), « Homosexuality in French History and Culture », *Journal of Homosexuality*, New York, Harrington Park Press, 2001, vol. 41, nos 3/4.

MEYNARD Philippe, *Le Prix de la différence*, Paris, Michel Lafon, 2000.

MOSSUZ-LAVAU Janine, *Les Lois de l'amour : les politiques de la sexualité en France (1950-1990)*, Paris, Payot, 1991.

MOUNIER Emmanuel, *Traité du caractère*, Paris, Le Seuil, 1946.

PELLEGRIN Nicole, « L'Androgyne au xvie siècle, pour une relecture des savoirs », *in* HAASE-DUBOSC Danielle, VIENNOT Éliane (dir.), *Femmes et pouvoirs sous l'Ancien Régime*, Paris, Rivages/Histoire, 1991.

POIRIER Guy, *L'Homosexualité dans l'imaginaire de la Renaissance*, Paris, Champion, 1996.

Heterosexual Feminism and Political Lesbianism, London, Onlywomen Press, 1981.

Pharr Suzanne, *Homophobia. A weapon of sexism*, Chardon Press, Inverness, 1988.

Picq Françoise, *Libération des femmes. Les années mouvement*, Paris, Le Seuil, 1993.

Pisier Évelyne, « Sexes et sexualités : bonnes et mauvaises différences », *Les Temps modernes*, 2000, no 609.

Rich Adrienne, « La Contrainte à l'hétérosexualité et l'existence lesbienne », *Nouvelles questions féministes*, 1981, no 1.

« Le Sexisme ordinaire », *Les Temps modernes*, 1973-1983 et Le Seuil, 1979.

« Texte des lesbiennes », Stage femmes d'Orsay, 1977.

Tort Michel, « Sur la différence psychanalytique des sexes », *Les Temps modernes*, 2000, no 609.

« Variations sur des thèmes communs », *Questions féministes*, 1977, no 1.

« Votre Libération sexuelle n'est pas la nôtre », *Tout !*, 1971, no 15.

Wittig Monique, *La Pensée straight*, Paris, Balland, 2000.

■ブキャナン

Adam Barry, Duyvendak Jan Willem, Krouwel André, *The Global Emergence of Gay and Lesbian Politics. National Imprints of a Worldwide Movement*, Philadelphia, Temple, 1999.

Miller Neil, *Out of the Past. Gay and Lesbian History from 1869 to the Present*, New York, Vintage, 1995.

■侮辱

Borrillo Daniel, Lascoumes Pierre (dir.), *L'Homophobie : comment la définir, comment la combattre*, Paris, Éd. Prochoix, 1999.

Borrillo Daniel, « L'Homophobie dans le discours des juristes », *in* Tin Louis-Georges, *Homosexualités : expression/répression*, Paris, Stock, 2000.

Borrillo Daniel, *L'Homophobie*, Paris, PUF, 2000.

Burn Shawn Meghan, « Heterosexuals' Use of "Fag" and "Queer" to Deride One Another : A Contribution to Heterosexism and Stigma », *Journal of Homosexuality*, vol. 40, no 2.

Delor François, *Homosexualité, ordre symbolique, injure et discrimination : Impasses et destins des expériences érotiques minoritaires dans l'espace social et politique*, Bruxelles, Labor, 2003.

Douglas Mary, *De la souillure*, Paris, La Découverte, 1992［メアリ・ダグラス『汚穢と禁忌』塚本利明訳，ちくま学芸文庫，2009］.

Éribon Didier, « Ce que l'injure me dit », in *L'homophobie : comment la définir, comment la combattre* ; texte reproduit *in* Didier Éribon, *Papiers d'identités. Interventions sur la question gay*, Paris, Fayard, 2000.

Éribon Didier, *Réflexions sur la question gay*, Paris, Fayard, 1999 (en particulier la 1re partie, « Un monde d'injures »).

Goffman Erving, *Stigmate, les usages sociaux des handicaps*, Paris, Minuit, 1975［アーヴィング・ゴッフマン『スティグマの社会学——烙印を押されたアイデンティティ』石黒毅訳，せりか書房，1970］.

■ブタン

Boutin Christine, *Le « Mariage » des homosexuels ? CUCS, PIC, PACS et autres projets législatifs*, Paris, Critérion, 1998.

Desfosse Bertrand, Dhellemmes Henri, Fraïsse Christèle, Raymond Adeline, *Pour en finir avec Christine Boutin*, Paris, H & O Éditions, 1999.

■仏教

The Buddhist Religion and Homosexuality, www.religioustolerance.org/hom_budd.htm.

Conner Randy, Hatfield David, Sparks Mariya, *Cassel's Encyclopedia of Queer Myth, Symbol and Spirit*, New York - London, Cassel, 1997.

Faure Bernard, *Sexualités bouddhiques : entre désirs et réalités*, Aix-en-Provence, Le Mail, 1994 ; *The Red Thread : Buddhist Approaches to Sexuality*, Princeton, Princeton Univ. Press, 1998 (version anglaise remaniée et augmentée).

Patrul Rinpoché, *Le Chemin de la grande perfection*, Saint-Léon-sur-Vézère, Éd. Padmakara, 1997.

Thompson Mark, *Gay Soul. Finding the Heart of Gay Spirit and Nature*, San Francisco, Harper, 1995.

■普遍主義／差異主義

Agacinski Sylviane, *Politique des sexes*, Paris, Le Seuil, 2001［シルヴィアンヌ・アガサンスキー『性の政治学』丸岡高弘訳，産業図書，2008］.

Delphy Christine, « L'Humanitarisme républicain contre les mouvements homos », in *Politique : La revue*, 1997, no 5.

D'Emilio John, *Sexual Politics, Sexual Communities. The Making of a Homosexual Minority in the United States, 1940-1970*, Chicago, Univ. of Chicago Press, 1983.

Eliacheff Caroline, Garapon Antoine, Heinich Nathalie, Heritier Françoise, Naouri Aldo, Veyne Paul, Wismann Heinz, « Ne laissons pas la critique du PaCS à la droite ! », *Le Monde*, 27 janvier 1999.

Fassin Éric, « L'Épouvantail américain : penser la discrimination française », *Vacarme*, 1997, 4/5.

Favret-Saada Jeanne, « La-Pensée-Levi-Strauss », *Journal des anthropologues*, no 82-83.

Fraisse Geneviève, *Muse de la raison*, Paris, Folio, 1995.

Legendre Pierre, « Nous assistons à une escalade de l'obscurantisme », *Le Monde*, 23 octobre 2001.

Mace-Scaron Joseph, *La Tentation communautaire*, Paris, Plon, 2001.

Pollak Michael, « L'Homosexualité masculine, ou : le bonheur dans le ghetto ? », *Communications*, no 35, 1982, rééd. *in* Aries Philippe, Bejin André (dir.), *Sexualités occidentales*, Paris, Le Seuil, 1984.

Thery Irène, « Différence des sexes et différence des générations », *Esprit*, décembre 1996.

■非処罰化

BORRILO Daniel, LASCOUMES Pierre (dir.), *L'Homo-phobie : comment la définir, comment la combattre*, Paris, Éd. Prochoix, 1999.

DANET Jean, « Le Statut de l'homosexualité dans la doctrine et la jurisprudence française », *in* BORRILLO Daniel (dir.) *Homosexualités et droit*, Paris, PUF, 1997.

LEROY-FORGEOT Flora, *Histoire juridique de l'homosexualité*, Paris, PUF, 1997.

MOSSUZ-LAVAU Janine, *Les Lois de l'amour (les politiques de la sexualité en France 1950-1990)*, Paris, Payot, 1991.

■ヒムラー

HIMMLER Heinrich, *Discours secrets*, Paris, Gallimard, 1978.

LE BITOUX Jean, *Les Oubliés de la mémoire*, Paris, Hachette, 2002.

■ヒルシュフェルト

HERZER Manfred, *Magnus Hirschfeld, Leben und Werk eines jüdischen, schwulen und sozialistischen Sexologen*, Frankfurt am Main / New York, Campus, 1992.

WOLFF Charlotte, *Magnus Hirschfeld : A Portrait of a Pioneer in Sexology*, London, Quartet, 1986.

■ヒンドゥー教

CONNER Randy, HATFIELD David, SPARKS Mariya, *Cassel's Encyclopedia of Queer myth, symbol and spirit*, New York - London, Cassel, 1997.

KIDWAI Saleem, VANITA Ruth, *Same Sex Love In India --- Readings From Literature And History*, Delhi, Macmillan India Ltd., 2002.

PATTANAIK Devdutt, « Homosexuality in Ancient India », *Debonair*, Annivesary Issue, 2001.

PATTANAIK Devdutt, *The Man Who Was A Woman and Other Queer Tales From Hindu Lore*, New York, Harrington Park Press, 2002.

■ファシズム

HAEBERLE Erwin J., « Swastika, Pink Triangle, and Yellow Star : The Destruction of Sexology and the Persecution of Homosexuals in Nazi Germany », *in* CHAUNCEY George, DUBERMAN Martin, VICINUS Martha (dir.), *Hidden from history : Reclaiming the Gay and Lesbian Past*, New York, Penguin, 1990.

HEWITT Andrew, *Political Inversions : Homosexuality, Fascism, and the Modernist Imaginery*, Stanford, Stanford Univ. Press, 1996.

LE BITOUX Jean, *Les Oubliés de la mémoire*, Paris, Hachette, 2002.

LEROY-FORGEOT Flora, *Histoire juridique de l'homosexualité en Europe*, Paris, PUF, 1999.

TAMAGNE Florence, *Histoire de l'homosexualité en Europe, Berlin, Londres, Paris, 1919-1939*, Paris, Le Seuil, 2000.

■フーヴァー

POWERS Richard, *Secrecy and Power : The Life of J. Edgar Hoover*, New York, The Free Press, 1987.

REEVES Thomas, *The Life and Time of Joe McCarthy*, New York, Stein & Day, 1982.

■フェミニズム

ANNE, « La Difficile frontière entre homosexualité et hétérosexualité », in *Les Femmes s'entêtent*, 1973.

CLEF (Centre lyonnais d'études féministes), *Chronique d'une passion. Le mouvement de libération des femmes à Lyon*, Paris, L'Harmattan, 1989.

DELPHY Christine, « L'Ennemi principal », *Partisans*, 1970, nos 54-55.

FAVRET-SAADA Jeanne, « La Pensée Lévi-Strauss », *Prochoix*, 2000, no 13.

« Les Femmes s'entêtent », *Les Temps modernes*, 1974, nos 333-334 (rééd. Gallimard, « Idées », 1975).

FOUREST Caroline, *Foi contre Choix, la droite religieuse et le mouvement « prolife » aux États-Unis*, Lyon, Golias, 2001.

FRANKLIN Sarah, STACEY Jackie, « Le Point de vue lesbien dans les études féministes », *Nouvelles questions féministes*, 1991, nos 16-17-18.

GUILLAUMIN Colette, *Sexe, Race et Pratique du pouvoir. L'idée de nature*, Paris, Côté-femmes, 1992.

HERITIER Françoise, *Masculin/féminin. La pensée de la différence*, Paris, Odile Jacob, 1996.

« Hétérosexualité et lesbianisme », *La Revue d'en face*, 1981, nos 9-10.

JACKSON Stevi, « Récents Débats sur l'hétérosexualité : une approche féministe matérialiste », *Nouvelles questions féministes*, 1996, vol. 17, no 3.

KANDEL Liliane, « Sur la différence des sexes, et celle des féminismes », *Les Temps modernes*, 2000, no 609.

LEGENDRE Pierre, « Nous assistons à une escalade de l'obscurantisme », *Le Monde*, 23 octobre 2001.

LESSELIER Claudie, « Les Regroupements de lesbiennes dans le mouvement féministe parisien : positions et problèmes 1970-1982 », *in* GEF, *Crises de la société, féminisme et changement*, Paris, Éd. Tierce, 1991 ; « Féminisme, lesbianisme, hétérosexualité », *Politique La Revue*, 1997, dossier « Homos en mouvements ».

« Libération des femmes année zéro », *Partisans*, 1970, nos 54-55.

MAC NAIR Rachel, *Prolife Feminism. Yesterday and Today*, Sulzburger & Graham, 1995.

MATHIEU Nicole-Claude, *L'Anatomie politique. Catégorisations et idéologies de sexe*, Paris, Côté-Femmes, 1991.

« Le movement des femmes a-t-il été une réponse pour les lesbiennes ? », *Rouge*, avril 1977.

Nouvelles questions féministes, 1981, no 1, « Éditorial » (Christine DELPHY) et « Documents : Quel féminisme ? ».

Nouvelles questions féministes, 1996, vol. 17, no 1, « France-Amérique : regards croisés sur le féminisme ».

Onlywomen Press (dir.), *Love Your Enemy : The Debate Between*

Rights Watch, 1998.
KREKIC Barisa, « Abominandum Crimen : Punishment of Homosexuals in Renaissance Dubrovnik », *Viator*, 1987, no 18.
WOLFF Larry, *Inventing Eastern Europe*, Standford, Standford Univ. Press, 1994.

▩反逆

BERUBE Allan, *Coming Out under Fire : Lesbian and Gay Americans and the Military during World War II*, New York, The Free Press, 1989.
BERUBE Allan, « Marching to a Different Drummer : Lesbian and Gay gis in World War II », *in* CHAUNCEY George, DUBERMAN Martin, VICINUS Martha (dir.), *Hidden from History, Reclaiming the Gay and Lesbian Past*, New York, New American Library, 1989.
CORBER Robert J., *Homosexuality in Cold War America. Resistance and the Crisis of Masculinity*, Durham-London, Duke Univ. Press, 1997.
DAVENPORT-HINES Richard, *Sex, Death and Punishment. Attitudes to Sex and Sexuality in Britain since the Renaissance*, London, Fontana Press, 1990.
GURY Christian, *L'Honneur perdu d'un capitaine homosexuel en 1880*, Paris, Kimé, 1999.
RACZYMOW Henri, *Maurice Sachs ou les travaux forcés de la frivolité*, Paris, Gallimard, 1988.
TAMAGNE Florence, *Histoire de l'homosexualité en Europe. Berlin, Londres, Paris. 1919-1939*, Paris, Le Seuil, 2000.
WHITE Edmund, *Jean Genet*, Paris, Gallimard, 1993.

▩犯罪者

Amnesty International, *Breaking the Silence, Human Rights Violations Based on Sexual Orientation*, London, 1997.
BUHRKE Robin A., *Matter of Justice : Lesbian and Gay Men in Law Enforcement*, New York - London, Routledge, 1996.
CARLIER François, *Études de pathologie sociale : Les deux prostitutions*, Paris, E. Dentu, 1887.
ÉRIBON Didier, *Une morale du minoritaire : Variations sur un thème de Jean Genet*, Paris, Fayard, 2001.
FERNET Max, « L'Homosexualité et son influence sur la délinquance », *Revue internationale de police criminelle*, 1959.
GUÉRIN Daniel, *Shakespeare et Gide en correctionnelle*, Paris, Édition du Scorpion, 1959.
GURY Christian, *L'Honneur perdu d'un politicien homosexuel en 1876*, Paris, Kimé, 1999.
GURY Christian, *L'Honneur perdu d'un capitaine homosexuel en 1880*, Paris, Kimé, 1999.
HAHN Pierre, *Nos Ancêtres les pervers*, Paris, Olivier Urban, 1979.
PENISTON William A., « Love and Death in Gay Paris, Homosexuality and Criminality in the 1870s », in MERRICK Jeffrey, RAGAN Jr., BRYANT T. (dir.), *Homosexuality in Modern France*, Oxford, Oxford Univ. Press, 1996.
REY Michel, « Police et sodomie à Paris au xviiie siècle », *Revue d'histoire moderne et contemporaine*, Paris, 1982.
RUSSO Vito, *The Celluloid Closet : Homosexuality in the Movies*, New York, Harper & Row, 1981.

▩判例

COMSTOCK Gary, « Developments – Sexual Orientation and the Law », *Harvard Law Review*, 1989, 1541-1554, no 102.
DANET Jean, « Le Statut de l'homosexualité dans la doctrine et la jurisprudence françaises », in *Homosexualités et droit*, BORRILLO Daniel (dir.), *Les Voies du droit*, Paris, PUF, 1999.
DANET Jean, « Discours juridique et perversions sexuelles (xixe et xxe s.) », *Famille et politique*, Centre de recherche politique, Université de Nantes, Faculté de droit et de sciences politiques, vol. 6, 1977.
DUBERMAN Martin, ROBSON Ruthann (dir.), *Gay Men, Lesbians and the Law (Issues in Gay and Lesbian Life)*, New York, Chelsea Publishing, 1996.
FORMOND Thomas, *Les Discriminations fondées sur l'orientation sexuelle en droit privé*, thèse pour le doctorat en droit privé, Université de Paris X - Nanterre, septembre 2002.
MAC DOUGALL Bruce, *Queer Judgement. Homosexuality Expression, and the Courts in Canada*, Toronto, Buffalo, London, Univ. of Toronto Press, 2000.
NEWTON David, *Gay and Lesbian Rights : a Reference Handbook (Contemporary World Issues)*, Santa Barbara, ABC-Clio, 1994.
PEDDICORD Richard, *Gay and Lesbian Rights : A Question : Sexual Ethics or Social Justice ?*, Kansas City, Sheed & Ward, 1996.
WATTS Tim, *Gay Couples and the Law : a Bibliography (Public Administrations Series P-2810)*, Monticello, Vance, 1990.

▩美術

GRAND-CARTERET John, *Derrière « Lui ». L'homosexualité en Allemagne*, suivi d'un texte de James STEAKLEY, *Iconographie d'un scandale, les caricatures politiques et l'affaire Eulenburg*, Lille, Cahiers GayKitschCamp, no 16, 1992.
GUNDERSHEIMER Werner, « Clarity and Ambiguity in Renaissance Gesture : the Case of Borso d'Este », in *The Journal of Medieval and Renaissance Studies*, 1993, vol. 23, no 1.
Iconographie de l'art chrétien, vol. 3, 1959.
MANCA Joseph, « Sacred vs. Profane : Images of Sexual Vice in Renaissance Art », in *Studies in Iconography*, 1989, vol. 13.
MEYER Richard, *Outlaw Representation. Censorship and Homosexuality in Twentieth-Century American Art*, Oxford, Oxford Univ. Press, 2002.
The San Francisco Lesbian and Gay History Project, *« She even Chewed Tobacco » : A Pictorial Narrative of Passing Women in America*, in CHAUNCEY George, DUBERMAN Martin, VICINUS Martha, *Hidden from History : Reclaiming the Gay and Lesbian Past*, New York, Meridian, 1989.
SASLOW James, *Ganymede in the Renaissance : Homosexuality in Art and Society*, New Haven, Yale Univ. Press, 1986.
TAMAGNE Florence, *Mauvais Genre ?*, Paris, La Martinière, 2001.

PONTALIS Jean-Baptiste (dir.), *Bisexualité et différence des sexes*, Paris, Gallimard, 1973.

TUCKLER Naomi (dir.), *Bisexual Politics : Theories, Queries, and Visions*, New York, Haworth Press, 1995.

■パウロ

BOYARIN Daniel, *A Radical Jew. Paul and the Politics of Identity*, Berkeley, Univ. of California Press, 1994.

HUBAUT Michel A., *Paul de Tarse*, Paris, Desclée, 1989.

MCNEILL John, *L'Église et l'homosexuel, un plaidoyer*, Genève, Labor & Fides, 1982.

Nouveau Testament, traduction œcuménique de la Bible, Paris, Le Cerf / Les Bergers et les Mages, 1983.

SAFFREY Henri-Dominique, *Histoire de l'apôtre Paul, ou Faire chrétien le monde*, Paris, Le Cerf, 1991.

THÉVENOT Xavier, *Homosexualités masculines et morale chrétienne*, Paris, Le Cerf, 1985.

■恥

BOURDIEU Pierre, *Méditations pascaliennes*, Paris, Le Seuil, 1997［ピエール・ブルデュー『パスカル的省察』加藤晴久訳，藤原書店，2009］.

DELOR François, *Homosexualité, ordre symbolique, injure et discrimination : Impasses et destins des expériences érotiques minoritaires dans l'espace social et politique*, Bruxelles, Labor, 2003.

DOUGLAS Mary, *De la souillure*, Paris, La Découverte, 1992［メアリ・ダグラス『汚穢と禁忌』, 塚本利明訳, 思潮社, 1995］.

ELIAS Norbert, *La Civilisation des mœurs*, Paris, Calmann-Lévy, 1973［ノルベルト・エリアス『文明化の過程』赤井慧爾，中村元保，吉田正勝訳，法政大学出版局，新装版，2004］.

ÉRIBON Didier, *Une morale du minoritaire. Variations sur un thème de Jean Genet*, Paris, Fayard, 2001.

GOFFMAN Erving, *Stigmates*, Paris, Minuit, 1963［アーヴィング・ゴッフマン『スティグマの社会学――烙印を押されたアイデンティティ』石黒毅訳, せりか書房, 改訂版, 2001］.

HOCQUENGHEM Guy, *Le Désir homosexuel* [1972], Paris, Fayard, 2000.

KATZ Jack, *How Emotions Work*, Chicago, Univ. of Chicago Press, 1999.

KAUFMAN Gershen, LEV Raphael, *Coming out of Shame : Transforming Gay and Lesbian Lives*, New York, Main Street Books, 1997.

KOSOFSKY SEDGWICK Eve, *Epistemology of the Closet*, Berkeley, Univ. of California Press, 1990［イヴ・コゾフスキー・セジウィック『クローゼットの認識論――セクシュアリティの 20 世紀』外岡尚美訳，青土社，1999］.

WARNER Michael, *The Trouble with Normal. Sex, Politics, and the Ethics of Queer Life*, Boston, Harvard Univ. Press, 2000.

■パゾリーニ

BETTI Laura (dir.), *Pasolini : cronaca giudiziaria, persecuzione, morte*, Milan, Garzanti, 1977.

BENEDETTI Carla, *Pasolini contro Calvino. Per una letteratura impura*, Turin, Bollati Boringhieri, 1998.

CASI Stefano (dir.), *Desiderio di Pasolini. Omosessualità, arte e impegno intellettuale*, Turin, Sonda, 1990.

CONTINI Gianfranco, *Testimonianza per Pier Paolo Pasolini*, in *Ultimi esercizi ed elzeviri (1968-1987)*, Torino, Einaudi, 1988.

FORTINI Franco, « Poesia e corruzione », in *Attraverso Pasolini*, Turin, Einaudi, 1993.

NALDINI Nico (dir.), *Lettere 1940-1954*, avec une chronologie de la vie et des œuvres, Turin, Einaudi, 1986.

NALDINI Nico (dir.), *Lettere 1955-1975*, Turin, Einaudi, 1988.

SCHWARTZ Barth David, *Pasolini Requiem*, New York, Pantheon Books, 1992.

SITI Walter, *Tracce scritte di un'opera vivente, in* LAUDE Silvia de, SITI Walter (dir.), *Pier Paolo Pasolini, Romanzi e racconti*, vol. I, Milan, Mondadori, 1998.

■パックス

BORRILLO Daniel, FASSIN Éric, IACUB Marcela (dir.), *Au-delà du pacs. L'expertise familiale à l'épreuve de l'homosexualité*, Paris, PUF, 1999.

BOUTIN Christine, *Le « Mariage » des homosexuels ? CUCS, PIC, PACS et autres projets législatifs*, Paris, Critérion, 1998.

BRUNNQUELL Frédéric, *Associations familiales, combien de divisions ?*, Paris, Éd. Dagorno, 1994.

CAMUS Jean-Yves, MONZAT René, *Les Droites nationales et radicales en France*, Lyon, Presses Universitaires de Lyon, 1992.

FOUREST Caroline, « Ces Symboles qui tiennent le PaCS à distance de l'égalité », *ProChoix*, 1998, no 7.

FOUREST Caroline, « Quand les manifestations anti-Pacs singent la gay pride », *ProChoix*, 1998, no 8.

FOUREST Caroline, VENNER Fiammetta, *Les Anti-PaCS*, Paris, Éd. Prochoix, 1999.

MONROE Laurence, « Des familles se fâchent contre le PaCS », *La Croix*, 3 octobre 1999.

◆訳注・補遺の参考文献：

PAOLI ITABORAHY, Lucas, *State-sponsored Homophobia*, ILGA, May 2012.

■バルカン半島

ADAM Barry D., DUYVENDAK Jan Willem, KROUWEL André (dir.), *The Global Emergence of Gay and Lesbian Politics : National Imprints of a Worldwide Movement*, Philadelphia, Temple Univ. Press, 1999.

ANEST Marie-Christine, *Zoophilie, homosexualité, rite de passage et initiation masculine dans la Grèce contemporaine*, Paris, L'Harmattan, 1994.

DAVIDOVICH Boris, *Serbian Diaries*, London, The Gay Man's Press, 1996.

YANNAKOPOULOS Kostas, « Amis ou amants ? Amours entre hommes et identités sexuelles au Pirée et à Athènes », *Terrain*, 1996, no 27.

DURANDIN Catherine, *Roumanie, un piège ?*, Saint-Claude-de-Diray, Éd. Hesse, 2000.

Human Rights Watch and the International Gay and Lesbian Human Rights Commission, *Public scandals : sexual orientation and criminal law in Romania*, New York, Human

1999, vol. 9, no 2/3.

JACKSON Peter, SULLIVAN Gerard (dir.), « A Panoply of Roles : Sexual and Gender Diversity in Contemporary Thailand », *in* JACKSON Peter, SULLIVAN Gerard (dir.), *Lady Boys, Tom Boys, Rent Boys : Male and Female Homosexualities in Contemporary Thailand, Journal of Gay and Lesbian Social Service*, 1999, vol. 9, no 2/3.

MURRAY Alison, « Let Them Take Ecstasy : Class and Jakarta lesbians », *Journal of Homosexuality*, 2001, vol. 40, no 3/4.

SINNOTT Megan, « Masculinity and Tom Identity in Thailand », *Journal of Homosexuality*, 2001, vol. 40, no 3/4.

STORER Graeme, « Rehearsing Gender and Sexuality in Modern Thailand : Masculinity and Male-Male Sex Behaviours », *Journal of Homosexuality*, 2001, vol. 40, no 3/4.

OETOMO Dede, « Gay Men in the Reformasi Era --- Homophobic Violence Could be a By-Product of the New Openness », www.insideindonesia.org/edit66/dede1.htm, accessed 16 August 2002.

TAN L. Michael, « Survival through Pluralism : Emerging Gay Communities in the Philippines », *Journal of Homosexuality*, 2001, vol. 40, no 3/4.

WAH-SHAN Chou, *Tongzhi. Politics of Same-Sex Eroticism in Chinese Societies*, Binghamton, Harrington Park Press, 2000.

◆訳注・補遺の参考文献：

PAOLI ITABORAHY, Lucas, *State-sponsored Homophobia*, ILGA, May 2012.

▒トランス嫌悪

BOURCIER Marie-Hélène, *Queer Zones. Politiques des identités sexuelles, des représentations et des savoirs*, Paris, Balland, 2001.

CAULDWELL David, « Psychopathia Transexualis », *Sexology*, 16, 1949.

CHILAND Colette, « Les Impasses du traitement du transsexualisme », *Perspectives Psy*, 1997, vol. 36, no 4.

BOURDIEU Pierre, *La Domination masculine*, Paris, Le Seuil, 1998.

CZERMAK Marcel, FRIGNET Henry, *Sur l'identité sexuelle. À propos du transsexualisme*, 2 vol., Paris, Éditions de l'Association freudienne internationale, 1996.

DUAL Sandra, *Rencontre du troisième sexe*, Toulon, Éd. Gérard Blanc, 1999.

GRAILLE Patrick, *Les Hermaphrodites aux xviie et xviiie siècles*, Paris, Les Belles Lettres, 2001［パトリック・グライユ『両性具有――ヨーロッパ文化のなかの「あいまいな存在」の歴史』吉田春美訳，原書房，2003］.

KRAFFT-EBING Richard von, *Psychopathia sexualis*, Paris, G. Carré, 1895［クラフト＝エビング『性的精神病質』，邦訳『変態性欲心理学』平野威馬雄訳，河出書房，1956］.

OPPENHEIMER Agnès, « La Psychanalyse à l'épreuve du transsexualisme », *Perspectives Psy*, 1997, vol. 36, no 4.

PIRANI Denise, *Quand les lumières de la ville s'éteignent : minorités et clandestinité à Paris. Le cas des travestis*, thèse de doctorat en anthropologie sociale, 1997.

Prochoix, *Transsexuel(les) : le 3e genre ?*, 2002, no 23.

STEINBERG Sylvie, *La Confusion des sexes, le travestissement de la Renaissance à la Révolution*, Paris, Fayard, 2001.

Le Transsexualisme en Europe, Strasbourg, Éditions du Conseil de l'Europe, 2000.

◆訳注・補遺の参考文献：

PAOLI ITABORAHY, Lucas, *State-sponsored Homophobia*, ILGA, May 2012.

▒内分泌学

BORELL Merriley, « Organotherapy and Reproductive Endocrinology », *Journal of History of Biology*, Dordrecht, Reidel Publishing Company, 1985, vol. 18, no 1.

OUDSHOORN Nelly, « Endocrinologists and the Conceptualization of Sex, 1920-1940 », *Journal of History of Biology*, 1990, vol. 23, no 2.

OUDSHOORN Nelly, « The Making of Sex Hormones », *Social Studies of Science*, London, Sage, 1990, vol. 20, no 1.

▒日本

IHARA Saikaku, *The Great Mirror of Male Love*, traduction et commentaires de SCHALOW Paul, Stanford, Stanford Univ. Press, 1990.

LEUPP Gary P., *Male Colors : The Construction of Homosexuality in Tokugawa Japan*, Berkeley, Univ. of California Press, 1995.

MCLELLAND Mark, *Male Homosexuality in Modern Japon, Cultural Myths and Social Realities*, Richmond, Curzon Press, 2000.

PFLUGFELDER Gregory, « Strange Fates : Sex, Gender, and Sexuality », in *Torikaebaya Monogatari*, in *Monumenta Nipponica*, no 47, 1992.

SUVILAY Bounthavy, « Le Héros était une femme : le travestissement dans le manga », *ProChoix*, 2002, no 23.

WATANABE Tsuneo, « Une hypothèse sur l'attitude anti-homosexuelle spécifique aux sociétés modernes », *Research Report of Kochi University*, vol. 30, 9-12, 1981, et vol. 31, 63-68, 1982.

WATANABE Tsuneo, IWATA Junichi, *La Voie des éphèbes, histoire et histoires des homosexualités au Japon*, Paris, Trismégiste, 1987.

▒バイセクシュアル嫌悪

BUTLER Judith, *Gender Trouble. Feminism and the Subversion of Identity*, New York, Routledge, 1990［ジュディス・バトラー『ジェンダートラブル――フェミニズムとアイデンティティの攪乱』竹村和子訳，青土社，1999］.

DESCHAMPS Catherine, *Le Miroir bisexuel. Socio-anthropologie de l'invisible*, Paris, Éd. Balland, 2002.

DESCHAMPS Catherine, MENDES-LEITE Rommel, PROTH Bruno, *Bisexualité : le dernier tabou*, Paris, Calmann-Lévy, 1996.

HALL Donald E., PRAMAGGIORE Maria (dir.), *RePresenting Bisexuality. Subjects and Cultures of Fluid Desire*, New York - London, New York Univ. Press, 1996.

◆訳注・補遺の参考文献：

Paoli Itaborahy, Lucas, *State-sponsored Homophobia*, ILGA, May 2012.

■倒錯

Charcot Jean-Martin, Magnan Valentin, *Inversion du sens génital et autres perversions sexuelles* [1883], Paris, Frénésie Éditions, 1987.

Danet Jean, « Discours juridique et perversions sexuelles (xixe et xxe s.) », *Famille et politique*, Centre de recherche politique, Université de Nantes, Faculté de droit et de sciences politiques, vol. 6, 1977.

Krafft-Ebing Richard von, *Psychopathia Sexualis. Étude médico-légale à l'usage des médecins et des juristes*, Paris, Payot, 1950［クラフト＝エビング『性的精神病質』，邦訳『変態性欲心理学』平野威馬雄訳，河出書房，1956］.

Lanteri-Laura Georges, *Lectures des perversions : histoire de leur appropriation médicale*, Paris, Masson, 1979.

■同性愛者の子育て

Anatrella Tony, « À propos d'une folie », *Le Monde*, 26 juin 1999.

APGL, *Petit Guide bibliographique à l'usage des familles homoparentales et des autres*, Paris 1997.

Borrillo Daniel, Fassin Éric, Iacub Marcela (dir.), *Au delà du PaCS*, Paris, PUF, 1999.

Daubigny Corinne, « Le Couple homosexuel et la tentation de l'adoption », entretien, *La Croix*, 13 juin 2001.

Coursaud Jean-Baptiste, *L'Homosexualité entre préjugés et réalités*, Toulouse, Les essentiels Milan, 2002.

Gross Martine (dir.), *Homoparentalités, État des lieux*, Paris, ESF Éditeur, 2000.

Héritier Françoise, « Privilège de la féminité et domination masculine », *Esprit*, mars-avril 2001.

Korff Sausse Simone, « PaCS et Clones, la logique du même », *Libération*, 7 juillet 1999.

Leroy-Forgeot Flora, *Les Enfants du PACS, réalités de l'homoparentalité*, Paris, L'Atelier de l'Archer, 1999.

Minot Leslie, *Conceiving Parenthood – Parenting and the rights of Lesbian, Gay, Bisexual and transgender People and their children, A report of the International Gay and Lesbian Rights Commission*, Scott long, 2000.

Nadaud Stéphane, *L'Homoparentalité, une chance pour la famille ?*, Paris, Fayard, 2002.

Patterson Charlotte, « Children of Lesbian and Gay Parents : Summary of Research Findings », *in* American Psychological Association, *Lesbian and Gay Parents : A Ressource for Psychologists*, 1995 ; trad. franç. APGL, Paris, 1996.

Rihal Hervé, « L'intérêt de l'enfant et la jurisprudence du Conseil d'État concernant les agréments en matière d'adoption », *RD sanit. Soc.*, 1997, 33 (3).

Sibony Daniel, « PaCS : cette homo-famille qui gêne », *Libération*, 30 octobre 1998.

Théry Irène, « Différence des sexes et différence des générations », *Esprit*, décembre 1996.

Winter Jean-Pierre, « Gare aux enfants symboliquement modifiés », *Le Monde des débats*, mars 2000.

■同性婚

Andenaes Mads, Wintemute Robert (dir.), *Legal Recognition of Same-Sex Partnerships. A Study of National, European and International Law*, Oxford-Portland, Hart, 2001.

Baird Robert M., Rosenblaum Stuart E. (dir.), *Same-Sex Marriage : The Moral and Legal Debate*, New York, Prometheus Books, 1997.

Borrillo Daniel, Fassin Éric, Iacub Marcela (dir.), *Au-delà du PaCS. L'expertise familiale à l'épreuve de l'homosexualité*, Paris, PUF, 1999.

Borrillo Daniel, Lascoumes Pierre, *Amours égales ? Le pacs, les homosexuels et la gauche*, Paris, La Découverte, 2002.

Fassin Éric, « Same Sex, Different Politics : "Gay Marriage" Debates in France and the United States », *Public Culture*, 2001, vol. 13, no 2.

Fassin Éric, « L'Inversion de la question homosexuelle », *Revue française de psychanalyse*, 1, 2003.

Fassin Éric, « Usages de la science et science des usages. À propos des familles homoparentales », *L'Homme*, numéro spécial « Question de parenté », 2000, 154-155.

Foucault Michel, « De l'amitié comme mode de vie » [1981], *Dits et écrits. 1954-1988*, t. IV, Paris, Gallimard, 1994, texte 293［ミシェル・フーコー「生の様式としての友愛について」増田一夫訳,「ミシェル・フーコー思考集成」第8巻『政治／友愛──1979-81』筑摩書房，2001，所収］.

Gleizes Henri, « L'État de droit et les mœurs, à quand le mariage des homosexuels ? », in *Permanences*, revue mensuelle de formation civique et d'action naturelle selon le droit naturel et chrétien, 1997, no 340.

Leroy-Forgeot Flora, Mecary Caroline, *Le Pacs*, Paris, PUF, 2000.

Leroy-Forgeot Flora, Mecary Caroline, *Le Couple homosexuel et le droit*, Paris, Odile Jacob, 2001.

Sullivan Andrew, *Same-Sex Marriage : Pro and Con*, New York, Vintage, 1997.

Warner Michael, *The Trouble with Normal. Sex, Politics, and the Ethics of Queer Life*, Cambridge, Harvard Univ. Press, 1999.

◆訳注・補遺の参考文献：

Paoli Itaborahy, Lucas, *State-sponsored Homophobia*, ILGA, May 2012.

■東南アジア

Baba Ismail, « Gay and Lesbian Couples in Malaysia », *Journal of Homosexuality*, 2001, vol. 40, no 3/4.

Donaldson Stephen, Dynes Wayne, *Asian Homosexuality*, New York, Garland, 1992.

Jackson Peter A., « Pre-Gay, Post-Queer : Thai Perspectives on Proliferating Gender/Sex Diversity in Asia », *Journal of Homosexuality*, 2001, vol. 40, no 3/4.

Jackson Peter, Sullivan Gerard (dir.), *Lady Boys, Tom Boys, Rent Boys : Male and Female Homosexualities in Contemporary Thailand*, *Journal of Gay and Lesbian Social Service*, *sexual Offenses and Prostitution*, London, H. M. Stationary Office, 1957, CMD 247.

■テオドシウス一世

CANTARELLA Eva, *Selon la nature, l'usage et la loi, la bisexualité dans le monde antique*, Paris, La Découverte, 1991.

CAMERON Alan, *Porphyrius the Charioteer*, Oxford, 1973.

FRIELL Stephen, GERARD Williams, *Theodosius. The Empire at Bay*, London, 1994.

■哲学

ARISTOTE, *Éthique à Nicomaque* (VII, 6), Paris, Vrin, 1986.

SAINT AUGUSTIN, *Confessions* (notamment III, 8, 15), Paris, Le Seuil, 1982.

BENTHAM Jérémie, *Essai sur la pédérastie*, Lyon, Presses Universitaires de Lyon, 1982.

BROWN Peter, *Saint Augustin*, Paris, Le Seuil, 1986.

BRUNSCHWIG Jacques, LLOYD Geoffroy (dir.), *Le Savoir grec*, Paris, Flammarion, 1996.

DIDEROT Denis, *Le Rêve de d'Alembert*, Paris, Bordas, 1990［ディドロ『ダランベールの夢』新村猛訳，岩波文庫，1958］.

HEGEL, *Encyclopédie des sciences philosophiques* (notamment livre III « Philosophie de l'esprit », § 398 et 412), Paris, Vrin, 1988.

HUME David, *Traité de la nature humaine* (notamment III, II, I), Paris, Garnier-Flammarion, 1995.

KANT Emmanuel, *Doctrine du droit* (III, 1, § 24), Paris, Vrin, 1985.

LEVINAS Emmanuel, *Totalité et infinie*, Paris, Martinus Nijhoff, 1971 (notamment p. 166 et s.)［レヴィナス『全体性と無限』熊野純彦訳，岩波文庫，2005-6］.

PLATON, *Phèdre*, *Banquet*, *Lois*, Paris, Gallimard, « Pléiade », 1988 (notamment 838 *c* et s.).

ROUSSEAU Jean-Jacques, *Confessions* (livre II) ; *Émile ou de l'éducation* (livres III à V) ; *Lettre à d'Alembert*, Paris, Gallimard, « Pléiade », 1964.

SADE Donatien Alphonse François de, *Français, encore un effort si vous voulez être républicains*, Paris, Presses de la Renaissance, 1972.

THOMAS D'AQUIN, *Somme théologique* (notamment I . II, q. 94, II . II, q. 142 et q. 154), Paris, Le Cerf, 1999.

■デュラス

ADLER Laure, *Marguerite Duras*, Paris, Gallimard, 1998.

ÉRIBON Didier, *Papiers d'identité*, Paris, Fayard, 2000.

●マルグリット・デュラスの著作

DURAS Marguerite, *La Maladie de la mort*, Paris, Minuit, 1982［マルグリット・デュラス『死の病い・アガタ』小林康夫，吉田加南子訳，朝日出版社，1984］.

DURAS Marguerite, *Les Yeux bleus cheveux noirs*, Paris, Minuit, 1986［マルグリット・デュラス『青い眼、黒い髪』田中倫郎訳，河出書房新社，1987］.

DURAS Marguerite, *La Vie matérielle*, Paris, POL, 1987［マルグリット・デュラス『愛と死、そして生活』田中倫郎訳，河出書房新社，1987］.

DURAS Marguerite, *Yann Andréa Steiner*, Paris, POL, 1992［マルグリット・デュラス『ヤン・アンドレア・シュタイナー』田中倫郎訳，河出書房新社，1992］.

■伝染

BAYER Ronald, *Homosexuality and American Psychiatry : The Politics of Diagnosis*, Princeton, Princeton Univ. Press, 1987.

FOUCAULT, *Les Anormaux, Cours au Collège de France*, Paris, Gallimard - Le Seuil, 1999［ミシェル・フーコー『異常者たち――コレージュ・ド・フランス講義 1974-1975 年度』，「ミシェル・フーコー講義集成」第 5 巻，慎改康之訳，筑摩書房，2002］.

GRAU Günther, *Hidden Holocaust, Gay and Lesbian Persecution in Germany, 1933-1945*, London, Cassell, 1995.

HERMAN Didi, *The Antigay Agenda*, Chicago-London, Univ. of Chicago Press, 1997.

HIMMLER Heinrich, *Discours secrets*, Paris, Gallimard, 1978.

KRINSKY Charles, « Recruitment Myth », *in* HAGGERTY Georges E., *Gay Histories and Cultures*, New York - London, Garland, 2000.

■ドイツ

Anonyme, « A Lesbian Execution in Germany, 1721 : the Trial Records », *in* LICATA Salvatore J., PETERSEN Robert P. (dir.), *Historical Perspectives on Homosexuality*, New York, The Haworth Press, 1981.

Anonyme, *Homosexuelle Frauen und Männer in Berlin 1850-1950*, Berlin, Hentrich, 1992.

BOCHOW Michael, « Attitudes et appréciations envers les hommes homosexuels en Allemagne de l'Ouest et en Allemagne de l'Est », trad. Pierre Dutey, http://www.europrofem.org/02.info/22contri/2.07.fr/livr_dwl/peur/dwlpeur7.htm.

BURKHARD Jellonnek, *Homosexuelle unter dem Hakenkreuz*, Paderborn, F. Schöningh, 1990.

GRAU Günther, *Hidden Holocaust, Gay and Lesbian Persecution in Germany, 1933-1945*, London, Cassell, 1995.

HERZER Manfred (dir.), *Goodbye to Berlin ? 100 Jahre Schwulenbewegung*［展覧会のカタログ］, Berlin, Verlag Rosa Winkel, 1997.

LAUTMANN Rüdiger, Taeger Angela (dir), *Männerliebe im alten Deutschland. Sozialgeschichtliche Abhandlungen*, Berlin, Verlag Rosa Winkel, 1992.

LEROY-FORGEOT Flora, *Histoire juridique de l'homosexualité en Europe*, Paris, PUF, 1999.

PLANT Richard, *The Pink Triangle : The Nazi War Against Homosexuality*, New York, New Republic Books / Henry Holt & Co., 1986.

SCHOPPMANN Claudia, *Nationalsozialistische Sexualpolitik und weibliche Homosexualität*, Berlin, Centaurus, 1991.

STEAKLEY James D., *The Homosexual Emancipation Movement in Germany*, New York, Arno Press, 1975.

TAMAGNE Florence, *Histoire de l'homosexualité en Europe. Berlin, Londres, Paris. 1919-1939*, Paris, Le Seuil, 2000.

du persan et présentées par Vincent-Mansour Monteil, Arles, Actes Sud, Sinbad/Unesco, 1998.

TAPINC Huseyin, « Masculinity, Feminity, and Turkish Male Homosexuality », *in* PLUMMER Ken (dir.), *Modern Homosexualities : Fragments of Lesbian and Gay Experiences*, London - New York, Routledge, 1992.

WEISHUT Daniel, « Attitudes Towards Homosexuality : an Overview », *Israel Journal of Psychiatry and Related Sciences*, 37 (4), 2000.

WEISHUT Daniel, « Attitudes Toward Homosexuality : a Study on Israeli Students », *Israel Journal of Psychiatry and Related Sciences*, à paraître.

YUZGUN Arslan, « Homosexuality and Police Terror in Turkey », *Journal of Homosexuality*, 1993, vol. 24, 3/4.

◆訳注・補遺の参考文献：

PAOLI ITABORAHY, Lucas, *State-sponsored Homophobia*, ILGA, May 2012.

■中国

DOMENACH Jean-Luc, *Chine : l'archipel oublié*, Paris, Fayard, 1992.

INSCH Bret, *Passions of the Cut Sleeve ; the Male Homosexual Tradition in China*, Berkeley - Los Angeles - Cambridge, Univ. of California Press, 1990.

CHOU Wah-shan, *Tongzhi : Politics of Same-Sex Eroticism in Chinese Societies*, Binghamton, Harrington Park Press, 2000.

DIKÖTER Frank, *Sex, Culture and Modernity in China ; Medical Science and the Construction of Sexual Identities in The Early Republican Period*, London, Hurst & Company, 1995.

LONG Laurent, « "Manches coupées" et "repas en tête-à-tête" », *La Revue H*, 1997, no 4.

MATIGNON Jean-Jacques, « Deux Mots sur la pédérastie », in *La Chine hermétique ; superstition, crime et misère*, Paris, Paul Geuthner, 1936.

NG VIVIEN W., « Homosexuality and the State in Late Imperial China », *in* CHAUNCEY George, DUBERMAN Martin, VICINUS Martha (dir.), *Hidden from History : Reclaiming the Gay and Lesbian Past*, New York, Penguin, 1990.

PASQUALINI Jean, *Prisonnier de Mao, sept ans de camp de travail en Chine*, Paris, Gallimard, 1975.

SOMMER Matthew H., « Qing Sodomy Legislation », in *Sex, Law and Society in Late Imperial China*, Stanford, Stanford Univ. Press, 2000.

WU Chunsheng, « La Vie gaie et lesbienne en Chine », in *La Revue h*, 1997, no 4.

ZHOU Huashan, *Histoires de « Camarades » ; les homosexuels en Chine*, Paris, Paris-Méditerranée, 1997.

◆訳注・補遺の参考文献：

PAOLI ITABORAHY, Lucas, *State-sponsored Homophobia*, ILGA, May 2012.

■チューリング

HODGES Andrew, *Alan Turing : The Enigma*, New York, Simon & Schuster, 1983.

■寵臣

BOUCHER Jacqueline, *La Cour de Henri III*, Rennes, Ouest-France, 1986.

LE ROUX Nicolas, *La Faveur du roi. Mignons et courtisans au temps des derniers Valois (vers 1547 - vers 1589)*, Seyssel, Champs Vallon, 2001.

■朝鮮

HERDT Gilbert, *Same Sex Different Cultures : Exploring Gay and Lesbian Lives*, Boulder, Westview Press, 1997［ギルバート・ハート『同性愛のカルチャー研究』黒柳俊恭，塩野美奈訳，現代書館，2002］.

MURRAY Stephen, *Homosexualities*, Chicago, Univ. of Chicago Press, 2000.

DONG-SAE Han, « Sexual Perversions in Korea », *Journal of Korean Neuropsychiatry*, 9 (1), 1970.

CHUNG In-Ji, KIM Jong-Seo, HWANG Bo-In, *Sejong Shilrok* [*Histoire du roi Sejong, de 1418 à 1450*].

YI Huso, « Homosexuality in South Korea », in FRANCŒUR Robert T., NOONAN Raymond J. (dir.), *The International Encyclopedia of Sexuality*, vol. 4, New York, Continuum, 2001.

YI Huso, *Coming out : 300 Q&A about Gay and Lesbian People* [trad. de l'ouvrage d'E. MARCUS *Is it a Choice ? Avec 300 Questions & Réponses concernant les homosexuels en Corée*], Séoul, Park Young - Yul Publisher, 2000.

◆訳注・補遺の参考文献：

GAYSTARNEWS, www.gaystarnews.com/article/south-korea-celebrates-gay-pride310512

PAOLI ITABORAHY, Lucas, *State-sponsored Homophobia*, ILGA, May 2012.

■治療

CAMERON Paul, *What Causes Homosexual Desire and Can It Be Changed ?*, Washington, Family Research Institute, 1992.

KATZ Jonathan (dir.), *Gay American History. Lesbians and Gay Men in the USA*, New York, Crowell Company, 1976.

KRISTOF Nicholas D., « China Using Electrodes to "cure" Homosexuals », *New York Times*, January 29, 1990.

ROSARIO Vernon (dir.), *Science and Homosexualities*, New York - London, Routledge, 1997.

■デヴリン

DEVLIN Patrick, *The Enforcement of Morals*, Oxford, Oxford Univ. Press, 1965.

HART H. L. A., *Law, Liberty and Morality*, Oxford, Oxford Univ. Press, « The Harry Camp Lectures », 1963.

LEROY-FORGEOT Flora, *Histoire juridique de l'homosexualité en Europe*, Paris, PUF, 1997.

LEROY-FORGEOT Flora, « Expression, répression et démocratie : le débat Hart-Devlin et la dépénalisation de l'homosexualité en Angleterre », *in* TIN Louis-Georges (dir.), *Homosexualités, expression/répression*, Paris, Stock, 2000.

WOLFENDEN, sir John *et al.*, *Report of the Commitee on Homo-*

司，平井啓之訳，新潮文庫，1971］.

▒脱ゲイ運動

CAMERON Paul, *What Causes Homosexual Desire and Can It Be Changed ?*, Washington, Family Research Institute, 1992.

http://www.hrc.org/publications/exgay_ministries/ FinallyFREE.pdf.

http://www.hrc.org.

http://www.truluck.com/html/sexual_orientation_and_the__ex.html.

MURPHY Timothy, « Redirecting Sexual Orientation Techniques and Justifications », *The Journal of Sex Research*, 1992, vol. 29 (4).

PENNINGTON Sylvia, *Ex-Gays ? There Are None*, Hawthorne, Lambda Christina Fellowship, 1989.

SÉBASTIEN, *Ne deviens pas gay, tu finiras triste*, Paris, Éd. François-Xavier de Guibert, 1998.

▒ダンス

ASHLEY Christopher, RUDNICK Paul, *Jeffrey, Sex or not Sex ?*, Orion Classics, 1995［クリストファー・アシュリー監督『ジェフリー！』1995 製作］.

DALDRY Stephen, *Billy Elliot*, Universal Pictures, 2000［スティーヴン・ダルドリー監督『リトル・ダンサー』2000 製作］.

DESMOND Jane (dir.), *Dancing Desires : Choreographing Sexualities on and off the Stage*, Madison, Univ. of Wisconsin Press, 2001.

FÉDOROVSKI Vladimir, *Histoire secrète des ballets russes : de Diaghilev à Picasso, de Cocteau à Stravinski et Noureev*, Monaco, Le Rocher, 2002.

GAUTIER Théophile, *Écrits sur la danse*, Arles, Actes Sud, 1995.

FRANCE Anatole, *Thaïs*, Lausanne, Éditions du Livre Monte-Carlo, 1948［アナトール・フランス『舞姫タイス』水野成夫訳，白水社，2003］.

KRISTEVA Julia, *Le Génie féminin III, Colette*, Paris, Fayard, 2002.

MCNAIR Brian, *Striptease Culture*, New York, Routledge, 2002.

OZ Frank, RUDNICK Paul, *In & Out*, Paramount, 1997［フランク・オズ監督，ポール・ラドニック脚本『イン＆アウト』1997 製作］.

SCHOUVALOFF Alexander, *The Arts of Ballets russes*, New Haven, Yale Univ. Press, 1998.

THOMAS Anthony, « The Gay Black Imprint on American Dance Music », *Out/Look*, Summer, 1989.

▒団体

ADAM Barry D., DUYVENDAK Jan Willem, KROUWEL André (dir.) *The Global Emergence of Gay and Lesbian Politics : National Imprints of a Worldwide Movement*, Philadelphia, Temple Univ. Press, 1999.

DUYVENDAK Jan Willem, *Le Poids du politique. Nouveaux mouvements sociaux en France*, Paris, L'Harmattan, 1994.

FHAR, *Rapport contre la normalité*, Paris, Éd. Champ-Libre, 1971.

GONNARD Catherine, ROUSSEAU Jean-Michel, « Homophonies : une sonorité différente », in *Actes du colloque international homosexualité et lesbianisme, mythes, mémoire et historiographie*, Lille, Cahiers GayKitschCamp, 1990.

TAMAGNE Florence, *Histoire de l'homosexualité en Europe, Berlin, Londres, Paris, 1919-1939*, Paris, Le Seuil, 2000.

THOMPSON Mark (dir.), *The Long Road to Freedom : The Advocate History of the Gay and Lesbian Movement*, New York, St Martin's Press, 1994.

Working for Lesbian and Gay Members［パブリック・サーヴィス・インターナショナルとエデュケーション・インターナショナルの２団体が共同発行したガイドブック］, Bruxelles, 1999.

▒中近東

ABÛ-NUWÂS, *Le Vin, le vent, la vie*, poèmes traduits de l'arabe et présentés par Vincent-Mansour Monteil, Arles, Actes-Sud, 1998.

Al Fatiha, Fondation pour les musulmans LGBT et leurs amis, www.al-fatiha.net.

Amnesty International, www.amnesty.org, et www.ai-lgbt.org.

Archimedes, www.geocities.com/westhollywood/heights/4639.

CHALINE Éric (dir.), *Gay Planet : All Things for All (Gay) Men*, London, Quarto Publishing, 2000.

DUNNE Bruce, « Power and sexuality in the Middle East », *Middle East Report*, 28 (1), 8-11, 37.

Gay and Lesbian Arabic Society (GLAS), www.glas.org.

Gay, Lesbian & Bisexual Nation of Cyprus (GLBCY), www.geocities.com/westhollywood/village/5297.

Gay.org.il, page d'accueil des organisations LGBT.

Gogay, site israélien LGBT, www.gogay.co.il.

GHOUSSOUB Mai, SINCLAIR-WEBB Emma (dir.), *Imagined Masculinities. Male Identity and Culture in the Modern Middle east*, London, Saqi Books, 2000.

Homan, www.homan-iran.org.

Huriyah magazine pour musulmans LGBT, huriyah.tripod.com.

Lambda, www.qrd.org/ qrd/www/world/europe/turkey ou www.lambdaistanbul.org.

International Gay and Lesbian Human Rights Commission (IGLHRC), www.iglhrc.com.

International Lesbian and Gay Association (ILGA), www.ilga.org.

MCKENNA Neil, « Turkish Police Target Transvestites : A Gay Movement Grows », *The Advocate*, 582.

MURRAY Stephen, ROSCOE Will, *Islamic Homosexualities : Culture, History and Literature*, New York, New York Univ. Press, 1997.

SCHMERKA Blacher Philippe, « Tête de (gay) turc », *in* BENBASSA Esther, ATTIAS Jean-Christophe (dir.), *La Haine de soi, difficiles identités*, Paris, Éd. Complexe, 2000.

SCHMITT Arno, SOFER Jehoda (dir.), *Sexuality and Eroticism Among Males in Moslem Societies*, New York, Harrington Park Press, 1992.

SHIRÂZI Hâfez, *L'Amour, l'amant, l'aimé, cent ballades traduites*

■生物学

BAGEMIHL Bruce, *Biological Exuberance : Animal Homosexuality and Natural Diversity*, New York, St Martin's Press, 1999.

BOSWELL John, *Christianisme, tolérance sociale et homosexualité. Les homosexuels en Europe occidentale des débuts de l'ère chrétienne au xive siècle*, Paris, Gallimard, 1985［ジョン・ボズウェル『キリスト教と同性愛——1 ～ 14 世紀西欧のゲイ・ピープル』大越愛子, 下田立行訳, 国文社, 1990］.

BURR Chandler, *A Separate Cration : the Search for Biological Origins of Sexual Orientation*, New York, Hyperion, 1996.

DE CECCO John, PARKER David Allen, *Sex, Cells and Same-Sex Desire : the Biology of Sexual Preference*, New York, Haworth Press, 1995.

DORAIS Michel, « La Recherche des causes de l'homosexualité : une science-fiction ? », *in* DORAIS Michel, DUTEY Pierre, WELZER-LANG Daniel, *La Peur de l'autre en soi, du sexisme à l'homophobie*, Montréal, vlb Éditeurs, 1994.

DYNES Wayne, DONALDSON Stephen, *Homosexuality and Medecine, Health and Science*, New York - London, 1992.

LEVAY Simon, « A Difference in Hypothalamic Structure Between Heterosexual and Homosexual Men », *Science*, 1991, no 253.

LEVAY Simon, *Queer Science*, Cambridge, MIT Press, 1996［S・ルベイ『クィア・サイエンス——同性愛をめぐる科学言説の変遷』伏見憲明監修, 玉野真路, 岡田太郎訳, 勁草書房, 2002］.

SCHUKLENK Udo, « Is Research Into The Cause(s) of Homosexuality Bad for Gay People ? », *Christopher Street*, 1993, no 208.

SCHUKLENK Udo, « Scientific Approaches to Homosexuality », *in* HAGGERTY George E. (dir.), *Gay Histories and Cultures : An Encyclopedia*, vol. II, New York - London, Garland Publishing Inc., 2000.

TARCZYLO Théodore, *Sexe et liberté au siècle des Lumières*, Paris, Presses de la Renaissance, 1983.

■ソドムとゴモラ

Ancien Testament, traduction œcuménique de la Bible, Paris, Le Cerf/Les Bergers et les Mages, 1980.

BOSWELL John, *Christianisme, tolérance sociale et homosexualité*, Paris, Gallimard, 1985［ジョン・ボズウェル『キリスト教と同性愛——1 ～ 14 世紀西欧のゲイ・ピープル』大越愛子, 下田立行訳, 国文社, 1990］.

GILBERT Maurice, « La Bible et l'homosexualité », *Nouvelle Revue de théologie*, 1987, no 109.

HALLAM Paul, *The Book of Sodom*, New York, Verso, 1993.

JORDAN Mark, *The Invention of Sodomy in Christian Theology*, Chicago, Univ. of Chicago Press, 1997.

MCNEILL John, *L'Église et l'homosexuel, un plaidoyer*, Genève, Labor et Fides, 1982.

■退化

ALBERT Nicole, *Saphisme et décadence dans l'art et la littérature en Europe à la fin du xixe siècle*, thèse sous la direction de Jean PALACIO, Sorbonne-Paris IV, 1998.

ARON Jean-Paul et KEMPF Roger, *Le Pénis et la démoralisation de l'Occident*, Paris, Grasset, 1978, rééd., Le Livre de Poche, 1999.

LANTÉRI-LAURA Georges, *Psychiatrie et Connaissance*, Paris, Éd. Sciences en Situation, 1991.

■退廃

ALBERT Nicole, *Saphisme et décadence dans l'art et la littérature en Europe à la fin du xixe siècle*, thèse sous la direction de Jean Palacio, Sorbonne-Paris IV, 1998.

ARON Jean-Paul, KEMPF Roger, *Le Pénis et la démoralisation de l'Occident*, Paris, Grasset, 1978, rééd. : Le Livre de Poche, 1999.

BOSWELL John, *Christianisme, tolérance sociale et homosexualité. Les homosexuels en Europe occidentale des débuts de l'ère chrétienne au xive siècle*, Paris, Gallimard, 1985［ジョン・ボズウェル『キリスト教と同性愛——1 ～ 14 世紀西欧のゲイ・ピープル』大越愛子, 下田立行訳, 国文社, 1990］.

LAURENT Émile (Dr), *La Poésie décadente devant la science psychiatrique*, Paris, Maloine, 1897.

LEROY-FORGEOT Flora, *Histoire juridique de l'homosexualité en Europe*, Paris, PUF, 1997.

LEVER Maurice, *Les Bûchers de Sodome, histoire des « infâmes »*, Paris, Fayard, 1985.

TAMAGNE Florence, *Histoire de l'homosexualité en Europe, Berlin, Londres, Paris, 1919-1939*, Paris, Le Seuil, 2000.

SERVEZ Pierre, *Le Mal du siècle*, Givors, André Martel, 1955.

■他性

FREUD Sigmund, « Contributions à la psychologie de la vie amoureuse, I », et « Pour introduire le narcissisme », in *La Vie sexuelle*, Paris, PUF, 1969 ; « Le Clivage du moi dans le processus de défense », in *Résultats, idées, problèmes*, II, Paris, PUF, 1985 ; « Sur la psychogenèse d'un cas d'homosexualité féminine », in *Névrose, psychose et perversion*, Paris, PUF, 1973［フロイト「男性における対象選択のある特殊な類型について（『性愛生活の心理学への寄与』1）」高田珠樹訳, 『フロイト全集』第 11 巻, 岩波書店, 2009, 所収. 「ナルシシズムの導入にむけて」立木康介訳, 『フロイト全集』第 13 巻, 岩波書店, 2010, 所収. 「防衛過程における自我分裂」津田均訳, 『フロイト全集』第 22 巻, 岩波書店, 2007, 所収. 「女性同性愛の一事例の心的成因について」藤野寛訳, 『フロイト全集』第 17 巻, 岩波書店, 2006, 所収］.

KRAFFT-EBING Richard von, *Psychopathia sexualis* (notamment, II, 12, 2), Paris, Payot, 1950［クラフト＝エビング『性的精神病質』, 邦訳『変態性欲心理学』平野威馬雄訳, 河出書房, 1956］.

LACAN Jacques, « La Relation d'objet », in *Séminaire IV*, Paris, Le Seuil, 1994［ジャック・ラカン『対象関係』小出浩之, 鈴木國文, 菅原誠一訳, 岩波書店, 2006］.

MENDÈS-LEITE Rommel, *Le Sens de l'altérité. Penser les (homo) sexualités masculines*, Paris, L'Harmattan, 2000.

SARTRE Jean-Paul, *Saint Genet, comédien et martyr*, Paris, Gallimard, 1952［サルトル『聖ジュネ——殉教と反抗』白井浩

Summary of Research Findings », *in* American Psychological Association, *Lesbian and Gay Parents : A Ressource for Psychologists*, 1995 ; trad. franç. APGL, Paris, 1996.

RIHAL Hervé, « L'Intérêt de l'enfant et la jurisprudence du Conseil d'État concernant les agréments en matière d'adoption », *RD sanit. Soc.*, 1997, 33 (3).

THÉRY Irène, « Différence des sexes et différence des générations », *Esprit*, décembre 1996.

WINTER Jean-Pierre, « Gare aux enfants symboliquement modifiés », *Le Monde des débats*, mars 2000.

▒精神医学

BAYER Ronald, *Homosexuality and American Psychiatry : The Politics of Diagnosis*, Princeton, Princeton Univ. Press, 1987.

BONELLO Christian, « Du médecin légiste à l'aliéniste. L'homosexualité sous le regard de la médecine au xixe siècle », *in* TIN Louis-Georges (dir.), *Homosexualités : expression/répression*, Paris, Stock, 2000.

BULLOUGH Vern, *Science in the Bedroom. A History of Sex Research*, New York, BasicBooks, 1994.

CHARCOT Jean Martin, MAGNAN Valentin, *Inversion du sens génital et autres perversions sexuelles* [1883], Paris, Frénésie Éditions, 1987.

DUBERMAN Martin, HERMAN Ellen (dir.), *Psychiatry, Psychology, and Homosexuality (Issues in Lesbian and Gay Life)*, New York, Chelsea House Publishing, 1995.

KRAFFT-EBING Richard von, *Psychopathia Sexualis. Étude médico-légale à l'usage des médecins et des juristes*, Paris, Payot, 1950［クラフト＝エビング『性的精神病質』，邦訳『変態性欲心理学』平野威馬雄訳，河出書房，1956］.

FOUCAULT Michel, *Histoire de la Sexualité. La volonté de savoir*, Paris, Gallimard, 1976［ミシェル・フーコー「性の歴史」第 1 巻『知への意志』渡辺守章訳，新潮社，1986］.

LANTERI-LAURA Georges, *Lectures des perversions : histoire de leur appropriation médicale*, Paris, Masson, 1979.

STEAKLEY James, *The Homosexual Emancipation Movement in Germany*, New York, Arno, 1975.

▒精神分析

ANATRELLA Tony, *La Différence interdite*, Paris, Flammarion, 1998.

ANATRELLA Tony, « À propos d'une folie », *Le Monde*, 26 juin 1999.

ELLIS Havelock, *Sexual inversion* [1897], New York, Arno Press, 1975［ハヴロック・エリス『性対象倒錯』，「性の心理」第 4 巻，佐藤晴夫訳，未知谷，1995］.

ÉRIBON Didier, *Une morale du minoritaire. Variations sur un thème de Jean Genet*, Paris, Fayard, 2001.

FASSIN Éric, « L'Inversion de la question homosexuelle », *Revue française de psychanalyse*, 2003, no 1.

FREUD Sigmund, *Trois Essais sur la théorie de la sexualité*, Paris, Gallimard, 1962［フロイト「性理論のための三篇」渡邉俊之訳，『フロイト全集』第 6 巻，岩波書店，2009，所収］.

FREUD Sigmund, *Cinq Psychanalyses*, Paris, PUF, 1954［フロイト「あるヒステリー分析の断片『ドーラ』」渡邉俊之ほか訳，『フロイト全集』第 6 巻，2009，所収．「ある五歳男児の恐怖症の分析『ハンス』」総田純次訳，「強迫神経症の一例についての見解『鼠男』」福田覚訳，『フロイト全集』第 10 巻，2008，所収．「自伝的に記述されたパラノイアの一症例に関する精神分析的考察『シュレーバー』」渡辺哲夫訳，『フロイト全集』第 11 巻，2009，所収．「ある幼児期神経症の病歴より『狼男』」須藤訓任訳，『フロイト全集』第 14 巻，2010，所収．いずれも岩波書店］.

FREUD Sigmund, « Sur la psychogenèse d'un cas d'homosexualité féminine », in *Névrose, psychose et perversion* Paris, PUF, 1973［「女性同性愛の一事例の心的成因について」藤野寛訳，『フロイト全集』第 17 巻，岩波書店，2006，所収］.

FREUD Sigmund, « Psychologie des foules et analyse du moi », in *Essais de psychanalyse*, Paris, Payot, 1981［「集団心理学と自我分析」藤野寛訳，『フロイト全集』第 17 巻，岩波書店，2006，所収］.

FREUD Sigmund, « La Sexualité dans l'étiologie des névroses », in *Résultats, idées, problèmes I*, Paris, PUF, 1984［「神経症の病因論における性」新宮一成訳，『フロイト全集』第 3 巻，岩波書店，2010，所収］.

FREUD Sigmund, « Sur les transpositions de pulsions plus particulièrement dans l'érotisme anal », in *La Vie sexuelle*, Paris, PUF, 1969［「欲動変転、特に肛門性愛の欲動変転について」本間直樹訳，『フロイト全集』第 14 巻，岩波書店，2010，所収］.

FREUD Sigmund, *Correspondance 1873-1939*, Paris, Gallimard, 1966.

GRODDECK Georg, *Le Livre du ça*, Paris, Gallimard, 1967.

HALDEMAN Douglas C., « Gay Rights, Patient Rights : The Implications of Sexual Orientation Conversion Therapy », *Professional Psychology : Research and Practice*, 33, 2002.

HOCQUENGHEM Guy, *Le Désir homosexuel*, [1972], Paris, Fayard, 2000.

« Les Homosexualités », *La Clinique lacanienne*, 2000, no 4.

« L'Inconscient homosexuel », *La Cause freudienne*, 1997.

LACAN Jacques, *Le Séminaire, livre IV*, « La relation d'objet » [notamment chap. VI, VII, VIII], Paris, Le Seuil, 1994［ジャック・ラカン『対象関係』小出浩之，鈴木國文，菅原誠一訳，岩波書店，2006］.

LACAN Jacques, *Le Séminaire, livre XI*, « Les concepts fondamentaux de la psychanalyse », Paris, Le Seuil, 1973［ジャック・ラカン『精神分析の四基本概念』小出浩之ほか訳，岩波書店，2000］.

LACAN Jacques, *Autres écrits*, Paris, Le Seuil, 2001.

La Mazarine (périodique), « Le Troisième sexe », 13 mars 1999.

PROKHORIS Sabine, *Le Sexe prescrit, la différence sexuelle en question*, Paris, Champs Flammarion, 2000.

ROUDINESCO Elisabeth, PLON Michel, *Dictionnaire de la psychanalyse*, Paris, Fayard, 1997.

TORT Michel, « Homophobies psychanalytiques », *Le Monde*, 15 octobre 1999.

TORT Michel, « Sur la différence psychanalytique des sexes », *Les Temps modernes*, 2000, no 609.

1978.
HÉRITIER Françoise, *Masculin, féminin*, Paris, Odile Jacob, 1996.
KOSOFSKY SEDGWICK Eve, *Epistemology of the closet*, Berkeley - Los Angeles, Univ. of California Press, 1990［イヴ・コゾフスキー・セジウィック『クローゼットの認識論――セクシュアリティの20世紀』外岡尚美訳，青土社，1999］.
LAPLANTINE François, *Je, nous et les autres*, Paris, Éd. du Pommier, 1999.
PROKHORIS Sabine, *Le Sexe prescrit, la différence sexuelle en question*, Paris, Champs Flammarion, 2000.
WESTON Kath, *Families we choose. Lesbians, Gays, Kinship*, New York, Columbia Univ. Press, 1991.

■政治

ADAM Barry D., *The Rise of a Gay and Lesbian Movement*, Boston, Twayne Publishers, 1987.
ADAM Barry D., DUYVENDAK Jan Willem, KROUWEL André (dir.), *The Global Emergence of Gay and Lesbian Politics : National Imprints of a Worldwide Movement*, Philadelphia, Temple Univ. Press, 1999.
BORRILLO Daniel, *L'Homophobie*, Paris, PUF, 2000.
BORRILLO Daniel (dir.), *Homosexualités et droit*, Paris, PUF, 1998.
BUTLER Judith, SCOTT Joan (dir.), *Feminists Theorize the Political*, New York - London, Routledge, 1992.
D'EMILIO John, *Sexual Politics, Sexual Communities. The Making of a Homosexual minority in the United States, 1940-1970*, Chicago, The Univ. of Chicago Press, 1983.
« Femmes travesties, un "mauvais genre" », *Clio*, 1999.
FHAR, *Rapport contre la normalité*, Paris, Champ libre, 1971.
Gay Left Collective, *Homosexuality : Power and Politics*, London, Allison & Busby, 1980.
GURY Christian, *L'Honneur perdu d'un politicien homosexuel en 1876*, Paris, Kimé, 1999.
MAROTTA Toby, *The Politics of Homosexuality, How Lesbians and Gay Men Made Themselves a Political and Social Force in Modern America*, Boston, Houghton Mifflin Co., 1981.
MÉCARY Caroline, LA PRADELLE Géraud de, *Les Droits des homosexuel(les)*, Paris, PUF, 1997.
TAMAGNE Florence, *Histoire de l'homosexualité en Europe, Berlin, Londres, Paris, 1919-1939*, Paris, Le Seuil, 2000.
WEEKS Jeffrey, *Coming Out, Homosexual Politics in Britain, from the Nineteenth Century to the Present Time*, London, Quartet Books, 1977.

■聖書

Ancien Testament, traduction œcuménique de la Bible, Paris, Le Cerf / Les Bergers et les Mages, 1980［『舊新約聖書――文語訳』日本聖書協会，1997，『旧約聖書――新共同訳／口語訳』日本聖書教会，http://www.bible.or.jp/main.html］.
BOSWELL John, *Christianisme, tolérance sociale et homosexualité*, Paris, Gallimard, 1985［ジョン・ボズウェル『キリスト教と同性愛――1～14世紀西欧のゲイ・ピープル』大越愛子，下田立行訳，国文社，1990］.
CAZELLES Henri (dir.), *Introduction à la Bible* (8 vol.), t. II : *Introduction critique à l'Ancien Testament*, Paris, 1973, et t. III : *Introduction critique au Nouveau Testament*, Paris, Desclée, 1976-1989.
GILBERT Maurice, « La Bible et l'homosexualité », *Nouvelle Revue de théologie*, 1987, no 109.
KADER Samuel, *Openly Gay, Openly Christian : How the Bible Really is Gay Friendly*, San Francisco, Leyland Publications, 1999.
LEON-DUFOUR Xavier, *Dictionnaire du Nouveau Testament*, Paris, Le Seuil, 1975.
LOHSE Eduard, *Théologie du Nouveau Testament (Grundriss der neutestamentlichen Theologie)*, Genève, Labor & Fides, 1987［E・ローゼ『新約聖書の倫理』山内一郎他訳，教文館，1995］.
MCNEILL John, *L'Église et l'homosexuel, un plaidoyer*, Genève, Labor & Fides, 1982.
Nouveau Testament, traduction œcuménique de la Bible, Paris, Le Cerf / Les Bergers et les Mages, 1983［『舊新約聖書――文語訳』日本聖書協会，1997，『新約聖書――新共同訳／口語訳』日本聖書教会，http://www.bible.or.jp/main.html］.
PAUL André (dir.), *Petite Bibliothèque des sciences bibliques*, Paris, Desclée, 1981-1985, 6 vol.
SCROGG Robin, *The New Testament and Homosexuality : Contextual Background for Contemporary Debate*, Philadelphia, Fortress Press, 1983.
THEVENOT Xavier, *Homosexualités masculines et morale chrétienne*, Paris, Le Cerf, 1985.
ZIMMERLI Walther Christoph, *Esquisse d'une théologie de l'Ancien Testament (Grundriss der alttestamentlichen Theologie)*, Paris, Le Cerf, 1990［W・ツィンマリ『旧約聖書神学要綱』樋口進訳，日本基督教団出版局，2000］.

■生殖不能

BORRILLO Daniel, *L'Homophobie*, Paris, PUF, « Que sais-je ? », 2000.
DANIEL F. E., « Should Insane Criminals and Sexual Perverts Be Permitted to Procreate ? », *Medico-Legal Journal*, 1893.
FORD Norman, « Access to Infertility Clinics for Single Women and Lesbians ? », *Chrisholm Health Ethics Bulletin*, Spring 2000.
FOUCAULT Michel, *Histoire de la sexualité III, Le Souci de soi*, Paris, Gallimard, 1984［ミシェル・フーコー「性の歴史」第3巻『自己への配慮』田村俶訳，新潮社，1987］.
GILBERT Maurice, « La Bible et l'homosexualité », *Nouvelle Revue de théologie*, 1987, no 109.
HÉRITIER Françoise, *Masculin/Féminin, la pensée de la différence*, Paris Éd. Odile Jacob, 1996.
HOCQUENGHEM Guy, *Le Désir homosexuel* [1972], Paris, Fayard, 2000.
IACUB Marcela, *Le Crime était presque sexuel*, Paris, EPEL, 2001.
JORDAN Mark, *The Invention of Sodomy in Christian Theology*, Chicago, Univ. of Chicago Press, 1997.
NADAUD Stéphane, *L'Homoparentalité, une chance pour la famille ?*, Paris, Fayard, 2002.
PATTERSON Charlotte, « Children of Lesbian and Gay Parents :

pide respeto para los homosexuales », *El País*, 3 septiembre 2000.
◆ 訳注・補遺の参考文献：
Paoli Itaborahy, Lucas, *State-sponsored Homophobia*, ILGA, May 2012.

▩スポーツ

Alric Tristan, *Le Sexe et le sport*, Paris, Chiron Éditeur, 2002.
Baillette Frédéric, Liotard Philippe, *Sport et virilisme*, Montpellier, Éd. Quasimodo & Fils, 1999.
EGSLF, GISAH, *Building Bridges Between Regular and Gay/Lesbian Sport*, The Hague, The Netherlands, 1999.
Ferez Sylvain, Le Pogam Yves, Liotard Philippe, Moles Jean-Bernard Marie, Pouliquen Guillemette, « Homophobie et structuration des jeux sportifs homosexuels », *Corps et culture*, nos 6-7, « Métissages », 2003.
Griffin Pat, *Strong Women, Deep Closet : Lesbians and Homophobia in Sport*, Champaign, Human Kinetics, 1998.
Hekma Gert, « Gay Men and Lesbians in Organized Sports in the Netherlands », *Journal of Homosexuality*, 1998, vol. 35, no 1.
Lenskyj Helen, *Out of Bonds : Women, Sports, and Sexuality*, Toronto, The Women's Press, 1986.
Lefèvre Nathalie, « Les Euro Games V : un analyseur du réseau sportif gai et lesbien », in *Corps et Culture, Sport et lien social*, 1998, 3.
Messner Michaël A., Sabo Donald F., *Sex, Violence and Power in Sports : Rethinking Masculinity*, Boston, Beacon Press, 1994.
Pouliquen Guillemette, *L'Homophobie dans le sport*, Mémoire de DEA [Xiberras M., Liotard P. (dir.)], Université Paul-Valéry, Montpellier III, 2002.
Pronger Brian, *The Arena of Masculinity : Sports, Homosexuality, and the Meaning of Sex*, Toronto, Univ. of Toronto Press, 1990.
Rotella Robert J., Murray Mimi, « Homophobia, the World of Sports, and Sport Psychology Consulting », *The Sport Psychologist*, 1991, vol. 5.
Saouter Anne, *Être rugby, jeux du masculin et du féminin*, Paris, Maison des Sciences de l'Homme, 2000.
Thong-konthun Yongiooth, *Sa Tree Lex (The Iron Ladies)*, Distribution Orient Pacific, 2000.

▩性逆転

Charcot Jean-Martin, Magnan Victor, « Inversion du sens génital et autres perversions sexuelles », *Archives de neurologie*, 1882, nos 7 et 12.
Kennedy Hubert, *Ulrichs : The Life and Works of Karl Heinrich Ulrichs, Pioneer of the Modern Gay Movement*, Boston, Alyson Publications, 1988.
Lhomond Brigitte, « Un, deux, trois sexes : l'homosexualité comme mélange », *in* GREH *et al.*, *Actes du colloque international Homosexualité et Lesbianisme : mythes, mémoires, historiographies*, Lille, GayKitschCamp, 1989.
Rosario Vernon, « Inversion's histories / History's Inversions. Novelizing fin-de-siècle homosexuality », *in* Rosario Vernon (dir.), *Science and Homosexualities*, New York - London, Routledge, 1997.
Spiess Camille, *L'Inversion sexuelle*, Paris, L'Athanor / L'En Dehors, 1930.
◆ 訳注・補遺の参考文献：
エリス，ハヴロック『性対象倒錯』，「性の心理」第 4 巻，佐藤晴夫訳，未知谷，1995.

▩正教

Agapius et Nicodème, Pedalion, traduction anglaise, *The Pedalion or the Rudder of the Metaphorical Ship of the One Holy Catholic and Apostolic Church of the Orthodox Christians and All the Sacred and Divine Canons of the Holy and Renown Apostles*, Athènes, 1953.
Clement d'Alexandrie, *Le Pédagogue*, Paris, Sources chrétiennes, 1960-1970.
Evdokimov Paul, *Le Sacrement de l'amour*, Desclée, De Brouwer, 1967.
Meyendorff John, *Le Mariage, une perspective orthodoxe*, Paris, YMCA, 1986.
Moberly Elizabeth, *Psychogenesis : The Early Development of Gender Identity*, London, Paul Kegan, 1982 ; *Homosexuality : A New Christian Ethic*, Cambridge, James Clarke, 1983.
Service orthodoxe de press, n°65, février 1982.
Stern Mikhail, Stern August, *La Vie sexuelle en URSS*, Paris, Albin Michel, 1979.
Zion William Basil, *Eros and Transformation, An Eastern Orthodox Perspective*, Lanham - New York - London, Univ. Press of America, 1984.

▩性差

Agacinski Sylviane, *Politique des sexes*, Paris, Le Seuil, 1998［シルヴィアンヌ・アガサンスキー『性の政治学』丸岡高弘訳，産業図書，2008］.
Bersani Leo, *Homos, repenser l'identité*, Paris, Odile Jacob, 1998.
Borrillo Daniel, Fassin Éric, Iacub Marcela (dir.), *Au-delà du PaCS. L'expertise familiale à l'épreuve de l'homosexualité*, Paris, PUF, 1999.
Butler Judith, *Gender Trouble : Feminism and the Subversion of Identity*, New York, Routledge, 1990［ジュディス・バトラー『ジェンダートラブル――フェミニズムとアイデンティティの攪乱』竹村和子訳，青土社，1999］.
Deleuze Gilles, Guattari Felix, *Mille Plateaux*, Paris, Minuit, 1992［ジル・ドゥルーズ，フェリックス・ガタリ『千のプラトー――資本主義と分裂症』宇野邦一ほか訳，河出文庫，2010］.
Deleuze Gilles, *L'île déserte et autres textes*, Paris, Minuit, 2002［ジル・ドゥルーズ『無人島』宇野邦一ほか訳，河出書房新社，2003］.
Éribon Didier, *Papiers d'identité. Interventions sur la question gay*, Paris, Fayard, 2000.
Foucault Michel, présentation et édition de *Herculine Barbin, dite Alexina B...*, Paris, Gallimard, « Les Vies parallèles »,

Fondation Saint-Simon.

THÉRY Irène, « Pacs, sexualité et différence des sexes », *Esprit*, 1999, no 257.

WILLIAMS Walter L., « Being Gay and Doing Fieldwork », *in* LEWIN Ellen, LEAP William L. (dir.), *Out in the Field : Reflections of Lesbian and Gay Anthropologists*, Urbana-Chicago, Univ. of Illinois Press, 1996.

■スイス

BAIER Lionel, *La Parade (Notre Histoire)* [film documentaire sur la *Gay Pride* de Sion, 2001, dans le canton du Valais], production Cinémanufacture, Lausanne, 2001.

HERZER Manfred (dir.), *Goodbye to Berlin ? 100 Jahre Schwulenbewegung*, catalogue d'exposition, Berlin, Rosa Winkel, 1997.

HOGAN Steve, HUDSON Lee, *Completely Queer, The Gay and Lesbian Encyclopedia*, New York, Henry Holt, 1998.

HÖSSLI Heinrich, *Eros, Die Männerliebe der Griechen*, Band I, Glarus, 1836, Band II, St-Gallen, 1838 ; Berlin, reprint Bibliothek Rosa Winkel, 1996.

PUFF Helmutt, *Sodomy in Reformation Germany and Switzerland, 1400-1600*, Chicago, Chicago Series on Sexuality and Society, 2003.

SCHÜLE Hannes, *Homosexualität im Schweizer Strafrecht*, Berne, 1984.

MONTER William, « Sodomy and Heresy in Early Modern Switzerland », *Journal of Homosexuality*, Fall/Winter, 1980-1981, vol. 6 (1/2).

RIETHAUSER Stéphane, *À visage découvert, des jeunes Suisses romands parlent de leur homosexualité*, préface de Ruth DREIFUSS, Genève, Éd. Slatkine, 2000.

◆訳注・補遺の参考文献：

PAOLI ITABORAHY, Lucas, *State-sponsored Homophobia*, ILGA, May 2012.

■スキャンダル

AHLSTEDT Eva, *André Gide et le débat sur l'homosexualité ; de* L'Immoraliste *(1902) à* Si le grain ne meurt *(1926)*, Göteborg, Acta Universitatis Gothoburgensis, 1994.

DAVID Hugh, *On Queer Street, A Social History of British Homosexuality, 1895-1995*, London, Harper Collins, 1997.

ELLMANN Richard, *Oscar Wilde*, Paris, Gallimard, 1994.

ÉRIBON Dider, *Réflexions sur la question gay*, Paris, Fayard, 1999.

FOLDY Michael S., *The Trials of Oscar Wilde, Deviance, Morality and Late Victorian Society*, London, Yale Univ. Press, 1997.

GURY Christian, *L'Honneur perdu d'un politicien homosexuel* [Germiny] *en 1876*, Paris, Kimé, 1999.

HARVEY Ian, *To Fall Like Lucifer*, London, Sidgwick & Jackson, 1971.

HULL Isabelle, *The Entourage of Kaiser Wilhelm II, 1888-1918*, Cambridge-London, Cambridge Univ. Press, 1982.

MCLAREN Angus, *Sexual Blackmail, A modern history*, Harvard, Harvard Univ. Press, 2002.

MORLEY Sheridan, *John G, The Authorized Biography of John Gielgud*, London, Hodder & Stoughton, 2001.

ROBINSON Christopher, *Scandal in the Ink, Male & Female Homosexuality in Twentieth Century French Literature*, London, Cassell, 1995.

TAMAGNE Florence, *Histoire de l'homosexualité en Europe, Berlin, Londres, Paris, 1919-1939*, Paris, Le Seuil, 2000.

THORPE Jeremy, *In My Own Time, Reminiscences of a Liberal Leader*, London, Politico's Publishing, 1999.

WEEKS Jeffrey, *Coming Out, Homosexual Politics in Britain, from the Ninetenth Century to the Present Time*, London, Quartet Books, 1977.

■ストーンウォール事件

ALTMAN Dennis, *Homosexual Oppression and Liberation*, New York, Avon Books, 1973.

CHAUNCEY George, « Après Stonewall, le déplacement de la frontière entre le "soi" public et le "soi" privé », *Revue européenne d'histoire sociale*, 2002, no 3.

DUBERMAN Martin, *Stonewall*, New York, Dutton, 1993.

■スペイン

ALIAGA Juan Vicente, GARCÍA CORTES José Miguel, *Identidad y diferencia, sobre cultura gay en España*, Barcelona-Madrid, Egales, 2000.

BERGMAN Emilie, SMITH Paul Julian, *« Entiendes ! »*, Durham, Duke Univ. Press, 1996.

BORRILLO Daniel, *L'Homophobie*, Paris, PUF, 2000.

BOSWELL John, *Christianisme, tolérance sociale et homosexualité. Les homosexuels en Europe occidentale des débuts de l'ère chrétienne au xiv*e *siècle*, Paris, Gallimard, 1985［ジョン・ボズウェル『キリスト教と同性愛——1 ～ 14 世紀西欧のゲイ・ピープル』大越愛子, 下田立行訳, 国文社, 1990］.

CARRASCO Raphaël, *Inquisición y Represión sexual en Valencia*, Barcelona, Éd. Laertes, 1986.

FERNANDEZ André, *Au nom du sexe*, Paris, L'Harmattan, 2001.

GARCÍA Cárcel Ricardo, MORENO Martínez Doris, *Inquisición, Historia Crítica*, Madrid, Temas de Hoy, « Historia », 2000.

GRAULLERA SANZ Vicente, « Delito de sodomía en la Valencia del siglo XVI », *Torrens, Estudis i investigacions de Torrent i comarca*, Torrent, Publicació de l'Arxiu, Biblioteca i Museu de l'Ajuntament de Torrent, 1991-1993.

LLAMAS Ricardo, *Teoría torcida, prejuicios y discursos en torno a « la homosexualidad »*, Madrid, Siglo Veintiuno de España Editores, 1998.

MIRABET y MULLOL Antoni, *Homosexualidad hoy*, Barcelona, Editorial Herder, 1985.

NOGUEIRA Charo, « El Nuevo Censo contabilizará las parejas de hecho y las uniones homosexuales », *El País*, 15 agost 2001.

PÉREZ CÁNOVAS Nicolás, *Homosexualidad, homosexuales y uniones homosexuales en el Derecho español*, Granada, Editorial Comares, 1996.

PERRY Mary Elizabeth, « The "Nefarious Sin" in Early Modern Seville », *in* KENT Gerard, GERT Hekma (dir.), *The Pursuit of Sodomy : Male Homosexuality in Renaissance and Enlightment Europe*, New York, Harrington Park Press, 1989.

VILLENA Miguel Ángel, « Un teniente coronel se declara "gay" y

Psychological Association, 2000.

Division 44 / Committee on Lesbian, Gay and Bisexual Concerns Joint Task Force on Guidelines for Psychotherapy with Lesbian, Gay, and Bisexual Clients. Guidelines for psychotherapy with lesbian, gay, and bisexual clients, American Psychologist, 55, 2000.

DUBERMAN Martin, HERMAN Ellen (dir.), *Psychiatry, Psychology, and Homosexuality (Issues in Lesbian and Gay Life)*, New York, Chelsea House Publishing, 1995.

ELLIS Havelock, *Sexual inversion* [1897], New York, Arno Press, 1975［ハヴロック・エリス『性対象倒錯』,「性の心理」第4巻, 佐藤晴夫訳, 未知谷, 1995］.

FOUCAULT Michel, *Histoire de la sexualité*, Paris, Gallimard, 1976-1984［ミシェル・フーコー「性の歴史」第1巻『知への意志』渡辺守章訳, 1986, 同, 第2巻『快楽の活用』田村俶訳, 1986, 同, 第3巻『自己への配慮』田村俶訳, 1987, すべて新潮社］.

FREUD Sigmund, « Letter to an American Mother », *American Journal of Psychiatry*, 1951, 107, 786.

HALDEMAN Douglas C., « Gay Rights, Patient Rights : The Implications of Sexual Orientation Conversion Therapy », *Professional Psychology : Research and Practice*, 2002, 33.

HAMER Dean H., COPELAND Peter, *The Science of Desire : The search for the Gay Gene and the Biology of Behavior*, New York, Simon & Schuster, 1994.

HEREK Gregory M., « Psychological Heterosexism and Anti-Gay Violence : The Social Psychology of Bigotry and Bashing », *in* HEREK Gregory M., BERRIL Kevin T. (dir.), *Hate Crimes : Confronting Violence against Lesbians and Gay Men*, Thousand Oaks, Sage Publications Inc., 1992.

HEREK Gregory M., « The Psychology of Sexual Prejudice », *Current Directions in Psychological Science*, 2000, 9.

HEREK Gregory M., KIMMEL Douglas C., AMARO Hortensia, MELTON Gary B., « Avoiding Heterosexist Bias in Psychological Research », *American Psychologist*, 1991, 46.

HOOKER Evelyn, « The Adjustment of the Overt Male Homosexual », *Journal of Projective Techniques*, 1957, 21.

HIRSCHFELD Magnus, *Transvestites : The Erotic Drive to Cross Dress* [1910], trad. : M. A. LOMBARDI-NASH, Amherst, Prometheus Books, 1991.

KINSEY Alfred C., POMEROY Walter B., MARTIN Clyde E, *Sexual Behaviour in the Human Male*, Philadelphia, Saunders, 1948.

KINSEY Alfred C., POMEROY Wardell B., MARTIN Clyde E., GEBHARD Paul H., *Sexual Behaviour in the Human Female*, Philadelphia, Saunders, 1953.

KRAFFT-EBING Richard von, *Psychopathia Sexualis : A Medico-Legal Study*, traduction : Oxford, England, F. A. Davis, 1898［クラフト＝エビング『性的精神病質』, 邦訳『変態性欲心理学』平野威馬雄訳, 河出書房, 1956］.

LEAHEY Thomas H., *A History of Psychology : Main Currents in Psychological Thought* (4e éd.), Upper Saddle River, Prentice Hall Inc., 1997.

SOCARIDES Charles, *The Overt Homosexual*, New York, Grune & Stratton, 1968.

WEINBERG George, *Society and the Healthy Homosexual*, New York, St. Martin's Press, 1972.

▓人類学

BLACKWOOD Evelyn (dir.), *Anthropology and Homosexual Behaviour*, New York, The Haworth Press, 1986.

BLEYS Rudi C., *The Geography of Perversion : Male-to-Male Sexual Behaviour Outside the West and the Ethnographic Imagination, 1750-1918*, London, Cassell, 1996.

BORRILLO Daniel, FASSIN Éric, IACUB Marcela (dir.), *Au-delà du pacs : l'expertise familiale à l'épreuve de l'homosexualité*, Paris, PUF, 1999.

DYNES Wayne R., DONALDSON Stephen (dir.), *Ethnographic Studies of Homosexuality*, New York, Garland, 1992.

ELIACHEFF Caroline, GARAPON Antoine, HEINICH Nathalie, HÉRITIER Françoise, NAOURI Aldo, VEYNE Paul, WISMANN Heinz, « Ne laissons pas la critique du PaCS à la droite ! », *Le Monde*, 27 janvier 1999.

EVANS-PRITCHARD Edward, « Sexual Inversion among the Azande », *American Anthropologist*, 1970, no 72.

FASSIN Éric, « L'Illusion anthropologique : homosexualité et filiation », *Témoin*, mai-juin 1998, no 12.

FASSIN Éric, « Le Savant, l'expert et le politique », *Genèses*, 1998, no 32.

FASSIN Éric, « Usages de la science et science des usages : à propos des familles homoparentales », *L'Homme*, 2000, no 154-155.

FAVRET-SAADA Jeanne, « La-Pensée-Lévi-Strauss », *Journal des anthropologues*, 2000, nos 82-83.

GODARD Didier, *L'Autre Faust : l'homosexualité masculine pendant la Renaissance*, Montblanc, H & O Éditions, 2001.

GOLDBERG Jonathan, « Sodomy in the New World : Anthropologies Old and New », *Social Text*, 1991, no 9.

HANDMAN Marie-Élisabeth, « Sexualité et famille : approche anthropologique », *in* BORRILLO Daniel, FASSIN Éric, IACUB Marcela (dir.), *Au-delà du pacs : l'expertise familiale à l'épreuve de l'homosexualité*, Paris, PUF, 1999.

HÉRITIER Françoise, *Masculin/Féminin 2 : Dissoudre la hiérarchie*, Paris, Odile Jacob, 2002.

KENYATTA Jomo, *Facing Mount Kenya, The Tribal Life of the Gikuyu*, London, Secker & Warburg, 1938 (introd. B. Malinowski)［ジョモ・ケニヤッタ『ケニヤ山のふもと』野間寛二郎訳, 理論社, 1962］.

MAUSS Marcel, *Sociologie et anthropologie* [1950], Paris, PUF, 2001［マルセル・モース『社会学と人類学』有地亨, 伊藤昌司, 山口俊夫訳, 弘文堂, 1973］.

MENDÈS-LEITE Rommel, *Le Sens de l'altérité : penser les (homo) sexualités*, Paris, L'Harmattan, 2000.

POIRIER Guy, *L'Homosexualité dans l'imaginaire de la Renaissance*, Paris, Honoré Champion, 1996.

THÉRY Irène, « Différence des sexes et différences des générations : l'institution familiale en déshérence », *Esprit*, 1996, no 12.

THÉRY Irène, « Le Contrat d'union sociale en question », *Esprit*, 1997, no 10 ; également publié comme no 91 des *Notes de la*

章訳，1986，同，第2巻『快楽の活用』田村俶訳，1986，同，第3巻『自己への配慮』田村俶訳，1987，すべて新潮社］.

GAUTHIER-HAMON Corinne, TEBOUL Roger, *Entre père et fils - La prostitution homosexuelle des garçons*, Paris, PUF, « Le Fil rouge », 1988.

KRAFFT-EBING Richard von, *Psychopathia sexualis*, Paris, G. Carré, 1895［クラフト＝エビング『性的精神病質』，邦訳『変態性欲心理学』平野威馬雄訳，河出書房，1956］.

LAUFER Moses, « Homosexualité à l'adolescence », *Adolescence*, 7, 1, 19-26, Paris, GEUPP, 1989.

LAUFER Eglé, « La Cure d'Anne », *Adolescence*, 7, 1, Paris, GREUPP, 1989.

LEVER Maurice, *Les Bûchers de Sodome*, Paris, Fayard, 1985.

NADAUD Stéphane, *Homoparentalité. Une nouvelle chance pour la famille ?*, Paris, Fayard, 2002.

SERGENT Bernard, *L'Homosexualité dans la mythologie grecque*, Paris, Payot, 1984.

TARDIEU Ambroise, *Étude médico-légale sur les attentats aux mœurs*, Paris, J.-B. Baillère & fils, 1858.

■処罰

Amnesty International, *Briser le silence. Violations des droits de l'homme liées à l'orientation sexuelle*, Rapport, 1998.

Amnesty International, *Identité sexuelle et persécutions*, Les Éditions francophones d'Amnesty International, 2001.

Assemblée parlementaire du Conseil de l'Europe, *Situation des lesbiennes et des gays dans les États membres du Conseil de l'Europe*, Rapport du 6 juin 2000 (document 8755), http://stars.coe.fr/doc/ doc00/fdoc8755.htm.

BUHRKE Robin A., *Matter of Justice : Lesbian and Gay Men in Law Enforcement*, New York - London, Routledge, 1996.

International Lesbian and Gay Association (ILGA) : http://www.ilga.org.

◆訳注・補遺の参考文献：

PAOLI ITABORAHY, Lucas, *State-sponsored Homophobia*, ILGA, May 2012.

■神学

ALBERIGO Giuseppe (dir.), *Conciles œcuméniques*, t. II-2 : *Les décrets*, Paris, Le Cerf, 1994.

BAILE Derrick Sherwin, *Homosexuality and the Western Christian Tradition*, London, Longmans, Green & Co., 1955.

BOSWELL John, *Christianisme, tolérance sociale et homosexualité*, Paris, Gallimard, 1985［ジョン・ボズウェル『キリスト教と同性愛——1～14世紀西欧のゲイ・ピープル』大越愛子，下田立行訳，国文社，1990］.

« La Condition homosexuelle », *Lumière et Vie*, 1980, no 47.

Congrégation pour la doctrine de la foi, *Au sujet des propositions de loi sur la non-discrimination des personnes homosexuelles*, in *La Documentation catholique*, 1992.

Congrégation pour la doctrine de la foi, *Lettre aux évêques de l'Église catholique sur l'attention pastorale à apporter aux personnes homosexuelles*, Paris, Téqui, 1986.

Congrégation pour la doctrine de la foi, *Persona humana. Déclaration sur quelques questions d'éthique sexuelle*, in *La Documentation catholique*, 1976.

DEMUR Christian, MÜLLER Denis, *L'Homosexualité, un dialogue théologique*, Genève, Labor et Fides, 1992.

FUREY Pat, GRAMMICK Jeanine (dir.), *The Vatican and Homosexuality*, New York, Crossroad, 1988.

GILBERT Maurice, « La Bible et l'homosexualité », *Nouvelle Revue de théologie*, 1987, no 109.

GRAMMICK Jeanine (dir.), *Homosexuality in the Priesthood and the Religious Life*, New York, Crossroad, 1989.

HASBANY Richard (dir.), *Homosexuality and Religion*, New York, Harrington Park Press, 1989.

JORDAN Mark, *The Invention of Sodomy in Christian Theology*, Chicago, Univ. of Chicago Press, 1997.

LACOSTE Jean-Yves (dir.), *Dictionnaire critique de théologie*, Paris, PUF, 1998.

LEVER Maurice, *Les Bûchers de Sodome*, Paris, Fayard, 1985.

« La Marée rose », *Permanences*, 1997, no 340.

MCNEILL John, *L'Église et l'homosexuel, un plaidoyer*, Genève, Labor et Fides, 1982.

MCNEILL John, *Taking a Chance on God : Liberating Theology for Gays, Lesbians and Their Lovers, Families, and Friends*, Boston, Beacon Press, 1988.

MELTON Gordon, *The Churches Speak on Homosexuality*, Detroit, Gale Research, 1991.

MOTT Luiz, *Escravidão, homossexualidade e Demonologia*, Sao Paolo, Editora Icône, 1988.

ORAISON Marc, *La Question homosexuelle*, Paris, Le Seuil, 1975.

SEOW Choon-Leong (dir.), *Homosexuality and the Christian Community*, Louisville, Westminster Hohn Know Press, 1996.

SPONG John Selby, *Living in Sin ? A Bishop Rethinks Human Sexuality*, San Francisco, Harper & Row, 1988.

THÉVENOT Xavier, *Homosexualités masculines et morale chrétienne*, Paris, Le Cerf, 1985.

TIGERT Lean McCall, *Coming Out While Staying In : Struggles and Celebrations of Lesbians, Gays, Bisexuals in the Church*, Cleveland, United Church Press, 1996.

WOLF James, *Gay Priests*, New York, Harper & Row, 1989.

■心理学

BAYER Ronald, *Homosexuality and American Psychiatry : The Politics of Diagnosis*, New York, Basic Books Inc. Publishers, 1981.

BERGLER Edmund, *Counterfeit Sex*, New York, Grune & Stratton, 1951.

Committee on Lesbian and Gay Concerns, American Psychological Association, American Psychological Association Policy Statements on Lesbian and Gay Issues, Washington, American Psychological Association, 1991.

BROIDO Ellen M., « Constructing Identity : The Nature and Meaning of Lesbian, Gay, and Bisexual Identities », *in* PEREZ Ruperto M., DEBORD Kurt A., BIESCHKE Kathleen J. (dir.), *Handbook of Counseling and Psychotherapy with Lesbian, Gay, and Bisexual Clients*, Washington, American

の 20 世紀』外岡尚美訳，青土社，1999].

MARX Karl, *Œuvres complètes*, Gallimard.

PLUMMER Kenneth, *Sexual Stigma, an Interactionnist Account*, London, Routledge, 1975.

POLLAK Michaël, *Les Homosexuels et le Sida. Sociologie d'une épidémie*, Paris, Métailié, 1988.

POLLAK Michaël, SCHILTZ Marie-Ange, *Les Homo- et bisexuels masculins face au Sida. Six années d'enquête*, Paris, GSPM, 1991.

ROUSSEAU Jean-Jacques, *Œuvres complètes*, Gallimard, "La Pléiade".

SEIDMAN Steven (dir.), *Queer Theory/Sociology*, Cambridge-Oxford, Blackwell Publishers, 1996.

▒シャンソン

BARBIER Pierre, VERNILLAT France, *Histoire de France par les chansons*, t. I-VI, Paris, Gallimard, 1956-1958.

JACQUES-CHARLES, *Cent Ans de music-hall : histoire générale du music-hall de ses origines à nos jours, en Grande-Bretagne, en France et aux États-Unis*, Genève-Paris, Jeheber, 1956.

BAZIN Hugues, *La Culture hip-hop*, Paris, Desclée de Brouwer, 1995.

BORDMAN Gerald, *American Musical Theatre --- A Chronicle*, Oxford - New York, Oxford Univ. Press, 1977.

BOUCHER Manuel, *Le Rap, expression des lascars, Significations et enjeu du rap dans la société française*, Paris, L'Harmattan, 1999.

BRUNSCHWIG Chantal, CALVET Louis-Jean, KLEIN Jean-Claude, *Cent Ans de chanson française (1880-1980)*, Paris, Le Seuil, « Points », 1981.

BRUYAS Florian, *Histoire de l'opérette en France (1855-1965)*, Lyon, Emmanuel Vitte, 1974.

CHAUVREAU Philippe, SALLÉE André, *Music-hall et café-concert*, Paris, Bordas, 1985.

CLUM John M., *Something for the Boys : Musical Theater and Gay Culture*, New York, St. Martin's Press, 2001.

COLLÉ Charles, *Chansons badines de Collé*, nouv. éd. revue et corrigée, Utrecht, J. Plecht, [s.d., vers 1881].

CONDEMI Concetta, *Les Cafés-concerts, histoire d'un divertissement (1849-1914)*, Paris, Quai Voltaire, 1992.

HADLEIGH Boze, *Sing Out ! Gays and Lesbians in the Music World*, London, Barricade Books Inc., 1997.

HERBERT Michel, *La Chanson à Montmartre*, Paris, La Table Ronde, 1967.

MOCKUS Martha, « Queer Thoughts on Country Music and k.d. Lang », *in* BRETT PHILIP, THOMAS Gary, WOOD Elizabeth, *Queering the Pitch, the New Gay and Lesbian Musicology*, London - New York, Routledge, 1994.

« Le Rose et le rap », *Têtu*, avril 2001.

ROWLAND Ingrid D., « Revenge of the Regensburg Humanists, 1493 », *The Sixteenth Century Journal*, vol. 25, no 2, Kirksville, 1994.

SEIFERT Lewis C., « Masculinity and Satires of "Sodomites" in France, 1600-1715 », *in* MERRICK Jeffrey, SIBALIS Michael (dir.), *Homosexuality in French History and Culture*, New York, Harrington Park Press, 2001.

●シャンソン作品：

Chansonnier historique du xviiie siècle, publié, avec introduction, commentaire, notes et index, par Émile RAUNIÉ, t. I-X, Paris, A. Quantin, 1882.

Les Gaietés de Béranger, À Eleutheropolis, À l'enseigne de Cupidon [s.l.n.d.].

Les Muses en belle humeur ou chansons et autres poésies joyeuses, Ville Franche, 1742.

Le Panier aux ordures, suivi de quelques chansons ejusdem farinae, CANTON, W. FIELD et TCHING-KONG, [s.d.].

Le Parnasse satyrique du dix-neuvième siècle. Recueil de pièces facétieuses, scatologiques, piquantes, pantagruéliques, gaillardes et satyriques des meilleurs auteurs contemporains, poètes, romanciers, journalistes etc., suivi du Nouveau Parnasse satyrique... [1863-1868], Bruxelles, 1881.

Recueil de pièces choisies rassemblées par les soins du Cosmopolite, Anconne, Uriel Brandant, 1735 [réimpression faite pour une Société de bibliophiles à 163 ex., Leyde, 1865, en fait Gay, Bruxelles].

Recueil dit de Maurepas, pièces libres, chansons, épigrammes et autres vers satiriques sur divers personnages des siècles de Louis XIV et Louis XV, accompagnés de remarques curieuses du temps ; publiés pour la première fois d'après les manuscrits conservés à la Bibliothèque impériale, à Paris, avec des notices, des tables, etc., t. I-VI, Leyde, 1865.

▒象徴的秩序

BORRILLO Daniel, FASSIN Éric, IACUB Marcela (dir.), *Au-delà du PaCS. L'expertise familiale à l'épreuve de l'homosexualité*, Paris, PUF, 1999.

DELOR François, *Homosexualité, ordre symbolique, injure et discrimination : Impasses et destins des expériences érotiques minoritaires dans l'espace social et politique*, Bruxelles, Labor, 2003.

FAVRET-SAADA Jeanne, « La-Pensée-Levi-Strauss », *Journal des Anthropologues : anthropologie des sexualités*, nos 82-83, Paris, Association française des anthropologues, 2000.

FRAISSE Geneviève, « La Parité n'est pas l'égalité sociale », *Libération*, 29 décembre 1998.

PERROT Michèle, « Oui, tenter cette expérience nouvelle », *Le Monde*, 25 février 1999.

▒小児性愛

ARIÈS Philippe, *L'Enfant et la vie familiale sous l'Ancien Régime*, Paris, Le Seuil, 1973.

BOUTIN Christine, *Le « Mariage » des homosexuels ? CUCS, PIC, PACS et autres projets législatifs*, Paris, Critérion, 1998.

BUFFIÈRE Félix, *La Pédérastie dans la Grèce Antique*, Paris, Les Belles Lettres, 1980.

FOUCAULT Michel, *Histoire de la sexualité*, t. 1 : *La Volonté de savoir*, Paris, Gallimard, 1976 ; *Histoire de la sexualité*, t. 2 : *L'Usage des plaisirs*, Paris, Gallimard, 1984 ; *Histoire de la sexualité*, t. 3 : *Le Souci de soi*, Paris, Gallimard, 1984［ミシェル・フーコー「性の歴史」第 1 巻『知への意志』渡辺守

FIRDION Jean-Marie, VERDIER Éric, *Homosexualités et suicide. Études, témoignages et analyses*, Montblanc, H & O Éditions, 2003.

FOUCAULT Michel, *Histoire de la sexualité*, t. 1 : *La Volonté de savoir*, Paris, Gallimard, 1976［ミシェル・フーコー『性の歴史』第１巻『知への意志』渡辺守章訳，新潮社，1986］.

GOFFMAN Erving, *Stigmate. Les Usages sociaux des handicaps*, Paris, Minuit, 1975［アーヴィング・ゴッフマン『スティグマの社会学――烙印を押されたアイデンティティ』石黒毅訳，せりか書房，1970］.

HAWTON Keith, ARENSMAN Ella, WASSERMAN Danuta *et al.*, « Relation Between Attempted Suicide and Suicide Rates among Young People in Europe », *Journal of Epidemiology Community Health*, 1998, 52 (3).

NIZARD Alfred, « Suicide et mal-être social », *Population & Sociétés*, 1998, no 334.

REMAFEDI Gary (dir.), *Death by Denial. Studies of Suicide in Gay and Lesbian Teenagers*, Boston, Alyson Publications, 1994.

ROFES Éric, *« I Thought People like That Killed Themselves ». Lesbians, Gay Men and Suicide*, San Francisco, Grey Fox Press, 1983.

SCHILTZ Marie-Ange, « Parcours des jeunes homosexuels dans le contexte du vih : la conquête de modes de vie », *Population*, 1997, 52 (6).

■私生活

LA PRADELLE Géraud de, MECARY Caroline, *Les Droits des homosexuel(le)s*, Paris, PUF, 1998.

SCHUTTER Olivier de, « Fonction de juger et nouveaux aspects de la vie privée », *in* BORRILLO Daniel (dir.), *Homosexualités et droit*, Paris, PUF, 1999.

■自然に反する

BOSWELL John, *Christianisme, tolérance sociale et homosexualité*, Paris, Gallimard, 1985［ジョン・ボズウェル『キリスト教と同性愛――1～14世紀西欧のゲイ・ピープル』大越愛子，下田立行訳，国文社，1990］.

DAMIEN Pierre, *Liber Gomorrhianus, Patrologia, Series Latina* [éd. Migne], Paris, Garnier Frères, 1844 ; trad. de Pierre J. PAYER, *Book of Gomorrah*, Waterloo, Wilfrid Laurier Univ. Press, 1982.

JORDAN Mark, *The Invention of Sodomy in Christian Theology*, Chicago, Univ. of Chicago Press, 1997.

HALPERIN David, *Cent ans d'homosexualité (et autres essais sur l'amour grec)*, Paris, epel, 2000［デイヴィッド・M・ハルプリン『同性愛の百年間――ギリシア的愛について』石塚浩司訳，法政大学出版局，1995］.

LACOSTE Jean-Yves (dir.), *Dictionnaire critique de théologie*, Paris, PUF, 1998.

LEROY-FORGEOT Flora, « Nature et contre nature en matière d'homoparentalité » in *Homoparentalité, États des lieux*, colloque APGL, Paris, ESF, 2000.

MCNEILL John, *L'Église et l'homosexuel, un plaidoyer*, Genève, Labor & Fides, 1982.

THÉVENOT Xavier, *Homosexualités masculines et morale chrétienne*, Paris, Le Cerf, 1985.

■ジッド

AHLSTEDT Eva, *André Gide et le débat sur l'homosexualité ; de* L'Immoraliste *(1902) à* Si le grain ne meurt *(1926)*, Göteborg, Acta Universitatis Gothoburgensis, 1994.

Comptes rendus et dossiers de presse des livres d'André GIDE, *Bulletin des Amis d'André Gide*, consultables également sur le site http://www.gidiana.net

COTNAM Jaques, *Inventaire bibliographique et index analytique de la correspondance d'André Gide*, Boston, G. K. Hall & Co, 1975.

GUÉRIN Daniel, *Shakespeare et Gide en correctionnelle ?*, Paris, Éd. du Scorpion, 1959.

LEPAPE Pierre, *André Gide, le messager*, Paris, Le Seuil, 1997.

LUCEY Michael, *Gide's Bent, Sexuality, Politics, Writing*, New York - Oxford, Oxford Univ. Press, 1995.

MANN Klaus, *André Gide et la crise de la pensée moderne*, Paris, Grasset, 1999.

■社会学

BECKER Howard S., *Outsiders. Studies on Sociology of Deviance*, New York, The Free Press, 1963 ; trad franç. : *Outsiders. Études de Sociologie de la Déviance*, Paris, Métailié, 1985.

BERSANI Leo, *Homos*, Oxford-Cambridge, Oxford Univ. Press, 1996 ; trad. franç. : *Homos. Repenser l'identité*, Paris, Odile Jacob, 1998.

BORRILLO Daniel, FASSIN Éric, IACUB Marcela (dir.), *Au-delà du PaCS. L'expertise familiale à l'épreuve de l'homosexualité*, Paris, PUF, 1999.

BUTLER Judith, *Gender Trouble : Feminism and the Subversion of Identity*, New York, Routledge, 1990［ジュディス・バトラー『ジェンダー・トラブル――フェミニズムとアイデンティティの攪乱』竹村和子訳，青土社，1999］.

DUYVENDAK Jan Willem, *Le Poids du politique. Nouveaux mouvements sociaux en France*, Paris, L'Harmattan, 1994.

DURKHEIM Émile, *Textes* 3, Ed. de Minuit.

DYNES Wayne R., DONALDSON Stephen (dir.), *Ethnographic Studies of Homosexuality*, New York, Garland, 1992.

ÉRIBON Didier (dir.), *Les études gays et lesbiennes*, Paris, Éditions « Supplémentaires », Centre Pompidou, 1998.

ÉRIBON Didier, *Réflexions sur la question gay*, Paris, Fayard, 1999.

GOFFMAN Erving, *Stigma. Notes on the Management of Spoiled Identity*, Englewood Cliffs NS, Prentice Hall, 1963 ; trad. franç. : *Stigmate. Les usages sociaux des handicaps*, Paris, Minuit, 1975［アーヴィング・ゴッフマン『スティグマの社会学――烙印を押されたアイデンティティ』石黒毅訳，せりか書房，1970］.

HERDT Gilbert, BOXER Andrew, *Children of Horizons. How Gays and Lesbians Teens are Leading a New Way out of the Closet*, New York, Beacon Press, 1993.

KOSOFSKY SEDGWICK Eve, *Epistemology of the Closet*, Berkeley, Univ. of California Press, 1990［イヴ・コゾフスキー・セジウィック『クローゼットの認識論――セクシュアリティ

and Desire in Ancient Greece, New York - London, Routledge, 1990 (trad. franç. à paraître chez epel).

▩サッフォー

ALBERT Nicole, *Saphisme et décadence dans l'art et la littérature en Europe à la fin du xixe siècle*, thèse sous la direction de Jean PALACIO, Sorbonne-Paris IV, 1998.

DEJEAN Joan, *Sapho. Les fictions du désir. 1546-1937*, Paris, Hachette Supérieur, 1994 (trad. de *Fictions of Sapho, 1546-1937*, Chicago, Univ. of Chicago Press, 1989).

MORA Édith, *Sappho. Histoire d'un poète et traduction intégrale de l'œuvre*, Paris, Flammarion, 1966.

PARKER Holt N., « Sappho Schoolmistress », *Transactions of the American Philological Association*, 1993, 123.

▩差別

BORILLO Daniel, *L'Homophobie*, Paris, PUF, 2000.

BORILLO Daniel, *Homosexualités et droit*, Paris, PUF, 1998.

BORRILLO Daniel, « L'Orientation sexuelle en Europe : esquisse d'une politique publique anti-discriminatoire », *Les Temps modernes*, 2000, no 609.

Congrégation pour la doctrine de la foi, *Au sujet des propositions de loi sur la non-discrimination des personnes homosexuelles*, in *La Documentation catholique*, 1992, no 2056.

DAWIDOFF Robert, NAVA Michael, *Created Equal : Why Gay Rights matter to America*, New York, St Martin's Press - Stonewall Inn Éditions, 1994.

DELOR François, *Homosexualité, ordre symbolique, injure et discrimination : Impasses et destins des expériences érotiques minoritaires dans l'espace social et politique*, Bruxelles, Labor, 2003.

DUBERMAN Martin, ROBSON Ruthann (dir.), *Gay Men, Lesbians and the Law (Issues in Gay and Lesbian Life)*, New York, Chelsea Publishing, 1996.

ÉRIBON Didier, « Ce que l'injure me dit. Quelques remarques sur le racisme et la discrimination », in *Papiers d'identité, Interventions sur la question gay*, Paris, Fayard, 2000.

FASSIN Éric, « L'Épouvantail américain : penser la discrimination française », *Vacarme*, 1997, no 4/5.

FORMOND Thomas, *Les Discriminations fondées sur l'orientation sexuelle en droit privé*, thèse pour le doctorat en droit privé, Université de Paris X - Nanterre, 2002.

HERMAN Didi, *Rights of Passage : Struggles for Lesbian and Gay Legal Equality*, Toronto, Univ. of Toronto Press, 1994.

LEROY-FORGEOT Flora, MÉCARY Caroline, *Le PaCS*, Paris, PUF, 2000.

MÉCARY Caroline, LA PRADELLE Géraud de, *Les droits des homosexuels*, PUF, 1998.

GROSS Martine (dir.), *Homoparentalités, état des lieux, parentés et différence des sexes*, Paris, ESF, 2000.

NEWTON David, *Gay and Lesbian Rights : a Reference Handbook (Contemporary World Issues)*, Santa Barbara, ABC-Clio, 1994.

TIN Louis-Georges (dir.), *Homosexualités, expression/répression*, Paris, Stock, 2000.

WATTS Tim, *Gay Couples and the Law : a Bibliography (Public Administrations Series P-2810)*, Monticello, Vance, 1990.

◆訳注・補遺の参考文献：

PAOLI ITABORAHY, Lucas, *State-sponsored Homophobia*, ILGA, May 2012.

▩シェパード

BERRILL Kevin, HEREK Gregory (dir.), *Hate Crimes : Confronting Violence Against Lesbians and Gay Men*, London, Sage Publications, 1992.

GIBSON Scott (dir.), *Blood and Tears : Poems for Matthew Shepard*, New York, Painted Leaf Press, 1999.

Human Rights Campaign, http://www.hrc.org.

KAUFMAN Moises, *The Laramie Project : a Play*, New York, Vintage, 2001.

LOFFREDA Beth, *Losing Matt Shepard : Life and Politics in the Aftermath of an Antigay Murder*, New York, Columbia Univ. Press, 2000.

MAMA Robin, SWIGONSKI Mary, WARD Kelly (dir.), *From Hate Crimes to Human Rights : a Tribute to Matthew Shepard*, Haworth Press, 2001.

▩自殺

BADEYAN Gérard, PARAYRE Claudine, « Suicides et tentatives de suicide en France, une tentative de cadrage statistique », *Études et résultats*, 2001, no 109.

BAUDELOT Christian, ESTABLET Roger, *Durkheim et le suicide*, Paris, PUF, collection « Philosophies », 1990.

BELL Alan, Weinberg Martin, *Homosexualités, Un rapport officiel sur les comportements homosexuels masculins et féminins*, Paris, Albin Michel, 1978.

BLUM Robert, FRENCH Simone, REMAFEDI Gary, RESNICK Michael, STORY Mary, « The Relationship between Suicide Risk and Sexual Orientation : Results of a Population-Based Study », *American Journal of Public Health*, 1998, 88 (1).

BOZON Michel, « Les Significations sociales des actes sexuels », *Actes de la Recherche en sciences sociales*, 1999, no 128.

CAROLI François, GUEDJ Marie-Jeanne, *Le Suicide*, Paris, Flammarion, collection « Dominos », 1999.

COCHAND Pierre, BOVET Pierre, « HIV Infection and Suicide Risk : an Epidemiological Inquiry among Male Homosexuals in Switzerland », *Social Psychiatry and Psychiatric Epidemiology*, 1998, 33 (5).

COCHRAN Susan, MAYS Vickie, « Lifetime Prevalence of Suicide Symptoms and Affective Disorders Among Men Reporting Same-Sex Sexual Partners », *American Journal of Public Health*, 2000, 90 (4).

DEBOUT Michel, *La France du suicide*, Paris, Stock, 2002.

DORAIS Michel, *Mort ou Fif. La face cachée du suicide chez les garçons*, Montréal, VLB Éditeur, 2001.

FERGUSSON David, HORWOOD John, BEAUTRAIS Annette, « Is Sexual Orientation Related to Mental-Health Problems and Suicidality in Young People ? », *Arch. Gen. Psychiatry*, 56, 1999.

« Gay Marais : Ghetto ou village ? », *Le Nouvel Observateur*, Paris - Île-de-France, 28 février - 6 mars 2002.

■検閲

BIER Christophe, *Censure-moi, Histoire du classement X en France*, Paris, L'Esprit frappeur, 2000.

BORY Jean-Louis, « Le Refus du masque », in *Arcadie*, novembre 1973, « L'Homophilie à visage découvert ».

BOSWELL John, *Christianity, Social Tolerance, and Homosexuality. Gay People in Western Europe from the Beginning of the Christian Era to the Fourteenth Century*, Chicago, The Univ. of Chicago Press, 1980. Trad. franç. : *Christianisme, tolérance sociale et homosexualité. Les homosexuels en Europe occidentale des débuts de l'ère chrétienne au xive siècle*, Paris, Gallimard, 1985［ジョン・ボズウェル『キリスト教と同性愛――1～14世紀西欧のゲイ・ピープル』大越愛子，下田立行訳，国文社，1990］.

CAMPARETTI Domenico, *Virgilio nel Medio Evo*, Livourne, 1872.

COURCELLE Pierre, *La Consolation de philosophie dans la tradition littéraire*, Paris, Éditions augustiniennes, 1967.

DOLLIMORE Jonathan, *Sex, Literature and Censorship*, Cambridge, Polity Press, 2001.

DOUIN Jean-Luc, *Dictionnaire de la censure au cinéma*, Paris, PUF, 1998.

FRANCKLIN Thomas, *The Works of Lucian*, London, T. Cadell, 1781.

MEYER Richard, *Outlaw Representation : Censorship and Homosexuality in Twentieth Century American Art*, New York - Oxford, Oxford Univ. Press, 2002.

ORY Pascal (dir.), *La Censure en France à l'ère démocratique (1848-...)*, Bruxelles, Éd. Complexe, 1997.

RUSSO Vito, *The Celluloid Closet. Homosexuality in the Movies*, New York, Harper & Row, 1987.

SERGENT Bernard, *L'Homosexualité dans la mythologie grecque*, Paris, Payot, 1984. Rééd. in *Homosexualité et initiation chez les peuples indo-européens*, Paris, Payot, 1996.

VIAU Théophile de, *Théophile en prison et autres pamphlets*, Utrecht, Jean-Jacques Pauvert, 1967.

■語彙

DELOR François, *Homosexualité, ordre symbolique, injure et discrimination : Impasses et destins des expériences érotiques minoritaires dans l'espace social et politique*, Bruxelles, Labor, 2003.

REY Alain (dir.), *Dictionnaire historique de la langue française*, Paris, Éd. Robert, 1998.

ÉRIBON Didier, *Réflexions sur la question gay*, Paris, Fayard, 1999.

GRAHN Judy, *Another Mother Tongue, Gay Words, Gay Worlds*, Boston, Beacon Press, 1990.

LARGUECHE Évelyne, *L'Injure à fleur de peau*, Paris, L'Harmattan, 1993.

LARGUECHE Évelyne, *Injure et sexualité*, Paris, PUF, 1997.

RODGERS Bruce, *Gay Talk. A (Sometimes Outrageous) Dictionary of Gay Slang*, anciennement intitulé *The Queens Vernacular*, New York, Paragon Books, 1979.

ROSIER Laurence, ERNOTTE Philippe, *Le Lexique clandestin, Français et Société 12*, Louvain-la-Neuve, Duculot, 2000.

■広告

CHASIN Alexandra, *Selling out : The Gay and Lesbian Movement Goes to Market*, New York, St Martin's Press, 2000.

Commercial Closet, http://www.commercialcloset.org［同性愛や同性愛嫌悪を描いている広告を調査するアメリカのウェブサイト］.

LEIGH Daniel, SUBODH Bhat, WARDLOW Daniel, « The Effects of Homosexual Imagery in Advertising on Attitudes towards the Ad », *Journal of Homosexuality*, vol. 31, nos 1-2.

MAINGUENEAU Dominique, *Analyser les textes de communication*, Paris, Dunod, 1998.

KATES Steven, *Twenty Million New Customers : Understanding Gay Men's Consumer Behaviour*, New York, The Haworth Press, 1998.

LUKENBILL Grant, *Untold Millions : Positioning your Business for the Gay and Lesbian Consumer Revolution*, New York, Harper Business, 1995.

MINOT Françoise, *Quand l'image se fait publicitaire. Approche théorique, méthode et pratique*, Paris, L'Harmattan, 2001.

MITTEAUX Valérie, « Les Marques *gay friendly* mais toujours honteuses », in *Culture Pub*, 2001, no 2.

YARTS, « Les Gays à la niche », http://www.yarts.fr www.yarts.fr.

■功利主義

BENTHAM Jeremy, *Essai sur la pédérastie*, Lille, Gaykitschcamp, 2003.

CROMPTON Louis, « Jeremy Bentham's Essay on "Paederasty" : An Introduction », *Journal of Homosexuality*, 1978, nos 3-4 et 4-1 (Fragments *in* CROMPTON Louis, *Byron and Greek Love*, Berkeley, Univ. of California Press, 1985).

HART H. L. A., *Law, Liberty and Morality*, Oxford, Oxford Univ. Press, « The Harry Camp Lectures », 1963.

LEROY-FORGEOT Flora, *Histoire juridique de l'homosexualité en Europe*, Paris, PUF, 1997.

LEROY-FORGEOT Flora, MECARY Caroline, *Le Couple homosexuel et le droit*, Paris, Odile Jacob, 2001.

■古代ギリシア

BROOTEN Bernadette J., *Love between Women, Early Christians Responses to Female Homoeroticism*, Chicago-London, Univ. of Chicago Press, 1996.

CANTARELLA Eva, *Selon la nature, l'usage et la loi. La bisexualité dans le monde antique*, Paris, La Découverte, 1991.

DOVER Kenneth J., *Homosexualité grecque*, Grenoble, La Pensée Sauvage, 1982.

HALPERIN David M., *Cent Ans d'homosexualité et autres essais sur l'amour grec*, Paris, EPEL, 2000［デイヴィッド・M・ハルプリン『同性愛の百年間――ギリシア的愛について』石塚浩司訳，法政大学出版局，1995］.

WINKLER John J., *The Constraints of Desire, Anthropology of Sex* and Gay gis in World War II », *in* CHAUNCEY George, DUBERMAN Martin, VICINUS Martha (dir.), *Hidden from History, Reclaiming the Gay and Lesbian Past*, New York, New American Library, 1989.

DOVER Kenneth, *Homosexualité grecque*, Paris, La Pensée Sauvage, 1982.

FROMAGET Georges, *Les Mesures de protection à l'égard des pervers qui s'engagent dans l'armée*, Lyon, Bosc frères, 1935.

GRAU Günther, *Hidden Holocaust ? Gay and Lesbian Persecution in Germany, 1933-1945*, London, Cassell & Cie, 1995.

GURY Christian, *L'Honneur perdu d'un capitaine homosexuel en 1880*, Paris, Kimé, 1999.

HALLEY Janet E., *Don't : A Reader's Guide to the Military's Anti-Gay Policy*, Durham, Duke Univ. Press, 1999.

HYAM Ronald, *Empire and Sexuality : The British Experience*, Manchester, Manchester Univ. Press, 1990［ロナルド・ハイアム『セクシュアリティの帝国——近代イギリスの性と社会』本田毅彦訳，柏書房，1998］.

ODOM William E., *The Collapse of the Soviet Military*, New Haven - London, Yale Univ. Press, 1998.

PORCH Douglas, *La Légion étrangère 1831-1962*, Paris, Fayard, 1994.

ROYNETTE Odile, *« Bons pour le service », l'expérience de la caserne en France à la fin du xixe siècle*, Paris, Belin, 2000.

WILLIAMS Colin, WEINBERG Martin, *Homosexuals and the Military. A Study of less than Honorable Discharge*, New York, Harper & Row, 1971.

ゲイ嫌悪

BOURDIEU Pierre, *La Domination masculine*, Paris, Le Seuil, 1998.

CAPITAN Colette, GUILLAUMIN Colette, « L'Ordre et le sexe : discours de gauche, discours de droite », *ProChoix*, 2002, no 20.

FOUREST Caroline, VENNER Fiammetta, *Les Anti-pacs ou la dernière croisade homophobe*, Paris, Prochoix, 1999.

HUYEZ Guillaume, « Dix Ans de ghetto : le quartier gay dans les hebdomadaires français », *ProChoix*, 2002, no 22.

RUBIN Gayle S. [1984], « Penser le sexe », *in* RUBIN Gayle, BUTLER Judith, *Marché au sexe*, Paris, EPEL, 2001.

警察

Amnesty International, *Breaking the Silence, Human Rights Violations Based on Sexual Orientation*, London, 1997.

BUHRKE Robin A., *Matter of Justice : Lesbian and Gay Men in Law Enforcement*, New York - London, Routledge, 1996.

CARLIER François, *Études de pathologie sociale : Les deux prostitutions*, Paris, E. Dentu, 1887.

GURY Christian, *L'Honneur perdu d'un politicien homosexuel en 1876*, Paris, Kimé, 1999.

GURY Christian, *L'Honneur perdu d'un capitaine homosexuel en 1880*, Paris, Kimé, 1999.

LEINEN Stephen, *Gay Cops*, New Brunswick, Rutgers Univ. Press, 1993.

LEVER Maurice, *Les Bûchers de Sodome*, Paris, Fayard, 1985.

PENISTON William A., « Love and Death in Gay Paris, Homosexuality and Criminality in the 1870s », *in* MERRICK Jeffrey, RAGAN Jr, BRYANT T. (dir.), *Homosexuality in Modern France*, Oxford, Oxford Univ. Press, 1996.

REY Michel, « Police et sodomie à Paris au xviiie siècle », *Revue d'histoire moderne et contemporaine*, Paris, 1982.

SEEL Pierre, *Moi, Pierre Seel, déporté, homosexuel*, Paris, Calmann-Lévy, 1994.

SIBALIS Michael David, « The Regulation of Male Homosexuality in Revolutionary and Napoleonic France, 1789-1815 », *in* MERRICK Jeffrey, RAGAN Jr, BRYAN T. (dir.), *Homosexuality in Modern France*, Oxford, Oxford Univ. Press, 1996.

TAMAGNE Florence, *Histoire de l'homosexualité en Europe 1919-1939*, Paris, Le Seuil, 2000.

TSANG Daniel C., « US Government Surveillance », *in* HAGGERTY George E. (dir.) *Gay Histories & Cultures*, New York - London, Garland, 2000.

WEEKS Jeffrey, *Coming Out, Homosexual Politics in Britain, from the Ninetenth Century to the Present Time*, London, Quartet Books, 1977.

刑務所

FAURE Michaël, MATHIEU Lilian, WELZER-LANG Daniel, *Sexualités et violences en prisons*, Lyon, Observatoire international des prisons / Aléas, 1996.

FOUCAULT Michel, *Surveiller et punir : naissance de la prison*, Paris, Gallimard, 1975［ミシェル・フーコー『監獄の誕生——監視と処罰』田村俶訳，新潮社，1977］.

GIRARD René, *Le Bouc émissaire*, Paris, Grasset, 1982.

GIRARD René, *La Route antique des hommes pervers*, Paris, Grasset, 1985.

HERZOG-EVANS Martine, *L'Intimité du détenu et de ses proches en droit comparé*, Paris, L'Harmattan, 2000.

LESAGE DE LA HAYE Jacques, *La Guillotine du sexe*, Paris, Les Éditions de l'Atelier.

MEMMI Albert, *Le Racisme*, Paris, Gallimard, 1982 et 1994［アルベール・メンミ『人種差別』菊地昌実，白井成雄訳，法政大学出版局，1996］.

MONNEREAU Alain, *La Castration pénitentiaire*, Paris, Éd. Lumière et Justice, 1986.

ゲットー

GALCERAIN Sébastien, RAZEMON Olivier, « Marais : la guérilla », *Illico*, décembre 1996.

HUYEZ Guillaume, « Dix Ans de ghetto : le quartier gay dans les hebdomadaires français », *ProChoix*, 2002, no 22.

LEVINE Martin P., « Gay Ghetto », *Journal of Homosexuality*, 1979, no 4.

MADESCLAIRE Tim, « Le Ghetto gay, en être ou pas ? », *Illico*, 1995.

MARTEL Fréderic, *Le Rose et le noir*, Paris, Le Seuil, 1996.

POLLAK Michael, « L'Homosexualité masculine, ou : le bonheur dans le ghetto ? », *Communications*, 1982, no 35, rééd. *in* ARIÈS Philippe, BÉJIN André (dir.), *Sexualités occidentales*, Paris, Le Seuil, 1984.

FINKIELKRAUT Alain, « Chroniques hebdomadaires », *France Culture.*

LEVINE Martin P., « Gay Ghetto », *Journal of Homosexuality*, 1979, no 4.

JULLIARD Jacques, « Chroniques hebdomadaires », *Le Nouvel Observateur.*

LÉVY Élisabeth, *Les Maîtres censeurs*, Paris, Jean-Claude Lattès, 2002.

MACÉ-SCARON Joseph, *La Tentation communautaire*, Paris, Plon, 2001.

MANGEOT Philippe, « Bonnes Conduites ? Petite histoire du "politiquement correct" », *Vacarme*, 1997, nos 1 et 2.

MARTEL Frédéric, *Le Rose et le Noir. Les homosexuels en France depuis 1968*, Paris, Le Seuil, 1996.

MURAY Philippe, *Chers Djihadistes*, Paris, Mille et une Nuits, « Fondation du 2 mars », 2002.

MURAY Philippe, *On ferme*, Paris, Les Belles Lettres, 1997.

NEWTON Esther, *Cherry Grove, Fire Island. Sixty Years in America's First Gay and Lesbian Town*, Boston, Beacon Press, 1993.

POLLAK Michael, « L'Homosexualité masculine, ou : le bonheur dans le ghetto ? », *Communications*, 1982, no 35 réédité *in* ARIÈS Philippe, BÉJIN André (dir.), *Sexualités occidentales*, Paris, Le Seuil, 1984.

POLLAK Michael, « Homosexualité et sida », *Une identité blessée*, Paris, Éd. Métailié, 1993.

SCHNEIDER Michel, *Big Mother --- Psychopathologie de la vie politique*, Paris, Odile Jacob, 2002.

TAGUIEFF Pierre-André, *Résister au bougisme. Démocratie forte contre mondialisation techno-marchande*, Paris, Mille et une Nuits, « Fondation du 2 mars », 2002.

■極右

ALGAZY Jean, *L'Extrême droite en France de 1965 à 1984*, Paris, L'Harmattan, 1989.

ARON Jean-Paul, KEMPF Roger, *Le Pénis et la démoralisation de l'Occident*, Paris, Grasset, 1978, rééd. : Le Livre de Poche, 1999.

CHEBEL D'APPOLLONIA Ariane, *L'Extrême droite en France de Maurras à Le Pen*, Bruxelles, Complexe, 1996.

FOUREST Caroline, *Foi contre Choix. La droite religieuse et le mouvement « prolife » aux États-Unis*, Paris, Éd. Golias, 2001.

HEWITT Andrew, *Political Inversions : Homosexuality, Fascism, and the Modernist Imaginery*, Stanford, Stanford Univ. Press, 1996.

LE BITOUX Jean, *Les Oubliés de la mémoire*, Paris, Hachette, 2002.

PETITFILS Jean-Claude, *L'Extrême droite en France*, Paris, PUF, « Que sais-je ? », 3e éd., 1995.

Ras l'Front, Dossier sur l'homophobie et l'extrême droite, www.raslFront.org/ txtresist/103.html.

◆訳注・補遺の参考文献：

岩見寿子「漱石から清順へ　ホモフォビアの近代」，四方田犬彦，斉藤綾子編『男たちの絆、アジア映画――ホモソーシャルな欲望』平凡社，2004，所収．

セジウィック，イヴ・K『男同士の絆――イギリス文学とホモソーシャルな欲望』上原早苗，亀澤美由紀訳，名古屋大学出版会，2001.

■グラーグ

AMALRIK Andrei, *Notes of a Revolutionary*, New York, Alfred A. Knopf, 1982.

KON Igor S., *The Sexual Revolution in Russia*, New York, The Free Press, 1995.

KOUZNETSOV Edouard, *Lettres de Mordovie*, Paris, Gallimard, 1981.

MOGUTIN Yaroslav, « Gay in the Gulag », *Index on Censorship*, London, 1995, 24 : 1.

STERN Mikhaïl et August, *Sex in the Soviet Union*, London, W. H. Allen, 1981.

■クローゼット／慎み

BERUBE Allan, *Coming out Under Fire, the History of Gay Men and Women in World War Two*, New York, Plume Penguin, 1990.

CHAUNCEY George, *Gay New York. Gender, Urban Culture and the Making of the Gay Male World, 1890-1940*, New York, Basic books, 1994.

FASSIN Éric, « "Out", la métaphore paradoxale », *in* TIN Louis-Georges (dir.), *Homosexualités : expression/répression*, Paris, Stock, 2000.

FINKIELKRAUT Alain, « Il faut résister au discours de la dénonciation », *Journal du sida*, 1995, no 72.

GROSS Larry, *Contested Closets, the Politics and Ethics of Outing*, Minneapolis-London, Minnesota Univ. Press, 1993.

GUILLEMAUT Françoise, « Images invisibles : les lesbiennes », *in* DORAIS Michel, DUTEY Pierre, WELZER-LANG Daniel, *La Peur de l'autre en soi, du sexisme à l'homophobie*, Montréal, VLB Éditeur, 1994.

HERDT Gilbert, BOXER Andrew, *Children of Horizons. How Gays and Lesbians Teens are Leading a New Way out of the Closet*, Boston, Beacon Press, 1993.

KOSOFSKY SEDGWICK Eve, *Epistemology of the closet*, Berkeley, Univ. of California Press, 1990［イヴ・コゾフスキー・セジウィック『クローゼットの認識論――セクシュアリティの 20 世紀』外岡尚美訳，青土社，1999］.

RUSSO Vito, *The Celluloid Closet : Homosexuality in the Movies*, New York, Harper & Row, 1987.

◆訳注・補遺の参考文献：

『セクシュアリティ基本用語事典』ジョー・イーディー編，金城克哉訳，明石書店，2006，p.245.

■軍隊

BECH Hennig, *When Men Meet, Homosexuality and Modernity*, Cambridge, Polity Press, 1997.

BERUBE Allan, *Coming Out under Fire : Lesbian and Gay Americans and the Military during World War II*, New York, The Free Press, 1989.

BERUBE Allan, « Marching to a Different Drummer : Lesbian

BORILLO Daniel, *L'Homophobie*, Paris, PUF, « Que sais-je ? », 2001.

FORTIN Jacques, *Homosexualités : l'adieu aux normes*, Paris, Textuel, 2000.

HERMAN Didi, *The Antigay Agenda*, Chicago, London, Univ. of Chicago Press, 1997.

HIRSCHMAN Albert O., *Deux Siècles de rhétorique réactionnaire*, Paris, Fayard, 1991.

HOCQUENGHEM Guy, *Le Désir homosexuel* [1972], Paris, Fayard, 2000.

▒共産主義

ARENAS Reinaldo, *Avant la nuit*, Paris, Julliard, 1992［レイナルド・アレナス『夜になるまえに』安藤哲行訳，国書刊行会，新装版，2001］.

ARGUELLES Lourdes, RICH Ruby, « Homosexuality, Homophobia, and Revolution : Notes Towards an Understanding of the Cuban Lesbian and Gay Male Experience », *Signs*, 1984 ; repr. *in* CHAUNCEY George, DUBERMAN Martin, VICINUS Martha, *Hidden from History, Reclaiming the Gay and Lesbian Past*, New York, Meridian, 1990.

DELPLA François, « Les Communistes français et la sexualité (1932-1938) », *Le Mouvement social*, 91, 1975.

FOURIER Charles, *Vers la liberté en amour*, textes choisis et présentés par Daniel Guérin, Paris, Gallimard, « Folio », 1975.

KARLINSKY Simon, « Russia's Gay Literature and Culture : The Impact of the October Revolution », *in* CHAUNCEY George, DUBERMAN Martin, VICINUS Martha, *Hidden from History, Reclaiming the Gay and Lesbian Past*, New York, Meridian, 1990.

KON Igor, *The Sexual Revolution in Russia : From the Age of the Tsars to Today*, New York, The Free Press, 1995.

PASQUALINI Jean, *Prisonnier de Mao, sept ans de camp de travail en Chine*, Paris, Gallimard, 1975.

VICHNEVSKI Anatoli, *La Faucille et le rouble. La Modernisation conservatrice en URSS*, Paris, Gallimard, 2000.

◆訳注・補遺の参考文献：

GLOBALPOST, www.globalpost.com/dispatch/news/regions/americas/cuba/120628/cubas-gay-rights-revolution

▒強制収容

BOISSON Jean, *Le Triangle rose*, Paris, Fayard, 1988.

CELSE Michel, Zaoui Pierre, « Négation, dénégation : la question des "triangles roses" », *in* MESNARD Philippe (dir.), *Conscience de la Shoah, critique des discours et des représentations*, Paris, Kimé, 2000.

CROMPTON Louis, « Gay Genocide from Leviticus to Hitler », *in* CREW Louis (dir.), *The Gay Academic*, Palm Springs, etc Publications, 1978.

DAUMET Charles-Henri, *Le Jour des roses rouges* [pièce radiophonique inspirée du témoignage de Pierre Seel], France Culture, 19 avril 1997.

EPSTEIN Rob, FRIEDMAN Jeffrey, *Paragraphe 175* [film reportage sur les derniers témoins de la déportation et de la persécution des homosexuels], ASC distribution, 1999.

GRAU Günther, *Hidden Holocaust, Gay and Lesbian Persecution in Germany, 1933-1945*, London, Cassell, 1995.

HAEBERLE Erwin, « Swastika, Pink Triangle, and Yellow Star : The Destruction of Sexology and the Persecution of Homosexuals in Nazi Germany », *in* CHAUNCEY George, DUBERMAN Martin, VICINUS Martha, *Hidden from History, Reclaiming the Gay and Lesbian Past*, New York, Meridian, 1990.

HEGER Heinz, *Les Hommes au triangle rose*, Paris, Persona, 1980［ハインツ・ヘーガー『ピンク・トライアングルの男たち――ナチ強制収容所を生き残ったあるゲイの記録 1939－1945』伊藤明子訳，パンドラ，1997］.

LE BITOUX Jean, *Les Oubliés de la mémoire*, Paris, Hachette, 2002.

MATHIAS Sean, *Bent* [adaptation filmique de la pièce de Martin SHERMAN, avec Lothaire BLUTEAU et Mick JAGGER], diffusion Chanel Four films, 1996.

MERCIER Claude, *Rapport gouvernemental français de la Fondation pour la Mémoire de la Déportation sur la déportation de Français pour homosexualité*, 2001.

Rapport international de la Pink Triangle Coalition à l'adresse de la Cour fédérale américaine, 2002.

SARCQ André, *La Guenille* [poème inspiré du témoignage de Pierre SEEL], Arles, Actes-Sud, 1995.

SEEL Pierre, *Moi Pierre Seel, déporté homosexuel*, Paris, Calmann-Lévy, 1994.

SEEL Pierre, entretien avec Daniel MERMET, « Là bas si j'y suis », *France Inter*, 14 avril 1993.

SHERMAN Martin, *Bent* [pièce de théâtre inspirée du témoignage de Heinz HAGGER], Martel, Éd. du Laquet,1996.

TAMAGNE Florence, *Histoire de l'homosexualité en Europe, Berlin, Londres, Paris, 1919-1939*, Paris, Le Seuil, 2000.

VAN DIJK Lutz, *La Déportation des homosexuels*, Paris, H & O Éditions, 2001.

www.chez.com/triangles, Site internet international sur la déportation homosexuelle.

▒共同体主義

Act Up - Paris, *Le Sida*, Paris, Éd. Dagorno, « Combien de divisions », 1994.

CHAUNCEY George, *Gay New York. Gender, Urban Culture and the Making of a Gay Male World, 1890-1940*, New York, Basic Books, 1994.

D'EMILIO John, *Sexual Politics, Sexual Communities. The Making of a Homosexual Minority in the United States, 1940-1970*, Chicago, Univ. of Chicago Press, 1983.

DELPHY Christine, « L'Humanitarisme républicain contre les mouvements homos », in *Politique : La revue*, 1997, no 5.

ÉRIBON Didier, *Réflexions sur la question gay*, Paris, Fayard, « Histoire de la pensée », 1999.

ÉRIBON Didier, *Papiers d'identité. Interventions sur la question gay*, Paris, Fayard, 2000.

FASSIN Éric, « Notre oncle d'Amérique », *Vacarme*, 2000, no 12.

FASSIN Éric, « L'Épouvantail américain : penser la discrimination française », *Vacarme*, 1997, nos 4/5.

◆ 訳注・補遺の参考文献：
PAOLI ITABORAHY, Lucas, *State-sponsored Homophobia*, ILGA, May 2012.

▨勧誘

BOUTIN Christine, *Le « Mariage » des homosexuels ? CUCS, PIC, PACS et autres projets législatifs*, Paris, Critérion, 1998.
FOUCAULT, *Les Anormaux, Cours au Collège de France*, Paris, Gallimard - Le Seuil, 1999［ミシェル・フーコー『異常者たち――コレージュ・ド・フランス講義1974-1975年度』,「ミシェル・フーコー講義集成」第5巻，慎改康之訳，筑摩書房，2002］.
FOUREST Caroline, *Foi contre choix, la droite religieuse et le mouvement « prolife » aux États-Unis*, Paris, Éd. Golias, 2001.
GIDE André, *Corydon*, Paris, Gallimard, 1926［「コリドン」伊吹武彦訳，『ジイド全集』第8巻，角川書店，1958，所収］.
HERMAN Didi, *The Antigay Agenda*, Chicago-London, Univ. of Chicago Press, 1997.
HIMMLER Heinrich, *Discours secrets*, Paris, Gallimard, 1978.
KRINSKY Charles, « Recruitment Myth », *in* HAGGERTY Georges E. (dir.), *Gay Histories and Cultures*, New York - London, Garland, 2000.
LÉCUYER, « La Notion juridique de couple », *Economica*, 1998.
LEVER Maurice, *Les Bûchers de Sodome*, Paris, Fayard, 1985.
Les Marges, mars-avril 1926, réédition dans les *Cahiers GaiKitschCamp*, Lille, 1993, no 19.
RICH Adrienne, « La Contrainte à l'hétérosexualité et l'existence lesbienne », *Nouvelles questions féministes*, 1981, no1.
SÉBASTIEN, *Ne deviens pas gay, tu finiras triste*, Éd. François-Xavier de Guibert, Paris, 1998.
TIN Louis-Georges, « L'Invention de la culture hétérosexuelle », in *Les Temps modernes*, 2003.
WITTIG Monique, *La Pensée straight* [1980], rééd., Paris, Balland, 2001.

▨寛容

BOSSUET, *Avertissements aux protestants* (notamment le 3o et le 6o), in *Œuvres complètes*, Paris, F. Lachat, 1962.
BOSWELL John, *Christianisme, tolérance sociale et homosexualité*, Paris, Gallimard, 1980［ジョン・ボズウェル『キリスト教と同性愛――1～14世紀西欧のゲイ・ピープル』大越愛子，下田立行訳，国文社，1990］.
DIDEROT, D'ALEMBERT, *L'Encyclopédie* (article « Tolérance »), Paris, Flammarion, 1986.
FOUCAULT Michel, *La Volonté de savoir*, Paris, Gallimard, 1976［ミシェル・フーコー「性の歴史」第1巻『知への意志』渡辺守章訳，新潮社，1986］.
HALPERIN David, *Saint Foucault*, Paris, EPEL, 2000.
LECLER Joseph, *Histoire de la tolérance au siècle de la Réforme*, Paris, Aubier-Montaigne, 1955.
LOCKE John, *Lettre sur la tolérance*, Paris, PUF, 1965［ジョン・ロック『寛容についての書簡』平野耿訳，朝日出版社，1971］.
THIERRY Patrick, *La Tolérance : société démocratique, opinions, vices et vertus*, Paris, PUF, 1997.
VOLTAIRE, « Tolérance », *Dictionnaire philosophique*, Paris, Garnier-Flammarion, 1964.
THOMAS D'AQUIN, *Summa theologiae* [1266-1272], Paris, Le Cerf, 1984.

▨北アメリカ

ADAM Barry, *The Rise of a Gay and Lesbian Movement*, Boston, Twayne Publishers, 1987.
ADAM Barry, DUYVENDAK Jan Willem, KROUWEL André, *The Global Emergence of Gay and Lesbian Politics. National Imprints of a Worldwide Movement*, Philadelphia, Temple, 1999.
BERUBE Allan, *Coming Out Under Fire*, New York, The Free Press, 1990.
CHAUNCEY George, *Gay New York : Gender, Urban Culture, and the Making of the Gay Male World, 1890-1940*, New York, Basic Books, 1994.
D'EMILIO John, *Sexual Politics, Sexual Communities*, Chicago-London, Univ. of Chicago Press, 1983.
DUBERMAN Martin, CHAUNCEY George, VICINUS Martha (dir.), *Hidden from History, Reclaiming the Gay and Lesbian Past*, New York, Meridian, 1989.
DUBERMAN Martin, *Stonewall*, New York, Dutton, 1993.
FITZGERALD Frances, *Cities on a Hill*, New York, Simon & Schuster, 1986.
FOUT John, *American Sexual Politics*, Chicago-London, Univ. of Chicago Press, 1993.
KATZ Jonathan (dir.), *Gay American History*.
KINSMAN Gary, *The Regulation of Desire : Sexuality in Canada*, Montreal, Black Rose Books, 1987.
MILLER Neil, *Out of the Past. Gay and Lesbian History from 1869 to the Present*, New York, Vintage, 1995.
MCLEOD Donald, *Lesbian and Gay Liberation in Canada : A Selected Annotated Chronology, 1964-1975*, Toronto, EDW Books, 1996.
SYLVESTRE Paul-François, *Bougrerie en Nouvelle France*, Hull, Éd. Asticou, 1983.
◆ 訳注・補遺の参考文献：
PAOLI ITABORAHY, Lucas, *State-sponsored Homophobia*, ILGA, May 2012.

▨キュスティーヌ

LUPPE marquis de, *Astolphe de Custine*, Monaco, Le Rocher, 1957.
MUHLSTEIN Anka, *Astolphe de Custine, le dernier marquis*, Paris, Grasset, 1996.

▨脅威

BERSANI Leo, *Homos*, Paris, Odile Jacob, 1995.
BRYANT Anita, *The Anita Bryant Story : The Survival of Our Nation's Families and the Threat of Militant Homosexuality*, Old Tappan, NJ, Fleming H. Revell, 1977.
BULL Chris, GALLAGHER John, *Perfect Enemies, The Religious Right, the Gay Movement, and the Politics of the 1990'*, New York, Crown Publishers, 1996.

Montréal, VLB, 1994.
TORT Michel, « Homophobies psychanalytiques », *Le Monde*, 15 octobre 1999.
WESTON Kath, *Families we choose : Lesbians, Gays, and Kinship*, New York, Columbia Univ. Press, 1991.

▓学校

CARON Jean-Claude, *À l'école de la violence, Châtiments et sévices dans l'institution scolaire au xixe siècle*, Paris, Aubier, 1999.
CLAUZARD Philippe, *Conversations sur l'homo(phobie), L'Éducation comme rempart contre l'exclusion*, Paris, L'Harmattan, 2002.
CORLETT William, *Now and Then*, London, Abacus, 1995.
DANET Jean, *Homosexualités et droit*, Paris, PUF, 1998.
ÉRIBON Didier, *Réflexions sur la question gay*, Paris, Fayard, 1999.
ÉRIBON Didier, *Michel Foucault*, Paris, Flammarion, 1989［ディディエ・エリボン『ミシェル・フーコー伝』，田村俶訳，新潮社，1991］.
ÉRIBON Didier (dir.), *Les Études gay et lesbiennes*, Paris, Éditions du Centre Pompidou, 1998.
FERNANDEZ Dominique, *L'Étoile rose*, Paris, Grasset, 1978［ドミニック・フェルナンデス『薔薇色の星』岩崎力訳，早川書房，1983］.
GATHORNE-HARDY Jonathan, *The Public-School Phenomenon*, London, Hodder & Stoughton, 1977.
HARBECK Karen (dir.), *Coming out of the Classroom Closet : Gay and Lesbian Students, Teachers and Curricula*, New York, Haworth Press, 1992.
HARBECK Karen, *Gay and Lesbian Educators : Personal Freedom, Public Constraints*, Malden, Amethyst Publications, 1997.
HARRIS Simon, *Lesbian and Gay Issues in the English Classroom : The Importance of Being Honest*, Milton Keynes, Open Univ. Press, 1990.
JENNINGS Kevin (dir.), *One Teacher in Ten : Gay and Lesbian Educators Tell Their Stories*, Boston, Alyson Publications, 1994.
MCNARON Toni, *Poisoned Ivy, Lesbian and Gay Academics Confronting Homophobia*, Philadelphie, Temple Univ. Press, 1997.
MONETTE Paul, *Becoming A Man, Half a Life Story*, London, Abacus, 1994.
MUSIL Robert, *Les Désarrois de l'élève Törless*, Vienne, Wiener Verlag, 1906［ローベルト・ムージル「テルレスの惑乱」鎌田道生，久山秀貞訳，『ムージル著作集』第７巻，松籟社，1995，所収］.
PEYREFITTE Roger, *Les Amitiés particulières*, Marseille, J. Vigneau, 1943.
TAMAGNE Florence, *Histoire de l'homosexualité en Europe, Berlin, Londres, Paris, 1919-1939*, Paris, Le Seuil, 2000.
THIERCE Agnès, *Histoire de l'adolescence (1850-1914)*, Paris, Belin, 1999.

▓カトリック

Congrégation pour la doctrine de la foi, « *Persona humana. Déclaration sur quelques questions d'éthique sexuelle* », in *La Documentation catholique*, 1976.
Congrégation pour la doctrine de la foi, *Au sujet des propositions de loi sur la non-discrimination des personnes homosexuelles*, in *La Documentation catholique*, 1992, no 2056.
FUREY Pat, GRAMMICK Jeanine (dir.), *The Vatican and Homosexuality*, New York, Crossroad, 1988.
MARINELLI Luigi, *Le Vatican mis à nu*, Paris, Robert Laffont, 2000.
MELTON Gordon, *The Churches Speak on Homosexuality*, Detroit, Gale Research, 1991.
Osservatore romano, organe de presse officielle du Vatican.
SARFATI Georges-Elia, *Le Vatican et la Shoah ou comment l'Église s'absout de son passé*, Paris, Berg International, 2000.
WEIGEL Georges, *Jean-Paul II, témoin de l'espérance*, Paris, Jean-Claude Lattès, 1999.

▓カリカチュア

BAECQUE Antoine de, *La Caricature révolutionnaire*, Paris, Presses du cnrs, 1988.
CAMERON Vivian, « Political Exposures : Sexuality and Caricature in the French Revolution », *in* HUNT Lynn (dir.), *Eroticism and the Body Politic*, Baltimore, John Hopkins Univ. Press, 1991.
COLLWILL Elizabeth, « Les Crimes de Marie-Antoinette : images d'une femme mutine dans le discours révolutionnaire », *in* BRIVE Marie-France (dir.), *Les Femmes et la Révolution*, Toulouse, Presses Universitaires du Mirail, 1990.
Dames seules, texte de Maryse CHOISY, illustrations de Vertès ; rééd. : Question de Genre / Gay Kitsch Camp, Lille, 1995, avec une préface de Nicole ALBER.
Derrière « Lui » (l'homosexualité en Allemagne) ; rééd. : Question de Genre/gkc, Lille, 1992, suivi de « Iconographie d'un scandale, les caricatures politiques et l'affaire Eulenburg » par James STEAKLEY.
HIRSCHFELD Magnus, *Les Homosexuels de Berlin*, 1908.
ROELLIG Ruth Margarete, *Les Lesbiennes de Berlin*, 1928 volume double augmenté d'annexes importantes ; rééd. : Question de genre/gkc, Lille, 2000, avec une préface de Patrick CARDON.
● 表紙や本文挿絵に、同性愛嫌悪のカリカチュアを掲載したフランスの大衆小説：
ANDRÉ Paul et Henri SÉBILLE, *Messieurs ces dames*, Albin Michel, s.d.
BANDOL Jacques de, *Féminisé*, Brenet éd., 1922.
CHARLES-ÉTIENNE, *Léon dit Léonie*, Libraire des Lettres, 1922.
CHERVEIX J. de, Dr., *Amour inverti*, Brenet éd., 1907.
D'ESSAC Jean, *Billy*, 1937
MAX DES VIGNONS, *Frédi s'amuse*, Librairie artistique, 1929.
MAX DES VIGNONS, *Fredi en ménage*, Librairie artistique, 1929.
MAX DES VIGNONS, *Fredi à l'école*, Librairie artistique, 1929.

1990.
LA GORCE Jérôme de, *Jean-Baptiste Lully*, Paris, Fayard, 2002.
LISCHKE André, *Piotr Ilyitch Tchaïkovski*, Paris, Fayard, 1993.
THOMAS Gary C., « Was George Frideric Handel Gay ? On Closet Questions and Cultural Politics », *in* BRETT Philip, WOOD Elizabeth, THOMAS Gary C. (dir.), *Queering the Pitch, The New gay and Lesbian Musicology*, New York, Routledge, 1994.
SEGRESTAA Jean-Noël, « L'Opéra des gais », *Triangul'ère*, 2001, no 2.
SOLIE Ruth A. (éd.), *Musicology and Difference, Gender and Sexuality in Music Scholarship*, Berkeley, Univ. of California Press, 1993.
WOOD Elizabeth, « Lesbian Fugue : Ethel Smyth's Contrapuntal Arts », *in* SOLIE Ruth A. (dir.), *Musicology and Difference, Gender and Sexuality in Music Scholarship*, Berkeley, Univ. of California Press, 1993.
WOOD Elizabeth, « Sapphonic », *in* BRETT Philip, THOMAS Gary C., WOOD Elizabeth (dir.), *Queering the Pitch, The New Gay and Lesbian Musicology*, New York, Routledge, 1994.
●ディスコグラフィー：
BACCARDI Pit, LA PESTE Disiz, ROHFF *et al.*, *Mission suicide*, « Rap de barbares », 2001.
BRITTEN Benjamin, *Albert Herring* ; B. BRITTEN (dir.), DECC 421 849-2LH2.
BRITTEN Benjamin, *Billy Budd* ; Kent NAGANO (dir.), Erato 3984-21631-2.
BRITTEN Benjamin, *Peter Grimes*, Chorus and Orchestra of Covent Garden ; B. HAITINK (dir.), EMI 7 54832 2.
BRITTEN Benjamin, *The Turn of Screw* ; Colin DAVIS (dir.), Philipps 446 325-2.
CAVALLI Francesco, *La Calisto*, Concerto vocale ; R. JACOBS, (dir.), HMC 901515.17.
CHARPENTIER Marc-Antoine, *David et Jonathas*, Les Arts florissants ; W. CHRISTIE, (dir.), HMC 901289.90.
EMINEM, *The Marshall Mathers*, 2001, Aftermath Records 493 062-2.
ELTON John, *Songs of the Weast Coast*, « American Triangle », Mercury 586 330-2.
LUNATIC, *Mauvais œil*, « Le Son qui met la pression », 2000.
PASSI, *Genèse*, « 7 société va mal », 2000.
ROHFF, *La Vie avant la mort*, « Rap info », 2001.
SARDOU Michel, *Intégrale 1965-1995*, vol. 2, vol. 4, Trema.
SMETANA Bedrich, *Dalibor*, dir. Zdenek KOSLER, Supraphon, SU 0077-2 632.

■階級

BORRILLO Daniel, LASCOUMES Pierre (dir.), *L'Homophobie, comment la définir, comment la combattre*, Paris, Éd. Prochoix, 1999.
BOURDIEU Pierre, *La Distinction*, Paris, Minuit, 1970［ピエール・ブルデュー『ディスタンクシオン——社会的判断力批判』石井洋二郎訳，藤原書店，1990］.
CHAUNCEY George, *Gay New York. Gender, Urban Culture and the Making of the Gay Male World, 1890-1940*, New York, Basic Books, 1994.
D'EMILIO John, « Capitalism and Gay Identity », *in* ABELOVE Henri, BARALE Michèle Aina, HALPERIN David (dir.), *The Lesbian and Gay Reader*, New York, Routledge, 1993.
FASSIN Éric, « Sexe, mensonge et veto », entretien avec Jean-Marie DURAND et Joseph GHOSN, *Les Inrockuptibles*, no 247, 13-19 juin 2000.
GRIGNON Claude, PASSERON Jean-Claude, *Le Savant et le populaire. Misérabilisme et populisme en sociologie et en littérature*, Paris, Gallimard - Le Seuil, « Hautes Études », 1989.
HOGGART Richard, *La Culture du pauvre*, Paris, Minuit, 1970.
POLLAK Michael, « L'Homosexualité masculine, ou : le bonheur dans le ghetto ? », *Communication*, no 35, 1982.
RAFFO Susan (dir.), *Queerly Classed : Gay Men and Lesbians Write About Class*, Boston, South & Press, 1997.

■家族

AGACINSKI Sylviane, *Politique des sexes*, Paris, Le Seuil, 1998［シルヴィアンヌ・アガサンスキー『性の政治学』丸岡高弘訳，産業図書，2008］.
ANATRELLA Tony, préface à LECLERC Gerard, *L'Amour en morceaux*, Paris, Presses de la Renaissance, 2000.
BERNSTEIN Robert, *Straight Parent/Gay Children : Keeping Families Together*, New York, Thunder's Mouth Press, 1995.
BORRILLO Daniel, FASSIN Éric, IACUB Marcela (dir.), *Au-delà du PaCS, l'expertise familiale à l'épreuve de l'homosexualité*, Paris, PUF, 1998.
BOUTIN Christine, *Le « Mariage » des homosexuels ? CUCS, PIC, PACS et autres projets législatifs*, Paris, Critérion, 1998.
BOZETT Frederick W., SUSSMAN Marvin B. (dir.), *Homosexuality and Family Relationships*, New York, Harrington Park Press, 1996.
CARRINGTON Christopher, « No Place like Home : Relationships and Family Life among Lesbians and Gay Men », *Journal of Homosexuality*, vol. 42, 2.
CLAUZARD Philippe, *Conversations sur l'homo(phobie). L'Éducation comme rempart contre l'exclusion*, Paris, L'Harmattan, 2002.
DESFOSSE Bertrand, DHELHEMMES Henri, FRAÏSSE Christèle, RAYMOND Adeline, *Pour en finir avec Christine Boutin, aspects moraux, juridiques et psychologiques du rejet des homosexuels*, Paris, H & O Éditions, 1999.
FERNANDEZ Dominique, *Le Loup et le chien, un nouveau contrat social*, Paris, Pygmalion, 1999.
LENSEL Denis, LAFOND Jacques, *La Famille à venir, une réalité menacée mais nécessaire*, Paris, Economica, 2000.
LEROY-FORGEOT Flora, « Nature et contre nature en matière d'homoparentalité », in *Homoparentalité, États des lieux*, colloque APGL, Paris, ESF, 2000.
NADAUD Stéphane, *L'Homoparentalité, une chance pour la famille ?*, Paris, Fayard, 2002.
RYAN Bill, FRAPPIER Jean-Yves, « Quand l'autre en soi grandit : les difficultés à vivre l'homosexualité à l'adolescence », *in* DORAIS Michel, DUTEY Pierre, WELZER-LANG Daniel (dir.), *La Peur de l'autre en soi. Du sexisme à l'homophobie*,

WATNEY Simon, *Policing the Desire : Aids, Pornography, and the Media*, Minneapolis, Univ. of Minnesota Press, 1989.

▒ＳＯＳホモフォビア

ADAM Barry D., DUYVENDAK Jan Willem, KROUWEL André (dir.), *The Global Emergence of Gay and Lesbian Politics : National Imprints of a Worldwide Movement*, Philadelphia, Temple Univ. Press, 1999.

DUYVENDAK Jan Willem, *Le Poids du politique. Nouveaux mouvements sociaux en France*, Paris, L'Harmattan, 1994.

FHAR, *Rapport contre la normalité*, Paris, Éditions Champ libre, 1971.

THOMPSON Mark (dir.), *The Long Road to Freedom : The Advocate History of the Gay and Lesbian Movement*, New York, St Martin's, 1994.

Working for Lesbian and Gay Members, guide publié conjointement par Public Services International et Education International, Bruxelles, 1999.

SOS homophobie, *Rapport sur l'homophobie*, Paris, 1997, 1998, 1999, 2000, 2001, 2002.

▒オイレンブルク事件

HULL Isabel V., *The Entourage of Kaiser Wilhelm II, 1888-1918*, Cambridge, Cambridge Univ. Press, 1982.

STEAKLEY James D., « Iconography of a scandal ; political cartoons and the Eulenburg Affair in Wilhelmin Germany », *in* CHAUNCEY George, DUBERMAN Martin, VICINUS Martha, *Hidden from History, Reclaiming the Gay and Lesbian Past*, London, Penguin Books, 1989.

▒王弟殿下

Princesse Palatine, *Lettres de Madame, duchesse d'Orléans*, éd. O. Amiel, Paris, Mercure de France, 1981.

ERLANGER Philippe, *Monsieur, frère de Louis XIV* [1953], Paris, Perrin, 1981.

GODARD Didier, *Le Goût de Monsieur, l'homosexualité masculine au xviie s.*, Montblanc, H & O Éditions, 2002.

▒オセアニア

ALDRICH Robert, WOTHERSPOON Garry (dir.), *Gay Perspectives : Essays in Australian Gay Culture*, Sidney, Univ. of Sidney Press, 1996.

BEYER Georgina, CASEY Cathy, *Change for the Better : the Story of Georgina Beyer*, Auckland, Random House, 1999.

COMSTOCK Gary, « Developments - Sexual Orientation and the Law », *Harvard Law Review*, 1989, nos 102, 1541-1554.

GLAD, *Not a Day Goes By : Report on the glad Survey into Discrimination and Violence Against Lesbians and Gay Men in Victoria*, Gay Men and Lesbians Against Discrimination (GLAD), Melbourne, 1994.

HERDT Gilbert, « Ritualised Homosexual Behaviour in the Male Cults of Melanesia, 1862-1983 », *in* HERDT Gilbert (dir.), *Ritualised Homosexuality in Melanesia*, Berkeley, Univ. of California Press, 1993.

HODGE Dino, *Did you Meet any Malagas ? A Homosexual History of Australia's Tropical Capital*, Darwin, Little Gem Publications, 1993.

MURRAY Stephen, *Oceanic Homosexualities*, New York, Garland, 1992.

New South Wales Attorney General's Department, *Review of the « Homosexual Advance Defence »*, Sidney, New South Wales Attorney General's Department, 1996.

PLUMMER David, *One of the Boys : Masculinity, Homophobia and Modern Manhood*, New York, Haworth Press, 1999.

PLUMMER David, « Policing Manhood : New Theories about the Social Significance of Homophobia », *in* WOOD Carl (dir.), *Sexual Positions : an Australian View*, Melbourne, Hill of Content-Collins, 2001.

SANDROUSSI Jewly, THOMPSON Sue, *Out of the Blue : A Police Survey of Violence and Harassment against Gay Men and Lesbians*, Sydney, New South Wales Police Service, 1995.

TOMSEN Stephen, « Hatred, Murder and Male honour : Gay Homicides and the "Homosexual Panic Defence" », *Criminology Australia*, 6 (2), 1994.

TOMSEN Stephen, « Was Lombroso Queer ? Criminology, Criminal Justice and the Heterosexual Imaginary », *in* MASON Gail, TOMSEN Stephen (dir.), *Homophobic violence*, Sydney, Hawkins Press, 1997.

WOTHERSPOON Gary, « Les Interventions de l'État contre les homosexuels en Australie durant la Guerre Froide », *in* MENDES-LEITE Rommel (dir.), *Sodomites, invertis, homosexuels. Perspectives historiques*, Lille, *Cahiers Gai Kitsch Camp*, 1994.

www.ilga.org, International Lesbian and Gay Association, Brussels (accessed 1/5/02), *ILGA World Legal Survey*.

◆訳注・補遺の参考文献：

PAOLI ITABORAHY, Lucas, *State-sponsored Homophobia*, ILGA, May 2012.

▒音楽

BONNET Marie-Jo, *Les Relations amoureuses entre les femmes*, Paris, Odile Jacob, 1995.

BRETT Philip, THOMAS Gary C., WOOD Elizabeth (dir.), *Queering the Pitch, The New gay and Lesbian Musicology*, New York, Routledge, 1994.

BRETT Philipp, « Musicality, Essentialism, and the Closet », *in* BRETT Philip, WOOD Elizabeth, THOMAS Gary C. (dir.), *Queering the Pitch, The New gay and Lesbian Musicology*, New York, Routledge, 1994.

BRETT Philipp, « Britten's Dream », *in* SOLIE Ruth A. (dir.), *Musicology and Difference, Gender and Sexuality in Music Scholarship*, Berkeley, Univ. of California Press, 1993.

DE GAULLE Xavier, *Benjamin Britten ou l'impossible quiétude*, Arles, Actes Sud, 1996.

DUNETON Claude, *Histoire de la chanson française*, vol. 1 : *Des origines à 1780*, Paris, Le Seuil, 1998.

GARBER Éric, « A Spectacle in Color : the Lesbian and Gay Subculture of Jazz Age Harlem », *in* CHAUNCEY George, DUBERMAN Martin, VICINUS Martha, *Hidden from History : Reclaiming the Gay and Lesbian Past*, New York, Meridian,

MARTIN Thierry, *Villon : Ballades en argot homosexuel*, Paris, Mille et une Nuits, 1998.

MARTINEAU-GENIEYS Christine, « L'Homosexualité dans *Le Lais* et *Le Testament* de François Villon », *Conformité et déviances au Moyen Âge, Les Cahiers du CRISIMA*, no 2, Montpellier, Université Paul-Valéry, 1995.

Villon hier et aujourd'hui, Actes du colloque pour le 35e anniversaire de l'impression du Testament *de Villon*, Bibliothèque de la Ville de Paris, 15-17 décembre 1989, Paris, 1993.

● フランソワ・ヴィヨンの作品：

VILLON François, *Poésies complètes* (éd. Claude Thiry), Paris, Le Livre de Poche, 1991.

■映画

ANGER Kenneth, *Hollywood Babylon*, New York, Dell, 1975［ケネス・アンガー『ハリウッド・バビロン』明石三世訳，リブロポート，1989，91］.

BAKSHI Sandeep, « Soupçon d'un espace alternatif : étude de deux films du cinéma parallèle en Inde », *Inverses*, no 2.

BOURNE Stephen, *Brief Encounters : Lesbians and Gays in British Cinema, 1930-1971*, London, Cassel, 1996.

BOZE Hadleigh, *Hollywood Lesbians*, New York, Barricade books, 1996.

DOUIN Jean-Luc, *Dictionnaire de la censure au cinéma*, Paris, PUF, 1998.

DOUIN Jean-Luc, *Films à scandales*, Paris, Chêne, 2001.

DOUIN Jean-Luc, *Les Écrans du désir*, Paris, Chêne, 2000.

DURGNAT Raymond, *Sexual Alienation in the Cinema. The Dynamiques of Sexuel Freedom*, London, Studio Vista, 1972.

DYER Richard, *Now You See It : Studies in Lesbian and Gay Film*, New York, Routledge, 1990.

EHREINSTEIN David, *Open secret : Gay Hollywood, 1928-1998*, New York, William Morrow & Co., 1998.

GARSI Jean-François, « Cinémas homosexuels », *Cinémaction* no 15, Papyrus, 1981.

GROSSMAN Andrew, *Queer Asian cinema. Shadows in the Shade*, Binghamton, Harrington Park Press, 2000.

http:/www/lib.berkeley.edu/MRC/ GayBib.html.

JABLONSKI Olivier, « De l'ouverture du ghetto à la dépolitisation. Les festivals de films gais et lesbiens en France en questions », *Revue H*, no 5/6, 1997.

KIRKHAM Pat, THUMIM Janet, *You Tarzan. Masculinity, Movies and Men*, London, Lawrence & Wishart, 1993.

KIRKHAM Pat, THUMIM Janet, *Me Jane, Masculinity, Movies and Women*, London, Lawrence & Wishart, 1995.

LERATON René-Paul, *Gay Porn. Le film porno gay : histoire, représentations et construction d'une sexualité*, Montblanc, H & O Éditions, 2002.

LAURETIS Teresa de, *Technologies of Gender : Essays in Theory, Film, and Fiction*, Bloomington, Indiana Univ. Press, 1987.

LENNE Gérard, *Le Sexe à l'écran*, Paris, Artefact, 1978.

MENICUCCI Garay, « Unlocking the Arab Celluloid Closet, Homosexuality in Egyptian Film », www.merip.org/mer/mer206/egyfilm.htm.

MURRAY Raymond, *Images in the Dark. An Encyclopedia of Gay and Lesbian Film and Video*, Philadelphia, TLA Publications, 1995.

OLSON Jenni, *The Ultimate Guide to Lesbian & Gay Film and Video*, New York - London, Serpent's Tail, 1996.

PHILBERT Bertrand, *L'Homosexualité à l'écran*, Paris, Charles Veyrier, 1984.

ROEN Paul, *A Gay Guide to Camp and Cult Films* (2 vol.), San Francisco, Leyland Publications, 1994-1997.

RUSSO Vito, *The Celluloid Closet (Revised Édition), Homosexuality in the movies*, New York, Harper & Row, 1987.

STRAAYER Chris, *Deviant Eyes, Deviant Bodies. Sexual Re-Orientation in Film and Video*, New York, Columbia Univ. Press, 1996.

SUAREZ Juan A., *Bike Boys, Drag Queens and Superstars. Avant-Garde, Mass Culture, and Gay Identities in the 1960s Underground Cinema*, Bloomington-Indianapolis, Indiana Univ. Press, 1996.

TASKER Yvonne, *Spectacular Bodies. Gender, Genre and the Action Cinema*, New York, Routledge, 1993.

TYLER Parker, *Screening the Sexes : Homosexuality in the Movies*, New York, Anchor Books, 1973.

WAUGH Thomas, *The Fruit Machine. Twenty Years of Writings on Queer Cinema*, Durham-London, Duke Univ. Press, 2000.

■エイズ

Act Up - Paris, *Le Sida*, Paris, Dagorno, « Combien de divisions », 1994.

AIDES, Journal *Remaide*.

ANATRELLA Tony, *Non à la société dépressive*, Paris, Flammarion, 1993.

BAUDRILLARD Jean, *La Transparence du mal, Essai sur les phénomènes extrêmes*, Paris, Galilée, « L'espace critique », 1990.

EDELMANN Frédéric (dir.), *Dix Clefs pour comprendre l'épidémie. Dix années de lutte contre le sida*, Paris, Le Monde Éditions, 1996.

FEE Elizabeth, FOX Daniel M. (dir.), *AIDS : the Burden of History*, Berkeley, Univ. of California Press, 1988.

GUIBERT Hervé, *À l'ami qui ne m'a pas sauvé la vie*, Paris, Gallimard, 1990.

GROSS Larry, *Contested Closets, the Politics and Ethics of Outing*, Minneapolis et London, Minnesota Univ. Press, 1993.

KRAMER Larry, *Report from the Holocaust, The Making of an Activist*, New York, St Martin's Press, 1989.

MENDES-LEITÉ Rommel, *Chroniques socioanthropologiques au temps du sida, Trois essais sur les (homo)sexualités masculines*, Paris, L'Harmattan, 2000.

PINELL Patrice (dir.), *Une épidémie politique. La lutte contre le sida en France, 1981-1996*, Paris, PUF, « Science, Histoire et Société », 2002.

POLLAK Michael, *Les Homosexuels et le sida. Sociologie d'une épidémie*, Paris, Métailié, 1988.

POLLAK Michaël, SCHILTZ Marie-Ange, *Les Homo- et bisexuels masculins face au Sida. Six années d'enquête*, Paris, GSPM, 1991.

Dictionnaire historique de la langue française, Paris, Le Robert, 1998.

GAIGNEBET Claude, LAJOUX Dominique, *Art profane et religion populaire au Moyen Âge*, Paris, PUF, 1985.

LEVER Maurice, *Les Bûchers de Sodome*, Paris, Fayard, 1985.

▩異端審問

BENNASSAR Bartolomé, *L'Inquisition espagnole xve-xixe siècle*, Paris, Hachette, 1979.

BENNASSAR Bartolomé, *Histoire du Brésil 1500-2000*, Paris, Fayard, 2000.

BURMAN Edward, *Supremely Abominable Crimes : the Trial of the Knights Templar*, London, Allison & Busby, 1996.

CARRASCO Raphaël, *Inquisición y Represión sexual en Valencia*, Barcelona, Laertes, 1986.

CARRASCO Raphaël, « Le Châtiment de la sodomie sous l'Inquisition (xvie-xviie siècle) », *Mentalités*, Paris, 1989, no 3.

FERNANDEZ André, *Au nom du sexe*, Paris, L'Harmattan (à paraître).

GARCÍA CÁRCEL Ricardo, MORENO MARTÍNEZ Doris, *Inquisición*, Madrid, Historia crítica, 2000.

MOTT Luiz, « Justitia et Misericordia : a Inquisição portuguesa e repressão a nefando pecado de sodomia », Paris, CIDH, 1990.

SPENCER Colin, *Histoire de l'homosexualité, de l'Antiquité à nos jours*, Paris, Le Pré aux Clercs, 1998.

VAINFAS Ronal, « Tropico dos pecados : moral, sexualidad e inquisição no Brasil » in *Dicionário do Brasil Imperial*, Rio de Janeiro, Campus, 1989.

▩遺伝学

ALLEN Garland, « The Double Edged Sword of Genetic Determinism. Social and Political Agendas in Genetic Studies of Homosexuality, 1940-1994 », *in* VERNON Rosario (dir.), *Science and Homosexualities*, New York - London, Routledge, 1997.

DORAIS Michel, « La Recherche des causes de l'homosexualité : une science-fiction ? », *in* DORAIS Michel, DUTEY Pierre, WELZER-LANG Daniel (dir.), *La Peur de l'autre en soi, du sexisme à l'homophobie*, Montréal, vlb Éditeurs, 1994.

LEVAY Simon, *Queer Science*, Cambridge, mit Press, 1996［S・ルベイ『クィア・サイエンス――同性愛をめぐる科学言説の変遷』伏見憲明監修，玉野真路，岡田太郎訳，勁草書房，2002］.

SCHUKLENK Udo, « Is Research Into The Cause(s) of Homosexuality Bad for Gay People ? », *Christopher Street*, 1993, no 208.

SCHUKLENK Udo, « Scientific Approaches to Homosexuality », *in* HAGGERTY George E. (dir.), *Gay Histories and Cultures : An Encyclopedia*, vol. II, New York - London, Garland Publishing Inc., 2000.

▩インド・パキスタン・バングラデシュ

BAKSHI Sandeep, « Soupçon d'un espace alternatif : étude de deux films du cinéma parallèle en Inde », *Inverses*, 2002.

DOWSETT Gary, « Men Who Have Sex With Men In Bangladesh », in *Pukaar 27*, Naz Foundation International, http://www.nazfoundint.com.

FERNANDEZ Bina (dir.), *Humjinsi --- A Resource Book On Lesbian, Gay and Bisexual Rights In India*, Bombay, India Centre For Human Rights And Law, 2002.

HUMSAFAR Trust, *Looking Into The Next Millennium --- Conference Report*, Bombay, Humsafar Trust, 2000.

International Lesbian & Gay Association, « World Legal Survey », ILGA, http://www.ilga.org, 1999.

MURRAY Stefen O., ROSCOE Will (dir.), *Islamic Homosexualities. Culture, History and Literature*, New York - London, New York Univ. Press, 1997.

NANDA Serera, « Hijiras as neither Man nor Woman », *in* ABELOVE Henry, AINA BARALE Michèle, HALPERIN David (dir.), *The Lesbian and Gay Studies Reader*, New York - London, Routledge, 1993.

PATTANAIK Devdutt, « Homosexuality in Ancient India », in *Debonair*, Anniversary Issue, 2001.

PATTANAIK Devdutt, *The Man Who Was A Woman And Other Queer Tales From Hindu Lore*, New York, Harrington Park Press, 2002.

People's Union For Civil Liberties, Karnataka, *Human Rights Violations Against Sexuality Minorities In India*, Bangalore, PUCL-K, s.d.

RATTI Rakesh (dir.), *A Lotus of Another Color : an Unfolding of the South Asian Gay and Lesbian Experience*, Boston, Alyson Publications, 1993.

RENOUARD Michel, *Les Castrats de Bombay*, Quimper, Éd. Alain Bargain, 1997.

VANITA Ruth, KIDWAI Saleem, *Same Sex Love In India --- Readings From Literature And History*, Delhi, Macmillan India Ltd., 2002.

◆訳注・補遺の参考文献：

PAOLI ITABORAHY, Lucas, *State-sponsored Homophobia*, ILGA, May 2012.

▩ヴィオ

ADAM Antoine, *Théophile de Viau et la libre pensée française en 1620*, Paris, Droz, 1935 ; Genève, Slatkine Reprints, 1965.

GODARD Didier, *Le Goût de Monsieur. L'homosexualité masculine au xviie siècle*, Montblanc, H & O Éditions, 2002.

LACHEVRE Frédéric, *Le Libertinage devant le Parlement de Paris. Le Procès du poète Théophile de Viau*, Paris, Champion, 1909.

LEVER Maurice, *Les Bûchers de Sodome*, Paris, Fayard, 1985.

SABA Guido, *Fortunes et infortunes de Théophile de Viau, histoire de la critique suivie d'une bibliographie*, Paris, Klincksieck, 1997.

VIAU Théophile de, *Œuvres complètes*, édition critique de Guido Saba, Paris, Nizet, 1978-1987.

▩ヴィヨン

GUIRAUD Pierre, *Le Jargon de Villon ou le gai savoir de la coquille*, Paris, Gallimard, 1968.

■異性愛主義

BADINTER Élisabeth, *XY, De l'identité masculine*, Paris, Odile Jacob, 1992［エリザベート・バダンテール『XY――男とは何か』上村くにこ，饗庭千代子訳，筑摩書房，1997］.

BARET Guy, *Éloge de l'hétérosexualité, pour le droit à la différence*, Paris, Les Belles Lettres, 1994.

BASOW Susan, THEODORE Peter, « Heterosexual Masculinity and Homophobia : A Reaction to the Self », *Journal of Homosexuality*, 2000, vol. 40, no 2.

BEATTIE Jung Patricia, SMITH Ralph, *Heterosexism, An Ethical challenge*, New York, State Univ. of New York Press, 1993.

BEACH Franck, FORD Clellan, *Le Comportement sexuel chez l'homme et l'animal*, Paris, Robert Laffont, 1970［C・S・フォード，F・A・ビーチ『性行動の世界』安田一郎訳，至誠堂，1967-68］.

BOURDIEU Pierre, « Sur le pouvoir symbolique », in *Annales*, 1977, no 3.

BURN Shawn Meghan, « Heterosexuals' Use of "Fag" and "Queer" to Deride One Another : A Contribution to Heterosexism and Stigma », *Journal of Homosexuality*, 2000, vol. 40, no 2.

DORAIS Michel, DUTEY Pierre, WELZER-LANG Daniel (dir.), *La Peur de l'autre en soi. Du sexisme à l'homophobie*, Montréal, VLB, 1994.

FASSIN Éric, « Le "Outing" de l'homophobie est-il de bonne politique ? », in *L'Homosexualité, comment la définir, comment la combattre*, Paris, Éd. Prochoix, 1999.

FOUCAULT Michel, *La Volonté de savoir*, Paris, Gallimard, 1976［ミシェル・フーコー「性の歴史」第1巻『知への意志』渡辺守章訳，新潮社，1986］.

GIDE André, *Corydon*, Paris, Gallimard, 1924［アンドレ・ジッド「コリドン」伊吹武彦訳，『ジイド全集』第8巻，角川書店，1958，所収］.

HEREK Gregory, « Psychological Heterosexism and Anti-Gay Violence : The Social Psychology of Bigotry and Bashing », *in* HEREK Gregory, BERRIL Kevin T. (dir.), *Hate Crimes : Confronting Violence against Lesbians and Gay Men*, London, Sage Publications Inc., 1992.

JACKSON Stevi, « Récents Débats sur l'hétérosexualité : une approche féministe matérialiste », *Nouvelles questions féministes*, 1996, vol. 17, no 3.

JACKSON Stevi, *Heterosexuality in Question*, London, Sage, 1999.

KANTOR Martin, *Homophobia : Description, Development and Dynamics of Gay Bashing*, Westport, Praeger, 1998.

KATZ Jonathan, *The Invention of Heterosexuality*, New York, A Dutton Book, Penguin, 1995.

KITZINGER Celia, WILKINSON Mary, *Heterosexuality, a « Feminism and Psychology » Reader*, London, Sage, 1993.

La Revue d'en Face, « Hétérosexualité et lesbianisme », 1981, no 9-10.

MAYNARD Mary, PURVIS June (dir.), *(Hetero)Sexual Politics*, London, Taylor & Francis, 1995.

Onlywomen Press (dir.), *Love Your Enemy : The Debate Between Heterosexual Feminism and Political Lesbianism*, London, Onlywomen Press, 1981.

RICHARDSON Diane (dir.), *Theorising Heterosexuality : Telling It Straight*, Buckingham, Open Univ. Press, 1996.

RICH Adrienne, « La Contrainte à l'hétérosexualité et l'existence lesbienne », *Nouvelles questions féministes*, 1981, no 1.

ROUGEMONT Denis de, *L'Amour et l'Occident*, Paris, Plon, 1939［ドニ・ド・ルージュモン『愛について――エロスとアガペ』鈴木健郎，川村克己訳，平凡社ライブラリー，1993］.

STRAAYER Chris, *Deviant Eyes, Deviant Bodies. Sexual Re-Orientation in Film and Video*, New York, Columbia Univ. Press, 1996.

TIN Louis-Georges, « L'Invention de la culture hétérosexuelle », *Les Temps modernes*, 2003.

WITTIG Monique, *The Straight Mind* [New York, 1978], *La Pensée straight*, rééd., Paris, Balland, 2001.

■イタリア

BROWN Judith, *Immodest Acts : The Life of a Lesbian Nun in Renaissance Italy*, New York - Oxford, Oxford Univ. Press, 1986.

CANOSA Romano, *Storia di una grande paura : la sodomia a Firenze e Venezia nel quattrocento*, Milan, Feltrinelli, 1991.

CANTARELLA Eva, *Selon la nature, l'usage et la loi. La bisexualité dans le monde antique*, Paris, La Découverte, 1991 (trad. de *Secondo natura*, Rome, Riuniti, 1988).

CRAIG A. Williams, *Roman Homosexuality, Ideologies of Masculinity in Classical Antiquity*, New York - Oxford, Oxford Univ. Press, 1999.

DUPONT Florence, ELOI Thierry, *L'Érotisme masculin dans la Rome antique*, Paris, Belin, 2001.

GNERRE Francesco, « Littérature et société en Italie », *Inverses*, 2002, no 2.

LEROY-FORGEOT Flora, *Histoire juridique de l'homosexualité en Europe*, Paris, PUF, 1997.

LEROY-FORGEOT Flora, MÉCARY Caroline, *Le Couple homosexuel et le droit*, Paris, Odile Jacob, 2001.

LUPO Paola, *Lo Specchio incrinato : storia e immagine dell'omosessualità femminile*, Venezia, Marsilio, 1998.

ROCKE Michael, *Forbidden Friendships : Homosexuality and Male Culture in Renaissance Florence*, New York - Oxford, Oxford Univ. Press, 1996.

RUGGIERIERO Guido, *The Boundaries of Eros : Sex, Crime, and Sexuality in Renaissance Venice*, New York, Oxford Univ. Press, 1985.

◆訳注・補遺の参考文献：

ILGA-EUROPE, www.ilga-europe.org/

PAOLI ITABORAHY, Lucas, *State-sponsored Homophobia*, ILGA, May 2012.

■異端

ALBERIGO Giuseppe (dir.), *Les Conciles œcuméniques*, t. II-1 : *Les décrets*, Paris, Le Cerf, 1994.

BOSWELL John, *Christianisme, tolérance sociale et homosexualité*, Paris, Gallimard, 1985［ジョン・ボズウェル『キリスト教と同性愛――1～14世紀西欧のゲイ・ピープル』大越愛子，下田立行訳，国文社，1990］.

London, Fontana Press, 1991.
ARTHUR N. Gilbert, « Buggery and the British navy 1700-1861 », *Journal of Social History*, autumn 1976, vol. 10.
JEFFERY-POULTER Stephen, *Peers, Queers and Commons*, New York - London, Routledge, 1991.
JEFFREYS Sheila, *The Spinster and Her Enemies : Feminism and Sexuality, 1830-1930*, London, Pandora, 1985.
NEIL Miller, *Out of the Past. Gay and Lesbian History from 1869 to the Present*, London, Vintage, 1995.
NORTON Rictor, *Mother Clap's Molly House, the Gay Subculture in England 1700-1830*, London, gmp, 1992.
ROUSSEAU George Sebastian, *Perilous Enlightenment : Pre- and Post-modern Discourses, Sexual, Historical*, Manchester, Manchester Univ. Press, 1991.
SINFIELD Alan, *The Wilde Century*, London, Cassell, 1994.
TAMAGNE Florence, *Histoire de l'homosexualité en Europe. Berlin, Londres, Paris. 1919-1939*, Paris, Le Seuil, 2000.
WEEKS Jeffrey, *Coming out. Homosexual Politics in Britain from the Nineteenth Century to the Present*, London - New York, Quartet Books, 1990.
◆訳注・補遺の参考文献：
PAOLI ITABORAHY, Lucas, *State-sponsored Homophobia*, ILGA, May 2012.

▒異常

DOUGLAS Mary, *Ainsi pensent les institutions*, Paris, Usher, 1989.
DYNES Wayne (dir.), *Encyclopedia of Homosexuality*, New York, Garland Publishing Inc, 1990.
FOUCAULT Michel, *Les Anormaux, cours au Collège de France*, Paris, Gallimard - Le Seuil, 1999［ミシェル・フーコー『異常者たち——コレージュ・ド・フランス講義 1974-1975 年度』,「ミシェル・フーコー講義集成」第 5 巻, 慎改康之訳, 筑摩書房, 2002］.
GOFFMAN Erving, *Stigmates*, Paris, Minuit, 1963［アーヴィング・ゴッフマン『スティグマの社会学——烙印を押されたアイデンティティ』石黒毅訳, せりか書房, 1970］.
KATZ Jonathan, *L'Invention de l'hétérosexualité*, Paris, epel, 2002.
MCINTOSH Mary, « The Homosexual role », in SEIDMAN Steven (dir.), *Queer Theory/Sociology*, Cambridge-Oxford, Blackwell Publishers, 1996.
PLUMMER Kenneth, *Sexual Stigma, an Interactionnist Account*, London, Routledge & Kegan Paul, 1975.
ROSARIO Vernon (dir.), *Science and Homosexualities*, New York - London, Routledge, 1997.

▒イスラム教

Amnesty international, *Briser le silence. Violations des droits de l'homme liées à l'orientation sexuelle*, 1999.
Anonyme, « Liwat », *in* BOSWORTH C. E. *et al.*, *Encyclopédie de l'islam*, Paris, Maisonneuve & Larose, Leiden E. J. Brill, 1977-1986.
BELAÏD Sadok, *Islam et droit, une nouvelle lecture des versets prescriptifs du Coran*, Tunis, Centre de publication universitaire, 2000.
BELLAMY James A., « Sex and society in Islamic Popular Literature », *in* Afaf Lufti al-Sayyid Marsot, *Society and Sexes in Medival Islam*, Malibu, Udena, 1979.
BEN NAHUM Pinhas, *The Turkish Art of Love*, New York, Panurge Press, 1933.
BOUHDIBA Abdelwahab, *La Sexualité en islam*, Paris, PUF, 1975-1998［アブドゥルワッハーブ・ブーディバ『イスラム社会の性と風俗』伏見楚代子, 美観橋一郎訳, 桃源社, 1980］.
Le Coran, trad. de Denise Masson, Paris, Folio, 1967-1993.
DURAN Khalid, « Homosexuality and Islam », *in* SWIDLER Arlene, *Homosexuality and World Religions*, Valley Forge, Trinity Press International, 1993.
LAGRANGE Frédéric, « Male Homosexuality in Modern Arabic Literature », *in* GHOUSSOUB Mai, SINCLAIR-WEBB Emma (dir.), *Imagined Masculinities. Male Identity and Culture in the Modern Middle East*, London, Saqi Books, 2000.
MURRAY Stefen O., « The Will not to Know. Islamic Accommodations of Male Homosexuality », *in* MURRAY Stefen O., ROSCOE Will (dir.), *Islamic Homosexualities. Culture, History and Literature*, New York - London, New York Univ. Press, 1997.
SCHACHT Joseph, « Zina », *in* BOSWORTH C. *et al.*, *Encyclopédie de l'islam*, Paris, Maisonneuve & Larose, Leiden E. J. Brill, 1977-1986.
SCHMITT Arno, « Different Approaches to Male-Male Sexuality/Eroticism from Morocco to Uzbekistan », *in* SCHMITT Arno, SOFER Jehoda (dir.), *Sexuality and Eroticism Among Males in Moslem Societies*, New York - London - Norwood, Harington Park Press, 1992.
SOFER Jehoda, « Sodomy in the Law of Muslim states », *in* SCHMITT Arno, SOFER Jehoda (dir.), *Sexuality and Eroticism Among Males in Moslem Societies*, New York - London - Norwood, Harrington Park Press, 1992.
SCHILD Marteen, « Islam », *in* SCHMITT Arno, SOFER Jehoda (dir.), *Sexuality and Eroticism Among Males in Moslem Societies*, New York - London - Norwood, Harrington Park Press, 1992.
WAFER Jim, « Muhammad and Male Homosexuality », *in* MURRAY Stefen O., ROSCOE Will (dir.), *Islamic Homosexualities. Culture, History and Literature*, New York, New York Univ. Press, 1997.

▒異性愛嫌悪

BRIZON Hervé, *La Vie rêvée de sainte Tapiole*, Paris, Balland, 2000.
FRANZINI Louis R., WHITE Stephen M., « Heteronegativism ? The Attitudes of Gay Men and Lesbians Toward Heterosexuals », *Journal of Homosexuality*, vol. 37 (1), 1999.
KROKIDAS John, *Shame no more*, court métrage, 1999.
« Le Miracle de l'hétérophobie », *Bang Bang*, 2002, no 7.
RÉMÈS Érick, http://erikremes.free.fr/TEXTES/HUMEURS/HUMEUR%201.html.
WITTIG Monique, *Les Guérillères*, Paris, Minuit, 1969.

« Homosexualities among the Negroes of Cameroon and a Pangwe Tale »〕.

TOWLES Joseph, *Nkumbi Initiation, Ritual & Structure Among the Mbo of Zaire*, Tervuren, Royal Museum for Central Africa, 1993.

◆訳注・補遺の参考文献：

PAOLI ITABORAHY, Lucas, *State-sponsored Homophobia*, ILGA, May 2012.

■アフリカ南部

CLARK Bev, «Zimbabwe», *in* ZIMMERMAN Bonnie (dir.), *Lesbian Histories & Cultures*, New York - London, Garland, 2000.

DELANEY Joyce, MCKINLEY Catherine (dir.), *Afrekete : An Anthology of Black Lesbian Writing*, New York, Anchor Books, 1995.

DE VOS Pierre, «Une nation aux couleurs de l'arc-en-ciel ? Égalité et préférences : la Constitution de l'Afrique du Sud», *in* BORRILLO Daniel, *Homosexualités et droit*, Paris, PUF, 1998.

DUNTON Chris, *Human Rights and Homosexuality in Southern Africa*, Uppsala, Nordiska Afrikainstitutet, 1996.

EPPRECHT Marc, «"Good God Almighty, What's This !" : Homosexual "Crime" in Early Colonial Zimbabwe», *in* MURRAY Steven O., ROSCOE Will (dir.), *Boy-Wives and Female Husbands, Studies of African Homosexualities*, London, Macmillan Press, 1998.

GEVISSER Mark & CAMERON Edwin (dir.), *Defiant Desire, Gay & Lesbian Lives in South Africa*, Johannesbourg, Ravan, 1994.

HYAM Ronald, *Empire and Sexuality : The British Experience*, Manchester, Manchester Univ. Press, 1990〔ロナルド・ハイアム『セクシュアリティの帝国――近代イギリスの性と社会』本田毅彦訳，柏書房，1998〕.

ISAACS Gordon, MCKENDRICK Brian, *Male Homosexuality in South Africa : Identity Formation, Culture and Crisis*, Cape Town, Oxford Univ. Press, 1992.

MURRAY Steven O., ROSCOE Will (dir.), *Boy-Wives and Female Husbands, Studies of African Homosexualities*, London, Macmillan Press, 1998.

ZWICKER Heather, «Zimbabwe», *in* HAGGERTY George E. (dir.), *Gay Histories & Cultures*, New York - London, Garland, 2000.

◆訳注・補遺の参考文献：

PAOLI ITABORAHY, Lucas, *State-sponsored Homophobia*, ILGA, May 2012.

■アレナス

ARENAS Reinaldo, *Antes que anochezca*, Barcelone, Tusquets Editores, sa, 2001.

MONTANER Carlos Alberto, *Viaje al corazón de Cuba*, Barcelona, Plaza & Janés Editores, sa, 1999.

VERDES-LEROUX Jeannine, *La Lune et le Caudillo. Le rêve des intellectuels et le régime cubain (1959-1971)*, Paris, Gallimard, 1989.

●レイナルド・アレナスの著書（邦訳のあるもの）：

Celestino antes del alba〔『夜明け前のセレスティーノ』安藤哲行訳，国書刊行会，2002〕.

El mundo alucinante〔『めくるめく世界』鼓直，杉山晃訳，国書刊行会，1989〕.

Viaje a La Habana〔『ハバナへの旅』安藤哲行訳，現代企画室，2001〕.

Antes que anochezca〔『夜になるまえに』安藤哲行訳，国書刊行会，新装版，2001〕.

●レイナルド・アレナスが演出に協力した映画作品：

ULLA Jorge, *En sus propias palabras.*

FRANQUI Carlos, *La otra Cuba.*

ALMENDROS Nestor, JIMÉNEZ LEAL Orlando, *Conducta impropia*, 1984〔『猥褻行為――キューバ同性愛者強制収容所』，2001年7月，東京国際レズビアン＆ゲイ映画祭にて公開〕.

BOKOVA Jana, *Havana*, 1990.

●レイナルド・アレナス作品の映画化：

『夜になるまえに』監督：ジュリアン・シュナーベル（ニューヨークの画家であり彫刻家）／制作：2000年［日本公開：2001年］／キャスト：ハビエル・バルデム（スペイン人俳優、レイナルド・アレナス役）

■アンリ三世

CHEVALLIER Pierre, *Henri III, roi shakespearien*, Paris, Fayard, 1985.

GODARD Didier, *L'Autre Faust. L'Homosexualité masculine pendant la Renaissance*, Montblanc, H & O Éditions, 2001.

LEVER Maurice, *Les Bûchers de Sodome. Histoire des infâmes*, Paris, Fayard, 1985.

POIRIER Gérard, *L'Homosexualité dans l'imaginaire de la Renaissance*, Paris, Confluences-Champion, 1996.

SOLNON Jean-François, *Henri III*, Paris, Perrin, 2001.

■医学

ARON Jean-Paul, KEMPF Roger, *La Bourgeoisie, le sexe et l'honneur*, Bruxelles, Complexe, 1984.

DYNES Wayne, DONALDSON Stephen, *Homosexuality and Medecine, Health and Science*, New York - London, 1992.

FOUCAULT Michel, *Histoire de la Sexualité. La volonté de savoir*, Paris, Gallimard, 1976〔ミシェル・フーコー「性の歴史」第1巻『知への意志』渡辺守章訳，新潮社，1986〕.

LANTERI-LAURA Georges, *Lectures des perversions : histoire de leur appropriation médicale*, Paris, Masson, 1979.

BULLOUGH Vern, *Science in the Bedroom. A History of Sex Researsch*, New York, BasicBooks, 1994.

ROSARIO Vernon (dir.), *Science and Homosexualities*, New York - London, Routledge, 1997.

■イギリス

BRAY Alan, *Homosexuality in Renaissance England*, London, gmp, 1988〔アラン・ブレイ『同性愛の社会史――イギリス・ルネサンス』田口孝夫，山本雅男訳，彩流社，1993〕.

BREDBECK Gregory W., *Sodomy and Interpretation. Marlowe to Milton*, Ithaca, Cornell Univ. Press, 1991.

CROMPTON Louis, *Byron and Greek love : Homophobia in 19*th *Century England*, Berkeley, Univ. of California Press, 1985.

DAVENPORT-HINES Richard, *Sex, Death and Punishment. Attitudes to Sex and Sexuality in Britain since the Renaissance*,

ABEGA Séverin Cécile, *Contes d'initiation sexuelle*, Yaoundé, Clé, 1995.

ABEGA Séverin Cécile, *Les Choses de la forêt*, Yaoundé, Presses de l'UCAC, 2000.

ALÈS Catherine, BARRAUD Cécile, *Sexe relatif ou sexe absolu ?*, Paris, Maison des Sciences de l'Homme, 2001.

Amnesty International, *Briser le silence, Violations des droits de l'homme liés à l'orientation sexuelle, Homosexualités et Droits de l'Homme*, Amnesty International, section française, comhomo@amnesty.fdn.fr, 2002.

Anonyme, *Encyclopédie Microsoft Encarta 1993-2001*, Microsoft Corporation, 2002.

BA Amadou Hampaté, *L'Éclat de la grande étoile*, Paris, Armand Colin, 1974.

BAMONY Pierre, « Science et anthropologie. De la notion de l'âme en général et de sa conception singulière chez les Lyéla du Burkina Faso », *Anthropos*, 95, 2000/2, 2000.

BASTIDE Roger, « Le Principe d'individuation », in *La Notion de personne en Afrique noire*, Actes du colloque organisé par le CNRS, Paris, 1971.

BONNET Doris, *Corps biologique, corps social*, Paris, ORSTOM, 1988.

DOUGLAS Mary, *Purity and danger*, London, Penguin, 1966［メアリ・ダグラス『汚穢と禁忌』塚本利明訳，ちくま学芸文庫，2009］.

DUPRÉ Georges, « Sorcellerie et salariat. Njobi et la Mère, deux cultes anti-sorciers », *Les Temps modernes*, 3, 1977.

EVANS-PRITCHARD Edward, *Sorcellerie, oracle et magie chez les Azande*, Paris, Gallimard, 1972［E・E・エヴァンズ＝プリチャード『アザンデ人の世界――妖術・託宣・呪術』向井元子訳，みすず書房，2001］.

GRAY Robert, « Structural Aspects of Mbugwe Witchcrafts », *in* MIDDLETON John, WINTER E. H., *Witchcraft and Sorcery in East Africa*, London, Routledge & Kegan, 1963.

HELD Suzette, « Witches and Thieves. Deviant Motivations in Gisu Society », *Man*, 21, 1986.

HELMAN Cecil, *Culture, Health and Illness*, Batterworth, Heinemenn, 1984.

LABURTHE-TOLRA Philippe, *Minlaaba*, Lille II, Atelier de l'Université, thèse de doctorat d'État soutenue à la Sorbonne, 1997.

LALLEMAND Suzanne, *L'Apprentissage de la sexualité dans les contes de l'Afrique de l'Ouest*, Paris, L'Harmattan, 1985.

LALLEMAND Suzanne, *La Mangeuse d'âmes*, Paris, L'Harmattan, 1988.

LAVIGNOTTE Henri, « L'Evur, croyance des Pahouins du Gabon », *Cahier Missionnaire*, no 20, Paris, Société des Missions évangéliques, 1936.

LEPAPE Marc, VIDAL Claudine, « Libéralisme et vécus sexuels à Abidjan », *Cahiers internationaux de sociologie*, vol. 1976, 1984.

MALLART-GUIMERA Louis, *Ni dos ni ventre*, Paris, Société d'ethnographie, 1981.

MARWICK Max (dir.), *Witchcraft and Sorcery*, London, Penguin Modern Sociology Readings, 1970［マックス・マーヴィック編『魔術師――事例と理論』山本春樹，渡辺喜勝訳，未来社，1984］.

MURRAY Steven O., ROSCOE Will (dir.), *Boy-Wives and Female Husbands, Studies of African Homosexualities*, London, Macmillan Press, 1998.

NADEL Siegfried Frederick, « Witchcraft in Four African Societies », *American Anthropologist*, 54, 1952.

OMBOLO Jean-Pierre, *Sexe et société en Afrique noire*, Paris, L'Harmattan, 1990.

PRADELLES DE LATOUR Charles Henri, *Ethnopsychanalyse en pays bamiléké*, Paris, EPEL, 1991.

THOMAS Louis Vincent, LUNEAU René, *La Terre africaine et ses religions*, Paris, Larousse, 1975.

VIGNAL Daniel, « L'Homophilie dans le roman négro-africain d'expression anglaise et française », *in* MENDÈS-LEITE Rommel (dir.), *Un sujet inclassable ? Approches sociologiques, littéraires et juridiques des homosexualités*, Lille, Cahiers GaiKitschCamp, 1995.

VINCENT Jeanne-Françoise, *Entretiens avec les femmes beti du Sud-Cameroun*, Paris, Orstom / Berger Levrault, 1976.

◆訳注・補遺の参考文献：

PAOLI ITABORAHY, Lucas, *State-sponsored Homophobia*, ILGA, May 2012.

▩アフリカ中部・東部

BLEYS Rudi C., *The Geography of Perversion : Male to Male Sexual Behaviour Outside the West and the Ethnographic Imagination, 1750-1918*, London, Cassell, 1996.

DELANEY Joyce, MCKINLEY Catherine (dir.), *Afrekete : An Anthology of Black Lesbian Writing*, New York, Anchor Books, 1995.

EPPRECHT Marc, « Africa : Precolonial Sub-Saharan Africa », *in* HAGGERTY George E. (dir.), *Gay Histories and Cultures*, New York - London, Garland, 2000.

HYAM Ronald, *Empire and Sexuality : The British Experience*, Manchester, Manchester Univ. Press, 1990［ロナルド・ハイアム『セクシュアリティの帝国――近代イギリスの性と社会』本田毅彦訳，柏書房，1998］.

KENYATTA Jomo, *Facing Mount Kenya, The Tribal Life of the Gikuyu*, Londons, Secker & Warburg, 1938 (avec une introduction de B. Malinowski)［ジョモ・ケニヤッタ『ケニヤ山のふもと』野間寛二郎訳，理論社，1962］.

MURRAY Stephen O., « Gender-Defined Homosexual Roles in Sub-Saharan African Islamic Cultures », and « The Will Not To Know : Islamic Accommodation of Male Homosexuality », *in* MURRAY Stephen O., ROSCOE Will (dir.), *Islamic Homosexualities : Culture, History & Literature*, New York, New York Univ. Press, 1997.

MURRAY Stephen O., ROSCOE Will (dir.), *Islamic Homosexualities : Culture, History & Literature*, New York, New York Univ. Press, 1997.

MURRAY Steven O., ROSCOE Will (dir.), *Boy-Wives and Female Husbands, Studies of African Homosexualities*, London, Macmillan, 1998［とりわけ1921年にドイツで刊行され，その後英訳された以下の論文を参照. Günther TESSMANN,

参考文献

■序文

BORRILLO Daniel, *L'Homophobie*, Paris, PUF, 2000.

COUROUVE Claude, *Les Homosexuels et les autres*, Paris, Les Éditions de l'Athanor, 1977.

ÉRIBON Didier, « Ce que l'injure me dit. Quelques remarques sur le racisme et la discrimination », in *L'Homophobie, comment la définir, comment la combattre*, Paris, Éditions ProChoix, 1999.

FASSIN Éric, « Le Outing de l'homophobie est-il de bonne politique ? », in *L'Homophobie, comment la définir, comment la combattre*, Paris, Éditions ProChoix, 1999.

GOFFMAN Erving, *Stigmate*, Paris, Minuit, 1963［アーヴィング・ゴッフマン『スティグマの社会学——烙印を押されたアイデンティティ』石黒毅訳，せりか書房，1970］.

HOCQUENGHEM Guy, *Le Désir homosexuel*, 1972.

RICH Adrienne, « La Contrainte à l'hétérosexualité et l'existence lesbienne », *Nouvelles questions féministes*, no 1, mars 1981.

SMITH Kenneth, « Homophobia : a Tentative Personality Profile », *Psychological Report*, no 29, 1971.

WEINBERG George, *Society and the Healthy Homosexual*, New York, St Martin's Press, 1972.

WELZER-LANG Daniel, « La Face cachée du masculin », in DORAIS Michel , DUTEY Pierre, WELZER-LANG (dir.), *La Peur de l'autre en soi*, Montréal, VLB, 1994.

■アイルランド

COLLINS Eoin, O'CARROLL Ide, *Lesbian and Gay Visions of Ireland*, New York, Cassel, 1995.

HORGAN John, *Mary Robinson : An Independent Voice*, Dublin, The O'Brien Press, 1997.

INGLIS Brian, *Roger Casement*, London, Penguin Books, 2002.

Irish Council For Civil Liberties, *Equality Now for Lesbian and Gay Men*, Dublin, ICCL, 1990.

MARCUS David, *Alternative Loves : Irish Gay and Lesbian Stories*, Dublin, Martello Mercier, 1994.

MITCHELL Angus, *Amazon Journal of Roger Casement*, Dublin, Anaconda Editions Ltd, 1997.

PHILPOT Ger, « Martyr in the Park », *GI Magazine*, 2001.

ROSE Kieran, *Diverse Communities : the Evolution of Lesbian and Gay Politics in Ireland*, Cork, Cork Univ. Press, 1994.

STAUNTON Denis, *Micheal MacLiammoir*, London, Absolute Press, 1997.

◆訳注・補遺の参考文献：

PAOLI ITABORAHY, Lucas, *State-sponsored Homophobia*, ILGA, May 2012.

■アウティング

Act Up - Paris, *Le Sida*, Paris, Éd. Dagorno, 1994.

FASSIN Éric, « Le Outing de l'homophobie est-il de bonne politique ? Définition et dénonciation », *in* BORRILLO Daniel, LASCOUMES Pierre (dir.), *L'Homophobie, comment la définir, comment la combattre ?*, Paris, Prochoix, 1999.

FASSIN Éric, « "Out" : la métaphore paradoxale », *in* TIN Louis-Georges (dir.), *Homosexualités : expression/répression*, Paris, Stock, 2000.

GROSS Larry P., *Contested Closets : the Politics and Ethics of Outing*, Minneapolis, Univ. of Minneapolis Press, 1993.

JOHANSSON Warren, PERCY William A., *Outing : Shattering the Conspiracy of Silence*, New York, Harrington Park Press, 1994.

LESTRADE Didier, *Act Up : une histoire*, Paris, Éd. Denoël, 2000.

MOHR Richard, *Gay Ideas : Outing and Other Controversies*, Boston, Beacon Press, 1992.

MURPHY Timothy F. (dir.), *Gay Ethics : Controversies in Outing, Civil Rights, and Sexual Science*, New York, The Haworth Press, 1994.

ROMERO Jean-Luc, *On m'a volé ma vérité : histoire du premier outing d'un homme politique français*, Paris, Le Seuil, 2001.

SIGNORILE Michelangelo, *Queer in America : Sex, the Media and the Closets of Power*, New York, Random House, 1993.

TAMAGNE Florence, *Histoire de l'homosexualité en Europe : Berlin, Londres, Paris, 1919-1939*, Paris, Le Seuil, 2000.

■悪徳

Alain de LILLE, *De planctu naturae* [av. 1176], Toronto, Pontifical Institute of Medieval studies, 1980.

BOSWELL John, *Christianisme, tolérance sociale et homosexualité*, Paris, Gallimard, 1980［ジョン・ボズウェル『キリスト教と同性愛——1～14世紀西欧のゲイ・ピープル』大越愛子，下田立行訳，国文社，1990］.

Drs CLIFFORD Allen, BERG Charles, *Les Problèmes de l'homosexualité* (suivi de : *Ce que pense la population française de l'homosexualité*), Paris, Les Yeux ouverts, 1962.

FOOT Philippa, *Virtues and Vices*, Berkeley, University of California Press, 1978.

KANT Emmanuel, *Métaphysique des mœurs* (1796-1797), in *Œuvres philosophiques, III. Les Derniers écrits*, Paris, Gallimard, 1986.

THIERRY Patrick, *La Tolérance : société démocratique, opinions, vices et vertus*, Paris, PUF, 1997.

SERVEZ Pierre, *Le Mal du siècle*, Givors, André Martel, 1955.

THOMAS D'AQUIN, *Summa theologiae* [1266-1272], Paris, Le Cerf, 1984.

■アフリカ西部

ABEGA Séverin Cécile, *La Maîtresse du temps*, Annales de la FLSH, série Sciences humaines, vol. 2, no 2, 1986.

フィルディオン，ジャン＝マリ（FIRDION Jean-Marie）
国立人口研究所，社会学者.

フェルナンデス，アンドレ（FERNANDEZ André）
スペイン研究者，ストラスブール大学（マルクブロック）専任講師，スペインにおけるセクシュアリティの歴史.

フォール，ミカエル（FAURE Michaël）
社会学者，監獄問題.

フォルモン，トマ（FORMOND Thomas）
法律家，性的指向関連差別問題専門.

プラーニュ，ニコラ（PLAGNE Nicolas）
高等師範学校卒業，歴史家，ロシア専門.

プラマー，デイヴィッド（PLUMMER David）
ニューイングランド大学（オーストラリア）教授，ジェンダー問題.

フリウ，ダリボール（FRIOUX Dalibor）
高等師範学校修了，哲学者.

ブリッソン，リュック（BRISSON Luc）
フランス国立科学研究センター研究員，プラトン専門.

フレスト，カロリーヌ（FOUREST Caroline）
『プロショワ』誌編集員.

ブロカ，クリストフ（BROQUA Christophe）
人類学者，ジェンダー問題専門.

ペネ，マルタン（PÉNET Martin）
ジャーナリスト，博士課程学生，歌謡史専門.

ボーランジェ，サンドラ（BOEHRINGER Sandra）
ティエール協会研究生，歴史家，古代におけるジェンダー問題専門.

ボリヨ，ダニエル（BORRILLO Daniel）
法律家，フランス国立科学研究センター客員研究員，パリ第10大学専任講師，性的指向に関連する差別専門.

マザネ，フィリップ（MASANET Philippe）
歴史家.

マンジョ，フィリップ（MANGEOT Philippe）
高等師範学校修了，アクトアップ・パリ前代表，『ヴァカルム』誌編集長.

マンデス＝ライト，ロメル（MENDÈS-LEITE Rommel）
社会民俗学者，社会科学高等研究院教員，エイズ，ジェンダー問題専門.

モット，ルイス（MOTT Luiz）
ブラジルのバイーア連邦大学，人類学教授，ジェンダー問題，バイーア・グルッポ・ゲイ代表，バイーア反エイズセンター代表.

ユイエ，ギヨーム（HUYEZ Guillaume）
社会学者，『プロショワ』誌編集委員.

リオタール，フィリップ（LIOTARD Philippe）
社会学者，リヨン第1大学専任講師，『カジモド』誌主宰.

リトゼ，ステファン（RIETHAUSER Stéphane）
ジャーナリスト，スイス・ピンク十字ゲイ・アンテナ青年学校委員会創設者，コーディネーター.

ルヴォル，ティエリ（REVOL Thierry）
ストラスブール第2大学（マルクブロック）専任講師，中世研究.

ルグラン，ラファエル（LEGRAND Raphaëlle）
パリ第7大学音楽学教授.

ルソー，ジャン＝ミシェル（ROUSSEAU Jean-Michel）
組合活動家，月刊『ホモフォニー』前編集員.

ル・ドアレ，クリスティーヌ（LE DOARÉ Christine）
SOSホモフォビア代表.

ル・ビトゥ，ジャン（LE BITOUX Jean）
パリ同性愛資料センター創設代表.

ルブレイヤン，アンヌ＝クレール（REBREYEND Anne-Claire）
ストラスブール第2大学（マルクブロック）現代史補助研究員.

ルロワ＝フォルジョ，フロラ（LEROY-FORGEOT Flora）
法律家，パリ第8大学，ランス大学講師，同性愛の法制史.

レスニ＝ドミニュ，カリム（RESSOUNI-DEMIGNEUX Karim）
芸術史，イタリア中世およびルネサンス期研究.

レスリエ，クロディ（LESSELIER Claudie）
歴史家，フェミニスト活動家.

レトラド，ディディエ（LESTRADE Didier）
ジャーナリスト，アクトアップ・パリおよび『テテュ』誌共同創設者.

レムドンク，ダン・ヴァン（RAEMDONCK Dan van）
言語学者，ブリュッセル自由大学教授，ヨーロッパ人権擁護協会会長.

ロウカヴィ，アショク（ROW KAVI Ashok）
ジャーナリスト，インド唯一のゲイ新聞『ボンベイ・ドスト』の創刊者，ハムセイファー・トラスト創設者.

ロムリュエール，エリック（ROMMELUÈRE Éric）
ヨーロッパ仏教大学副学長.

ロン，ロラン（LONG Laurent）
中国研究者，ジェンダー問題.

ワイス，アダム（WEISS Adam）
ハーヴァード大学学生，中世ジェンダー問題.

ワイパン，アウ（WAIPANG Au）
シンガポール・ゲイ運動の開拓者，「ピープル・ライク・アス」主宰.

著者紹介

アヴズ，ロラン（AVEZOU Laurent）
パリ古文書学校修了，歴史家，近代フランス史専門.

アベガ，セヴラン・セシル（ABEGA Séverin Cécile）
人類学者，アフリカ社会専門.

アメル，クリステル（HAMEL Christelle）
人類学者，マグレブ研究.

アルベルティーニ，ピエール（ALBERTINI Pierre）
高等師範学校修了，歴史家.

アンドレ＝シモネ，マティウ（ANDRÉ-SIMONET Mathieu）
パリ弁護士会所属弁護士.

イ・フソ（YI Huso）
研究者，韓国・性的マイノリティの権利と文化センター共同代表.

ウアルディ，サミラ（OUARDI Samira）
情報学高等研究院（CELSA）博士課程.

ヴァレ，アレッサンドラ・フレミング・カマラ（VALE Alexandra Fleming Câmara）
人類学者，ヴァレ・ド・アカラウ州立大学教授（ブラジル），ジェンダー問題専門.

ウェイシャット，ダニエル（WEISHUT Daniel）
心理学者，アムネスティ・インターナショナル LGBT 委員会.

ヴェネ，フィアメッタ（VENNER Fiammetta）
『プロショワ』誌発行人.

エロワ，ティエリ（ELOI Thierry）
高等師範学校修了，ペルピニャン大学ラテン語文学専任講師.

カスカイス，フェルナンド（CASCAIS Fernando）
哲学者，新リスボン大学社会科学部教授.

ガスパール，フランソワーズ（GASPARD Françoise）
社会科学高等研究院，社会学者.

カルドン，パトリック（CARDON Patrick）
ジェンダー問題フェスティヴァルとジェンダー問題出版／ゲイキッチュキャンプのディレクター.

カンデル，リリアヌ（KANDEL Liliane）
パリ第7大学フェミニズム教育資料研究センター前共同責任者，『現代』誌編集員.

ギリス，ジョセフ・ロイ（GILLIS Joseph Roy）
トロント大学心理学教授.

クリコリアン，ガエル（KRIKORIAN Gaëlle）
社会学者，トランスジェンダー問題.

グロス，マルティヌ（GROSS Martine）
ゲイとレズビアンの親および未来の親協会（APGL）共同代表.

ケロス，ジャン＝マニュエル・ド（QUEIROZ Jean-Manuel de）
レンヌ第2大学社会学教授.

ゴドブ，ルイ（GODBOUT Louis）
ケベック・ゲイ・レズビアン・アーカイヴ幹事.

コロンブ，フィリップ（COLOMB Philippe）
哲学者，道徳哲学，政治哲学.

ザウイ，ピエール（ZAOUI Pierre）
高等師範学校修了，元アクトアップ・パリのメンバー，倫理哲学，政治哲学.

シウフィ，ジル（SIOUFFI Gilles）
高等師範学校修了，言語学者，モンペリエ第3大学専任講師.

ジェラール，レモンド（GÉRARD Raymonde）
全国レズビアン会議「レズビアン嫌悪」委員会委員長.

シデリ，ジョルジュ（SIDÉRIS Georges）
歴史家，ビザンツ研究.

シバリス，マイケル（SIBALIS Michael）
ウィルフリッド・ロリエ大学（カナダ）教授，フランスにおける同性愛の歴史研究.

シモネッティ，ジャン＝ルイージ（SIMONETTI Gian-Luigi）
ピサ高等師範学校修了，イタリア文学.

ジャネル，ジャン＝ルイ（JEANNELLE Jean-Louis）
高等師範学校修了，パリ第4大学近代文学特別手当受給者（AMN）.

シュヴォ，エルヴェ（CHEVAUX Hervé）
歴史家，現代史.

ショヴァン，セバスティアン（CHAUVIN Sébastien）
高等師範学校在籍，社会学者.

セルス，ミシェル（CELSE Michel）
高等師範学校修了，ゲルマン諸語研究家，アクトアップ・パリ.

タサン，クロード（TASSIN Claude）
聖書解釈学者，ユダヤ教史，パリ・カトリック学院神学宗教学部教授.

タマニュ，フロランス（TAMAGNE Florence）
歴史家，リール第3大学（シャルルドゴール）専任講師，同性愛の歴史専門.

タン，ルイ＝ジョルジュ（TIN Louis-Georges）
高等師範学校修了，ルネサンス文学，ジェンダー問題.

デシャン，カトリヌ（DESCHAMPS Catherine）
社会学者，ジェンダー問題.

トブル，ロジェ（TEBOUL Roger）
精神科医，民俗学者.

ドペンア，マリオ（D'PENHA Mario）
歴史家，インド史.

ビュシェ，ピエール＝オリヴィエ・ド（BUSSCHER Pierre-Olivier de）
歴史家，社会学者，医学史専門，エイズ・インフォ・サーヴィス.

ファサン，エリック（FASSIN Éric）
社会学者，高等師範学校教員.

フィネガン，ブライアン（FINNEGAN Brian）
アイルランドの雑誌『GI』の創刊編集長.

団体名

ヤ行

ラ行

■マ行

■ナ行

■ハ行

■タ行

▩サ行

■カ行

索引

◆太字はその語が見出しとなっている項目のページ

人名

■ア行

【編者紹介】

ルイ＝ジョルジュ・タン（Louis-Georges Tin）

1974年，カリブ海のフランス領マルティニク島生まれ．〈同性愛嫌悪（ホモフォビア）〉および人種差別主義に反対する活動家．高等師範学校出身，文学博士．元社会科学高等研究院講師として「人はいかにして異性愛者となるか」という講座を持っていた．現在は，オルレアン大学のIUFM（大学附設教員養成センター）で講師をしている．

1990年にWHOが精神病のリストから同性愛を除外した5月17日を記念するIDAHO（アイダホ，国際反〈同性愛嫌悪（ホモフォビア）〉デー，その後「反トランス嫌悪」も追加された）を2005年に立ち上げる．この運動は，2008年に国連総会での宣言として実を結んだ．

2011年には，フランスの反人種差別団体の連合組織であるCRAN（黒人団体代表者会議）議長に選出される．

著書に，『異性愛文化の発明』*L'Invention de la culture hétérosexuelle*（Éd. Autrement, 2008）など．

【監修者紹介】

金城 克哉（きんじょう かつや）

琉球大学法文学部国際言語文化学科教授．専門は言語学・日本語教育。翻訳書に『ホモセクシュアルであるということ――ゲイの男性と心理的発達』（リチャード・A・イサイ，太陽社，1996），『Q＆A同性愛を知るための基礎知識』（エリック・マーカス，明石書店，1997），『セクシュアリティ基本用語事典』（ジョー・イーディー編，明石書店，2006）がある．

【訳者紹介】

齊藤 笑美子（さいとう えみこ）

1975年，千葉県生まれ．一橋大学大学院法学研究科博士後期課程修了．博士（法学）．憲法，ジェンダー法などを専門とする．茨城大学人文学部准教授を経て，フランス在住．本書と関連する業績に，『性的マイノリティ判例解説』（信山社，2011，谷口洋幸・大島梨沙との共編著），ペルサン著『パックス――新しいパートナーシップの形』（緑風出版，2004）翻訳・解説がある．

山本 規雄（やまもと のりお）

1967年，東京都生まれ．出版社等勤務を経て，現在，翻訳業・編集業に携わる．主な訳書に，『娘と話すアウシュヴィッツってなに？』（アネット・ヴィヴィオルカ，現代企画室，2004），『オルガスムの歴史』（ロベール・ミュッシャンブレ，作品社，2006），『アース・デモクラシー』（ヴァンダナ・シヴァ，明石書店，2007），『ニーチェ入門――生を肯定する哲学』（ハヴロック・エリス，閏月社，2010）ほか．

〈同性愛嫌悪（ホモフォビア）〉を知る事典

2013年7月31日　初版第1刷発行

編　者　ルイ＝ジョルジュ・タン
監修者　金城克哉
訳　者　齊藤笑美子
　　　　山本規雄
発行者　石井昭男
発行所　株式会社　明石書店

〒101－0021　東京都千代田区外神田6－9－5
電　話　03（5818）1171
FAX　03（5818）1174
振　替　00100-7-24505
http://www.akashi.co.jp

編集・組版　ことふね企画
装丁　明石書店デザイン室
印刷・製本　モリモト印刷株式会社

（定価はカバーに表示してあります）　ISBN978-4-7503-3863-7

図版提供　「イギリス」：British Library，「オイレンブルク事件」「カリカチュア」「警察」「性逆転」「生殖不能」：Patrick Cardon, le Centre GayKitschCamp，「アンリ三世」「ダンス」：Bibliothèque nationale，「政治」「ソドムとゴモラ」「倒錯」「トランス嫌悪」「文学」「暴力」：Louis Godbout, les archives gaies et lesbiennes du Québec，「中近東」：AFP，「広告」：Commercial Closet，「エイズ」：AP.